8115 A
H

Catalogue de Nyon 23662.

cette Edition de l'hist.re d'en antiquités. Paris par Sauval a été proposée par Souscription en même temps que la grande histoire de la ville de Paris de Dom Felibien et de Dom Lobineau et probablement en rivalité l'une de l'autre. le prix de ces 3 volumes en grand papier fut fixé à 80.# p.r les Souscripteurs.

henry Sauval avoit travaillé sur Paris bien longtemps avant que cet ouvrage y fut imprimé, environ 60 ans, car il avoit obtenu dès 1654. un privilege sur son ouvrage qui devoit etre intitulé, Paris ancien et moderne mais cet ouvrage ne parut point, et Sauval mourut en 1669. Ses recherches resterent en manuscrit et se trouvoient dans plusieurs biblioteques de curieux, entr'autres dans celle de S.t Germain des Prés, et on a bien reconnu que les peres Felibien et Lobineau en ont profité, mais comme en annonçant leur grande histoire de Paris, ils parurent faire peu de cas des recherches de Sauval et vouloir meme les decrier, quelques curieux qui possedoient ces recherches ont pris le parti de les publier comme le voici. malheureusem.t on ne les a pas redigées ni arrangées, et l'on n'a pas distingué ce qui étoit du fait de Sauval, d'avec les additions qui y ont été faittes depuis, dans differents manuscrits et par differentes personnes. on prétend que ces dernieres sont tres fautives et tres mauvaises, et que ce qui est de Sauval est tres juste et tres bon.

dans l'Etat présent de ce vol. l'abbé il est certain qu'il ne peut pas etre bu de suite étant fort mal arangé; mais que les materiaux en sont bons, et fourniront toujours de grandes resources à ceux qui voudront faire L'histoire de Paris.

Suiv.t L'abbé Langlet. le 1.r vol. est bon; le 2.d mediocre, et le 3.e detestable. il est accablant par les répétitions continuelles des memes choses et d'ailleurs tres mal écrit.

1.

HISTOIRE ET RECHERCHES DES ANTIQUITÉS DE LA VILLE DE PARIS.

Par Me HENRI SAUVAL Avocat au Parlement.

TOME PREMIER.

A PARIS,

Chés { CHARLES MOETTE, Libraire, rue de la Boucleriê à St Alexis, près le Pont St Michel.
JACQUES CHARDON, Imprimeur-Libraire, rue du Petit-Pont, au bas de la rue St Jacques à la Croix d'or.

M. DCC XXIV.
AVEC PRIVILEGE DU ROI.

PREFACE

Il y a long-tems que l'on souhaitoit une Histoire de la Ville de Paris, capable de satisfaire pleinement la curiosité. Cette Ville si fameuse n'a point encore trouvé d'Historien qui en ait parlé avec assés d'étendue. Il a fallu se contenter jusqu'à present de ce que Corrozet & Bonnefons en ont écrit; mais leurs ouvrages sont si succints, qu'ils ne meritent pas d'être appellés Histoires.

Du Breul l'a emporté sur ses predecesseurs, & par la reputation qu'il s'est acquise, il les a fait oublier. Cependant à la reserve de quelques traits d'Histoire ausquels il s'est arrêté en particulier, il a passé legerement sur tous les autres. Malingre, qui lui a succedé, n'a fait que le copier; & dans ce qu'il a ajouté pour donner un plus gros volume, il a été accusé de beaucoup d'erreurs. Pour ce qui est des sieurs le Maire & Brice, ils semblent n'avoir travaillé qu'en faveur des Etrangers qui voudront parcourir les endroits remarquables de la Ville. Tous ces Livres peuvent suffire pour acquerir des connoissances superficielles; mais comme maintenant, sur tout en matiere d'Histoire, on veut approfondir, nous nous sommes portés avec plaisir à donner l'Histoire & Recherches des Antiquités de Paris, par Me Henri Sauval, Avocat en Parlement. La grande opinion qu'il a laissée de lui, est un préjugé très-favorable à son travail : il a employé vingt années à faire des Recherches sur les agrandissemens de Paris, & sur les changemens des lieux les plus considerables de cette Ville, sur les avantures curieuses qui y sont arrivées, sur les grandes cérémonies extraordinaires, sur les privileges, sur les anciens

PRÉFACE.

uſages & coutumes qui y ont été obſervées. Il a puiſé ſes Recherches, tant dans les Chartes de l'Hotel de Ville, de la Chambre du Treſor des Chartes, des Regîtres du Parlement, que dans les Titres de Notre-Dame, de la Ste Chapelle, de Ste Geneviève, des Manuſcrits de St Victor; il n'y a guere d'Archives & de Cartulaires, ni de Titres publics & domeſtiques qu'il n'ait dépouillés : auſſi s'eſt-il trouvé en état de donner l'Epoque & les Preuves de tous les faits qu'il avance.

Cet ouvrage a été admiré de Monſieur Colbert, & les ſavans Pelliſſon, Patin, Sorel, Coſtar, la Caille & le Pere le Long en ont rendu des témoignages très-avantageux. Notre Auteur ne s'en eſt pas toujours raporté à lui même, il a eu pluſieurs conferences avec Mr de Launoy, pour s'éclaircir ſur de certains faits douteux, qui n'avoient d'autre autorité que la tradition populaire ; c'eſt ce qu'on verra à la tête de cet ouvrage par la Lettre ſur les Antiquités de Paris, & par le Diſcours ſur l'ancienneté des Egliſes de cette Ville. Il avoit encore conſulté le celebre Pierre Petit ſur la veritable poſition de Paris, comme on le remarquera dans la Diſſertation Latine que ce fameux Mathématicien lui a écrite à l'occaſion de l'Ouvrage que nous publions maintenant. Il a eu auſſi recours aux plus illuſtres Hiſtoriens de France, comme Paſquier, Duchesne, Ste Marthe, Limnæus, le P. Labbe, & les ſieurs Godefroi & Dupuy, & autres Contemporains. On reconnoîtra par leurs témoignages qui ſont mis à la fin des Preuves, que rien n'a échapé à ſon exactitude.

Il ne faut pas oublier ici de rendre juſtice à feu Mr Rouſſeau, Conſeiller du Roi, Auditeur ordinaire en ſa Chambre des Comptes de Paris, aux ſoins duquel le Public doit cet ouvrage ; car non ſeulement il a aidé notre Auteur pendant ſa vie, mais ayant été le ſeul dépoſitaire du Manuſcrit trouvé après ſa mort, il l'a de beaucoup augmenté, tant par de nouvelles Recherches tirées des Titres & Regîtres du Treſor des Chartes du Roi, dans les Memoriaux, Regîtres, Terriers & Comptes des Domaines de la Chambre des Comptes de Paris, que par ſes connoiſſances particulieres ſur les Antiquités de Paris, & de celles de la

PREFACE.

France, qu'il communiquoit avec tant de facilité. Il a mis un ordre plus regulier dans cette Histoire, auquel Mr Sauval n'avoit pas eu le tems de mettre la derniere main : quelquefois même il a rectifié les dattes & les faits où il s'étoit trompé ; enfin on peut dire à present qu'elle est dans sa perfection ; les fables y sont refutées ; les faits Civils & Ecclesiastiques y sont rapportés exactement, & avec des circonstances curieuses, & qui avoient échappé à tous ceux qui ont écrit jusqu'à ce jour de cette grande & fameuse Ville. Nous avons ajoûté l'Histoire des Couvens, Communautés, Congregations & Maisons Religieuses, tant d'hommes, de femmes que de filles, établies en la Ville & fauxbourgs de Paris, par ordre alphabetique, pour les trouver plus facilement. Ils sont placés à la fin du cinquiéme Livre ; dont le chifre recommence à la page 617 ; marquée d'une *, & finit à la page 728 *, ce qui a été observé dans la Table des Matieres, pour ne se pas méprendre à chercher un autre chifre. Il est parlé de quelques Places, Halles, Foires, qui ne se trouvent point dans le Manuscrit de Sauval, comme aussi de plusieurs Colleges, dont les fondations avoient échappé à notre Auteur. Après les Croisades & les Ordres de Chevalerie, plusieurs Savans nous ont engagé de placer la Dissertation sur les *anciennes Enseignes & Etendarts de France*, sur l'usage de la *Chappe St Martin*, sur l'*Oriflame*, & sur l'Office & la Dignité de *Dapifer*, sur la *Banniere de France* & sur la *Cornette blanche*, dont les usages avoient été confondus par plusieurs personnes. Toutes ces difficultés se trouvent éclaircies dans le Discours qu'Auguste Galand a donné en 1617 : nous nous sommes déterminés à le réimprimer tel qu'il l'a composé. La rareté des exemplaires, dont l'Auteur n'avoit fait tirer qu'un très-petit nombre, nous fait esperer que le Public nous saura gré de l'avoir inseré à la fin du XIII Livre. Nous avons donné un Procès-verbal des Antiquités & monumens qui se sont trouvés lorsqu'on a rétabli le Chœur de Notre-Dame ; & nous avons aussi ajouté le procès de St Etienne-du-Mont avec les Religieux de Ste Geneviève, à l'occasion de la Procession du St Sacrement. On se plaindra peut-être de ce que nous n'avons point mis de Figures dans ces Antiquités ; mais il auroit fallu donner le

PREFACE.

Volume entier de la Topographie de Paris, de Merian, qui compose un *in-folio* assés épais, y joindre le gros Recueil des Vues de Pérelle, sans oublier celles de Langlois: il auroit été necessaire d'avoir les dessins des anciens Palais de nos Rois, des Hotels des Princes & Ducs sous chaque race, en dessiner les differens changemens qu'ils ont essuyé jusqu'à present; ce qui auroit fait quinze à seize cens planches, qu'auroit demandé cet ouvrage, & par consequent auroit été d'une trop grande depense.

Après les quatorze Livres des Antiquités, suivent les Preuves sur les faits raportés dans cette Histoire; après viennent les Comptes & Ordinaires de la Ville & Prevôté de Paris, qui regardent le Domaine muable, le Domaine de Paris, les Ventes de Cens, les Oeuvres & Reparations publiques, les Recettes & Dépenses communes, les Rachats, Reliefs & Quints-deniers, les Aubaines, Saisies, Forfaitures & Justices au profit & dépense de la Ville, les Confiscations de biens, tant des personnes absentes que des criminelles, dont les biens sont saisis en faveur de la Ville, avec le détail des Maisons, Hotels, &c. qui doivent differentes sommes à la Ville par année. Les Comptes sont suivis de la Table generale des matieres contenues dans les quatorze Livres des Antiquités, & dans les Preuves: on a renvoyé aux Livres & non aux Tomes; & afin de savoir le nombre des Livres contenus dans chaque Tome, on a indiqué à la marge de chaque page de la Table, que le second Tome commence au Livre VII, & que le quatorziéme & les Preuves, qui sont designés par P, sont dans le troisiéme Tome. Pour la Table des Comptes & Ordinaires, on l'a séparée & mise après la generale.

Table

TABLE
DES LIVRES ET DES TITRES
contenus en ce premier Volume.

Avant-propos touchant l'ancien Paris & les premiers Parisiens.

LIVRE PREMIER.

DISCOURS à Mr de Launoi.	1
des Eglises.	12
l'Université.	17
la Cité.	23
les Fossés.	37
Situation de Paris à l'égard du Ciel.	46
Fragment tiré d'une Lettre écrite à Jean-Baptiste du Hamel.	46
Dissertatio de Latitudine Parisiensi.	47
Situation de Paris à l'égard de la Terre.	54
Les differens noms de Paris.	55
Dissertation sur la découverte d'une antiquité de la Ville de Paris.	56
Des anciens Parisiens.	58
Etendue du pays des Parisiens.	59
La Religion des premiers Parisiens.	60
Valeur des Parisiens.	61
Mœurs des Parisiens.	62
Remarques particulieres touchant l'Histoire de l'ancien Paris.	62
Paris agrandi, ou nouveau, sa description en cet état, avec ses autres progrès.	63
Description du nouveau Paris, depuis qu'il a commencé à s'agrandir.	64
Description de la Ville, mais plus particuliere & plus moderne.	65
les enceintes.	65
agrandissement de Paris.	66
Courtilles.	67
Courtille Barbette.	67
St Martin.	68
au Boucelais.	
Coultures.	69
Champeaux, petits champs.	
Coulture St Eloi.	
Ste Catherine.	70
St Gervais.	71
du Temple.	72
St Martin.	73
St Ladre & celle de Montmartre.	74
St Magloire.	
St Lazare.	
des Filles-Dieu.	75
Marais Ste Opportune.	
Coulture-l'Evêque & des Quinze-vingts.	76
Moulin de bout-à-foin.	
Les Platrieres.	78
La Ville en particulier.	79
la Motte St Gervais.	
Tuilleries.	
Pissottes.	
Avis pour rendre les fossés navigables.	80
Projets pour enfermer les fauxbourgs.	83
Frais de la cloture de Philippe-Auguste.	85
Fauxbourg St Antoine.	88
Des Isles.	89
l'Isle Louviers.	
l'Isle Notre-Dame & des Vaches.	90

TABLE DES LIVRES ET TITRES.

le Terrain. 94
la Cité.
l'Isle du Palais, aux Juifs, aux Vaches, aux Treilles, de Bussy, du Passeur aux Vaches, du Passeur. 99
l'Isle de Grenelle ou Macquerelle. 100
L'Isle appellée la Cité qui est l'ancien Paris. 101
Les armes de Paris.
 son nom de Cité. 102
 son plan.
 ses Portes. 103
Portes de la Ville de Paris & leurs divers noms.
La Porte de Paris. 104
Nouvelles Portes. 105
 St Antoine.
 St Bernard ou de la Tournelle.
 St Honoré.
 St Denys.
 St Martin. 106
Portes démolies.

LIVRE SECOND.

Etymologies des noms des rues de Paris par ordre alphabetique. 107
Noms des ruelles de Paris & leur étymologie : les culs de sacs. 167
Rues qui ne sont plus rues & qui sont condamnées. 168
Quartiers, rues, cantons. 181
Rues des Artisans. 182
Halles, Boucheries. 183
Rues nommées du Puits.
Rez-de-chaussée de Paris. 184
Le Pavé. 185
Les boues de Paris. 186
Des voitures & des montures usitées à Paris : les anciennes. 187
 les Coches.
 les Litieres.
 les Carosses.
 les Palefrois.
 les Haquenées.
 le Cheval de croupe.
 la Mulle. 190
Les nouvelles voitures.
 Coches.
 Cariolles.
 Carosses & Fiacres.
 Brouettes ou Vinaigrettes.
 Chaises-à-porteur. 193

LIVRE TROISIE'ME.

La riviere de Seine.
Les pays qu'elle arrose. 195
Sa source; divers sentimens de plusieurs Auteurs à son sujet : 196. sa veritable découverte : longueur du cours de la Seine. 198
Débordemens de la Seine par ordre des tems; les effets prodigieux de ces débordemens; miracles arrivés à cette occasion. 198
Suite de ces débordemens. 201
Débordemens dignes d'être remarqués à cause de certaines circonstances non moins semblables qu'extraordinaires. 203
Assemblées pour remedier aux débordemens de la Seine. 206
Recherche de la cause de tels débordemens. 207
La riviere des Gobelins. 209
Son nom de Bievre comment changé : son cours, les differens endroits par où elle a passé à Paris : son usage pour l'écarlatte : particularités sur sa situation. ibid
 Ses débordemens. 210
Les Fontaines de Paris.
 les eaux de Belleville.
 les eaux du Pré St Gervais.
 les eaux de Rungis & de Cachan. 211
 les eaux élevées de la riviere par les pompes de Notre-Dame.
 La Samaritaine. 212

TABLE DES LIVRES ET TITRES.

Les Fontaines & Pompes qui sont distribuées par toute la Ville. 212

Les Ponts; quand ils ont commencé; leur nombre. 214

Le Petit-Pont; ses changemens; ses chutes & retablissemens. 215

Le Pont au Change; son antiquité, ses changemens; ses noms differens; combien de fois rebâti. 219

Le Pont aux Meusniers, où placé; ses noms & changemens. 222

Le Pont Marchand, où construit; ses changemens. 223

Le Pont St Michel, quand bâti, par qui, ses chutes, son nom de Pont-neuf. 225

Le Pont Notre-Dame, quand il a commencé, differens changemens, ses accidens & retablissemens. 227

Le Pont-neuf, quand il a commencé, quand achevé. 231

Discours sur le Pont-neuf, sa description exacte. 233

Le Cheval de bronze, de sa place. 235

Chemin souterrain sous le rez de chaussée du Pont-neuf; sa description. 236

Le Pont Marie, de la Tournelle & le Pont de Bois. 237

Le Pont de l'Hotel-Dieu. 239

Le Pont des Tuilleries. 240

Divers Ponts tant de la Ville que de l'Université. 241

Ports, les differens Ports de la Ville. 241

Port au Platre, l'Ecole, la Grève, de la Bucherie, St Paul, St Bernard, St Landri, celui de Notre-Dame, enfin celui de St Nicolas.

Le Quai de la Megisserie. 247

Les Egouts divers de la Ville. 248

LIVRE QUATRIE'ME.

Discours de Mr de Launoy sur les anciennes Eglises; Preface. 255

Chapitre I. *Sur l'antiquité de St Denys & St Marcel.* 257

Paragraphe I. *On ne peut prouver qu'il y ait eu d'autre Eglise à Paris vers l'an 362 que celles cy-dessus.* 258

Parag. II. *La même preuve par Sulpice Severe.*

Chap. II. *De l'Oratoire de St Martin proche la Porte de Paris.* 259

Chap. III. *De l'Eglise de St Pierre ou des Apôtres; qu'on appelle à present l'Eglise Ste Genevieve.* 260

Chap. IV. *De l'Eglise du bienheureux Martyr St Denys dedans la Ville.* 263

Chap. V. *St Vincent Martyr au fauxbourg de Paris, qu'on nomme à present St Germain des Prés.* 268

Chap. VI. *De l'Eglise de Ste Croix lès Paris.* 271

Chap. VII. *De l'Eglise St Gervais & St Protais.* 272

Chap. VIII. *De l'Eglise de St Laurent au fauxbourg.*

Chap. IX. *De l'Eglise de St Julien Martyr.* 273

Chap. X. *D'une certaine Eglise de St Pierre des Assyriens.*

Chap. XI. *De l'Eglise de Ste Colombe Vierge.* 274

Chap. XII. *D'un Monastere de Religieuses qu'on a depuis appellé St Eloi.* 275

Chap. XIII. *De l'Eglise de St Paul.* 276

Chap. XIV. *De l'Eglise de St Martial.*

Chap. XV. *De la Celulle de St Pierre qui s'appelle à present l'Eglise de St Mederic.*

Chap. XVI. *De l'Eglise de St Etienne.* 277

Chap. XVII. *De l'Eglise de St Germain surnommé le rond, qu'on appelle à present St Germain l'Auxer-*

rois.	278	Statuts. § 17.	317
Chap. XVIII. De l'Eglise de Notre-Dame.	279	Choses remarquables. § 18.	318
		Batêmes illustres. § 19.	
Parag. I. Solution d'une objection des vers de Fortunat.	280	Abus supprimés. § 20.	319
		La Chasse de St Mandrl. § 21.	
Parag. II. où l'objection tirée d'Aimoin Moine de Fleuri est refutée. ib.		L'Abbé Hugues. § 22.	320
		Le Chancelier Olivier.	321
Parag III. Reponse à l'objection tirée de la vie de St Babolin Abbé.	281	Fauchet.	
		Jacob.	322
Parag. IV. Reponse à l'objection tirée de la Charte du Roi Childebert.	284	Le Chancelier de Bellievre.	
		Bouilloude.	323
		Conchino-Conchini.	
Parag. V. Examen de la Charte d'un certain Roi Charles.	ibid.	Malherbe.	324
		Bertius.	325
Parag. VI. Refutation de la Charte d'Aenée Evêque de Paris.	286	François Olivier de Fontenai.	326
		Formé.	
Parag. VII. Conclusion de l'Eglise de Notre-Dame de Paris.		Chandeville.	327
		Remi.	
Chap. XIX. De l'Eglise de St Magloire.	290	Farel.	328
		Seguin.	329
Des Eglises en general.	291	Bocan.	
Des Eglises, leur fondation. § 1.	292	Le Mercier	330
Des Eglises. § 2.	297	Autres Epitaphes. Etienne.	
St Germain l'Auxerrois & sa description. 299. Que Childebert & Ultrogothe ne sont point fondateurs de saint Germain, ni St Vincent le patron; & de plus comme l'Eglise s'appelloit premierement. § 1.	300	St Thomas du Louvre.	332
		St Nicolas du Louvre.	
		St Honoré.	
		Ste Opportune.	
		St Roch.	333
		St Jaques St Philippe du Roulle.	335
Le bâtiment de l'Eglise. § 2.	302	Extrait d'un abregé des annales de St Germain des Prés par du Breul.	
Le Jubé. § 3.	304		
Le Maître-Autel. § 4.		Extrait des memoires du Pere François Guignard.	338
La Chaire. § 5.	305		
Peintures. § 6.		La Gallerie.	
Le Cloitre & le Quai de l'Ecole. § 7.	306	La Bibliotheque.	339
		Tombeaux.	342
Le Bourg de St Germain l'Auxerrois. § 8.	307	St Denys de la Chartre.	343
		Prieuré & Paroisse de St Denys de la Chartre.	344
Le Clergé de St Germain. § 9.	310		
La Paroisse. § 10.	311	Fondation de l'Eglise Collegiale de St Symphorien près St Denys de la Chartre.	
Le Doyen. § 11.			
Les Chapelains. § 12.	313	Procés entre les Religieux, Prieur & Couvent de St Martin, contre le Curé & Marguilliers de St Symphorien. 345.	
Les Chanoines. § 13.	314		
Les Vicaires. § 14.	316		
Les Prêtres habitués. § 15.			
Les Marguilliers. § 16.		Extrait d'un cahier de parchemin à l'occasion	

TABLE DES LIVRES ET TITRES.

l'occasion de St Symphorien.
Montmartre. §. 1. 349
    son nom. §. 2.
    les deux Temples des Païens. §. 3.
        350
    fondation de l'Abbayie. §. 4. 351
    fondateurs. §. 5.
    ruines des Chapelles & leur reta-
      blissement. §. 6. 352
    dévotion pour Montmartre très-an-
      cienne. §. 7. 353
    tombeaux. §. 8.
    l'Abbayie. 354
    biens donnés à Montmartre. 355
    bâtiment de l'Abbayie. 356
    dédicace de l'Eglise.
    choses historiques. 357
Sts Innocens. 358
Ste Catherine de la Couture. 360
St Jaques de la Boucherie.
St Merri ou Mederic. 361
St Sauveur. 362
Le Cardinal le Moine
St Laurent. 363
Archevêché de Paris. 364
    Chapitre de Notre-Dame. 367
    Annexes de l'Eglise de Paris.
    Privileges de l'Eglise de Paris.
        368
    Quatre-filles de l'Archevêché. 369
    les Quatre-filles de Notre-Dame.
        370
Eglise de Notre-Dame. 372
Procès-verbal de ce qui s'est trouvé dans
    le sanctuaire de Notre-Dame. 373
St Christophe. 381
St Germain le vieux. 382
Ste Geneviève des Ardens. 383
St Pierre des Arcis. 384
St Pierre aux bœufs.
Ste Croix de la Cité.
St Landri. 385
L'Eglise de St Etienne du mont. 386
    Sentence du Pape Innocent III, en-
    tre l'Evêque de Paris & l'Abbé
    de Ste Geneviève touchant la Pa-

Tome I.

roisse de St Etienne. 390
Contrat de l'an 1491 pour l'ac-
    croissement de l'Eglise St Etienne.
        394
Transaction faite entre l'Abbé &
    les Religieux de Ste Geneviève
    & le Curé de St Etienne. 396
Arrêt du Parlement entre le Curé
    de St Etienne & les Principal,
    Maison & Ecoliers du College
    de Montaigu. 397
Arrêt du Parlement entre l'Evêque
    de Paris & l'Abbé de Ste Ge-
    neviève touchant la Cure de St
    Etienne. 398
Acte de visite de l'Evêque de Paris
    en l'Eglise St Etienne. 401
Procès-verbal de ladite visite. ibid.
Requête presentée à l'Evêque de Paris
    en execution de cette visite. 405
Autre Requête presentée à l'Evêque
    de Paris pour le changement du
    service.
Acte pour le retranchement du Ci-
    metiere.
Choses remarquables dans Ste Ge-
    neviève. 407
Ste Geneviève.
St Victor. 408
St Benoît. 410
Les grands Jacobins.
Les Jacobins rue St Honoré. 411
St Hilaire.
St Côme & St Damien. 412
L'Eglise de St Severin. 413
Transaction passée entre St Germain
    des Prés & St Severin. 419
Ratification de la Sentence. 420
Extrait des Regîtres du Parlement.
        421
Transaction des Chartreux avec le
    Curé de St Severin sur les droits
    Curiaux. 422
Le Port-Royal. 425
Les Capucins du Marais.
Les Capucins de la rue St Honoré.

B

TABLE DES LIVRES ET TITRES.

Les Capucins du fauxbourg St Jaques.	426	Les Filles Penitentes.	469
		Les Filles de l'Assomption.	470
Ste Croix de la Bretonnerie.		Notre-Dame de Bonne-nouvelle.	
St Jean.		Les Filles-Dieu, depuis 470 jusqu'à 483	
St André.	427		
St Martin des Champs.	429	Les Feuillans.	
Ste Marine.		le Portail.	484
La Magdelaine.	430	les Tableaux.	
St Denys-du-pas.		le Chœur.	485
Les Prêtres de l'Oratoire.	431	la Bibliotheque.	
L'Ave-Maria.		Apotiquairerie.	
St Marceau.	432	Les Capucins de la rue St Honoré.	487
St Martin.			
St Hippolyte.		Les Carmes déchauffés.	
St Medard.	433	Les petits Augustins.	
St Sulpice.	434	Les Religieuses Benedictines du Calvaire.	488
Le Seminaire St Sulpice.	435		
Les Bernardins.		Noviciat des Jacobins.	
St Eustache.	437	Les Religieuses de la Congregation Notre-Dame, à la rue du Chasse-midi.	489
St Mederic.	438		
Le Val-de-grace.	439		
Les Filles Ste Marie.	440	Les Religieuses du St Sepulcre à Bellechasse.	
Les Chartreux.			
St Paul.		Les Religieuses Bernardines de Ste Cecile, dites du Precieux-Sang de Notre-Seigneur.	
Les Minimes.	443		
Les Mathurins.	444		
La Ste Chapelle.		Les Religieuses de St Nicolas de Lorraine.	490
St Barthelemi.	446		
Les grands Augustins.	447	Les Religieuses Recolettes.	
Les Cordeliers.	448	Les Filles de la Providence sous le patronage de St Joseph.	491
St Jaques du Haut-pas.	449		
Les Carmelites.	450	Les Peres Theatins, Clercs Reguliers.	
Notre-Dame des Champs.	451	Les Religieuses de la misericorde.	
St Gervais.	452	Les Religieuses Benedictines dites du St Sacrement.	492
Le Temple.	454		
Les Carmes.	455	Les Religieuses de Notre-Dame de Grace.	493
St Nicolas du Chardonnet.			
St Louis en l'Isle.	456	Dix-vertus, Religieuses Bernardines de l'Abbayie aux bois.	
Les Celestins. 457. 458. 459. 460. 461			
Le Noviciat des Jesuites du fauxbourg St Germain.	462	Les Religieuses Benedictines de Notre-Dame de Liesse.	
		Prêtres Hibernois.	494
Les Jesuites de la rue St Antoine.	463	Religieux Hibernois de l'Observance de St François.	
St Nicolas des Champs.	464		
La Sorbonne.	466	Georges Tarri.	495
St Leu St Gilles.	467	Ecole de petites Filles.	

TABLE DES LIVRES ET TITRES. 7

Les Religieuses de Gomer-Fontaine.
Les Recolets. 496
St Sepulchre.
Quinze-vingts.
St Antoine.
Noms des Eglises changés.
Cimetieres. 497
Des Asyles. 499. 500. 501. 502. 503
Diverses antiquités & changemens. 505

LIVRE CINQUIE'ME.

Hopitaux en general. 507
Lieux pour les enfans de famille débauchés. 509
Cours des Miracles. 510
Bohemiens. 517
Hopitaux de Paris. 519
   L'Hotel-Dieu.
   sa fondation.
   ses Administrateurs. 520
   les Religieuses.
   les Salles. 521
   les Directeurs. 522
   les Malades. 523
   les Medecins. 524
St Julien-le-Pauvre.
Ste Anne. 525
L'Hopital general de Paris.
Recueil de pieces qui regardent son établissement. 534
L'Hotel Royal des Invalides. 536
   de la situation & des dehors de cet Hotel. 537
   les dedans de cet Hotel Royal.
   les Refectoires. 538
   les deux Eglises. 540
   les dehors. 542
   du gouvernement & administration de cet Hotel. 544
   Officiers subalternes. 546
   Assemblées & Conseils. 550
   les Ordonnances & Reglemens de l'Hotel.
   les exercices des Invalides. 551
Edit du Roi pour l'établissement de l'Hotel des Invalides. 552
Reglement pour l'Hotel Royal des Invalides. 557
Les Petites-Maisons. 559
L'Hopital St Gervais.
Les Lepreux.
Mal St Antoine. 560
Les Teigneux.
L'Hopital de la Charité.
St Jaques de l'Hopital. 561
L'Hopital St Louis.
   des Incurables.
   des Convalescens.
Les Filles-Dieu. 562
Les Filles-Dieu; Discours à Mr du Ryer. 563
Etablissement des Filles-penitentes à St Magloire. 578
Copie du Titre d'échange de l'Hotel de Soissons au Couvent de St Magloire, pour les Filles-pénitentes, en 1572. 582
Les Enfans trouvés. 589
Déclaration du Roi, & Arrêt du Conseil d'Etat, portant établissement & direction de l'Hopital des Enfans-trouvés de la Ville & faux-bourgs de Paris. 590
Extrait des Regitres du Conseil d'Etat. 592
Hopital de la Trinité. 594
St Esprit.
Enfans-rouges.
Madelonnettes. 595
Hospitalieres de la Place Royale.
De la Raquette. 596
De St Antoine de la Misericorde.
De Ste Basilisse & de St Julien, appellées de la Misericorde.
De l'Enfant-Jesus.
De Ste Pelagie & du Refuge.
Maisons instituées exprés pour les nouveaux Convertis, & nouvelles Catholiques. 597
   Superieur de la Compagnie.
   Superieures de la Compagnie des Dames qui prennent soin de la maison

TABLE DES LIVRES ET TITRES.

des nouvelles Catholiques.
Superieures des Dames qui prennent le soin de la maison des nouveaux Catholiques.
L'Hôtel-Dieu d'Etienne Haudri, ou l'Hopital des Haudriettes. 598
 le Bâtiment. 600
 les Statuts. 602
L'Ordre de Malthe. 607
 noms des Grands-Prieurs & Receveurs en France. 609
 état de l'Ordre de Malthe dans la Generalité de Paris. 611
Couvens, Communautés & Congregations des hommes, par ordre Alphabetique. 617 *
Couvens, Communautés & Congregations, & Maisons de Religieuses, par ordre alphabetique. 649 *
Epitaphes diverses. 726 *

LIVRE SIXIE'ME.

Des Places en general. 617
 Places inconnues. 619
 Places pour les divertissemens, pour les joûtes. 621
 Place pour les duels.
 pour l'arc. 622
 des grandes Places. 623
 la Place Royale.
 Place d'Henri IV. 627
 Place des Victoires.
 Place de Louis le Grand. 628
 Place Dauphine.
 Places de Sorbonne & de Sillery. 630
Autres Places. 631
 Place Ducale.
 Place de France. 632
 Place de Cambrai, ou Terre de Cambrai. 633

Boucheries.
 Boucheries de la Porte de Paris. 633
 Nouvelles Boucheries. 635
 Retablissement de la grande Boucherie.
 Les quatre Boucheries nouvelles. 636
 Boucherie du Temple. 639
 du fauxbourg St Germain. 640
 de la Montagne. 642
 de St Nicolas des Champs. 643
 du Marché-neuf
 de la rue St Antoine. 644
 Etat des Boucheries, selon leur distribution dans la Ville de Paris. 645
Des Halles. 647
 Multiplication des Halles. 648
 Halles des Marchands forains. 649
 Police ancienne des Halles. 650
 l'état present des Halles. 951
 Halle & Marchés de la Cité, transferés aux Halles. 953
 Halle au poisson. 654
 Halle au vin. 655
 de l'Etape.
 nouvelle Halle au vin.
 état des Boulangers. 656
 la Halle des Mathurins. 657
 le petit Marché du Marais du Temple. 658
 le poids du Roi.
Les Foires de Paris. 660
 Foires proposées.
 Foire St Antoine.
 du Temple. 661
 aux Oignons & au Lard.
 St Laurent. 662
 St Germain. 664
 St Denys. 667
 Le Landit.
 St Ladre.
Remparts & Cours qui servent de promenade. 671

Fin de la Table des Titres.

De l'Imprimerie de J. CHARDON.

AVANT-PROPOS

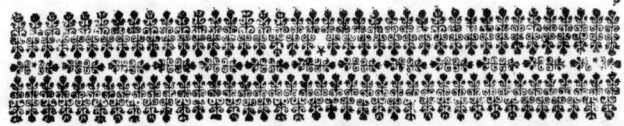

AVANT-PROPOS
TOUCHANT
L'ANCIEN PARIS
ET LES
PREMIERS PARISIENS.

PARIS a été toujours si consideré, que sans parler de Clovis & de ses successeurs, qui en ont fait leur Ville capitale & le siege de la Monarchie; bien auparavant, les Prefets des Gaules & quelques Empereurs même s'y étoient plû, & l'avoient embelli d'un superbe Palais, & de Thermes magnifiques. D'ailleurs, lorsque les Gaulois s'unirent contre César, ne s'y assemblerent-ils pas à main armée sous la conduite de Camulogene? En un mot on peut dire que les actions les plus memorables de l'Histoire s'y sont passées. Avec tout cela cependant nous ne savons rien de son origine, quoique quantité de personnes, non moins doctes que curieuses, l'ayent recherché avec grand soin. Ainsi je ne m'amuserai pas à refuter ce que le supposé Orose, & autres Conteurs de fables rapportent de sa fondation, puisque les uns ne parlent de son fondateur que comme d'un monstre né en Franconie, ou d'un fugitif échappé de l'embrasement de Troie; & les autres au contraire qui en font un Héros, n'étalent que des prouesses imaginaires & des avantures de Roman.

Je laisse de même certains Docteurs en Langue-sainte, qui s'arrêtant au nom de Paris, purement Hebreu, à ce qu'ils prétendent, sans prendre garde qu'alors il fignifie un Voleur, nous veulent mettre encore en jeu, je ne fai quel Avanturier ridicule. Car enfin eft-ce un fort beau fondement pour l'Hiftoire que la reffemblance des mots ? & de vrai il s'enfuivroit de là que la Ville de Lyon feroit redevable de fon commencement à un Lion ; de même la Ville de Sens, aux cinq fens de nature ; la Province du Perche, à une perche ; la Ville & le Diocéfe de Liege, à du liége, & ainfi du refte.

Quelques-uns veritablement, & qui fe piquent d'érudition, quittant là les mots, nous alleguent un paffage d'Herodote, à propos de la Perfe, où il dit qu'elle étoit divifée par Cantons ; que de ces Cantons l'un fe nommoit Perfe, & un autre *Germanioi*, c'eft-à-dire Germanie ou Allemande. Et là deffus Lipfe, pour encherir, tâche à prouver premierement, que la Langue Allemande ayant beaucoup de rapport avec la Françoife, telle conformité ne peut proceder d'ailleurs que du mélange de ces nations, comme étant venues de Perfe toutes deux. De plus, que ces trois lettres P. R. S. fe trouvant radicalement, & du mot de *Perfæ*, & de celui de *Paris* & *Parifii*, chofe de grand poids dans les Langues Orientales, où l'on ne confidere que les confonnes, il y a toutes les apparences du monde que de là font venus les Parifiens ; & que ce fut la feule raifon qui obligea les Allemands à les appeller du nom d'un de leurs Cantons. Car quant à l'inflexion de *Parifii Parifiorum*, emprunté de la Langue Romaine, cela ne fait rien au fujet, comme étant bien inferieure à l'origine de Paris & des Parifiens, & n'ayant eu lieu que bien longtems depuis. Ajoutés, dit-il, à ceci le raport qui encore aujourd'hui fe rencontre entre les mœurs des Parifiens & celles des Perfes : puifqu'enfin la Nobleffe, outre la veneration qu'elle a pour fes Rois, eft encore genereufe, magnifique, & traitte avec grande civilité les Etrangers : toutes qualités, autant éloignées de celles de leurs voifins, qu'elles approchent des nôtres, & de la maniere de vivre, tant des Parifiens que des Allemands ; de forte qu'on ne peut pas douter qu'il n'y ait eu autrefois une fort grande liaifon entre ces trois nations. Mais parce que des conjectures tirées de si loin, & comme par les cheveux, ne meritent pas de réponse ; aussi n'aurois-je eu garde d'en faire ici mention, n'étoit qu'elles servent à confirmer ce que j'ai avancé d'abord, qu'il est impossible de savoir ni le tems de la fondation de Paris, ni le nom de son fondateur, ni le lieu d'où sont venus ses premiers habitans.

HISTOIRE ET RECHERCHES DES ANTIQUITÉS DE LA VILLE DE PARIS.

LIVRE PREMIER.

DISCOURS A MONSIEUR DE LAUNOY.

ARIS est sans contredit une des plus grandes villes, des plus peuplées, des mieux situées, & des plus celebres du monde. Son origine cependant est si cachée, que tous ceux qui se sont mis en peine de la découvrir, y ont perdu leur tems, & se sont égarés dans leurs recherches. Orose, Sigebert, Helman, Bernardus Guidonius, Guillaume le Breton, Hugues & Jean de Saint Victor, Hugues de Fleury, Raoul de Presle, & quelqu'autres nous ont parlé de son Fondateur, à la verité; mais les uns ainsi que d'un avanturier échappé de l'embrasement de Troie, & les autres comme d'un monstre né en Franconie. Tout ce qui s'en peut raporter de plus certain, (quoiqu'on ne sache point quand, ni comment Paris commença,) c'est que d'abord il fut bâti dans le quartier, que nous appellons la Cité, qui est environné de la Seine ; & cela, quelques siécles avant la conquête des Gaules, par Jules Cesar ; ce qu'il reconnoît lui-même, tant au cinquiéme qu'au sixiéme livre de ses Commentaires.

Tome I.   A

La force du lieu enfermé de deux larges canaux, peut faire juger de l'humeur de ceux qui en firent le choix, c'est à dire, de gens passionnés pour leur liberté, tels qu'étoient les peuples de la Gaule, mais les Parisiens sur tout. Car comme en ces tems grossiers, le courage avoit plus de part à la guerre que l'industrie, une Isle si bien retranchée de grands canaux, sembloit n'avoir rien à craindre des ennemis, quelque vaillants & nombreux qu'ils fussent. Ajoûtés à ceci son voisinage, sur les confins de la Celtique, & de la Belgique, entre Sens, Orleans, Chartres, Rouen, Beauvais, Amiens, Provins, Melun, toutes Villes riches, puissantes & fort peuplées, qui reciproquement ont contribué à son établissement, aussi bien qu'à sa grandeur, & dont quelques unes même ont eu des Rois. Aussi les Romains la trouverent-ils si commode, que Jules Cesar y tint les Etats ; que Constantin, Constance, Julien l'Apostat, Valentinien, Gratien, Maxime, avec quelques autres Empereurs, & encore la plupart des Gouverneurs de la Gaule, y ont établi leur demeure ordinaire, & ont bâti dans l'Université ce somptueux édifice appellé le Palais des Thermes, dont il reste de si belles ruines.

Cesar, Strabon, l'Empereur Julien, Ammian Marcellin raportent que Paris étoit renfermé dans une petite Isle de la Seine, & attaché à la terre ferme par deux ponts de bois, ce que nous apellons maintenant la Cité. Ammian entre autres s'est efforcé d'en particulariser l'assiete, avec plus d'exactitude que pas un. Mais ce qu'il dit est si confus & si embrouillé & corrompu, qu'aucuns croient qu'il n'est jamais venu à Paris, & qu'il n'en parle que sur le raport d'autrui. Voici son passage. La Gaule Belgique, dit-il, est separée de la Celtique par la Marne & la Seine, rivieres également grandes, qui après avoir environné Lutece, forteresse des Parisiens, se vont perdre toutes deux à Coustance dans la mer Oceane.

Ici on remarque deux erreurs, la premiére, & dont tout le monde convient, que ce n'est qu'à cette Ville que nous nommons le Havre, & non point à Coustance, que la Seine mêle ses eaux avec celles de l'Ocean.

Quant à la seconde, elle a été débrouillée par Henri de Valois, l'un des plus savans hommes de notre siécle.

Cette situation si avantageuse de Paris que je viens de remarquer, est encore accompagnée de la fertilité de son terroir, arosé de quantité de sources, de ruisseaux, de riviéres, & de plus, sans parler des plaines, entrecoupé de valons, de colines, de montagnes, de forêts, & de tout ce qui peut contribuer non seulement à la commodité, mais au plaisir de la vie.

Et de fait quant aux batimens, sans quoi un lieu habité ne prend point le nom de Ville ; la forêt d'Orleans, celles de Livri, de Bondis, de Vincennes, & de Boulogne, toutes dans le voisinage, furent toujours à son commandement, pour ne point chommer de bois ; & enfin Mont-martre, qui en est tout proche, lui a toujours fourni du plâtre, ainsi qu'à plus de cinquante lieues à la ronde, aux autres Villes, Bourgs & Villages, sans qu'il en soit encore épuisé, & peut-être ne le sera-t-il jamais.

Du côté du Septentrion, depuis la Seine, s'étend une longue & platte campagne abondante en bleds : & du côté du Midi s'éleve une montagne qui commence là à l'autre bord de la riviére ; mais si fertile encore en bled, vin, orge, avoine, foin, sources, & en tout ce qui est le plus necessaire à l'entretien de la vie, qu'avec grande raison on la pourroit appeler le grenier & le cellier de la France. En ce tems-là, elle étoit en partie ombragée d'une forêt la plus spatieuse & la plus épaisse du Royaume, nommée la Forêt d'Orleans ; mais que nos Rois peu à peu, ont si bien dégradée, qu'enfin François premier acheva de la ruiner.

Cette pente douce, au reste, & imperceptible qu'on aperçoit de Paris, & qui regne depuis Montleheri jusqu'à Poissi, est toute chargée de vignes. Lonjumeau, Sceaux, Bagneux, Chatillon, nous envoient d'assés bons vins blancs : Meudon, Sevre, Saint Cloud, Surenne, Ruel, Vanves, Issi, Port au

DE LA VILLE DE PARIS.

Pré, en fourniffent de clairets; mais fi petillans, fi délicieux, & fi pleins d'efprit & de feu, que Julien l'Apoftat en faifoit grand cas. Auffi ne les fert-on que fur les meilleures tables, & les plus délicates.

Des fources de Rungis & de Belleville, fortent des eaux fi claires, fi bonnes & en fi grande quantité, qu'elles ne fuffifent pas fimplement à remplir toutes les fontaines publiques de Paris; mais encore vont fe perdre dans les jardins du Roi, des Princes, & de plufieurs particuliers.

La valée de Montmorancy produit des cerifes en telle abondance, qu'à Paris tout grand qu'il foit aujourd'hui, on les a quafi pour rien, tant il s'en cueille tous les ans.

Vanves, à la verité, donne peu de beure; mais en recompenfe, il eft fi excellent, que ceux de Flandre & de Bretagne n'en aprochent point. Les plus difficiles même, & ceux qui ont le goût le plus fin, avouent franchement qu'il n'a pas fon pareil.

A Goneffe le pain qui s'y fait eft fi leger, fi blanc, mais d'ailleurs fi bon, qu'il ne s'en voit point d'autre fur toutes les grandes tables.

Les Marêts qui forment ce grand demi cercle au tour du quartier que nous apellons la Ville, produifent tant de legumes & de tant d'efpeces, que le pauvre auffi bien que le riche y a part, & en peut avoir aifément: de forte que de tous ces terroirs, auffi bien que des villages & des bourgs d'alentour, mais fi proches qu'il y en a peu qu'on ne découvre les clochers, on voit naître & lever ces trefors qui les rendent fi renommés, qu'ils furpaffent l'efperance du Laboureur, & l'attente des Jardiniers. Auffi eft-ce pour cela que toutes les valées, les plaines, les colines & les montagnes de cet excellent territoire, font toutes couvertes de Châteaux, de maifons de plaifance, de Bourgs, de Villages.

Que Paris ne foit beaucoup redevable de fon agrandiffement à une telle fertilité, il n'en faut pas douter. Mais à ce qu'on tient, rien n'y a tant contribué que la Seine, cette riviére fameufe, enflée de tant d'autres, & de tant de fources, qui paffe au milieu de cette grande & fuperbe Ville, & la fend par le milieu en deux endroits. Car enfin depuis fa fource jufqu'à fon embouchure, elle reçoit jufqu'à dix-fept riviéres, & toutes portant bâteau, qui conduifent jufques dans le cœur de Paris, tout ce qu'il y a de plus excellent en Beauffe, en Brie, Champagne, Picardie, Bourgogne, Normandie, fans les autres endroits.

Mais tant de riviéres jointes enfemble, & tous leurs prefens, étoient trop peu pour un Paris: le Rhône, la Loire, la Saone, la mer Oceane & la Méditerranée ont voulu auffi être de la partie, afin de l'enrichir bien autrement. Et de fait, par le moyen de la Seine, qui fe perd dans la mer au Havre de Grace, les dépouilles de l'Ocean y abondent; & de même par des canaux & des éclufes qui joignent maintenant la Seine à la Loire, le Nivernois, l'Orleanois, la Sologne, le Blaifois, la Touraine, l'Anjou, le Berry, le Poitou, lui envoient tout ce qu'ils ont de bon & de rare; outre tant d'autres richeffes, que ce grand fleuve reçoit à part de l'Ocean à fon embouchure pour fe faire encore plus confiderer. A la verité j'avoue qu'avant cette communication on ne laiffoit pas d'en profiter; mais comment? c'eft à dire, en les traînant par terre miferablement à grands frais, jufqu'à Montargis fur le bord du Loing, qui là fe dégorge dans la Seine.

Du Rhône enfin, & de la Saone, lui viennent tous les biens, tant du Dauphiné, du Lyonois, que du Languedoc & de la Provence; fans mettre en ligne de compte tant de richeffes que l'Orient répand fur les côtes de ces deux dernieres Provinces. Car quoique la Saone foit feparée de la Loire par un efpace de terre de dix ou douze lieues, c'eft fi peu de chofe cependant, eû égard à l'utilité que Paris en reçoit, auffi bien que les Marchands, qu'enfin cette route eft fi bien frayée & de chariots & de chevaux de charge, qu'il n'y a plus maintenant que ce petit chemin à faire par terre, pour porter des ex-

Tome I.   A ij

tremités du monde jusqu'au milieu de Paris, tous les biens, dont generalement l'Europe, l'Asie, l'Afrique & l'Amerique se dépouillent, tant sur les côtes de Normandie & de Bretagne, que sur celles du Languedoc & de la Provence.

Peut-être demandera-t-on si Paris dans son commencement a joui de si grands avantages, non seulement à l'égard du commerce de la Seine, mais encore à l'égard de la fertilité de son territoire? J'avoue que les soins & l'invention des cultures y ont pû servir, sur tout quand je considere que Julien l'Apostat les loue d'avoir trouvé le moyen d'élever des figuiers, & même vante leurs vignes dont il se recueilloit de si bon vin; ce qui fait assés voir que le pays n'étoit pas moins bon qu'il l'est à present. Que si Julien n'en a parlé qu'en passant, bien des gens pourtant croient que tant d'Empereurs & de Préfets du Prétoire & de Gouverneurs n'ont point séjourné à Paris, sans faire venir de Rome par eau une partie des choses qui se trouvoient en Italie, & ailleurs, & que la Gaule ne connoissoit point.

Quoi qu'il en soit, personne ne doute que l'origine des Parisiens ne soit fort ancienne. Jules Cesar au sixiéme de ses Commentaires reconnoît que long tems devant qu'il passât en Gaule, ils avoient fait alliance avec les Senonois. Mais nous avons découvert d'autres choses bien plus anciennes qu'il n'a fait; & cela en conciliant un passage du cinquiéme livre de ses Commentaires avec un autre de la Table d'Angleterre de Ptolomée. Car enfin nous voyons qu'ils avoient conquis une partie de la côte de cette Isle, à qui ils donnerent le nom de leur pays, bien auparavant que Cesar fût Gouverneur des Gaules. Et de fait ce Prince assure lui-même, que les Anglois tenoient par une longue tradition que des Aborigenes occupoient le dedans de leur Isle, & que la côte étoit habitée par des peuples de la Gaule Belgique, qui après s'en être rendus les maîtres, lui donnerent leur nom, s'y établirent & en cultiverent les terres. Or quoiqu'il ne nous ait pas dit comment ils l'appelloient, nous ne l'ignorons pas neanmoins, car il se voit dans Ptolomée, en termes exprès, que les Parisiens étoient du nombre de ces Conquerans; & de plus ce sont ces peuples là mêmes, que Cambdenus place dans cette partie du Duché d'Yorck, nommée East-Riding & située à l'embouchure de la riviere d'Humbre. C'est là tout ce que j'ai pû découvrir de l'origine tant de Paris & des Parisiens, que de ceux d'entre-eux, qui passerent en Angleterre, où ils se sont si bien fait connoître.

Venons aux autres qui demeurerent toujours chés eux, savoir, entre la Seine, l'Oise & la Marne.

Touchant ceux-ci, nos plus savans Geographes & Historiens ne sont pas trop d'accord. Les uns croient qu'au commencement les Parisiens étoient sujets des Senonois; les autres au contraire soûtiennent qu'ils ont toujours été libres, sans avoir jamais obéï à aucun maître.

Les premiers se fondent sur ce que bien auparavant que Paris fût, la Ville de Sens avoit été bâtie par un peuple puissant, riche, & qui commandoit à tous ces territoires que nous appellons aujourd'hui Dioceses; savoir de Sens, Auxerre, Troies, Paris, & Meaux; tellement que quoiqu'on ne sache pas au vrai le nom de ceux qui commencerent Paris, il y a apparence neanmoins, que ce furent les habitans de là au tour, qu'on appelloit Parisiens sujets des Senonois, & qui ne laisserent pour cela de l'être toujours, jusqu'à ce que leur nombre les eut rendus considerables, aussi bien que leurs richesses, ayant toujours été confondus avec les Senonois, comme ne faisant qu'un corps. Aussi dans le dénombrement que Tite-Live fait des peuples de la Gaule, qu'Ambigate envoya pour conquerir l'Italie, il ne parle point des Parisiens, & se contente de dire en general les Senonois: si bien qu'ils n'ont commencé à être distingués par le nom de Parisiens, & prendre la qualité de peuple en chef & indépendant, que depuis que les forces leur furent venuës; à la verité reconnoissant toujours les Senonois, mais simplement alors en qualité d'Alliés.

DE LA VILLE DE PARIS.

Ce changement au reste, arriva plusieurs années avant que Cesar passât dans les Gaules ; selon ce qu'il dit lui-même au sixiéme livre de ses Commentaires. Les Parisiens, dit-il, étoient un peuple voisin de ceux de Sens, & même avoient quelque souvenance de nos Peres, comme ayant contracté autrefois une étroite alliance avec eux. Par ce passage, cependant, tant il est mal conçû, on ne voit point si tel changement arriva les armes à la main, ou de gré à gré. C'est la seconde opinion touchant l'origine de Paris & des Parisiens & les raisons qu'on allegue pour la deffendre.

Or quoique Tite-Live ne fasse aucune mention des Parisiens en parlant des entreprises de Sigovese & de Bellovese, il ne s'ensuit point pour cela que Paris ne fût pas encore bâti, & que ses environs ne fussent pas habités par un peuple riche & puissant, appellé Parisiens.

Que s'il ne parle point d'eux, non plus que de beaucoup d'autres peuples de la Gaule, dans le recit qu'il fait des Gaulois qui passerent en Italie sous la conduite de Bellovese ; c'est sans doute parce qu'ils étoient allés fondre en Allemagne avec Sigovese, & que dans son histoire, il n'a rien voulu mêler de cette guerre avec celle d'Italie.

Depuis cette confédération & cette alliance de Paris avec Sens, leur bonne intelligence a toujours continué, & enfin, ces deux Villes n'ont été desunies que de nos jours. Neanmoins, lorsque sous Jules Cesar, la Gaule fut partagée en trois Provinces ; du tems d'Auguste en quatre, & depuis en sept ; elles ne furent point séparées pour cela, & firent toujours ensemble partie de la Celtique ou Lyonoise.

La même chose arriva sous l'Empire de Valentinien, quand de ces sept Provinces, on en fit quinze, & dix sept après, du tems d'Arcadius & d'Honorius : sous Valentinien toutes deux ayant été comprises dans la premiére Lyonoise, & dans la quatriéme Lyonoise au dernier partage, à laquelle pour lors on donna deux noms, tantôt l'apellant Senonoise simplement, & tantôt Lyonoise quatriéme.

La même union eut lieu encore, quand on vint à distribuer la Gaule en Evêchés & Archevêchés, car on s'attacha si scrupuleusement à la derniere division qui en avoit été faite, que même ayant égard au rang de la Ville de Sens, & à la liaison qu'elle avoit toujours euë avec Paris, Sens pour lors fut érigé en Archevêché, & Paris en Evêché simplement, qui en dépendoit : de sorte que dans une union si grande, & pour venir à bout d'un nœud si étroit, doublé & redoublé tant de fois depuis plus de dix sept cens ans, il a fallu deux glaives bien tranchans, le spirituel & le temporel, & que le Pape & le Roi exprès se soient joints ensemble, pour détacher Paris de Sens, & au lieu d'un Suffragant lui donner un Archevêque, ce qui ne s'est vû que de nos jours.

Depuis l'effort de Labienus contre Paris, jusqu'à Julien l'Apostat, il n'est parlé nulle part, ni de Paris, ni de ses habitans. Mais cet Empereur, de son tems, aussi bien qu'Ammian, nous donne à connoître quantité de particularités que je ne puis passer. Après une description assés exacte de Paris, il raporte qu'il y croissoit de fort bonnes figues ; & que de son tems, on avoit commencé à y élever des Figuiers, & trouvé l'invention de les couvrir l'hiver, soit de paille, ou d'autre chose, pour les défendre de la gelée. Il ajoute même, que l'hiver y étoit beaucoup plus temperé, &c. Voyés ce qui en a été dit ailleurs.

Quoi qu'il en soit, l'hiver cette année là, fut plus rude qu'à l'ordinaire, la riviére charioit de si gros glaçons qu'on les eût pris pour des tables de marbre Phrygien, & peu s'en faut qu'elle ne prît tout à fait, & qu'on ne la passât à pied. Or comme le froid augmentoit de jour en jour, & que Julien ne vouloit point qu'on fît de feu dans sa chambre, afin de s'accoutumer à la froideur de l'air ; neanmoins la rigueur de la saison étant devenuë si grande, qu'il n'y avoit pas moyen de durer, il se contenta de faire apporter dans un rechaut un peu

HISTOIRE ET ANTIQUITES

de charbon alumé, qui fut mis au milieu, de crainte que s'il faisoit du feu, une si grande chaleur ne vînt à émouvoir l'humidité, qui étoit attachée aux murailles. Cette précaution neanmoins n'empêcha pas que son rechaut ne fît le même effet, de sorte que sa chambre bientôt après fut si pleine de vapeurs grossiéres, qu'il eût été étouffé, si au plus vîte, on ne l'eût emporté hors de là.

Une chose bien remarquable pour Paris, est que Julien non seulement en fut Gouverneur durant quatre ans, aussi bien que de toutes les Gaules, mais encore qu'il y fut proclamé Empereur après plusieurs victoires, & quantité de conquêtes. Quant à cette promotion, il en sera parlé ailleurs.

Cependant, je ne saurois omettre une action qu'il fit, digne d'un d'un très-bon Prince & pleine de charité. Comme il sut que les Gaulois étoient accablés d'impôts, que Florence Préfet du Prétoire mettoit tous les jours, & qu'il levoit avec la derniere rigueur; comme celui-ci vint lui aporter ses comptes pour les signer, il ne les voulut pas seulement regarder ; & après avoir pris la peine de calculer avec lui toutes ses exactions, & trouvé que les levées ordinaires étoient plus que suffisantes pour l'entretien de son armée; aussi tôt, il retrancha tout le reste. Bien plus, lui-même se voulut charger de la levée des deniers de la seconde Belgique, qui gemissoit encore sous le poids des impôts.

Après tout, quoiqu'Ammian nous fasse savoir que le corps d'Helene, femme de Julien & sœur de l'Empereur Constance, fut porté à Rome après sa mort au mausolée de Constantius, sans pourtant nous dire le lieu où elle mourut; il y a grande apparence neanmoins, que ce fut à Paris. Car comme c'étoit le lieu où son mari d'ordinaire venoit passer son quartier d'hiver, où il a séjourné plus de tems, où il fut proclamé Empereur, & où vrai-semblablement sa femme se tenoit plus souvent, pendant qu'il conduisoit les troupes; outre cela, qu'au tems de la promotion, elle étoit à Paris avec lui, & qu'enfin dans la lettre qu'il écrivit aux Atheniens, touchant ce qui s'étoit passé en cette occasion, il reconnoît lui-même, qu'elle ne vêcut guere après, & même, comme d'autres ajoutent, qu'elle mourut en couche : il y a lieu de croire, qu'une femme grosse & prête d'accoucher, ne songea à rien moins (fut tout dans une saison fâcheuse) qu'à sortir d'une Ville, où elle avoit son mari, un Palais, & toutes sortes de commodités.

Julien ne fut pas le seul des Cesars, & des Empereurs Romains, qui séjourna à Paris : on croit que Constantin & Constance y avoient demeuré avant lui ; mais enfin, personne ne doute que Valentinien, Gratien & Maxime n'y soient venus depuis. Cela se voit & dans Prosper & dans Ammian Marcellin ; étant obligés souvent, par la frequente revolte d'Allemagne & d'Angleterre, de passer en Gaule : & comme Paris est entre deux, d'ailleurs pourvû de tous les avantages dont nous avons parlé, une demeure si agreable & si commode, contre ces rebelles, leur fit préferer cette Ville à toutes les autres de la Gaule: & sans doute c'est par cette raison, que Constantin ou Constance pour y être logés selon leur dignité, y bâtirent ces fauxbourgs, cette place & ce Palais, dont il reste encore quelques ruines à l'Hôtel de Cluni ; & où depuis, Julien avec quelques-uns de ses successeurs, aussi bien que les Préfets du Prétoire, les Gouverneurs de la Gaule, & peut-être même Clovis & nos autres Rois de la premiére race ont demeuré.

Valentinien après avoir associé à l'Empire son frere Valens, qu'il envoya en Orient contre les Persans & les Gots, y vint pour s'opposer aux courses des Allemands, Sarmates, Pictes, Ecossois & autres qui ravageoient l'Angleterre & la Gaule; & ce fut là qu'il reçut la tête de Procope, qui s'étoit fait proclamer Empereur en Orient, & que Valens avoit fait décapiter.

Maxime, depuis, ayant été créé Empereur en Angleterre, & marchant contre Gratien, tous deux en vinrent aux mains, à la vuë de Paris, où Gratien fut défait & tué.

Quelque temps après, les François s'étant jettés dans la Gaule, où ils firent quelques progrès, Clovis enfin pouſſa leurs conquêtes ſi loin, que s'étant rendu maître de tout le pays, il en chaſſa les Romains, défit Alaric, & voulut que Paris fût la Capitale de ſon Royaume. Du Palais des Empereurs il en fit le ſien, & bâtit aſſés près de là l'Egliſe de Saint Pierre & Saint Paul, que nous apellons Sainte Geneviéve, où il eſt enterré.

Après ſa mort, ſes quatre Fils partagerent la Monarchie, & en firent quatre Royaumes. A Childebert échut celui de Paris, dont on ne ſait point l'étenduë Fortunat aſſure que ce fut lui qui fit bâtir la Cathédrale ; mais il eſt certain que Saint Vincent, qui eſt notre Saint Germain des Prés, & où ſe voit ſon tombeau, fut fondé par lui.

Childebert étant mort ſans enfans mâles ; Clotaire premier, le ſeul de tous ſes Freres qui reſta, lui ſucceda, & par ce moyen réunit en un ſeul corps les quatre Royaumes, ſavoir ceux de Paris, de Metz, de Soiſſons, & d'Orleans.

A Clotaire encore auſſi bien qu'à Clovis ſuccederent quatre Fils, qui démembrant le Royaume tout de nouveau en firent quatre; & pour lors il parut qu'il y avoit plus d'avantage à être Roi de Paris que des autres. Car comme Chilperic s'en ſaiſit, & que ſes Freres vouloient l'avoir auſſi bien que lui, auſſi tôt, ils en vinrent aux armes, & enſuite tirèrent au ſort, qui fut favorable à Cherebert. Or comme il mourut ſans ſucceſſeur, ſa mort cauſa une nouvelle guerre entre ſes freres. & le tout à cauſe de Paris, tant il leur faiſoit envie. Bien-tôt neanmoins, ils en vinrent à un accommodement, qui fut que le Royaume de Cherebert ſeroit partagé en trois, à la reſerve de Paris qui demeureroit en ſequeſtre, ſans appartenir à pas un deux; & que celui qui y entreroit ſans le conſentement des autres, perdroit ſa part de ce Royaume. Contre cette convention Chilperic & Sigebert s'en étant rendus les maîtres, Gontran après la mort de ces Princes, qui tous deux furent aſſaſſinés, prétendit qu'il lui appartenoit, & que ſes freres, comme parjures, avoient attiré ſur eux la vengeance du Ciel

Deux choſes au reſte, & toutes deux nouvelles, ſe virent à Paris ſous Chilperic ; le procès auſſi bien que la condamnation injuſte de Pretextat Evêque de Rouen, & le divertiſſement du Cirque pour la courſe des chevaux, enſeveli ſous les ruines de Rome ; & qui depuis, dans tout l'Occident, n'avoit été renouvellé qu'une ſeule fois.

Chilperic ayant été tué près de Chelles au retour de la chaſſe, & ſon corps auſſi-tôt apporté à Saint Germain des Prés : Fredegonde en diligence, accourut à Paris avec ſes tréſors, ſe mit ſous la protection de l'Evêque, & ſans perdre de tems, envoie prier Gontran de venir prendre poſſeſſion du Royaume de Paris ; & enfin d'avoir pitié de ſon fils unique âgé ſeulement de quatre ans. Auſſi-tôt Gontran part d'Orleans avec des troupes, & ſe rend à Paris. A peine y étoit-il entré par une porte, que les Magiſtrats lui firent ſavoir que Childebert Roi de Metz, étoit à l'autre, qui demandoit auſſi à entrer ; & comme il fit défenſe de lui obéir, non ſeulement enſuite il ſe mocqua de ſes Ambaſſadeurs, mais même refuſa de livrer Fredegonde, qu'ils accuſoient d'être la meurtrière des parens de leur maître.

Quelque bienveillance que Gontran eût pour Fredegonde, qu'il honoroit & traitoit ſouvent, non content de la proteger, les mauvais bruits neanmoins qui couroient d'elle, le mirent en tel ſoupçon, qu'il voulut ſavoir ſi ſon fils étoit veritablement ſon neveu, & heritier de Chilperic, & enfin il ne le crut que ſur le ſerment d'une aſſemblée celebre, compoſée de grands Seigneurs, d'Evêques, & des plus gens d'honneur de Paris, ſi bien qu'alors il le mit en poſſeſſion du Royaume de ſon frere, & depuis même fut ſon parrain, & lui donna le nom de Clotaire.

Sa mere le fit élever à Paris, & elle même s'y plaiſant, auroit pris ce ſoin là, ſi Gontran ne l'eut releguée en Normandie, appellée Neuſtrie alors, où le propre jour de Pâques, elle fit aſſaſſiner à l'Autel l'Evêque de Rouen, qui eſt ce Pretextat dont j'ai touché un mot. Ce qui eſt à remarquer au reſte, eſt que depuis ce Clotaire deuxiéme, il n'a plus été fait mention des Rois de Paris, & le nom en a été aboli. Il mourut dans sa Ville capitale, & repose à Saint Germain des Prés, proche de son Pere.

Clotaire second & tous ses successeurs ont tant fait d'estime de Paris pour sa situation, qu'il a toujours été le siége de la Monarchie. Pepin parvenu à la Couronne, lui conserva la qualité de Capitale, il y celebra les Fêtes de Noël & de Pâques, & même y établit son Parlement, qui étoit l'assemblée des Etats, en ce tems-là. Charlemagne son fils de même tout Empereur qu'il fût, ni pas un de ses descendans, ne transfererent point le siége du Royaume ni à Rome, ni à Aix la Chapelle, ni dans pas une autre Ville, soit d'Allemagne, de France, ou d'Italie, quoiqu'ils fussent plus ordinairement à Aix qu'en pas un autre endroit ; puisqu'enfin jamais Aix n'a porté le nom de Capitale. Aussi ne laisserent-ils pas de venir quelquefois à Paris.

Charlemagne, en 779, après avoir nommé des Gouverneurs dans toutes les Provinces de l'Aquitaine, non seulement y vint, mais y séjourna même, & n'en partit que pour son voyage de Rome. En 800 & 801 après avoir donné la chasse aux Pirates qui empêchoient le commerce, il passa par Rouen & par Tours, & s'en retourna à Aix par Orleans & Paris.

Le Moine de Saint Gal remarque encore qu'il s'y rencontra à une Fête de Noël, aussi bien que de l'Apparition, & que les Musiciens qui lui avoient été donnés par le Pape Estienne, chanterent si mal, que les lui ayant renvoyés, le Pape en éxila quelques-uns, & fit mettre en prison les autres.

Quand Lothaire avec ses freres en 834 eut dépouillé son pere de l'Empire ; aussi-tôt il passa en France, & choisit Paris pour le rendés-vous de ses troupes. Mais le Comte Eggibart s'y opposa, & marchant contre lui à la tête de sa Noblesse, l'obligea de prendre une autre route, & de laisser Louis le Débonnaire à Saint Denys, quoique sous sûre garde ; & aussi-tôt y allant, revetit l'Empereur de ses habits Imperiaux, l'emmena à Paris, où il fut quelque tems, & l'aida à ranger son fils à la raison.

Lothaire enfin, Louis deux & Charles le Chauve passerent aussi à Paris, & y séjournerent quelquefois. Charles le Gros y vint avec des troupes, contre les Normands, qui tenoient la Ville assiegée depuis un an. En un mot, tant que la France a appartenu aux Empereurs d'Occident, il n'y en a pas eu un qui ne soit venu la visiter comme le siége & la Capitale du Royaume de Clovis & de Pepin. Ainsi Paris a été la Capitale de toute la France près de douze cens ans durant ; chose si extraordinaire qu'il ne se voit point de Ville dans toutes les histoires, qui ait conservé ce rang si long tems de suite, & pendant tant de siécles. Ninive, Jerusalem, Memphis, Babylone, Alexandrie, n'ont pas été reconnues long tems pour Capitales : en changeant de maîtres, souvent elles ont changé de condition & d'état. Rome veritablement a été la Capitale de tout le monde, & l'est encore de toute la Chrétienté ; mais ce n'a pas été de suite, ni sans interruption. Constantin l'abandonna & transfera le siége de l'Empire à Constantinople. D'ailleurs elle a été ruinée bien des fois, jusqu'à servir de retraite aux loups, & aux autres bêtes farouches, du tems de Theodoric, lorsqu'il eut conquis toute l'Italie & choisi Ravenne pour le siége de son Royaume. Peut-être Thebes a-t-elle été plus long tems la Capitale de l'Egypte, s'il est vrai ce que disent les Egyptiens, que leurs Rois y ont tenu leur siége quarante ou cinquante mille ans : mais pour y ajouter foi, il faudroit être bien credule.

Lorsqu'on vint à ériger les grandes terres de la France en Duchés, Marquisats & Comtés, Paris aussi bien que son territoire, bien loin d'être oublié, fut consideré à ce point, qu'on y vit en même tems un Comte de Paris, un Duc & un Marquis de France. Tantôt trois, tantôt deux jouissoient de ces trois dignités ensemble, & tantôt un seul ; & toujours étoit-ce, ou Princes du sang, ou Princes en grand crédit, & beaucoup au dessus des autres par l'autorité.

Alpaïde, fille de Louis le Debonnaire épousa Regon Comte de Paris, qui mourut en 816.

Adelaïde

DE LA VILLE DE PARIS.

Adélaïde sa sœur fut mariée en premieres noces à Conrart l'aîné Duc de Bourgogne fils de Welphe Comte d'Altorf, & frere de l'Imperatrice Judith qui mourut Comte de Paris en 862 ; & en secondes noces, Robert le Fort, Duc & Marquis de France, appellé pour sa valeur un autre Machabée.

Conrart laissa un fils qui succeda à son Comté, & dont Rodolphe son fils, fut aussi pourvû à sa mort. En 881. ou 888. ce Rodolphe fut couronné Roi de Bourgogne, & apparemment s'accommoda de son Comté avec Eudes qui étoit oncle fils de Robert le Fort & d'Adelaïde ; car il est certain que cet Eudes ici a été Comte de Paris, & après lui son frere Robert, qui en 922. fut sacré Roi de France, & tué l'année suivante le 15 Juin, à la bataille de Soissons.

Hugues le Grand son fils, herita non seulement du Comté de Paris, mais encore du Duché de France ; & enfin Hugues Capet posseda lui seul, à la fois tout ce que ses devanciers n'avoient jamais eu qu'en partie : car il fut tout ensemble Comte de Paris, Duc, Marquis & Roi de France, & de plus, réunit à la Couronne toutes ces hautes dignités.

De donner à connoître le Domaine de ces Princes, & dire le nom des terres qu'ils possedoient ; bien loin de le faire, c'est ce que je ne sai pas moi-même. A la verité le Cartulaire du Doyen de Paris, & du petit Pastoral, m'apprennent que l'Isle Notre Dame en faisoit partie avant Charles le Chauve, & qu'il en eut fait don à l'Evêque Enée ; mais sans doute, il consistoit en bien d'autres terres, qui ne sont point venues à ma connoissance.

Après tout, quoique tous ces Ducs, Marquis & Comtes fussent Princes de naissance, pas un d'eux neanmoins ne fut souverain de Paris, & moins encore de la France. A proprement parler, ce n'étoit que de simples Gouverneurs, qui gardoient Paris & ses autres dépendances pour l'Empereur. Aussi lors que Paris fut assiegé par les Normans en 886. le Comte Eudes en sortit pour aller implorer l'assistance de Charles le Gros, qui aussi tôt y vint : & Sigefroi Roi de cette nation ennemie, la même année avant que de camper, ayant taché d'obtenir de l'Evêque Goslen, le passage libre sur la riviere, & le long de la ville, tant pour ses barques, que pour son armée ; cet Evêque lui fit reponse, qu'il tenoit Paris pour l'Empereur, & lui en rendroit compte, comme il feroit à Sigefroi, s'il tenoit la ville de lui : reponse qui fut cause que ce barbare entreprit le siege par eau & par terre. Son armée étoit composée de quarante mille hommes ; le nombre des barques étoit si grand, que la Seine, deux lieues entieres au moins, en étoit toute couverte ; ce qui obligea les habitans des environs, de se refugier dans la ville, qui pour lors ne consistoit qu'en cette Isle que nous appellons maintenant la Cité.

On voit dans Abbon, qu'elle tenoit à la terre ferme par deux ponts, & tous deux placés au même endroit où nous voyons aujourd'hui le petit pont & le pont au Change. De plus on n'y entroit que par là ; & chacun étoit deffendu & couvert d'une grosse tour ou chateau, de l'autre côté de la riviere sur le bord. La ville toute environnée de murailles, étoit flanquée de tours, les unes grandes, les autres petites avec quelques chateaux. Dans les faux-bourgs se trouvoient peu d'Eglises & de maisons : quant à ces maisons, aussi bien qu'aux ponts, aux tours & aux chateaux, tout étoit de bois, & même on est en doute si les murailles n'en étoient pas aussi.

Ebole, Abbé de S. Germain, Eudes, Comte de Paris, Robert son frere, les Comtes Regnier & Sibange, tous braves & dignes de commander, n'eurent pas plutôt appris l'arrivée des Normans, & leurs desseins, qu'ils accoururent avec leurs amis. Sigefroi voyant bien qu'il n'y avoit rien à esperer par douceur, vint attaquer un de ces chateaux, batis en terre ferme du côté du Septentrion, & donner un assaut vigoureux, à grands coups de frondes & de dards, parce qu'elle n'étoit que d'un étage ; mais qui fut si bien deffendue par Eudes, Robert, Regnier, Ebole & Goslen, que les Normans (quoiqu'ils l'eussent ruinée de fond en comble,) furent contraints d'en abandonner les restes aux assiegés. Cet assaut qui avoit commencé à la pointe du jour, ne finit qu'à la nuit. Les ennemis chassés, ils se mirent à le reparer, mais avec tant de diligence, que dès le lendemain, avant qu'il fit clair, ils l'avoient élevé de près de trois étages, plus qu'il n'étoit auparavant. Les Danois quoique fort surpris, ne laissent pas de retourner avec furie, à un second assaut, & n'épargnent ni dards, ni fléches, ni pierres. De leur côté les assiegés ne sont pas moins leur devoir avec leur pluie d'huile, de poix, de chaux, & de cire fondus ensemble, qui tomboit sur eux à seaux. De part & d'autre quantité demeurerent sur la place ou furent blessés: les assiegeans neanmoins à la fin se virent contraints de ceder; mais ils ne furent pas plutôt de retour à leur camp que leurs femmes les traiterent de laches, & passant à la mocquerie, leur demanderent s'ils n'étoient pas honteux de n'avoir pû prendre un four: ainsi appelloient-elles le fort qu'ils avoient abandonné. Ces reproches piquants les firent retourner sur leurs pas, en plus grand nombre, & avec plus de fureur que jamais, & après avoir fait breche au chateau, où de part & d'autre, on se batit opiniatrément; les Normans ensuite ayant mis le feu à ses portes, qui neanmoins fut bien-tôt éteint par la diligence des assiegés, les ennemis alors se voyant repoussés vivement, aussi tôt ils tournerent le dos, avec perte de plus de cinq cens hommes.

Les Normans ainsi mal menés changent là dessus de dessein, & formant un parti, dès le lendemain, ces troupes choisies retournant à S. Denys pillerent la ville & l'Eglise, & après avoir ravagé tout le plat pays, ils viennent à S. Germain de l'Auxerois, pour lors un Bourg, où ayant exercé leur cruauté jusques sur les enfans, munis ensuite de toutes sortes de machines, ils s'y retranchent. Quelques jours après, ils se presentent encore devant la même tour, où ils avoient déjà été si bien reçus, l'attaquent par trois côtés, & à l'aide de leurs carcamus, ou beliers, font toutes sortes d'efforts, avec si peu de succès, que les assiégés ayant rendu ces carcamus inutiles, & d'ailleurs les incommodant de toutes parts, ils ne songerent plus qu'à se sauver. Et parce que les assiegés par le moyen de leur grand pont, jettoient de tems en tems des gens frais dans cette tour, les Danois resolurent de le bruler: & aussi-tôt trois brulots ayant été mis dans la riviere attachés à des cordes, qui les trainoient le long du bord, le fil de l'eau, neanmoins, ne laissa pas malgré eux de les porter contre un quai de pierre, qui deffendoit le pont & la tour, & là dessus les assiegés faisant une sortie, éteignent le feu, & se saisissent de ces vaisseaux ardents. Toutes ces attaques au reste se firent pendant l'hiver, & trois mois durant; si bien que les ennemis perdant esperance de pouvoir prendre la ville, leverent le siége le jour de la Chandeleur, & pour lors se partageant en deux corps coururent & pillerent les autres quartiers de la France, qui ne s'étoient point encore ressentis de leur cruauté. Un de ces corps traversant la riviere vint fondre à S. Germain des Prés, où tout fut ruiné, autant l'Eglise que le Couvent: mais ceux-ci peut-être auroient ils été forcés de suivre bien-tôt leurs compagnons, si la Seine, qui pour lors étoit fort grosse, n'eut rompu le petit pont, & separé par ce moyen l'isle d'avec le petit Chatelet; ce qu'ayant appris, aussi-tôt ils vinrent l'attaquer aussi bien par eau que par terre. Dans ce fort au reste, il ne se trouva que douze chevaliers, mais qui se deffendirent jusqu'à la fin, quoiqu'ils se vissent attaqués par quarante mille hommes, & qu'ils ne pussent être secourus de la ville, à cause du debordement de la riviere, & que le pont étoit rompu. Les Normans cependant étonnés de leur resistance, & ne pouvant les forcer, mirent le feu à la place. Les assiegés alors ne pouvant plus voir leurs ennemis à cause de la fumée, ni se deffendre contre eux, sortirent & se retirerent sur un petit reste du pont attaché encore à la tour & à la terre ferme: & là ces douze heros, à la vue de la patrie & de leurs amis renouvellerent le combat; mais enfin contraints de ceder au grand nombre, ils se rendirent à condition d'avoir la vie sauve.

Mais on ne leur tint pas parole, ils furent égorgés au lieu même où ils avoient

DE LA VILLE DE PARIS.

fait paroître tant de valeur : il n'y en eut qu'un qui se sauva à la nage ; à l'égard de celui que les ennemis voulurent épargner, à cause de sa bonne mine & de sa taille avantageuse, & qu'ils prenoient pour le Roi, il ne voulut pas survivre à ses compagnons, & s'étant saisi d'une épée, se rua sur les meurtriers, blessa les uns, tua les autres, & enfin contraignit les ennemis à se défaire de lui. L'histoire nous apprend qu'il se nommoit Herné.

Sigefroi, après tant de courage & de si belles actions, ne jugeant pas qu'il put jamais venir à bout d'une ville si bien deffendue, consentit de lever le siege, moyennant soixante livres d'argent, mais ses troupes s'y opposerent ; de sorte qu'incontinent après ils donnerent un assaut general, où non seulement quantité furent tués & noyés, mais même où ils perdirent deux de leurs Generaux. Ce mauvais succès, qui devoit les dégouter du siége, ne les rebuta pas, ils demeurerent toujours campés sans rien faire de remarquable tout le reste de l'hiver.

Mais quand la belle saison fut revenue, un jour de plein midi que les Parisiens étoient à table, & dinoient, ils sortirent de leurs lignes, & attaquerent la ville de toutes parts. Ceux qui se presenterent au terrain, qui est à la pointe de l'Isle en furent chassés par Gerbold, petit de corps à la verité, mais un geant pour le courage, quoiqu'il n'eut que cinq soldats avec lui. Quant aux autres qui voulurent forcer la tour du grand Chatelet, ils ne furent pas repoussés si aisément. J'appelle grand Chatelet ce que Fauchet & du Bouchet nomment petit pont, c'est-à-dire la tour du pont qui regarde le midi, puis qu'Abbon donne à cette tour le nom de très-grande, & que déja depuis long-tems les ennemis étoient maîtres de celle du petit Chatelet. Les Normans donc, chasserent du grand Chatelet les Parisiens qu'ils trouverent dedans, y mirent le feu, & passant le grand pont, qui est le pont au Change, entrerent dans la ville, qu'ils auroient prise, si les assiégés attendris par les larmes & les cris de leurs femmes & de leurs petits enfans, & de plus animés par le bruit du tocsin & des cloches, ne se fussent unis, si bien qu'alors marchant tous ensemble, serrés, & faisant de leurs corps & de leurs armes comme un rempart impenetrable, ils vinrent droit aux ennemis : leur resolution les étonna : eux au contraire devenus plus hardis par cet étonnement, les chasserent de la ville, & reprirent leur pont aussi bien que leur fort. Au milieu du combat Charles le Gros parut sur le haut de Mont-martre avec son armée, Thierry & Aledran freres jumeaux en detacherent six cens hommes & passant sur le ventre des ennemis, & de tout ce qui se rencontra en leur chemin, entrerent dans la ville. Ce grand secours rabattit beaucoup de la fierté des Danois : devenus plus traitables, ils écouterent les propositions de l'Empereur, & en venant à un accord moyennant sept cens livres d'argent dont il leur fut porté parole, le siege fut levé, qui avoit duré un an tout entier.

Nonobstant ceci, ces barbares deux ans après, revinrent encore avec une grosse armée navale, & firent la même demande qu'ils avoient faite auparavant touchant la liberté du passage. Ce qui leur ayant été refusé ; là dessus nouveaux assauts, mais avec si peu d'effet, qu'ils furent contraints de tirer de l'eau leurs barques, & les trainer au delà de la portée des fléches.

Paris leur tenoit tant à cœur, que deux ans après ils revinrent encore de nouveau, chargés des dépouilles de l'Yonne & de la Marne, & firent la même demande qu'ils avoient deja faite, touchant le passage libre. Le refus, malgré tous leurs assauts, les obligea à se donner la même peine qu'ils avoient déja prise, de retirer encore leurs barques de l'eau, & les trainer si loin en terre que les fléches ne leur pussent nuire.

Ce siége, & tant de passages d'armées si barbares, furent cause de la perte de toutes les Eglises & des maisons des Parisiens tant au dehors qu'au dedans. Ce qui se voit & dans Abbon, & dans les annales du monastere de S. Bertin, & aussi dans les chroniques des gestes des Normans. Les Eglises qui avoient plus de nom furent toutes relevées avec le tems ; quant aux autres leur ruine a été si grande, qu'on ne sait pas même ce qu'elles sont devenues. Pour ce qui est des maisons particulieres, elles furent rebâties petit à petit, tant les unes que les autres. Au reste elles étoient en si grand nombre, même avant Louis le Gros, Philippe Auguste, & l'Abbé Suger, que toutes en partie étoient clauses de bonnes murailles.

EGLISES.

DANS votre discussion des deux Saints Denys, vous nous avés appris que notre Apôtre fut envoyé à Paris sous l'Empire de Decius, & que c'est le premier qui y planta la Foi, & l'arrosa de son sang, après avoir travaillé trente ans à la conversion des Idolâtres.

S'il en faut croire le peuple ce fut lui qui y celebra la premiére Messe dans S. Etienne des Grès, chose dont tout le monde est persuadé, parce que cela est gravé sur une pierre, vis-à-vis le portail. Ce qui pourtant n'est pas plus vrai, que ce qui se lisoit du tems de *Joannes major*, contre une des portes de S. Benoist, & qui se lit encore dans les vitres d'une des Chapelles dediée à S. Nicolas, que là il avoit invoqué le nom de la Ste Trinité.

Le Pere Binet ne s'est pas contenté de si peu, car il a grossi de bien d'autres fables l'histoire de notre Religion, touchant ses commencemens à Paris. Il assure que S. Denys lui-même fit batir l'Oratoire de cette cave, où Ste Geneviéve faisoit ses devotions, & où elle voulut être enterrée. Il ajoute qu'il le dédia à S. Pierre & à S. Paul, son bon maître; ce sont ses propres termes, qui comprennent quatre choses que je refuterai ailleurs. Il pretend de plus, qu'il fit une Chapelle à Notre Dame des Champs, où il fut pris avec ses compagnons, & de là mené prisonnier dans cette basse fosse qui se voit encore à St Denys de la Chartre.

S'il y a quelque chose de vrai en ceci, il est certain que le reste ne l'est pas, non plus que beaucoup d'autres particularités dont le peuple de Paris embellit à sa mode, la vie de son premier Evêque. Tantôt il le fait prêcher à St Barthelemi dans une Chapelle sous terre, appellée la Chapelle Notre Dame des voutes; il veut même qu'il y ait été surpris par les Païens, & conduit à St Denys de la Chartre. Tantôt il croit qu'il fut enfermé dans cette prison qu'on nomme à present le Fort des Dames, à cause qu'il y a vu une grosse chaine de fer que le geolier jure avoir servi à garotter ce St Apotre. Tantôt il assure qu'il fut roti à St Denys du pas, parce que tout le monde le dit; & enfin que du cachot, il a été trainé sur la pente de Mont-martre, afin d'y avoir la tête tranchée, qu'il porta de là entre ses mains jusqu'à l'Eglise de St Denys, & que ce miracle fit que la montagne changea de nom, & fut appelé Mont-martre.

Non seulement vous avés renversé toutes ces erreurs populaires par des raisons aussi judicieuses que savantes, mais encore vous avés prouvé que le nom de Mont-martre est bien plus moderne que l'on ne pense; que ce fut dans la Cité qu'on coupa la tête à St Denys, au lieu même qui en conserve encore le nom, & qu'à cause de cela, nous appellons St Denys du pas.

Peu de personnes savent que vous avés accordé à ma priere une savante dissertation des anciennes Eglises de Paris jusqu'au dixiéme siécle, que pour l'amour de moi vous avés assemblé tous les materiaux que vous aviés amassé sur un si curieux sujet, pendant une lecture de plusieurs années, pour les donner au public à votre loisir; mais bien plus, que vous me les avés confiés genereusement pour enrichir mon ouvrage.

Je n'en ferai ici qu'un abregé, parce que ce n'est pas le lieu de traitter à fond l'histoire de nos Eglises.

Mais pour ne point ravir au public un si excellent travail, le lecteur le trouvera dans le livre des Eglises, dans le même ordre, & de la même façon que vous l'avés composé: & quand je décrirai chaque Eglise en particulier, je tra-

DE LA VILLE DE PARIS.

duirai de vos chapitres ceux qui en parleront, y mêlant simplement les découvertes que j'aurai pû faire.

Vous croyés donc, Monsieur, ou plutôt vous prouvés que St Denys, aussi bien que quelques uns de ses successeurs se retiroient pour dire la Messe, ou celebrer le mystere de la feste du Dimanche, à l'endroit même où St Marcel fut depuis enterré, & que ce fut pour cette raison que les premiers Chrétiens de Paris, y fonderent leur premiére Eglise. Vous prouvés qu'avant Clotaire & Gontran, ils avoient bâti un Oratoire à la porte de Paris, à l'endroit même où St Martin revenant de Treves avoit gueri un lepreux. Et quand je vous ai dit que dans une vie de St Marcel, écrite par Fortunat, & compilée par Surius j'avois lu un passage qui parloit d'une Eglise située de son tems proche du lieu même où est batie maintenant celle de Notre-Dame, vous m'avés répondu que cette vie lui étoit attribuée sans raison, & que Gregoire de Tours qui a fait mention de toutes les vies composées par cet Auteur ne parle point de celle-ci; qu'elle a été faite par un autre assurément, comme y étant rapporté quantité de miracles que Gregoire de Tours vrai-semblablement n'auroit pas oubliés, s'ils se fussent trouvés dans la vie qu'il en a vû, & dont il s'est servi.

Clovis depuis fit batir l'Eglise de St Pierre & de St Paul, que nous appellons Ste Geneviéve, non pas pour lui avoir été dediée, mais pour y avoir été enterrée simplement.

Childebert son fils, bâtit deux autres Eglises, toutes deux grandes & magnifiques, l'une dans la ville, l'autre dehors. S'il est vrai ce que dit Fortunat de celle de la ville, dans la description qu'il en fait, non seulement elle étoit éclairée de quantité de vitres & de fenetres; mais de plus enrichie de colomnes de marbre. Et le savant de Launoy dans sa dissertation des Eglises de Paris, nous apprend qu'alors elle étoit dediée à St Denys, & que le nom de Notre-Dame qu'elle porte, ne lui a été donné que depuis Charlemagne: qu'auparavant elle étoit à l'endroit même où Saint Denys avoit souffert le martyre, que nous appellons St Denys du pas. Pour l'autre qu'il fit bâtir hors de la ville, elle n'étoit pas si superbe: ce Prince neanmoins ne laissa pas de la préferer à la premiére pour lui servir de Mausolée. Clotaire, après sa mort, eut soin de la faire dedier à St Vincent, par St Germain, pour lors Evêque de Paris, dont elle prit le nom après sa mort : car c'est celle là même que nous appellons St Germain des Prés, à cause qu'il y fut enterré, & qu'elle est située proche des Prés qu'on nomme les Prés aux Clercs. Quelques-uns la confondent avec l'Eglise de Ste Croix, où St. Germain rendit la vie à un enfant, mais vous avés bien montré que cela n'est pas, & que ce qui les a trompés est une charte de Childebert supposée par quelque Moine de St. Benoist: Que Ste Croix fut brulée par les Normands durant le siege de Paris; & qu'à lors ses Reliques ayant été transportées à Ste Croix de la Cité, elles furent cause qu'on donna à cette petite Eglise, le nom qu'elle a encore, & n'a point quitté depuis.

A l'égard des autres Eglises, Fortunat nous parle d'un miracle arrivé à St Germain, tout devant la porte St Gervais; & Gregoire de Tours fait savoir qu'il logeoit à Paris, dans l'enclos de St Julien le Martyr, appellé St Julien le pauvre; & dit de plus, que du tems de Childebert, la Seine & la Marne s'étant débordées, elles alloient jusqu'à St Laurent, qui alors étoit une Abbayie; si bien que par ces trois passages il se voit que St Gervais, St Julien le pauvre, & St Laurent sont des Eglises fort anciennes.

Vous croyés que sous Clotaire II. des Assiriens compatriotes de Pharamonde Evêque de Paris en ce tems-là, firent batir une Eglise proche de la rue des Assis, qu'ils dedierent à St Pierre; mais qui ayant encore été ruinée par les Normans, ceux de Paris en firent une autre dans la Cité, pour reparer cette perte dont l'Eglise conserve encore le nom.

Touchant la cave, ou la Chapelle de St Merry, consacrée à St Pierre, qui tient à la rue des Assis, & comprise pourtant dans l'Eglise, ne seroit-ce point

Monsieur, un monument de celle que vous cherchés, & qui auroit échapé à la fureur des Normans.

L'Oratoire de Ste Colombe n'a pas été si heureux : tous les ornements en furent pillés du vivant de St Eloi, dont il n'est parlé nulle part, & même on ne sait ce qu'elle est devenue.

Le même St Eloy repara l'Eglise St Martial ; de sa maison encore qui étoit devant le Palais, en fit un monastere de Filles, & de plus il bâtit St Paul pour leur servir de cimetiére.

L'Eglise de St Etienne des Grès, sans doute, est celle là même dont il est parlé dans Abbon, dans les annales de St Bertin, & aux chroniques des gestes des Normans, sous le nom de St Etienne.

St Germain de l'Auxerrois étoit fondé du tems d'Abbon, qui l'appelle St Germain le rond, qu'un titre de Charles le Chauve nomme monastere, & dont le peuple, sans raison, veut que Childebert soit le fondateur.

Hugues Capet jetta les fondemens de St Barthelemi, sous le nom de St Magloire, en faveur des Religieux de l'Orde de St Benoist.

Quelques-uns veulent que St Jacques de l'Hopital ait été bâti par Charlemagne.

Helgaud nous apprend que le Roi Robert fit bâtir dans le Palais l'Eglise de St Nicolas ; & les Historiens contemporains de St Louis disent tous qu'il la jetta par terre pour faire place à la Ste Chapelle, ce qu'a montré Adrien de Valois, fondé sur le passage que je lui ai communiqué.

Henry I. est fondateur du Convent de St Martin.

Louis le Gros, de ceux de Mont martre & de St Victor.

Alix sa femme, a bâti l'Hopital St Lazare, & quelques particuliers celui de St Gervais.

Sous Louis le Jeune, fut fondé St Thomas du Louvre : & le Convent des Mathurins se nommoit l'Aumône ou l'Aumônier St Benoist.

Philippe Auguste fut batisé dans l'Eglise St Michel.

St Honoré, St Thomas du Louvre, l'Hopital de la Trinité, ont été commencés de son tems, aussi bien que le monastere de St Antoine des Champs, pour la retraite des femmes de mauvaise vie, qui vouloient se convertir.

St Louis institua lui seul, les Quinze vingts, les Cordeliers, les Jacobins, les Filles Dieu, les Beguines, les Chartreux, Ste Catherine du Val, les Carmes, les Freres-lais, Ste Croix de la Bretonnerie, & les Blancs-manteaux.

Marguerite de Provence sa femme, établit les Cordeliers, St Marcel, & batit leur convent.

Des particuliers ont fait l'Eglise St Josse ; & Etienne Haudry, un des Officiers de St Louis, fonda l'Hopital des Haudriettes.

Les fondemens de St Jacques du haut pas, furent jettés sous Philippe le Bel.

L'Hôpital de la Madelaine, occupé maintenant par les Filles-Dieu, avoit été bati en 1316. par Ymbert de Lyonne.

Le Saint-Esprit est du temps du Roi Jean.

Les Celestins reconnoissent pour Fondateur Charles V.

Les Filles penitentes, sont du tems de Charles VIII.

François I. a établi les Enfans-rouges.

L'Hopital St Louis est un ouvrage de la magnificence de Henri le Grand, & c'est lui encore qui a bâti les Enfermés.

Sous Louis XIII. les Incurables ont été commencés.

Si nous savions le temps que la Chartre de Childebert, touchant la fondation de St Germain des Prés, a été supposée, nous saurions par même moyen, quand St André & St Cosme ont été fondés, car il en est fait mention dans ce titre-là.

Il ne nous reste plus rien du premier plan, ni de l'ancienne élevation des Eglises dont vous avés traité dans votre dissertation : le tems aussi bien que

DE LA VILLE DE PARIS.

les Normans les ont ruinés. Toutes celles que nous voyons sont modernes, & n'ont été commencées que depuis six cens cinquante ans. Jusqu'au dixiéme siécle elles étoient petites, & fort obscures, & tomboient alors en ruine, pas un ne daignant les relever; & le tout à cause qu'en ce tems là, tout le monde étoit si épouvanté de ce passage du 20 de l'Apocalypse, où St Jean dit, qu'il a vu un Ange lier & enfermer le demon pour mille ans, qu'on ne doutoit point que la fin du monde ne fût proche, & qu'elle ne dût arriver dans le dixiéme siécle. Si bien que chacun ne se soucioit plus d'entretenir sa maison, ni la rebâtir, non plus que les Eglises; mais sitôt qu'ils furent parvenus aux dernieres années de ce dixiéme siécle, & virent que bientôt il seroit passé; alors revenus à eux, & reconnoissant leur terreur panique, ils commencerent à travailler aux Eglises, & de petites, obscures, & malfaites qu'elles étoient auparavant, ils en firent de plus grandes, plus belles & plus claires.

Glaber dit qu'un tel changement arriva vers l'an 997 lorsqu'on n'apperçut point dans le tems, ces signes épouvantables qui doivent preceder le Jugement universel. Cette émulation au reste, de tous côtés, à qui bâtiroit de plus beaux Temples, redonna à la Chrétienté tout une autre face; si bien que de triste & desolée qu'elle étoit, elle parut toute rajeunie.

Paris, la demeure & le siége de nos Rois, mit la main à l'œuvre aussi bien que les autres; & je crois que ce fut Morard, Abbé de St Germain des Prés, qui le premier releva l'Eglise de son monastere, & qu'en même tems, le Roi Robert en fit autant de St Germain de l'Auxerrois: car c'est lui qui a bâti ce même vaisseau que nous voyons encore aujourd'hui, & qui passe pour un des plus grands de la ville.

Henry I. apparemment, fit travailler à St Martin des Champs; qui fut dedié sous Philippe I. son Fils. Cette Eglise à la verité n'est pas si grande que St Germain, mais elle est plus claire; au défaut de l'autre neanmoins, touchant la clarté, on y a remedié depuis quelques années.

Je ne parlerai point du rétablissement de toutes les autres Eglises: mais je dirai seulement, qu'auparavant ni depuis, il ne s'en est point bâti en France de plus grande, de plus magnifique, ni de plus majestueuse que celle de Notre-Dame. Elle fut entreprise en 1163, par l'Evêque Maurice: & Alexandre III. y mit la premiére pierre.

Ce Temple a passé long-tems pour le plus grand & le plus majestueux de toute la Chrétienté: & même a semblé si beau à Robertus Cenalis, qu'il a bien osé le comparer à celui de Diane d'Ephese, qui épuisa la plus grande partie des richesses que les Rois de Perse avoient au bien de la peine à amasser en deux cens ans & plus.

Saint Paul de Londres, à qui toutes les autres Eglises du monde cedent pour la grandeur, & dont l'Angleterre se glorifie avec tant de raison, porte à la verité plus de longueur, mais cette longueur est si mal proportionnée à la largeur, que les Architectes n'en parlent que comme d'un monstre, & tiennent que Notre-Dame de Paris ne voit rien au dessus d'elle que St Pierre de Rome, le mausolée de tant de Papes, de Saints & d'Apôtres: & neanmoins sont d'accord entre eux, que le portail de l'Eglise de Paris, n'a pas son pareil, & qu'enfin de ces deux tours si hautes, si grosses & si majestueuses part une certaine fierté qui porte au respect, & donne en même tems de la terreur.

Pour ce qui est des autres Eglises, tant des Jesuites du Faux-bourg St Germain que des Prêtres de l'Oratoire de la rue St Honoré, le Val de grace, la Sorbonne, les Filles de Ste Marie de la rue St Antoine, toutes veritablement cedent au Pantheon, aussi bien qu'au Temple de la Paix & de Jupiter Capitolin, mais nos Architectes assurent qu'elles ne sont point inferieures à tant d'autres, qui faisoient une des principales beautés de l'ancienne Rome, & qui sont le plus bel ornement encore de la nouvelle.

Nous remarquons même, que jamais dans Rome, depuis qu'elle est, il ne s'est trouvé tant d'Eglises qu'il y en a à Paris. Car enfin P. Victor, qui n'a rien oublié de tout ce qui pouvoit contribuer à faire éclater cette belle ville, & lui donner l'avantage par deſſus toutes les autres, reconnoît que de ſon tems, on n'y en comptoit que 255, y compris même les Chapelles qui en font la meilleure partie : & de plus, tous les modernes avouent que preſentement il ne s'y en voit que deux cens ſoixante & deux. Or chacun ſait qu'à Paris nous en avons plus de trois cens. Et de fait, il s'y voit cinq Miſſions, ou Seminaires, plus de dix-huit Egliſes Collegiales, plus de vingt neuf Hôpitaux, plus de quarante-ſix Couvents de Religieux, plus de quarante-neuf Paroiſſes, plus de ſoixante Monaſteres de Religieuſes, & plus de ſoixante-cinq Colleges, fondés tant dans la Ville, que la Cité & l'Univerſité.

Dans ces Miſſions & Seminaires on enſeigne la Doctrine Chrétienne, les Miſſionnaires l'apprennent & la preſchent aux ignorans, aux pauvres, aux païens & aux heretiques.

Les Chanoines qui deſervent les Egliſes Collegiales, y font dire l'Office fort devotement, les uns en muſique, les autres en plein-chant; mais il n'y en a point où on officie mieux qu'à Notre Dame & à la Ste Chapelle.

Dans ces deux Egliſes la muſique y eſt fort bonne & bien entreuuë, la Treſorerie de la Ste Chapelle, pour l'ordinaire, eſt remplie par un Evêque; quelques uns des Canonicats de Notre-Dame ſont poſſedés par des Conſeillers de la Cour, & autres perſonnes de bonne famille, & quoiqu'un Prince du ſang d'Angleterre, & un Duc & Pair ſoient preſentement de cette compagnie, nous liſons pourtant dans l'Hiſtoire, que quelques-uns de nos Rois ont été élevés dans le cloître de cette Egliſe, que quelques Fils de France ont voulu en être Chanoines, & que la dignité Epiſcopale a été remplie ſouvent par des Cardinaux. Des perſonnes de ce rang & de cette naiſſance donnent ſi bon exemple à tout le monde, & font l'Office avec tant de pieté & de majeſté, que le Chapitre de Notre-Dame paſſe pour le plus reformé du Royaume, & peut-être même de la Chrétienté, & quantité de gens aſſurent qu'on n'officie pas mieux dans ſaint Pierre de Rome.

A l'égard des Hopitaux, il y en a pour toutes ſortes de perſonnes & de maladies: les fous, ſont enfermés aux petites maiſons; on met les aveugles aux quinze vingts, les incurables, les paſſans les teigneux, les enfans trouvés, les convaleſcens, les pelerins, les petits enfans, les hommes & les femmes, ont chacun le leur en general & en particulier. Mais enfin il n'y en a point de plus conſiderable que celui de St Louis, pour les peſtiferés : que s'il n'eſt pas le plus grand, le plus magnifique & le plus regulier du monde, les curieux aſſurent qu'ils n'en ont point vû qui le paſſent; & bien peu qui lui puiſſent être comparés.

Il ne ſeroit point neceſſaire de dire que tous les Religieux & Religieuſes, preſque de tous les Ordres approuvés dans le Royaume, y ont des monaſteres: on le juge aſſés par ce grand nombre de Couvents répandus, comme j'ai dit, dans tous les coins & recoins de la ville; & de plus par la vie exemplaire, que menent les Chanoines de l'Egliſe Cathedrale, on ſe doutera bien que ceux des Collegiales, ne leur cedent pas, quant à ce point. Mais quelques Prêtres ſeculiers, depuis ſeize ou vingt ans ont bien encheri ſur cette devotion, qui portés à cela par leurs Curés ont conſenti de vivre en communauté. Nous avons déja dix ou douze Paroiſſes où ils vivent ainſi, & on eſpere qu'avec le tems, les autres les imiteront.

J'avois deſſein avant que de toucher l'Hiſtoire de l'Univerſité, & parler de ſes Colleges, de faire ſavoir comment ſont orientées nos anciennes Egliſes, mais je renvoie au quattriéme livre de mon Hiſtoire.

L'UNIVERSITE'.

L'UNIVERSITÉ

ON n'est pas en peine du nom de ceux qui ont fondé les soixante-cinq Colleges que nous comptons à Paris, la chose est trop moderne pour être ignorée; mais nous ne savons point quand les Lettres ont commencé à être cultivées à Paris, ni quel a été leur progrès comme étant trop ancien, & les Historiens n'en faisant aucune mention. On croit neanmoins que depuis la naissance de la Monarchie, jusqu'à l'onziéme & douziéme siécle, les Muses renfermées dans les Cloîtres & pires qu'esclaves, dépendoient des Moines, qui les traitant miserablement ne nous ont laissé que des ouvrages pitoyables.

Sous la premiére & seconde race, ceux de Ste Geneviéve, aussi bien que les autres, tant de St Germain des Prés que de l'Auxerrois, enseignoient à leurs Religieux les Sciences dans leurs maisons: & quelques Regens tenoient Ecole près des autres, au parvis Notre-Dame, dans un grand édifice bati exprès, attaché à l'Hôtel-Dieu & à la Maison Episcopale. Par le grand Pastoral, il paroît que cette coutume d'enseigner dans les Eglises Cathedrales, s'observoit à Paris religieusement du tems de Charlemagne, & de plus que par la dignité de Chancelier de l'Université, beaucoup plus ancienne qu'elle, & affectée à un des Chanoines de Notre-Dame, on voit que l'Université a tiré son origine de là; que même le Chapitre de Paris en est le Fondateur, & en a toujours eu la direction. Si bien que c'est une fort grande erreur de croire que Charlemagne soit le premier qui ait introduit les Lettres à Paris, & ait été l'Instituteur de l'Université. Aussi Eginard, Aimoin, Rheginon, Adon, Sigebert, & le Chroniqueur Turpin, tous contemporains de cet Empereur, & qui même ont écrit sa vie, n'en disent pas le moindre mot. Eginard sur tout, qui pourtant s'est plus attaché à faire connoître la passion que ce grand Prince avoit pour les Lettres, que toutes ses belles actions.

Les Lettres donc, ainsi rampantes, & toujours au parvis Notre-Dame, sous Louis VII. commencerent à être recherchées à cause des habiles gens de ce tems-là, qui enseignoient, & qu'on venoit écouter en foule. Le lieu se trouvant trop petit pour tant de monde, il fallut songer à faire bande à part, & à se partager. Le Chapitre souffrit des Ecoliers tant d'Humanité que de Theologie, passassent la riviere & se tinssent à St Julien le pauvre; & quelque temps après permit à Guillaume de Champeau, & à Abailard, de les transporter à St Victor. Depuis, le nombre des Ecoliers, étant venu à augmenter, les Ecoles des Quatre nations furent baties à la rue du Fouare. On fonda ensuite le College des Bons enfans, celui de St Nicolas du Louvre, & le College de Ste Catherine du Val des Ecoliers. Il fut même permis en 1244 d'enseigner les Sciences par tout où l'on voudroit, & dans les maisons que les Regens trouveroient les plus commodes pour cela. Et afin que pas un d'eux ne depossedât son compagnon de celle qu'il avoit louée, Innocent IV. fit des deffenses expresses là dessus, par deux Bulles consecutives, l'une donnée à Lyon, le deux des nones de Mars, l'an deux de son Pontificat, l'autre sept ans après dattée de Peruse, le trois des calendes de Juin, avec commandement au Chancelier de l'Université de faire taxer le louage des maisons où ils demeureroient.

Dans ce tems là, & même jusqu'au regne de St Louis, il n'y eut point de College à Paris, bien que nous apprenions de Rigord, en la vie de Philippe Auguste, & de l'Architrenine de Joannes Hantivillensis, qu'en 1183 on y comptoit plus de dix mille Ecoliers. Nonobstant cela, il est constant qu'ils n'avoient point de quartier affecté étant dispersés de côté & d'autre dans la ville, de même que les Ecoles & les Regens. Personne ne s'étoit encore avisé de fonder des Colleges, ou Hospices. Je me sers ici du mot Hospice, non sans raison, car les Colleges qu'on vint à bâtir d'abord, n'étoient simplement que pour loger & nourrir de pauvres étudiants: que si depuis, on y a fait tant d'Ecoles, ce n'a été que long tems après, & pour perfectionner ce que les Fondateurs n'avoient en quelque façon que commencé.

La Sorbonne est le premier College qui fut entrepris, Robert Sorbon le plaça sur la croupe de la montagne Ste Geneviéve, quartier alors en friche & abandonné, mais qui jouissoit d'un air fort pur. Je prouverai autre part, que ni lui ni St Louis, n'en furent point les Fondateurs, que Sorbon n'y mit rien du sien; mais y employa simplement les deniers de Robert de Douay, & qu'ainsi on ne le doit considerer que comme l'exécuteur de son testament & de sa derniere volonté.

Au reste quoique du vivant de St Louis on vint à fonder & renter les Colleges de Calvy, de Premontré, de Cluny, & du Tresorier, les Lettres neanmoins ne sortirent pas sitôt de la rue du Fouare, puisqu'elles y étoient encore du tems de Charles V. & de Petrarque.

Mais comme depuis ce tems là, tant les Rois, les Reines, les Princes, les Evêques, que beaucoup de personnes riches & charitables, en firent d'autres presque à l'envi, insensiblement il s'en forma un corps: & leur union fut cause que ce grand quartier où ils se trouvent, prit le nom d'Université, dont j'ai cherché long-tems l'origine.

Et enfin j'ai trouvé qu'il étoit barbare, & même inconnu avant Innocent III. qui le premier l'a donné aux Ecoles & aux Ecoliers de Paris sous Philippe Auguste, long tems devant que les Lettres fussent là assemblées.

Par le moyen de tant de Colleges, tout le quartier devint si plein d'Ecoliers, que quelquefois ils ont forcé le Parlement, aussi bien que ceux de Paris, & même les Rois, à leur accorder ce qu'ils demandoient, quoique la chose fut injuste.

Aussi Juvenal des Ursins remarque-t-il qu'en 1409 le Recteur allant en Procession à St Denys en France, pour l'assoupissement des troubles, les Ecoliers étoient en si grand nombre, que le Recteur n'étoit encore qu'aux Mathurins, les Ecoliers du premier rang, & qui marchoient à la tête des autres, entroient déja dans St Denys.

Que si depuis, ce grand nombre d'Ecoliers a bien diminué, le nombre des livres s'est multiplié à ce point, qu'on croit que maintenant il s'en trouvera davantage dans la seule ville de Paris, que dans tout le reste du monde. Tous les gens de Lettres ont des Bibliotheques considerables: les Avocats, les Conseillers du Chatelet, les Auditeurs, & les Maitres des Comptes qui ne sont point reçus sur la Loi, en parent les murs de leur sale du commun, ou les logent magnifiquement dans de superbes galeries; il n'y a pas même jusqu'aux Ecoliers, aux Partisans & aux femmes, qui n'en aient de fort nombreuses, & la plufpart de ces gens-là plus par ostentation que par necessité.

Quant aux Partisans, qui ne savent que compter & jetter : & ainsi qui n'ont pas grande affaire de livres, quelques uns depuis peu se sont avisés d'avoir de belles Bibliotheques, simplement en apparence. Après avoir choisi un endroit, chés eux, propre à les placer & les faire voir, ils enduisent les murailles de tablettes peintes, dorées & fermées de fil d'Archal. Ensuite les ayant ornées de pentes de velours, couronnées de clouds dorés, & terminées d'un molet d'or, pour lors au lieu de livres, ils se contentent de les remplir de couvertures de maroquin de Levant, où sur le dos en lettres d'or est élevé le nom des Auteurs les plus celebres.

Telles Bibliotheques ridicules ne laissent pas de couter tant, que sans parler de ces tablettes & de leurs ornemens, qui montent à des sommes considerables, ne sont rien neanmoins en comparaison de leurs couvertures de livres. Car enfin un Relieur de l'Université m'a assuré, il n'y a pas long-tems, que ses confreres & lui, en avoient fait à un seul Financier pour dix mille écus.

La curiosité de nos Dames est bien plus raisonnable, on ne trouvera point

DE LA VILLE DE PARIS.

à la verité dans leurs Biblioteques ni les Peres, ni les Commentateurs sur la Bible, ni les Astrologues, ni les curieux qui cherchent à découvrir les secrets les plus cachés de la nature, qu'elles laissent aux Schwrmans, & aux Cunitz & autres savantes du Septentrion ; mais leurs cabinets sont garnis de tous les livres qui regardent les belles Lettres. Telle est la Bibliotéque de la grande Artenice, & telle est son occupation, qui ont attiré à l'Hotel de Rambouillet les plus beaux esprits du siécle, jusqu'à former chés elle des assemblées reglées.

Ces assemblées, & quelqu'autres qui se faisoient ailleurs, quoique differentes, ont inspiré l'amour des Lettres par toute la France ; & enfin sont cause que cette Academie composée de quarante, où ne doivent être reçus que des gens du plus haut merite, a été établie.

Cette grande passion pour les livres que j'ai remarquée, & qui nous est venue de là, a assemblé ce grand nombre de Libraires que nous avons vû sur le Pont neuf, & que nous voyons encore aujourd'hui au Palais & dans l'Université ; mais dont le nombre s'est tellement multiplié dans tous ces endroits là, qu'au Palais, on en compte autant ou plus que d'autres Marchands : & quant au quartier de l'Université, pour loger le reste, on a été contraint d'en étendre les anciennes bornes, depuis St Ives jusqu'à la riviere.

Aprés cela, on ne peut pas douter que l'Université de Paris ne soit la plus florissante du monde.

Celles d'Oxford & de Cambridge, qui composent deux villes entieres, & des plus considerables d'Angleterre, toutes deux ensemble, ne contiennent pas tant de Colleges, de Professeurs, ni d'Ecoliers. Je doute même qu'elles soient aussi grandes que notre Université seule, qui n'occupe qu'un des quartiers de la ville ; veritablement si vaste, si bien situé, d'ailleurs accompagné de Colleges si grands, si magnifiquement batis, & d'un Jardin de Simples si ample, & si bien garni, qu'Oxford, Cambridge, Leyde, Montpellier, ne peuvent pas faire entrer en comparaison leur College de Christ, ni leurs Universités, avec la Sorbonne, Navarre, le Jardin des Plantes, & l'Université de Paris.

Je ne dirai rien ici des avantages, des privileges, progrès & autres choses qui concernent l'histoire de l'Université, comme le reservant pour le Livre VIII. que je destine pour ce quartier là, & les faux-bourgs qui l'environnent. Je ne dirai rien non plus des Rois, des Reines, des Princes du Sang, & des Princesses, & moins encore des grands Seigneurs, Heros, & autres hommes & femmes illustres enterrés dans ces Colleges, & dans toutes les autres Eglises de Paris, le nombre en étant si grand que la liste seule ennuieroit. Particularité neanmoins qui ne contribueroit pas peu à la gloire de la ville, & dont je parlerai Liv. IV. & VII. il suffira de remarquer en passant, que dans les Colleges se trouvent les cendres de la plupart de ceux qui les ont fondés.

A Ste Geneviéve, se voit le mausolée de Clovis & de sa femme, de quelques uns de ses enfans, & petits enfans.

A St Germain des Prés, tout de même reposent les corps de plusieurs Rois, Reines, Princes & Princesses du Sang de la premiere race.

A Notre-Dame & à St Denys du Pas, sont enterrés Dagobert, quelques uns de ses enfans, des Reines, & des Princes de la troisiéme race, sans bien d'autres Rois & Princes étrangers.

Aux Jacobins, combien de Princes de la Maison de Bourbon ? aussi bien qu'aux Cordeliers, qui semblent avoir partagé entre eux les corps & les entrailles des successeurs & des descendans de St Louis.

Je laisse là tant d'autres Eglises, où sont dispersées les cendres d'une infinité de personnes considerables, pour leur savoir & leur merite.

Tant que les Romains furent maîtres de Paris, ils s'y firent enterrer à l'ordinaire sur les grands chemins, selon leur coutume ; & de fait outre les tombeaux qu'on en a déja trouvé, il s'en trouve encore tous les jours en remuant la terre.

Tome I.   C ij

HISTOIRE ET ANTIQUITÉS

En 1538 proche de la tour de Nesle, on découvrit onze caveaux, où dans l'un étoit un corps armé de toutes pieces. Il n'y a pas plus de quinze ou seize ans, qu'en fouillant la terre au marché aux chevaux de la porte St Victor, on tira de là plusieurs grands coffres de pierre tous antiques, remplis de corps d'une taille extraordinaire, & chargés d'inscriptions Grecques. Quelque tems auparavant, vingt ou trente autres de pierre & de brique avoient été déterrés à la rue de St Etienne des Grès, derriere le chevet de l'Eglise chés Merchaut, Me Maçon, aussi bien que chés ses voisins, ce que nos curieux virent, assûrant tous, qu'il n'y avoit point d'inscriptions; mais enfin Merchaut, m'a souvent parlé de plusieurs médailles d'or & d'argent, tant de Constantin, de Constant & de Constance qui s'y étoient trouvées, qu'on lui vola, & que tous nos Médaillistes ont vues entre ses mains.

Les plus remarquables furent découverts à la rue de la Tixerandrie, au logis de Jean Amaury, & encore au faux-bourg St Jacques en 1612. dans le monastere des Carmelites.

Chés Jean Amaury, on déterra deux grands squelettes, & plusieurs autres ossemens enfermés dans des tombeaux de pierre, avec un brassal d'airain, un lacrimoire de terre, un vase de corne, un plat de terre sigilée, des médailles de Neron & de Magnence, & une inscription qui se lit encore dans cette maison-là-même, & que Paul Petau, Conseiller au Parlement, a fait graver, aussi bien que tout le reste, & qu'il a donné au public, avec ses médailles, & les autres raretés de son cabinet.

Depuis, les Carmelites du faux-bourg St Jacques ayant acheté quelques terres du voisinage, afin d'agrandir leur jardin, & voulant y bâtir une Chapelle, les ouvriers en creusant rencontrerent à quatorze pieds de rez de chaussée une grande voute faite à la main, & au milieu étoit un homme à cheval, suivi de deux autres, & d'un petit enfant à pied, ayant chacun à la bouche une médaille de Grand Bronze, de Faustine la mere, & d'Antonin le Pieux. L'un de ces pietons tenoit de la main gauche une lampe de terre rouge & de la droite une tasse de même matiere garnie de trois dez, & d'autant de jettons d'ivoire, que le tems à la longue, avoit quasi petrifiés.

Mademoiselle du Verger, qui a fait un amas très-curieux de médailles, & qui s'y connoît, ma montré la tasse avec un des dés, & un des jettons qu'elle a recouvré & gardé précieusement.

Tant que Paris fut assujetti aux Romains, & suivit leurs loix, ceux qui venoient à mourir, étoient toujours enterrés le long des grands chemins; mais sitôt qu'il eut des Rois, & que le Christianisme y fut établi on commença à enterrer dans les Eglises, aussi bien que dehors. Mais la ville depuis étant devenue plus peuplée, & ne se trouvant pas assés de place pour les morts, il fallut songer à avoir des Cimetières publics: & pour lors on benit celui de St Innocent, où l'on porta long-tems les corps. Aussi l'appella-t-on le Cimetière de Paris: avec le tems neanmoins, étant devenu trop petit, on fut obligé d'en faire d'autres ailleurs de tous côtés, tant dans la Cité que dans la Ville & l'Université.

Les Juifs même, en eurent aussi bien que les Chrétiens, comme étant fort considerés de nos Rois, à cause du profit & des grands tributs qu'ils en tiroient, aussi les logerent-t-ils en plusieurs quartiers de la ville, où ils leur permirent d'acheter des places pour se faire enterrer. Les tombeaux, les ossemens, les tombes & les épitaphes que l'on a deterrées dans quelques maisons de la rue Pierre-Sarazin, & particulierement dans celle de Mr Talon, Avocat General: les inscriptions encore qui composent les murs de l'Ecurie de Monsieur Doujat, Conseiller en la Grand'Chambre, les marches de l'escalier de Mr Briçonnet, Conseiller au Parlement, dans la rue de la Harpe, près de la rue Pierre-Sarazin; le nom même de Sarazin qui est demeuré à cette rue, & que les Chrétiens donnoient autrefois aux Juifs par derision; tout cela ensemble, & bien d'autres choses que je remarquerai quand il sera tems, ont

DE LA VILLE DE PARIS.

fait croire avec raison que les Juifs avoient là un Cimetiére. Sans celui-ci pourtant, ils ne laissoient pas d'en avoir encore deux autre part ; l'un que je n'ai pû découvrir, que Philippes le Bel en 1311, donna aux Religieuses de Poissy, fondées par St Louis ; l'autre à la rue Galande, & dont ils firent refus en 1258 de payer les droits Seigneuriaux aux Chanoines de Notre-Dame qui en étoient Seigneurs.

Le nom de Juiverie que porte la rue qui aboutit au petit pont, & au pont Notre-Dame, celui de Judas qu'on a donné à la rue qui est près des Carmes & de celle de la montagne Ste Geneviéve, & celui des Juifs que conservent encore deux rues, l'une à la halle, l'autre derriere le petit St Antoine, nous informent que les Juifs avoient leurs maisons en ces quartiers là, separées de celles des Chrétiens.

Les Regîtres du trésor portent que leurs Ecoles étoient à la rue de la Tacherie, & que Philippe le Bel en 1311, les donna à perpetuité à Jean de Prunin son cocher, tant à lui qu'à ses successeurs.

Le grand Pastoral fait mention, en 1245 & 1267 des Juiveries de St Bon, & de la rue de la Harpe : & de plus, les titres du Temple nous assurent que les Juifs avoient une Synagogue dans la Paroisse de St Jean en Greve.

Parce que je viens de dire des Cimetiéres, il se voit qu'ils étoient hors des limites de l'ancien Paris, que nous appellons la Cité : Raoul de Presle, prétend que cela se pratiquoit ainsi pour éviter la puanteur que ces sortes de lieux peuvent exhaler. Peut-être, est-ce par cette raison qu'on les plaça si loin : peut-être aussi fut-ce par necessité. Car outre que dans la Cité, il ne se trouvoit pas assés d'espace pour y en faire, c'est que de plus, ils ne pouvoient être trop grands pour une ville qui commençoit à devenir la plus peuplée & la plus grosse du Royaume.

Touchant l'agrandissement de Paris, on croit que depuis Julien l'Apostat, jusqu'au siége des Normans, Paris avoit étendu ses faux-bourgs au delà de la riviére de chaque côté ; mais qu'ayant été ruinés par ces barbares, & redressés depuis, alors on fit une cloture pour les renfermer, afin d'être à couvert & en état de se deffendre. Mais on ne sait ni quand ni par où ce travail fut commencé : si ce fut du côté de l'Université, ou bien de l'autre, que nous appellons la Ville.

A lire simplement les Commentaires de Cesar, Paris de son tems ne consistoit qu'en l'Isle seule du Palais, & fut entierement brulé par Camulogenes, & les habitans. Que si nous examinons ce qu'en disent & Julien & Ammian Marcellin, c'étoit le lieu où l'Empereur Julien passoit quelquefois l'hiver, où Valentinien séjourna quelque tems, où ils avoient leurs Palais, & de plus c'étoit une ville accompagnée de faux-bourgs, avec une place publique, ou marché.

Or est-il que ce Palais & ce marché ne pouvoient être compris dans une Isle telle que celle-ci, étroite comme elle est, & avec si peu de longueur : ce qui fait voir clairement que les Parisiens las d'être toujours insulaires s'étoient répandus & logés en terre ferme. Et peut-être, à considerer de près le passage du treiziéme livre de Marcellin, où il appelle cette Isle le Château de Paris, & le confrontant avec onze ou douze auttes, où il donne toujours à cette ville le nom de Paris, infailliblement on appercevra qu'en parlant du Château de Paris, il n'entend autre chose que l'Isle, comme étant la forteresse & la citadelle des Parisiens ; & au contraire, quand il vient à dire la Ville de Paris, ce qu'il fait plus de dix fois, alors il comprend tout ce qui étoit bati tant en deça qu'au delà de la riviére ; si bien qu'il semble n'en avoir usé ainsi, que pour distinguer l'ancien Paris d'avec le nouveau, l'Isle du continent, la ville de la citadelle, & la plus petite partie de la plus grande.

En effet, le moyen d'accorder tous ces passages ensemble, & pourquoi vouloir tenir pour rien des faux-bourgs, un marché, un Palais. Le séjour du Gouverneur de la Gaule, & des Empereurs Romains, seroit-il compté pour rien, sur tout dans un tems qu'on ne donnoit plus à la Cité, ni à son Isle que le nom de Citadelle. Car il ne faut point douter que sous Julien l'Apostat, Paris n'eût bien plus d'étendue que du tems de Jules Cesar. Avec tout cela, l'on ne sait pas par quel côté les Parisiens sortirent de leur Isle : il y a plus d'apparence neanmoins, que ce fut par celui de l'Université, à cause de ce Palais nommé dans nos anciennes chartres, le Palais des Thermes qui se trouve encore dans ce quartier là, & qui vrai-semblablement, fut le premier édifice bâti au de là des ponts. Or comme un Palais de cette qualité-là a besoin du voisinage, & ne s'en peut passer, il ne faut pas s'étonner si dès le tems de Julien il y avoit un faux-bourg; & quoique d'ordinaire les Palais des Empereurs fussent renfermés dans les villes, la petitesse de Paris, aussi bien que de son Isle, qui d'ailleurs regorgeoit d'habitans, obligea les Romains pour batir celui ci, de préferer la montagne que nous appellons de Ste Genevieve, tant pour son air pur & la belle vue, dont on jouissoit alors, que parce qu'on découvroit de là tout ce qui se passoit dans la ville, & dehors. Il fut donc placé sur la pente de cette coline, & on laissa là l'autre côté de la riviére, comme puant, humide & entrecoupé de marêts.

C'est de ce Palais dont il reste de si belles ruines, & qui fait partie de l'Hotel de Cluny, où Clovis a demeuré, aussi bien que Childebert & Utregothe sa femme, qui de plus étoit accompagné d'un jardin; où Childebert prenoit tant de plaisir, qu'il y a planté & greffé des fruits lui même : & de plus où dans le voisinage il a bâti St Germain des Prés, ainsi que Clovis avoit fait Ste Genevieve.

Ce Palais est le seul monument qui nous reste de l'ancien Paris, du tems qu'il obéïssoit aux Romains. Le grand & le petit Chatelet, le Palais, Notre Dame, aussi bien que les autres Eglises de la Cité, tout cela est fort moderne, & rien ne se voit de cette vieillesse venerable que je cherche, aussi la ville a-t-elle été brûlée par trois fois.

La premiére sous Jules Cesar. La seconde du tems de Gregoire de Tours, La troisiéme en 1034. sous Henri I. Ses Eglises obscures, & petites, ses rues courtes, étroites & tortues, ses maisons embarassées & entassées les unes sur les autres, se ressentent bien de l'antiquité & de la rudesse des siécles d'auparavant; quoiqu'on les ait toutes changées & remuées. Car enfin, les Quais qui aboutissent au cheval de bronze, n'ont été faits que depuis le pont-neuf. La rue neuve Notre-Dame, n'a été ouverte que par l'Evêque Maurice, afin de rendre l'abord de son Eglise plus auguste; la rue de la Juiverie, & celles de la Planche-mibrai, & de la Barillerie n'ont été élargies que pour la commodité du Palais, du petit pont & du pont Notre-Dame. Dans tout ce quartier-là, alors il n'y avoit ni marché ni place publique; celle dont parle Julien, écrivant aux Atheniens, étoit hors de la Cité, comme j'ai dit ailleurs. Le parvis Notre-Dame fut encore fait par l'Evêque Maurice, & le marché neuf n'a été commencé qu'en 1558.

Quoique pour cet élargissement on ait été obligé de ruiner bien des maisons, on ne laisse pas de croire neanmoins qu'il n'y en ait encore dans la Cité plus que jamais. Et de fait, si l'on vient à considerer que toutes celles qu'on a bâties sur l'eau, tant à la rue de la Pelleterie & au marché neuf, qu'à St Landri & au cloître Notre-Dame, ne l'ont été que long-tems après le siege des Normans, & seulement depuis qu'on vint à renfermer d'une enceinte de murs les maisons qui avoient été bâties des deux côtés de la riviere: de plus, si l'on compte ce grand nombre d'Eglises anciennes qui y étoient, & que nous voyons encore, & de même, si l'on prend garde que la rue de la Calendre, la rue de la vieille Draperie, celles de Gervais-Laurent Ste Croix & de la Savaterie, ont été ouvertes dans l'étendue du monastere de St Eloi; & que ce Prieuré occupoit tout l'espace entouré aujourd'hui d'une partie des maisons du marché neuf, aussi bien que de la rue de la Barillerie, de celle de la Juiverie, & de la rue de la Pelleterie, on reconnoîtra que la Cité au-

DE LA VILLE DE PARIS.

trefois confiftoit en bien peu de maifons & de rues.

Au refte en ce tems-là, le rès de chauffée étoit bien different de celui d'aujour d'hui, ce que ne font que trop voir Notre-Dame de Paris & St. Denys de la Chartre.

Et quoique Notre-Dame paroiffe bien plus élevée que St Denys, fon plan neantmoins ne l'eft pas davantage. L'Evêque Maurice la rehauffa fur treize grandes marches, qu'on fut contraint d'enterrer fous Louis douze, & tout de même rehauffer la rue de la Juifverie, fitôt que le petit pont, & le pont Notre-Dame qu'on rebatiffoit eurent été achevés. Jufques-là Paris n'avoit été qu'une ville fort baffe, & fujette en hiver à fouffrir beaucoup, de l'eau, quand la riviere étoit haute.

LA CITÉ.

CE quartier qui eft l'ancien Paris, s'appelle prefentement la Cité ; nom que l'on donne d'ordinaire aux villes fort anciennes, qui ayant été petites d'abord, ont été depuis agrandies avec le tems, & divifées en plufieurs quartiers. Ce nom pourtant n'a commencé à être en ufage, à l'égard de ces fortes de villes que fur le declin de l'Empire Romain, & encore faut-il qu'elles foient Metropolitaines.

Pour ce qui eft des autres parties de Paris, bâties depuis au-delà de la riviere, de chaque côté; l'une fe nomme l'Univerfité, l'autre la Ville. Cet accroiffement s'eft fait à la longue, petit-à-petit, de forte qu'on n'en fait point le tems.

Jufqu'à Philippe Augufte, Paris n'a point été pavé; & pas un de fes predeceffeurs n'avoit ofé entreprendre un fi grand deffein, épouvantés par la dépenfe: & peut-être que ce Prince lui-même ne s'en feroit pas avifé, fi l'odeur piquante & infuportable des boues ne fut venue l'infecter jufques dans fon Palais. Car enfin, il n'y a rien de fi puant, & de plus elles font fi noires, qu'elles tachent toutes fortes d'étoffes, dont les marques font fi difficiles à emporter, qu'elles ont donné lieu au Proverbe, *Il tient comme boues de Paris*.

Le Roi pour cet ouvrage s'en raporta au Prevôt des Marchands & à quelques Bourgeois ; s'il ne nous en refte plus de veftiges; il ne s'en faut pas étonner; car il n'eft pas poffible que du pavé puiffe durer 472 ans. Nicolas Bergier neanmoins, s'imagine en avoir découvert, & veut que celui de la rue Planche-mibrai de celle de la Juifverie, & du commencement de la rue St Jaques, en foient des reftes. Mais il ne prend pas garde qu'il confond le pavé de Philippe Augufte avec celui qui fut fait durant la Ligue, & qui en porte encore le nom, & qu'on mit alors pour effai en ces endroits, comme étant les plus frequentés de Paris.

Au refte ce font tous cailloux longs, étroits, pointus ; d'ailleurs fort incommodes aux gens de pied, & qui amaffent quantité de boues, à caufe de leur petiteffe & de leur forme. La propofition en fut faite durant les troubles, & on les employa à caufe de leur dureté, comme étant le vrai moyen d'éviter les grands frais qu'il faut faire pour entretenir le pavé de Paris. Quoi qu'en dife Bergier, ce n'eft point de ce pavé-là dont Rigord veut parler, & qu'il nomme de dures & fortes pierres; bien qu'Ifidore appelle ainfi les cailloux, & que ce foit peut-être le nom qu'on leur doit donner en Latin. Et de fait Guillaume le Breton Hiftorien contemporain, auffi bien que Rigord, dit que Philippe Augufte fit paver Paris de pierres quarrées; & je n'en vois point qui reffemble mieux à cette forte de pavé que celui fur lequel nous marchons, & qui eft bien autre pour la groffeur que ces cailloux longs & pointus de la Ligue. Tout notre pavé d'aujourd'hui eft de gros morceaux & quartiers de grès unis & quarrés, qui viennent de Fontainebleau, & des environs par eau, qui n'amaffent prefque point de boue; de plus fi commodes que les caroffes charettes & chariots roulent dessus aisément & que les hommes & les chevaux marchent en assurance.

Ce ne fut pas le seul ornement dont ce Prince embellit sa ville Capitale. Cette depense si Royale fut suivie de quatre autres, la premiere fut cette seconde cloture de la Ville que nous décrirons à la fin de ce Discours, & qu'il exécuta avec tant de soin & de depense.

La seconde est le Cimetiere de St Innocent, qu'il environna de fortes murailles, & de bonnes portes.

La troisiéme sont les Halles, qu'il fit bâtir pour toutes sortes de Marchands & de marchandises, & où il transporta la foire de St Lazare, qu'il acheta des Hospitaliers. La derniere fut le Chateau du Louvre, dont relevent toutes les grandes terres du Royaume, & où tant de grands Seigneurs ont été mis Prisonniers.

Nous lisons dans Rigord que d'ordinaire il logeoit au Palais, que ses successeurs ont abandonné au Parlement ; ce n'étoit pourtant pas la seule Maison Royale de Paris. Nous prouverons au Liv. VII. que les Rois de la premiére race ont demeuré au Palais des Thermes près l'Hotel de Cluny : & il se voit dans l'Histoire que lui & quelques-uns tant de ses successeurs, que de ses devanciers, ont demeuré quelquefois au Temple.

Jean Comte de Nesle, & Eustache sa femme, en 1232. donnerent à St Louis & à Blanche sa mere, leur Hotel de Nesle, que je crois être celui-là même que nous nommons l'Hotel de Soissons.

Bien depuis, Amauri de Nesle, Prevôt de l'Isle, en 1308. vendit à Philippe le Bel, le vingt Novembre un Hotel de Nesle encore, mais c'est celui-là même certainement que nous nommons aujourd'hui l'Hotel de Nesle, de Nevers, ou de Guenegault, & cela moyennant 50000. livres de bons Parisis.

Le Roi Jean y a long-tems logé, & ce fut une maison Royale jusqu'à Charles V. qui s'en deffit en faveur de Jean Duc de Berri son frere.

Charles V. ensuite bâtit l'Hotel Royal de St Paul, qui d'un côté tenoit à la Paroisse & à la Bastille le long de la rue St Antoine, & de l'autre regardoit la riviere sur le quai de St Paul. Ainsi il occupoit toute cette grande étendue de terre couverte maintenant de tant de maisons particuliéres, tant des Hôtels de Maïenne & de Lédiguieres, que du Couvent des Filles de Ste Marie ; & le tout entrecoupé de la rue neuve St Paul, de la rue Beautreillis, de celle de la Cerisaye, du petit Muscq & des Lyons.

Jusques-à-present, on a confondu l'Hotel des Tournelles avec celui-ci, s'imaginant que c'étoit le même, & que tous deux avoient été bâtis en même tems par Charles V. mais je ferai voir le contraire au Liv. VII. En passant neanmoins, je ne laisserai pas de dire ici qu'ils étoient separés par la rue St Antoine ; que la face de l'Hotel des Tournelles étoit de l'autre côté, depuis la rue des Egouts jusqu'à la porte de la ville, & que ses cours, ses parcs, ses jardins, ses galeries, & autres appartemens alloient jusqu'au de là du jardin des Arquebusiers, & où sont aujourd'hui les Hotels de Tresmes, de Vitry, de Venise, le Couvent des Minimes, l'Hopital de la Charité des femmes, la Place Royale, les rues du Foin, du Parc Royal, des Minimes, de St Gilles, de St Louis, des douze portes, & de St Pierre. Il fut acheté & augmenté par le Duc de Betford sous Charles VI. agrandi par François I. & Henri II. & enfin ruiné avec celui de St Paul, par Charles IX. Henri III. & Henri IV.

Outre tous ces Palais, Charles VI. en avoit encore deux, l'un au fauxbourg St Marceau, l'autre à la rue du jour qu'on appelloit le sejour du Roi; où lui & quelques-uns de ses predecesseurs avoient des haras.

François I. en avoit encore un autre proche des Augustins, & même y a demeuré long-tems, afin d'être plus voisin de la Duchesse d'Etampes sa Maitresse logée à l'Hotel de Luines, qu'il avoit fait bâtir.

De tant de Palais, & d'Hotels, nos Rois ne se sont reservé que le Louvre, & n'auroient plus que celui-là, si le Cardinal de Richelieu, en 1636. au

commencement

DE LA VILLE DE PARIS.

commencement de Juin n'eut donné le sien à Louis XIII. son bon maître : car quant à celui du Temple, il appartient aux Chevaliers de Malte : celui des Thermes à l'Abbayie de Cluny ; les autres ont été vendus & si bien ruinés, que personne jusqu'à present, n'en a pû seulement deterrer la situation; & que du Breuil même, qui en a vû bâtir la place Royale, & pouvoit avoir observé quantité de vestiges & de restes, tant de l'Hotel de St Paul, que de celui des Tournelles, n'a pas laissé neanmoins de les confondre.

Après ce que j'ai dit, il est aisé de juger que Paris n'a commencé à prendre la face d'une ville un peu raisonnable, que sous Philippe Auguste, mais que depuis ses successeurs ayant contribué de leur part à son agrandissement & à sa beauté, avec le tems elle est devenue l'une des plus grandes villes, des plus peuplées, & des plus magnifiques du monde.

Les maisons jusqu'à Henri IV. n'étoient que de bois & de plâtre ; celles du pont Notre-Dame furent faites de briques veritablement sous Louis XII. aussi semblerent elles alors si superbes, qu'on en parloit comme d'une merveille : si bien que quelques particuliers y prenant envie, en voulurent avoir de même. Mais jamais à Paris il ne s'en est tant fait de cette sorte que sous Henri le Grand : la place Royale, la place Dauphine, & l'Hopital St Louis qu'il bâtit furent tous de brique ; & jusqu'à Louis XIII. ce n'a été que pour les ponts, l'Hotel de Ville, les édifices publics, & les maisons des Princes & des grands Seigneurs. qu'on a fouillé dans ces profondes & vastes carriéres, où l'on a fait un vuide aussi grand que Paris.

Mais sous le regne de Louis XIII. qui est une chose surprenante, de la plus grande & de la plus belle ville du Royaume qu'elle étoit, elle est devenue en vingt-ans la plus superbe ville du monde : jamais en si peu de tems Rome n'est devenue si admirable, & ne s'y est fait tant d'Hotels & de maisons. Il n'y a point de quartier qui ne soit rempli de Palais, qu'on peut comparer aux plus beaux édifices des Romains. Au faux-bourg St Honoré, à la Ville neuve, dans le Marest, & l'Isle Notre-Dame, tous quartiers puants ou abandonnés, nous avons vû dresser à la ligne quantité de rues longues, larges, droites, & y élever ces maisons si superbes que nous admirons, & qui semblent des Palais enchantés.

Qu'on ne me parle point de l'Isle du Tibre, elle ne peut, ni n'a jamais pû entrer en parallele avec l'Isle Notre-Dame. On n'a que faire de m'alleguer les Descriptions magnifiques du Mont-Palatin, que nous ont laissé les anciens ; elles sont au dessous de celle que je ferai du moindre des nouveaux quartiers.

Jamais les maisons de Rome les mieux situées n'ont joui d'une vue si achevée, ni si riche que celle dont jouissent chès eux les Sieurs Lambert & Bretonvillier. On n'en compte pas même un si grand nombre dans la Topographie de l'ancienne Rome de P. Victor, & même est-on en doute, s'il n'y avoit pas lieu de comparer le Louvre, le Palais d'Orleans, & les Hotels de la Vrilliere, & d'Avaux, aux Palais de Mecenas, d'Auguste & de Neron.

Quoi qu'il en soit, il est très assuré que jamais on n'a vû dans Rome, même triomphante une place comparable à la place Royale. Celle de Cesar, d'Auguste, & de Trajan, d'Oenobarbe, de Diocletien furent fort petites, & la plus considerable de toutes s'appelloit la Grande, ou la Romaine, par excellence, comme étant la plus belle de toute la terre, & la plus vaste. Son plan neanmoins s'il étoit long, étoit fort étroit, & composoit un parallelograme assés irregulier. Les Palais, les Temples, les Arcs de triomphe, les Trophées dont elle étoit environnée, tenoient à des maisons d'artisans, il n'y avoit rien de symetrie ni de proportioné.

Cette longueur qui la rendit si recommandable fut toujours inferieure au quarré de la place Royale qui porte septante deux toises en dedans œuvre ; d'ailleurs toute entourée de portiques. & de trente six Palais, ornés par dehors d'ordonnances de pilastres, & par dedans d'appartemens superbes, de meubles riches, & de

Tome I.   D

peintures exécutées par les meilleurs maîtres de France & d'Italie. En un mot si on continue à embellir Paris avec autant de passion qu'on a fait depuis cinquante ans, bien des gens croient que cette ville, qui jusqu'à la fin du quinziéme siécle, n'étoit pour ainsi dire que de boue & de terre, regardera au dessous d'elle & l'ancienne ville de Rome, & la nouvelle.

On y compte onze grands ponts tous de pierre, hormis deux; & tous hormis cinq, couverts de maisons uniformes & plantées à la ligne des rues qui y conduisent.

Celui que nous appellons le Pont-neuf, non seulement est le plus beau de tous; mais peut entrer en parallelle avec les plus superbes de l'antiquité.

Des places publiques dont la ville est ornée, la place Dauphine, la place Royale, la place des Victoires & de Vendosme sont les plus accomplies.

De dix-neuf portes qui lui servent d'entrée, celle de St Denys & de St Antoine ont le plus de nom; la derniere à raison de ses bastions, de la Bastille & de son Arc de triomphe érigé en l'honneur d'Henri III. l'autre à cause que d'ordinaire nos Rois font par là leur entrée, & qu'après leur mort c'est encore par là qu'on les porte à St Denys.

Les douze faux-bourgs qui environnent la ville, sont autant de grosses villes eux-mêmes: celui de St Germain entre autres, est reconnu pour un des miracles du monde: outre qu'il est situé le long de la Seine, & d'une plate campagne, combien s'y trouve-t-il de maisons, de palais, de rues, d'Eglises, de Couvents, de peuple & de grands Seigneurs? Si bien qu'il ne cede lui seul, & ne peut ceder qu'aux villes de Londres, d'Alexandrie, de Constantinople, de Paris & de Rome.

A Rome jamais on n'a compté cinq cens rues, & cependant à Paris il s'en trouve plus de mille: mais de plus cinq entre-autres qui portent chacune autant de longueur que la moitié de la ville. Quant à la rue St Jacques & celle de St Martin, qui la partagent en deux également, ou peu s'en faut, elles sont ensemble une rue si longue & si droite que nos voyageurs avouent n'en avoir point vû de semblable, ni qui puisse lui être comparée.

Ces faux-bourgs, ces places, ces ponts, & tant de rues, sont remplies de vingt-cinq mille maisons qu'occupent plus de quatre cens vingt mille habitans, sans comprendre les Religieux, les Enfans de famille, les Ecoliers, les Clercs, les valets & les vagabonds; & ne faisant passer que pour une seule maison chaque couvent en particulier; & tout de même les Hôtels, les Hopitaux, les Colleges & les Communautés.

Dans les six corps des Marchands se trouvent deux mille sept cens cinquante deux maîtres, & plus de cinq mille garçons de boutique.

Dans les quinze cens cinquante-une communautés d'artisans, on y compte dix-sept mille quatre-vingt maîtres, trente-huit mille compagnons, & six mille apprentifs.

Le nombre des tireurs de bois flotté va jusqu'à quatre cens, celui des porteurs d'eau jusqu'à six cens, & jusqu'à dix-sept cens celui des porteurs de chaises. Les crocheteurs font un corps de deux mille quatre cens au moins. On fait état de quatre mille carosses roulans au moins, & d'autant de chevaux: & sans tout cela de quatre cens quatre vingt deux mille quatre cens hommes capables de porter les armes.

Pour tant d'hommes, il faut par an six cens muids de sel, huit cens barils de maquereaux, deux mille barils de saumon, autant de morue; vingt-trois mille barils de harans; dix-neuf mille muids de charbon, vingt-sept mille porcs, cinquante mille bœufs, soixante-dix mille veaux, quatre cens seize mille moutons, quatre-vingt mille deux cens muids de bled, deux cens soixante mille poignées de morue & quant aux bêtes seize mille muids d'avoine, & six millions de bottes de foin.

J'ai appris toutes ces particularités si exactes, d'un memoire qui fut dressé du tems que Michel le Tellier, à présent Secretaire d'Etat, exerçoit la charge de Procureur du Roi au Chatelet, & qui selon Monsieur de Guenegaud &

DE LA VILLE DE PARIS.

quelques autres a été cause en partie que Paris fut assiegé en 1649. Tout ce grand corps de ville que je viens de dire, est renfermé en toises de longueur: en   de largeur, & en   de circonference.

Mais pour juger encore mieux d'un tel espace, & si extraordinaire, il faut monter sur la tour St Jaques de la Boucherie, & sur le dôme de la Sorbonne. Cette tour n'est pas moins haute que celles de Notre-Dame : que si elles ne se trouve plus tout-à-fait au centre de Paris, il s'en faut peu ; mais enfin elle est fort bien située pour découvrir le cours de la riviere, la route des principales rues, & Paris tout entier. De là même, on distingue quelques Palais d'avec certaines Eglises, & les grandes rues. Mais à vrai dire, les yeux en peu de tems se lassent à considerer cet amas épouvantable de maisons pressées les unes contre les autres, de six de sept & de huit étages, qui multiplient autant de fois cette grande ville.

Du dôme de la Sorbonne, au contraire, on n'apperçoit point la Seine, que lorsqu'elle entre, & sort de Paris, on ne discerne les maisons des Eglises que par les clochers ; on confond même de sorte les Places, les Monasteres, les Palais, les Hopitaux, les Eglises, les rues, & même les Colleges, qui sont dans le quartier & tout proches, que tout cela ensemble ne paroît qu'une maison qui regne d'un bout de la ville à l'autre

Quoique Paris n'ait pas toujours été si grand que maintenant, il n'a pas laissé d'être fort peuplé dans les siécles passés.

En 1323. lorsque Philippe le Bel donna l'Ordre de Chevalier à ses trois fils, & se croisa avec eux & les autres Seigneurs de la Cour, les Parisiens par son ordre, s'étant mis sous les armes, Edouard Roi d'Angleterre qui assista à cette ceremonie fut fort surpris de voir sortir d'une seule ville vingt-deux mille hommes à cheval bien montés, & trente mille piétons, fort lestes & en bon équipage.

En 1383. après que Charles VI. eut ruiné les portes de la ville, & contraint les habitans de porter leurs armes au Palais & au Louvre, la chronique latine M S. de St Denys, porte qu'il s'en trouva pour armer huit cens mille hommes

L'Auteur du Journal de Charles VI. & de Charles VII. dit qu'en 1448. le 13. Octobre il se fit une Procession de tous les petits garçons de Paris, & qu'étant partis de Notre-Dame, pour aller à St Innocent entendre la Messe, lui même en compta plus de douze mille cinq cens.

Godefroi, ceremonial de France page 43. dit que le Recteur de l'Université fit offre d'amener au convoi de Charles VII. la totalité des Etudians que l'on estimoit de plus de vingt-cinq mille.

Louis XI. fit faire montre deux fois à ceux de Paris. La première en 1467. le quatorze Septembre, où parurent trente mille hommes armés de harnois, & cinquante mille à l'ordinaire. La seconde en 1474. le vingt Avril, en presence des Ambassadeurs d'Arragon ; & pour lors, de compte fait par deux de leurs gens mêmes, il se trouva plus de cent mille hommes, tous vêtus de hoquetons rouges semés de Croix blanches.

En 1544. le huit Septembre, les artisans firent montre aussi devant François I. où il se trouva près de soixante-dix mille hommes.

Je ne saurois dire s'il s'en est fait d'autres depuis : mais touchant ce point, j'ai souvent observé une chose qui m'a surpris, & dont bien d'autres se sont étonnés, qui est qu'en Eté Fêtes & Dimanches après dîné, quelque part qu'on se trouve, & où l'on aille ; le monde y est en foule : les Eglises en regorgent & à peine peut-on s'y mettre à genoux, les cabarets dont on ne sauroit dire le nombre, les jeux de boule & de paume, & autres lieux de divertissement sont tous pleins.

A Luxembourg, au Palais Royal, à l'Arsenal & aux autres promenades de la Ville, c'est la même chose. Sortés les portes, tous les grands chemins

Tome I.   D ij

font couverts plus d'une grande lieue à la ronde de personnes en carosse, à cheval & à pied, qui vont prendre l'air & se réjouir, les uns à leurs maisons de campagne, les autres, aux villages des environs.

Après cela, il ne faut pas s'étonner si les Papes y ont decerné tant de Conciles : si nos Rois y ont si souvent convoqué les Estats : si c'est le lieu, où de tout tems ils ont fait faire leur artillerie; où ils gardent leurs trésors, leurs livres, leurs chartes; où ils font les Ceremonies de leurs mariages, de leurs croisades, de leur couronnement, de leurs carousels ; & enfin, si cette seule ville donne le branle, & fait la loi à tout le reste du Royaume.

On ne s'étonnera pas non plus, si tous les François tachent de parler comme les Parisiens, & imiter leur accent, s'ils empruntent d'eux leurs modes, leurs habits, leurs coutumes, leur luxe; enfin si dans les Provinces on fait plus d'état de ceux qui sont venus à Paris, que des autres, Mais on s'étonnera sans doute, de voir que les Flamans, les Anglois, les Danois & les Allemans ont encore bien plus d'estime pour Paris, & pour les Parisiens & même que tous les honnêtes gens de ces pays-là, dans le tems que nous leur faisions la guerre, ne laissoient pas de nous cherir, de s'habiller comme nous, & de tacher à nous imiter en tout.

Je laisse là tous les éloges que tant d'Auteurs donnent à cette ville, & que Claude Robert a entassés dans sa France Chrétienne ; il me suffira de rapporter ce qu'en ont dit cinq des plus grands Princes, & des plus grands Capitaines de notre-tems.

Le premier que sans Paris le Roi de France seroit le plus grand Roi du monde.

Le second, qu'il ne pouvoit concevoir comment il y avoit un Roi de Paris.

Le troisième, que le Roi & Paris unis ensemble, avoient assés de forces pour conquerir toute la terre.

Le quatriéme, que c'étoit la ville du monde la plus propre à servir de quartier d'hiver à une armée de cent mille hommes, qui y mettroit le feu.

Le dernier, que toutes les actions du Cardinal de Richelieu se ressentoient de l'élevation de son ame, mais qu'elles étoient ternies par l'augmentation des maisons, des quartiers & de la cloture qu'il avoit donnée à une ville qu'on trouvoit alors trop grande, trop peuplée & trop puissante.

Cette cloture qui n'agrandit la ville que par un bout, est la derniere que l'on y ait fait, nous l'avons vu commencer & achever, & j'en parlerai après avoir décrit les autres d'auparavant.

Philippe Auguste n'est point sans doute le premier qui ait environné de murailles les faux-bourgs de Paris, c'est-à-dire les maisons qui avoient été bâties en terre ferme de chaque côté de la riviere, car cela avoit été entrepris & exécuté par quelqu'un de ses prédecesseurs dont nous ne trouvons point le nom dans l'Histoire ; chose que j'ai découverte, & que je tacherai de donner à connoître par quantité de preuves & de raisons.

Je sai bien que Belle-Forest, Corrozet, Bonnefons, du Breuil & Malingre, ne sont pas de cet avis; mais c'est une erreur qu'il faut détruire, & que ces Auteurs ont introduite pour n'avoir pas bien fouillé dans Paris, & dans l'Histoire ancienne. Veritablement je n'i ay deterré que deux vestiges de cette premiere cloture; mais j'en ai découvert plusieurs autres dans l'Histoire moderne, aussi bien que dans la ville qui nous marquent la meilleure partie de son plan, & de la route qu'elle tenoit.

Rigord, dit qu'en 1209. les sectateurs de l'héresiarque Amaury furent brulés à Paris, hors la porte dans un lieu appellé Champeaux. Personne ne doute que l'étendue de ce quartier-là ne fut fort petite, & renfermée dans le quartier des Halles & de St Innocent.

Je vais montrer que Philippe Auguste porta sa cloture bien au dessus de

Champeaux; & je ferai voir qu'il falloit que cette porte fut quelqu'une de celles de la premiere cloture, dont je viens de parler, & qu'elle étoit ou à la rue St Denys, près de la rue des Lombards, ou peut-être que c'est celle dont Suger fait mention, qu'on voyoit de son tems dans la rue St Merry. Suger Abbé de St Denys, & Ministre d'état de Louis le Gros & de Louis le Jeune, est le premier qui en ait fait mention. Bien que ce ne soit qu'en passant, & en deux mots: mais cependant il ne laisse pas de nous apprendre qu'il y en avoit là une de son tems; & de plus placée à la rue St Martin proche de St Merry: c'est au livre qu'il a composé des choses qui se sont passées dans son ministère, où il raconte les épargnes, les achats, les menages & les augmentations de revenu qu'il avoit faites pendant son administration. Là au commencement, il dit que lors qu'il prit le soin de l'administration des affaires du Royaume, une des portes de Paris, située près St Merry, ne raportoit que douze livres par an: mais que depuis par son moyen, on en tiroit cinquante, & là-dessus il s'en glorifie, comme n'ayant pas fait une petite conquête d'avoir augmenté le revenu du Roi de trente-huit livres: ce qui fait croire qu'alors cette somme étoit fort considerable.

Au même endroit il paroît, que ce Ministre d'Etat n'avoit point de maison à Paris, où les affaires du Royaume l'appelloient souvent, & qu'il fut obligé d'en achetter une contre St Merry, & cette porte de ville dont je viens de parler, qui lui coûta mille sols. De ce passage, à la verité, nous n'apprenons pas en quel tems elle avoit été faite, non plus que la route de l'enceinte où elle tenoit; mais c'est toujours beaucoup d'apprendre que du tems de Suger, elle étoit bâtie, & même avant lui: & ainsi, qu'il falloit que quelqu'un des devanciers de Louis le Gros l'eut fait faire. D'alleguer que pour y avoir là une porte, il ne s'ensuit pas que ce fut une porte de ville attachée à des murs, & à une clôture reguliere, puisque Suger ne le fait point savoir, mais quelque fausse porte simplement: cependant, comment s'imaginer qu'une porte de ville placée sur une grande rue, où l'on payoit des Droits d'entrée, fut denuée de murailles telles que nos fausses portes d'aujourd'hui, & qui alors n'étoient pas en usage. Mais pour en être plus assuré & convaincre les plus opiniâtres, traçons le plan de cette clôture, & de sa route, afin qu'on n'en puisse douter.

Cette clôture du côté de l'Université renfermoit la place Maubert, aussi bien que son voisinage, commençoit au petit pont, & finissoit à la rue de Bievre jusques sur le bord de l'eau.

Du côté de la ville, elle commençoit à cette place que nous appellons la Porte Baudets; en tout cas, aux environs: puis tournant proche de la Paroisse de St Jean le long du cloître, jusqu'à une vieille tour, qui subsiste encore, & que nous appellons la tour du Pet au Diable: de là elle alloit gagner une autre tour de même fabrique, & qui se voit encore dans la rue des deux portes, au logis d'Honoré Barentin Conseiller au Parlement, entre la rue de la Verrerie, & la rue de la Tixeranderie: après elle passoit à St Merry, tout contre l'Eglise, dans un lieu nommé l'Archet St Merry: & enfin finissoit au bout du Pont au Change, dans le marché de la porte de Paris.

Quantité de raisons au reste fortifient cette decouverte, & en font encore mieux voir la verité.

Premierement le milieu du logis du Conseiller Barentin, defiguré comme il est par une grosse tour quarrée, vieille, dont personne ne sait l'origine, qui d'ailleurs ressemble mieux à une forteresse des siécles les plus reculés, & à une tour de la clôture d'une ville, qu'à toute autre chose. Elle est placée entre la porte St Merry, & la porte Baudets, qui étoit la route que tenoit cette premiere enceinte; & tous ceux qui en considerent la maniere de près, ne font aucune difficulté de croire qu'elle n'en fit partie, & n'en soit une bonne marque.

En second lieu, les noms des portes ne sont point demeurés sans raison tant à la porte de Paris, qu'à la porte Baudets: quiconque fera reflexion sur cette remarque reconnoîtra de lui même que ces deux endroits ne les ont conservés que parce que, sans doute, ils servoient de portes pour entrer dans la ville.

Quant à ce que pretend du Breuil, & beaucoup d'autres, qu'il ne faut pas prononcer la Porte de Paris, mais le Port ou l'Apport de Paris, c'est une erreur si mal fondée, que toutes les anciennes chartes la refutent, où cette place est toujours appellée la Porte de Paris. Et dans le Regître du Parlement intitulé, *Olim*, est un Arrêt de l'année 1261. où la porte Baudets est appellée *Porta Baudia*.

En troisième lieu, nous lisons dans Raoul de Presles que sous Charles V. on montroit encore le jambage d'une porte près St Merry : or ce jambage là sans doute étoit de celle-là même dont parle Suger; & nous voyons dans le même Auteur, que jusqu'à François I. le bout de la rue St Martin le plus proche de St Merry, a porté le nom de l'Archet St Merry; & cela, selon toutes les apparences, à cause que la même porte, ou du moins son arcade ont subsisté long-tems à cet endroit de la rue.

En quatrième lieu, de tout ce qui se trouve au delà de cette clôture, il n'y a rien qui ne soit placé hors la ville en ce tems-là, dans les Titres & les Manuscrits : témoin St Magloire lès Paris, St Martin des Champs, St Paul des Champs, St Antoine des Champs, & le quartier nommé Champeaux, qui ne signifie autre chose que petits champs, où sont bâties les Halles, & le Cimetiere St Innocent.

En dernier lieu, il se voit dans l'ancien Rolle des Carrefours, qu'autrefois les Crieurs jurés, peu de jours après la mort de nos Rois, faisant leurs proclamations, ne passoient point le bout des rues qui tenoit à cette clôture. Cette coûtume abolie maintenant ne s'observoit alors que pour avertir un chacun de prier Dieu pour le Prince deffunt, & le repos de son ame : que s'ils ne passoient pas outre, & ne sortoient pas de la ville, c'est qu'alors il y avoit peu de maisons au delà, & de plus que tels cris n'ont jamais été faits dans les faux-bourgs.

Comme cette derniere raison n'est pas tout-à-fait à mépriser, aussi est-ce la seule dont je me servirai pour prouver l'étendue de la cloture de Paris du côté du Midi, appellé l'Université; attendu que dans ces mêmes Rolles, que j'ai allegués, il n'est parlé en semblables occasions que du petit pont & & de la place Maubert, & pour cela on croit que tous deux sont les limites de cette clôture. Si l'on vient à comparer l'espace que renfermoit cette premiére enceinte, avec celui de la ville, qui n'étoit autre que la Cité, & renfermée toute entiére dans son Isle, on avouera, sans doute, que la petitesse de cette enceinte, étoit bien proportionnée à celle de la ville, comme étant fort petite.

Philippe Auguste en usa tout autrement, lorsqu'il fit la sienne, il eut une vue plus grande, & voulut que sa Capitale eut quelque proportion avec la grandeur de son Royaume : & pour cela il fit prendre à sa clôture un si grand tour, & la rendit si vaste, qu'elle renfermoit quantité de vignes & de terres labourables; & afin que tout ce vuide fut rempli, il tâcha de porter les Parisiens à y bâtir. Il entreprit ceci en 1190. avant que de partir pour son voyage d'outre-mer; & cela pour mettre à couvert des ennemis, un grand nombre d'Eglises, de maisons & d'Habitans, qui composoient de gros fauxbourgs au dessus de l'ancienne & premiére clôture; il en abandonna la conduite pendant son absence aux Septemvirs ou Echevins, qui leverent sur Paris l'argent qu'il falloit pour cette dépense.

Cette entreprise lui fut tellement à cœur, qu'entre tant d'affaires qui demandoient ses ordres, pendant son voyage il recommanda celle-ci en particulier aux Echevins par des lettres qu'il leur faisoit exprès; il se chargea même en 1211. du soin de celle de l'Université : & enfin avant que de mourir, il eut le plaisir de voir toute cette enceinte achevée.

DE LA VILLE DE PARIS.

Rigord dit qu'il exécuta ce grand dessein avec beaucoup de justice & de charité, afin que ceux à qui appartenoient les terres par où passoient ces murs, n'eussent pas sujet de se plaindre de lui; car il en acheta le fonds argent comptant.

Ce passage au reste est celui que les gens du Roi & les Officiers du Trésor font sonner si haut, pour faire entendre que la clôture de Paris appartient au Roi.

Cette figure circulaire fut observée à la seconde clôture, de sorte qu'on affecta de mettre la Cité dans le centre de ce grand cercle, tant parce que c'est la figure la plus parfaite, & qui comprend toutes les autres, qu'à cause de sa capacité, où l'on renferme plus de choses que dans le quarré, le triangle, & tout le reste.

Ses portes qui étoient couronnées d'une representation de la Vierge, & bordées de deux tours, ne furent ruinées que sous François I. Ce qui est si vrai qu'en 1533. par sa Declaration du mois d'Avril, il ordonna que les Images de la Vierge, qui leur servoient d'ornement, fussent conservées & dressées auprès, dans les endroits les plus remarquables.

Corrozet assure les avoir toutes vues en 1581. Quant à moi, je n'en ai pû trouver qu'une, qui est celle de la porte aux Peintres, élevée sur un pied d'estail, contre une maison de la rue St Denys, qui fait le coin d'un cul de sac, appellé la porte aux Peintres.

Le Proprietaire en a eu tant de soin, qu'ayant rebâti sa maison, pour marquer plus de veneration, il a posé cette figure sur un pied d'estail, l'a fait peindre & couronner d'un dais, avec cette Inscription en lettres d'or au bas, *Cette Image, étoit sur l'ancienne porte qui fut abatue en 1535. & a été mise ici pour servir de memoire*

Elle est de pierre plus grande que nature, tient le petit Jesus entre ses bras, & le regarde amoureusement: & après tout elle ne passe pas pour mal faite quoi qu'ancienne de plus de quatre cens soixante ans.

On prétend que toutes les autres étoient de même, ou en approchoient. Quant à celle qui se voit à la rue St Honoré sur la porte de l'Eglise des Prêtres de l'Oratoire, elle couronnoit la porte St Honoré; mais de cela, on n'en a autre preuve ni certitude que la conformité qui se rencontre entre elle, & celle de la porte des Peintres.

La seconde clôture commençoit à la riviere, au dessus de la Cité, & aboutissoit à la riviere, au dessous: la Seine à ces deux endroits étoit traversée par de grosses chaînes de fer, attachées à des pieux, & portées sur des bâteaux, qui disposés de la sorte sembloient continuer ces murailles : & par ce moyen, rendoient Paris aussi peu accessible par eau, que par terre. Au dessous on se contenta d'élever la tour du Bois, & la tour de Nesle sur les deux bords, vis-à-vis l'une de l'autre, croyant que cela suffiroit pour empêcher d'approcher de la ville, ni qu'on l'attaquât par là.

Les murs du quartier qu'on nomme la Ville, n'étoient point attachés à la tour du Bois, qui tenoit à une des Basse-cours du Louvre, & à la rue d Hosteriche, & n'avoient été commencées qu'au dessous de ce Palais, afin qu'il lui tint lieu de Citadelle. Du côté de la riviere on y avoit fait une porte deffendue simplement de deux tours qui tenoient à la tour du bois, & qu'on nommoit la Porte du Louvre : elle fut abbatue en 1531. par Ordre de François I. & conduisoit non seulement hors de la ville, mais encore à la principale entrée du Louvre, qui étoit alors sur le bord de la riviere.

Cette clôture donc commençoit au dessous des fossés du Louvre, & venoit gagner la rue St Honoré, entre la rue du Louvre & celle du Coq. Là il y avoit une porte, on ne sait point comment elle avoit nom du tems de Philippe Auguste; mais l'Eglise St Honoré ne fut pas plutôt fondée, qu'on l'appella la porte St Honoré, & fut démolie en 1532.

La clôture au reste qui joignoit cette porte, passoit entre la rue d'Orleans

& celle de Grenelle, il en reste encore des vestiges chés les Prud'hommes & on m'a dit qu'on en avoit vu à l'Hotel de Harlay, qui ont été ruinés depuis quelques années: l'Hotel de Soissons en ce tems-là, en étoit borné & traversé.

Charles VI. ruina les murs de la ville, qui s'y trouverent, pour fonder l'escalier de Louis Duc d'Orleans son frere, qui y demeuroit alors, & même pour élargir la maison; la rue Cocquilliere qui la terminoit, la termine encore à present; elle avoit communiqué son nom à une fausse porte qui d'un côté tenoit à l'Hôtel de Soissons, où est la Chapelle de la Reine, & de l'autre à la maison du Sr de Combes grand Audiancier, où il reste encore une tour ronde de celles qui la flanquoient. Cette fausse porte avoit plusieurs noms, car tantôt on l'appelloit la porte de Bahagne, qui étoit le jargon de ce tems-là, pour dire de Boheme, & qui est maintenant l'Hotel de Soissons, tantôt la porte au Coquillier, & tantôt la porte Coquilliere, à cause d'un Bourgeois nommé Pierre Coquillier, qui demeuroit dans cette rue là sous Philippe le Bel, & qui vendit son logis à Gui Comte de Flandre: De là ces murailles venoient à la rue Mont-marte, & passoient entre la rue Plâtriere, & celle qu'on devroit appeller du séjour, parce que nos Rois y avoient une maison de plaisance, nommée le séjour du Roi. On m'a assuré qu'elles subsistent encore sur le derriere de la plupart des maisons de ce quartier-là, & servent de murs mitoyens aux logis de ces deux rues. J'en ai vu dans une des maisons de la rue du Jour, vis-à-vis l'Hotel de Royaumont; & en 1656. tout au commencement, M. Heron a fait ruiner les restes que j'avois vu l'année d'auparavant, dans celle qu'il a dans la même rue, parce qu'ils occupoient trop de place.

Jusques-là, cette clôture va quasi toujours en tournant, & à quatorze ou quinze toises, tant de la rue du Jour, de la rue Plâtriere, que de celles de Grenelle, d'Orleans, des Poulies & du Louvre: ou pour mieux dire, ces rues sont alignées de sorte qu'elles se trouvent éloignées également de ces murs, & ont été conduites la plupart sur le plan & la route qu'ils tenoient & tiennent encore.

A la rue Mont-martre, entre celle du Jour & la rue Plâtriere, étoit encore une porte de cette seconde clôture, que sous Philippe Auguste on appelloit tantôt la Porte St Eustache, parce qu'elle étoit voisine de cette Eglise, & tantôt la Porte Mont-martre, parce qu'elle conduisoit à Mont-martre, & traversoit la rue qui porte le même nom.

De la rue Mont-martre, cette enceinte passoit à la rue Montorgueil, entre la rue Quiqueronne, & la pointe St Eustache; & de fait, à cet endroit là il en reste des morceaux si longs & si entiers, que je les ai vu servir de jeux de boule, & je pense même qu'ils en servent encore. Elle finissoit à la rue Montorgueil proche d'une Hotellerie ou pend pour enseigne la Bouteille. Là se voient plusieurs maisons en saillie de quelques deux toises. Contre la premiere étoit dressée une fausse porte, qu'on avoit fait pour la commodité des Comtes d'Artois, qu'à cause de cela, on appelloit, tantôt la Porte au Comte d'Artois, tantôt la Porte Comtesse d'Artois, qu'à la fin en 1543. on jetta par terre, aussi bien que l'Hotel d'Artois & l'Hotel de Bourgogne, qui y étoient attachés, qu'on partagea en plusieurs places, & qui par Edit du Roi, furent vendues à divers particuliers.

Mathieu Drouet acheta la sixiéme, & s'obligea d'abattre à ses dépens cette fausse porte qui tenoit d'un côté à l'Hotel de Bourgogne, & de l'autre, à cette maison en saillie que j'ai dit, où est plantée exprès une petite borne contre, pour apprendre à la posterité l'endroit où elle étoit située.

Les murailles qui continuoient cette enceinte, entre la rue Pavée, la rue Mauconseil, & celle du petit Lion; depuis la rue Montorgueil jusqu'à la rue St Denys, furent renversées presque toutes alors par ceux à qui on vendit les masures & les ruines de ces Hotels. De tous les logis qui furent bâtis là, il n'y en a pas un, où s'il s'en trouve le moindre reste, Diego de Mendosse ruina tout, aussi bien que les autres, hormis une tour ronde qu'il conserva, qu'on voit encore

DE LA VILLE DE PARIS.

encore à l'Hotel de Mendoffe qui appartient prefentement au Sr Courtin de Tannequeux.

Mais quant à la plupart des autres, qui regnent depuis cet Hotel jufqu'à la rue St Denys quelques reftes fervent de murs mitoyens aux maifons de la rue du Petit-lion & celle de Mauconfeil ; j'en ai découvert chés le Prefident Berthier & au logis du Sr Bourlon Maître des Comptes, & chés Prevôt Grennetier ; & penfe même que je pourrois retrouver la butte des Arbaleftriers que j'y ai vû il n'y a pas long tems, où ils alloient s'éxercer, avant que d'être transferés au baftion de Lardoife. Les Ecuries d'une grande Hotellerie de la rue St Denys, qui a pour enfeigne la Sellette-rouge ont été bordées de ces murs, jufqu'en 1640. ou 1641. Contre cette maifon, ou un peu au delà, Philippe Augufte avoit dreffé une des principales portes de Paris, qu'on nommoit la porte aux Peintres, parce qu'auparavant les Peintres qui travailloient à frefque, fe tenoient tous là auprès : Quoique peut-être, y eut il plus de raifon de l'appeller la Porte St Denys, parce qu'elle conduifoit à cette Abbayie fi renommée, le Maufolée de nos Rois, d'autant plus que la rue où on l'avoit placée en portoit le nom.

Je laiffe là St Jaques de l'Hopital qui étoit tout contre, n'étant pas à propos qu'elle en prit le nom, puifqu'au quartier de l'Univerfité, il y avoit une autre porte St Jaques, & qu'ainfi il y auroit eu deux portes du même nom, chofe embaraffante : quoiqu'elle ait été ruinée tout-à-fait en 1535. fon nom neanmoins n'eft pas oublié, & fera confervé, tant qu'un cul de fac placé au même endroit, appellé encore la Porte aux Peintres fubfiftera : & qui eft celui là même dont j'ai parlé un peu auparavant, où au coin eft élevée cette figure de la Vierge qui la couronnoit.

De la rue St Denys, à la Porte St Martin, cette cloture rouloit entre la rue Greneta, & la rue aux Oues, à travers la rue Bourg-l'Abbé, où il y avoit encore une fauffe porte nommée la Poterne-Bourg-l'Abbé.

Je dirai en paffant que le nom de la rue aux Oues a été changé, & que mal à propos, pour l'établir on a fculpté un ours contre une de fes maifons, puifque fon vrai nom eft celui de la rue aux Oues, parce que de tout tems, c'étoit une Rotifferie publique : & comme alors on n'étoit pas fi friand qu'aujourd'hui, les oifons du voifinage chargeoient plus les broches que les chapons du Mans, ni les autres viandes délicates, qu'on apporte de loin. Et de fait dans toutes les anciennes chartes, elle eft appellée la Rue où l'on cuit les oies : ce changement de nom vient de ce que nos anciens prononçoient la lettre O, comme nous prononçons Ou, & ainfi appelloient Oue, ce que nous appellons Oie, fi bien qu'il faudroit dire la rue aux Oies, & non pas la rue aux Oues.

Dans quelques maifons de cette rue, fe voyent auffi des reftes de cette enceinte, & qui de là venoit à la rue St Martin, où il ne refte aucune marque de cette grande porte, nommée la Porte St Martin, qui fut démolie en 1530. au mois de Septembre, & neanmoins, y a-t-il quelque apparence qu'elle devoit être fort proche des maifons tant du Sr Cardon, que de Ginet, l'une à main droite, & l'autre à gauche : car enfin dans toutes deux, il fe voit des reftes de ces mêmes murailles, & par confequent qui la joignoient, & cela depuis la porte du Comte d'Artois. Ces pans de murs au refte, & ces veftiges fi confiderables fuivoient affés regulierement la rue de Mauconfeil, & celle aux Oues, mais depuis-là jufqu'à la riviere, je ne vois que celle de Paradis, & la rue des Francs-Bourgeois, où l'on fe foit affujetti à leur plan.

J'en ai découvert encore chés le Sr Colbert, à la rue Garnier-St-Ladre, que quelques-uns appellent Grenier-St Ladre, mais mal ; car il faut dire Garnier-St-Ladre, nom qu'elle a pris d'un homme qui logeoit là. J'en ai vû encore à la même rue dans d'autres maifons, auffi bien qu'en beaucoup d'autres de la rue Beau-bourg, qui étoit traverfée d'une fauffe porte, appellée tantôt la Porte Beau-bourg, & tantôt la fauffe porte Yderon, à caufe de la rue Nicolas Yderon,

Tome I.   E

tout contre, qui depuis a changé de nom; il falloit qu'elle ne fut pas loin de la maison du Sr de Mauvilain puisqu'on m'a montré chés lui une tour, & des murs qui faisoient partie de cette cloture, & qui même si souvent ont été contestés au Sr Cornuti, son beau-pere, que pour conserver ceux qui subsistent encore, il a été contraint de s'accommoder avec eux de la tour, qu'on a ruiné depuis 7 ou 8 ans.

De la rue Beau-bourg, cette enceinte passoit à la rue Ste Avoie, entre les maisons des Srs de Bruxelles, Courtin & de Roissi; c'est ce qui se nomme à présent l'Hotel de Mesme, qu'on appelloit auparavant l'Hotel d'Avaux & qui fut si superbement bâti par le Comte d'Avaux, sous la conduite de Pierre le Muet, l'un des premiers Architectes du siécle.

Entre ces logis & l'Eglise Ste Avoie, Philippe Auguste avoit fait dresser une porte qu'on appelloit la Porte Ste Avoie ; qui sans doute étoit attachée aux Hotels de Mesme & de Montmorancy, ce qui se voit clairement par les murailles qui d'un côté sont encore debout chés Madame de Mesme, & de l'autre font la separation de l'Hotel de Montmorancy, & du logis du Sr de Bouville, où demeure Mr de Morangis.

De plusieurs portes, tant sur le devant que sur le derriére, que Messieurs de Montmorancy firent faire pour la commodité de leur Hotel, une entre autres fut ouverte à la rue du Chaume dans l'épaisseur du mur de cette clôture. Quoique cette famille soit éteinte, ce passage neanmoins fait toujours partie de leur Hotel, & avec quelques restes de ces anciens murs, tient encore aux maisons de Mrs de Sourdis & d'Ormesson, qui sont à la rue du Chaume, à côté de la Chapelle de Bracque, que nous appellons la Mercy.

Là aussi étoit une fausse porte, nommée la Porte du Chaume, mais que jamais on n'appella la Porte de Bracque, comme quelques-uns ont prétendu. Celle-ci assurément n'étoit point du nombre des autres que Philippes Auguste fit faire; n'ayant été bâtie que long-tems depuis, sous Philippe le Bel. Par ses Lettres données à Melun en 1297. le Dimanche avant la Fête de St Vincent, il permit aux Templiers de l'ouvrir, se reservant pourtant le pouvoir de leur en ôter la jouissance quand bon lui sembleroit, & sans que cette permission pût nuire ni préjudicier ni à lui, ni à la communauté de la Ville. La suite des murailles qui y tenoient, se trouve mieux dans ce quartier-là qu'en pas un autre, elles servent de murs mitoyens à la meilleure partie des maisons tant de la rue du Chaume, que de celle des Blancs manteaux; elles separent leur jardin du cloître, regnent presque tout le long de leur monastere, & sont encore garnies des mêmes tours, & des autres accompagnemens dont Philippe Auguste les avoit revêtus. Ce Couvent est separé de la vieille rue du Temple par une suite de maisons qui la bordent de ce côté-là, & qui tiennent à la rue de Paradis, & à celle des Blancs-manteaux.

Quant à la rue des Blancs-manteaux, son premier nom étoit celui de la vieille parcheminerie, mais on ne sait point l'année ni quand elle a changé, pour celui qu'elle porte à présent, quoiqu'on soit assuré qu'elle l'a emprunté des Religieux de St Guillaume, qui s'y vinrent établir en 1258. qu'on appelloit les Serviteurs de la Vierge, ou les Blancs-manteaux.

A la vieille rue du Temple, au bout des anciennes murailles qui se voient dans ce Couvent, & qui se voyoient il n'y a pas long-tems dans les maisons contigues, étoit attachée une porte qu'on appelloit la Porte Barbette, à cause d'Etienne Barbette Prevôt des Marchands, qui demeuroit tout contre, du tems de Philippe le Bel. C'est celle-là même au reste que deux grands attentats ont rendue si memorable.

Le premier quand la maison de ce Prevôt des Marchands fut pillée & ruinée par la populace.

Le second, lorsque Louis Duc d'Orleans fut assassiné par l'ordre de Jean Duc de Bourgogne. Depuis là, il n'y avoit point de porte jusqu'à la rue St Antoine, que les murs de la ville alloient gagner près de l'Eglise Ste Catherine & les Jesuites, & regnoient tant le long de l'Hotel du Lude & de celui

DE LA VILLE DE PARIS.

d'Albret, que des Hotels de Lorraine, de St Pol & d'Angoulême, entre la rue des Rosiers, la rue des Juifs, & celles du Roi de Sicile & des Francs-bourgeois.

Je dirai en paffant, que cette rue des Francs-bourgeois, a emprunté fon nom de tous les gueux de Paris, qui y logeoient il n'y a pas cinquante ans : que dans le jardin du Maréchal d'Albret fubfifte une des tours de cette cloture dont on a fait une grande niche; & que dans les quatre autres Hotels que je viens de nommer, fe trouvent encore des veftiges de cette enceinte.

Il ne nous refte plus à parler que de la porte Baudets, de la fauffe porte St Pol, de la porte des Barrés, de la porte Barbés, & des murs qui les joignoient & où elles étoient attachées.

La porte Baudets a plufieurs noms dans nos chartes; auffi bien que dans nos Hiftoriens, tantôt c'eft Porta Baudet, & *Porta Baud*, en Latin; tantôt en François la Porte Baudet, la Porte Baudoyer, la Porte Baudayer : mais plus fréquemment la Porte Baudets; elle fut bâtie par Philippe Augufte, à la rue St Antoine, & attachée à un mur parallelle à l'Eglife des Jefuites, & qui non feulement borde l'entrée de leur maifon ; mais eft mitoyen entre-eux. & le Sr Malo, Confeiller au Parlement. On lui avoit fubftitué le nom de l'autre ancienne porte, dont il a été parlé en parlant de la première clôture, & qui cependant, ne laiffa pas de demeurer toujours au lieu où elle étoit auparavant: il ne refte plus de marques ni de l'une ni de l'autre, & neanmoins il y a grande apparence que la derniére tenoit à la muraille du Confeiller Malo, & des Jefuites, qui paffoit à la rue de Joui entre la maifon Profeffe, & celle du Sr Morant, que ces Peres ont achettée pour y être plus au large. Le pan du mur qui les joignoit étoit flanqué de deux tours rondes ; dans l'une les Jefuites ont pratiqué leur efcalier, & depuis quelques années, ils ont abbatu l'autre, qui fe voyoit à la rue de Joui, vis-à-vis d'un autre toute pareille, & qui fubfifte encore dans le Monaftere des Religieufes de l'Ave Maria.

Elles gardoient toutes deux la fauffe porte St Pol autrement dite la fauffe Poterne St Pol : celle de l'Ave Maria eft entière, & continue l'ancienne muraille de la ville, qui règne le long de ce Couvent, depuis la rue de Joui, jufqu'à celle des Barres, & de plus accompagnée encore d'une tour, telle que l'autre dont je viens de parler. Dans l'épaiffeur de ce mur, qui tient à ces deux tours, on a épargné des efcaliers, auffi grands que commodes, & des chemins fort larges. Dans l'une des tours eft le chauffoir des Religieufes & dans l'autre l'efcalier qui conduit à leur infirmerie ; & tout cela enfemble, compofe la plus longue fuite de murailles, la plus entiere, & la moins interrompue que nous ayons de cette feconde clôture.

Au bout de ce mur, dans la rue des Barres proche du grand portail de l'Ave Maria étoit une porte, à qui nos anciennes chartes donnent plus d'un nom; car elle y eft appellée la Porte des Beguines, & la porte des Barrés; des Beguines, parce que certaines Religieufes de ce nom-là furent fondées par St Louis à l'endroit même qu'occupent à préfent les Filles de l'Ave Maria, & quoiqu'elle fût affés proche de la riviere il y en avoit encore une autre fur le bord, qui dans nos titres eft nommée la Porte *Barbéel devers Lyaue*, tant parce qu'elle tenoit à la riviere qu'à caufe d'une maifon qui appartenoit, & qui appartient encore à l'Abbayie de Barbeaux.

Je voudrois bien me difpenfer de parler de l'étendue de la clôture de Paris du côté de l'Univerfité, mais la crainte que j'ai qu'avec le tems on ne la renverfe, & que fes faux-bourgs ne viennent à être renfermés, ainfi qu'il a été propofé déja plufieurs fois: c'eft ce qui m'oblige à ne la pas laiffer là, fans en raporter le détail.

Son plan donc eft le même que celui que donna Philippe Augufte à fon enceinte de ce côté-là, & qui a femblé fi grand à tous ceux de nos Rois qui ont augmenté celle de Paris, que pas un n'y a touché Elle commence fur le bord de la riviere, vis-à-vis, ou peu s'en faut de la porte des Barrés, où maintenant est la porte de la Tournelle, à quelques trente toises du pont, mais qui jamais n'a été qu'une fausse porte, jusqu'en 1606, que François Miron, Prevôt des Marchands, & Lieutenant Civil, la jetta par terre pour en faire une plus grande, qui est celle que nous voyons: elle tient à la porte St Victor par une assés longue suite de murailles, qui regnent le long du College du Cardinal le Moine, depuis le Quai St Bernard. Sur le plan de Paris, mesuré assés exactement par Jaques Gomboust la porte St Victor est à cent vingt-trois toises de la rue des Bernardins, & à cent trente de la principale entrée de l'Abbayie. Là commence la montagne Ste Geneviéve, qui est traversée & terminée par une longue file de murs, garnie de quantité de tours rondes, & entrecoupées des portes St Marceau, St Jaques St Michel & St Germain; de plus attachée aux Colleges de Navarre, de Boncourt, de Tournay, de Lisieux, de Harcourt, & encore aux Monasteres de Ste Geneviéve, des Jacobins, & des Cordeliers, sans parler de quantité de maisons particulieres.

La porte St Marceau est bâtie à la rue Bordelle, à quelque cent toises de la rue des Prêtres, le nom que nous lui donnons, n'est pas son ancien nom; car d'abord elle a été appellée long-tems la Porte Bordelle, à cause de la rue qu'elle traverse, qui avoit emprunté ce nom-là, à cause des Bordelles où cette famille autrefois demeuroit.

Entre la porte St Marceau & la porte St Jaques, est une fausse porte murée flanquée de deux tours, & appellée la Porte Papale, parce que le peuple prétend que c'est par là que les Papes qui sont venus à Paris, ont fait leur entrée, cependant c'est une pure fable, dont je ne sai point l'origine, & qui n'est fondée sur aucune apparence. Car enfin il est constant qu'aucun Pape n'a passé par Paris depuis Alexandre III. qui en partit sous Louis VII. long-tems avant que Philippe Auguste entreprit cette clôture.

La porte St Jaques n'a jamais changé de nom, qu'elle tient de la Chapelle St Jaques où sont les Jacobins.

Il n'en est pas de même de la porte St Michel, car celle-ci a eu quatre noms: d'abord on la nomma la Porte Gibard, parce que c'étoit ainsi que se nommoit alors un grand terroir qui y étoit attaché; depuis on l'appella la Porte d'Enfer, à cause qu'elle conduisoit aux ruines du Palais de Vauvert, où avant que les Chartreux fussent là établis, le peuple s'imaginoit que tous les Diables d'enfer y revenoient & qu'ils maltraitoient les passans. Je ne sai où l'Auteur de la vie de St Dominique a lû que la porte St Michel s'appelloit la Porte de Narbonne, il le dit sans garant.

Charles VI. depuis l'ayant fait rebâtir voulut qu'on la nommât la Porte St Michel, non seulement parce que cet Archange avoit été choisi par ses predecesseurs, pour Patron du Royaume, mais aussi à cause qu'une de ses Filles portoit ce nom là, qui nâquit en 1394. Enfin les gestes des Evêques d'Auxerre portent, qu'avant de s'appeller la Porte d'Enfer, on la nommoit *Porta de ferto*, mais je ne sai s'il n'y avoit pas *d'Enferto* dans l'original, car il n'y a qu'une N à dire, qui pourroit avoir été oubliée par le Copiste, ou marquée d'une apostrophe: & ainsi qui voudroit dire la même chose que *Porta Inferni*; ce qui n'est pas sans apparence: & de fait, je n'ai jamais lu que là *de ferto*: elle est à quarante toises de la rue de Richelieu, ou à peu près, & à plus de deux cens de la porte St Germain.

Les murs qui depuis là s'étendent jusques sur le bord de la riviere, entre la porte de Bussi, la porte Dauphine, & la porte de Nesle, sont bâties, partie en lieu plat, & partie sur le declin de la montagne.

La porte de Bussi, du tems de Philippes Auguste, n'étoit qu'une poterne, qui se nommoit la Porte St Germain, parce qu'en 1209. il la donna à l'Abbé Jean, & qu'elle conduisoit à son Abbayie & à son faux-bourg.

Mais depuis elle prit le nom de Bussi en 1352. sitôt que l'Abbé de St Germain & ses Religieux, s'en furent accommodés avec Simon de Bussi, Premier President. Quelques-uns prétendent que sous Charles VI. & Charles VII. elle fut appellée la porte des Anglois, à raison que ce fut par là que Perrinet le Clerc fit entrer les Anglois dans la ville en 1413. le 28 May ; mais cela n'est pas prouvé.

La porte Dauphine est moderne, elle joint la rue Dauphine au faux-bourg St Germain; & du lieu où elle est placée jusqu'au Pont-neuf on compte cent vingt-cinq toises, & cent vingt de la porte de Nesle à la rue Dauphine.

Avant que cette clôture eut été achevée, tant du côté de la ville que de l'Université, Philippe Auguste, l'Evêque de Paris & les Religieux de Ste Geneviéve & de St Germain des Prés eurent de grands procès à cause des maisons qu'on y renferma.

L'Evêque & le Chapitre de Paris contesterent au Roi la Seigneurie de celles des quartiers de St Germain de l'Auxerrois, de St Honoré & de St Eustache, & en demanderent les lots & ventes & le reste.

Pour appaiser ces querelles, eux aussi bien que leurs successeurs en vinrent à quelques transactions & entre-autres accommodemens furent faits deux traités appellés *Forma pacis*, mais qui ne firent que les assoupir.

Les Evêques de tems en tems ayant eu tant de soin de les reveiller, qu'après plus de quatre cens ans, elles ne sont pas encore terminées, & apparemment ne le seront-elles jamais ; ces differens après tout ne regardoient que le temporel.

Mais dans l'Université, il n'en fut pas de même, il y en eut & pour le temporel & pour le spirituel. D'un côté l'Evêque de Paris & l'Abbé de Ste Geneviéve plaidoient ensemble à cause de l'Eglise St Etienne du Mont, pour le spirituel seulement: d'un autre côté les Religieux de St Germain intenterent procès contre le Roi & contre l'Evêque, autant pour le spirituel que pour le temporel, à cause des Paroisses & des Paroissiens d'aujourdhui ; tant de St Cosme que de St André qui alors furent bâties.

La querelle de l'Evêque & de l'Abbé de Ste Geneviéve, n'est pas encore finie ; l'autre fut par arbitrage du tems même de Philippe Auguste. D'abord les Religieux de St Germain eurent recours à Innocent II. lui remontrerent que quoique les nouvelles murailles de la ville passassent tout au milieu de leurs vignes, cependant l'Evêque aussi bien que le Roi vouloit usurper la justice temporelle & spirituelle qu'ils avoient eue de tout tems dans les terres qui venoient d'être renfermées.

Le Pape trouva leurs remontrances si justes qu'en 1211. par une Bulle du mois de Mai, il les maintint dans leurs anciens droits, ordonnant de plus qu'ils demeureroient Seigneurs & Curés Primitifs des Habitans & des Paroisses de ce territoire distrait de leur Jurisdiction, & que cette clôture separoit.

Mais cette Bulle arriva trop tard, les Parties long tems auparavant avoient déja transigé & étoient convenues d'arbitres : & même avoient terminé l'affaire au préjudice des Religieux aussi bien que du Curé de St Sulpice, leur conservant neanmoins la Justice Temporelle, quoiqu'ils leur ôtassent la Spirituelle.

LES FOSSE'S

DEPUIS le regne de Philippe Auguste jusqu'à la prison du Roi Jean, ce grand cercle de murailles servit d'un côté de mur mitoyen tant aux maisons des particuliers, qu'aux Hotels des Grands Seigneurs, & des Monasteres, & de l'autre côté à leurs clos & jardins, à leurs séjours ou maisons de plaisance.

Mais ensuite Philippe le Bel & ses successeurs leur permirent d'ouvrir des portes dans les murs de la ville, pour y passer sans s'incommoder.

Et de fait nous en voyons encore quelques-unes dans celle qui regne le long du Couvent des Cordeliers, & dont ils tâchent de tirer des inductions à leur avantage, à cause du demeslé qu'ils ont là dessus avec le Prevôt des Marchands.

Nous voyons même que St Louis fit bien plus que Philippe le Bel, car pour donner au refectoir & au dortoir des Jacobins toute la longueur qu'il desiroit, il les poussa jusques hors la ville, assés avant, & leur fit percer les murs: mais qu'on fut obligé de retrancher en 1356, comme ils sont encore aujourd'hui.

Voila tout ce que j'ai pû déterrer de la premiére & de la seconde clôture de Paris venons à la troisiéme & à toutes les autres.

Encore que les raisons apparentes qu'eut Philippe Auguste, aussi bien que ses devanciers d'entreprendre les deux premieres clôtures dont je viens de parler, fussent l'avantage des habitans, & qu'eux & leurs maisons ne fussent pas exposées au pillage & aux attaques imprevues de leurs ennemis, il est constant neanmoins sur tout à l'égard de Philippe, que l'ambition & le desir de la gloire y eurent beaucoup de part.

Tous les Historiens du tems disent que la troisiéme clôture fut resolue depuis la prison du Roi Jean, pour mettre à couvert les faux-bourgs des courses de l'Anglois, qui se preparoit à venir assieger Paris.

Quant à ceux qui ont parlé de cette clôture, tous conviennent qu'en 1358. Etienne Marcel Prevôt des Marchands, fit des murailles & des fossés depuis le bord de la riviere, où est maintenant l'Arsenal, jusqu'à cette fausse porte que nous nommons la Porte neuve, où furent employés quatre mille ouvriers qui en un an acheverent l'ouvrage.

Le Continuateur de Nangis cependant, qui y vit travailler, assure le contraire, que Marcel fut tué en 1358. que de son tems, on ne fit que des tolles & des arrieres-fossés avec de petits murs entre deux, qui furent garnis de quelques portes, tours & bastilles, munis d'hommes, d'arbalêtres, de traits & de toutes les autres machines de guerre de ce tems-là, & que le tout fut commencé en 1356. deux ans auparavant.

Les Regîtres de la Chambre des Comptes disent la même chose; & de plus que les fortifications n'étoient pas encore faites en 1367.

Au reste, Charles Dauphin, Duc de Normandie, étoit à Paris, lorsqu'on entreprit ce travail, mais le Continuateur de Nangis ne dit point si ce fut par son ordre, où s'il y consentit: à quoi pourtant il y a bien de l'apparence, puisqu'il étoit present, & que d'ailleurs il n'avoit point encore sujet de se plaindre de Marcel, ni de ceux de Paris. Mais depuis qu'il s'en fut allé, & qu'il voulut l'empêcher, on ne laissa pas de passer outre, & de le continuer malgré lui: ensuite toutefois, après la liberté de son Pere, aussi bien qu'après sa mort, tout fut achevé par le commandement de l'un & de l'autre.

En 1356. on commença à creuser des Fossés tout au tour du quartier de la Ville & de l'Université, & pour fournir aux frais, il fut mis un impôt sur le Vin, la Biere & sur les autres bruvages, tant de la ville que des faux-bourgs & quoiqu'alors on n'y travaillât que par l'ordre du Prevôt des Marchands, à la verité en apparence avec le consentement du Dauphin, les Bourgeois avec tout cela qui furent chargés du soin & de la conduite de l'ouvrage, voulurent être déchargés de la recepte de l'argent qui se levoit, & du payement, ce qui fut fait, quant à la recette & à la mise, mais quant à l'ouvrage ils en furent toujours les conducteurs, & les ordonnateurs. A l'égard donc de l'impôt & de la levée des deniers, Pierre d'Esparnon Changeur fut choisi avec plusieurs comptables, afin de recevoir des mains de ce nouveau Receveur l'argent, le distribuer aux Pionniers, & en rendre compte au Prevôt des Marchands.

La même année le 15 Octobre, un mois ou environ après la prison du Roi, Marcel Prevôt, avec les Echevins, qui étoient, Charles Toussac, Pierre Bourdon, Jean Belot & Philippe Giffart se raporterent à dix-huit Bourgeois de la conduite de tous les fossés.

Jaques & Nicolas le Flamand, Jean de l'Isle le jeune, & Jaques du Châtel eurent le soin de ceux qui furent creusés depuis les Tuilleries, jusqu'à la Chaussée ou la rue St Denys, près les Filles-Dieu.

Jean de Pacy, Jean du Cellier, Jaques de Boullay, Jean Arrode, Simon le Paumier, & Jean Malaise, conduisirent ceux qu'on fit depuis les Filles-Dieu jusqu'à la riviere, entre les Celestins & les Beguines, autrement l'*Ave-Maria*.

La même année le quinze Novembre, Jean Piz-doë, ou son fils, Jean de St Benoist, Regnauld & Nicolas Dacy, Jean de Fourcy, Jean Giffard, Ymbert de Lyons, & Simon Bourdon se chargerent de la conduite de ceux de l'Université.

En 1395. pour payer les Pionniers qui travailloient du côté de la ville, on donna aux premiers (& le tout de leur consentement) Robert le Violeur, aux seconds Jean Montvir, & aux derniers Philippe Dacy.

Dans plusieurs autres comptes rendus à la Chambre par Pierre d'Esparnon, il paroît qu'en 1356. le quatre Decembre, le Prevôt des Marchands supplanta Jean de Montvir l'un des comptables pour donner sa commission à Jean Parisi & qu'en 1357. le vingt-quatre Juillet, Jean de Senlis, & Pierre de la Court-neuve, furent nommés à la place de Jaques le Flamand & de Jean de l'Isle le jeune.

Je n'aurois jamais fait si je voulois particulariser les noms de tous les Bourgeois & des Comptables qui y furent employés : il suffira de dire que de tous les comptes que j'ai vû là-dessus à la Chambre, soit pour continuer & achever les fossés, on s'en rapporta toujours à dix-huit Bourgeois, & à trois comptables : & de plus que chaque Bourgeois, pour ses vacations, n'avoit par jour que cinq sols Parisis.

Quoique cette clôture soit bien depuis les deux premieres, & qu'il en reste encore beaucoup de choses, je crains fort neanmoins qu'elle ne me donne plus de peine que celles-là n'ont fait ; car enfin elle a été si souvent remuée, & on y a cousu tant de pieces à diverses fois s'il faut ainsi dire, que ce n'est pas une petite affaire que de donner à connoître tout ce détail. Ce n'est pas que je n'aye lû dans un Regître de la Chambre des Comptes de l'année 1366 & 1368, une partie de la route des fossés qu'on commença en 1356. avec la quantité de toises que l'on comptoit dans toute leur circonference : bien plus, d'un toisé fort exact fait quelque cent ans depuis, j'en ai appris toutes les distances & les dimensions, tant en general qu'en particulier.

Quant au Regître, il raporte que ces fossés avoient onze cens soixante-deux toises, & leurs arriere-fossés deux mille cinq cens six & demi. Ensuite du general, il descend au particulier, mais non pas si exactement que je souhaiterois ; il dit bien à la verité, que ces arrieres-fossés portoient trente pieds d'ouverture, sur quinze de profondeur, que chaque toise coûtoit quatre livres Parisis & que pour les creuser on avoit debourse dix mille vingt-six livres Parisis ; ce qui sans doute pourroit faire juger de toute la depense qu'on fit alors pour le travail des fossés & des arrieres-fossés tant de la Ville que de l'Université. Ensuite il ajoute qu'on comptoit cent cinquante-deux toises de l'écluse des Tuilleries, c'est-à-dire, du bord de la riviere à la Bastille de la porte St Honoré ; que delà, jusqu'à la porte Mont-martre, il s'en trouvoit trois cens soixante-un & demi, & cent quatre-vingt quatre depuis la Bastille du Temple jusqu'à celle de St Martin : mais ceci, après tout, ne fait que six cens nonante sept toises & demie, c'est-à-dire, un peu plus que la moitié douze cens soixante-deux toises, en quoi consistoit le circuit entier des fossés. Mais en demeurer là, on ne dit rien des distances qu'il y avoit entre les autres portes ; savoir, celle de St Denys, de St Antoine, & des Barrés où sont aujourd'hui les Celestins.

Pour ce qui est du toisé depuis mentionné, il n'y auroit rien à s'enquerir au delà, si nous étions assés heureux pour decouvrir en quel tems il a été levé ; je l'ai tiré du quatre cent quatre-vingt-huitiéme volume de la Bibliotheque MS, de l'illuftre du Puy ; & tel après tout que par le caractere, l'expreffion & l'orthographe fimplement, on juge qu'il ait été écrit fous Charles VIII. Louis XII. ou François I. Comme j'ai dit, fon feul défaut eft que le tems n'y eft point marqué, & moins encore le jour ni l'année.

Du refte, il compte cent nonante toifes depuis la tour du Bois, jufqu'à la porte St Honoré: de cette porte à celle de Mont-martre, trois cens feptante de celle-ci à la porte St Denys trois cens vingt, de la porte St Denys à la porte St Martin cent, de là jufqu'à la porte du Temple fept cens feptante, de cette porte à la porte St Antoine, & de celle-ci jufqu'à la tour des Celeftins deux cens feptante: fi bien que ces paralleles joints enfemble font en tout deux mille vingt toifes, c'eft-à-dire prefque autant que les arrieres-foffés.

Outre ceci nous apprenons de quelques autres Regîtres de la Chambre des Comptes, qu'encore bien que l'Ifle Notre-Dame fut prefque couverte de foffés, & fi bien deffendue de ces enceintes, tant de la Ville que de l'Univerfité que j'ai décrites: neanmoins ne la croyant pas tout à-fait en fureté on l'environna encore de foffés revêtus de gafons. Une chofe ici à remarquer en paffant, eft que quoiqu'on commençât à y travailler en 1358. dès le huitiéme Avril, & que fans difcontinuer, les ouvriers étant toujours après, ne l'acheverent qu'en 1360. & encore fur la fin : cependant la depenfe ne monta qu'à cens trente mille feize livres deux fols neuf deniers Parifis, ce qui eft bien peu de chofe, pour une fi grande & fi longue entreprife, auffi les Maçons ne gagnoient-ils alors que quatre & cinq fols par jour, les Porteurs deux fols, les Manœuvres trois fols, les Pionniers cinq fols; la toife de maçonnerie ne coûtoit que huit fols de façon, & celle du pavé fait fur les murs & les terraffes des portes, que neuf fols ; le cent de clou à latte ne valoit que fix fols Parifis; le cent de fer ouvré que fept écus & un quart; le muid de plâtre trois, & l'écu que vingt-huit fols.

Dans l'Univerfité on ne recula pas les foffés fi loin que du côté de la ville, ils furent creufés au pied des anciennes murailles bâties par Philippe Augufte, & ce font ceux-là même que nous voyons encore aujourd'hui, dont tout le monde regarde avec étonnement la largeur & la profondeur.

Pour lors il n'y avoit que quatre faux bourgs en ce quartier là, celui de St Germain, ceux de Notre-Dame des Champs, de St Marceau, & de St Victor: de plus fi éloignés de la ville, fi petits & de fi peu d'importance, qu'on les laiffa fans y faire de foffés. De crainte pourtant que les ennemis s'en faififfent & ne s'y fortifiaffent, le lendemain de Pâques en 1360. on commença à jetter tout par terre, & après le feu y fut mis : mais afin que ceci s'exécutât plus promtement, chacun eut permiffion d'y travailler & les démolitions étoient pour lui. Le Continuateur de Nangis raporte qu'il y alla tant de monde, & la foule y fut fi grande que ce jour là quantité de belles maifons à la verité furent ruinées & brulées, mais non pas toutes.

Les Cordeliers & les Jacobins, qui auparavant avoient dans les faux-bourgs de grands clos, où fe trouvoient des infirmeries, des Chapelles, des falles, des refectoirs & des cuifines tout cela fauta en 1358. & fut renverfé pour faire à la place des foffés : au faux-bourg St Germain ils furent ouverts fur le territoire de l'Univerfité : dans le faux-bourg St Victor, on fit un nouveau canal pour la riviere de Bievre, dont le cours en fut detourné au préjudice des Religieux de l'Abbayie. Tous neanmoins furent dedomagés par Charles V. & Charles VI. car en 1365. le 5. Novembre, Charles V. donna aux Jacobins la maifon des Religieux de l'Abbayie de Bourgmoyen ; trois ans après (en 1368) il abandonna à l'Univerfité dix arpens dix perches de terre ; en 1370. le douze Mai, les Cordeliers fe trouverent fi bien recompenfés tant des logemens, des Ecoles & des jardins, que le Roi avoit fait faire dans leurs Couvents, qu'ils promirent de dire tous les jours une Meffe pour lui à perpetuité.

De plus

DE LA VILLE DE PARIS.

De plus, ce Prince commanda au Prevôt des Marchands, de faire un canal à la riviere de Bievre, à l'endroit que defireroient les Religieux de St Victor. Quant à Charles VI. en 1411. le quinze Fevrier, il leur ceda la pêche des foffés de la ville depuis la porte St Victor jufqu'à la riviere.

Si les fau-bourgs du quartier de la ville euffent été auffi petits que ceux de l'Univerfité, & auffi éloignés des murs faits par Philippe Augufte, on les auroit traités de même, mais leur voifinage les en garentit auffi bien que leur beauté & leur étendue. On n'épargna pourtant pas ni le Monaftere des Filles-Dieu, ni celui de St Antoine des Champs, pour être trop expofés aux ennemis, & hors d'état de pouvoir être mis à couvert: outre qu'on apprehendoit que venant à s'y fortifier, ils ne fiffent bien de la peine à Paris.

Que fi certaine infcription qui fe lit au deffus de la principale porte de St Antoine des Champs eft vraie, ce St Anachorette ne pût fouffrir qu'on ruinât impunement un lieu qui lui avoit été confacré; fi bien que les Maçons fe mettant après pour jetter tout par terre, furent attaqués en même tems du feu St Antoine & brûlés.

Les Filles-Dieu ne furent pas fi heureufes, car chés elles les marteaux firent fi bien leur devoir, qu'il ne refta pas pierre fur pierre; & même s'en fervit-on pour bâtir quelqu'une des nouvelles portes, & des baftilles de la ville.

De tout ceci, il eft aifé de voir que la troifiéme clôture de Paris fut bien differente des deux premieres, puifque Philippe Augufte & fes predeceffeurs firent des murailles fans foffés; & tout au contraire qu'à celle-ci, Marcel avec ceux de Paris & Charles V. firent des foffés fans murailles, n'ayant pas le loifir de faire tous les deux en même tems.

Tant que la guerre dura avec l'Anglois, ils furent contraints de fe contenter fimplement de foffés & d'arrieres foffés: mais la paix étant faite Charles V. auffi-tôt les accompagna de murs & de remparts, avec tel foin que lui-même fouvent fe transportoit fur les lieux, afin de preffer les ouvriers: entre autres liberalités, la derniere fois, & cela en 1367. accompagné des Magiftrats de la ville il leur fit donner cinquante francs d'or.

L'Auteur Anonyme de la chronique MS de St Denys, & Dle Chriftine de Pifan, difent que Hugues Aubriot, Prevôt de Paris, lui feul en eut la conduite; qu'en 1383. il en jetta les premiers fondemens: mais qu'ils ne furent achevés que fous Charles VI.

De quinze portes au refte qu'on comptoit auparavant, il n'en fut fait que neuf, pour ce qui eft des autres, & de la rue du Louvre, du Cocquillier, d'Artois, de Bourg-l'Abbé, de Beau-bourg, du Chaume, de Barbette, de St Pol, & de Barbeau, il n'en fut plus parlé à l'égard des fix dernieres qui reftoient, celles de St Martin & de St Honoré, retinrent leur nom; la porte Baudets fut nommée la porte St Antoine, à caufe de l'Abbayie St Antoine des Champs; celle de Ste Avoye, la porte du Temple, comme n'etant pas éloignée de la maifon des Templiers; la porte aux Peintres prit le nom de celle de St Denys, parce qu'elle conduifoit à St Denys en France; & la derniere enfin, qui avoit deux noms, & que l'on appelloit indifferemment la porte Mont-marte & la porte St Euftache, ne retint que celui de St Euftache.

Les maîtres des œuvres de ces tems-là, fortifierent ces fix entrées avec grand foin, auffi bien que celles de l'Univerfité, chacune par dehors fut couverte d'une baftille, qui étoit le nom que nos anciens d'ordinaire donnoient à leurs tours de bois pour oppofer aux ennemis en tems de fiege; mais quant à celles-ci, toutes furent de pierre, flanquées de quatre tours, & femblables en quelque façon à cette groffe tour ronde du Châtelet environnée de quatre tourelles, & appellée par quelques-uns de nos Hiftoriens la Baftille des Anglois. Je ne fai fi ce ne feroit point de leur nom, à raifon de leur effet, qu'a été pris le nom de baftion; & même fi la première figure des

Tome I. F

baſtions n'avoit point beaucoup de rapport avec celles des baſtilles.

Chacune de ces portes fut bordée de corps de garde, & terminée de deux porteaux; le vuide qui ſe rencontroit entre deux, ſe nommoit baſſe-court, y compris les corps de garde des deux côtés, bordés de ſieges de plâtre; tout le reſte étoit de pierre de taille, les porteaux voutés chacun de ſix arcs doubleaux portoient de larges terraſſes & pavées qui regnoient au deſſus des corps de garde, & rouloient au tour des porteaux & de la baſſe-court ; quatre tours rondes couvertes d'un comble d'ardoiſe, deux du côté de la Ville, & autant du côté des faux-bourgs, en deffendoient les approches de toutes parts ; & de plus, par dehors on n'y pouvoit entrer que ſur un pont dormant & un pont levis.

Des portes fortifiées avec tant de ſoin & de ſolidité par Charles V. ſembloient devoir durer une éternité: peu de tems après neanmoins, elles furent ruinées par Charles VI. Si bien que Paris durant quelques années fut ſemblable à un hameau & à quelque mechant village, où l'on peut entrer & ſortir librement à toute heure, autant de nuit que de jour. Quelques Hiſtoriens contemporains aſſurent que le Coneſtable de Cliſſon en fut cauſe, & que c'eſt lui qui donna ce beau conſeil; mais dont il ſe repentit à loiſir, ſur tout en 1392. quand Pierre de Craon, après l'avoir aſſaſſiné ſe ſauva ſi aiſément avec ſes complices, à la faveur de ces breches; ſi bien qu'à la fin on fut contraint de les retablir, & même à la hâte, pour garentir Paris, auſſi bien que le Roi & toute la Maiſon Royale des inſultes, tant des Armagnacs & des Bourguignons, que des Anglois.

Je ne traceraï point ici le plan ni la route des foſſés & des murs faits ſous le Roi Jean, & ſous Charles V.

Je ne dirai point non plus en quel endroit étoient les portes que j'ai décrites; ſi on les avoit placées au même lieu où nous les voyons, ou bien un peu plus haut, ou plus bas, car c'eſt ce que je n'ai pû découvrir.

Je ſai bien à la verité, quand & par qui les murailles ont été ruinées ; mais je ne ſai pas l'endroit où cela s'eſt fait, & moins encore, où on les a transferées.

Les Regiſtres de la Chambre des Comptes, nous apprennent que Louis XI. en 1474. fit conſtruire un boulevart proche de la tour de Billy, & un mur neuf auprès de la porte Mont-martre. Ceux de l'Hotel de Ville portent que la guerre étant declarée entre la France & l'Angleterre, Louis XII. voulut qu'on pourvût à la fortification de Paris: & en 1512. il ſe tint une aſſemblée au Palais le quatorze Juin, où après pluſieurs avis, enfin il fut arrêté que les voiries qui regnoient par dehors le long des murs ſeroient applanies, comme étant devenues aſſés groſſes & aſſés hautes, pour commander dans la ville; & qu'en attendant qu'on eut pourvû à d'autres lieux plus propres pour telles décharges, il ſeroit permis aux Bourgeois de faire charrier leurs gravois & leurs ordures le long des remparts ; car outre que cela les groſſiroit, les murailles même & les fortifications ſeroient mieux ſoutenues.

Depuis, les ennemis en 1523. ayant penetré juſqu'à Roye, Braye & Mondidier, Charles de Bourbon premier Duc de Vendôme & Gouverneur de Paris auſſi bien que de l'Iſle de France, leva dans la ville deux mille avanturiers, & fit ouvrir des tranchées hors des faux-bourgs, depuis les foſſés de St Honoré, juſqu'à ceux de St Martin.

Le Journal MS. de François I. qui m'a été communiqué par Mr Dupuy, ajoute à ceci quantité d'autres particularités, & dit que le jour des Trepaſſés & les ſuivans, ce Prince accompagné de Bryon, des Echevins & de quelques Bourgeois, viſita les faux-bourgs les plus proches de la Picardie, pour voir ce qu'il y auroit à faire, & s'il les faudroit abbatre, ou les fortifier; & qu'enfin il fut conclu qu'ils ne ſeroient point ruinés, comme étant trop peuplés & trop gros: mais qu'il les falloit environner de remparts, de foſſés, de tranchées, & de toutes les autres pieces de fortification dont on ſe ſervoit alors pour garder

DE LA VILLE DE PARIS.

les dehors des grandes villes; & afin d'avancer cet ouvrage, pour garder la ville, on resolut de lever deux mille hommes de pied, & seize mille francs par mois sur la ville, tant pour les fortifications que pour le payement des gens de guerre.

Dès le lendemain des Fêtes on commença à creuser les fossés & à élever les remparts, mais huit jours après, on se lassa de ce travail, & il fut abandonné ayant reconnu le peu d'utilité qui en reviendroit, & de plus, la longueur de l'entreprise. Neanmoins au mois de Mars ensuivant, on s'avisa d'élever des remparts & de petits bastions en dedans la ville, le long des murs pour de l'artillerie.

En 1536. la porte que nous appellons la Porte-neuve, qui tient à la maison du grand Prevôt, fut bâtie. Au reste depuis que celle du Louvre eut été ruinée il n'y en avoit point eu en cet endroit pour sortir de la ville: si bien qu'il falloit aller gagner la porte St Honoré.

En ce tems-là les ennemis étoient si puissans en Picardie, qu'ils ne menaçoient pas moins que de venir forcer Paris; le Cardinal du Bellay Lieutenant General pour le Roi, tant dans la Ville, que par toute l'Isle de France, en étant averti, pour les mieux recevoir, outre plusieurs tranchées, fit faire des fossés & des boulevards, depuis la porte St Honoré jusqu'à celle de St Antoine & afin que ce travail allât vîte, en 1536. les Officiers de la ville s'étant assemblés le vingt-neuf Juillet, deffendirent à tous les artisans l'exercice de leur métier deux mois durant, avec ordre aux seize Quarteniers de lever seize mille manœuvres & de plus à ceux des faux-bourgs, d'en fournir une fois autant sinon que leurs maisons seroient rasées.

Le trente-un, on se mit à travailler au bout des faux-bourgs de St Honoré, ce font les termes: mais ce travail ne dura que quatre mois & demi: car le seize Decembre l'ouvrage fut abandonné. Le Capitaine Nicolas en étoit le conducteur : Jaques Coriasse, Me des œuvres, faisoit la fonction de Lieutenant, & pour Ingenieurs & Architectes, avoient été choisis Nicole Siciliano, & Dominique Bocalor, ou Bocador, dit de Cortone, aux gages chacun de deux cens cinquante livres par an.

En 1542 François I. fit ouvrir & rebâtir la porte de Bussy, qui avoit toujours été fermée depuis que les Anglois eurent été chassés de Paris. Deux ans après, ayant appris que Charles-Quint avec son armée, étoit à Chateau-Thierry, aussi-tôt il envoya à Paris le Duc de Guise, qui revêtit de remparts les murs de la ville, tant du côté des faux bourgs du Temple, de Mont-martre, & de St Antoine, que de ceux de St Michel & de St Jaques.

En 1552 Henri II. ordonna une levée de douze cens mille livres par an, sur les Generalités & sur tout Paris, sans en excepter ni Couvents, ni Eglises, ni Communautés, ni Privilegiés: jusqu'à vouloir y être comptis lui-même le premier, & le tout pour être employé aux fortifications.

En 1553. il fit commencer cette longue courtine flanquée de bastions, & bordée de fossés larges & à fonds de cuve, qui regne depuis la riviere jusqu'au dessus de la Bastille. On y mit la première pierre le onze d'Août qui étoit un vendredi : toutes les maisons furent taxées depuis quatre livres tournois jusqu'à vingt-quatre.

En 1562. le quatre Mars, François de Montmorancy, Maréchal de France & Gouverneur de Paris, accompagné de quelques Chevaliers & Officiers de la Couronne, se transporta à la Ville-neuve hors la porte St Denys, où se rendirent par son ordre, le Prevôt des Marchands & les Echevins, avec St Germe ingenieur du Roi: là ayant remarqué plusieurs endroits qui avoient grand besoin d'être fortifiés & enfermés de murailles, St Germe eut ordre de faire le dessein de cette nouvelle clôture, & quant aux maisons qu'on seroit obligé d'abbatre, il fut arrêté qu'elles seroient prisées, & vendues en presence du Procureur du Roi; & c'est ce qu'on appella alors, & qu'on appelle encore les fossés jaunes, que nous avons vû continuer & achever en 1634. suivant

Tome I. F ij

l'allignement de ce premier deffein, où l'on avoit mis la main dès l'an 1565. Car cette année-là même, Charles IX. le dix-fept Fevrier, écrivit au Parlement pour lui faire favoir les raifons qui l'obligeoient à ruiner l'Hotel des Tournelles : & furce que la Cour, qui ne pouvoit y confentir, lui reprefenta qu'en le ruinant, & fe défaifant du grand Parc, c'étoit fe deffaire du feul grand lieu de Paris, propre à affembler & exercer les gens de guerre ; il répondit : Vous favés bien que la nouvelle clôture & fortification qui fe fait en notre ville de Paris, comprendra quantité d'autres lieux plus propres & plus fpatieux qu'il ne faut pour ce fujet.

En 1566. lorfque Catherine de Medicis faifoit bâtir le Palais & le Jardin des Tuilleries, on fongea à l'environner de courtines & de baftions, fi bien que là deffus elle fit faire cette clôture de murs qui regne depuis la porte de la Conference jufqu'à celle de St Honoré. Cette année-là Charles IX. le douze Juillet accompagné de fes freres, du Cardinal de Bourbon, du Duc de Nevers, & de quantité de Chevaliers de l'Ordre, y vint pofer la premiére pierre.

En 1568. le vingt-troifiéme Juillet, on mit la premiere pierre de la Porte St Victor.

En 1526. Boyer propofa au Roi d'entourer de courtines, de portes, & de baftions, tous les faux-bourgs de l'Univerfité, qui font ceux de St Germain, de St Michel, de St Jaques, de St Marceau, & de St Victor. On gouta cette propofition, & neanmoins elle ne fut pas fi bien reçue qu'une autre toute pareille qui avoit été faite fous Henry II Et de fait en 1550. ce Prince le huit Septembre, en ayant écrit aux Officiers de la ville, l'Entrepreneur de l'ouvrage eut ordre auffitôt de dreffer un état de ce que cela couteroit, qui fut montré au Roi : de forte qu'en 1551. le cinq Octobre, on planta les bornes pour mettre à exécution cette grande entreprife.

Enfin, en 1634. & les années fuivantes, Charles Froger & Louis le Barbier renfermerent dans Paris la Ville-neuve, avec le faux-bourg St Honoré, & celui de Mont-martre, qu'ils garnirent de courtines & de baftions, depuis la porte St Denys jufqu'aux foffés & fortifications que Catherine de Medicis avoit commencé en 1566. & de plus fuivirent les allignemens des foffés jaunes, creufés par Charles IX. en 1562. & 63.

La porte St Honoré étoit bâtie en ce tems-là, proche des Quinze-vingts & d'une boucherie qu'on y a faite depuis, mais alors elle fut reculée tout au bout du faux-bourg St Honoré où nous la voyons aujourd'hui, à quelques quatre cens toifes du lieu où nous l'avions vue auparavant. Celle de Mont-martre, tout de même, fut transferée de l'égoût & de la boucherie de la rue Mont-martre, & rebâtie à deux cens toifes de là, ou environ à l'extremité du faux-bourg.

Entre ces deux portes on en fit une autre en même tems, en un endroit où il ny en avoit jamais eu, qui eft celle que nous appellons la porte de Richelieu, qui termine une rue nouvelle encore de même nom, mais fi éloignée de celle de St Honoré, qu'elle en eft à près de trois cens feptante toifes.

Depuis, & cela en 1645. & 1646. par Arreft du Confeil, il fut permis d'en faire encore deux autres : l'une qui feroit nommée la Porte St Roch, & plantée au bout de la rue de Gaillon, entre la porte de Richelieu, & celle de St Honoré : l'autre qu'on appelleroit la Porte Ste Anne, & qui feroit placée au bout de la rue Montorgueil, & fubftituée à celle du Comte d'Artois.

Voilà bien de la depenfe, fans doute, pour fortifier Paris ; & cependant cette ville paffe pour l'une des moins fortes du Royaume. Veritablement elle eft environnée de foffés fort larges & profonds ; mais ils font fecs & couverts des maifons des faux-bourgs en plufieurs endroits : & même quelque peine que l'on fe foit donnée pour y faire venir de l'eau, jamais on n'a pu en venir à bout.

DE LA VILLE DE PARIS. 45

Le quartier que nous appellons la Ville, à la verité, est entouré de courtines, de remparts & de bastions, mais ils ne sont ni couverts, ni deffendus d'aucune demie-lune, & nos Ingenieurs par tout y trouvent beaucoup à redire.

Quant à la clôture de l'Université, ils y remarquent bien d'autres deffauts : si les tours & les murailles qui l'environnent ne sont pas les mêmes que fit faire Philippe Auguste, elles approchent si fort de la maniere de bâtir de ce tems-là, qu'on croit qu'elles ont été renouvelées simplement sur le premier plan : joint qu'on les entretient fort mal, les unes panchent & s'entre-ouvrent, les autres sont ruinées, en quelques endroits elles servent de mur mitoyen tant aux maisons des faux-bourgs que de la ville, ailleurs elles se trouvent dégarnies de terre & de remparts ; en un mot après tant de frais & de soins, on n'a fait autre chose que de lui donner la forme d'une ville, pour la distinguer d'un village, ainsi toute sa force consiste seulement dans la multitude innombrable de ses Habitans.

J'ai passé que la plupart des remparts qui separent la ville des faux-bourgs dont je viens de parler, sont faits de voiries, d'amas de gravoirs & d'immondices, que la butte St Roch, & Ville-neuve sur Gravois, ne sont composés d'autre chose.

Enfin qu'en 1465. Girault, Canonier des Bourguignons & des Bretons, s'étant vanté de placer son artillerie sur les voiries qu'il y avoit devant la porte St Denys & celle de St Antoine, & de battre Paris en ruine, les Bourgeois aussi-tôt y envoyerent chacun un homme pour les raser, mais ce travail fut bien-tôt abandonné.

Finissons ce discours par une remarque non moins curieuse que vraisemblable, qu'a fait Etienne Pâquier sur les armes de la Ville de Paris, au Livre dix du premier tome de ses Lettres. On sait qu'elle a pour Armoiries une grande Nef d'argent, & que bien des gens se sont distilés l'esprit pour en découvrir l'origine.

Je laisse là tout ce qui a été publié d'impertinent là-dessus, & ne ferai mention que de Pâquier. Il prétend que ces armes ont été empruntées, ou copiées sur la figure de la Cité, qui est l'ancien Paris ; & de fait, aux pieds du Cheval de bronze, l'Isle du Palais finit en pointe, & cette pointe après tout, ne ressemble pas mal à la proue d'un navire : de plus au bout du terrain, derriere l'Eglise Notre-Dame, elle s'arrondit en forme d'une pouppe ; & enfin les quais qui attachent cette pouppe & cette proue sont assés semblables aux flancs & au reste du corps d'un vaisseau, de sorte que tout cela ensemble representant assés bien un grand navire, il y a beaucoup d'apparence que les armoiries de Paris, ont été tirées de sa figure.

Mais si j'osois ajouter quelque chose à la découverte, & aux conjectures de Pâquier, je dirois que les Parisiens ne les ont peut-être prises que pour laisser à la posterité des marques de la grandeur de leur premiere ville.

SITUATION DE PARIS,
A L'EGARD DU CIEL.

PARIS est situé dans le huitiéme climat : son plus grand jour d'Eté est de seize heures, & le plus petit en hiver de huit, sans le crepuscule : & tout le monde en convient. Ptolomée met sa longitude & son éloignement du premier Meridien passant par les Canaries de vingt-trois degrès & demi, en quoi il est suivi de tous les Geographes, sans savoir pourtant la veritable assiete des Canaries, ni la difference de son Meridien d'avec celui de Paris, & des autres villes dont il fait mention dans sa Geographie.

Quant à sa latitude ou hauteur du Pole, dans tous les livres & les cartes qui sont raportées, elle se trouve en tant de sortes & si differente qu'il n'y en a guere moins de minutes depuis le quarante-septiéme degré jusqu'au quarante-neuf. Car enfin pas un auteur soit Grec, Latin, Hollandois, Espagnol, François, Allemand, Italien ou Arabe, n'a écrit de la Sphere, de l'Astronomie, Geographie & autres matieres semblables, sans parler de la hauteur du Pole de cette grande Ville, quoiqu'il n'y soit jamais venu, ni n'ait fait les observations necessaires. Bien plus tous ceux qui les ont faites sur le lieu ne s'accordent pas trop, quelques grands personnages qu'ils soient, si bien que je ne m'arrêterai point à raporter leurs opinions, puisqu'elles ne feroient que lasser le Lecteur avec peu de fruit, & qu'elles sont bien détaillées dans la lettre suivante.

Fragment tiré d'une lettre de P. Petit, écrite à Jean-Baptiste du Hamel en 1660.

Ddæ quòd Appendicis *instar,* Astronomiæ tuæ *propter argumenti similitudinem, adjici non prorsus est alienum*; præsertim Solis & Lunæ eclipses, *de quibus capite ultimo sic ais*: non fallere quidem demonstrationes Astronomicas, sed multa inter observandum occurrere, quæ nisi caveantur, in errores inducunt, observationesque incertas ac lubricas efficiunt. Iis autem cautè devitandis non leves (ut spero) monita nostra ferent suppetias, præsertim investigando tempori vero eclipseon Lunæ, in quo majorem (ut est revera) difficultatem constituis, quam ex pendulorum horologiorum nuperrime inventorum usu penitus tolli, fusiùs ibi & accuratiùs demonstravi. Ad stabiliendam verò elevationem Poli Parisiensis, in qua statuenda, ut & in variatione magneticæ declinationis, dubius hærebas, non parum lucis & utilitatis asseret fragmentum Epistolæ nostræ ad clar. Sauvallam, ea de re scriptæ; ut hæc imposterum latitudo rata sit & fixa, saltem inter 52. & 54. minuta præter 48. gradus, indéque facilis & expedita methodus cujuslibet loci latitudinem ritè observandi Astrophilis innotescat : quâ si rectè utantur, næ in Astronomica praxi quidpiam verius frustra desiderent.

DISSERTATIO
DE LATITUDINE PARISIENSI
EAQUE IN URBE
MAGNETICA DECLINATIONE.

Adductis pluribus argumentis, quibus suspicari licet utramque subinde variare.

Excerpta ex Epistola scripta ad D. Sauvallam, & operi quod de Lutetia novo-antiquâ edere parat, annexâ.

CIRCA latitudinem Lutetiæ Parisiorum, de qua me rogas, ut scribam, id primò habeo dicendum: ita inter se discordes esse Authores & Geographos in illâ assignandâ, ut si omnes diversæ sententiæ ad calculum vocentur, tot censeri possint, quot à gradu 47. ad 49. scrupula interjacent. Cujus tantæ varietatis multiplex est ratio, atque hæc præsertim: quòd authores Græci, Arabes, Latini, Germani, Angli, Batavi, Hispani, Itali, Gallique ipsi, qui de sphæra, ve Geographia, vel Astronomia disseruerunt. ipsiusque latitudinem assignarunt, aut Lutetiam nunquam viderint, aut nullâ satis accuratâ observatione usi, priorum dumtaxat vestigiis institerint, aut ipsi novi erroris fuerint antesignani. Quod cùm ita sit, uti constat, prorsus incumbit modò, ut super eâ re celebris alicujus authoris teneatur sententia, vel certè audiantur hi qui exquisitis instrumentis nec mediocri eruditione instructi ipsam Poli altitudinem accuratiùs observaverunt. Quamcumque porro sequamur viam non est valdè facile sese hinc expedire. Quòd si enim Ptolemæum qui inter veteres Geographos primatum obtinet consulas hoc loco: multùm à scopo aberrabis. Is quippe secundi Geographiæ suæ libri capite 8. docebit nos longitudinem Lutetiæ Parisiorum ab Insulis Fortunatis esse 23 grad. cum semisse, latitudinem verò seu Poli elevationem 48. grad. 30 min. atque hunc secuti sunt ferè omnes quibus contigit eâ de re disputare ante postremum sæculum: & recentiorum quoque nonnulli religioni ducunt ab hac tanti viri sententia facilè recedere. Et certè non abhorret à vero Ptolemæum, qui summo studio scribendæ Geographiæ incumbebat, dedisse operam ut viri periti & industrii situm hujus urbis tum satis claræ ac florentis explorarent, cùm id temporis, inter Ægyptum, & Gallias, Nilum & Sequanam, sub uno & eodem Romano Imperio majus fortè commercium quàm nunc, intercedebat. Non me autem fugit alios antiquiores Ptolemæo nec indiligentes Geographos extitisse, quos inter Strabo Augusti & Tiberii temporibus scriptor clariss. Gallorum ingenia nostrosque mores mirificè depinxit, sed terrarum situs silentio omnino prætermisit; ut & Solinus, Pomponius Mela, Plinius aliique fere coætanei, qui de locorum longitudine, aut latitudine nihil tradiderunt. A Ptolemæo igitur ad proximè elapsum sæculum non immeritò apud doctos ipsius valuit authoritas, quam cœpit sensim revocare in dubium ætas majorum sed infelici ut plurimùm successu. Sunt enim qui hanc urbem sub 47. gradu constituant, alii sub 48. cum 10. min. alii sub 48. cum 20'. quamquam pars melior & major Astronomorum Ptolemæum sequi maluerit, quàm obscurioris nominis authores secundæ notæ, qui aut malè concinnatis tabulis, aut observatoribus imperitis, iisque Astrolabio chartaceo, vel exiguis dumtaxat instrumentis utentibus, fidem d-hibuerant. Utcumque se res habeat, in hunc errorem lapsi sunt non infimæ classis authores alioquin celebres, Mercator, Ortelius, Bertius, Gemma Phri-

DISSERTATIO

fius, Scaliger, Mætius, Longomontanus, Stoflerus, Reinholdus, & plerique alii qui Parisiensem latitudinem minorem Ptolemaica censuerunt, cùm potiùs addi ad eam oportuerit, ut mox sum breviter demonstraturus.

Constet interim ante observatam ex professo poli Parisiensis elevationem nihil pro certo admittendum, jámque esse opus ut variorum variæ observationes strictim discutiantur: è quibus esto prima Joan. Fernelii Ambianensis Medici & Philosophi præstantissimi, quam libro, cui titulus est Cosmotheoria, dato in lucem anno 1528. his verbis refert. *Electa die perquàm serena quæ fuit Augusti 25. hic Parisiis Solis in meridie constituti elevationem per regulas deprehendi esse grad.* 49. *min.* 13. *Cùm igitur sol undecimum Virginis gradum teneret, cujus declinatio borealis* 7. *grad.* 51. *min judicavi æquatoris elevationem partes* 41. *min.* 22. *continere, quare Parisiorum latitudinem esse* 48. *grad.* 38. *min.* Viden Fernelium hanc latitudinem jam 8. min. ampliorem quàm Ptolemæum facere.

Orontius Finæus, Fernelio coævus, & Regius Matheseos hac in urbe Professor, in Cosmographia sua & aliis passim libris elevationem hanc 48. grad. 40. min. statuit, variasque Solis altitudines, & umbras ex ipsa & ad ipsius usum computavit, tametsi aliquando in Ptolemæi sententiam revolvitur cùm civitatum catalogum contexit. Nec multùm à Fernelio abhorret Orontius, cui major est habenda fides, ut Mathematicis scientis magis exculto, easque publicè docenti, quàm isti alteri professione Medico, & admodum juveni, soliusque oblectationis causâ colenti hanc disciplinam; cùm alius contrà totus in eam incumberet, nec quidquam ipsi deesset ad exactas observationes instituendas, Francisco Primo Rege Christianissimo, & Cardinali à Lotharingia ipsius Orontii Mecœnate, sumptus largiter suppeditatibus. Cujus rei fidem facere possunt à me visa instrumenta duo ex ipsius mente & industriâ fabricata: quorum primum fuit quadratum Geometricum ex ære, in quo circuli quadrans duorum circiter pedum semidiametri rectè divisus cernebatur, sicut latera ipsius quadrati in partes 1000. æquales: alterum fuit horologium dentatum tres circiter pedes altum, & septem æquis superficiebus circumscriptum, quarum singulæ uniuscujusque planetæ motum exhibebant. Quod quidem automa, ex mandato prædicti Cardinalis fabricatum, ut ex ipsius symbolo argumentor, hederâ scilicet pyramidem ambiente cum hac epigraphe, *te stante virebo*, fidem facit quantâ solertiâ & ingenio fuerit Orontius. Adeo ut nec exquisita instrumenta, nec quidquam aliud ad accuratas observationes perficiendas ipsi defuerit, neque ullum contradicendi locum reliquisset, si observationum suarum modum, diem & annum tradidisset; quo non præstito nos idem dubium manet, quod in observatione Fernelii, & summo viri ingenio Francisci Vietæ suspicamur.

Siquidem Vieta in lib. 8. Responsorum, ipsa die æquinoctii Parisiis altitudinem Solis meridianam ex umbræ rectæ longitudine observasse, ex eaque poli elevationem grad. 48. min. 49. collegisse testatur. Sed demiror quòd & annum omiserit, & eum diem elegerit erroribus maximè obnoxium, cùm citissimè varietur declinatio; ita ut nisi Sol ipsum æquinoctium terat in ipso Meridiano (quod nequidem semel intra ducentos annos forsitan evenit) vix citra errorem altitudo æquinoctialis deprehendi possit. Ex eâ igitur, sumpta Poli elevatio licèt sit veræ propior quàm reliquæ omnes, valde mihi suspecta foret, & examini subjicienda, nisi aliâ methodo viâque certiori illustrissimum virum hanc obtinuisse existimarem. Istud verò, in exemplum eò tantùm attulisse, quò triangulorum analysim suam illustraret.

Quod attinet Fernelium, is mihi videtur rudem admodum & imperfectam observandi rationem tenuisse in opere supradicto, quod Joanni III. Regi Lusitaniæ dedicavit; cùm tamen id ageret, ut globi terrestris magnitudinem definiret. Cujus voti ut fieret compos, multa milliaria sub eodem Meridiano se confecisse ait, quousque latitudinem, *quæ magis uno gradu quàm Parisii vergit in boream* deprehendisset, sic enim loquitur. *Cujus loci distantiam à Parisiorum Lutetia perquirens, vulgi testimonio accepit, intercapedinem esse* 25. *leucarum.* Nec tamen

DE LATITUDINE PARISIENSI.

tamen *vulgi supputatione satiatus*, ex revolutionibus rotarum vehiculi, *vallibus & montibus ad æqualitatem propè redactis*, ait se collegisse *passus 68096. qui milliaria sunt Italica 68. cum passibus 96.* &c. Atque hic Fernelii in isto pulvere est labor cujus conatus potiùs laudandus, quàm eventus probandus est, ita ægrè omnia isto in opere cohærent. Omissis enim erroribus quos videtur commisisse circa terræ mensuram, collium & vallium obliquitatem viarumque anfractus divinando & in lineam rectam contrahendo, aliisque hujusmodi, quæ non sunt hujus loci; in sola Poli altitudine commorabor, in quâ etiam examinandâ, ista non requiram quæ ab accuratioribus negligi non solent, sed querar solummodo ipsum retinuisse annum observationis suæ, imitatum in hoc Genethliacos circulatores, qui ne mensem quidem & annum nativitatis inquirunt ad erigendum thema cæleste. Hinc porro constare posset an rectè progressus fuisset Fernelius, an verum Solis locum explorasset, an declinationem maximam supposuisset 23. g. 28. m. quod sanè credibile est, (cùm tamen Tycho eam deprehenderit illo sæculo 23. g. 31. m. 30. f.) an refractionum & parallaxium tabulis usus esset, ut taceam de vitiis quibus non fortè caruit ligneum instrumentum, & de ipsa quam elegit anni tempestate circa æquinoctia, ubi Solis declinatio citissimè mutatur, ideoque erroribus est maximè obnoxia. Quæ omnia si acriori judicio contempleris, haud mirum videbitur nostras ab Orontii, Fernelii, ac Vietæ observationibus dissentire. Et quod molestius est, illorum nemo tempus ejusmodi observationum indicavit, unde forsitan discriminis earum causas nobis colligere liceret; nostræ tabulæ quippe longè sunt accuratiores, ex quibus Solis in Zodiaco locus certior, declinatio ipsa compertior, parallaxes denique & refractiones magis cognitæ. Quamobrem subductis omnibus præteriti sæculi observationibus, quæ minus videntur accuratæ, modo superest, ut ex recentioribus nostris quiddam magis constans in medium proferamus. Primus observator Henrio Mathematicarum scriptor & professor non contemnendus, qui Cosmographiæ suæ pag. 325. refert, se anno 1614. ex maxima & minima stellæ polaris elevatione latitudinem Parisiorum invenisse grad. 48. min. 55: & pag. 328. ex Solis varia elevatione ipsam collegisse 48. 54. Midorgius & Gassendus noster ut ipse refert ad annum 1625. Observationum Astronomicarum, eamdem latitudinem 48. 52. deprehenderunt. Bechetus in suis tabulis de theoria planetarum hanc altitudinem poli 48. 52. 30. definivit. Quod si, ut accepi, Alealmus, Mersenus, Bourdinus doctissimi alioqui viri, non consuerint majorem 48. 40. hinc liquet eam vel ab aliis haud fuisse observatam, aut fortè oscitantiùs. Nobilissimus Comes Paganus, Morinus, & Duretus in suis tabulis hanc secerè 48. 50. Doctissimus Bulialdus mihi retulit eamdem se deprehendisse 48. 51. Robervallus tandem Regius Mathematum Professor, & in practicis vel ad scrupulum exactus, hanc definit 48. 54. min. Ego vero in utroque solstitio tum æstivo, (ne declinationis inconstantia in errorem induceret) tum hyberno, ut tentarem an parallaxium & refractionum tabulæ Tychonianæ, quæ in hanc latitudinem incurrunt, cum observationibus æstivis convenirent, diligenter sic observavi.

Anno 1652. die Junii 23. beneficio quadrantis ex ære conflati, cujus diameter sex pedes æquat, meridianam Solis altitudinem 64. 37. min. deprehendi. Cumque Sol tunc 2. grad. 24. min. Cancri obtineret, ipsius declinatio fuit 23. 30. min. 16. sec. quâ detractâ ex Solis altitudine, superest æquatoris elevatio 41. 6. min. 50. sec. quam si à quadrante circuli subduxeris, supererit latitudo quæsita, graduum scilicet 48. 53. min. 10. sec. Cùm postridie eamdem observationem iterassem, meridianam Solis altitudinem 64. 36. min. inveni, Cumque Sol 3. 21. min. Cancri obsideret, ipsius declinatio fuit 23. 28. min. 51. sec. quare elevatio æquatoris 41. 7. min. 3. sec. & Poli 48. 52. min. 57. sec. hoc est 48. 53. min. neglectis utrobique secundis scrupulis tum loci solaris, tum declinationis.

Anno 1654. die 23. Junii observata Solis altitudine meridiana 64. 38. min. ac Solis loco in grad. 1. min. 54. Cancri juxta Argolum supposito, declinatione

DISSERTATIO

itidem positâ 23. 30. min. 41. sec. æquatoris elevatio 41. 7. min. 19. sec. concluditur, ex qua Poli sublimitas 48. 52. min. 41. sec. Cùm vero anno 1657. circa brumale solstitium aëris serenitas ad observandum me impulisset, die 25. Decembris altitudinem Solis meridianam 17. 43. min. offendi, cui additâ parallaxi 2. min. 52. sec. & sublata refractione 6. min. vera solis altitudo remanet 7. 39. min. 52. sec. Cumque ejus locus ex tabulis esset in 4. 16. min. Capricorni, ipsaque declinatio 23. 27. min. 20. sec. elevatio æquatoris elicitur 41. 7. min. 14. sec. ipsaque adeo latitudo 48. 52. min. 46. sec. quæ quidem cum aliis æstivis observationibus satis exquisitè conveniunt, ac præterea tabulas tum parallaxium, tum refractionum, necnon Poli altitudinem esse 48. 53. min. potiùs quàm 52. min confirmant: quamquam alibi ne à Midorgii, Gassendi, Bulialdi & Becheti æstimatione dissentirem, eamdem latitudinem 48. 52. min. dumtaxat definierim, ratus unius scrupuli errorem inter observandum, aut mihi, aut illis, seu ab instrumentis, seu à loco Solis diversimodè computato obrepere facilè potuisse.

Age vero? ex his variis observationibus inter se collatis quid nunc inferam, quidve conjecter, paucis aperio. Videtur mihi latitudo Lutetiæ, seu Poli elevatio à Ptolemæi temporibus ad nostra usque, aucta semper fuisse, adeo ut à 48. 30. min. usque ad 48. 53 vel 54. min. increverit. Quod si ab Orontii & Fernelii ætate 12. aut 13. min. à Vietæ vero ad nostram 4. aut 5. minutis aucta fuerit, quis scit an retroactis sæculis idem subierit incrementum, aut variatio saltem aliqua intervenerit? Quis affirmare audeat vetustiores omnes in observando hallucinatos fuisse? Superius quidem veterum observata quod à nostris non mediocriter dissentirent, ut dubiæ fidei perstrinximus, sed tamen tantorum virorum doctrinæ & industriæ prorsus est aliquid concedendum: atque ut nostris quoque fidem haberi à posteris postulamus, sic nos utique decet illorum observationibus acquiescere, secus in discrimen ipsa vocetur Astronomia, dirutoque hoc fundamento nullus in hac scientia progressus verus, aut fuerit, aut futurus sit. Quocirca nihil prohibet, meâ quidem sententiâ, quominus aliquam in Poli elevatione varietatem, ac mobilitatem suspicemur. Quod si licuit Copernico, Tychoni, atque aliis, ex Hyparchi, Ptolemæi, Albaregnii, & suis propriis observationibus, Zodiaci obliquitatis librationem colligere ex aliquot minutorum differentia, neque ausi sint veterum hac in parte judiciis obstrepere, tametsi Tychoni perfacile fuisset declinationem maximam 23. grad. 31. min. cum semisse uti deprehenderat, constantem affirmare nullique unquam mutationi obnoxiam fuisse contendere, priscorum monumenta abrogando, cùm de 20 dumtaxat scrupulis ageretur. Quidni ex veterum & nostris inter se collatis observationibus, latitudinis mutationem sit fas quoque concludere? Cùm aliunde major sit differentia, quam sit in vitia instrumentorum refundi possit, 3. scilicet minutorum: in quo nec Astrolabia nautarum, nec papyracei tyronum quadrantuli tam enormiter peccare consueverunt. Atque hæc forte est ratio, cur Tycho, Fruenburgum misso discipulo, ut Poli altitudinem exploraret, illam 54. 22. min. compererit, quam Copernicus 54. 19. min 30. sec. circa annum 1500, offenderat. Unde tamen Tycho occasionem arripuit, injustam sanè, Copernicum reprehendendi, quod refractiones atque alia id genus ad exquisitas observationes necessaria non adhibuisset quasi probabile sit Copernicum Tychone longè peritiorem in observanda sui loci latitudine obdormiisse, & vel ex ipsius Solis æstivi, vel stellarum quæ nulli refractioni essent obnoxiæ, vel circumpolarium altitudine, methodum inveniendæ latitudinis ignorasse. Certè eum non fugiebat refractionum scientia, cùm Vitellionis & Alhazeni libros evolvisset omnes, Walterumque legisset, cujus observationibus utitur identidem. Quid porro Walterus? *Notandum* inquit, *quòd circa Horizontem astra apparent, propter radios refractos, supra Horizontem, cùm secundum veritatem sunt sub eo: quod instrumento armillarum sensibiliter sæpius mihi apparuit*, &c. Quare effectus refractionum Copernico innotuere, ut etiam ex ejus libro 5. Revolutionum, cap. 30. apertè colligitur, ubi insinuat

DE LATITUDINE PARISIENSI.

Ptolemæo Alexandriæ serenitatem & aëris puritatem plurimum favisse, cùm ipse locum incoleret fœdum nebulis, & Vistulæ vaporibus præpinguem. Itaque non video cur Copernicus in Poli sui elevatione exploranda erroris sit insimulandus, ex eo quod 90. post annis eadem, major reperta fuerit 2. min, cum semisse. Quod si quis nunc Fruenburgi eidem observationi incumberet, forsitan nonnihil adhuc auctam reperiret, atque utinam eruditi alicujus & industrii viri has partes incolentis, Hevelii videlicet aut Eichstadii id animo insideret. Tum enim latitudo loci tam celebris, cui explorandæ isti duo tanti nominis Astronomi diligenter insudarunt, notior sanè foret. Nec minùs optandum nunc esset, Alexandriæ latitudinem quam nemo negarit accuratè observatam fuisse à Ptolemæo, ritè id temporis explicari: ut hinc tandem colligi posset, an tot labentibus sæculis immutata fuerit. Quemadmodum in plerisque civitatibus Italiæ aliarumque regionum contigisse suspicamur, quarum latitudines longè nunc sunt aliæ in tabulis & libris recentiorum, quàm in Ptolemæi Geographia olim sunt obsignatæ. Ac ne procul exempla petam; si qua profecto latitudo debuit esse diligenter observata, Romana maximè, eo quòd hæc civitas tum orbis & imperii foret caput: atqui ejusmodi latitudo quam olim Ptolemæus esse voluit 41. 40. min. Clavii temporibus ipso teste in sphæra sua observata fuit graduum præcisè 42. Keplerus autem in tabulis suis Rudolphinis quas dat pro accuratis eamdem statuit 42. 2. min. Oportuit ergo à tempore Ptolemæi ad hanc usque nostram ætatem, Romæ latitudinem 22. minutis saltem auctam fuisse, quod ipsum de Parisiensi demonstravimus, quandoquidem optimis experimentis modo constat exæquare saltem 48. 52. min. E certioribus autem sæculi superioris intelligamus vix 48. 49. min. attigisse. Nec vero fieri potest, ut in eo genere observationum, tam veteres omnes quàm recentiores aberraverint: unde porro latitudinum talis varietas existat hîc non pro certo definio ; tantùm dico videri adscribendam cælo terræve nostræ ; quod posterius mihi longè probabilius videtur, cùm suspicer aliunde, (ut infrà videbitur) terram peculari quodam motu circa proprium suum centrum gyrare, & axem suum nonnihil ad cæli cardines inclinare, ob idque mutare paulisper situm longa successione temporis ac valde lentè. Nec est propterea cur negetur immobilis saltem ad sensum, cùm longè sit alius Copernici motus diurnus annuusque quo vult eam converti; de quo ut aliquid pronuntiem, nihil modò pertinet ad quæstionem in qua versamur. Quare, ab eâ ne divertam, esto sanè variationis latitudinum causa, nunc obscurior; an minùs propterea credamus oculis doctorumque plurimorum observationibus accuratis, illam de facto variationem asserentibus ? Sed erit fortasse tempus cùm hæc veritas clariùs innotescet. Interim liceat motum hunc quem dixi terræ tribuere, sicut in pari causâ similem finxit Copernicus, aut potiùs eumdem, lib. 3. Revol. cap. 3. quamquam alio fine ut scilicet rationem redderet obliquitatis Zodiaci, excentricitatis Solis, & anticipationis æquinoctiorum, cùm ait , *Telluris Polos loco moveri, ac processu temporis lineas quasdam describere corollæ similes* ; ex quo motu non minùs rectè sequitur (quod nec ipse nec alius quod sciam advertit) latitudinis loci, quam obliquitatis Zodiaci variatio, ut ex legibus Geometriæ facillimè demonstrari potest. Si ergo post centum annos Poli Parisiensis elevatio 5. aut 6. minutis major à nobis quàm tunc temporis inveniatur, num rectè suspicari possum eam esse mobilem ? Sed si abhinc annis totidem alia reperiatur, nonne hæc mea conjectura firmari poterit in apertam demonstrationem, sicut ex variis Astronomorum observationibus, aliquot inter se minutis, nec pluribus quàm nos discrepantibus, inclinationis eclipticæ mutatio jam antè rata fuit? atque eo tantùm consilio meas & aliorum observationes mihi referri placuit, ut sint usui posteris easque cum suis componant ad eliciendam veritatem quantum potest.

Sed ut quoquomodo mihi persuadeam, ad illius variationis causam indagandam, non temerè à me aliquem motum terræ adscribi, (ut sileam de annuo aut diurno quem doctissimi quique animo spectant, quamvis sua sensa evolvere non aufint ne vulgo infanire videantur) juvat quoque hoc loco occasione declinationis magneticæ, quid abhinc annis fere 30. fuerit deprehensum, paucis significare. Ego cùm semper illi Philosophiæ quæ Gilbertum principem agnoscit, addictus ultro fuerim, atque ut multi testari possunt, cum PP. Mersenno, Furnerio, Kirkero, & Grandamico, qui jam id ipsum scriptis vulgarunt, tot mirabilium virtutum quæ hoc in lapide deprehenduntur, jam olim fuerim perstudiosus; contigit aliquando ut Lutetiæ, acus magneticæ declinationem vellem explorare; quod ut majori diligentia præstarem, lineas tres meridianas quàm fieri potuit accuratè, in variis hujus urbis locis delineavi quibus versoria, seu varias acus diversæ longitudinis applicui, quæ plures magnetes, & in diversis quidem à Polo punctis contigerant (ut mihi liqueret an ex illa diversitate lapidum & contactuum, aliqua in declinatione varietas emergeret) ubique constanter & eamdem 4. graduum cum semisse à Septentrione in Orientem animadverti: quam hactenus crediderant omnes 9. aut 10. graduum ex observationibus Orontii & Castelfranci (qui magnum hac de re volumen conscripserat, longitudinesque locorum, ex declinationis magneticæ differentia fuerat pollicitus) adeo ut horologiorum solarium & pyxidum confectores acus magneticæ locum inter duodecimam & primam horam medium vulgo depingerent. Hanc meam observationem vix evulgaveram, cùm in plerisque Galliæ regionibus idem à multis exploratum fuit, neque ulla declinationis diversitas apparuit, quantumvis loca longitudine multùm dissiderent, ut ipse ego ab ultimis Armoricæ litoribus, usque ad lacum Comensem in Valletelina expertus sum. Tum fuimus omnes in ea sententia ut putaremus ab antiquis peccatum hîc fuisse, nec aliàs declinationis magneticæ aliam extitisse positionem. Cùm ecce nobis ab Anglia allatæ sunt literæ quibus accepimus hanc dubio procul haud esse constantem; quandoquidem olim anno scilicet 1580. Bourrosius in Mathematicis eximius, ex observationibus Solis Azimuthorum accuratissimis mense Octobris prope Londinum, acum magnete illitam à Meridie in Ortum 11. grad. 15. min. deflectere compererit; anno verò 1622. mense Junio Gontherus Matheseos Professor, in eodem loco, declinationem multùm immunitam, nempe 6. grad. tantùm invenerit, postremò annis 1633. & 1634. Gelibrandus Gontheri successor eamdem observationem, eodem in loco, atque eadem prorsus methodo instituens, cùm acus 12. digitis longas adhibuisset, 4. dumtaxat gradus à Meridie deflectere cognovit. Quæ omnia cùm in lucem is dederit nullus dubitandi locus relinquitur, Magnetis declinationem variasse, quod & nos experti sumus, & quivis alius experiri facile potest.

Unde sequitur necessario vel axem terræ seu lineam meridianam cujusvis horizontis subinde mutari, si axis magnetis immotus consistit; vel hunc esse mobilem si terræ axis loco suo non dimoveatur; vel utrumque mutationi esse obnoxium, ut accessus & recessus utriusque ratio reddi possit. Cùm vero longè probabilius videatur hanc varietatem prodire potiùs ex telluris axe qui situm mutet, neque semper ad eadem cæli puncta dirigatur; quàm ex axe magnetis, qui velut sub jure ac dominio globi terrestris, extra controversiam, positus est. Vix credo meliorem proferri caussam posse istius variationis, quàm quæ sumi potest à motu polorum terræ, immoto centro illius, præsertim cùm sit eadem quæ mutabilitatis latitudinum. Nec enim audiendi sunt qui variationem hanc magnetis, autumant oriri ex mutatione superficiei terræ versus polos quæ per accessum maris ad unam illius partem, & recessum ab alia faciem variavit, & acus declinationem, quod nulla relatione probatur. ex ferri fodinis, quæ subinde generantur de novo, aut quasi vero una deficeret, aut ex sese desineret esse ferrea, & acuum motrix cum altera conflatur. Ad id præterquam quod fieri non est probabile, ne fingi quidem potest nisi ab iis qui planè credent insulas esse & litora quæ navium feramenta ad se trahant, aut saltem versoria, quod experientia jamdudum falsi convixit. Quæ quidem omnia, uti sperandum, post aliquot annorum decursus longè illustriora

DE LATITUDINE PARISIENSI.

fient; si locorum latitudines mutari comperiantur; si lineæ meridianæ in eodem plano horizontis, eoque stabili, delineatæ, non sint constantes; si versoria varias ac varias declinationes exhibeant. Quæ tria vel duo saltem, concurrere simul si deprehendantur, hâc forte prærogativa gaudebo, quod primus dederim huic suspicioni locum, unde post idonea sequatur hypothesis, præsertim elevationis poli & magnetis inconstantiæ, *quorum*, ut verbis utar Copernici loco citato, *nemo meliorem adferet rationem quàm axis terræ & polorum ejus deflexum quemdam*. Ut mihi videtur.

Cùm vero supradicta hæc inter scribendum amico cuidam, & earum rerum perito communicassem, is mihi retulit se duobus abhinc annis in Bononia Italiæ miratum fuisse Professores Mathematicarum tam celebris Academiæ, consensu aut jussu superiorum lineam meridianam accuratissimè observasse; neve aut injuriâ temporis, aut successorum incuriâ vitiaretur, hanc secundùm longitudinem templi vastissimi S. Petronio sacri, marmoteâ fasciâ descriptam in pavimento porrexisse; credo ut explorarent, ac posteris explorandam relinquerent, seu lineæ meridianæ, seu declinationis magneticæ varietatem si quæ subesset, ipsis enim sat compertam credimus Gelibrandi observationem. Quæ revera sedulitas nunquam satis laudanda, & ad exemplum commendanda posteris mihi videtur, atque equidem tantò impensiùs, quanto rariores existunt Principes & Magistratus qui harum artium studiosis faveant, vel ipsas artes promovere studeant. Quòd si jam olim præstitum fuisset apud nos, ab iis qui Galliam nostram parentem ingeniorum, his præclaris factis, exornare possunt: quot progressus in Physicis & Physico-Mathematicis nunc faceremus, & quot facturi sunt nepotes si vias illis sternimus ad veritatis indagationem?

Sed ut eò redeam unde tantisper digressus sum, & in summam conferam sparsa hinc inde superius. Cùm extra controversiam sit declinationem magnetis fuisse immutatam, ipsamque nunc Parisiis, quæ 30. abhinc annis gradus 4. excedebat vix duos superare (quod experiri utique licet:) quæ rogo assignari potest alia caussa, quàm terræ lentus aliquis motus ut exposui? siquidem inter omnes qui de virtute magnetica disserere utique conveniat, hunc lapidem vires suas omnes & proprietates à terra mutuari; cujus proinde axis tantam in versoriis inducere mutationem & potuit & debuit fortasse solus. Nec dubito quin intra 50. annos multo aperior evadat hæc variatio, cùm nulla tunc futura sit magnetis declinatio, vel si declinet acus, à Septentrione in occasum deflexura sit. Quamobrem si terrestris globi motum, magnetis varia declinatio non obscure demonstrat, quid est cur dubitemus eumdem confirmare per varietatem elevationis Poli? Verùm si hæc Lutetiana post longam annorum seriem, 4. au 5. minutis major eâ quam nunc certissimis experimentis deprehendimus, observetur, nonne ad id explicandum tutò concludi poterit cælum aut terram mota loco fuisse? cumque præstet in solam terram refundi motum istum ut satis evincit acus magneticæ deviatio, colligamus sanè, nostri hujus mundi nihil in eodem statu permanere, sed omnia in perpetuo motu versari, si primum motorem excipias,

qui tempus ab ævo
Ire jubet, stabilisque manens dat cuncta moveri.

Atque hæc sunt quæ de latitudine Lutetiæ, declinationeque magnetis scribenda duxi, dum venio ad ultimam tuarum petitionum, quæ est depositione ac situ veterum basilicarum; an scilicet spectent Orientem æstivum, aut brumalem, aut verum, &c.

Hactenus pars Epistolæ. Idib. Janu. 1660.

HISTOIRE ET ANTIQUITE'S

SITUATION DE PARIS,
A L'EGARD DE LA TERRE.

TOUCHANT la situation de Paris à l'égard de la terre; du tems de Jules Cesar, il étoit situé dans la Gaule Chevelue, entre la Belgique, & la Celtique: depuis dans la Lyonoise: après dans la Senonoise; & maintenant il est compris dans l'Isle de France.

Durant plusieurs siecles, son assiette a été dans la Seine; c'est ainsi que Cesar, l'Empereur Julien & Marcellin le décrivent, & pour lors ce n'étoit qu'une Isle qu'on nommoit *Lutece*, Chateau des Parisiens, appellée aujourd'hui la Cité, ou l'Isle du Palais. Au midi il y a une grande montagne, où est maintenant l'Université, & dont elle porte le nom, toute couverte de maisons, d'Eglises, de Colleges & d'Habitans; mais anciennement pleine de vignes. Au Septentrion est une platte campagne nommée à present la Ville, beaucoup plus peuplée & plus grande que l'Université; auparavant ce n'étoit qu'un marais, où les Parisiens s'étoient retranchés du tems de Cesar, jamais Labienus ne les y put forcer; ce marais depuis a été desseché peu à peu.

Cette partie au reste appellée la Ville, & l'autre qu'on nomme l'Université, sont arrosées toutes deux de la Seine, Fleuve assés gros & sujet à se deborder, de plus si navigable presque en tout tems, qu'il porte jusques dans Paris Bois, Bleds, Vin, Fruits, en un mot la dépouille des Provinces les plus fertiles, telle que sont la Beauce, la Brie, la Champagne, la Picardie, la Normandie & la Bourgogne. De toutes parts ce ne sont que valons, plaines, colines, montagnes, forêts, & tout ce qui peut contribuer, non seulement aux necessités & à la douceur de la vie, mais à la superfluité.

Pour bâtir cette grande Ville, si petite au commencement, Mont-martre qui en est proche, lui a fourni le plâtre, & l'en fournit plus que jamais: d'autre côté la pierre que nous y voyons a été tirée d'un nombre infini de carrieres & cachées jusques sous les Faux-bourgs de l'Université: carrieres pourtant si peu épuisées, qu'il y reste encore plus qu'il ne faudroit pour faire plusieurs Paris tout de Pierre.

Dans les forêts de Livri, de Bondi, de Vincennes & de Boulogne, on a coupé le bois pour les maisons.

Tout au tour, ou peu s'en faut, regne une longue chaîne de côteaux chargés de vignes; si peu méprisables qu'elles ont merité l'estime de l'Empereur Julien; ce qui est si vrai, que le vin qui en sort encore aujourd'hui tant blanc que clairet, est pétillant, plein d'esprit & de feu.

La vallée de Montmoranci produit des cerises en si grande quantité, que c'est une chose étonnante: Vanvre à la verité donne peu de beurre, mais c'est le plus excellent qui soit au monde: pour Gonesse on ne fait guere moins de cas de son pain que du beurre dont je viens de parler. En tout tems on recueille tant de sortes de legumes des marais, & en si grande quantité, qu'il y en a suffisamment pour les riches & pour les pauvres; & ces marais dont on tire tant de commodités, sont si proches qu'ils tiennent à Paris, & que de dessus ses murailles on les voit cultiver.

L'automne y est agreable, le Printems serain & beau, toutes deux temperés, & toutefois si inconstans, qu'en un même jour il y fait chaud & froid, y pleut & gresle; que si par fois les chaleurs y sont grandes en été, & le froid âpre en hiver, cela dure peu, & le tout s'en va avec une pluie; & c'est pourquoi l'Empereur Julien, qui y a séjourné long-tems, dit que l'hiver y est

DE LA VILLE DE PARIS.

assés doux, & beaucoup plus temperé qu'ailleurs; que veritablement une fois il y sentit un froid plus rude qu'à l'ordinaire, & même peu s'en fallut que la rivière ne prît. Et là dessus voulant en donner la raison, il ajoute bonnement, tout bel esprit qu'il fût, que les Parisiens attribuoient la douceur de l'hiver au voisinage de l'Ocean, (qui pourtant en est à quarante lieues) & que comme son eau est plus chaude que celle des riviéres, quelque vapeur pourroit venir de là qui adoucissoit l'air.

Les differens Noms de Paris.

ON donne à Paris plusieurs noms; & neanmoins touchant ses Habitans, de tous les Auteurs tant Grecs que Latins qui en font mention, pas un ne les appelle que *Parisii*, Παρίσιοι: que si aucuns y changent quelque chose, & les nomment *Parrhisii*, *Parisei*, *Pharisei*, & autrement, c'est pour vouloir trop rafiner.

A l'égard de la Ville, Strabon entre les Grecs l'appelle Λυκοτοκιον, Ptolomée Παρίσιον Λυκοτοκιον, comme l'a reformé le docte Bertius; l'Empereur Julien Λευκεσίαν, ou Λυκεσιαν, & même Λευκεσιον & Λυκεσιον: car ce sont les diverses leçons de ce nom-là, selon le Pere Sirmond. Des Latins, Cesar l'appelle *Lutetia*; Marcellin toujours *Parisii*, hormis une seule fois qu'il dit *Parisiorum Castellum Lutetia*; l'Itineraire d'Antonin imprimé par Henri Etienne *Lutetia* & *Lutecia* comme Simon Vincent.

Dans les Scholies de Simlerus, imprimées à la fin de cet Itineraire, c'est *Lutetia*, avec cet avertissement neanmoins, que c'est ainsi qu'est orthographié dans mon Manuscrit, quoique pourtant ailleurs on l'ait imprimé *Lutetia*. Enfin c'est *Lutecia* dans la table de Peutinger; *Parisii* dans la Notice de l'Empire; *Civitas Parisiorum* dans les diverses Notices des Provinces; dans Zozime *Parisium*; au Code Theodosien *Parisi*; dans Boëce *Civitas Julii Cæsaris*; dans la Confession de Foi rapportée par St Hilaire *Pharisæa Civitas*; dans Gregoire de Tours, & ceux qui les premiers ont écrit de notre Histoire, rarement *Parisii*, d'ordinaire *Parisius* indeclinable.

Par tous ces noms il paroit qu'anciennement le veritable nom de Paris étoit *Lutetia*; & celui de ses peuples aussi bien que de toute la province *Parisii*: mais que depuis neanmoins tantôt la Ville a été appellée *Civitas Parisiorum*: tantôt *Lutetia Parisiorum*: sous Constantin, ou bien-tôt après, c'étoit *Parisii*. Mais lorsque la langue Latine vint tout-à-fait à se corrompre, c'est-à-dire sous le bas Empire, on supprima entierement les noms propres des Villes Capitales des Gaules, que les Romains avoient formés sur les noms originaux imposés autrefois par les peuples, si bien qu'au lieu de *Lutetia* on l'appella *Civitas Parisiorum*, & enfin celui de *Lutetia Parisiorum* lui est demeuré, puisque nos plus savans critiques même, & qui se piquent le plus de bien parler Latin, s'en servent toujours comme s'il y avoit deux Villes de ce nom-là, & qu'il fallut les distinguer par celui de la Nation.

Quelques-uns, au reste pour l'aversion qu'ils ont des Grecs & des Romains, qui seroient bien fâchés d'avouer que *Parisii* vient de Παρρισία, & *Lutetia* de *Lutum*, tant ils craignent de faire descendre les premiers Parisiens de la Grece & de Rome en leur mettant ainsi le Grec & le Latin à la bouche, plusieurs siécles même avant que d'avoir sû seulement qu'il y eut au monde des Grecs & des Romains; ces gens ici, dis-je, pretendent que jamais les Parisiens n'ont eu de commerce avec les Grecs, & que bien loin d'en avoir eu avec les Romains, il se voit dans Tite-Live que sous Tarquinius Priscus, les Alpes passoient pour les limites de la terre.

Differtation fur la découverte d'une des plus fingulieres
& des plus curieufes Antiquités de la Ville de Paris.

COMME Mr Berrier faifoit travailler il y a quelques années en fa maifon auprès de St Euftache, à l'endroit où eft fon jardin, on trouva les
fondemens des murailles d'une enceinte de la ville de Paris, qui probablement avoient déja fervi à quelque édifice plus ancien, & plus confiderable,
comme feroit un Temple ou un Palais, puifqu'en fouillant en terre, environ
à deux toifes de profondeur, on y trouva parmi des gravois, dans une tour
ruinée, une Tête de femme, de bronze, fort bien faite, un peu plus groffe
que le naturel, qui avoit une tour fur la tête, & dont les yeux avoient été
ôtés, peut-être à caufe qu'ils étoient d'argent, comme c'étoit une chofe affés
ordinaire aux anciennes figures. L'ayant vue dans la Bibliotheque de Mr l'Abbé Berrier, je jugeai par la connoiffance des medailles, que ce pouvoit être
la tête de la Déeffe qui étoit Tutelaire de la Ville de Paris durant le Paganifme,
puifqu'on voit plufieurs medailles Grecques Antiques, qui ont pour revers des
têtes de femme avec des tours, & le nom de la ville, comme ΑΝΤΙΟΚΕΩΝ
ΛΑΟΔΙΚΑΙΩΝ.

Ayant eu la curiofité de rechercher quelle pouvoit être cette Divinité qui
avoit été autrefois l'objet du culte des Parifiens, j'ai crû avec affés de fondement, ce femble, que c'étoit la Déeffe Ifis, tant à caufe de la tour qui eft
fur fa tête, qu'à raifon qu'on trouve qu'elle a été adorée en ce Pays-ci.

Il eft certain par le témoignage de plufieurs Auteurs, que celle que les Grecs
ont appellée IO, & les Egyptiens ISIS, eft la même que les Romains ont honorée fous le nom de Cybele, favoir la Terre, ou la Nature même, que les
Egyptiens ont mariée avec Ofiris, qui étoit le Soleil, pour la rendre feconde, & la mere de toutes les productions qui fe forment dans fon fein. C'eft
la penfée de Plutarque & d'Apulée qui fait dire ces mots à Ifis. *Rerum natura
Parens*, *fum omnium Elementorum Domina*. *Apul. 6. Metam.* Macrobe dit auffi.
*Neque aliud effe Ofirim quam folem, & Ifim quam Terram diximus, Naturamque
rerum*. *Macrob. l. 1. Saturn. cap* 21.

Il y a en effet tant de reffemblance entre les portraits & les figures que les
anciens nous ont donnés de ces deux Divinités, favoir d'Ifis chés les Egyptiens,
& de Cybele chés les Romains, qu'il eft aifé de juger que c'étoit la même.
Cybele, comme on le voit au revers de plufieurs medailles, portoit une tour
fur la tête, étoit accompagnée de Lions, tenoit en main un inftrument comme un tambour de Bafque, & étoit nommée *Mater magna*, la Mere univer-
felle qui eft la Nature. Ifis avoit auffi la tête tourelée, ainfi qu'il paroît en
plufieurs de fes figures, & particulierement en celle qui fut trouvée à Rome
fous Leon X. dont les Auteurs font mention. Elle a auffi des Lions en fa
compagnie, comme on le remarque dans la table d'Ifis, fi fameufe, du Cardinal Bembus que Kircher a fait graver: elle tient un Siftre en fa main, qui eft
un inftrument mufical: & elle eft enfin appellée la Terre & la Nature même;
c'eft pourquoi on la dépeint fouvent avec plufieurs mamelles, telle qu'eft celle
qui fe voit au Cabinet du Roi.

Cette Divinité, au raport d'Apulée, étoit en veneration par tout le monde,
quoique fous differens noms & differentes figures, *Cujus nomen circum, mul-
tiformi fpecie, ritu vario, nomine multi jugo totus veneratur orbis*; & il ne s'en faut
pas étonner, puifqu'on dit qu'elle avoit fait du bien à tout le monde.

Car il eft remarqué qu'Ifis étoit une Reine d'Egypte, qui y regnoit avec le
Roi Ofiris fon Mari, au tems des premiers Ifraëlites, puifque Tacite a écrit
ces mots. *Regnante Ifide exundantem per Ægyptum multitudinem Judæorum in pro-
ximas terras exoneratam ferunt*. Comme c'étoit une femme d'un grand efprit &
d'un grand courage pour entreprendre les chofes les plus difficiles, elle fit bâtir
& équiper un vaiffeau pour voyager: Elle alla en effet jufques dans les pays les
plus

plus éloignés & les plus barbares, tels qu'étoient alors les Gaules & l'Allemagne, dans le pays de Suaube, où Tacite dit qu'elle penetra ; & n'y ayant rencontré que des peuples fort grossiers & fort sauvages, elle leur apprit à honorer la Divinité, à cultiver la Terre, & à y semer du blé. Elle s'acquit par là une si haute estime parmi ces peuples, qu'ils crurent que c'étoit la Déesse même de la terre, à qui ils étoient redevables de leur avoir appris l'art de l'Agriculture, & le culte de la Religion, qu'ils avoient jusqu'alors ignorés. Voici ses paroles, *Pars Suevorum Isidi sacrificat, unde causa & origo peregrino sacro parum comperi, nisi quod signum ipsum in modum liburnæ figuratum docet advectam Religionem.*

Tacite remarque encore dans ce passage, que ces Alemans de la Suaube l'adorerent sous la forme d'un vaisseau, en memoire sans doute de celui qui avoit porté cette Reine en leur pays pour leur rendre un si bon office. Nous avons des Médailles Egyptiennes de Julien l'Apostat, où on la voit dans un vaisseau ; & il se trouve dans Kircher & ailleurs de ses figures qui portent un vaisseau sur la main. En effet, Diodore & Apulée témoignent qu'elle présidoit en la mer ; & ce dernier la faisant parler, lui met ces paroles en la bouche, *Navigabili jam pelago facto, rudem dedicantes carinam, primitias commeatus libant mei sacerdotes.* Comme si elle avoit été la première qui avoit trouvé l'art de naviger, ou au moins de se servir de voiles à cet effet.

Quelques Auteurs ne pouvant découvrir d'où viennent les Armes de Paris, qui est un navire, en vont rechercher la source jusqu'en celle d'Isis, aussi bien que le nom de cette illustre Ville.

Car plusieurs ont crû que le nom de Paris étoit Grec & venoit de περὶ Ἴσις, auprès du fameux Temple de la Déesse Isis. Il faut donc supposer, comme l'on a toujours crû, qu'il y avoit un Temple dedié à cette Déesse, dans l'étendue du Territoire qui appartient aujourd'hui à l'Abbayie de St Germain des Prés. Savoir s'il étoit bâti au même endroit où est aujourd'hui l'Eglise de l'Abbayie ; si dans le village d'Issi qui en a tiré son nom ; si en quelque autre endroit des environs ; il est difficile de le determiner. Quoi qu'il en soit, ce Temple a subsisté jusqu'à l'établissement du Christianisme en France ; & quand il fut détruit, on garda par curiosité l'Idole d'Isis, qui y avoit été adorée, qui fut mise dans un coin de l'Eglise de St Germain des Prés quand elle fut bâtie par Childebert, & dediée à St Vincent, pour servir de trophée de l'Idolâtrie vaincue & abbatue par la Religion Chrétienne. Elle y a été conservée jusqu'en l'an 1514 que le Cardinal Briçonnet, qui en étoit Abbé, ayant sçû que quelque femme par simplicité & superstition lui avoit presenté des chandelles, la fit retirer, & mettre en pieces. Du Breuil qui étoit Religieux de cette Abbayie, & qui raporte ceci en ses Antiquités de Paris, assure qu'il l'a appris de ses Confreres qui avoient vû rompre cette figure. Il est dit dans le titre de la Fondation de la même Abbayie de St Germain, faite par Childebert en l'honneur de St Vincent, qu'elle fut bâtie *in urbe Parisiacâ, prope muros Civitatis, in terra quæ aspicit ad Fiscum Isiacensem*: Auprès des murailles de la Cité de Paris, (qui étoit alors renfermée dans l'étendue de l'Isle) du côté du Fief d'Issi.

Cette Ville comme je l'ai déja dit, porta premierement le nom de Paris, qu'elle tira de la proximité du Temple d'Isis, περὶ Ἴσις, & le communiqua depuis à tout le pays, dont elle étoit la Capitale, prenant celui de *Leucotecia* ou *Lutetia*, du mot Grec λευκότης qui signifie blancheur, à cause de la blancheur du plâtre dont les maisons étoient enduites. Et il ne faut pas s'étonner si les noms de la ville de Paris sont tirés du Grec, veu l'affinité de notre langue avec la Grecque, dont plusieurs Auteurs ont traité. Le mot de Paris s'étendit donc par toute la contrée, qui s'appella, comme elle fait encore *le Parisis*, & la ville *Lutetia*, ou *Leucotecia*, ou *Locutitia Parisiorum*. Ce sont les noms qui se trouvent dans les Commentaires de Jules Cesar, dans Strabon, dans Ptolomée & autres.

Ce Temple d'Isis si fameux, qui a donné le nom à tout le pays, & parti-

HISTOIRE ET ANTIQUITÉS

culierement à la Capitale de ce Royaume, étoit deservi par un College de Prêtres & de Sacrificateurs, qui demeuroient comme l'on croit à Iſſi, en un Château dont les ruines ſe voyoient encore au commencement de ce ſiécle, ainſi que du Breuil qui les a vû le temoigne en ſes Antiquités de Paris. Plutarque parle de ces Prêtres d'Iſis, ils obſervoient la Chaſteté, avoient la tête raſe & les pieds nuds, & étoient toujours vêtus de lin ou de toile, d'où vient qu'on les appelloit *Linigeri*, comme il ſe voit dans Juvenal.

Nunc Dea Linigerâ colitur celeberrima turbâ.

Et plus bas.

Qui grege Linigero circumdatus & grege calvo.

On attribua à ces Prêtres pour leur ſubſiſtance tout le terroir & le Fief d'Iſſi, & des environs, juſqu'à Paris; ſavoir d'Iſſi, de Vanves, & celui qui fut depuis nommé de Vaugirard & de Grenelles, dont ils jouirent juſqu'à ce que la Religion Chrétienne, après avoir renverſé leur Temple les ſupprima, & donna leurs biens aux Miniſtres de l'Egliſe. Clovis en ayant attaché une portion à l'Abbayie de Ste Geneviéve en la fondant; ſavoir Vanves, Grenelles & une partie de Vaugirard.

Il y a bien de l'apparence que cela ſe fit à la ſollicitation de St Remy Archevêque de Reims, lorſqu'il dédia l'Egliſe de cette Abbayie; & lorſque catechiſant ce premier Roi Chrétien, il lui dit ces mots, *Incende quod adoraſti*. C'étoit probablement pour l'exciter à détruire ce Temple d'Iſis qui étoit en ſi grande veneration dans tout le pays, & ce fut ſe ſemble en reconnoiſſance de la donation des biens de ces Prêtres Idolâtres faite à cette Abbayie de Ste Geneviéve à l'inſtance de ce St Archevêque, que l'Egliſe de la Paroiſſe de Vanves qui fut rétablie après ſa converſion au Chriſtianiſme, lui fut dédiée, d'où vient qu'elle a encore aujourd'hui St Remy pour Patron.

Childebert fils de Clovis, bâtiſſant quelque tems après l'Abbayie de St Germain, lui aſſigna tout le reſte du territoire des environs, comme celui d'Iſſi & de Vaugirard. Ce ſont là, ſans doute ces poſſeſſions qui avoient appartenu aux Prêtres des Idoles, & qui avoient été appliquées au culte du vrai Dieu, que le Roi Hugues Capet vint jurer ſur l'Autel de St Pierre & de St Paul en l'Egliſe de Ste Geneviéve, qu'il conſervoit inviolablement, ainſi que le titre qui a été trouvé parmi les recueils du Pere Sirmond, écrit de ſa propre main, le dit en ces termes. *Ut Charta glorioſæ memoriæ Caroli Francorum Regis de poſſeſſionibus Diis gentium quondam dicatis, & divino cultui applicandis, in omnibus obſervetur.* Ce titre en ſuppoſe un précedent du Roi Charles Martel, ou Charlemagne, ou quelqu'autre des Charles ſes Predeceſſeurs, qui n'étoit encore qu'une confirmation, & non une donation de ces biens qui avoient appartenu aux Prêtres des Idoles, qui avoient été abolis long-tems auparavant, auſſi bien que la Religion Païenne.

Voila quelque éclairciſſement ſur la découverte de cette tête antique qui s'eſt trouvée depuis peu d'années dans Paris, dont il y a une Copie, tirée ſur l'Original, dans la Bibliotheque de Ste Geneviéve.

Des anciens Pariſiens.

COMME Paris du tems de Ceſar étoit compris, ainſi que j'ai dit, dans la Gaule Chevelue, entre la Belgique & la Celtique, & depuis dans la Senonoiſe, raportons ici les noms de quelques Princes de ces quartiers & d'ailleurs dans les Gaules.

Outre Brennus Roi des Senonois, ſi fameux par la priſe de Rome, ſous la Dictature de Furius Camillus, on lit encore dans Tite-Live qu'Ambigate oncle de Bellovèſe & Sigovèſe ces deux jeunes Conquerans, regnoit bien auparavant dans la Gaule Celtique du tems de Tarquinius Priſcus. De plus les Commentaires de Ceſar font voir que de ſon vivant Celtile avoit le commandement sur toutes les Gaules; qu'Arioviste étoit Roi des Celtes; Ollivicon & Teutomate d'Agen; Tasget de Chartres, Pacitius & Galbo de Soissons; Moritasque, Canorion, Vercingentorix de Sens, mais tous si peu paisibles dans leurs Royaumes, que les uns furent chassés & d'autres assassinés par leurs propres sujets.

Quelques Auteurs raportent qu'avant la venue de Cesar dans les Gaules, les Parisiens, afin de vivre sous un Souverain, s'étoient faits sujets du Roi de Sens, contre la coutume des Gaulois, qui bien loin d'aimer les Princes, s'en défaisoient le plûtôt qu'ils pouvoient, ou ne leur obéissoient que par force. Depuis Cesar ils furent entierement soumis aux Romains, & reçurent leurs Loix, ce qui dura jusqu'à Clovis. Après la mort de ce Prince fondateur de nôtre Monarchie, Paris devint un Royaume sous Childebert. Comme toutes choses sont sujettes au changement, ce Royaume par la suite fut reduit en Province, & ne prit point d'autre qualité que celle d'Evêché & Comté simplement; mais toujours sous le Gouvernement des plus grands Seigneurs de France, & sur tout des Predecesseurs de Hugues Capet. Presentement c'est une Prevôté & Vicomté, Archevêché & Parlement.

Etendue du Pays des Parisiens.

DE savoir les limites & quelle fut son étendue dans tous ces états differens, la chose a changé tant de fois, que je ne sai pas même si j'en pourrai rien découvrir.

Lorsque les Parisiens s'unirent avec les Senonois, leurs Etats d'un côté confinoient à ceux de Sens; aussi leur union marque-t-elle assés leur voisinage: de l'autre côté (& cela certainement) ils avoient pour limites le territoire de Senlis, & celui de Beauvais; du reste ils tenoient en partie à ceux de Chartres, d'Orleans, & encore à Amiens, aussi bien qu'à Soissons en partie; enfin l'on croit, & il y a bien de l'apparence, que le pays des Parisiens comprenoit Meaux, & tout ce qui en dépend aujourd'hui, que nous appellons son Diocése. Car comme Cesar n'en fait aucune mention, ce silence nous donne lieu de penser qu'il les confond comme un pays qui dependoit des Parisiens, ou en faisoit partie; & quoiqu'on lise *in Melais* au cinquiéme de ses Commentaires, le texte en cet endroit est corrompu assurement, car les uns à la place lisent *in Belgis*, ou *in Celtis*, les autres *in Caletis* ou *in Unellis*. Mais s'il est vrai ce que dit Sanson avec quelques personnes sçavantes, qu'anciennement les Etats differens des Gaules avoient les mêmes limites, & la même étendue qu'ont eu depuis les Dioceses, & que *Civitas*, *Pagi*, *Partes*, *Domus*, se prenoient du tems de Cesar pour Villages, Cantons, Provinces, Peuples, ou Etats, & maintenant se prennent pour Paroisses ou Villages, Archiprêtrés ou Doyennés ruraux, Archidiaconés & Diocéses; il est vrai aussi que les Etats des anciens Parisiens avoient la même étendue, & les mêmes limites que l'Archevêché de Paris & l'Evêché de Meaux; tellement que comme le premier comprend trois Archidiaconés, neuf tant Doyennés qu'Archiprêtrés, avec quatre cens soixante-huit Curés, & que le dernier est divisé en trois cens soixante-huit Curés, six Doyennés & deux Archidiaconés, il s'ensuivra en quelque façon, que sous Jules Cesar les Etats des Parisiens consistoient en cinq Provinces, quinze Cantons, & huit cens vingt-huit villages, ou à peu près.

Depuis, vers le tems de Pline l'ancien, Meaux fut demembré de Paris, dont on fit un Peuple en chef & independant. Clovis ensuite & Clotaire I. les ayant reunis au reste de la France, comme après eux ce grand état vint à être divisé entre leurs enfans en plusieurs Royaumes; mais differemment, sçavoir, en trois à la mort de Clovis, & en quatre après Clotaire; ce partage inégal est cause qu'on ne sait pas l'étendue du Royaume de Paris. On tient seulement qu'il alloit jusqu'à Blaye Ville près de Bordeaux, parce que Charibert y mourut. On croit aussi que Meaux n'en faisoit point partie, avec d'autant plus de fondement que Chilperic I. ayant été assassiné près de Chelles à quatre lieues de Paris, en même tems on fit courir le bruit que c'étoit par ordre de Childebert Roi d'Austrasie, comme étant pour lors à Meaux, & enfin il est certain qu'Orleans & Soissons n'y pouvoient être compris, puisque c'étoient des Royaumes à part.

Or de ceci recueille-t on du moins, qu'Orleans, Soissons, Meaux & Blaye étoient les limites du Royaume de Paris. Quant à celles de la Prevôté & Vicomté, de l'Archevêché & du Parlement, elles se lisent dans les livres, & même d'un coup d'œil, on les peut voir sur les cartes de Sanson. Du reste je ne prétens rien dire ici des Rois de Paris, puisque leur histoire tient à la generale. Je ne dirai rien non plus, ni du Parlement ni des Prevôts de Paris, ni des Evêques & Archevêques, parce qu'il s'en voit des volumes entiers, joint qu'étant pleins d'erreurs, il faudroit trop de tems pour les combattre : mais je ferai un Discours exprès des Comtes de Paris, au liv. VIII. où j'éxaminerai succinctement tout ce que Besly, Dominici, Duchesne, Chifflet, Ste Marthe, du Bouchet, Brodeau, & le Pere Labbe en ont raporté, non pas sans les redresser & refuter, même en plusieurs endroits: & si je ne me trompe, il ne s'y trouvera guere moins de choses nouvelles que dans cet Avant-propos.

La Religion des premiers Parisiens.

QUANT à la Religion des premiers Parisiens, ils étoient Idolâtres de même que tous les autres Gaulois, & quoiqu'ils adoraissent Jupiter, Minerve & Apollon, Mercure neanmoins qu'ils nommoient *Theutates* passoit apparemment pour le plus grand de leurs Dieux, aussi bien que Mars, dit autrement *Hesus*. Et de fait à Mont-martre il reste encore quelque ruine de leur Temple, ce qui est cause que Fredegaire appelle cette montagne *Mons Mercurii* & Abbon *Mons Martis*, d'où est venu le mot de Mont-martre. Je sai qu'ici j'ai sur les bras le peuple, aussi bien que les Auteurs des Antiquités de Paris avec leur Isis & leur Cerès, voulant à toute force, qu'à l'endroit où est Notre-Dame des Champs, il y avoit un Temple dedié à Cerès, & même que la figure de ce St Michel qu'on voit sur le comble de l'Eglise est son Idole. Autant en disent-ils d'Isis, que son Temple étoit placé où est St Germain des Prés, dont l'Idole se voyoit encore dans l'Eglise en 1514. mais que l'Abbé Briçonnet fit ôter & mettre en pieces, à cause de quelques femmes qui furent trouvées à genoux devant, avec des chandelles allumées.

Touchant la Religion Chrétienne, elle n'a commencé d'être connue à Paris que vers l'an deux cens cinquante que St Denys y vint annoncer l'Evangile, où il fut martyrisé: depuis, St Martin, St Marcel, Ste Geneviéve & St Germain y ont fait quantité de miracles: il s'y est tenu plusieurs Conciles, tant Generaux que Provinciaux & jusqu'à present les Catholiques s'y sont montrés si zélés pour leur Foi, & si ennemis des novateurs, que pendant les guerres des Huguenots, ils n'ont jamais voulu souffrir chés eux, ni l'exercice de leur Religion ni même son établissement: & quand par ordre de Charles IX. on vint à abbatre la Croix de Gastine, érigée à leur honte dans la rue St Denys, ce ne fut pas sans emeute. Paris en un mot pour ne pouvoir souffrir qu'un Roi heretique lui commandât, plutôt que d'ouvrir ses ports à Henri IV. son Prince legitime, a soutenu ce long siege qu'on sait, & même avec tant d'opiniatreté que ni les frequentes & heureuses attaques de ce grand Roi, ni la famine, ni le spectacle si triste de ses Citoyens mourants à tas, ni la barbarie des Lansquenets, qui mangeoient hommes & chevaux, ni enfin la cruauté effroyable des meres, qui devoroient leurs propres enfans, ne purent forcer à se rendre.

Valeur des Parisiens.

ON doute que les Parisiens aient jamais passé en Allemagne avec Sigovèse non plus qu'en Italie sous Bellovèse & Brennus : car quoique Tite-Live qui raconte les voyages de ces Conquerans, dise que leur armée étoit composée presque de tous les peuples des Gaules, & qu'ainsi Brennus étant Roi de Sens, il y ait bien de l'apparence que quantité de Parisiens suivirent ses enseignes, & passerent les Alpes avec lui pour venir à Rome, neanmoins je n'oserois rien assurer là-dessus, parce qu'ils ne sont point nommés, m'étant proposé de ne rien avancer que de certain, & ne pouvant souffrir que l'histoire se charge de simples conjectures. Je n'alleguerois pas même, que bien auparavant qu'on vit Cesar dans les Gaules, les Parisiens avoient déja passé la mer, & conquis cette partie de la côte d'Angleterre que Ptolomée appelle Παρίσοι Camdenus *Parisii*; les Anglois *Eest-viding*, qui est une partie du Duché d'York à l'embouchure de l'Humbre ; je n'alleguerois pas dis-je ceci, n'étoit que je viens de le decouvrir dans deux passages, l'un de Cesar, l'autre de Ptolomée à quoi personne n'a encore pris garde.

Cesar au cinquiéme livre de ses Commentaires dit que de son tems le cœur de l'Angleterre étoit habité des Aborigenes, à ce que prétendoient les Anglois eux-mêmes ; & au contraire la côte par des peuples de la Gaule Belgique, que le desir de se signaler & de s'enrichir y avoit attiré, de sorte que s'en étant rendus les maîtres, ils s'y établirent, la cultiverent, & la nommerent de leur nom.

Ptolomée qui vivoit dans le même siecle que Cesar, entre les differens peuples qu'il place le long de la côte d'Angleterre qui regarde les Gaules, met Ατριβάτιοι, Καντιοι, Βίλγαι, Παρίσοι, or comme il est certain qu' Ατριβάτιοι signifie les peuples d'Artois, Βίλγαι les Flamans, ou ceux du Pays-bas, Καντιοι ceux de Quen, village proche de Montreuil, Peuple entier autrefois ou Etat : il est certain aussi que Παρίσοι signifie les Peuples de Paris ou les Parisiens ; si bien que Ptolomée ayant mis les noms des Conquerans, oubliés par Cesar, heureusement il nous fait connoître les exploits des premiers Parisiens que nous ignorions, & qu'il nous importe de savoir.

Quant à leurs autres belles actions, on sait le courage qu'ils firent paroître lorsque Labienus avec ses quatre Legions, les vint attaquer dans leur marais, où ils s'étoient retranchés après avoir mis le feu aux ponts, & brûlé leur ville, de crainte que les Romains ne s'en emparassent. Que si Labienus les deffit, ce ne fut qu'à la faveur de la nuit, & d'un orage qui survint : en cet état cependant battus & ruinés qu'ils étoient, ils ne laisserent pas d'envoyer des troupes, & même jusqu'à huit mille hommes au secours de Vercingentorix & l'on remarque que des soixante ou soixante-quatre peuples qu'on comptoit alors dans les Gaules, il n'y en eut que dix qui mirent sur pied plus de monde qu'eux. Aussi Cesar dans le denombrement qu'il fait des Etats des Gaulois, ayant égard à la puissance des Parisiens, leur conserve le rang qu'ils tenoient, & n'en nomme avant eux que dix. Que si depuis l'histoire n'en fait plus de mention, c'est que tant qu'ils demeurerent sous la domination des Romains, elle confond leurs actions avec celles des autres peuples de la Gaule.

Depuis du tems de nos Rois, leur Justice n'éclata pas moins que leur grand courage, sous la conduite d'Eggebard Comte de Paris, lorsqu'ils retablirent Louis le Debonnaire depossedé par ses enfans ; mais sur tout ce siege memorable n'est pas à oublier, qu'ils soutinrent un an entier en 886. contre les efforts de quarante mille Normans, qui de leurs bateaux couvroient deux lieues de la riviere ; & bien que ces barbares se vissent deja maîtres d'une partie de Paris, leur resistance fut si vigoureuse, qu'à la fin il leur fallut tout abandonner : & même quelques années après, non seulement le passage par la Seine leur fut refusé, mais encore on les contraignit de mettre leurs bateaux à terre & les trainer à une portée d'ane; en un mot, de la façon que les Historiens parlent d'eux & de ce siége signalé, ils y firent des choses dignes de l'admiration de toute la terre.

Mœurs des Parisiens.

LES PARISIENS sont bons, dociles, fort civils, aiment les plaisirs, la bonne chere, le changement de mode, d'habits, & d'affaires; leur facilité est si grande à l'égard des étrangers & des inconnus, qu'ils leur prêtent sans peine, quoiqu'assés souvent ils y soient atrapés. S'il se fait à Paris, des vols des meurtres, des insolences, des blasphêmes, & autres desordres, ils sont moins frequens que l'on ne dit, & se font d'ordinaire par des soldats & des gens de la lie du peuple, qui ne sont point Parisiens. Les gens riches & qualifiés, se traitent & s'habillent aussi magnifiquement qu'ils se logent; leur table à dix ou douze couverts est ouverte à leurs amis, & aux personnes de leur connoissance, & toujours servie avec delicatesse & chargée de choses superflues. Les Dames de qualité & riches n'y font rien que jouer gros jeu, se promener, faire des visites, aller au Bal & à la Comedie, elles sont si superbement vêtues, qu'elles depensent plus en gands, en passemens & autres gallanteries que des Princesses étrangeres dans toute leur maison. Les Grands en un mot, hommes & femmes font tant d'excès, que leur revenu quelque prodigieux qu'il soit, n'y pouvant suffire, ils dissipent en peu d'années ce que leurs peres, durant toute leur vie, ont eu bien de la peine à amasser.

Du reste les femmes vivent si commodement avec leurs maris, que bien souvent elles frequentent des hommes de qualité qu'ils ne connoissent pas, sans se soucier même de s'en informer. Enfin dans Paris chacun vit avec tant de liberté, que d'ordinaire de fort honnêtes gens demeurent en même logis sans se connoître.

Remarques particulieres, touchant l'Histoire de l'ancien Paris.

NON seulement on croit que Constance & Constantin sont venus à Paris, mais même que les Thermes, ou le Palais des Thermes qu'ils ont fait bâtir, & dont il reste de si superbes vestiges, sont des marques qu'ils s'y plaisoient, & qu'ils y ont fait leur sejour. Pour ce qui est de l'Empereur Julien, ne l'appelle-t-il pas sa Ville bien aimée dans le *Misopogon* ? D'ailleurs combien Marcellin raporte-t-il d'avantures considerables arrivées à ce Prince avant & depuis sa promotion à l'Empire? Par exemple ce qui passa lorsqu'il fut proclamé Empereur, & quand en plaine campagne, assis sur un Tribunal à la vue des Parisiens & de toutes ses troupes, il donna audience à Pentable & à Euthere, celui-ci premier Gentilhomme de la Chambre de Constance, & l'autre grand Maître de sa Maison.

De plus je trouve dans le Code Theodosien, que Valentinien & Valens y ont donné trois Loix; & si *Morentiacum* signifie Montmorency, comme on n'en doute point, ils en ont publié une quatriéme à la Ville de Montmorency, qui n'en est qu'à quatre lieues. Une chose bien remarquable, est que Valentinien demeuroit à Paris, quand Valens lui envoya la tête de Procope, qui s'étoit fait proclamer Empereur en Orient.

Ce fut encore auprès de Paris que Maxime, élu Empereur en Angleterre, deffit l'Empereur Gratien : enfin cette même Ville que notre Grand Clovis choisit pour être le siege de son Empire, & qui depuis a toujours été en telle consideration, que lorsque la France vint à être divisée en plusieurs

DE LA VILLE DE PARIS.

Royaumes, dans le partage de ses Enfans, celui de Paris fut si envié, qu'après la mort de Charibert, ses Freres partageant son Royaume, Paris fut excepté, afin de le posseder tous en commun, & que celui d'entre eux qui y viendroit sans le consentement des autres, perdroit sa part du Royaume de Paris. Si bien que durant ce sequestre, Paris devint comme une Ville neutre, & sans maître, & c'est pour cela aussi que Gontran & Sigebert dans un different qu'ils eurent, ayant choisi quelques Evêques pour les accorder, ces arbitres tinrent à Paris leurs assemblées, comme étant un lieu de sureté, où ils pouvoient librement dire leurs avis.

Après tout si le testament de Louis le Debonnaire, raporté par du Chêne est veritable, cet Empereur en mourant donna Paris à Charles le Chauve, comme à celui de tous ses enfans qu'il aimoit le plus.

A ces remarques, j'ajouterai l'observation suivante, & qui regarde cette union que long-tems avant Cesar les Parisiens firent avec les Senonois, en se soumettant à eux, car enfin elle a toujours continué depuis, & non seulement lorsque Cesar divisa les Gaules en trois Provinces, Auguste en quatre, un autre en sept, Valentinien en quinze, Arcadius & Honorius en dix-sept, elles ne furent point separées ; mais même quand on érigea les villes des Gaules en Evêchés, & les Capitales en Archevechés. Que si cette union a cessé ce n'est que de nos jours, lorsque de Paris on a voulu faire un Archevêché & affranchir son Eglise du respect & des autres devoirs qu'elle étoit obligée de rendre à celle de Sens.

Tel a été le premier âge de Paris, depuis tant de siecles, le siege du Royaume de France, le sejour de tant d'Empereurs & de Souverains, la patrie, en un mot, de tant de Rois, & de tant de Grands Personnages. Le Discours suivant fera voir ses progrès, & sa haute reputation, qui obligea des Rois à prendre pour Juges son Université, & même des Empereurs à implorer la justice de son Parlement : de plus où tant de Rois, de Papes, & d'Empereurs sont venus ; & dont les Comtes se sont rendus si considerables, qu'enfin ils sont devenus Rois de France.

Paris agrandi ou nouveau, sa description en cet état, avec ses autres progrès.

PARIS a ce malheur d'avoir été brulé six fois ; d'abord entierement par les Parisiens mêmes, du tems de Cesar, lorsque Labienus s'en voulut rendre le maître : depuis en partie sous Childebert, quand St Lubin fit cesser le feu par ses prieres : la troisiéme encore toute entiere à la reserve des Eglises, sous Gontran Roi d'Orleans, la vingt-quatriéme année de son Regne : ensuite sous Dagobert au tems que St Eloi par ses menaces garentit du feu la Basilique de St Martial : la cinquiéme fois par les Normands, vers l'an 886. qui brulerent ses faux-bourgs : & enfin sous Henri I. en 1034.

A l'occasion de ces six incendies on pourroit considerer Paris, comme en six âges, pour en faire autant de descriptions, si nous les trouvions dans l'Histoire : mais bien loin d'apprendre d'elle, ni d'ailleurs de quelle façon les Architectes faisoient leurs édifices dans ces tems là, à peine savons-nous comment la Ville étoit bâtie il y a peu de siecles : nous inferons seulement de tant d'incendies, que Paris alors n'étoit que de charpente, & qu'autrement il n'auroit pas été si sujet au feu. Peut-être, à la verité, en saurions nous davantage, sans certaine terreur panique, qui s'empara tellement de l'esprit des Chrétiens tant du neuviéme que du dixiéme siecle, qu'ils laissoient tomber en ruine leurs Eglises & leurs maisons, & ne songerent à les rebâtir qu'environ l'an 997. que cette fausse peur fut tout à fait dissipée. Tâchons neanmoins d'en décou-

HISTOIRE ET ANTIQUITES

vrir ce que nous pourrons dans Jules Cesar, l'Empereur Julien, & dans Marcellin: le tout en conferant leurs passages de près, non seulement entreeux mais en faisant application, & à l'état ancien où Paris se trouvoit alors, & à celui où nous le voyons à present.

Description du nouveau Paris, depuis qu'il a commencé à s'agrandir.

POUR bien concevoir Paris selon le plan que nous en allons donner, il faut présupposer qu'il est composé de trois parties, savoir la Cité, l'Université & la Ville ; que la Cité est proprement & veritablement l'ancien Paris, & les deux autres le nouveau: qu'au lieu de onze ponts qui servent maintenant à la communication de ces trois corps ou parties, jusques à Charles VI. il n'y en a eu que deux: & qu'enfin des vingt-une portes par où l'on entre aujourd'hui, peut-être n'y en a-t-il eu que deux, jusqu'aux premiers Rois de la derniere race. Je remets à parler aux discours suivans, tant des places, des quais, des boucheries que des rues, des Palais des Eglises & de tout le reste. Je dirai ici seulement qu'il paroît dans Marcellin que de son tems il y avoit encore une place ou marché avec un Palais qui servoit de demeure à l'Empereur Julien; & de plus des faux-bourgs où il alla au devant des troupes qu'il renvoyoit à Constance : mais ni de son Histoire, ni de pas un autre Auteur, l'on n'apprend point la situation de ce Palais, ni de ce marché.

Quand je viens à considerer que ce même Historien, en parlant de Paris, ce qu'il fait tout au moins une douzaine de fois, ne l'appelle qu'une seule fois *Lutece*, Château ou Citadelle des Parisiens, & encore n'est-ce que par occasion, & pour marquer simplement le cours de la Seine, qu'au contraire lorsqu'il s'agit de la promotion de Julien à l'Empire, ou de quelqu'autre action memorable, il se sert toujours du mot de *Parisii*, comme si celui de Lutece eut été un mot particulier ou singulier à la Cité seulement, & *Parisii* collectif, general & commun pour tous les trois corps ensemble, Cité, Ville & Université, en tout cas pour une Ville accompagnée de faux-bourgs, d'un Palais & d'une place. De plus quand je viens à faire reflexion que l'Empereur Julien pour dire qu'il passa l'hiver à Paris use des termes suivans. *Ego olim eram in hibernis apud charam Lutetiam (sic enim Galli Parisiorum oppidum appellant) quæ Insula est non magna, in fluvio sita, qui eam omni ex parte cingit. Pontes sublicii utrinque ad eam ferunt, &c.* Je passois l'hiver auprès de Lutece où je me plais, petite ville que les Parisiens appellent leur Cité & qui est située dans une Isle qui n'est pas fort grande, au milieu d'un fleuve qui l'environne de toutes parts. Quand je considere toutes ces choses, je m'imagine qu'elle nous avertissent que le Palais dont nous sommes en peine & que nous cherchons n'étoit pas dans Lutece, pour user du terme de Julien & de Marcellin, mais dans Paris, auprès de l'Isle ou de Lutece, en deçà ou au delà de la riviere, peut-être vers le midi, sur la pante de la montagne, au lieu même où restent de superbes débris d'un édifice antique, appellé le vieux Palais sous Louis VII. & le Palais des Thermes, sous St Louis ; presentement les Thermes, ou les bains de l'Empereur Julien. D'alleguer que ἐν signifie dedans & auprès ; je réponds qu'il veut dire ordinairement l'un, & rarement l'autre ; & que l'Empereur s'en sert avec Λευκετία & non pas avec Παρισίοι, comme voulant faire voir qu'il ne demeuroit pas à Lutece, mais à Paris auprès de Lutece.

Au reste touchant les faux-bourgs, ceux dont parle Marcellin étoient du côté de l'Université ; St Ouen & Fredegaire font aussi mention de deux fauxbourgs bâtis tous deux du même côté ; l'un quand il dit que Clotaire I. fut enterré dans le faux-bourg à St Vincent, appellé maintenant St Germain ; & l'autre qu'un certain homme logeoit au faux-bourg près St Pierre, nommé presentement

DE LA VILLE DE PARIS. 65

presentement Ste Geneviéve ; au raport d'Alcuin contemporain de Charlemagne, de son tems il y avoit à Paris d'un côté le faux-bourg St Germain ; & de l'autre celui de St Denys; mais on ne fait en quel endroit étoit le faux-bourg où se retira Childebert après l'assassinat de ses neveux, ni encore où étoit la Basilique de Ste Croix, où St Germain ressuscita un enfant. En quelque endroit qu'ils fussent, les Normans les ruinerent vers la fin du neuviéme siecle; depuis ayant été rebâtis, celui qui tenoit à ce que nous appellons la ville fut brûlé en 978. par le neveu de l'Empereur Othon. En 1131. Philippe sacré Roi de France, & fils aîné de Louis le Gros, étant venu à tomber dans celui qu'il y avoit auprès de la Greve, se blessa si cruellement qu'il y mourut.

Description de la Ville, mais plus particuliere & plus moderne.

PLUSIEURS de nos Rois ont agrandi cette partie de Paris que nous appellons la Ville, à diverses reprises, & par trois enceintes de murailles, qui toutes commençantes au bord de la Seine, & venant y finir l'agrandissoient de beaucoup.

Outre cela & dans ce siecle ici, & auparavant ils l'ont accrue, tantôt à un endroit tantôt à un autre.

Les Enceintes.

LA premiére des trois enceintes, & qui subsistoit sous les premiers Rois de la derniere race, prenoit son commencement à la Porte de Paris, & alloit finir à la Porte Baudets. Un reste de remparts qui tient au Cloître St Merri, deux tours fort grosses & fort anciennes, élevées l'une à côté de la rue des deux portes, & l'autre à côté du Cloître St Jean, marquent la route qu'elle tenoit.

La seconde enceinte se fit sous Philippe Auguste & traversoit de la rue des Barrés à l'Ave Maria, à la rue St Antoine, aux Jesuites, à la vieille & nouvelle rue du Temple, aux Blancs-manteaux, & près Ste Avoye ; ensuite elle alloit gagner la rue St Martin contre la rue aux Ours, la rue St Denys près St Jaques de l'Hopital, la rue Montorgueil à travers l'Hotel de Bourgogne, & venoit se terminer au Louvre, après avoir passé par la rue Montmartre, la rue Cocquilliere, & la rue St Honoré, aux Prêtres de l'Oratoire, à l'Hotel de Soissons & contre St Eustache.

De la derniere clôture il n'en reste qu'une partie: cet ouvrage fut entrepris & exécuté sous le Roi Jean, & Charles V. depuis l'Arcenal jusqu'à la porte St Denys, de là elle venoit à la rue Montorgueil, & à celle de Mont-martre, à l'endroit même où sont les boucheries, tant de l'une que de l'autre, ensuite continuant son chemin & traversant le Palais Royal, elle alloit trouver la boucherie de St Honoré au dessus des Quinze-vingts pour finir à la Seine.

A l'égard de la clôture entreprise sous Louis XIII. depuis la porte St Denys jusqu'à celle de la Conference, comme elle est encore sur pied, ce n'est pas ici le lieu de la marquer ; je me contenterai d'avertir que toutes les fois qu'à l'entour de la Ville, on a fait des quarts de clôtures ou des tiers ou des moitiés, & des clôtures entieres, toujours les faux-bourgs qui y tenoient ont été renfermés. Au reste, si par ces choses, on commence à reconnoître les divers

Tome I. I

agrandiſſemens de cette partie de Paris, que nous appellons la Ville, par celles que je vais dire, j'eſpere qu'il s'en faudra peu, qu'on ne reconnoiſſe quand on a commencé à s'y habituer, & comment les dedans ſe ſont peuplés inſenſiblement.

Agrandiſſement de Paris.

TOUCHANT l'agrandiſſement de Paris, on croit que depuis Julien l'Apoſtat juſqu'au ſiege des Normans, Paris avoit étendu ſes faux-bourgs au delà de la riviere de chaque côté ; mais qu'ayant été ruinés par ces barbares, & redreſſés depuis, on fit une clôture pour les renfermer, afin d'être à couvert, & en état de ſe deffendre ; mais on ne ſait ni quand, ni par où ce travail fut commencé ; ſi ce fut du côté de l'Univerſité, ou bien de l'autre que nous appellons la Ville. A lire ſimplement les Commentaires de Ceſar, Paris de ſon tems ne conſiſtoit qu'en l'Iſle du Palais, & qui fut entierement brûlée par Camulogene & ſes habitans : que ſi nous examinons ce qu'en diſent & Ammian Marcellin, & l'Empereur Julien lui-même, c'étoit le lieu où ce Prince paſſoit quelquefois l'hiver, où Valentinien ſejourna quelque tems, où ils avoient leur Palais, & de plus c'étoit une Ville accompagnée de faux-bourgs, avec une place publique & un marché : or eſt-il que ce Palais & ce marché ne pouvoient être compris dans une Iſle telle que celle-ci, étroite comme elle eſt, & avec ſi peu de longueur, ce qui fait voir clairement que les Pariſiens, las d'être toujours Inſulaires s'étoient repandus, & logés en terre ferme. Et peut être à conſiderer de près le paſſage de Marcellin dans ſon treizième livre où il appelle cette Iſle le Chateau de Paris, & le confrontant avec un ou deux autres, où il donne toujours à cette ville le nom de Paris, on ne doutera point qu'en parlant du Chateau de Paris il n'entend autre choſe que l'Iſle, comme étant la forterreſſe & la citâdelle des Pariſiens ; & au contraire, quand il vient à dire la Ville de Paris, ce qu'il fait plus de dix fois, qu'il comprend alors tout ce qui étoit bâti tant au deça qu'au delà de la riviere : ſi bien qu'il ſemble n'en avoir uſé ainſi que pour diſtinguer l'ancien Paris d'avec le nouveau ; l'Iſle du continent, la Ville de la Citadelle, & la plus petite partie de la plus grande.

En effet comment accorder tous ces paſſages enſemble ſans cette diſtinction, & le moyen de croire que des faux-bourgs, un marché, un Palais le ſejour du Gouverneur de la Gaule & des Empereurs Romains fuſſent comptés pour rien ? ſur tout dans un tems qu'on ne donnoit plus à la Cité, ni à ſon Iſle que le nom de Citadelle ; car il eſt ſans difficulté que ſous Julien l'Apoſtat, Paris avoit bien plus d'étendue que du tems de Jules Ceſar.

Avec tout cela, on ne ſait par quel côté les Pariſiens ſortirent de leur Iſle : il y a plus d'apparence neanmoins que ce fut par celui de l'Univerſité, à cauſe de ce Palais nommé dans nos anciennes chartes le Palais des Thermes qui ſe trouve encore en ce quartier là, & vrai-ſemblablement le premier édifice bâti au delà des ponts : or comme un Palais a beſoin de voiſinage, & qu'il ne s'en peut paſſer, on ne doit pas s'étonner ſi dans le tems de Julien, il y avoit un faux-bourg ; & quoique d'ordinaire les Palais des Empereurs fuſſent renfermés dans les villes, la petiteſſe de Paris auſſi bien que de ſon Iſle, qui d'ailleurs regorgeoit d'habitans, obligea les Romains pour faire celui-ci de preferer la montagne que nous appellons de Ste Geneviéve, tant à cauſe de ſon air pur, & de la belle vue dont on jouiſſoit alors, que parce qu'on decouvroit de là tout ce qui ſe paſſoit dans la ville & dehors : on le plaça donc ſur la pente de cette coline, & l'autre côté de la riviere fut laiſſé là comme puant, humide & entrecoupé de marais. C'eſt de ce Palais dont il reſte de ſi belles ruines, & qui fait partie de l'Hotel de Cluny, où Clovis a demeuré auſſi bien que Childebert & Ultrogothe ſa femme ; qui deplus étoit accompagné d'un Jardin,

DE LA VILLE DE PARIS.

où Childebert lui-même prenoit tant de plaisir, qu'il y a planté & greffé des fruits de sa propre main; & de plus dans le voisinage, il a bâti St Germain des Prés, ainsi que Clovis avoit fait Ste Geneviéve. Ce Palais au reste, est le seul monument qui nous reste de l'ancien Paris, du tems qu'il obéïssoit aux Romains.

Pour ce qui est des autres parties de Paris bâties depuis au delà de la riviere de chaque côté, dont l'une s'appelle l'Université & l'autre la Ville; cet accroissement s'est fait à la longue petit-à-petit, de sorte qu'on n'en sait point le tems.

COURTILLES.

COURTILLE est un ancien mot usité autrefois à Paris, pour dire un Jardin, & vient apparemment de *Courti*, dont se servent les Picards, pour signifier la même chose: & de là on a formé Courtilliers, *Curtillerti*, *Courtillia*, *Cortilia*, *Curtillia*, que nous lisons dans nos vieux titres, & qui vouloient dire des Jardins & des Jardiniers. Des Courtilles du Temple, de St Martin, Barbette, & au Boucelais, nous inferons que les Courtilles étoient des jardins champêtres, où les Bourgeois aussi bien que les Templiers & les Religieux de St Martin alloient se promener & prendre l'air; & tout de même du vin de la Courtille, raillerie ou proverbe du tems passé, nous apprenons qu'en plantant des vignes dans les Courtilles, on songeoit plus à contenter la vue que le goût.

En 1244. derriere le Temple, devant la Pissotte St Martin, étoit une Courtille contigue à une piece de vigne chargée de huit deniers de chef-cens, douze deniers une obolle parisis de cens, & de huit livres parisis de rente viagere. Etienne de Douay, Anseau du Bourg-la-Reine, Jeanne & Pernelle leurs femmes en étoient proprietaires: depuis, Anseau & Pernelle vendirent leur moitié aux deux autres cent sols parisis de chef-cens. Douze ans après il s'en trouvoit un autre près de là, car j'ai de la peine à croire que ce soit la même, qui ainsi que la precedente tenoit à une piéce de vigne, & étoit assise devant la Pissotte St Martin, & encore derriere le Temple, mais elle étoit chargée de cent sols parisis de croist de cens, & de quatre deniers seulement de chef-cens, & deslors on y avoit bâti une maison, que Anseau Taverny dit de Loursine & Pernelle sa femme vendirent nonante livres parisis à l'Eglise Notre Dame.

Au reste il ne s'en falloit guere que le Temple, la Courtille Barbette & la Courtille du Temple ne se touchassent, car en 1242. Marie veuve de Rolland de St Cloud, vendit dix-neuf sols parisis de cens, que lui devoit un arpent de pré assis entre le Temple & cette Courtille.

L'année d'après à la priere des Templiers, & moyennant quarante livres parisis, les Chanoines de Ste Opportune amortirent deux arpens & demi de marais qu'il y avoit entre cette Courtille, & celle du Temple. Comme le bout du faux-bourg du Temple, s'appelle encore la Courtille: il se pourroit faire que ce seroit la Courtille du Temple veritablement: mais si cela est ainsi les choses ont bien changé depuis; car il est certain qu'autrefois c'étoit un lieu plein de jardins & de Courtilles & habité par des Courtilliers ou Jardiniers.

Courtille Barbette.

LA Courtille Barbette prit son nom d'une belle maison de plaisance, qui appartenoit à certaine famille de Paris, si celebre du tems de Philippe le Bel & auparavant, qu'une fausse porte du voisinage fut appelée de son nom, qui est demeurée à la rue où cette maison étoit située. Les Chanoines de sainte Opportune étoient Seigneurs de cette courtille située alors entre la

Tome I. I ij

Coulture Ste Catherine, celles du Temple & de St Gervais, & tenoit d'une part à la porte Barbette près les Blancs-manteaux, de l'autre à des égouts, nommés les égouts de la Courtille Barbette qui passoient en 1427. proche de la Maison d'Ardoise de ce tems-là, ou contre le Calvaire d'aujourd'hui.

Dès l'an 1242. on la nommoit la Courtille Barbette.

J'ai deja fait savoir que tout proche, il y avoit deux arpens & demi de marais, & dedans des prés appellés la Courtille en 1286. dont quatre arpens appartenoient à Philippe d'Itreville, Bourgeois de Paris. En 1306. le peuple mutiné y ruina la belle maison des Barbettes.

En 1407. Isabeau de Baviere y avoit une belle maison, soit dans la ville même ou aux faux-bourgs, où elle venoit se recréer & jouir des plaisirs de la campagne.

Ce fut là que les meurtriers du Duc d'Orleans, frere de Charles VI. se tinrent cachés dix jours durant, dans une maison voisine, épiant l'occasion de faire leur coup, quand ce Prince sortiroit de chés la Reine.

Courtille St Martin.

LA Courtille de St Martin étoit bien loin de la coulture St Laurent: en 1230. & 1278. Au dessous étoit une vigne, de côté & d'autre elle tenoit à des marais qui appartenoient à Guillaume de St Laurent & à Geoffroi Gadepin: tout au tour se voyoient d'autres marais qui l'environnoient, distingués chacun par le nom de leur maître. Apparemment elle servoit de jardin & de lieu de recreation aux Religieux: pour l'embellir, aussi bien que pour leur commodité, ils y firent venir l'eau de la fontaine des Bains, dont ils joüirent jusqu'en 1373. que Charles de France fils aîné du Roi Jean la leur demanda pour son Hotel Royal de St Pol.

Courtille au Boucelais.

EN 1343. Jean des Fossés & Bazille sa femme, Courtiliers ou Jardiniers demeuroient à la Courtille au Boucelais.

En vain ai-je voulu rappeller dans ma memoire d'autres Courtilles éparses ça & là, dans les Cartulaires qui m'ont passé par les mains. Tout ce qui m'en est souvenu, est que dans le treiziéme siecle, depuis Chaillot & le Roule, jusqu'à la Bastille & la Porte St Antoine le Chapitre de Ste Opportune aliena quantité de marais, pour y faire des Courtilles: qu'autrefois les Bourgeois & les Jardiniers en avoient beaucoup d'autres, tant dans les marais, que dans les coultures dont j'ai parlé, & qu'enfin on peut les avoir renfermées dans la ville ainsi que la Courtille Barbette, & possible celle du Temple: mais quoique je croie avoir lû quelque part que dans la coulture St Martin, il y avoit aussi des Courtilles & des Pissottes, je n'oserois pourtant pas l'assurer.

COULTURES.

EN 853. Louis de France Roi de Germanie & fils de Louis le Debonnaire donna, dit-on à Ste Opportune de petits champs placés près du grand Chatelet, & même quelques prés qui n'en étoient pas loin.

Si une chronique compilée, par Duchesne est veritable, en 928. il y avoit dans ce quartier là un faux-bourg que brûla l'Empereur Othon.

En 1136. Louis le Gros, acquit de l'Evêque Etienne, les deux tiers d'un canton de ce faux-bourg qui s'appelloit alors Champeaux, & qui faisoit partie de ce que nous nommons les Halles.

En 1060. lorsque Henri I. fonda St Martin des Champs, il donna aux Chanoines qu'il y mit une coulture qu'il avoit confisquée sur Ansoldus Guerin & Milon, & bâtit leur Eglise presque au milieu.

Champeaux, petits champs.

JE ne sai rien des champs repandus parmi ces courtilles, ces pissotes, & ces petites éminences, que le peu que j'en ai dit, & je n'ose presque avancer que sous Charles le Chauve, il y avoit de petits champs près la porte de Paris, dont Louis Roi de Germanie fit don à Ste Opportune; car c'est un conte qu'on trouve dans le Legendaire de cette Eglise, & qu'il faut mettre avec ceux qu'on lit presque dans tous les autres Legendaires.

Pour Champeaux en Latin, *Campelli*, ou petits champs, il n'en est pas de même; car c'étoit un grand territoire situé aux Halles, & aux environs en 1117. Il se terminoit aux Filles Penitentes de la rue St Denys, qu'on nommoit St Magloire. Le Cimetiere St Innocent en occupoit une partie, on y fit les Halles, & c'est là que furent traffés les sectateurs de l'Heresiarque Amaury sous Philippe Auguste. Sous St Louis il en restoit encore une grande place, où quantité de monde assista aux Sermons de Foulque Curé de Neuilly, cet ignorant si fameux que Dieu remplit de tant de lumieres, qu'il devint savant en un instant.

Au reste touchant le mot de *Campelli*, dont on se servoit en Latin pour dire Champeaux, s'il est vrai qu'il le fallût toujours rendre ainsi par tout où il se trouve, comme sous Benoist VI. Alexandre III. & Louis VII. en parlant du Prieuré de St Martin, on trouve *sanctus Martinus de Campelli*, & qu'ainsi on se trouvât obligé de traduire St Martin des Champeaux, & non pas St Martin des Champs, il s'ensuivroit sans doute que l'Eglise St Martin dans les dix & douziéme siecles, étoit aussi proche de Champeaux que les Filles Penitentes, où en faisoit partie, de même que les Halles, & le Cimetiere St Innocent.

Champeaux au surplus appartenoit au Roi, & n'étoit separé de la coulture-l'Evêque que par un fossé, & ce fossé là se dégoutoit dans les terres de l'Evêque de Paris, & comme Louis le Gros voulut y avoir part, l'Evêque Etienne l'y associa en 1136. aux conditions suivantes ; qu'il s'y reservoit seulement partie des droits & revenus, que le Prevôt du Roi ni le sien, ne pourroient rien faire l'un sans l'autre, & qu'enfin tous deux feroient foi & hommage, l'un au Roi l'autre à l'Evêque.

Coulture Saint Eloi.

LA Coulture St Eloi s'étendoit aux environs de St Paul, vers l'Orient de la Ville, à côté de St Antoine. Anciennement le Prieur de St Eloi en étoit. le Proprietaire & Seigneur: dans les douze, treize & quatorziéme siecles.

elle fut presque toute vendue à des particuliers: depuis cent ans ou environ, le Prieur de St Eloi n'en est plus Seigneur que d'une partie. Les Commissaires députés par Henri II. pour vendre l'Hotel Royal de St Pol qui la couvroit presque toute entiere, en reserverent au Roi les lots & ventes & autres droits Seigneuriaux; & sur ce que le Prieur les demandoit, & les vouloit avoir, le Procureur General lui intenta procès, qui est encore à vuider, quoi qu'ayent pû faire les Evêques & Archevêques de Paris à qui ce Prieuré appartient.

En vain dans le cartulaire de ce Couvent, & ailleurs, ai-je cherché le tems qu'on a commencé à la cultiver, tout ce que j'ai pû découvrir est qu'avant l'année 1269. l'Abbé & les Religieux de St Maur, à qui Paschal II. & Philippe I. avoient donné ce Prieuré dès l'année 1107. s'étoient defait de quelques unes de ces terres en faveur de Nicolas de Trie, & de quelques autres particuliers, à la charge d'y bâtir des maisons, & d'y faire une rue large de seize pieds & de plus. Qu'en 1269. ils passerent bail à un certain Bertrand de Canaberis & à Ameline sa femme, d'un arpent de terre de la même couture pour douze deniers parisis de cens, & trente sols parisis de croist de cens, à condition d'y faire dans quatre ans pour quatre-vingt livres encore parisis de bâtimens, outre d'autres clauses qui ne servent de rien ici, mais que nous pourrons rapporter ailleurs.

Dans ce siecle là même & celui d'après, les Comtes d'Estampes, les Archevêques de Reims, les Abbés de St Maur & autres y eurent des maisons spacieuses entre la Seine, l'Eglise St Paul, & la rue St Antoine. Charles V. les acheta toutes pour faire son Palais Royal de St Pol, & pour l'accroître. Sous son regne & ceux de quelques uns de ses descendans, cette Maison Royale releva du Prieuré St Eloi comme auparavant. Henri II. depuis la vendit pour y faire des rues & des maisons particulieres.

Couture Ste Catherine.

ENSUITE de la couture St Eloi vers le septentrion de Paris, & de l'autre côté de la rue St Antoine étoit la couture Ste Catherine, à l'entour du Prieuré du même nom. De tout tems l'Abbé de St Victor en a été Seigneur d'une partie, & l'est encore. Quant à l'autre partie, non seulement le Prieur de St Eloi durant plusieurs siecles en a été Seigneur, mais même Proprietaire de toute la couture: presentement il ne reste plus que la Seigneurie.

Cependant dans tous les cartulaires de ces deux Couvents, de savoir quand ils ont commencé de les faire cultiver, c'est ce qu'on ne trouve point. Auparavant, de même que la couture St Eloi, c'étoit un grand lieu vague, plein de marais, qui depuis peu a été converti en terre, en jardins & enfin couvert de rues & de maisons.

Les Tournelles, ancien Palais Royal assis à la rue St Antoine, au lieu même où se trouve aujourd'hui la Place Royale, les Minimes, les rues avec les Hotels & tous les logis des environs, en occupoient une bonne partie, & tout cela relevant de Ste Catherine.

Cette couture depuis là, s'étendoit jusqu'à la rue St Antoine, & d'autre côté finissoit à la couture St Gervais, à la rue Jean Beausire, aux rues pavée, des trois pavillons, & des francs-Bourgeois.

Tant que l'Hotel des Tournelles a subsisté dans le tems même que nos Rois y demeuroient, & lorsqu'ils l'ont agrandi, il devoit au Prieur & aux Religieux de Ste Catherine, lots & ventes, cens & rentes. En ce tems-là nos Rois ne croyoient pas qu'à leur égard ce fut une chose indigne de payer à leurs sujets les Droits Seigneuriaux. François I. qui le premier a pretendu que le Roi ne relevoit de personne, mais que tout le monde relevoit du Roi, n'a pas laissé neanmoins de les payer lui-même, à l'exemple de ses Predecesseurs. Pour

Henri IV. lorſqu'il entreprit la Place Royale, bien loin de les payer, les places vuides & les maiſons qu'il fit faire là, ne furent vendues qu'à la charge de lui payer les droits Seigneuriaux, tant à lui qu'à ſes ſucceſſeurs. A la verité il contenta les Religieux, & promit de leur ceder en recompenſe la Seigneurie de ſeize maiſons de Fief de Bezée, aſſis autour de l'Hotel de Bourgogne, qui lui appartenoit, ce qui fut exécuté en 1615. par Louis XIII.

Quant à l'autre partie de cette couluture, de tout tems elle a appartenu au Prieuré de Ste Catherine, & relevé de St Victor: maintenant elle doit des droits Seigneuriaux à l'un & à l'autre. Sous Charles V. & Charles VI. elle ſervoit de place pour les ſpectacles; il s'y trouvoit des jardins, quelques endroits étoient cultivés & pleins de legumes, ſans d'autres uſages.

Sous François I. elle ne valoit que ſoixante livres de rente: ſi bien que le Prieur & les Religieux, pour en tirer davantage, & aller juſqu'à trois cens, s'en deſirent en 1544. en faveur de differens particuliers aux conditions ſuivantes.

Qu'ils y feroient des rues & des maiſons, que les rues feroient pavées à leurs depens, & les maiſons chargées des cens que leur couluture devoit à St Victor & des rentes envers eux, dont une partie ſeroit rachetable & l'autre non. De plus à l'égard des rues & des maiſons qu'ils feront bâtir, ils les obligerent de prendre l'allignement du Voyer, & même de placer les rues aux endroits marqués dans le deſſein qu'ils leur feroient voir, quand ils l'auroient arrêté.

L'Hiſtoire fait mention tant des Joutes & des Tournois, que des combats à outrance, & des duels faits à la couluture Ste Catherine, du tems que nos Rois ne trouvoient point de plus grands divertiſſemens que les Joutes, & qu'eux mêmes vouloient être ſpectateurs des combats à outrance, comme les ayant ordonnés, ainſi que je ferai voir au liv. VIII.

Couluture St Gervais.

LES Religieuſes de l'Hopital St Gervais, ou de Ste Anaſtaſe, ont été long-tems proprietaires d'une couluture voiſine & aſſiſe dans la precedente elle s'appelloit la Couluture St Gervais: d'un côté elle tenoit à celle que nous venons de décrire, de l'autre aux Minimes, de l'autre aux remparts de la vieille rue du Temple, la plupart des maiſons de la rue St Louis, celles tant des rues Ste Anaſtaſe, & de St Gervais, que de la couluture St Gervais, de Thorigni, & des environs, en faiſoient toute l'étendue; en 1637. elle ſe nommoit les marais St Gervais, en 1656. les Coulutures St Gervais.

On apprend d'une ancienne Declaration des cens & rentes de cet Hopital, que vers le commencement, & vers le milieu du ſiecle paſſé, on avoit donné à cens & rentes à divers particuliers les terres de cette couluture aſſiſe près de la vieille rue du Temple, & celle de Thorigni.

Dans les Regîtres du Parlement, il paroît que Marchand Capitaine des Archers Arbalêtriers & Arquebuſiers de la Ville, connu ſous le nom de Capitaine Marchand, & par le pont Marchand qu'il dreſſa ſur la riviere, en eut d'elles ſix arpens, ſitués près des Minimes, par bail emphitheotique de l'an 1594. pour deux cens livres de rente, à la charge d'y faire des maiſons & des rues. Après ſa mort le premier Preſident le Jay, en 1634. ſe les fit adjuger par decret: comme alors il étoit encore cinquante-neuf ans de jouiſſance ou environ, il s'accommoda avec les Religieuſes, qui ſe demirent en ſa faveur de la proprieté de ces ſix arpens, du conſentement de l'Archevêque, qu'il eut d'elles pour deux mille livres de rente, au denier ſeize, qu'il ne pourroit racheter qu'en un ſeul payement, & qu'après en avoir donné avis deux ou trois ans auparavant, afin d'avoir le tems d'en employer le principal en bons heritages, ou en rentes aſſurées. Depuis, ces Religieuſes ayant acheté cent trente-cinq mille livres l'Hotel d'O, où elles ſont maintenant, le Cardinal de Retz Archevêque de Paris leur permit en 1656. de recevoir pour le payer, le fort principal de cette rente, & de vendre le reste de leur coulture dont il ne restoit qu'une grande place de mille toises de superficie, qui regnoit le long de la rue de la coulture St Gervais, entre la rue de Thorigny & la vieille rue du Temple, qu'elles vendirent quarante mille livres à Aubert de Fontenay, interessé aux Gabelles, renommé par une maison superbe appellée par mocquerie, l'Hotel salé qu'il a bâti là.

Après tout je ne crois pas que les Religieuses de St Gervais ayent plus rien dans cette coulture, qui leur appartienne; sinon quelques cens & rentes qu'elles se sont reservées sur les maisons qu'on y bâtit, pour servir de memoire, & de marque à l'avenir que la proprieté autrefois leur en a appartenu. On remarquera ici en passant, que ce que j'ai dit des deux coultures précedentes, se doit entendre de celles qui suivent; qu'elles ont été des marais, que ceux à qui ils appartenoient, s'en sont defaits en divers tems s'y sont reservé des cens & rentes, & ont obligé les acquereurs à les defricher, les cultiver, y faire des rues & y bâtir des maisons.

Coulture du Temple.

LA coulture du Temple étoit contigue à celle de St Gervais, & comprenoit presque tout le Domaine que les Templiers avoient autrefois à Paris, je veux dire de grand espace couvert de rues & de maisons qui regne entre la rue du Temple depuis celle de Ste Croix, ou les environs de la rue de la Verrerie, jusqu'au delà des murs des fossés & de la porte du Temple, qui releve encore du Grand Prieur de France, & en a relevé depuis la suppression de l'Ordre des Templiers.

Il est impossible de savoir quand les Templiers donnerent à cultiver la partie de leur coulture qui commence aux environs de la rue de la Verrerie, on ne sait pas même quand on a commencé à l'habiter; il est certain seulement que lorsque Philippe Auguste fit faire les murs qui passoient près Ste Avoye, & aux Blancs-manteaux, elle fut divisée en deux coultures, & que lorsque Charles V. entreprit les murailles que nous voyons au delà du Temple, elle fut divisée en trois, & neanmoins qu'elle ne prenoit le nom que de deux en 1491. & le tout sans doute à cause que sous ce nom-là, on comprenoit seulement les terres de dehors, la nouvelle enceinte, avec celles qu'il y avoit entre la nouvelle & l'ancienne, & que quant aux autres qui se rencontroient entre la clôture de Philippe Auguste & la rue de la Verrerie, elles n'étoient plus coultures, comme étant couvertes de rues & de maisons.

Ces deux coultures, au reste, en 1491. étoient semées de bled, d'avoine & d'orge; cette année-là même, le deuxième jour de Janvier, Merry d'Amboise Grand Prieur de France, les afferma pour neuf ans à Souvin Aubery dit Dominique, moyennant huit corvées, quatre cens gerbes de paille, un cent de paille longue pour lier la vigne, trois muids d'orge, d'avoine & de bled produit en ces deux coultures, au choix du Grand Prieur à chaque corvée. Il l'obligea encore de lui fournir à son choix deux charettes ou son chariot attelé de cinq à six chevaux, & en cas qu'il n'en eut pas à faire, qu'il lui payeroit dix francs; lorsqu'il s'en serviroit, il devoit nourrir ses chevaux & donner un repas à ses valets.

Ceux qui y demeuroient dans le quatorziéme siécle firent voir qu'ils composoient un corps separé de la ville, & ne devoient point être compris avec les Parisiens à la taille que le Roi leva en 1308. 1309. & 1345. Pour le reste qui a toujours gardé & garde encore son nom ancien de marais du Temple, il consiste en vingt-cinq arpens, qu'on appelloit encore la coulture du Temple en 1608. & contenoit alors des potagers ou marais cultivés, situés depuis la rue des quatre fils jusqu'au rempart, entre la rue du grand Chantier, les Enfans-rouges, le Temple & la vieille rue du Temple, ou la coulture St Gervais. Dès

DE LA VILLE DE PARIS.

Dès l'an 1603. des Jardiniers & des Mareschers, pour user d'un terme du tems les avoient loués quatre livres l'arpent, & convertis peu à peu en potagers & en Jardinages. D'abord du consentement du Grand Prieur ils y firent des loges qu'ils devoient demolir, mais dont ils pouvoient emporter les matetiaux, à la fin de leur bail, s'ils n'aimoient mieux les laisser sur pied pour la prisée avec les autres arbres & autres choses. Mais comme d'eux-mêmes depuis ils vinrent à y faire de petites maisons, & le Grand Prieur là dessus, les voulant faire abbatre, ceux-ci pour l'en empêcher offrirent de lui en ceder la proprieté à la fin de leur bail, pour la moitié de leur valeur, suivant l'estimation qui en seroit faite par des Experts. Sur ces entresaites Henri IV. desireux de repeupler Paris & de l'embellir, jetta les yeux sur cette coulture pour y bâtir une grande place, appellée la place de France, & l'accompagner de maisons uniformes & de rues qui porteroient les noms des Provinces du Royaume, si bien que le Grand Prieur de Guerchi, obtint du Grand Maître de Vignacourt la permission de l'alliener. L'allienation fut faite en 1608. en faveur d'un Bourgeois nommé Pigou, moyennant quarante-quatre mille livres pour le Grand Prieur, huit mille livres pour le dedomagement des locataires, & aux conditions suivantes; qu'il y feroit les rues telles qu'elles seroient ordonnées par le Duc de Sulli Grand Voyer de France, & alignées par le Voyer du Temple, que le premier pavé seroit fait à ses dépens, que les maisons qu'on y feroit seroient chargées de six cens livres de cens & rentes, & exemptes de lots & ventes pour la premiere fois seulement, qu'on y laisseroit les plantes, les arbres, & les édifices qu'il plairoit aux Trésoriers de France, Commissaires en cette occasion.

Cela fait, le Duc de Sully donna le dessein de la Place de France, de ses rues, & de ses maisons; en 1609. le Roi y établit une Foire franche avec des marchés toutes les semaines; on commença des rues à qui le nom de quelques Provinces fut donné: mais la mort du Roi étant survenue là dessus, la disgrace du Duc de Sully, les troubles & autres empêchemens de la minorité de Louis XIII. furent cause qu'on en demeura là; depuis neanmoins le marché fut fait, & les logis que nous y voyons; ceux qui y demeuroient en 1626. ne se voyant pas trop en sureté dans un lieu si desert, & n'ayant pu obtenir de la Ville les chaînes qu'ils demandoient pour mettre aux avenues, Charlot l'un d'entre eux, homme riche offrit d'en faire la depense, pourvu qu'on le remboursât, la Ville accepta ses offres, moyennant un terme de six ans.

Cette coulture enfin est celle qu'à present nous nommons le Marais, & le Marais du Temple; nom qui ne laisse pas de s'étendre encore, jusqu'à une bonne partie de l'ancienne coulture, & de la coulture du Temple, la seule marque qui nous en reste à present, non seulement de ce qu'elle étoit autrefois, mais encore anciennement, tout ce quartier de la Ville.

Coulture St Martin.

COMME on croit que la coulture du Temple embrassoit tout le territoire des anciens Templiers, ou le Grand Prieuré de France d'aujourd'hui; on croit aussi que la coulture de St Martin embrassoit autrefois ce que le Prieuré St Martin possede maintenant, de sorte qu'on l'étend depuis le rempart, jusqu'au bout de la rue Grenier St Ladre & celle de Michel le Comte, entre la rue St Martin & la rue du Temple.

Lorsque Henri I. fonda St Martin des Champs, il donna aux chanoines qu'il y mit une coulture voisine confisquée sur Ansoline Guerin & Milon, & y bâtit l'Eglise St Martin presqu'au milieu.

Dans l'onziéme siecle, Hugues Prieur de ce Monastere en prit pour l'enclos de son Prieuré quatorze arpens, qu'il environna de tours & de murailles de pierre.

Tome I. K

En 1220. le Prieur & les Religieux donnerent une place à St Nicolas des Champs dans leur coulture, pour y faire le cimetiére St Nicolas, qui est celui-là même que nous voyons encore dans la rue de Montmorency.

Jusqu'en 1282. les terres que les Religieux s'étoient reservées au tour de leur maison, furent environnées de fossés, comme je l'ai trouvé dans un de leurs cartulaires; mais ceux du côté de la rue Frepillon, ayant été pris alors pour faire une rue, ou comme on parloit en ce tems-là, pour faire une chaussée, afin que le Couvent fut fermé de côté-là, on éleva une grande muraille toute de pierre de taille : le reste a composé depuis & auparavant un grand espace vuide qui a servi à bien des choses.

En 1408. un Cordelier, Docteur en Theologie, fort eloquent, nommé Pierre aux Bœufs, y publia la neutralité de Gregoire & de Benoist concurrens à la Papauté, & lut en même tems devant une infinité de monde les lettres que le Roi avoit fait expedier touchant cette affaire.

En ce tems-là & auparavant, il y avoit un champ clos où se faisoient les duels ordonnés par le Roi, & le Parlement, & où se firent ceux que je rapporterai au Discours des Duels & des combats à outrance liv. XII.

Ce fut dans ce lieu-là même, que les Chefs des Bourguignons, ennemis mortels des Grands attachés au service du Roi, firent jetter en 1418. les corps du Conestable d'Armagnac, du Chancelier de Marle, & de Rainçonnet de la Guerre, après les avoir fait massacrer; car voici les propres termes d'une chronique de ce tems-là : Leurs corps furent par l'Ordonnance d'aucuns du Conseil du Roi sequestrés & mis en terre prophane ès champs de la coulture St Martin dedans Paris comme on disoit.

Coulture Grenier St Ladre, & celle de Mont-martre.

DERRIERE la coulture St Martin, entre elle & la coulture du Temple aux environs de Mont-faucon, se rencontroient la coulture Grenier St Ladre, & consistoit en dix-huit arpens; les exécuteurs du Testament de Maurice Chanoine d'Evreux en firent don à Notre-Dame en 1234. avec d'autres biens pour la fondation de son anniversaire.

Ensuite se trouvoit la coulture Mont-martre, dont je ne sai rien que le nom, & qu'il en est parlé dans un titre de l'Archevêché passé en 1576.

Coulture St Magloire.

LA Coulture St Magloire étoit placée entre St Magloire, St Martin & les Filles-Dieu, les Religieuses de St Magloire l'agrandirent en 1259. de cinq quartiers de marais, qu'ils eurent d'Etienne Luillier pour trente-cinq sols parisis de rente, pour vingt-cinq autres aussi de rente, & dix deniers de cens, elles firent bail à Jean le Sueur en 1397. de cinq autres quartiers de marais de cette coulture situés vers St Laurent, l'année d'après elles firent encore bail de trois quartiers de marais assis au même endroit à Jean de la Fontaine, moyennant six deniers de cens & quinze sols de rente.

Coulture St Lazare.

PAR DE LA la coulture St Magloire, il y en avoit encore une autre qui appartenoit au Prieuré de St Lazare, qu'on appelloit la coulture St Lazare, ou St Ladre: avec le tems on y fit tant de maisons, qu'elle devint un village, sous le nom de la Villette, & de la Ville St Ladre, en François; & de *Villa* & *Villeta sancti Lazari*, en Latin: si bien que comme les autres villages, il lui fallut fournir au Roi les provisions ausquelles étoient alors sujets les villages, & même les faux-bourgs.

Coulture des Filles-Dieu.

PLUS bas que la Villette en venant à Paris, les Filles-Dieu étoient Dames d'une coulture dans le Faux-bourg St Denys, à ce qu'elles pretendent. Elle regnoit entre le chemin des Poissonniers & la grande rue du faux-bourg, le long de la rue de Bourbon, depuis les anciens égouts qui subsistent encore, jusqu'aux anciens fossés, comblés sous Louis XIII. Leur Monastere à ce qu'elles disent, l'occupoit entierement non seulement en 1358 & 1359. qu'il fut ruiné à l'occasion de la prise du Roi Jean, de crainte que les ennemis ne s'y fortifiassent ; mais même dès l'an 1226. Après être sorties de là, comme ce lieu ruiné n'est guere loin de la porte St Denys, ceux du quartier, aussi bien que les Boueurs y porterent leurs immondices & leurs ordures, de sorte qu'en peu de tems, il s'en fit une masse, & un terrein si considerable, qu'on commença à y bâtir ; & même qu'en 1551. les Tresoriers de France, sans avoir égard au droit des Religieuses qui en étoient proprietaires, en passerent bail à perpetuité à raison de sept livres parisis de cens à un certain Thibaud Bourgeois, qui deux ans après s'en defit en faveur d'un autre Bourgeois nommé le Masson, si bien qu'alors le terrein se trouvant habité, & ayant besoin d'une Chapelle, on en fit une sous l'invocation de St Louis & de Ste Barbe.

Des commencements si heureux y attirerent tant de monde, qu'en peu de tems ce terrein devint un des plus gros faux-bourgs de Paris : mais parce que devant la ligue, vers l'an 1593. tout fut jetté par terre & rasé, sans même épargner la Chapelle, le lieu demeura desert, jusqu'en 1624. qu'une nouvelle colonie y emmena des Maçons pour le rebâtir, & même la Chapelle, à qui elle donna le nom de Notre-Dame de Bonnes-nouvelles.

Dix ans après comme on vint à faire une nouvelle clôture de la ville, & que ce terrein s'y trouva compris, tant de monde y est accouru, qu'à present il est tout couvert de maisons & de rues, & sans un long procès intenté par les Filles-Dieu pour les fossés des environs, à ceux qui en ont obtenu le don du feu Roi, il y a long-tems qu'il n'y auroit plus de place vuide à la Ville-neuve sur gravois, qui est le nom qu'on a donné à ce quartier-là. Ce qui reste maintenant de cette coulture, consiste en un grand marais plein de legumes & bordé de maisons le long du faux-bourg St Denys.

Marais Ste Opportune.

AU dessus & au dessous de ces coultures, le Chapitre de Ste Opportune avoit des marais, qu'en divers tems il a donné à dessecher & à cultiver, & sur lesquels il s'est reservé des cens & rentes, ainsi que les Seigneurs & les premiers proprietaires des coultures : les uns tenoient en 1227. à trois arpens tant de vignes que de marais, les autres en 1236. à une piece de vigne.

Outre ceci, en 1286. près la Courtille Barbette ils avoient quatre arpens & demi de pré ; quatre autres encore, ou environ, situés vers le Temple en 1287. tenants à d'autres marais qui portoient le nom de leurs maîtres, tels que ceux des Freres de la Maison Ste Catherine en 1265, celui de l'Abbesse de Mont-martre en 1334. les marais d'Ives le Porcher, & d'Henri le B.... en 1255. & 1286. que j'ai choisis parmi quantité d'autres, pour faire voir que de si vilains noms n'étoient point honteux en ce tems-là, & qu'on ne s'en scandalisoit point.

Par quelques-uns des titres de Ste Opportune, il paroît que ces marais

HISTOIRE ET ANTIQUITE'S

s'étendoient depuis la porte St Antoine jufqu'à Chaillot, qu'ils fervoient de Paftis, & qu'en 1153 & 1176. du confentement de Louis VII. & de Philippe Augufte, de Thibault & de Maurice Evêques de Paris, ils s'en defirent à la charge de les deffecher & cultiver. Dedans il y avoit plufieurs granges, une entre-autres appartenoit en 1240. à un certain Adam Cochetar; une autre en 1252. fe trouvoit près de St Laurent, dont Raoul Farcy étoit proprietaire. La plus remarquable fe nommoit en 1243. *Granchia Batilliaca*, en 1252. & 1254. *Granchia Bataillie*, en 1290. *Granchia Bail-taillée*, & en 1308. la Grange au Gaftelier, aujourd'hui la Grange Bataliere ou Bateliere.

Coulture l'Evêque & des Quinze-vingts.

LA coulture l'Evêque, & la coulture de lès les Aveugles, n'en compofoien qu'une, quoique fous deux noms differents. L'Evêque de Paris étoit Seitgneur & proprietaire de la premiere, la feconde relevoit de lui, mais appartenoit aux Quinze-vingts.

Dans la premiere, il y avoit une vieille & une nouvelle coulture, un nouveau & un vieux bourg St Germain: à fes extremités fe trouvoient deux voiries, avec le Roule, le port, l'abreuvoir & la Ville-l'Evêque. Dans le fiecle paffé, faute d'en favoir la fituation & l'étendue, le Procureur General & l'Evêque de Paris ont plaidé long tems enfemble, & jufqu'ici perfonne n'en a connu l'étendue: que fi on a mieux rencontré en marquant fa fituation, ce n'eft que par hazard. L'Evêque de Paris y levoit les mêmes droits qu'au clos Bruneau, dont je parlerai dans le Difcours du livre VIII. & qu'il n'eft pas neceffaire de rapporter ici.

Du nom de Ville-l'Evêque, & de *Villa Epifcopi* qu'on lit dans quelques vieilles chartes, & dont le premier mot fignifie un village auffi bien qu'une maifon de plaifance, on reconnoit que la Ville l'Evêque fervoit de maifon de plaifance aux Evêques de Paris, & que c'étoit un village où ils alloient prendre l'air. Ils y avoient des granges pour leur recolte, leurs dîmes & les autres droits qu'ils prenoient fur leurs coultures, & fur les terres des bourgs St Germain. On menoit abreuver leurs chevaux & ceux de leurs fermiers, à l'abreuvoir l'Evêque, vis-à-vis le carrefour de la Ville-l'Evêque, & la rue de la Magdelaine: au port l'Evêque, entre le cours & la porte de la Conference, s'embarquoient leurs grains & autres denrées qu'on vouloit porter à l'Evêché ou vendre aux marchés de Paris: enfin aux deux voiries, les payfans du lieu & ceux du voifinage, portoient & charioient leurs immondices.

Moulin de Bout-à-foin.

LA premiere & la plus petite étoit entre le cours & le grand chemin; fix arpens en faifoient toute l'étendue: à un bout étoit un Moulin à vent appellé Bout-à-foin, qui depuis a été tranfporté fur une butte vers Clichi, où il conferve toujours fon nom; l'autre voirie aboutiffoit à la rue de Gaillon, à celle de St Auguftin, & à la rue neuve des vieux Auguftins, & occupoit un grand efpace de terre qui appartient à l'Abbé de St Victor & au Curé de la Ville-l'Evêque; mais qui releve de l'Archevêque de Paris.

Au refte quand je confidere que par un Arreft du Parlement de l'an 1277, l'Evêque de Paris eft maintenu en la poffeffion de faire le procès à ceux qui demeuroient dans le Louvre; & qu'à cela j'ajoute que dans un concordat paffé entre Philippe Augufte & l'Evêque Guillaume, le Roi le recompenfe des dommages qu'il a fouffert pour l'enceinte du Louvre, j'ai fujet de douter fi le Louvre n'eft point compris dans les coultures de l'Evêque, ou dans les bourgs de St Germain, qui lui appartenoient, & de plus fi ces bourgs-là & ces coultures, ne tenoient point à St Germain de l'Auxerrois ou aux environs; mais je ne doute point que la rue du Four ne fît partie des coultures de l'Evêque car même elles alloient gagner la rue des vieux Auguſtins : l'un des côtés de la rue St Honoré depuis les Halles juſqu'au Roule, en faiſoit la longueur & comprenoit les rues du même côté qui y aboutiſſent, avec quarante-deux arpens de terres & plus, nommés la coulture de lès les Aveugles, aſſis de l'autre côté de la rue, entre la porte St Honoré & les Quinze-vingts.

Mais afin d'en marquer encore mieux l'étendue & l'aſſiete, on ſaura qu'en 1224. B. de Roye Chambellan de France donna à l'Abbayie de Joyenval des maiſons de la rue St Germain de l'Auxerrois, qui faiſoient partie du bourg l'Evêque.

Qu'en 1227. l'Evêque de Paris ne voulut point que le Chapitre de St Germain eut aucune Juriſdiction ſeculiere ſur les habitans du bourg St Germain & de la vieille & nouvelle coulture l'Evêque, & qu'enfin le Chapitre pour ne point plaider aima mieux le faire Juge lui-même du different, & s'en rapporter à lui.

De plus qu'en 1255. une rue qui alloit du Chateau Feſtu, c'eſt-à-dire de la rue St Honoré à St Euſtache, où à deux maiſons de la rue St Euſtache étoit la coulture l'Evêque: quoique je ne ſache pas preciſément la ſituation du Chateau Feſtu, je ſuis aſſuré qu'il ſe trouvoit entre les halles & la rue d'Orleans: & que la même année deux maiſons de la rue du four & de la coulture l'Evêque devoient à l'Evêque de Paris quatre ſols pariſis de chef-cens, & que pour cela l'un des fours bannaux de cette rue dont il étoit proprietaire ſe nommoit le four de la coulture.

D'un autre côté que la veuve de Philippe Comin, en 1259. vendit au Vicaire General des Auguſtins une maiſon & un jardin, qui tenoit à la coulture l'Evêque, & à la rue Mont-martre, où les Auguſtins venans à Paris, s'établirent d'abord.

De plus que St Louis donna à l'Evêque en 1260. cent ſols pariſis de revenu ſur la Prevoté de Paris, pour quatre ſeptiers de bled & deux d'avoine que lui devoit une grande place de la rue St Honoré contigue à la coulture l'Evêque, & ſituée entre St Honoré & le Roule.

Qu'en 1283. l'Hopital des Quinze-vingts tenoit à la coulture l'Evêque.

Qu'en 1309. Arnault de la Haute-maiſon Bourgeois, achepta quarante livres pariſis ou environ, de l'Evêque Guillaume quarante-deux arpens & trois quarts de terre, nommés la coulture l'Evêque, aſſis le long de la rue St Honoré au delà des Quinze-vingts, avec promeſſe d'employer trois cens livres auſſi pariſis à y bâtir des maiſons, & qu'alors on n'appelloit pas la coulture l'Evêque, mais la coulture des Aveugles ou des Quinze-vingts.

Au reſte on apprend du Regître ancien du Procureur du Roi au tréſor, que cette coulture fut baillée à rente en divers tems, à des particuliers, à raiſon de vingt cinq ſols de rente pour arpent meſure de St Louis, & qu'elle valoit cent trois livres ſix ſols trois deniers tournois de revenu. Il paroit encore par quelques actes, que l'Hotel des Tuilleries qui en faiſoit partie comme j'ai dit auparavant, & appartenoit à Pierre des Eſſarts & à Villeroi Secretaire d'Etat, ſe nommoit auſſi ſouvent l'Hotel de la Coulture l'Evêque, que l'Hotel des Tuilleries.

Enfin les cartulaires de St Victor, de St Honoré, de St Merry, & de St Thomas du Louvre portent qu'en 1140. il y avoit ſix arpens de terre près St Germain de l'Auxerrois, & qu'un certain Hungerus qui en étoit Proprietaire en fit preſent à St Victor. Dans les premiéres années du treiziéme ſiecle Renoul Cheren donna pour la fondation de St Honoré treize autres arpens de terre qui y tiennent encore; mais qu'on a couverts de rues & d'édifices.

Par le concordat de l'année 1222. dont j'ai fait & ferai ſouvent mention, il eſt évident qu'il y avoit des marais près de là, puiſque Philippe Auguſte declare que les Evêques de Paris ſont Voyers & Haut-Juſticiers dans toutes les rues qui ſe feront ſur les terres de l'Evêque & dans le marais.

Près de St Honoré étoit une vigne en 1281. on y recueilloit encore du bled & de l'avoine, & cette avoine & ce bled, payoient à l'Evêque onze livres parisis de regale : & tout de même la vigne, pour les fossés, lui devoit huit livres cinq sols parisis.

Une autre vigne encore, avec un arpent de terre relevant de l Evêque & qui tenoit à St Thomas du Louvre, appartenoit aux Chanoines de St Thomas en 1343. En un mot si tout ce qui relevoit de l'Evêque dans ce canton là, faisoit partie des bourgs de l'Evêque & de ses coultures ils devoient composer, si non les quartiers de Mont-martre, & de St Honoré entierement, au moins la principale partie.

Si j ai raporté si exactement tout ce qu'il y avoit de terres labourables, de vignes, de prés & de champs épars tant dans la coulture l'Evêque que dans les autres, c'est pour mieux faire voir en quel état étoient les lieux alors, & que ces marais continuels dont parle Jules Cesar n'étoient plus ce qu'ils étoient, & avoient été défrichés.

Je ne m'amuserai point à prouver que le mot de Coulture vient de *Cultura*: & qu'il en a été tiré : si quelqu'un en doute, il peut avoir recours à mes preuves, où il verra qu'elles sont toujours appellées *Cultura* en Latin ; ce n'est pas que je ne puisse encore ajouter beaucoup d'autres choses à ce qu'a dit Menage, touchant l'origine de Coulture, & le redresser, mais cela n'en vaut pas la peine.

Les Platrieres.

SOUS Charles V. Charles VI. & Charles VII. on établit des Platrieres, tantôt à la rue du Plâtre, à la rue Platriere & à celle de la Coutoinie de la rue St Martin, tantôt à la rue neuve St Merry, du grand Chantier & rue Beau-bourg, tantôt à la rue Sale-au-Comte & dans celle du Chaune, de la Verrerie, de la Mortellerie, & des petits Champs, & autres de ces quartiers-là.

Voila en general l'état de cette partie de Paris qu'on appelle la Ville : en voici le détail.

LA VILLE
EN PARTICULIER.

La Motte St Gervais.

JE ne sai rien de la petite éminence sur laquelle est élevé St Jaques de la Boucherie avec les maisons voisines. Pour ce qui est de celle de St Gervais, en 1131. Philippe fils aîné de Louis le Gros associé à la Couronne mourut là d'une chute de cheval.

En 1141. Louis VII. son frere, donna la Greve à ceux qui demeuroient dans cette place & sur ce monceau : & en 1222. Philippe Auguste eut par échange de l'Evêque & du Chapitre le monceau St Gervais.

TUILLERIES.

LE Palais & le Jardin des Tuilleries, aussi bien que les environs étoient occupés par des Tuilleries autrefois, & de là leur vient ce nom de Tuilleries. Dans les Regîtres de la Chambre des Comptes se lisent les noms de ceux qui y ont demeuré durant deux ou trois cens ans ; & même la quantité de tuiles qu'ils ont fournies tant pout le Palais & le Louvre que pour l'Hotel Royal de St Pol, les Tournelles, & autres maisons que nos Rois ont eues à Paris & tout au tour.

En 1343. Pierre des Essarts avoit là vers les Quinze-vingts un grand logis appelé l'Hotel des Tuilleries qu'il donna même à ces pauvres aveugles.

Sous François I. Villeroi Secretaire d'Etat y en avoit aussi un du même nom que le Roi eut de lui en échange de la terre & Chateau de Chanteloup. Il y a grande apparence que le Palais des Tuilleries est elevé sur les ruines de l'un & de l'autre.

PISSOTTES.

JUsqu'à present je n'ai pû savoir ce que signifie le mot de Pissotte, ni ce que ce peut être : derriere le Temple il y en avoit une qu'on appelloit la Pissotte St Martin.

Entre plusieurs Hotels compris dans l'Hotel Royal de St Pol, un des principaux se nommoit l'Hotel de la Reine ou de la Pissotte.

Près du Bois & du Chateau de Vincennes, se voit un village appellé la Pissotte.

Enfin dans quelques cartulaires que j'ai vu, il est fait mention de plusieurs autres Pissottes dispersées çà & là, dans les coultures que j'ai nommées ; mais comme alors je ne croyois pas que cela me put servir, je negligeai d'en écrire les noms & d'en marquer la situation.

Avis pour rendre les Foſſés navigables.

CES avis viennent ſi à propos, qu'il me ſemble qu'on ne ſauroit trouver mauvais que j'interrompe pour quelque tems le fil de mon diſcours pour les raporter ici.

En 1551. des Froiſſis, maître des forges, propoſa tant au Roi, qu'au Prevôt des Marchands, de mettre les foſſés en état de porter bateau par le moyen de la Seine, & de faire couler dans Paris un cours d'eau d'un pied de diametre, ne demandant pour cela que la moitié de la taxe des boues, & l'argent que donne la Ville pour curer les foſſés, ou bien la levée entiere des boues : mais parce que c'étoit un homme qui entreprenoit beaucoup & n'exécutoit rien ; d'ailleurs qui ayant eu pluſieurs fermes les avoit laiſſé perir ou tranſporté à d'autres, faute d'intelligence, on ne voulut point ſe fier à ſes paroles.

On écouta bien mieux les propoſitions de Barbier Intendant des Finances & des munitions de France, qu'il fit faire par Pidou Secretaire du Roi, l'un de ſes Commis. Il s'offroit de creuſer à l'entour de la ville un canal d'eau vive, accompagné de quatre ports de vingt toiſes en quarré, & de le rendre large de ſeptante deuxpieds par le haut & de trente-ſix par bas, de le faire de la profondeur neceſſaire, & le remplir d'une aſſés grande quantité d'eau pour charier en tout tems, aux plus baſſes eaux, même les bateaux chargés de marchandiſes ; ſi bien que le neuviéme Octobre, le Conſeil des Finances traita avec lui, le quatorze le Roi ratifia ſon traité, qui fut publié le ſeziéme & enregîtré en l'audience de France : avec tout cela l'affaire ne paſſa pas outre non plus qu'elle avoit fait en 1551. ſous Henri II.

La même choſe fut encore propoſée en 1638. pour la troiſiéme fois, & eut le même ſuccès : auſſi s'y rencontra-t il des difficultés qu'on ne put vaincre, & qui doivent faire peur à tous ceux qui voudront entreprendre la même choſe.

Car premierement on reconnut que pour en venir à bout il falloit donner au canal quatre pieds de profondeur plus que la riviere ; & de plus, l'on trouva que depuis le baſtion de l'Arcenal, juſqu'à la porte de la Conference il y a dix-huit cens toiſes, & que la Seine n'a que trois pieds de pente.

Mercier, le Vitruve de notre tems, poſa des piquets aux endroits où on le vouloit faire paſſer & pretendoit le faire long de trois mille toiſes.

Sur quoi Franchine conſommé touchant les Hydroliques repreſenta, que la riviere qui avoit peu de pente pour dix huit cens toiſes de cours, en auroit encore bien moins pour trois mille, & que peut-être même, n'auroit-elle pas aſſés de force pour entrainer les immondices de Paris qu'on y feroit tomber, qu'ainſi en peu de tems elles pourroient combler le canal & le rendre inutile.

D'autres plus timides qu'intelligens, ajouterent à ceci qu'il étoit à craindre de rencontrer en chemin quantité d'eaux & de ſources, des terres même, & des ſables mouvans, & autres difficultés de cette qualité, ordinaires en pareilles entrepriſes, & aiſées à ſurmonter.

Pour revenir à nos clôtures, ſous Henri II. & Louis XIII. on propoſa d'en faire une au-delà des fauxbourgs de l'Univerſité ; mais ſans effet ; & lorſque Louis XI. & ſes ſucceſſeurs fortifierent celle de la Ville, ce fut comme pat pieces, l'un en un endroit, l'autre en un autre, & pas un de l'un à l'autre bout.

Philippe Auguſte eſt le ſeul de nos Rois, qui ait entouré de murs la Ville & l'Univerſité tout enſemble ; & de fait pour deſcendre dans le particulier, en 1474. on fit ſimplement un boulevart contre la tour de Billy, & un mur contre la porte Mont-martre, au lieu où eſt maintenant la boucherie de la rue Montorgueil.

En 1512. à une aſſemblée tenue au Palais dans la Chambre du Conſeil, lorſqu'on declara la guerre à l'Anglois, il fut arrêté que les voiries qui commandoient

DE LA VILLE DE PARIS.

mandoient dans Paris seroient applanies, & jusqu'à ce qu'on eut des lieux propres à mettre les gravois, les boues & autres immondices, que la décharge s'en feroit le long des murailles dans la ville, à la reserve des charognes & des choses puantes.

A l'égard des charognes, & de tout ce qui put, la même Ordonnance fut encore renouvellée en 1536. 68. 90. & 1595. premierement sur peine de prison & d'amende arbitraire, ensuite de punition corporelle, & de confiscation tant des chevaux que des tombereaux, & enfin depuis sur les mêmes peines qu'en 1568 & 1536.

En 1523. le jour des Morts, les ennemis ayant penetré jusqu'à Roye, & à Mondidier, Charles de Bourbon premier Duc de Vendôme, Gouverneur de Paris & de l'Isle de France, visita les fortifications du côté de la Picardie, & le lendemain des Fêtes de la Toussaint, fit commencer des tranchées au tour des faux-bourgs qu'il y avoit entre la porte St Honoré & la porte St Martin, huit jours après neanmoins, elles furent abandonnées, à cause de leur peu d'utilité & de la longueur de l'ouvrage; mais au mois de Mars, on éleva des remparts & de petits bastions pour placer l'artillerie.

En 1536. François I. ayant sû que les ennemis avoient en Picardie une puissante armée, qui menaçoit de venir à Paris & de le forcer, commanda au Cardinal du Bellay Evêque & Gouverneur de la Ville, de pourvoir à tout ce qui seroit necessaire, pour la mettre en deffense; si bien qu'après avoir visité ces fortifications avec des Ingenieurs, sur son rapport tous les ouvrages tant publics que particuliers, cesserent pour deux mois, sauf à augmenter, ou diminuer ce terme selon le besoin: le même jour, la Ville fit marché avec Jean Cauchois de deux mille pelles ferrées à deux sols la piece, de deux mille hoyaux, d'autant de picqs larges, & de cinquante quarrés à six sols chacun: le même jour encore elle fit prix avec un charron pour les manches des picqs & des hoyaux à raison de septante-cinq sols le cent, avec commandement à l'un & à l'autre d'y travailler sans interruption, même les Fêtes & les Dimanches. Le troisiéme on commença les fossés au bout du faux-bourg St Honoré. Le lendemain par un cri public, tous Vivandiers qui voudroient porter du pain & des vivres aux lieux où on travailloit aux fortifications, furent exemts de toutes sortes de tributs & d'impôts. Par trois autres cris du même mois, & du suivant le Prevôt des Marchands fit des deffenses d'y vendre le vin plus de deux liards la pinte, & d'encherir les vivres à peine du fouet pour la premiere fois: que s'il permit aux Bourgeois de faire achever leurs ouvrages commencés, ce fut à la charge de ne se point servir des gens employés aux fortifications sous pretexte de leur donner plus de trois sols par jour, sur peine de prison & d'amende arbitraire: avec tout cela on ne travailla aux fossés que trois mois & demi, & toute la depense qu'on fit ne monta qu'à soixante mille livres. Le Capitaine Nicolas en eut la conduite, Jaques Coriasse, Maître des œuvres de la Ville, la Surintendance; *Ercole-Siciliano* & Dominique *Bocalor* ou Bocador, dit de Cortone, en furent les Ingenieurs & les Architectes à raison de deux cens cinquante livres de gages chacun.

Huit ans après, sur la nouvelle que Charles-Quint étoit à Château-Thieri avec son armée, François I. depêcha aussi-tôt à Paris le Duc de Guise, qui fit revêtir de remparts les murailles vers les faux-bourgs du Temple, de Montmartre, de St Antoine, de St Michel & de St Jaques.

En 1554. le deuxieme Avril, Henri II. visita les remparts & les boulevarts suivi du Prevôt des Marchands & des Echevins, quelques jours après il leur donna vingt arpens de bois taillis de la forêt de Senar, pour faire des fascines: Batiste Ingenieur Italien, eut la conduite de l'entreprise à raison d'un écu d'or par jour, outre cela il lui fut assigné un logement, & on le fournit de meubles par compte, qu'il promit de rendre de même. Le quatre Avril la Ville écrivit à l'Amiral de Coligny, Gouverneur de Paris, qu'on l'attendoit pour mettre la premiere pierre des fortifications, elle fut mise le onziéme.

Tome I.

La premiere année la depenfe monta à près de foixante-neuf mille livres, car il feroit ridicule de s'amufer à dire au jufte foixante-huit mille fept cens quatre-vingt une livres dix-neuf fols quatre deniers.

En 1554. 55. & 1556. on contraignit les pauvres valides de travailler à cet ouvrage: en 1555. on y compta jufqu'à huit cens ouvriers : la Ville promit à l'Amiral dans peu de tems, d'y en mettre encore quatre ou cinq cens de plus, & le Roi permit au Prevôt des Marchands de faire fouiller dans les carrieres où il fauroit qu'il y auroit du moilon pour le faire conduire aux ateliers des fortifications. Cependant jufqu'en 1558. ou 59. on ne fit que les deux baftions de la porte St Antoine qui regnent depuis là jufqu'à la riviere ; ce font ces deux baftions là même, avec la courtine, où les plus habiles gens trouvent à redire : le plus gros baftion eft blâmé à caufe de fa grandeur prodigieufe, & pour ce qui eft de la courtine, quoiqu'elle foit bordée de foffés exceffivement larges, à fonds de cuve, & flanquée de deux baftions & d'une deffenfe au milieu, que quelques-uns appellent *Regent* ou *Moineau*, de Ville neanmoins, Ingenieur celebre, la condamne, ainfi que celle de Plaifance & de Milan, pour être de peu de deffenfe, & qu'en cas de fiege, c'eft la premiere piece que les affiegeans rompent à coups de canon, à caufe qu'étant rompue les baftions ne peuvent être deffendus, & qu'on s'empare aifément de la courtine.

En 1562. la Ville fournit au Duc de Guife des Pionniers, qui en peu de jours environnerent de tranchées neceffaires les faux-bourgs de l'Univerfité, contre les courfes des Huguenots commandés par l'Amiral de Coligny.

Le quatriéme de Mars de la même année, le Maréchal de Montmorancy Gouverneur de Paris, & de l'Ifle de France, accompagné de quelques Chevaliers de l'Ordre, & des Officiers de la Couronne, fe tranfporta à la Villeneuve hors la porte St Denys, où fe rendirent le Prevôt & les Echevins de la Ville & St Germe Ingenieur du Roi, pour obferver les endroits qu'il falloit fortifier & renfermer d'une nouvelle ceinture de murailles St Germe eut ordre d'en faire un deffein, & il fut arrêté qu'en prefence du Procureur du Roi & de la Ville, on feroit la prifée des maifons & des lieux que pour cela il faudroit ruiner : & c'eft ce qu'on appella alors, & depuis les foffés jaunes : & de plus c'eft d'eux & de cette enceinte dont Charles IX. vouloit parler, quand en 1563. le dix fept Février, après avoir fait entendre au Parlement les raifons qui l'obligeoient à ruiner l'Hotel des Tournelles, il ufa des paroles fuivantes : Vous favés bien que la nouvelle clôture de fortifications qui fe fait en notre ville de Paris comprendra quantité d'autres lieux plus propres & plus fpatieux qu'il ne faut pour affembler & exercer les gens de guerre.

En 1566. le onziéme Juillet le Roi affifté de fes freres, du Duc de Lorraine du Cardinal de Bourbon, du Duc de Nevers, de quantité de Chevaliers de l'Ordre, du Prevôt & des Echevins, fe rendit à la porte de la Conference, pour mettre la premiere Pierre du baftion que nous y voyons encore, afin d'étendre & de continuer jufques là les foffés jaunes.

Sur cette premiére pierre, étoit gravé D. *Catharina Regina*. R. R. *Mater anno Ch*. M. D. L. VI. & deffous dans une boete de plomb doré furent mifes plufieurs médailles dorées, où fe voyoit d'un côté le portrait de Charles IX. & pour legende au tour *Karolus IX. Galliarum Rex Chriftianiff*. de l'autre côté étoit celui de Catherine de Medicis fa mere, avec ces mots, *Catharina Henrici Regis uxor, Francifci & Karoli Regum mater* Touchant l'infcription gravée au baftion je ne l'aurois pas mife, puifque du Breuil la copiée, n'étoit le *D*. qu'on voit devant *Cathar*. qui eft à remarquer, & d'autant plus qu'il fignifie là *Diva*, flaterie non moins infupportable que pleine d'ignorance, car enfin les Romains n'ont jamais donné cette qualité à aucune perfonne vivante, mais feulement aux morts, & après leur apotheofe : & certainement fi Catherine elle même fuperftiticufe, comme elle étoit, eut été informée là deffus, elle ne l'auroit pas fouffert.

DE LA VILLE DE PARIS.

Pour achever en deux mots ce qui me reste à dire de tant de fortifications, en 1568. par commandement exprès du Roi, il fut resolu le huit Février, au Bureau de la Ville d'achever en diligence les tranchées commencées du côté de l'Université.

Outre cela, de nettoyer les fossés, & d'obliger tous les habitans à faire provision chacun d'un picq, d'une pele, d'un hoyau, & d'une hotte, pour s'en servir en tems & lieu.

En 1585. le quatorze Juin, tant les tranchées, que les avenues & les fossés de Paris furent relevés.

En 1587. on reprit le travail des tranchées & des boulevarts.

En 1589. pendant les guerres de la ligue, les boulevarts du faux-bourg du Temple, de St Denys, de St Antoine, de Mont-martre & de St Honoré, furent élargies : & de plus au dessus des faux-bourgs de l'Université, & des fossés qui sont entre la Tournelle & la Porte St Victor, on fit des boulevarts & des tranchées.

Augustin Rumilly Ingenieur, eut la conduite de l'entreprise, & chaque manœuvre avoit sept sols par jour.

En 1600. le Roi fit faire à l'Arcenal au bout de l'allée du jardin le pavillon qui y est, avec le boulevart.

En 1617. & 1649. le faux-bourg St Germain fut environné de retranchemens de palissades, & autres fortifications necessaires : de plus toutes les avenues en furent bouchées, aux dépens de ceux qui y demeuroient.

Projets pour enfermer les Faux-bourgs.

SI j'ai passé en son lieu les divers projets faits pour entourer d'une nouvelle ceinture les faux-bourgs de l'Université, c'est qu'il y avoit trop de choses à dire.

Dès l'année 1550. les habitans du faux-bourg St Germain, en solliciterent Henri II. & cela avec tant d'instance, que le huitiéme Septembre, il commanda au Prevôt de Paris de s'assembler, lui le Prevôt des Marchands avec les Echevins & Jerôme *Bellarmato*, l'un de ses Ingenieurs, pour en tracer le plan, & distribuer les portes, les marchés & les rues. Quatre jours après, ayant mandé la Ville à St Germain, il lui ordonna d'entreprendre cette clôture. Le vingt-quatre Novembre, il fut arrêté par le Prevôt des Marchands & les Echevins, qu'ils se transporteroient sur les lieux, avec le Maître des œuvres de la ville, Bellarmato & Dorigny Peintre, pour en faire les desseins, les alignemens, le procès verbal, & l'estimation en gros : depuis ils en firent voir au Roi un plan, qui lui plût si fort, que le deuxiéme Septembre de l'année d'après, il se plaignoit de ce qu'on n'y songeoit plus, avec commandement au Prevôt des Marchands, de se transporter encore sur les lieux avec Portmaris, & autres personnes intelligentes ; de marquer la route des murs avec des pieux, d'en calculer la depense, de tacher à la faire sur les memoires que Montagne habitant du faux-bourg St Germain lui avoit communiqué, & de donner avis de toutes choses au Gouverneur de Paris, afin qu'il les pût savoir de lui : tant d'ordres cependant, & de précautions demeurerent sans effet, & je ne trouve nulle part que depuis on ait parlé de cette enceinte, ni à lui ni à ses enfans.

La clôture que Royer Secretaire du Roi proposa en 1626. n'eût pas plus de succès : quoique le Roi l'année suivante nommât des Commissaires pour traiter avec lui : les conditions même furent arrêtées, mais que je passe comme inutiles, puisqu'elles n'ont point eu d'effet.

Elle devoit commencer au bord de la Seine, à l'allignement de la gorge du bastion qui joint la porte de la Conference, pour finir encore à la Seine, vis à vis le boulevart de l'Arcenal. On y seroit entré par huit portes, & elle auroit

Tome I.   L ij

été flanquée de vingt-un baftions : les remparts euffent été ombragés de deux rangs d'ypreaux ; dedans il y auroit eu quatre marchés de poiffon, & autant de boucheries de vingt étaux chacune , & le tout pour être achevé dans cinq ans. Mais comme on permettroit au propofant de prendre un furçens de trois fols pour toife fur les lieux qu'il vouloit embraffer dans les murailles, & de plus que le Roi revoquoit le don des vieux murs, & des vieux foffés , fait à la Ville & à plufieurs autres pour les lui donner, en 1628. le dix-neuf Septembre, ceux-ci s'oppoferent à l'enregiftrement de fon contrat, & en empêcherent la verification. Quelques bourgeois du faux-bourg St Germain, ont voulu depuis reprendre le deffein de Royer , & pour cela fe font addreffés au Confeil, mais ils n'y ont pas plus gagné que lui.

En 1631. Barbier Intendant des Finances, dont j'ai déja parlé, fit encore une autre propofition auffi vaine, qui étoit de clore les murs, pour renfermer dans la ville, les faux-bourgs & les logis bâtis, depuis la porte St Denys jufqu'au baftion de la porte de la Conference ; & quoiqu'alors on paffât contrat avec lui, qui fut figné du Roi, & enregiftré à l'audience de France, bien plus que Pidou même fon Commis, qui avoit traité pour lui, eut déja commencé la porte St Honoré, fon contrat neanmoins, en 1632. fut caffé par Arrêt du Confeil. En recompenfe l'année d'après, il entreprit avec plus d'effet la clôture que nous avons vu faire depuis la porte St Honoré jufqu'à celle de St Denys: ce qu'il exécuta fous le nom de Froger Secretaire du Roi & fon Commis comme Pidou. Les conditions furent que Froger acheveroit la porte St Honoré commencée par Pidou, & feroit une ceinture de murailles, depuis la porte St Denys jufqu'à celle de St Honoré, le long des foffés jaunes, fuivant les allignemens du deffein commencé fous Charles IX. & conformément au plan & au devis arrêtés au Confeil : qu'il bâtiroit deux nouvelles portes, l'une au bout du faux-bourg Mont-martre, l'autre entre ce faux-bourg & celui de St Honoré : que celle-ci s'appelleroit la Porte de Richelieu : que du portier de l'une & de l'autre il auroit la nomination pour la premiére fois feulement qu'il abbattroit les portes, les murs & les remparts, & combleroit les foffés depuis la porte St Denys jufqu'à la Porte neuve, que toutes les maifons bâties fur les lieux où pafferoit la clôture feroient démolies par ceux à qui elles appartenoient un mois après le commandement qui leur en feroit fait, à peine d'être abbatues à leurs dépens, ou d'en perdre les materiaux, & enfin que l'entreprife feroit achevée dans deux ans.

Pour en faire les frais, le Roi le déchargea des hypoteques dont pouvoient être chargés les lieux qu'il lui faudroit acheter, outre feptante-neuf mille livres payables par Fieubet Tréforier de l'Epargne qu'il lui donna, avec toutes les places tant des portes, des remparts, des foffés, des contrefcarpes, que celles qu'il y avoit depuis la grande galerie du Louvre, jufqu'à la porte St Honoré, y compris les materiaux & les decombres de tous ces édifices, le marché aux chevaux, les terres du Domaine, & du public qu'il devoit comprendre dans les nouvelles murailles, à la referve toutefois, de celles qui devoient entrer dans l'enclos du Palais Cardinal. Bien davantage, il lui fut permis de faire bâtir dans ces places, ou les vendre pour les couvrir de rues & de maifons ; que celles qui fe trouveroient à la cenfive du Roi, feroient dechargées des droits de lots & ventes, & autres redevances, pour la premiere fois.

Enfin il fut arrêté que chaque nouveau logis qu'on y feroit feroit chargé feulement de quatre deniers de cens.

Les autres conditions du contrat étoient, qu'il pourroit exiger quinze fols pour chaque toife en fuperficie, des maifons & des lieux clos de murailles qu'il comprenoit dans fon enceinte, & dix fols feulement pour ceux qui ne le feroient pas, fuivant le confentement de la plupart des habitans à l'exception des Couvens & de quelques autres lieux appartenans au Roi qui furent refervés.

On lui accorda encore, qu'il pourroit tranfporter ailleurs les moulins de la butte St Roch, en cas qu'on l'applanit : & de plus eriger des halles, des boucheries, & des poissonneries. aux endroits les plus commodes de la clôture, avec une halle au bled dans le faux-bourg Sr Germain, pourvu que l'Abbé y consentit. Que sans 'payer lots & ventes il acheteroit les terres situées entre le faux-bourg St Honoré & le faux-bourg Mont-martre sur le pied du quarantiéme denier de leur revenu, si les proprietaires n'aimoient mieux en recevoir le prix porté dans leur dernier contrat d'acquisition. Que vingt-ans durant il jouiroit des droits de passage du pont des Tuilleries. J'obmets exprès d'autres conditions de moindre importance, pour venir à de meilleures choses.

Ce contrat fut passé en 1639. au Conseil d'Etat du Roi, tenu pour ses Finances le vingt-trois Novembre.

Le cinquiéme Juillet d'après, le Parlement l'enregistra, avec des charges & des modifications que je passe encore comme étant trop longues.

Joint que le vingt-deux Août le Roi en cassa l'Arrêt, & ordonna que son traité seroit exécuté sans restriction.

Le dix-sept. Hotman, de Chevry, d'Homery, de Chenailles & Siron, Commissaires pour l'exécution de ce contrat, eurent ordre de terminer tous les differends & les instances qui surviendroient à cette occasion, sans avoir égard à l'Arrêt de la Cour, avec deffenses à tous autres Juges d'en prendre aucune connoissance. Malgré tant de précautions, les Filles-Dieu n'ont pas laissé d'intenter procès à Froger tant au Chatelet, au For-l'Evêque, aux Requêtes du Palais, qu'au Parlement & au Conseil privé, pour quelques places qu'elles prétendent leur appartenir dans cette clôture.

Par tout ceci, il paroit qu'une entreprise si considerable n'a couté au Roi que septante-neuf mille livres deboursés.

Frais de la Clôture de Philippe Auguste.

SI le passage dont j'ai parlé, attribué à Rigord par Belle-forêt a lieu, que pourtant je n'ai pû trouver ailleurs, ce fut aux dépens des Parisiens, que Philippe Auguste entreprit la troisiéme enceinte que j'ai décrite. Rigord, cependant & Guillaume le Breton, assurent au contraire que ce Prince acheta toutes les terres dont il avoit besoin; & quoique par le Droit écrit il pût en user en Maître, néanmoins il aima mieux preferer la justice au Droit, aussi dans les chartes de son tems, qui font mention de ces murailles, sont-t-elles appellées *Muri Regis*, & lorsqu'en 1209. il donna à Jean Abbé de St Germain des Prés, la porte de Bussi, il la nomma la poterne de sesmurs *Posternam murorum nostrorum*, & encore en 1210. à l'occasion du differend qui étoit entre l'Evêque de Paris & l'Abbayie St Germain, & qui se termina à l'amiable, les arbitres prononçant en faveur de l'Evêque, userent de ces termes : Qu'il auroit la Jurisdiction spirituelle des habitans logés entre la Paroisse St Severin & les murs du Roi *muri Regis*. Et de même en 1230. lorsque les Cordeliers s'établirent où ils sont, avec la permission de l'Abbayie St Germain des Prés, ce fut *infra muros Domini Regis*, près des murs du Roi.

Enfin dans le cartulaire du Temple, il paroit qu'en 1253. les Templiers avoient cinquante sols de rente sur un pourpris contenant deux masures assises a la porte Baudoyer, joignant les murs du Roi.

Le Parlement outre cela, dans un Arrêt de l'an 1261. nomme les murailles de la porte St Marceau, *Muri Regis*. En un mot c'est le nom que les murs de Paris prennent en 1273. 1280. & 1299. dans deux accords, l'un entre le Roi & St Merry, l'autre entre Philippe le Hardy & St Eloi : & dans la permission donnée aux Templiers de bâtir à la porte du Chaume.

Au reste après que Philippe Auguste eut achevé ses murailles il prétendit être Seigneur des terres & des lieux qu'elles embrassoient, & pour cela, dans l'Université il voulut d'abord ôter à l'Abbé & aux Religieux de St Germain, la Justice des lieux de leur Jurisdiction qu'il venoit de renfermer ; il en usa de même dans la ville à l'égard de l'Evêque de Paris pour la Seigneurie, tant du bourg vieux & nouveau de St Germain, que de la coulture nouvelle & vieille c'est-à-dire, des quartiers de St Germain de l'Auxerrois, de St Honoré, & de St Eustache : qu'il avoit encore compris dans ses murs ; son differend avec St Germain de l'Auxerrois ne se termina pas de son vivant, mais en 1272. & le tout à l'avantage des Religieux & de l'Abbé : l'autre fut decidé de son tems en 1222. mais à l'amiable par un Concordat, appellé alors *forma pacis*, que Philippe le Bel confirma en 1292. Sous François I. neanmoins, quand on vint à couvrir de maisons les ruines des Hotels d'Artois & de Bourgogne, l'Evêque de Paris pretendit qu'ils faisoient partie de la coulture l'Evêque, & comme le Roi s'en attribuoit les lots & ventes & autres droits Seigneuriaux, l'autre aussi-tôt lui intenta procès, mais avec aussi peu de succès, à mon avis, que ses successeurs en beaucoup d'autres rencontres, pour de pareils droits dont le Roi s'étoit emparé, quoiqu'ils leur appartinssent.

Depuis Philippe Auguste, les murailles & les fortifications se font toujours faites aux depens des Parisiens. Les successeurs de ce Prince les ont données au Prevôt des Marchands & Echevins, ils leur en ont confié la garde, la visite, la conduite, & le soin de les reparer, retablir & changer.

Dès l'an 1401. il y avoit tant de tems qu'ils en jouissoient, qu'il ne restoit aucune memoire du contraire: aussi sous le Roi Jean son grand pere, lors qu'on commença la quatriéme clôture de Paris, il fut mis un impôt sur le vin & les autres liqueurs, une partie des subsides de la Ville fut saisie, & comme la chose pressoit, l'on démolit les édifices, & on prit indifferemment les terres dont on eut besoin, sans se soucier de les acheter ; les clos que les Religieux de Ste Geneviéve, les Cordeliers, & les Jacobins avoient derriere leur couvent, ne furent point épargnés, non plus que les terres qui appartenoient à St Germain, & à St Victor.

Depuis neanmoins on dedommagea la plupart de ceux qui en étoient proprietaires: premierement les Jacobins qui le cinquiéme Novembre obtinrent de Charles V. l'Hotel de Bourg-moyen, dont ils aggrandirent leur Monastere. Cinq ans après on fit justice aux Cordeliers, qui non seulement reconnurent que le Roi par des logemens, des Jardins agréables, des Ecoles spacieuses qu'il leur avoit fait faire, avoit reparé avec usure les dommages qu'ils avoient souffert, ils s'obligerent encore de dire à perpetuité une Messe pour lui.

Quant aux Religieux de St Germain & de St Victor, le même Prince en 1368. commanda à la Ville le 12. de Mai de faire passer par où il plairoit aux Religieux de St Victor la riviere des Gobelins, qui leur apportoit beaucoup d'incommodité, & de plus en 1411. Charles VI. le 5. Fevrier leur donna, comme j'ai déja dit, la pesche des fossés depuis la porte St Victor jusqu'à la riviere.

De nos jours ceux de St Germain ont eu quantité de demelés tant avec la Ville & Guenegault, Secretaire d'Etat, donnataire des fossés de leur fauxbourg, qu'avec les executeurs testamentaires du Cardinal Mazarin, à cause du Collége des quatre nations qu'ils ont bâti dessus ; il est même arrivé que le Prevôt des Marchands & les Echevins leur ont donné dix mille écus & Guenegault, mais bien plus qu'ils ont demandé cent mille livres aux executeurs qui faisoient bâtir le College.

Cependant il ne leur étoit rien dû pour les fossés depuis la riviere jusqu'à la porte de Bussy ; & l'argent qu'ils ont touché de la Ville & de Guenegault n'est point à eux ; & de fait ces fossés ont été faits dans le sejour de Nesle, qui appartenoit au Roi, & qui fut affranchi en 1399. de toutes rentes, tant foncieres qu'autres, par Jean Duc de Berry. Je ne parle point des fossés depuis la porte de Bussy, jusqu'à celle de St Germain, car peut-être les fit-on sur leurs terres & auront quelque raison d'y vouloir entrer, quand on viendra à les combler.

DE LA VILLE DE PARIS.

Apparemment les Religieux de Ste Geneviéve attendent la fin du différend de ceux de l'Abbayie St Germain des Prés, avec les Executeurs testamentaires du Cardinal Mazarin pour prendre leurs mesures, suivant le succès qu'il aura.

Quant aux fortifications qui furent faites sous Louis XI. & Louis XII. je ne sai ni qui en fit la dépense, ni si on dedommagea les proprietaires des lieux où on les entreprit ; mais à l'égard de François I. Henry II. & leurs successeurs, ce fut assurément aux dépens des Parisiens.

Premierement, pour celles de 1523. on exigea d'eux 16000. liv. En 1531. non seulement le Roi ne se chargea pas des dédommagemens que pouvoient prétendre les particuliers, à cause de leurs maisons qu'on avoit démolies près des remparts ; il en déchargea même le Prevôt des Marchands & les Echevins, & de plus ordonna au Procureur General d'intervenir en pareilles causes.

En 1536. lorsqu'on voulut faire des fossez au-delà des fauxbourgs, les seize quartiniers fournirent seize mille manœuvres. A une assemblée de Ville qui se tint, on proposa d'en faire fournir le double aux habitans des fauxbourgs, & il leur falut payer une année toute entiere du louage de leurs maisons ; ceux à qui appartenoient les terres & les maisons qu'on démolit alors, furent renvoyez au Roi ; ils y furent encore renvoyez en 1544. & bien que quelques uns obtinrent des lettres favorables, elles furent revoquées, & ne leur servirent de rien. Ceux des fauxbourgs à qui le Parlement donna les logis vuides des Huguenots bannis de Paris, y demeurerent peu, ou jusqu'à la paix tout au plus.

Mais enfin, ni depuis, ni auparavant, on n'a jamais exigé tant d'argent des Parisiens qu'en 1552. Henri II. commanda à la Ville de lever cent vingt mille francs par an, tant sur les proprietaires des maisons, que sur les locataires, sans avoir égard à la priére que lui fit le Prevôt des Marchands de se contenter de la moitié.

La première année il voulut que le plus petit logis fut cotisé à quatre francs tout au moins ; le plus grand à vingt-quatre, ou vingt-cinq, & que tout le monde contribuât, à la reserve seulement des Hôpitaux, & des quatre Mandians ; & de crainte qu'à l'ordinaire les Grands ne prétendissent s'en exemter, il déclara qu'i vouloit être taxé comme les autres, & pour le Louvre, & pour le Palais, & pour l'Hôtel des Tournelles.

La taxe s'en fit à l'Hôtel de Ville tant par un député du Parlement, de la Chambre des Comptes, & de la Cour des Aides, que par un Conseiller de Ville, un Secretaire du Roi, les Quarteniers, les Cinquanteniers, les Dixiniers, & deux Bourgeois de chaque dixaine : avec tout cela, quoique pour tirer cette somme on fit son possible, jusqu'à user de violence, & vendre les lits & les habits des pauvres, cependant on ne put guere lever que quatre-vingt mille francs, si bien qu'en 1554. le Roi fut contraint de se rendre aux remontrances de la Ville, & de se contenter de cette somme.

Enfin en 1576. Charles IX. ordonna que les deniers imposés par année pour la fortification, ne se leveroient plus à Pâques, mais le premier Janvier.

L'Année d'après, il voulut que pour la levée des quarante mille francs, que Paris fournissoit pour la nouvelle fortification, on fit de nouvelles taxes, à cause des sur-taxes & des plaintes qu'il y avoit, avec pouvoir au Prevôt des Marchands de décharger pendant la guerre ceux qui en auroient besoin.

En 1585. Henri III. demanda au Prevôt des Marchands douze cens pioniers pour travailler aux fortifications de Paris.

En 1587. il en fournit encore autant pour les tranchées & les boulevarts, dont la dépense par semaine, montoit à la somme de quatre cens écus.

En 1589. on obligea chaque Bourgeois à fournir un homme pour faire les boulevarts & les tranchées, & les pauvres d'y aller en personne, à peine de 20. sols d'amende.

FAUXBOURG SAINT ANTOINE.

JE suis certain seulement que le fauxbourg St Antoine, le plus considérable de tous & composé de Ruilly, Bercy, la Rapée, Picquepuce, la Croix-faux-bin, Basfroid, la Raquette, Pincourt, & la Folie Regnault, jouit des privileges accordés aux autres fauxbourgs, sans Lettres du Roi, & sans Arrêts d'aucune Cour souveraine. De ces villages, Bercy est si près de Conflans, bourg à une lieue de Paris, que du tems du premier President le Jay, le Curé de Conflans le voulut distraire de la Cure de St Paul.

Chatonne, gros bourg à une bonne demie lieue de la porte St Antoine est tellement voisin de la Croix-faubin, qu'on tient par tradition, qu'autrefois il faisoit partie de la Cure de St Paul, & que les Religieux de St Nicolas de Senlis l'en ont adroitement demembré: après tout, à la reserve de Picquepuce où on a commencé à faire une chapelle en 1573. & hormis une ferme, & une ou deux maisons qu'il y avoit à chacun des autres villages, le reste n'a commencé à se peupler que depuis 40. ou 50. ans.

En 1635. le fauxbourg consistoit en cent cinquante maisons occupées par deux cens familles, & pour lors on y établit deux Dixiniers.

En 1645. & 1650. il est venu à grossir de telle sorte, qu'à present tous ces villages composent un territoire d'une étenduë presque infinie; & cependant tout le territoire de la Cure de St Paul ne s'y trouve pas compris; car enfin cinq ou six cens arpens de terre en dépendent encore, dont une partie est renfermée dans le Parc de Vincennes, le reste se trouve aux environs, & tout cela n'est pas seulement plein de maisons, de peuple, & de Bourgeois: il y a encore un Couvent d'hommes, & neuf de filles, & une Eglise succursale sous le nom de Ste Margueritte, sans compter cinq autres Monasteres d'hommes, & six de filles, la plupart bâtis dans la ville de nos jours, & dépendans tout de même de cette grande Paroisse.

Je dirai en son lieu que cette Cure aussi-bien que celle de St Nicolas & de St Laurent n'ont cessé d'être Cures de campagne que de notre tems : le Curé de St Laurent a encore un gros; celui de St Paul avoit autrefois des dixmes sur les marais, ou coultures de Ste Opportune dont j'ai fait mention auparavant, maintenant qu'elles sont renfermées dans la ville : le Chapitre de Ste Opportune lui doit pour cela douze livres dix sols de rente.

Il a encore une portion congruë de vingt-cinq septiers de grain, & deux cens gerbes de paille dans le fauxbourg St Antoine, que lui paye tous les ans le Fermier de St Eloi, à cause des terres qui appartiennent à ce Prieuré: la grange où il gardoit cette portion congruë & les dixmes, est maintenant couverte de deux maisons, situées contre l'*Ave-Maria*, & que selon la tradition, il tient des Religieuses de ce Monastere, pour le droit d'indemnité de leur Couvent.

DES

DE LA VILLE DE PARIS.

DES ISLES.

PARIS est situé dans un lieu où il semble que la Nature ait pris plaisir d'assembler des Isles.

Nos premiers peres le bâtirent dans celle qui étoit au milieu comme étant la plus grande.

De nos jours il a été joint d'un côté à l'Isle Notre-Dame, & à l'Isle aux vaches, qui étoit au-dessus dont on n'a fait qu'une, & qui n'ont plus qu'un nom, savoir, celui de l'Isle Notre-Dame qui leur est commun.

De l'autre côté vers le commencement du siecle, il avoit déja été uni à deux autres petites isles au dessous, & qui étoient contre, & à cet endroit a été bâtie la place Dauphine, & toutes ces autres maisons uniformes que le peuple appelle l'Isle du Palais, & enfin où est le cheval de bronze : presentement il en reste encore deux au-dessus & au-dessous.

La Cité est une Isle de la Seine placée presque au milieu de plusieurs autres, dont les unes sont au-dessus, & le reste au-dessous. De celles qui sont au-dessus, la premiere & la plus éloignée est l'Isle Louviers, ensuite l'Isle Notre-Dame, & après le Terrain que le Pere du Breul appelle la petite voirie, & qui tient au Cloître Notre-Dame : les Isles d'audessous sont celles du Palais & de Grenelle.

L'Isle Louviers.

COMME cette Isle fait partie de Paris, qu'elle est proche des Celestins, de l'Arsenal & des maisons voisines dont elle borneroit la vue, sans cela, il y a long tems qu'on y auroit bâti des maisons & des rues, après tant de devis qui en ont été faits.

En 1464. elle étoit environnée d'un fossé & d'un Boulevart, soutenu de gros pieux pour maintenir les terres qui la separoient de l'Isle aux Vaches.

Elle est longue de deux cens vingt cinq toises ou environ, assise près de l'Isle Notre Dame au bout du mail de l'Arsenal & des Celestins, & au bout de l'un des plus beaux quartiers de la Ville : le canal de la riviere qui la borde du côté du mail a si peu de largeur, & la Seine y porte tant de gravier, qu'aux basses eaux on le passe souvent à pied sec ; ce qui est cause que bien des fois déja, on a proposé de le combler & de le couvrir de maisons aussi bien que l'Isle : ce qu'on auroit fait il y a long-tems si le grand Maître de l'Artillerie, logé dans l'Arsenal ne s'y étoit opposé, & n'eut fait voir l'incommodité qu'en recevroit cette maison Royale. L'hiver cette Isle est presque toute innondée ; le reste de l'année elle est semée de chantiers de bois flotté ; en tout tems un bras d'eau de soixante cinq ou septante toises la separe de l'Isle Notre-Dame par en bas ; & enfin tout le corps de la riviere dans un large lit coule entre elle & le faux-bourg S. Victor.

En 1370. on la nommoit l'Isle des Javiaux : en 1425. l'Isle aux meules des Javeaux : depuis l'Isle aux meules maintenant l'Isle Louviers, sans que j'en sache la raison, ni pourquoi.

Cette Isle au reste, en 1425. devoit huit livres parisis de rente à Audouin Charpentier qui l'avoit achetée de Michel Moreau.

En 1549. les Prevôt & Echevins de la Ville y firent un bastion, un fort, un port, & une espece de havre pour donner à Henri II. le plaisir de voir un siege, & un combat naval.

Tome I. M

La Ville encore en 1582. fit couper & arracher tout ce qui s'y trouva de pieux, les faules, les épines, & les haies plantées fur les bords, parce qu'ils empêchoient la navigation, & l'arrivage des bateaux, afin qu'en tout tems il y eut un chemin de vingt-quatre pieds fuivant l'Ordonnance. Prefentement elle est inculte & occupée par des chantiers fimplement.

L'ISLE NOTRE-DAME.

L'ISLE Notre-Dame eft au deffous de l'Isle Louviers : avant qu'on y eut bâti, c'étoit deux Isles dont l'une s'appelloit l'Isle aux Vaches, & l'autre l'Isle Notre-Dame; elles avoient trois cens toifes de longueur fur quatre-vingt-treize de largeur, qu'un bras de la riviere, plus petit que celui de l'Isle Louviers feparoit en hiver, parce qu'aux autres faifons, il n'y avoit jamais d'eau, mais toutes deux inondées & couvertes entierement, quand la riviere venoit à deborder. L'Isle aux Vaches qui étoit la moins grande fe trouvoit entre l'Isle Louviers & l'Isle Notre-Dame & par ordre de la Ville en 1552. fervit à fabriquer des bateaux qu'on faifoit fur le quai des Celeftins.

Si quelque titre du grand & du petit Paftoral qui font mention de l'Isle Notre-Dame, n'étoient pas faux, il feroit vrai qu'anciennement l'Isle Notre-Dame appartenoit à l'Evêque & au Chapitre : que depuis à l'occafion de l'abfence de Charlemagne, & de fes enfans devenus Empereurs, qu'on voyoit à Paris rarement, les Comtes de Paris l'unirent à leur Domaine & ne laifferent aux Evêques que la jouiffance des dixmes, & autres droits; mais qu'enfin Charles le Chauve la vingt-feptiéme année de fon regne, non feulement la rendit à l'Evêque Enée, mais encore l'affranchit de toutes fortes de jurifdictions & de charges.

Quoi qu'il en foit, il eft certain que le Chapitre de Notre-Dame en eft Seigneur, & qu'en 1190. Gaultier Chambellan de Philippe Augufte lui donna quelque chofe qui lui appartenoit dans cette Ifle, & même quelque autre bien pour celebrer fon anniverfaire après fa mort, & celle de fa femme. Mais bien plus il eft certain encore, qu'il en a été proprietaire pendant plufieurs fiecles.

Ce fut dans cette Ifle, au refte qu'en 1313. Nicolas Cardinal Legat en France, prefcha la Croifade, & où Philippe de Valois, fes fils, & Edouard II. Roi d'Angleterre fe croiferent entre fes mains avec quantité de Seigneurs, tant de l'un que de l'autre Royaume.

Dès l'an 1369. & bien depuis il y avoit deux tours où s'attachoient deux chaînes portées fur des bateaux qui traverfoient les deux bras de la riviere.

En 1425. elle étoit environnée d'un boulevart foutenu de gros pieux pour tenir les terres, & feparée de l'Ifle aux vaches par un foffé.

En 1549. on y fit des ponts de batteaux pour fervir de paffage aux gens de guerre qui devoient attaquer le fort de l'Ifle Louviers, dont j'ai parlé.

Sous Louis XIII. en 1614. on l'a jointe à l'Ifle aux vaches. Henri IV. auparavant avoit refolu de le faire, & l'auroit fait fans doute, avec toute la fymmetrie poffible : car le Duc de Sully alors Surintendant des bâtimens de la Couronne, n'entreprenoit autrement d'édifice public, & n'auroit eu garde de laiffer échapper la plus belle occafion qui fe foit jamais prefentée à Paris d'en faire un incomparable dans un lieu fitué fi avantageufement; car enfin la fituation eft admirable, cependant on l'a couverte d'édifices fi mal fymmetriés qu'en cette rencontre on pourroit reprocher deux chofes aux Parifiens.

La premiere un aveuglement étrange, & bien autre que celui des Chalcedoniens, d'avoir été tant de fiecles près d'un fi bel endroit fans s'y loger: l'autre d'avoir été fi inconfiderés en bâtiffant, de ne pas fonger à la fymmetrie dans une Ifle qu'ils pouvoient rendre plus belle cent fois que celle d'Efculape de l'ancienne Rome, & pourtant fi celebre.

DE LA VILLE DE PARIS. 91

Marie donc Entrepreneur General des ponts de France, fut choisi pour cette entreprise : en 1611. il y associa pour un quart Le Regrattier, Trésorier des Cent-Suisses, qui promit de lui fournir tout le bois necessaire, & de fait, acheta en Picardie quatre mille six cens chesnes, qui lui couterent sur les lieux dix-huit mille livres, & trente-six à amener.

Vers ce tems-là le Roi nomma des Commissaires pour traiter avec le Chapitre de Notre-Dame de l'achat de cette Isle, ou en deniers comptans ou par forme d'échange, ou de recompense, quoiqu'ils n'en fussent pas encore venus à bout en 1614. neanmoins on ne laissa pas alors de passer contrat avec Marie à des conditions dont voici les principales.

Le Roi promit d'acquerir l'Isle Notre-Dame & celle aux Vaches, & de les lui mettre entre les mains franches & quittes pour en disposer à sa volonté.

Marie s'obligea de les environner dans dix ans de quais de pierre, d'y faire des maisons, des rues larges de quatre toises, deux ponts, l'un du côté du midi & l'autre du septentrion, d'en separer le quai & les rues, le tout à ses dépens.

On lui accorda la permission d'y bâtir un jeu de paume, avec une maison où il y auroit bains & étuves. Pour ce qui est des maisons, elles furent chargées de douze deniers parisis de cens & de redevances, portant lots & ventes amendes & saisine, à condition que soixante ans durant, ces droits Seigneuriaux appartiendroient tant à Marie qu'à ses enfans & heritiers, pour être après reunis à la Couronne. Voulant que ceux qui acheteroient fissent registrer leurs contrats par les Trésoriers de France, & payassent à la Recette du Domaine soixante sols pour chacun ; il fut ajouté que toutes les affaires qui arriveroient pour ce sujet, se vuideroient au Conseil, & si avant que de commencer, quelqu'un offroit de faire la condition du Roi meilleure, que ses offres ne pourroient être acceptées qu'après avoir indemnisé l'Entrepreneur des frais qu'il auroit faits, & remboursé tous les materiaux qu'il avoit achettés exprès, par le commandement de Henri IV. Qu'au reste lorsque l'ouvrage seroit commencé, personne sans son consentement n'y seroit reçu, quelque offre qu'il put faire. Le contrat contenoit beaucoup d'autres articles, mais comme ils regardent le pont Marie & celui de la Tournelle, j'attendrai à les raporter au Discours des ponts, liv. III.

Ceci fait, un mois après, ou environ, Marie s'associe pour la moitié d'un nommé Pouletier Commissaire des guerres ; là dessus les Chanoines de Notre Dame leur declarent que la propriété de ces Isles leur appartient, & que s'il leur arrive d'y rien faire de nouveau, ils le feront ruiner. Sur ces menaces, en 1616. le Conseil ordonne que sans avoir égard à leur opposition ni à leur demande, Marie reprendra son travail, à la charge de revêtir le Terrain d'un quai de pierre de taille aux dépens du Roi, & declare au Chapitre que pour les recompenser du droit de propriété & de tous les autres qu'il prétend, le Roi lui accorde douze cens livres de rente sur le Domaine de Paris : & de plus lui abandonne les soixante sols qu'il s'étoit reservé sur chaque maison, à condition que suivant le contrat de 1614. Marie jouira durant soixante ans, des cens & rentes, lots & ventes, de tous les édifices de ces deux Isles. Les Chanoines nonobstant ne laisserent pas encore de continuer leurs demandes & leurs oppositions ; si bien qu'en 1617. ils presentent Requête au Parlement & à la Ville, afin d'être reçus opposans, tant à la construction du pont Marie & des ouvrages de l'Isle Notre-Dame, qu'à l'enregistrement du contrat. La Ville les renvoya au Conseil ; & quoi qu'ils pussent faire, il fut ordonné en 1618. qu'il seroit incessamment travaillé au revêtement du Terrain, & que les soixante ans accordés à l'Entrepreneur commenceroient en 1624. & le Roi envoya un Mandement à la Cour, afin que le tout fut homologué, sans avoir égard aux demandes du Chapitre.

Après ceci, neanmoins, Marie & ses associés abandonnerent leur entreprise quoiqu'ils eussent déja deboursé près de cinq cens mille livres. Si bien que

Tome I. M ij

leur contrat ayant été caffé, il en fut fait un autre en 1624. avec la Grange, Secretaire du Roi, voici les articles.

Le Roi tout de nouveau fe chargea de recompenfer les Chanoines de leurs pretentions, tranfporta à Jean de la Grange la proprieté des Ifles & des places qui fe devoient faire fur les ponts, & de plus lui promit de l'en faire jouir paifiblement fans qu'elles demeuraffent chargées de dettes, ni contractées ni même hypotequées, par Marie & fes affociés : & parce que quelques places avoient déja été vendues, on convint que celles dont les Entrepreneurs avoient rendu compte fe rachetteroient par la Grange pour le prix qu'elles avoient couté à condition d'en payer l'interêt au denier feize à ceux qui les avoient achettés, s'ils n'aimoient mieux fupléer jufqu'à la concurrence de la fomme qu'on vendroit celles qui tenoient aux leurs : à l'égard des autres qui avoient été achettées féparament, & que Marie & fes affociés n'avoient pas compris dans leurs comptes, on les laiffa à la difpofition de la Grange, fans que les acquereurs puffent avoir ni d'autres recours que contre ceux qui les leur avoient vendues, ni d'autres prérogatives que de la retenue pour le prix des places voifines. Davantage on obligea, tant Marie que fes affociés à rendre compte de leur recette & de leur depenfe, & reciproquement la Grange, à leur payer douze mille livres, & ce qui leur étoit legitimement du : il lui fut permis de faire une maifon fervante aux bains & étuves ; douze étaux de boucherie, dont le maffacre fe feroit dehors : un jeu de paume où il voudroit, pourvu qu'il fut loin de l'Eglife, quelques boutiques pour des Rotiffeurs, des Poiffonniers & autres femblables artifans, dans les endroits les plus commodes & en tel nombre qu'il plairoit au Confeil. Enfin le pouvoir lui fut accordé de placer des bateaux pour laver la leffive, en telle quantité qu'il feroit avifé, & en tel lieu qui fembleroit le plus propre, à la charge qu'il n'empecheroit point la navigation. & que leur bruit ne pourroit incommoder les habitans du Cloître Notre-Dame.

Les autres conditions du contrat portoient que trente ans durant les artifans adroits que la Grange nommeroit, & qui auroient travaillé trois ans de leur métier dans l'Ifle de Notre-Dame, deviendroient maîtres dans la ville fans faire chef-d'œuvre. Que dans fix ans il acheveroit le pont Marie, feroit le pont de la Tournelle & le pont St Landry, avec les quais, les abreuvoirs, & le revêtement du Terrain : & fi chaque année il ne faifoit pas les ouvrages qu'on lui prefcriroit, que les Tréforiers de France qui auroient l'œil fur l'entreprife y mettroient telle quantité d'ouvriers qu'ils trouveroient à propos, pour les faire achever à fes perils & fortune, & que le Roi pourroit refoudre fon contrat & en faire un nouveau avec d'autres, fans être tenus pour cela à aucuns dommages & interêts. En un mot on l'obligea d'entourer l'Ifle de quais larges de quatre toifes, & de faire au milieu une rue de même largeur, fur deux cens feptante-fept toifes de longueur, qui paffât à travers de deux places de vingt toifes chacune en quarré. Et de plus on voulut qu'il mît entre les mains du Tréforier de l'Epargne trente mille livres pour être employées en d'autres ouvrages par l'ordre du Roi. Mais la Grange en 1627. fe departit de fon contrat, le Confeil reçut fon defiftement à condition qu'il rendroit compte de ce qu'il avoit reçu & debourfé. Et à fa requête, Marie, Regratier, & Pouletier lui furent fubrogés, à la charge d'entretenir les claufes du contrat de 1623. Que l'argent provenant de la vente des places de l'Ifle, des paffages de fes ponts & autrement fe mettroit entre les mains d'une perfonne agreable tant au confeil qu'aux proprietaires & acquereurs des places, & fe delivreroit par fon ordre aux ouvriers des quais & des ponts, que dans quinze jours ils pafferoient marché avec des gens qui promettroient de les achever, & que tous les fix mois ils feroient un fidele raport au Roi de l'avancement de l'ouvrage. Cependant le Chapitre de Notre-Dame, troubloit toujours les Entrepreneurs ce qui dura jufqu'en 1632. que le Chancelier, le Surintendant, & les Intendants des Finances, traiterent avec lui aux conditions fuivantes.

DE LA VILLE DE PARIS.

Qu'il vendroit au Roi la place qu'on avoit choisie vers le port St Landry pour la culée du pont de bois, avec le fonds & la surface de l'Isle Notre-Dame, & la jouissance des lots & ventes de ses maisons durant soixante ans qui commenceroient en 1613. à la reserve des censives, de la voirie, de la Justice haute, moyenne & basse, & des soixante sols dûs à chaque mutation; qu'après ce tems-là ils rentreroient par droit de reversion en possession de toutes ces choses; que les égouts & ruisseaux de l'Isle tomberoient dans la Seine de côté & d'autre seulement, mais que ceux des boucheries ne couleroient que devers la Greve & le port St Paul: & qu'enfin il ne seroit mis ni moulin, ni bateau à lessive du côté du cloître.

On ajouta à cela que le canal de la riviere qui passe entre l'Isle & Notre Dame ne seroit point comblé: qu'il ne se feroit point de pont au Terrain: ni de maisons sur le pont de bois; qu'on n'en bâtiroit point sur le bord du quai le long de la riviere que dans un an; le Roi feroit revêtir le Terrain; que dans un mois on donneroit au Chapitre cinquante mille livres amortis & dechargez des finances & de toutes charges, qu'on emploieroit en un fonds de terre dont le Roi remettroit tous les droits, tant pour l'acquisition que pour l'indemnité, s'il s'achetoit dans un lieu qui relevât de lui. Bien-tôt après le Conseil ordonna que cette somme se leveroit dans l'Isle sur le pied de soixante sols pour toises & se payeroient par les proprietaires des places & des maisons, sur quoi Heber le pere & autres habitans de l'Isle, se faisant forts pour tous les autres, demanderent en 1643. d'être subrogés à Marie & à ses associés, & s'obligerent d'achever dans trois ans les ponts & les quais, de payer au Chapitre les cinquante mille livres que le Roi lui avoit promis, de faire faire le Terrain, & de donner encore cinquante mille livres pour le faire, de plus d'observer les articles portés dans les contrats passés pour cela, & dans les Arrêts du Conseil & du Parlement. Quatre mois après malgré Marie & ses compagnons, les offres sont acceptées au Conseil, le Roi leur transporte toutes les places qui étoient à vendre dans l'Isle, avec tous les droits qu'il avoit cedés à Marie, & en cas que tous ces effets ne suffisent pas pour y faire toute la depense necessaire, il ordonne qu'elles se prendront sur tous les proprietaires, & que s'il monte à une plus grosse somme ils la rendront à Marie & à ses associés. A la fin peu à peu ces nouveaux adjudicataires vinrent à se brouiller entre-eux & à avoir des procès qui ne sont pas encore terminés. Presentement le Terrain n'est pas encore revêtu, mais l'Isle avec ses bâtimens & ses quais est entierement achevée.

On l'appelle l'Isle comme par excellence, elle consiste en un espece de quarré long de trois cens toises de long sur nonante trois de largeur, des quais larges de quatre toises & accompagnés d'abreuvoirs l'environnent entierement, une grande rue nommée la rue St Louis la coupe en deux par le milieu de l'un à l'autre bout. Elle est traversée par trois rues qui traversent l'Isle & vont d'un quai à l'autre. Deux autres du côté du midi aboutissent à la grande seulement toutes sont tirées à la ligne. On y vient par trois ponts, l'un de bois tient à l'Isle du Palais, autrement la Cité, les deux autres de pierre l'unissent à l'Université & à la Ville. En un mot elle est pleine de maisons bien bâties, bien situées; mais sans aucune symmetrie: celles de Bretonvilliers & de Lambert ne jouissent pas seulement d'une vue achevée & plus achevée que les autres, mais sont encore mieux bâties & plus superbes: celles d'Astry, d'Hesselin, & de Charron leur cedent veritablement en tout, mais l'emportent en tout sur le reste.

LE TERRAIN.

LE Pere du Breul pretend que le Terrain étoit autrefois une petite isle detachée du Cloître Notre-Dame, & se fonde sur une Charte de l'an 1190. dont j'ai parlé : je l'avois copiée avant que de rien lire de son ouvrage : & alors comme à present j'avois crû qu'elle faisoit mention de l'Isle Notre-Dame, & non pas du Terrain ; & de fait je n'y ai rien vû qui parlât de ce qu'il dit ; car enfin le mot de terrain, soit en Latin, soit en François ne dit rien moins qu'une isle, & qu'ainsi ne soit, en 1258. il s'appelloit *terrale*, *quod solebat appellari mota papellardorum* : en 1296. *quidam acervus qui dicitur*, le terrail : en 1336. *mota papallardorum dicta terrale Nostræ Dominæ* : à mon avis c'est une ancienne voirie, ou une masse de terre qui s'est faite peu à peu, à ce qu'on dit, des immondices du Cloître qu'on y a portées, & peut-être même des materiaux & des decombres du bâtiment de Notre-Dame, cela paroît par l'inspection des terres qui la composent : on y voit manifestement que ce sont des terres de rapport, composées de decombres & d'immondices ; cependant on a commencé à l'entourer du Quai dont j'ai parlé, mais il n'est pas encore achevé.

En 1467. Charlotte de Savoie, seconde femme de Louis XI. arriva à Paris par eau, au bruit des clairons, des trompettes, de plusieurs instrumens, & des voix des enfans de chœur de la Ste Chapelle : elle vint descendre au Terrain, que le Prevôt des Marchands & les Echevins avoient orné de moult beaux personnages très richement mis & ordonnés.

L'Evêque & le Parlement l'y vinrent recevoir, & après avoir fait sa priere à Notre-Dame, reprit le bateau, remonta la riviere jusqu'aux Celestins, & de là sur des haquenées, fut avec les Dames à l'Hotel des Tournelles.

En 1616. lorsque le Chapitre de Paris s'opposa à la construction tant du pont Marie, que de celui de la Tournelle, & des maisons de l'Isle Notre-Dame, adjugées à Christophle Marie, Entrepreneur de tous les ouvrages, il le fit condamner au Conseil, & au Parlement, à revêtir & entourer le Terrain de pierre de taille ; si bien qu'en 1623 Jean de la Grange ayant été subrogé à ses droits, & tout de même en 1643. le Pere, Hebert, & quelques autres, ce ne fut qu'à cette condition la ; mais bien plus en 1623. les Chanoines stipulerent qu'il n'y seroit point bâti de pont, ce qu'ils n'apprehendoient pas peu, à cause que déja en 1605. il avoit été proposé d'y en faire un. Depuis le Chapitre ayant fait condamner les Entrepreneurs de l'Isle à lui fournir l'argent pour le revêtissement du Terrain ; ce qu'il toucha, qui n'en étoit qu'une partie, fut employé aussi-tôt à jetter les fondemens du Quai que nous voyons ; mais comme il eut été bon de ne se pas tant hâter, à cause de la saison, la riviere étant venue à grossir, il couta beaucoup à vuider l'eau qui gagnoit toujours de plus en plus, & qui obligea enfin d'abandonner le travail, lorsqu'il n'y avoit presque rien de fait encore.

LA CITÉ.

LA Cité qui a donné lieu à ce Discours des Isles, est faite comme un grand navire enfoncé dans la vase, & échoué au fil de l'eau vers le milieu de la Seine.

La Poupe qui regarde le midi est ronde, large & couverte de l'Eglise Cathedrale & de son Cloître, & attachée à l'Isle Notre-Dame par un pont de bois, & par le pont de l'Hotel-Dieu à l'Université.

La Proue qui est au Septentrion finit en pointe, longue, aigue & couverte

DE LA VILLE DE PARIS.

de la Place Dauphine & du cheval de bronze; de plus jointe à la Ville & à l'Université par deux ponts qu'on appelle le Pont-neuf.

Les flancs d'un côté tiennent encore à la Ville par deux autres ponts, & de l'autre à l'Université par trois autres: tous à la reserve du premier pont, font de pierre de taille & pleins de maisons & de boutiques de Marchands, & quoique dans le tems que la Place Dauphine étoit encore à bâtir, elle ressemblât plus mal qu'elle ne fait à un vaisseau, cependant Pasquier, & Favyn, n'ont pas laissé de l'y comparer, & de plus d'ajouter, que c'est de sa figure que Paris a emprunté ses armes, qui sont de gueules au navire freté & voilé d'argent sur l'eau de même, au chef cousu de France.

Elle est traversée en deux endroits par deux longues rues qui aboutissent à ses quatre ponts, & entrecoupées par quarante moyennes, la plupart étroites & tortues. Il y a un grand marché appellé le Marché-neuf, où se vendent toutes sortes de vivres.

Devant Notre-Dame est une place assés grande qu'on nomme le Parvis, où il se tient une foire certains jours de l'année à quelques Fêtes de la Vierge. A la pointe de la Place Dauphine bâtie sous Henri IV. & entourée de logis de même symmetrie, dans une rue nommée la rue des Marmousets, se trouve une autre petite place, qui fut faite, dit-on, sur les ruines de la maison d'un Patissier qui faisoit des patés de chair humaine.

Vis à vis la grande porte du Palais, au coin de la rue de la vieille draperie, il y en a une autre plus grande qu'on fit en 1595. à la place du logis de Jean Chastel, pour avoir attenté sur la personne d'Henri IV.

On y compte vingt & une Eglises, tant grandes que petites dont douze sont Parochiales: & consistent en deux mille six ou sept cens chefs de famille: la plus grande s'appelle Notre-Dame, qui est la Cathedrale du Diocése : que si quelques savans prétendent qu'elle est presque aussi ancienne que St Denys du Pas, d'autres encore plus savans sont d'un avis contraire. Mais comme les uns & les autres prouvent si bien leur opinion, qu'on ne sait qu'en croire, cela fait que tout ce qu'ils disent là dessus n'est pas trop assuré.

La plus agreable se nomme la Sainte Chapelle, ouvrage de la pieté de St Louis, qu'il bâtit avec grande magnificence, pour y mettre en depôt la Couronne d'épines de Notre Seigneur, & quelques autres instrumens de sa Passion.

Le reste comme St Martial fut bâti & rebâti par St Eloi. Le même St Eloi a encore bâti le Monastere qui porte son nom, dont il donna la conduite à Ste Aure.

St Barthelemi a pour Fondateurs les Rois de la seconde race, & depuis fut érigée en Abbayie par Hugues le Grand, Maire du Palais, & Duc de France, & enfin en Paroisse sous Louis le Jeune, après que les Religieux se furent retirés à St Magloire appellé maintenant les Filles penitentes.

Vers ce tems-là Archambault Comte de Paris, donna à l'Eglise Notre-Dame sa maison & sa Chapelle St Christophle, si tant est que le titre que j'en ai vu dans le grand Pastoral soit veritable.

Au commencement du douziéme siecle St Aignan fut fondé par Etienne de Charlande Archidiacre de Paris.

En 1620. Mathieu Comte de Beaumont, fonda St Symphorien.

Je ne sai point l'origine de St Jean le Rond, Eglise Parochiale du cloître Notre-Dame, non plus que de l'Hopital de l'Hotel-Dieu, du Prieuré de St Denys de la Chartre, de la Chapelle St Michel, ni tout de même des Paroisses suivantes, savoir la Madelaine, St Germain, Ste Geneviéve des Ardents, St Landry, Ste Croix, Ste Marine, St Pierre aux Bœufs, & St Pierre des Assis.

Si on veut ajouter foi à la tradition, St Denys Apôtre de Paris, a celebré dans une Chapelle souterraine de St Barthelemi qui ne s'y trouve plus: & a été prisonnier & visité par Jesus-Christ dans un cachot sous terre, qu'on voit à St Denys de la Chartre.

St Marcel vint au monde dans une maison de la rue de la Calandre, & Archambault Comte de Paris, logeoit près St Christophle, & fit don de sa maison au Chapitre de Notre-Dame, si le titre que j'en ai vu au grand Pastoral n'est point supposé. Mais il est bien certain que St Eloi avoit son logis au lieu même où est presentement un Prieuré de son nom, & que Dagobert le lui avoit donné.

Le Palais a été la demeure des Ancêtres de Hugues le Grand, Duc de France & de Bourgogne, lui-même y a logé aussi bien que Hugues Capet son fils & ses successeurs.

Louis VII. en bas âge a été élevé au cloitre Notre Dame, & depuis encore y vint demeurer avec Constance sa femme quand il quitta le Palais.

Henri II. Roi d'Angleterre, & quelques Rois de Navarre, ont eu leur Hotel à la rue St Christophle.

Juvenal des Ursins, ses freres & leurs descendans ont eu pour logis un grand lieu rebâti de nos jours, & appellé l'Hôtel des Ursins.

Les Juifs ont occupé long-tems la rue de la Juiverie, & tout de même les femmes publiques durant plusieurs siecles la rue de Glatigny.

Tant d'Eglises que je viens de dire & tout le reste sont comprises neanmoins dans une Isle, qui n'a tout au plus que cinq cens toises de long sur cent quarante de largeur en un endroit, & cent vingt-cinq dans un autre.

De plus c'est encore le lieu où Jules Cesar convoqua les Etats Generaux de la Gaule, & où Julien l'Empereur passa quelques hivers; enfin où Clovis établit le siege de son Royaume, aussi est ce à cause de sa petitesse que Cesar & Julien lui donnent le nom de petite Ville, & qu'Ammian Marcellin à cause de sa situation l'appelle le Chateau, la forteresse & la Citadelle des Parisiens.

Que si maintenant nous la nommons Cité, qui du tems de Jules Cesar & depuis vouloit dire une Province, c'est que sur le declin de l'Empire Romain les villes s'étant agrandies, ce nom-la est demeuré à la partie la plus ancienne de quelques unes des Capitales, des Metropolitaines & des Cathedrales de la France, afin de la distinguer des autres parties plus nouvelles ou faites plusieurs siecles depuis. Cela se voit à & en toutes ces villes là, l'Eglise Cathedrale se rencontre dans cette partie antique. Au reste on n'a commencé à lui donner le nom de Cité, que lorsqu'on a commencé de donner le nom de Ville aux édifices bâtis vers le septentrion: & celui d'Université aux autres qui sont au midi, pour ne la point confondre avec les deux nouveaux quartiers.

On se doute bien après cela, que les vingt & une Eglises dont j'ai parlé occupent une bonne partie d'un si petit espace: de fait presque dans toutes les rues, il y en a, ou du moins, si elle n'y sont, leur principale entrée y est, ou quelque porte de derriere, que si elles s'y trouvent, tantôt c'est par tas, comme en un monceau, & tantôt separées, comme dans l'Archipelague les Cyclades, les Sporades, & les autres Isles.

Le celebre & savant de Launoy, prétend qu'il n'y en a point de plus sainte ni de plus ancienne que St Denys du Pas: & enfin toute petite qu'elle est, que c'est elle qui a été arosée du sang de notre Grand Apôtre & premier Evêque. Que c'est le lieu où il a souffert le martyre, & operé tous les miracles raportés par Fortunat Evêque de Poitiers & par Gregoire de Tours.

Autrefois on n'y venoit que par deux ponts, le premier appellé le Petit Pont, nom qu'il garde encore, l'autre nommé le grand Pont, qui a changé de nom plusieurs fois, & maintenant s'appelle le Pont au Change.

Le pont St Michel dressé au midi, & qui conduit presque tout droit au pont au Change, ne fut commencé qu'en 1378.

Le Pont Notre-Dame qui est placé au septentrion, & vient en droite ligne au petit pont, fut fait sous Charles VI.

Pour ce qui est du Pont-neuf, situé au septentrion & au midi, Henri III. en jetta les fondemens & Henri IV. l'acheva.

Le

DE LA VILLE DE PARIS.

Le Pont de l'Hotel.Dieu qui regarde le Midi, a été fait en 1634. ou vers ce tems-là.

Enfin en 1623. les Entrepreneurs des maisons, & des quais de l'Isle Notre-Dame s'obligerent par leur contrat de faire le pont de bois, autrement dit le pont St Landry, qui est à l'Orient de la Cité, si bien que maintenant on entre dans la Cité par huit ponts.

Du tems qu'on n'y entroit que par le grand & le petit pont, elle n'étoit point pavée, & ne l'a été que sous Philippe Auguste : elle étoit même bien plus basse qu'aujourd'hui : car alors son niveau ou rès de chaussée étoit le même que celui de St Denys de la Chartre, où l'on descend vingt marches, & même que celui de son cloître, qui est encore plus bas. Et de fait quand on a rebâti St Germain le Vieux, vers la fin du quinziéme siecle, dans ses fondations furent trouvées trois arcades & quelques autres restes d'une Eglise souterraine.

Sous St Symphorien il y a une cave, qui passe pour être l'Eglise dont Eude Comte de Beaumont, jetta les fondemens au commencement du treiziéme siecle.

Tout le monde sait que sous Louis XII. le parvis Notre-Dame étoit si bas, & l'Eglise si relevée que pour y entrer il falloit monter treize marches qui sont cachées sous terre ; & pour preuve convaincante de ceci, on n'a qu'à observer combien on descend depuis le pont Notre-Dame, jusqu'à un abreuvoir qu'il y a près de l'Hotel des Ursins, & que pour y venir de là à la rue St Landry il faut encore descendre douze degrés hauts de huit pouces chacun.

Le jeune Valois prétend que le sol ou les maisons de la Cité ont été rehaussés de la sorte pour les garentir des innondations de la riviere, qu'avant lui personne n'a parlé de treize marches qu'il y avoit devant Notre-Dame, & neanmoins que c'est une chose qu'il a apprise de quelques vieillards qui l'avoient reçue de leurs peres & de leurs ayeuls.

Cependant telle chose se trouve dans Corrozet, Bonfons, & du Breul : quelque peu d'âge que j'aie, je suis le premier de ces prétendus vieillards de qui il l'a sû : mais c'est bien lui qui a inventé que ces degrés furent cachés sous terre vers l'an 1184. que Philippe Auguste fit paver Paris, car il ne paroît point par l'histoire, qu'en pavant la Cité, on en rehaussa le rès de chaussée, au contraire il demeura au même état, & aussi bas qu'il étoit auparavant, toujours au niveau de la premiere marche du portail de Notre-Dame, & de la derniere de St Denys de la Chartre Cela se voit dans les comptes des Marguilliers de St Germain le vieux, qu'ils se rendirent dans le siecle passé, lorsqu'ils rebâtirent & rehausserent leur Eglise : cela se voit par la cave & la vieille Eglise de St Symphorien, où sont encore des Autels, des fonts baptismaux & les tombeaux de Garnier de St Lazare, & de sa femme, bienfaiteurs de cette Paroisse & qui n'est pas seulement encore aussi basse que St Denys de la Chartre, mais qui fut construite en 1206. ou 1207. vingt ou vingt-deux ans après que Paris eut été pavé. En effet la Cité ne fut rehaussée qu'au commencement du siecle passé, après la chute du pont Notre-Dame, qui n'étoit alors que de bois, & qu'on rebâtit tout de pierre, de sorte qu'on se vit obligé de rehausser les rues de la Cité aussi bien que les maisons.

Dans le Discours des rues, liv. II. il sera montré qu'en 1507. le Parlement ordonna que les rues qui menoient du pont Notre-Dame au petit pont seroient rehaussées de dix pieds à cause qu'il falloit alors trop descendre pour venir à Notre Dame, & monter trop pour y entrer, si bien qu'on en enterra les degrés, & parce qu'après ce rehaussement, on descendoit dans toutes les Eglises de la Cité, d'abord on fit des marches près des porteaux, & avec le tems on les a relevées jusques au niveau des rues, temoin la plupart des plus vieilles Eglises, dont les voutes sont trop basses pour leur largeur, & les piliers trop gros pour leur hauteur.

Par là il est aisé de juger, que dans toutes les autres rues, on fut contraint d'en faire autant à l'égard du pavé & des maisons, & de suivre l'alignement de celles qui avoient été rehaussées.

On ne sait point quand on a commencé à couvrir les quais de maisons. Abbon nous apprend seulement qu'en 886. la Cité étoit environnée de murailles, flanquées de tours, les unes petites, les autres grandes, le tout de bois aussi bien que les deux Chateaux dont il parle, nommés à present le grand & le petit Chatelet. qui en deffendoient les deux avenues, de sorte qu'il ne faut pas s'étonner si elle a été brulée par quatre fois.

La première du tems de Jules Cesar par les Parisiens même, & par Camulogene leur General.

La seconde du vivant de Gregoire de Tours.

La troisiéme sous Dagobert en presence de St Eloi.

La derniere en 1034. sous le Regne de Henri I.

Les femmes debauchées, ont demeuré plusieurs siecles à la rue de Glatigny sous le bon plaisir des Loix, & même par fois se sont introduites dans quelques rues du voisinage, mais dont le Parlement les a chassées.

Dans la rue de la Calandrie, au bout de la rue de la Calandre, il y a eu long tems un marché appellé le marché Palus: & tout de même vis-à-vis l'Eglise de Ste Marie Madelaine une halle nommée la Halle de Beausse, où se vendoit tout le bled qui venoit de la Beausse à Paris.

Jusqu'en 1107. ou environ que les Religieuses de St Eloi furent chassées à cause de leur dissolution, leur Monastere s'étendoit depuis la rue de la Barillerie, jusqu'à la rue aux Febves, entre la rue de la Calandre & la rue de la vieille draperie, une enceinte de murs qui l'environnoit bordoit un des côtés de ces quatre rues.

Quoiqu'elle soit démolie, neanmoins les maisons bâties sur ses ruines, tantôt s'appellent dans les papiers terriers de ce couvent, la ceinture St Eloi, tantôt les maisons faisant & étant de la ceinture St Eloi: & en 1114 Louis le Gros non seulement exempta ceux qui occupoient ces nouveaux logis de guet, de taille, & autres subsides: mais de plus les confirma dans la possession des mêmes droits dont jouissoit cette Abbayie avant la destruction de sa clôture.

Vers ce tems-là, ce Couvent fut coupé en deux, & la rue de la Savaterie faite au milieu, ou à peu près, & par ce moyen on en sépara St Martial qui en faisoit partie.

Pendant près de deux cens ans, St Barthelemi a été une Abbayie, & encore environné de murailles, le long de la rue de la Pelleterie, de la Barillerie & de la vieille Draperie, à l'opposite de celle de St Eloi. En 1315. quelques restes de ce Monastere subsistoient encore à la rue de la Draperie, qui furent vendus à des Drapiers, pour donner plus de profondeur aux logis qui avoient été faits vers l'an 1138. lorsque les Religieux de St Barthelemi furent transportés à St Magloire, où sont presentement, comme j'ai dit, les Filles penitentes.

Enfin le Palais de nos Rois n'étoit separé de ces deux Couvens que par la rue de la Batillerie, & couvroit le reste de la Cité, si bien que jusqu'au commencement du douziéme siecle la moitié de la Cité & davantage étoit occupée par le Palais, & par ces deux Abbayies.

Au reste la rue neuve Notre-Dame, fut faite par l'Evêque Maurice sous Philippe Auguste, pour servir d'avenue à son Eglise.

En 1458. on prit le bout de la rue aux Febves, qui passoit devant St Germain le Vieux, afin de donner à cette Paroisse plus de longueur.

Dans le siecle passé on boucha une rue qui venoit de celle de St Christophle derriere le chevet de Ste Geneviéve des Ardents, gagner la riviere, à travers la rue neuve Notre-Dame.

Je ne sai point ni quand on a condamné la rue du Sablon qui est parallele à la salle du Legat de l'Hotel Dieu, ni quand on a couvert de maisons une rue qui passoit de la rue aux Febves, à celle de la Juiverie, & de là à la rue de la Licorne.

Lorsqu'on fit le Marché-neuf, on ouvrit les rues qui y conduisent du petit pont & du pont St Michel, & de plus quelques ruelles qu'il y avoit près de là furent bouchées ou changées. Bref en 1631. on fit la rue Ste Anne qui mene au Palais.

Au commencement de ce siecle on élargit la rue de la vieille Draperie, par un bout, qui est celui qui vient à la rue de la Juiverie.

La rue St Louis, les quais des Orfévres & de l'Horloge du Palais ont été faits depuis le Pont-neuf, & je crois que pour construire les maisons qui sont sur le bord de la riviere, on a entrepris sur son lit, à raison que d'un côté elle est trop creuse, & que de l'autre il faut fouiller plus de dix-huit pieds avant que de trouver la terre ferme.

L'Isle du Palais.

BIEN que l'Isle du Palais ne soit plus une Isle, & qu'elle tienne presentement à la Cité, ou plutôt à l'ancien Palais de nos Rois de la premiere race, & de leurs ancêtres ; neanmoins elle conserve toujours le nom de ce qu'elle étoit autrefois. Jusqu'aux dernieres années du siecle passé, en cet endroit là même, il y avoit toujours eu deux Isles, presque à côté l'une de l'autre, dont l'Abbé de St Germain étoit Seigneur & proprietaire, & qui toutes deux étoient pleines d'herbes bonnes aux vaches, & de saules venus par hazard ; la moins petite s'étendoit en long vis-à-vis des Augustins ; le continuateur de Guillaume de Nangis, la nomme l'Isle *aux Juifs* ; des titres de 1556. l'appellent l'Isle *aux treilles* ; le Pere du Breul l'Isle *aux vaches*.

S'il s'agissoit d'une chose de grande importance je serois bien en peine de dire son veritable nom ; car en 1160. le Roi fit don au Chapelain de la Chapelle St Nicolas du Palais, appellée depuis la Ste Chapelle, de six muids de vin des treilles qu'il avoit derriere le Palais : dans une charte de l'an 1250. par laquelle l'Abbé & les Religieux de St Germain affranchirent de servitude leurs sujets, ils la nomment leur Isle de Seine, & s'y reservent six deniers sur chaque jument pleine, & douze sur chaque bœuf & chaque vache, qui y viendroient paître ; & enfin les Administrateurs de la Trinité declarerent à la Ville en 1556. que si elle n'achetoit promptement un cimetiere pour l'Hotel Dieu, ils en feroient faire un dans l'Isle aux treilles, qui appartenoit à l'Abbayie St Germain.

Cette Isle est celebre dans l'Histoire pour avoir servi de lieu patibulaire en 1313. tant au Maître general des Templiers, & au Maître de Normandie, frere du Dauphin d'Auvergne, qu'à trois femmes accusées en 1315. d'avoir empoisonné Philippe le Hardi, & Philippe le Bel. Les Registres de la Chambre des Comptes au reste, & ceux du Trésor des Chartes portent, que Philippe le Bel après l'execution des Templiers, declara aux Religieux de St Germain que par là, il n'avoit pas eu intention d'entreprendre sur les droits qu'ils avoient dans ce lieu-là ; ce qui nous fait voir que les Rois de France vivoient alors avec leurs sujets, comme les peres avec leurs enfans.

Depuis nos Rois bâtirent des étuves à la pointe de cette Isle, & pour cela firent faire un logis nommé la maison des *Etuves*, tant pour eux & pour leurs enfans, que pour les Princes & autres grands Seigneurs logés avec eux ; car en ce tems-là il y en avoit non seulement dans tous les Palais & les grands Hotels ; mais même dans plusieurs rues de Paris, destinées exprès pour cela ; d'où vient que quelques uns conservent encore ce nom de rue des Etuves, dont il sera parlé au livre II. Pour ce qui est des Etuves de cette Isle, elles furent données par Henri II. aux ouvriers de la Monnoie au moulin, qu'il fit fabriquer en cet endroit-là, mais qu'on ruina lors qu'on entreprit le Pont-Neuf.

L'autre Isle, ou la plus petite se trouvoit de l'autre côté vers l'Ecole de St Germain, & ne contenoit qu'un demi quartier de terre ou environ ; c'étoit un atterissement, qui dans les titres de St Germain des Prez, porte le nom, tantôt de l'Isle de *Bussy*, tantôt de l'Isle du *Passeur aux vaches*; tantôt de l'Isle du *Passeur*, & comme dans l'autre il y avoit des saules.

En 1471. les Religieux de St Germain la louerent à Morigny, Curé de Sᵗ Sulpice, & permirent en 1543. à Gilles Morin d'y dresser un moulin à vent, moyennant six deniers parisis de cens, & trente livres de rente.

En 1510. il y avoit près de là un moulin à eau, qui appartenoit à St Eustache, appellé le moulin de Bussy, & devoit tous les ans deux sols parisis de fond de terre, & de droits Seigneuriaux au Pitancier de St Germain : sous Henri II. on le fit servir à la Monnoie au moulin ; en 1560. François II. l'eut en échange de quarante livres de rente qu'il donna à St Eustache ; avant qu'il servit de moulin à la Monnoie, on le nommoit le moulin de la *Gourdine* ; depuis il prit celui de moulin de la Monnoie, nom qu'il porte dans une infinité de Chartes, & dans les Plans de Paris de ce tems-là.

Sous Henri III. en 1578. ces deux Isles furent jointes au Palais, & du tems de Henri IV. ayant été disposées en triangle pour la commodité du pont, elles se trouverent monter à trois mille cent vingt toises; le premier President de Harlay les obtint du Roi en 1607. à la charge de les faire bâtir suivant le plan & le devis qui lui en seroient donnés par le grand Voyer de France, & d'un sol tournois de cens & rente fonciere pour chaque toise : peu de tems après, soit que le President n'y fit point travailler, ou que le travail allât trop lentement, le Roi fit savoir au Duc de Sully, qu'il vouloit que cette entreprise s'achevât en trois ans, & lui commanda de trouver quelqu'autre, au refus du premier President qui s'en chargeât : le President donc l'entreprit avec tant d'avantage, & d'honneur pour sa famille, que non seulement une rue porte son nom, & dont les maisons d'un côté lui appartiennent, mais encore la symmétrie des édifices, & cette belle place qu'on y voit, rendent le lieu si superbe, que c'est un des plus beaux ornemens de Paris.

L'Isle de Grenelle.

QUANT à l'autre nommée l'Isle Macquerelle ou l'Isle de Grenelle, si elle n'a pas été autresois la plus grande de toutes, sans doute, elle ne l'etoit guere moins que celle de la Cité ; mais elle est trop distante de Paris pour en faire jamais partie.

Que si quelquefois on a proposé d'y établir ou un cimetiere, ou des Manufactures, ou des écorcheries, c'est qu'elle ne peut guere servir qu'à cela, comme étant trop éloignée.

Elle est à quelque demie lieue de Paris, presque vis-à-vis de Challiot & devant la Savonerie.

Je la tiens plus grande que l'Isle Notre-Dame, & je doute même si elle ne l'est point davantage.

Que si on s'est avisé de l'appeller l'Isle de Grenelle, c'est à cause de la Plaine de Grenelle qui lui est parallele, & pour lui faire perdre ce vilain nom de l'Isle Macquerelle, qui est son ancien nom, & que tout le monde lui a toujours donné, & lui donne encore aujourd'hui.

Par Arrêt du Conseil il fut arrêté en 1554. qu'on y enterreroit les pauvres de l'Hotel-Dieu : mais sûr ce que la Ville, un an après, vint à representer qu'il seroit à craindre que ceux qui y conduiroient les corps, ne les jettassent dans la riviere pour avoir plûtôt fait, on ne passa pas outre : en 1619. on proposa encore, mais sans effet, d'y établir une Manufacture appellée l'Hopital des sept œuvres de misericorde ; & même on avoit songé d'en faire une tuerie : elle est toujours vague, comme elle l'a été de tout tems, sert toujours de pastis, & souvent est innondée par les debordemens de la Seine.

L'ISLE APPELLÉE
LA CITÉ
QUI EST L'ANCIEN PARIS.

PAR tout ce que j'ai dit en parlant des autres Isles, l'on voit qu'autrefois Paris confiftoit feulement en l'ancienne étenduë de la Cité; c'est à dire dans ce feul efpace qu'il y a depuis le Terrain jufqu'à la ruë de Harlay, l'un & l'autre exclufivement, fi bien que cette Isle qui eft l'ancien Paris, y adjoutant même la Place Dauphine & le Terrain qui n'en étoient pas: non feulement eft la moindre des trois parties qui compofent le nouveau Paris; mais même encore eft fi petite qu'elle ne contient pas plus de quarante ou cinquante arpens ou pour parler plus précifement, n'a pas cinq cens toifes de long fur cent quarante de large en un endroit & cent vingt-cinq à l'autre, tellement qu'elle eft & beaucoup plus petite que le Louvre & même a vingt-cinq ou trente arpens moins que le Palais d'Orleans. Voyons de quelle façon elle eft environnée de la riviere.

La Seine après avoir coulé entiere dans fon lit l'efpace de plufieurs lieuës avant que d'enfermer la Cité fe fend par deux fois, l'une contre l'Isle Louviers, & l'autre contre l'Isle Notre-Dame qui la couvrent. A l'Isle Louviers, fon canal vers le Septentrion eft très-petit, & fort large vers le Midi. A l'Isle Notre-Dame elle fe retrouve, de forte qu'elle fait comme une jufte diftribution de fes eaux, dont un bras va gagner le port St Paul & defcendre à la Greve. Au Terrain elle fe partage encore en deux, dont une moitié vient retrouver le bras qui coule vers la Greve, l'autre moitié defcend vers l'Hotel-Dieu; & ici tout au contraire qu'à l'Isle Louviers, fon lit le plus étroit eft du côté du Midi, & quoiqu'il fe tariffe quelquefois, il porte neanmoins tant de largeur, que des ponts qui le traverfent le moindre confifte en trois arcades, le plus grand en a cinq. Au Pont-neuf ces deux canaux fe reüniffent & n'ont plus qu'un lit, mais fort large au deffous de la Cité. A demie lieuë de là ou environ fes deux canaux réjoints fe feparent encore contre l'Isle Maquerelle; & enfin jufqu'au Havre de Grace, où la Seine va tomber dans l'Ocean, elle fe rompt encore plufieurs fois à la rencontre de quelques Isles très-fertiles, & engraiffe tout les pays qu'elle arrofe.

LES ARMES DE PARIS.

AU refte à caufe que l'Ifle d'Efculape ou de St Barthelemi fi celebre à Rome, & même la plupart des autres Isles du monde, ont je ne fai quoi qui les fait reffembler à certaines chofes; la Cité de même reprefente en quelque façon un grand Vaiffeau, & comme depuis quelques fiecles Paris porte de gueules au navire freté & voilé d'argent voguant fur l'eau de même, au chef coufu de France; on croit que de cette reffemblance il a emprunté fes armes. Quoi qu'il en foit à la poupe qui eft large fe trouve le Terrain & l Eglife Cathedrale dediée à Notre-Dame; à l'autre bout le long du bec, où à la pointe de la proüe de ce grand vaiffeau eft le Cheval de Bronze & la place Dauphine Le refte eft plein d'Eglifes, de ruës, de maifons, d'habitans La Ville & l'Univerfité en font feparées par la riviere : onze ponts de bois & de pierre les rejoignent enfemble auffi bien qu'à l'Isle Notre-Dame : & enfin les principaux de ces ponts font fi couverts de maifons & de boutiques, qu'à peine fait on quelquefois, où commence & où finit la Cité.

SON NOM DE CITÉ.

SON nom vient de *Civitas*, qui vers le regne de Conſtantin commença à ſignifier une Ville ; mais qui vouloit dire auparavant un Peuple, un Etat une Republique, un Royaume, depuis ç'a été & c'eſt encore celui qui eſt demeuré aux Villes Capitales où reſidoit l'autorité des Magiſtrats de la Police. Je viens d'apprendre que c'eſt pareillement le nom que les Francs-Comtois donnent aux Villes Epiſcopales, & même j'ai obſervé que les anciennes Villes Capitales, & le quartier des Villes, où ſont fondées quelques anciennes Egliſes Cathedrales du Royaume, prennent ce nom là à l'excluſion des autres, comme Paris, Carcaſſonne, Arras, Reims, & que c'eſt une marque de leur antiquité, & un nom dont on ſe ſert afin de les diſtinguer de leurs autres parties plus nouvelles, ou faites long tems après. Auſſi pour revenir à mon ſujet, non ſeulement Notre-Dame, qui eſt l'Egliſe Cathedrale du Diocèſe, ſe trouve fondée dans la Cité, mais encore la Cité eſt proprement l'ancien Paris, la Ville Capitale & le lieu où reſidoit l'autorité des premiers Pariſiens ou ſi l'on veut le ſiege de leur Etat & de leur Republique, avant que les Romains s'en fuſſent rendus les maîtres, & de fait quand Ceſar en parle, il l'appelle *Ville des Pariſiens placée dans une Iſle de la Seine* ; & tout de même Strabon une Isle & une Ville des Pariſiens ſituée dans la Seine & nommée Lutece ; Ammian, Marcellin pareillement ſe ſert de ces autres termes, Lutece, Chateau ou forteresſe des Pariſiens entourée de la Seine : & enfin l'Empereur Julien dit une petite Ville des Pariſiens que les Gaulois nomment *Lutece*, aſſiſe au milieu d'une riviere, dans une Iſle qui n'eſt pas fort grande, où on va par deux ponts de bois bâtis des deux côtés. C'eſt encore ce que les Notices des Provinces de l'Empire, l'Itineraire d'Antonin, la carte de Peutinger : Zozime, Gregoire de Tours, & autres auteurs anciens appellent *Lutetia Pariſiorum*, *Pariſii*, *Pariſium*, *Pariſium*, & de toutes ces autres manieres que j'ai raportées dans les preuves du Diſcours des premiers Pariſiens.

En 886. elle étoit fortifiée de chateaux & de Tours de bois grandes & petites : deux chateaux de même nommés depuis le grand & le petit Chatelet en deffendoient les deux portes, & quoique l'hiſtoire ne diſe pas que ſes murailles & ſes maiſons fuſſent auſſi de bois alors, neanmoins on a tout ſujet de le croire ; mais enfin, toute petite & de bois qu'elle fut en ce tems-là, elle ne laiſſa pas de ſoutenir un ſiege un an tout entier, de repouſſer les Normans pluſieurs fois, & enfin de les contraindre à trainer par terre à force de bras, hors de la portée de leurs fléches, une multitude preſque innombrable de bateaux, lorſqu'ils vouloient remonter la Seine pour aller piller leurs voiſins.

SON PLAN.

JUSQU'A Philippe Auguſte elle n'a point été pavée. Juſques à Charles VI. il n'y a eu que deux portes & deux ponts, & enfin juſqu'à Louis XII. elle n'a pas ſeulement été de beaucoup plus baſſe qu'aujourd'hui : il eſt même conſtant que ſon plan, ſol ou rès de chauſſée a été le même que celui de la cave ou du cloître de St Denys de la Chartre, & des caves de St Germain le Vieux & autres vieilles Egliſes, qu'on a rehauſſées tant de nos jours, que dans le ſiécle paſſé. Je dirai ailleurs aſſés de choſes du plan & du pavé de Paris, pour en demeurer là.

SES PORTES.

SES deux portes anciennement étoient gardées, chacune par une grosse tour & attachées à un pont. Celle du côté du Septentrion s'appelloit & s'appelle encore la Porte de Paris. Pour ce qui est de l'autre, je n'en sai point le nom. A l'égard des tours, l'une s'appelle le grand Chatelet, & l'autre le petit.

PORTES DE LA VILLE DE PARIS,
ET LEURS DIVERS NOMS.

AUX Discours precedens, j'ai raporté les diverses clôtures de Paris : ici je parlerai des portes qui se trouvoient dans ces clôtures. Tant que Paris demeura renfermé dans son Isle, & ne s'étendit point au delà de la riviere, on n'y entroit que par deux portes; l'une dressée auprès du Pont-au-Change, & du grand Chatelet, l'autre auprès du petit Chatelet & du petit pont. Ces voutes hautes & longues sous lesquelles on passe pour entrer dans la Cité, c'est-à-dire dans l'ancien Paris, ressemblent fort à des portes de Ville, & sans doute sont comme des traces & des restes des premieres.

Lorsque Rigonte, fille de Chilperic, chargée d'or & de richesses, partit avec les Ambassadeurs de Recarede, Roi des Wisigots, & qu'un de ses chariots vint à se rompre, ce fut à la porte du petit pont que cet accident arriva & qu'on prit à si mauvais augure. Mais quand St Martin guerit un lepreux en le baisant simplement, & faisant le Signe de la Croix, il est certain que c'est à l'autre porte que tel miracle se fit : & de fait, un homme & une femme par devotion en memoire d'un effet si prodigieux, ayant construit depuis une Chapelle d'osier, & s'y étant retirés au tems de ce grand embrasement qui consuma toute la Ville, cette petite & foible retraite fut épargnée avec les maisons d'autour, quoique les tourbillons de feu l'attaquassent de tous côtés. Cet incendie, au reste, commença à petit pont, que Gregoire de Tours appelle la Porte du Midi, & vint jusqu'à la porte du Pont au Change, & peut-être est-ce de cette porte là, qu'entend parler un Religieux anonyme de St Denys, contemporain de Dagobert; quand il dit que ce Prince donna à leur Monastere la Porte de Paris, avec tous les droits d'entrée, & qui étoit bâtie proche de la prison de Glaucinus, & qu'il avoit commise à la garde de Salomon son homme d'affaire, ce que je n'ai pas de peine à croire, à raison que cette porte est du côté de l'Abbayie St Denys, & que ce n'est pas d'aujourd'hui qu'il y a des prisons au grand Chatelet.

Venons à la seconde enceinte. Il est certain qu'au marché & à la place appellée la Porte de Paris, & tout de même aux environs de la place, & du marché que nous nommons la Porte Baudets, il y a eu deux portes, où commençoit & finissoit la seconde clôture des murailles que j'ai décrite ailleurs : & de plus, entre deux, il y en a une troisiéme à la rue St Martin proche de St Merri, & même je ne sai si on n'en avoit point fait une quatriéme près le Cimetiere St Innocent, & peut être encore une cinquiéme entre St Gervais & la riviere sur le bord de l'eau; & peut-être enfin y en avoit-il aussi quelqu'autre dans l'Université, mais comme tout ceci ne seroit fondé que sur des conjectures, j'aime mieux me taire, afin de m'attacher à la verité.

LA PORTE DE PARIS.

SI je n'avois quantité de titres du douziéme, du treiziéme & du quatorziéme siécle, qui donnent à la Porte de Paris le nom de *Porta Parisiensis*, je n'aurois eu garde d'avancer contre l'opinion commune, & de tous ceux qui ont écrit de nos Antiquités, qu'au lieu du marché appellé la *Porte de Paris* anciennement, puisque ce n'est pas un mot corrompu, ni tiré de *port*, d'*abord* ou d'*apport* de Paris, ainsi qu'on nous veut faire acroire ; & pour preuve de cela, c'est qu'en 1133. à la place même où est la Boucherie il y avoit une maison appellée la maison de *Guerry* Changeur, ou de Guerry de la Porte, & à qui tel nom n'étoit donné qu'à cause qu'il logeoit près de la porte dressée en cet endroit-là.

Dès ce tems-là même, & dans les siécles suivans, la grande boucherie que nous y voyons, prenoit le nom de boucherie de la Porte de Paris ; en un mot on ne sauroit montrer nulle part, le port, l'abord ou l'apport de Paris, que dans le Pere du Breul, & dans les Livres qu'il a copiés. Toutes les Chartes anciennes, au contraire, qui font mention de cette porte, soit en Latin, soit en François, l'appellent toujours la porte de Paris, ou *porta parisiensis* : voilà pour ce qui regarde la porte de Paris. Quant aux autres ; ensuite dit Rigord, on rencontroit vers la rue St Denis une autre porte ; mais la difficulté est de savoir quelle porte c'étoit, & ce qu'il entend par là : car sans doute, ce ne peut être celle dont parle Suger, quand il donne à entendre qu'il a acheté une maison au-dessus de la porte de Paris, aux environs de St Merri. Ce n'est pas d'elle non plus qu'il fait mention, quand bien-tôt après il ajoûte qu'il a augmenté de trente-huit livres le revenu de la porte de Paris, & qu'au lieu de douze livres qu'elle rapportoit avant son ministere, elle en raporte cinquante depuis que la Regence du Royaume lui a été mise entre les mains ; si bien qu'il faut que ce soit d'une autre qu'il y avoit alors dans la rue St Martin, proche l'Eglise de St Merri, qui se trouvoit dans la premiere enceinte de murailles faites au-delà de la riviere, du côté du Septentrion, que j'ai décrite ailleurs, & dont il ne reste aucune trace.

Du reste à l'égard de Rigord, il est certain que les sectateurs d'Amaury furent brûlés hors de la porte, à l'endroit appellé Champeaux, tellement que faute de savoir l'état de l'ancien Paris sous les Rois de la premiere & seconde race : on ne peut rien dire de la situation de ces portes dont Suger & Rigord font mention, ni même si Rigord veut parler de la porte de Paris, ou de quelqu'autre place aux environs du cimetiere des Sts Innocens, qui fait partie du lieu appellé Champeaux en ce tems là.

En 1645. le vingt-deux Mars, le Roi par Arrêt du Conseil, permit aux proprietaires des maisons du faux-bourg St Honoré, de faire à leurs depens une porte au bout de la rue Gaillon, où aboutissent quatre autres rues, & conduit aux grands chemins d'Argenteuil, de Pontoise, de Ruel, de St Germain, de Poissy, de St Denys, de Normandie, & de Picardie : le tout à la charge de la faire beaucoup plus large que les autres, suivant les remontrances du Prevôt des Marchands, où un homme de pied ne sauroit passer, lors qu'il s'y rencontre un charoi ; en tout cas à grande peine, & encore se met-il en danger : si bien qu'on fut d'avis de lui donner six toises de face : on étoit déja après, quand il survint des difficultés entre ceux qui en faisoient les frais, de sorte que l'ouvrage fut interrompu, mais enfin repris depuis tant en 1648. qu'en 1653. & enfin tout-à-fait abandonné.

Sur la Requête presentée au Conseil, tant par les habitans de la rue Montorgueil, de Ville-neuve sur gravois, que des rues & des marais d'alentour, pour avoir aussi une porte au bout de la rue des Poissonniers, la Ville à qui cette Requête fut renvoyée en 1646. accorda leur demande le seize Juin, à la charge
de

DE LA VILLE DE PARIS.

de ne bâtir aucune maison qu'à vingt toises du lieu où elle seroit placée, & que les rues qui y aboutiroient, n'auroient pas moins de largeur. Le vingt-sept Septembre d'après, le Prevôt & les Echevins avec un des Commissaires choisis pour la nouvelle clôture de la Ville, s'étant transportés sur les lieux, ordonnerent que la porte auroit six toises de face, & en même tems firent abattre le mur à l'endroit où cette porte devoit être.

En 1647. un nommé Parisot, maître Masson offrit de la faire pour 38650. livres; d'autres depuis en ayant été adjudicataires, la Ville leur fit deffenses d'y travailler, & le Mazié enfin leur fut preferé. Avec tout cela, on n'a pas mis encore une seule pierre à cette porte: & quant à celle de Gaillon, on l'a laissée là, comme j'ai dit & est fort peu avancée : cependant on ne laisse pas de les nommer toutes deux, l'une la Porte St Roch, l'autre la Porte Ste Anne.

Quelques années après, qui fut en 1654. le treziéme Mai, le Prevôt & les Echevins mirent la premiere pierre de la porte St Louis, nommée auparavant par raillerie le Pont au choux: elle est assise derriere le Monastere des Religieuses du Calvaire de la rue St Louis. Dans le tems qu'on y travailloit, un des Chirurgiens du Roi appellé Maucorps fit faire près de là un pont de bois : presentement il y en a un de pierre, à qui on donne encore le nom de Pont aux choux.

NOUVELLES PORTES.

La Porte St Antoine qui avoit toujours conservé son ancienne forme de Forteresse fut abbatue en 1671. on éleva sur la même place un Arc de Triomphe orné de ce que l'Architecture a de plus achevé. Toutes les figures qui accompagnent les trois portiques, sont autant de Trophées à la gloire du Roi, ou d'hyerogliphes de la paix & des avantages que l'on esperoit de cette auguste Alliance, le Commerce retabli, les Arts protegés. Cet ouvrage fut achevé en 1674. par Blondel & Anguerre.

La Porte de St Bernard, ou de la Tournelle, ancienne fut abbatue, & l'on éleva à sa place un arc de Triomphe à deux arcades ou portiques, à l'imitation des Anciens en 1670. Tous les ornemens sont du dessein de Blondel, de chaque côté on y a mis de grands bas-reliefs, qui occupent toutes les deux faces. Du côté de la Ville le Roi est representé repandant l'abondance sur ses sujets, avec cette Inscription.

LUDOVICO MAGNO
ABUNDANTIA PARTA.
Præf. et Ædil. Poni. CC. anno R. S. H. M. DC. LXXIV.

Sur celle du côté du faux-bourg, le Roi est representé habillé en Divinité antique qui tient le gouvernail d'un grand navire, avec cette inscription.

LUDOVICI MAGNI PROVIDENTIÆ.
Præf. et Ædil. Poni. CC. anno R. S. H. M. DC. LXXIV.

L'ancienne Porte St Honoré qui étoit proche les Quinze-vingts, fut abbatue, & une boucherie bâtie à la place, la nouvelle porte a été bâtie par Pidou en 1631. au bout du faux-bourg à quatre cens toises ou environ de cette ancienne.

La Porte St Denys élevée sur les fondemens de l'ancienne qui étoit très-incommode; le corps de cette nouvelle est haut de septante-un pieds Elle fut dressée en 1672. à l'occasion du passage du Rhin, qui est representé dans un grand bas-relief du côté de la Ville, & aussi de la prise de Maestricht, qui est aussi dans le bas relief du côté du faux-bourg, comme l'on voit par les Inscri-

Tome I.

ptions cy deſſous.   Celle du côté de la Ville.

LUDOVICO MAGNO,
EMENDATA MALE MEMORI BATAVORUM GENTE.
PRÆF. ET ÆDIL. PONI. C.C. ANNO R. S. H. M. DC. LXXII.
QUOD DIEBUS VIX
SEXAGINTA
RHENUM, WAHALIM, MOSAM
ISALAM SUPERAVIT.
SUBEGIT PROVINCIAS TRES,
CEPIT URBES MUNITAS
QUADRAGINTA.

Du côté du faux-bourg celle-ci.

QUOD TRAJECTUM AD MOSAM
XIII. DIEBUS CEPIT.
PRÆF. ET ÆDIL. PONI. C.C. ANNO R. S.H. M. DC. LXXII.

Cette porte eſt d'une magnifique apparence, & dans ſon genre elle eſt un des plus beaux ouvrages de Blondel, où l'on prétend qu'il a ſurpaſſé toute l'antiquité.

La porte de ST MARTIN auſſi bien que ſon faux-bourg prend ſon nom de cette grande Abbayie ou Prieuré. Elle a été élevée en 1674. dans le même goût, & par le même Architecte de celle de St Denys. C'eſt une maniere d'arc de triomphe de trois portes, dont celle du milieu eſt un peu plus élevée que les deux autres. L'ouvrage eſt d'environ cinquante pieds de face & autant de hauteur. Voici les inſcriptions,

Celle du côté de la Ville.

LUDOVICO MAGNO.
VESONTIONE SEQUANISQUE BIS CAPTIS,
ET FRACTIS GERMANORUM, HISPANORUM
BATAVORUMQUE EXERCITIBUS.
PRÆF. ET ÆDIL. PONI. C.C. ANNO R. S. H. M. DC. LXXIV.

Du côté du Faux-bourg.

LUDOVICO MAGNO.
QUOD LIMBURGO CAPTO IMPOTENTES HOSTIUM
MINAS UBIQUE REPRESSIT.
PRÆF. ET ÆDIL. PONI. C.C. ANNO R.S.H. M. DC. LXXV.

A l'égard des anciennes Portes de Paris, elles ont été démolies en differens tems ſelon les agrandiſſemens de la Ville, & on a ſeulement marqué le lieu où elles étoient placées d'une inſcription de marbre noir ſur laquelle eſt gravée l'année de la démolition.

La porte Baudets, de Braque, de Buſſi 1672. Gaillon, St Jaques 1684. St Marcel 1686. St Michel 1684. porte Mont-martre de Neſle, Papale, aux Peintres, Poiſſonniere, Royale, du Temple, des Tuilleries, St Victor 1684. Comteſſe d'Artois & d'autres dont il eſt parlé plus amplement dans la deſcription des Clôtures ci-devant.

HISTOIRE
ET
RECHERCHES
DES
ANTIQUITÉS
DE LA VILLE
DE
PARIS.
LIVRE SECOND.

ETYMOLOGIES
DES NOMS
DES RUES
DE PARIS.

A

A RUE d'Ablon a pris son nom d'un grand logis appellé l'Hotel d'Ablon, qui subsistoit encore, il y a quelque cent cinquante ans. Elle est au faux-bourg St Marcel, elle a un bout à la rue Gratieuse, & l'autre à la rue Mouffetard.

La rue Dame-Agnès la Buschere se nommoit en 1368. la Rue Dame-Agnès la Buissiere, en 1415. la ruelle Dame-Agnès l'Asniere, en 1421. la rue Dame-Agnès la Bouchere, & la rue Dame Agnès la Vachere.

Le nom de la rue des Amandiers, au haut de la Montagne Ste Geneviéve, proche St Etienne du Mont, n'est pas moins varié dans les anciennes chartes que le precedent, car en 1300. c'étoit la rue de l'Allemandier, en 1334. la rue des Amandiers, en 1386. la rue des Allemandiers en 1392. & depuis, la rue des Amandiers.

Autre rue des Amandiers, ou chemin verd, près les Annonciades de Popincourt, faux-bourg St Antoine.

La rue d'Amboife s'est appellée quelques fois la Rue-fans-bout, comme n'étant qu'un cul de sac, & le nom d'Amboife lui vient de l'Hotel d'Amboife que les Seigneurs de cette famille y avoient autrefois, qu'ils ont occupé plusieurs siecles; & où depuis a été fondé le College de Constantinople, qui n'est plus; & tout de même celui de la Marche, mais transferé depuis au lieu où il est maintenant.

La rue du Puits d'amour, emprunte son nom d'un puits nommé le puits d'amour qui est tout auprès : on l'appella aussi tantôt la rue de la petite truanderie parce qu'elle sort de la rue de la Truanderie ou de la grande Truanderie : tantôt la rue de l'Arianne ou Arienne, qui est un nom de Roman, puisé sans doute dans la même source que celui du puits d'amour.

La rue St Anastase est une rue nouvelle, & tire son nom du territoire où elle est située qui appartient à des Religieuses appellées communement les Religieuses de l'Hopital St Gervais, quoique leur vrai nom soit celui de Religieuses Hopitalieres de St Anastase.

La rue St André des Arts, qui commence au bout du pont St Michel & finit à la porte de Bussi, est une des plus anciennes de l Université, & bien que les vieilles chartes lui donnent quantité de noms, rarement pourtant y lit-on celui qu'elle devroit porter, & qu'elle portoit originairement. Tantôt c'est la rue St Germain des Prés, & sur tout en 1332. & 1402. parce qu'elle conduit au Faux-bourg St Germain, & fait partie d'un territoire que l'Abbayie St Germain possede dans l'Université. Tantôt c'est la grande rue St André, à cause qu'elle passe devant l'Eglise St André : tantôt c'est la rue St André des Arts, comme étant placée tout à l'entrée de l'Université, où s'enseignent les Arts & les Sciences. Il y a même des gens qui l'appellent St André des Arcs, parce qu'ils prétendent qu'elle étoit habitée par des faiseurs d'Arcs, avant qu'on eut trouvé la poudre à canon, & qu'à la guerre au lieu de mousquets on se servoit d'arcs, de fleches & d'arbalêtres, & ce qui les rend doublement opiniatres là dessus, est le nom de quelques rues voisines qui aide à les tromper comme celui de la rue de la Bouclerie, où ils s'imaginent qu'on faisoit des boucliers, & tout de même l'autre de la rue des Sachettes, aujourd'hui la rue du Cimetiere St André, mot corrompu, à ce qu'ils disent, de Sagettes, à raison que là s'achettoient des fléches. Et enfin celui de la Herondelle, pour dire la Rondelle, où demeuroient les faiseurs de Rondelles, ou Rondaches, du tems qu'on usoit de boucliers. Le veritable nom, cependant, de la rue St André des Arts, est la rue St André de Laas : nom que même on a donné long tems à la rue de la Huchette qui continuoit la rue St André jusqu'au petit-Chatelet, avant qu'on bâtit entre deux le pont St Michel, & c'étoit encore celui tant du territoire où sont situées ces deux rues, & plusieurs des environs que des vignes même qui le couvrirent jusqu'en 1179. car ce fut en ce tems-là que Hugues Abbé de St Germain des Prés donna ce vignoble à bâtir. D'ailleurs il est certain que la rue de l'Herondelle n'a jamais été nommée la rue de la Rondelle, comme je ferai voir en son lieu. De plus la rue de la Boucle-rie s'est appellée quelquefois la rue de la vieille Bouqueterie : & même la rue de l'abreuvoir-Mascon, du tems que nos Peres se servoient de boucliers : ainsi que je montrerai dans la suite de ce Discours : que si la rue du Cimetiere St André a porté le nom de la rue des Sachettes, elle l'a emprunté de certaines Religieuses qui logeoient-là, qu'on nommoit Sachettes, à cause dés sacs qu'elles portoient, & qui ayant été supprimées, à ce qu'on dit, du tems de St

DE LA VILLE DE PARIS. Liv. II.

Louis, n'ont point laissé à Paris d'autre memoire de leur Ordre que leur nom qui a demeuré long tems à la rue où avoient été jettés les premiers fondemens de leur Monastere.

Quelques Languedochiens tiennent que la rue Anglade qui aboutit rue Traversine, au coin de la rue de l'Evêque vis-à-vis de la rue des Fondeurs, quartier du Palais Royal, a pris son nom d'un bourg du Languedoc près de Nismes, qui s'appelle Anglade, d'autre côté certains joueurs m'ont voulu faire accroire qu'il vient de Jean Anglade, maître Cartier à Paris qui met pour devise sur l'envelope de ses cartes

Jean Anglade je me nomme,
Et vous prie de jouer & n'offenser personne.

Pour moi je donne à choisir de ces deux étymologies, bien que la derniere me soit un peu suspecte, car j'ai appris de quelques maîtres Cartiers, que Jean Anglade n'est maître que depuis peu, & qu'il n'est venu à Paris que long tems après qu'a été faite la rue Anglade, quoi qu'il en soit elle ne se trouve point sous ce nom là dans la Guide de Paris, mise en lumiere par de Chuyes. Il l'appelle la rue neuve St Antoine. Pour Jaques Gomboust Ingenieur du Roi, il ne lui donne aucun nom dans son plan de Paris.

Du long séjour que les Anglois ont fait à Paris, il ne reste aucune trace que les deux rues des Anglois, dont la première est à la rue Gallande qui aboutit à la rue des Noyers, l'autre vers la rue Beaubourg, au quartier & rue St Martin, dit le cul de sac des Anglois; & le proverbe suivant, il y a des Anglois en cette rue là, pour dire je dois de l'argent à quelqu'un de ceux qui y demeurent, je n'y veux pas passer. Car enfin l'Eglise de Notre-Dame, ni la Bastille, & quelques autres édifices semblables ne font point d'eux, ils n'ont rien fait ici, ni par toute la France qu'entasser ruines sur ruines. J'en excepte le Duc de Bedfort, car celui-là prenoit plaisir à agrandir ses Palais pour les autres, & à se les rendre plus logeables : de tous les bâtimens neanmoins qu'il a fait, il ne nous reste rien, tout est tombé par pieces. Pour les autres, ils n'ont eu autre soin que de s'enrichir de la dépouille des Parisiens.

J'ai dit ailleurs qu'il y a deux rues à Paris faites sous Louis XIII. & Anne d'Autriche, qui portent le nom de Ste Anne, ainsi appellées & pour faire honneur à la Reine, & pour marquer le tems qu'elles furent commencées. Celle qui est près le Palais fut faite en 1631. Par la même raison encore, au dessus des deux entrées du pont des Tuilleries, a été écrit en lettres d'or & cubitales, *Le Pont sainte Anne*, & cela depuis que les Theatins ont commencé leur Eglise qu'ils ont nommée Ste *Anne la Royale*. Outre ceci une nouvelle porte de la Ville dressée au bout de la rue Montorgueil, ou de la rue des Poissonniers, s'appelle encore la *Porte Ste Anne* : & tout de même un nouveau faux-bourg nommé la nouvelle France, prend le nom de *Faux-bourg Ste Anne*, ce qui est cause que la Chapelle ou l'Eglise succursale, érigée là depuis peu, a pris aussi le nom de Ste Anne.

La rue de l'Arbalêtre, autrement dite la rue St Antoine, n'a ces deux noms qu'à cause d'une enseigne de l'Arbalêtre & du Monastere des Religieuses de St Antoine.

Le College d'Arras depuis qu'on la bâti, a fait changer de nom à la rue où il est; car auparavant elle s'appelloit la rue des murs, à cause que les maisons qui la bordent d'un côté tenoient, comme elles tiennent encore, aux murs & aux remparts de l'Université. Ce changement de nom n'a pas empêché pourtant qu'on ne se soit souvent servi du premier, puisqu'indifferemment on l'a nommée tantôt la rue d'Arras, tantôt la rue des murs, & tantôt la rue du puits d'Arras; surtout en 1515. & 1576. & quoique du College d'Arras il ne reste presque plus que le nom, cette rue pourtant s'appelle toujours la rue d'Arras, & par corruption la rue des Rats.

La rue de l'Arbre-sec prend depuis St Germain l'Auxerrois, jusqu'à la Croix du Trahoir, elle a emprunté son nom d'une vieille enseigne que nous y voyons encore.

La rue d'Argenteuil derriere St Roch, d'un bout à la rue St Honoré, & de l'autre à la rue Gaillon, s'appelle de la sorte, à cause qu'elle conduisoit autrefois au grand chemin d'Argenteuil

La rue de l'Arche-Marion se nommoit en 1300. l'abreuvoir Thibault-aux-dez pour être comme une continuation de la rue Thibault-aux-dez.

La rue Comtesse d'Artois, que l'on commence à confondre avec la rue Montorgueil, s'appelloit autrefois, tantôt la rue au Comte d'Artois, la Comtesse d'Artois, tantôt la rue de Bourgogne, la rue de la porte Comtesse d'Artois, de la porte au Comte d'Artois, à raison qu'elle tenoit à l'Hotel d'Artois, ou de Bourgogne, & à une poterne, ou petite porte de la Ville attachée pareillement à cette maison, & nommée à cause de cela la porte au Comte d'Artois, & la porte Comtesse d'Artois.

Dans les anciennes Chartes la rue des Assis s'appelle aussi souvent la rue des Arsis que des Assis : peut-être que ceux qui l'ortographioient avec une r, derivent son nom d'*ardere*, qui veut dire brûler, & donnent à ce verbe le participe *arsus* comme s'ils vouloient nommer cette rue la rue des brûlez, parce que ses maisons, disent ils, furent brûlées par les Normands, quand ils assiegerent Paris en 886. Mais cette origine est tirée de bien loin, & même me semble fort suspecte ; car pourquoi attribuer plutôt à cette rue la memoire d'un incendie qui fut si general, que les Normands reduisirent en cendres le reste de la Ville & toute l'Université. Peut-être aussi que ceux qui écrivent la rue des Assis par deux s s, font venir son nom d'une enseigne où quelques personnes étoient representées assises, comme il s'en voit encore beaucoup en d'autres rues ; par exemple des gens assis à l'entour d'une table avec ces mots *aux bien assis* ; & tout au contraire, d'autres assis sur des épées, & des pointes de fer, où est écrit *aux mal assis*. Pour de Launoy, notre excellent ami, il tire de bien plus loin le nom de cette rue, car il le fait venir des Assyriens, ou Syriens, l'un desquels appellé Eusebe, & marchand de profession, acheta de Fredegonde l'Evêché de Paris, au rapport de Gregoire de Tours, & croit que ces gens-là qui trafiquoient alors à Paris, aussi bien que cet Evêque, s'établirent d'abord dans la rue des Assis, à qui ils donnerent leur nom, & que ceux qui y demeuroient en 886. en ayant été chassés par les Normands, se retirerent dans la Cité, près St Pierre des Assis & transporterent à cette Eglise le nom de leur rue, qui avoit le nom de St Pierre, qu'avoit pour lors l'Eglise St Merry, fondée au bout de la rue des Assis.

Quoiqu'il en soit on dit d'ordinaire la rue des Assis, & très rarement la rue des Arsis, soit pour les raisons que je viens d'alleguer, soit pour eviter la rudesse du mot Arsis, comme difficile à prononcer.

En 1130. on l'appelloit en Latin *vicus de arsionibus*, en 1195. *vicus de essiz* : mais sans se donner tant de peine, ce nom ne viendroit-il point d'un bourg du Maine qui s'appelle les Assis, à cause de quelqu'un de ses Seigneurs, ou de ses habitans, qui se seroient venus habiter en cette rue : car c'est de là que la rue des Nonnains d'Ierre, la rue d'Avignon, & la rue Beaubourg ont emprunté leurs noms, & peut être l'étymologie la plus ordinaire en telles rencontres.

Dans les anciens titres Latins, la rue Aubry-boucher, d'un bout à la rue St Martin, & de l'autre à celle de St Denys, se nomme *vicus Alberici carnificis*, & *vicus Alberti Boucher* ; dans les vieux papiers terriers, elle s'appelle tantôt la rue Aubery-boucher, la rue Aubry-le-boucher, la rue Aubery-le-boucher, & plus souvent la rue Aubry-boucher ; mais le peuple qui corrompt tout, & qui cherche la brieveté, la nomme presque toujours la rue Briboucher dès l'an 1273. cette rue étoit assés celebre ; du reste touchant son nom, on ne sait pas si celui qui le lui a donné étoit boucher de son métier, & qu'Aubry fût le nom de sa famille, ou tout au contraire, si Boucher étoit son surnom, & Aubry son nom de Batême, qu'on ait formé sur *Albericus*, comme Merry sur *Medericus*, Thierry sur *Theodoricus*, Gery sur *Gaugericus*, Audry sur *Aldericus*, Arry sur *Agericus*, & sur *Alaricus*, d'où vient *Castellum de Alarico*, *Castelno-darry* petite ville de Languedoc.

DE LA VILLE DE PARIS. Liv.II.

Cette incertitude est fondée sur ce qu'il y a à Paris plusieurs bonnes familles des Bouchers & des Aubrys qui prouvent leur noblesse, & l'antiquité de leur maison par cette rue. A propos de quoi sera ici ajouté un triolet assés plaisant qui fut fait à l'occasion des tabourets & brevets de Ducs & Pairs, qui se prodiguoient du tems de la Regence.

> *Dépechés Monsieur le Tellier*
> *A Dame Aubry son escabelle,*
> *C'est pour mettre son gros fessier ;*
> *Dépechés Monsieur le Tellier.*
> *Elle est du sang d'Aubry-Boucher ;*
> *Des Maillottins le plus fidele.*
> *Dépechés Monsieur le Tellier*
> *A Dame Aubry son escabelle.*

La rue des Aveugles proche la rue du vieux Colombier, se nomme de la sorte à cause d'un aveugle qui y a demeuré long-tems dans une maison qui non seulement lui appartenoit, mais toutes les autres encore.

De plusieurs rues des Augustins que nous avons à Paris, je ne parlerai que de la rue des Augustins, & de la rue des vieux Augustins, laissant là la rue St Augustin, celle des petits Augustins & la rue neuve des vieux Augustins, parce que nous avons vû faire celles-ci, & que chacun en sait l'étymologie.

La rue des vieux Augustins au reste est la plus ancienne de toutes, & s'appelle ainsi, parce que c'est le lieu où les Augustins jetterent les premiers fondemens de leur Ordre. Il y a quelque cinquante ou soixante ans qu'on la nomme la rue des vieux Augustins, depuis la rue Montmartre jusqu'à la rue Cocquilliere : auparavant elle ne portoit ce nom là que jusqu'à la rue Pagevin ; & depuis là jusqu'à la rue Coquilliere, on l'appelloit la rue Pagevin. Dans cette même rue des vieux Augustins est un fort beau jeu de paume, & non moins ancien que renommé ; il s'appelloit autrefois le jeu de paume de Calais, & maintenant le jeu de paume des vieux Augustins.

De plus dans une maison à porte cochere, qui tient au coin de cette rue, & de la rue Cocquilliere, du côté de la rue des petits Champs, est élevée une vis, ou escalier de bois ovale, rampant, aisé, clair, guai, galant, vuide dans le milieu, orné de balustres & de masques, suspendu en l'air, couronné d'un dôme & d'une lanterne, admiré pour sa hardiesse & pour sa singularité : mais de plus inventé & conduit par un compagnon charpentier nommé Pere Cotton.

La rue des Augustins se nommoit autrefois, tantôt la rue de l'Abbé de St Denys, tantôt des charités St Denys, à cause d'un Hotel appellé l'Hotel des charités St Denis, & l'Hotel de l'Abbé St Denis, où ont logé long-tems les Abbés du couvent de St Denis en France. En 1613. & 1614. elle s'appelloit la petite rue de Seine, à raison peut-être qu'elle conduit à la riviere ; que si on lui donne le nom de la rue des Augustins, & tout de même au quai où elle aboutit celui de quai des Augustins, c'est que l'un & l'autre regnent à côté d'un couvent où les Augustins demeurent depuis l'an 1293. qui leur fut transporté par les Freres de la Penitence de Jesus-Christ, nommés alors les Freres sacs, & fondés dans ce Monastere.

En 1424. la rue Pavée, ou Pavée-d'andouilles, qui est parallele à la rue des Augustins, portoit aussi le nom de la rue des Augustins.

La rue d'Avignon que quelques uns nomment la rue de la Galere, à l'occasion d'un cabaret où pend pour enseigne une Galere, & qui depuis plusieurs années s'est maintenu au milieu de cette rue avec assés de reputation, n'avoit point encore de nom en 1300. On l'appelloit la rue Jean le Comte, en 1386. 1425. & 1552. La rue Vitrognon qui va du milieu de la rue d'Avignon dans la rue de la Heaumerie, se nommoit en 1300. la rue Court-pierre-la-pie : & dans le livre de la taille de cent mille livres levée alors sur les Parisiens, elles sont appellées toutes deux la rue Court-pierre-la-pic, & la rue qui chiet en la Savonnerie.

Du reste, celui des bouts de la rue d'Avignon qui tient à la rue St Denys, est presque entierement couvert de deux logis, qui la bordent; & quoiqu'en 1602. ils tombassent en ruine, & que par les Ordonnances & les Declarations du Roi il soit deffendu de retablir les saillies des maisons : toutefois ceux qui en étoient les proprietaires, ne laisserent pas d'en obtenir la permission du Voyer.

Les voisins s'en plaignirent vainement au Châtelet ; car le Prevôt de Paris le treiziéme Juillet ayant ordonné que le rapport d'une descente faite sur les lieux, seroit communiqué, la Sentence portoit que cependant on continueroit à rebâtir les deux logis.

Là-dessus ceux-ci en appellent à la Cour, & à leur requeste le Prevôt des Marchands & les Echevins, comme protecteurs & conservateurs de l'embelissement de la Ville, se joignirent à eux, & firent intervenir leur Procureur en la cause, avec si peu de fruit cependant, que ces deux maisons avancent encore en saillie sur la même rue, & même la couvrent si bien, qu'il n'y a rien de si obscur, ni de si sale que son entrée, ni même rien de si commode pour la retraite des voleurs, & pour servir la nuit de lieu de débauche.

B.

QUELQUE nouvelle que soit la petite rue du Bac, elle a déja changé de nom, & s'appelle la rue du Bari-neuf.

La rue Baillet vis-à-vis la porte de la Monnoie, se nommoit en 1297. la rue Dame Gloriette ; depuis la rue Gloriette. Peut-être l'appelle-t-on la rue Baillet, parce que quelqu'un de la famille des Baillet y a demeuré.

Il se pourroit faire encore que du nom de cette même famille vient celui de la rue des Balets, & que sans doute le peuple a dit la rue des Balets, au lieu de la rue des Baillets. Elle a un bout à la rue St Antoine, & l'autre à la rue du Roi de Sicile.

La rue Bailleul qui aboutit dans la rue de l'Arbre-sec, se nomme de la sorte depuis seulement que le deffunt President de Bailleul y a logé : auparavant on l'appelloit tantôt la rue d'Averon, tantôt la rue d'Avron : & presentement le peuple qui est un grand corrupteur de mots, lui donne le nom de la rue Bailleux, ou de la rue du Bailleux, qui est celui dont on qualifie ces sortes de gens qui se mêlent de remettre les os démis & rompus.

La rue Baliffre tient son nom de Claude Baliffre, Surintendant de la musique du Roi, & Maître des Pages de musique, à qui Henri IV. donna les places qui bordent cette rue : elle est maintenant couverte de maisons depuis la rue des Bons-enfans, jusqu'à celle des Petits-champs.

Nous avons eu long-tems à Paris deux rues Barbette. La premiere & la plus ancienne commençoit à une poterne, ou petite porte de la Ville, appellée la porte & la poterne Barbette, dressée à la vieille rue du Temple, entre l'Hotel de Guise, & la rue des Blancs-Manteaux : cette porte ou poterne finissoit à un faux-bourg nommé alors la Courtille-Barbette, enfermé depuis dans la Ville.

La seconde rue Barbette, & la plus nouvelle tenoit d'un bout à l'ancienne, & de l'autre à la rue des trois Pavillons : pour les distinguer, on donnoit à la premiere le nom de la rue vieille Barbette, & de la grande rue Barbette, & à la seconde celui de la rue neuve Barbette.

La premiere fut appellée ainsi, parce qu'elle passoit devant un ancien Hotel, nommé l'Hotel Barbette, celebre dans l'Histoire de Philippe le Bel, & celle de Charles VI.

Quant à la seconde, elle fut nommée de la sorte à cause que long-tems depuis, vers l'année 1521. on l'ouvrit à travers ce vieil Hotel, qui alors fut vendu

à

DE LA VILLE DE PARIS. Liv. II.

à divers particuliers, & converti en rues & en logis.

Maintenant on ne connoît point la rue neuve Barbette, que sous le nom de la rue Barbette, & on ne parle plus de la rue vieille Barbette, attendu qu'elle fait partie de la vieille rue du Temple, & la continue, dont elle porte le nom comme je dirai en son lieu.

Le cul-de sac de Barentin, ou la rue Barentin, vers celle de la Tixeranderie, se nommoit en 1281. & auparavant la rue des Juifs, à raison de quelques Juifs qui y avoient logé, & que Dieu donné & Bonne-vie y demeuroient : depuis on l'a appellée la Ruelle Violette: presentement elle se nomme la rue Barentin, à cause que le derriere d'une grande maison, qui appartient à des personnes de ce nom là, y aboutit, & peut-être changera-t-elle de nom quand ce logis changera de proprietaire, ou de locataire, comme nous voyons arriver en bien d'autres endroits.

La rue Barre-du-bec, proche la rue de la Verrerie, a pris son nom, ou d'une maison appellée en 1273. *Domus de Barra*, la maison de la Barre, ou d'une autre qui se nommoit vers le milieu du siecle passé l'Hotel de la Barre du Bec, appartenant alors au President de Boulencourt, & où il y a maintenant une fontaine publique qui ne va plus : ou bien enfin de l'Hotel de l'Abbé du Bec, ou de Notre Dame du Bec Hellouin en Normandie.

La rue de la Barillerie, vis-à-vis le Palais, dans un concordat passé en 1280. entre Philippe le Hardi, & les Couvents de St Maur & de St Eloi, se nomme *Barilleria*: & Robertus Cenalis dans sa Hierarchie Françoise l'appelle la rue de la Babillerie, *Via Loquuteleia*, & *Via Locutia*, à cause peut-être du Parlement où, pour plaider, il faut parler, ce qui se fait de vive voix; car enfin le mot de Parlement vient de *parler*; de ces deux mots Latins, au reste savoir *Loquuteleia* & *Locutia*, le dernier est beaucoup meilleur que l'autre, & a été formé apparemment sur le nom du Dieu *Ajus Locutius*, que firent les Romains, & à qui ils bâtirent un Temple dans la rue neuve de Rome, au lieu même où Marcus Cœditius avoit oui une voix beaucoup plus forte que celle d'un homme qui l'avertissoit de faire savoir aux Tribuns militaires; que bien-tôt ils verroient là les Gaulois.

La rue des Barres est fort ancienne, & pourtant n'avoit point encore de nom en 1362. car dans un titre de Charles V. passé en ce tems là, elle ne s'appelle point autrement que la rue qui va de la Seine à la porte Baudets, & de plus en 1386. c'étoit simplement la rue du Chevet St Gervais. Cependant dès l'an 1269. l'Hotel des Barres qui lui a communiqué son nom, étoit déja bâti en partie dans cette rue là même, & en partie dans celle de la Mortellerie: c'étoit un fort grand logis, & si grand que l'Abbé & les Religieux de St Maur l'acheterent vers l'an 1362. d'où dependoient des moulins, nommés d'abord les moulins des Barres, pour avoir été placés dans la Seine à l'endroit nommé aussi les Barres, & être vis-à-vis cet Hotel des Barres dont nous parlons aussi bien que de sa rue : mais comme avec le tems ces moulins venant à changer de maître, appartinrent aux Templiers, pour lors ils furent appellés les moulins du Temple, où on alloit sur un pont de bois que les Templiers firent dresser exprés en 1293. tout contre le quai de la Greve, nommé alors le quai du Temple, & au bout de la rue des Barres: & cette rue en ce tems-là, depuis celle de la Mortellerie, jusqu'à la riviere, s'appelloit tantôt la ruelle des moulins des Barres, tantôt la ruelle des moulins du Temple.

Je doute que ce soit ici le lieu de dire que ces moulins furent brûlés par accident en 1382. & rebâtis aussi tôt par le Grand Prieur de France : mais enfin détruits en 1564. pour la commodité de la navigation, par le Prevôt des Marchands & Echevins qui les acheterent douze cens livres.

La rue des Barrieres, outre ce nom-là, en a encore eu deux autres, aussibien que la rue des Barres: du tems de St Louis on l'appelloit la rue des Barrés, parce qu'elle conduisoit au Couvent des Carmes fondés au lieu même où est presentement le Monastere des Celestins, & nommés alors les Barrés, à cause

Tome I. P

que leurs habits étoient barrés ou bigarrés de bandes ou barres blanches, & minimes comme on les voit encore representés à l'entour de leur Cloître à la Place Maubert.

Depuis en 1386. on l'appelloit la rue des Beguines, à raison que des Religieuses de ce tems demeuroient à l'endroit même où est à present le Couvent de *l'Ave-Maria* : que si maintenant on l'appelle la rue des Barrieres, c'est que le peuple au lieu de barrés qu'il n'entend pas, lui a substitué celui de barrieres, qu'il entend, & qui n'est pas bien different de l'autre.

Je laisse à part ce que quelques uns veulent, que les Carmes n'eurent ce nom de barrés, que parce qu'ils ne parloient, & ne se laissoient voir qu'à travers des grilles & des barreaux. Je passe encore que d'autres font venir *barrés* de *bigarrés* par syncope, à cause de la bigarure de leurs habits ; & peut-être ne devrois-je pas avertir ici, que les gens d'Eglise, les Sergens, & les Executeurs de la haute Justice, ont porté long-tems des manteaux bigarrés, & que étoit-ce possible, à cause des habits bigarrés des anciens Ecclesiastiques, que les Carmes étoient bigarrés ainsi.

En 1220. la rue St Barthelemy se nommoit la rue des Cordouaguets en François, & en Latin *Vicus Cordubenarius*.

Vers le milieu du siécle passé la rue de Basfour, dans la rue St Denys, près le Ponceau, s'appelloit la rue des Bas-fours, dite sans chef.

En 1432. une partie de la rue du Batoir, qui vient de celle de l'Eperon à la rue Haute-feuille, s'appelloit la rue des Petits-champs.

En ce tems là ou environ la rue du Batoir qui va de la rue Coupeaux à la vieille rue St Jaques, portoit le nom de la Ville-neuve St René.

Tant que la rue Beau-bourg a été traversée d'une petite porte de Ville, ou poterne, qui se nommoit la porte Nicolas Hidron, ou la porte Nicolas Huydron, & même quelques années depuis, on en a fait deux rues, à qui on donnoit deux noms : depuis la poterne jusqu'à la rue Trousse-nonain, on l'appelloit en 1300. & auparavant la Poterne, après la rue Nicolas Hydron, la rue Nicolas Huydron, ensuite la rue Hidron & la rue Huydron : & en 1456. la rue Fausse-poterne Nicolas Ydron. Depuis la rue Simon le Franc jusqu'à la poterne, on la nomma d'abord la rue Cul de sac le grand, à raison sans doute que devant qu'on y dressât & ouvrît cette porte, c'étoit un cul de sac ou une rue bouchée par la rencontre des murs de la Ville qui passoient là. Elle portoit ce nom en 1300. mais quelques années après, elle fut appellée la rue Cul de sac le grand, & Cul de sac le petit, pour marque peut-être de ce qu'elle étoit au commencement, & à cause de la rue des Truyes qui étoit alors, & est encore un cul de sac de cette rue. Si je ne parle point ici d'un autre cul de sac nommé la rue Bertault qui se trouve aujourd'hui de l'autre côté de la rue Beau-bourg, c'est que je montrerai en son lieu, qu'en ce tems là, ce n'étoit point un cul de sac, mais une rue. Enfin on n'a commencé à lui donner le nom de la rue Beaubourg qu'en 1386. ou environ ; ce qui me fait croire que ce nom est beaucoup plus nouveau que la rue, & qu'elle ne l'a reçu qu'après avoir eu tous les autres. Valois le jeune, cependant & l'Abbé Menage ont prétendu que la rue Beau-bourg, la rue Beautibourg & la rue Bour-l'Abbé ont pris jadis le nom de Bourg, parce qu'au lieu où elles sont à present il y avoit là autrefois des Bourgs bâtis hors des vieux murs, & de l'ancienne clôture de la Ville, & pour preuve alleguent deux passages de la Chronique de Robert Moine de St Martin d'Auxerre, qui montrent que sous Henri I. *Burgus* vouloit dire un Bourg près d'une Ville, comme si on avoit besoin d'autorité pour prouver une chose si claire, & comme s'il n'y avoit que ces deux passages qui donnassent à connoître la signification de ce mot Latin. Mais afin de ne rien oublier de tout ce qui peut détruire leur opinion, tâchons de découvrir l'origine du nom de ces trois rues : car sans parler qu'elles sont trop voisines pour avoir jamais été des Bourgs, sur tout la rue Beaubourg & la rue Bourg-l'Abbé, ne leur seroit-il point arrivé la même chose qu'à quantité d'autres dont j'ai allegué & alleguerai plusieurs exemples ? je veux dire ; ne seroit-ce point de quelques personnes remarquables qui s'y sont établies, qu'elles ont pris le nom ? au lieu de celui qu'elles avoient lorsque ce n'étoit encore que comme des rues perdues, reculées près des murs de Paris, & habitées par de la racaille.

Et qu'ainsi ne soit, la rue Bauti-Bourg, sans difficulté, doit son nom à Henri Bourg-Thibault Parisien, & tout de même la rue Bourg-l'Abbé doit le sien à Simon du Bourg-l'Abbé ou du Bour-l'Abbé, dont la famille subsistoit encore à Bourges l'an 1594. en la personne d'un Président & Trésorier general de France de ce nom là ; & encore, à Paris depuis peu en celles de Guillaume Bourglabé Couvreur de maisons, & de Renault Bourglabé, Président des Monnoies, qui prit les Ordres en 1627, comme on peut voir dans les archives du Secretariat de l'Archevêché.

Pour ce qui est de la rue Beau-bourg, elle a tiré son nom de Jean Beaubourg, natif de Beau-bourg, village ou bourg & Paroisse de Brie, près l'Abbayie de Chelles, duquel descendoit le Président de Beau-bourg Conseiller d'Etat, que le Roi Louis XIII. a si souvent employé en toutes sortes de commissions.

Et quant à la rue Bourg-de-Brie que Valois & Menage n'ont pas voulu alleguer, il est certain qu'elle tire son nom d'Erembourg de Brie, Bourgeois de Paris, qui y a demeuré long tems. Que si j'ai joint ici cette quatriéme rue, ce n'est que pour faire voir que son nom vient aussi peu de *Burgus* que le nom des trois autres. Enfin je n'ai dit tant de choses de ces quatre rues que pour empêcher de croire que les noms de Bourg-labé & de Bourtibourg viennent d'Erembourg, Tibourg, & d'Erembourglabé

Si on donne à la rue de Baulne le nom de la rue du Pont, c'est parce qu'elle conduit au pont des Tuilleries.

On a donné à la rue Gerard Bacquet, celui de la rue Beau-treillis, à cause d'une belle treille, ou pour parler à la façon du tems passé, à cause d'un beau Treillis, qui faisoit une des principales beautés du jardin de l'Hotel Royal de St Pol : & afin de ne plus revenir à cette rue, je dirai que cette belle treille communiqua son nom à un grand logis de cette Maison Royale, qu'on nommoit l'Hotel du Beau-treillis situé au lieu même où est maintenant la rue de Beau-treillis, vis-à-vis la rue Royale, quartier St Antoine.

Je dirai encore qu'à St Jean en Greve il y a une Chapelle érigée en l'honneur de Notre-Dame de Beau-treillis, qui est à la collation de l'Archevêque, & qu'il ne faut pas s'étonner si le nom de Beau-treillis a passé à cette rue & à cet Hotel, puisque les treilles ont fait long-tems un des principaux ornemens des jardins de nos Rois, & que pendant plusieurs siecles, les Tilleuls, les Meuriers, les Ormes, & les Chênes, n'ont passé que pour des arbres champêtres & sauvages, qui ne devoient croître & faire de l'ombre que dans les forêts ; & de plus que les Jardiniers n'ont découvert l'art de les semer, de les transplanter, & d'en faire des allées, & des avenues, que lorsque les arts ont commencé de fleurir en France.

La rue de Beauvais, s'appelloit la rue de Beauvoir en 1300. & en 1399. & enfin elle a pris son nom du College de Beauvais qui se trouve dans le milieu de cette rue.

La rue St Benoît se nomme ainsi, à raison qu'elle regne le long du jardin des Religieux de St Germain des Prés, qui sont de l'Ordre de St Benoît.

Il n'y a pas plus de vingt ans qu'elle s'appelloit la Rue des Egouts, parce que jusqu'à ce tems-là, elle a été coupée en deux & empuantie par un égout découvert, qui maintenant passe sous le pavé, ce qui est cause qu'on la nomme quelquefois la rue de l'égout couvert.

Quand elle se nommoit la Rue des Egouts, elle tenoit d'un bout à la rue Jacob où finit la rue du Colombier, où elle s'appelle la rue St Benoît, de l'autre elle étoit attachée à la rue du Four, où elle garde encore son premier

Tome I.   P ij nom de la rue des Egouts, & où les égouts & ruisseaux, tant de la rue du Four que de quantité de rues voisines descendent à découvert jusqu'à la rue St Benoît sous laquelle ils passent maintenant dans un canal vouté de pierre de tailles qui les porte à la riviere.

La rue du Cimetiere St Benoît qui a un bout à la rue Frementelle & à la rue St Jaques derriere le College du Plessis, s'appelloit il y a quelques cent ans la rue Breneuse, depuis on l'a nommée la rue des Poirées, & de nos jours la rue du Cimetiere St Benoît, lorsqu'on y transfera le Cimetiere St Benoît, que nos vieillards ont vu dans la rue St Jean de Latran, autrement dite la Terre de Cambrai, à commencer depuis la fontaine St Benoît jusqu'au College des trois Evêques.

La rue des Bernardins en 1246. 1380. & long-tems depuis à été appellée *Via Sancti Bernardi*, & la rue St Bernard, à cause du College des Bernardins qui est bâti dans un de ses côtés, près St Nicolas du Chardonnet.

La rue Beuriere, du Beurier, ou des Beuriers, se nommoit il y a quelques années la rue de la Petite-corne pour la distinguer de celle de la Corne qui lui étoit parallele, & qu'on nomme presentement la rue Guillemin, elle aboutit rue du vieux Colombier, & rue du Four, quartier St Sulpice.

Une autre rue de la Corne au bout de la rue des Marmousets, quartier de la Cité.

La rue de Betizy s'appelloit dans le treziéme siecle & au commencement du quatorziéme, la rue au Comte de Ponti, depuis la rue du Comte de Ponthieu, ensuite on l'a nommée la rue de la Charpenterie, & la rue de Betizy; & enfin la rue de Bethify.

Le premier de ces noms vient de l'Hotel de Ponthieu que les Comtes de cette terre avoient là.

Le second lui fut donné à cause des Charpentiers qui s'y sont habitués long-tems.

Le dernier lui est demeuré à l'occasion des devanciers, ou de Jean de Bethify Procureur de la Cour, en 1 10. ou de Jaques de Bethify Avocat au Parlement en 1416. dont les predecesseurs étoient de Bethify, village près de Cheles; & même je pense avoir lu quelque part que les Huguenots l'ont nommée la rue de Coligny en memoire de l'Amiral de Coligny chef de leurs armées & de leur faction, qui y fut massacré à la St Barthelemy.

J'ai dit ailleurs que nous avions à Paris deux rues du Pont aux biches, & toutes deux placées aux deux extremités de la Ville.

Je ne sai rien de celle qui traverse la rue neuve St Martin, mais je trouve que l'autre du faux-bourg St Marceau se nomme la rue de la Misericorde, depuis que l'Hopital de la Misericorde y a été fondé.

J'ai dit ailleurs que nous avions deux rues de Bievre.

La premiere regne le long d'une partie de la riviere des Gobelins, qu'on appelloit autrefois la riviere de Bievre, & qui lui a communiqué son nom.

La seconde est parallele à la rue des Bernardins, & nommée la rue de Bievre parce que la riviere de Bievre, ou des Gobelins, y a passé pendant plusieurs siecles. Son canal caché sous le pavé & sous les maisons, y est encore presque tout entier, & ne sert plus depuis fort long-tems que d'égouts aux eaux d'une partie du quartier de St Nicolas du Chardonnet & de la montagne Ste Geneviéve.

Or quoiqu'il soit couvert d'une voute toute de pierres de taille fort longue, large, haute, & très-bien bâtie, & qu'il ne ressemble pas mal aux cloaques de l'ancienne Rome, je n'oserois pas pourtant l'y comparer.

Robertus Cenalis, au reste, qui ne savoit rien de tout ceci, mais qui avoit entendu parler d'une bête appellée *Bievre* en François & *Castor* ou *Fiber* en Latin a cru que le nom de la rue de Bievre venoit de cet animal, si bien que dans sa Hierarchie Françoise, il l'a nommée *Via Castorina, seu Fiberina*. Cette rue étoit habitée en 1226.

DE LA VILLE DE PARIS. Liv. II. 117

En 1319. 1326. & 1330. la rue des Billettes se nommoit la rue des Jardins & en 1345. la rue où Dieu fut bouilli : les Religieux Hospitaliers de Notre-Dame qui y demeuroient en ce tems-là, portoient le nom de Freres de la rue où Dieu fut bouilli, & en 1416. l'ayant changé, ils se faisoient appeller les Religieux des Billettes où Dieu fut bouilli.

Dans la Hierarchie Françoise de Cenalis, leur Monastere est qualifié Conventus ad Æstuarium, le Couvent des Boullettes ou des Bouillettes, & sans doute à cause du bruit qui couroit alors, qu'un Juif logé à l'endroit même où est maintenant le Monastere des Carmes mitigés avoient fait mille outrages à une Hostie consacrée, qui opera quantité de miracles, & qu'on garde encore religieusement à St Jean en Greve.

Depuis cela cette rue a été nommée la rue des Billettes, mais je ne sai ni quand on a commencé à l'appeller ainsi, ni pourquoi; car de s'imaginer avec le Pere du Bueil, qu'il soit tiré de *Bilis atra*, c'est-à-dire de la fureur de ce Juif enragé, & de se figurer encore comme il fait, de même que le peuple, qu'il vienne de trois ou quatre billes ou billettes qui pendoient pour enseigne à sa maison, je m'en garderai bien, afin de ne pas apprêter à rire de nouveau aux Savans, & aux autres qui doutent de l'Histoire du Juif & de l'Hostie.

Mais ce nom là ne pourroit-t-il point venir d'une espece de Peage qu'on appelloit autrefois, & qui s'appelle encore Billette, à l'occasion d'un billot de bois qu'on pendoit anciennement, & même qu'on pend encore tous les jours à la maison où il se paye : & ainsi au logis où il se payoit dans cette rue, n'y avoit-t-on point pendu une ou plusieurs de ces billettes ou billots de bois ? Et comme selon Loiseau le Peage se paye indifferemment par tous ceux qui conduisent les marchandises par le chemin Royal où est assise la Billette, la rue de la Verrerie qui passe au bout de celle des Billettes, & qui aboutissoit à une porte de Ville, dressée près St Merri, dès le tems de Louis VII. & où deflors étoit établi un Bureau pour recevoir les droits d'entrée, comme je ferai voir en son lieu, n'auroit-t-elle point été autrefois un chemin Royal qui conduisoit à la porte St Merri ? La Billette où se faisoit le Peage n'étoit-t-elle point pendue alors à quelque maison du coin de la rue des Billettes, vers la rue de la Verrerie ? Les Billettes qui pendoient à ce logis n'auroient-t-elles point donné occasion de l'appeller aussi bien que la rue, la Maison & la rue des Billettes ? Et enfin la rue des Billettes ne voudroit-t-elle point dire la rue du Peage, ou bien la rue où l'on payoit le droit d'entrée.

La rue des Blancs manteaux se nommoit en 1268. la rue de la petite Parcheminerie, depuis la rue de la vieille Parcheminerie & la rue de la grande Parcheminerie, quand les Religieux de l'Ordre des Serviteurs de la Vierge Marie mere de Jesus y bâtirent leur Couvent, que nous voyons encore à un de ses bouts; mais le peuple qui aime la brieveté, quand il s'agit de nommer une chose, voyant l'habit blanc de ces Religieux, laissa là bien vite cette longue traînée de mots dont étoit composé leur nom, & les appella simplement Blancs-manteaux, & tout de même rue, la rue des Blancs-manteaux, nom qu'elle portoit déja en 1289. quoique dans les chartes, ses premiers noms ne soient pas oubliés, car dans quelques unes du trésor du Temple de l'année 1440. elle se nomme la rue de la Parcheminerie, dite des Blancs-manteaux, & en d'autres de 1480. la rue de la vieille Parcheminerie dite des Blancs-manteaux, & encore en d'autres de l'année 1492. la rue des Parcheminiers dite des Blancs-manteaux; depuis c'est toujours la rue des Blancs-manteaux, nonobstant l'habit noir des Benedictins qui l'occupent aujourd'hui, à qui ces Serviteurs de la Vierge firent transport de leur Monastere.

Quand je parlerai des rues où demeuroient les Juifs, je ferai savoir qu'en 1261. quelques Juifs logeoient à la rue St Bon, & dans les rues voisines qui se nommoient alors *Judæaria Sti Boniti*; & en 1284. *Vetus Judearia*. Et maintenant je dirai que la rue des Bons-enfans a pris son nom du College des Bons-enfans, fondé dans cette rue par Etienne Berot, & Renould Choren Fondateur de l'Eglise St Honoré, & qu'en 1300 elle s'appelloit la rue aux Escholiers St Honoré, & en 1552. la ruelle par où l'on va au College des Bons-enfans. De la façon qu'elle est marquée dans les anciens plans de Paris, ça été long tems un cul-de-sac bordé de maisons d'un côté, & du cimetiere St Honoré de l'autre.

La porte & la rue Bordelle doivent leur nom à Pierre Bordelle, Bordelles, ou de Bordeille, qui se nommoit il y a quatre ou cinq cens ans *Petrus de Bordellis*; car cette rue & cette porte ont pris ces differens noms avec celui de la rue de la Porte Bordelle: & bien que ce mot de Bordelle fasse penser en mal, & même que chacun croye que c'étoit un lieu affecté de la debauche; c'est une erreur populaire qui n'a d'autre fondement que la ressemblance des noms. Elle tient depuis la fontaine Ste Geneviéve jusqu'à la porte St Marceau.

La rue des Boucheries se nommoit en 1550. la grande rue près les boucheries; en 1552. 1569. & 1583. la grande rue St Germain, à cause qu'elle tenoit & tient encore à la porte & à la rue St Germain, & que la rue St Germain s'appelloit peut-être la grande rue St André. Presentement elle est nommée la rue des Boucheries depuis la porte St Germain jusqu'à la rue de Bussy, & pourtant elle ne prenoit ce nom-là autrefois que jusqu'à la rue des Mauvais garçons; car depuis là jusqu'à la rue de Bussy, c'étoit la rue de la Blanche-oye, à cause du lieu occupé presentement par la Foire, qui s'appelloit encore en 1476. le lieu de la Blanche-oye.

Il y a eu long-tems deux rues qui portoient le nom de la Bouclerie: l'une dans la Ville, appellée la rue de la petite Bouclerie, maintenant la rue du Poirier: l'autre dans l'Université, qu'on nomme presentement la rue de la Bouclerie; mais qui tantôt s'appelloit la rue de la grande Bouclerie, tantôt la rue de la vieille Bouqueterie, & tantôt (surtout en 1272.) l'abreuvoir de Mascon, *aquatorium Matisconense, adaquatorium Matisconensis Comitis*, à cause des Comtes de Mascon qui demeuroient auprès, & qu'on menoit boire leurs chevaux à un abreuvoir au bout de la rue, qui y est encore. Elle tient au bout de la rue de la Harpe & finit à cet abreuvoir.

La rue des deux Boules n'a commencé à être nommée ainsi que vers l'année 1575. car avant cela on l'appelloit la rue Guillaume Dorée, & la rue Guillaume Poirée: elle aboutit à la rue Bertin-Poirée, que quelques-uns nomment Martin-Poirée: quoique le nom de Bertin-Poirée lui soit donné dès l'an 1473. de la façon qu'il en est parlé dans plusieurs anciens Papiers-terriers. Il semble que Guillaume Porée, æertin Porée, & Martin Porée étoient proches parens, & que tous trois ont demeuré en même tems dans les deux rues: leur surnom au reste a été corrompu par le peuple, à cause de la conformité qu'il a avec de la poirée & le marché aux poirées.

La rue du Bouloir près la Croix des Petits-champs & la rue Coquilliere, s'appelloit en 1359. & 1429. la rue aux Bouliers, dite la Cour *Bazile*, & en 1552. la rue des Buliers dite la *Cour Bazile*. De Buliers & de Bouliers, le peuple a fait Bouloy & Bouloir: & la *Cour Bazile* est un ancien nom qui lui est venu d'un grand lieu qui étoit là, appellé ainsi dès l'année 1481. & qui après avoir servi long-tems de Cimetiere à la Paroisse St Eustache, enfin a été converti en maisons particulieres, & en une grande basse-court occupée depuis quelque tems par les écuries de l'Hotel Seguier.

De quatre rues qui portent le nom de Bourbon, la premiere a pris le sien aussi bien que la seconde de deux Hotels, dont l'un qui se nommoit l'Hotel de Bourbon au faux-bourg St Germain proche la rue Tournon: l'autre qu'on acheve de ruiner tous les jours pour agrandir le Louvre, s'appelloit le Petit Bourbon, nom qu'il a communiqué à la rue qui le borde, dite la rue du petit Bourbon.

Quant à la troisiéme & à la derniere, elles s'appellent de la sorte, à cause de Henri de Bourbon, & de Jeanne-Baptiste de Bourbon, enfans legitimés de Henri IV. toutes deux ont été faites de nos jours: l'une est dans le Pré aux Clercs, dont Henri de Bourbon, Evêque de Metz étoit Seigneur spirituel

& temporel, en qualité d'Abbé Commendataire de St Germain des Prés; l'autre est contre les Filles-Dieu, & ne passe pas seulement le long de leur Monastere, qui est uni à l'Ordre de Fontevrault, dont Jeanne-Baptiste de Bourbon étoit Abbesse & Superieure generale, mais même fait partie de l'ancien Couvent de ces Religieuses, qui fut démoli pendant la prison du Roi Jean, comme je ferai voir ailleurs.

La rue des Bourdonnois se nommoit en 1297. la rue Adam Bourdon, & la rue Sire Guillaume Bourdon : en 1300. on commença à l'appeller la rue des Bourdonnois, & portoit encore ce nom-là en 1386. & depuis l'a toujours conservé.

La rue Bourg-de-brie, ou pour parler comme le peuple la rue Boute-brie, ou Bout-brie, s'est nommée autrefois la rue des Enlumineurs, du tems que les enlumineurs Jurés de l'Université y avoient établi leur demeure; après cela on l'a appellé la rue Erembourg de Brie, que l'usage a tant racourci qu'il en a fait Bout-brie, ou Boute-brie; mot qui pourroit être encore venu par corruption, autant que par abreviation, d'un Bourgeois de Paris de ce nom-là, qui a longtems demeuré dans la même rue.

Mais puisque dans tout ce discours je n'ai à parler que de l'origine des noms de chaque rue de Paris, & que c'est la capitale du Royaume, je crois qu'il est bon de dire ici un mot de l'origine des noms de nos François.

Jules Cesar rapporte, que de son tems parmi les Gaulois, les anciens Gentilshommes portoient le nom des lieux dont ils étoient Seigneurs: si bien qu'à leur imitation, les François depuis, ont mieux aimé prendre le nom de leur terre, que celui de leur maison : il n'en étoit pas de même des paysans, & des artisans, non plus que des Bourgeois; car d'abord ceux-ci n'étoient distingués que par leur nom de batême, ce qui s'est pratiqué de tout tems en Italie, & s'y pratique encore, d'où viennent chés eux les Absalons, les Regnaults, les Valerys, les Magdelaines, les St Aubin, les St Simon, & tous ces autres noms qui commencent de la sorte, mais lors qu'ils quittoient le foyer pour passer dans les Villes ou dans les Provinces, où ils n'étoient pas connus, & surtout quand ils étoient à Paris, aussi-tôt ils ajoutoient à leur nom de batême celui de leur Ville, ou de leur village : & de là sont venus les Dreux, les de Paris, les de Toulouse, les de Thou, les Verdun, & d'autres, que le tems & l'usage ont changé : & de là venoit sans doute notre Erembourg de Brie, qui m'a obligé à faire cette digression. Quelquefois à la fin de leur nom de batême ils mettoient celui de leur Province, comme font presentement nos laquais, nos cordonniers & autres artisans semblables, d'où ont pris commencement les de Flandres, les le Normand, les Languedoue, & tant d'autres dont je ne puis pas me souvenir. En ce tems là donc ceux du tiers état en usoient ainsi, presentement encore, les bourgeois surtout quand ils sont riches, afin du moins de ressembler à la noblesse par le nom; car comme les gentilshommes en France ne gardent presque leur rang qu'à la campagne, ce n'est pas d'aujourd'hui que le peuple s'égale à eux dans les grandes Villes. Enfin ce n'a été que dans le siecle passé que les filles & les femmes, tant nobles que roturieres ont commencé à porter un surnom, auparavant elles ne prenoient jamais d'autre nom que celui de leur batême, & si le contraire arrivoit, c'étoit bien rarement.

A l'égard des filles, le nom de la famille d'où elles sortoient, leur étoit interdit, & de même aux femmes celui de la famille où elles entroient; & cela autant chés les nobles que chés les roturiers, jusqu'au regne de François I. que les François commencerent à devenir galants, & à mettre les Dames au-dessus d'eux par leurs respects & leurs soumissions.

S'il me falloit apporter des preuves & des exemples de telles particularités, outre les Commentaires de Cesar, & les noms de famille que je viens d'alleguer, il me faudroit transcrire toutes les Epitaphes de Paris, & citer presque tous les anciens titres que j'ai examinés.

Mais fans aller fi loin, dans la fuite de ce difcours il fe verra plus d'exemples & de preuves qu'il n'en faut, pour faire tomber d'accord de ce que je dis.

J'avertirai en paffant, que comme il n'y a point de regle fi generale, qui n'ait fon exception, il fe trouvera encore beaucoup d'autres furnoms qui viennent des emplois de ceux qui les portent, ou des fobriquets qu'on leur donnoit.

Pou rrevenir donc à notre rue Bourg-de-brie, ou Boute-brie : elle fe nommoit au commencement la rue d'Erembourg de-brie, & *vicus Eremburgus de Bria*, dès l'an 1284. à caufe d'un Bourgeois de Paris de ce nom-là, qui y demeuroit. Depuis ç'a été la rue Bourg-de-brie, & c'eft aujourd'hui plus fouvent la rue Boute-brie que la rue Bourg-de-brie. Elle eft placée, un bout à la rue du Foin, & l'autre à celle de la Parcheminerie.

La rue Bourg-labbé, au bout de la rue aux Ours, s'appelloit en 1386. & 1426. tantôt la rue Bourg-labbé, tantôt la Bourre-labbé, rarement la rue Bourg-labé & feulement par ceux qui veulent trouver de la raifon dans les noms propres : elle a paffé long-tems entre deux rues affectées autrefois aux diffolutions publiques, & pour lors, n'étoit habitée que par de pauvres gens, qui ne paffoient pas pour les plus chaftes du monde, ni pour les plus fpirituels ; témoin le Proverbe qui court d'eux, & dont on fe fert encore aujourd'hui contre ceux qui n'ont pas grande malice : Ce font gens de la rue Bourg-labbé, ils ne demandent qu'amour & fimpleffe.

La rue Bourgtibourg, vers le cimetiere St Jean, & la rue Ste Croix de la Bretonnerie, fe nommoit en 1247. la rue Bourg-thibault ; en 1300. la rue Bourctybout, en 1376. la rue Bour-thibouft, en 1393. *Vicus Burgitiburgi*, en 1422. la rue Bourg-thibouft : touchant cette rue ici, & la rue Bourg-labbé, qui en voudra favoir davantage n'a qu'à voir ce que j'ai dit en parlant de la rue Beaubourg.

La rue du Bout du monde, qui prend de la rue Montmartre à la rue Montorgueil, s'appelle ainfi à caufe d'un méchant rebus de Picardie, qui s'y voit dans une enfeigne, où on y peint *un os*, *un bouc*, *un duc*, *& un monde* avec cette Infcription au bas *au bouc duc monde*.

La rue de Bracq, vis-à-vis l'Hotel de Soubife, d'un bout à la rue St Avoie, & de l'autre à la rue du Chaume, proche la Mercy, a plufieurs fois changé de nom, & femble en vouloir encore changer dans peu de tems.

D'abord on l'appelloit tantôt la rue des bouchers, tantôt la rue aux bouchers, & tantôt la rue aux bouchers du Temple ; & le tout à caufe d'une boucherie que les Templiers avoient établi là, comme faifant partie de leur territoire. Mais depuis qu'Arnoul Bracque, bourgeois de Paris, eût fondé & bâti l'Hopital, & la Chapelle de Bracque, & que Nicolas Bracque fon fils, Maître d'Hotel de Charles V. que la fortune enrichit & éleva tout d'un tems, fe fut logé contre cet Hotel-Dieu, tantôt on la nommoit la rue du Bracque, & tantôt la rue des bouchers, quelquefois la rue des boucheries, & même la rue des boucheries de Bracque.

Depuis cent ans neanmoins ou environ, on ne l'appelle plus que la rue de Bracque, fans faire mention ni de boucheries, ni de bouchers.

Quant à la Chapelle elle a quitté le nom de Bracque, pour prendre celui de la Mercy, après que les defcendans d'Arnoul l'eurent transportée aux Religieux de la Mercy, qui s'y font établis : & même la rue s'appelle prefque auffi fouvent la rue de la Mercy, que la rue de Bracque.

Cependant fi quelque nom à Paris devoit être de durée, c'étoit fans doute celui de Bracque, qu'on n'avoit pas feulement donné à la Chapelle, & à l'Hotel de la famille, qui y étoit attaché & fitué à la rue du Chaume, mais encore à la fontaine de la rue de Paradis ; à une porte de Ville dreffée dans la rue du Chaume ; à un jeu de paume de la rue du Temple, & à deux cens trois arpens de terre, fitués près de Provins, & donnés à l'Hopital de Bracque par les petits fils du fondateur.

De tant de lieux cependant qui portoient ce nom, il n'y a plus que ces arpens de terre qui le confervent, qu'on appelle encore le Fief du grand & du petit Bracque ; car fi la fontaine fubfifte, c'eft fous un autre nom ; la porte auffi

bien

bien que l'Hotel & le jeu de paume font ruinés, & ne font plus ce qu'ils étoient.

La rue de la Bretonnerie, tout contre la porte St Jacques, fe nommoit auparavant la rue du Puits.

La rue Brifemiche, vers la rue & Cloître St Mederic, au bout du Pont Notre-Dame, s'appelloit en 1273. la rue Baillorhe; en 1399. 1424. & 1427. la rue Boullehoue, Baillehoë, & Baillehoc: mais à l'égard de Brifemiche, qui peut favoir fi ce nom qu'on lui donne à préfent, ne viendroit point de quelqu'un des devanciers d'Etienne Brifemiche, Curé de Bezons, qui mourut en 1515.

La rue & la porte de Bucy, ne font ainfi nommées qu'à l'occafion de Simon de Bucy, Chevalier & Confeiller du Roi, à qui Jean, Abbé de St Germain des Prés, ceda en 1352. une grande maifon, attachée à cette porte. Auparavant on les appelloit la porte & la rue de St Germain, furtout en 1209. lorfque Philippe Augufte donna cette porte aux Religieux de St Germain.

La rue de la Bucherie fe nomme de la forte, à caufe d'un port aux buches qu'il y avoit tout auprès en 1415. & dont je parlerai en fon lieu, elle prend depuis la rue du Petit-pont, & va jufqu'à la place Maubert. Il y avoit des maifons dans cette rue vers St Julien le pauvre, en 1219. & en 1388. le Receveur du Domaine vendit les places qui étoient fur le bord de la riviere.

C

EN 1230. la rue Calandre ou la rue de la Calandre, vis-à-vis une des portes du Palais d'un bout, & de l'autre à la rue du Marché-pallu, quartier de la Cité, s'appelle *Via quâ itur à parvo ponte ad plateam fancti Michaelis*, dans une échange de la maifon où naquit St Marcel, qui étoit dans cette rue-là.

Elle a emprunté celui de Calandre d'une enfeigne: mais comme ce mot a quatre fignifications, on ne fait pas trop bien ce que cette enfeigne repréfentoit. Les uns veulent que ce fût une de ces petites bêtes qui rongent le froment, appellées charenfon, ou pate-pelue en François, & *Gurgulio* en Latin. Robertus Cenalis, qui croit la même chofe la nomme *via Gurguliana* dans fa Hierarchie Françoife.

Dans un concordat paffé en 1280. entre Philippe le Hardy & les Monafteres de St Maur & de St Eloi, elle eft appellée *Kalendra*. D'autres difent que c'eft une efpece de grive à qui ceux de Paris donnent le nom de Calendre: les autres une efpece de groffe alouette, qui felon Belon eft la veritable Calendre, & même qu'il n'y a que cet oifeau-là qui fe nomme ainfi. Les autres enfin pretendent que c'eft une grande machine de bois avec quoi on tabife, polit, ou calendre les étoffes de foye.

Tous ces gens ici cependant fe font tourmenté l'efprit bien mal-à-propos de vouloir trouver dans leur fantaifie une chofe qui fe voit, & qu'ils pouvoient trouver dans cette rue-là même; puifqu'enfin vers le milieu pend une enfeigne à demie rompue, où cette grande machine eft peinte, & de plus que dans toutes les autres enfeignes il n'y a ni grive, ni patte-pelue, ni alouette: & pour moi je m'étonne que l'Abbé Menage, ait dit qu'elle devoit fon nom à une enfeigne d'allouette.

Au refte elle a eu autrefois deux noms, pour avoir été autrefois feparée en deux rues, depuis la rue de la Barillerie jufqu'à la rue de la Savaterie, on la nommoit en 1291. la rue de la Calendre, & la rue de la Kalendre, en 1433. la rue de la Kalende.

Depuis là jufqu'à la rue du Marché-pallu, on l'appelloit en 1410. la rue de Lorberie, en 1504. la rue de Lerberie ou du Marché-pavé: en 1557. la rue de Lerberie, & avec le tems la rue des herbiers; à caufe que du côté de St Germain le vieux elle tenoit à un quai qui regnoit le long de la Seine, qu'on nommoit le quai de Lorberie, de Lerberie ou du Marché-pavé; & de plus jusqu'à la rue du Marché-pallus, où elle aboutissoit, il y avoit un carrefour & un marché où l'on vendoit des herbes.

Il se trouve deux rues des Cannettes à Paris, l'une au faux-bourg St Germain, que l'on commence à appeler la rue neuve de St Sulpice, parce qu'elle est proche de la Paroisse, & qu'elle y conduit; l'autre dans la Cité qui se nommoit auparavant la rue de la Pomme, & la Court Ferron, mais qui a pris le nom des Cannettes, à l'occasion de deux maisons qui subsistoient encore en 1552. qu'on appelloit les grandes & les petites Cannettes.

La rue des Capucins se nomme tantôt la petite rue des Tuilleries, parce qu'elle mene à la porte de derriere du Jardin des Tuilleries: tantôt la rue des Capucins comme n'étant pas loin du Monastere des Capucins, & qu'on l'ouvrit la en un tems, qu'il n'y avoit autre Monastere dans le quartier que le leur, & bien devant que celui de l'Assomption fut bâti, qui presentement tient à la petite rue des Tuilleries.

Il court un proverbe des habitans de la rue des Petits-carreaux, dont je ne sai point l'origine,

Les enfans des petits Carreaux
Se font pendre comme des veaux.

S'il n'y a de la raison, du moins y a-t-il de la rime; mais pour moi je pense qu'il y a plus de rime que de raison. Elle commence aux coins des rues St Sauveur & du Bout du monde, & finit au coin de la rue de Clery.

La rue Cassette a pris son nom du lieu même où elle est, qui se nommoit Casel en 1543. & que le peuple à son ordinaire a corrompu, & appellé Cassette, comme étant un mot qui lui est connu, & non pas l'autre, parce qu'il paroît plus aisé à retenir. Elle aboutit à la rue du vieux Colombier, & à celle de Vaugirard.

La rue du Censier ou du Centier au faux-bourg St Marceau, s'est nommée autrefois la rue des treilles, & auparavant la rue sans clef, parce que c'étoit un cul-de-sac: depuis on lui a donné les noms suivans, savoir la rue du Centier, ou du Censier, la rue Censiere, la rue Centier: & le tout à l'occasion d'un Receveur de cens & rentes, qui y a demeuré fort long-tems.

Touchant la rue du Cerf, je n'ai autre chose à dire, sinon qu'un Bourgeois de Paris nommé le Cerf, dans le siecle passé y avoit quelques maisons.

La rue de la Cerisaye est maintenant un cul-de-sac qui conduit à la porte du petit Arsenal; mais cul-de-sac si considerable qu'il n'est bordé que d'Hotels & de grandes maisons bien bâties, ensorte qu'on le peut comparer à quelques unes des plus belles rues de Paris.

Autrefois ç'a été une rue faite en équierre, qui passant entre le petit Arsenal, & l'Hotel de Lesdiguieres, venoit gagner la rue St Antoine, près la porte de la Bastille, & se nommoit quelquefois la rue de la Bastille, ci-devant appellée la Cerisaye; les uns veulent que le nom de la Cerisaye lui vienne d'un certain Pierre Cerisay qui y logeoit au commencement de notre siecle; les autres & avec plus d'apparence le tirent d'une Cerisaye qui tenoit à l'Hotel d'Etampes en 1543. & qui auparavant faisoit un des ornemens du Jardin de l'Hotel Royal de St Pol, & déja même dès l'an 1308. avoit donné son nom à un Jardin, à un Preau, & à des Galleries, dont elle étoit environnée.

La rue de la Chaise se nommoit de la sorte quand on la fit, à cause d'une enseigne, & se nomme la rue des Teigneux, depuis que pour les Teigneux on y a fondé un Hopital: elle a un bout à la rue de Grenelle, & l'autre à la rue de Seve proche les petites maisons.

La rue Champ-fleuri, la rue de la Champ-verrerie, & la rue des Petits-champs, ont pris le nom de Champ pour marquer l'ancien état du quartier où elles sont aussi-bien que St Martin des Champs, St Nicolas des Champs, St Antoine des

Champs, & même St Paul des Champs. En effet la rue des Petits-champs & la rue St Honoré, peut-être emprunte-t-elle son nom du quartier des Halles & des environs qu'on nommoit Champeaux en François, & *Campelli* en Latin qui ne veut dire autre chose sinon de Petits-Champs; & qui faisoit partie d'un faux-bourg dont il sera parlé ailleurs.

On tient que la rue de la Champ-verrerie vient de ce qu'elle est assise en un lieu où il y avoit autrefois une campagne, où se tenoit la verrerie; & que c'est pour cela, que dans les vieux Papiers-terriers, elle est nommée à la façon du tems, la rue de la Champ-voirerie, la rue de la Champ-voirie, & dans les nouveaux la rue de la Champ-verrerie, la rue de la Champuerrerye, & jamais la rue de la Chanvrerrerie, encore que Robertus Cenalis la fasse venir de Chanvre, ce qui fait qu'il l'appelle *Via cannabina*, comme s'il vouloit dire que des vendeurs de chanvre y demeuroient autrefois, & qu'il prît plaisir dans la Hieratchie Françoise à falsifier & defigurer le nom de cette rue, ainsi que de la plupart des autres dont j'ai parlé & parlerai. Quoi qu'il en soit, bien que ces quatre rues, apparemment ayent été faites sous Philippe Auguste, quand il agrandit la Ville & l'Université de Paris, je n'y trouve pas neanmoins que ni le peuple ni le tems qui ont changé tant de noms de rues, ayent changé ceux-ci à la reserve de la rue des Petits-champs, de la rue St Martin qui portoit ce nom là, dès l'an 1273. & même auparavant, mais que depuis on a quelque fois appellée la rue St Julien, parce qu'elle tient à l'Hopital même de St Julien, du moins à des maisons qui lui appartiennent.

La rue des trois Chandeliers a eu trois noms : en 1246. elle s'appelloit la rue Orillon, ensuite la rue Sac-à-lie, pour être presque vis-à-vis de la rue Sac-à-lie que le peuple nomme Zacharie, & en 1379 & 1421. la rue Thibault aux-broches; qui est apparemment le nom de quelque Rotisseur celebre, & de celui peut-être, qui le premier a établi une Rotisserie dans cette rue, & dans celle de la Huchette; le nom de la rue des trois chandeliers lui vient d'une maison nommée la Maison des trois Chandeliers en 1366.

La rue du Chantier, celle du Chaume, & des Enfans-rouges, ne composoient autrefois qu'une seule rue, qu'on appelloit la rue du Chantier du Temple, à cause que les Templiers y avoient un Chantier au coin de la rue du Chaume, & de celle des Quatre-Fils à l'endroit où est maintenant une cour de l'Hotel de Guise, avec le tems elle a bien eu d'autres noms, comme ayant été coupée & divisée en plusieurs rues : en 1291. on la nommoit la rue du Chaulme, depuis la rue des Quatre-Fils jusqu'à celle des Blancs-manteaux. Un peu après que Philippe le Bel eut permis au Grand-Maître du Temple d'y faire une porte de Ville, depuis la rue des Quatre-Fils jusqu'à la rue de Paradis, on l'appella tantôt la rue de la Porte-neuve, tantôt la Rue-neuve-poterne, tantôt la Rue d'outre la porte-neuve, tantôt la Rue outre la porte-neuve, tantôt la rue du Chaume, tantôt enfin la rue de la porte du Chaulme.

Quand on eut abbatu cette porte, elle reprit son nom de la rue du Chaulme, jusqu'à la rue des Blancs-manteaux, & porta encore quelquefois, sur tout en 1545. celui de la rue du Viel-braque, à raison qu'elle passoit devant la Chapelle de Braque dont je parlois tout maintenant; enfin l'Hopital des Enfans rouges ne fut pas plutôt fondé qu'on l'appella la rue des Enfans-rouges savoir depuis la porte de cet Hopital, jusqu'à la rue Pastourelle; & quant à celui de la rue du Chaulme, elle ne le retint que depuis là, jusqu'à la rue des Quatre-Fils : & à celle de l'Echelle du Temple, & quoiqu'en 1598. le Prevôt de Paris, à la requête du Grand-Prieur de France, ordonnât que l'enchere d'un logis de cette rue seroit reformée, portant qu'il étoit bâti à la rue des Enfans-rouges, appellée anciennement la rue du Grand-chantier, & qu'à la place, on mettroit assis dans la rue du Grand-chantier, tout devant les Enfans-rouges, nonobstant cela, on n'a pas laissé de l'appeller à l'ordinaire, la rue des Enfans-rouges, malgré le Grand-Prieur & le Prevôt de Paris, tant l'autorité est foible quand elle veut s'opposer à l'usage.

Tome I. Qij

En 1320. & 1386. la rue du Chantre, d'un bout à la rue St Honoré, & à la place du Louvre, se nommoit la rue au Chantre.

La rue St Nicolas du Chardonnet s'appelle ainsi à cause de l'Eglise St Nicolas fondée à l'un de ses bouts, & du Fief du Chardonnet, où cette rue & cette Paroisse sont situées toutes deux.

Du reste le nom du Chardonnet vient d'un certain terroir en friche rempli de chardons, qui couvroit un grand espace de ce quartier là: si le peuple dit la rue du Chardonneret, & St Nicolas du Chardonneret, c'est que le petit oiseau qui porte ce nom là lui est plus connu que le mot de Chardonnet. Peut-être au reste, est-ce la premiere & la seule rue de Paris, où il n'a pas cherché la brieveté: cependant il faut prononcer la rue St Nicolas du Chardonnet, & non pas du Chardonneret, tant à cause de la raison que j'en viens de donner, que parce que dans les chartes du douze & treiziéme siecle, le Fief est nommé *Cardunctum* & *Cardinetum* en Latin, & dans un titre en François de l'année 1460. il est appellé Cardonnay, & dans d'autres plus nouveaux Chardonnet.

La rue Charlot, ou la rue d'Angoumois, & toutes les autres rues des environs ont été bordées de maisons par Claude Charlot, pauvre paysan de Languedoc que de nos jours la fortune a nourri, engraissé & étouffé entre ses bras, puisqu'enfin d'Adjudicataire general des Gabelles & des cinq grosses Fermes, & de Seigneur du Duché de Fronta, il est retombé mort dans la boue d'où la fortune l'avoit tiré.

La rue Chartiere s'appelloit en 1300. la rue de la Charretiere, elle a son bout devant le Puits-certain au mont St Hilaire, & l'autre à la rue de Reims.

La rue Chassemidi se nommoit anciennement la rue des Vieilles-tuilleries à cause qu'il y a eu là de tout tems des tuilleries, comme il y en a encore: on l'appelle maintenant la rue Chasse-midi, au lieu de la rue Cherche-midi, qui étoit le nom d'une enseigne que je pense y avoir vu, où se voyoit peint un quadrant, & des gens qui y cherchoient midi à quatorze heures. Ce nom tout corrompu & faux qu'il est, plaît si fort à ceux du faux-bourg St Germain, où cette rue est située, qu'ils l'ont transporté aux Filles de la Congregation Notre-Dame, qui y ont un Monastere, en sorte qu'on ne les connoît point à Paris sous d'autre nom que sous celui des Religieuses du Chasse-midi. L'enseigne après tout, a semblé si belle, qu'elle a été gravée & mise à des almanachs tant de fois, qu'on ne voyoit autre chose: & même on en a fait un proverbe: il cherche midi à quatorze heures, c'est un chercheur de midi à quatorze heures, en parlant de gens qui cherchent à reprendre quelque chose mal à propos, où il n'y a rien à reprendre, ou qui s'embarassent pour des choses qu'ils ne sauroient avoir.

Qui croiroit Budé & Robertus Cenalis, il ne faut dire ni le grand ni le petit Chatelet, non plus que la rue du grand Chatelet & la rue du petit Chatelet; ce sont disent-ils des noms corrompus, & formés par le peuple sur Chateau & Chastel qu'il entend, mais bien il faut prononcer & écrire le grand Carceret, le petit Carceret, la rue du grand Carceret, la rue du petit Carceret, comme venant de *Carcer* que le peuple n'entend pas, & qu'on a donné à ces lieux, & à ces rues, à raison des prisons qui y sont.

Castellum hoc dixere Patres, nisi dicere mavis
Carcellum, modici quod signat carceris antrum.

dit un Poëte, du tems de Budé & de Cenalis: cette étymologie est si singuliere que je doute fort qu'elle soit reçue, cependant la rue du grand Chatelet se nomme autrement la rue St Leufroy.

La rue du Chat-blanc s'appelloit en 1300. la rue Jean-chat-blanc, en 1391. la ruelle Gille-chat-blanc, en 1432. la rue Chablanc, en 1436. la rue Gille-chat-blanc, en 1506. la ruelle Jean-chat-blanc, & dans de Chuyes, la petite rue des

DE LA VILLE DE PARIS. Liv. II. 125

Rats, à cause que la rue St Jaques de la boucherie, s'est long tems nommée la rue des Rats.

La rue du Chat qui pesche, s'appelloit en 1421. la rue de la Triperie, elle aboutit à la riviere, & à la rue de la Huchette.

La rue du Chevalier du Guet se nommoit en 1300. la rue Perrin-gascelin, en 1423. la rue Perrin-gosselin, depuis la rue Perrin-josselin, en 1552. la rue Pertrin-grafselin, & la rue Pierre-grasselin, enfin la rue du Chevalier du Guet, parce que le Chevalier du Guet y a long tems logé dans une maison qui appartenoit au Roi, appellée communement la maison du Chevalier du Guet, pour laquelle il y eut procès en 1596. dont l'espece est si singuliere, que peut-être l'Arrest servira de regle à l'avenir. En 1595. les Commissaires députés par Edit du mois de Septembre de l'année 1591. pour la vente du Domaine, vendirent ce logis deux mille neuf cent soixante-six livres de principal, & deux cens nonante-six pour les deux sols pour livre. Joseph d'Estudiert de Vinolebach, qui l'avoit acheté le revendit par decret en 1596. à Thibault des Portes Secretaire du Roi, sans faire mention des lots & ventes, à raison que les Commissaires le lui avoient vendu comme faisant partie du Domaine du Roi, & sans que Pierre de Gondy, Evêque de Paris & Cardinal qui en étoit Seigneur temporel s'opposât au decret : mais à peine des Portes en fut-il proprietaire, que le Cardinal le fait ajourner aux Requêtes du Palais, afin qu'il eut à lui montrer ses lettres & ses contrats d'acquisition, & en même tems à lui payer les droits Seigneuriaux qui lui étoient dûs, suivant la coutume de Paris. Ce different fut suivi de toutes les chicannes dont les Procureurs les plus artificieux sont capables. Enfin en 1599. par Sentence du 16. Mai & par Arrêt du 14. Juillet 1618. l'Evêque de Paris gagna son procès avec dépens, & ainsi le logis rentra dans le patrimoine de l'Evêché d'où il avoit été retiré par le Roi & uni à son Domaine, pour loger le Chevalier du Guet.

Je n'avois pas dessein de dire qu'en 1432. par Sentence du Chatelet on fit une loge à la rue du grand Chatelet devant l'Eglise de St Leufroy afin d'y peser le bled qu'on portoit moudre aux moulins du Pont aux Meuniers, & après y repeser la farine, lorsqu'elle étoit moulue & le tout à cause des Meuniers dont chacun se plaignoit, si bien qu'un nommé Pierre Rousseau fut choisi pour cette commission, à qui on livra les poids du Roi, avec charge de tenir Regitre tant du bled que des farines qui seroient pesées, & enfin pour son droit, il lui fut permis de prendre un tournois pour chaque septier de bled & de mouture.

Je passe la rue du Chaume, parce qu'en parlant de la rue du Chantier, j'ai raporté tout ce que j'en savois.

La rue de la Chausseterie s'appelloit anciennement la rue aux Chats, & la rue de la place aux Chats, à raison qu'elle commence à une place de ce nom là : depuis on l'a nommée la rue de la Feronnerie, attendu qu'elle semble continuer la rue qui porte ce nom là : on l'appelle même quelquefois la rue St Honoré, à cause qu'on diroit qu'elle porte la rue St Honoré jusqu'à la rue de la Ferronnerie.

La rue des Chiens ou des Chieux va de la rue des Sept-voyes à celle de Jean-le-maître, dites des Cholets, elle se nommoit en 1416. la rue Maître-Jeharre.

La rue St Christophle s'appelloit en 1224. la rue Regratiere, elle aboutit à la rue de la Juiverie & au parvis Notre-Dame.

La rue du Cigne en 1445. prenoit le nom de la ruelle Jehan-vigne, & dans le siecle passé celui de la rue au Cigne ; de nos jours elle a pris celui qu'elle porte d'une maison nommée anciennement l'Hotel du Cigne qui y avoit été bâti dès l'an 1445. elle donne à la rue Mondétour, & à la rue St Denys, proche le cloître St Jaques de l'Hopital.

La rue St Claude a pris son nom de Claude de Guenegaud Trésorier de l'épargne, qui y a demeuré le premier & y demeure encore ; on l'appelle aussi quelquefois la Rue-neuve des Minimes, à cause des Minimes & de la rue des

126　　HISTOIRE ET ANTIQUITES

Minimes du voisinage: maintenant elle ne porte ni l'un ni l'autre, & même n'a plus de nom, à raison que le Maréchal de Turenne, & ce même Guenegaud Tréforier, qui logent & font proprietaires des places dont elle est bordée de l'autre côté ont agrandi leurs jardins de toutes ces places.

La rue de la Clef, quartier St André commence au coin de la rue de la Boucleríe & finit au coin de la rue Macon, regardant la place du Pont-St-Michel, nommée ainsi à cause de Perinet le Clerc, qui jetta les clefs de la Ville par dessus la porte de Bussi, quand les Anglois entrerent dans Paris, & que la maison qui fait le coin, lui appartenoit qui fut rasée, & pour marque de sa trahison sa figure y est posée sur la borne. On comprend presentement cette rue avec celle de St André dont elle fait le commencement.

Une autre rue de la Clef s'est tantôt appellée la rue de la Corne, tantôt la rue neuve St Medard, & même souvent a été confondue avec la rue Gracieuse & la rue Tripelet sous le nom de Ville-neuve St René ou du Clos du Chardonnet, parce qu'elles croisent une grande piece de terre, qu'on nommoit ainsi avant l'année 1520. que l'on commença à la couvrir de rues & de maisons, elle tient depuis la rue d'Orleans jusqu'à la rue des Copeaux.

La rue Cloche-perce de la rue St Antoine à la rue du Roi de Sicile, elle se nomme dans un ancien plan, & dans quantité de Papiers-terriers anciens la rue Renaud-le-Febvre qui est le nom de la rue qui conduit de la porte Baudets au Cimetiere St Jean; on la appellée ensuite la rue Cloche-perce, à cause d'une enseigne de la cloche percée; & depuis huit ou dix ans, à l'occasion d'une autre enseigne de la Grosse-Margot, qu'a mis là un Tavernier fameux pour son bon vin, on l'a nommé la rue de la Grosse-margot.

La rue Clopin, a pris son nom d'un logis qui y avoit été bâti dès l'an 1258. & qu'on appelloit alors la Grand'maison-Clopin, on l'a nommoit quelquefois la rue du Champ-gaillard, & enfin on l'a bouchée, & ouverte depuis peu comme je dirai autre part.

La rue des Cholets, de Jean-le-maître, ou de St Syphorien des vignes, quoique cette rue ait ces trois noms, on ne l'a connoît que sous le nom des Cholets, à cause de la porte du College des Cholets qui se trouve au milieu: cette rue donne d'un côté dans la rue St Etienne des Grès, & de l'autre dans celle de Reims, ou de Bourgogne.

Nous avons deux rues du Coq qui ont eu d'autres noms, celle qui passe de la rue de la Verrerie à la rue de la Tixeranderie, a commencé en 1433. à prendre le nom qu'elle porte, & à quitter celui de la rue Audry-mallet & de la rue André-mallet qu'elle avoit eu jusques-là.

Celle qui regne le long de la maison des Prêtres de l'Oratoire se nommoit en 1300. & 1399. la rue de Richebourc & la rue de Richebourg, du nom d'un Bourgeois dont la famille subsiste encore aujourd'hui, depuis elle a été appellée la rue du Coq, à cause d'une maison qui a un coq pour enseigne, & même au dessus de la porte un coq en basse taille.

La rue Cocqheron se nommoit en 1552. la rue Cocqheron dite l'Egyptienne; & depuis la rue des Macqueron; auparavant la rue de la Justienne, ou de l'Egyptienne; & depuis à cause d'une autre rue du même nom qu'elle continuoit, où à l'entrée se voit une Chapelle dediée à Ste Marie Egyptienne. Cette rue au reste, est appellée par Cenalis, dans la Hierarchie Françoise *Via Maqueheria* en Latin: & en François la rue Moqueheron.

La rue Cocquatrix, se nommoit autrefois la rue Fery de Paris, la rue des Hermites: & la rue des deux Hermites depuis ayant été coupée en deux, ces deux noms de Cocquatrix & des deux Hermites lui ont été donnés, dont l'un vient d'une enseigne, & l'autre d'un homme assés celebre qui y avoit une maison nommée en 1300. *Domus Cocquatris contigua domui Marmosetarum*: ses descendans subsistent encore aussi bien que son Fief, de même nom que lui, & qui consiste en plusieurs maisons situées de côté & d'autre en des rues differentes.

Du tems de Marot, au lieu de la rue Cocquilliere, on disoit la rue Cocquillart, à cause d'une personne de ce nom-là, qui portoit dans ses armes trois coquilles d'or, & même pour qui Marot fit l'Epitaphe suivante.

> *La mort est jeu pire qu'aux quilles*
> *Ne qu'aux échets, ne qu'au quillard*
> *A ce méchant jeu Cocquillart*
> *Perdit sa vie & ses coquilles.*

Le peuple des halles lui donnoit auparavant le nom de la rue Coquetiere, parce que les coquetiers, c'est-à-dire, ceux qui font trafic d'œufs & de poulets, & qui les apportent aux halles, y arrivent par là. Claude Irson semble être de cet avis, quand il dit que la rue Cocquilliere vient de cocquilles ; mais il se trompe aussi-bien que les revendeurs des halles ; car elle a pris son nom de Pierre Cocquillier Bourgeois de Paris, qui en 1292. ou environ vendit à Gui de Dampierre, Comte de Flandre, un grand logis qu'il y avoit fait bâtir ; que si quelquefois on l'a nommée la rue Behaine, c'est à cause qu'elle passoit derriere l'Hotel des Rois de Boheme, nommé à présent l'Hotel de Soissons ; & si outre ces noms, on l'appelloit encore plus souvent la rue de la porte au Cocquillier, c'est qu'il y avoit une porte de Ville qui la traversoit, lorsque les murs de la Ville passoient par ce quartier-là.

La rue des Cocquilles, qui perce de la rue de la Verrerie à celle de la Tixeranderie, s'est long tems nommée la rue Jacques Gentien, la rue Gentien, & la ruelle Gentien, & quoique vers l'année 1487. on bâtit à un de ses coins une maison ornée de cocquilles, & pour cela nommée l'Hotel des cocquilles : neanmoins elle n'avoit pas encore pris le nom de la rue des Cocquilles en 1506. ce qui fait juger que son premier nom vient de Jacques Gentien, & cela est tellement vrai que Guillaume Gentien, l'un de ses descendans y demeuroit encore dans le logis de ses peres en 1391. & qu'ainsi sa présence servoit beaucoup à maintenir le nom de Gentien à la rue, que son ancêtre lui avoit donné.

La rue du Cœur-volant, qui a un bout aux rues des Quatre-vents & des Mauvais-garçons, & de l'autre à la rue des Boucheries, a pris son nom d'une enseigne qui lui fit perdre celui de la rue des Marguilliers qu'elle portoit, aussi-bien que celui de la Blanche-oye qu'on lui donnoit en 1476.

La rue de la Colombe s'appelloit la rue de la Couronne en 1408. & la rue de la Coulombe en 1506. Elle aboutit rue d'Enfer & rue des Marmouzets.

La rue du Colombier, se nommoit en 1585. la rue du Pré aux Clercs : en ce tems-là on en fit l'alignement du côté de la riviere pour le couvrir de maisons, & pour lors le Bailly de St Germain fit deffences, tant aux charretiers qu'aux marchands de chevaux de passer par là ; & de plus ordonna que la rue seroit fermée de barrieres par les deux bouts : de nos jours on l'a remplie de grands logis de l'autre côté.

Dans un titre qui est dans le Registre du Trésor des Chartres, cotté cinquante-six du Regne de Philippe le Long, des années 1317. 1318. & 1319. est un titre cotte huit-vingt-six au folio 79. lequel est une vente faite d'une maison, vigne, terre, & jardins, séant à St Germain des Prés, au lieu nommé le Colombier à Robert de Brionu Clerc, pour quatre cens livres, avec une autre maison à Notre-Dame des Champs.

La rue de Condé de notre tems a changé de nom par deux fois ; avant que Henri de Bourbon, Prince de Condé vint loger à l'Hotel de Gondy, on l'appelloit la rue neuve St Lambert : depuis qu'il a commencé à y demeurer, on l'a nommée la rue de Condé, & déja même, changeant ce nom, le peuple s'accoûtume à l'appeller la rue Princesse, à cause qu'en parlant du Prince de Condé, on ne le nomme point autrement que Monsieur le Prince, nom que de tout tems prennent les premiers Princes du sang.

La rue de la Couroirie, qui aboutit rue St Martin, & rue Beaubourg, se nommoit en 1300. la rue de la Baudraerie : en 1373. 1426. & 1432. la rue de la Plaftriere, après la rue de la Baudroirie ; que fi depuis peu on l'appelle la rue de la Couroirie, c'eft qu'il n'y a guere qu'elle eft habitée par des Corroyeurs.

La rue des Cordeliers s'eft nommée anciennement la rue St Germain, parce qu'elle tient à la rue & au faux-bourg St Germain, & fi en 1255. qu'on fonda le College des Premontrés, on l'appelloit la rue aux étuves, ce ne fut que pendant quelques années, & lors qu'il y avoit des étuviftes. Elle finit à la rue de la Harpe.

La rue de la Corderie, fe nommoit autrefois la rue Boyer : la rue Cordiere, la rue des Corderies, & même la rue de la Corderie, dont je viens de parler, ont fervi fi long-tems aux Cordiers à filer leurs cordes, que tels noms leur ont été donnés à caufe d'eux. Elle finit à la rue neuve St Roch.

La rue de la vieille Cordonnerie en 1432. étoit appellée la rue de la Cordouennerie. & dans le fiécle paffé la rue de la Cordouannerie, comme n'étant alors habitée que par des faifeurs ou vendeurs de cuir & de fouliers, que le peuple a nommé depuis cordonniers par fyncope, & pour rendre le mot plus doux ; car anciennement on les appelloit cordouanniers, même c'eft le nom que leur donne Philippe de Comines, à caufe que le premier cuir dont les François fe fervoient pour leurs fouliers, venoit de Cordoue, & pour cela qu'on appelloit Cordouan. Prefentement cette rue eft la rue des Foureurs, depuis que les cordonniers ont fait place aux pelletiers, que le peuple appelle foureurs ; & quoique ces fortes de marchands trouvent fort mauvais qu'on leur donne un tel nom, & même à leur rue, le peuple ne fe corrige point pour cela, mais auffi n'empêche-t-il pas qu'ils ne s'appellent Pelletiers entre eux.

La rue de la Coffonnerie aboutit rue St Denys, & aux pilliers des poitiers d'étain, quartier de la halle : dans le douziéme fiecle elle avoit nom *via cochoneria*, en 1330. la rue de la Coçonnerie : en 1425. & 1552. la rue de la Cochonnerie, & *porcularia* : dans la Hierarchie Françoife de Robertus Cenalis ; tellement qu'il femble qu'autrefois on y ait tenu le marché aux cochons, & de la volaille, ou qu'elle ait été long-tems habitée par des chaircutiers & des poulaillers : car anciennement coffonniers & coffonnerie vouloient dire la même chofe que poulaillers & poulaillerie ; j'aprens même de quelques vieillards qu'à certains jours de la femaine on y tenoit un marché de cochons & de volailles, & de plus ils m'ont affuré qu'étant jeunes, ils y ont vû étaler dans des panniers, & fur le pavé des poulets, des chapons, & tout le refte que les poulaillers d'aujourd'hui ont étalé fur le pavé & dans leurs panniers à la vallée de mifere, & depuis, le long du quai des Auguftins. Enfin j'ai lu dans le livre neuf du Procureur du Roi une Ordonnance, qui deffend, tant aux rotiffeurs, qu'aux autres marchands qui venoient étaler à la rue de la Coffonnerie, d'aller avant l'heure au-devant des marchandifes.

La rue Coupeaux, à l'entrée du faux-bourg St Marcel, s'eft appellée long-tems la Chauciée, la Chauffée, la rue Coipeaulx, la rue Coupeaulx & Coupeaux, peu de tems après la rue Champeaux & la rue de Mefmes, à caufe de Jean-Jaques de Mefmes, Lieutenant Civil, proprietaire de l'Hotel du Séjour d'Orleans, bâti dans cette rue. Quant à tous ces noms de Coupeaux écrits differemment, ils viennent de celui d'un grand territoire où elle eft fituée & où étoit un moulin, une butte, & un Hotel appellé l'Hotel de Coupeaux, la Butte de Coupeaux, le Moulin de Coupeaux, & le moulin du Cupers, du tems de Gilduin premier Abbé de St Victor.

Le nombre des rues qui portent & portoient autrefois le nom de Cour à Paris, eft prefque infini, les unes étoient & font encore des logis accompagnés d'une cour, comme la Cour-boulard, ou la Petite-chaife à la rue Planchenibrai, la Cour-turcat, qui fubfiftoit encore en 1552. dans la rue Mont-martre, la Cour-bafile en la rue du Bouloir que Robert Cenalis appelle la cour Baille & *curto-ballenfis*, en corrompant à fon ordinaire, prefque tous les noms de nos rues dans fa Hierarchie. Les autres font des culs-de-facs, tels que la

Cour

DE LA VILLE DE PARIS.

cour de Rouen, la cour des Bœufs, la cour des Jesuites, les deux cours Ste Catherine, dont l'une se nommoit en 1552. la Ruelle aux vifs qui tient à l'Hopital Ste Catherine, l'autre conduit à un jardin appellé autrefois le Pressoir, où les Religieuses de Ste Catherine vont prendre l'air, la cour Baston, ou la rue de Sourdis, qu'on a qualifiée la rue du Coup-de bâton, la rue du Col-debâton, & la rue du Col-de-bascon; la cour Oris que quelques uns appellent, sans raison la Cour du Roi, & dont le nom vient peut-être d'un certain Pierre d'Oris General des Finances de Louis XI. qui pendant que le Duc de Berry, le Comte de Charolois, & autres bloquoient Paris en 1465. se rendit au Duc de Berry; la cour le For, où le Four aux Dames, que Gomboust nomme la rue de la Haumerie. Les autres lieux de ce nom-là sont habités, par des gueux & par de pauvres artisans & gagne deniers, comme la cour de Bavière près la porte St Marceau, la cour de la Boucherie St Honoré, la cour de la Jussienne, proche de Ste Marie-Egyptienne, la cour du Roi François, à la rue St Denys, près du Ponceau, la cour Gentien & la cour Brisset à la rue de la Mortellerie, la cour St Eloi contre St Paul, la cour des Miracles, dont je ferai un discours à part au liv. v. Les autres étoient de petites rues fermées de portes par les deux bouts, ainsi que la cour Au-vilain; la rue Cour-du-more, la cour Feton, ou la rue des Cannettes; la Cour St Leufroi, la cour Me Robert de Paris, appellée la rue du Renard, la cour Pierre la Pie nommée la rue Virognon.

De tant de Cours au reste, la rue Court-du-More, s'appelloit en 1330. la rue Palée: la rue Court au-vilain, le siecle passé la rue au vilain, puis la rue de la Fausse-poterie, & la rue de la Fausse-Poterne. Et parce que les voleurs, après avoir volé dans la rue Beau-bourg & dans la rue St Martin, s'y retiroient, le voisinage du consentement du Prevôt des Marchands & Echevins la fit fermer par les deux bouts en 1559. comme elle étoit auparavant; & de plus en 1568. Robert Rouelle Conseiller au Parlement, locataire à longues années de la maison bâtie au coin de la même rue en celle de St Martin, obtint pour soixante francs, permission des Gouverneurs de l'Hopital St Julien, de dresser sur cette rue la chambre qui la couvre encore aujourd'hui, & qui va du premier étage au jubé de l'Eglise.

En 1300. & 1386. la rue de la Coutellerie se nommoit, jusqu'à la rue Planche-mibray, la rue des Commendaresses & la rue des Recommendaresses, & non pas la rue de Recommandaresses qui est le nom que le peuple donne à ces femmes ou matrones, qui se mêlent de trouver condition aux servantes & aux nourrices: mais depuis que les Couteliers y ont établi leur demeure, on l'a appellé d'abord la rue aux Couteliers, la rue de la Vannerie, & la rue Recommandaresses & enfin la rue de la Coutellerie, & la rue Haute-vannerie.

Le nom de la rue de la Coulture Ste Catherine & St Gervais viennent du mot Latin *Cultura*, & du François Coulture, dont le peuple se sert au lieu de Culture, qui signifie un lieu champêtre qu'on cultive, ou qui a été cultivé. La première, fameuse dans l'histoire de Charles VI. par l'assassinat du Connetable de Clisson & par la maison du Boulanger qui lui sauva la vie, & où le Roi & toute la Cour l'allerent voir & plaindre son malheur: elle se nomme la rue de la Coulture Ste Catherine, parce qu'elle traverse des terres qui appartiennent à des Religieux qu'on appelle plus souvent les Religieux de la Coulture Ste Catherine, & les Religieux de Ste Catherine, que les Religieux de Ste Catherine du Val des Ecoliers, bien que ce soit le nom qu'on leur devroit donner. La seconde se nomme la rue de la Coulture St Gervais, à cause qu'elle passe dans un lieu dont les Religieuses Hospitalieres de St Anastase, dites de St Gervais, sont Dames foncieres, après en avoir été long-tems proprietaires.

La rue Clopin est au haut de la rue d'Arras, aboutissant dans la rue Bordelle, vis-à-vis la rue des Prêtres de St Etienne du Mont, il y a une traverse nouvellement faite au haut de la rue d'Arras, qui rend dans la rue des fossés St Marcel, jusqu'à celle de St Victor, vis-à-vis les Religieuses Angloises, & qui aboutit à l'entrée de ladite rue Clopin.

Tome I.

La rue de la Croix blanche se nommoit en 1368, & même se nomme encore de nos jours, la rue Anquetin le Faucheur, & je pense qu'elle n'auroit pas changé son ancien nom, sans un cabaret où pendoit pour enseigne la Croix blanche, que je crois avoir vu à l'un de ses coins, elle donne d'un bout dans la vieille rue du Temple, & de l'autre au coin de la rue Bourtibourg.

La rue Ste Croix de la Bretonnerie, traverse un vaste espace de terre appellé anciennement, le Champ-aux Bretons, à raison peut-être de quelques Bretons, ou de quelques personnes nommées Breton qui y demeuroient.

Galleran Breton, porteur & Orange sa femme y logeoient en 1260. Mathieu Breton, & Guillaume Breton, Chapelain de St Jean en Greve, y avoient leurs maisons en 1299. & dans le treiziéme siecle, elle s'appelloit tantôt la rue du Champ-aux-Bretons & la rue du Champ des Bretons, tantôt la Bretonnerie, la rue Bretonnerie, tantôt la grande Bretonnerie, la rue de la grande Bretonnerie, & depuis que les Religieux s'y sont établis, on l'a nommée la rue Ste Croix de la Bretonnerie.

La rue du Crucifix St Jaques portoit autrefois le nom de la rue de la Vannerie, puis en 1508. celui de la rue du Porche St Jaques, mais un Crucifix de cuivre dressé contre l'un de ses coins, & couvert d'un dais de bois est cause qu'elle a changé son ancien & premier nom, en celui de la rue du Crucifix St Jaques.

La rue Notre-Dame des Victoires, avant que de nos jours on l'enfermât dans la Ville, s'appelloit le Chemin-herbu, mais depuis qu'une enseigne haute en couleur, eut été pendue à l'une de ses maisons où la Vierge sous le nom de Notre-Dame des Victoires est representée, aussitôt elle quitta son premier nom pour prendre celui-ci : le peuple neanmoins qui aime la brieveté le trouvant trop long & voulant le racourcir, l'appelle quelquefois la rue des Victoires, & même commence à la nommer la rue des Petits-peres, & la rue des Petits-Augustins, à cause que les Augustins déchaussés, qu'il appelle tantôt les petits Augustins & tantôt les petits Peres, y ont leur Couvent qui en occupe une partie.

D.

LA Rue-neuve-Notre-Dame a eu anciennement d'autres noms, d'abord elle s'est appellée la Rue-neuve Ste Geneviéve, la rue de Ste Geneviéve parce qu'elle passe devant l'Eglise de Ste Geneviéve des Ardents : ensuite la rue de Notre-Dame, à cause qu'elle conduit au parvis, & au grand portail de Notre-Dame, & enfin la Rue-neuve-Notre-Dame, lorsque Maurice Evêque de Paris, la fit rebâtir tout de nouveau, en 1163. & 1164.

On s'étonne, & non sans raison, pourquoi on ne l'a point nommée la rue de l'Hotel-Dieu, puisque non seulement ce grand Hopital est placé là : mais encore parce qu'il est de plus ancienne fondation que Ste Geneviéve, & même qu'il a beaucoup plus de reputation, & n'est guere moins vieux que Notre-Dame, s'il en faut croire ses Administrateurs.

Il y auroit lieu de s'étonner, ce semble, de voir que cette rue, toute vieille qu'elle est, conserve encore depuis cinq cens ans le titre de Neuve. La chose pourtant n'est pas bien surprenante : le Pont-neuf, malgré tant de ponts de pierre, & si beaux qui ont été construits à Paris depuis lui, n'a point changé de nom pour cela, & on l'appelle toujours ainsi comme s'il venoit d'être fait : le marché-neuf son voisin, & qui étoit ce qu'il est bien auparavant, est toujours le marché-neuf : mais sur tout la rue neuve St Merry est remarquable qui peut-être n'est pas plus neuve que la rue neuve Notre-Dame.

Depuis & du tems de Louis XIII. mais Dauphin, Henri IV. fit ouvrir la rue Dauphine au travers du Monastere des Augustins, & bien-tôt après par son ordre la Place Dauphine fut encore bâtie, toutes deux nommées ainsi, à cause de l'excessive joie de toute la France de se voir un Dauphin, ce qui n'avoit point été vu sous les Regnes de François II Charles IX. ni Henri III.

On donna aussi pour la même raison à la rue d'Anjou, & à la rue Christine qu'on fit auprès, ces deux noms à cause de Gaston-Jean-Batiste de France, pour lors Duc d'Anjou, & après Duc d'Orleans, & de Christine de France, depuis Duchesse de Savoie, enfans d'Henri IV.

La rue St Denys anciennement & très-long tems, s'est appellée la Grand'-rue comme par excellence. En 1273. elle se nommoit encore *Magnus vicus*, & quelquefois la Chaussée St Denys, ainsi que la rue St Martin, la rue St Antoine la rue St Honoré & la rue St Jaques, qu'on appelloit alors & depuis la chaussée St Jaques, la chaussée St Honoré, la chaussée St Antoine, la chaussée St Martin. Quantité de gens au reste, s'imaginent avec le peuple, que ce mot de chaussée qui leur a été donné par nos anciens, ne veut dire là autre chose que ce que nous entendons quand nous parlons d'étangs, savoir des levées faites de pierres, de terres & de boues simplement. Mais quelques Savans & d'un merite extraordinaire, bien loin d'être de cet avis, croyent qu'il est emprunté de ces grands chemins militaires de la Gaule Belgique, qu'on nomme par abus les Chaussées de Brunehault, & qu'on devroit appeller les Grands-chemins ou Chaussées d'Agrippa; car il ne faut pas s'en raporter à Pasquier, qui veut que chaussée viennent de hausser, de même que levée vient de lever; ou même encore se figurer avec beaucoup d'autres, que les chaussées de Brunehault, la chaussée St Denys, la chaussée St Martin, & les autres ayent été nommées de la sorte, à cause que les pierres & les cailloux dont on les avoit pavées étoient liées avec de la chaux : tout au contraire je pense (& en cela j'ai les Savans pour moi) que comme *callis* vient de *callo pecudum perduratur* selon Isidore, de même chaussée vient de *calces* la plante des pieds dont les chemins sont batus tellement que de *calces* a été formé *calecia*, *calecata*, *calciata* en Latin, & de là le mot de chaussée en François : & parce qu'il n'est parlé nulle part de la chaussée St Denys, de la chaussée St Jaques & des autres que depuis Philippe Auguste qui fit paver Paris : je croi qu'on doit inferer de là qu'auparavant le nom de chaussée ne leur étoit point donné, mais seulement depuis & lors que ces rues furent pavées : à raison qu'en cet état elles ressembloient à ces grands chemins militaires des Romains, qu'on ne connoissoit que sous le nom de Brunehault.

Quoi qu'il en soit, c'étoit avec grand sujet qu'on appelloit la rue St Denys la Grand'-rue, car sans difficulté non seulement elle a été durant plusieurs siecles la seule grande rue du quartier que nous appellons la Ville: mais encore la seule qui conduisoit à la Cité, en quoi consistoit tout Paris : & même depuis ç'a été comme une autre rue triomphale par où nos Rois ont fait ordinairement leurs entrées magnifiques à leur avenement à la Couronne, après leur Sacre, à leurs mariages, ou retournant victorieux de leurs ennemis, & enfin depuis plus de neuf cens ans, c'est par là qu'après leur mort, on les a porté à l'Abbayie St Denys, où sont leurs mausolées.

Dirai-je après cela, que ceux qui aiment les beaux arts y regardent avec plaisir deux-basses tailles de Me Ponce, l'un des plus renommés Sculpteurs du siecle passé, où il a representé le combat de St George contre le dragon, & une Ste Anne, qui montre à lire à la Vierge; & que chacun y admire la fontaine St Innocent, conduite par Pierre Lescot de Clagny & enrichie de bas-reliefs conduits & sculpés par Jean Goujon, le plus excellent Sculpteur qu'il y ait jamais eu en France.

La rue des Déchargeurs s'est appellée long tems le Siege aux Déchargeurs, & la rue du Siege aux Déchargeurs. Elle aboutit aux coins des rues de la Ferronnerie & de la Chaussetterie, & dans la rue des mauvaises paroles.

La rue des cinq Diamans, se nommoit en 1273. & 1300. *Corrigiaria*, en 1422. & 1431. la rue de la Couroirie, & en 1552. la rue de la Vieille-couroirie :

elle a un bout à la rue Aubri-le-Boucher, vers celle de Quimquempoix, & l'autre rue des Lombards.

La rue St Dominique s'appelle ainsi depuis l'an 1643. que les Jacobins, dont le Patriarche est St Dominique en obtinrent la permission de l'Abbé de St Germain, & que par Sentence de son Bailly il leur fut permis de faire sceller aux deux bouts de cette rue deux morceaux de marbre, où seroient sculpés en gros caracteres la rue St Dominique, & au bas en plus petites lettres, jadis des Vaches ; car auparavant on l'appelloit la rue des Vaches, la rue aux Vaches, le chemin aux Vaches, le chemin des Vaches, parce que les Vaches du Faux-bourg St Germain passoient par là pour aller paître au Pré aux Clercs.

La rue de la Vieille-draperie, vis-à-vis la rue des Marmousets d'un bout, & de l'autre à la rue de la Barillerie, elle a pris son nom des Drapiers qui l'habitoient anciennement, & que Philippe Auguste établit là, peut-être vers l'an 1183. dans vingt-quatre maisons des Juifs qu'il venoit de chasser du Royaume.

Je n'ai pu encore trouver le tems que les Drapiers en sortirent.

Je trouve seulement qu'en 1315. ceux dont les demeures étoient adossées contre la maison Prieurale & quelques restes du Monastere de St Barthelemi, les acheterent pour donner plus de profondeur à leurs logis, qui est tout ce que j'en ai pu découvrir, elle fut élargie au commencement de l'autre siecle par le bout du côté de la Madeleine, & a été achevée en 1620.

E

EN parlant de la rue du Chantier, j'ai dit que la rue des Enfans-rouges, s'étoit autrefois nommée la rue du Chantier, & que par Sentence de l'année 1598. il fut deffendu de l'appeler autrement : mais je n'ai pas dit qu'on lui a donné les noms de la rue Richard, des Poulies, & de la Porte-fin ou Porte-foin, à cause d'un grand logis nommé l'Hotel Porte-foin.

Il se trouve dans Paris trois rues d'Enfer. Je ne sai rien de celle de la rue St Victor, pour l'autre qui aboutit à une des portes du cloître Notre-Dame, elle s'appelloit en 1300. la grande rue St Landry sur Liaue & depuis la rue du port St Landry.

Quant à la derniere qui va de la porte St Michel au bout du faux-bourg entre les Carmelites & les Chartreux, elle a eu trois ou quatre noms ; en 1210. elle se nommoit le chemin d'Issy, parce qu'elle conduit à un village de ce nom-là ; depuis on l'a appelée la rue de Vauvert, à cause d'un Chateau appellé ainsi, dont St Louis fit don aux Chartreux en 1259. après elle fut nommée la rue de la porte Gibard, à raison d'un moulin qu'on appelloit le Moulin-Gibard, ou plutôt Gibert, dressé près de là dans les champs : enfin vers l'an 1258. on commença à nommer la rue de la porte d'Enfer, & la rue d'Enfer pour les raisons que je rapporterai en parlant des superstitions.

En 1254. la rue des Escoufles, proche la rue du Roi de Sicile, vis-à-vis celle du Tison & en face de la rue des Roziers, se nommoit la rue de l'Eclose.

La rue de l'Escuillerie, en 1449. étoit appellée le Cloître Ste Opportune.

En 1300. la rue deux Ecus avoit nom la rue Traversaine, elle se trouve entre les rues de Grenelle, & des Prouvaires.

La rue des Ecrivains aussi en 1300 se nommoit la rue de la Parcheminerie, & en 1483. la rue de la Pierre-au-lait, elle se trouve entre la rue des Arcis & celle de la Savonnerie.

Du reste la rue des Ecrivains n'a pris le nom qu'elle porte, que vers la fin du treiziéme siecle, lorsque les Maîtres à écrire s'y retirerent, qu'on appelloit Ecrivains simplement & non pas Maîtres à écrire, ni Maîtres Ecrivains, &

même c'étoit celui que l'on prenoit encore en 1417. quand Nicolas Flamel, si celebre parmi les Hermetiques y mourut dans la maison qu'il avoit fait bâtir au coin de la rue Marivaux.

En 1484. la rue de l'Esperon s'appelloit la rue Chaperon & la rue du Chaperon : elle a un bout dans la rue St André des Arts, & l'autre au coin du cul de sac de la cour de Rouen, vis-à-vis la rue du Jardinet.

La rue St Estienne des Grès en 1219. se nommoit la rue des Grès ; d'autres l'appellent la rue St Estienne des Grecs, dont il ne faut pas s'étonner, puisque Raoul de Presles a bien osé lui donner le nom de St Estienne des Gueux, & pretendre même que si on l'appelle autrement c'est par corruption.

Cependant elle ne se nomme ainsi qu'à cause d'une ancienne Eglise du même nom qui se voit à l'un de ses bouts, quoique pourtant Germain Millet Benedictin, & le savant Launoy, Docteur en Theologie soient en grande querelle là-dessus, pour ne pas dire irreconciliables.

Millet touchant le nom de cette Eglise & de la rue, pretendant que toutes deux s'appellent la rue & l'Eglise St Estienne des Grecs, & l'autre au contraire prouvant par des actes passés en 1250. 1269. 1290. 1300. 1303. 1309. 1310. 1331.1470. & 1514. que cette Eglise se doit nommer *Ecclesia Sancti Stephani de Gressibus*

En 1269. la ruelle des Vieilles-estuves, s'appelloit la rue Geoffroy Baynes, & *Vicus Gauffridi de Balneolis*, c'est celle qui a un bout à la rue des Deux-écus, & l'autre à la rue St Honoré.

En 1300. la rue des Estuves, ou Vieilles-estuves ; en 1343. elle se nommoit la rue des Estuves aux femmes, cette autre a un bout à la rue St Martin, & l'autre à la rue Beaubourg.

F

La rue de la Femme sans tête a pris son nom d'une enseigne, où est representée une femme qui n'a point de tête, tenant un verre à la main, avec ces paroles au dessous, *Tout en est bon.*

On l'appelloit auparavant la rue Regratiere, à cause de François Le Regratier, Tresorier des Cent-Suisses du Roi, & l'un des Entrepreneurs des ouvrages à achever dans l'Isle Notre-Dame : chose bisarre, cependant, quoique cette rue passe du quai d'Orleans au quai de Bourbon, à travers la rue St Louis qui la coupe en deux, & que l'enseigne soit dans l'une des moitiés qui tient au quai de Bourbon, le peuple neanmoins donne le nom de Regratiere à cette moitié où est l'enseigne, & celui de la Femme sans tête à l'autre, où jamais l'enseigne n'a été.

La rue Ferou, s'appelloit la rue Farou, ou la rue Ferrou, elle commence à s'appeller la rue des Prêtres, à cause que la plupart de ses maisons sont occupées par des Prêtres de St Sulpice.

La rue du Fer-de-moulin se nommoit autrefois la rue du Comte-Boulogne, parce que les Comtes de Boulogne, y ont eu leurs Hotels. Depuis elle s'est appellée la rue Richebourg, nom qu'elle a communiqué à un petit pont sur la riviere des Gobelins, qu'on a long-tems nommé le petit pont de Richebourg, appellé maintenant le pont aux Tripes, sans bien d'autres noms qu'on lui a donné, dont il sera parlé ailleurs.

La rue de la Ferronnerie, qui finit maintenant à la rue des Déchargeurs, s'étendoit en 1426. jusqu'aux piliers des Halles, & se nommoit en 1341. *Vicus Karronorum* en Latin, & en François la rue de la Charonnerie ; en 1432. c'étoit la rue de la Ferronnerie, & depuis c'a été la rue de la Ferronnerie, lorsque St Louis eut donné à de pauvres Ferrons, qui n'avoient pas moyen de louer des boutiques, les places de l'autre côté qui tiennent aux charniers de St Innocent, & comme en 1474. il n'y en restoit plus que six, Louis XI. en fit don aux Marguilliers de la Paroisse, & leur permit de faire bâtir là les eschoppes que nous y voyons encore pour la fondation de six enfans de chœur.

Au reste comme cette rue étoit fort étroite, quoique des plus passantes de la Ville, Henri II. pour l'élargir ordonna que ces eschoppes seroient rasées, ce qui bien loin d'être exécuté, au contraire depuis & même de nos jours, sur tout en 1648. on les donna pour y construire des maisons qui l'auroient encore bien plus étrecie : mais comme déja on étoit après pour les bâtir, & qu'on alloit bouleverser & renverser les ossemens qui remplissoient les Charniers du Cimetiere, tout le quartier en fut si allarmé qu'on eut bien de la peine à appaiser l'émeute.

Je dirai ailleurs que si en 1554. ces eschoppes eussent été ruinées notre Henri le Grand n'auroit pas là été malheureusement assassiné, comme il fut en 1610. Certains curieux de bas aloi, grands observateurs de choses vaines, ont remarqué à ce propos que ce fut le quatorziéme de Mai qu'Henri II. ordonna que ces eschoppes seroient démolies, que le quatorze Mai encore Ravaillac tua Henry IV. & qu'enfin Louis XIII. mourut le quatorze Mai.

La rue aux Fers, la rue aux Febvres & la rue du Fouarre, se nommoient en 1300. la rue aux Feures, vieux mot qui veut dire de la paille, ou Fouarre, autre mot presque aussi vieux que lui, mais plus connu à cause des paysans qui s'en servent en criant leur paille qu'ils amenent à Paris pour vendre; car quant à celui de Feure, il seroit mort & enterré il y a long tems, sans le proverbe. Faire gerbe de Feure à Dieu. Autrement, mais mal. Faire barbe de Feure à Dieu qui se lit dans Rabelais & dans les autres vieux romans.

De ces trois rues au reste la premiere tient au marché aux poirées, & semble faire partie des halles; on croit qu'elle a servi de marché, & que c'est pour cela qu'en 1297. on la nommoit la rue au Feure : en 1552. la rue au Feurre, près St Innocent : & en 1563. la rue au Fouarre près des halles.

Quant à la rue aux Febvres dans un titre du chapitre de Notre Dame, de l'an 1352. elle porte le nom de *Vicus Fabarum*. Juvenal des Ursins en 1416. l'appelle la rue aux Febvres, comme si en ce tems-là, & auparavant, c'eut été un lieu destiné pour vendre des feves. Un papier-terrier de St Eloi de l'année 1495. la nomme la rue au Feurre, & porte qu'il y avoit là une halle au bled qui appartenoit au Chapitre de Notre-Dame : un titre du Temple de l'année 1527. lui donne le nom de la rue aux Febvres, près la rue Calendre : Robertus Cenalis l'appelle *via ad fabros* la rue aux Febvres, qui est son nom originaire, & qu'elle devroit avoir conservé pour montrer que ses premiers habitans étoient des forgerons; peut-être au reste est-ce là le seul nom que ce Prelat ait restitué dans sa Hierarchie, & de fait c'est un vieux mot qui subsiste encore dans le mot d'Orfevre, & qui vient de *Faber*, par une conversion d'a en e, & de b en v, qui est fort ordinaire aussi bien en Latin qu'en François, & dont Ciceron dans son Orateur, & Quintilien au premier livre rapportent quantité d'exemples. Au reste cette rue passoit anciennement jusques dans le Marché-neuf, mais en 1458. le Curé & les Marguilliers de St Germain le vieil, acquirent la portion de cette rue qui passoit devant l'Eglise, où ils bâtirent le grand & le petit portail, & c'est ce qui forme le cul-de-sac dans la rue de la Calendre.

Pour la rue du Fouarre, en 1260. elle s'appelloit la rue des écoliers : en 1264. la rue des écolles : en 1300. la rue au Feure : en 1358. la rue au Feurre : sous François I. la rue du Feurre, & depuis quelques années la rue du Fouarre. De ces noms, les deux plus vieux viennent des écoles des quatre Nations, bâties des deux côtés de la rue, & où alors, & même long-tems devant & depuis les écoliers avoient accoutumé de faire leurs Actes & leurs Assemblées.

Les autres lui ont été donnés à cause de la paille ou fouarre qu'on y vendoit ou qui servoit aux Ecoliers les jours de leurs assemblées & actions publiques, à enjoncher les Ecoles, ainsi qu'aux Ecoles de medecine, pour y asseoir les

DE LA VILLE DE PARIS. Liv. II. 155

Ecoliers, tandis que les Regens & Docteurs étoient assis dans des chaises & sur des sieges.

Cette rue au reste, par tout ce que je viens de dire, est fort celebre dans les œuvres de Dante, dans Petrarque, Joannes Major, Masson & Rabelais.

Petrarque l'appelle *fragosus straminum vicus*, comme s'il vouloit dire une rue où on fait grand bruit aux disputes de Philosophie.

Joannes Major & Masson en font mention comme d'un lieu où se faisoient les Actes de Philosophie.

Rabelais ajoute, & où on faisoit aussi les Actes de Rhetorique. Les Statuts du College de Justice faits en 1358., ordonnent que les Boursiers de ce College-là, qui au bout de six ans ne seront pas capables de soutenir un Acte à la rue du Fouarre seront chassés & privés de leur bourse.

Cette année-là même l'Université obtint permission de Charles Regent du Royaume, de faire mettre des portes aux deux bouts de cette rue, qui seroient fermées la nuit, afin d'empêcher les Ecoliers de venir faire là leurs ordures, & s'y divertir avec des femmes publiques.

En 1362. le Roi Jean donna deux arpens de bois de la Forêt de Fontainebleau pour faire ces portes; & en 1535. le Parlement ordonna qu'il seroit mis deux barrieres aux deux bouts de cette rue, pour empêcher les charrois de passer durant les leçons.

La rue St Fiacre, qui aboutit rue St Martin, se nommoit la rue du Figuier quand Gomboust fit son plan de Paris.

La rue des Filles-Dieu s'appelloit autrefois la Ruelle neuve dite l'Ursine.

En 1388. la rue des Quatre-fils avoit nom la rue des deux Portes, & en 1553. la rue de l'Echelle du Temple, à cause, sans doute, qu'elle la continue; & elle n'a pris celui des Quatre fils que depuis peu qu'on y a representé dans une enseigne les quatre Fils Aymond, ces paladins sortis tout armés d'un mechant Romancier.

En 1332. la rue du Foin qui traverse de la rue de la Harpe à la rue St Jaques, prenoit le nom de la Fennerie: depuis en 1382 & 1386. elle s'appella la rue au Foing: en 1388. & 1391. & 1407. la rue aux Moines de Cernay.

La rue du For aux-Dames étoit nommée en 1422. la ruelle du Four-aux-Dames; & maintenant quelques uns l'appellent la petite rue de la Heaumerie.

La rue de la Fausse aux chiens, ou cul-de-sac de la rue des Bourdonnois, s'appelloit en 1412. & 1418. la rue de la Charpenterie, aussi-bien que la rue de Bethisy.

La rue des Fossoyeurs avoit nom anciennement la rue du Fossoyeur, parce que le Fossoyeur du cimetiere de St Sulpice où elle aboutit, s'y tenoit.

La rue des Foureurs ne s'appelle ainsi que depuis peu de tems, que les Pelletiers ou Foureurs en occupent toutes les maisons: auparavant on la nommoit la rue de la Cordouannerie, & de la vieille Cordonnerie, comme j'ai dit ci-dessus.

La rue des Francs Bourgeois, s'est nommée long-tems, tantôt la rue vieille Barbette, tantôt les Poulies, tantôt la rue des Poulies, & tantôt la rue Richard des Poulies.

La rue Frepaux que le peuple appelle la rue Phelipeaux, s'appelloit autrefois la rue Frapault, & la rue Frappault. Elle aboutit rue de la Corderie d'un bout, & de l'autre à la rue Frepillon, au coin de la rue de la Croix.

La rue Frepillon, avoit nom anciennement la rue Ferpillon, la rue Ferpeillon, & en 1269 *Vicus Ferpillonis*. Elle aboutit rue de la Croix & rue du Puits de Rome, proche celle Omer, quartier St Nicolas des Champs.

Mais pour revenir aux rues des For-aux-Dames & des Francs Bourgeois, & ne point passer la rue des Fossez St Germain, les deux rues du Four, la rue du Four-basset, & les trois rues Françoises.

La rue du For-aux-Dames, est quelquefois appellée, comme il a été dit la rue du Four-aux-Dames, & la rue du Fort-aux-Dames par corruption, aussi bien que le Four-l'Evêque, & le Fort-l'Evêque, aulieu de For-l'Evêque, qui vient de *Forum Epiſcopi*, ainſi que le For-aux-Dames de *Forum Dominarum*, parce que les Dames ou les Religieuſes de Mont-martre y exerçoient autrefois leur juriſdiction temporelle, & même y ont encore des priſons, ſi anciennes après tout au dire du peuple, qu'il y montre encore au grand pavillon, un cachot noir, où il prétend que St Denys Apôtre de la France, fut enfermé, & de plus une groſſe chaîne dont les Païens l'avoient garotté, ſans bien d'autres contes à dormir de bout dont il ſe repaît que je laiſſe là, pour retourner aux rues des Francs bourgeois.

Touchant ces rues, il ne m'a pas été poſſible de rien découvrir de celle du faux-bourg St Marceau, mais en recompenſe je ſai beaucoup de choſes de celle de la vieille rue du Temple.

En 1271. Jean Gennis & Louiſe ſa femme, donnerent aux Templiers vingt ſols pariſis de rente, que leur devoient certaines poulies, appartenantes à Ferry des Poulies, aſſiſes dans cette rue, qu'on nomme à cauſe de cela les Poulies, la rue des Poulies, la rue Ferry des Poulies, la rue Richard des Poulies, & les viés Poulies.

Vers l'an 1350. Jean Rouſſel & Alix ſa femme, bâtirent dans cette même rue vingt-quatre chambres contiguës, & couvertes de tuiles, pour y retirer des pauvres; & en 1415. Pierre le Mazurier, & Jeanne ſa femme, fille de Jean Rouſſel, les donnerent au Grand-Prieur de France, avec ſeptante livres pariſis de rente, mais à condition d'y loger deux pauvres dans chacune, moyennant un denier par ſemaine, treize deniers en y entrant, & vingt-quatre en mourant.

Tant que ces maiſons ſubſiſterent, on les appella tantôt les maiſons de l'aumône, & les maiſons des aumônes, dites des Francs-bourgeois, tantôt les Petites-maiſons du Temple. Or en paſſant je ne ſai ſi ce n'eſt point de là qu'eſt venu le nom de Petites-maiſons que nous donnons à l'Hopital St Germain des Prés; mais enfin je ſuis aſſuré que ceux qui demeuroient dans ces petites maiſons, étoient exempts, à cauſe de leur neceſſité, ou pour parler comme on faiſoit en ce tems-là, étoient francs & quittes de toutes taxes, tant des boues, des pauvres que des lanternes, à quoi ſont ſujets tous les Bourgeois de Paris, ce qui fut cauſe qu'on leur donna le nom de Francs-bourgeois, & que leur rue fut appellée la rue des Francs-bourgeois: & de ces Francs-bourgeois-là au reſte qui s'y retiroient encore au commencement de notre ſiecle, quelques-uns devinrent ſi honnêtes gens qu'on n'entendoit ſe plaindre d'autre choſe dans le voiſinage que de leurs violemens, de leurs brigandages, & de leurs meurtres.

La rue des Foſſés St Germain eſt une rue circulaire qui tient ſon nom & ſa figure tant du cloître & de l'Egliſe St Germain de l'Auxerrois, que des foſſés qu'elle couvre, & dont cette Egliſe fut dit-on environnée ou par ſes fondateurs, ou par les Normans, lorſqu'ils y firent leur fort en 886. contre les Pariſiens.

J'ai dit aſſés de choſes de la rue du Fouare, en parlant de la rue aux Fers, pour ne m'y pas arrêter davantage.

Pour les rues du Four il y en a deux: l'une aboutit devant St Euſtache, l'autre à la Croix-rouge du faux-bourg St Germain, & toutes deux ont été nommées de la ſorte, à cauſe des fours banaux de l'Evêque de Paris; & de l'Abbayie St Germain qui y étoient bâtis.

A l'égard de celle du faux-bourg St Germain, elle n'étoit pas encore pavée en 1551. non plus que les autres rues aux environs, quoique de tout tems, ce ſoit par là, & tous les jours qu'arrive à Paris un nombre infini de charois, & de bêtes à ſomme chargées de denrées & de marchandiſes, tant qu'enfin ſur les plaintes & les remontrances des habitans du faux-bourg, & de quelques marchands, le Prevôt de Paris condamna l Abbé & les Religieux à les faire paver à leurs dépens: ceux-ci en ayant appellé à la Cour, par Arreſt

du

du vingt-deux Janvier enfuivant, il fut ordonné que la dépenfe, tant de la part de la Ville que de l'Abbayie, en feroit faite à frais communs, à laquelle auffi contribueroient ceux du faux-bourg : attendu que les rues étant très paffantes, on ne les pavoit pas plus pour la commodité du public que pour celle des habitans.

Cet ouvrage après tout qui couta dix-huit mille francs, traîna fi long tems, qu'en 1584. il étoit encore à achever, & ne l'auroit pas été fi-tôt fans le Roi qui commit alors le Prefident de la Guesle, avec Brifart & Feu, Confeillers au Parlement pour contraindre les parties condamnées, c'eft-à-dire tant les Bourgeois que le Corps de Ville & l'Abbayie à donner chacun leurs fix-mille francs : & pour ce qui regardoit les Bourgeois, de les corifer à la rigueur, fans avoir égard à leurs exemptions ni à leurs privileges; & qu'enfin ces deniers-là feroient trouvés promptement, & toutes les rues achevées de paver.

Pour la rue du Four près St Euftache, voyez ci-après.

La rue du Four-baffet, eft une petite rue qui va de la rue aux Febvres à la rue de la Juiverie : mais fi bien cachée par les maifons voifines en faillie, qui la couvrent prefque entierement, qu'on ne la trouve ni dans la guide des chemins de Paris, ni dans le plan de Gombouft, & qu'à grande peine fe fait-elle voir dans la rue aux Febvres, & celle de la Juiverie.

On m'a affuré que les Regîtres du tréfor de St Martial portent qu'elle fut faite au travers d'une grande maifon qui penetroit de la rue de la Juiverie à celle aux Febvres, & que le proprietaire d'alors voulant en faire huit logis, pratiqua dans le milieu cette petite rue, & la donna à l'œuvre de cette Paroiffe, afin de fervir de paffage au Curé, & même que fon chemin fut plus court pour venir à l'Eglife, lorfque de nuit il feroit obligé de porter Notre-Seigneur aux malades.

Si cela eft, je fuis affuré qu'elle eft maintenant trop fale pour un fi faint ufage, & que les portes qui font encore à ces deux bouts, & qu'apparemment on fermoit autrefois, empêchent fouvent le Curé de St Martial de fe fervir de cette commodité.

Enfin dans Paris nous avons deux rues Françoifes, à qui ce nom fut donné, parce qu'elles furent faites fous François I.

On fit celle de la rue Mauconfeil par fon commandement, lorfqu'on vint à ruiner les Hotels d'Artois & de Bourgogne, pour les partager en plufieurs places.

Dans un ancien plan elle porte le nom de la rue de Bourgogne, ailleurs tantôt elle prend celui de la Rue-neuve, tantôt celui de la Rue-neuve St François, & enfin celui de la rue Françoife.

Je ne fai point d'où vient le nom de la rue Frepillon : je trouve feulement qu'en 1456. elle s'appelloit la rue de Frapillon.

La rue de la Fromagerie a pris fon nom des marchands de fromage qui y demeuroient autrefois : anciennement elle étoit appellée la rue de la Vieille-fromagerie.

La rue des Fufeaux, fe nommoit en 1552. la rue des deux Fufeaux, elle prend de la rue St Germain de l'Auxerrois, & aboutit au quai de la Megifferie.

G

La rue de Gaillon s'appelloit en 1495. la ruelle-Michault Riegnault, & en 1521. la ruelle - Michault Regnault : en 1578. la rue de Gaillon. Les premiers de ces noms viennent d'un voiturier appellé Michel Reignaut qui logeoit à la rue de Gaillon en 1495. dans un grand logis accompagné de jardin, & que le peuple nommoit Michault Regnault, parce qu'en ce tems-là on disoit Michault au lieu de Michel : que si Reignault passa en Regnault, c'est que celui-ci est moins ,rude, & même plus connu, à cause de St Regnauld.

Les autres noms ont été pris d'un logis appellé en 1578. la maison & l'Hotel de Gaillon qui en faisoit le coin dont la principale entrée étoit dans la rue St Honoré.

On apprend des titres de St Roch, qu'en ce tems - là les habitans du quartier s'y assemblerent plusieurs fois pour convenir entre eux des moyens de bâtir une Eglise succursale, & qu'enfin en 1622. ils l'acheterent six mille cinq cens livres pour l'agrandissement de la Paroisse St Roch. Ce nouveau nom de Gaillon, au reste, l'a si bien emporté sur l'autre, que lorsque l'Eglise St Roch n'étoit encore qu'une Chapelle érigée en l'honneur de Ste Suzanne, tantôt on la nommoit la Chapelle Ste Suzanne, dite Gaillon, tantôt la Chapelle de Gaillon simplement, & même d'ordinaire le Chapelain qui la desservoit, étoit plutôt appellé Chapelain de la Chapelle de Gaillon que Chapelain de la Chapelle Ste Suzanne, dite Gaillon, ni que Chapelain de la Chapelle Ste Suzanne.

Le nom de la rue Galande, au commencement étoit celui de Garlande, nom que portoient les Seigneurs de Garlande qui y avoient des vignes, dont ils se deffirent peu à peu. Elle va depuis la place Maubert, jusqu'à la fontaine St Severin.

La rue des Mauvais-garçons, dans la rue des Boucheries, & aboutit à la rue de Bussy au faux - bourg St Germain, a emprunté son nom d'une enseigne.

Quant à l'autre qui va de la rue de la Verrerie, à celle de la Tixeranderie, on l'appelloit anciennement la rue Charteron, la rue Chartron, la ruelle Charteron, & la ruelle Charton : mais depuis que les Seigneurs de Craon eurent bâti leur Hotel au lieu où est maintenant le Cimetiere vert, on l'appella la rue de Craon, jusqu'au tems de Pierre de Craon, Chambellan & favori du Duc d'Orleans : car comme ce fut dans ce logis là qu'il se cacha avec d'autres déterminés pour assassiner le Connestable de Clisson cela fut cause que la rue changea encore de nom, & qu'elle fut appellée la rue des Mauvais-garçons ; l'Hotel même fut rasé par ordre du Roi, & la place donnée aux Marguilliers de St Jean, pour être convertie en Cimetiere.

La rue Garencée s'appelloit au vrai la rue Garencieres à cause de l'Hotel de Garancieres qui y étoit en 1541. elle donne d'un bout à la rue des Aveugles, & de l'autre à la rue de Vaugirard.

Le nom de la rue-neuve Ste Geneviéve, remontant à son origne, étoit le Clos Ste Geneviéve, & appartenoit à l'Abbé & aux Religieux. Je passe que dans cette rue-là dès l'an 1534. il y avoit un jeu de Paume nommé le Tripot des onze mille diables, qui depuis a changé ce nom fantasque en celui de la Sphere.

La rue Geoffroy-Langevin, avoit nom en 1273. *Vicus fine capite, qui vocatur cul-de-pet*:en 1389. une ruelle sans bout nommé Cul-de-pet, & en 1445. la

DE LA VILLE DE PARIS. Liv. II.

rue du Cul-de-facq, à present elle a un bout dans la rue Beaubourg & l'autre à la rue Ste Avoye.

La rue Geoffroy-l'Afnier en 1300. & 1386. étoit appellée la rue Frogier l'Afnier, d'un bout au Port-au-foin, & de l'autre à la rue St Antoine.

Autrefois la rue St Germain se nommoit la Grand'-rue St André, à cause de l'Eglise de St André des Arts.

La rue de Gesvres, qui aboutit au quai de la Megisserie d'un côté, & au pont Notre-Dame de l'autre, a reçu le sien du Marquis de Gesvres Capitaine des Gardes du Corps, à qui le Roi donna la place où elle est située. On appelloit la rue Gilles-cœur en 1397. la rue Gui-le-Comte, depuis la rue du Batouer, & on croit que le nom de Gilles-cœur lui vient de quelqu'un des descendans de ce Jaques-cœur, le jouet de la fortune, & qui sert d'un si bel exemple. Elle prend du quai des grands Augustins, à la rue St André des Arts.

Je ne ferai ici aucune mention ni de la rue de Glatigny, ni de celle des Gravilliers, pour avoir remarqué ailleurs tout ce qui s'en pouvoit dire.

La rue Gracieuse, dite autrefois la Courtoise, qui est son premier nom, a changé de nom, dans le tems que Courtois & Gracieux étoient deux bons synonymes, & également usités ; mais depuis que Vaugelas, & le bon usage ont rejetté Gracieux, sans cette rue qui l'a adopté, & qui aide à le faire valoir, il ne seroit plus de mise que chés les Peintres.

La rue Grenelle du faux-bourg St Germain, s'appelloit autrefois le chemin de Grenelles, & le chemin de Garnelle, à cause qu'elle conduit à une plaine à qui on a donné ces deux noms-là.

La rue de Grenelle du faux-bourg St Honoré se nommoit en 1269. *Vicus Henrici de Garnelle*, *Vicus Henrici de Guernelles*, en 1283. la rue de Guernelles en 1300. la rue de Garnelle, en 1552. & la rue de Garnelle. Elle a un bout à la rue Coquillière & l'autre à la rue St Honoré.

Pour la rue Greneta, elle est ailleurs, où j'ai raporté tout ce que j'en savois.

La rue Grenier-St-Ladre, qui aboutit de la rue St Martin & à celle de Michel le Comte, ne s'est jamais nommée en Latin *Vicus Granarii sancti Lazari*, mais *Vicus Guerneri à sancto Lazaro*, & *Vicus Garneri à sancto Lazaro*, quoiqu'en 1300. & 1388. on l'appellât la rue Grenier de St Ladre & qu'on la nomme encore souvent la rue Garnier St Ladre, ce qui fait voir que son vrai nom devroit être la rue Garnier St Lazare, & que si on ne la nomme pas ainsi, c'est que le peuple a fait Ladre de Lazare, & que depuis plusieurs siecles, il dit St Ladre au lieu de St Lazare, nom qu'il donne generalement à tous les Hôpitaux dediés à St Lazare, & fondés pour les ladres & lepreux.

Dans une fondation de St Symphorien de l'année 1207. un Bourgeois de Paris nommé *Garnetus de sancto Lazaro* & Agnès sa femme, donnerent à cette Eglise une maison sise devant la porte St Julien le pauvre, qui lui appartenoit, je n'oserois assurer que c'est de ce Garnier là que notre rue a pris son nom ; mais aussi à cause de la ressemblance des noms, n'oserois-je le nier. Quoi qu'il en soit, dans le trésor de St Nicolas des Champs, j'ai vu un titre de l'an 1274. qui porte que cette Eglise donna à rente à des particuliers une place de la rue Grenier St-Lazare.

En 1257. on nommoit la rue Grenier-sur-l'eau, la rue André-sur-l'eau en 1300. la rue Guernier dessus liaue : en 1386. la rue Guernier-sur-leau, & en 1410. la rue aux Bretons. Il y a grande apparence que le nom de Guernier-sur-leau est celui qu'elle doit avoir, & qu'il vient d'un Bourgeois de Paris, appellé ainsi en 1241. qui pour la fondation de son anniversaire, donna aux Templiers quelques maisons qu'il avoit au chevet de l'Eglise St Gervais, à l'endroit même où se trouve cette rue.

La rue Guerrin Boisseau, vis-à-vis le Prieuré de St Martin, avoit nom en

Tome I. S ij

1297 & en 1300. la rue Guerin-Boucel, & *Vicus Guerneri Boucelli* en 1386. la rue Guerriu-Boiſſeau en 1391. la rue Guerin Boicel, & depuis, comme elle ſe nommoit d'abord la rue Guerin-Boiſſeau, d'un habitant de cette rue, dont Jean Boiſſeau Enlumineur du Roi eſt peut-être deſcendu. Il y a des titres de cette rue dès l'an 1269.

La rue Gueſpine ſe nommoit en 1386, la rue de la Gueſpine, & en 1423. la rue d'Agueſpine.

La rue St Guillaume s'appelle ainſi à cauſe de Guillaume le Roux, Notaire acquereur d'une partie des places que Louis XIII. donna en 1623. à Louis le Barbier en échange des ouvrages qu'il lui falloit faire pour renfermer dans une nouvelle clôture les faux-bourgs de St Honoré, de Montmartre & de la Ville-neuve.

Pour la rue Guillaume elle doit ſon nom à Guillaume le Pere, l'un des derniers Entrepreneurs de l'Iſle Notre-Dame.

A l'égard de la rue Guillemin, quelque nouvelle qu'elle ſoit, ce n'eſt pas là ſon premier nom ; car elle s'appelloit auparavant la rue de la Corne nom qui lui fut donné à l'occaſion de quelque tête de cerf (que le peuple appelle Corne) ſcellée dans les murs de la maiſon qui en fait le coin, vers la rue du vieux Colombier; mais encore bien plus à cauſe d'une troupe de proſtituées accourues là d'abord pour s'y établir, dont le deſordre enfin fut ſi grand que comme cette rue eſt proche St Sulpice, & ſur le paſſage, tous ceux qui alloient à l'Egliſe en étoient extraordinairement ſcandaliſés ſi bien que Jaques Olier, Curé alors, perſonnage d'une haute pieté, s'en plaignit de ſorte au Prône, que ces femmes furent chaſſées, & le nom de la rue qui étoit la Corne changé en celui de Guillemin, parce qu'à l'endroit qu'elle couvre, il y avoit auparavant un grand jardin qui appartenoit à une famille de ce nom-là.

Pour le même ſujet on changea auſſi le nom de la rue voiſine, nommée de la Petite-Corne, & paralelle de la rue Guillemin, & prit ceux de la rue Beuriere, du Beurier, & de la rue des Beuriers; enſorte que par Sentence du Bailly de St Germain ce nom fut gravé ſur du marbre en lettres d'or, au coin de la rue de la Corne.

Et parce que ce mot de Guillemin eſt un peu proverbial, le peuple qui ſe plaît à tourner tout en raillerie, non content d'avoir ajouté au nom de Guillemin proprietaire du jardin, celui de Crocqueſolle, il l'a donné encore à la rue, de ſorte qu'il l'appelle plus ſouvent la rue Guillemin Crocqueſolle, que la rue Guillemin.

H

La Rue du Ha-ha, eſt un cul de ſac qui n'eſt guere moins beau que la rue de la Ceriſaye ; mais qui a encore trompé bien plus de monde qu'elle : car il eſt long, large, rempli de portes cocheres, & comme il eſt placé dans la rue St Antoine à côté de la Place Royale, une infinité de perſonnes y ont été attrapées, penſant y aller par là ; & parce qu'en ces ſortes de ſurpriſes, & lorſqu'on trouve tout le contraire de ce qu'on s'eſt imaginé, auſſi-tôt on s'écrie, ha ha.

On tient que c'eſt ce qui eſt cauſe que le peuple lui a donné ce nom. Il eſt certain qu'elle faiſoit autrefois partie de l'Hotel des Tournelles; on y montre encore la Salle où mourut Henry II. du coup de lance qu'il reçut en joûtant contre Montgommery, à la rue St Antoine : & dans ce logis-là même où ſe voit cette Salle, eſt mort il y a quelques années Claude Midorge, l'un des premiers Mathematiciens de notre tems.

La rue du Harlay fut commencée en 1607.

DE LA VILLE DE PARIS Liv. II.

La rue de la Harpe a été ainsi nommée à cause d'une enseigne : le P. du Breuil afsure qu'elle s'appelloit auparavant la rue St Cofine, fans dire d'où il l'a appris. Elle a un bout à la Porte St Michel, & l'autre à la rue de la Boucherie.

La rue Hautefeuille avoit nom autrefois, la rue de la Barre, & on tient fans fondement, comme je ferai voir ailleurs, qu'elle a pris fon nom du Château d'un Seigneur de Hautefeuille, chef de la Famille de Ganelon, dont les Romanciers nous ont fait de fi horribles peintures, & des contes fi extravagans. Elle va depuis la rue des Cordeliers jufqu'à celle de St André des Arts.

La rue de la Haumerie, proche la rue de la vieille Monnoie, aboutit à la rue des Ecrivains, & à la rue St Denys ; elle emprunte fon nom d'une maifon où pendoit pour enfeigne le Heaume, & encore des Armuriers qui occupoient la plu-part des logis, dans le tems que nos peres donnoient le nom de heaume à un cafque, & aux armuriers celui de heaumiers.

La rue des deux Hermites s'eft nommée la rue Cocatrix, la rue de la Confrairie, & la rue de l'Hermite.

Pour la rue de l'Herondelle elle a eu bien d'autres noms.

En 1222. on l'appelloit la rue d'Arrondelle en Laas, à cause qu'elle fait partie d'un territoire qui a ce nom-là, dont j'ai tant parlé.

En 1264. c'étoit la rue de l'Hyrandale ; en 1300. la rue de Hirondale : en 1386. la rue de Herondale ; en 1397. la rue d'Arondelle : & enfin, felon quelques modernes, il la faut nommer la rue de la Rondelle ; parce que, difent-ils, elle étoit habitée par des faifeurs de rondelles ou de rondaches, du tems qu'on ufoit de cette forte d'armes.

Je ne m'étendrai pas davantage fur une opinion fi nouvelle & fi abfurde, l'ayant affez refutée à l'occafion de la rue St André des Arts. Touchant le mot d'Herondelle, neanmoins il eft à propos que je m'y arrête ici comme faifant à mon fujet pour favoir de quelle façon il doit être orthographié, & prononcé ; car peut-être le nom d'Herondelle qui d'abord a été donné à cette rue lui venoit-il de quelque enfeigne où cet oifeau étoit peint.

Les uns donc qui preferent arondelle à hirondelle & herondelle, foutiennent que la rue devroit être nommée ainfi : l'Univerfité aime mieux hirondelle à caufe de *hirundo* d'où il eft pris, & qu'enfin, il faut ramener les chofes à leur origine, autant que l'on peut, & fur tout, le François au Latin : d'autres même orthographient la rue de l'Herondelle, mais ce n'eft que le peuple.

Vaugelas le grand maître de notre Langue & qui a traité cette queftion le premier rejette arondelle abfolument, & prefere herondelle à hirondelle, pour être plus doux à l'oreille, ce que notre Langue cherche qui aime la douceur. La Mothe le Vayer au contraire, tient qu'arondelle eft le meilleur de tous, & le prouve par nos livres Gaulois où on fe fert toujours du mot d'arondelle, ce qu'on fait encore en Normandie ; & de cette opinion eft auffi l'illuftre Patru autre grand maître pour la Langue, avec le Savant Guyet, fondés fur l'autorité de Belleau, de Coëffeteau & d'Amyot : & de fait Amyot ufe toujours du mot d'arondelle ; Belleau même a fait une Ode de l'arondelle ; & enfin dans Coëffeteau nous lifons, *une arondelle ne fait pas le printems* : car quant à celui d'hirondelle Patru ne le peut fouffrir comme étant purement Latin ; & prétend qu'il faut dire la Rue de l'Herondelle, parce que le peuple ne la connoit que par ce nom là ; le Prieur Guyet affure que herondelle ne vaut rien, que hirondelle eft un correctif d'herondelle, & nullement un mot naturel ; Balzac, & d'Ablancourt font oppofés à Guyet & à Patru ; car quant à Balzac dans une de fes Lettres qu'il écrit à Chapellain, nous trouvons. ,, Il eft beau- ,, coup moins capable de difcipline que ne font les rats & les hirondelles ,, qu'on ne peut jamais aprivoifer. Et d'Ablancourt enfin, dans fon Mifantrope, dit. ,, Son heritier laiffe pleurer les autres qui bâilloient après moi

„ comme de petites hirondelles, & n'ont avalé que du vent.

La rue St Honoré se nommoit autrefois la chauffée St Honoré, ainsi que la rue St Denys, & les autres grandes rues: quoique le nom qu'elle prend ne soit pas fort ancien, on ne sait point comment on l'appelloit avant qu'on y eut bâti l'Eglise St Honoré de qui elle l'a emprunté.

En 1423. on la nommoit la grande rue St Louis, depuis la Porte St Honoré jusques dans les Champs ; c'est-à-dire, depuis la Boucherie St Honoré où étoit alors cette Porte; & peut-être avoit-elle ce nom là, à cause qu'elle commençoit à l'Hopital des Quinze-vingts que S. Louis a fondé.

Au reste, c'est une des plus marchandes de Paris, surtout depuis le cimetiere S. Innocent jusqu'à St Honoré ; non pas toujours des deux côtez à la fois; mais alternativement & avec interruption tantôt d'un côté tantôt de l'autre. Et de fait depuis la rue des Déchargeurs, jusqu'à la rue Tirechape, ses maisons sont habitées de ce côté-là par des riches drapiers qui les louent bien cherement, & dont les boutiques & les magasins sont pleins de marchandises & de draps de toutes les sortes. De l'autre côté vis-à-vis, elle n'est occupée que par des Fripiers mal fournis, & autres semblables Artisans qui ne font pas grand trafic, & qui louent peu leurs logis. Au contraire depuis là jusqu'à St Honoré le commerce passe le ruisseau, pour habiter le côté des Piliers des Halles, où les maisons commencent à être aussi cheres que le prix des autres qui leur sont opposées diminue : tellement que depuis les Pilliers des Halles, jusqu'à la rue d'Orleans, ce ne sont que gros marchands Drapiers, aussi-bien fournis & aussi achalandés que ceux dont je viens de parler : & depuis la rue d'Orleans jusqu'à la rue des Petits Champs, ce sont tous riches Artisans, dont les boutiques regorgent de marchandises, & quoique leurs maisons soient plus petites, comme plus proportionnées à leur trafic, on n'y est pas logé à trop bon marché pour cela.

De savoir maintenant la raison de cette alternative de trafic si bizarre dans une même rue, à mon avis c'est une chose aussi difficile, que de dire pourquoi les Drapiers sont sortis de la rue de la vieille Draperie ; les marchands Passementiers de la rue de la vieille monnoie ; les Pelletiers de la rue de la vieille Pelleterie, & tant d'autres marchands & artisans de tant de rues qui conservent encore leur nom ou l'ont perdu.

La rue de la Huchette de l'Université, se nommoit anciennement la rue de Laas, atendu qu'elle étoit située dans le territoire de Laas dont j'ai parlé tant de fois ; car c'est le nom qu'elle portoit encore en 1227. dans un bail à cens que les Religieux de Ste Genevieve firent de quelq'uune de ses maisons.

Depuis on l'a nommée, mais rarement la rue des Rotisseurs qui l'habitent en partie.

Pour l'autre nom de la Huchette, il est constant qu'il lui est venu d'une enseigne pendue à l'une des maisons qui appartenoit au Chapitre de Notre-Dame en 1388. & qu'en ce tems-là, aussi-bien qu'en 1422. on appelloit l'Hôtel de la Huchette.

Depuis elle ne s'est point nommée autrement, & c'est le nom qu'on lui donnoit en 1580. quand par sentence du Tresor 453. écus d'or trouvés dans les fondations de la maison de l'Annonciation furent partagés entre le Roy, Guillaume de la Croix proprietaire du logis, & Antoine Beutray Maçon, qui les avoit déterrés.

A l'égard de la rotisserie qui y est, dont les broches tournent presque incessamment depuis une longue suite d'années, il ne faut pas oublier, ni l'étonnement qu'elle causa au Patriarche F. Bonaventure Calaragironne General des Cordeliers & Negotiateur de la Paix de Vervins, dont il n'étoit pas encore revenu lorsqu'il fut de retour en Italie, ne parlant d'autre beauté de Paris que de la rotisserie de la rue de la Huchette, & de celle de la rue aux Oües. *V. ramente*, disoit-il, *queste Rotisserie sono cosa stupenda*.

DE LA VILLE DE PARIS. Liv. II.   143

Cette exclamation au reste a plû si fort à l'Archidiacre Costart qu'il l'a preferé aux dits notables des Lacedemoniens en de certaines saisons de l'année lorsqu'on a moins besoin de sagesse que de joie, & de remede pour l'esprit que pour la rate.

J

LA rue St Jacques en 1263. avoit nom la Grand rue outre petit Pont: en 1284. la Grand rue vers St Matelain : en 1323. la Grand rue St Jaques : en 1364. la rue St Jaques : en 1416. la Grand rue St Benoist le Bétourné, & la Grand rue d'outre petit Pont; aussi a-t-elle été pendant plusieurs siecles la seule grande rue, qui de tout ce vaste quartier, qu'on appelle maintenant l'Université, conduisoit à Paris, nommé la Cité alors ; si bien que jusqu'en 1378. qu'on résolut de faire le Pont St Michel, il n'y avoit que la rue St Jaques, par où l'on vint à la Cité en droite ligne.

Au reste le nom de St Jaques lui a été donné aussi-bien que celui de Jacobins aux Religieux de St Dominique à cause d'une petite Chapelle dediée à St Jaques, que Jean Doyen de St Quentin, & l'Université de Paris cederent à ces Dominicains ou Freres Prêcheurs, & qui dès-lors fut renfermée dans leur Monastere ; que si quelquefois on l'appelloit encore la rue St Matelin ; c'est qu'elle tenoit à une ancienne Chapelle dediée à St Mathurin dont le nom a passé aux Religieux Trinitaires autrement dits de la Ste Trinité ou de la Redemption des Captifs, aussi-tôt qu'elle leur eut été donnée, & qu'ils y eurent bâti un Couvent; car depuis ce tems-là, on ne les connoît presque plus en France, sous d'autre nom que sous celui des Mathurins, non plus que les Dominiquains ou Freres Prêcheurs, que sous celui de Jacobins : tellement que deux petites Chapelles de la rue St Jaques qui n'ont plus de nom depuis quatre ou cinq cens ans, ont pû changer ceux de deux grands Ordres de la Chrétienté, & qui lui sont le plus utiles.

La rue du Crucifix St Jaques s'appelloit anciennement la rue de la Vanherie, & la rue de l'Avoinerie ; si on la nomme maintenant la rue du Crucifix St Jaques ; c'est que contre l'un de ses coins, a été élevé un Crucifix de cuivre couvert d'un dais, & qu'elle tient d'un bout à la rue St Jaques de la Boucherie, & de l'autre à l'une des portes de la Paroisse du quartier qui a ce nom-là.

Par un titre du Greffe de l'Hôtel de Ville du 24. Mai 1536. il paroit que c'étoit alors le nom de la rue St Jaques de la Boucherie, & que les charois qui y passoient continuellement en usoient si souvent le pavé, qu'enfin ceux qui y demeuroient, se lassant d'avoir sans cesse la main à la bourse pour contribuer à le reparer, supplierent le Prevôt des Marchands & les Echevins de charger la Ville aussi-bien de la façon que du pavé ; à quoi il fut répondu par le Corps de Ville que leur demande étoit de si grande importance qu'il ne la pouvoit accorder sans une plus ample information.

La rue Jean Beausire avoit nom auparavant la rue d'Espagne. Elle a un bout vers la Porte St Antoine devant la Bastille, & l'autre au Rampart.

A l'endroit où la rue St Jean de Beauvais est située, il y avoit autrefois un grand clos de vignes, qu'on appelloit le clos Bunel qui lui a donné son nom ; nom qui lui est demeuré durant une longue suite d'années.

Pour celui de S. Jean de Beauvais elle l'a pris depuis la fondation du College & de sa Chapelle qui est dediée à St Jean l'Evangeliste. Or comme en 1525. le bruit étoit si grand dans cette rue, à cause des charettes, chariots, chevaux, vinaigriers, & meûniers qui passoient sans cesse par là, & que les Professeurs en Droit Canon ne pouvoient faire leurs Leçons ; sur leur plainte & le rapport d'un Conseiller qui s'y transporta la Cour ordonna qu'il seroit mis des barrieres aux endroits où il seroit à propos sans pourtant boucher le passage aux charretiers, vinaigriers ni aux autres.

La rue St Jean de Latran, se nommoit en 1346. la rue de l'Hôpital, en 1423. la rue St Jean de Jerusalem, & depuis 1585. ou environ la rue St Jean de Latran, à cause de l'Hôpital & de la Commanderie de St Jean de Latran qui en occupe une partie.

La rue Jean de l'Espine qui aboutit rue Jean Pain Mollet, & rue de la Vannerie Quartier de la Gréve, s'est appellée autrefois la rue de la Tonnellerie, & la rue du Carrefour Guillory ; je ne sai quand elle a commencé à prendre le nom qu'elle porte maintenant ; je trouve seulement qu'en 1426. le Greffier Criminel du Parlement avoit nom Jean de l'Espine ; & je doute si ce n'a pas été lui même ou quelqu'un de ses devanciers appellé comme lui qui lui aient fait changer de nom.

La rue Jean Lointier a eu nom la rue Jean Loing-letier, & la rue Jean Lonctier : dans la Hierarchie de Cenalis, elle s'appelle *Via ad Joannem Ligularium*, la rue Jean Leguttier, autrement dite des Orfévres, ou des deux Portes, elle aboutit rue St Germain l'Auxerrois, & rue Bertin-poirée, près la rue des Lavandieres.

La rue Jean-pain-mollet, qui a un bout à la rue des Arcis, & l'autre à celle de Jean-de-l'épine, s'est nommée la rue du Croc ; en 1263. étoit-là une maison, qui autrefois avoit appartenu à un Bourgeois nommé Jean-Pain-mollet. Elle est nommée *Vicus Joannis Pain-mollet* dans un titre du Regitre quarante-neuf du Tresor des Chartes de l'an 1313. titre 104. folio 45.

La rue Jean St Denys tient peut-être son nom de quelqu'un des Predecesseurs de Roger-St-Denys, Procureur au Parlement en 1418. Elle est proche la rue de Beauvais, aboutit rue St Honoré, & à la place du Louvre.

La rue de la Jouaillerie s'appelloit en 1300. la rue du chevet St Lieufroi, à cause qu'elle passoit au chevet d'une Eglise dediée à St Leufroi, qui étoit une Paroisse, qui a été enclavée dans la prison du Châtelet pour l'agrandir.

Maintenant on la nomme tantôt la rue du pont au Change, parce que quand le pont au Change fut brûlé, la plupart des Orfévres & Jouailliers qui y demeuroient, se retirerent dans cette rue, & en occuperent toutes les maisons.

Corrozet & Bonfons disent qu'elle a servi autrefois d'abreuvoir & d'égoût, & qu'y bâtissant les logis qui la bordent, on en trouva des fondemens. D'autres l'appellent encore de la vieille Chevalerie.

La rue du Jour en 1399. avoit nom la rue Raoul-Roissolle, & la rue Raoul-Rissolle.

Depuis la rue Jean-le-maire, au lieu de la rue Jean-le-mire, à cause sans doute, de Jean le Mire Chauffe-cire de la Chancellerie de France en 1434. qui y avoit établi sa demeure ; après elle s'est nommée la rue du Sejour du Roi, parce que Charles V. y a eu un manege, & une écurie, qu'on appelloit le Sejour du Roi, & qui alors étoit le nom ordinaire de ces sortes de bâtimens & logis.

Enfin au lieu de la rue du Sejour du Roi, le peuple pour abreger, s'est contenté de dire la rue du Sejour, puis la rue du Jour.

La rue de Jouy s'appelle ainsi, à cause de l'Hotel que l'Abbé de Jouy y a eu presque de tout tems, & qui n'a été alienée qu'en 1658. par Pierre de Bellievre qui en est Abbé Commendataire.

En 1300. & 1386. on lui donna deux noms pour en faire comme deux rues.

Depuis la rue St Antoine jusqu'au couvent des Beguines, où sont maintenant les Religieuses de l'*Ave Maria* ; on la nomma la rue de Joy, & la rue de Jouy.

Depuis là jusqu'à la rue St Paul, elle est appellée la rue de la Fausse poterne, la rue de la Fausse poterne St Pol, à raison d'une petite porte de ville dreſſée en cet endroit pour la commodité du quartier, & ouverte dans les murs qui fermoient Paris, & ont long-tems traverſé cette rue : maintenant elle a nom la rue des Prêtres, à l'occaſion de quelques Prêtres de St Paul qui y demeurent.

Les Juifs ont logé à Paris dans pluſieurs rues, outre la rue des Juifs, on croit qu'ils avoient encore la rue des Roſiers, la rue de la Juiverie, la rue Violette, la rue Tixeranderie, la rue St Bon, la Halle au bled, la grande & la petite Friperie, & même qu'ils étoient proprietaires des maiſons qui compoſoient toutes ces rues.

Je dirai ailleurs qu'ils tenoient leurs ſynagogues à la rue de la Tacherie, & au Cloître de St Jean, dans une vieille tour, nommée la tour du Pet-au-diable : leurs cimetieres étoient à la rue de la Harpe, & à la rue Galande : le moulin où ils faiſoient moudre leur bled, occupoit un lieu appellé les Chambres Maître Hugues, aſſis à côté de la rue de la Tannerie : ils avoient même une Iſle qui portoit le nom de l'Iſle aux Juifs, & qui fait partie maintenant de la place Dauphine.

Peut-être enfin ont-ils encore demeuré à la rue Judas, & que c'eſt pour cela qu'on lui a donné un nom ſi execrable.

Quoiqu'il en ſoit, les Templiers en 1281. vendirent cent ſoixante & dix livres pariſis un grand logis nommé la Tixeranderie, ſitué à la rue de la Tixeranderie d'aujourd'hui, près celle des deux Portes, & qui avoit appartenu, tant à Dieu-donné de Brie, Juif, qu'à Bonnevie ſon fils.

La rue de la Juiverie au reſte, la rue de la vieille Juiverie, & en 1552. étoit occupée en partie par une halle nommée la Halle de Beauſſe, compoſée de dix-neuf maiſons. Les Juifs logeoient dans cette rue dès le tems de Philippe Auguſte.

Si jamais nom pour vouloir trop abreger, a été tout-à-fait corrompu, c'eſt celui que porte la rue de la Juſſienne, au lieu de dire la rue de l'Egyptienne, ou plutôt la rue de Ste Marie Egyptienne, qui eſt ſon vrai nom & qu'on ne lui a donné qu'à cauſe d'une Chapelle ainſi appellée, bâtie à un de ſes coins.

L

La rue neuve St Lambert avoit nom autrefois la rue Neuve, preſentement on l'appelle la rue de Condé, à l'occaſion de l'Hotel de Condé qui y a été bâti : mais non pas toujours ; car quelquefois elle eſt auſſi nommée la rue Princeſſe, parce qu'en parlant du Prince de Condé qui y demeure, nous ne l'appellons guere que Monſieur le Prince.

La rue du Chevet St Landry, en 1388. ſe nommoit la rue du Port l'Evêque, à raiſon qu'elle conduiſoit pour lors à un Port de ce nom-là : depuis on l'a appellée la rue de la Poule, & la rue des Poulies. Et parce que ce nom de Landry me fait ici ſouvenir de celui de *Landreux*, vieux mot, bas, & le plus ſouvent ironique, dont on ſe ſert en parlant de quelque perſonne infirme, & qui traine une vie languiſſante ; ce mot de Landreux, dis-je, ne viendroit-il point de Landry, comme ayant été donné premierement aux malades, qui venoient implorer l'aſſiſtance de ce Saint pour leur ſoulagement : mais que depuis par mocquerie on a transferé à ceux de la rue.

Dans un accord fait en 1273. entre Philippe le Hardi, & le Chapitre de St Merri la rue de la Lanterne, qui tient à celle des Aſſis, & que de Chuys appelle la rue de la Dentelle, ſe nomme *Ruella ſancti Boniti*. Dans des titres & des papiers-terriers de 1273. 1300. & 1400. elle ſe nomme la ruelle St Bon.

Tome I. T

En 1457. l'autre rue de la Lanterne, au bout du Pont Notre-Dame, avoit nom la Planche St Denys de la Chartre ; parce qu'au bout il y avoit des planches fur la riviere, comme à la rue de la Planche-mibrai, dont j'ai parlé.

Dans le fiecle paffé, c'étoit la rue du Moulin, à caufe de la rue du Moulin ou des Hauts moulins du voifinage.

J'ai dit que la rue St Leufroy s'appelle quelquefois la rue du grand Châtelet : elle a un bout fous la voute vis-à-vis le marché de la porte de Paris, & l'autre au coin de la rue de Gêvres.

A la rue de la Levrette, Gomboust donne le nom de Pernelle, qui s'appelloit en 1552. la rue des Trois-poiffons.

En 1269. la rue de la Licorne, fe nommoit en Latin *Vicus juxta Capiccium Monafterii beatæ Mariæ Magdalenæ* ; en 1300. c'étoit la rue de la Madelaine : en 1340. & 1393. la rue des Oblayers : depuis la rue des Oublayers, la rue des Obliers, la rue des Oubliers, & jamais la rue des Oublieurs, quoique ce foit la même chofe.

De ces noms les premiers viennent de l'Eglife de la Madelaine, qui tient à la rue de la Licorne ; les autres fignifient des patiffiers qui y ont demeuré autrefois fort long-tems, & qu'alors on appelloit plus fouvent obliers, oblayers, & oublayers que patiffiers, à raifon peut-être que l'hoftie nommée *oblata* par les Ecrivains Eccléfiaftiques des derniers tems, eft la plus noble piece de four qu'ils faffent : outre qu'ils font auffi des oublies, autre ouvrage de patifferie tout femblable, ce qui apparemment eft caufe, que le nom d'oublies leur a été donné. Ces fortes d'artifans au refte, dans leurs anciens Statuts prennent les noms de patiffiers, & d'oublayers, & rr n'eft que depuis peu qu'ils ne prennent plus que le nom de patiffiers, & qu'ils ont laiffé celui d'oublayers à leurs compagnons, dont le peuple a fait oublieurs; tellement qu'il fe voit que d'*oblata* eft venu oblaye, oblayers, oblieurs, mais qu'on prononçoit oublaye, oublayers, oublieurs, & de là le mot d'oublie, qui eft demeuré auffi-bien que celui d'oublieur.

Touchant le nom de la Licorne, il vient d'une maifon, où pendoit pour enfeigne en 1397. une Unicorne, ainfi parloit-on en ce tems-là, fi bien que cette rue fe nommoit alors la rue de la Unicorne.

Cependant j'ai oui dire que bien des gens prétendoient que ce nom ne lui avoit été donné qu'à l'occafion d'une Licorne qu'on y montroit autrefois pour de l'argent ; pourquoi je ferois de leur opinion volontiers, s'ils pouvoient nous faire voir une Licorne en vie ; mais qu'ils ne fe mettent point en peine d'en chercher, car il n'y en a jamais eu au monde, fi ce n'eft en peinture : que s'il en eft fait mention dans l'Ecriture fainte, ce n'eft qu'en figure & en comparaifon.

La rue de la Limace, s'eft appellée long-tems la rue aux Chats, la rue de la Place aux chats, la rue de la Place aux pourceaux, & la rue des Déchargeurs. Elle aboutit rue des Déchargeurs, & rue des Bourdonnois.

La rue de la Lingerie fe nomme ainfi depuis que St Louis eut fait don des places qui la bordent le long du cimetiere St Innocent, à de pauvres filles & de pauvres femmes lingeres, & même à des cordonniers & des fripiers, qui vendoient de vieux linge, de petits fouliers, de la friperie, & qui n'avoient pas le moyen de louer des maifons, ni des boutiques.

De dire comment elle s'appelloit auparavant, c'eft ce que je ne fai pas. Je fai feulement que ce Prince fut fort loué d'une telle charité, & de plus que peu de jours après, ayant fait percer la langue à un blafphemateur, & fu que bien du monde en murmuroit : ,, Sachez, dit-il, à ceux qui lui ,, firent ce rapport, que je ferai mieux recompenfé dans le ciel de leurs ,, plaintes que de leurs benedictions.

D'abord ces pauvres femmes étalerent leurs marchandifes fous des auvents attachez à des crochets : depuis on leur fit faire une halle, qu'on ap-

DE LA VILLE DE PARIS. Liv. II. 147

pella la halle de la lingerie, fur les murs St Innocent, & où en 1278. elles étaloient ce qu'elles avoient à vendre, comme elles faifoient fous leurs auvents. Corrozet nous apprend que Henri II. la démolit pour y bâtir les maifons que nous voyons maintenant qu'occupent des marchandes lingeres.

Au refte il paroît par les anciens Statuts de ces femmes & de ces filles, dont j'ai parlé, dreffez fous St Louis, ou fous Philippe le Hardi, & ratifiez du tems de Charles VIII. qu'elles ne recevoient avec elles ni filles, ni femmes de vie diffolue, & fi il s'en rencontroit, auffi-tôt leurs marchandifes étoient jettées dans la rue, & elles chaffées honteufement.

Quant à l'autre côté de la rue, il a été long-tems habité par des gantiers, ce qui fit qu'on l'appellât la rue de la Ganterie; & qu'ainfi ne foit, un de ces gantiers-là convaincu d'avoir fait de la fauffe monnoie, fut bouilli tout vif dans de l'huile à la croix du Trahoir, il y a quelque 200. ans.

La rue du Petit-lion, fe nommoit en 1300. 1422. & 1423. la rue au Lion: en 1386. & 1389. la rue du Lion: en 1497. la rue du Grand-lion, à caufe de l'Hotel du Grand-lion, fitué alors dans cette même rue: elle s'eft appellée auffi quelquefois la rue de l'Arbalêtre, parce que les Arbalêtriers y ont eu long-tems un grand lieu deftiné à leurs exercices.

J'ai dit que la rue des Lions fait partie de l'Hotel Royal de St Pol, & qu'elle doit fon nom à l'Hotel des Lions du Roi, ou au logis des grands & des petits Lions du Roi, qui y étoit bâti.

La rue des Lombards a pris fon nom de certains Lombards ufuriers, & creanciers fi impatiens, que par ironie alors on difoit à Paris la patience du Lombard.

Juvenal des Urfins remarque qu'en 1414. ils étoient en grand credit, & faifoient tenir de l'argent à Rome à gros interet dans le tems que Charles VI. & les grands delivroient les Benefices, les Prelatures & les Eglifes au plus offrant & dernier encheriffeur; car le Roi & les grands Seigneurs au regard des Prelatures, étoient Papes, & pour de l'argent le Pape faifoit ce qu'ils vouloient. Avant que ces ufuriers s'établiffent dans cette rue on la nommoit la rue de la Buffeterie en François, & *Vicus Buffeteriæ* en Latin, à raifon peut-être des buffets qu'on y faifoit.

C'eft le nom qu'elle portoit dès l'an 1268. & le confervoit encore en 1384. & même du tems des Lombards, on ne laiffoit pas de le lui donner quelquefois.

Depuis on l'a appellée la rue de la Pourpointerie, du tems que les chauffes, les pourpoints & les manteaux étoient de couleur, & d'étoffes differentes; car comme il y avoit des tailleurs à part pour des chauffes, qu'on nommoit chauffetiers, & tout de même d'autres pour les pourpoints, appellez pourpointiers, ceux-ci logeoient dans la même rue. Mais du tems de la Ligue il falloit qu'elle fût habitée par des fripiers; car dans le Catholicon, Monfieur de Mayenne haranguant, dit que Madame de Montpenfier & le Cardinal Caëtan ont fait de fignalés fervices à la Foi par fubtilités nouvelles, & *Te Deum* chantés à propos, & drapeaux contrefaits en la rue des Lombards, qui ont donné occafion à plufieurs de mourir allegrement de malle rage, de faim, plutôt que de parler de paix.

De quatre rues appellées St Louis que nous avons, celle du quartier St Antoine, s'eft nommée quelquefois la rue de l'Egoût couvert, à caufe qu'elle couvre les égoûts qui y viennent, tant de la rue St Antoine & de la Place Royale, que de la rue Neuve Ste Catherine, & des autres rues qui y aboutiffent.

Celle du bout du Pont St Michel fut ouverte fous Henri III. & fous Henri IV. pour la commodité du Pont-neuf, à travers les maifons du Treforier & des Chanoines de la Ste Chapelle; d'abord on la nomma la rue Neuve, depuis la rue Neuve St Louis, & enfin la rue St Louis, afin de

Tome I. T ij

la distinguer de la rue St Louis dont je viens de parler.

De nos jours on l'a bordée de la plupart des maisons que nous y voyons, & le nom de St Louis leur a été donné, parce qu'elles ont été achevées sous le regne de Louis XIII.

Quant aux deux autres, je ne sai rien de celle qui aboutit à la rue St Honoré ; mais pour la derniere qui traverse l'Isle Notre-Dame, elle a pris son nom de l'Eglise paroissiale de St Louis, qui est bâtie à l'un de ses bouts.

La rue de Lourfine est nommée *Vicus de Lorsinis*, & *Vicus de Lorcinis* dans le testament de Galien de Pise, Chanoine de St Omer, Fondateur des Cordeliers de St Marceau, passé en 1287.

Tellement que son premier nom est la rue de Lorsine, dont on a fait Lourfine.

En 1404. on l'appelloit la Ville de Lourfine lès St Marcel : depuis la rue du Clos de Ganay, à cause du Chancelier de Ganay qui y avoit une maison de plaisance ; & quelquefois on la nomme la rue de franchise, parce qu'étant située dans le Fief de Lourfine qui appartient à l'Hopital de St Jean de Latran, les compagnons artisans y peuvent travailler sous l'autorité du Commandeur de cet Hopital, sans que les Maîtres puissent les en empêcher.

La rue du Louvre ne se nomme de la sorte que depuis que nos Rois ont abandonné l'Hotel des Tournelles, & établi leur sejour ordinaire au Château du Louvre : car auparavant on la nommoit la rue d'Hosteriche, la rue d'Austriche, la rue d'Hostriche, la rue d'Autruche, & la rue de l'Autruche.

On donnoit même tous ces noms-là à l'Hotel d'Alfonce de France, Comte de Poitiers, qu'il y fit bâtir. Car enfin je ne puis pas dire si ce fut son Hotel qui prit le nom de la rue, ou la rue qui prit le nom de son Hotel.

M

LA rue du Mail s'appelle ainsi, parce qu'elle occupe la place d'un Mail fort long & découvert, qui y a été jusqu'en 1633. qu'on commença à agrandir la Ville de ce côté-là.

Le quai Malaquais, outre ce nom-là s'appelle quelquefois le Quai de la Reine Marguerite, à cause qu'il tenoit à un palais & à un cours que cette Princesse avoit fait faire tout contre.

La rue du Maltois, à remonter jusqu'à sa source, s'appella d'abord *Materetum sancti Gervasi*, le Martray St Jean, la ruelle du Martray, la rue du Martroy, le Martroy St Jean, la rue du Martroy St Jean, le Marteroy St Gervais, la rue du Marterez St Jean en Gréve, & le Martel St Jean : or le peuple qui ne voyoit pas trop clair à tout ce jargon-ici, l'interpretant à sa mode, l'a tourné tout comme bon lui a semblé ; de sorte qu'en 1247. c'étoit le Marteret St Jean : en 1300. le Marthelet St Jean : quelquefois la rue St Jean, la rue du chevet St Jean.

Pour l'intelligence de tous ces noms, il faut savoir que la rue du Maltois est cette rue qui monte de la Gréve le long de l'Eglise St Jean ; que d'un côté elle tourne presque tout au tour de l'Eglise, à travers le Cloître jusqu'à la rue de la Tixeranderie, & que de l'autre elle montoit autrefois jusqu'à la porte Baudets, le long de St Gervais : outre cela il faut encore savoir qu'anciennement le Cloître St Jean se nommoit le Martroy St Jean, le Marteret St Jean, & le Martelet St Jean ; & qu'il passe près d'une grosse tour fort ancienne, nommée depuis plusieurs siecles le Martelet St Jean ; & depuis deux ou trois cens ans, tantôt le vieux Temple, tantôt la Synagogue, tantôt la Tour, l'Hotel de la Tour, l'Hotel du Pet-au-diable. Cela posé je dis que ces noms de Martelet, Martroi, & les autres sont de vieux mots Gaulois qui ne subsistent plus qu'en quelques lieux des anciennes Villes de France, comme à Orleans, à cause de la grande place publique appellée le Martroy, & un Cimetiere nommé le Martroy-aux-corps; & encore en Languedoc, où les paysans donnent à la Fête de la Toussaints le nom de Martrou, pour dire la Fête des Martyrs, car ces sortes de mots viennent de *Martyretum*, terme de la basse Latinité, & diminutif de *Martyrium*, qui ne signifie pas un lieu de supplice comme prétend Borel, auteur moderne, de peu de nom : mais un Tombeau, une Châsse, un Cimetiere, une Eglise, & quelqu'autre lieu que les premiers Chrétiens avoient pris de leurs Temples, ainsi qu'on peut voir dans St Augustin, Sozomene, *Historia Miscellanea*, dans le Concile de Calcedoine, & les regles publiées, tant à ce Concile qu'à Laodicée, qui se trouvent dans la Bibliotheque du vieux Droit Canon ; tellement que ce mot de Martroy, & les autres signifient, ou la rue de l'Eglise St Jean, ou celle du Cimetiere St Jean, à cause qu'elle regne le long de l'Eglise, & croise son cloître, qui peut-être lui servoit de Cimetiere avec le Cimetiere St Jean & le Cimetiere verd.

A la verité ce n'est pas l'interpretation que Periche & Guyon donnent à ces vieux mots ; car le premier dans le manuscrit fait venir ce nom de Martroy d'Orleans, d'un Comte d'Orleans du tems de Louis le Debonnaire, nommé Matfroy, dont Adrevaldus fait mention au chapitre vingtième du premier livre des miracles de St Benoît, & l'autre dans son histoire d'Orleans, pretend sans le prouver, que les anciens Gaulois donnoient le nom de Martroy aux places publiques destinées pour la commodité publique ; que c'est pour cela qu'en quelques Villes de France, on donne au marché au bled le nom de Martroy, & que par metaphore les anciens Orleanois ont appellé leur Cimetiere public le Martroy-aux-corps, comme s'ils avoient voulu dire, une grande place destinée pour la sepulture des morts. Ensorte que pour revenir à ces mots & à notre rue, tant que le peuple a sû ce qu'ils signifioient il les a peu alterés, mais lorsqu'ils lui ont été inconnus, il les a si bien defigurés, comme j'ai dit, tournés & retournés à sa mode, qu'enfin il en a fait la rue du Maltois, apparemment dans le tems que l'Empereur Charles-Quint donna l'Isle de Malte aux Chevaliers de St Jean de Jerusalem, chassés de Rhodes par Soliman, & appellés depuis les Chevaliers de Malte.

La rue du Marché-Palus, se nomme ainsi, parce qu'il s'y tenoit un marché, & qu'une partie des ruisseaux & des immondices de la Cité passoient par là ; car il faut savoir qu'avant que le marché neuf fût fait, tous ces ruisseaux boueux s'arrêtoient en cet endroit le plus souvent & formoient comme un marais ou palus, pour user des termes du tems passé, qui pourtant encore a lieu en parlant des Palus Meotides.

En 1633. par une transaction passée entre l'Abbé & les Religieux de St Germain, il fut arrêté que la rue qui tient d'un bout au petit marché, & de l'autre à la rue de l'égout qu'on vouloit faire alors, auroient quatre toises de largeur, & s'appelleroit la rue Ste Marguerite, à cause de la Chapelle & de la porte Ste Marguerite de l'Eglise St Germain qui en sont proches : en 1366. elle se nommoit la rue Madame-de-Valence.

La rue de Marivault en 1273. avoit nom Marivas, & depuis la rue des Marivaulx : elle aboutit d'un bout à la rue des Lombards, & de l'autre à la rue des Ecrivains, quartier St Jaques de la Boucherie.

La rue des Marmousets, a pris son nom d'un logis qui y étoit, appellé en 1300. 1410. & 1475. l'Hotel des Marmousets, la maison des Marmousets, & *Domus Mormosetorum*, dont je raporterai ailleurs les contes qu'on en fait. Elle prend depuis la Madelaine jusqu'à la porte du cloître de Notre-Dame.

Le cul de sac de St Martial, se nommoit en 1300. le Porche-St-Mathias, depuis la ruelle St Mathias & en 1552. le Portail St Martial; dans la rue de la Savaterie.

La rue St Martin a emprunté son nom de l'Abbayie St Martin, fondé par Henri I. & reduite en Prieuré par Philippe I. son fils, elle vient jusqu'à St Merry.

La rue de l'Arche-marion, ou de l'Abreuvoir-marion s'appelloit en 1422. la rue des Jardins, elle tient d'un côté à St Germain de l'Auxerrois & de l'autre à la riviere.

La Rue-neuve-St-Martin, s'est nommée long tems la rue du Meurier, elle va depuis la porte St Martin, jusqu'à la porte du Temple.

La rue de Mascon doit son nom aux Comtes de Mascon, qui autrefois y ont demeuré, témoin l'abreuvoir de Mascon pour leurs chevaux, au bout de la rue de la Bouclerie, comme j'ai dit ailleurs.

La rue des Mathurins, ne se nomme ainsi que depuis qu'on y a fondé une Chapelle dediée à St Mathurin, & que les Religieux d'aujourd'hui appellés Mathurins, s'y sont établis; car auparavant elle avoit nom tantôt le Palais des Thermes, & le Palais de Thermes: tantôt la rue des Bains, la rue du Therme, la rue du Palais, & la rue du Palais des Bains, à cause d'un vieux Palais dont il reste de belles ruines, où les Empereurs Romains avoient des bains magnifiques.

La rue de Matignon, tire son nom de Jaques de Matignon, Maréchal de France qui y logeoit; mais je prévois qu'elle s'appellera bientôt la rue Maquignon, par ce que le peuple commence déja à prendre ce nom là pour l'autre, comme lui étant plus connu, ce qui lui est ordinaire.

Du vivant du Maréchal elle prenoit celui de la place de Matignon, auparavant c'étoit la place & la rue de la petite Bretagne, du tems que les Ducs de Bretagne y avoient un Hotel.

La rue Maubué, en 1456. s'appelloit Maubué, ou Simon le Franc, près la fontaine du même nom.

La rue Mauconseil avoit nom *Vicus mali consilii* dès l'an 1269. & *Via inconsulta*, dans la Hierarchie de Cenalis, depuis elle n'a point changé de nom ainsi l'on voit qu'elle ne l'a point emprunté, comme veulent quantité de gens, du mauvais conseil qu'on tint là en 1407. dans l'Hotel de Bourgogne, qui en occupoit une partie, pour assassiner le Duc d'Orleans: mais il y a bien plus d'apparence de croire que ce nom lui est venu de quelque Seigneur de Mauconseil qui y a logé, Chateau en Picardie, & celebre dans Froissart, où les François en 1358. assiegeans les Navarrois, furent défaits par Jean de Piguigny Gouverneur de Herielle, avec perte de quinze-cens hommes, outre l'Evêque de Noyon, Raoul de Coucy, Raoul de Ravenal, le Sire de Chaulny & ses enfans, & generalement tous les Chefs & les Officiers. Cette rue traverse de la rue St Denys à la rue Montorgueil.

La rue des Trois-maures se nommoit en 1300. la rue Guillaume Joce, & la rue Guillaume Josse en 1422: mais enfin une enseigne où trois Maures sont peints, lui a fait changer de nom: elle a un bout à la rue des Lombards, & l'autre à la rue Trousse-vache.

La rue neuve St Merry se nommoit en 1273. *Vicus novus Sti Mederici versus Ecclesiam*, la Rue-neuve en 1300. la Rue-neuve St Merry en 1386. lorsqu'elle fut achevée on lui donna le nom de Neuve, qu'elle a conservé depuis & retient encore celui de Merry, parce qu'elle fait partie du territoire qui depend de St Merry & de son Chapitre.

La rue Meziere, s'appelle autrement la petite rue Cassette, à cause qu'elle tient à la rue Cassette, qu'on nomme la grande-rue Cassette quelquefois.

Le nom de Meziere lui est venu d'un jeu de paume & d'un Hotel appellé le jeu de paume & l'Hotel de Meziere, qui sont compris maintenant dans l'enclos du Noviciat des Jesuites.

La rue du Meurier, en 1314. avoit nom des Meuriers, la rue du Franc-meurier; depuis, la rue Pavée, & la rue Pavée-d'andouilles, la rue du Meurdrier, dont avec le tems on a fait la rue du Meurier: Cenalis l'appelle *Via ad sanguinarium*, *aliàs ad morum*. Elle est dans la grande rue St Victor, vis-à-vis St Nicolas du Chardonnet.

La rue du Monceau St Gervais se nomme ainsi à raison, qu'elle est placée sur un lieu un peu plus relevé que les environs qui regnent le long de l'Eglise St Gervais.

J'ai dit en un autre endroit, qu'elle tient d'un bout à la rue du Maltois & de l'autre à la rue St Antoine, mais je n'ai pas dit que depuis la rue du Maltois jusqu'à St Gervais, on l'appelloit anciennement la rue du Monceau St Gervais; & depuis là jusqu'à la rue St Antoine, la rue de la porte Baudets, & qu'il y a déja long tems que ce dernier nom est oublié. Si bien qu'en parlant de Monceau St Gervais on comprend ces deux rues.

A propos de St Gervais, il n'y a pas grand danger de faire mention du proverbe qui court à Paris touchant sa Fête:

Quand il pleut le jour de St Gervais,
Il pleut quarante jours après.

La rue Mondestour depuis la rue des Prescheurs jusqu'à celle du Cigne, se nommoit en 1300. 1330. & 1386. la rue Maudestour, & la rue Maudestours; mais en 1422. depuis la rue du Cigne, jusqu'à celle de la Truanderie, elle s'appelloit la ruelle Jean-Gilles, & la rue Jean-Gilles.

La rue de la Monnoie en 1297. 1399. & 1433. étoit appelée la rue au Cerf, & la rue du Cerfe: avec le tems, le nom de la Monnoie lui fut substitué à cause de l'Hotel de la Monnoie du Roi, qui y est bâti: par la même raison on a appellé la petite rue de la Monnoie, celle d'AlexandreLanglois petit cul de sac qui tient à cet Hotel. Quant à la rue de la vieille Monnoie, son nom lui est demeuré à la place de celui qu'elle avoit auparavant, mais que je n'ai pû sçavoir; car enfin on croit qu'on y a batu autrefois Monnoie, & bien qu'il n'en reste autre marque que son nom, c'est toujours quelque chose.

La rue de Montmorancy, s'appelloit en 1300. la rue au Seigneur de Montmorancy, à cause d'un Hotel de Montmorancy bâti-là, & habité long-tems par les Seigneurs de cette Maison; mais qu'enfin Charles de Montmorancy, Grand Pannetier & Maréchal de France vendit en 1361.

La rue Montorgueil, ne s'est pas toujours étendue depuis la rue des Petitscareaux, jusqu'à la pointe St Eustache, comme elle fait maintenant, elle a été long-tems coupée en deux, & traversée par une porte de Ville, entre la rue Pavée & la rue Mauconseil. Alors elle portoit deux noms: de là jusqu'aux Petits-carreaux, elle prenoit celui de la rue Montorgueil, sans que j'aie pu sçavoir pourquoi: jusqu'à la pointe St Eustache, on l'appelloit en 1253. la rue de la Savaterie; depuis la rue au Comte d'Artois, la rue Comtesse d'Artois, & la rue de la Porte-Comtesse d'Artois, à cause de la Porte dont je viens de parler, & de l'Hotel des Comtes d'Artois situé à la rue Mauconseil, contre cette rue, & la porte.

La rue des Morfondus s'appelle ainsi à raison d'une enseigne des Morfondus, ou des rechauffés qui s'y voyoit autrefois.

Vers l'année 1560. elle avoit nom la rue du Puits-de-fer; auparavant on la nommoit le Chemin-du-moulin à vent, parce qu'elle conduisoit à un moulin à vent, élevé au lieu même, où depuis a été bâti un logis assés agreable nommé le Chateau de Montauban, & qui est cause que l'endroit de la rue où il est situé est appellé la rue de Montauban. Depuis tant ceux qui y demeurent, que le Bailly de Ste Geneviéve, ont taché d'abolir tous ces noms, mais en vain; & quoiqu'en 1653. le Bailli ordonnât que cette rue ne porteroit plus d'autre nom que celui de la rue neuve St Estienne;

cependant malgré sa deffense, ceux même qui ont sollicité ce changement sont si accoutumés à l'appeller la rue des Morfondus, qu'ils continuent à lui donner ce nom, aussi bien que leurs voisins.

La rue des Morins se nommoit auparavant la rue St Gervais, parce qu'elle est située sur des terres qui appartenoient aux Religieuses de l'Hopital St Gervais.

Mais ces deux freres si curieux, appellés Morin, n'y eurent pas plutôt un jardin enrichi d'un nombre presque infini de simples & d'autres plantes de toutes sortes d'especes, qu'elle perdit son nom pour prendre celui de ces nouveaux venus.

Touchant la rue de la Mortellerie, tout le monde croit que c'étoit un couppe-gorge autrefois; & que ce triste nom ne lui a été donné qu'à cause des meurtres qui s'y faisoient, & des corps morts qu'on y trouvoit tous les jours, & le tout sans fondement & sans en apporter la moindre preuve. Elle prend depuis la Gréve & va jusqu'à l'Hotel de Sens.

Pour moi sans repandre tant de sang, j'aime mieux dire que ce nom lui vient de quelques Bourgeois nommés Mortelier, qui y ont autrefois demeuré.

Car je trouve qu'en 1348. Arnoul Bracque Fondateur de la Chapelle de Bracque, donna pour l'entretien de son Hopital, quinze sols parisis, à prendre sur une maison de cette rue, qui appartenoit alors à Pierre le Mortelier, & qui tenoit à celle de Richard le Mortelier, & qu'ainsi à cause de ces Bourgeois, on la nomma d'abord la rue Morteliere, depuis la rue de la Morteillerie & enfin la rue de la Mortellerie.

La rue Moufiard, s'appelloit en 1552. la rue St Marcel, & a pris le nom qu'elle porte maintenant du terroir où elle est située, qui se nommoit Montfetard, Moffetart, Mouflard, Mousetart & Mouftard, & cela en 1386. 1420. & 1426. Il est parlé de cette rue dès 1239.

La rue du Mouton a pris son nom d'une maison appellée en 1263. la maison du mouton, car c'est ce que veut dire *Domus de ariete*, du cartulaire de St Maur; elle est située proche la rue de la Tixeranderie, jusqu'à la place de la Gréve.

N

LA rue des Nonnains-d'Hierre, doit son nom aux Religieuses de l'Abbayie d'Hierre, qui y avoient autrefois un grand logis, qu'on nomme la maison de la Pie, & même aussi la maison des Nonnains-d'Hierre, car jamais elle ne s'est appellée, & ne s'appelle point encore la rue des Nonnains de Joarre & *Via ad vestales Jotrenses*, comme dit Cenalis dans sa Hierarchie : & ce qui l'a trompé, sans doute, est que le peuple la nomme la rue des Nonnains d'Yarre.

Quoi qu'il en soit, ne seroit-il point à propos de reveiller ici la question de Vaugelas, touchant ces deux mots Hierre & Lierre, & de soutenir que cette feuille toujours verte, appellée *Hedera* en Latin, se nommoit autrefois, & devroit encore se nommer Hierre en François, ainsi qu'il se voit dans la seconde Eglogue de Ronsard, dans l'Ode deuxiéme de du Bellay, sans d'autres auteurs, sur tout dans les noms de l'Abbayie d'Hierre, & de la rue des Nonnains d'Hierre, mais que nos Peres accoutumés à prononcer & orthographier l'Hierre, au lieu de la Hierre, à cause des articles *le* & *la*, qui se mangent à la rencontre d'une voyelle, ont enfin si bien incorporé l'article feminin avec son nom, qu'en n'en faisant qu'un mot, ils ont écrit Lierre sans h ni apostrophe; & depuis à ce nouveau mot,

ajoutant

ajoutant l'article masculin, on a commencé à dire le liere, dont l'usage est reçu; ce qui n'est pas extraordinaire, puisque la même chose est arrivée à beaucoup d'autres mots, tels que ceux de loisir & de Landit qui viennent d'*otium* & d'*annus dictus* ou d'*indictum*.

La rue des Noyers a pris son nom des noyers qui la couvroient, quand on commencé a y bâtir.

Elle l'a gardé jusqu'en 1348. que la Chapelle St Yves fut fondée; car le peuple aussi-tôt l'appella la rue St Yves, ce qui n'a pas duré long-tems, puisqu'en 1401. elle avoit repris son premier nom.

Dans le treiziéme siecle au reste, il y avoit deux maisons contigues du côté de St Yves, occupées par deux Ecoles, & chargées de treize sols parisis, dont Isabelle de Sainte-Croix fit don au Sou-chantre de Paris.

Pour revenir au nom de la rue, il semble que dans le siecle passé on l'appelloit la rue des Notaires, parce que Cenalis, qui lui donne le nom des Noyers en François, en Latin, outre *Via nucetoria*, ajoute *hodie via Tabellionaris*, dont pourtant je doute fort, & en douterai même jusqu'à ce que je l'aye vû ailleurs.

O

LA Rue Oniart s'appelloit en 1273. *Vicus Almarici de Rosiart*: en 1300. la rue Amaurry de Roissy; depuis la rue Amaulry de Roissy, & la rue Emaury de Roissy: après cela la rue Hungart, & enfin la rue Oniart, & la rue Ognart. Elle aboutit à la rue St Martin, & à la rue des Cinq diamans.

Outre le quai qui prend le nom d'Orleans, nous avons quatre rues qui s'appellent de même; deux toutes nouvelles dont je n'ai rien à dire, deux anciennes qui doivent leur nom à Louis de France, fils de Charles V. Duc d'Orleans, & celebre dans l'Histoire de Charles VI.

La premiere qui est au faux-bourg St Marceau, s'appelloit auparavant la rue des Bouliers, & la rue du Bouloir, & n'a pris le nom d'Orleans que depuis que ce Prince y eût une maison de plaisance, qui en occupoit une partie.

L'autre de la rue St Honoré s'appella d'abord la rue de Nesle & la rue de Neele qui fait partie maintenant de l'Hotel de Soissons.

Depuis on l'a nommée la rue de Bruchaigne, de Bochaine, de Behaingne, de Behaigne, de Bahagne, de Boheme, parce que c'étoit ainsi qu'on appelloit l'Hotel de Nesle; sitôt qu'il fut à Jean de Luxembourg, Roi de Boheme: tous ces noms venans de Bohehumi, Beheim, Behem, Behemanni, Behemi, Baemanie, Bœmania, & autres semblables, que portoit la Boheme dans le neuviéme & dixiéme siécle: & enfin cette rue n'a pris le nom d'Orleans qu'au tems que Louis de France, Duc d'Orleans & ses enfans devinrent proprietaires de cet Hotel, & y établirent leur demeure; mais quand Louis Duc d'Orleans vint à donner une partie de sa maison aux Filles penitentes, alors elle prit le nom de la rue des Filles repenties qu'elle portoient alors, & de Filles penitentes qu'elles prirent depuis.

Je dirai en passant que cette rue aussi-bien que celle de St Marceau, ont retenu toutes deux le nom d'Orleans dans tout le tems que les Bourguignons ont été maîtres de Paris, & que poursuivant à outrance les Orleanois, ils proscrivoient leurs personnes, confisquoient leurs biens & leurs Hotels, & pour cela tellement haïs de la plupart du peuple, que quantité étoient bien aise, qu'on sût par leurs enseignes le parti qu'ils tenoient; & de fait on croit qu'une bonne partie de celles de l'écu, & des armes d'Orleans qui se voyent à Paris, viennent de là; & tout au contraire les autres

HISTOIRE ET ANTIQUITE'S

tant de l'écu & des armes de Bourgogne, que de celles de Flandre & de Brabant.

La rue aux Ours s'appelloit en 1209. *Vicus ubi coquuntur Anſeres* : en 1270. *Vicus Anſerum* : en 1297. la rue où l'on cuit les Os, & la rue où l'on cuit les Oes : en 1300. la rue où l'on cuit les Hoes : en 1316. & 1422. la rue aux Oes : en 1425. la rue aux Oes, & enfin la rue aux Ours, parce que le peuple entend ce nom-là & non pas les autres.

Ce changement ſi ſubit & tout à coup de noms d'Os, d'Hoes, & le reſte, pour dire Oyes ſimplement, en celui d'Ours, qui eſt bien un autre oiſeau, & cela il n'y a guere plus de cent ans, ſe rapporte aſſés à l'Hiſtoire des Ours à l'égard de Paris, où il ne s'en eſt point vû qu'en ce tems-là, & que de pauvres gens promenent dans les rues, faiſant acroire à ceux qui leur prêtent l'oreille, que quiconque monte deſſus, n'a jamais peur, & enfin où l'on n'eſt pas plutôt monté, que le chapeau à la main, faiſant faire à l'animal quelques pas en tournant, alors ils marmottent certains mots qu'on n'entend point, le tout pour un double.

Quant au nom de la rue au reſte, le peuple qui veut à toute force que ce ſoit ſon veritable nom, & qu'elle n'en doit point avoir d'autre, allegue qu'anciennement on y gardoit & vendoit des Ours, & pour preuve montre là un logis à porte cochere, bâti entre la rue Sale-au-comte, & la rue Quinquampoix, où au deſſus de la porte, à la clef de l'arcade, eſt un Ours ſculpé.

Bien plus il aſſure que la plupart des caves, tant de cette maiſon que des autres voiſines, ſont faites comme des caveaux ou cavernes, avec des anneaux de fer tout au tour, ſcellés dans les murailles, & là-deſſus conclud qu'elles n'ont été faites ainſi que pour y mettre des Ours.

Cependant cette huée ſi ancienne aux Hous, ſaouls, ſaouls, ſaouls, que par tradition on enſeigne aux enfans, pour crier dans les rues après les ivrognes, fait voir qu'autrefois on ne diſoit pas Ours, mais Houes ; car enfin Houls eſt ici le même mot, & s'il eſt different pour l'ortographe, c'eſt le mot de ſaouls qu'on lui a donné pour rime, qui en eſt cauſe, afin que tous deux ſe reſſemblaſſent davantage & que la rime fut meilleure.

Tous ces vieux mots donc que j'ai remarqué qu'on donnoit à la rue, dans les treize, quatorze, quinze & ſeiziéme ſiecle, non ſeulement ſignifioient la même choſe, mais ſe prononçoient de même. Car o tout ſeul ſe prononçoit comme ayant un u, ſi bien que oë & oye n'étoient pas differens pour le ſon : témoin Toloſe, Bordeaux, Pentecoſte, puiſqu'en les proferant nous diſons Touloüſe, Bourdeaux, Pentecouſte.

Les anciens Romanciers ſont pleins de mots ſemblables ; il n'y en a preſque point, où il ne ſoit parlé d'une oë : les Poëtes des ſiecles paſſés le font rimer à moüé, boüé, & à d'autres, encore qu'ils l'ortographient ſans u : telles converſions de lettres étant fort familieres en notre langue.

Mais ſans aller ſi loin pour en trouver des exemples, ne diſions nous pas, il n'y a que trois jours, chouſe au lieu de choſe, & bien des gens même ne le prononcent-ils pas, & ne l'écrivent-ils pas ainſi ?

Enfin tout le monde ne dit-il pas la petite oue d'un pourceau, au lieu de dire la petite oye.

La rue aux Oues ne ſert-elle pas encore de rotiſſerie, n'y cuit-on pas des oyes tous les jours auſſi-bien que d'autre viande ; & qui ſait ſi, quand on lui donna le nom de la rue aux Oues, & de *Vicus ubi coquuntur Anſeres*, ce ne fut point parce que l'on n'y cuiſoit que des oyes, & qu'il n'y avoit là que des rotiſſeurs qu'on appelloit alors des oyers, & des cuiſiniers ; car c'eſt le nom qu'ils portent dans le premier Regitre des Ordonnances de Meſſieurs de la Chambre des Comptes.

Enfin il y a grande apparence que ce fut en vûe de tout ceci, qu'en 1425. quelques Paroiſſiens de St Leu St Gilles voulant tirer l'oye, & donner ce

DE LA VILLE DE PARIS. Liv. II.

divertissement-là au public, choisirent exprès la rue aux oues, & la prefererent à la rue St Denys qui est tout contre, & tout autrement commode pour un tel spectacle; & pour tout dire en un mot, c'est assurement à cause des bons cabarets qui s'y trouvent, aussi-bien que des bonnes boutiques de rotisseurs, & de la figure de St Jaques de l'Hopital, dressée au milieu du portail de l'Eglise, vis-à-vis la rue aux Oues, & qui semble tourner la vûe de ce côté-là, qu'on dit en proverbe, parlant à quelque friand, ou à un amoureux : Vous avés le nés tourné à la friandise, comme St Jaques de l'Hopital.

P

LA Rue Pagevin a pris son nom ou de Jean Pagevin Huissier du Parlement, ou de Claude, Auditeur des Comptes en 1542. ou de Nicolas, proprietaire de l'Isle Louviers, Maître de la chambre aux deniers du Duc d'Anjou en 1582. car elle n'a été commencée que vers ce tems-là. Elle aboutit à la rue des vieux Augustins, & à la rue Verderet, proche la rue de la Jussienne.

La rue du Paon de la rue St Victor, s'est long-tems appellé la rue Alexandre Langlois, & se nomme presentement la rue du Paon, depuis deux ou trois cens ans, à cause d'une maison appellée autrefois la maison du Paon. Il paroît par une taxe faite du tems du Roi Jean, que celle du quartier St André, s'appelloit la rue de l'Archevêque de Reims, parce que cet Archevêque y avoit son Hotel.

La rue de Paradis du faux-bourg St Jaques, anciennement s'appelloit la rue Notre-Dame des Champs, parce qu'elle est vis-à-vis de ce Prieuré.

La rue de Paradis de la vieille rue du Temple, tient son nom d'une enseigne & d'une maison bâtie dès l'an 1291. & nommée la maison de Paradis.

La rue du Parc-Royal de la rue neuve St Louis, a été appellée la rue du Petit-paradis, à l'occasion d'une enseigne; la rue des Fusées à cause de l'Hotel des Fusées qui en occupoit une partie: & la rue de Thorigny, parce qu'un Gentilhomme de ce nom-là y a demeuré.

La rue de la Parcheminerie, s'appelloit en 1309. la rue aux Ecrivains: en 1319. la rue aux Ecrivains lès St Severin, depuis la rue des Parcheminiers lès St Severin: enfin en 1408. & maintenant la rue de la Parcheminerie; elle traverse de la rue de la Harpe à celle de St Jaques.

La rue des Mauvaises-paroles, s'est presque toujours appellée la rue Male-parole, & n'a été nommée la rue des Mauvaises-paroles que depuis qu'on a commencé à polir la Langue Françoise; c'est de cette rue-là qu'entend parler Barclay, lorsqu'il dit à l'occasion de François Myron Lieutenant Civil, *Indignus qui inter mala verba habitet.*

La rue Pastourelle en 1296. avoit nom la rue Groignet, à cause de Guillaume Groigner, Mesureur des bleds du Temple, qui y demeuroit, mais depuis en 1302. on l'appella la rue de Jean de St Quentin: elle aboutit à la rue du Temple, & à la rue d'Anjou.

La rue Pavée de la rue des Francs-bourgeois, se nommoit en 1406. la rue du Petit-marais, depuis la rue de Marivas, la rue de Marivaux & la rue du Petit-marivaux.

La rue Pavée de la place Maubert se nomme *Via Stramentaria*, aliàs *Physica Academia*, dans Cenalis en sa Hierarchie.

La rue Pavée-d'andouilles, s'est nommée la rue des Augustins comme j'ai dit auparavant.

La rue St Paul, emprunte son nom de l'Eglise qui y est fondée.

Tome I. V ij

La rue de la Porte-aux-Peintres, s'appelloit la rue des Arbalêtriers, & la rue de l'Arbalêtre, d'autant qu'elle sembloit continuer la rue du Lyon, qu'on nommoit la rue de l'Arbalêtre, & la rue des Arbalêtriers, du tems que les Arbalêtriers s'exerçoient proche de là ; mais depuis qu'on les eut transporté ailleurs, elle fut nommée la rue de la Porte-aux-Peintres, à cause qu'elle tenoit à une porte de Ville appellée ainsi, dont je parlerai, quand il en sera tems.

La rue de la Pelleterie, se nommoit en 1423. la rue de la Vieille-pelleterie.

La rue de l'Abreuvoir-pepin étoit appellée en 1300. la rue de l'Abreuvoir Jean Pepin.

Si la rue St Pere se nomme ainsi, c'est par corruption ; car il faudroit dire St Pierre, parce qu'elle passoit devant une Chapelle appellée anciennement la Chapelle St Pere, au lieu de la Chapelle St Pierre, située à l'endroit même où a été depuis fondé l'Hopital de la Charité.

Ce n'est pas que ceux qui veulent ici trancher des Savans, n'en donnent une autre étymologie, qu'ils fondent sur je ne sai quelle mechante peinture de l'Eglise St Germain des Prés, où Alexandre III. étoit representé prêchant au Pré-aux-Clercs, à une Procession, & alleguent là-dessus une certaine charte raportée par le P. du Breul, où il est remarqué que le Pape ne fit sa Prédication qu'après avoir dedié cette Chapelle ; si bien ajoutent-ils, que comme tous les Fideles joignent la qualité de St Pere au Pape, il s'ensuit évidemment, veu la rareté de telle dédicace faite par un Souverain Pontife, qu'autant la rue que la Chapelle n'ont point d'autre nom que celui de St Pere & n'en doivent point avoir d'autre, comme leur ayant été donné exprès pour servir de marque à la posterité d'une ceremonie si extraordinaire ; marque beaucoup plus durable que ni la peinture ni la charte dont il a été parlé.

Sans perdre le tems mal à propos à refuter ces contes ridicules, disons seulement que depuis J. C. il n'y a jamais eu de Chapelle ni d'Eglise dediée au St Pere : que celle-ci étoit érigée en l'honneur de St Pierre, & que si on l'appelloit la Chapelle St Pere, c'étoit à la façon du tems, où l'on disoit l'Eglise St Pere aux Bœufs, & l'Eglise St Pere des Assis, au lieu de dire l'Eglise St Pierre des Assis, & l'Eglise St Pierre aux Bœufs. Quoi qu'il en soit, bien que la Chapelle & la rue St Pere soient venerables pour leur antiquité, les Religieux de la Charité ne se sont pas contentés toutefois de changer le nom de la Chapelle St Pere, en celui de l'Eglise de la Charité, ils n'ont encore rien oublié pour donner ce nom de la Charité à la rue : & de fait, en 1656. ils presenterent requête au Bailli de St Germain, afin d'en obtenir la permission ; mais n'en ayant pu tirer autre chose sinon qu'elle seroit communiquée tant aux Bourgeois, qu'à ceux du voisinage, & qui pouvoient y avoir interêt, là dessus ils se désisterent de leur poursuite, & neanmoins plutôt en apparence qu'en effet, car avec le tems, ils ont si bien sollicité le tiers & le quart, qu'ils ont obtenu des habitans une bonne partie de leurs demandes, puisqu'il n'y a plus que la moitié de la rue qui conserve son ancien nom, & que l'autre qui passe devant leur Hopital où étoit la Chapelle, se nomme la rue de la Charité.

Je trouve au reste, dans la Guide de Paris, que de Chuyes qui ne savoit pas trop bien ce que signifie la rue St Pere, l'appelle la rue des Sts Peres, apparemment à cause des Religieux de la Charité, & faute de s'être ressouvenu qu'ils sont presque tous Freres, & que ce n'est que par souffrance, qu'ils ont dans leur Ordre des Peres ou des Prêtres.

La rue de la Perle, n'avoit point encore de nom en 1579. celui qu'elle porte à present vient d'un tripot quarré, qui a passé long tems pour le mieux entendu de Paris : elle a un bout à la vieille rue du Temple & l'autre à la rue de Thorigny, quartier du Temple.

DE LA VILLE DE PARIS Liv. II.   157

Le nom de la rue du Pet-au-diable, vient d'une grosse tour quarrée & fort ancienne qui y tient, & qu'on nommoit autrefois la Synagogue, le Martelet St Jehan, le vieil Temple, & l'Hotel du Pet-au-diable.

Je ne dirai point pour quel sujet on a donné à cette tour & à la rue un nom si extravagant, on saura seulement qu'en 1451. par Arrêt du 15. Novembre, la Cour commit Jean Bezon Lieutenant Griminel, pour s'informer du transport d'une pierre appellée le Pet-au-diable, avec ordre de se saisir de tous ceux qui seroient trouvés coupables, en tout cas de les adjourner à comparoître en personne.

En 1358. la rue du Petit-muscq s'appelloit la rue du Petit-muce, la rue du Pute-y-muce, & la rue du Put y muce, à raison peut-être que c'étoit alors une voirie, & un lieu où chacun venoit faire son ordure : elle est au coin de l'Hotel de Maienne rue St Antoine & aboutit aux Celestins.

La rue Picquet se nommoit autrefois la rue Molard ; maintenant c'est la rue de Novion, à cause du President de Novion qui y demeure ; mais ce n'est point du tout la rue de Pequoy comme le veut de Chayes dans sa Guide Paris.

La rue du Pied-de-bœuf, prend ce nom là depuis quelques années, à l'occasion d'un Cabaret qui a pour enseigne un pied de bœuf, & qui d'ordinaire regorge de compagnons Bouchers & de porteurs d'eau ; en 1399. & 1489. on l'appelloit la rue de la Triperie, parce que les Bouchers & les Tripiers alloient par là à la riviere laver leurs tripes ; elle est proche la rue du Pont-au-change, vers la rue du marché de la triperie, & aboutit à la vieille place aux veaux.

La rue St Pierre est nommée la rue Perriche dans la Guide de Paris.

La rue de la Pierre-au-lard en 1273. s'appelloit Vicus Petridiliart : en 1300. la rue Pierre-alart, en 1386. la rue Pierre-au-lard, & la rue Pierre-au-rat dans un vieux plan de Paris : elle donne d'un bout à la rue neuve St Merri, & de l'autre à celle du Poirier.

La rue Pierre-au-poisson, avoit nom en 1300. la ruelle au Poisson, parce qu'autrefois, & avant l'année 1441. quelques pêcheurs & poissonniers avoient rangé tout au tour du Chatelet quantité de longues pierres, où ils étaloient & vendoient leur poisson.

La rue Pierre-Sarazin, a emprunté son nom d'un Bourgeois nommé Pierre Sarazin qui demeuroit-là, & même y est mort avant l'année 1255. Voyés du Breul page 248. elle va de la rue de la Harpe à la rue Haute-feuille.

La rue Pincourt se devroit appeller la rue Popincourt, car c'est son ancien nom qu'elle a pris de Jean de Popincourt Premier President sous Charles VI. qui accompagné de Jean de Montaigu, Evêque de Chartres & d'autres Seigneurs fût à Calais recevoir Isabelle de France, fille du Roi & veuve de Richard II. Roi d'Angleterre ; que si le peuple l'appelle la rue Pincourt, c'est par syncope & pour avoir plutôt fait comme c'est son ordinaire, quand les mots sont trop longs, dont j'ai donné déja tant d'exemples.

La rue Pirouette est nommée ordinairement la rue Pironette en Therouenne, parce qu'elle fait partie du Fief de Therouenne ; mais le peuple accoutumé à gâter tout ce qu'il manie, la nommée autrefois, tantôt la rue Petouet, tantôt la rue Pirouette en Tiroye, tantôt la rue Pirouette en Tirouer, à cause peut-être de la Croix du Tirouer, & tantôt la rue Tirouet & la rue Tirouenne. Elle est placée au coin des pilliers des halles d'un bout ; & de l'autre à la rue Mondetour.

La rue du Plâtre de la rue St Jaques s'appelloit en Latin dans le treiziéme siécle *Vicus Plasteriorum* ; en 1300. la rue aux Plâtriers, en 1386. la rue de la Plâtriere.

Celle de la rue du Temple avoit nom en 1240. la rue Jean-St-Pol ; en 1266. la rue Deffunt Jehan St Pol ; en 1280. la rue au Plâtre ; en 1300. &

1330. la rue du Plâtre ; en 1386. la rue de la Plâtriere & la rue du Plâtre, à cause que les marêts du Temple n'étoient remplis que de Plâtriers autrefois, ni habités presque que par des Plâtriers.

Dans une charte de l'an 1283. je trouve *Domus Guillelmi Plasterii in vico Henrici* de Grenelles, or comme la rue de Grenelles est contigue à la rue Plâtriere, de là on peut inferer que la rue Plâtriere s'appelloit anciennement la rue de Grenelles, & qu'avec le tems, elle a pris le nom de la rue Plâtriere de ce Guillaume Plâtrier ; quoi qu'il en soit, elle se nommoit la rue Plâtriere en 1305.

La rue du Plat d'étain, s'appelloit autrefois la rue Rolin-prens-gaiges, & bien que depuis long-tems elle ne porte plus ce nom-là, de Chuyes ne laisse pas de le lui donner dans la Guide de Paris ; elle aboutit rue St Germain de l'Auxerrois, & rue Bertin-Poirée, près celle des Lavandieres.

La rue de la pointe St Eustache, que quelques-uns confondent avec la rue Mont-martre, se nomme de la sorte, à cause qu'elle passoit autrefois au pied d'une tour, qui fut ruinée presque entierement, lorsqu'on vint à rebâtir l'Eglise, & qui étoit terminée d'un clocher de pierre finissant en pointe, semblable à celui de St Germain de l'Auxerrois, qu'on nommoit la pointe St Eustache.

La rue du Poirier d'un bout à la rue neuve St Merri, & de l'autre à la rue Maubué, est appellée *Parva boucheria* dans l'accord fait en 1273. entre le Roi & St Merri : en 1300. & 1432. elle avoit nom la rue de la petite Boucherie, & la rue Espaulart.

La rue des Poissonniers se nommoit anciennement le chemin du Vallaronneux, depuis le chemin des Poissonniers : & enfin la rue des Poissonniers, à cause que c'est par là que viennent aux halles les Poissonniers & les Chasse-marée.

La rue Poitevine, s'appelloit en 1300. la rue Ginart-aux-Poitevins, en 1345. la rue aux Poitevins, en 1425. la rue des Poitevins : elle est vers la rue Haute-feuille.

La rue Porte-foin se nommoit en 1282. la rue des Poulies, & la rue Richard des Poulies, à cause de Richard des Poulies, qui alors y acheta une place des Templiers, où on fit bâtir vers l'an 1333. Depuis Jean Porte-fin, y ayant élevé un grand logis, appellé l'Hotel Porte-fin, le peuple substitua le nom de ce nouvel habitant à celui des Poulies, & de Richard des Poulies & d'abord donna le nom de Porte-fin à la rue, qu'avec le tems il corrompit, & en fin la rue Porte-foin parce qu'il l'entendoit mieux.

Mais enfin l'Hopital des Enfans-rouges ne fut pas plutôt là fondé, qu'on la nomma aussi la rue des Enfans-rouges, qui ne lui est pas seulement demeuré, mais a passé à une partie de la rue du Grand chantier.

On croit que les quatre rues des Deux-portes ont pris leur nom des portes qui les fermoient autrefois par les deux bouts, comme est le cloître de St Benoît, la rue de Sorbonne, la rue du Four-bassét, la rue du Sablon, la rue d'Escarcuissons, & plusieurs autres, ce qui paroît assés par les maisons qui les couvrent sa plupart au commencement, & par les noms qu'elles portoient anciennement : car celle qui va de la rue de la Verrerie à la rue de la Tixeranderie, s'appelloit en 1281. la rue Entre-deux-portes ; en 1399. la rue Galiace, & en 1487. la rue Galiache.

Celle qui aboutit à la rue Montorgueuil a porté long tems des noms fort sales, que j'ai raporté ailleurs.

Quant à l'autre qui tient à la rue St Germain elle se nommoit en 1300. la rue d'Entre-deux-portes : & en 1386. la rue Aux-deux-portes.

La rue des Douze-portes, a pris son nom de douze maisons a porte cochere qui la composent ; on l'appelle aussi quelquefois la rue St Nicolas, parce que Nicolas le Jai, premier Président, en étoit proprietaire : elle donne de la rue St Louis à la rue neuve St Pierre, quartier du marais.

DE LA VILLE DE PARIS. Liv. II. 159

La rue des Postes, se nommoit anciennement la rue St Severin, depuis la rue des Potteries, à cause de quantité de Potiers de terre qui s'y sont établis d'abord, & y ont fait & vendu de la potterie.

La rue du Pot-de-fer, du faux-bourg St Marceau, s'est appellée autrefois la rue du Bon-quitte; & celle du faux-bourg St Germain, la rue du Verger, mais elle commence à prendre le nom de la rue des Jesuites, à raison du Noviciat des Jesuites qui en occupe une partie.

La rue de la Potterie de la halle a eu nom autrefois la rue des deux jeux de paume, & la rue neuve des deux jeux de paume, parce qu'il y avoit deux jeux de paumes, à l'endroit où sont maintenant les halles aux draps, & qu'elle fut faite du tems de Henri II. lorsqu'on reforma les halles.

La rue de la Potterie, qui est à la rue de la Verrerie, s'est appellée anciennement la rue de la Vieille-oreille, à cause d'un four de ce nom-là, puis par corruption la rue Guignoreille & la rue Guilleri, nom qui a passé au carrefour où elle aboutit. En 1263. & 1284. Guillaume & Gui Potier avoient là leur maison, & si deslors elle se nommoit la rue de la Potterie, ce n'est point de ces deux hommes-là qu'elle tient son nom; mais apparemment de leurs ancêtres qui y ont demeuré auparavant.

La rue Poulletiere, doit son nom à un des Entrepreneurs de l'Isle Notre-Dame, & Commissaire des Guerres appellé Poulletier : elle a un bout au quai d'Alençon, & l'autre au quai Dauphin.

La rue des Poulies, s'appelloit autrefois la rue des Poulliers, elle a pris ce nom-là des Poulies, & des jardins accompagnés de poulies, qu'il y avoit encore en 1347. dont on se servoit pour certain jeu ou exercice, que nous ne connoissons plus.

La rue Pouppée, fut nommée d'abord la rue de Lias, & la rue de Laas, à cause qu'elle fait partie du territoire de Laas, dont j'ai tant de fois parlé. Cenalis l'appelle la rue aux Poupées, & *Via ad Puppas*. Elle va de la rue de la Harpe à celle de Hautefeuille.

Je trouve outre cela que le nom de la rue Poupée lui a été donné (mais sans doute par corruption) pour la ressemblance de ce mot à celui de Poupée.

La rue des Prescheurs s'appelloit en 1300. la rue aux Prescheurs, depuis la rue au Prescheur, & la rue du Prescheur, à cause d'une maison nommée l'Hotel des Prescheurs, & l'Hotel du Prescheur en 1381. où pendoit pour enseigne le Prescheur : mot en usage de ce tems-là, au lieu de celui de Predicateur dont nous nous servons aujourd'hui.

Quant aux rues des Prêtres : il s'en trouve cinq à Paris de ce nom-là, & toutes proche des Paroisses où logent les Prêtres qui y sont habitués.

Celle qui tient à la rue Ferou, s'appelle autrement la rue St Pierre, l'autre qui regne le long des charniers de St Etienne du Mont, s'appelloit en 1267. la ruelle Ste Geneviéve, parce qu'elle passoit le long de l'enclos de cette Abbayie, qui s'étendoit jusques-là, il n'y a pas encore cent cinquante ans, & conduisoit au Cloître, comme elle fait encore : en 1352. & 1386. on la nommoit aussi la rue du Moustier, à cause qu'elle tenoit au Monastere, ce que veut dire le mot de Moustier, dont on se servoit alors.

Celle de St Severin qui passe entre le cimetiere & la maison du Curé, avoit nom en 1300. la rue de l'Arci-Prêtre:en 1386. la ruelle St Severin, depuis la rue des Prêtres St Severin, & la rue de l'Archi-prêtre, à cause que le Curé de St Severin qui y loge, est Archi-prêtre né de l'Eglise de Paris.

La rue des Prouvelles s'appelloit en 1297. la rue des Preuvoires ; en 1300. la rue aux Provoires : en 1334. la rue des Prouveres : en 1424. & 1476. la rue des Prouvaires : en 1435. la rue des Prouvoires : en 1552. la rue des Provaires, & la rue des Prouvaires.

De tous ces mots Gaulois, Provoires veut dire prieres & oratoires ; Prouvoire signifie pourvoyeur ; quant aux autres, les devinera qui pourra.

Je dirai ailleurs que le Roi de Portugal en 1476. logea dans cette rue &

HISTOIRE ET ANTIQUITE'S

que le maître des Chapelains de la Chapelle St André, fondée à St Eustache, tenoit autrefois son siege tout proche.

La rue du Puits-d'amour s'est nommée quelquefois la rue de l'Ariane, & la rue de la Petite-truanderie.

La rue du Puits-de-Lorme, ou du Puits-de-la-ville, s'appelloit anciennement la rue des Sanfonnets.

La rue du Puits-qui-parle étoit autrefois nommée la rue des Roziers, vers la rue des Postes au faux-bourg St Marcel.

La rue du Puits certain se nommoit rue du Mont St Hilaire, & des Sept voyes, elle a un bout au coin de la rue des Carmes & l'autre au coin de la rue St Jean de Beauvais.

Q

LA rue des Quatre-fils avoit nom en 1437. & 1440. la rue des Deux-portes ; auparavant & depuis la rue de l'Echelle du Temple, parce qu'elle semble la continuer, que si elle prend maintenant le nom de la rue des Quatre-fils, c'est à cause d'une enseigne des quatre fils Aymon.

La rue Quinquampoix s'appelloit en 1300. la rue Quiquempoist, & la rue Quiquampoist: en 1386. la rue Quiquempoit, la rue Quiquampoit: en 1352. la rue Quiquampois ; dans la Hierarchie de Cenalis, *Vin Quiquempotia*, & la rue Quinquempouel, & jamais la rue Quinquampoix, quoique ce soit ainsi qu'il la faille nommer, puisque ce nom vient d'un Seigneur de Quinquampoix, qui y a demeuré, & dont le savant Petau, Conseiller au Parlement, a rapporté les armes dans son armorial, aussi-bien que le Pere Labbe Jesuite dans son catalogue alphabetique des blazons de plusieurs nobles & anciennes familles.

Car il ne faut pas s'imaginer, comme font quantité, qu'elle ait été ainsi nommée à cause que cinq Paroisses s'étendent jusques-là, & que dans les deux premieres syllabes de son nom, le mot Latin *quinque* qui veut dire cinq s'y rencontre.

Outre que telle étymologie est ridicule, c'est qu'enfin la rue Quinquampoix portoit ce nom-là bien avant que St Josse, qui est l'une de ces cinq Paroisses, fût érigée en Eglise paroissiale.

La rue Quiquetonne, que de Chuyes appelle sans raison, la rue Tiquetonne, s'appelloit en 1399. la rue Denys le Coffrier, & en 1552. la rue Denys Coueffrier ; elle donne d'un bout à la rue Montorgueil, & de l'autre à la rue Mont-martre.

R.

LA rue des Rats a été bâtie pendant que Hugues Aubriot étoit Prevôt de Paris, c'est-à-dire sous Charles VI. Elle perce de la rue Gallande à celle de la Bucherie.

La rue de Recouvrance avoit nom la rue de la Petite poissonnerie, quand Gombouft fit son plan de Paris, & la rue de la Lune, lorsque de Chuyes fit imprimer sa Guide de Paris : peut-être même qu'elle changera encore de nom avant que j'acheve ce discours.

La rue de Rheims s'est nommée la rue du Duc de Bourgogne jusqu'au commencement du treiziéme siecle, à cause que les Ducs de Bourgogne de la seconde race y avoient leur Hotel, si depuis on l'appella la rue de Rheims, c'est que le College de Rheims y fut fondé en 1412. par Guy de Roye,

Roye Archevêque de Rheims, au lieu même qu'occupoit l'Hotel de Bourgogne.

La rue Regnault-le-febvre se nomme dans les anciens papiers-terriers tantôt la rue Regnaud-le-febvre, tantôt la rue Regnauld-le-feurre, & tantôt la rue Regnault-le-frere : dans la rue St Antoine d'un bout, & de l'autre dans la rue du Cimetiere St Jean.

La rue de la Reine-blanche est appellée ainsi, à cause qu'on la fit sur les ruines de l'Hotel de la Reine Blanche au faux-bourg St Marcel, qui fut démoli en 1392. comme complice de l'embrasement de quelques courtisans qui y danserent avec Charles VI ce malheureux ballet des Faunes si connu. Elle est au faux-bourg St Marcel.

La rue que la Guide des chemins appelle la rue St Roch, se nomme la rue du Gros chenet.

La rue du Roi de Sicile a pris son nom des Rois de Sicile, qui y ont demeuré long-tems. Elle donne d'un bout à la vieille rue du Temple, & de l'autre à la rue des Ballets.

La rue du Roi-doré, faite depuis peu, a été appellée quelque tems la rue St François. Maintenant elle porte le nom du Roi-doré, à cause d'un buste doré de Louis XIII. élevé à un de ses coins. Elle se nomme à présent la rue Françoise, & a un bout à la rue St Louis, & l'autre à la rue St Gervais & de Torigny, quartier du Marais.

S

LA rue Saillembien, s'appelloit en 1380. la rue Saillembren : en 1385. la rue Saillenbren : en 1386. la rue Saille-en-bien, quelques-uns la nomment la rue Faille-en-bien. Gomboust ne lui donne autre nom que celui de la Ruelle. De Chuyes ne lui en donne point. Elle est vis-à-vis la petite porte St Severin, ce n'est proprement qu'un cul-de-sac.

Dans un cartulaire de St Magloire de l'année 1316. la rue Sale-au-comte est appellée la place, ou la voye qui n'a point de chef, & qui vient de la rue où on cuit les hoës, droit à l'encontre des murs de l'Eglise St Magloire de Paris.

En 1386. & 1428. le peuple la nommoit la rue au Comte de Damp-martin : des chartes de l'an 1425. lui donnent le nom suivant, la ruelle où il n'y a qu'une entrée, tenant d'une part au jardin St Magloire.

Les noms de au Comte de Damp-martin, & de la rue Sale-au-comte lui viennent de l'Hotel des Comtes de Damp-martin, (& de la rue Sale-au-Comte) qui en occupoit la meilleure partie. Pour les autres ils lui ont été donnés, parce que ç'a été long-tems un cul-de-sac, qui finissoit au Monastere de St Magloire, à present des Filles penitentes, & qui avoit une porte à ses deux bouts, l'une dans le couvent, l'autre à la rue aux ouës, appellée la porte St Magloire, à cause que les Religieux de ce Prieuré faisoient entrer par là les charrois chés eux. A l'égard du mot de Sale-au-comte, peut-être ce nom lui avoit été donné pour marque de la noblesse du maître, à cause que dans la basse Navarre & en Biscaye, toutes les maisons des Gentilshommes sont appellées Salles : ce qui a fait croire à quelques-uns que ce mot venoit d'*aula*, & que nous y avions ajouté une s, de même que les Latins l'ont ajoutée à beaucoup de mots qu'ils ont tirés du Grec.

Ce n'est pas d'aujourd'hui que la rue de la Savaterie, près le Palais, prend ce nom-là, & qu'elle est habitée par des savetiers, dès l'an 1280. elle s'appelloit ainsi : & dans un concordat passé alors entre Philippe le Hardy, & les Couvents de St Maur & de St Eloi, elle est nommée *cavateria*.

La rue des Sauſſayes, à la ville l'Evêque, ſe nommoit au commencement du ſiecle paſſé, la rue des Carrieres : depuis on l'a nommée la rue de la Couldraye.

La rue Scipion ſe nomme quelquefois la rue de la Barre : ce nom de Scipion lui vient de Scipion Sardini, gentilhomme Italien : qui y avoit un grand logis, que depuis on a converti en Hopital appellé autrefois pour cela Scipion, & l'Hopital Scipion, & maintenant la maiſon de Ste Marthe.

La rue du Sentier s'appelle de la ſorte, parce que c'étoit un petit chemin ou ſentier qui s'alloit perdre dans les champs, avant que le quartier de la Ville-neuve, où elle eſt ſituée, eut été enclos dans la Ville.

La rue Serpente ſe nommoit en 1300. la rue de la Serpente, à cauſe de l'Hotel de la Serpente qui ſe trouve au milieu, elle donne dans la rue de la Harpe, & dans celle d'Hautefeuille.

La rue de Sevre eſt appellée ainſi, parce qu'elle conduit au village de Sevre.

Dans des titres de 1552. la rue de Seine du faux-bourg St Victor, eſt nommée la rue derriere les murs St Victor depuis la Tournelle de ladite Abbayie tendante à la riviere.

Par Arrêt du mois de Mars de l'année 1544. le Parlement ordonna que la rue de Seine du faux-bourg St Germain ſeroit pavée aux dépens des propriétaires des maiſons, & qu'elle auroit demi pouce de pente ſur toiſe, ſuivant le rapport des Jurés & Experts.

La rue Simon-le-franc, tient peut-être ſon nom d'un certain Simon Franque mort avant l'an 1211. Elle a un bout à la rue St Avoye, & l'autre à la rue Maübué.

La rue des Singes en 1269. avoit nom la rue Pierre d'Eſtampes : en 1272. la rue Perrot d'Eſtampes : en 1322. la rue Perriau d'Eſtampes, que l'on dit des Singes : en 1332. la rue Perriau d'Eſtampes, dite à preſent la rue des Singes.

De tant de noms les uns viennent d'un logis nommé alors l'Hotel des Singes : l'autre du plus celebre de ſes premiers habitans, appellé Pierre d'Eſtampes.

La rue Soly a pris ſon nom de Bertrand Soly, dont la famille ſubſiſtoit encore il n'y a pas long-tems, en la perſonne d'un Libraire de la rue St Jaques, & même d'un jardin qui paſſoit de la rue de la Juſſienne à celle des vieux Auguſtins, où la rue Soly eſt ſituée.

La rue de la Sonnerie, ou de la Petite-ſonnerie avoit nom en 1300. la rue de la Saunerie, & en 1410. la rue de la Saulnerie, à cauſe de la maiſon appellée dans le ſiecle paſſé l'Hotel de la Gabelle, qu'il y avoit ſur le quai de la Megiſſerie, & près de là un port au ſel, & une place au ſel, qui y tenoient, qu'on appelloit en 1415. le port & la place de la Saulnerie, d'où vient ſaulnier, & faux-ſaulnier, tellement que ce n'eſt ni la rue de la Sonnerie, ni de la Petite-ſonnerie, mais la rue de la Saulnerie, ou de la Saunerie, que le peuple a corrompu, à ſon ordinaire, ſi-tôt qu'il a ceſſé de l'entendre, & en a fait Sonnerie comme lui étant plus connu.

La rue de la Sorbonne ſe nommoit *Vicus ad portas* en 1258. & la rue des deux portes, à cauſe que St Louis permit à Robert de Sorbonne d'y mettre des portes, afin qu'elle fermât par les deux bouts.

Cenalis dans ſa Hierarchie la confond avec la rue Coupe-gorge, dont il ſera parlé ailleurs, & l'appelle mal-à-propos *Via Sorbonica olim jugulatrix*, la rue de Sorbonne jadis de Coupe-gorge.

Le Pere du Breul eſt de ſon avis, Gombouſt rapporte dans ſon plan une autre rue de Sorbonne qu'il place au bout de la rue Jacob, mais il ſe trompe, car on ne lui a jamais donné ce nom-là, & jamais elle n'en a eu d'autre que celui de l'Univerſité; & Montagne aſſure au troiſiéme livre de ſes Eſſais, que de ſon tems le *vin Theologal & Sorbonique* étoit paſſé en proverbe, auſſi-

DE LA VILLE DE PARIS. Liv. II.

bien que les festins des Docteurs de Sorbonne.

Je trouve dit-il que c'est raison qu'ils en dînent d'autant plus commodément & plaisamment, qu'ils ont utilement & serieusement employé la matinée à l'exercice de leur Ecole.

La conscience d'avoir bien dispensé les autres heures, est un juste & savoureux condiment de table.

> *O Fortes pejoraque passi,*
> *Mecum sæpe viri, nunc vino Pellite curas,*
> *Cras ingens iterabimus æquor.*

La rue St Symphorien avoit nom anciennement la rue des Chiens, parce qu'elle tient à une rue de ce nom ; que si depuis on l'a appellée la rue St Symphorien, c'est à cause d'une Chapelle dediée à ce Saint dont on voit encore les murs, & que les Religieux de Ste Geneviéve, de qui elle depend louoient à de pauvres gens. Aujourd'hui elle est convertie en Chapelle, ou Confrérie des Peintres de St Luc.

T.

LA rue de la Tableterie prenoit autrefois plusieurs noms, tantôt c'étoit la rue de la Hanterie, tantôt la rue de Ste Oportune, tantôt la rue de la Cordonnerie & la rue de la Vieille-cordonnerie : le dernier de ces noms lui est venu de ce qu'elle semble continuer la rue des Foureurs, qui s'appelloit auparavant la rue de la Vieille cordonnerie.

Je ne sai si dès l'an 1545. elle ne se nommoit point déja la rue de la Tableterie, & si ce n'est pas d'elle que fait mention une Sentence du Prevôt des Marchands de ce tems-là, qui porte que les habitans de la rue de la Tableterie, ayant presenté Requeste au corps de Ville, pour le prier de leur fournir alors & dorenavant le pavé de leur rue, la réponse fut que leur rue ne faisant point partie de la croisée de Paris, que la Ville presentement faisoit paver, c'étoit à eux à la faire paver à leurs depens, chacun devant sa porte, suivant la coûtume & l'Ordonnance.

La rue de la Tannerie avoit nom en 1348. la ruelle de la Planche aux Teinturiers : depuis la rue de l'Ecorcherie.

La rue de la Vieille-tannerie s'est appellée la rue des Creneaux, près de la place aux veaux.

La rue de la Taranne se nommoit la rue aux Vaches en 1531. aussi-bien que la rue St Dominique qui la continuoit, & dont j'ai parlé auparavant.

La rue de la Tascherie s'appelloit ainsi dès l'an 1307. lorsque Philippe le Bel donna à Jean de Prunin son cocher, une maison de cette rue, qui appartenoit aux Juifs, & où ils tenoient leurs Ecoles.

La rue du Temple en 1252. étoit nommée la rue de la Chevallerie du Temple : en 1283. la rue de la Maison du Temple depuis le Temple jusqu'à la rue Barre-du-bec. Quand Philippe Auguste y eut fait faire une porte de ville, près de l'Hopital de Ste Avoye, alors on l'appella la rue de la porte du Temple ; mais vers l'an 1485. ayant été coupée presque par la moitié, on commença à ne la plus appeller la rue de la Maison du Temple, la rue de la Chevallerie du Temple, & la rue de la porte du Temple, que depuis le Temple jusqu'à la rue Michel-le-comte ; & quant à l'autre moitié on lui donna le nom de la rue St Avoye, comme on fait encore aujourd'hui ; savoir depuis la rue Michel-le-comte, jusqu'à la rue Barre-du-bec : enfin pour rassembler ici tout ce que je sai des rues qui portent le nom du Temple je dirai.

La vieille rue du Temple s'appelloit en 1505. la rue de la Cloture du Tem-

Tome I.   X ij

ple, la rue de la Couture de la Chevalerie du Temple & la rue des égouts du Temple.

Auparavant depuis la Coulture du Temple, c'est-à-dire depuis le lieu où sont maintenant les fossés & les remparts jusqu'à une fausse porte, nommée la porte Barbette, dressée dans cette rue-là même au bout du Monastere des Blancs-manteaux, on l'appelloit la rue Barbette, la rue de la Porte Barbette, la rue de la poterne Barbette, la rue vieille Barbette & la vieille rue Barbette.

De tant de noms, il n'y en a point que l'on ait plus tâché de conserver que le dernier, car en 1596. & 1608. les Grands-Prieurs de France, firent reformer les encheres de deux maisons de cette rue, où l'on avoit mis qu'elles étoient assises dans la vieille rue du Temple; comme nous l'appellons encore à present, & par deux Sentences du Chatelet, ils firent ordonner qu'à la place il seroit écrit qu'elles étoient situées dans la vieille rue Barbette, & cela dans un tems qu'on commençoit à oublier son nom & à se lasser de la nommer.

Quant aux autres noms de cette rue, celui des égouts, lui a été donné à cause des égouts qui y couloient anciennement & y coulent encore aujourd'hui.

Les premiers viennent de ce que le bout de la vieille rue du Temple passoit le long d'un grand marais, appellé alors la Coulture du Temple, pour la même raison que la Coulture Ste Catherine dont j'ai parlé autrepart; & qui depuis a été couverte d'Hotels, de maisons, de rues & d'Eglises.

Les derniers sont venus de l'Hotel d'Estienne Barbette, Prevôt des Marchands, l'un des principaux confidents de Philippe le Bel: Hotel bâti magnifiquement dans cette rue-là, à l'endroit même où nous voyons maintenant la rue Barbette, qu'on a long tems appellé la rue neuve Barbette, pour la distinguer de la vieille rue Barbette.

Enfin la rue de l'Echelle du Temple, se nommoit en 1290. la rue Jean l'Huillier, à cause d'un Bourgeois de cette rue appellé Jean l'Huillier, dit de la Place Maubert. Après on lui a donné celui de la rue des Vieilles-haudriettes, parce que de pauvres Hospitalieres fondées à la rue de la Mortellerie par Estienne Haudry & nommées Haudriettes du nom de leur Fondateur, y avoient quelques maisons.

Que si depuis on l'a nommée la rue de l'Eschelle du Temple, c'est à cause d'une grande échelle élevée à l'un de ses bouts par le Grand-Prieur du Temple, semblable à celle qu'on voyoit autrefois à la rue au Maire, au parvis Notre-Dame & ailleurs pour marque de la Haute-Justice que l'Archevêque de Paris, le Grand-Prieur de France, & quelques autres Hauts-Justiciers avoient dans la Ville.

Le nom de la rue Thibault-aux-dés; est bien bizarre, pour l'orthographe dans les vieux Papiers-terriers.

En 1300. c'étoit la rue Tybault-aux dés; en 1386. la rue Thiebault aux dés: en 1422. la rue Thibault-aux-dès & quelquefois la rue Thibault Todé, & la rue Thibault-Audet: dans des titres du trésor des chartes du treiziéme siecle, c'est *Via Theobaldi ad dados*: dans la Hierarchie de Cenalis, c'est *Via Theobaldi aleatoris*, elle est vers la rue des Bourdonnois, proche les rues Betisi & des deux Boules.

La rue St Thomas près la rue d'Enfer, se nomme de la sorte, parcequ'elle est située dans l'ancien clos des Jacobins, qui reconnoissent St Thomas d'Aquin pour un de leurs patrons.

La rue neuve St Thomas du Louvre, s'appelle souvent la rue du Doyenné, parce qu'au lieu où elle passe maintenant étoit bâtie la maison du Doyen de St Thomas du Louvre.

La rue de la Tixeranderie se nomme ainsi, à cause d'une grande maison qui regnoit depuis la rue des Deux-portes jusqu'à la rue Violette; elle est

DE LA VILLE DE PARIS. Liv. II. 165

placée d'un bout au coin de la rue Renaud-le-Fevre & place Baudoyer, & de l'autre au coin de celles de Jean-pain-mollet & Jean de l'Epine, quartier de la Gréve.

La rue Traînée s'appelloit en 1300. la ruelle au Curé, à raison peut-être que le Curé de St Euftache y demeuroit.

Dans deux Bulles, l'une de Calixte, & l'autre d'Innocent II. des années 1119. & 1149. la rue de la Toillerie eft appellée *Vicus Judæorum*, la rue des Juifs, à caufe des Juifs qui y demeuroient & aux environs.

La rue Traverfine de la Montagne Ste Geneviéve, ou pour parler comme le menu peuple, la rue Traverfaine a nom ainfi, parce qu'elle traverfe la rue du Bon-puits & celle de Verfailles, & qu'elle femble encore traverfer la rue St Nicolas, celle du Meurier & la rue du Paon.

La rue des Treforiers fe nomme quelquefois la rue de Richelieu, & ce qui en eft caufe, eft que le College des Treforiers eft placé dans l'un de fes côtés, & que le Cardinal de Richelieu l'a fait bâtir.

La rue Tripelé fe devroit appeller la rue Triperet, à caufe de Jean Triperet qui y a logé autrefois, elle eft proche la rue de la Clef au faux-bourg St Marcel.

La rue de la Triperie, le plus fouvent, comme j'ai dit eft nommée la rue du Pied-de-bœuf.

La rue des trois Pavillons, s'appelloit dans le fiecle paffé la rue Diane, pour avoir été pratiquée dans l'Hotel Barbette, qui avoit appartenu à Diane de Poitiers, Duchefle de Valentinois, Maitrefle de Henri II.

La rue Trop-va-qui-dure, eft nommée quelquefois la rue Qui-m'y-trouva-fi-dure, elle commence au coin du Pont-au-Change, & finit au coin de la rue de la Saulnerie au bout du quai de la Megifferie, ou de la vielle feraille.

La rue Trouffe-vache, a pris nom-là, ou de l'enfeigne de la vache trouffée, qui s'y voit depuis plufieurs fiecles, ou d'Oudard Trouffevache, dont les Regîtres du Temple parlent en 1261. & de qui peut-être defcendoit Denys Trouffevache, affés connu en 1426. & 1441. par les Regîtres du Chatelet, elle eft vis-à-vis la rue de la Feronnerie dans la rue St Denys.

La rue de la Truanderie, s'appelle peut-être ainfi à caufe des gueux & des fripons qui l'ont habitée avant que la Bourgeoifie y vint demeurer, car apparemment, ça été autrefois, ou comme une cour de miracles ou une rue des Francs-bourgeois, tels que ceux dont j'ai parlé, puifque ces mots de Truand & de Truanderie dans les fiecles paffés ne fignifioient autre chofe que cela : & de fait Cenalis dans fa Hierarchie les interprete de la forte, appellant en Latin la rue de la grande Truanderie, *Via mendicatrix major*; & celle de la petite Truanderie, *Via mendicatrix minor*; mais parce que Truand veut dire auffi un fcelerat, un foldat fans pitié & determiné, de bonnes gens qui croyent tout ce qu'on leur dit, tiennent que Jean Duc de Bourgogne, fous Charles VI. y logea des gens de guerre, que lui & fes amis avoient levé contre le Duc d'Orleans, & que depuis ce tems-là, on n'a point donné d'autre nom à la rue que celui de la Truanderie.

Neanmoins il eft certain qu'elle fe nommoit ainfi, que le Duc d'Orleans, ni les Ducs de Bourgogne, même de la feconde race, n'étoient pas encore au monde. Et de vrai dans un acte du cartulaire ds St Lazare, paffé long tems auparavant elle eft appellée *Vicus Trutenariæ*.

Cependant comme ce mot, tant en Latin qu'en François commence par Tru, mot ancien pour dire tribut, levée, fubfide, de plus que truage fignifioit autrefois la même chofe; & qu'enfin la rue de la Truanderie aboutit à la rue St Denys, qui pendant plufieurs fiecles conduifoit à la feule porde la Ville qu'il y avoit de ce côté-là, quelques-uns penfent que le nom de Truanderie, lui a été donné, à caufe que les marchands y payoient en paffant & avant que d'entrer à Paris les droits d'entrée que devoient leurs marchandifes, & Galland dans fon Franc-aleu, prend cette forte de fubfide, pour celui que la Coutume de la Marche appelle *Rente seiche*

La rue des Truyes, est un cul-de-sac de la rue Beaubourg, qui s'appelloit en 1300. le Cul-de-sac-le-grand, & qui peut-être retournoit en équiere dans la rue Geoffroy-l'angevin & y alloit gagner le cul-de-sac qu'on y voit.

V.

LA rue de la Vannerie se nommoit en 1269. *Vicus in avenaria*; en 1396. la rue de l'Avoinerie; en 1552. la rue de la Vannerie: elle est aux coins des rues Planche-mibrai & des Arcis, & rend à la place de Gréve.

La rue de Vaugirard, s'appelloit en 1543. le Chemin de Vaugirard; parcequ'en effet, sortant de Paris, c'étoit le grand chemin pour aller à ce village: depuis on l'a nommée la rue des Vaches, à cause que la plupart des vaches du faux-bourg St Germain y passoient pour aller paître. Avant que Marie de Medicis fit bâtir le Palais d'Orleans, elle avoit nom la rue de la Verrerie, à l'occasion de quelques Verriers qui s'y étoient venu établir.

Il y a deux rues de Venise; celle de la rue Quimquampoix s'appelloit autrefois la rue Berthaud-qui-dort, depuis on l'a nommée rue de Venise à cause d'une maison où il y avoit pour enseigne dans le siecle passé l'Ecu de Venise.

L'autre rue de Venise que quelques-uns nomment la petite rue St Christophle, parce qu'elle passe devant l'Eglise St Christophle, avoit nom en 1300. & 1389. la ruelle St Christophle.

Le Pere du Breul & un ancien traité des rues de Paris, la nomment la rue des Dix-huit, à l'occasion de dix-huit pauvres Ecoliers établis là; mais que depuis on a transferé à la rue des Poirées, & celle des Cordiers, au College des Dix-huit, que nous avons vu joindre à la Sorbonne.

La rue de la Verrerie qui commence depuis le coin de la rue Barre-du-bec, jusqu'au coin de la rue Bourtibourg & Cimetiere St Jean, & le reste qui commence à la rue Barre-du-Bec, finit à la rue St Martin, avoit nom en 1386. la rue de la Voiercrie; en 1418. la rue de la Voirerie, on croit neanmoins que son vrai nom est celui de la Verrerie, & qu'il vient d'une ou de plusieurs Verreries qu'il y a eu là autrefois.

La rue de Versailles s'est quelquefois appellée la rue des Bons-enfans, à cause du College des Bons-enfans qui est tout contre.

La rue du Vert-bois, près la rue St Martin, se nommoit la rue neuve St Laurent vers le commencement du siecle passé.

La rue des Vignes, s'appelle ainsi pour avoir été bâtie dans un grand clos de vignes, appartenant aux Religieux de Ste Geneviéve, sur leur terroir même, qui d'abord lui donnerent le nom de la rue St Severin; le peuple cependant de qui depend l'usage du nom des rues, l'a presque toujours appellée la rue des Vignes.

La rue des Trois-visages, se nommoit en 1434. la rue Jean de Goulieu, le nom qu'elle a maintenant vient de trois têtes, ou trois visages de pierre & tous trois de relief que j'ai vu autrefois à l'une de ses maisons, presentement il en reste encore une: elle a un bout à la rue Bertin-poirée, & l'autre à la rue Thibault-aux-dés devant la petite porte de la Monnoie.

Les rues des Ursins conservent le nom de l'Hotel que la Ville donna là à Jean Juvenal des Ursins Prevôt des Marchands & Avocat du Roi sous Charles VI. Il y en a deux contigues l'une à l'autre qui aboutissent à la rue St Landry, quartier de la Cité.

DE LA VILLE DE PARIS. Liv. II. 167

Z.

LA rue Zacharie s'appelloit en 1300. la rue Sac-à-lié : en 1386. & 1423. la rue Sa-calie : en 1432. la rue Sac-alie : en 1433. la ruelle de Sacalie qui va à la riviere. Elle a un bout dans la rue de la Huchette , & l'autre à la rue St Severin.

NOMS DES RUELLES DE PARIS,
& leur Etymologie.

AFIN d'eviter les redites qu'il faudroit faire presqu'à toutes les rues dont j'ai à parler ; de plus pour mettre quelque ordre aux choses curieuses, j'avertirai de trois choses auparavant.

La premiere est qu'à Paris on donnoit le nom de Ruelle aux lieux que presentement nous appellons Cul-de-sac, & ainsi que ce sera presque toujours en ce sens-là qu'il faudra prendre ce terme, lorsque je m'en servirai ; que si la plupart de ces ruelles ne sont plus maintenant des culs-de-sac, c'est qu'on les a ouvertes depuis, & continuées jusqu'à quelqu'un de ces chemins ouverts passants, qu'on nommoit Rues alors, & que nous nommons encore ainsi pour les distinguer des culs-de-sac & des ruelles.

La seconde chose à remarquer, est que de ces rues & ruelles, les unes ont pris leur nom des Seigneurs des Fiefs , & des proprietaires du lieu où elles sont bâties, les autres des artisans, de personnes celebres , ou de ceux qui y ont demeuré des premiers ; la plupart, des enseignes qui y ont été, ou y sont encore ; le reste , des Eglises qu'on y a bâties ; & quelquefois même des dissolutions qui s'y faisoient , & qu'on toleroit.

La derniere chose dont j'ai à donner avis, est que toutes ces rues seront mises ici par ordre alphabetique , afin de trouver tout d'un coup celle qu'on voudra.

Que si j'allegue souvent & en trop grande quantité même diverses leçons barbares , c'est pour servir à l'intelligence , tant de baux , & de contrats , que de papiers-terriers anciens , & de plus qu'elles enseignent la prononciation , & l'orthographe des siecles passés, avec l'alteration que de tems en tems nos mots ont soufferte : enfin les demarches que notre langue a faites avant que d'arriver au point , & à la perfection où nous la voyons.

Au reste il ne se trouvera guere ici de preuves , ni d'actes dans ce que j'avancerai , parce que j'ai tiré peu de choses de l'Histoire ; presque tout vient , tant des Regitres du Parlement & de la Chambre des Comptes , de ceux du Châtelet , & de l'Hotel de Ville, que de deux Rôlles de la taille imposée sur les Parisiens en 1300. & 1386. des anciens & nouveaux papiers-terriers de Paris ; de deux plans de la Ville , l'un imprimé il y a plus de cent ans ; & l'autre fait , il y en a plus de cent cinquante , sans parler d'une vieille tapisserie de l'Hotel de Guise ; si bien que de citer tant de choses à la fois , & si differentes , c'étoit faire un chaos , & mettre tout en confusion.

DES RUES QUI NE SONT PLUS RUES
& qui sont condamnées.

JE n'entreprens pas dans ce discours de deduire le nom & l'assiette de toutes les rues de Paris, qu'on a bouchées pour la commodité & pour la necessité du public. On a si souvent remué les fondemens de cette grande Ville ; elle a tant de fois, & dans tant de divers siecles changé de face, comme j'ai dit dans les discours precedens, que non seulement je ne parlerai point des rues condamnées dans les premiers siecles, mais que je ne me promets pas de rapporter toutes celles qu'on a bouchées depuis quatre ou cinq cens ans, & je croirai avoir beaucoup avancé, si j'en rapporte seulement une petite partie.

En 1243. le Chapitre de Saint Germain de l'Auxerrois avoit en sa censive une rue nommée la rue Pierre-chef-d'air, dont je ne sai rien davantage.

En 1250. les Templiers avoient dans la rue du Temple un Cul-de-sac, appellé alors la ruelle-sans-bout, & située entre la rue Ste Croix de la Bretonnerie, & la rue du Four du Temple : quelques-uns croyent que c'étoit la rue du Plâtre, & que depuis la rue Ste Avoye, jusqu'à la rue de l'Homme-armé, on donnoit à la rue des Blancs-Manteaux le nom de la rue du Four du Temple ; d'autres, & avec plus de raison, tiennent que c'étoit l'un des culs de sac de la rue Barre-du-bec ; car dans les titres du Temple, elle est placée près de cette rue, & d'une autre nommée la rue Pavée qui ne se trouve plus. Quoi qu'il en soit en 1254. il y avoit une rue appellée la rue de la Hanterie, près la porte de Paris, & un cul-de-sac entre le Cloître St Benoît & le College de Sorbonne ; car en ce tems-là, les Religieux de Ste Geneviéve à la priere de St Louis permirent aux Mathurins d'acquerir les logis situés en la rue Sans-chef, contre ce College, & de les tenir comme amortis.

Quand on fonda le College de Premontré en 1255. il étoit environné de quatre rues, l'une qui passoit de la rue des Cordeliers en la rue Mignon, à travers la rue du Petit-paon entre ce College & celui de Bourgogne, & qui est condamnée depuis tant de tems que nos peres ne se souviennent pas de l'avoir vue : l'autre que le premier President le Maistre boucha d'une grange, & de ses écuries, & qui se nomme la rue du Petit-paon, quoique ce ne soit plus qu'un cul-de-sac, & venoit de la rue du Paon à la rue Hautefeuille.

En 1257. il y avoit près St Hilaire une rue nommée en Latin *Vicus ad Aquetam*, ou *Vicus ad Agnetam*.

En 1258. St Louis permit à Robert de Sorbonne de mettre des portes aux deux bouts de la rue de Sorbonne, & d'une rue nommée la rue *Coupegueule*, qui passoit entre la rue de Sorbonne & la rue des Maçons : il y a si long-tems que la derniere est condamnée, que Robertus Cenalis & le Pere du Breul, ont confondu la rue de Sorbonne avec cette rue Coupe-gueule, & avec la rue Coupe-gorge.

C'étoit cependant trois rues assés voisines, à la verité, mais tout à fait differentes.

La rue de Sorbonne étoit au lieu même, où elle est encore aujourd'hui. La rue Coupe-gorge venoit de la rue St Jaques à la rue de la Harpe entre les murs de la Ville & le Couvent des Jacobins, dont elle fait partie maintenant, comme le portent plusieurs Actes anciens : & la rue Coupe-gueule descendoit de la rue des Poirées à la rue des Mathurins, entre la rue de

Sorbonne

Sorbonne, & la rue des Maçons, comme il paroît par plusieurs chartes du College de Sorbonne, & par beaucoup de traces qui en restent.

En 1258. St Louis permit à Robert de Sorbonne de fermer de portes les deux dernieres, & quoique nous ne sachions point, quand on renferma la rue Coupe-gorge dans le Monastere des Jacobins : je ne pense pas que ce fût avant l'année 1504. que Jean Cleiret, Religieux de ce couvent, & Docteur en Theologie, ayant demandé au corps de Ville assemblé la permission de le joindre à ce Couvent, l'affaire fut remise à une plus grande assemblée.

Quant à la rue Coupe-gorge, peut-être qu'en 1254. c'étoit un cul-de-sac; mais en 1501. c'étoit assurement une rue condamnée, car alors les Docteurs de Sorbonne ayant couvert de bâtimens une partie de la rue en question, & Nicolas Ferret ayant fait faire un petit logis sur l'un de ses bouts, vers la rue des Mathurins, le pere de Gilles le Maistre, Conseiller & Avocat du Roi au Parlement, s'opposa à leurs entreprises en qualité de proprietaire d'un grand logis appellé l'Hotel d'Harcourt, qui occupoit tout l'espace qu'il y a entre la rue Coupe-gorge & la rue des Maçons, & qui appartient encore à ses descendans. Le 23. Mars 1501. il obtint une Sentence favorable qui fut confirmée par Arrêt en 1507. le 23. du même mois.

Depuis au mois d'Août 1547. en une assemblée de Ville, on arrêta que le Prevôt des Marchands & les Echevins se joindroient avec Gilles le Maistre en la cause intentée contre l'Huillier qui vouloit tenir bouchée la rue Coupe-gorge, & qu'ils demanderoient ensemble qu'on l'ouvrît ; & qu'elle servît de passage comme elle avoit fait du tems de St Louis.

Deux ans après, le Maistre obtint des Lettres du Roi qui portoient qu'on ouvriroit la rue Coupe-gorge, & par Arrêt du dernier Mai 1550. le Parlement ordonna que les édifices faits par la Sorbonne sur cette rue seroient abatus;de telle sorte que l'Hotel d'Harcourt y auroit ses venes, ses égouts, ses taluts, & autres commodités qu'il y avoit eu autrefois; & qu'avant que de ruiner la maison de l'Huillier, il seroit informé d'office ; en presence du Procureur General, sur la commodité ou incommodité que le public recevroit de l'ouverture de la rue Coupe-Gorge.

Après tout je ne puis dire si cet Arrêt s'executa, car la maison de l'Huillier subsiste encore, les maisons de la Sorbonne couvrent toujours cette rue, & les descendans de le Maistre plaident à la Grand'-Chambre pour l'éxecution des Arrêts de 1507. & 1550.

Au reste la rue Coupe-gorge, & la rue Coupe-gueule prirent des noms si étranges, à cause des massacres & des brigandages qui s'y faisoient toutes les nuits : ç'a été pour les empêcher qu'on a renfermé la rue Coupe-gorge dans le Monastere des Jacobins. St Louis permit en 1258. à Robert de Sorbonne de faire pendre des portes aux bouts de la rue Coupe-gueule, & on l'a couverte de bâtimens.

Si Robertus Cenalis & le Pere du Breul avoient sû toutes ces circonstances, le premier n'auroit pas confondu la rue de Sorbonne avec la rue Coupe-gorge, qui en étoit bien éloignée, & il ne l'auroit pas nommée dans sa Hierarchie Françoise, *Via Sorbonica, olim jugulatrix* ; & la rue de Sorbonne jadis Coupe-gorge ; & le Pere du Breul qui a rapporté la charte que St Louis fit expedier pour faire ces portes, n'auroit pas dit que la rue de Sorbonne s'appelloit autrefois la rue Coupe-gueule, & la rue Coupe-gorge.

Dans un accord fait en 1273. entre Philippe le Hardy, & le Chapitre de St Merry, je trouve trois rues près St Merry, que je ne saurois rétablir.

La premiere nommée *Vicus Radulphi de Sancto Laurentio* étoit assise entre la rue Brisemiche & la rue du Regnard.

L'autre appellée *Vicus Auffredi de gressibus* aboutissoit à la rue neuve St Merry.

La derniere qui prenoit le nom de *Vicus Lamberti de brala, sive Vicus Andreæ Mallet* étoit près de la rue du Plâtre, & de la rue Neuve St Merry.

Je trouve dans un cartulaire de St Maur une maison bâtie en 1284. au coin de la rue de la Poterie, & de la rue d'Heliot de Brie, si ce n'est la rue Jean-pain-mollet, & qu'elle soit couverte de maisons, je ne sai quelle elle peut être.

L'on voit dans l'assiette de la taille de cent mille livres, imposée en 1300. sur la Ville de Paris, qu'il y avoit alors dans la Paroisse St Germain de l'Auxerrois, la ruelle Raoul de Charonne, la rue Guy d'Auxèrre, la rue Guy le Braolier, la rue Gilbert Langlois, près la place aux pourceaux, la rue Rouland Lavenier, & la rue Jean le Goulier ; que de la Paroisse St Eustache dependoient la rue de Verneuil & la rue Alain de Dampierre ; de Ste Opportune la rue aux petits Soulers ; de St Nicolas, la rue sans Chief, & la rue Dame Agnès la Sarrazine ; de St Merry, la rue Guillaume Espaulart, & la rue Hendebourg la Treffelierre ; de St Jaques de la Boucherie, la rue Jean-bonne-fille ; de St Jean, la Cour Harchier, & la ruelle St Jean de dessus la riviere ; de St Paul, la rue des Viez-poulies, à côté de la rue de Jouy ; de St Severin, la rue Regnauld-le-harpeur ; près St André des Arts, la rue de la Barre, & la rue Jean de Fontenay ; de St Cosme, la rue à l'Ecureul, & la rue des Viez-plastriers ; de St Benoît, la rue du Puits ; & de St Etienne du Mont, la rue du Sablon.

Peut-être que ces rues ne sont point toutes condamnées, & qu'elles n'ont fait que changer de nom ; mais comme elles sont inconnues, & que je n'ai pu les restituer par les anciens papiers-terriers. J'ai cru que je les pouvois mettre au nombre des rues qui ne sont plus, & je pense que je le puis faire jusqu'à ce qu'on m'ait enseigné comment elles s'appellent à present.

Il me sera plus aisé de restituer la rue du Noyer ; elle étoit placée dans la rue du Temple, entre la rue de l'Echelle du Temple, & la rue Pastourelle ; elle passoit de la rue du Grand chantier, & ce n'est plus à present qu'un cul-de-sac fort large, & peu profond : dès l'an 1303. on l'appelloit la rue du Noyer, à cause de Simon du Noyer, bourgeois de Paris qui y demeuroit ; bien que ce ne soit plus maintenant une rue, elle ne laisse pas d'en conserver encore le nom, peut-être que c'est pour marque de son origine, & que c'est pour le même sujet qu'on a donné toujours le nom de rue à la rue de l'Empereur, à la rue Ste Catherine, à la rue Berthault, à la rue aux Truyes, à la rue de Clervaux, & à quantité d'autres culs-de-sac dont le denombrement seroit trop long & trop ennuyeux ; mais il est certain que Simon du Noyer ne garda guere les maisons qu'il avoit en la rue du Noyer, & qu'au mois de Mars 1371. le Grand Prieur de France, qui est Seigneur temporel de ce quartier-là, vendit une partie de la rue à Jean de Boizy, Chanoine de Nevers, & lui permit de la boucher pour six livres parisis de rente annuelle.

Je n'en dirai pas tant de la rue de l'Archet, ni de plusieurs autres rues : en 1306. il y avoit en la rue de la Bucherie une rue appellée l'Archet, paralléle au jardin du Prieuré St Julien-le-pauvre : ce n'est point certainement la rue du Fouarre ; car elle est beaucoup plus ancienne, & ne s'est jamais nommée de la sorte : tellement qu'il faut que ce soit, ou la rue St Julien-le-pauvre, ou bien une rue qui lui étoit paralléle, & à la rue du Fouarre.

En 1330. une rue nommée l'Allée de la Couture du Temple aboutissoit aux environs de la rue des Francs-bourgeois : je pense que c'est celle-là même qui s'appelloit en 1464. & 1484. l'Allée aux Arbalêtriers, d'autant qu'elle conduisoit à une grande campagne, où s'exerçoient les Arbalêtriers, & qu'on nommoit pour cela le champ des Arbalêtriers : & je croi qu'elle fut condamnée en 1561. qu'on divisa en plusieurs parties l'Hotel Barbette.

Je ne sai quand on a comdamné la rue Billouart, mais je trouve qu'en 1348. il y avoit une maison au coin de cette rue, & de la rue des Mauvais-garçons parallèle au cimetiere St Jean, & que le Grand Prieur de France permit en 1368. à Braque, Seigneur de Chastillon de faire clorre un cul-de-fac, ou une ruelle qui s'appelloit le Petit-chantier du Temple, qui coupoit en deux son logis, & aboutissoit au jardin de Bureau de la Riviere, Grand Chambellan de Charles V. à la charge de payer tous les ans au Temple un denier parisis de cens & rente. Comme il est constant que l'Hotel de Bracque tenoit à la Chapelle de Bracque, ou à l'Eglise de la Mercy, il faut croire que la rue du Petit-chantier du Temple étoit de ce côté-là; & que Bureau de la Riviere qui logeoit dans la rue de Paradis en 1373. avoit un jardin en 1368. dans la rue St Avoye, lequel finissoit à ce cul-de-sac, ou à cette ruelle, car j'ai dit ailleurs que c'étoit presque toujours la même chose.

En 1362. les Religieux & Abbé de St Maur vendirent à Charles Roger leur Hotel St Maur, situé en la rue St Antoine, au coin de la ruelle au Put-y-muce & de la rue du Plâtre, ou entre ces deux rues: je pense que cette rue du Plâtre est celle qui passoit entre la Bastille & Ste Marie, d'où vient le Champ-au-plâtre.

En 1369. il y avoit en la rue de la Tannerie, une ruelle nommée la ruelle Jean le Forestier.

En 1378. on trouvoit en la rue du Temple un logis qui faisoit le coin de la ruelle Naudin-le-Fevre.

En 1386. il y avoit en la Paroisse St Severin la rue de la Bane, & la rue des Bouticles: en la Paroisse St Benoît la rue des Bretons: en la Paroisse St Estienne, la rue de Breme: en la Paroisse St Landry, la rue de la Courone: en la Paroisse St Christophle, la rue du Cheval-blanc: en la Paroisse St Martin du cloître St Marcel, la rue de la Bane: en la Paroisse St Côme, la rue du Pet, & la rue des Petits-champs, que je pense avoir découvert dans mon discours des rues: en la Paroisse St Sauveur, la Cour de Pontoise: en la Paroisse St Jean, la rue Azaulart, & la rue Pernelle-St-Pol: en la Paroisse St Paul, la rue au Breton: en la Paroisse St Germain, la rue Simon de l'Isle, la rue Raoul Lanternier & la rue du Renard: en la Paroisse St Eustache, la rue aux Epics ou René des Halles, & la rue Jean le Maistre: en la Paroisse Ste Opportune la ruelle de la Barre-Ste-Opportune: en la Paroisse St Merri, la rue Espaulart. J'ai lu tous ces noms de rues dans l'assiete de la taille de vingt mille livres parisis imposée en 1386. sur la Ville & sur le Diocèse de Paris, pour lever des gens d'Armes que le Roi envoyoit contre le Roi d'Angleterre.

Mais afin de ne point repeter ici ce que je viens de dire des rues que j'ai tirées du Rolle de la taille de l'année 1300. je dirai que j'en pense la même chose. Afin de ne point deviner sur le fait d'une rue appellée la rue Villequeux, je me contenterai de dire qu'en 1400. & en 1424. l'Hotel d'Arras, qui depuis appartint à Girard de Montaigu Evêque de Paris, & à Louis de Luxembourg Connestable de France, étoit assis en la rue St André au coin de la rue Villequeux. Afin de ne rien ajouter à une rue des Cordiers de la rue St Denys, je raporterai seulement qu'en 1410. une maison de la rue St Sauveur aboutissoit par derriere à la rue des Cordiers, & qu'en 1422. elle se nommoit la rue des Cordeliers, & tenoit d'un bout à la rue St Denys, vis-à-vis l'Hopital de la Trinité. Et afin de mieux enseigner la rue de Chaudron, je me contenterai de dire qu'en 1414. les Religieux de Ste Genevieve amortirent l'Hotel de Bourgogne uni au College de Reims, tenant d'un bout à la rue des Sept-voyes, de l'autre à la rue Charretiere, & faisant le coin de la rue de Chaudron; & que si ce n'est la rue d'Ecosse toute entiere, il faut que c'en soit une partie, ou quelqu'autre rue qui ne se trouve plus, & qui fait partie du College de Reims.

En 1423. il y avoit au mont St Hilaire une maison qui tenoit à la rue Josselin; en 1425. il y en avoit deux autres, la premiere en la rue St Denys qui tenoit à la rue Jean-le-Comte: la seconde en la rue des Poitevins qui faisoit le coin de la rue du Pet; c'étoit ou la rue du Batoir, ou bien le coude

& le retour de la rue des Poitevins.

En 1431. il y en avoit encore une en la rue de la Barre, dans l'encoigneure de la rue des Poitevins & de la rue de la Vieille-plâtriere : cela rompt toutes mes mesures; quand je pense avoir trouvé la rue du Pet, je suis obligé d'avouer que je l'ai perdue dans la rue de la Barre & dans la rue de la Vieille-plâtriere : veritablement je vois dans un Papier-terrier, de l'an 1432. que devant le College Mignon, il y avoit alors en la rue des Petits-champs un logis bâti dans le coin de la rue Vieille-plâtriere; de là j'infere que de ce tems-là, la rue du Batoir prenoit le nom de la rue Vieille-plâtriere, & que la rue Mignon s'appelloit apparemment la rue des Petits-champs mais si cette conjecture est tellement vraie qu'on ne la sauroit revoquer en doute, je ne sai ce que deviendront la rue du Pet & la rue de la Barre, & je n'en dirai rien davantage, parce que je craindrois d'être trop long, & d'ennuyer en voulant dire mon avis.

En la même année 1432. une autre maison étoit bâtie dans la rue neuve St Merry au coin de la rue Sac-à-lie; c'est peut-être le retour de la rue Pierre-au-lart, & ce ne sauroit être la rue Sac-à-lie de la rue de la Huchette.

En 1433. il y avoit en la rue de l'Arbalêtre, une rue nommée la rue Arnoul le Charon ou des Chartiers, si ce n'est le cul-de-sac qu'on trouve entre la rue Baillet & la rue des Trois-maries, & que de Chuyes & Gomboust appellent la rue d'Anjou ; il faut qu'on l'ait condamné : mais le nom de la rue qu'il conserve encore me feroit presque croire que ce le seroit.

Je voudrois bien que l'on m'aidât à rétablir la ruelle Thomas-dacy, & à découvrir si en 1443. & en 1449. c'étoit le nom de la rue du Plâtre, ou de l'un des culs-de-sac de la rue Barre-du-bec ; car dans les titres du Grand Prieuré de France de ce tems-là, il est fait mention d'une maison située en la rue du Temple, près du Carrefour du Temple, & attachée à la ruelle Thomas-dacy, & comme ce cul-de-sac & cette rue sont les deux plus proches du carrefour du Temple, qu'on nomme à present le carrefour Bridou, je doute si on a donné au cul-de-sac, le nom de la ruelle Thomas dacy, ou si en ce tems-là la rue du Plâtre étoit un cul-de-sac qu'on appelloit la ruelle Thomas-dacy. On peut choisir ou deviner ; car sans cela on n'en sauroit venir à bout.

Nous ne serons pas en même peine pour un cul-de-sac de la rue St Jaques il s'appelloit la ruelle du Chaalis, parce que l'Abbé & les Religieux de Chaalis ou de Charlieu y avoient leur Maison, & il étoit placé près du Carrefour & derriere le chevet de St Severin. Les Marguilliers de cette Eglise l'ayant achetté en 1448. ils en comprirent une partie dans l'agrandissement de leur Paroisse, qu'ils porterent jusques là en 1452. & ils couvrirent l'autre des maisons qui bordent la rue St Jaques de ce côté là.

Entre la rue Barbette & la rue des Francs-bourgeois, on trouvoit en 1464. une autre ruelle, ou un autre cul-de-sac qui conduisoit à un lieu appellé les Poulies, & où on se divertissoit à un jeu que nous ne connoissons plus.

En 1458. Nicolas Brout Maçon Juré & Garde de la Voirie du Roi, permit aux Marguilliers de St Germain le Vieux de boucher une ruelle qui continuoit la rue aux Febvres jusqu'à la riviere, & qui passoit au commencement de leur Eglise, pour l'enfermer dans leur Eglise, moyennant trente deux sols parisis qu'ils compteroient à Gilles Fournat Collecteur de la Voirie, & douze deniers aussi parisis de rente payables tous les ans à Noel.

Entre les murs du faux-bourg St Germain & l'Hotel des Ducs d'Orleans, appellé le sejour d'Orleans, il y avoit encore en 1484. une rue paralelle à la rue de l'Eperon, qui aboutissoit à la porte de Bussy & à la rue St André, & qui fut condamnée depuis ou alors par celui à qui écheut la partie de ce logis la plus proche de la porte de Bussy & des murailles de la Ville.

Entre l'Eglise Ste Genevieve des Ardents, & la rue St Christophle on rencontroit en 1489. une autre ruelle qui étoit veritablement obscure, détournée, dangereuse, pleine & empuantie d'immondices, qu'y jettoient, & y portoient les voisins, mais qui n'étoit pas un cul-de-sac, on la nommoit la ruelle de Jerusalem: de la rue neuve Notre-Dame, elle venoit à la rue St Christophle, & on l'avoit souvent fermée de portes treillissées par les deux bouts, pour la sureté du quartier, & pour empêcher qu'on n'y jettât plus d'ordures, & delivrer ceux qui y demeuroient de la puanteur qui en sortoit, & qui les incommodoit. Une partie des maisons qui la bordoient, appartenoient d'un côté à l'Hotel-Dieu, & de l'autre aux Religieux de St Victor, tellement que ces portes ayant été rompues, ou étant tombées de vieillesse, en 1489. ou environ, les Administrateurs de l'Hotel-Dieu les firent refaire de bons gros ais bien joints & bien collés: mais l'ayant fait sans la participation des Religieux de St Victor, qui étoient proprietaires d'une maison qui en faisoit l'un des coins, & ayant su que ces Moines s'en plaignoient, de peur d'avoir un procès ils transigerent avec eux au mois de Juin de cette année-là. Les conditions de leur transaction furent que les Gouverneurs de l'Hotel-Dieu, promirent aux Religieux de St Victor d'ouvrir & d'ôter les portes de la rue de Jerusalem, quand il le desiteroient, d'y faire mettre des barreaux comme il y en avoit auparavant, & de leur en bailler les clefs, afin qu'ils y pussent aller quand il leur plairoit; le tout sans préjudice des droits des uns & des autres, & sans que ces portes leur pussent attribuer aucune saisine ni jouissance.

Je ne sai point quand les Religieux de St Victor, les Administrateurs de l'Hotel-Dieu, & leurs voisins n'ont prise pour aggrandir leurs maisons.

Je ne sai point non plus quand les proprietaires de quelques-uns des logis de la rue de la Juiverie, & de la rue de la Licorne, prirent une rue qui venoit de la rue de la Licorne en la rue de la Juiverie; il y a grande apparence que ce fut en 1507. quand on élargit la rue de la Juiverie, & qu'on les tira à l'allignement du petit-pont & du pont Notre-Dame.

De la façon qu'elle est décrite dans les Regîtres de l'Hotel de Ville de ce tems-là, ce n'étoit plus alors qu'un passage, une allée ou une rue couverte, large de trois pieds trois quarts, & haute d'onze pieds neuf pouces, qui faisoit partie d'une maison de la rue de la Juiverie, où pendoit pour enseigne l'image de la Madeleine, que les habitans de la rue de la Juiverie & de la rue de la Licorne tenoient de leurs devanciers avoir autrefois servi de rues.

Si la rue du Sablon ne servoit d'égout, on l'auroit pareillement ou donnée ou vendue alors à l'Hotel-Dieu & aux Proprietaires des maisons de la rue neuve Notre-Dame, c'est une rue tortue, étroite, presque aussi longue que la rue neuve Notre-Dame: elle passe entre cette rue & l'Hotel-Dieu, le long & à côté d'une grande salle de cet Hopital qu'on appelle la salle du Legat, parce que c'est un ouvrage de la pieté d'Antoine du Prat, Chancelier France & Legat *à Latere*, on la nommoit autrefois en Latin *Vicus sabuti*, & on l'a toujours appellée la rue des Sablons, la ruelle des Sablons, la rue du Sablon.

Maintenant elle est toute puante des immondices qu'on y jette de cette sale, & des maisons de la rue neuve Notre-Dame: deux portes de bois treillissées, & armées de fichons de fer, la ferment par les deux bouts: on voit l'une au bout de la rue du marché Palus près du petit-pont, l'autre est dans l'Hotel-Dieu près de la porte par où entrent les provisions, & que nous avons vu si souvent entre le portail de l'Eglise de cet Hopital & le derriere des logis de la rue neuve Notre-Dame. On les fit en 1511. par Arrêt du Parlement, à la requête des Administrateurs de l'Hotel-Dieu, pour empêcher que la rue du Sablon ne servît plus de retraite aux vagabons & aux voleurs qui descendoient par là, & s'alloient cacher sous les maisons du petit-pont où ils menoient une vie honteuse & dissolue.

Dès l'an 1227. elle servoit d'azile à ces sortes de gens, & ni Estienne,

Doyen de Notre-Dame, ni le Chapitre de Paris, ne voulurent point alors consentir à l'agrandissement de cet Hopital, qu'à condition expresse qu'on n'y feroit point de portes du côté du petit-pont, sans permission du Roi de peur que les voleurs qui se refugioient en cette rue, ne se sauvassent par cette porte chargés de leurs larcins, & que la maison de Dieu ne servît d'azile à leurs vols & à leurs crimes.

En 1506. contre le Cloître de St Germain de l'Auxerrois, il y avoit une petite rue nommée la ruelle du Trou-Bernard.

En 1536. il y avoit entre la rue de Bracque, & la rue de l'Echelle du Temple, une rue appellée la rue de la Traverse-cadier.

En 1552. il y avoit en la rue Mont-martre une rue nommée la Cour-tricot.

En 1556. près de la rue d'Ecosse & du College de Reims étoit une rue nommée la rue du Four.

Près du clos de St Victor, il y en avoit une autre appellée la rue Aleps, la ruelle d'Allès, que l'Abbé de ce Monastere fit murer en 1576. par commandement du Prevôt des Marchands & des Echevins.

Et dans la rue St Christophle on en trouvoit une autre qui se nommoit la rue du petit Image Ste Catherine, dite les Hauts-moulins, & qui descendoit de la rue St Christophle à la rue neuve Notre-Dame. Je ne pense pas que ce soit ni la rue St Christophle ni la rue de Jerusalem, mais je m'imagine que c'est une petite rue qui tourne du chevet de Ste Genevieve des Ardents, & qu'on ouvre quelquefois pendant les Stations du Jubilé.

En 1558. il y avoit dans la rue du marché Palus, une ruelle large seulement de quatre pieds; on tient qu'elle avoit son entrée entre la maison de St Jaques, & celle de St Jean-Batiste, laquelle tient au coin de la rue du marché-neuf; & on dit qu'elle passoit le long de l'ancienne Eglise de St Germain le Vieux, au lieu où l'on a fait depuis quelques Chapelles, & qu'elle alloit gagner la riviere, ou si l'on vent le quai de l'Herberie, qu'on nomme à present le Marché neuf, mais en ce tems-là on la condamna, & on la transporta vis-à-vis la neuve Notre-Dame, qu'on fit de la largeur qu'elle est encore presentement. On condamna en même tems une autre ruelle, qui reste encore en partie entre les premieres maisons du petit-pont & quelques logis du Marché-neuf, & qu'on appelloit le Caignard, à cause qu'elle servoit de passage aux hommes & aux femmes de mauvaise vie, qui y passoient, en se retirant la nuit sous les logis du petit pont, où ils menoient une étrange vie.

On en boucha encore une autre, qui n'est fermée que par les deux bouts & qui descendoit au bout de la rue de la Calendre au bout de l'Herberie, qu'on appelle maintenant le Marché-neuf, elle est paralelle & tient aux maisons de la rue de la Barillerie & à celle du Marché neuf, elle sert d'égout aux immondices de la rue de la Calendre, & quand elle en est comblée les boueurs y entrent & la viennent degorger par l'un des logis de la rue de la Barillerie, où elle a presentement son entrée.

En ce tems-là la rue du Petit-reposoir étoit fort étroite, & comblée de tant d'ordures & d'immondices que le Prevôt de Paris ordonna au Commissaire le Sage de la faire fermer d'un mur du côté du rempart, où elle aboutissoit en ce tems-là ; & d'obliger tous les habitans des environs à lui fournir l'argent qu'il falloit pour la condamner.

Dès qu'ils eurent obéi à cette Sentence, & que cette rue fut bouchée, une troupe de pauvres femmes du voisinage vinrent s'en plaindre au Bureau de la Ville ; le Prevôt des Marchands & les Echevins y firent venir aussi-tôt le Commissaire, qui leur representa qu'il n'avoit rien fait que par les ordres du Prevôt de Paris, car alors & long tems depuis, les Commissaires du Chatelet étoient du Corps de la Ville, & quand on les vouloit multiplier, la Ville se joignoit avec eux pour faire des remontrances au Roi & pour s'opposer à cette nouveauté.

Or sur les plaintes de ces femmes & sur les repliques de ce Commissaire le Prevôt des Marchands & les Echevins ordonnerent qu'on assembleroit le Conseil de Ville, & que cependant le Sage rendroit tout l'argent qu'il avoit levé, & quatre mois après ou environ, Guillain, Maître des œuvres de Maçonnerie de la Ville, le Capitaine des cent Arquebusiers & quelques uns de ses gens se transporterent en cette rue : du moment qu'ils y furent arrivés, ils firent abbattre en diligence le mur qui la bouchoit, bien loin de trouver de la resistance, chacun loua leur action, & comme ils l'eurent achevé, le peuple des environs se plaignit hautement de l'argent qu'il avoit donné pour cela, & qu'on ne lui avoit pas rendu, & dit · Dieu doint bonne vie à ceux qui ont fait abbatre la muraille, car il nous falloit detourner long chemin pour aller en nos maisons.

En 1577. Catherine de Medicis fit boucher une autre rue qu'on n'a point debouchée depuis, & par compensation en fit ouvrir, ou pour mieux dire en fit faire une autre, qu'on n'a point depuis condamnée.

La premiere étoit contigue à la rue d'Orleans & passoit à la rue Cocquilliere le long de son Hotel, qu'on appelloit alors l'Hotel de la Reine, & qu'on nomme à present l'Hotel de Soissons.

L'autre continue la rue des Deux-écus jusqu'en la rue de Grenelle, & étoit alors couverte du Couvent où furent fondées les Filles-penitentes, & où elles ont demeuré jusqu'à ce que cette Princesse les transfera au Prieuré de St Magloire de la rue St Denys, quelles occupent maintenant. Pour l'exécution de ces changemens, elle écrivit en ce tems-là au Prevôt des Marchands, & le pria par sa lettre de delivrer promptement à Marcel, son Receveur general, la permission necessaire pour l'accomplissement de ces deux choses. Quoique je ne l'aye point rencontrée dans les Regîtres de la Ville, il ne faut pas douter qu'elle ne fût expediée, & quoiqu'il ne reste plus de trace de la rue qu'on boucha alors, ni du Monastere des Filles-penitentes au bout de la rue des Deux-écus ; il ne faut point douter qu'on ne fît la derniere à travers le Monastere des Religieuses ; car la lettre de la Reine porte, que la porte de leur maison étoit en ce lieu. Il ne faut pas non plus revoquer en doute que la premiere ne fût la rue d'Orleans, qui traversoit en ce tems-là le bout de la rue des Deux-écus, & alloit gagner à la rue Cocquilliere entre l'Hotel de Catherine de Medicis & le Couvent des Filles-penitentes, que cette Princesse joignit à sa maison, pour lui donner plus d'étendue ; car sans alleguer davantage la lettre de la Reine, les tenans & les aboutissans de la rue d'Orleans sont marqués de la sorte dans mon ancien Paris. On y voit même encore que la rue des Vieiles-étuves traversoit pareillement de la rue des Deux-écus, & alloit gagner la rue d'Orleans : mais sans aller chercher si loin, n'en voyons-nous pas une partie condamnée d'une porte au bout de la rue des Deux-écus, & de la face de l'Hotel de Soissons, le long de son aîle gauche ? Et n'apprenons-nous pas des Regîtres de l'Hotel de Ville, qu'en 1603. il restoit encore quatre à cinq toises de la rue d'Orleans que Catherine de Medicis avoit enfermé dans son logis, & que le Roi ayant accordé à François le Brecq, Lieutenant en la Prevôté de l'Hotel du grand Prevôt de France, pour les unir à son logis, qui avoit autant de largeur ; quelques Tresoriers de France un Echevin & le Procureur du Roi de la Ville, s'y transporterent, & s'y firent accompagner de leur Maître des œuvres, qui furent d'avis qu'on le devoit laisser jouir de la place que le Roi lui avoit donnée, parce qu'elle ne pouvoit plus servir que de voirie.

En 1608. Henri IV. fit don à la Marquise de Sourdis d'une petite place & d'un cul-de-sac qu'on appelloit la Cour-baston, & qui avoit son entrée en la rue de l'Arbre-sec, & aboutissoit à l'Hotel de Sourdis : elle prit aussi-tôt possession d'une partie du cul-de-sac. Par des lettres de 1621. Louis XIII. confirma ce don au Marquis de Sourdis : mais n'ayant point encore été enregitrées en 1659. au mois d'Octobre de cette année-là, le Roi Louis XIV. les renouvella, & le Parlement les fit enregitrer. Cependant le reste de ce cul-de-fac subsiste encore, & on croit qu'auparavant il en alloit gagner en équierre un autre qu'on trouve en la rue des Fossés St Germain, & qu'on appelle la rue de Sourdis ; parce qu'il conduit à l'une des portes de l'Hotel de Sourdis.

En ce tems-là, entre le College de Treguier & le College de Cambray, ou des trois Evêques, il passoit une autre rue appellée la ruelle St Jean de Latran, & accompagnée d'une petite tour, où il y avoit une tête faite en façon de marmouset, qui marquoit la separation de la terre de l'Abbayie Ste Geneviéve. Quand Henri IV. unit ces deux Colleges en 1609. pour en faire le College de France, qu'on appelle le College Royal, les Commissaires deputés pour cette union, promirent au Principal & aux Boursiers du College de Treguier, que le College Royal demeureroit chargé de sept livres douze sols trois deniers de rente fonciere, que devoit le College de Cambray au Commandeur de St Jean de Latran, à cause de la place de devant ce College, & d'une ruelle commune entre les Principaux & les Boursiers des Colleges de Cambray & de Treguier. Et quand Louis XIII. depuis en fit continuer les bâtimens dont il avoit mis la premiere pierre en 1610. il prit cette rue qui separoit ces Colleges, & il la couvrit des nouveaux édifices du College de France ; celui qui a levé l'ancien plan de Paris a oublié cette rue, ainsi que plusieurs autres. Il n'a pas même marqué bien exactement la route de la rue d'Enfer, l'une de nos plus grandes rues, & attachée à l'une des principales portes de l'Université. Depuis le Pressoir de l'Hotel-Dieu, placé alors près de la porte St Michel au commencement de la rue, jusqu'aux environs des Chartreux, elle tenoit presque le même chemin qu'elle fait encore maintenant. Mais en cet endroit, elle descendoit vers les basse-cours & les cloîtres des Chartreux, & alloit gagner un grand chemin qui se divisoit en deux branches, & dont l'une conduisoit en tournant à Meudon, à Issy, à Chevreuse, & à quelques villages des environs de Paris ; & l'autre remontoit vers le clos des Carmelites & l'Hopital St Jaques du Haut-pas, il y avoit entre deux le petit clos des Chartreux entierement separé du Couvent de ces Moines ; & l'une des branches de la rue d'Enfer qui en faisoit la separation étoit si basse, si creuse, & si rompue, sur tout auprès des Chartreux qu'elle faisoit-là comme une fondriere, une marre, & un cloaque plein de boues, qui empêchoit le passage des gens de pied & de cheval & où les charrois demeuroient souvent embourbés ; d'ailleurs le public en recevoit si peu d'avantage, à cause de l'autre branche de la rue d'Enfer, & des grands chemins qui en étoient proches, que quand on l'auroit reparée elle n'auroit accommodé le public que par abondance de commodité & de superfluité : tellement que les Chartreux l'ayant demandée au Roi, ils n'eurent point de peine à l'avoir. Par des lettres patentes du mois de Septembre 1617. il leur en fit don, & par Arrêt du Conseil prononcé presqu'en même tems, ces lettres furent renvoyées aux Tresoriers de France, aux Prevôt des Marchands & Echevins: les avis des uns & des autres furent tout à fait favorables à ces Religieux ; si bien que par d'autres lettres du mois de Juin de l'année 1618. le Roi réitera & renouvella sa donation de l'an 1617. à la charge que les Moines feroient fermer à leurs dépens cette rue ou ce chemin par le bout du côté de la rue d'Enfer, qu'ils bâtiroient un mur contre le pressoir de l'Hotel-Dieu pour joindre leur petit clos à leur Couvent, que pour l'embellissement de leur maison, ils tireroient à la ligne une avenue longue de septante toises & large de six, depuis la rue d'Enfer jusqu'à la principale porte de leur maison, au travers de leur petit clos, & qu'on prendroit sur leurs terres une rue large de cinq toises & longue de cent soixante cinq, depuis la porte de leur Couvent jusqu'à celle des Carmelites, pour servir de rue ou de grand chemin. Ces lieux demeurerent en cet

état

étoit jusqu'en 1628. ou environ que Marie de Medicis prit le Preſſoir de l'Hotel-Dieu, le petit clos des Chartreux, & une partie de leur grand clos, pour agrandir ſon parc de Luxembourg, ou du Palais d'Orleans, & qu'elle donna à ces Moines une bien plus vaſte étendue de terres ſeparées de leur Couvent par le grand chemin de Vanves, d'Iſſy, & de Chevreuſe dont je viens de parler. Mais alors le Roi leur ayant encore permis de comprendre ce grand chemin dans leur enclos, il commanda vainement qu'on en fît un autre, tellement que les charrettiers & voituriers s'en firent un dans les terres voiſines, comme je dirai en ſon lieu.

Mais afin de reprendre l'ordre chronologique que j'ai quitté pour mieux faire entendre les divers changemens de la rue d'Enfer ; les Marguilliers & les plus notables Paroiſſiens de St Jean en Gréve, deſirant accroître leur Egliſe en 1620. & ne le pouvant faire en un autre endroit que du côté du chevet, & du cloître de leur Paroiſſe, à cauſe qu'en tous les autres lieux elle eſt bornée de la rue du Maltois, & du grand corps de logis de l'Hotel de Ville ; par brevet du mois de Juillet de cette année-là, ils obtinrent permiſſion du Roi de comprendre dans l'agrandiſſement de leur Egliſe un grand logis nommé le Pet-au-diable, & de condamner une ruelle fermée d'une barriere qui paſſe de leur cloître en la rue du Maltois, entre cette maiſon & le chœur de St Jean, que leurs devanciers avoient laiſſée, lorſqu'ils bâtirent leur Paroiſſe pour la commodité des Paroiſſiens. Par Arrêt du Conſeil du mois de Septembre d'après, ce brevet fut renvoyé au Prevôt des Marchands & aux Echevins, avec ordre d'y ſatisfaire & d'en donner leur avis par écrit ; & quoiqu'ils reconnuſſent qu'on pouvoit boucher cette ruelle, parce qu'elle ne ſervoit que d'échapée aux gens de pied, qu'elle étoit traverſée d'une barriere, pour fermer le paſſage aux chevaux & aux chariots & qu'elle ſervoit la nuit en hiver de faux-fuyant, & de retraite aux voleurs & aux perſonnes de mauvaiſe vie ; toutefois on ne l'a point condamnée depuis, ni on n'a point agrandi l'Egliſe St Jean. Je doute même qu'on ait acquis la maiſon du Pet-au-diable, & ſi je parle de ce projet comme ſi on l'avoit exécuté, c'eſt que puiſqu'il eſt autoriſé par des Lettres du Roi, & du conſentement du Prevôt des Marchands & des Echevins, il y a grande apparence qu'on l'exécutera quelque jour : & afin qu'après, quand on aura condamné cette rue, on en puiſſe au moins ſavoir la ſituation.

Je voudrois bien pouvoir marquer celle d'une autre rue, ou d'une autre ruelle qui paſſoit en 1621. entre le Monaſtere des Filles Ste Marie de la rue St Antoine & l'Hotel de Coſſé, qu'on appelle maintenant l'Hotel de Mayenne ou l'Hotel d'Elbœuf : car on ne la ſauroit plus trouver, & je ne ſai ni ſon nom ni ſi elle paſſoit de la rue St Antoine à la rue de la Ceriſaye. L'amortiſſement de l'Hotel du petit Bourbon, vendu aux Religieuſes Ste Marie, qui me l'a enſeigné, ne fait aucune mention de cela ; encore même qu'il y ait apparence que ce fût un cul-de-ſac, & que le nom de ruelle qu'il lui donne ſemble emporter cette ſignification, ſi eſt-ce qu'il ne le dit point & comme je n'oſerois aſſurer que ce fut une rue, auſſi je n'oſerois aſſurer que ce fut une ruelle ou un cul-de-ſac. Quoique c'en ſoit, cette ruelle dependoit en ce tems-là de l'Hotel de Coſſé, & puiſque nous ne ſavons ce qu'elle eſt devenue, on l'a ſans doute renfermée dans cette maiſon.

Je n'aurai pas moins de peine à rétablir la ruelle St Antoine, encore que je ſache que le Roi la donna en 1628. à l'Hopital de la pitié nommé preſentement les Enfans-trouvés. On dit que c'étoit une petite ruelle, & qu'elle aboutiſſoit à la rue d'Orleans, & à la vieille rue St Jaques, neanmoins je n'en ſai point la ſituation. Je doute ſi c'étoit une rue ou un cul-de-ſac ; je ne croi point que ce ſoit la rue du Batoir, & comme on ne la trouve plus en ce quartier-là, je me perſuade qu'on la renfermée dans cet Hopital.

Je n'aurai pas la même peine pour la rue Clopin. Louis XIII. ayant uni

Tome I. Z

en 1638. le College de Boncours, au College de Navarre, pour y retablir une Communauté de Docteurs en Theologie de la Maison de Navarre, à l'imitation des Docteurs de la Maison de Sorbonne, consentit qu'on bouchât la rue Clopin qui passoit & qui passe encore entre ces deux Colleges, pour favoriser cette union, & venir à ces deux Colleges. Le Chapitre de Paris, le Prevôt des Marchands & les Echevins, les Religieux de Ste Geneviéve & de St Victor s'opposerent vainement à cette clôture; quoiqu'ils representassent au Parlement que c'étoit la seule rue qui servoit de communication aux Eglises de St Nicolas du Chardonnet & de Ste Geneviéve & de passage à leurs Paroissiens & aux habitans des quartiers de Ste Geneviéve & de St Victor: toutefois par Arrêt du mois de Decembre 1640. les Lettres du Roi furent enregîtrées, les Docteurs de la Maison de Navarre firent condamner la rue Clopin par les deux bouts, & elle demeura bouchée quelque tems; mais depuis ils l'ont ouverte pour la commodité publique, & se sont contentés d'une traverse qui conduit de l'un à l'autre College.

Les Docteurs de Sorbonne obtinrent du Roi au mois de Juillet de l'année 1646. une semblable permission pour la rue des Poirées; à leurs instantes prieres, il leur permit de la fermer le long de leur nouvelle Eglise pour joindre leur maison au College des Dix-huit, fondé de l'autre côté de la rue, & uni à leur famille par Armand Jean duPlessis, Cardinal Duc de Richelieu. Il leur en fit don, il l'amortit, & ses Lettres ayant été portées au Parlement pour y être enregîtrées, la Cour ordonna que Coquelay, Conseiller de la Grand'-chambre, accompagné d'un Substitut, d'Experts & de témoins qu'elle nomma, se transporteroit sur les lieux, & qu'elles seroient signifiées au Prevôt des Marchands & Echevins & aux habitans des rues des Poirées & des environs. Cela ayant été fait, plusieurs proprietaires & locataires des maisons de ces rues declarerent que si on condamnoit la rue des Poirées, bien loin d'en recevoir l'incommodité, ils en tireroient beaucoup d'avantage & de sureté, d'autant qu'à l'avenir ils ne seroient plus exposés aux vols & aux meurtres qui s'y faisoient souvent. Presque en même tems le Prevôt des Marchands & les Echevins consentirent qu'on la fermât, pourvu que les Docteurs de Sorbonne permissent que les ouvriers de Ville entrassent dans leur College toutes les fois qu'il faudroit travailler aux tuyaux des fontaines publiques qui coulent sous la rue des Poirées, ou qu'ils y fissent faire un aqueduc avec des ventouses & des entrées aux deux bouts, suivant les alignemens du Maître des œuvres de la Ville. Mais les Jesuites du College de Clermont ayant eu avis de toutes ces choses, intervinrent d'eux mêmes dans cette affaire, & s'opposerent à cette nouveauté: ils y representerent au Parlement que deux mille enfans qui deux fois par jour sortent de leur College en foule & à une même heure, n'ont presque point d'autre moyen d'éviter d'être roüés par les charois qu'on rencontre à tout moment dans la rue St Jaques que de se sauver par la rue des Poirées: que si on la bouche, on les expose à ces dangers & à mille autres inconveniens: que pour les en garentir, & accommoder le public, ils lui avoient abandonné pour plus de six mille livres de place, & retiré de leur bâtimens de leur College de leur fonds propre, pour donner plus de largeur à la rue St Jaques. Ils tacherent même d'interesser en leur opposition tous les habitans de la rue de la Harpe, ils en gagnerent quarante-cinq ou environ; & toutefois la Sorbonne ayant promis de bâtir l'aqueduc demandé par le Prevôt des Marchands & les Echevins, & de faire une rue large de neuf pieds qui remonteroit de la rue des Poirées à la rue des Cordiers: la Cour ordonna à ces conditions, que leurs Lettres seroient enregîtrées par Arrêt du mois de Mai 1647. & la Ville y consentit au mois de Septembre d'après.

Si je parle ici d'une rue condamnée, il y a long-tems, & appellée autrefois la ruelle Jehan Savary, & depuis de la Vieille-garnison, ou la rue des Vieilles-garnisons, parce qu'elle continuoit une rue de ce nom, jusqu'en la rue du Maltois ; c'est que je n'en ai rien su découvrir auparavant. C'est une ruelle qui passe entre St Jean, & l'Hôtel de Ville, & par où on entre dans la maison de Ville, quand les eaux de la Seine en innondent la principale entré. On l'a condamnée autrefois comme elle l'est encore maintenant ; parce qu'elle servoit de retraite aux voleurs. On fit les portes qui la ferment par les deux bouts aux depens de la Ville, & de la fabrique de St Jean. La Ville prit les clefs de celle qui tient à la rue du Maltois, la fabrique celles de la porte qui est près du St Esprit, & les uns & les autres firent faire au milieu un mur de refend à frais communs pour partager également entre eux cette ruelle. Mais les Marguilliers y ayant fait en 1646. des bâtimens & autres semblables entreprises, le Prevôt des Marchands & les Echevins s'en plaignirent, s'y opposerent, & s'en accommoderent avec eux.

Sept ans après les Religieuses St Thomas renfermerent dans leur Cour une rue, qui continuoit la rue Vivien, qu'on appelloit la rue St Jerôme ; mais quoique leurs voisins s'en plaignissent à la Ville, & remontrassent que cette entreprise se faisoit au prejudice public, & de l'autorité privée de ces Religieuses ; & quoique le Prevôt des Marchands & les Echevins ordonnassent qu'elles seroient appellées par la Ville, qu'ils leur defendissent cependant de continuer cette clôture, & permissent aux habitans du quartier de faire emprisonner les maçons qui y travailleroient ; cette rue toutefois fut condamnée ; & il y a apparence que la commodité particuliere des Religieuses prevalut la commodité & l'interêt du public.

Je ne sai si ce seroit ici le lieu de dire que par Ordonnance de la Ville, on condamna durant les derniers troubles de Paris, toutes les avenues d'une rue du faux-bourg St Jaques, longue de soixante-dix toises, large de dix-sept pieds & demi, & placée à vingt toises ou environ, de la fausse porte ; parce qu'elle conduisoit à la campagne, & afin de boucher aux vagabonds un passage par où ils entroient à Paris, & par où ils en pouvoient partir à toute heure ; & de soulager les habitans du quartier qui étoient obligés d'y poser un corps de garde. Quand les desordres furent appaisés, & que le Roi par sa presence, eut étouffé ce demon de discorde qui troubloit encore les esprits, & les remplissoit de défiance & de crainte, quelques-uns de ses valets de pied lui demanderent, & obtinrent de lui cette rue, sous pretexte qu'on l'avoit fermée autrefois. Ils la firent aussi-tôt condamner à main armée ; & quoique le Bailly du Palais, après descente faite en ce lieu par son Lieutenant, eut ordonné qu'on la debouchât, & qu'elle demeurât libre, comme elle étoit avant les mouvemens, si est-ce ils battirent & blesserent les voisins & les bourgeois de cette rue, & des environs, qui voulurent executer sa Sentence ; mais ces habitans s'étant plaints à la Ville de ces outrages, elle deputa sur les lieux la Porte, Echevin, & Pictre, Procureur du Roi avec son Maître des œuvres, & sur leur raport elle ordonna en 1656. qu'on ouvriroit cette rue, & qu'on en rendroit libres toutes les avenues.

Bien que beaucoup de personnes se plaignissent en 1655. de ce que le Roi avoit fait don au Maréchal de Turenne, & à Guenegault, Tresorier de l'Epargne, de la rue neuve des Minimes, qui separoit alors leurs logis, situés en la rue neuve St Louis, des places qui leur appartenoient de l'autre côté : leurs plaintes toutefois n'ont pas empêché qu'on ne l'ait condamnée en 1656. malgré eux. Le Conseil, les Tresoriers de France, le Prevôt des Marchands & les Echevins y apporterent leur consentement. Le Parlement ordonna l'enregîtrement des Lettres du Roi, qui en portoient la permission : & cette rue n'est pas seulement bouchée, elle est encore couverte de jardins : & les jardins, & les maisons du Maréchal de Turenne, & du Secretaire d'Etat Guenegault, passent dans les places qu'ils avoient acquis de l'autre côté.

Tome I.   Z ij

Après avoir dit en quel tems on a fermé tant de rues, & en quel lieu elles étoient placées : il me reste à en deduire quelques autres, dont je ne sai point le tems qu'on les a bouchées, & de quelques-unes desquelles je n'ai pu découvrir la situation.

Il y avoit autrefois une rue de l'Archevesque dans la censive du Prieuré de St Martin ; il y avoit au faux-bourg St Victor la rue du Gril, & la rue Jean Menard, appellée depuis la rue Jean Mollé, & aussi peu connue par le premier que par le dernier de ces noms.

On trouvoit au faux-bourg St Marceau, la rue Ste Anne qui aboutissoit à la rue de la Clef, & à la rue Gratieuse ; & la rue du Petit-lievre, qui tenoit à la rue des Morfondus, & que les Prêtres de la Doctrine Chrétienne ont enfermé dans leur enclos.

On ne sait quand on a mis des portes aux deux bouts d'une rue qui passe entre le Petit-Châtelet, & la place aux Poissons On croit que le cul-de-sac de la rue Geoffroy-l'angevin, alloit gagner le cul-de-sac, ou la rue des Truyes, lorsque les murs & les remparts entrepris & achevés sous Philippe Auguste, passoient par le bout de la rue des Truyes. Quand Louis XI. vendit le Sejour du Roi de la rue du Jour, il se terminoit à une ruelle qui venoit de la rue du Jour à la rue Platriere, & qu'on a couverte de maisons depuis ce tems-là, sans que nous en sachions l'année. Entre l'Hotel de Guise, & l'Hotel de Laval, bâti autrefois au coin de la rue de Paradis, & de la rue du Chaume, vis-à-vis de la Mercy, il y avoit encore une rue, ou une ruelle en 1558. qu'on appelloit la rue de la Roche, comme c'est le nom que conserve la grande porte de derriere de l'Hotel de Guise, qui regarde la rue Barbette, pour conserver peut-être la memoire de l'Hotel de la Rocheguion, & de la rue de la Roche : on croit qu'elle montoit de la rue du Chaume à la rue du Temple, & uni à l'Hotel de Guise par François de Lorraine, Duc de Guise, & qu'elle avoit son entrée vis-à-vis de la rue de Bracque, au lieu même où on voit encore une petite porte murée, près de la principale entrée de l'Hotel de Guise ; mais il est certain que c'étoit un cul-de-sac, & qu'il finissoit à l'Hotel de la Rocheguion ; & il y a grande apparence que quand les Ducs de Guise joignirent à leur maison les Hotels de Laval & de la Rocheguion, ils condamnerent la rue de la Roche, & la renfermerent dans leur logis.

Enfin parce que la rue Bertauld est un cul-de-sac de la rue Beaubourg, opposé directement, & en droite ligne à un autre cul-de-sac, appellé la rue de Clervaux, & assis en la rue St Martin, on prétend avec beaucoup de vrai-semblance que ces deux culs-de-sac composoient autrefois une rue qui passoit de la rue Beaubourg à la rue St Martin ; & parce que la maison qui les separe, fait partie de l'Hotel de l'Abbé de Reigny, & que les logis de la rue de Clervaux sont en sa censive, on se persuade qu'il a porté d'autorité sa maison au travers de cette rue ; & que d'une rue étroite, il en a fait deux culs-de-sac qui retiennent encore le nom de la rue comme pour conserver quelques traces de leur origine.

J'ai dit ailleurs que la rue de Clervaux a pris son nom de l'Abbé de Clervaux, à qui appartenoit autrefois l'Hotel de Reigny.

Quant à la rue Bertault on croit qu'elle se nommoit auparavant la rue des Anglois ; mais je n'en sai pas la raison. Jean Bertault Archer des Gardes du corps du Roi, y ayant bâti le jeu de paume que nous y voyons, vers l'an 1577. on donna aussi-tôt à son tripot le nom de Jeu de paume de Bertault, & à la rue des Anglois celui de la rue Bertault, & de la rue du Jeu de paume de Bertault. Ce fut d'abord un tripot découvert ; Etienne le Roux, mari de Robinette Bertault, & gendre de Jean Bertault le fit couvrir en 1604. De plusieurs enfans qu'il eut en ce Jeu de paume, une de ses filles fut Marie Bertault dite la Constantin du nom de son mari, sage femme fort fameuse qu'on pendit à la Croix du Tiroir en 1660. parce que pour satisfaire à l'aliance d'une foule effrenée de filles & femmes dissolues, elle s'étoit rendue si savante à procurer des avortemens qu'elle en avoit fait une étude & une discipline.

Dans l'Histoire de l'Université j'ai expliqué un grand nombre de rues : le Lecteur y aura recours pour satisfaire sa curiosité.

QUARTIERS, RUES, CANTONS.

JE voudrois pouvoir dire autant de choses des quartiers, des rues & des cantons, que j'en dirai des fontaines, des Eglises & des Hotels, mais cela n'est pas possible, on se contentera donc de ce qui suit.

Dans le treiziéme siécle, on commença à bâtir des maisons à la coulture de St Eloi, derriere St Paul, ainsi que j'ai deja remarqué; & Charles V. couvrit de son Hotel Royal le grand espace de terre, qui regne entre la rue St Antoine & la riviere, depuis la rue St Paul, jusqu'à celle du Petit-musc, ou des Celestins.

En 1545. ce même Hotel Royal fut divisé en diverses places, qu'on vendit à plusieurs particuliers, & depuis 1551. jusqu'en 1594. on le couvrit de rues & de maisons.

Les Hotels d'Artois, de Bourgogne & de Flandre, ayant été vendus à diverses personnes sous François I. & Henri II. les acquereurs y bâtirent des maisons & y firent la rue Françoise, la rue Sully, la rue Cocqheron, & une partie des bouts de la rue des vieux Augustins.

En 1556. Charles IX. ordonna que l'Hotel des Tournelles seroit vendu, pour y faire subsister des maisons & des rues. Henri IV. dans les plus heureux tems de son regne y fit faire la Place Royale & les édifices d'alentour, & l'année même qu'il mourut il y établit les Minimes.

La rue Barbette, celle des Trois-pavillons, & la rue du Parc - Royal, s'ouvrirent en 1563. sur les ruines de l'Hotel Barbette.

Dans la coulture St Gervais, celles de Ste Catherine, des Filles-Dieu, du Temple, & de St Martin, furent commencées les maisons que nous y voyons, dans le tems que j'ai marqué deja.

Une partie du Palais & du jardin des Tuilleries, a été entrepris par Catherine de Medicis dans la clôture des Quinze-vingts.

Sous Henri III. Les Feuillans & les Capucins bâtirent leurs Couvens près de là, ensuite de quoi tant d'habitans sont accourus aux environs qu'ils ont fondé l'Eglise St Roch, & formé le faux-bourg St Honoré.

La rue des Assis, étoit sur pied dès l'an 1130.

Vers l'année 1211. on fit la rue Simon le Franc.

En 1230. il y avoit des maisons à la rue du Plâtre : & tout de même à la rue Tire-chape en 1233. & à la rue des Blancs-manteaux en 1250. à la rue Mauconseil aussi, à celle des Escouffes, Grenier sur l'eau, Ste Croix, Trousse-vache, & du Roi de Sicile il s'y en trouvoit en 1357. 1359. 1360. & 1361.

Dès l'an 1269. la rue des Singes, la rue Guerin-boisseau, & la rue aux Oues étoient habitées par des Rotisseurs, & par des Bourgeois : ainsi que la rue des Francs-bourgeois par des Pauvres en 1271.

La rue de la Lanterne, celle de Marivault, Oignart, Trousse-vache, des Cinq-diamants, Aubri-boucher, du Regnard, & Beaubourg, étoient pleines d'Habitans de toutes vacations dès l'année 1263.

Et tout de même la rue de la Poterie en 1284. la rue de l'Echelle du Temple en 1290. & celles de la Poterie & du Chaume en 1291.

Avant 1296. la rue Pastourelle, & celle des Prouvelles, se trouvoient bordées de quelques maisons.

Pareillement celle de Montmorancy en 1297. & la rue Grenier-St-Ladre en 1310.

Quelque tems auparavant, les Templiers avoient vendu leur grand chantier, occupé maintenant par l'Hotel de Guise, pour le couvrir d'édifices.

Dès les premieres années du regne de Charles VI. une partie de la grande boucherie fut prise par Hugues Aubriot, ce jouet de la fortune, & alors Prevôt de Paris, pour faire le Pont-au-Change : car il faut savoir qu'auparavant on n'alloit au Pont-au-change de ce côté-là, que par le grand Chatelet & la Porte de Paris.

Depuis 1397. jusqu'en 1415. on bâtit des logis autour de St Honoré.

En 1412. les égouts furent transportés de la rue St Antoine à celle des égouts.

On commença le quai du Port-au-foin en 1550.

En 1596. on fit à la Halle des rues nouvelles, entre St Eustache, la rue de la Tonnellerie, & le Cimetiere St Innocent.

Dix ans après on pava la rue des Bons-enfans.

En 1583. la rue de Bourbon fut ouverte à travers l'Hotel de Bourbon, ou le petit Bourbon.

En 1604. on entreprit le mail, & le quai de l'Arcenal.

De nos jours le Maréchal de Matignon, & les Marquis de Rambouillet, & celui de la Vieuville, Surintendant des Finances, se sont logés à la rue St Thomas du Louvre, & à la rue Marignon, que le peuple nomme Maquignon.

Nous avons vu remplir de maisons & de rues, les environs de la Place Royale, une bonne partie du marais du Temple, l'Isle Notre-Dame & le faux-bourg St Honoré.

Nous avons vu agrandir ou faire presque tous les faux-bourgs de ce côté là : en un mot nous avons vu peupler de vastes deserts, tous enclos par nos Rois dans cette grande partie de Paris : & ainsi nous pouvons assurer que de nos jours Paris, tant en édifices qu'en habitans, s'est accru, si ce n'est de la moitié, au moins du tiers.

RUES DES ARTISANS.

POUR ce qui est des Corps de métiers, les Tixerans, les Etuvistes, les Rôtisseurs, les Corroyeurs, les Ecrivains, les Verriers, les Poulailliers, & autres semblables, s'établirent autrefois à la rue de la Cossonnerie, de la Verrerie, des Ecrivains, de la Couroirie, à la rue aux Oues, à celles des Etuves, de la Tixeranderie & autres rues de leur nom ; car anciennement, sur tout dans le quatriéme siecle, chaque Corps de métier avoit sa rue à part.

Les Arbalêtriers s'exerçoient à la rue des Francs-bourgeois, depuis jusqu'en 1618. ç'a été près la rue Mauconseil.

Les Lombards, sorte d'usuriers, de delà les Monts, établis à de certaines conditions, en France demeuroient à la rue des Lombards.

Jusques à Charles VI. les Juifs ont rempli tantôt les maisons de la rue St Bon & des rues voisines, avec la meilleure partie de la rue des Juifs, & de celle de la Tixeranderie, tantôt le cloître St Jean & une partie de la Halle.

Jusqu'à Charles IX. tout de même les femmes dissolues ont occupé les maisons de la rue Brisemiche, de la rue Tizon, Chapon, Champ-fleuri du grand & petit Huleu, de celle du Regnard, & de plus se sont introduites peu à peu aux rues Traffenonain, des Deux-portes, Pelican, Beaurepaire, à la rue Pavée, Tire-boudin, Bour-l'Abbé, Greneta & ailleurs: ce qui fut cause que ces rues la plupart, prirent des noms infames, & conformes à la vie des personnes qui s'y étoient habituées.

HALLES, BOUCHERIES.

LOUIS le Gros a bâti les Halles.
Louis VII. a donné la Gréve aux Bourgeois des environs.
Charles VI. y a établi une étape, c'est-à-dire un marché au vin.
Avant l'an 1169. le poids du Roi étoit à la rue des Lombards.
En 1182. les Templiers érigerent une boucherie à la rue de Bracque.
Le Prieur de St Eloi en 1358. fit dresser la boucherie de St Paul.
Les marchés, les boucheries, & les rotisseries de la Porte de Paris, & du Cimetiere St Jean, la Valée de misere, la Croix du Tiroir, la place aux veaux, la Pierre au lait, sont si anciens que personne n'en fait l'origine.
Avant 1366. on ne trouve rien du marché de la porte Baudets, non plus que de la boucherie de la porte St Martin avant 1427. cependant ils étoient déja bien auparavant.
En 1416. Charles VI. commença la boucherie de Beauvais.
En 1568. on fit au coin de la rue Greneta, la boucherie que nous y voyons.
Sous Henri II. on bâtit deux halles à l'Arcenal.
La Place Royale a été entreprise sous Henri IV.
En 1643. les Religieuses de St Antoine eurent permission de faire la halle & la boucherie qu'elles ont devant leur Abbayie.
Un an après le Roi établit six étaux de boucherie, près St Merri à la rue St Martin.
Enfin les boucheries de la rue St Honoré, près les Quinze-vingts; de la rue Mont-martre & de la rue de la Poissonnerie, ont été établies à la place des portes de la Ville, abbatues sous Louis XIII.

Rues nommées du Puits.

JE pense que la rue du Puits de devant les Blancs-manteaux, s'appelle ainsi à cause des puits publics, qu'il y avoit autrefois : mais il est certain que la rue du Puits d'amour, a emprunté son nom d'un puits qui s'y voit encore, & qui se nomme le puits d'amour depuis bien long tems, sans que j'en aye pû apprendre le sujet, quoiqu'on m'en ait raconté assés de fables & d'avantures amoureuses puisées apparemment dans les puits d'amour des anciens Romans. Avec le tems son nom a passé à une maison proche de là : & comme ce nom a semblé galand à un Marchand qui la loue, il a fait repeindre l'enseigne & l'a rehaussée de couleurs fort vives, & même afin de mieux representer la fable, il y a figuré un puits tout entouré de belles filles, & de jeunes garçons avec un petit Amour qui décoche des fléches sur eux, & ces paroles au bas : *Au Puits d'Amour.*
Or comme d'autres marchands ont trouvé cette enseigne fort à leur gré, & d'autant plus qu'ils s'imaginent que les enseignes plaisantes, ou qui se font remarquer, attirent les Chalands; les uns l'ont tout-à-fait copiée, les autres se font contentés de l'imiter.
Du reste le vrai Puits d'Amour qui a donné lieu à tout ceci, est à la

pointe d'un triangle couvert de maisons, où aboutissent la rue de la Truanderie, & la rue de la petite Truanderie, ou du Puits d'amour.

J'y ay vu tirer de l'eau, il n'y a pas bien long tems, depuis cela, je l'ai vu tary : presentement il est comblé & à demi ruiné. Sa mardelle ne tient plus ; les voisins assés souvent la trouvent dans la rue, que des gens de débauche, la nuit ont jettée là ; on y lit en lettres mal gravées & Gothiques,

Amour m'a refait
En 525. tout-à-fait.

On se figure qu'il s'appelle le Puits-d'amour, à cause des servantes qui faisoient-là l'amour à leurs serviteurs, sous pretexte de voir tirer de l'eau, & qu'il servoit de rendés-vous à quantité de Samaritaines, à ce que pretend la chronique scandaleuse.

Par l'inscription que j'ai raportée, il est aisé de voir que ce n'est pas d'aujourd'hui qu'il est là, puisqu'il fut retabli en 1525. pour la commodité publique.

REZ-DE-CHAUSSE'E.

LE Rez-de-chaussée, en ce tems-là, étoit bien different de celui d'aujourd'hui, ce que ne font que trop voir Nôtre-Dame de Paris, & St Denys de la Chartre : & de fait, quoique Notre-Dame paroisse bien plus élevée que St Denys, son plan neanmoins ne l'est pas davantage.

L'Evêque Maurice la rehaussa sur treize grandes marches qu'on fut contraint d'enterrer sous Louis XII. & en même tems de rehausser la rue de la Juiverie, si-tôt que le Petit-pont, & le pont Notre-Dame, qu'on rebâtissoit, eurent été achevés. Jusques-là, Paris n'avoit été qu'une Ville fort basse, & sujette en hiver à beaucoup souffrir de l'eau, quand la riviere étoit haute.

Pour prouver que le Sol ou Rez-de-chaussée du nouveau Paris est bien autrement relevé que celui de l'ancien, sans m'amuser ici à deterrer des cuisines & des cachots, n'avons-nous pas dans la Cité, la prison de St Denys, le Cloître & la cave de St Denys de la Chartre, où l'on descend tant de marches ? Et de même encore la cave de St Symphorien ? Dans l'Université pareillement l'Eglise de Ste Genevieve, & celle de St Victor, avec les Augustins & les Bernardins en sont de bonnes marques.

Pour ce qui est de la Ville, il ne faut que voir St Innocent, Ste Oportune, St Bon, les Quinze-vingts, les Blancs-Manteaux, avec les caves de St Eustache, de St Merry, de St Josse, & des Billettes, qui sont cachées sous terre, & qui passent pour les anciennes Eglises de Paris, avant qu'on le rehaussât. Vers le commencement du siecle & depuis on descendoit encore à St Eloi plusieurs degrés : à St Barthelemi il y avoit une cave ou Chapelle nommée Notre-Dame des Neiges ; la Madelaine, les Filles-penitentes sont de ce nombre, & encore Ste Catherine du Val des Ecoliers, comme il paroît par le Cloître de ce Monastere, & par la Chapelle de Birague : & comme il se voit tant dans cette Eglise, que dans celles que j'ai nommées, & dans quantité d'autres, par les voutes qui sont plus basses, par les pilliers ou colomnes plus courtes qu'elles ne devroient être, & par les bases de ces mêmes colomnes & pilliers, qu'on a enterrés & cachés sous le nouveau pavé. Notre-Dame enfin, où l'on vient en descendant de la rue neuve Notre-Dame, est élevée sur treize marches de pierre, qui regnoient le long du parvis, & qu'on a couvert de terre, lorsque la Cité fut rehaussée pour bâtir de pierre le pont Notre-Dame.

Ceux

DE LA VILLE DE PARIS. Liv. II. 185

Ceux qui font descendus dans le Petit-Châtelet, & dans le cellier du Parlement qui servoit autrefois de cuisine à nos Rois, lorsqu'ils logéoient au Palais, y ont pu remarquer que les cachots du Châtelet étoient anciennement des chambres bien claires, & que le jour y entroit ainsi que dans les cuisines du Palais par des croisées hautes de trois à quatre toises.

LE PAVÉ.

AVANT Philippe Auguste Paris n'étoit point pavé ; ses predecesseurs épouventés de la depense que demandoit un si grand ouvrage, ne l'avoient osé entreprendre, & lui même n'en seroit pas venu là, si un jour regardant par les fenêtres du Palais, il n'eût été empuanti de la mauvaise odeur des tombereaux de boues qui vinrent à passer, de sorte qu'aussi-tôt il commanda au Prevôt des Marchands, & à quelques Bourgeois d'en prendre le soin.

Afin que le pavé fût plus durable, Rigord dit qu'on le fit de pierre dure & forte, & Guillaume le Breton, de pierres carrées & assés grosses, ou pour mieux dire de gros carreaux, ou de cailloux carrés, & non pas de petits cailloux étroits, durs, pointus, & semblables enfin au pavé de la rue Planche-mibray, & de celles de la Juiverie & de la Lanterne, comme pretend Bergier dans ses grands chemins de l'Empire ; car j'ai appris de quelques vieillards que ce pavé est un essai ou modele, fait durant la ligue par un homme qui offroit de paver tout Paris de la sorte, & par ce moyen-là se vantoit d'avoir trouvé de quoi épargner les grands frais que demande l'entretien du pavé de Paris ; or quoique ce pavé-là dure encore sous le nom de *pavé de la ligue*, depuis neanmoins on n'en a point fait ailleurs.

Celui d'aujourd'hui est de quartiers de grais, épais, gros, carrés & unis ; il vient par eau de Fontaine-bleau, & des environs. Suivant les dernieres Ordonnances, il doit être de sept à huit pouces de calibre. Quand il en a fallu mettre à des rues nouvelles, ça été quelquefois aux depens des proprietaires qui y avoient fait faire des maisons, comme on apprend d'un Arrêt de 1544. pour la rue de Seine : quelquefois par les proprietaires & le Seigneur censier, ainsi qu'il paroît par un Arrêt de l'année 1566. à l'occasion de la rue des Bons-enfans : quelquefois par le Seigneur haut justicier, & le Seigneur censier, sans prejudice de leurs droits au principal, & de leurs recours, non seulement l'un contre l'autre, mais aussi contre les habitans de la rue, & contre les Prevôt des Marchands & Echevins, comme le porte un Arrêt donné par provision en 1588. pour la rue du Ponceau entre l'Evêque de Paris, le Prieur de St Martin, la Ville, & les Bourgeois de la rue : enfin par tous ensemble, ce qui se voit par un autre Arrêt rendu en 1551. pour quelques grandes rues du faux-bourg St Germain, entre ceux qui y demeurent, l'Abbé & les Religieux de St Germain, le Prevôt des Marchands & Echevins.

Presentement ce sont les proprietaires des maisons bâties dans les nouvelles rues, qui font le premier pavé à leurs depens, & même y sont contraints en vertu des Ordonnnances des Tresoriers de France dans la Voirie du Roi, & des jugemens des Seigneurs particuliers dans la leur.

Pour l'entretenir on leve sur toutes les maisons quatre-vingt mille francs, aussi l'entretient-on si bien, qu'il n'y a point de Ville au monde qui soit mieux pavée.

Tome I.   A a

LES BOUES DE PARIS.

TOUS les ans il se leve cent mille francs pour charier les boues de Paris, cependant il n'y a point de Ville au monde plus boueuse, ni si sale; & quoiqu'on ait assés fait de propositions pour le rendre net, jamais elles n'ont été écoutées, ou parce que la chose passoit pour impossible, ou parce que c'est un revenu considerable pour quelques Grands qui en profitent.

Ces boues au reste sont noires, puantes, d'une odeur insuportable aux Etrangers, qui pique & se fait sentir trois ou quatre lieues à la ronde : de plus cette boue, outre sa mauvaise odeur, quand on la laisse seicher sur de l'étoffe, y laisse de si fortes taches qu'on ne sauroit les ôter sans emporter la piece, & ce que je dis des étoffes se doit entendre de tout le au reste, parce qu'elle brûle tout ce qu'elle touche; ce qui a donné lieu au proverbe : *Il tient comme boue de Paris.*

Pour découvrir la cause de cette tenacité & puanteur, il faut savoir que les Salpetriers d'une part y trouvent du souffre, du salpetre, & du sel fixé & que les Hermetiques d'autre y separent beaucoup de sel volatil & nitreux; tellement que si elle tache & brûle, c'est par le moyen du souffre qui est plein de feu, & sa grande puanteur lui vient du sel volatil qui est subtil & sent fort mauvais, & peut-être est-ce lui qui corrompt l'eau des puits : on l'appelle volatil, à cause qu'il s'évapore, & se repand au loin : & de là vient aussi qu'on sent de si loin les boues de Paris. Telles qu'elles soient neanmoins elles ne laissent pas de purifier l'air, & de preserver la Ville de contagion. A l'égard de ce sel volatil, ceux qui depuis peu ont fouillé les fossés de la porte de Nesle, où est fondé le College Mazarin, y en ont trouvé de fixé en très-grande quantité.

Après tout Paris seroit moins sale, si les rues avoient plus d'air, de largeur, & de pente. Je ne mettrai point ici en question, si à l'exemple de Rome brûlée par les Gaulois, on les a faites sans ordre, & pour ainsi dire tumultuairement, & si en cet état, elles rendent la Ville plus ou moins saine ; je remarquerai ici seulement, que s'il s'en trouve de larges, ou nous les avons vu faire, ou on les a faites vers la fin du siécle passé, ou elles ont été élargies sous Louis XII. Henri II. Charles IX. & tous leurs successeurs, comme j'ai fait voir quand j'ai parlé des rues élargies, qui sont en fort petit nombre : outre que ce plus de largeur qu'on leur a donné, n'empêche pas qu'il n'y arrive assés d'embarras tous les jours. Tel a été le progrès & le grand changement du nouveau Paris, la merveille du monde.

DES VOITURES ET DES MONTURES
usitées à Paris.

ENTRE les voitures anciennes le mot de *carruce* qui se lit dans Gregoire de Tours, met assés en peine les curieux pour savoir ce que c'étoit proprement.

L'Abbé Menage dans ses origines de la Langue Françoise en parle deux fois, mais si differemment qu'on n'en est pas plus éclairci ; puisque dans l'un il assure que c'étoit un carrosse, & dans l'autre une charrette ; il est vrai que le peuple assés souvent pour signifier une charrette se sert du mot de carrosse ; mais c'est par raillerie, ajoutant toujours à trente-six portieres, pour en marquer la difference, au lieu que le carrosse n'en a que deux. Pour moi de la façon que Pline & Martial parlent de carruce, je croirois volontiers que c'étoit une carriolle ; & si cela est, les carriolles sont bien plus anciennes, puisque nous les tenons des Romains.

On ne sait guere mieux encore quelle sorte de voiture c'étoit que ce *carpentum*, dont parle Eginard, attelé de quatre bœufs, & conduit par un gros bouvier de village, où d'ordinaire nos derniers Rois de la premiere race se faisoient traîner, & même lorsqu'une fois l'an ils alloient se montrer à leurs peuples & recevoir leurs presents ; car on ne peut pas dire si c'étoit ou carriolle, ou maniere de tombereau, ou tharrette. Touchant les charrettes le Parlement en 1502. deffendit aux charretiers d'user à Paris de charrettes ferrées, sur peine de confiscation, d'emprisonnement, & autres punitions, sans que je sache pourquoi.

Quant aux autres voitures & montures dont on s'est servi depuis, surtout les Dames, comme sont les coches, les litieres, les carrosses, les palefrois, les haquenées & le cheval de croupe : voici ce que j'en ai pu découvrir.

En 1389. lorsqu'Isabeau de Baviere fit son entrée à Paris, ce fut dans une litiere découverte, rehaussée d'or & de broderie. La Duchesse de Bourgogne, la Comtesse de Nevers, la Dame de Coucy, & quantité de Dames de haute qualité, dans d'autres litieres de même, la suivoient. Jeanne d'Evreux, Douairiere de France, veuve de Charles le Bel, & la Duchesse d'Orleans sa fille, marchoient à ses côtés encore dans d'autres litieres, mais couvertes. La Duchesse de Touraine, belle-sœur du Roi, vint après sur un palefroi que deux palefreniers tenoient par la bride. Le reste des Dames marchoit ensuite, tant en litiere, qu'à cheval : voyés le Ceremonial de Godefroy, page 152.

Anciennement les Princesses & les Dames assistoient quelquefois aux Joûtes, aux Tournois, & autres fêtes, ou sur un palefroi mené par deux palefreniers, ou derriere leurs Ecuyers, sur un cheval de croupe. Aux Joûtes & aux Tournois qui furent faits sous Charles VI. tant à Paris, qu'à St Denys, les Dames y parurent de la sorte & conduisirent les tenans.

Depuis, quand Anne de Bretaigne, Marie d'Angleterre, la Reine Claude, la Reine Eleonor, Catherine de Medicis & Elizabeth d'Autriche, firent leur entrée, ce fut encore dans de riches litieres, & découvertes : ainsi qu'Isabeau de Baviere, & accompagnées des Princesses & des Dames en litieres pareillement, mais moins superbes. S'il s'y trouve quelque difference qui fasse à mon sujet, c'est aux quatre dernieres ; car à l'entrée de la Reine Claude un palefrenier devant sa litiere, conduisoit sa haquenée nommée la haquenée Royale ; & un de ses enfans d'honneur, son cheval de croupe ; de plus les Princesses la suivoient sur des haquenées & après, ses Dames & ses Damoiselles dans des chariots magnifiques. Aux trois au-

Tome I.   A a ij

tres entrées les Princesses, la Dame, & leurs filles d'honneur avec plusieurs Dames de la premiere qualité montoient des haquenées, parées de housses toutes de drap d'or frisé, ou de toile d'argent; derriere, le reste des Dames venoit dans trois grands chariots couverts, les uns de toile d'argent, les autres de drap d'or.

Enfin en 1534. à cette procession generale qui fut faite à la rue du Roi de Sicile, à l'occasion d'une image de la Vierge qui avoit été prophanée, & où François I. assista, & toutes les Cours souveraines, la Reine Eleonor marcha à la tête sur une haquenée blanche, enrichie d'une housse de drap d'or frisé; les filles du Roi tout de même sur des haquenées, mais harnachées un peu moins richement; de plus les Princesses, les Dames, les Seigneurs & autres étoient à cheval.

Ceux qui ont vû l'entrée du Roi Louis XIV. & de la Reine son épouse, si remarquable pour sa magnificence, savent que la Reine y avoit ses haquenées blanches, & chacune menée avec une longe par des palefreniers; les brides, les housses, & tout le harnois étoient couverts de broderie d'or & d'argent.

Quant à l'autre maniere de monter à cheval, qui pourroit croire qu'autrefois les Dames n'étoient pas les seules qui allassent en croupe, & que les hommes aussi-bien qu'elles y allassent quelquefois? J'en prens à témoin Charles VI. qui voulant voir sans être connu les appareils de l'entrée de la Reine, monta en croupe derriere Savoisy, qui étoit un de ses plus confidens; mais d'où il revint chargé de coups qu'il reçut au milieu de la foule, à force de pousser, afin de se faire passage.

Les deux Ecuyers qui en 1407. accompagnoient Louis de France, Duc d'Orleans, lorsqu'il fut assassiné à la vieille rue du Temple, étoient montés sur un même cheval.

Toutes ces personnes de qualité, tant hommes que femmes qu'en 1413. on arrêta à l'Hotel de St Pol de la rue St Antoine, furent menés en prison, n'y ayant qu'un cheval pour deux.

En 1418. lorsque le Connétable d'Armagnac alla en prison, on le fit monter en croupe derriere le Veau de Bar, Prevôt de Paris. Enfin l'usage de monter en croupe est si ancien, & a duré si long-tems qu'il a passé jusqu'au regne de Louis XIII. La septiéme Satire de Regnier en est une assés bonne preuve.

Il me demande êtes-vous à cheval?
N'avés vous point ici quelqu'un de votre troupe?
Je suis tout seul à pied; lui de m'offrir la croupe.

L'Histoire au reste est si pleine de tels exemples que j'en fournirois une infinité, mais je reviens au meurtre du Duc d'Orleans, pour y faire observer qu'alors il étoit monté sur une mule : & que Balue, tout de même Evêque d'Evreux, & depuis Cardinal, étoit encore sur une mule; à telles enseignes qu'elle lui sauva la vie, quand il fut si bien froté en 1465. à la Barre-du-bec.

En 1524. lorsque St Vallier fut conduit à la Gréve pour y avoir la tête tranchée, il étoit aussi sur une mule, mais derriere lui un Huissier en croupe.

C'est toujours sur une mule que les Legats font leur entrée à Paris, & j'apprens de quelques vieillards que dans le siecle passé, & au commencement de celui-ci, les Presidens & les Conseillers alloient au Parlement sur des mules. Pour monter dessus tant au Palais qu'à leur porte, ils avoient des montoirs de pierre.

En 1599. le Parlement en fit faire un au mois de Mars dans la Cour du Palais, pour les Presidens & les Conseillers à un certain endroit où ils en avoient besoin; il n'y avoit pas jusqu'aux Princes qui n'en eussent chés eux.

Le Duc de Touraine depuis Duc d'Orleans, frere de Charles VI. en fit dreſſer un pour lui en 1391. au bas du grand eſcalier de ſon Hotel, appellé maintenant l'Hotel de Soiſſons. Mais qui n'en fit point faire avec le tems? quoique j'en aye vu ruiner quantité, il en reſte encore dans beaucoup de rues à côté de la porte des vieilles maiſons; les uns ont deux marches ou degrés, les autres trois, & d'autres quatre. Saumaiſe, Lipſe, Bergier & autres Critiques remarquent que les Grecs & les Romains avoient anciennement ſous leur ſelle certaines échelles de fer, pour monter à cheval; qu'Appius Cœcus, & Caius Gracchus rangerent le long des grands chemins des montoirs de pierre ſemblables aux nôtres.

De cette coutume d'aller ſur une mule, nous reſte ſans doute celle de quelques-uns de nos Magiſtrats, tels que le Lieutenant Civil, le Lieutenant Criminel, & le Procureur du Roi, qui ne manquent jamais d'être montés ainſi le Lundi d'après la Trinité, aux proclamations de paix & de guerre, aux entrées des Rois & des Reines, à la Fête-Dieu, & autres ſemblables. Mais bien plus que tout cela encore, le Lieutenant Civil ne ſe ſervoit point d'autre monture pour venir au Châtelet, ce qui fut cauſe que quantité de gens ſe formaliſerent quand le Lieutenant Civil d'Aubray, abolit une ſi vieille coutume.

Après tout de tant de voitures, la plus en uſage & la plus ancienne a été le Cheval. Gregoire de Tours dit qu'à St Cloud, où Chilperic étoit, après s'être fort long-tems entretenu avec lui, le Roi, la Reine, ſon fils & toute ſa maiſon monterent à cheval pour s'en revenir à Paris.

Tous les Hiſtoriens contemporains de Louis le Gros, rapportent que Philippe ſon fils aîné, ſacré Roi de France, tomba ſous ſon cheval, près de St Gervais, & qu'il mourut de cette chute.

En 1475. ſous Louis XI. le Connétable de St Pol, vint de la Baſtille au Palais à cheval, pour entendre ſon Arrêt, & de là remontant ſur le même cheval, fut conduit à l'Hotel de Ville, & eut la tête tranchée à la Gréve. Enfin nos derniers Rois ne marchoient point autrement.

La vieille Madame Pilou, celebre dans le Cirus, ſous le nom d'Arricidie, & de la Morale vivante, m'a dit qu'en ſa jeuneſſe les Grands de France, le Duc de Maïenne durant qu'il étoit Lieutenant de la Couronne, Henri IV. lui-même, après ſon arrivée à Paris, alloient ainſi par la Ville: & ſi le tems ſembloit tourné à la pluie, ils mettoient en croupe un gros manteau, & s'en couvroient quand il commençoit à pleuvoir. Chacun ſçait qu'en 1605. le 19. Decembre il paſſoit à cheval deſſus le Pont-neuf, quand un inſenſé ſe jetta ſur lui à corps perdu: ce que Malherbe a remarqué dans l'Ode qui commence par ces vers:

Que direz-vous races futures, &c.

l'Abbé Menage dans ſes Obſervations ſur ce Poëte, pretend que ce fou étoit de Senlis, s'appelloit Eſtienne, & qu'il fit tomber le Roi par terre, mais il ſe trompe: car il ſe nommoit Jean de l'Iſle, étoit de Vineux, près de Senlis, & le Roi ſe debaraſſa de lui en piquant ſon cheval, à ce que diſent nos Hiſtoriens. Il s'eſt encore trompé au même endroit, lors qu'il appelle Jean du Chaſtel, l'un des aſſaſſins de ce Prince, au lieu de Jean Chaſtel.

Pour ce qui eſt des Dames, les plus qualifiées alors uſoient quelquefois de chariots & de coches ronds à deux perſonnes. Au rapport de Favyn, ces coches étoient faits de même que les Gondoles, qui ont la proue & la poupe decouvertes, & le milieu couvert, d'ailleurs de forme ronde, & c'eſt d'eux apparemment qu'Aulugele a voulu parler ſous le nom de *Gauli*, comme étant particuliers aux Gaulois, & de leur invention.

Touchant la façon des coches, volontiers je m'en raporte à Favyn, car il les a vus; mais que ce fuſſent ces mêmes coches qu'Aulugele nomme *Gauli*, le même Favyn me pardonnera ſi je le crois auſſi peu en cela, qu'en mille autres choſes de cette nature. Quoiqu'il en ſoit, pendant l'uſage des coches & des chariots, encore bien qu'il n'y eut que les grandes Dames qui s'en serviſſent, ce train neanmoins parut aux yeux du Parlement ſi orgueilleux & ſi plein de faſte, qu'en 1563. en regiſtrant les lettres de Charles IX. ſur la reformation des habits, il ordonna que le Roi ſeroit ſuplié de deffendre les coches par la Ville.

Juſqu'a la fin du ſiecle paſſé les Premiers Preſidents de la Cour, & de la Chambre des Comptes, ont été les ſeuls qui s'en ſoient ſervis, afin de ſe diſtinguer des autres par là; les litieres étoient reſervées pour les Princeſſes; auſſi de ſi loin qu'on venoit à en appercevoir dans les rues, en même tems chacun ſe rangeoit par reſpect, afin de lui laiſſer le paſſage libre, comme ne doutant point qu'il n'y eut dedans quelque Princeſſe. Pour lors & bien auparavant, il n'y avoit que les Enfans de France, qui oſaſſent entrer à cheval, en chariot, en coche & en litiere, au Louvre, aux Tournelles & aux autres Maiſons Royales, il falloit que les Princes & les Princeſſes deſcendiſſent à la porte, les Grands Seigneurs & les autres dans la rue.

Sous François I. il ne fut rien innové là-deſſus, comme fait voir une lettre de Catherine de Medicis: cependant il y a quelque apparence qu'Henri II. François II. & Charles IX. ſe relâcherent en faveur de quelqu'une de leur Cour, qu'ils étoient bien aiſe d'obliger. Et de fait, en 1572. le dernier fit un reglement au Louvre pour empêcher que telle faveur ne paſſât plus avant, ſans pourtant avoir égard tout-à-fait aux remontrances de Catherine de Medicis, qui à ſa priere l'informa de la Police de la Cour, ſous François I. Veritablement, ainſi que ſon aïeul, il ordonna au Capitaine de la porte de ſon Palais de laiſſer entrer dans la Cour, tant à cheval qu'autrement, ſa mere, ſa femme, ſes freres & ſes ſœurs; mais quant aux autres, pour Princes qu'ils fuſſent, de leur faire mettre pied à terre à la porte hors de la barriere, à l'exception du Roi de Navarre, des Ducs de Lorraine, de Savoie & de Ferrare; faveur pourtant que François I. leur avoit refuſée.

Henri III. en 1578. & 1585. fit bien plus; car outre qu'il confirma le reglement de Charles IX. en permettant aux Princeſſes de Navarre & de Lorraine, même au Chancelier, & à d'autres Princes & Seigneurs qu'il vouloit gratifier à cauſe de leur indiſpoſition, mais qu'il ſe reſerva de nommer au Capitaine de la porte; il ordonna encore que tout autant de fois qu'il ſortiroit ou retourneroit en coche ou autrement, les Princes, les Officiers de la Couronne & ſon Ecuyer entreroient dans la Cour avec leur train, pour le ſuivre par les rues, & juſqu'à ſon appartement. Enſuite il fut permis à tous Princes & Princeſſes indifferemment, & aux Officiers de la Couronne, d'entrer ſous la porte, & aux Ambaſſadeurs juſqu'à l'entrée de la Cour.

Henri IV. ne changea rien à cet ordre, que s'il le viola pour le Duc d'Epernon, ce fut ſans tirer à conſequence: les autres Ducs & Pairs eurent beau le preſſer de leur accorder le même privilege, pas un d'eux ſous ſon regne n'en put venir à bout.

Marie de Medicis, au commencement de ſa Regence, contrainte de ceder au tems, le communiqua d'abord aux autres Ducs & Pairs, & aux Officiers de la Couronne.

En 1611. plus de cinquante perſonnes deja, ſans compter les Cardinaux ni les Ambaſſadeurs en jouiſſoient: bien plus, elle ſe relacha ſi fort en faveur des Ducs de Bouillon, d'Epernon & de Sully, que ſous pretexte de leur indiſpoſition & de leur âge, elle leur permit d'entrer la nuit en caroſſe dans la cour du Louvre; & enfin cette grace devint ſi commune, qu'elle paſſa à un tas de gens de peu de merite & de qualité à cauſe de leur grand credit, dont chacun fut ſi ſcandaliſé qu'on en fit des railleries; & de fait, comme Me. Guillaume, l'un des bouffons d'Henri IV. vint à mourir quelque tems après, un Bel-eſprit alors publia certain Paſquin, où il feint que le Roi l'ayant rencontré en l'autre monde, lui demanda qui faiſoit entrer tant de caroſſes dans le Louvre.

DE LA VILLE DE PARIS. Liv. II.

Je ne dirai point si Louis XIII. remedia à ce desordre: ni si Anne d'Autriche durant sa Regence se comporta en ceci de même que Marie de Medicis; & à quelles personnes presentement on accorde ces sortes de prérogatives; car ce sont choses connues de tout le monde. Je remarquerai seulement qu'en 1646. le Duc d'Orleans, Oncle du Roi, le Prince de Condé & le Duc d'Anghien, eurent dans le Louvre le Tabouret au cercle de la Reine Regente, & y furent assis & couverts, privilege si grand sous les autres regnes, que pas un Prince du Sang ne l'avoit osé demander: cependant, la Reine mere l'a communiqué depuis à des Cardinaux & au Prince Thomas de Savoie.

Pour revenir sur mes pas, & recueillir en peu de mots tout ce qui a été dit à ce sujet; il se voit qu'à la reserve du palefroi, on use encore à Paris de toutes les autres voitures; car sans parler de haquenées, les personnes riches font venir chés eux leur bois & leurs autres provisions dans des chariots; le peuple & les Bourgeois, dans des charettes, & même se servent de carrioles, pour aller à leurs maisons des champs, à Fontainebleau & autres lieux du voisinage; les personnes malades ou foibles, & les femmes grosses, de qualité usent de litieres, les coches sont encore en usage pour aller d'une ville à l'autre: & de plus la memoire des coches subsiste toujours dans les noms de cocher & de porte cochere, bien qu'il y ait plus de soixante & dix ans qu'on n'use plus de coches: & ce n'est pas seulement en France & à Paris, c'est encore en Italie & en Espagne où par une bizarrerie ridicule, l'on affecte de n'avoir rien qui approche de nos façons de faire.

J'ai apris de la vieille Madame Pilou, qu'il n'y a point eu de carosses à Paris avant la fin de la Ligue, c'est-à-dire avant la fin du siecle passé: la premiere personne qui en eut, étoit une femme de sa connoissance & sa voisine, fille d'un riche Apoticaire de la rue St Antoine, nommé Favereau, & qui s'étoit fait separer de corps & de biens d'avec Bordeaux Maitre des Comptes son premier mari.

Je laisse-là qu'elle ne fit pas meilleur menage avec un Gentilhomme qui s'appelloit du Clicourt, qu'elle épousa en secondes noces.

De dire comment étoit fait son carosse, c'est ce que la même Dame ne m'a pas dit, elle se souvenoit seulement qu'il étoit suspendu avec des cordes ou des courroies; qu'on y montoit avec une échelle de fer, & qu'enfin il ne ressembloit presque point à ceux d'à-present: que tant qu'il parut nouveau, les petits enfans & le menu peuple couroit après, & souvent avec des huées. Pour aller par la Ville elle y faisoit atteler deux chevaux, & quatre quand elle alloit à la campagne: à Moins, il n'y en avoit pas davantage au carosse d'Henri le Grand, quand il fut à St Germain avec la Reine, & que les chevaux faute d'avoir été abreuvés, l'entraînerent dans l'eau au port de Neuilly; ce qui l'obligea ensuite d'un tel accident, quand il sortoit de la Ville d'en faire mettre six, avec un postillon sur un des premiers, afin de les retenir en pareil ou semblable rencontre; en quoi aussi-tôt il fut imité par les Grands Seigneurs. Et parce que de nos jours le Roi & les Princes du Sang en ont fait atteler huit, ou par ostentation, ou pour avoir quelque chose de nouveau, & qui les distingue des autres, le luxe est monté à un tel excés, que de riches particuliers & des partisans en ont fait de même.

A une voiture si aisée succeda celle des chaises à bras découvertes, & portées par des hommes: la Reine Marguerite est la premiere qui en usa, & depuis, d'autres à son imitation: tant qu'enfin Pierre Petit, Capitaine des Gardes du Roi, demanda à Louis XIII. la permission d'en rendre l'usage publique, tant à Paris qu'ailleurs pour la commodité de ceux qui voudroient passer d'un quartier à l'autre, & qu'il fut deffendu à tout autre qu'à lui d'en tirer profit que de son consentement.

L'affaire d'abord à l'ordinaire ayant été renvoyée au Conseil, à la Ville, & au Parlement, ensuite il obtint une permission pour dix ans, à la charge que ni lui ni les associés, ne contraindroient personne d'user de leurs chaises, & qu'il seroit libre à chacun d'en avoir chés soi; mais il est à croire que le gain qu'il y fit ne fut pas bien grand, tant on s'en servit peu.

De nos jours le Marquis de Montbrun, fils legitimé du Duc de Bellegarde a apporté d'Angleterre l'invention des chaises couvertes, & portées par deux hommes, dont le public s'est si bien trouvé qu'on ne les a pas quittées depuis. Je laisse là les conditions du privilege qui lui fut accordé ; mais, si je ne me trompe, c'étoient les mêmes que celles des chaises à bras, ou à peu près.

Quelques années ensuite, des gens de qui j'ai oublié le nom voulurent faire valoir certains petits carrosses, où il ne pouvoit tenir que deux personnes, & conduits par deux hommes, l'un devant & l'autre derriere, mais dont on se lassa si-tôt, que s'il en reste quelque souvenir, ce n'est que pour les avoir vu verser sans cesse, ou parce qu'ils étoient trop legers & mal-conduits, ou par la malice des cochers qui prenoient plaisir à passer fort près d'eux, afin qu'ils se detournassent.

D'autres depuis, repandirent dans les carrefours des chevaux de louage, à la place de ces petits carrosses, qui reussirent encore moins.

En 1645. le Roi accorda au mois de Juin à la Demoiselle de Biron de Salagnac, suivant le resultat du Conseil du 24. Mai precedent, la permission de faire fabriquer des litieres & carrosses sans traits & sans roues qui seroient portés par des hommes par la Ville de Paris, & ailleurs.

Avec le tems enfin les Grands se sont avisés d'avoir d'autres carrosses riches & legers, qu'ils appellent caleches, dont ils se servent au cours, & surtout à Fontainebleau, & à St Germain, quand la Cour y passe l'été : d'ordinaire on y fait mettre six chevaux, & alors les Dames de qualité, non moins eclatantes par leur beauté que par leurs habits, le fouet à la main quelquefois les conduisent à toute bride, & même à l'envie par gageure.

De tant de caleches magnifiques qu'on y voit & qu'on y a vues, il ne s'en est point fait de plus superbe que celle où la Reine fit son entrée à Paris en 1660. Aussi tenoit-elle plus du char, & du char de triomphe que de la caleche.

Mais comment ai-je mêlé les caleches de la Cour avec les voitures de louage ? Et pourquoi ai-je passé les autres carrosses publics introduits par le Duc de Roanez, & les Marquis de Sourches, & de Crenant ? Afin donc de ne les pas oublier, en 1661. vers la fin le Roi permit à ces Messieurs de les établir moyennant cinq sous marqués chaque personne, à la charge neanmoins, que ni soldats, ni pages, ni laquais, ni gens de métier, n'y seroient reçus : bien-tôt après la Ville consentit d'habiller les cochers de ses livrées, & d'y faire peindre ses armes. Le dix-huit Mars ces carrosses commencerent à rouler ; ce jour-là même, & quelques trois autres de suite, les laquais, & la populace non seulement se mirent à les suivre avec grandes huées, & à grands coups de pierre ; mais aussi-tôt des Commissaires postés en divers endroits, s'étans saisis de quelques-uns, firent cesser le desordre. Chacun après tout deux ans durant trouva ces carrosses si commodes que des Auditeurs & Maîtres des Comptes, des Conseillers du Châtelet, & de la Cour ne faisoient aucune difficulté de s'en servir pour venir au Châtelet & au Palais : ce qui les fit augmenter de prix d'un sol ; jusques-là que le Duc d'Anghien s'en est servi par occasion. Mais que dis-je ? le Roi passant l'été à St Germain, où il consentit que tels carrosses vinssent, lui-même par plaisir monta dans un, & du vieux Château où il logeoit, vint au nouveau trouver la Reine mere. Nonobstant cette grande vogue, l'usage de ces carrosses trois ou quatre ans après leur établissement, fut si meprisé qu'on ne s'en servoit presque plus ; & ce mauvais succès fut attribué à la mort prematurée de Paschal, celebre Mathematicien, mais plus celebre encore par ses lettres au Provincial ; car à ce qu'on dit, il en

étoit

DE LA VILLE DE PARIS Liv. II.

étoit l'Inventeur, aussi-bien que le conducteur, & de plus l'on veut qu'il en eût fait l'horoscope, & mise au jour sous certaine constellation, dont il auroit bien sû détourner les mauvaises influences.

Depuis ces carrosses, le même Marquis de Crenant a inventé des chaises roulantes traînées par un cheval, où deux personnes peuvent tenir fort à l'aise, & si legeres qu'on s'en sert à courir la poste.

Francine, Manse, & Passart en ont inventé d'autres en concurrence, tant elles se ressemblent; & de fait pour les reconnoître on donne à chacune le nom de son inventeur. Mais comme il est aisé d'ajouter aux premieres inventions, tel s'est trouvé depuis, qui pour encherir de deux de ces quatre chaises roulantes, en a fait une nouvelle à sa mode; un autre de trois, & un autre enfin de toutes les quatre ensemble: & peut-être celles-ci bientôt, sans y penser, pour peu qu'on y change, de la maniere dont elles sont faites, deviendront tout-à-fait carrosses.

Mais je viens aux carrosses de louage que j'ai oublié, & que tantôt on loue pour une matinée, tantôt pour une après-dînée, & quelquefois pour tout le jour, souvent pour la Ville; d'ordinaire pour aller aux champs, à quelque maison de campagne, ou bien à Versailles, ou à St Germain.

A ces sortes de carrosses, au reste, on a donné le nom de Fiacres, à cause de l'image de St Fiacre qui pend pour enseigne à une maison de la rue St Antoine, où on loue des carrosses. L'Abbé Menage a fait mention de ceci dans ses étymologies, mais non pas si exactement qu'on n'y puisse ajouter quelque chose, & même en parler avec plus de verité.

Il y a quelque quarante ans qu'un certain Nicolas Sauvage, facteur du Maître des coches d'Amiens, loua à la rue St Martin, vis-à-vis de celle de Montmorancy, une grande maison, appellée dans quelques anciens papiers-terriers l'Hôtel St Fiacre, parce qu'à son enseigne étoit representé un St Fiacre, qui y est encore. Or cet homme fort entendu en fait de chevaux, & de carrosses de louage, pour les bien menager, & les faire durer long-tems, s'avisa d'un nouveau trafic; qui fut d'entretenir à Paris des chevaux & des carrosses pour les loüer au premier venu. D'abord il eut bonne pratique, quoiqu'il les loüat bien cher, & même incontinent après il eut des camarades qui s'établirent en divers quartiers, & s'enrichirent. Mais parce qu'il n'y en avoit point qui allât de son air, comme ayant quelquefois vingt carrosses, & quarante & cinquante chevaux à l'écurie; de plus, parce que d'une maison appellée l'Hotel de St Fiacre, à cause de son enseigne, étoit venue l'invention de ces sortes de carrosses, non seulement le nom de Fiacre fut donné aux carrosses de louage, & à leurs maîtres, mais aussi aux cochers qui les conduisoient; & même je pense que cette maniere de gens a pris St Fiacre pour Patron. En tout cas je suis assuré que c'est & aux cochers & aux carrosses de louage que Sarrasin a voulu faire allusion dans la Pompe funebre de Voiture, quand il dit que Lyonelle suivit la Reine de Salmatie dans le char de l'Enchanteur Fiacron.

D'abord, & même pendant plusieurs années, c'étoient tous vieux carrosses rapetassés, & tirés par de méchantes rosses. De nos jours ceux qui les louent ont tâché, comme à l'envie, d'avoir des chevaux, & des carrosses passables; jusques-là qu'ils n'épargnent presque rien pour tâcher de les faire ressembler à ceux des particuliers. Cependant quoiqu'ils fassent, il leur arrive la même chose qu'aux femmes publiques, qui d'ordinaire ont de belles jupes, & de beaux mouchoirs de col, mais en même tems de vilains souliers, ou des gands sales, ou quelque autre chose à quoi on les reconnoît pour ce qu'elles sont. Aussi ces carrosses dont nous en voyons de dorés & de si propres qu'ils feroient honneur à des Ambassadeurs, si l'on ne peut pas s'en plaindre, les chevaux sont vieux, ou le carrosse n'a point de rideaux, ou le cocher est mal fait & mal habillé, ou de son siege il sort de la paille. En un mot quelque soin qu'on y apporte, il s'y remarque

Tome I. B b

toujours quelque chose qui ne fait que trop connoître que ce sont des Fiacres.

Il y a encore une sorte de voiture établie pour la commodité du public : c'est une espece de caleche montée sur deux roues moyennes, qui est traînée par un homme seul, que l'on nomme roulette, & par derision vinaigrette : elles se trouvent dans les petites places publiques, & payent le droit de place, aussi-bien que les autres voitures. Cette voiture ne sert vulgairement qu'aux femmes, qui craignent la pluie ; car l'on prefere la commodité des carrosses à toutes ces autres voitures.

HISTOIRE
ET
RECHERCHES
DES
ANTIQUITÉS
DE LA VILLE
DE
PARIS.
LIVRE TROISIE'ME.

LA RIVIERE DE SEINE.

L'occasion de la Seine qui passe au milieu de Paris, je me trouve obligé de remarquer quatre choses.

Premierement sa source, dont tant de gens ont fait mention, & que personne pourtant n'a encore décrite au vrai ni decouverte.

En second lieu ses debordemens qui tant de fois ont pensé noyer cette grande Ville.

Ses ponts si superbes qui joignent l'ancien Paris au nouveau.

Et enfin certaines rivieres qui tombent dedans, non flotables auparavant, ou peu navigables, qu'on a grossies afin de les mettre en état de charier jusques dans la Seine, & par ce moyen d'enrichir Paris des dépouilles de quantité de Provinces fertiles, telles que la Picardie, la Beausse, la Brie, la Bourgogne, la Champagne & la Normandie.

Tome I.   Bb ij

SA SOURCE.

DE croire qu'il soit hors d'œuvre de parler de sa source, je ne suis pas de cet avis : aussi telle barriere en mon chemin ne m'empêchera point de passer outre, tant la chose est curieuse.

En recompense, après m'être si fort éloigné de Paris, malgré moi, & contre mon dessein, dans l'impatience d'y retourner, j'y laisserai là, & le nom & le cours, & la source de tant de fontaines, de ruisseaux, de torrents & de rivieres qui se rendent dans cette grande riviere. Bien loin de compter les Châteaux, les Palais, les villages, les bourgs, les Villes, les contrées, & les Provinces qu'elle arrose.

Masson homme fort savant dit que la Seine prend sa source en Bourgogne, à deux lieues de la Ville, & de l'Abbayie de St Seine, à deux mille pas de Champseaux ; village sur le grand chemin de Dijon à Paris dans un bois du même nom.

Sanson le Strabon de notre siecle dans sa carte de l'Archidiaconé & du Baillage de Dijon, la place à Champseaux plus près du grand chemin entre Billy, Champagny, la grange de Jugny. St Seine est sa veritable source.

Coulon bien inferieur à ceux-ci, la met dans une vallée, à deux traits d'arc de l'Abbayie d'Oigny, à un quart de lieue de Billy, & à une de Champseaux.

Les habitans de St Seine, qui sont sur les lieux, font pis que Coulon, Masson & Sanson, eux peut-être qui n'y ont jamais été ; car tantôt ils la font venir d'une source qui passe par la cuisine de leur Abbayie, & fait moudre un moulin ; tantôt d'une autre qui coule dans le Cloitre, qu'on nomme la source St Marc, à cause que la veille & le jour de St Marc on y lave les enfans qui ne peuvent se soutenir ; tantôt d'une troisiéme & quatriéme source des environs de nulle consideration, & même sans nom. Cependant ces quatre sources sont separées de celle de la Seine par un côteau & coulent tout au contraire de celle de la Scine qui se va perdre dans l'Ocean. D'abord elles entrent dans la Tille, puis dans la Saonne avec la Tille, après avec la Saone & la Tille, dans le Rône, & dans la mer Mediterrannée. Ainsi quoique la Seine, de toutes les rivieres de France, soit la plus renommée, qu'elle vienne de Bourgogne, l'une des meilleures Provinces du Royaume, & que le lieu d'où elle sort, soit près du grand chemin de Dijon à Paris, & fort aisé à trouver, neanmoins comme s'il s'agissoit de l'origine du Nil, pas un Historien, ni Geographe, ne l'a encore découverte. Tous ceux qui en ont fait mention, l'ont placée où elle n'est pas, & où elle ne sauroit être ; jusques-là même que sur les lieux, chacun la veut mettre chés soi. Laissons à part qu'Ammian Marcelin, qui vrai-semblablement est venu à Paris, dit ou semble dire, puisque l'aîné Valois le veut ainsi, que la Seine & la Marne coulent de côté & d'autre de la Ville, & après se joignent au-dessous ; quoiqu'il soit certain que la Marne entre dans la Seine une lieue au-dessus de Paris. Laissons tout de même ce qu'il dit encore de la Seine, qu'elle se perd dans la mer à Constance, que le peuple appelle Coûtance, bien que ce soit à cinquante lieues de là, entre Harfleur, & Honfleur, près du Havre de Grace.

Enfin laissons à part que Sanson dans sa carte place la source de la Seine où elle doit être, & où elle est en effet, mais par la faute de son graveur ou autrement, si l'on veut, au lieu de l'écrire où elle est, & où elle doit être, il la marque plus bas à côté à une lieue de là, à la source qui sort de Champseaux, & qui entre dans la Seine à Billy, une lieue & demie au-dessous, comme je dirai.

Au reste j'ai deterré sa veritable source, aussi-bien que sa situation par le moyen de plusieurs personnes intelligentes des environs, à qui j'en ai écrit & fait écrire ; & qui sans avoir ensemble aucune communication sur cette difficulté m'ont répondu les mêmes choses que voici.

La source de la Seine s'appelle sur les lieux la Douy de Seine, elle tombe dans un vallon fort étroit, nommé le Val-douy-de-Seine, c'est-à-dire, la source de la Seine, & se trouve à cinquante pas du grand chemin de Dijon à Paris, à une lieue & demie de St Seine & de Billy, à une de Champagny, de Champseaux, & de la grange de Jugny, sur la pente, ou l'autre côté du coteau de St Seine, & des quatre sources dont j'ai parlé, & cela dans un mauvais terroir, & un bois appellé Beaufin, grand de deux lieues, appartenant à l'Abbayie de St Seine. Sur cette source deux pas au-dessus & au-dessous, on voit deux ou trois choses qui font grand bruit dans le payis, fondées sur l'opinion qu'on a que St Seine fait venir la pluie & le beau tems, & qu'un âne dont il se servoit de son vivant, s'étant agenouillé sur une pierre y fit un trou, d'où la Seine sortit miraculeusement. Sur la source il y a une pierre, ou plutôt une borne du territoire de l'Abbayie, sur laquelle est representé St Seine monté sur son âne. Cette source deux pas au-dessous est traversée d'une autre pierre grosse & grande, où les payisans montrent le trou en question, & à pareille distance de la source au-dessus, à quatre pas de là se voit une croix de bois, au pied de laquelle on chante la Messe en ceremonie, pour avoir de la pluie, ou du beau tems : les habitans y viennent en procession plonger la tête de St Seine dans la source.

Si j'ai raconté ces bagatelles, c'est pour faire voir avec combien d'exactitude, on m'a voulu marquer la veritable assiette de notre source de la Seine. Comme je viens de dire qu'elle est traversée d'une pierre où est gravé le genouil de St Seine, il est aisé de croire que ce n'est qu'une rigolle, ou un rayon d'eau. D'abord sa largeur n'est que d'un pied, puis de deux & de trois avec si peu de profondeur, qu'une motte de terre le feroit arrêter. A quatre-vingts pas de là, quatre fontaines y viennent fondre comme en droite ligne.

Entre ces fontaines & jusqu'à Champseaux, il y en entre tant d'autres plus petites qu'il semble, dit-on, que la terre pleure, & saigne de toutes parts. On use apparemment de ces termes, à cause que les fontainiers donnent le nom de saignées, de pleurs, de larmes à des gouttes d'eau qui coulent incessamment, & ausquelles, pour leur petitesse on ne peut pas donner le nom de fontaine. Ensuite il sort de Champseaux quantité de petites sources, qui forment celle de Champseaux, & se joignent à la Seine avec les eaux de l'étang de Chenevieres, au village de Billy. Le Revinsson inconnu à tous les Geographes, & toutefois qui vient de la grange de Jugny, y entre à Cosne, après avoir reçu la riviere d'Aignay-se-Duc, & c'est là que la Seine commence à faire moudre des moulins ; mais incontinent beaucoup d'autres, sans les fourneaux & les forges, si-tôt qu'elle a reçu tous ces ruisseaux qu'on voit tomber des collines qui la cottoyent. Auprès de la porte de Chastillon, & cela à dix lieues de la Douy-de-seine, il sort une fontaine si grosse qu'elle fait moudre un foulon. L'Ourse ensuite, la Seigne & l'Arse la grossissent notablement à Bar-sur-seine ; & enfin comme l'Aube riviere d'une grandeur considerable, vient à s'y mêler entre Savon & Marsilly, ce surcroît d'eau l'enfle à ce point, qu'en cet endroit-là de tout tems elle a porté bateau.

La Seine en cet état, & toujours de plus en plus allant en grossissant, devient à la fin si navigable après avoir reçu l'Yonne, la Marne, l'Oise, & une infinité d'autres rivieres, tant grandes que petites, qu'elle porte jusques dans Paris des bateaux plus longs, plus grands & plus chargés que des Navires, & des Galeres. Cependant bien loin d'être rapide, elle coule si doucement, qu'il n'y en a point, peut-être, au monde de plus marchande ; & de fait, il n'y point de riviere qu'on remonte si aisément. En la descendant souvent on se sert de chevaux pour les bateaux chargés. En un mot elle va toujours si lentement, qu'elle a fait dire à quelques Poëtes, que charmée de la beauté de Paris, lors qu'elle passe, elle s'écarte, va de côté & d'autre, & semble s'arrêter afin de contempler mieux, & plus à loisir la magnificence & les superbes bâtimens de cette grande Ville. D'autres considerant la fertilité de l'Isle de France, & en même tems, tant de tours & de detours que cette riviere fait au dessous de Paris, ont comparé cette Province à l'Asie mineure, & la Seine au Meandre, qui tout de même par ses plis & replis, rend ce païs-là si bon & si abondant en toutes choses. D'ailleurs comme à la vue de St Denys elle serpente tant de fois, & même de sorte que les Bateliers qui vont par eau de Paris à St Germain & à Poissy, disent qu'ils sont des trois & quatre jours à ne faire autre chose que de passer & repasser devant St Denys sans jamais le perdre de vue : ainsi qu'on faisoit autre fois sur l'Euphrate devant Auderie, Bourgade d'Assyrie, après que Nicotria eut changé son lit au raport d'Herodote, qui assure que ceux qui venoient à Babylone sur ce fleuve en trois jours se trouvoient par trois fois devant cette Bourgade. Or cet endroit de St Denys n'est pas le seul où la Seine coule en serpentant; car ceci lui est si ordinaire que depuis sa source jusqu'à son embouchure, quoiqu'il n'y ait pas plus de cent lieues de longeur en droite ligne, neanmoins elle en fait plus de 150.

DEBORDEMENS DE LA SEINE.

GRegoire de Tours, dit que la huitiéme année du regne de Childebert Roi d'Austrasie & de Bourgogne, la Seine & la Marne grossirent si fort, qu'on n'entendoit parler que de naufrages, entre la Basilique de St Laurent & Paris, qui pour lors ne consistoit qu'en la Cité.

Certain homme qui va bien vite en tout ce qu'il fait, & qui pour six debordemens de la Seine qu'il raporte, s'imagine que c'est tout, & qu'il n'en a pas oublié un seul, est tombé dans deux erreurs, à l'occasion de ce passage. Premierement il pretend, & cela contre toute sorte de verité & d'apparence, que ce debordement arriva en 522. & de plus prend St Laurent qui presentement est une paroisse batie au bout du Faux-bourg St Martin, pour la Basilique de St Laurent qui étoit un Monastere du vivant de Gregoire de Tours.

Or, s'il avoit pris garde que Sigebert Roi d'Austrasie, Pere de Childebert, fut assassiné en 575. & qu'incontinent après sa mort, son Fils monta sur le Trône, il auroit reconnu qu'étant arrivé des naufrages entre St Laurent & Paris la huitiéme année du regne de Childebert, tels debordemens de la Seine & de la Marne ne purent avoir lieu qu'en 583. & non pas comme il dit en 522.

D'avantage, par la charte que je crois avoir, depuis cela, jusqu'en 711. je ne decouvre aucune inondation ; mais les Annalistes du tems assurent que les eaux enflerent extraordinairement, quand Childebert Pere de Dagobert II. mourut. Comme ces Abreviateurs ne nomment point les rivieres, je n'oserois nier, ni assurer non plus, qu'ils veuillent aussi parler là des eaux de la Seine, quoique l'apparence y soit bien grande ; car comme ce sont des Auteurs François, & qu'ils raportent la mort d'un Roi de France conjointement avec un grand debordement de rivieres, sans doute ils n'ont pas pretendu en exclure celle qui passe par la Capitale du Royaume ; & d'ailleurs qui est si considerable.

La Seine aujourd'hui si sujette aux debordemens, ne se debordoit point du tems de l'Empereur Julien. Tant qu'il fut Gouverneur des Gaules, autant l'hiver que l'été elle se montra toujours assés égale, & rarement arrivoit-il qu'elle fut plus basse en un tems qu'en un autre. Ce n'est pas que pour lors, à Paris, il ne fit en hiver plus rude qu'à l'ordinaire. La riviere, dit-il, charioit de gros glaçons dont la grandeur & la blancheur reſſembloient à du marbre Phrygien, & enfin il gela ſi fort, que peu s'en fallut qu'elle ne prît tout-à-fait, & qu'on ne la paſſât à pied. Cependant elle ne déborda point. Depuis neanmoins la choſe eſt arrivée tant de fois, qu'encore que j'aie decouvert plus de quarante de ſes debordements, je ne puis aſſurer que ce ſoit tout.

Le premier arriva en 583. l'an huitiéme du regne de Childebert Roi d'Auſtaſie & de Bourgogne, alors la Seine & la Marne groſſirent tellement qu'il ſe fit quantité de naufrages entre la Cité & une Baſilique St Laurent qu'on ne ſauroit preſentement deterrer. Depuis ce tems-là juſqu'en 711. je ne decouvre aucune inondation; mais cette année là, les Annaliſtes contemporains diſent que les eaux debordérent extraordinairement, & que Childebert Pere de Dagobert II. mourut. Comme ces Abreviateurs ne nomment point les rivieres, je n'ai garde d'aſſurer que la Seine fût du nombre, encore que cela ſoit peut-être; car enfin il n'y a guere d'apparence que des Auteurs François qui raportent la mort d'un Roi de France, avec un grand debordement de rivieres, en aient voulu exclure celle qui paſſe par la Capitale du Royaume.

Un autre debordement qui arriva enſuite, eſt celui que nous liſons dans l'Auteur de la vie & des miracles de Ste Genevieve. Du vivant d'*Inchadus*, dit-il, Evêque de Paris, les pluies & les neiges enflerent la Seine de ſorte qu'elle noya toute la Ville, les Prêtres abandonnerent les Egliſes, les habitans leurs maiſons; & enfin, la riviere n'épargna que le lieu de Ste Genevieve, où elle étoit morte, qu'on gardoit precieuſement & avec bien de la devotion, dans un Monaſtere de filles qu'elle avoit fondé près de St Jean en Gréve. En vain pour appaiſer le courroux du Ciel, on eut recours aux jeûnes & aux prieres; l'Evêque eut beau envoyer en bateau des Prêtres dans les Egliſes, pour y faire l'Office. Entre ces Prêtres, un nommé Richard, étant allé par ſon ordre au Couvent des filles de Ste Genevieve, trouva que la Seine étoit montée juſqu'aux vitres de l'Egliſe, qu'elle étoit toute environnée de ſes eaux, & pourtant que le Saint Lieu étoit là ſans être mouillé. Inchardus, auſſi-tôt accompagné de tout ſon Clergé & du peuple y vint en proceſſion, & ſurpris d'un ſi grand miracle, rendit graces à Dieu & à la Sainte Vierge. Le jour même la riviere diminua, & reprit ſon cours ordinaire.

J'aurai occaſion ailleurs d'examiner ce miracle auſſi-bien que le Monaſtere, & l'Auteur, je me contenterai de dire ici que Bollandus qui a fait imprimer cette vie, donne à *Inchadus* le nom de *Richaldus* & de *Nithadus*; & cependant il eſt conſtant par quantité de titres du grand & du petit Paſtoral que cet Evêque s'appelloit Inchadus. Or, quoique ni cet Auteur ni Bollandus, n'aient pas marqué l'année d'un évenement ſi extraordinaire; neanmoins il y a grande apparence (ſi tant eſt que la choſe ſoit) que ceci arriva en 834. car les Annales de St Bertin raportent qu'en 834. Lothaire fils de Louis le Debonnaire rencontra ſon frere Pepin arrêté à Paris avec ſon armée, à cauſe d'une inondation extraordinaire de la Seine; & de plus on apprend des cartulaires de l'Archevêché & du Chapitre qu'Inchadus étoit Evêque de Paris, ſous Louis le Debonnaire.

En 842. l'Empereur Lothaire étant en armes à deſſein de s'emparer du Royaume, & en priver Charles le Chauve à qui ſon Pere l'avoit donné pour partage; comme les deux armées étoient en preſence, & ces deux Princes campés aux environs de St Denys & St Cloud; & cela au mois de Septembre, que la Seine étoit baſſe; l'air fort ſerain, & ſans aucune apparence de pluie; la riviere neanmoins tout-à-coup devint ſi groſſe que l'Empereur preſſé par Charles, ne pouvant la paſſer fut contraint de faire la paix à tel prix que ce fut.

Que ſi le debordement precedent fut ſalutaire à Paris, celui qui arriva quarante-quatre ans après , c'eſt-à-dire , en 886. le penſa perdre. Comme en ce tems-là les Normans l'aſſiégoient par eau & par terre , la riviere pour dernier malheur vint à ſe deborder ſi cruellement qu'elle couvrit toute la campagne , abatit le Petit-pont , & par ce moyen ayant detaché de la Cité le Petit-Châtelet , fortereſſe alors conſiderable , donna lieu aux aſſiégeans de l'emporter d'emblée & de le ruiner.

En 1196. elle crût à tel point , & devint ſi rapide qu'elle rompit tous les Ponts , noya pluſieurs Villages avec les habitans ; & de plus tant de prodiges parurent & au Ciel & ſur la terre , que chacun aprehendant un ſecond Deluge , on eut recours aux jeûnes , on fit des proceſſions generales , où le Roi aſſiſta. Les Religieux de St Denys pieds nus , porterent en proceſſion le bras de St Simeon , avec un des cloux du Sauveur , & une partie de la Couronne d'épine. Les eaux furent benites avec ces paroles : *Per hæc ſigna ſuæ ſanctæ paſſionis reducat Dominus aquas iſtas ad locum ſuum* ; & peu. de jours après la riviere ſe retira dans ſon lit.

En 1206. au mois de Septembre , & ſelon Rigord & Guillaume le Breton , au mois de Decembre , il plut tant , que jamais la Seine ne s'étoit encore debordée comme elle fit. Toute la campagne fut inondée , de grands arbres arrachés , des Villages , des Bourgs , & même des Villes ruinées ; enfin , les eaux devinrent ſi hautes qu'elles alloient juſqu'au ſecond étage des maiſons , ce qui en renverſa quantité. Les Religieux de Ste Genevieve vinrent en proceſſion à Notre-Dame , avec la Chaſſe de Ste Genevieve : ceux de S. Denys nus pieds , y vinrent tout de même , portant la Couronne d'épine , & un des cloux dont fut attaché notre Seigneur avec un morceau de la vraie Croix.

Rigord Moine de St Denys , aſſure que l'Abbé n'eut pas plutôt beni les eaux qu'elles commencerent à diminuer : mais un Religieux de Ste Genevieve dit bien plus de la proceſſion de ſon Couvent , & qu'il arriva un miracle : car il pretend qu'encore que le Petit-pont par où la Chaſſe de Ste Genevieve paſſa fût tellement ébranlé à cauſe de l'impetuoſité de l'eau , qu'on voyoit çà & là quantité de pierres detachées , qu'il fût de plus entr'ouvert en bien des endroits , & qu'on n'y pût aller ni à droit ni à gauche , neanmoins toute la proceſſion paſſa deſſus avec la Chaſſe auſſi ſurement que le peuple d'Iſraël , avec l'Arche d'Alliance , au travers du Jourdain ; & que la proceſſion ne fut pas plutôt arrivée à Notre-Dame , qu'à vue d'œil les eaux baiſſerent ; qu'une demie-heure après que la Chaſſe eut été raportée , le Pont tomba , ſans que perſonne eut été ni noyé , ni bleſſé ; & qu'enfin ce jour-là il ceſſa de pleuvoir.

Le Pere le Juge , autre Religieux de Ste Genevieve du ſiecle paſſé , fait mention de deux autres inondations arrivées en 1232. 1233.

En 1232. , dit-il , il plut tant au mois de Decembre , que la Seine , après les Rois , s'étant debordée extraordinairement , la Chaſſe de Ste Genevieve alors auroit été deſcendue ſans quelques Aſtrologues qui firent courir le bruit que le lendemain le tems changeroit , à cauſe de la nouvelle Lune , & que le tems commençoit déja à ſe mettre au beau ; que cependant , la nuit ſuivante la pluie recommença auſſi fort qu'auparavant , & dura trois ſemaines entieres , ſi bien que là-deſſus ayant été propoſé de deſcendre la Chaſſe , trois Religieux furent envoyés à Notre-Dame pour en parler au Doyen & au Chapitre , & qu'à l'heure même , on vit la riviere diminuer.

De plus , il ajoute en 1233. qu'il falut encore la deſcendre , & la porter en proceſſion à cauſe d'un nouveau debordement ; & pour lors , une colombe voltigeant au deſſus ſans ceſſe , la ſuivit depuis Ste Genevieve juſqu'à Notre-Dame , où s'étant arrêtée ſur les figures du Portail , elle demeura là pendant le Service , & après le Service la reconduiſit , & auſſi-tôt diſparut.

Corrozet Hiſtorien auſſi credule que le Pere le Juge , raconte que ſous St Louis les Ponts de Paris furent emportés par un autre debordement. Comme cela ne ſe voit point dans le Pere le Juge ; d'ailleurs que je ne trouve point les debordemens de 1223. & de 1233. que celui-ci raporte dans aucun
Hiſtorien

DE LA VILLE DE PARIS. Liv. III.

Historien de ce tems-là, il me semble qu'il peut être permis de les croire si l'on veut.

Il n'en est pas de même des inondations arrivées en 1280. 1281. & 1296. & des autres; car tous les Historiens du tems, demeurent d'accord qu'en 1280. vers les Rois, la Seine s'étant répandue à la campagne boucha les portes de Paris du côté de la Ville, rompit la grande arche, une partie du Petit-pont, outre six autres arches du Grand-pont, ou du Pont-au-change. Pour conserver celui-ci, le Roi en fit ruiner les moulins que le Chapitre de St Merry & celui de Ste Opportune avoient auprès, ou dessous; & parce qu'il ne les rétablit pas, le Doyen & le Chapitre de Notre-Dame, comme Patrons de l'une & de l'autre Eglise, cesserent le Service.

L'année d'après, vers la même saison, elle renversa le Grand & le Petit-pont qu'elle avoit épargnée en partie, l'année precedente, & de plus noya Paris, & la plaine de St Denys, de sorte qu'on ne pouvoit entrer dans la Ville de ce côté-là qu'en bateau: & même dans l'Université, elle venoit jusqu'à la croix de la Place-maubert, vis-à-vis les Carmes.

En 1296. le jour ou la veille de St Thomas, elle inonda Paris comme auparavant, emporta quantité de Châteaux, & même plusieurs Villes; le Grand & le Petit-pont aussi bien que leurs maisons & leurs moulins furent renversés, & tous ceux qui demeuroient dedans perdus. Pour la commodité publique le Roi fit faire trois Bacs; l'un alloit du Terrain à la rue de Bievre, le second venoit de la rue des Bernardins à l'Isle Notre-Dame; le troisieme, de l'Isle de Notre-Dame au Port-St-Paul. Il nomma des gens pour recevoir le naulage, & ordonna que l'argent qui en viendroit seroit employé à la reparation des Ponts.

Qui voudra en savoir davantage n'a qu'à lire Belleforêt, le Pere le Juge, Corrozet, & autres Auteurs modernes, que je n'ai pas voulu croire, comme n'étant pas contemporains.

En 1325. il fit un si grand froid qu'en peu de temps la Seine gela par deux fois, & si fort, que les charois tous chargez la passoient; mais au degel, lorsque les glaces vinrent à se rompre, les Ponts furent entraînés.

J'ai lû quelque part qu'en 1373. la riviere devint si grosse, deux mois durant, que les bateliers attachoient leurs bateaux à la croix des Carmes, & qu'on alloit en bateau dans la rue St Denys, dans la rue St Antoine, jusqu'à St Antoine des champs, & depuis la porte St Honoré jusqu'au Port de Neuilli.

Je viens d'apprendre qu'en 1399. il plut si long-temps que la riviere déborda depuis la fin du mois de Mars jusqu'à la moitié du mois d'Avril, pourit toutes les semences, & causa une espece de contagion qui fit mourir bien du monde, sur tout les femmes nouvellement accouchées, du reste elle fit bien moins de desordre à Paris, qu'elle n'avoit fait auparavant.

Il semble que plus je vais en avant, & plus les inondations se rendent remarquables; non pas qu'elles le soient peut-être en effet plus que les autres, mais parce que les Historiens étant plus modernes, sont plus grands parleurs, ou comme dit Tite-Live, que les derniers Ecrivains apportent toujours quelque chose de nouveau, & ne sont pas si negligens, ni si sots que les anciens.

En 1407. depuis la St Martin, jusqu'à la veille de la Chandeleur, il fit un froid si apre & si cuisant que les Artisans ne pouvoient travailler: & quoique le Greffier du Parlement eût du feu dans la Grand' Chambre tout contre son cornet, de trois mots en trois mots son encre geloit dans sa plume, & ne pouvoit enregîtrer aucun Arrêt.

La riviere prit de sorte que les charois passoient dessus: le bois manqua; & sans la farine qu'on apporta des lieux circonvoisins, on n'auroit pas eu de pain. Il tomba tant de neige, que personne ne se souvenoit d'en avoir jamais vû autant. En un mot le froid fut si excessif, qu'on appela cette année-là l'année du grand hiver, & ne commença à diminuer que le ving-sept Janvier. Ce jour-là les glaces se rompirent peu à peu. Le trente & un entre sept ou huit du matin, jusqu'à deux heures après midi le Petit-pont, & le Pont St Michel batis de pierre, vingt-sept ou vingt-huit ans auparavant, cederent à leur violence, & auroient cedé plutôt sans des pieux plantés entre l'Hotel-Dieu & le petit Châtelet, qui soutinrent le premier choc, ce qui fut cause d'un grand bien, car comme leur chute arriva de jour, il n'y eut personne de noyé. Quant au Grand-pont, autrement dit le Pont-au-change, une partie de ses maisons ne tomba qu'un jour après, parce que les glaces de ce côté-là ne commencerent à charier que la veille de la Chandeleur ; & bien lui en prit d'être environné, tant des moulins de l'Evêque, que de beaucoup d'autres, qui servirent long-tems à rompre les plus gros glaçons ; car sans cela il auroit été entierement ruiné. Cependant l'eau vint à croître de sorte que remplissant les rues, personne de l'Université, ni de la Ville, n'osoit passer dans la Cité en bateau. Aussi le Parlement ne se tenoit plus ; trente Conseillers au moins alors, ne pouvant venir au Palais, qui logeoient dans l'Université : si bien que le quatre Fevrier la Cour fut contrainte de leur ordonner de s'assembler dans leur quartier, & de juger des procès ; & tout de même au Greffier, qui y demeuroit aussi, d'enregistrer leurs Arrêts, & d'envoyer au Palais son Clerc qui étoit Notaire. Suivant cet ordre ils s'assemblerent donc, & leurs Assemblées se tinrent à Ste Geneviéve.

Pour tout le reste qui arriva à l'occasion de ce grand froid, je me contenterai de dire que toutes les rivieres du Royaume gelerent, & se deborderent ; que les moulins, les ponts, & les édifices bâtis sur les rivages furent emportés ; que quantité de personnes furent noyées, tant hommes que femmes & enfans. Et de fait, quant aux enfans, on en sauva un à Paris qu'on vit venir de loin sur un glaçon, couché dans son berceau.

En 1414. entre la Toussaints & Pâques il ne se passa aucun jour qu'il ne plut, ce qui dura jusqu'en Avril, & encore étoit-il à demi passé. Les rues & les marais d'entre le Temple, & St Antoine des champs furent pleins d'eau.

En 1421. au mois de Decembre, il plut & neigea si fort, tant le jour que la nuit, quinze jours ou trois semaines durant, que la riviere deborda, & ses eaux devinrent si hautes, que la Gréve en fut presque toute couverte pendant huit jours : & même on la vit aller jusqu'à la Croix des Carmes, & par de-là la Ste Chapelle du Palais ; & enfin elle ne commença à diminuer que le Dimanche de devant Noel.

En 1431. elle vint jusques devant l'Hotel de Ville, couvrit la moitié du marché au pain de la place Maubert, inonda les marais qui sont entre la Porte St Martin, & les environs de la Porte St Antoine ; & ceci dura depuis le mois de Mars jusqu'au huit Avril.

En 1442. le premier jour d'Avril, & au commencement de Mai elle monta jusques par de-là l'Hotel de Ville, & desola la campagne.

En 1460. la Marne & la Seine grossirent extremement, surtout la Marne ; car en une nuit elle crût de la hauteur d'un homme, & se répandit jusques à Clayes, où elle ruina une grande partie d'une belle maison qu'y avoit l'Evêque de Meaux.

En 1480. l'hiver commença fort tard, car il ne gela que le lendemain de Noël ; mais ce froid dura jusqu'au huit de Fevrier, & fut si rude que les vieilles gens disoient qu'ils n'en avoient jamais senti un pareil. L'Yonne, la Marne, la Seine, ne furent pas seulement prises jusqu'à porter charrois ; les Ponts de l'Yonne & de la Marne furent encore renversés ; les bateaux même bien liés & bien joints le long des ports, furent détachés par les glaçons, & emportés contre les Ponts de Paris, qu'elles ébranlerent : mais comme ils demeurerent arrêtés contre les piles, ils servirent de rempart à ces Ponts

& les conserverent, recevant le choc des glaçons qui venoient avec furie, & les rompant en même tems. Comme le bois ne venoit point à Paris, il devint si cher que le moule coûtoit huit sols parisis, & auroit bien plus coûté, sans les villageois qui en amenerent de tout verd sur des chevaux & dans des charrettes. Je laisse là certaine chronique du tems, qui remarque que le bois auroit été encore à bien plus haut prix, si les Astrologues eussent dit vrai : ils avoient predit que la gelée dureroit jusqu'au huit de Mars ; neanmoins elle cessa huit semaines plutôt ; à la verité il fit froid jusqu'au mois de Mai, ce qui fut cause que les arbres fleuris, & les bourgeons des vignes trop avancées furent gelés.

L'inondation de l'année 1496. ne fit pas tant de desordres, aussi arriva-t-elle en hiver ; les eaux monterent jusqu'au St Esprit, à la Croix des Carmes, à la rue St André des arts, & à la Vallée de misere. Pour l'arrêter on fit une procession generale ; à l'ordinaire, la chasse de Ste Geneviéve fut descendue le 12. Janvier ; on la porta avec celle de St Paxence, de St Blanchart, de Ste Aure, de St Marcel, & autres en grand nombre. A l'un des coins de la Vallée de misere, à deux ou trois toises du pavé de ce tems-là, fut élevée cette image de pierre de la Vierge que nous y voyons, & le quatrain suivant gravé au-dessous :

> *Mil quatre cent quatre-vingt-seize,*
> *Le septieme jour de Janvier,*
> *Seine fut ici à son aise,*
> *Battant le siege du pilier.*

Peut-être fût-ce pour le même debordement encore, qu'on dressa dans le Marais au coin de la rue de la Perle un Crucifix, nommée le Crucifix *marqueeau*, dont je parlerai ailleurs plus particulierement.

Pour finir ces inondations, & passer à des choses moins tristes ; en 1484. au mois de Janvier la riviere vint jusqu'à la Croix de la Gréve.

En 1502. elle grossit de telle sorte que quantité de monde s'assembla à la Chambre du Conseil du Palais, pour tâcher à y remedier, & entre autres choses il fut arrêté que les charrois ne passeroient plus sur le Pont-au-change, mais dans un bac devant l'Arche dorée ou de Bourbon.

En 1505. elle fut encore aussi grosse qu'elle avoit été neuf ans auparavant.

En 1530. elle devint encore si haute, le dix Janvier, qu'au rapport du Pere le Juge, qu'il faut croire plutôt que d'autres en cette occasion, puisqu'il vivoit alors, on descendit la Chasse Ste Geneviéve, avec tant d'effet, à ce qu'il dit, que ce jour-là les eaux diminuerent visiblement.

En 1547. au mois de Decembre elles abbatirent le pont St Michel. Par commandement de la Cour, les Marchands & les Artisans qui tenoient des étaux & des boutiques de poissonnerie, & autres denrées près du Petit-pont, en sortirent jusqu'à nouvel ordre, & étalerent à la place Maubert.

En 1564. la Seine gela au commencement de Janvier, & au mois de Fevrier. Bien plus depuis le vingt-huit Decembre jusqu'au vingt-quatre Fevrier il neigea presque incessamment, & fit si grand froid que le pain gela, les pierres se fendirent, & même celles qu'on avoit amenées au Louvre, pour le rebâtir. Le jour de la St Mathias, la neige commença à se fondre, le premier Mars les eaux se deborderent, & vinrent dans la Gréve jusqu'à la rue Jean-de-l'épine, & devant le St Esprit ; même apparemment passerent bien par de là. A la verité les Regitres de l'Hotel de Ville, dont j'ai tiré ceci, n'en disent pas plus : mais le Greffier qui en fait le recit, & qui ne s'est pas souvenu de remplir la page qu'il avoit laissée vuide exprès pour l'achever, s'est contenté de finir par ces mots, il y a danger que la riviere ne croisse davantage.

En 1570. au mois de Decembre, en 1571. au mois de Fevrier, & en

1573 au mois de Janvier, la Seine inonda les environs de Paris, & on alla en bateau à la place Maubert, & dans les grandes rues de la Ville.

Le Lieutenant Civil en 1595. voyant la riviere extremement groſſe, viſita lui-même au mois de Mars, & fit viſiter par le Maître des œuvres le Pont St Michel, le Petit-pont, le Pont-au-change, & le Pont-aux-meuniers; & ſur le rapport qui lui fut fait, qu'il étoit à craindre que les eaux ne les emportaſſent, ceux qui y logeoient eurent ordre d'en ſortir: & parce qu'ils faiſoient difficulté d'obéir, le quatorziéme en ayant donné avis au Parlement, la Cour non contente de leur ordonner d'en vuider en corps & en biens maintenant, à peine de confiſcation, enjoignit encore au Lieutenant Civil de pourvoir à ce qu'il n'arrivât aucun deſordre, lorſque les meubles ſeroient tranſportés. De plus il fut arrêté que le Cardinal de Gondi, Evêque de Paris, trouveroit bon de donner avis aux Curés de faire faire des prieres publiques dans leurs Paroiſſes.

En 1616. au commencement de l'année, la Seine en vingt-quatre heures de tems ſe trouva priſe depuis Paris juſqu'à Montereau. Entre le Pont Notre-Dame, & le Pont-au-change la glace devint épaiſſe de plus de deux toiſes. Le trente Janvier la riviere degela tout à coup, & crût de plus de huit pieds; les glaçons entraînoient des bateaux chargés de bois, de bled, de vin, de ſel, & autres marchandiſes, quoiqu'attachés, les uns, à huit, les autres à dix cordages; & même les anneaux de fer qui les tenoient furent arrachés.

D'abord un des côtés du Pont St Michel tomba avec ſes maiſons, ſans que perſonne fût noyé qu'une ſervante: l'autre partie dura juſqu'au onze ou douziéme de Juillet. Le Pont-au-change fut tellement ébranlé, que la plupart de ſes maiſons bâties du côté de la Gréve, tomberent dans l'eau avec quantité de richeſſes. A ceci on ajoute, que la nuit du vingt-neuf au trente Janvier qu'arriverent tant d'accidens, trois maiſons fondirent au fauxbourg St Marcel, & que neuf perſonnes furent enſevelies dans les ruines. Pour la commodité publique, on fit un pont de bois vers les Auguſtins. Le dix Fevrier la Cour ordonna, que ſans payer aucuns droits, ni de bois, ni d'épave, ni autre ſemblable, on rendroit les meubles trouvés ſur l'eau, à ceux qui affirmeroient que la choſe étoit à eux; & quant au ſalaire de la priſe, du retrait & de la garde, qu'on ſe pourvoiroit pardevant le Prevôt de Paris, ou ſon Lieutenant Civil. Deux jours après, comme la Seine a reglacé, & la Ville ayant été avertie par le Maître des ponts, que de crainte des accidens que pourroit cauſer une nouvelle inondation, il ſeroit bon de travailler à une nouvelle tranchée dans la riviere, pour faire paſſer les bateaux que les eaux avoient porté çà & là, au-deſſus des Ponts; quelque priere qu'elle fit aux Treſoriers de France de fournir trois mille livres que pourroit coûter cette tranchée, ils n'y voulurent point entendre; ſi bien que dans cette extremité, elle commanda au Maître des Ponts de ſe mettre après, avec promeſſe de l'en faire rembourſer par le Roi.

Je laiſſerai là les debordemens arrivés en 1649. 1651. & 1658. parce que tout le monde les a vûs avec autant d'étonnement que de déplaiſir, ayant été plus grands qu'aucun de ceux dont j'ai parlé.

Celui de 1651. emporta la moitié du pont de la Tournelle, & celui de 1658. une partie du Pont-au-change, & du Pont-Marie. Afin de porter plus de monde à faire des charités à ceux qui avoient été ruinés par le dernier, on en imprima une fidéle & curieuſe relation, que fit un de mes amis. On lit encore trois inſcriptions, l'une dans l'encoignure d'une maiſon de la Gréve, preſque vis-à-vis la fontaine; la ſeconde & la troiſiéme au Cloître des Celeſtins, qui marquent la hauteur des inondations de 1651. & de 1658. Ces trois debordemens noyerent les environs de Paris & couvrirent plus de la moitié de ce que nous appellons la Ville. La plupart des pauvres ſeroient morts de faim dans leurs maiſons, ſans le ſecours de leurs

Curés, & des gens de bien, qui leur fournirent & porterent des vivres jusques dans leurs chambres. On m'a assuré qu'à la derniere inondation, & la plus grande de toutes, les eaux qui couroient dans la rue St Denys, se joignirent vers le milieu de la rue aux Oues à celles qui passoient dans la rue St Martin. Je laisse là plusieurs autres particularitez de ce debordement qu'on m'a racontées, & que l'ami dont je viens de parler, n'a pas oubliées dans sa relation. Quant au debordement de l'année 1665. l'eau alla jusqu'au St Esprit.

DEBORDEMENS DIGNES D'E'TRE
remarqués à part, à cause de certaines circonstances non moins semblables qu'extraordinaires.

EN 1427. 1428. 1438. 1613. dans une saison tout-à-fait extraordinaire, & contre l'ordre & le cours de la nature, la Seine au lieu de se deborder en hiver, & vers la fin de l'Automne, ainsi que les autrefois, & comme j'ai remarqué jusqu'à present, ces années-là elle se deborda au mois de Juin, la veille de St Jean, & presque toujours à l'heure que se faisoit le feu de la Gréve, & que le peuple dansoit au tour, à la maniere de ce tems-là.

La premiere fois, ce fut depuis le commencement du mois de Juin jusqu'au dix ou douze de Juillet, à cause des pluies frequentes qu'il fit au mois de Mai, & en Juin, qu'on vit pleuvoir une fois vingt-six heures de suite, sans discontinuer. La veille de la St Jean, elle crût de deux pieds dans le tems que le feu de la Gréve brûloit, & l'auroit éteint & renversé, si le peuple qui dansoit au tour n'en eut emporté le bois. La nuit elle augmenta de quatre pieds ; quelques jours après elle passoit la Croix, & enfin noya les marais, pourrit les bleds, entraîna les provisions repandues sur ses bords çà & là, fit pêcher dans les champs carpes, brêmes, & perches, sans les autres poissons : & enfin cette desolation si grande, & qui épouvantoit, obligea de recourir à Dieu. A Notre-Dame il fut fait une procession generale, plus solemnelle que jamais ; on y porta l'Image de la Vierge ; il y eut prédication, grande Messe, où la Ville aussi-bien que toutes les Eglises de Paris se trouverent, & plus de dix mille personnes.

L'année suivante, c'est-à-dire, en 1428. il fit froid en Eté, plut depuis la-mi Avril jusqu'au troisiéme Juin. La riviere enfla extraordinairement ; la Chasse de Ste Genevieve fût portée en procession. Vers les Celestins elle montoit jusqu'au premier étage des maisons du Port St Paul & des environs ; à la Gréve elle lavoit le sixieme degré de la Croix, alloit jusqu'au St Esprit, & à la rue de la Vannerie ; l'Isle Notre-Dame fût toute couverte, & enfin elle se trouva plus haute de deux pieds que l'année d'auparavant ; ses ravages furent grands depuis le 15. Juin jusqu'à la fin de Juillet. Enfin, l'ordre des saisons fût tellement changé que vers le neuf Juin, la vigne n'étoit pas encore en fleur ; cependant il ne laissa pas d'y avoir des fruits excellens, & des bleds en abondance, quoique contre la coutume, elle grossit encore de telle sorte à la St Jean au moment qu'il fallut faire le feu devant l'Hotel de Ville.

Dans la même saison, dix ans après, savoir en 1438. elle passa encore la Croix de la Gréve ; cependant cette année-là, la Chasse de Ste Genevieve ne fût que descendue, & les Ponts ne tomberent point.

Enfin dans notre siecle, qui fut en 1613. trois mois durant, & cela en Mai, Juin, & Juillet, on ne vit que grèles & pluies qui gaterent tous les fruits & les biens de la terre ; la Cure & l'Yonne se joignirent, & la Seine fut toujours si grosse qu'au mois de Juillet elle couvrit une grande partie de la Gréve : ce qui arriva si subitement, & sur tout dans un tems qu'on devoit s'y

HISTOIRE DES ANTIQUITE'S

attendre le moins, que quantité de trains & de piles de bois fur les Ports furent entrainés en un inftant.

Ceci pourtant fut peu de chofe en comparaifon de la perte du bois floté, & de la perte qu'on vit à Cravant, Vermanton, & autres lieux circonvoifins, où fe faifoit le trafic de bois. A vingt lieues de-là, on trouva au milieu des bleds, & dans les vignes, quantité de bois que l'eau y avoit porté.

Plufieurs maifons de Semur furent abatues, & tant de monde noyé, que la Ville envoya fur les lieux un Echevin avec le Procureur du Roi, & le Greffier, afin de pourvoir fur leur raport à tant de dommages.

Cette riviere pourtant fi mauvaife, ne la pas toujours été tant qu'en 1448. on ne l'ait vû humiliée, & fi baffe qu'à la Touffaints avec quatre petites pieres, on la paffoit à pied fec entre Notre-Dame & la Place-maubert, & tout de même entre le quai des Auguftins & la porte de derriere du Palais.

ASSEMBLE'ES POUR REMEDIER AUX DEBORDEMENS
de la Seine.

Je ne trouve point qu'avant 1641. 1651. & 1658. on ait fongé à remedier aux debordemens de la Seine, & empêcher qu'à l'avenir elle n'incommodât plus Paris ni les environs. Pour cela on s'affembla à l'Hotel de Ville, où fe trouva un grand nombre de Bourgeois avec quelques Ingenieurs, il fe fit là quantité de propofitions; & quoique ç'ait été fans effet, je ne laifferai pas de raporter ce qui s'y paffa.

L'avis de tous alla à partager la riviere en un ou plufieurs canaux, mais la difficulté fut de decider de leur route : les uns vouloient qu'on en fit un au deffous du Port de Creteil; qu'on le commençât au Pont de Charenton, pour le conduire de là au parc de Conflans dans le canal de Berci, au travers du jardin de Reuilli, autrement, de Rambouillet; enfuite, le long du clos de l'Abbaïye St Antoine jufqu'au Baftion de la porte du Temple, puis dans les foffés de la Ville jufqu'à la porte de la Conference.

D'autres crurent qu'il fe falloit contenter de le commencer à la Rapée, & d'abordde le faire entrer dans le foffé de la porte St Antoine, après dans le grand égout ancien, & de là dans la Seine, entre le Cours & la Savonnerie : & même quelques-uns moins entreprenans, tenoient que c'étoit affez de lui donner vingt toifes de large; de le creufer fimplement dans les foffés depuis le Baftion de l'Arcenal jufqu'à la porte du Temple; du refte le faire paffer dans les Marais & les égoûts, jufqu'au Baftion des Tuilleries, ou à la Savonnerie, & même ils trouvoient à propos pour une plus grande décharge qu'on nétoyât les foffés, & que l'égoût du Faux-bourg St Denys fut élargi jufqu'à Chailliot.

D'autres revenoient à la Marne, & au Port de Creteil, & pretendoient quil falloit commencer le canal au deffous, & de là le mener à la Rapée & jufqu'à la Savonnerie : ou bien depuis le Port de Creteil, ou de l'Arcenal jufqu'à la porte du Temple, & après le faire paffer à St Ouen, entre la Villette & Clignancourt; puifqu'il n'y a pas plus de chemin de St Ouen à la porte du Temple, que de la porte du Temple à Chailliot.

Un autre avis fut d'en faire un depuis le Port d'Anieres jufqu'à Argenteuil, mais il fut fi mal reçû d'aucuns qui fe piquoient de Bel-efprit, que penfant dire un bon mot, ils les renvoyerent eux mêmes à Anieres.

Toutes ces propofitions ne plaifant point à d'autres, il mirent en avant que pour bien faire, il falloit en entreprendre un depuis St Maur, vers Nogent ou Gournai, jufqu'à St Denys; en tout cas qu'il n'y avoit qu'à élargir & à creufer deux lieues au deffous de Meaux, la petite riviere de Clayes depuis son embouchure dans la Marne jusqu'à la riviere de St Denys afin d'y recevoir une partie de la Marne, & y faire remonter la Claye.

En un mot, les esprits furent si partagés que tantôt on voulut couper la Marne au dessous de Gournai, & tantot faire un canal entre Paris, Yvri, Gentilli, Mont-rouge, & Vaugirard, à côté des Faux-bourgs de l'Université jusqu'à la Grenouillere.

Il y en eut d'assés grossiers pour maintenir qu'il falloit creuser la Seine, & rehausser de sept ou huit pieds les rues de Paris. Quelques extravagans même assurerent qu'il n'y avoit qu'à bâtir un Pont devant l'Arsenal, dont on boucheroit les arcades avec des vannes ou des portes d'écluses, afin que l'eau ainsi arrêtée fut contrainte de passer dans le canal de la Savonnerie.

D'autres n'eurent point de honte de dire que ceux qui avoient des maisons sujettes aux debordemens, les devoient porter à Mont-martre, & sur la montagne de Ste Genevieve, & abandonner leur quartier aux bateliers & au menu-peuple.

Enfin des devots voulurent qu'on fit un canal dans le Ciel; ce sont leurs propres termes; & qu'on forçât Dieu par des Prieres à sauver Paris de tels fleaux.

Au reste comme de tous ces avis, les moins mauvais se réduisoient à deux, ou de faire un canal depuis la Rapée jusqu'à St Ouen, ou depuis l'Arcenal jusqu'à la porte du Temple; & delà dans les égoûts jusqu'à la Savonnerie. On trouva que celui-ci reviendroit à trois millions, l'autre à huit ou davantage, & pourtant ne laissa pas d'être preferé.

Pour en venir à bout, la Ville ordonna en 1651. que les fossés & les égoûts seroient curés &nettoyés, même rehaussés & élargis, au cas que cela fût necessaire; & là dessus mit un impôt sur les maisons de Paris, payable par ceux à qui elles appartenoient. Et comme bien du monde n'en vouloit rien faire, la Ville fut contrainte de l'abolir; & neanmoins renouvellant ce qu'elle avoit arrêté en 1651. elle ajouta seulement que pour faciliter l'écoulement des eaux on élargiroit les chaussées de St Cloud & des environs, & que le fonds necessaire à l'entreprise seroit tiré de la liberalité du Roi, qui seroit sollicité tant par le Gouverneur de Paris que par la Ville.

Mais j'ai apris du Prevôt des Marchands de ce tems-là, qu'ayant bien prevu la vanité d'une telle entreprise, à tout hasard il avoit donné son consentement, aimant mieux laisser perdre vingt ou trente mille écus que les Bourgeois fourniroient avant que de s'en lasser, que de sacrifier sa vie à des Bourgeois opiniâtres & sans raison, qui crioient à pleine tête que c'étoit une chose qu'il falloit faire.

RECHERCHE DE LA CAUSE DE TELS DEBORDEMENS.

APRES s'être mis en peine de remedier aux débordemens de la Seine, on en voulut chercher la cause. L'un l'attribuoit à ses tours & détours; un autre aux vents d'ouest & de sud-ouest; plusieurs aux coudes des montagnes de Chaillot, de St Cloud & autres qui la font rebrousser; de bonnes gens à la colere du ciel; quelques-uns aux renversemens des loix & de l'ordre de la nature; peu aux quais & aux chaussées dont on a retreci le lit de la riviere, ni même la quantité des ponts bâtis dessus, non plus qu'aux ruines tant de ces ponts-là que des maisons, des villages & des villes qui sont tombés & l'ont rehaussée.

D'une cause si difficile & peut-être si impossible à découvrir, je ne raporterai point celle qui fut la mieux reçuë. On n'a qu'à considerer ce que j'ai dit au commencement de ce discours de l'Empereur Julien, qui assuroit que de son tems la Seine étoit assés égale autant en hiver qu'en été, qu'il arrivoit rarement qu'elle fût plus basse en une saison qu'en une autre; & cependant alors il ne pleuvoit ni ne neigeoit pas moins qu'il fait maintenant. Paris confiſtoit dans la Cité, qui eſt compriſe dans l'Iſle du Palais; & ſon rez de chauſſée bien-loin d'être rehauſſé, comme il eſt aujourd'hui, étoit le même, ou plus bas encore que celui des caves de St Symphorien & de St Denys de la Chartre.

S'il y avoit des ponts ſur la riviere, ils n'étoient que de bois, & occupoient peu de place; & je ferai voir ailleurs, qu'on doute que ſous Charlemagne il s'y en trouvât plus de douze. Ajoutés à cela, qu'au lieu du grand nombre de villes, villages, châteaux, maiſons de plaiſance élevés preſentement ſur ſes bords, & renverſés dedans par les guerres; ſous Julien, il n'y avoit ni belles maiſons, ni châteaux, peu de villages, ou peut-être point, ni guere plus de villes. D'ailleurs ſes rivages panchoient en glacis, ſon canal portoit ſans comparaiſon bien plus de largeur que maintenant, & ſans doute beaucoup plus de profondeur; de ſorte que venant à être groſſe, pour lors elle s'élargiſſoit & s'écouloit inſenſiblement; rien ne l'arrêtoit ni l'empêchoit de s'écouler à meſure qu'elle hauſſoit; ni ruines, ni ponts n'avoient point encore reſſerré ni comblé ſon lit; point de ponts de pierre, ni chauſſées ſur ſes bords, ce qui la rendoit égale autant en hiver qu'en été.

Mais pour reprendre les choſes de plus haut, bien auparavant l'Empereur Julien, & même avant que les Pariſiens s'établirent où ils ſont; la Seine aſſurément ne ſe débordoit point & ne leur aportoit aucune incommodité; autrement ils ne s'y ſeroient pas tenus, de crainte d'être noyés. A la verité en 1583. & en 711. la Seine inonda une partie de ce que nous appellons la Ville & l'Univerſité, comme j'ai dit, mais ſans entrer dans la Cité: peut-être même n'y eſt-elle pas venue avant l'année 834. pluſieurs ſiecles depuis la fondation de Paris; & peut-être encore que ce ne fut qu'après avoir été reſſerrée entre des chauſſées, des villages & des villes, & depuis qu'elle en a été comblée en partie à l'occaſion des guerres, de quantité de ruines, & de l'amas des ſables qui ont rempli les endroits profonds; ce qui arrive à toutes les rivieres: car il eſt certain que leur lit étoit anciennement plus bas de beaucoup qu'il n'eſt; & ſi elles en ſortoient, c'étoit rarement: ſi bien qu'avec le tems, de même que la Seine, commençant peu à peu à ſe déborder & toujours de plus en plus, c'eſt ce qui a donné lieu à toutes ces autres inondations qu'on voit ailleurs, & qui à l'avenir ſeront encore bien plus frequentes.

De ceci j'infere deux choſes.

La premiere, que les ruines tant des chauſſées, villages & villes ont relevé le lit de la Seine; & de plus, que les ponts, les chauſſées & les bâtimens qu'on y a faits, ont retreci notablement ſon canal.

L'autre choſe que j'infere, eſt, que ſi on pouvoit remettre la riviere au même état qu'elle étoit ſous Julien, ſans chauſſées, avec peu de ponts, des rivages larges & en glacis, un canal ſpacieux & profond, on ne la verroit guere ſortir de ſes bornes.

† Après cela je demande quelle apparence il y a que ces inondations ſoient cauſées par l'oueſt & le ſud-oueſt, par une viciſſitude & un renverſement des ordres de la nature, par les coudes & les plis de la Seine, par la rencontre des montagnes de Chailliot, de St Cloud & autres; comme ſi l'oueſt & le ſud-oueſt ne ſouffloient pas alors, ainſi qu'ils font maintenant; & comme ſi du tems de l'Empereur Julien, cette riviere ne faiſoit pas à St Cloud, à Chailliot, & au deſſus de Paris, les mêmes coudes; comme ſi les montagnes à qui l'on s'en veut prendre aujourd'hui, n'étoient pas de ſon vivant, ni auſſi vieilles que le monde; & enfin pourquoi alleguer que tant de débordemens ſont des fleaux de Dieu, dont il nous veut affliger de tems en tems.

DE LA VILLE DE PARIS. Liv. III.

LA RIVIERE DES GOBELINS.

JE ne dirai que deux mots de la riviere des Gobelins, comme étant très-petite; telle qu'elle est, néanmoins ses débordemens sont si grands qu'elle n'a que trop desolé, & assés souvent même, le Fauxbourg St Marceau, l'un des plus peuplés de Paris.

Rabelais qui se raille de tout, la fait venir du pissat des chiens, à qui un jour, se trouvant tous assemblez, ou du moins la plûpart, il prit une telle envie de lâcher de l'eau, que pissant sans cesse dans son canal, les cannes y auroient bien nagées.

On l'appelloit autrefois la riviere de Bievre & la riviere de Gentilli, à cause qu'elle passe par deux villages de ce nom-là. Après, elle a été nommée la riviere des Gobelins, depuis que Jean Gobelin, excellent Teinturier en laine & en soye, de toutes sortes de couleurs, d'écarlatte sur tout, vint loger dans une grande maison qu'il fit bâtir près de St Hippolyte, Eglise voisine & Paroisse du fauxbourg St Marceau. Cet homme illustre, n'y gagna pas seulement de grands biens, mais encore y jetta les fondemens d'une famille qui a possedé & possede encore quelques-unes des premieres dignités de la robe: & enfin se rendit si celebre en son art, que sa maison, son écarlate, sa teinture, & la riviere dont il se servoit ont pris son nom.

Cette riviere produit quantité d'écrevisses; de plus est trouble, sans pourtant être corrosive. Comme elle est moins vive que la Seine, & qu'il est plus aisé de la corriger, on la trouve plus propre à la teinture. Elle sort de la fontaine de Bouviers près Guyencourt, à quatre lieuës de Paris, entre Trapes & Chevreuse: au Pont-Antoni elle reçoit le ruisseau de Vauhalan, & forme des goulettes, faites par les habitans des environs, pour arroser leurs prés, & décharger les étangs de Massi: plus bas au moulin de Laï, elle a reçû les eaux de Rungis, jusqu'à ce que Louis XIII. les ait fait conduire à Paris dans un aqueduc superbe, que je décrirai ailleurs: après elle vient au Bourg-la-Reine, à Arcueil, à Gentilli, au fauxbourg St Marceau & celui de St Victor, & entre dans la Seine par deux endroits. Autrefois on la fit passer par le College des Bons-Enfans & du Cardinal le Moine, par St Nicolas du Chardonnet & par la rue de Bievre, comme il paroît par le nom qu'elle conserve, & par d'autres vestiges. Du reste, entre Bouviers & le Pont-Antoni, elle compose trois étangs, fait moudre plusieurs moulins, qui ne vont point durant les grandes sécheresses; & sans avoir aucune forme de ruisseau, elle se répand dans des aulnaies & des prés sauvages. Avant que la fontaine de Rungis en eût été distraite, des gens disent que lorsqu'elle y entroit, en cet endroit-là-même, on étoit tout surpris de voir, que quoique ces deux sources fussent aussi grosses l'une que l'autre, néanmoins jointes ensemble, elles n'avoient pas plus d'eau qu'auparavant, coulant à part. Une autre chose particuliere de cette riviere, & que de tout tems bien du monde a remarqué avec admiration, est qu'au contraire des autres, elle coule d'occident en orient, contre le cours du soleil. Cependant il s'en trouve une infinité d'autres de même; & j'ai eu en main un petit discours écrit en 1625. qui attribue, sans raison, la cause de ses inondations à son cours extraordinaire.

SES DEBORDEMENS.

DE tous ses débordemens je n'en ai pû découvrir que trois ou quatre considerables.

En 1526. elle inonda les maisons du Fauxbourg St Marceau jusqu'au second étage.

En 1579. le 8. Avril, elle dépava St Medard & l'Eglise des Cordelieres; démolit quantité de maisons & de moulins; désola la campagne; noya bien du monde; & enfin fit tant de ravages, qu'on appella cette inondation, le deluge St Marcel.

En 1626. la nuit de la Pentecote, elle monta jusqu'au premier étage des logis; abatit quantité de murailles; perdit bien des jardins, & ruina quelques maisons.

Ces deux derniers débordemens arriverent la nuit que tout le monde étoit couché: Le dernier ne dura que deux heures: Celui de 1579. en dura trente. Tous deux ruinerent quelques familles, & firent des desordres qui alloient à des sommes incroyables.

LES FONTAINES DE PARIS.

LES Eaux des Fontaines publiques de Paris, proviennent des sources de *Belleville*, du *Pré-saint-Gervais*, & de *Rungis*, ou de l'élevation des eaux de la riviere de Seine, qui se fait par deux Pompes posées dans les moulins situés attenant & au dessous de la troisiéme arche du Pont Notre-Dame, qui ont été acquis par les Prevôt des Marchands & Echevins en 1673. après l'experience de l'utilité & du secours que le Public retireroit de cette élevation d'eau qui a donné le moyen d'augmenter le nombre des Fontaines publiques dans les Fauxbourgs & dans les quartiers éloignés de la riviere.

LES EAUX DE BELLEVILLE.

LEUR premiere distribution se fait à la Fontaine de l'Echaudé, construite en 1674. au coin de la rue de Bretagne. Elles fournissent les Fontaines de la rue St Louis, de la rue de Paradis, de la rue des Vieilles-Audriettes, celles de la rue St Avoye & celle de la rue Maubué.

LES EAUX DU PRE'-SAINT-GERVAIS.

CEs Eaux qui proviennent de plusieurs sources, qu'on a recherchées entre les villages de Pantin, de Romainville & de Belleville, descendent à la Fontaine St Laurent. Elles fournissent à la Fontaine de St Lazare; de-là à celle de la porte St Denys; à celle des petits Carreaux, rue neuve St Eustache; à celle des Petits-Peres devant la rue du Mail; à celle du Ponceau rue St Denys; à celle de St Leu St Gilles rue St Leu; celle de la Reine rue St Denys; enfin à celles du Coin de Rome au bout de la rue au Maire, & des Innocens rue St Denys. Cette derniere Fontaine est d'une architecture si reguliere, & ornée de bas reliefs, faits avec tant d'art & si convenables à un Regard de Fontaine, qu'il est consideré par tous les savans & curieux, comme un chef-d'œuvre de l'art.

LES EAUX DE RUNGIS ET DE CACHAN.

LA recherche des Eaux de *Rungis* a été faite en deux differens tems. La premiere en l'année 1612. sous Louis XIII. pendant la regence de la Reine Marie de Medicis, & le fonds de la depense de ces ouvrages se prit sur la Ferme des trente sols d'entrée pour muid de vin.

Et la seconde en l'année 1655. par la permission du Roi Louis le Grand, aux frais communs de la Ville & du sieur Francini, Intendant des Eaux & Fontaines du Roi.

Les Eaux de la premiere recherche proviennent de la plaine de Longboyau. Les Eaux de la seconde recherche proviennent de la source appellée des Maillets & de celle de la Pirouette. La source des Maillets vient d'une piece de terre qui est au dessus de l'Eglise de Rungis, toutes ces sources rendent dans l'aqueduc d'Arcueil.

Les Eaux de *Cachan* viennent pareillement s'y rendre, depuis que les Prevôt des Marchands & Echevins ont obtenu du Roi la permission de les y faire entrer, par Arrêt de son Conseil du 25. Juillet 1671. Ces Eaux proviennent des sources qui sont dans les vignes situées sur un côteau qui est au-dessus du Parc du Château de Cachan. Elles se mêlent avec les Eaux de Rungis, pour venir à Paris au Château des Eaux, situé entre les fauxbourgs St Jaques & St Michel. Cette eau est destinée, une partie pour l'usage des Maisons Royales & pour le Roi; savoir pour Luxembourg, à la Croix du Trahoir dans la rue St Honoré, pour les Ecuries du Roi, Palais Royal; & l'autre partie pour la Ville, savoir pour les Fontaines de Notre-Dame des Champs au fauxbourg St Jaques, de celle de la rue Moufetard au fauxbourg St Marcel, de St Victor fauxbourg St Victor, de la porte St Michel rue de la Harpe, de St Côme rue des Cordeliers, de St Germain, de la Charité rue Taranne, de St Benoît rue St Jaques, de Ste Genevieve, de celle de devant le Palais Royal, de celle de la rue de Richelieu, & des Capucins de la rue St Honoré.

LES EAUX ELEVE'ES DE LA RIVIERE PAR LES Pompes de Notre-Dame.

LES Sources des Fontaines publiques, étant beaucoup diminuées par la secheresse extraordinaire, des années 1667. 1668. & 1669. on reçut une très-grande incommodité dans les quartiers de Paris éloignés de la riviere, ce qui donna occasion à Messieurs les Prevôt des Marchands & Echevins, de s'appliquer à chercher les moyens d'augmenter les Eaux publiques. Pour pourvoir à cet inconvenient, & à établir de nouvelles Fontaines dans Paris, on s'arrêta enfin, après plusieurs propositions, à faire élever des eaux de la riviere de Seine par des Pompes, à l'exemple de l'élevation qui se fait à la Samaritaine.

Suivant cette resolution on fit en l'année 1670. deux traités, le premier avec Jolli Ingenieur ordinaire du Roi, qui s'obligea d'élever trente pouces d'eau par une machine faite sur le modele de celle de la Samaritaine, qu'il poseroit dans le petit moulin du Pont Notre-Dame; le second avec le Sieur de Mance, pour en élever cinquante par une machine de son invention qu'il poseroit dans le grand moulin.

Ces machines ont eu tout le succès qu'on en pouvoit esperer; elles élevent les eaux de la riviere à la hauteur de soixante pieds : ses eaux sont conduites par deux tuyaux de six pouces de diametre, depuis les cuvettes qui les reçoivent sur les terasses de ces moulins jusques dans la premiere chambre de la cinquantiéme maison du Pont Notre-Dame, pour conserver par son exhauffement l'élevation necessaire pour porter ces eaux en differens quartiers de Paris. Cette cuvette fournit par trois tuyaux aux conduites des trois Regards principaux, savoir, à celui construit en 1673. dans la ruelle qui est à côté des Salles de *l'Hotel-Dieu*, qui ont leur issue sur le Petit-pont : à celui de la *Fontaine de St Gervais*, & à celui nouvellement construit dans les batimens de la grande Boucherie de la porte de Paris, en 1673.

Le Regard de l'Hotel-Dieu, fournit pour les Fontaines publiques du Parvis, de Notre-Dame, de la Cour du Palais, & de St Germain. Les deux autres fournissent à la Fontaine St Severin rue St Jaques, de la Place-Maubert, à la Fontaine St Germain, à celle du College des Quatre-Nations, à celle du petit marché du Faux-bourg St Germain, à celle de la Charité rue de Taranne, à celle de la Gréve, à celle de St Gervais rue St Antoine, à celle de devant les Jesuites de la même rue, & celle de devant la Bastille, à la Fontaine du grand Châtelet, à la porte de Paris, à celle de Maubué rue St Martin, à celle de St Julien dans la même rue, à la Fontaine de la Halle, enfin à celle de la Reine rue de Grenelle.

LA SAMARITAINE.

CETTE pompe ne fournit de l'eau qu'au Louvre, au jardin des Tuilleries, au Palais Royal, & divertit la vue des passans, par la petite cascade qu'elle fait en presence du Seigneur & de la Samaritaine, nouvellement rétablie.

Il se trouve un Arrêt du Conseil du vingt-deux Avril 1671. pour la construction de quinze nouvelles Fontaines dans la Ville & Faux-bourgs de Paris.

Il y a encore eu plusieurs reglemens sur les Fontaines, tant renenouvellant les unes, qu'en augmentant le nombre; c'est pourquoi il faut donner ici la liste de toutes les Fontaines de Paris.

LES FONTAINES ET POMPES.

LA Fontaine de la rue St Antoine vis-à-vis la culture Ste Caterine.
De Ste Avoye, dans la rue du même nom.
Du Barre-du-Bec, dans la rue du même nom.
Du Braque, dans le quartier de l'Hotel de Guise.
De St Benoît, au haut de la rue St Jaques.
De la porte Baudets, auprès du Cimetire St Jean.
De la Brosse, ou du Jardin du Roi des plantes.
Des Carmes, au milieu de la Place-maubert.
De St Côme, proche l'Eglise.
De la Croix du Trahoir, au bout de la rue de l'Arbre-sec.
Du grand Châtelet, dans le milieu du marché.
De la Charité, au bout de la rue Taranne.
De Conti, sur le Quai de Conti.
Des Cinq Diamans, aux quartiers des cinq Diamans.
Du Diable, dans la rue de l'Echelle, proche les Tuilleries.
De l'Echaudé, dans la vieille rue du Temple.
De l'Egout du Marais, proche les Boulevarts.

DE LA VILLE DE PARIS Liv. III.

De St Eloi, vis-à-vis la grand porte du Palais.
De Ste Genevieve, au haut de la montagne.
De St Germain des Prés, dans l'enclos de ladite Abbayie.
De la Place de la Gréve.
De St Germain des Prés, au bout de la rue des Cordeliers.
Des Halles au milieu de la place, vis-à-vis le Pilori.
Des SS. Innocens, rue St Denys.
De St Lazare, vis-à-vis le Prieuré du même nom.
Du Luxembourg, au Luxembourg, du côté de la rue d'Enfer.
De la rue Maubué, dans la rue St Martin.
De Marle, dans la rue Sale-au-conte, derriere St Leu St Gilles.
De St Michel, au haut de la rue de la Harpe.
De Notre-Dame, dans le Parvis de la même Eglise.
De Notre-Dame des Champs, ou des Carmelites, au faux-bourg St Jaques.
Du College de Navarre.
De St Ovide, rue St Honoré.
De Paradis, dans la rue de Paradis au Marais.
Des Petits-Peres, à la porte de leur Couvent.
De Piffotte, aux murailles du Prieuré de St Martin des Champs.
De la rue Pot-de-fer, au coin de la même rue.
Du Ponceau, dans la rue St Denys.
Du Palais, dans la Cour de Palais.
La Fontaine ou décharge de la Pompe de la Samaritaine, vis-à-vis le pont de Bourbon.
La Fontaine du Plessis Sorbonne, qui repandoit autrefois par un tuyau dans la rue Froid-manteau, quartier du Puits-certain.
Des Quinze-Vingts, dans l'enclos de la maison.
De la Reine, dans la rue St Denys.
Du Regard, hors la fausse porte de St Jaques.
De Richelieu, dans la même rue.
De la Samaritaine, sa Pompe & Bassin, au Pont-neuf.
De St Severin, au bas de la rue St Jaques.
Du Temple, proche le Temple.
Des Tournelles, auprès de la porte St Antoine.
De la Trinité, au bout de la rue d'Arnetal, dans la rue St Denys.
De St Victor, vis-à-vis l'Hopital de la Pitié, au Faux-bourg S. Victor.

Outre ces Fontaines, les Palais, Communautés Religieuses, Colleges, & Hopitaux, ont des Pompes, Reservoirs ou Bassins, dont les tuyaux se dechargent en divers endroits pour le soulagement du Public.

Quant aux Fontaines, il y a tant de tems qu'on a fait celle de St Innocent, du Ponceau, de la croix du Trahoir, de la Trinité, de St Julien, des cinq Diamans, de la Barre-du-bec, de la Reine, de la porte Baudets, & de Marle, que personne ne sait qui les a fait faire, non plus que la Fontaine Maubué, & celle de Ste Avoye. Il y a quelque apparence pourtant, que la Fontaine de Marle, est du tems du Chancelier de Marle, qui demeuroit dans la maison qui y tient.

Si le Cardinal de Birague n'a pas fait venir l'eau de celle de devant les Jesuites, au moins ne doute-t-on pas que c'est lui qui la rétablie.

Celles des Halles, de la porte de Paris, de la Gréve, du Calvaire, & de la rue de Paradis, sont des ouvrages du commencement de ce siécle.

LES PONTS.

QUANT aux Ponts l'un vers la Ville nommé presentement le Pont-au-change, s'appelloit autrefois le Grand-pont, l'autre du coté de l'Université n'avoit point d'autre nom que celui du Petit-pont, aussi bien qu'à present.

Sous Charles V. & Charles VI. on fit au Midi le Pont St Michel presque vis-à-vis le Grand-pont, c'est-à-dire, le Pont-au-change : & tout de. même au Septentrion, le Pont-Notre-Dame en droite ligne du Petit-pont. Ainsi c'est sous ces deux Rois-là seulement, qu'on a commencé à venir sans détour & presqu'en droite ligne, du Pont-au-change à l'Université, & du Petit-pont à la Ville.

Le Pont-neuf, qui passe du Midi au Septentrion par le bout de la Cité, fut commencé sous Henry III. & achevé sous Henry IV. J'ai déja dit que depuis quelques années seulement, on a fait le Pont-Marie du coté de la Ville, celui de la Tournelle, du coté de l'Université, & le petit pont de bois qui va de l'Isle Notre-Dame à la Cité. Depuis on a fait encore le pont de l'Hotel-Dieu qui joint l'Université à la Cathedrale, & celui des Tuilleries qui va du bout du Faux-boug St Germain au Louvre.

A l'égard des Ponts, presentement à Paris il s'en trouve onze. Du tems de Cesar & de Julien l'Apostat il n'y en avoit que deux, & même depuis ce tems-là, il n'y en a pas eu davantage jusqu'en 1378. & 1413. qu'on commença à batir le Pont St Michel, & le Pont Notre-Dame. Les fondemens du Pont-neuf n'ont été jettés par Henry III. que 200. ans après ou environ, & n'a servi sous Henry IV.

Les autres Ponts ont été faits sous Louis XIII. On peut dire que jamais on n'a tant bâti à Paris que sous son regne.

Ici je suis obligé de faire une petite critique contre Papirius Masson, tout savant qu'il soit, qui demeure d'accord à la verité, que du tems de Jules Cesar, & de l'Empereur Julien, il y avoit deux ponts dressés chacun sur les deux canaux de la Seine, qui baignent l'ancien Paris que nous appellons la Cité ; mais que sous Gontrand Roi d'Orleans, & Chilperic I. Roi de Paris & de Soissons, de ces deux-là il n'y en avoit plus qu'un ; & se fonde sur l'autorité de Gregoire de Tours, dont il allegue trois passages qui sont pour lui à ce qu'il pretend. Les voici.

1. *Apud Pontem vero Urbiensem civitatis Parisiacæ Chilpericus Rex custodes posuerat.*
2. *Incendium quod ab una parte Pontis cœperat desevire ab alia vero parte tam valide cuncta conflagravit, ut amnis finem imponeret.*
3. *Nuper autem cum cuniculus pontis emundaretur.*

Car, dit-il, les trois choses que remarque Gregoire de Tours dans ces passages arriverent toutes au seul Pont qu'il y avoit alors à Paris : & de fait s'il y en eut eu deux, il n'auroit pas manqué de faire savoir que ces choses se passerent à un des Ponts. Et là dessus, conclud hardiment qu'il n'y avoit qu'un Pont ; & afin d'ôter tout lieu d'en douter, il apporte un autre passage d'Aimoin, Auteur pourtant un peu trop moderne pour être cru en pareille rencontre, d'ailleurs Copiste de Gregoire de Tours, à la verité assés fidelle, quand il l'entend ; mais du reste, fort sujet à caution quand il ne l'entend point, témoin le passage dont Masson se veut prévaloir assés mal-à-propos. Et de fait, au lieu de dire comme Gregoire : *Apud pontem Urbiensem Parisiacæ urbis*, qui signifie, au Pont d'*Urbia* bâti sur la frontiere du Royaume d'Orleans & de Paris, il se contente de mettre simplement : *apud pontem Parisiacæ urbis*, au petit Pont qui conduit à Orleans ; comme ne pouvant deviner en cet endroit, ce qu'entendoit par là Gregoire de Tours ; qui est que Chilperse ayant mis garnison à certain Pont placé à la campagne sur la riviere *Urbia*, & proche d'un Bourg, afin d'arrêter les courses de Gontran, Asclepius General de Contran vint si à propos, que surprenant la garnison, & faisant main basse, tout le Bourg fut encore saccagé ; si bien que tant s'en faut, qu'il s'agisse là du petit Pont, que même il n'y a pas la moindre apparence de le croire ; & c'est ce qui a donné lieu à l'erreur de Masson : mais retournons à notre sujet.

Sous Jules Cesar donc & l'Empereur Julien, il n'y avoit que deux Ponts à Paris ; l'un au Septentrion qui traversoit le plus grand canal de la Seine, & pour cela appellé le Grand-pont ; l'autre au Midi, sur le petit canal, & nommé le Petit-pont.

Tous deux au reste étoient de bois, & furent brulés par ceux de Paris, même du tems de Jules Cesar, de crainte que *Labienus* son Lieutenant ne se saisit de la Ville, lorsqu'ils se liguerent avec les autres Gaulois, pour le recouvrement de leur liberté.

Depuis, sous Childebert le feu prit de nuit, par hazard, à quelques maisons de ces deux Ponts ; ou pour traduire les termes de celui qui a écrit la vie de St Lubin, les maisons du pont de Paris, du côté de St Laurent furent brulées la nuit, sous le regne de Childebert.

De plus, au rapport de Gregoire de Tours, le feu prit encore à Paris sous Chilperic ; mais si cruellement qu'il ne resta que les Eglises, tout le reste fut consumé, & enfin, l'embrasement cessa auprès d'un Pont.

Un peu auparavant sous la culée d'un Pont avoit été trouvé un talisman qui avoit garenti la Ville du feu.

Quant à l'Auteur de la vie de St Lubin, parlant du Pont qui regardoit St Laurent, je ne saurois dire quel pont il entend ; à la verité si le St Laurent de son tems est notre St Laurent d'aujourd'hui, il n'y a nulle difficulté que par-là, il entend le Pont-au-Change ; mais si St Laurent pour lors étoit du côté du Midi, ainsi que prétend le savant de Launoi, c'est assurément du Petit-pont qu'il parle. Quoi qu'il en soit puisque Gregoire de Tours est fort obscur là-dessus, & s'explique très-mal, je ne suis pas d'avis de me tourmenter l'esprit à l'éclaircir ; je me contenterai simplement de rapporter ce qu'il fait savoir autre part du Petit-pont où il est bien plus net. Sous le même Chilperic, dit-il Lendastes Gouverneur de Touraine, en fuyant des gens de Fredegonde, qui le poursuivoient, vint à tomber sur un Pont de bois près l'Eglise Cathedrale, où il se froissa le pied entre deux planches, si bien qu'il fut pris.

Tout ceci donne à connoître que c'est du Petit-pont qu'il parle, & qu'alors il étoit de bois.

Pour ce qui est du Grand-pont ou du Pont-au-Change, comme je ne sai rien de lui qui soit aussi ancien, je passerai outre, & commencerai à parler du petit.

LE PETIT-PONT.

AUTREFOIS à la place de ce gros édifice de pierre qui vers le Midy tient presentement au Petit-pont, & que nous nommons le Petit-Châtelet, étoit un Château de bois, ou Fort qui défendoit ce passage, & empêchoit qu'on n'entrât dans la Ville, & qui enfin ne donna pas peu d'affaires aux Normands, en 886. lors qu'ils assiegerent Paris, & par eau & par terre. Ils avoient beau retourner à l'assaut, ce n'étoit que multiplier leurs pertes. Dans le tems qu'ils desesperoient d'en venir à bout, la riviere vint à se deborder, qui entraîna le pont : ce qui fut cause que dans le Château il ne resta que douze personnes de qualité, mais qui non moins braves qu'Horatius Cocles, ce Romain si renommé, soutinrent avec étonnement les efforts de toute une armée à la vue de leur ville.

Les Normands honteux de tant d'affronts, & de se voir tout de nouveau, comme le jouet, pour ainsi dire, d'une douzaine d'hommes, en viennent à l'extremité, & ne pouvant se rendre maîtres du Château, y mettent le feu. Nos heros pour cela, ne perdent point courage, & paroissent les armes à la main, sur un reste de pont, attaché à leur Fort, que le debordement avoit épargné, où ils firent merveille. Mais enfin leur Château étant déja tout en feu, & la fumée les offusquant, ils capitulent, & se rendent avec parole de la vie, qui ne leur fut pas gardée ; car ces barbares ne les eurent pas plutôt en leur puissance, qu'ils en égorgerent dix : quant aux deux autres, l'un se jette dans l'eau, & passe la riviere à la nage, bien que ce fût en hiver : & quoique le dernier, à cause de sa bonne mine, fût respecté à ce point qu'on le prit pour le Roi ; lui cependant se souciant peu de la vie, & ne respirant que la vengeance, d'abord il se lance sur un des meurtriers de ses chers compagnons, lui arrache son épée toute fumante encore de leur sang, & après se ruant en desesperé sur ceux qu'il croyoit dignes de sa colere, blesse & tue tout ce qui se rencontre sous sa main, tant qu'enfin percé de coups, il vint tomber sur les corps de ses amis.

Or comme en ce tems-là, ce Pont n'étoit que de bois, peut-être fut-il refait de même, & qu'on ne le vit de pierre que dans le douziéme siécle : car quoiqu'en 1175. l'Evêque Maurice le fit refaire de pierre, à peine dura-t-il onze ans qu'il fut renversé par une seconde inondation qui arriva en 1196. & en 1206. encore par une troisiéme.

En ce tems-là il y avoit des moulins dessous, & des maisons dessus ; car cette année-là même une veuve nommée Oudarde, qui y demeuroit moyennant trente sols parisis de cens qu'elle promit de payer tous les ans à Pierre de Camb, & ses successeurs Evêques, eut permission de rendre son logis plus profond de six toises qu'il n'étoit.

En 1212. encore Raoul de Pacy, Guillaume Penxley, Barthelemi de Roye, & Eudes Herodes, acheterent de lui dix toises pour y bâtir des maisons, à la charge de dix sols de cens payables tous les ans à la St Remi par Herodes & de Roye, & de quatre livres par les deux autres.

Sous St Louis de riches marchands demeuroient-là ; car c'est ce que veut donner à entendre Joinville, lorsque pour figurer la perte que firent les marchands de Damiette, quand leurs boutiques furent brûlées, il dit : *C'étoit une même chose, comme qui bouteroit demain le feu au Petit-pont à Paris.*

Dessus ce pont il y a eu aussi des étaux ; mais qui appartenoient au Roi : aussi étoient-ils entretenus à ses dépens, dont on rendoit compte à la Chambre.

En 1255. le revenu qu'on en tiroit diminua de trente sols, somme alors de si grande consequence, qu'elle est couchée dans le compte des Prevôts & des Baillifs de France, rendu en ce tems-là au terme de l'Ascension.

J'ai dit dans le discours precedent qu'en 1280. 1296. & 1325. ce Pont fut encore renversé par les eaux, avec tous ses étaux, ses maisons, & ses moulins. Il se verra ailleurs qu'en 1394. le Parlement ordonna qu'on le referoit de pierre aux depens de sept Juifs, accusés d'avoir voulu donner de l'argent à un Juif converti, appellé Denys de Machault pour l'obliger à s'absenter, afin d'abjurer le Christianisme.

Juvenal des Ursins assure que ceci arriva en 1393. & que les Juifs alors furent condamnés à dix-huit mille écus, qu'on employa à rebâtir le Petit-pont.

L'Auteur de la chronique manuscrite de St Denys demeure bien d'accord que la chose arriva la même année, mais il prétend qu'on exigea dix mille francs d'or qui servirent à faire cet édifice.

Cependant l'Arrêt prononcé contre ces malheureux, & *Joannes Galli*, Avocat du Roi & du Parlement, consulté par le Prevôt de Paris sur le procès, rapportent qu'en 1394. le sept Avril, la Cour les condamna à dix mille livres parisis, dont cinq cens seroient pour l'Hotel-Dieu, & le reste employé à la fabrique du Petit-pont.

Le compte rendu à la Chambre par Jean de la Chapelle Payeur des œuvres de la Ville pour le fait de ce Pont ici, tient tout un autre langage; car il dit que ce Pont coûta près de vingt-deux mille livres parisis à faire, & que pour fournir à cette depense, il fallut prendre les deniers des Aides ordonnés pour les ouvrages, fortifications & autres besoins de la Ville, dûs des années finissantes le jour de la fête St Michel 1396.

Après tant de contradictions, pour moi je ne vois pas quelle foi on peut ajouter aux Historiens contemporains, ni comment il est possible d'écrire l'Histoire sans des Actes authentiques. Quoiqu'il en soit ce Pont revint à près de vingt-deux mille livres parisis. Car je ne crois pas devoir être si conscientieux que de dire la somme au juste, & qu'il coûta vingt-un mil sept cens quatre-vingts-huit livres trois sols dix deniers parisis.

On remarquera en passant, que si je qualifie *Joannes Gallus* Avocat du Roi & du Parlement, c'est que le Roi n'avoit point encore d'Avocat qui fut tout-à-fait à lui; & qu'alors les Avocats du Roi, que nous appellons Generaux, l'étoient aussi des particuliers.

Pour retourner à notre Pont, lorsqu'on vint à le rebâtir; Charles VI. le vingt-huit Avril nomma Commissaires de sa fabrique, Pierre Lesclat, Robert Maugier & Simon de Nanterre.

Jean Juvenal des Ursins, Garde de la Prevôté des Marchands, eut soin de faire delivrer l'argent necessaire, & Raymond du Temple, Sergent d'armes ou Archer de la garde & Maçon du Roi, eut la conduite de l'ouvrage. Il fut commencé au mois de Juin. Charles VI. y mit la premiere pierre, & il ne fut achevé qu'onze ans & demi après, savoir en 1406. à la St Martin. Les pionniers, les hotteurs & les manœuvres gagnoient les uns cinq sols parisis, les autres quatre, les autres deux. Les pieux longs de quatre toises coutoient cinq sols quatre deniers tournois; ceux de trois & demi quatre sols huit deniers; & ceux de deux & demi deux sols huit deniers. La toise de la taille des grands quartiers de haut liais revenoit à douze sols parisis; celle des grands quartiers de bas liais huit sols; & ainsi du reste. Que si contre ma coutume, je descends dans un si petit detail, c'est qu'à l'égard du siecle où nous vivons, la chose est curieuse & digne d'être lûe.

Ce Pont contenoit trois arches. Les deux premieres assises de ses piles portoient onze toises, un pied & un quart de long sur trois toises, deux pieds de large.

Pour le bâtir il fallut enlever toutes les pierres, les gravois & les ruines de l'ancien Pont, qui embarrassoient le lit de la riviere. La maçonnerie des anciennes piles qu'on rencontra, donna bien de la peine à démolir, tant pour en détacher les grands quartiers de pierre, que pour en arracher les agraffes de fer jettées à plomb entre leurs joints qui les tenoient liées les unes aux autres.

Comme ces singularités se voyent dans le compte de Jean de la Chapelle, elles me donnent la hardiesse de dire que le Petit-pont étoit de pierre dans le treiziéme & le quatorziéme siécle.

Celui qu'on refit en 1406. ne dura pas plus d'un an, & fut emporté par les eaux pour la septiéme fois avec le Pont St Michel. Incontinent après le Prevôt des Marchands vint au Parlement, & proposa à la Chambre du Conseil plusieurs moyens de recouvrer un fond afin de les rebâtir tous deux: mais que le plus certain étoit de demander au Roi, pour un an seulement, le tiers des Aïdes de la Ville & de la Vicomté de Paris, qui pourroit monter à quelque quatre-vingts mille francs. Peu de tems après dans une assemblée tenue par le Parlement, la Chambre des Comptes & les Tresoriers de France; il fut arrêté que pour les refaire, les Tresoriers de France &

l'Hôtel de Ville fourniroient chacun mille livres parisis, le Parlement cinq cens livres, le Châtelet telle somme qu'on jugeroit à propos, l'Evêque de Paris & autres qui levoient-là quelques droits, selon leur pouvoir: qu'avec cela on commenceroit aussi-tôt à rétablir le Petit-pont: qu'ensuite le Prevôt de Paris & celui des Marchands iroient trouver la Reine, le Roi de Sicile, le Duc de Berri & autres Princes & Grands du Royaume, afin de les prier de contribuer de leur part à cette entreprise ; du reste qu'ils supplieroient le Roi & les Generaux des Finances de leur permettre de prendre quelques levées sur les subsides de la Ville.

Cependant on se mit à travailler ; mais comme l'argent vint à manquer, l'ouvrage fut tellement abandonné, que la Chambre en 1408. le vingt-huit Novembre députa quatre Maîtres des Comptes qui suivis du Prevôt de Paris & de celui des Marchands iroient au Parlement pour le requerir d'y remedier.

Après quantité d'avis & de propositions, la Compagnie conclut, qu'on prendroit mille francs sur les amandes dûes au Roi ; que Gauthier de Blaudreque commis pour recevoir quarante mille francs dûs par les Marchands de sel, en donneroit six-vingts qu'il avoit de reste : & comme c'est au Roi à faire les Ponts & les entretenir, la Chambre des Comptes qui doit pourvoir aux choses concernant le domaine, travailleroit à chercher un fonds necessaire pour achever ceux de Paris.

Or comme Pierre d'Orgemond pour lors Evêque de Paris, se cottisa lui-même à trente francs en leur presence: j'ai bien voulu remarque ceci, afin qu'on puisse juger par là quelle somme c'étoit alors. Après cela l'assemblée fit appeller quelques Avocats logés au-delà des Ponts, & les exhorta à contribuer, & même de porter leurs confreres à en faire autant : à quoi ils repondirent que volontiers ils le feroient, & si bien qu'on en seroit content.

Cela fait, on reprend tout de bon le travail, & le Pont fut achevé en 1409. le dix Septembre. Charles VI. l'unit au domaine de la Ville, & permit au Prevôt des Marchands de faire encore des maisons dessus. Presentement il est tout de pierre. Mais je ne saurois dire, si c'est encore celui de 1409. qu'on attribue pourtant à un Jacobin Veronois appellé Frere *Jean joconde*, dont il sera parlé plus bas, & en faveur duquel Sannazare a fait, dit-on, un distique Latin, mais qui n'est pas gravé comme l'on pretend, sur une des arches du Pont Notre-Dame.

Suivant le Pere du Beuil & une inscription qu'il rapporte, les maisons de ce Pont furent refaites de même symmetrie en 1552. Par les memoriaux de la Chambre des Comptes de la même année, il se voit que pour faire celles du côté de l'Hotel-Dieu, Henri II. accorda au Prevôt des Marchands des deniers des plus surs de toutes les Fermes des Aides & impositions ci-devant mises sur la Ville de Paris, & destinées pour le payement des rentes constituées sur icelles, pour le recouvrement des sommes fournies par icelle au feu Roi François, pour le fait de la soulde de cinquante mille livres mises sur toutes les Villes clauses de ce Royaume. Nous apprenons encore des memoriaux, que pour le reparer, Henri III. fit don de douze pieds de chênes en 1581. Il paroît par une inscription qui s'y lit encore, que les logis que nous y voyons furent refaits en 1603. Presentement une des salles de l'Hotel-Dieu aboutit sur ce Pont. Le petit Châtelet le termine du côté du midi, c'est-à-dire de l'Université. Entre deux se trouvent d'une part neuf maisons petites & peu profondes qui appartiennent à la Ville, avec les quatre premieres de l'autre côté, à commencer au petit Châtelet, le reste est à divers particuliers ; & ces maisons ici non seulement sont fort profondes, mais même portent en partie sur des pieux plantés dans la riviere.

* Le même Petit-pont fut encore détruit en 1718. le ving-septiéme Avril. Le feu prit à deux batteaux de foin au Quai de la Tournelle ; lesquels ayant

pris le fil de l'eau s'arrêterent en travers des arches, & embraserent par dessous les maisons qui étoient baties sur des poutres posées sur les avant-becs des piles de ce Pont, dont les arches d'ailleurs étoient toutes cintrées en charpente ; ensorte qu'en moins de quatre heures tout fut consumé, & l'Hôtel-Dieu en grand danger. Les rues de la Huchette, St Jaques & autres doivent leur salut au petit Châtelet, qui par l'épaisseur de ses murs a resisté à cet embrasement. Enfin on l'a rebâti l'année suivante, & il est aujourd'hui sans maisons pour éviter pareils incendies.

LE PONT AU CHANGE.

AVANT Charles le Chauve, je ne sai rien du Pont au change, encore ce que j'en sai de son tems est-il suspect : peut-être le fit-il rebâtir avec des moulins dessous ; peut-être le donna-t-il à l'Evêque Enée avec la rue qui y conduisoit du côté du grand Châtelet, afin de me faire entendre en tout cas, *qu'il y avoit alors sur la terre de Saint Germain de l'Auxerrois*, pour traduire fidellement les paroles du titre qui en fait mention ; peut-être enfin qu'il l'exempta de la puissance judiciaire de quelque Comte ou Vicomte que ce fût, & cela aussi bien pour les arches que pour les moulins. A ceci j'ajouterai encore, que peut-être à la priere de l'Evêque Anscherie, Charles le Simple petit fils de Charles le Chauve confirma la donation de son grand pere, permettant à l'Evêque de disposer à sa volonté du Pont au change, sans avoir à reconnoître la jurisdiction d'aucun Comte, ni Vicomte & même de celle de tout Evêque & Officier de Justice de Paris. Mais afin d'assurer l'esprit parmi tant d'incertitudes, il faut sçavoir que tous ces faits & autres semblables sont fondés sur deux chartres, où il se remarque non seulement de fausses dattes, mais encore des termes, des expressions & des choses qui ne conviennent point au siecle de Charles le Chauve, ni de Charles le Simple, & qui nous donnent lieu de prendre ces titres, & ce qu'ils contiennent, pour suspects ou incertains.

Et de fait le premier est datté de la veille des Ides du mois de Juillet, de la troisiéme indiction, & de la vingt-deuxiéme année du regne de Charles le Chauve ; & cependant la troisiéme indiction ne repond point à cette année-là, mais bien la seconde.

Quant à la datte de l'autre titre, savoir du seize des Calendes d'Octobre, de la douziéme indiction, de la dix-septiéme année du regne de Charles le Simple & de la douziéme de sa réintegrande, pour m'attacher aux mots de la charte, elle n'est guere meilleure que la precedente, puisque la douziéme indiction ne s'accorde avec pas une de ces années-là ; soit qu'on fasse regner ce Prince après son frere Carloman, ou depuis quelqu'un de ses freres, ou après la mort d'Eudes Comte de Paris & Roi de France ; lors qu'ayant reuni à la couronne le pays qu'on lui avoit usurpé, on commença à compter depuis par les années de son regne, & par celles de l'accroissement de son royaume, nommées la réintegrande. Car enfin ces années-là se rencontrent tantôt avec la quatriéme, tantôt avec la treiziéme, tantôt avec la quatorziéme indiction. Davantage pas une de ces particularités-là ne se voit dans les capitulaires de Charles le Chauve, où pourtant il devroit y en avoir quelque chose. De sorte que pour donner quelque creance à ces actes, il faut dire qu'ils ont été dressés après la mort de ces Princes, par des gens qui pretendoient que Charles le Simple & Charles le Chauve avoient fait don du Pont au change à Notre-Dame, & qui ont supposé ces chartes dattées à leur mode, comme peu entendus à accorder les années du regne de ces Princes avec les indictions.

Le pere Labbe ne les a pas regardé, de si près dans ses éloges historiques. Du dernier il n'a copié que les dattes sans les examiner, pour les croire bonnes. Launoy notre savant ami, à qui j'ai communiqué le premier, n'en raporte guere plus, & s'eſt contenté de les convaincre de faux par la datte.

J'aurois paſſé les choſes qu'ils contiennent comme fauſſes ou ſuſpectes, n'étoit que le pere Labbe & le pere du Beuil & autres Auteurs les tiennent veritables. Celles que je vais raporter ne ſeront pas de même.

Le nom que prend aujourd'hui le Pont au change, quoiqu'il occupe la place de l'ancien, eſt aſſés bizarre, eu égard aux habitans qui demeurent deſſus, qui ne ſont rien moins que Changeurs. De dire que c'eſt ſon premier nom, cela n'eſt point vrai: & de fait ce nom-là ne lui fut donné que lorſque les Changeurs s'y vinrent loger, & qu'on n'y en ſouffrit point d'autres, comme leur étant affecté: car auparavant il s'appelloit le grand Pont pour le diſtinguer du petit.

Juſques à Charles V. on n'y eſt venu du côté du ſeptentrion, qui eſt le quartier de la Ville, que par la porte de Paris. Sous ſon regne, Huges Aubriot Prevôt de Paris en ce tems-là, fit faire la ruë du Pont au Change qui conduit à côté, ſur les ruines d'une grande maiſon qui tenoit à la boucherie.

En 886. les Normans qui aſſiegeoient Paris, comme j'ai dit, ſe mirent en devoir de le brûler; pour cela ils emplirent trois batteaux de matieres combuſtibles, & y mettant le feu, les tinrent avec des cordages, juſqu'auprès du Pont. Mais comme la riviere vint à porter ces brûlots contre une ſorte de quai ou maſſe de pierre qui y tenoit, les aſſiegés s'en ſaiſirent ſans que le Pont en fut endommagé.

Alors une groſſe tour de bois, qui n'étoit que d'un étage, dreſſée au lieu même où eſt aujourd'hui le grand Châtelet, deffendoit l'entrée de Paris de ce côté-là, ainſi que le petit Châtelet de l'autre. Et ce fut pour ſe rendre maîtres de ces deux tours, que les Normans firent tant d'efforts. Et quant à celle-ci, s'ils voulurent brûler le Pont au change, ce fut à deſſein de la détacher de la Ville. A la fin néanmoins ils l'attaquerent ſi vigoureuſement, qu'ils l'emporterent de vive force, malgré la réſiſtance courageuſe de l'Evêque Goſlen, d'Ebole Abbé de St Germain des prés, d'Eudes Comte de Paris, de Robert ſon frere, & de tous les autres vaillans qui la deffendoient. Mais comme ils n'y purent faire de logement, ils la raſerent & mirent le feu aux materiaux. Cependant les aſſiegés, à la faveur de la nuit, éleverent au même endroit une tour plus forte & plus haute de deux étages. Lorſqu'il fit jour, & que les ennemis aperçurent ce travail; ſurpris de tant de diligence, & ne pouvant ſouffrir telle bravade, ils accoururent à l'aſſaut en determinés; dont pourtant ils n'eurent pas ſujet de ſe vanter: car jamais pluie continuelle de cire, de poix, de chaux & d'huile fondus enſemble ne fit mieux. Auſſi à leur retour au camp, leurs femmes ſe moquerent-elles d'eux, les traitant de lâches de n'avoir pû prendre un four. Piqués de tels reproches, ils revinrent ſur leurs pas avec plus de colere, plus d'hommes & plus de machines. Quelque deſeſperée néanmoins que fût leur attaque, il ne leur en revint autre gloire que d'avoir accru le nombre de leurs morts; car enfin plus de cinq cens demeurerent ſur la place.

En 1141. il y avoit des boutiques ſur ce Pont, qu'on appelloit alors Fenêtres, dont le Roi tous les ans tiroit vingt ſols de loyer. Depuis, Louis VII. permit d'en bâtir encore d'autres qui lui rapportoient autant, & de plus, y établit le Change à perpétuité, avec deffenſes de le tenir ailleurs.

En 1304. Philippe le Bel ordonna qu'il ſe tiendroit du côté qui regarde la Greve entre St Leufroi & la grande arche; que du reſte qui que ce ſoit, ni à Paris, ni dans la banlieue, ne pourroit exercer le Change que là, ſur peine de confiſcation. De l'autre côté apparemment il y avoit des Forges, puiſqu'en 1320. quelques-uns tenoient les Forges & d'autres les Changes, pour moins qu'ils ne valoient; ceux-ci leur vie durant, & les autres en pur don; ce qui étoit cauſe que ce Pont étoit mal entretenu. Si bien que Philippe le Long en 1320. fut obligé d'ordonner en ſon Conſeil tenu à St Denys le quatre Juin, que nonobſtant les dons faits par lui ou ſes predecesseurs des Forges & des Changes du Grand-pont, on les vendroit à l'enchere, & que l'argent seroit employé à l'entretenir.

Depuis on lui a fait changer de face trois ou quatre fois. Tantôt on en a chassé les Orfevres ; comme en 1332. lorsqu'au Parlement de la Chandeleur la Cour declare que le Prevôt de Paris a bien fait d'ôter de dessus le Grand-pont, à la requête des Changeurs, les tapis des Orfevres, & de leur deffendre d'y tenir le Change, bien qu'ils pretendissent en être en possession. Tantôt les Orfevres & les Changeurs y logent paisiblement ensemble, comme en 1339. 1348. & 1358. Et de fait Jean Evêque de Beauvais ayant été commis par Philippe de Valois en 1339. pour regler les differends mûs entre le Receveur du Domaine de Paris & les Orfevres joints avec les Changeurs qui y avoient des boutiques, par un Jugement rendu en 1343. à Chanteloup le cinq Octobre, il est ordonné que les Changeurs & les Orfevres jouiront des dons de leurs boutiques & de leurs baux viagers, qu'ils tiennent à dix livres de la liberalité du Roi & de ses predecesseurs ; & que lors qu'elles viendroient à vaquer par mort elles seroient criées & mises à l'enchere.

En 1358. encore il se voit que Charles de France, Regent du Royaume, donne les Forges & les Changes pour pareille somme de dix livres de rente viagere, & pour certaine autre somme en argent comptant, afin de subvenir aux grands besoins qu'il en a pendant la prison du Roi son pere en Angleterre.

A la fin neanmoins peu à peu, ces ordres maintenus depuis si long tems furent si bien pervertis, qu'au lieu de Forges ou d'Orfevres & de Changeurs, on ne voyoit plus sur ce pont que des Chapeliers & des Faiseurs de poupées. De savoir si le Parlement eut raison de s'en prendre à la suppression de la Pragmatique, je m'en raporte, mais il est constant, que dans les remontrances qui furent faites au Roi là-dessus en 1461. la Cour prétendit qu'ils ne s'y étoient établis que depuis ce tems-là ; & qu'enfin la Pragmatique-sanction avoit ruiné les Changeurs qui gagnoient beaucoup auparavant à donner de l'or pour de la monnoie, à raison que les Banquiers de Rome tiroient alors tant d'or & d'argent du Royaume, qu'on n'y voyoit plus que de la monnoie, & qu'on n'avoit plus besoin de Changeurs.

Sous François I. & Henri II. neanmoins les Changeurs aussi bien que les Orfevres s'y étoient retablis ; si bien qu'il fut fait avec eux divers baux, & à divers prix pour les maisons qui étoient dessus. Et de fait ils y demeuroient encore en 1618. les Orfevres d'un côté dans cinquante Forges, les autres vis-à-vis dans cinquante quatre Changes.

Maintenant il est habité par toutes sortes de Marchands & d'Artisans. Durant quelques siecles il y a eu des moulins dessous, aussi bien que sous le Petit-pont. Les Fêtes & les Dimanches les Oiseliers y venoient vendre toutes sortes d'oiseaux ; permission qui leur fut accordée, à la charge d'en lacher plusieurs douzaines, à l'heure que nos Rois & nos Reines passeroient sur ce Pont le jour de leur entrée triomphante.

De savoir maintenant de quelle matiere étoit ce Pont ; je trouve que sous les Romains, il étoit de bois, comme j'ai dit ; mais que depuis, tantôt il fut de bois, tantôt de pierre, & tantôt de bois & de pierre tout ensemble.

Et parce que les Historiens du treizième siecle rapportent que sept de ses arches tomberent en 1296. c'est nous faire savoir indirectement qu'il étoit alors de pierre.

Il en étoit encore assurément en 1296. mais en 1325. aussi bien qu'en 1618. il n'étoit plus que de bois.

Enfin depuis 1325. & auparavant il a été de bois en partie, & en partie de pierre ; c'est-à-dire que les piles étoient de pierre & le plancher de bois.

Ailleurs je donnerai à connoître les droits que le Roi, Notre-Dame, la

Sainte-Chapelle, le Temple, & autres y ont eu long tems, & qu'ils pretendent encore.

Le Chapitre de Notre-Dame en 1284. au lieu de quelques planches de bois qu'il falloit rétablir, à la place il fit en cet endroit-là un arc de pierre. En d'autres rencontres pour de semblables reparations, le Roi & les autres ont fourni peu de chose ; mais toutes les fois qu'il a fallu le rebatir, les locataires des Forges & des Changes y ont plus contribué que pas un.

LE PONT AUX MEUNIERS.

A Côté du Grand-pont, au dessous, on en dressa un autre avec le tems, appellé ordinairement le Pont-aux-meuniers, à cause qu'il ne consistoit qu'en moulins à eau, habités par des Meuniers, & pourtant qu'on ne laissoit pas de nommer quelquefois le Pont-aux-Colombes & aux Colomps, parce que dessus on y vendoit des pigeons nommés alors Colomps & Colombes. Il ne s'en decouvre rien avant 1323. cependant le Pere du Breul avance qu'il subsistoit dès le tems de Philippe Auguste; & qu'en 1190. ce Prince donna à St Lazare un de ces moulins qui lui appartenoit, en échange du bois que les Ladres envoyoient querir tous les jours à Vincennes sur un cheval.

Si ce bon homme avoit pris garde que la charte qui fait mention de ceci porte que ce moulin étoit sous le Pont au change, il n'auroit pas fait une si grosse bevue.

Quant aux moulins du Pont-aux-meuniers, j'en trouve jusqu'à dix ou onze qui s'entresuivoient, & tenoient peut-être tout le travers de la riviere : mais ils ont toujours appartenu à des particuliers comme les ayant fait faire, & jamais le Roi n'y en a eu aucun.

En 1323. Guillaume le Meunier étoit proprietaire du premier, c'est-à-dire de celui qui étoit le plus près de la Valée de misere.

Le Chapitre de Notre-Dame, du second & du troisiéme ; St Lazare du quatriéme ; St Germain de l'Auxerrois du cinquiéme ; le Temple du sixiéme ; le septiéme étoit à St Martin, le huitiéme à St Magloire, le neuviéme & le dixiéme à St Merri & à Ste Opportune; & un onziéme si je ne me trompe, aux Religieux de Grand-mont, appellés les Bons-hommes du bois de Vincennes.

Le proprietaire du premier fit l'entrée du sien depuis le quai de la Megisserie jusqu'à son moulin, & donna ainsi commencement au Pont aux Meuniers ; le second s'y comporta de même, le troisiéme comme eux ; & ainsi les autres toujours en continuant, si bien que tous ensemble ils firent ce pont presque sans y penser, piece à piece, à plusieurs reprises & seulement pour l'usage & la commodité de leurs moulins ; & fut toujours entretenu à leurs depens.

Du côté du Grand Châtelet, on y venoit par le quai de la Megisserie, & on venoit rendre sur le quai de l'Horloge au dessous de la Tour, vis-à-vis des murs du Palais. Il étoit tout de bois, & les maisons qui étoient dessus & qui le couvroient presque tout entier, n'étoient bonnes que pour loger des Meuniers, ou servir de magasins aux marchands du voisinage, si bien qu'il ne restoit qu'un passage étroit & couvert, qui servoit de décharge au Pont-au-Change pour les gens de pied.

En 1432. les Bourgeois qui faisoient moudre leur bled à ces moulins, s'étant plaints au Prevôt de Paris, que ces Meuniers les voloient ; de l'avis des Avocats, du Procureur & du Conseil du Roi au Chatelet, on fit une loge couverte de tuiles près St Leufroi, pour y peser les grains avant que de les porter moudre, & pour y repeser la farine.

DE LA VILLE DE PARIS. Liv. III.

Un certain Pierre Rousseau, demeurant à Paris, fut commis pour cela, & on lui mit entre les mains tant les cordes & les balances, que les mesures & les poids du Roi, avec ordre de tenir regître des grains & des moutures qu'on lui apporteroit, & d'avoir sous lui des gens entendus, soit pour les peser, soit pour les recharger. Le droit qu'on lui attribua étoit d'un tournois pour septier de grain, & autant pour la mouture. Je ne sai pas si après cela les Bourgeois y trouvèrent mieux leur compte. La loge servit peu de tems, on en fit bail pour trois ans à raison de quarante-huit sols parisis chaque année.

En 1596. le vingt-deuxième Décembre tout au soir entre six & sept, le pont tomba de lui-même avec ses maisons & ses moulins: de dire comment cela arriva, c'est ce qu'on ne sait pas trop bien. Le Pere du Breul qui vivoit alors, pretend que le grand branle des moulins en fut cause : Masson qui étoit aussi de ce tems-là écrit que quelques jours auparavant, les Maîtres des ponts avertirent les Meuniers de déloger. Les Regîtres du Conseil du Parlement portent que deux jours après cet accident, le Lieutenant Civil, le Procureur du Roi au Chatelet, le Receveur du Domaine & autres Officiers dirent à la Cour qu'ils en ignoroient la cause, & que les Maîtres des ponts & des œuvres de la Ville, leur avoient fait la même réponse, à raison que les particuliers qui avoient acheté ce pont du Chapitre de Notre-Dame les empêchoient eux & le Voyer de visiter.

A l'égard de sa chute, le Pere du Breul assure que quand il tomba, les Meuniers soupoient, & qu'il ne s'en sauva pas un : Masson d'un autre côté raporte qu'il tomba à diverses reprises; que d'abord sur les six heures du soir, la partie la plus grande, & qui touchoit jusqu'au Palais, vint à choir tout d'un coup, qu'à minuit ou environ, le milieu en fit de même; & que le reste attendit à tomber qu'on voyoit déja clair : que quantité de marchandises qu'avoient là des marchands dans les magasins qu'ils louoient, furent perdues, & tout le monde noyé hormis sept ou huit que quelques bateliers sauverent qui accoururent à leur secours, entre-autres la fille d'un marchand de fer & de toile âgée de cinq ans, qu'un batelier attiré par ses cris vint prendre à la Porte-neuve sur une poutre de la maison de son pere qui l'avoit portée jusques-là. Enfin à ce qu'il dit aussi bien que beaucoup d'autres, la plûpart des avantures qui arrivent, & qu'on fait arriver en pareils accidents, arriverent cette nuit-là, ou peu s'en faut : telle est la negligence des Historiens contemporains qui prennent à bond & volée tout ce qu'ils entendent dire, sans s'informer autrement de la verité.

LE PONT MARCHAND.

EN 1598. vers le commencement, c'est-à-dire deux années après la ruine du Pont-aux-meuniers, Henri IV. permit à Charles Marchand, Capitaine des Arquebusiers & des Archers de la Ville, de bâtir à la place un pont de bois, bordé de maisons de même symmétrie, avec des moulins dessous. Mais auparavant de faire abbattre & retrancher tout ce qui en empêcheroit l'allignement, en dedommageant les particuliers à qui la chose appartiendroit. Et afin de lui donner moyen d'en venir mieux à bout, il exempta de tous subsides les pieux, les poutres, les solives, & autres bois dont il pourroit avoir besoin, avec ordre au Prevôt des Marchands de lui fournir une place commode dans leur Arcenal, pour lui servir de Magasin, & y serrer & tailler son bois.

Marchand se mettant après, fait une rue large de dix-huit pieds, avec cinquante maisons de chaque côté, au raport de Masson, ou trente seulement à ce que dit du Breul : des tirants semblables à ceux qu'on voit dans les Eglises couvertes de charpentes passoient à travers la rue d'un logis à l'autre, afin de les tenir plus fermes; les maisons ne confiftoient chacune qu'en deux étages; & il n'y en avoit pas une qui ne fut de même fymmétrie, & peinte à l'huile.

De plus, chacune avoit pour enfeigne un oifeau, ce qui donna occafion au peuple de l'appeller le Pont-aux-oifeaux, & lui a toujours donné ce nom-là; quoique les Lettres du Roi & les Arrêts de la Cour le nomment le Pont-marchand & le Pont-aux-marchands. En 1608. on commença à paffer deffus, & il fut tout-à-fait achevé en 1609.

En 1620. fur le minuit le feu y prit & gagnant le Pont-au-change les confuma tous deux en peu d'heures.

La Seine au refte, en devint fi noire, & fon lit en cet endroit-là fut rempli de tant de ruines, que les eaux regorgeant & remontant en partie, vinrent paffer fous le pont St Michel, chofe inouie, & auffi qui donna lieu aux Poëtes de fe jetter dans les fictions, & de tirer du Ciel & des Enfers, Pluton, Vulcain, Jupiter, Mercure, Junon & autres Dieux & Déeffes, pour leur faire dire merveilles.

Cet embrafement au refte, fut fi effroyable que de la façon qu'on en parle, il ne peut être comparé qu'à celui de Rome arrivé fous l'Empire, avec cette différence que l'un fut attribué à la frenefie de Neron, & l'autre à la vengeance de ceux de la Religion prétendue. Cependant fuivant toutes les apparences, le hazard feul en fut caufe, & quelques informations que fiffent alors le Lieutenant Civil & le Lieutenant Criminel, on n'en put découvrir l'auteur.

Quoi qu'il en foit, prefque tous ceux qui demeuroient fur ces ponts fe virent reduits à la mendicité: outre fix mille livres qu'on leur donna, ils furent quêtés par les Paroiffes: de plus le Parlement leur permit de fe retirer à St Louis pour y être logés & nouris fix mois durant.

D'autre côté le Prevôt des Marchands, fit travailler fans difcontinuer à tirer de la riviere la vaiffelle d'argent & autres meubles & richeffes, avec les ruines & les materiaux qui empechoient le cours de la navigation & la liberté du commerce.

Avec tout cela, quoique les quêtes raportaffent des fommes confiderables qu'on diftribuoit aux marchands ruinés, & que quantité de vaiffelle d'argent fut repêchée & bien d'autres chofes, la perte fut fi grande, que la plupart furent ruinés, & même les plus riches eurent-ils bien de la peine à relever leurs boutiques.

D'abord ils fe repandirent çà & là où ils purent; avec le tems une partie vint s'établir à la rue du Pont-au-change, derriere St Leufroi: d'autres près du cheval de bronze fur le quai des Orfevres, mais peu font retournés fur le Pont-au-change.

Sur ces entrefaites, à côté des ponts brulés, on commença un pont de bois vis-à-vis la Valée de mifere pour les gens de pied & de cheval, qui fut bordé d'échopes, & nommé le Pont de bois.

Ceux au refte, qui demeuroient auparavant fur les deux ponts brulés, propoferent fouvent depuis de les retablir par divers moyens, tantôt offrant au Roi d'en dreffer un à leurs dépens, fur des piles de pierre de taille, tantôt d'en faire un tout de pierre avec des arches de même que le pont Notre-Dame, & tantôt faifant d'autres ouvertures & propofitions nouvelles: mais toujours à des conditions dont ils n'ont pu convenir avec le Roi qu'en 1639. Alors le Roi leur permit de bâtir un pont de pierre au même endroit qu'étoit le Pont-marchand, qui auroit fept arches portées fur fix piles & deux culées; s'y refervant fur chaque maifon cinq fols de cens & rentes payables tous les ans au Receveur du Domaine. Pour cet éffet il leur fit don de trois cens cinquante mille livres fur des deniers extraordinaires qu'ils promirent d'indiquer; & de plus fe chargea du dedommagement que les proprietaires des logis du voifinage pourroient preten-

dre

DE LA VILLE DE PARIS. Liv. III. 225

dre à cause des quais qu'il falloit rehausser notablement.

A ces conditions, & autres qui seroient trop longues à dire, incontinent après on commença le Pont-au-change, que nous voyons aujourd'hui. Et parce que dans un des batardeaux qu'il fallut faire, il se rencontra une partie de pile bâtie d'une maniere toute differente de celle qui presentement est en usage, je la veux décrire conformement à un devis qui me fut communiqué en 1641. par un des entrepreneurs, qui l'examina soigneusement, & qui croyoit aussi-bien que ses associés, & sans doute avec raison, que les autres piles & le pont tout entier étoient de la même fabrique.

Il y restoit six assises de pierre de liais ; d'un bout elle finissoit en avant-bec, ou en pointe, de l'autre en quarré, ou en équierre ; sans compter l'un & l'autre, elle avoit quinze pieds de long, sur huit ou neuf de large ou d'épaisseur ; de ces pierres quelques-unes faisoient le parpain ou la face & le parement des deux côtés, les autres le dedans ou le remplage du milieu.

Celles-ci avoient dix pouces de haut, celles du parpain douze ; pour ce qui est de la longueur, les unes étoient de quatre à cinq pieds, les autres de six & sept ; aucune n'étoit taillée en cintre, mais à la façon d'un pont plat de bois, porté sur des piles de pierre.

Toutes étoient aussi entieres & saines qu'au sortir de la carriere, & même aussi polies que si on n'eut fait que de les mettre en œuvre.

Enfin elles étoient enclavées & taillées de tous côtés en queue d'aronde, comme parlent les maçons, outre cela jointes avec du ciment rempli d'abreuvoirs pour user encore de leurs termes : mais toutes attachées avec des crampons, scellés en plomb, & liés avec tant d'art, que pour en arracher une seulement, il falloit arracher une assise toute entiere.

On trouva dessous des morceaux de bois de chêne, longs de sept à huit pieds, larges de dix pouces, épais de six, ou environ, qui ne ressembloient aucunement à une platte forme ; par dehors ils étoient noirs comme de l'ébenne, & par dedans, de la couleur qu'ils devroient avoir, si on les eut taillés tout nouvellement.

Ce qui fait voir qu'on a raison de croire que le chêne ne pourrit point dans l'eau ; & tout de même qu'anciennement on ne mettoit sous les piles des ponts, ni platte forme, ni pieux, & que c'est une invention des derniers tems.

Pour ne rien omettre de tout ce qui regarde l'histoire de ce Pont, il me faut ici repeter ce que j'ai dit ailleurs, qu'il fut emporté par les glaces en 1196. 1280. 1325. 1616. En 1407. & 1416. il fut ébranlé de sorte qu'une partie de ses maisons tomba dans l'eau.

LE PONT SAINT MICHEL.

EN 1378. on proposa de faire le pont St Michel ; l'Elû de Sens, & Ferry de Metz, Conseillers de la Cour, furent nommés Commissaires par le Roi pour avoir l'avis là-dessus, aussi-bien du Parlement & du Chapitre Notre-Dame, que du Prevôt de Paris, & des Bourgeois. On s'assembla au Palais, où se trouverent deux Presidens, soixante-sept Conseillers, le Doyen, le Chantre, le Penitencier avec quatre Chanoines, & de plus cinq Bourgeois. Touchant l'ordre de la seance, parce que le regître du Parlement d'où j'ai tiré ceci, en fait mention, & que la chose est assés particuliere, je ne la veux pas omettre.

L'Elû de Sens est nommé après les deux Presidens, & avant tous les Conseillers ; les Conseillers devant les deputés du Chapitre ; les Bourgeois avant le dernier Conseiller.

Tome I. Ff

Dans cette assemblée tous convinrent qu'il étoit expedient & profitable, tant à la Ville, qu'au public d'entreprendre ce pont ; & sur le champ il fut fait commandement au Prevôt de Paris de le commencer à l'ordinaire. Ainsi qu'aux autres ouvrages publics, il y fit travailler les vagabonds, les joueurs & les faineans, & il fut bâti de pierre avec des arches.

Quelque diligence neanmoins qu'il y apportât, le pont ne put être achevé que sous Charles VI. en 1387. Le côté de la maîtresse arche vers les Augustins, & deux échines furent criés à la charge d'y faire des maisons: on les adjugea pour cinquante sols de rente à perpetuité, tant à Pierre Michel, qu'à Collette sa femme, comme plus offrans & derniers encherisseurs. Si le reste fut crié & adjugé de même, c'est ce qui n'est pas venu à ma connoissance, mais on n'en doit pas douter.

Ce pont ne fut pas plutôt achevé que les Religieux de St Germain, s'étant avisés qu'il étoit dans leur Seigneurie ; aussi-tôt en qualité de Seigneurs, ils demandent au Parlement l'adjudication des maisons qu'on ne faisoit que d'achever.

Là-dessus le Procureur General intervenant, remontre à la Cour qu'elles n'avoient pas été faites à leurs depens, & continuant à representer combien leur demande étoit injuste, fit tant par ses raisons qu'ils en furent exclus.

En 1407. la riviere grossit à ce point qu'elle renversa, ou endommagea beaucoup les ponts de Paris. Quelque soin cependant qu'on prît pour garentir celui-ci de sa violence, il ne servit qu'à sauver les personnes, & le bien de ceux qui y demeuroient, car il tomba bientôt après.

Quant à ceux qui en occupoient les maisons, tous étoient, ou teinturiers, écrivains, barbiers, éperonniers, fourbisseurs, fripiers, chasubliers, & tapissiers, & même il y avoit des faiseurs de harpes, des libraires, chaussetiers, & autres marchands, ou artisans, que le voisinage du Palais y avoit attiré. Je rapporte ceci pour des raisons qui seroient trop longues à dire.

Je laisserai-là les diverses assemblées tenues au Parlement pour le rebâtir; il suffira d'avertir que celles qu'on fit en 1407. & 1408. pour le Petit-pont, étoient pour tous deux, & cela est si vrai qu'on le refit de bois, presqu'au même tems que l'autre.

Lorsqu'on y travailloit Charles VI. en fit bail à quelques particuliers ; aussi-bien que du Petit-pont, qui offrirent d'y faire des loges, & de les tenir en bon état, pourvu qu'il l'entretint jusqu'au rez-de-chaussée.

Au second volume du Procureur du Roi au Châtelet, il est rapporté que le côté qui regarde les Augustins, fut adjugé à Bureau de Damp-martin, & depuis confisqué en 1418. pour crime de leze-majesté, suivant les Registres de la Chambre des Comptes. Ensuite il passa à Jean Tarenne, Changeur, & Bourgeois de Paris, sa vie durant, ainsi qu'à ses deux fils, Louis & Pierre, moyennant cinq cens livres qui servirent à achever le pont, & une autre livre parisis de rente, à la recette du Domaine. Conformement à un devis fourni par le Maître des œuvres, il y fit seize loges, & après sa mort, & celle de Louis Tarenne son fils, en 1467. Louis XI. en continua le bail à Jean Tarenne, Secretaire du Roi, neveu de Louis, & petit-fils de Jean, sa vie durant, encore à la charge de la même rente.

Pour ce qui est de l'autre côté du pont, Charles VI. l'abandonna en 1408. à Michel Lallier, & à Jeanne sa fille, encore aux mêmes conditions que Jean Tarenne, Changeur, leur vie durant. Après leur mort Louis XI. en fit bail à Pierre le Fevre, Maître des Comptes, & à Geoffrine Baillet sa femme, à la charge seulement d'une rente, ainsi qu'à Jean de Tarenne, Secretaire du Roi; mais elle étoit de dix-huit livres parisis.

Ce Pont subsista jusqu'en 1547. Deux ans après quelques marchands qui y avoient demeuré, proposerent à Henri II. de le refaire à leurs depens, à condition que si ses successeurs venoient à le racheter, ils fussent remboursés du sort principal, tant des acquisitions, que des depenses qu'ils y auroient faites, suivant l'apretiation qui en seroit faite. Le Conseil aussi-tôt ayant renvoyé leur requête à la Chambre des Comptes, elle y fut enterinée. Et neanmoins, sans y avoir égard, le pont fut engagé à longues années, & dura jusqu'en 1616, qu'il vint à tomber encore : si bien que pour le remettre sur pied, le Roi traita avec les engagistes aux conditions suivantes.

Qu'il seroit refait de pierre ; qu'ils y éleveroient à leurs depens trente-deux maisons de pierre & de brique ; que chacune tous les ans payeroit à la recette du Domaine, un écu d'or de redevance ; qu'ils les entretiendroient de grosses & menues reparations ; & qu'à la fin de leurs baux, & de leurs engagemens, qui devoient encore durer les uns soixante ans, & les autres cinquante, elles appartiendroient au Roi en pleine proprieté. L'année d'après l'alignement en fut donné, & en peu de tems après mis en l'état que nous le voyons aujourd'hui.

Il consiste en trois arches de pierre, & en trente-deux maisons, de même symmetrie, de pierre & de brique, qui sont occupées par des marchands & artisans.

Dans nos regîtres il a divers noms : ceux du Conseil du Parlement de l'an 1407. l'appellent le Neuf-pont ; dans les comptes de la recette de Paris de 1413. 1415. & 1457. il est nommé le Pont-neuf, appellé le Pont St Michel ; & le Pont-neuf, appellé le Pont St Michel lès le Palais Royal : ceux de la Chambre des Comptes de 1647. le qualifient le Pont St Michel, appellé communément le Pont-neuf ; & enfin ceux du Parlement de 1543. & de 1547. le nomment simplement le Pont St Michel, & je pense que depuis il n'a point eu d'autre nom, comme presentement il n'en a point d'autre.

LE PONT NOTRE-DAME.

CE Pont est moderne, & fut bâti excellemment du tems de Louis XII. On dit que les reins des voutes sont remplis de petites pierres, ou rocaille, liées ensemble avec beaucoup de ciment, & par ce moyen ne font qu'une masse & une seule pierre. Les arcs en sont gais ; les plongeons nous ont raporté que tous les pilotis sont de troncs d'arbres, & fort gros, plantés à la ligne, mais non pas si près à près que ceux de nos pônts modernes ; mais bien au contraire ils en sont si éloignés, qu'on y remarque une distance assés considerable : ce qui a été fort judicieusement fait, de peur qu'étant trop pressés, ils n'eussent pas la tenue si ferme ; car ceux qui sont si pressés ne tiennent pas assés par le pied.

Ces mêmes plongeons disent encore qu'ils sont tous hors de terre, par consequent toujours mouillés de l'eau de la riviere ; & tant s'en faut qu'il y ait à craindre qu'ils pourissent, qu'au contraire ils s'endurcissent de plus en plus, ayant été passés par le feu sur des chevalets, avant que d'être mis en œuvre.

Les pierres sont assises, & portent des deux bouts sur le pilotis, & celles tant des batardeaux, que des cintres ont été choisies avec grand soin, & beaucoup de curiosité : ce sont tous grands quarrés de pierre, & fort gros ; les arcades en sont aussi bien menées.

On voit dans la structure de ce Pont une grande gaieté, mêlée neanmoins de beaucoup de majesté qui plaît & rejouit extraordinairement la vûe.

C'est le premier & le plus ancien de tous nos Ponts de pierre, & c'est neanmoins le seul qui ne se soit point encore dementi ; au lieu que tous nos nouveaux ou tombent en ruine, ou ont besoin de grandes reparations.

Les pierres en sont toutes fort petites, & égales, d'une ordonnance contraire à celle du Pont-neuf, qui sont toutes fort grosses.

Le mortier, le caillou, & le gravier font un seul corps, & sont de l'ancienne façon, ou maniere des Anciens.

L'Architecte en fit preparer le mortier, ainsi que la chaux vient du four, avec du sable de riviere, qui porte plusieurs sortes de cailloux de la grosseur du poing pour le plus, ou d'un œuf, & qui est accompagné de plusieurs autres petits cailloux comme on les trouve dans la riviere. Telle matiere detrempée & mêlée avec la chaux & le mortier, sert de pierre & de mortier tout ensemble, attendu que tel gravois porte du sable avec lui, & se jette tout-à-une fois dans les fondemens, sans que les maçons ayent la peine d'y besogner avec leur truelle, car il suffit de le dresser uniment avec la pelé. L'ayant ainsi repandu jusqu'à un demi pied d'épaisseur ; il y fit jetter & entremêler par ci par là plusieurs grosses pierres seules, ainsi qu'il les put trouver à propos, sans toutefois qu'elles se touchassent ; les plus dures y sont les meilleures, comme sont rochers ou cailloux. Après cela il fit rejetter encore par dessus du même mortier, comme il avoit fait auparavant, & fit ainsi continuer jusqu'à ce que les fondemens fussent pleins. Telle matiere ainsi disposée s'endurcit, & se resserre si fort, qu'étant accumulée & liée ensemble, elle devient comme une seule masse, ou roche, laquelle la nature auroit fait tout d'une piece, étant si forte, & si massive quand elle est seiche, qu'on ne la peut rompre avec le pic, ou autre instrument, ni aussi arracher les cailloux, qu'ils ne se mettent en pieces. La raison est que telle matiere ainsi jettée dans des fondemens larges, & participant de quelque humidité d'eau, & moiteur, detrempe le mortier qui demeure ainsi fort long-tems à dessecher ; de sorte que les gravois, les cailloux, & la roche s'abreuvent, & attirent la graisse, force, & puissance de la chaux, jusques dans l'ame, pour ainsi dire, & au milieu d'eux : & quand quelquefois on en a fait rompre quelques-uns de ceux qui avoient été mis en œuvre, on les a trouvés par le dedans très-blancs, jusqu'au milieu, & de même couleur que la chaux : ce qui ne se fait à un fondement de peu de largeur, à cause qu'il dessecheroit trop tôt la pierre dure où les cailloux qui n'auroient pas le tems de tirer la force de la chaux.

Ce Pont est de pierre de taille faisant six grandes arches égales : dessus sont édifiées soixante-huit maisons égales en grandeur, & en symmetrie, de pierre de taille & de brique.

Le 16. Juillet 1507. fut assise la premiere pierre de la sixiéme & derniere arche. Petit dit qu'il fut achevé cette année-là.

Voici le Distique Latin de Sannazare que l'on pretend être gravé sous une des arcades du Pont, & que j'y ai inutilement cherché.

Jucundus geminum posuit tibi Sequana pontem,
Jure tuum potes hunc dicere Pontificem.

Le Poëte à fait allusion à l'inscription du Pont de Trajan sur ces mots :

Prudentia Augusti vere Pontificis.

Les sentimens sont partagés sur l'état de la religion de *Jucundus* ou Joconde, car les uns le font Dominicain, & les autres Franciscain ; il y a neanmoins de bonnes raisons pour croire qu'il étoit Jacobin.

Mais pour reprendre l'histoire de ce Pont d'un peu plus haut, nous dirons qu'en 1412. les Religieux de St Magloire, Seigneurs & Proprietaires de la place qu'occupe aujourd'hui le Pont Notre-Dame, permirent à la Ville de le faire large de douze toises ; d'élever des maisons dessus, & de ranger sur le bord de la riviere trois toises au-deçà & trois toises au-delà tels édifices qu'elle voudroit ; & le tout sans s'y reserver ni le droit de pêche qu'ils

DE LA VILLE DE PARIS Liv. III.

y avoient, ni même aucun autre, se contentant seulement de vingt sols parisis de cens, avec la justice haute, moyenne & basse.

L'année d'après le Prevôt des Marchands & les Echevins resolurent de le faire de bois. Charles VI. le Duc de Guyenne son fils aîné, les Ducs de Berri & de Bourgogne ses oncles, & le sire de la Trimoille y mirent la premiere pierre. Le Roi lui donna le nom de Pont Notre-Dame qu'il a toujours conservé; & pour l'entreprendre fit don devant & après de quinze arpens de bois des forêts de Lyons, de Cuisse & de Pontcourt, outre le tiers des impôts qu'il prenoit sur la Ville, qui montoient à plus de trente-cinq mille francs d'or. Les conditions furent qu'ils l'entretiendroient de toutes sortes de reparations: Qu'aucun Orfevre ni Changeur n'y pourroit demeurer: Qu'il y auroit toute justice & seigneurie, mere, mixte & impere, les lods & ventes, avec un denier de cens sur chaque passée. Ceci étant venu à la connoissance des Religieux de St Magloire, aussi-tôt ils s'opposerent à l'enregîtrement des Lettres du Roi à la Chambre des Comptes. La cause y est plaidée. Angevin Procureur General, soutient que le Roi est Seigneur censier & haut-Justicier sur le Pont: & par Arrêt, les Lettres sont enregîtrées sans modification. Cependant aujourd'hui le Roi n'y jouit ni de cens, ni de rentes, ni de lods & ventes; & quoique la Ville ait payé long-tems à la recette du Domaine dix-sept deniers parisis pour ses dix-sept passées, néanmoins il y a long-tems qu'elle ne les paye plus. Au rapport de Gaguin, il y avoit dessus soixante maisons uniformes, ou soixante-cinq suivant les regîtres de l'Hotel-de-Ville.

Depuis, par la faute du Prevôt & des Echevins, qui negligerent les ajournemens, les sommations & les rapports du Maître des œuvres de charpenterie de la Ville, & des autres Experts; ce Pont tomba en 1499. le vingt-cinq Novembre. Mais comme auparavant déja on aprehendoit cet accident; il n'y perit que quatre ou cinq personnes; & pourtant on en fit plus de bruit que si Paris eut été enseveli sous ses ruines. Et parce qu'avant cela, un an peut-être ou environ, un nommé Robert de Leglie, Artillier de son metier, y avoit poignardé sa mere, le peuple superstitieux n'attribua pas moins la cause de tel malheur à ce parricide, qu'à la negligence de la Ville.

Aussi-tôt on mit en prison non seulement le Prevôt des Marchands & les Echevins, mais encore ceux de l'année precedente, avec le Procureur du Roi, le Greffier & les deux Receveurs de la Ville. A la place de ceux qui étoient en charge on commit cinq autres personnes: & par Arrêt de neuf Janvier où assista Charles Duc de Gueldres, les Echevins nouvellement élus, furent démis pour cette fois-là seulement; les autres pour toujours, aussi-bien que le Prevôt des Marchands, qui de plus fut condamné en mille livres parisis d'amende, & les deux anciens ou premiers Echevins à quatre cens livres chacun. Pour ce qui est de ceux de l'année d'auparavant, la Cour les condamna aux dommages & interêts pretendus par les habitans du Pont & des environs, dont elle se reserva la taxe: mais tous ensemble à rendre ce qu'ils avoient reçu lorsqu'ils étoient en charge; & à garder prison, jusqu'à ce qu'ils eussent satisfait à leur Arrêt.

D'ailleurs l'Office de Greffier fut demembré de ceux des Receveurs. Sur l'amende du Prevôt des Marchands, on ordonna qu'il seroit pris cent livres parisis pour être employées à faire dire un service solemnel dans l'Eglise de Paris; & autres œuvres pies; pour le repos des ames de ces quatre ou cinq personnes qui étoient peries avec le Pont; sans d'autres choses & d'autres peines decernées contre eux, qui conviennent mieux à une histoire generale qu'à une particuliere; mais qu'on peut voir dans l'Arrêt que j'ai rapporté & mis parmi mes preuves.

Du reste le Prevôt des Marchands & les anciens Echevins n'ayant pas assés de bien pour satisfaire à l'Arrêt, acheverent leur vie dans la prison, à ce qu'on dit, & y languirent le reste de leurs jours.

Cependant on s'assembloit à l'Hotel de Ville & dans l'Hotel du Roi près les Augustins; tout de même dans sa chambre verte & dans celle du Conseil du Parlement, pour savoir si on referoit ce Pont ou de pierre ou de bois, & comment on pourroit recouvrer un fonds pour en faire les frais.

A l'ordinaire quantité de gens se mêlerent d'offrir des desseins & de donner des avis. Pour les examiner, on fit venir de Blois & d'Auvergne quelques Maîtres des Ponts, & des Mariniers-Maçons.

Avant que de commencer le travail, on prit toutes les precautions requises; tant qu'enfin en 1500. il fut arrêté le douze Mars qu'on le feroit de pierre & consisteroit en cinq piles & six arches.

Le vingt-huit le Gouverneur de Paris y mit la premiere pierre du côté de la rue de la Tannerie. Bouchart Conseiller au Parlement, & les cinq personnes commises au gouvernement de la Ville, pendant la prison du Prevôt des Marchands & des Echevins, mirent la seconde le lendemain.

L'Isle Notre-Dame, où il n'y avoit alors aucun édifice, servit à tailler le bois & les pierres; & on fit marché à six livres par mois avec huit bateliers, pour y passer & faire repasser à toute heure aussi-bien les hommes que les autres choses necessaires.

Dans une assemblée tenuë à l'Hotel de Ville cette année-là, où assista frere Jean Joyeux Religieux Jacobin, dont j'ai parlé auparavant sous le nom de Joconde, il fut conclu qu'on feroit un bâtardeau qui renfermeroit trois piles, sans y comprendre la premiere : & depuis ce tems-là jusqu'en 1502. on s'assembla plusieurs fois pour convenir de la forme des autres.

En 1503. les piles furent élevées à telle hauteur qu'on traita avec des Charpentiers, pour faire dessus en un mois un Pont de bois large de deux toises. Et en 1504. le vingt Juillet par le conseil de frere Joconde commis au controlle de la pierre, & de Didier de Felin Maître des œuvres de maçonnerie de la Ville, & Maître principal touchant la Surintendance de l'ouvrage de la maçonnerie, on trouva à propos de ne pas donner aux arches le plein cintre, à cause qu'elles auroient eu trop de hauteur, & qu'il y auroit eu trop à monter.

Du reste les régitres ni du Parlement, ni de la Chambre des Comptes, ni de l'Hotel de Ville, ne portent point que frere Joconde ait donné, comme on dit, le dessein de cet édifice; & enfin il ne s'y voit rien qui s'accorde avec le Distique Latin fait par Sannazare, que citent Vazari & du Breul, & gravé, à ce qu'ils pretendent sans raison, sous une de ses arches. Car tant s'en faut que cela soit, que dans ceux du Parlement, au contraire, toutes les qualités que prend-là ce Religieux sont, tantôt de controlleur de la pierre, ainsi qu'il a été dit, tantôt de commis à soy donner garde sur la forme d'icelui Pont. Et de plus il y paroît que pour cela il avoit huit vingts livres de gages.

Après tout, si l'Auteur des chroniques nouvellement additionnées à Monstrelet, nous dit que Louis XII. donna la conduite de cet ouvrage à Jean Doyac, il y a toute apparence que Jean Doyac, frere Joconde, & frere Jean Joyeux, n'est que la même personne : Que Jean Doyac est un nom corrompu & formé sur celui de Jean Joyeux; & que ces chroniques raportent une circonstance contraire aux regîtres, où cependant elle devoit être. Car enfin par tout ce que je viens de dire, on voit manifestement que Didier de Felin avoit la Surintendance de cette entreprise; par consequent qu'il en a donné le dessein, & que frere Joconde n'avoit que la conduite des pierres qu'on employoit.

Ce n'est pas sans repugnance que je m'amuse à de si petites choses avec tant d'exactitude; mais il s'agit du Pont le plus beau & le mieux bâti de Paris & du royaume. Vazari le vante comme l'ouvrage d'un Italien, & je n'en ai point vû dans l'Europe qui lui puisse être comparé : je ne dis pas pour la maniere de bâtir, je dis même pour l'agrément dont il remplit les yeux aussi-bien que l'esprit de tous ceux qui le considerent.

A l'égard de la dépense, Louis XII. en 1499. 1501. 1505. 1506. 1507. 1508. & 1511. accorda à la Ville divers droits, sur le bétail à pied fourché, le poisson de mer, le vin & autres choses amenées & vendues à Paris, pour lui donner moyen de le mettre en cet état. Or comme la ruë Planche-mibrai, & celles de la Lanterne & de la Juiverie qui se rencontrent à l'autre bout, étoient fort étroites, on les élargit de vingt pieds : les maisons de chaque côté le furent de six, nonobstant toutes les oppositions des proprietaires. Ce Pont en 1512. fut entierement achevé au mois de Septembre.

Dans le livre gris du Châtelet nous lisons qu'il revint à deux cens cinquante mille trois cens quatre-vingts livres quatre sols quatre deniers tournois. Suivant un compte plus sur & plus exact, que j'ai mis dans mes preuves, il coûta onze cens soixante-six mille six cens vingt-quatre livres.

Voila sans difficulté deux supputations bien exactes, & pourtant bien differentes. J'y ajouterois plus de foi, si je les avois trouvées dans quelques regitres de la Chambre des Comptes, & si elles ne se contredisoient pas.

LE PONT-NEUF.

EN 1556. les habitans du faux-bourg St Germain & ceux de l'Université representerent à Henri II. qu'il étoit expedient d'entreprendre un pont entre le Louvre & l'Hotel de Nesle, où est à present le College des Quatre-nations. Le Roi aussi-tôt mande le Prevôt des Marchands, & lui fait savoir qu'il veut que la Ville le fasse à ses dépens. Il répondit que la Ville n'en avoit pas le moyen, d'ailleurs qu'on n'y pouvoit travailler sans embarasser la riviere, & incommoder le commerce & la navigation quinze ans durant au moins ; mais qu'enfin si ceux qui en avoient besoin étoient si pressés, qu'ils le pouvoient bâtir à leurs dépens : si bien qu'il n'y songea plus que quelque vingt-ans après.

En ce tems-là les voutes du pont Notre-Dame se trouverent ébranlées par le passage de l'artillerie & des charrois ; la Ville à qui il appartient, crut que pour le conserver, il falloit faire encore un pont ou deux, & pendant qu'on y travailleroit, établir des bacs sur la riviere pour les charrois & l'artillerie : ce que le Prevôt des Marchands & les Echevins proposerent au Roi en 1577. & depuis encore pour la même raison.

D'abord, ils mirent en avant l'embelissement de Paris & l'utilité publique & ajouterent à cela toutes les raisons qu'ils jugeoient necessaires pour obtenir du Roi ce qu'ils souhaitoient. Henri III. qui peut-être n'avoit rien de recommandable que la magnificence, accorda leur demande sans difficulté, & aussi-tôt les Lettres & les Expeditions leur furent delivrées.

En 1578. le seize Mars le premier President du Parlement, celui de la Chambre des Comptes, le Procureur & les Avocats generaux avec un Intendant des Finances & autres furent nommés Commissaire de l'ouvrage.

Le Roi pour favoriser l'entreprise, mit un impôt d'un sol pour livre sur les tailles, tant de Bourgogne & de Champagne que de Normandie & Picardie, & vint mettre la premiere pierre, le jour même qu'il avoit vu passer la pompe funebre de Quelus & de Maugiron : & comme c'étoient ses favoris, & qu'il les avoit pleurés à chaudes larmes ; de mauvais plaisans firent courir le bruit qu'il avoit resolu de donner à ce pont le nom de Pont des pleurs.

HISTOIRE ET ANTIQUITES

Du Cerceau en fit le modele dont il eut cinquante écus, aussi bien que de la conduite de l'ouvrage; l'année n'étoit pas encore finie, que les quatre premieres piles du côté des Augustins étoient élevées de près d'une toise chacune.

En 1579. au mois de Juin, elles venoient jusques auprès de l'imposte: au mois de Juillet, il fut resolu de commencer les arches de toutes celles qui étoient faites entre les Augustins & l'Isle du Palais. Cependant on dressoit à côté un pont de bois qui fut achevé à la fin de l'année pour la Fête de l'Ordre du Saint-Esprit, celebrée aux grands Augustins le premier jour de Janvier.

Depuis 1581. jusqu'en 1584. on ouvrit la rue St Louis à travers les maisons du Trésorier de la Ste Chapelle : on travailla aux quais & au pont avec toute l'ardeur & la diligence possible, & le travail auroit toujours continué de même sans le mauvais genie de la Ligue qui en chassa les ouvriers; si bien que tout cessa depuis 1590. jusqu'en 1599.

En ce tems-là Guillaume Marchand & François Petit, deux des Entrepreneurs de l'ouvrage sous Henri III. le furent encore sous Henri IV. & le 17. Mai, moyennant douze cens cinquante écus par semaine, ils promirent d'achever ce pont au mois d'Octobre, depuis la rue Dauphine jusqu'à l'Isle du Palais : & tout de même en 1601. au mois d'Avril, s'obligerent de rendre le reste parfait dans trois ans pour nonante mille écus.

Je ne puis passer, que lors qu'on vint à reprendre ce travail; le Roi par un amour de pere, & sans exemple envers son peuple, abolit l'impôt que son predecesseur avoit crée en le commençant: bien plus qu'il emprunta de l'argent de divers particuliers, en paya bien la rente, & le rendit peu de tems après. Que si pour subvenir à quelques frais, il mit dix sols d'entrée sur chaque muid de vin, peut-être fut-ce afin qu'il n'y eut que les riches & les ivrognes qui fournissent à cette dépense.

Quant au corps de ce pont, on peut dire que ce sont deux ponts de pierre, separés par la pointe de l'Isle du Palais, & dressés sur les deux canaux de la Seine, entre le quai de la Megisserie, celui des Augustins, la place Dauphine & une autre place quarrée, où est érigée la figure equestre de bronze de Henri le Grand : or parce qu'ils sont près du Louvre, & qu'il ne s'en faut guere qu'ils ne s'entretouchent, on les a toujours confondus comme si ce n'en étoit qu'un.

D'abord on le nomma le Pont du Louvre, au moins est-ce ainsi qu'il est appellé en 1583. dans un mandement des Commissaires du septiéme Decembre, mais comme le peuple de Paris, a accoutumé de donner le surnom de neuf aux rues, aux places & aux ponts qu'il voit faire, & que d'abord il donna à ces deux ponts ici le nom de Pont-neuf, il lui est si bien demeuré qu'on ne l'appelle point autrement.

Il consiste en une grande route pour les carosses, les charettes, & les chevaux, qui regne entre deux autres moins larges pour les gens de pied, & relevées de quelques marches. Une pompe qui tire plusieurs muids d'eau à chaque tour de roue, y tient d'un côté. De toutes parts il jouit d'un aspect si beau & si grand, qu'il n'est pas possible de le figurer; & enfin il est accompagné d'une corniche enrichie de masques qui le remplit de grandeur & de majesté.

Je passe vite ces belles choses & beaucoup d'autres, parce qu'elles conviendront mieux au Discours particulier, que je vais donner. Je tacherai de passer encore plus vite le Pont-Marie, les ponts de bois, de la Tournelle, de l'Hotel-Dieu, & des Tuilleries qui me restent à décrire.

DE LA VILLE DE PARIS. Liv. III.

Discours sur le Pont-neuf.

DE la façon qu'on parle du Pont-neuf, il semble qu'il n'y ait qu'un pont, cependant c'en sont deux ; tous deux de pierre, de cent soixante toises de long, composés de douze arcades fort hautes, qui traversent les deux bras de la Seine. D'un bout ils unissent la Ville au quartier où se trouve l'Isle du monde la plus belle, appellée l'Isle du Palais ; & qui du tems des Cesars étoit la Ville de Paris toute entiere : de l'autre ils joignent à cette Isle si renommée le faux-bourg St Germain, qui pour sa grandeur & le nombre de ses Habitans, peut entrer en comparaison avec les villes du Royaume les plus considerables, mais qui de plus les surpasse de beaucoup en beauté & en magnificence.

Ces deux ponts au reste, sont separés & continués par la pointe de cette belle Isle, étroite de sorte en cet endroit, qu'elle n'a que la largeur de deux de leurs arcades au plus : en sorte que cette petite separation les attache de si près, qu'il semble que ce ne soit qu'un pont.

Ce pont fut commencé par Henri III. en 1578. sous la conduite de Guillaume Marchand, ce que je sai par l'épitaphe de cet Architecte, qui est enterré à St Gervais ; & de plus l'histoire de ce Prince m'apprend que d'abord les fondemens en furent jettés du côté des Augustins comme étant le plus étroit & le moins profond des deux canaux de la riviere. Marchand cependant y travailla si peu, que de ce côté-là, avant que d'avoir pû joindre l'Isle du Palais, & mettre même hors d'eau toutes les piles, il abandonna l'ouvrage.

Les Architectes de ce tems-là, à l'envi firent de nouveaux desseins & d'autres devis touchant ce pont : celui de Marchand neanmoins plut davantage, & fut trouvé le plus savant & le plus superbe. Entre tant de desseins & d'élevations, une entre-autres parut assés bien inventée & pleine de politique ; car comme ce pont devoit être placé à une des extremités de Paris, l'Architecte qui la fit jugea que le voisinage du Louvre & du Palais, le rendroit très-passant ; & qu'ainsi il étoit bon de s'assurer d'un poste si frequenté, & si retiré tout ensemble, & qui sembloit, dans une sedition, pouvoir empêcher ou retarder l'union du Roi & du Parlement. De sorte que pour s'en rendre le maitre, il ne trouva point de meilleur moyen que de dresser aux deux bouts de ces deux ponts deux grands arcs de triomphe qui se pussent fermer & ouvrir quand on voudroit ; & de plus d'en élever un autre à la pointe de l'Isle qui occupât toute l'espace qui les separe. Depuis sous Louis XIII. en 1635. on s'avisa de quelque autre chose approchant de ceci, & qu'on vouloit exécuter sur le massif de maçonnerie que nous voyons au pourtour du cheval de bronze ; mais apparemment la petitesse du lieu fit échouer un tel dessein, aussi bien que le precedent, de crainte de boucher ou d'embarasser le passage.

Henri IV. ayant repris ce grand ouvrage en 1597. Marchand & Petit furent les Entrepreneurs & ne le quitterent point qu'il ne fut achevé, avec tant de negligence pourtant & d'avarice, qu'il n'a pu venir jusqu'à nous sans se dementir. Il semble même que nous voulions les imiter, ou plutôt encherir sur leur nonchalance ; car enfin depuis quatre ans & plus qu'il est entre-ouvert, on s'est contenté seulement d'avoir songé à y apporter du remede.

Le rès-de-chaussée de ce pont est partagé en trois longues & larges routes : celle du milieu occupe la moitié de sa largeur, l'autre moitié est distribuée aux deux autres. La principale est pour les carosses & les gens de cheval, & est si spatieuse & commode, qu'il ne s'y fait presque point d'embaras : les deux autres servent aux gens de pied, & ont été relevées de quelques marches, tant pour les garantir de la boue, que pour les tirer

Tome I.   Gg de la foule & de l'importunité des chevaux & des charrois.

Les avenues qui y conduisent ne portent ni une longueur ni une largeur proportionnée à la grandeur de ce majestueux édifice, ni au grand concours de monde qui s'y voit à toute heure. A l'un de ses bouts on y entre par la rue de la Monnoie, mais si courte & si étroite, qu'elle est presque toujours pleine de chevaux & de carosses ; & quant à l'autre bout ce n'est que depuis l'année 1640. qu'on s'est avisé de bâtir la porte Dauphine, ce qui rend cette avenue ici assés passable & assés commode. Avant que de commencer le pont on avoit bien prevu cet inconvenient, & même pour l'éviter, la resolution fut prise de le planter en droite ligne, vis à vis la rue de l'Arbre-sec, comme étant attachée par un bout à celle de St Honoré, & de l'autre terminée par une place qui auroit rendu l'abord du pont tout autrement agreable & plus superbe. Mais le credit du Duc de Nevers fit avorter ce dessein, & le tout pour conserver quelques fondemens d'un Palais imaginaire, qui n'est que commencé & ne s'achevera jamais.

Touchant la structure de ce pont, ce que les Savans estiment particulierement est cette corniche large d'un pied & demi, qui est soutenue de consoles, ornée de masques, & qui regne hors œuvre de part & d'autre au dessus des arcades : & de vrai cette sorte d'ordonnance est si belle, qu'elle a toujours été employée par les Romains, avec beaucoup de succès dans plusieurs de leurs ponts, & que les Curieux admirent aujourd'hui dans quelques uns de ceux qui subsistent encore en Italie. Palladio que tous les Architectes, d'un commun consentement, regardent & reconnoissent pour leur maître, a trouvé d'un si bon goût celle dont les anciens ont rehaussé le pont de Rimini, mais bien plus si spirituelle, & si magnifique, qu'il ne s'est pas contenté de la mesurer & de la dessigner fort exactement, il l'a voulu encore donner au public avec un assés long Discours, & une élevation fort juste. Que si cette corniche, toute nue & simple qu'elle est a merité l'estime d'un si grand homme, combien celle du Pont-neuf en merite-t-elle avec ses masques & ses consoles : car enfin tout le monde les admire au dessous de cette longue corniche, comme donnant à ce pont une espece d'orgueil & de fierté, qui manque à tous les autres ponts du monde, qu'ils augmentent la grandeur & la majesté de cette belle & puissante masse, & qu'on devroit toujours égayer des ouvrages si vastes, & si terribles, par des accompagnemens aussi riches & aussi gracieux. Ensorte qu'il ne se trouve aucun Savant, qui ne fasse un très-grand cas de cette belle union de masques, de consoles, & de corniches, & jamais presque ne regardent ce pont sans les considerer.

Quant à ces masques, on peut dire en general, qu'ils sont tous d'une assés miserable maniere, le nombre des bons en étant si petit, qu'il faut avoir la vue bonne pour les pouvoir discerner parmi une si grande quantité. Je pense neanmoins en avoir détaché plus d'une trentaine de cette mauvaise confusion ; & dans cette trentaine en avoir compté plus de vingt qui meritent qu'on jette les yeux dessus, sur tout à cause de leur bisarrerie. Si ce pont eut été achevé, Pilon qui a conduit ces bons masques auroit continué les autres tout de même ; mais cette grande entreprise fut interrompue par les troubles, & notre Sculpteur obligé d'abandonner son travail. Depuis à la verité, l'ouvrage a été repris & continué, mais dans un tems que les guerres avoient chassé les Beaux-arts du Royaume, & qu'on payoit assés mal toutes sortes d'ouvriers.

LE CHÈVAL DE BRONZE.

LA figure equeftre d'Henri IV. qui fait la plus belle partie du Pont-neuf eft venue d'Italie, & paffe pour un des meilleurs ouvrages que nous voyons de Jean Boulogne. Ferdinand I. la fit jetter en bronze à Florence: mais étant demeurée imparfaite par la mort de ce Grand Duc, & tout enfemble par cellede ce grand Sculpteur; Côme II. la fit achever par PietroJocca, & prefenter à la Reine Regente par le Chevalier Pefcholini.

On fut affés long tems à fonger ce qu'on en feroit, & à choifir un lieu digne d'une fi belle figure, & enfin on n'en trouva point qui fût plus propre que celui qu'elle occupe maintenant entre ces deux ponts de pierre; comme étant à la pointe de l'Ifle du Palais vis-à-vis la place Dauphine, & à l'endroit le plus beau, le plus frequenté, le plus vifible, & le plus confiderable de la Ville. Et certainement ce riche trophée a été érigé avec d'autant plus de raifon, que c'eft le quartier où cet excellent Prince, a bâti & joint enfemble de plus fuperbes & de plus magnifiques ouvrages; car c'eft par fon ordre que la rue & la place Dauphine ont été conftruites, fans parler de fa grande galerie; & Henri III. a fait faire fi peu de chofe au Pont-neuf, que fans injuftice on peut l'attribuer tout entier à fon fucceffeur.

Marchand & Franqueville, en 1614. furent choifis pour la place. Marchand fit le pied d'eftal de marbre fur lequel elle eft pofée; & pour me fervir des termes mêmes qu'on lit dans les comptes que rendirent alors à la Chambre les Treforiers; Franqueville employa fon induftrie à l'élever & à la mettre deffus ce pied d'eftal. Mais fans doute le Sculpteur & le Maçon eurent tous deux bien peu d'induftrie, d'avoir tourné fi mal le pied d'eftal & la figure, qu'on ne les voit prefque point du dedans de la place Dauphine, & que le Roi en regarde l'entrée de travers, & de mauvais œil. On me dira qu'ils l'ont dreffé à la pointe de l'Ifle, dans le centre de la place qui fepare les deux ponts, & qu'ainfi à l'égard de cette difformité on s'en doit prendre à François Petit, conducteur de la place Dauphine, pour avoir donné à un des quais beaucoup plus de largeur qu'à l'autre, ce qui eft caufe que la pointe de cette place n'eft pas plantée dans le milieu de l'Ifle du Palais. J'avoue que cette raifon peut fervir à les deffendre, & qui pourtant eft la feule, cependant elle ne fatisfait pas trop, car ils devoient prévoir qu'à faute d'affujettir cette figure à l'entrée de la place c'étoit ôter au pont un enrichiffement qui lui étoit très-neceffaire; fi bien qu'en l'état où étoit pour lors la pointe de l'Ifle du Palais, il leur étoit aifé d'établir fon centre où ils euffent voulu; & peut-être eft-ce pour cela que Petit n's'eft pas foucié de placer précifement dans le milieu de l'Ifle la pointe de la place Dauphine.

Les gens du métier tiennent la figure d'Henri IV. fi accomplie qu'ils la font paffer pour un des chef-d'œuvres de Boulogne, l'attitude leur en femble martiale autant que naturelle, ils trouvent dans tout le corps beaucoup de grace & de fermeté; ils remarquent dans le port cette majefté & cette douceur qui rendoient l'original fi aimable, & qui le faifoient aimer fi generalement de tous les peuples: le vifage en eft fi vivant & fi reffemblant, qu'ils difent que la vie de ce Heros fera auffi longue que cette figure; & qu'une reprefentation fi naïve l'immortalifera mieux dans la memoire des François, que ne font ni l'hiftoire, ni les édifices. Il eft bien vrai qu'il n'étoit pas difficile de reprefenter fon vifage au naturel, puifque nous voyons que tous ceux qui s'en font mêlés y ont reuffi; mais cependant il faut avouer que cette figure eſt une des plus reſſemblantes que nous ayons de ce grand Prince.

Le Cheval n'eſt pas ſi eſtimé que la figure ; à la verité c'eſt un courſier de Naples fort noble, & bien conditionné, mais peut-être que s'il avoit un peu moins de flancs, de ventre & d'embonpoint, les jambes du Roi n'en paroîtroient-elles pas ſi courtes ; & lui-même ſeroit beaucoup mieux proportionné à la taille du Prince qu'il porte.

Ce gros cheval foule aux pieds les quatre parties du monde, repreſentées par quatre captifs de bronze, grands comme nature, & liés aux quatre angles du pied d'eſtal ; captifs qu'on peut appeller des ſquelettes, tant ils ſont maigres & décharnés ; auſſi ceux qui s'y connoiſſent ſoutiennent que s'il n'y en avoit point du tout, cela n'en ſeroit que mieux.

Le Cardinal de Richelieu en 1635. fit garnir les faces de ce pied d'eſtal de cinq bas reliefs de bronze, qui comme autant de tableaux, nous font voir les cinq principales conquêtes de ce grand Roi ; & qu'on regarde bien d'un autre œil que les captifs de Bourdon & de Francaville : ils furent diſtribués entre Boudin, Bourdon, & Tremblay ; Bourdon en fit trois, & les deux autres furent faits en concurrence par Boudin & par Tremblay.

C'eſt encore par l'ordre & les ſoins de ce premier Miniſtre, que cette figure equeſtre fut accompagnée au pourtour d'un quarré & maſſif de maçonnerie qui avance tout entier dans le canal de la rivierre, & dont les encoigneures ſont faites en boſſages ruſtiques. Cet homme incomparable, & porté d'une belle ambition, ne ſe plaiſant pas moins à embellir Paris, que le lieu de ſa naiſſance. Et de fait on remarque, que jamais il ne s'eſt entrepris d'ouvrage public, dont il n'ait voulu voir le deſſein, avant que d'être commencé.

CHEMIN SOUTERRAIN SOUS LE REZ DE CHAUSSÉE du Pont-neuf.

QUANTITÉ de gens ne ſauroient ſe laſſer de parler d'un chemin ſouterrain que Linclair le fils s'eſt fait ouvrir ſous le rez de chauſſée de ce Pont, à coups de pics & de ciſeaux, dans le haut du maſſif de la pile qui eſt la plus proche de la pompe ; & d'autant plus qu'ils ſont ravis de traverſer le Pont-neuf à couvert, du bout d'une pile à l'autre.

Pour mieux comprendre ceci, il faut ſavoir que les éperons de chaque pile ne ſont point maſſifs par le haut, de même que le reſte ; que c'eſt un vuide de pierre couvert d'une voute qui forme à chaque bout une chambre aſſés grande, & que le vuide qui joint de plus près la Samaritaine, fut donné à Linclair afin qu'en cas d'incendie, dans un lieu ſi éloigné du ſecours de ſes amis & de ſes voiſins, il eut une retraite, & pût mettre en ſureté promptement ce qu'il avoit de plus precieux. Mais le fils a bien encheri ſur l'invention du pere ; car ſans affoiblir la pile aucunement, il a gagné & rencontré le vuide qui étoit à l'autre bout de la même pile, par le moyen d'un chemin couvert qu'il a pratiqué, comme j'ai dit, le long des reins de la premiere & de la ſeconde arcade. Il s'étoit propoſé de faire deſcendre de la pompe dans toutes les deux chambres quantité de jets d'eau ; & même déja avoit placé ſi induſtrieuſement quelques miroirs dans celle qui regarde le Pont au Change, qu'il voyoit à ſon aiſe tout ce qui ſe paſſoit ſur la riviere & ſur les quais de l'Iſle du Palais & de la Megiſſerie. Mais la mort fit avorter tous ces deſſeins ſi ingenieux & ſi galants.

Au reſte les merveilles de ce beau Pont ne ſont pas toutes renfermées

DE LA VILLE DE PARIS. Liv. III.　237

sur sa longueur & sur sa largeur; il découvre de côté & d'autre des objets admirables, qui ne le rendent pas moins agreable que les ornemens & la beauté de son architecture. Delà, sur les deux bords de la Seine, se presentent d'une part à la vûe une longue suite de maisons superbes & regulieres, & cette galerie si magnifique du Louvre, qui n'a pas sa pareille au monde, ni en longueur ni en ordonnance. Les yeux lassés de tant de belles choses, s'égarent après dans le mariage de la riviere & des arbres de ce Cours incomparable, dressé par Marie de Medicis; & se vont enfin éblouir à trois lieues de Paris dans le tertre du Mont-Valerien & dans les nues. D'autre part la vûe s'embarrasse dans un grand cahos de Ponts, de Tours, de Clochers, de Maisons, de Palais, d'Eglises, de Riviere, & dans cette Place Dauphine, qui ne cede ni en grandeur, ni en gentillesse, ni en regularité, qu'à la seule Place Royale. Une autre beauté encore de ce Pont, mais qu'il a perdue, est qu'autrefois, & cela pendant plusieurs années, les Savans & les Curieux y remuoient une bibliotheque publique & la plus nombreuse du monde, que des Libraires y étaloient tous les jours; si bien qu'en se promenant même, on jouissoit d'une commodité si rare, & si inouie.

Les Romains nous parlent de quatre Ponts qu'Auguste fit construire, & nous en ont laissé des descriptions assés fleuries; mais pas un n'a été ni en grandeur, ni en assiette, ni en ordonnance, ni en beauté d'architecture aprochant seulement du nôtre. Le Pont Senatorius avoit à la verité beaucoup d'enrichissemens qui manquent au Pont-neuf; mais avec tout cela ce n'étoit pour ainsi dire qu'un bijou en comparaison de celui-ci qui porte cent soixante toises de longueur. Ensorte qu'à l'exception du Pont que Trajan fonda dans le Danube, les Romains n'en ont jamais entrepris qui ne fut inferieur au Pont-neuf: encore a-t-il demeuré si peu par la malice & l'envie de l'Empereur Adrien son successeur, qu'il ne subsiste plus que dans les descriptions que nous en font Dion & Scammozzi; car ceux qui se vantent d'en avoir découvert les fondemens & les ruines, les placent dans des assiettes toutes differentes, & marquent leur Pont sur leurs cartes & dans leurs discours, où peut-être il ne fut jamais. Pour revenir au Pont-neuf ses commencemens plurent si fort à Montaignes, que ce Philosophe si moderé, & qui avoit une si grande indifference pour toutes choses, semble être en colere, lorsqu'il se prend à la fortune de l'interruption d'un si merveilleux ouvrage.

PONTS MARIE, ET DE LA TOURNELLE,
& le Pont de bois.

PAR les comptes de Simon Gaucher, Payeur des œuvres de la Ville, depuis 1369. jusqu'en 1371. Il paroît qu'en 1370. il y avoit un Pont de bois entre le Quai de la Tournelle & l'Isle Notre-Dame, de la façon qu'en ce tems-là on travailloit, où il est nommé le *Pont-de-fust de l'Isle Notre-Dame*, & le Pont-de-fust d'entre l'Isle Notre-Dame & St Bernard. En 1370. au mois de Septembre, il fut planchoyé & accompagné d'une petite tour quarrée couverte d'ardoises, avec une porte du côté des Bernardins, qu'on boucha en 1370. & 1371.

Dans ce tems-là même, entre les Celestins & les Bernardins, il y eut un autre Pont nommé dans le même compte, le Pont d'emprès St Bernard aux barres, & le Pont derriere St Bernard aux barres.

En 1605. on proposa à Henri le Grand d'en faire quatre autres de bois; le premier au bout de la rue de Bievre, les trois autres dans l'Isle Notre-Dame aux endroits même où nous en voyons à present un de bois & deux de pierre.

Christophe Marie, Entrepreneur general des Ponts de France, traita avec Louis XIII. en 1611. pour faire les trois derniers en même tems. Ayant pris pour associés Pouletier & Regratier, dont j'ai parlé ailleurs. Il chargea le premier de fournir tout le bois necessaire pour l'entreprise; & sur la frontiere de Picardie, lui fit acheter quatre mille six cens pieds de chênes qui lui couterent dix-huit mille cinq cens livres sur les lieux, & trente-six mille autres pour les conduire à Paris. Durant ceci, des Experts avec quelques Bourgeois & Voituriers, que le Conseil & la Ville avoient nommés pour donner leurs avis, firent une descente sur les lieux, dont le rapport fut different. Les uns trouvoient qu'il falloit faire ces Ponts de pierre de taille, & qu'on ne pouvoit rien entreprendre de plus utile pour le public. Les autres, qu'on n'en devoit point faire du tout; en tout cas, si l'on en faisoit, qu'il n'y eut point de maisons dessus.

Le premier avis l'emporta, & la suite a fait voir que ce fut avec raison. En 1614. on resolut d'entreprendre trois Ponts dans l'Isle Notre-Dame: que celui qui conduiroit à la Cité ne seroit que de bois, les deux autres de pierre; & le tout pour être achevé dans dix ans; à des conditions que j'ai raportées dans mes preuves, & que j'omets ici, parce qu'elles ne furent pas executées.

Quelque tems après à la priere de la Ville, le Roi & la Reine y mirent la premiere pierre, avec des medailles d'argent où sont leurs portraits & quelques inscriptions. Cela fait, tous deux reçurent de la main du Prevôt & des Echevins une truelle, un marteau & un bassin d'argent, où étoit du mortier, & en jetterent dessus avec la truelle, puis fraperent du marteau sur la pierre; & cela au bruit des boetes & du canon de l'Arcenal. La ceremonie achevée, le Prevôt convia le Roi & la Reine à venir prendre la collation à l'Hotel de Ville avec leur suite. Le Roi s'en excusa à cause qu'il se faisoit tard. Pour la Reine, elle y alla avec ses Dames. La collation fut magnifique. On fit bonne chere au son des violons. Je ne sai s'il y eut bal: mais il n'en faut pas douter; car les Dames aiment trop ce divertissement, pour leur être refusé.

En 1617. Marie & ses associés voulurent donner commencement au Pont de bois qui tient à la Cité. Comme c'étoit sur les terres du Chapitre de Notre-Dame, & sans sa participation; le Chapitre aussi-tôt s'y opposa. Les Entrepreneurs eurent beau obtenir du Conseil des Arrêts en leur faveur; tout ce qu'ils firent fut peu de chose, ou ne servit de rien. D'ailleurs Marie abandonna l'entreprise, si bien que le Conseil fut reduit à chercher d'autres Entrepreneurs. La Grange Secretaire du Roi entra en sa place. Plusieurs choses furent changées aussi bien au contrat qu'au dessein de Marie; & de plus il en fut innové tant d'autres dont on ne s'étoit point avisé, qu'il fallut faire un nouveau dessein.

En 1623. donc, la Grange par Contrat du mois de Septembre fut substitué à Marie, aux conditions suivantes. Que dans un an il feroit un Pont de bois pour passer de l'Isle en la Cité ou au Port St Landri, large de vingt pieds dans œuvre, & bordé d'un côté d'un marche-pied qui auroit trois pieds de largeur & quinze pouces de hauteur. Que dans six ans il acheveroit les deux autres. Qu'il pourroit faire dessus & sur la descente du côté de St Paul telles maisons qu'il lui plairoit; mais que sur l'autre il n'y auroit ni maisons, ni échopes, ni boutiques.

Je laisse-là le reste, comme ne meritant pas de s'y arrêter. En 1624. à la verité la Ville lui donna l'alignement du Pont de bois. Mais en 1627. à l'exemple de Marie, il se déporta entierement de cette entreprise; & Marie à qui il avoit été subrogé la reprit.

Cependant les Chanoines ne laissoient pas toujours de traverser les Entrepreneurs; ce qui dura jusqu'en 1642. que le Roi promit de leur donner dans un mois les cinquante mille francs pour la largeur de trente pieds du

DE LA VILLE DE PARIS. Liv. III. 239

Quai du Port St Landri, qu'ils vendirent à Marie & à ses associés, afin de faire la culée & le passage du Pont de bois ; avec parole encore, qu'il ne seroit fait dessus ni maisons ni boutiques ; qu'on n'exigeroit rien d'eux non plus que de leurs gens, de leurs carosses & de leurs chariots ; & cela autant sur les deux autres Ponts que sur celui-ci ; ni enfin qu'on n'en entreprendroit point un quatriéme au Terrain.

Quatre mois après, le Roi pressé d'accomplir sa promesse, leur transporta les cinquante mille livres en question, sur les places de l'Isle bâties & non bâties, à raison d'un écu par toise. A cette nouvelle, quelques propriétaires des maisons déja bâties, pour se décharger de cette taxe, se presentent au Conseil, & demandent au nom des autres, d'être reçûs à la place de Marie & de ses associés, & l'obtiennent, à la charge de satisfaire le Chapitre, & d'achever le Pont vers la Tournelle de la même façon que nous le voyons aujourd'hui, sans maisons, boutiques, ni échopes ; avec un chemin de part & d'autre pour les gens de pied comme au Pontneuf ; relevé de trois pieds & large de sept.

De ces trois Ponts, celui qui tient au Port de la Tournelle, se nomme le Pont de la Tournelle ; l'autre qui conduit au Port St Paul, s'appelle le Pont-Marie. Le dernier n'a point d'autre nom que celui de Pont de bois. Si je n'ai pas dit en son lieu, qu'à côté des deux premiers on fit deux Ponts de bois, en attendant que ceux-ci fussent achevés, c'est que je ne sçai point quand on les commença ; & je n'ai rien à dire d'eux, sinon qu'on ne payoit rien à celui qui regnoit à côté du Pont de la Tournelle, au lieu qu'à l'autre on exigeoit un double des gens de pied ; ce qui fut cause qu'on l'appela le Pont aux doubles.

Je ne sai s'il seroit à propos de dire ici, que Vouet Peintre celebre, obtint en vain permission de la Reine Regente, d'ériger au bout du Pont de la Tournelle, vers les Bernardins, un grand pavillon Royal, accompagné de petites maisons & échopes, & bâti en arc de triomphe, pour marquer les victoires du Roi.

On sait qu'en 1651. la Seine débordée emporta une partie de ce Pont ; & depuis si bien reparé qu'il n'y paroît pas.

Que le Pont de bois consiste en un chemin large de quatre toises, sans marche-pied relevé des deux côtés. Qu'il est tombé quelquefois : & que pour avoir resisté à l'inondation de l'année 1658. on tient qu'il resistera encore à bien d'autres, pourvû qu'on y fasse les reparations necessaires.

Pour ce qui est du Pont-Marie, il contient cinq arches, quatre piles ; deux culées, & a cinquante toises de long sur douze de largeur, jusqu'en 1658. qu'il fut renversé en partie par les eaux. Il a été bordé de cinquante maisons uniformes & profondes de quatre toises : trente-six autres portées presque entierement sur des arcades, sont rangées sur ses aîles aux descentes du côté de la Gréve & des Celestins.

LE PONT DE L'HOTEL-DIEU.

COMME l'Hotel-Dieu se trouve resserré entre la riviere & la rue Neuve-Notre-Dame, le Petit-Pont & l'Archevêché, & que tous les jours le nombre des malades s'y multiplie, il n'étoit possible de l'accroître, à moins de le faire enjamber de l'autre côté, & lui faire passer l'eau. Pour retirer tant de malades il fallut avoir recours à cet expedient, si bien qu'en 1626. les Administrateurs de cet Hopital demanderent permission au Roi, & à la Ville de bâtir pour cela un pont de pierre, & une salle dessus, ce qu'ils n'eurent pas de peine à obtenir.

Aussi-tôt quelques maisons particulieres, tant de l'Archevêque, que du

Chapitre qui couvroient les places où se devoient faire les entrées & les sorties, leur furent vendues, & la Ville en donna l'alignement vis-à-vis la rue du Fouarre.

Là dessus on en jette les fondemens, on y travaille, & huit ans après il est achevé. Ensuite à la requête des habitans & des proprietaires des maisons, tant de la place Maubert, que des rues circonvoisines, eû égard à l'Arrêt du Conseil, & à des Lettres de l'année 1634. enregîtrées en Parlement, le Roi en 1637. en fit faire l'ouverture, & ordonna que les gens de cheval qui viendroient à y passer, payeroient deux liards, & les gens de pied un double. On l'appelle le Pont de l'Hotel-Dieu, & il consiste en deux salles l'une sur l'autre, si larges chacune, qu'il s'y voit quatre rangées de lits, & deux allées pour fournir aux malades les choses necessaires ; & de plus en un pont, ou chemin pavé, où ne vont guerre que des gens de pied, comme y ayant trop à monter, & à descendre pour des gens de cheval, en entrant & sortant. Ce Pont au reste est tout de pierre & bien bâti.

LE PONT DES TUILLERIES.

CE Pont est de bois, & a eu divers noms. Tantôt on l'appelle le Pont-rouge, parce qu'il étoit peint de rouge ; tantôt le Pont-barbier, parce qu'il fut entrepris par Barbier, Controlleur general des bois de l'Isle de France : depuis, le Pont Ste Anne, à cause d'Anne d'Autriche, Reine Regente, en faveur de laquelle les Theatins établis près de là, ont mis à l'entrée de leur Eglise, au dessus de la porte, Ste Anne la Royale : depuis quelques années on l'appelle le Pont des Tuilleries, parce que les Tuilleries qui est le jardin du Louvre est tout devant.

Dès 1622. Vassant, Intendant des finances, & des munitions de guerre; Garsanlan, Maître de la Chambre aux deniers, Potier, Secretaire du Roi, Sandras & Barbier, de qui je viens de parler, tous Adjudicataires du Palais & du Domaine de la Reine Marguerite, assis aux environs, sur le bord de la riviere, supplierent le Roi par une requête de leur permettre de bâtir ce pont à leurs depens vis-à-vis le Louvre, moyennant certains droits de peage, & quelques deniers extraordinaires qu'ils promettoient d'indiquer pour subvenir aux frais de cette entreprise. La Ville à qui, selon la coûtume, on renvoya leur requête, reconnut qu'un Pont, à la verité, apporteroit de la commodité & du soulagement au public, & à tous ceux du quartier ; mais en même tems, elle suplia le Roi de le faire à ses depens, tant pour soulager le peuple des droits de peage, que des deniers extraordinaires, proposés par les entrepreneurs. Quelques années se passerent, sans que la Ville, & les Tresoriers de France pussent convenir d'un endroit à le placer : d'abord ils vouloient le faire au-dessus de la lanterne de la grande gallerie du Louvre : en 1625. ils en donnerent l'alignement vis-à-vis son balcon. Enfin en 1631. le Roi ayant permis à Barbier, sous le nom de Pidou, un de ses Commis alors, de le faire de bois, en attendant qu'on en fit un de pierre, & de l'accompagner d'un pavillon, où il pouroit faire une pompe, & une élevation d'eau, pour la commodité du public, dont il auroit la disposition, en 1632. ils donnerent l'alignement de celui qui subsiste aujourd'hui. Il est au-dessous de la rue St Pere, & a été placé là exprès, afin d'en pouvoir faire un de pierre entre cette rue, & celle des Tuilleries, qu'on vient de comprendre dans le jardin du Louvre. Au reste c'est le seul de Paris qui traverse toute la riviere. Barbier le fit élever sous douze passées, peindre de rouge, & border de balustres de même couleur, & même y commença une pompe, qui n'a jamais été conduite à sa perfection ; car elle fut brûlée par un laquais, dit-on, qui par malice, ou autrement

DE LA VILLE DE PARIS. Liv. III.

trement, jetta un flambeau alumé dans un bateau de foin, qu'on y avoit attaché.

Depuis nous l'avons vû souvent rompu, & refait. Le bruit a couru fort long-tems qu'on le vouloit faire d'une seule arche, mais ce n'a jamais été qu'un bruit de ville. Apparemment on le fera de pierre quelque jour, comme Louis XIII. l'avoit resolu en 1631. puisque déja en faisant le quai qui borde du côté du Louvre, on a donné commencement à la naissance du cintre de sa premiere arche.

DIVERS PONTS TANT DE LA VILLE
que de l'Université.

OUTRE ces grands Ponts dressés sur la Seine entre l'Université & la Ville, il y en a eu autrefois, & il y en a encore plusieurs petits dans la Ville, dans l'Université, & aux environs: les uns dans les marais, & sur la riviere de Bievre, autrement dite des Gobelins ; d'autres à travers les égoûts, quelques-uns dans des carrefours, pour servir de passages en tems de pluie, dont la plupart ne sont plus sur pied, hormis les deux Ponts-aux-biches, le Ponceau, & le Pont-Alais, si fameux par un conte qui de la bouche du peuple a passé dans celle des honnêtes gens. Quant aux autres qu'on peut dire sans nombre, ou ils sont detruits, ou ils sont petits, & peu dignes d'être remarqués. Ajoutés à cela quelques bateaux de passage, établis çà & là en divers endroits, du tems qu'il n'y avoit à Paris que le Petit pont, & le Grand-pont, nommé aujourd'hui le Pont-au-change, & qui servoient seulement aux chevaux de charge, & aux gens de pied & de cheval. De ces bateaux, l'un étoit proche la porte de Nesle, où est le College des Quatre nations ; un autre vers le Louvre ; d'autres aux environs de St Gervais, St Landri, Notre-Dame, St Bernard, & les Celestins. Quant aux bateliers qui passoient là, ils devoient être experimentés, & leurs bateaux en bon état, & garnis de tout ce qui étoit necessaire, sur peine de dix sols parisis d'amende ; de plus il leur étoit deffendu autant le matin que le soir de passer personne, qu'il ne fût jour suffisant, ni depuis qu'il étoit anuité, & qu'on ne voyoit à connoître un tournois d'un parisis. A l'égard de leur salaire, ils prenoient aux Celestins & au Louvre un denier parisis par homme, & autant par cheval, à cause qu'ils passoient la riviere en une seule fois ; du port St Gervais au Cloître Notre-Dame, & au port St Bernard, on leur donnoit deux deniers tournois, parce qu'ils traversoient la Seine à deux fois ; aux autres endroits, ils ne pouvoient prendre qu'un denier tournois, à raison qu'ils n'en passoient qu'une partie : & n'osoient exiger davantage sur peine encore de dix sols parisis.

PORTS.

LES Ordonnances parlent de deux Ports pour le plâtre cru, la pierre & le moilon, dont l'un appellé le Port des Barres, étoit au bout de la rue des Barres, à côté de celle de la Mortellerie ; l'autre audessus, hors de la Ville, près d'une Tour, nommée en ce tems-là, la Tour de Billy. Le premier maintenant sert à d'autres choses, que je dirai plus bas ; le dernier est toujours pour le plâtre, le moilon, la pierre, & conserve toujours son ancien nom de Port-au-plâtre.

En un mot elles portent qu'à la Gréve, à l'Ecole, & à la Buscherie de

Tome I.

Petit-pont, étoient les Ports, où abordoient les buches, & toute forte de bois, tant de charpenterie, qu'autre. Et quant au vin qui defcendoit à la Gréve pour être vendu là, quoique tout contre, il y avoit encore un Port de Bourgogne, & un Port François, & les moulins du Temple, où demeuroient quelque tems les vins de Bourgogne, François & de la riviere de Loire. Pour ce qui eft des grains, le trafic s'en faifoit à la Gréve, au Port St Paul, à l'Arche-beau-fils, près les Celeftins, & à la Tournelle, au Port St Bernard, & au Port St Landri, comme j'ai dit auparavant. Les Ports de la Cité au refte, furtout le Port de St Landri, & celui de Notre-Dame m'ont engagé infenfiblement à traiter des autres contenus dans les Ordonnances de Charles VI. qui en font mention, & cependant m'ont empêché de parler de quelques-uns, plus anciens peut-être que les derniers, & bien autant pour le moins, que tout le refte.

En 1621. quelques particuliers propoferent au Roi, non feulement de faire des chauffées, tant au Port au plâtre, qu'à la Tournelle, & aux environs ; mais encore de les paver, & de les entretenir, pourvû qu'il leur fût permis de prendre deux fols fur chaque voie de bois, de plâtre & de moilon qu'on y vendroit. A l'ordinaire, leur requête ayant été renvoyée au Corps de Ville, fur ces entrefaites les marchands de bois, ayant offert de faire paver & entretenir ces mêmes lieux, qu'ils prendroient fur eux, & non pas fur le public : cette propofition fut preferée à l'autre, & les ouvrages furent adjugés à cent dix-neuf fols la toife, fans que je fache qui en fit la depenfe, ou de la Ville, ou des marchands, ni quel fuccès eut l'entreprife. Je vois feulement que les environs de la riviere de Seine, & la Tournelle font pavés, & que le refte ne l'eft point.

Dans ce même tems là, le port ou guichet St Nicolas fut élargi.

En 1644. fur la fin de l'année les entrepreneurs de l'Ifle Notre-Dame voulurent auffi faire un Port près du quai Dauphin. Le Prevôt des Marchands envoya fur les lieux le Maître des Ports, & fur fon rapport que ce Port ne feroit pas feulement inutile, mais fort incommode à la navigation à raifon que pour le faire il falloit avancer quinze pieds dans la navigation ; mais qu'au refte, on le pouvoit transporter, ou à la pointe de l'Ifle, ou à l'abreuvoir, vis-à-vis le Terrain : & cependant qu'en tous ces endroits-là il étoit difficile de fabriquer aucun Port de vente, faute d'efpace capable de recevoir la decharge des bateaux.

La Ville en même tems defendit aux entrepreneurs de l'Ifle de continuer le travail de leur port, ni même d'y en faire aucun autre fans fon confentement.

Fauchet parlant du Port de l'Ecole, dit que c'étoit *Schola* du tems de Fortunat, &c. voyés Fauchet.

Dans une charte de l'année 1268. tirée du cartulaire de l'Evêque de Paris, il eft fait mention d'une place fituée à l'Ecole St Germain.

De plus quelques Regîtres, & Martyrologes de cette Paroiffe, font voir que dans le Cloître il y avoit autrefois de petites écoles ; que les Chanoines en nommoient le Maître, & le recevoient dans leur Chapitre, en lui mettant une ferule à la main.

Quant au Guichet, je n'en fai autre chofe, finon qu'on le nomme quelquefois le Port St Nicolas, à caufe de l'Eglife St Nicolas du Louvre, qui eft tout contre.

Outre ceci, il y a encore fous la grande gallerie du Louvre, un autre Port qui eft appellé le Guichet ; & ce Guichet-ci en 1527. étoit une fauffe porte bâtie fur le bord de la riviere, par où paffoient les chevaux qui tiroient & remontoient les bateaux chargés de marchandifes. Et parce qu'alors François I. refolut de faire fon fejour ordinaire au Louvre, & aux maifons Royales des environs de Paris, & voulant la renfermer dans une place qu'on faifoit au Louvre de ce côté-là, il commanda au Prevôt des Mar-

DE LA VILLE DE PARIS. Liv. III.

chands de dreſſer un chemin entre le guichet & la riviere pour le paſſage des chevaux & la commodité de la navigation.

Deux ans après, la Ville aſſemblée arrêta, qu'auſſi-tôt que le Roi auroit fait fermer le petit guichet du Louvre, elle feroit faire un paſſage le plus commode & au meilleur marché qu'elle pourroit.

En 1530. elle trouva à propos autant pour ſa ſureté que pour celle du Receveur qui feroit la depenſe du quai du Louvre, d'obtenir des Lettres patentes, où le Roi declareroit lui-même qu'il entend, qu'elle faſſe ce quai, & qu'elle ferme le petit guichet.

En 1535. le Roi écrivit par deux fois au Prevôt & aux Echevins, tant pour les remercier de ce qu'ils faiſoient travailler au quai du Louvre, que les prier & leur donner ordre tout enſemble de le continuer, le paver & le terminer d'une porte & d'un pont-levis, afin que toutes les fois qu'il voudroit aller prendre l'air à Boulogne, où il pretendoit ſouvent ſe retirer, il pût ſortir de Paris par là plus commodement. Enfin ſuivant les regîtres de l'Hotel de Ville, d'où j'ai tiré tout ceci, en 1537. ce quai avoit déja coûté dix mille écus, & ne pouvoit être achevé qu'on n'y depensât encore dix mille écus.

En 1538. le Roi ordonna au Prevôt des Marchands de l'achever. En 1622. on l'élargit pour la commodité de la navigation. Depuis peu il a été applani en des endroits, & relevé en d'autres, afin de pouvoir plus aiſément charger & décharger les bateaux qui remontent & deſcendent la riviere.

DES QUAIS.

S'IL eſt vrai ce que l'auteur de la Chronique manuſcrite de St Denys aſſure, Hugues Aubriot Prevôt de Paris, ſous Charles V. & Charles VI. revêtit preſque entierement les deux côtés de la riviere de murs ou quais de pierre de taille. Preſentement tant la Cité & l'Iſle Notre-Dame, que la Ville & l'Univerſité le ſont, & toutes de fort groſſes pierres & larges, avec de puiſſantes chauſſées ou terre-pleins, bien pavés; les uns relevés juſqu'au rès de chauſſée, les autres applanis & faits en glacis, quelques autres à hauteur d'apui, où couverts de maiſons particulieres.

Au port Malaquêt, devant le jardin des Tuilleries, au port au Plâtre, & hors la porte St Bernard, les quais ne ſont relevés que juſqu'au rès de chauſſée, parce que ce ſont des quartiers bâtis & habités tout nouvellement, & qu'on n'a pas encore eu le tems de revêtir de pierre.

Devant la Gréve, le port au foin, le port au grain, & celui de St Nicolas du Louvre, ils ſont en glacis ou pente inſenſible & commode pour l'embarquement ou debarquement des marchandiſes. A l'égard de la Gréve c'eſt depuis ſi long tems que ſon port eſt en cet état, qu'on croit que la commodité qu'on y a toujours trouvée a fait que de nos jours on a voulu que les trois autres fuſſent auſſi de même.

Dans la Cité les quais à hauteur d'apui ſont ceux qui entourent l'Iſle du Palais depuis le Pont-au-change juſqu'à la rue St Louis; & tout de même dans la Ville, le quai qui eſt entre l'Arcenal & le pont Marie, celui de devant l'Arche Beau-fils ou Mau-fils, depuis la Valée de miſere juſqu'au port St Nicolas, & depuis là juſques aux Tuilleries.

Dans l'Univerſité ils ſont encore à hauteur d'apui entre la porte St Bernard & la rue de la Tournelle, & depuis le pont St Michel juſques par delà le College des Quatre-nations.

Enfin ils ſont couverts de maiſons particulieres preſque tout au tour de la Cité, le long de quantité de rues, de la Tannerie, de la Huchette, de la Buſcherie, de la Tournelle, de St Louis, du quai de Gêvres, devant la

Tome I. Hh ij

Valée de mifere, & encore au bout du pont St Michel, & du pont Marie. Touchant ces maifons, à l'exception de quelques-unes que nous avons vu bâtir de nos jours en quelques endroits, c'eft depuis tant d'années que les autres y font, que nous ne faurions dire en quel tems on les a commencées. Pour moi je n'ai pas de peine à croire que ce n'eft que depuis que nos Rois agrandiffant Paris, qui ne confiftoit qu'en la Cité, en tranfportant fes murs tant au deçà qu'au delà de la riviere, comme la place qu'ils occupoient auparavant devint inutile, on trouva à propos d'en profiter, & de ne la pas laiffer ainfi avec d'autant plus de fujet que beaucoup d'Artifans qui ne fauroient fe paffer d'eau pour leur travail l'envioient, tels que les Bouchers, les Corroyeurs, & les Teinturiers. Auffi la place de ceux qui couvrent & ont couvert les quais ont été & font encore de cette qualité-là.

Voila pour ce qui regarde les quais en general, venons au particulier, & premierement parlons de leurs noms, comme étant d'ailleurs, l'unique moyen de rendre intelligible d'autres chofes que j'ai à dire, & qui feroient obfcures fans cela.

Dans la Cité le quai qui va du pont St Michel à Petit-pont, fe nomme tantôt le Quai du pont St Michel, & tantôt le Quai du Marché-neuf: celui qui regne au tour du Terrain n'a point de nom, comme n'étant pas encore achevé.

L'autre quai qui s'étend en tournant depuis le Pont St Michel fait, la rue St Louis, & depuis la rue St Louis jufqu'au Pont-neuf eft appellé le Quai des Orfevres. Et enfin à commencer là & continuant jufqu'au Pont-au-change, c'eft le Quai de l'Horloge du Palais; & pour rire le Quai des Morfondus, à caufe que le Soleil y vient peu, & que toujours il y fait vent ou froid.

Le quai qui environne toute l'Ifle Notre-Dame, change de nom felon l'endroit. Ici c'eft le Quai-Bourbon, là d'Alençon ou d'Anjou; ailleurs d'Orleans ou Dauphin, ou pour raillerie des Balcons, à caufe qu'il ne s'y voit guere de logis qui n'en ait & même plus d'un. Tous au refte ont été faits depuis peu, & prefque en même tems que l'Ifle; & de plus, ou je fuis bien trompé, aux depens de ceux qui ont fait bâtir vis-à-vis.

Quant aux quais de l'Univerfité, ils ont auffi plufieurs noms: l'un s'appelle le Quai de la Tournelle; les autres ou des Auguftins ou de Nevers, ou de la Reine Marguerite & Malaquêt.

Ceux de la Ville s'appellent le Quai des Celeftins, le Quai St Paul, l'autre Beau-fils ou Maufils, du Port-au-foin, de Gêvres, de la Megifferie, de l'Ecole, du Louvre & des Tuilleries.

En 1558. Henri II. ordonna au Prevôt des Marchands de faire faire le quai du pont St Michel, c'eft-à-dire, du Marché-neuf, & l'unit au Domaine de la Ville, avec la Poiffonnerie que nous y voyons vers les deux extremités: ce qui pourtant ne fut entrepris qu'en 1561. & qu'après le raport des Experts, que la chofe fe pouvoit faire, fans préjudicier à la navigation, non plus qu'au cours de la riviere: fi bien que le quatriéme Août, on mit la premiere pierre.

Le quai du Terrain a été commencé de nos jours feulement, dont les eaux tous les ans, lors qu'elles étoient groffes, emportoient toujours quelque chofe. Pour le faire faire le Chapitre de Paris, a intenté tant de procès, autant au Roi & aux Entrepreneurs, qu'à quelques particuliers de l'Ifle Notre-Dame; & même à caufe de cela, il s'eft paffé tant de chofes de peu d'importance, que je n'en dirai rien comme n'en valant pas la peine.

Ceux de l'Horloge du Palais, & des Auguftins, avec l'Ifle du Palais & le Pont-neuf, font encore faits depuis peu.

Les murailles du Palais fervoient de quai entre la riviere: il n'y avoit ni chemin ni paffage le long du Palais du côté du pont St Michel non plus que

DE LA VILLE DE PARIS. Liv. III.   245

du côté du Pont-au-change, & les quais que nous y voyons, ont été faits sur le lit de la riviere.

Je ne raporterai point quand fut entrepris celui de l'Horloge ou des Morfondus: pour ce qui est de l'autre on le commença en 1580. mais tous ont été bâtis pour la commodité du Pont-neuf & de l'Isle du Palais. Cette même année donc, le douze Juin, les Commissaires de la fabrique du Pont-neuf arrêterent que pour le passage des Charrois on applaniroit une terrasse entre la Seine & le Palais : quelques jours après le Controlleur general des bâtimens, & avec lui les Maîtres des œuvres de Maçonnerie & de Charpenterie, prirent pour le faire quatre toises tant des logis que des jardins du Treforier & des Chanoines de la Ste Chapelle, dressés à cet endroit là, & donnerent l'alignement du quai nommé à present la rue St Louis. En 1584. le Parlement ordonna que les deniers d'entrée des baux & des places de l'Isle du Palais, seroient employés à la construction de ses quais & du Pont-neuf, avec deffense de bâtir sur celui de l'Horloge, ni contre la salle de St Louis, ni même depuis-là jusques aux Pont-aux-meuniers, assis alors aux environs du Pont-au-change d'aujourd'hui ; au reste, on continua d'y travailler jusqu'en 1590. Neuf ans après l'ouvrage fut repris, & en 1603. deux Maçons promirent aux Commissaires de la fabrique du Pont-neuf d'entreprendre le quai des Orfevres pour cinquante quatre livres la toise. Si quelqu'un en veut savoir d'avantage, il faut qu'il l'aille chercher autre part que dans les regîtres du Parlement & dans le Plumitif du Pont-neuf, car c'est là tout ce que j'y ai trouvé.

En 1611. le pont & les quais furent achevés, le President Jeannin Controlleur des Finances, demanda permission au Roi de faire sur le quai de l'Horloge contre les murs du Palais des échoppes, ou de petites boutiques ; & outre cela, depuis le Pont-neuf jusqu'au pont St Michel & au Pont-marchand, situé alors vers le Pont-au-change d'à-present, des maisons avec des boutiques, partie sur le quai, partie sur la riviere, soit sur des consoles, ou liens de bois, soit sur des piliers de pierre de trois ou quatre pieds en saillie, à la charge de vingt-quatre sols de cens pour chacune portant lots & ventes hormis la premiere fois.

Or quoiqu'en 1584. le Parlement comme je viens de dire eut deffendu de bâtir contre la salle St Louis, & que le Roi avant que d'enteriner la requête du President Jeannin, commit trois Presidens des Tresoriers de France, le Prevôt des Marchands avec les Echevins, les Maîtres des œuvres de Maçonnerie & de Charpenterie, des ponts & des chaussées pour lui donner avis sur sa demande ; neantmoins en 1612. après une descente sur les lieux, l'affaire passa ayant trouvé que cela ne pouvoit nuire à la navigation. Nonobstant ceci tout demeura là & fut sans effet, à l'exception seulement des échoppes sur le quai de l'Horloge que nous voyons le long de la salle St Louis, que le Parlement ne pouvoit pas souffrir auparavant.

Que si ensuite on a bâti des maisons sur la riviere à côté de la rue St Louis, cela n'a rien de commun avec ce que je viens de raporter ; car ce sont des ouvrages du President le Jai, & depuis premier President, en voici le sujet.

En 1621. le Pont-marchand qui lui appartenoit, ayant été brulé & toutes les maisons bâties dessus, pour le recompenser de sa perte, comme alors en cet endroit-là on vouloit faire un pont de pierre, le President le Jai en 1622. obtint du Roi le don des places propres pour des maisons & des échoppes, jusqu'à la concurrence de la quantité des toises en superficie que l'autre contenoit auparavant ; avec le fonds outre cela, tant de soixante toises de long & trois de profondeur sur le quai appellé maintenant la rue St Louis, que le cent quinze toises de longueur & de la profondeur necessaire, depuis la tournée du Pont-neuf, jusqu'à la tour de Nesle d'alors, ou le College des Quatre-nations d'aujourd'hui.

Des Experts à l'ordinaire firent le raport des lieux & les Treforiers de France auffi bien que la Ville, y acquiefçant, le Parlement enfin enregiſtra le tout ; car ce ne fut qu'en 1626. & à condition feulement que le Prefident ne jouiroit du don du Roi, que depuis le pont St Michel jufqu'à la poterne du Palais, & que les maifons qu'il y éleveroit avanceroient en faillie fur le lit de la riviere, qui étoit l'intention de la Ville, auffi bien que des Treforiers de France, qui fans cela n'en auroient pas donné l'allignement.

Enfuite donc le Prefident le Jai fit bâtir à la rue St Louis les maifons de briques que nous y voyons fur des arcades de pierre du côté de la riviere ; mais il ne s'en eſt point fait fur le quai de Nevers. Quant à celles qui tiennent à l'un des bouts du Pont-au-change, des particuliers les ont fait bâtir. Et lors en 1623. le Roi auroit permis aux proprietaires des logis, tant du Pont-au-change brulé, que du Pont-marchand, de faire des maiſons fur le bord de la riviere depuis le Pont-neuf jufqu'à celles de la rue St Louis, du Prefident le Jai, n'eut été que le Prevôt des Marchands lui reprefenta que c'étoit defigurer la Ville, & lui ôter un de fes plus beaux ornemens.

C'eſt là tout ce que j'ai pû decouvrir des quais, & qui s'en trouve dans les regîtres du Parlement & de l'Hotel de Ville.

Ce que j'ai à ajouter, eſt que tant que les Carmes de la place Maubert ont demeuré où demeurent les Celeſtins à prefent, le quai des Celeſtins s'appelloit le Quai des Barrés ; des Carmes, nommés ainfi alors, à caufe des barres blanches & minimes dont leurs habits étoient faits.

De plus, du tems que Charles V. & Charles VI. vinrent loger à l'Hotel Royal de St Pol, entre la rue St Paul & celle des Celeſtins, ils firent planter des ormes fur le port des Barrés, comme il fe voit dans un compte des œuvres Royaux, rendu en 1370. Port depuis qui eſt nommé dans d'autres les Ormes, le quai des Ormes, les Ormereaux ; ce que nous apprend Froiffard comme j'ai deja fait favoir dans le difcours precedent. Maintenant on l'appelle le Quai des Celeſtins, à caufe des Celeſtins qui en font tout proches. En 1601. Henri IV. l'élargit près de l'Arcenal de trente-fix toifes qu'il acheta de ces Religieux.

En 1644. deux cens Pionniers firent plus de trois cens toifes de fouilles & de tranchées au port St Paul & à l'arche Beau-fils.

En 1551. la Ville fit refaire le quai de l'arche Beau-fils jufqu'à la rue Geoffroi-l'ânier ; l'ouvrage monta à plus de quatre-vingts-fix toifes, à cinq livres la toife : & parce qu'il fallut renforcer les terres mouvantes des fondemens, le tout revint à plus de cinq mille cent vingt-cinq livres.

En 1550. on commença les quais de la Gréve, & du Port-au-foin, qui continue celui-ci.

En 1604. enfin, par ordre de Henri IV. le Duc de Suilly grand Voyer de France fit faire un quai depuis la Gréve jufqu'à l'Arcenal : je ne trouve point que les deux derniers ayent eu d'autre nom : pour celui de l'arche Beau-fils, en 1614. il s'appelloit le Quai des Ormes ; & la rue qui y vient de la rue de la Mortellerie, vis-à-vis celle des Nonnains d'Hierre, fe nommoit la ruelle des Ormes ; comme il fe voit dans les procedures faites alors devant le Prevôt des Marchands, pour decider de l'endroit où feroit placé le Pont-marie. Il femble même, que le quai n'avoit pas changé de nom en 1644 lors qu'au préjudice d'un Arrêt du dix-neuf Decembre d'auparavant, Monnas, Doublet & autres Maçons n'ayant pas laiffé de faire faire des fouilles & des tranchées longues de plus de trois cens toifes, par les deux cens Pionniers dont je viens de parler, le Parlement leur deffendit de continuer leur travail au port St Paul & au quai des Ormes fur peine de prifon.

En 1618. le Prevôt des Marchands confentit que les Maîtres Teinturiers de la rue de la Tannerie, logés fur la riviere, fiffent un quai derriere leurs maifons, afin de tirer de l'eau plus commodement pour leurs draps & leurs

DE LA VILLE DE PARIS. Liv. III. 247

teintures; à condition que ce seroit sans apporter aucun empêchement, ni au public, ni à la navigation. Vingt-sept ans après, c'est-à-dire en 1645. quelques particuliers demanderent permission au Roi de faire-là un autre Quai, ou plutôt une rue avec des maisons, & d'autres à côté; & cela depuis le Pont Notre-Dame jusqu'à la Gréve. Après une descente sur les lieux, en presence du Prevôt des Marchands; & les Experts ayant trouvé qu'on ne pouvoit accorder cette demande sans prendre dix toises de large sur la riviere: tout demeura-là. C'étoit pourtant le moyen de continuer jusqu'à la Gréve le Quai & la rue de Gêvres, qui du Pont au change viennent au Pont Notre-Dame & avancent encore bien plus dans l'eau. En 1643. deux ans auparavant la Ville avoit accepté la proposition que le Marquis de Gêvres en fit au Roi: & de fait en 1642. Louis XIII. ayant donné à ce Marquis les places vagues qui se rencontroient le long de l'écorcherie, depuis le Pont Notre-Dame jusqu'au Pont au change, il lui fut permis d'élever sur des arcades un Quai & quatre rues bordées de maisons, & même d'y acheter les places & les logis necessaires, à la charge de cinq sols parisis de cens & d'un écu d'or de rente sur chaque maison qu'il feroit bâtir. Et non seulement, le Parlement, la Chambre des Comptes, aussi-bien que le Bureau des Finances & la Ville, y consentirent; mais souffrirent même que le Marquis transportât son droit à quelques particuliers, qui au lieu de quatre rues accordées, se contenterent des deux que nous y voyons, & qu'on appelle la rue & le Quai de Gêvres; ce qui obligea la Ville en 1646. de leur vendre les boutiques & les logis du Pont Notre-Dame qu'il falloit abbattre pour achever ce Quai dont elle toucha quarante mille francs. En 1657. le Roi permit tant au Maréchal Duplessis, qu'à Reverend, Aumônier du Duc d'Anjou, depuis Duc d'Orleans, de faire à demi pied du mur d'appui de ce Quai de petites boutiques de menuiserie au lieu des étalages qu'il y avoit & qu'il y a encore.

Noblet Maître des œuvres de la Ville, témoigna au Prevôt des Marchands que sans doute elles embarasseroient moins, & ainsi que le passage du Quai en seroit plus égal & plus libre, pourvû qu'elles fussent rangées comme il pretendoit; ce que la Ville accorda en 1658. & néanmoins cela n'a point été executé, & les étalages bordent encore comme auparavant le Quai de Gêvres d'un bout à l'autre.

LE QUAI DE LA MEGISSERIE.

DANS un compte des œuvres de la Ville, rendu sous Charles V. le Quai de la Megisserie est nommé le Quai de la Saulnerie, à cause du Port au sel & de l'Hotel du Grenier à sel proche de-là. Maintenant on l'appelle le Quai de la Megisserie, à cause des Megissiers qui y demeurent & même autrefois en ont occupé presque toutes les maisons.

Des regîtres de l'Hotel de Ville, dressés sous François I. on apprend qu'alors le Prevôt des Marchands, fit faire & paver les Quais, larges de vingt toises, qui sont entre le Pont au change & la Porte neuve ou le Pont des Tuilleries, avec deux abreuvoirs & quatre arches ou rampis, pour descendre à la riviere; & c'est ce que nous appellons le Quai de la Megisserie, l'Ecole, le Guichet ou le Quai du Louvre.

Je ne sai rien de l'Ecole St Germain, sinon, qu'elle se nommoit, *Schola sancti Germani*, dès l'an 1268. Que le siecle passé dans le Cloître St Germain de l'Auxerrois, il se tenoit une petite Ecole, dont le Maître étoit choisi par les Chanoines, qui tous les ans venoit au Chapitre recevoir d'eux une ferule & des verges.

J'ai dit ailleurs qu'en 1527. François I. commanda à la Ville de faire un chemin au Guichet pour le paſſage des chevaux, & d'y faire au bout une porte & un pont-levis, afin que plus commodément & plus ſouvent il pût aller du Louvre à Boulogne. J'ai dit encore qu'en 1622. il fut élargi, & que depuis peu on en a abattu une partie pour le faire en pente & en glacis.

A ces Quais je joindrai celui de Nigeon ou de Chaillot, appellé maintenant le Fauxbourg de la Conférence. En 1564. enſuite de la permiſſion du Roi & de la Chambre des Comptes, le Prevôt des Marchands prit, pour le reparer, des pierres au-delà de la riviere qui étoient dans la plaine de Grenelle ; & l'année d'après, en vertu d'une Sentence de la Ville du premier Août, les deniers provenus & revenans-bon du payement des Juges Preſidiaux de la Prevôté de Paris, & ceux qu'on devoit recevoir à l'avenir furent employés à le faire ſelon les devis du Maître des œuvres.

EGOUTS.

L'AUTEUR de la Chronique Latine manuſcrite de St Denys, dit que Hugues Aubriot, Prevôt de Paris ſous Charles V. & Charles VI. entreprit des Egoûts en pluſieurs endroits, & par des voûtes & des conduits ſouterrains, qu'il fit couler les eaux & les immondices dans les prés des environs.

Dans la Cité cependant, il n'y a jamais eu d'Egoût. Dans l'Univerſité il ne s'en trouve que quatre, & ſix dans la Ville. Encore à l'exception de deux ou trois, tous les autres ont été faits de nos jours. Et dans l'Univerſité, à la reſerve d'un ſeulement, tous ſont extremement courts.

Veritablement dans la Cité, les eaux & les immondices ne s'écoulent dans la riviere que par les ruiſſeaux des rues, par des éviers diſpoſés le long des Quais de l'Iſle du Palais, & par des décharges ou gargouilles couvertes de voûtes courtes & étroites : encore ces gargouilles-là ou décharges, ne ſe rencontrent-elles qu'au Marché-neuf, proche de la Fontaine du Palais, près du logis du premier Préſident, contre St Barthelemi, au bout de la rue de la Barillerie, & en peu d'autres endroits.

Les eaux de l'Iſle Notre-Dame tombent dans la riviere au travers de ſes Quais, par des éviers épars çà & là tout à l'entour.

Celles de l'Univerſité & de ſes Fauxbourgs, par le moyen de quatre Egoûts, de quelques-uns de ſes ruiſſeaux, & autres décharges ou gargouilles, ſemblables à celles de la Cité.

Enfin le grand Egoût qui environne preſque entierement la Ville, reçoit les Egoûts de la vieille rue du Temple, de la rue du Temple, du Ponceau, de Mont-martre & de Gaillon, & de même que les autres quartiers par des ruiſſeaux, des gargouilles, des décharges & des éviers. Le reſte des eaux ſales eſt entraîné à la riviere.

Outre ces Egoûts, j'en ai découvert encore d'autres, repandus en divers endroits, qu'on ne peut plus trouver maintenant, & néanmoins dont je tâcherai de marquer la ſituation, ſuivant ce que j'en ſai. Par exemple : Je decouvre en 1412. le pont Perrin, les Egoûts de la Courtille-Barbette, & quantité de gargouilles, dont je parlerai plus bas. Je vois qu'en 1624. la Ville employa les démolitions d'un ancien rempart, qui s'étendoit depuis la vieille Porte St Antoine juſqu'à la riviere, à faire un Egoût qu'on a couvert & comblé depuis quelques années. Au Fauxbourg St Germain vers la Croix rouge, il y avoit un cloaque dont les voiſins recevoient beaucoup d'incommodités, & qui coûta dix-huit mille francs à nettoyer ; & pour cela le sept Août, la Chambre du Conseil du Parlement condamna non seulement les Voisins & l'Abbé, mais encore la Ville à y contribuer, chacun de son côté, du tiers; si bien qu'elle députa exprès le Président de la Guesle, avec deux Conseillers, pour aller trouver le Cardinal de Bourbon, pour lors Abbé de St Germain, afin de lui representer la necessité pressante d'entreprendre cette vuidange, & le prier en même tems de faire delivrer par ses Fermiers & Receveurs la somme de six mille livres aussi bien que les autres qui y étoient taxés. Il fut même ordonné que la Reine seroit suppliée de faire autoriser par le Roi, tant le Prevôt des Marchands que les Echevins, pour prendre à rente à cause de cela deux mille écus. Enfin les voisins fournirent leur part, suivant leurs offres & la forme portée par les Arrêts du Parlement. Et c'est tout ce que j'en sai.

Les quatre Egoûts de l'Université sont pavés & couverts d'une voûte. Le plus ancien est à la rue de Bievre. Quant aux trois autres nous les avons vû faire, & vont au Fauxbourg St Germain.

On en trouve un dans la rue de Seine, qui ne porte pas plus de cent toises de longueur. Le second en porte trois cens sur sept pieds de hauteur & autant de largeur en certain endroit; mais ailleurs, n'ayant plus que quatre pieds de large & de hauteur huit ou neuf. Celui-ci va du bout de la rue St Germain gagner la Porte St Germain, les Fossés, la Porte de Bussi, la Porte Dauphine, le College des quatre Nations & la riviere.

En 1637. la Ville ordonna à Guillain son Maître des œuvres de faire une rigolle dans le fossé, entre la Porte St Germain & la Porte de Bussi, & de mettre trente ouvriers après pour plus de diligence. Depuis il a été pavé & voûté à deux reprises; la premiere fois à cet endroit-là par un Bourgeois nommé le Blanc, à qui le Roi & la Ville permirent il y a quelque vingt ans de faire dessus des jeux de boule, de billard & autres; la seconde depuis la Porte Dauphine jusqu'à la riviere, par les executeurs de la fondation du College des quatre Nations. Le troisiéme Egoût vient de la rue des Egoûts du Fauxbourg St Germain, & passe à travers la rue de Taranne, & celle du Colombier, sous la rue St Benoît & la rue des petits Augustins.

Jusqu'en 1615. ou 1616. il consistoit en une tranchée découverte entre la rue des Egoûts & celle des petits Augustins, le long de la rue St Benoît. Mais alors les Religieux de St Germain venant à vendre les places rangées sur ses bords, obligerent ceux qui les achetoient de le faire couvrir à leurs depens. Depuis là jusqu'à la riviere, il n'est pas possible de savoir quand il a été couvert, quoi qu'il y ait grande apparence que ce fut au tems que la Reine Marguerite vint loger à cet endroit-là.

Le dernier a servi long-tems de canal à la riviere de Bievre, qui est celle des Gobelins, & venoit gagner la rue de Bievre le long du fauxbourg & de la rue St Victor; si bien que pour cela on l'appelloit & on l'appelle encore l'Egoût de Bievre. Durant plusieurs années, il a été couvert de rues & de maisons. Ceux qui demeuroient dessus & auprès, l'ont fait servir long-tems de fosse à privé; à present il ne s'en faut guere qu'il ne soit tout comblé. De sorte qu'il n'en reste plus qu'un petit bout de trente-cinq toises de long, haut de huit pieds & large de neuf, qui commence au bas de la rue de Bievre, & de-là va se rendre à la riviere en tournoyant. Sa voûte & ses murs sont de quartiers de pierre de taille; & on croit qu'autrefois il étoit tout bâti de même. Par ce bout de voûte qui reste, il paroît que nous n'en avons point de mieux bâti. De ceux qui logeoient dessus & auprès en 1554. les uns l'avoient entrecoupé de murailles, les autres de chausses de privé; & tous enfin l'avoient comblé de tant d'ordures & d'immondices, que les eaux du fauxbourg St Victor & des rues des environs, n'y pouvoient plus prendre leur cours ordinaire. Les voisins même en recevoient tant d'incommodité, & une si grande puanteur en sortoit, qu'on ne pouvoit durer; joint qu'on craignoit, à moins que d'y remedier

Tome I. I i

promtement, ou la peste ou quelque autre maladie aussi dangereuse. Bonnet Commissaire, sur les plaintes qui lui en furent faites, vint trouver le Prevôt des Marchands, & lui fit ses remontrances là-dessus. Car alors les Commissaires s'adressoient au Châtelet & à la Ville, pour les choses qui concernoient la police, & ne ressembloient pas ceux d'aujourd'hui, qui depuis plusieurs années ne veulent plus reconnoître que le Châtelet. Le Prevôt des Marchands donc aussi-tôt, qui fut le 19. Avril, fit commandement aux proprietaires des maisons & des édifices bâtis sur l'Egoût, d'apporter dès le lendemain au Bureau, leurs baux aussi bien que leurs titres, à faute de quoi les bâtimens qui empêcheroient le cours des eaux, seroient démolis & reparés à leurs dépens ; & que les lieux seroient visités par le Maître des œuvres de la Ville, en presence tant des Echevins que du Procureur & du Controlleur, pour regler les choses sur leur raport.

Apparemment, ou il ne fut point obéi à la Sentence, ou on y obéit mal; car en 1570. cet Egoût exhala d'aussi mauvaises odeurs qu'en 1554. & sur les nouvelles plaintes qui en furent faites, le Prevôt des Marchands & les Echevins, avec le Procureur du Roi de la Ville, qui se joignit à eux, s'étant transportés sur le lieu, accompagnés de quelques Maîtres & Experts, la Ville ensuite le vingt-six Août prononça une Sentence pleine de menaces, non seulement contre ceux qui avoient entrepris de faire des trous & des édifices dessus & dedans l'Egoût, mais encore contre les Bouchers de la Montagne, qui y faisoient couler le sang de leurs bêtes, & contre les Boueurs qui y poussoient les boues, & tous les autres qui y jettoient des ordures : & cela à peine de prison, d'amande arbitraire, avec commandement aux Boueurs du quartier de nettoyer devant de deux jours en deux jours, & aux Bouchers de relever de sorte leurs tueries que le sang n'y coulât plus.

D'ailleurs les proprietaires des maisons bâties dessus & à côté, furent condamnés à démolir tout ce qu'ils y avoient fait faire, de réparer la voûte aux endroits où elle avoit été percée, d'en enlever toutes les immondices qu'ils y avoient jettés, & le tout dans quinzaine & à leurs depens ; & tout le reste qui se met en pareille rencontre, quand on a resolu de se faire obéir tout de bon.

Ceci fut suivi d'un Arrêt du Parlement à la requête de la Ville. Et depuis dans une assemblée tenuë à l'Hotel de Ville en 1595. Carrel quartenier du quartier des Bernardins, eut ordre de tenir conseil avec les Bourgeois, touchant le moyen de faire couler les eaux, tant de la rue St Victor, de la rue Traversine, que de la rue de Bievre & des autres du voisinage, qui descendoient dans celle des Bernardins. De dire après cela quand & comment cet Egoût a été comblé ; & tout de même le succès des Sentences de 1554. & 1570. aussi bien que des assemblées tenuës en 1595. comme il ne s'en trouve rien dans les regîtres de l'Hotel de Ville, dont j'ai tiré tout ceci, que peut-on attendre de moi au-delà ?

Quant aux Egoûts de la Ville, le plus ancien est celui qu'on nomme maintenant le grand Egoût, & qui en 1412. étoit partagé en deux, l'un appellé le Pont-Perrin, l'autre les Egoûts de la Courtille-Barbette.

Ces Egoûts ici derriere la rue Barbette & celle des trois Pavillons, aux environs de la rue Païenne & de la rue du Parc-Royal, venoient rendre dans le Pont-Perrin, tout proche d'un logis nommé alors, la maison d'ardoise, & assis entre la Porte du Temple & celle de St Antoine, vers un bastion appellé depuis le bastion d'ardoise.

Le Pont Perrin passoit sous la rue St Antoine ; toutes les eaux & les ordures de la rue St Paul, du quartier de la porte Baudets, & des rues voisines y descendoient auprès de la Coulture Ste Catherine. Depuis-là, jusques par de là la porte St Antoine, il portoit six cens vingt-cinq toises de longueur, couvert de maçonnerie. Mais comme il couloit devant l'Hotel

DE LA VILLE DE PARIS. Liv. III.

Royal de St Pol, & celui de Louis de France, Duc de Guyenne, fils aîné du Roi, qu'on nommoit l'Hotel du Pont Perrin ; & que souvent il lui arrivoit de s'engorger, & empuantissoit le Roi, aussi-bien que son fils, étant dans ce Palais ; en 1412. on le fit visiter par des Experts, pour voir s'il n'y avoit pas moyen de le detourner de là, & de lui faire prendre un autre cours. Et comme il ne se trouva point d'autre pente pour cela, qu'à travers la Coulture Ste Catherine, où il falloit abbatre deux petites maisons à la rue St Antoine, presque vis-à-vis celle de St Paul, & lui ouvrir un passage de seize pieds, qui depuis là s'étendoit jusques à la maison d'ardoise, à l'endroit où il recevoit les égoûts de la Courtille-barbette : si bien que par ce moyen-là, les immondices qui s'y déchargeroient, auroient bien moins de chemin à faire, & qu'il s'en faudroit cent quatrevingts cinq toises. Le Roi commanda à la Ville de se mettre après, & d'y employer les deniers venans du tiers des Aides, ayant cours à Paris & en la Banlieue, ordonnés pour les ouvrages & fortifications de la Ville ; ce qui fut fait au même tems au travers des terres vagues, assises dans la Coulture Ste Catherine, le long de la rue des Egoûts, & de celle de St Louis d'aujourd'hui, sans songer à traiter avec les Religieux. Cependant à leur requête, la perte qu'ils faisoient, tant des terres qu'on leur avoit prises, que des cens & rentes sur les deux maisons qui avoient été abbatues, fut appreciée deux cens cinquante livres par des Jurés-maçons & charpentiers : si bien qu'ils en demanderent le payement au Prevôt des Marchands, qui les renvoya au Roi ; là-dessus ils intenterent procès, & enfin après diverses procedures, l'affaire fut terminée à l'amiable en 1427. moyennant cent livres parisis, argent comptant.

Cet égoût depuis a toujours tenu la même route, & au lieu du nom de Pont Perrin, qu'il garda long-tems, même après avoir été transferé, il prend maintenant celui de Grand-égoût.

Ce n'est pas que nos Rois, ayant passé de l'autre côté de la rue St Antoine, pour venir loger à l'Hotel des Tournelles, où sont presentement les Minimes de la Place Royale, & une partie des maisons de la rue St Louis, ne proposassent encore de le transporter en un autre endroit ; parce que là, il couloit encore proche d'eux, & à côté de cette nouvelle demeure, dont ils recevoient beaucoup d'incommodité, neanmoins on n'en a rien fait. Et de vrai la Ville s'est toujours montrée si sourde en de pareilles rencontres, que quand Louis XII. lui commanda de detourner, & de faire couler à la riviere le ruisseau de la porte Baudets ; dont les eaux croupies & puantes, provenant du poisson frais & salé ; qui se vend à ce quartier-là, avoient leur décharge au pont Perrin ; elle se contenta de faire visiter les lieux par son Maître des œuvres, & autres Jurés-experts, & depuis, il n'en fut plus parlé. Et tout de même encore en 1546. le Conétable de Montmoranci ayant dit à St Germain en Laie au Prevôt des Marchands & à un Echevin, deputés vers François I. que le Roi lui avoit commandé de leur faire savoir qu'il vouloit qu'on divertit le cours de cet Egoût dans la riviere par la rue St Paul ou par quelque autre endroit, les priant de le venir voir quand il seroit à Paris, afin de se transporter ensemble sur les lieux & donner contentement au Roi ; le Prevôt repondit, que Louis XII. auparavant avoit déja proposé la même chose ; & quand il voudroit il lui mettroit entre les mains le raport fait alors par les Experts ; & enfin je ne trouve pas que depuis on y ait songé.

En 1550. encore, quoiqu'Henri II. dit lui-même à deux Echevins qu'il vouloit qu'on ôtât cet Egoût d'auprès de son Palais des Tournelles, & qu'on le fît tomber dans la riviere autre part qu'à Chaillot : & le Conseil de la Ville aussi-tôt s'étant assemblé, l'avis de la compagnie fut qu'il valoit mieux faire entrer dans l'Egoût un des bras de la Seine que de le faire passer aux environs de St Paul & du Port au foin, & qu'il le falloit faire savoir tant au Roi qu'à son Conseil

Ii ij

HISTOIRE ET ANTIQUITES

Enfin trois ans après le Prevôt & les Echevins reçurent des Lettres patentes où le Roi leur commandoit encore la même chose, mais ils n'en firent pas plus qu'en 1550. 1546. & sous Louis XII. & les choses en demeurerent là, & le pont Perrin a toujours coulé au même endroit. La différence qu'il y a est qu'autrefois il étoit découvert, & qu'on l'a couvert depuis quelque trente ans, depuis le milieu de la rue des Egouts jusques hors de la Ville.

En 1625. Thieriot Maître Maçon le refit des deniers de l'Epargne, & les ruisseaux tant de la porte Baudets, que des rues circonvoisines, n'y tombent plus, mais dans la riviere par la rue des Barres, sans avoir pû découvrir quand on les y a détournés.

Au reste il falloit qu'en 1605. il reçut peu d'eau & d'ordures, puisque la Ville alors loua la rue des Egouts pour dix-huit ans à Charles Marchand son Maître des œuvres, & le tour à la charge d'y laisser couler les immondices à l'ordinaire, d'en entretenir le pavé, de le remettre entre ses mains toutes les fois qu'elle en auroit affaire, sans pouvoir prétendre de recompense, ni aucuns dommages & interêts, avec permission de le fermer s'il vouloit d'une porte ou d'une herse par les deux bouts.

De la rue des Egouts, où le grand égout commence, il prend son chemin par la rue St Louis & par le Calvaire, de là près des fossés, il s'en vient à la porte du Temple, aux fausses portes de St Martin & de St Denys, puis au faux-bourg Mont-martre; ensuite il passe sous les ponts des Porcherons & de l'Hotel-Dieu & sous le pont Hersan: & enfin après avoir gagné le Roule & la Savonnerie, il tombe dans la Seine, à un grand quart de lieue de Paris. Dans la Ville il est vouté & pavé, & porte trois cens toises de long, six pieds de large dans œuvre, cinq à six de haut sous la clef de la voute, & ses murs deux. Dehors, depuis la rue St Louis ou le Calvaire, jusqu'à l'éperon du bastion du Temple, il est découvert & revêtu des deux côtés de murs hauts de six pieds, & aussi épais que dans la Ville, sur deux cens toises de longueur. On le commença de la sorte il y a quelques années, dans la resolution de l'achever de même: depuis neanmoins on n'y a pas songé: si bien que jusqu'à la Savonnerie & à la riviere, il n'est que de terre, large au fonds de quatre ou cinq pieds, de sept à huit par le haut, & long de trois mille cinq cens toises depuis là jusqu'à la rue de l'Egout.

L'égout de la vieille rue du Temple, & 'es premiers des cinq petits égouts qui entrent dans le grand est dans la Ville; de plus vouté, pavé & couvert. Il s'étend depuis la vieille rue du Temple, près des petits Comediens, où il commence, jusqu'au Calvaire où il finit, & a six à sept pieds de haut, sept de large, & cent cinquante toises de longueur.

Le second qui est celui de la rue du Temple n'en a pas plus de quarante cinq, & est couvert en partie & en partie découvert : on le trouve en la rue du Pont-aux-biches près du rempart qu'il traverse par une ouverture large de trois pieds & haute de deux : depuis là, jusqu'au Pont de pierre de la porte du Temple, il est couvert de pierre de la longueur de vingt toises, & de la porte du Temple jusques au grand égout, il est découvert sur quelque vingt-cinq toises de longueur.

En 1584. la Ville, le vingt-huit Août, fit marché d'un grand canal au travers des fossés près la porte du Temple, pour le passage des eaux, ce sont ses termes. Si par là elle entend autre chose que l'égout dont je viens de parler, je ne sai pas ce qu'elle veut dire. Quant à celui du Temple, il est très-assuré qu'on le commença en 1635. par Arrêt du Parlement, car ses termes le portent, & sont si clairs là-dessus, qu'il n'y a pas lieu d'en douter.

L'égout du Ponceau, qui est le troisiéme commence à la rue St Denys, tout contre la fontaine du Ponceau, où il est à decouvert jusques à la rue neuve St Eustache, & pour lors passant par une voute longue de trente toises & large & haute de six pieds seulement, il s'en va gagner le grand égout entre les jardins & les marais, tant du faux-bourg St Martin que celui de St Denys, & toujours découvert, mais pavé, long de deux cens toises & fermé presque par tout, tantôt de haies, tantôt d'une clôture de maçonnerie.

En 1568. la Ville le trouvant trop étroit lui voulut donner six pieds de largeur, & pour cela, Guilain son Maître des œuvres, eut ordre d'en faire l'alignement, & d'abattre les édifices qui entreprendroient sur sa largeur. Vingt-ans après il fut pavé aux dépens tant de l'Evêque & de la Ville, que du Prieur de St Martin & des voisins.

En 1628. Prevôt Maître Maçon, pour ôter tous les égouts qui se rencontroient depuis le Ponceau jusqu'à la porte du Temple, perça les remparts, fit des rigoles dans les fossés & des tranchées & tous les ouvrages necessaires à raison de trente livres la toise, & cela aux dépens des Bourgeois du voisinage & de la Ville; ensuite de quoi il ouvrit les remparts, au bout de la rue de Forêt, entre la porte St Denys & celle de St Martin.

En 1635. après plusieurs procedures & requêtes, le même venant à continuer son travail, baissa & adoucit la pente du pavé de la rue St Denys, depuis l'Hotel de St Chaumond jusqu'au Ponceau, afin d'y attirer une partie des eaux de la décharge qui est auprès de la porte St Denys: de plus il traversa le fossé d'un canal pavé, & revêtu de petits murs, pour empêcher les eaux d'y tomber: en un mot il élargit la tranchée de l'égout du faux-bourg St Denys, & fit plusieurs autres choses qui seroient trop longues à rapporter, le tout aux dépens de la Ville, suivant ses offres, & en vertu d'un Arrêt du Parlement. Et neanmoins en 1640. le Parlement ne laissa pas de condamner les proprietaires des maisons voisines de payer quarante-un mille huit cens dix-huit livres à quoi monta tout ce travail.

Enfin quant aux deux autres égouts, savoir de la rue Mont-martre, & de celle de Gaillon : le premier commence depuis la rue de la Jussienne, est vouté jusques à quinze toises au delà de la porte Mont-martre, & après toujours découvert jusques au grand égout, sa longueur est de deux cens vingt toises, sur huit à neuf pieds de large, hors la Ville, six dedans & six à sept de haut.

L'autre est long de cinq cens toises, prend son commencement à la rue de Gaillon, est couvert d'une voute jusqu'à cent toises au delà de la porte St Roch sur deux cens toises de longueur ; & en tout est long de cinq cens.

Outre ces grands égouts il y en avoit six autrefois, & même il y en a encore qu'on appelle de petits Eviers, Décharges & Gargouilles, mais auparavant Trous-punais, Trous-gaillards, Trous-bernard.

En 1506. il y avoit un Trou-bernard près St Germain de l'Auxerrois, & certaine maison non loin de là dans la ruelle du Trou-bernard, qui appartenoit au Chapelain de la Chapelle St Nicolas.

La décharge du bout de la rue des Celestins, ou plutôt une autre tout contre, qui étoit là anciennement, se nommoit Trou-gaillard en 1546.

Aux environs il s'en trouvoit deux autres en 1549. 1552. & 1554. à qui on donnoit le nom de Trou-punais ; dont l'un apparemment étoit au bout de la rue St Paul, & l'autre certainement au Port-au-foin.

Anciennement encore, il s'en trouvoit un autre à la rue des Bernardins ou dans celle de St Nicolas ; car quoique je voie bien que c'est l'une de ces deux rues que veulent marquer les registres de l'Hotel de Ville, lors qu'ils parlent des immondices qui descendoient en 1595. dans la rue St Nicolas nommée d'ancienneté le Trou-punais, neanmoins par là je ne saurois dire que ce soit plutôt l'une que l'autre.

Mais les trois plus anciens étoient autrefois les deux d'autour St Leufroi, l'un devant & l'autre derriere, où celui-ci est encore aujourd'hui ;

& le troisiéme enfin à la rue Planche-mibrai, d'où il fut ôté lors qu'on entreprit le pont Notre-Dame.

L'auteur du Journal de Charles VI. & Charles VII. dit qu'en 1425. les Bouchers vendirent de la viande au Trou-punais devant St Leufroi; la même année on deterra un conduit de pierre, où aboutissoit l'autre; dans le siecle passé, près de là fut decouvert un abreuvoir qui conduisoit à l'écorcherie.

Celui de Planche-mibrai descendoit de la rue de la haute Vannerie, par la rue Planche-mibrai, qui n'étoit alors qu'une ruelle, & recevoit les eaux de la rue des Assis, de celle de St Jaques de la Boucherie, & des autres rues voisines, qu'on releva, & dont on changea les pentes, lors qu'on vint à bâtir le pont Notre-Dame.

En 1614. il y avoit une gargouille au bout de la rue des Nonnains d'Yerre presentement il y en a encore deux dans la rue neuve Ste Catherine, une au bout de la rue du Parc Royal: une autre au bout de la rue St Gilles, & une autre enfin au bout de la rue St François, qui toutes aboutissent au grand égout, & sont à l'extremité tout proche & à côté de la rue St Louis.

Dans l'égout de la rue Mont-martre se déchargent quatre gargouilles, les trois premieres se rencontrent, l'une à la rue du bout du monde, tout à l'extremité, l'autre à la rue des Jeûneurs; & la troisiéme dans celle des Petits-peres; quant à la quatriéme & qui a quatre faces, elle est assise dans la rue Mont-martre, entre celle du Mail & la rue de Clery.

Enfin il s'en trouve encore d'autres; une à la rue St Honoré, proche de la porte, une autre contre la porte St Antoine, dans la rue St Antoine même, qui toutes deux tombent dans les fossés de la Ville. En 1662. par Arrêt du huitiéme Août, le Prevôt des Marchands & les Echevins furent condamnés à détourner la derniere de dedans les fossés de la Bastille. Au reste, sans perdre plus de tems à marquer l'assiete de quelques autres gargouilles semblables repandues çà & là, tant dans la Ville que dans l'Université, sans une infinité d'autres en je ne sai combien d'endroits, & d'une maniere toute differente, faites au travers des quais ou proche & sur le bord de la riviere, passons à autre chose.

HISTOIRE
ET
RECHERCHES
DES
ANTIQUITÉS
DE LA VILLE
DE
PARIS.
LIVRE QUATRIE'ME.

Discours sur les anciennes Eglises de Paris,
par JEAN DE LAUNOY.

PREFACE.

ES sortes de petits ouvrages ne dependent pas de l'opinion des nouveaux Auteurs, qui ont accoutumé d'accommoder les choses antiques à leurs conjectures & leurs idées, mais de la seule tradition des Anciens, qui ont écrit avec plus de simplicité & de candeur. Auparavant Decius, sous l'Empire duquel St Denys vint de Rome à Paris, les Chrétiens n'avoient point encore d'Eglises en ce lieu. Ceux qui nous ont donné l'histoire de l'arrivée de ce Saint, tirée de la tradition fidelle des anciens, sont l'ancien auteur de la vie du Bienheureux Martyr St Saturnin, & Gregoire de Tours, ausquels on ne peut opposer aucun Ecrivain ou contemporain d'égale autorité ou approchant. Or je ne vois point de raison qui puisse empêcher non seulement d'opposer, mais même de preferer ces deux

seuls auteurs à tous les autres qui n'ont paru que long tems depuis, & qui ont affecté de faire saint Denys contemporain aux Apôtres.

Et certes, sans le témoignage de Gregoire de Tours & de cet autre ancien auteur, je me rendrois facilement à l'avis de ceux qui disent que St Denys Evêque de Paris ; n'y arriva que sous l'Empire de Maximian & Diocletian ces Auteurs qui vivoient bien après Gregoire de Tours, mais avant l'Empereur Charlemagne, sont les Auteurs de l'histoire des Ss Fulcian, Victorian & Lucian Evêque de Beauvais, Usuard en son Martyrologe, le premier d'Octobre, Alcuin dans ses Poëmes nombre septante, où il joint ensemble St Denys & St Quentin, ausquels s'accorde entre autres, Fulbertus Carnotensis, qui vivoit après Charlemagne, en son Hymne de St Piat. Pour ceux qui confondent St Denys Evêque de Paris avec l'Areopagite, & qui assurent qu'il a été envoyé par St Clement, ce sont les derniers de tous, & ainsi par la consideration de leur âge ils ne doivent pas être reçus à porter témoignage de la mission de St Denys. Je cherche des témoins sans reproches & n'en reçois point d'autres ; mais il y a deux choses qui me porteroient à croire les Auteurs du moyen âge ; premierement le dessein qu'ont eu les Apôtres & leurs Disciples en établissant leurs Eglises, & ensuite le peu d'étendue qu'avoit la Ville. Ils avoient accoutumé d'envoyer prêcher l'Evangile aux grandes Villes devant que de la prêcher aux petites, & de ne porter la Doctrine de Jesus-Christ dans les petites Villes qu'après qu'elle avoit été reçue dans les grandes. Or au tems que Cesar faisoit la guerre dans les Gaules, Paris étoit à la verité très-florissant ; mais incontinent après il fut brulé & ses ponts furent brulés, de sorte que ce n'étoit plus qu'un bourg : & même du tems de Julien l'Apostat, il n'étoit pas encore remis en sa perfection ; car Julian qui succeda à Constantius l'an de Jesus Christ 361. appelle Paris un petit-bourg ; & Ammian qui écrivoit au mêms tems, le nomme le Village de Paris. Il n'y a personne qui ne sache la difference qu'il y a entre une Ville & un Village : je m'en tiens au témoignage de Gregoire de Tours & de cet ancien auteur de la vie de St Saturnin, & me sers seulement des auteurs pour la prescription, & remarquer que l'état des Eglises étoit autre sous les Empereurs Païens que sous les Chrétiens ; car ce seroit fort se tromper, si l'on pretendoit seulement y voir l'image de l'état present des Eglises. Dans les anciennes tant que le premier état a duré, l'exercice de la Religion Chrétienne n'étoit pas libre dans les Villes, les communions des Fidéles se faisoient dans des grottes & des lieux cachés, & quasi toujours hors des Villes. Lorsque le dernier état a commencé, on a dressé peu à peu dans les bourgs les trophées de Jesus-Christ, on a bâti des Eglises, les Chrétiens ont fait de frequentes assemblées, en quoi l'on ne sauroit prescrire de regle certaine, on a commencé à bâtir des Eglises en certains lieux plus tôt, en d'autres plus tard, selon que le nombre des Fideles augmentoit : les premiers Empereurs Chrétiens ne contraignirent personne à embrasser notre Foi.

Constantin le Grand a joui de l'Empire Romain depuis l'année de Jesus-Christ 306. jusques en 337. & neanmoins l'Evêché de Tours a été vacant depuis l'année 300. jusqu'en cette même année 337. qu'on en fit Evêque Lidorius. Depuis, les Chrétiens étant deja en grand nombre, il fit bâtir la premiere Eglise au dessous de la Ville de Tours, comme dit Gregoire de Tours liv. x. de son Histoire ch. xxxi. De plus, lorsque les premieres Eglises, ainsi bâties hors des Villes, avoient été honorées des Reliques de quelques Martyr ou Confesseur, qui la rendoit celebre par ses miracles, les Chrétiens en faisoient bâtir d'autres dedans les Villes, mais ce n'étoit pas sitôt après, à moins que ce ne fût de grandes Villes.

CHAPITRE

CHAPITRE. I.

La premiere Eglise des Chrétiens de Paris, étoit située au lieu qui étoit anciennement dedié à St Marcel : il falloit que ce lieu fut hors de la Ville, car c'étoit là que St Denys, & quelques-uns de ses successeurs, se retiroient pour dire la Messe, ou comme dit Gregoire de Tours, pour celebrer le mystere de la solemnité du Dimanche.

Fortunat semble nous marquer ce lieu au premier livre de ses Opuscules, chap. 11. de l'Eglise de St Denys, qui fut la premiere bâtie dans la Ville.

„ Si vous desirés savoir qui a bâti cette belle Eglise, je ne permettrai
„ pas qu'un si pieux dessein vous soit caché : autrefois l'Eglise étoit loin
„ d'ici, & le peuple étant souvent rebuté par la longueur du chemin, &c.

Ainsi avant qu'on eut fait à Paris aucune Eglise, il y avoit un lieu hors de la Ville, où les Chrétiens faisoient leurs assemblées, comme ils pouvoient, mais il est difficile d'en déterminer l'endroit. Que les autres en ayent tel sentiment qu'ils voudront, pour moi j'estime que cette Eglise, qui porte depuis plusieurs siecles le nom de St Marcel, a été bâtie dans ce lieu même, dont Fortunat fait mention dans ses vers. Elle est maintenant dans l'un des faux-bourgs, parce que la Ville a été fort agrandie ; mais pour lors que la Ville étoit renfermée dans l'Isle, ce lieu en étoit assés éloigné. Je fonde cette opinion sur deux conjectures, l'une m'est fournie par Gregoire de Tours ; au livre de la gloire des Confesseurs, chap. LXXXIX, où expliquant les vertus
„ de St Marcel Evêque de Paris : „ Marcel, dit-il, Evêque de Paris, qui
„ chassa autrefois de sa Ville un prodigieux Serpent ; comme nous le lisons dans sa vie, y repose maintenant dans le faux-bourg.

Il est bien croyable que ce Prelat qui est mort Confesseur, a été enterré en ce lieu-là, où il avoit accoutumé de dire la Messe, & où les Fideles faisoient ordinairement leurs prieres, & assistoient aux mysteres. C'est-là, si je ne me trompe, cette ancienne Eglise, dont l'Auteur fait ensuite mention, au chap. cv. „ Il y avoit un tombeau dans un Bourg du Diocèse de
„ Paris, fort peu loin d'un lieu qu'on appelle, l'ancienne Eglise, où il n'y
„ avoit point de couverture : là repose Crescence sainte fille, consacrée à Dieu. Le tombeau de Crescence étoit donc proche de l'Eglise qu'on appelloit lors, l'Ancienne, la Premiere, ce qu'on dit à present, la Cathedrale ; & quand Gregoire appelle Ragnemode le Prêtre, c'est-à-dire, l'Evêque de la petite Ville où repose St Marcel, il fait connoître assés clairement que ce lieu étoit encore pour lors, ou avoit au moins été le premier siége des Evêques.

Je tire l'autre conjecture, de ce que l'Eglise St Marcel passant dans la croyance commune pour l'ancienne Eglise Episcopale de Paris, ne se trouvant rien de contraire à cette opinion, il y a de l'apparence qu'elle est venue de la premiere & plus ancienne tradition, quoiqu'elle ait souffert quelque chose des changemens & des pertes qu'apportent ordinairement les tems & les années.

Je sai bien que ces deux conjectures ne sont pas si fortes qu'elles nous fassent voir la chose, comme si elle étoit devant nos yeux ; mais cependant je me rangerai facilement de l'avis de ceux qui auront de meilleures conjectures, pour bien établir le lieu où étoit située cette Eglise dont parle Fortunat : car il ne faut pas tant travailler à détruire nos raisons, qu'à en apporter de meilleures ; il faut bien examiner toutes les conjectures qui se presentent, & ne se fonder que sur les plus fortes. Au reste, ayant exactement vû & examiné les vers de Fortunat, j'ai enfin dit expressement ce

Tome I.   K k

que je n'avois pas osé faire en l'année 1642, lorsque je composai le livre de la vie & des miracles de St Denys ; car pourquoi ne serois-je pas du nombre de ceux qui profitent à force d'écrire & d'étudier.

PARAGRAPHE I.

On ne peut prouver par les Fragmens de St Hilaire, qu'il y ait eu d'autre Eglise à Paris, vers l'an de salut 362, que celle dont il a été parlé ci dessus.

DAns ces Fragmens de St Hilaire, qui ont été mis au jour par le soin de Nicolas le Févre, il y a une Epitre Synodale écrite par un certain Concile aux Evêques d'Orient, laquelle le Pere Sirmond, au premier tome des Conciles de France, rapporte à l'année 362. Cette Epitre a pour titre : *Epitre Synodale du Concile, ou la Foi Catholique exposée en la Ville de Paris, par les Evêques François* ; & à la fin il y a, *Finit la Foi Catholique*, & le reste comme ci-dessus. Or l'on ne sauroit inferer de là qu'il y ait eu pour lors une Eglise dedans la Ville, en laquelle ce Concile ait été celebré ; car la Ville de Paris, dont il est fait mention en ces Fragmens, renferme le lieu où est l'Eglise de St Marcel, outre que ce Concile peut avoir été fait en quelque maison particuliere de quelqu'autre Evêque Chrétien, & peut-être plus commode que dans une Eglise ; de plus, le titre de cette Epitre que nous avons rapporté, n'est point du style de ce tems-là. L'adjectif *Parisius*, ne se trouve point dans les Auteurs contemporains ; ce mot nouveau, *Novitium*, pour me servir des termes de Tertullien, sent la parade ; nous pouvons tirer la même conjecture du mot *Explicit*, qui n'a été inventé que par une subtilité de ceux qui sont venus long-tems après : de plus, il n'est fait aucune mention, ni dans l'inscription de la Synodique aux Evêques d'Orient, ni dans la Synodique même, ni de Paris, *Parisiorum*, ni de la Ville de Paris, *Parisiæ civitatis*, ni de Lutece ; de sorte que ce n'est pas une vaine conjecture de croire que c'est l'ouvrage de quelque nouveau Savanteau de Libraire, lequel ne sachant, ou ne trouvant point en quel lieu cette Synodique a été faite, (si tant est qu'elle l'ait jamais été,) s'est imaginé qu'elle avoit été faite en la Ville de Paris. Je ne dis point ici que cette Synodique n'est fondée sur le temoignage d'aucun des Auteurs Grecs & Latins qui ont écrit en ce tems-là, fort exactement & fort au long, de l'Histoire Ecclesiastique.

PARAGRAPHE II.

On ne peut pas prouver par Severe Sulpice, qu'il y ait eu à Paris, l'an de salut 375, d'autre Eglise que celle dont il a été parlé ci-dessus.

SEVERE Sulpice, au livre de la vie de St Martin, chap. XIX. parle d'une Eglise ; mais si elle étoit dedans ou dehors Paris, c'est ce qu'il faut voir maintenant. ,, Or à Paris, dit-il, comme il entroit dans la Ville, ,, accompagné d'une grande foule de peuple, il baisa, & donna sa bene-,, diction à un Lepreux qui avoit le visage tellement gâté, qu'il faisoit hor-,, reur à tout le monde, & incontinent il fut gueri ; & le lendemain ve-,, nant à l'Eglise, le teint tout vermeil, il rendit graces à Dieu de la santé ,, qu'il avoit reçue ,, Personne ne sauroit jamais inferer de ces paroles, à moins que d'être prevenu de l'opinion contraire, si cette Eglise dont parle Severe, a été plutôt dedans que dehors la Ville ; au contraire ces mêmes pa-

DE LA VILLE DE PARIS. Liv. IV.

roles font affés voir qu'elle étoit dehors la Ville ; car fi elle eut été dedans la Ville qui étoit pour lors fort petite, & qui étoit toute renfermée dans la feule étendue de l'Ifle, le Lepreux auroit été à l'Eglife rendre graces à Dieu de la fanté qu'il avoit reçue le même jour, à la même heure, & prefque au même moment qu'il fut gueri ; car comment eft-ce qu'il auroit pû demeurer plus long-tems dans cette grande & vehemente ardeur de pieté excitée par une fubite & inefperée guerifon, fans être porté d'une fainte impatience à en aller promptement rendre graces à Dieu ? Mais le Lepreux remit ce devoir au lendemain. Pourquoi cela, je vous prie ? finon parceque l'Eglife étoit éloignée de la Ville, & qu'il ne pouvoit y aller commodement le jour de fa guerifon.

CHAPITRE II.

De l'Oratoire de St Martin, proche la porte de Paris.

AU lieu où St Martin guerit le Lepreux, les Chrétiens de Paris confacrerent au même St Martin une Chapelle ; mais en quel tems ? il eft incertain. Ce fut pourtant devant le Regne de Gontran & de Clotaire, comme on peut conclure de ce que Gregoire de Tours a écrit de cet Oratoire, liv. VIII. de fon Hiftoire, chap XXXIII.

Pendant ces jours là, il y eut une femme dans Paris, qui difoit au peuple : ,, Fuyés hors d'ici, & fachés que toute la ville fera bien-tôt brûlée ;
,, en quoi s'étant expofée à la rifée de plufieurs, parce qu'on fe perfuadoit
,, qu'elle ne difoit cela que par un préfage de fortilege, ou que par une vaine
,, conjecture d'un fonge qu'elle avoit fait, ou bien par la fuggeftion du dia-
,, ble, qui rode autour des gens à l'heure de midi, elle parla ainfi : La
,, chofe n'en va pas comme vous le dites ; car je vous parle avec verité :
,, j'ai vû un homme qui venoit de l'Eglife de St Vincent, & qui d'un cier-
,, ge qu'il tenoit à la main, dont il étoit éclairé, mettoit le feu dans les
,, maifons des Marchands, & les faifoit brûler les unes après les autres.
,, Enfin après la troifiéme nuit, que cette femme eut dit cela, fur le foir
,, après foleil couché, un Bourgeois ayant allumé de la chandelle pour en-
,, trer dans fa dépenfe, & en ayant pris tout ce qu'il avoit befoin, il en re-
,, fortit, & laiffa fa chandelle près d'un tonneau d'huile. Sa maifon étoit la
,, premiere auprès de la porte de la Ville du côté du midi ; de là le feu prit
,, à cette maifon, & de cette maifon il paffa aux autres, & venant à tom-
,, ber fur la prifon, dont elle fut menacée d'une ruine entiere, St Germain
,, apparut aux Prifonniers, & après qu'il eut brifé leurs chaines, & la pou-
,, tre où ils étoient attachés, il ouvrit la porte de la prifon, & relacha les
,, prifonniers, qui étant fortis fans aucune lefion, s'en allerent à l'Eglife de
,, St Vincent, où eft le fepulchre du St Evêque. Comme donc la flamme
,, étoit portée de tous côtés par le vent qu'il faifoit, l'embrafement qui s'au-
,, gmentoit avec furie, commença de s'approcher de l'autre porte de la Vil-
,, le, où il y avoit un Oratoire de St Martin, lequel y fut bâti en memoi-
,, re du miracle que ce Saint avoit fait en ce lieu-là, quand il y guérit un
,, Lepreux en le baifant, &c.

Cet Oratoire qui étoit alors à la porte de la Ville, a été détruit il y a long-tems, peut-être lorfque les Normans faccagerent Paris, & en brûlerent une bonne partie des Eglifes. Quoi qu'il en foit, il refte une grande rue, qui s'appelle la rue St Martin, foit qu'elle ait tiré fon nom de cet ancien Oratoire, ou d'un grand Monaftere qui a été bâti au bout de cette

Tome I.   Kk ij

rue il y a environ six cens ans; & ainsi il est arrivé que cet Oratoire & ce Monastere ont toujours touché à la porte de la Ville. Il y a eu changement au lieu, mais il n'y en a point eu en la chose, sinon qu'il y a une grande Eglise, au lieu qu'il n'y avoit qu'un Oratoire.

CHAPITRE III.

De l'Eglise de St Pierre ou des Apôtres, qu'on appelle à present l'Eglise Ste Geneviéve.

LE Roi Clovis & sa femme Clotilde, bâtirent une Eglise dans les fauxbourgs de Paris, du côté du Midi ; mais on ne sauroit montrer par des preuves assurées, combien de tems après le batême de Clovis cette devotion fut faite. Ce fut toutefois devant l'an 511 de J. C. auquel ce Roi partit de ce monde & fut enterré en cette Eglise. Gregoire de Tours & les autres Auteurs, appellent cette Eglise tantôt de St Pierre, tantôt des Apôtres, comme on peut voir par les témoignages qui suivent.

Gregoire de Tours, au livre de la Gloire des Confesseurs chap. 91. ,, Il ,, y a aussi là Ste Geneviéve enterrée dans l'Eglise des Sts Apôtres, laquelle ,, étant encore en vie fut si excellente en vertus qu'elle ressuscita un mort.

Le même au second livre de l'Histoire de France chapitre dernier. ,, Ensuite de quoi Clovis mourut à Paris & fut inhumé en l'Eglise des Sts ,, Apotres que lui & la Reine Clotilde avoient fait bâtir.

Au livre 3. chapitre 8. ,, Pendant que la Reine Clotilde demeuroit à Paris, Childebert voyant que sa mere (comme nous avons dit ci-dessus) ai- ,, moit uniquement les enfans de Clodomir, poussé d'envie, & craignant ,, que par la faveur de la Reine ils ne parvinssent à la Royauté, il écrivit se- ,, cretement à son frere Clotaire, disant : Notre mere retient avec elle les ,, enfans de notre frere & leur veut faire avoir le Royanme ; il faut que ,, vous veniez promptement à Paris pour consulter entre nous & aviser ce ,, que nous en devons faire, savoir si nous les devons faire raser & declarer ,, roturiers, ou les faire mourir & partager entre nous également le Royau- ,, me de notre frere : Clotaire fort rejoui de ces paroles vint à Paris.

Et un peu après. ,, Ensuite ils tuerent leurs Pages avec leurs Gouverneurs, ,, & puis Clotaire monta à cheval & se retira, faisant fort peu d'état du ,, meurtre de ses neveux, & Childebert se retira aussi dans les Fauxbourgs. ,, La Reine ayant mis leurs petits corps dans le cercueil, & les ayant con- ,, duit avec grande psalmodie & très-grand deuil, jusqu'en l'Eglise de St ,, Pierre à Paris, où elle les fit enterrer le mieux qu'elle put.

Livre 4. chap. 1. ,, La Reine Clotilde fort âgée & remplie de bonnes ,, œuvres, mourut à Tours au tems de l'Evêque *Injuriosus*, & les Rois Chil- ,, debert & Clotaire ses enfans, la firent porter à Paris avec un grand con- ,, voi de gens d'Eglise, & inhumer dedans la Sacristie de l'Eglise St Pierre, ,, à côté du Roi Clovis ; car c'étoit elle qui avoit fait bâtir cette Eglise, en ,, laquelle repose aussi le corps de la bienheureuse Ste Geneviéve.

Au livre 5. chap. 18. où il rapporte les Actes du Concile tenu pour la cause de Pretextat.

,, Ensuite de quoi, dit-il, Chilperic ayant ouï dire que Pretextat, Evê- ,, que de Rouen, faisoit des presens au Peuple contre le bien de son Etat, ,, le manda, & ayant examiné l'affaire, trouva qu'il avoit les meubles & or- ,, nemens de la Reine Brunichilde, il les lui ôta & le bannit avec injonc- ,, tion de garder son ban, jusqu'à ce qu'il eut été ouï par les Evêques ; les- ,, quels s'étant assemblés dedans Paris en l'Eglise de l'Apôtre St Pierre, on ,, l'amena devant eux.

DE LA VILLE DE PARIS. Liv. IV. 261

Et peu après. ,, Et le Roi s'étant retiré en son logis, nous nous assem-
,, blâmes & nous afsimes en la Sacristie de l'Eglise de St Pierre.

Et un peu après. ,, Et comme nous étions assemblés en l'Eglise St Pierre,
,, le matin le Roi arriva & dit, &c.

Et au chapitre 49. ,, Ce que Leudaste ayant ouï, il se retira à Paris en
,, l'Eglise St Pierre.

Et ainsi dans Gregoire de Tours, la même Eglise s'appelle tantôt St Pierre, tantôt l'Eglise des Sts Apôtres, en laquelle Ste Geneviéve, Clovis, Clotilde, Thibault & Gontran, fils de Clodomir tués par leurs oncles Childebert & Clotaire, ont eu leur sepulture, & ensuite Clotilde, fille de Clovis, comme témoigne le même Gregoire liv. 3. chapitre 10. ,, Dequoi Childebert ayant
,, été assuré retourna d'Auvergne, & alla en Espagne au secours de Clotilde
,, sa sœur, laquelle recevoit beaucoup de traverse de son mari Amalaric,
,, à cause qu'elle étoit Catholique; car le plus souvent quand elle alloit à
,, l'Eglise, il faisoit jetter sur elle en passant de la matiere fécale, & autres
,, ordures; & enfin l'on dit qu'il la frappa si cruellement, qu'elle envoya à
,, son frere un mouchoir tout teint de son propre sang; ce qui l'irrita telle-
,, ment qu'il alla en Espagne. Amalaric en ayant eu avis, prepare des vais-
,, seaux pour s'enfuir. Mais Childebert étoit sur le point d'arriver, & Ama-
,, laric prêt de s'embarquer, quand il se souvint qu'il avoit laissé force
,, pierres precieuses en son tresor; & comme il retournoit à la ville pour
,, les prendre, il trouva l'armée de Childebert qui lui en empêcha l'entrée.
,, Ainsi voyant qu'il ne se pouvoit pas sauver, il voulut se refugier dans
,, l'Eglise des Chrétiens. Mais avant qu'il pût toucher le seuil de la porte,
,, un Soldat le blessa mortellement d'un coup de lance, dont il tomba mort
,, sur la place. Lors Childebert prit sa sœur avec ses tresors, & la vouloit
,, emmener avec lui, mais je ne sai pas quel accident elle mourut en che-
,, min, & ensuite son corps fut apporté à Paris, & inhumé auprès de son
,, pere Clovis.

St Ouen, Evêque de Rouen, au livre 2. de la vie de St Eloi chap. 18.
,, Il y avoit, dit-il, un homme qui demeuroit au fauxbourg de Paris, non
,, loin de l'Eglise St Pierre, Prince des Apôtres.

Fredegarius Scolasticus, en son Abregé de l'Histoire de France, nombre 29. écrit *l'Eglise de St Pierre*, au lieu où nous voyons que Gregoire de Tours écrit *l'Eglise des Sts Apôtres*. Clovis après sa mort fut enterré en l'Eglise St Pierre Apôtre. L'Auteur incertain qui vivoit du tems de Theodoric II, qui a écrit l'Histoire de France, tirée partie de Gregoire de Tours, partie d'ailleurs, & continuée jusqu'à ce Roi, presqu'en un même endroit, l'appelle tantôt *l'Eglise St Pierre*, tantôt *l'Eglise des Apôtres*.

Au chapitre 17. ,, En ce tems-là le Roi Clovis étant venu en la ville de
,, Paris, dit à la Reine & à son peuple : Je suis bien fâché de ce que les
,, Gots Ariens tiennent une partie des Gaules; allons avec la grace de Dieu
,, & les chassons, & rangeons ce bon payis sous notre obéïssance. Ce dessein
,, fut approuvé de la Noblesse Françoise, & la Reine Clotilde donna cet
,, avis au Roi. Dieu Notre-Seigneur, dit-elle, mettra certainement la vic-
,, toire dans les mains du Roi mon maître, mais écoutés votre servante,
,, & faisons une Eglise en l'honneur du bienheureux St Pierre, Prince des
,, Apôtres, afin qu'il vous assiste dans la guerre; & le Roi lui dit: J'ap-
,, prouve le conseil que vous me donnés, faisons ainsi. Lors le Roi en jetta
,, les fondemens, & dit, qu'on fasse l'Eglise des Bienheureux Apôtres pen-
,, dant notre voyage.

Et puis au chapitre 18. ,, Ayant tué plusieurs grands Rois & même ses pa-
,, rens. Après tout cela Clovis mourut en paix & fut enterré en l'Eglise de
,, l'Apôtre St Pierre, que lui & la Reine sa femme avoient fait bâtir.

Hors ce dont il s'agit, je n'approuve pas cet Auteur pour le reste, voyant qu'il s'est bien donné la liberté de composer à plaisir ce colloque & dialogue du Roi & de la Reine écrit ci-dessus.

Le titre de cette Eglise a commencé à changer depuis Charlemagne; car quoique quelques-uns se soient toujours servi du nom ancien, toutefois les autres lui en ont donné un nouveau, ou l'ont appellé du vieux & du nouveau tout ensemble. Hincmar, Evêque de Reims, se sert de l'ancien nom en sa vie de St Remi, par lui revue & corrigée. ,, Après tout cela, ,, dit-il, le Roi Clovis mourut en paix, & fut enterré en l'Eglise de l'Apô- ,, tre St Pierre, que lui & la Reine sa femme avoient fait bâtir.

L'Abbé Leu de Ferrare, contemporain d'Hincmar, l'appelle l'Eglise Ste Geneviéve, en l'Epitre *ad Guenilonem & comprovinciales Episcopos*. A mes très- ,, religieux Peres & Freres, dit-il, Guenilon, Archevêque de Sens, & tout ,, son Clergé, & les Evêques des autres Eglises, ses Suffragans, & tous ,, ceux qui assistent au Divin Service, le Clergé de l'Eglise de Paris leur ,, mere, & les Religieux du Couvent de St Denys, de St Germain & de ,, Ste Geneviéve, & de divers autres Monasteres unanimement, salut pré- ,, sent & avenir.

Cet Auteur est le premier ou l'un des premiers qui ait dit simplement l'Eglise de Ste Geneviéve. Dans les Annales de St Bertin en l'année 357, elle est appellée l'Eglise ou Basilique de St Pierre & de Ste Genevié- ve, en cette sorte. ,, Les Danois courant le rivage de la Seine, ravagent ,, tout, & venant à Paris, ils brûlent l'Eglise de St Pierre & de Ste Gene- ,, viéve.

Nous trouvons le même en la Chronique de ce qui s'est fait en France par les Normans depuis l'année de J. C. 833, jusqu'en 896.

,, L'an 857, le 28 Decembre, les Normans envahirent Paris, ils mirent ,, le feu & brulerent l'Eglise de St Pierre & de Ste Geneviéve.

Cet Etienne, qui d'Abbé de Ste Geneviéve fut fait Evêque de Tournai, encore qu'il sût bien que cette Eglise étoit l'Eglise de St Pierre & de St Paul, n'a pourtant jamais écrit pour les Chanoines de St Pierre & de St Paul; mais il écrit souvent pour les Chanoines de Ste Geneviéve, & se nomme quelquefois lui-même Etienne de Ste Geneviéve. Mais je veux rapporter le titre de l'Epitre 164, avec une bonne partie de l'Epitre, qui contient beaucoup de belles choses.

A l'Archevêque de   *pour P. Chanoine de Ste Geneviéve, promu par lui à l'Episcopat & consacré.*

Et un peu après.

,, Je dirai pour rire ce qui suit, non pour vous exciter à l'indignation, ,, mais pour vous inviter à la misericorde. Vos peres attachés encore selon ,, la chair aux ceremonies & à la superstition des Païens, envahissant les ,, Gaules par la generosité de leurs bras & la force de leurs puissances, les ,, Villes, les Chateaux & les autres Forteresses, ruinés les Villages & les ,, champs, des hommes menés les uns en captivité, passés les autres au fil ,, de l'épée, brûlés, saccagés, rasés les lieux Saints; entre autres, ce que ,, nous ne pouvons rapporter qu'avec des soupirs & des sanglots, ils ont ,, brûlé miserablement, sans consideration de la sainteté du lieu, & sans au- ,, cun respect de la Bienheureuse Vierge & des autres Saints qui y repo- ,, sent, l'Eglise des Apôtres St Pierre & St Paul, en laquelle repose le ,, corps de la Bienheureuse Vierge Ste Geneviéve, bâtie par la liberalité ,, des Rois, dedans & dehors à la Mosaïque, comme il se voit encore par ,, ce qui en reste. Enfin par la grace de Dieu cette ancienne barbarie a été ,, adoucie & changée par la mansuetude Chrétienne, & la glace du Septen- ,, trion fondue par la chaleur de la Foi, a reconnu son Créateur & aboli les ,, Idoles, & les Peuples du Nord avec les Danois, regenerés en J. C. pos- ,, sedent, habitent & cultivent pour eux & leurs descendans cette partie ,, des Gaules, qui tirant son nom du Septentrion s'appelle la Normandie. ,, Les murailles de notre Eglise brûlées, pendant cette persecution, & tout ,, mangés de vieillesse & de corruption, menacent de ruine, & semblent

,, demander en soupirant qu'on leur donne quelque foutien & un toit pour
,, les couvrir. On a amaffé une charpente de bois pour pofer deffus, quand
,, ils l'auront reçu, que l'on doit après couvrir de lames de plomb. Nous
,, efperons en Notre-Seigneur qu'il achevera & établira ce qu'il a commen-
,, cé, & fournira par fa divine providence toute la dépenfe neceffaire,
,, parce qu'il ne délaiffe jamais fes ferviteurs qui ont mis en lui leur efpe-
,, rance. Et parce que pour un fi grand travail, ou plutôt pour fubvenir à une
,, fi grande charge, nous fommes obligés de mandier le fecours d'autrui,
,, nous avons recours à votre liberalité, afin que vous qui avés accoutumé
,, d'acheter quelquefois du plomb de Rome, vous faffiés voir votre cœur
,, charitable en notre endroit, & que vous nous étendiés vos mains libera-
,, les pour nous aider à acheter du plomb d'Angleterre ; par celui-là les
,, Eglifes font dépouillées & font couvertes de celui-ci. Le trafic en eft dif-
,, ferent, puifqu'en celui-là fouvent celui qui reçoit travaille, en celui-ci
,, celui qui donne merite toujours ; celui-là s'achete toujours au prix de l'or,
,, celui-ci s'acquiert par le religieux prix des prieres. Nous avons envoyé
,, notre frere G. porteur des prefentes, qui executera nos ordres avec
,, prudence & rapportera les liberalités des étrangers.

Au refte l'ancien & premier titre de cette Eglife par la fuite du tems
a ceffé d'être en ufage, & l'on ne s'eft plus fervi que du nouveau feulement ; de forte que qui chercheroit maintenant à Paris l'Eglife de St
Pierre ou des Apôtres, pafferoit pour un mocqueur, ou plutôt pour un
reveur.

CHAPITRE IV.

De l'Eglife du Bien-heureux Martyr St Denys, dedans la Ville.

QUAND nous difons la Ville de Paris, nous entendons celle qui
étoit autrefois renfermée dans la feule enceinte de l'Ifle ; ce n'eft
pas que l'Ifle fût toute remplie de maifons & de logemens ; mais parce que
la ville ne s'étendoit pas plus loin que la cloture de l'Ifle. La premiere
Eglife qui fut bâtie en cette ville, fut dediée à St Denys Evêque de Paris,
& Martyr ; ce qui arriva vers le Regne de Childebert fils de Clovis, comme le temoigne Fortunat, au lieu dont nous avons parlé ci-devant au
premier chapitre, où il décrit cette Eglife dans fes vers, en cette maniere :

,, Quiconque vous foyés, qui defirés connoître celui qui a fait bâtir ce
,, beau Temple, je ne fouffrirai pas qu'un fi beau deffein vous foit caché.
,, L'Eglife étant autrefois loin d'ici, & le peuple, à caufe de la diftance,
,, n'en faifant pas volontiers le chemin, l'Evêque Amelius avoit donné ici
,, un petit lieu qui n'étoit pas capable de contenir le peuple Chrétien : après
,, fa mort, felon l'ordre de la Loi & de la Nature, le lieu & le bâtiment
,, échût à fon héritier ; & enfuite le Pape Leontius fonda une Chapelle, &
,, fit de grands prefens à fon Maitre : c'eft l'Eglife de St Denys, fous le
,, nom duquel elle a été fanctifiée.

Et un peu après.

,, Et ce grand Prêtre n'abandonna point cet augufte Temple, qu'il ne
,, fût achevé & accompagné d'ornemens, qui le rendent à prefent fi agréa-
,, ble, faifant affidument les Ceremonies ordinaires dans la vieille Eglife,
,, jufqu'à ce qu'il eût entierement mis l'ouvrage à fa perfection, à quoi
,, il ne perdoit point de tems.

Amelius donc Evêque de Paris, qui foufcrivit au fecond Concile d'Orleans, en l'année de Jesus-Christ 536, fit bâtir une Eglise à St Denys, dedans la Ville ; mais parce qu'elle étoit petite pour le nombre des Fideles qui croissoient de jour en jour, Leontius, Evêque de Bordeaux, en fit une autre plus grande à l'honneur du même St Denys. Il y a un certain nouvel Auteur, qui s'est imaginé que cette Eglise n'avoit pas été fondée à Paris, mais à Bordeaux. C'est une conjecture vaine & mal fondée, & une pure chimere ; car pourquoi un Evêque de Bordeaux ne pouvoit-il pas avoir la devotion & le moyen de faire bâtir une Eglise à Paris? Outre qu'il n'y a point d'Eglise à Bordeaux qui porte le nom de St Denys, ni de laquelle St Denys soit ni le premier, ni le second Patron ; & quand Fortunat au second livre, vers 10 & 11, fait les louanges, d'un côté du Clergé, de l'autre de l'Eglise de Paris : il ne parle point d'autre Clergé, ni d'autre Eglise, que de celle dont il a fait mention au livre premier, vers 11, comme il est facile de voir en conferant les passages. Voyons les vers qu'il écrit au Clergé.

„ Honorable Assemblée, Ordre illustre que j'honore de tout mon cœur
„ avec foi & religion, mes Peres, l'éclat de votre vertu, & le haut rang
„ où vous êtes, m'oblige de remonter ma Lyre, qu'il y a long-tems que
„ j'avois abandonnée.

Et un peu après. „ L'excellent & honorable Clergé de Paris, le vrai
„ genie, la gloire, la richesse & l'honneur de l'Eglise, est perpetuellement
„ occupé à chanter les louanges de Dieu sur la Lyre de David. Là paroissent
„ les Prêtres, ici les Levites & Enfans de chœur ; ceux-là couverts de leurs
„ cheveux blancs, ceux-ci de leur belle aube blanche ; ceux-là sont tout
„ pâles, ceux-ci ont le visage tout vermeil, & ainsi la blancheur des lis,
„ mêlée avec le vermillon des roses, font une couleur très-agreable ; ils
„ sont blancs ceux-là, à cause de leur âge, ceux-ci à cause de leurs habits ;
„ si bien que toute la compagnie plaît ainsi au Dieu souverain. Dans le mi-
„ lieu, l'Evêque Germain tient le rang d'honneur, qui d'un côté gouverne
„ les Jeunes, & donne les ordres aux Anciens ; ceux qui ne sont pas Prê-
„ tres marchent devant, les autres suivent en chantant ; il avertit les uns
„ en marchant, & attire les autres par sa conduite. Il marche toutefois
„ doucement, comme un autre Aaron, moins éclatant par ses beaux ha-
„ bits, qu'agréable par sa pieté ; ce ne sont pas les pierres precieuses, l'é-
„ carlate, l'or, la pourpre, le lin qui le couvre, mais c'est sa foi excellen-
„ te, qui le rend recommandable.

Et ensuite. „ Son troupeau qui connoit sa voix, attiré par la seule for-
„ ce de son amour, comme à la sainte nourriture, où il l'appelle conti-
„ nuellement par ses instructions : Sus Soldats, vite aux armes, voila le
„ signal qui tinte aux oreilles, il se leve, il saute hors du lit, il court tout
„ le premier aux sacrés Mysteres, & chacun ensuite, l'un après l'autre se
„ trouve à l'Eglise, & y prend sa place ; il verse d'une ardente affection sa
„ benediction sur tout le peuple, & ont une émulation pour y être les
„ premiers. Cette honorable troupe ainsi assemblée, passe toute la nuit
„ jusqu'au point du jour en des concerts Angeliques : & constante en cet
„ honorable ouvrage, il semble qu'elle joint toute sa force pour atta-
„ quer le Ciel, & le prendre à force d'Hymnes & de Cantiques : elle fait
„ sa psalmodie d'un chant lyrique ; mais les paroles des vers qu'elle chante,
„ ne sont que le commencement de sa priere, son amour lui en fournit
„ bien d'autres. Ici un Enfant de chœur pousse un chant mélodieux ; là
„ un Chantre plus âgé embouche un Serpent ; on presse les Cymballes
„ avec le son aigu des Chalumeaux ; & le Cornet-à-bouquin s'égaie en une
„ infinité de passages ; quelqu'un des plus âgés bat du tambour, un enfant
„ en adoucit le son avec un fifre, les autres suppléent avec la voix ce qui
„ manque à l'harmonie des instrumens ; tantôt on est attiré doucement par
„ des recits agreables, tantôt on est emporté par une pleine musique plus

forte

DE LA VILLE DE PARIS. Liv. IV.

„ forte, & ainsi l'ouvrage est diversifié, selon la différence du sexe & de
„ l'âge.

Et après il continue.

„ Suivant les instructions du Prelat, Clovis, le peuple & l'enfant chantent
„ des Pseaumes, ce qui le fera beaucoup profiter sans beaucoup de peine,
„ cette heureuse armée est sous la conduite de Germain ; soldat prête la
„ main, & suis genereusement les ordres de ton Capitaine.

Voici le Poëme qu'il adresse à l'Eglise :

„ Si l'on fait état du Temple de Salomon, quoiqu'il fût égal pour sa struc-
„ ture, celui-ci est bien plus beau pour la foi ; car tout ce qui étoit là en-
„ veloppé auparavant sous le voile de l'ancienne Loi, se voit ici tout à
„ découvert. Il est vrai que celui-là étoit entrelassé de divers sortes de me-
„ taux ; mais celui-ci éclate bien davantage, étant teint du sang de Jesus-
„ Christ ; celui-là orné d'or, de pierres précieuses & de bois de Cedre,
„ mais celui-ci tire un autre honneur de la Croix de Jesus-Christ. Ce
„ vieux Temple a été bâti des deniers perissables d'un homme, cette nou-
„ velle maison est établie par le prix de tout le monde, &c.

Ce vers : „ Faisant assiduement les Céremonies ordinaires dans la vieille
„ Eglise, „ qui s'entend de l'Eglise St Denys, s'accorde facilement avec ce
„ vers du premier distique du second livre : „ Chantant les louanges de Dieu,
„ avec les vers de David, il ne cessa point qu'il n'eut achevé enfin cet agrea-
„ ble ouvrage. Outre que proche de l'Eglise de St Denys, qui reste encore au-
„ jourd'hui, il y a certains vestiges d'un Dortoir, où St Germain avec ses Prêtres, Diacres, & autres Ecclesiastiques, peut avoir couché, de sorte qu'il lui
étoit facile de les avertir de leur devoir, & les appeller à l'Office, comme
Fortunat semble dire dans ses vers, & comme il l'écrit clairement en la vie
de St Germain, chap. 80.

„ Qui pourra dire quel soin il a toujours eu des veilles ? ou qui pourra expliquer dignement l'âpreté du froid qu'il a souffert par l'ardeur de sa foi,
„ lorsque souvent se levant sur son petit lit devant que d'avertir les autres
„ il chantoit au Seigneur dans le Temple de son cœur, sans se lasser cin-
„ quante Pseaumes, & davantage : ou qui pourroit entendre, ou voir cet
„ heureux larcin qu'il faisoit, lorsque sortant doucement de son lit, & bien
„ souvent sans souliers, de peur d'être entendu de quelqu'un, il alloit à
„ l'Oratoire, ne voulant en cette occasion rencontrer personne que Jesus-
„ Christ, d'où après avoir fait ses prieres, retournant dans son lit, comme
„ s'il n'eût rien fait, il se relevoit à l'heure ordinaire, & commençoit à re-
„ veiller les autres.

Fortunat loue donc la même Eglise, ou Temple, ou Oratoire de St
Denys en divers lieux, & en divers tems, ce qui est une pure amplifica-
tion de la même chose. Celui qui le nieroit le feroit sans fondement, car
on ne sauroit nommer une autre Eglise qui soit celle qui est décrite au 2.
Livre de Fortunat, & ce ne seroit pas assés de nommer une autre Eglise
dédiée à quelque Saint, si on ne le prouve par des Auteurs contemporains
ou approchans du tems que le chose a été faite : ce qui se dit de ces choses,
& autres semblables, sans être fondé sur le témoignage de quelque ancien
écrivain, se doit plutôt mépriser, qu'approuver.

Gregoire de Tours en beaucoup d'endroits rend témoignage de cette
Eglise, au premier Livre des Miracles, chapitre 72.

„ Denys, Evêque de Paris, souffrit le martyre en cette Ville, au tems
„ que Sigebert vint avec son armée, & brûla une bonne partie de ses rues,
„ un des premiers de sa Cour alla à l'Eglise du susdit Martyr, non par de-
„ votion, pour prier Dieu, mais seulement pour voller quelque chose de
„ l'Eglise, trouvant la porte ouverte, & sans gardes, il prit par un vol
„ temeraire un poësle de soie, rehaussé d'or, & de perles, qui étoit sur le
„ sepulchre du Saint, & l'emporta avec lui étant au : camp il falut monter

Tome I.   Ll

HISTOIRE ET ANTIQUITE'S.

„ fur l'eau, & fon valet auquel il avoit grande creance, étant monté avec
„ lui dans le bateau avec deux cens écus d'or qu'il lui avoit pendu au col,
„ foudainement, fans qu'on l'eût touché, tomba en l'eau & fe noya, &
„ l'on ne le put jamais repêcher : à quoi le maître reconnoiffant le juge-
„ ment de Dieu contre lui par la perte de fon valet, & de fon argent, fe
„ fit remettre à bord où il s'étoit embarqué, & remit promptement le poêsle
„ fur le fepulchre.

Et puis au Livre v, chapitre 33.

„ A Paris une femme fut accufée de s'être abandonnée à un autre hom-
„ me que fon mari, fans fe foucier de la foi qu'elle lui devoit : fes parties
„ donc vinrent au pere, & lui dirent : Ou juftifiés votre fille, ou nous la
„ ferons mourir, de peur que fon crime ne laiffe une note à notre familie.
„ Je connois, dit le pere, fort bien ma fille; & ce que les mauvaifes langues
„ difent contre elle eft faux : cependant de peur que la calomnie n'aille plus
„ loin je jurerai qu'elle eft innocente. Là-deffus ils lui dirent : Si elle eft in-
„ nocente, faites ferment fur le tombeau de St Denys, Martyr. Je le ferai,
„ dit le pere : & ayant pris jour, ils fe trouverent tous en l'Eglife du St
„ Martyr : & là, le pere ayant élevé les mains fur l'Autel, jura que fa fille
„ n'étoit point coupable. Ceux du côté du mari foutinrent au contraire
„ qu'il s'étoit parjuré, & en cette difpute mettant l'épée en main, ils fe
„ jettent l'un fur l'autre, & fe tuent même devant l'Autel. Or il y en avoit
„ d'âgés, & des premiers de la Cour du Roi Chilperic. Plufieurs font bleffés
„ de coups d'épée, toute l'Eglife eft pleine de fang : les portes font toutes
„ percées de dards, & d'épées, & les fleches n'épargnent pas même le fe-
„ pulchre; & pendant qu'on fe met en devoir d'appaifer cette querelle ; on
„ ne fait plus l'office dans l'Eglife, jufqu'à ce qu'on ait donné avis du tout
„ au Roi. Ils vont en hâte trouver le Roi, mais il leur refufe toute grace,
„ & les renvoie à l'Evêque du lieu, pour être admis à la communion, au
„ cas qu'ils ne fe trouvaffent pas coupables. Lors Ragnemode qui étoit Evê-
„ que de Paris, les reçut à la communion de l'Eglife, après qu'ils eurent
„ fait fatisfaction : & peu de jours après cette femme étant appellée en ju-
„ gement, finit fes jours par un licou. „

Et au chapitre trente-cinq.

„ En ce tems-là le Roi Chilperic fut fort malade, & comme il commen-
„ çoit à fe bien porter, fon jeune fils qui n'étoit point encore batifé, tomba
„ malade, & le voyant à l'extremité on le fit batifer : & comme il com-
„ mençoit pareillement à fe bien porter, fon frere aîné, fut attaqué de la
„ même maladie.

Et après.

„ Enfuite ce jeune enfant eft emporté par la force de fa maladie, & fut
„ porté avec grand deuil du Village de Brennac à Paris, en l'Eglife St
„ Denys où ils le firent enterrer.

Ce jeune enfant s'appelle Dagobert, dont l'Epitaphe a été faite par Fortunat.

Cette Eglife de St Denys étoit fort celebre du tems du Roi Chilperic, qui mourut l'an de Jefus-Chrift 589, on y enterroit les enfans des Rois, on purgeoit là les coupables, ou les innocens, fur le tombeau de St Denys qui étoit en cette Eglife ; on y faifoit tout le fervice canonial, qui font les marques de la premiere Eglife d'une Ville ; ce fut-là que St Eloi fit le miracle fur le fepulchre de St Denys, dont St Ouen, Evêque de Rouen, fait le recit en cette forte, Livre premier de la vie de St Eloi, chap. xxij.

„ Enfin un jour qu'on celebroit à Paris la fête annuelle du martyre de
„ St Denys, le Clergé chantant matines dans le chœur, Eloi fortant, &
„ allant à la porte, vit de loin un homme tout contrefait de fes membres,
„ étendu fur le pavé, proche du fepulchre du Saint ; infpiré de Dieu, il
„ approcha de cet homme, & en le flatant, commença à lui demander com-

DE LA VILLE DE PARIS. Liv. IV.

„ bien il y avoit de tems qu'il étoit eſtropié, & quelle étoit la cauſe de ſa
„ maladie, & pareillement s'il avoit eſperance en Jeſus-Chriſt, & s'il
„ croyoit devoir être quelque jour gueri, & après ſa mort reſſuſciter, &
„ recevoir recompenſe ou châtiment ſelon ſes merites. A quoi ayant répon-
„ du de mot à mot qu'il croyoit toutes ces choſes, Eloi reprit : Si tu crois
„ toutes ces choſes comme tu l'aſſures, pourquoi te tiens-tu donc ici
„ couché inutilement ? prie plûtôt ce Saint, afin qu'en intercedant auprès
„ de Notre-Seigneur, il te rende promptement ta ſanté ; à quoi repondant
„ que c'étoit pour cela qu'il étoit couché en cet endroit, Eloi le regar-
„ dant, crois-tu, dit-il, mon enfant, que ce Saint puiſſe obtenir cela de
„ Dieu ? à quoi répondant qu'il le croyoit ainſi, ſi tu le crois ainſi, dit Eloi,
„ promets-moi que tu ſerviras Dieu à l'avenir, & prens garde que ta foi
„ ne chancelle point, & Dieu te guerira toute à l'heure : ce que cet homme
„ ayant promis entierement d'accomplir, Eloi mit les genoux en terre, &
„ fit une longue oraiſon, & puis levant les mains, & les yeux au Ciel,
„ plein de foi, pria Notre-Seigneur Jeſus-Chriſt, de ſe ſouvenir de ſa pro-
„ meſſe par laquelle il a dit, tout ce que vous demanderés en mon nom,
„ croyés que vous le recevrés, & qu'il vous arrivera ; & encore, qui pre-
„ tend en moi fera les mêmes choſes que je fais, & encore de plus grandes :
„ & priant ainſi de tout ſon cœur avec foi, & devotion, ſe tournant vers
„ le malade, & lui prenant la main, il lui dit : Si tu crois ſans aucun doute,
„ comme tu le promets, au nom de Notre-Seigneur Jeſus-Chriſt, leve-toi
„ & te tiens droit ſur tes pieds ; & diſant cela il le tira fortement à ſoi, &
„ ſoudain ſes membres s'étans deliés, & s'étant levé avec peine, il ſe tint
„ debout, & incontinent ſes pieds, & ſes autres membres furent rafermis,
„ & il fut gueri à la même heure : mais Eloi le menaçant avec ſerment,
„ lui enjoignit expreſſement, s'il ne vouloit retomber dans la même afflic-
„ tion, de dire jamais un ſeul mot touchant la ſanté qui lui avoit été ren-
„ due, ſinon que Notre-Seigneur Jeſus-Chriſt l'avoit gueri par l'interceſ-
„ ſion de St Denys.

Le Clergé & le chœur viennent dans cette Egliſe où l'Office divin avoit ceſſé lors du meurtre qui y fut commis du tems du Roi Chilperic : cette Egliſe de St Denys eſt donc tellement établie dans le circuit de la Ville, qu'elle n'en peut être ôtée par aucun Auteur contemporain, ni qui en approche.

Je ſai bien qu'il y a deux Moines, Germain Millet, & Hugûes Menard, qui ont fait tous leurs efforts en leurs Areopagitiques pour obſcurcit cette ancienne Egliſe, mais ils ont perdu leurs peines : car elle eſt tellement il-luſtre, qu'elle eſt capable de chaſſer par ſon éclat les tenebres les plus épaiſ-ſes ; il n'eſt pas ſi facile de renverſer les fondemens de cette Egliſe, que de fouiller dans le ſepulchre de St Denys, qui y eſt enfermé, & tranſpor-ter ailleurs ſes reliques. Or c'eſt cette Egliſe qui s'appelle maintenant par corruption St Denys du Pas, au lieu qu'elle doit tirer ſon nom de ce que St Denys a ſouffert, & enduré en ce lieu, comme qui diroit le lieu de la Paſſion de St Denys. On avoit accoutumé autrefois de bâtir des Egliſes au lieu où les Martyrs étoient enterrés. L'extremité de l'Iſle qui regarde l'O-rient, étoit pour lors vuide, ſans maiſons, & ſans habitans, & quaſi com-me hors de la Ville, qui n'occupoit pas entierement toute l'Iſle. St Denys ſouffrit le martyre en cet endroit, où les fideles lui érigerent un ſepulchre en forme de tour, d'où vient que Gregoire de Tours, Livre premier des miracles, chap. 62. l'appelle *Turritum*, c'eſt-à-dire, fait en forme de Tour.

„ Un autre, dit-il, ayant eu la hardieſſe de marcher ſur le ſepulchre du
„ Saint, voulant en arracher une colombe d'or, qui y étoit attachée à une
„ lance, & les pieds lui ayant manqué de part & d'autre, parce que ce tom-
„ beau étoit fait en forme de tour ; il fut trouvé mort, la lance fichée dans le
„ côté, & les teſticules tout écraſées : cela n'arriva pas par hazard, mais per-

Tome I. L l ij

,, fonne ne doute qu'il n'ait été fait par le jugement de Dieu.

Ce tombeau fait en forme de tour n'a jamais été vû qu'en ce lieu, qui eft en la partie orientale de l'Ifle, & pas un ancien Auteur n'a écrit qu'il ait été vû nulle part ailleurs. Ce fut de ce même lieu, où l'on gardoit les Reliques de St Denys, que l'on vit fortir ce même St Denys pour aller aux obfeques de St Arredius, comme Gregoire de Tours le rapporte au livre x. de fon Hiftoire chap. xxix. en cette forte.

,, Le fixiéme jour de fa maladie, il y eut aufli une femme, qui ayant
,, été fouvent tourmentée par le malin efprit, & n'ayant pû être delivrée
,, par le Saint, fes mains s'étant liées d'elles-mêmes derriere le dos, elle
,, commença à crier & à dire: Courés Citoyens, fortés Bourgeois, allés au
,, devant des Martyrs & des Confeffeurs, qui viennent aux obfeques du
,, Bienheureux Arredius. Voila Julien qui vient de Brioude, Privat de
,, Mandes, Martin de Tours & Martial de fa propre Ville; Saturnin vient
,, de Toulouze & Denys de la Ville de Paris.

Au refte il ne faut pas oublier, que cette Eglife de St Denys, qui eft tout proche de l'Eglife Notre-Dame du côté de l'Orient, eft d'une ftructure la plus ancienne de toutes les Eglifes & même de toutes les maifons qui font à Paris. Ceux qui plufieurs fiécles depuis ont renverfé le fepulchre en forme de tour de St Denys; ceux qui ont mis ailleurs le fepulchre & l'Eglife du même St Denys, ont fait cela fans l'autorité des anciens, contre la tradition ancienne qui a été très-bien examinée, & ont fait plus d'état de leurs inventions & de leurs fantaifies que de la verité.

CHAPITRE V.

De l'Eglife St Vincent Martyr, au Fauxbourg de Paris, qu'on appelle à prefent l'Eglife St Germain des Prés.

CHILDEBERT, fils de Clovis, fit bâtir cette Eglife au fauxbourg de Paris, qui fût appellé pour lors l'Eglife St Vincent, & s'appelle maintenant St Germain des Prés. Cela arriva, fi je ne me trompe, lorfque le Roi retourna victorieux des Efpagnes, d'où il rapporta, comme il eft à croire, quelques Reliques de St Vincent; car il n'étoit pas permis de bâtir d'Eglife, & de lui faire porter le nom de quelque Martyr, fans avoir de fes Reliques. Gregoire de Tours livre IV. chap. xx.

,, Le Roi Childebert commença à être malade & mourut à Paris, après
,, avoir été fort long-tems au lit, & fut enterré en l'Eglife de St Vincent,
,, qu'il avoit lui-même fait bâtir.

Et au livre VI. chapitre dernier, de la mort de Chilperic.

,, Il n'aima jamais perfonne entierement, & ne fut aufli aimé de per-
,, fonne; d'où ils difent que les fiens l'abandonnerent fitôt qu'il eut rendu
,, l'efprit. Malulfe, Evêque de Senlis, qui avoit toujours demeuré dans fa
,, tente depuis trois jours, fi-tôt qu'il fut fa mort, vint, le leva & lui mit
,, fes plus beaux vêtemens, & ayant paffé la nuit à chanter des hymnes, il
,, le mit dans un bateau & l'emmena en l'Eglife St Vincent, qui eft à Paris,
,, où il le fit enterrer.

Et au livre VIII. chap. xx. parlant de Clovis, fils de Chilperic.

,, On reconnut que c'étoit celui que le Roi cherchoit avec grand defir.
,, Ayant donc fait affembler l'Evêque de la Ville avec le Clergé & le Peu-
,, ple, il le fit porter en terre avec quantité de flambeaux en l'Eglife de St
,, Vincent, pleurant aufli amerement la mort de fes neveux, que quand il
,, vit mettre en terre fes propres enfans.

DE LA VILLE DE PARIS. Liv. IV.

Et encore au même livre chap. xxxiii. le passage que nous avons ci devant rapporté au second chapitre de ce Traité, où est fait mention de l'Eglise de St Vincent, en laquelle les prisonniers delivrés par St Germain, allerent rendre graces à Dieu de leur liberté.

Enfin au livre de la gloire des Confesseurs chap. xc.

,, Le Roi Chilperic faisant son entrée dans la ville de Paris, le lendemain
,, un paralytique qui faisoit sa demeure sous le portique de l'Eglise de St
,, Vincent, en laquelle repose le corps de St Germain, se trouva gueri, &
,, le matin il rendit graces au St Prelat en presence du peuple.

Un Auteur incertain qui vivoit du tems de Theodoric II, dans les Gestes des François chap. xxvi parlant de la guerre que Childebert fit en Espagne.

,, Childebert, dit-il, lui demanda des Reliques de St Vincent (à l'Evê-
,, que *Cassaranguftanus*) & il lui donna son étole. Alors les Rois (Childebert
,, & Clotaire) ayant gagné la plus grande partie de l'Espagne, retournerent
,, chargés de plusieurs tresors & dépouilles. Childebert venant à Paris, fit
,, bâtir une Eglise en l'honneur de St Vincent Martyr.

Et puis au chapitre xxxvii.

,, En ce même tems mourut la Reine Fredegonde fort âgée, & fut en-
,, terrée à Paris en l'Eglise de St Vincent Martyr.

Fredegaire en sa Chronique chap. 56. ,, Clotaire mourut l'an 45. de son
,, regne, & fut enterré au fauxbourg de Paris en l'Eglise de St Vincent
,, Martyr.

Le Moine Aimoin, livre 2. de son Histoire de France chap. xx.

,, Childebert ayant reçu l'étolle de St Vincent l'apporta à Paris où il fit
,, bâtir une Eglise depuis les fondemens qu'il fit dedier à ce saint Levite &
,, Martyr.

Voilà ce que disent tous ces Auteurs de la premiere fondation & du premier titre de cette Eglise, dont le nom a commencé à changer depuis le tems de Charlemagne. *Ferrariensis* l'appelle l'Eglise de St Germain, en l'inscription des lettres qu'il écrit à Guenilon & aux Evêques comprovinciaux.

,, A mes très-religieux Peres & Freres Guenilon, Archevêque de Sens,
,, & à tout son Clergé de l'Eglise Metropolitaine de Paris, & les Religieux
,, du Couvent de St Denys & de St Germain & de Ste Geneviéve & des Fos-
,, sés, & de divers Monasteres unanimement, salut present & avenir.

La cause de ce nom fut le tombeau de St Germain qui est en cette Eglise. Les Annales de St Bertin l'an 857, l'appellent l'Eglise de St Vincent & de St Germain.

,, Les Danois s'étant campés aux bords de la Seine, ravagent tout; & ayant
,, attaqué Paris, brûlent l'Eglise de St Pierre & de Ste Geneviéve, & tou-
,, tes les autres à la reserve de la Maison de St Etienne & de l'Eglise St
,, Vincent & de St Germain.

La Chronique des Gestes des Normans en France, repete les mêmes paroles. Celui qui a composé ou plutôt qui a supposé cette Charte, qu'on dit être le titre de la fondation de cette Eglise par Childebert, l'attribue à tous ces Saints.

,, Je Childebert, Roi de France, du consentement des François & des
,, Neustrasiens, à la persuasion du très-Saint Evêque de Paris Germain, &
,, du consentement des Evêques, ai commencé à construire un Temple en
,, la Ville de Paris, proche les murs de la Ville, en la terre qui regarde no-
,, tre Fief d'Issy, au lieu dit *le molitro*, en l'honneur de St Vincent Martyr,
,, dont nous avons apporté des Reliques d'Espagne, & aussi de Ste Croix ou
,, de St Etienne & St Ferreole & St Julien, & des Bienheureux St George,
,, St Gervais, St Protais, St Nazarius & St Celse, petit enfant, dont on
,, conserve les Reliques; & partant en l'honneur des Sts Patrons, nous
,, donnons, &c.

Au tems que quelque Moine a changé ou supposé cette Charte, il y avoit en cette Eglife des Reliques de ces Saints, aufquels il veut que Childebert l'ait dediée. Car c'étoit autrefois la coutume outre les premiers Patrons des Eglifes, d'en prendre encore de feconds, dont on transferoit enfuite les Reliques. Le Monaftere de St Medard fut auffi appellé par quelques-uns du nom de St Sebaftien, depuis que le corps de St Sebaftien y eût été transferé. Eghinard en fes Annales des Geftes de Louis le Debonnaire, en l'année 826, parle ainfi de cette tranflation.

,, Cependant Hilduyn, Abbé de St Denys Martyr, envoyant à Rome,
,, le Pape Eugene ayant égard à fes prieres, lui donna les os de St Sebaftien,
,, qu'il mit en la Ville de Soiffons en l'Eglife de St Medard.

Nous apprenons du livre des Miracles de St Sebaftien, qui a été mis en lumiere dans le fecond tome de l'Hiftoire de France, que ce Monaftere fut incontinent après appellé du nom de St Medard & de St Sebaftien. Car voilà comme il fait parler l'Empereur Louis.

,, Me voyant offenfé & trompé plufieurs fois par ceux à qui je n'en avois
,, jamais donné de fujet, me reffouvenant des mauvaifes actions que j'ai fai-
,, tes, & que c'étoit par un très-jufte jugement de Dieu que cela m'étoit
,, arrivé, je fupportois cet accident avec patience; & enfuite étant affiegé
,, dans la Ville de Soiffons par mes ennemis, je fus conduit au Monaftere
,, de Meffieurs St Medard & St Sebaftien.

De plus, en la Preface du Synode de Soiffons, qui fut tenu en l'année 853, il eft appellé le Monaftere de St Medard & St Sebaftien.

,, Regnant à toujours Dieu, Seigneur & Maître de toutes chofes, l'an de
,, l'Incarnation du même Dieu, Notre-Seigneur Jefus-Chrift, 853, & du
,, regne de l'illuftre Charles, fils du très religieux Louis Augufte, l'an
,, treifiéme, le premier de l'Indiction, les Evêques voulant celebrer un Sy-
,, node fuivant les Canons, le même Roi Charles leur permit & leur com-
,, manda de s'affembler le vingt-deux d'Avril en la Ville de Soiffons dedans
,, le Monaftere de St Medard & de St Sebaftien.

Je ferois trop long, fi je voulois rapporter tous les autres exemples; mais je ne faurois omettre celui que nous trouvons en certains exemplaires du Martyrologe d'Ufuard. C'eft fans doute quelque Moine, qui en lifant le Martyrologe d'Ufuard, a voulu ajouter au vingt-deux Avril:

,, A Paris la Dedicace de l'Eglife de Ste Croix & de St Vincent Martyr,
,, & l'Anniverfaire du Roi Childebert.

Cette Dedicace, s'il eft vrai qu'elle ait été faite ainfi, ne fe rapporte pas à l'ancienne origine de l'Eglife, qui n'appartient qu'au feul St Vincent; mais au tems que l'Eglife fut rebâtie de nouveau & confacrée : on dit que ce fut Alexandre III qui la confacra comme il étoit à Paris. Quoi qu'il en foit, le Moine qui a ajouté cela au Martyrologe, avoit encore la Charte du Roi Childebert, où l'Eglife eft mife fous la tutelle & la protection de St Vincent & des Sts Etienne, Ferreole, Julien, George, Gervais, Protais, Nazarius & Celfe. Au refte cette Dedicace ne fe trouve point ni dans les anciennes ni dans une partie des nouvelles éditions d'Ufuard, on ne la trouve qu'en celles qui font forties du Monaftere de St Germain, où quelque Moine, de peur de paffer pour ingrat, a mis au rang des Saints, Childebert, fondateur de l'Eglife de St Vincent, & par conféquent de fon Monaftere.

A la fin, l'Eglife n'a plus porté que le nom de St Germain, dont tous ceux qui favent parler demeurent d'accord; & qui chercheroit à prefent l'Eglife de St Vincent, pafferoit pour étranger.

DE LA VILLE DE PARIS. Liv. IV.

CHAPITRE VI.

De l'Eglise Ste Croix lès-Paris.

NOUS sommes redevables de ce que nous pouvons savoir de cette Eglise à Fortunat, qui a écrit la vie de St Germain, Evêque de Paris. Voici comme il parle au chapitre XLIII.

„ Cet homme de Dieu étant allé à Paris en l'Eglise Ste Croix, il rendit
„ la vie à un enfant avec le signe de la Croix.

Mais on ne sait ni quand ni par qui cette Eglise a été bâtie. On dit qu'il y en a quelques-uns qui confondent cette Eglise avec celle de St Vincent. Mais premierement Gregoire de Tours, témoin, pour ainsi dire, oculaire, y est contraire. Car il nous rapporte l'origine de l'Eglise de St Vincent, & en parle en divers lieux & en divers tems, sans aucune mention de Ste Croix, qui eût suivi ou precedé St Vincent. L'Auteur incertain des Gestes des François, Fredegaire & Aimoin y sont encore contraires, & par leur silence font assés voir que cette pretendue union & confusion de ces deux Eglises est imaginaire. Et enfin *Lupus Ferrariersis*, les Annales de St Bertin & la Chronique des Gestes des Normans, nous font connoître le contraire; car ils l'appellent tantôt de St Germain, tantôt de St Vincent & St Germain, mais jamais de St Vincent & de Ste Croix. Ils ont été trompés par cette Charte qu'on attribue à Childebert, dont j'ai ci-devant rapporté un fragment. Mais s'ils ne prennent plaisir à être trompés, qu'ils nous disent pourquoi ils ne joignent pas l'Eglise de St Gervais & St Protais à l'Eglise de St Vincent? Car cette Charte dit que l'Eglise de St Vincent est dediée aussi-bien à St Gervais & St Protais qu'à Ste Croix. Il faut donc avouer qu'il y avoit autrefois à Paris une Eglise de St Vincent, qui étoit aussi distincte & separée de l'Eglise de Ste Croix, que de celle de St Gervais & St Protais. D'où vient donc qu'il n'y a aucune Eglise de Ste Croix dans les fauxbourgs d'à-present, ni dans le lieu où ils étoient autrefois? On en peut avoir quelque douteuse conjecture, mais non pas de jugement certain. Pour moi j'estime que l'Eglise de Ste Croix, qui étoit dans le fauxbourg, fut brûlée ou abatue lorsque les Normans ruinerent Paris; & que les Reliques de Ste Croix, qui avoient donné le nom à l'Eglise, furent transferées au Monastere de St Vincent & St Germain, ou qu'ayant été portées dans la Ville, qui étoit pour lors renfermée dans l'enceinte de l'Isle, cela fut cause qu'on y bâtit l'Eglise qu'on appelle il y a déja long-tems Ste Croix. Et ainsi l'Eglise Ste Croix fut rebâtie, non pas aux fauxbourgs, mais dans la Ville, pour être plus en sureté contre les incursions des ennemis & des gens d'armes. Au reste si quelqu'un peut prouver par les anciens & bons Auteurs, que l'Eglise de St Vincent & de Ste Croix étoit la même, ou trouvant que ce sont deux Eglises, ou pouvant donner quelque meilleure conjecture de celle de Ste Croix, je me rangerai volontiers à son opinion.

CHAPITRE VII.

De l'Eglise des Sts Gervais & Protais.

FORTUNAT parle aussi de cette Eglise, au livre de la vie de St Germain, chap. 66, où il décrit ainsi un certain miracle de ce Confesseur.

„ Etant allé à Paris en l'Eglise de St Gervais & St Protais, pour faire
" sa priere, il trouva les portes fermées, que l'on ne put même ouvrir avec
" les clefs; mais en faisant le signe de la Croix, il ouvrit le verroux.

Fortunat ne dit point si cette Eglise étoit dedans ou dehors la ville, mais elle étoit au même lieu où elle est à present, (comme il est à croire) elle étoit aux faux-bourgs, non dedans la Ville. Or cette Eglise n'a pas été bâtie devant l'année de Jesus-Christ 387, que les corps de St Gervais & St Protais, furent premierement trouvés à Milan : alors leurs Reliques ayant été envoyées par toute la Chrétienté, donnerent le nom à plusieurs Eglises qui étoient déja bâties, ou que l'on bâtit de nouveau.

CHAPITRE VIII.

De l'Eglise de St Laurent, au faux-bourg.

GREGOIRE de Tours fait aussi mention de cette Eglise, au liv. 6 de son Histoire, chap. 6.

„ Or Domnolus, Evêque du Mans, tomba malade ; car du tems du Roi
„ Clotaire il avoit été Superieur d'un Monastere à Paris, proche l'Eglise de
„ St Laurent.

Et au chap. 25, liv. 6.

„ En la huitiéme année du Regne de Childebert, le dernier jour de Jan-
„ vier qui étoit le Dimanche, en la Ville de Tours, le peuple venant à
„ Matines, à travers les nues qui couvroient le Ciel & la pluie, tomba
„ un gros tourbillon de feu, qui courut un bon espace en l'air, & fit une
„ si grande lumiere qu'on voyoit comme en plein midi : après s'être dere-
„ chef caché dans la nue, il reparut incontinent ; & pour l'eau, elle gros-
„ sit extraordinairement, & fit tellement debordèr la Seine & la Marne,
„ qu'entre la Ville & l'Eglise St Laurent, l'on faisoit souvent naufrage.

Voila l'Eglise de St Laurent qui étoit fort celebre du Regne de Childebert I, mais on n'en sçait pas l'origine.

Premierement c'étoit un Monastere, après elle est devenue, & fait encore à present une Eglise, où le peuple Chrétien a fait ses Communions & ses Assemblées. On ne peut pas dire non plus si elle a changé de lieu avec le tems ; mais il est très-certain que l'Eglise d'à-present est beaucoup plus grande que n'étoit celle du tems de Clotaire & de Childebert.

CHAPITRE IX.

De l'Eglise de St Julien, Martyr.

GREGOIRE de Tours, liv. 9 de son Histoire, parle de cette Eglise au chap. 6, en décrivant l'Histoire d'un certain Imposteur, qui portoit çà & là de fausses Reliques de Saints.

„ En ce tems-là, dit-il, étant arrivé à Paris, & m'étant logé près de l'E-
„ glise de St Julien Martyr, la nuit suivante ce miserable sortant de la prison,
„ courut à la susdite Eglise de St Julien, & se mit au lieu où j'avois ac-
„ coutumé de me mettre ; il se jetta par terre, & assoupi du vin qu'il avoit
„ bû, & du sommeil, il s'endormit. Nous qui ne savions rien de cela, nous
„ étant levés à minuit pour aller rendre graces à Dieu, le trouvâmes qui dor-
„ moit & puoit si fort, que la puanteur de tous les cloaques & retraits eut
„ été plus supportable, de sorte qu'à cause de cette mauvaise odeur, nous ne
„ pouvions entrer dans l'Eglise. Un Ecclesiastique se bouchant le nés, s'ap-
„ procha pour le reveiller, mais il n'en pût venir à bout, tant le miserable
„ étoit plein de vin ; il fallut le prendre à quatre, & le jetter en un coin
„ de l'Eglise.

On peut facilement conjecturer que l'Eglise St Julien étoit hors la ville, en ce que nous trouvons à present deux Eglises de St Julien, où étoient alors les faux-bourgs ; l'une au Midi, l'autre au Septentrion. Celle du Midi est moins éloignée de la Ville que l'autre, eu égard à ce qu'étoit la Ville en ce tems-là, & s'appelle à present St Julien-le-Pauvre, & l'autre St Julien des Ménétriers ; mais on ne peut pas dire laquelle c'est des deux qui a été honorée par les écrits & par les prieres de Gregoire de Tours. Pour moi je croirois que l'Eglise dont il parle, est celle qui est au Midi, & s'appelle St Julien-le-Pauvre. Gregoire venant de Tours à Paris, y pouvoit descendre bien plus commodement ; outre que le lieu où est à present l'autre Eglise de St Julien étoit alors marécageux : nous ne savons point l'origine de cette Eglise. Quoi qu'il en soit, comme l'Eglise de St Laurent est posterieure à l'Empereur Valerian, sous lequel il fut martyrisé à Rome, aussi celle de St Julien doit être depuis Diocletien, sous lequel il souffrit le martyre ; car on n'avoit point accoutumé de dédier d'Eglise aux Martyrs, sans avoir de leurs Reliques.

CHAPITRE X.

D'une certaine Eglise de St Pierre des Assyriens.

ON ne prouve pas cette Eglise par des témoignages exprès des Anciens, mais par des conjectures tirées, partie de Gregoire de Tours, partie d'un ancien Cartulaire de l'Eglise de Notre-Dame de Paris ; ce Cartulaire qui a été fait il y a environ cinq cens ans, parle d'une Eglise, appellée St Pierre des Assyriens. Gregoire de Tours, liv. 10, chap. 26, nous dit ceci.

„ Ragnemode, Evêque de l'Eglise de Paris, mourut aussi, & son frere
„ Faramode, Prêtre, briguant l'Episcopat, un certain Marchand, nommé

,, Eusebe, Syrien de nation, à force de presents l'emporta sur lui, & étant
,, fait Evêque, il abandonna toute l'école de son prédecesseur, & donna la
,, conduite de sa maison à des Syriens ses compatriotes.

Nous voyons par là qu'il y avoit beaucoup de Syriens à Paris, qui trafiquoient, & exerçoient la marchandise : ainsi il a pû arriver que ces marchands ont bâti une Eglise qu'ils ont dediée à St Pierre, & à laquelle ils ont donné le nom de leur payis, comme nous voyons ordinairement que ceux qui trafiquent en des Villes étrangeres, ont des Eglises particulieres. Et ainsi cette Eglise qui s'appelloit peut-être premierement l'Eglise de St Pierre des Syriens, commença depuis à être appellé des Assyriens; mais avec le tems le vrai nom s'étant perdu, on lui donna le nouveau nom des Assises, des Arsiers, des Arsis, des Arsions. Ces deux premiers noms ne s'éloignent pas tant du veritable & naturel, mais les deux derniers s'en éloignent entierement, & ne signifient rien ; si ce n'est que ceux qui l'appellent ainsi, disent sans fondement que ce nom vient d'une conflagration. Mais qu'ils s'imaginent ce qu'ils voudront, il y avoit hors de l'Isle tout proche, une rue du même nom, qui est encore à present au bout du pont Notre-Dame. Cette Eglise de St Pierre des Assyriens n'a pas été plus favorisée que les autres ; les Normans la ruinerent, mais les Habitans la réedifierent dans l'Isle, & la rue où elle étoit, est toujours demeurée en la même place, sans changer de nom, quoiqu'on ait eu assés de sujet de le changer ; d'où il est arrivé qu'encore que l'Eglise & la rue soient fort éloignées l'une de l'autre, elles n'ont pas laissé de retenir toujours leur nom : ce qui étant extraordinaire me confirme dans ma conjecture, où je demeurerai seulement jusqu'à ce qu'on m'en donne une meilleure.

CHAPITRE XI.

De l'Eglise de Ste Colombe, Vierge.

NOUS apprenons de St Ouen, Evêque de Rouen, liv. 1 de la vie de St Eloi, chap. 30, que du Regne de Dagobert il y avoit une Eglise renommée de Ste Colombe.

,, En un autre tems, dit-il, comme il étoit à Paris, un matin le Sacri-
,, stain de l'Eglise Ste Colombe, Vierge, vint à lui tout tremblant, & se
,, jettant à ses pieds, lui donna avis que la même nuit, comme il repo-
,, soit, on avoit volé tous les ornemens de l'Eglise : de quoi Eloi demeura
,, fort triste, & neanmoins ayant recours à son ordinaire au secours de
,, l'esperance, il consola charitablement ce Sacristain, & puis étant allé en
,, la Chapelle de Ste Colombe, il s'adressa à elle avec ces paroles : Ecoutés
,, Ste Colombe, Dieu mon Redempteur sait bien ce que je dis ; si vous ne
,, faites revenir promptement les ornemens de cette Eglise, qui ont été vo-
,, lés, je vais querir des fascines, & en boucherai si bien l'entrée, qu'on ne
,, pourra plus y entrer dorénavant pour vous honorer : & après avoir dit cela,
,, il se retira. Et le lendemain le Sacristain s'étant levé du matin, trouva
,, tous les voiles jusqu'à la moindre palle, au même lieu, & au même état
,, qu'ils étoient auparavant.

Il y a de l'apparence que cette Eglise étoit petite, puisque l'Auteur l'appelle une Chapelle. Nous ne savons point le tems qu'elle a été premierement bâtie, & dediée à Ste Colombe, Vierge & Martyre de Sens, ni qu'elle a été entierement ruinée. J'estime qu'elle a été brulée par les Normans, & qu'elle n'a point été depuis rétablie ; car quand ils assiegerent Paris, ils en brulerent toutes les Eglises, à la reserve de fort peu, comme on voit dans les Annales de St Bertin, & dans la Chronique des Gestes des Normans en France.

CHAPITRE XII.

D'un Monastere de Religieuses, qu'on a depuis appellé St Eloi.

SAINT Ouen, liv. 1 de la vie de St Eloi, chap. 17, nous rapporte l'origine de ce Monastere, ou Eglise.

,, Ayant, dit-il, achevé & établi entierement & avec soin ce Couvent, ,, il songeoit à bâtir en la ville de Paris un Hôpital ; mais par l'inspiration ,, de Dieu, ayant pris un plus excellent dessein, il commença de la maison ,, que le Roi lui avoit donnée en la même Ville, à bâtir une demeure pour ,, des Vierges consacrées à Jesus-Christ ; à quoi ayant long-tems travaillé ,, avec grande assiduité, il fit enfin un Couvent de saintes Vierges, où il ,, assembla sous une austere discipline jusqu'à trois cens jeunes filles de diffe- ,, rentes sortes, tant de ses servantes, que de nobles femmes de France.

Nous lisons la même chose en la vie de St Cristalius, Abbé de Lusson, qui a été écrite par l'Abbé Jonas, Auteur contemporain : voici ses paroles au chapitre 61.

,, Il bâtit aussi un Monastere de filles à Paris, en un lieu qui lui avoit ,, été donné par le Roi, dont il fit la Vierge Aure, Superieure ,,. Ce Monastere dont l'origine est certaine, s'appelloit il y a plus de 550 ans, l'Eglise de St Eloi ; savoir, lorsque Philippe I, Roi de France, en chassa les Religieuses, & y mit en leur place les Moines des Fossés : voici les termes des Lettres Patentes.

,, Au nom de la Ste & Individue Trinité, Philippe par la grace de Dieu, ,, Roi de France : Nous voulons qu'il soit notoire à tous les Amateurs de ,, la Ste Eglise de Dieu, presens & à venir, que par la grace de la Pro- ,, vidence Divine, & le consentement de Notre Saint Pere le Pape Paschal, ,, comme aussi de l'avis & conseil des Chanoines de la Ste Eglise de Paris, ,, & de notre consentement, & de notre fils Louis, Galon, Eveque de ,, Paris, a chassé hors de l'Eglise & maison de St Eloi, qui est un mem- ,, bre de son Evêché, les Religieuses qui y demeuroient, à cause de l'éfron- ,, terie & débordement de vie qu'elles y menoient impudemment, quoi- ,, qu'elles en eussent été très-souvent canoniquement reprises, violant ainsi ,, ouvertement le temple du Seigneur par les mauvais usages qu'elles en ,, faisoient, sans se soucier en façon quelconque de la correction de leur ,, Pasteur, esperant par cette maniere leur donner sujet de s'amander ; & ,, partant ayant obtenu des Bulles du Pape qui venoit pour lors à Paris, ,, par lesquelles il lui étoit permis de mettre en ce lieu quelque ordre de ,, Religion, avec notre permission, & de notre ordonnance, à la priere ,, de notre fils Louis, a donné ladite Eglise de St Eloi au Bien-heureux ,, Pierre des Fossés & Thibaut, Abbé du même lieu, pour en jouir à per- ,, petuité & y loger douze Moines avec leur Prieur, sans préjudice toute- ,, fois de ses droits & de l'Eglise de Paris qu'il s'est reservé, comme il ,, est amplement declaré dans les Lettres qu'il en a données.

Et un peu après.

,, Fait à Paris dans le Chapitre de Notre-Dame, l'an de l'Incarnation de ,, Notre-Seigneur 1107.

CHAPITRE XIII.

De l'Eglife de St Paul.

SAINT Eloi jetta les fondemens de cette Eglife, comme nous voyons en fa vie, Livre premier, chapitre 18.

,, Le Monaftere donc étant entierement achevé avec tous les logemens des ,, fervantes de Dieu, en recompenfe de quoi il a obtenu la delivrance des ,, ames ; il bâtit enfin une Eglife en l'honneur de l'Apôtre St Paul pour en- ,, terrer les corps des fervantes de Dieu, qu'il fit élever, & fort bien cou- ,, vrir de plomb ; l'Abbé Quintian fut inhumé dans cette Eglife.

Ce Monaftere dont a parlé St Ouen, étoit fitué dans l'Ifle, mais l'Eglife de St Paul étoit hors de l'Ifle, & de l'enceinte de la Ville ; & ainfi l'Eglife qui n'étoit autrefois qu'un cimetiere des Vierges Religieufes que St Eloi avoit fondées, eft à prefent un grand & magnifique Temple, où s'affemble une multitude prefque infinie de peuple.

CHAPITRE XIV.

De l'Eglife de St Martial.

SAINT Ouen, Livre premier de la vie de St Eloi, chapitre xxx, fait le même St Eloi Fondateur de cette Eglife.

,, Il bâtit, ou plutôt, dit-il, il repara une Eglife en l'honneur de St Mar- ,, tial, Evêque de Limoges, & Confeffeur, & l'ayant bien revêtue, il la ,, fit couvrir de plomb.

Cette Eglife eft dans l'Ifle, tout proche celle de St Eloi : j'appelle ici l'Ifle comme on l'appelloit anciennement. L'Eglife de St Martial, auffi-bien que celle de St Paul a été retablie de tems en tems ; mais ni l'une, ni l'autre n'eft plus à prefent couverte de plomb.

CHAPITRE XV.

De la Cellule de St Pierre, qui s'appelle à prefent l'Eglife de St Mederic.

POUR l'entiere connoiffance de cette cellule, je propofe quatre chofes.

1°. Avant que Charlemagne fût Empereur, dans ce faux-bourg du côté du Septentrion, il y avoit un certain lieu, où St Mederic, Prêtre vécut quelque tems, & fut inhumé après fa mort : cela eft clairement juftifié par le Martyrologe, qu'Ufuard, Moine Parifien compofa, & dédia à Charlemagne, Empereur : voilà les paroles d'Ufuard :

,, Le vingt-neuf d'Août l'enterrement de St Mederic, Prêtre.

En quelques-uns des exemplaires modernes, on a ajouté le nom d'Abbé qui ne fe trouve point dans tous les Anciens.

2°. Savoir fi ce lieu étoit confacré auparavant, ou fi ç'a été St Mederic qui

DE LA VILLE DE PARIS. Liv. IV.

l'a premierement confacré par fa demeure, fa fainteté de vie, & fes reliques. Perfonne ne le fauroit affurer par les anciens écrivains du tems de Charlemagne, ou approchans : au contraire ceux qui nous ont fait la defcription de Paris, fouvent affiegé & ruiné par les Normans, & qui ont remarqué que plufieurs Eglifes ont été brûlées, & les autres confervées, ne parlent de pas une où repofaffent les reliques de St Mederic.

3°. Au lieu où St Mederic a été enterré, ils difent qu'il y avoit la cellule de St Pierre ; les actes même de St Mederic, que Vincent de Beauvais rapporte Livre xxiv chapitre 92.

„ L'an de Notre Seigneur 804, dit-il, on tira de tetre à Paris, le corps
„ de St Mederic, Abbé, le même jour qu'il avoit été enterré, favoir le
„ vingt-neuf d'Août.

Et un peu après.

„ Enfin venant à Paris, St Mederic, il fervit Dieu, deux ans & neuf mois
„ en la cellule qui avoit été confacrée fous le nom de St Pierre Apôtre ;
„ & enfin ayant appellé fes difciples ; il leur annonça le jour de fon decès
„ auquel ayant tout accompli, & leur difant adieu, il mourut en priant
„ Notre Seigneur le vingt-neuyiéme jour d'Août.

4°. Vincent ne dit point fi les Actes de St Mederic qu'il raconte, ont été écrits long-tems avant l'invention de fon corps, ou bien après. Cela étoit pourtant neceffaire à dire, & à obferver ; car fi les Actes de St Mederic avoient été écrits devant l'année 800, ils feroient plus certains, que s'ils ne l'ont été que depuis 984 : ce qui étant incertain, nous ne pouvons pas affurer que cette cellule confacrée à St Pierre, ait été plus ancienne que le fepulchre de St Mederic : car tant qu'on n'a pas fu que St Mederic étoit enterré là, on a pû bâtir cette cellule fur ce tombeau, & la dedier à St Pierre ; dans ces Actes St Mederic eft appellé Abbé, & ne l'eft point dans Ufuard, qui eft le premier à qui nous fommes redevables de la connoiffance de St Mederic : on donne plufieurs difciples à St Mederic, comme on a coûtume de faire aux Abbés ; & ainfi quoique la cellule de St Pierre fût pofterieure au tombeau de St Mederic, elle pourroit bien être dite plus ancienne par ces Actes de St Mederic nouvellement écrits, ou rabillés, ou changés vers l'année 984.

Voilà l'état douteux auquel fe trouvent ces chofes, qui fait qu'on n'en peut rien dire de certain ; mais l'on peut dire fans crainte de fe tromper, que depuis l'année 984, qu'on tira de terre le corps de St Mederic, cette cellule de St Pierre a commencé à être renommée, & prendre le nom de St Mederic, & puis elle a été augmentée de nouveaux bâtimens, d'une Cure & d'un Collége de Chanoines. Au refte le même Vincent de Beauvais nous peut beaucoup fervir à refoudre cette difficulté, qui a été déja plufieurs fois agitée ; cet Auteur ne fait prefque aucun choix des Livres dont il fe fert, & foure dans fes écrits toutes fortes d'actes de Saints, comme s'il faifoit deffein de ne rien omettre, il embraffe tout ce qui eft fondé non feulement fur la verité, mais fur le bruit commun, & décrit avec autant d'affection les bruits incertains, que les verités mêmes.

CHAPITRE XVI.
De l'Eglife de St Eftienne.

DEVANT l'année 857, que les Normans faccagerent la Ville de Paris par le fer, & par le feu : nous apprenons par les Annales de Bertinian, qu'il y avoit dans la Ville, ou dans les faux-bourgs une Eglife de St Eftienne; voici comme elles en parlent.

,, Les Danois paffant le long de la Seine ravagerent tout, & ayant attaqué
,, Paris, brûlerent l'Eglife de Ste Geneviéve, & toutes les autres à la re-
,, ferve de la maifon de St Eftienne, & de l'Eglife St Vincent, & celle de
,, St Denys ,, pour lefquelles, de peur feulement qu'elles ne fuffent brûlées,
,, l'on paya grande fomme de deniers.

Ces mêmes paroles font repetées dans la Chronique des Geftes des Normans en France. Abbon, Moine de St Germain de Paris, Livre 2. des Guerres de la Ville de Paris, parle ainfi de cette même Eglife.

,, On croit même que ce fut par les merites du Bienheureux Evêque Ger-
,, main, qui fut reporté à l'Eglife de St Eftienne, Martyr, par les peuples
,, tout réjouis, chantans à haute voix le *Te Deum*.

Mais on ne fait point quand cette maifon, ou Eglife de St Eftienne a été premierement bâtie. Nous tirons une conjecture qu'elle étoit autrefois en la partie meridionnale des faux-bourgs d'alors, de deux Eglifes de St Eftienne, qui s'y trouvent encore à prefent, dont l'une s'appelle St Etienne du Mont, & qui touche à Ste Geneviéve, l'autre St Eftienne des Grès, qui en eft un peu plus éloignée, & qui depuis environ cent cinquante ans a perdu fon propre nom parmi la populace ignorante ; car ils l'appellent St Eftienne des Grecs, au lieu qu'elle a toujours été appellée dans les anciens titres & monumens St Eftienne des Grès. Mais on auroit bien de la peine à dire laquelle des deux eft celle dont parle Abbon dans fes Annales, ou l'Eglife de St Eftienne du Mont, ou l'Eglife St Eftienne des Grès. Je croirois plutôt que ce feroit la derniere, s'il eft vrai que la premiere fût lors comme elle eft à prefent toute joignante l'Eglife de Ste Geneviéve ; en ce cas l'Eglife de St Eftienne du Mont ne pouvoit pas s'exempter d'être brûlée, non plus que celle de Ste Geneviéve, en étant fi proche, & nous voyons que cette Eglife de St Eftienne, dont il eft parlé dans ces Annales, fut garantie de toutes fortes de dégâts. Nous ne tirons pas toujours des chofes anciennes, & obfcures ce qu'il nous plaît, mais ce que nous pouvons. Quiconque aura touché la chofe au doit, doit bien prendre garde de ne la pas perdre. Pour moi je crains la bévûe & cherche le but, & quand je l'ai trouvé je ne le quitte point.

CHAPITRE XVII.

De l'Eglife de St Germain furnommé le Rond, qu'on appelle à prefent St Germain l'Auxerrois.

ABBON qui a décrit en deux livres le fiege des Normans devant Paris, parle deux fois de cette Eglife. La premiere livre 1.

,, Le foleil, dit-il, éclairant l'air de fes rayons, ils fe camperent proche
,, de St Germain le rond, où ils commencerent à fe fortifier par des retran-
,, chemens remparés de terre & de pierre.

Et l'autre au livre 11.

,, Sigeford voyant nos braves à l'extremité, leur dit, mes camarades quit-
,, tés ce pofte-ci, ce n'eft pas notre avantage d'y demeurer long-tems, mais
,, il en faut fortir. Ainric donc s'étaht retiré chés lui, ils quitterent le port
,, de St Germain le rond, & fe faifirent de celui de l'autre St Germain, où
,, ils firent leur camp. Et ainfi mon maître eft enfermé de foffés de toutes
,, parts comme un larron dans fa prifon, quoiqu'il ne fût aucunement cou-
,, pable ; pour punition de nos fautes, fon Eglife fut entourée d'une mu-
,, raille.

DE LA VILLE DE PARIS. Liv. IV.

En ce dernier endroit il parle de deux Sts Germain, qui eurent chacun leur Eglise assiegée par les ennemis. Lorsqu'Abbon se dit disciple de St Germain & appelle St Germain son maître, il marque assés que c'est de l'Eglise de St Germain des Prés qu'il entend parler : & quand il se plaint qu'on méprisa le Port de St Germain le Rond, il entend parler de l'Eglise de l'autre St Germain, qui est sur l'autre bord de la riviere de Seine. De plus il appelle à mon avis ce St Germain le Rond, parce que son Eglise ou l'une de ses principales parties, comme peut être le clocher, étoit bâtie en rond. Mais depuis cette Eglise a été appellée du nom d'un de ses Patrons, St Germain l'Auxerrois. Cette Eglise étoit déja faite devant l'année de J. C. 886, que la Ville fut assiegée; mais je ne trouve point quand elle a été premierement bâtie. Au reste dans cette Eglise, qui avoit été presque toute ruinée par les guerres des Normans, Robert Roi de France, selon le témoignage d'Helgaudus, en l'abregé de la vie du Roi Robert.

„ Robert, dit-il, fit en la Ville de Paris une Eglise en l'honneur de St
„ Nicolas Evêque, & le Monastere de St Germain de Paris.

Lequel sans doute depuis, ou de l'autorité des Evêques, ou par la suite des tems qui corrompt ordinairement les fondations des hommes, est devenu un College de Chanoine, ce qui ne peut pas être revoqué en doute, à moins que de convaincre Helgaudus de fausseté, & de ne pas croire ce que nous voyons de nos propres yeux.

CHAPITRE XVIII.

De l'Eglise de Notre-Dame.

ABBON livre 1. décrit ainsi cette Eglise.
„ Le St Evêque voyant cela se mit à pleurer, & finit ainsi sa priere
„ à haute voix à la mere de Notre-Seigneur. Douce Mere du Redempreur
„ & du salut du monde, étoile éclatante de la Mer, plus belle que les As-
„ tres ; pretés l'oreille favorable à mes prieres ; s'il vous plaît que je celebre
„ jamais la Messe, que cet impie & cruel qui tue les prisonniers soit enve-
„ lopé dans les lacs de la mort.

Et un peu après.

„ Il perd sa force en exhalant sa malheureuse ame aux pieds de ses captifs,
„ qui avoient été si maltraités par ses armes. La Ville de Paris dediée à
„ Notre-Dame, par le secours de laquelle nous jouissons maintenant de la
„ vie en assurance, rendons lui-en graces. Belle mere du Seigneur, vous
„ êtes notre nourrice & la Reine du monde, qui avés daigné degager le
„ peuple de Paris des mains cruelles des Danois & de la fureur de leurs ar-
„ mes, & vous pouviés bien sauver la campagne de Paris, ayant engendré
„ le Sauveur du monde pécheur.

Voila ce que dit cet Auteur contemporain & ce qu'il décrit.

Flodoard a parlé de cette Eglise en sa Chronique, en l'année 945.

„ Autour de Paris, & en divers autres endroits des environs, plusieurs
„ hommes se trouverent affligés d'un feu en diverses parties du corps, qui
„ insensiblement les consumoit, jusqu'à ce que la mort finît leur suplice ; dont
„ quelques-uns se retirant dans quelques lieux saints, s'echaperent de ces
„ tourmens ; mais la plupart furent gueris à Paris en l'Eglise de la Ste mere de
„ Dieu Marie ; de sorte qu'on assure que tous ceux qui s'y purent rendre fu-
„ rent garentis de cette peste, & le Duc Hugues leur donnoit tous les jours
„ dequoi vivre. Il y en eut quelques-uns qui voulant retourner chés eux senti-
„ rent rallumer en eux ce feu qui s'étoit éteint, & retournant à cette Eglise
„ furent delivrés.

HISTOIRE ET ANTIQUITE'S

Voila ce que dit cet Auteur qui floriſſoit l'an 970, devant l'année 886, que les Normans aſſiegerent Paris. Il y a bien eu une Egliſe de Notre-Dame, mais combien de tems a-t-elle duré ? Nous n'en trouvons rien d'aſſuré dans les Anciens; mais s'il y en avoit eu quelqu'une ſous la premiere race de nos Rois, ce ſeroit une merveille que tous les Auteurs dont nous avons parlé, l'euſſent caché ſous le ſilence, qu'ils euſſent parlé des Egliſes de St Pierre, des Sts Apôtres, de St Denys, de St Vincent, de Ste Croix, de St Gervais & St Protais, de St Laurent, de St Julien Martyr, de Ste Colombe, de St Paul, de St Martial & de la petite Egliſe de St Martin, & qu'il n'y eût eu que la ſeule Egliſe de Notre-Dame dont ils n'euſſent rien dit. Je dis que cela ſeroit tout-à-fait digne d'étonnement, s'il y avoit eu pour lors une autre Egliſe de Notre-Dame, particulierement étant l'Egliſe Cathedrale.

PARAGRAPHE I.

Solution d'une Objection tirée des vers de Fortunat.

SI quelqu'un préoccupé de l'état auquel ſe voient les choſes à preſent diſoit que Fortunat, livre 2. vers XI. a dit quelque choſe de cette Egliſe, je repondrois incontinent qu'il ne dit pas la verité ; & ajouterois par forme d'avis, qu'il ne faut pas confondre le tems qui a precedé le Concile d'Epheſe, où l'on ſoutint l'honneur de la Mere de Dieu contre Neſtorius, avec celui qui l'a ſuivi ; car depuis ce Concile on dédia bien plus d'Egliſes Cathedrales à la Bienheureuſe Vierge qu'on n'avoit fait auparavant. Et de fait, il ne ſeroit pas fort facile de marquer & prouver par le témoignage des Anciens, qui ſont les Cathedrales en France qui ont porté le titre de la Bienheureuſe Marie devant ce Concile. Fortunat dont eſt maintenant queſtion, eſt vague & diffus dans ſon diſcours, & ainſi l'on n'en peut pas tirer une bonne conſequence, pour dire qu'il ait parlé de l'Egliſe Notre-Dame. Pour moi au chapitre IV. j'ai cru qu'il avoit parlé en un endroit de l'Egliſe St Denys: j'ai été pouſſé à cela par une raiſon que j'ai tiré de diverſes circonſtances, & que je ſuis pourtant tout prêt d'abandonner, s'il s'en preſente une autre meilleure & mieux fondée ſur l'ancienne tradition.

PARAGRAPHE II.

Où l'objection tirée d'Aimoin Moine de Fleuri eſt refutée.

JE ſai bien qu'Aimoin, Moine de Fleuri, écrit quelque choſe qu'on me pourroit objecter. Car voici comme il écrit au livre III. de l'Hiſtoire de France chap. 57.

„ Cependant la Reine Fredegonde étant veuve & ſe retirant avec les tre-
„ ſors qu'elle avoit avec elle en l'Egliſe de ſa Ville de Paris dediée en l'hon-
„ neur de la Ste Vierge Marie eſt reçue par l'Evêque Ragnemode.

Aimoin qui vivoit l'an 1000 de J. C. eſt trop moderne pour être cru d'une choſe ſi ancienne, s'il n'eſt appuyé de l'autorité de quelques auteurs plus anciens, dont il ne cite aucun en cet endroit ; & puis nous voyons par la nouvelle impreſſion d'Aimoin, corrigée ſur les manuſcrits par André du Cheſne, que les livres de cet Auteur étoient corrompus auparavant; car en cette nouvelle impreſſion l'on en a ôté entre autres choſes la Chatte de Childebet qui y avoit été inſérée, afin qu'ils euſſent plus d'autorité parmi mi le vulgaire. Il est vrai que les paroles que j'ai rapportées se trouvent en l'édition de du Chesne, mais il peut n'avoir pas pris garde à ce changement: & ce qui est fort considérable, Aimoin rapporte le discours de Gregoire de Tours qui parle de ce dont est question & le falsifie. Voici les paroles de Gregoire de Tours, témoin oculaire, livre VII. chap. IV.

"Cependant la Reine Fredegonde étant déja veuve vint à Paris, & avec "ses tresors qu'elle avoit enfermés dans des murailles, elle se refugia en "l'Eglise & fut reçue favorablement de l'Evêque Ragnemode.

La falsification ou changement dont je me plains est manifeste par la comparaison de ces deux lieux; & ainsi rapportant la chose à son origine, on voit le peu d'état qu'on doit faire du témoignage d'Aimoin. En effet Aimoin a pû de lui-même ajouter au texte de Gregoire de Tours ce qu'il y a ajouté, parce que de son tems, comme Flodoard & Abbon le font voir, l'Eglise de Notre-Dame étoit celebre à Paris. Mais je ne fais pas d'état de cette addition, puisqu'Aimoin n'est point un Auteur capable de suppléer ce que Gregoire de Tours auroit oublié. Cet Aimoin n'est ni contemporain à Gregoire de Tours, ni approchant de son tems. Il y a entre eux environ quatre cens ans de distance.

Au reste, si cette Reine s'est retirée avec ses tresors en quelque Eglise, je croirois que c'est en celle du Bienheureux Martyr St Denys; car elle étoit pour lors fort celebre, tant à cause du nom qu'elle portoit, qu'à cause du sepulchre de St Denys qui y étoit. C'étoit à ce sepulchre qu'on examinoit les crimes des coupables & l'innocence des accusés; & il s'y faisoit quantité de miracles. Cette Eglise étoit gouvernée par l'Evêque Ragnemode, qui reçut cette Reine. On y celebroit toujours, comme nous voyons, le divin Office; & cela étant, qui est-ce qui ne se seroit refugié pour lors en l'Eglise de St Denys, comme en un asyle, au port & en l'assurance de son salut; & qui niera que plusieurs ne s'y soient autrefois refugiés pour se mettre en sureté?

PARAGRAPHE III.

Reponse à l'Objection tirée de la Vie de St Babolin Abbé.

ON pourroit encore opposer la Vie de St Babolin Abbé, qu'on dit qui florissoit du regne de Clovis II, où il est aussi parlé d'une Eglise qui étoit dediée à Notre-Dame.

"Il ne sera pas hors de propos de dire ici qui étoit pour lors Evêque de "Paris, de quelle extraction il étoit, & comment il s'appelloit. En ce tems-"là la venerable Audobert conduisoit l'Eglise de Paris. Un jour comme il "alloit faire sa priere de Chapelle en Chapelle dans l'Eglise de Notre-"Dame, il trouva St Babolin devant l'Autel d'un certain Saint, qui pleu-"roit & prioit Notre-Seigneur.

Mais qui que ce soit le Moine qui est Auteur de cette Vie, il florissoit beaucoup depuis St Babolin, & trouvant à Paris une Eglise de Notre-Dame en ce tems-là, il a cru qu'elle y étoit aussi du tems de St Babolin; ce qui est manifeste par les paroles qui suivent immediatement.

"Et voyant qu'il étoit vêtu en Moine, il se douta qu'il étoit un Servi-"teur de Dieu, & le fit venir aussi-tôt à lui, & commença à lui parler en "ces termes. Mon frere, d'où êtes vous, où demeurés vous? A quoi le "saint homme, comme il étoit fort humble d'esprit, repondit d'une voix "de Suppliant: Votre sainte charité saura, s'il vous plaît, que je viens de "delà les Alpes, & que suivant la doctrine & les enseignemens du saint "Pere Columban, je suis venu ici en pelerinage afin de meriter le repos

„ de l'éternité. Le Prelat tout étonné d'un discours si plein de sagesse,
„ lui dit aussi-tôt : Si vous desirés comme vous dites avec l'aide de Dieu
„ achever le travail de votre pelerinage, je vous prie de vouloir demeurer
„ ici, afin que les fruits de votre recolte puissent profiter à plusieurs ames,
„ car je suis étranger aussi-bien que vous, & suis venu de delà la mer, &
„ pour éviter la persecution de Chrimale, Roi d'Angleterre, ayant quitté
„ l'Evêché de ma propre Ville, je suis venu avec beaucoup de travail en ce
„ payis de France, dont je n'avois autrefois aucune connoissance ; mais je
„ n'ai point été abandonné de la grace de Dieu, qui a toujours pitié de
„ ceux qui ont confiance en lui : car comme vous voyés aujourd'hui j'ai été
„ assisté par la faveur du Roi Clovis. La bonté du Seigneur m'a élevé sur
„ son peuple, de sorte que par sa grace, d'inconnu & d'étranger que j'étois
„ autrefois, je suis à present Evêque de cette Eglise.

 Premierement il n'y a point de Roi d'Angleterre nommé Chrimale dans Beda, qui a écrit soigneusement l'Histoire d'Angleterre de ce tems-là.

 Secondement cet Auteur appelle Chrimale Roi d'Angleterre sans reserve, comme s'il n'y avoit eu en ce tems-là qu'un seul Roi en toute l'Angleterre; ce qu'on trouvera entierement éloigné de la verité. Si l'on veut parcourir l'Histoire de Bede, on y trouvera les Rois des Saxons Occidentaux & des Saxons Orientaux, des Cantiens, des Merciens, des Northumbriens : & puis cet Evêque qu'il fait ici parler ne s'appelloit pas Audobert, mais Agibert. De plus, tant s'en faut que cet Evêque ait été étranger & inconnu, comme lui fait dire l'Auteur, qu'au contraire Bede dit qu'il étoit François. Voici les paroles de Bede livre III. de son Histoire chap. VII.

„ Le Roi des Saxons Occidentaux étant mort, le Royaume échut à son
„ fils Cennalez, qui ne voulut point recevoir la Foi ni les Sacremens du
„ Royaume des Cieux; & perdit peu de tems après la puissance de celui
„ qu'il avoit en terre; car ayant repudié la sœur de Pendant, Roi des
„ Merciens, il en épousa une autre ; ce qui lui ayant causé la guerre, il
„ fut chassé de son payis, & obligé de se retirer vers Anne, Roi des An-
„ glois Orientaux, chés lequel ayant été trois ans en exil, il connut la
„ Foi, & reçut la verité ; car ce Roi chés lequel il s'étoit refugié, étoit
„ un homme de bien, qui avoit le bonheur d'avoir de bons & saints en-
„ fans, comme nous dirons dans la suite. Or Cennalez étant rétabli en son
„ Royaume, il vint d'Hibernie en la Province des Saxons Occidentaux,
„ un certain Evêque nommé Agilbert, François de nation, mais qui avoit
„ demeuré long-tems en Hibernie, pour expliquer les Saintes Ecritures;
„ il se donna lui-même au Roi, & prit la charge de prêcher; & le Roi
„ voyant sa capacité & son industrie, le pria de prendre l'Evêché de son
„ payis, qu'il accepta à la priere du Roi, & l'administra plusieurs années.
„ Enfin le Roi qui ne savoit point d'autre Langue que celle des Saxons,
„ s'étant degouté d'une Langue qu'il n'entendoit point, introduisit encore
„ sous main un autre Evêque dans le siége, nommé Vuin, qui avoit aussi
„ pris les Ordres en France, & divisant la Province en deux Paroisses, il
„ donna à ce dernier pour siége de son Evêché, la ville de Venta, que les
„ Saxons appellent Vintaceste. Agilbert grandement offensé de ce
„ que le Roi avoit fait cela sans son avis, retourna en France, où ayant
„ eu l'Evêché de la ville de Paris, il y mourut vieil, & chargé d'années.
„ Peu de tems après son retour d'Angleterre, Vuin ayant été chassé par le
„ même Roi de son Evêché, se retira auprès du Roi des Merciens, de qui
„ il acheta à prix d'argent l'Evêché de la ville de Londres, dont il demeu-
„ ra Evêque tout le reste de ses jours, & ainsi la Province des Saxons
„ Occidentaux demeura long-tems sans Evêque.

 Et un peu après :

„ Le Roi (dudit pays) envoya donc des Ambassadeurs en France à Agil-
„ bert, pour le prier instamment, avec offre de lui faire satisfaction, de

„ retourner en l'Evêché de son payis ; mais il s'excusa, & soutint qu'il n'y
„ pouvoit pas venir, parce qu'il étoit obligé & lié à l'Evêché de sa pro-
„ pre Ville, & de sa propre Paroisse.

Or si cet Auteur avoit été contemporain, ou approchant du tems de
St Babolin, il n'auroit pas pû faire & dire par ignorance tant, & de si lour-
des fautes, entierement contraires à Bede, qui est un Auteur très-bon &
sans reproche : de plus, cela est encore constant par ce qui suit „ Il signa
„ ce Privilege de sa main, (c'est d'Audebert dont il parle) & le donna
„ pour le confirmer, à ses Confreres & Prêtres les Evêques qui étoient en
„ Cour, & qui avoient été appellés pour assister au Concile, entre les-
„ quels étoient là ; le premier, le même Evêque Audebert, & ensuite
„ Genderic de Lion, Annabert de Sens, Presteland de Bourges, & Donat
„ de Bezon, tous quatre venerables Archevêques, avec sept Evêques dont
„ les noms sont aussi écrits dans le même Privilege, mais qu'on a negligé
„ de rapporter.

Il y a ici trois choses à remarquer.

Premierement, qu'on ne trouve point de Concile entre les Anciens de
France, où il ait été donné de Privilege à Babolin, ou aux Moines des
Fossés.

Secondement, qu'il n'y a point de vieux Titres dans les Eglises, ni de
Conciles qui parlent de Genderic, Annobert & Presteland, comme d'Archevêques.

Troisiémement, que c'est la negligence des Ecrivains qui est cause qu'on
ne voit point le nom des Evêques qui avoient souscrit le Privilege, qui
est une trop grande précaution, affectée par finesse par cet imposteur, pour
faire croire qu'il avoit été fort exact en écrivant la vie de St Babolin ;
quoiqu'il ait écrit fort long-tems depuis sa mort : car qui pourroit s'imaginer qu'un Auteur contemporain, ou approchant du tems de St Babolin,
n'eut pas sû les noms des Evêques qui avoient souscrit le Privilege, si tant
est qu'ils en ayent donné aucun : mais ce qui suit fait bien encore voir que
le style est d'un Auteur moderne.

Le même Ecclesiastique (Blidegesile) confirma tous les Privileges qui
avoient été apportés de la ville de Rome aux Moines des Fossés, qui sont
encore gardés si soigneusement depuis si long-tems.

Cette derniere clause marque une longue suite de tems, qui avoit coulé
depuis Babolin jusqu'à l'Auteur de sa vie : & de fait, cet Auteur a vécu
depuis l'Abbé Leu de Ferrare ; car de son tems les Moines des Fossés, aussi
bien que le Clergé de Paris, élisoient les Evêques, ce que n'ont pas accoutumé de faire les Moines exemts de la Jurisdiction de l'Evêque. Or voici
comme ils écrivent en faveur d'Ænée, qu'ils avoient élu, à Guenilon & les
autres Evêques de la même Province, dans Lupus, en l'épitre 98.

„ A nos très-Religieux Peres, Guenilon, Archevêque de Sens, & à
„ tout son Clergé, & des autres Eglises de son Diocèse, & tous les Ser-
„ viteurs de Dieu qui y sont à present, le Clergé de l'Eglise Metropolitai-
„ ne de Paris, & les Freres du Couvent de St Denys, de St Germain,
„ Ste Geneviéve, des Fossés, & de divers autres Monasteres unanimement :
„ Salut present & à venir.

PARAGRAPHE IV.

Réponse à l'objection tirée de la Charte du Roi Childebert.

DANS le Tresor de Notre-Dame de Paris, il y a une Charte du Roi Childebert, où il est ainsi parlé de l'Eglise de Notre-Dame.
,, Nous donnons à l'Eglise Metropolitaine de Paris, qui a été bâtie en
,, l'honneur de la Ste Vierge Marie, Mere de Notre-Seigneur Jesus-Christ,
,, comme aussi à l'Eglise des Sts Martyrs, Etienne & Vincent, des douze
,, Apôtres, & des autres Saints dont les Reliques y sont gardées.

Mais il est facile de convaincre cette Charte d'une fausseté manifeste; car elle est dattée l'an 17 de Childebert, qui est l'année 527 de Jesus-Christ, en laquelle Germain n'étoit point Evêque de Paris, & neanmoins cette Charte dit que c'étoit lui qui étoit Evêque de Paris, en ces termes.
,, Cet homme Apostolique, notre Seigneur & Pere Germain, Evêque
,, de la ville de Paris, nous a fait connoître par sa prédication.

Et un peu après :
,, Nous, en consideration de la grande assistance que le Seigneur nous
,, a donné par les mains du Sacerdoce, pour l'établissement de notre Royau-
,, me, donnons à la Ste Eglise Metropolitaine de Paris, où ledit Seigneur
,, Germain préside ; c'est à savoir, la métairie appellée *Cellas*, latiné, où
,, nous avons recouvré la santé, située au village de *Meliaunense*, latiné.

Or l'Evêque de Paris d'alors étoit Amelius, qui souscrivit au Concile II d'Orleans, l'an 525 de Jesus-Christ, & 22 de Childebert : de plus, Germain mourut l'an 579, le 19 de son Pontificat, selon les tables de Mochave ; & cela étant, Childebert étoit mort devant que Germain fût fait Evêque de Paris ; car ce Roi deceda l'an 559. Enfin Gregoire de Tours, & particulierement Fortunat qui a écrit la vie de St Germain, n'auroit pas passé sous silence ce grand miracle, par lequel Childebert dit en cette Charte, qu'il a été guéri par St Germain.

,, Il arriva, dit-il, un jour que Monsieur l'Evêque nous trouva fort mala-
,, de au village de, en Latin, *Meliaunense*, en la métairie appellée en Latin,
,, *Cellas*, où après nous être servi de plusieurs Medecins qui ne nous purent
,, donner aucun soulagement ; enfin Monsieur l'Evêque veilla seulement une
,, nuit en prieres, & le lendemain par l'imposition de sa sainte main il tou-
,, cha notre corps extremement malade, aussi-tôt il reçut le don de la santé,
,, que pas un Medecin ne lui avoit pû donner ; & partant Nous, en con-
,, sideration de la grande assistance.

Et le reste que j'ai rapporté ci-dessus. Cette Charté semble avoir été composée depuis que Charlemagne fut Empereur, au tems qu'on dit que l'Eglise de Paris fut consacrée à Notre-Dame & à plusieurs autres Saints.

PARAGRAPHE V.

Examen de la charte d'un certain Roi Charles.

J'AI parlé jusqu'à present de tous les titres qui sembloient en quelque façon que ce soit appartenir à la premiere race de nos Rois, & pense les avoir bien examinés ; il reste maintenant à examiner certaines autres chartes semblables à celle de Childebert ; non pas que je nie qu'il y ait eu à Paris

DE LA VILLE DE PARIS. Liv. IV. 285

une Eglise de Notre-Dame, au tems qu'on dit qu'elles ont été écrites ; mais parce qu'elles sont fausses, & partant inutiles pour prouver ce dont il s'agit. Voici la premiere de ces chartes.

„ Charles par la grace de Dieu, Roi de France, & des Lombards, &
„ Patricien Romain, à tous nos amés & feaulx.

Et un peu après.

„ Chacun ayant connoissance comment l'Eglise de Paris qui a été bâtie en
„ l'honneur de Ste Marie, mere de Notre-Seigneur Jesus-Christ, & des
„ Saints Estienne Proto-martyr, Denys, Germain, Marcel, ou de St
„ Cloud, ou des autres Patrons dont les reliques reposent ensemble en la
„ Ville, & en l'Eglise de Paris, dont Ercaurard est Evêque, qui nous a de-
„ mandé un privilege pour ses fermés „, & le reste qui suit.

Il y a trois choses à remarquer en ces paroles, dont les deux premieres comparées entre elles, font voir la fausseté de cette charte, la premiere est le titre ; „ Charles par la grace de Dieu, Roi de France, & des Lombards, „ & Patricien Romain „, qui est le titre particulier du Roi Charlemagne ; car il se qualifie ainsi en plusieurs lettres qu'on voit aux capitulaires de Charlemagne : „ Charles par la grace de Dieu, Roi de France, & des Lombards, „ & Patricien Romain, à l'Abbé Rainulfe salut „, ; & même le Pape Adrian lui écrivant lui donne ces titres : „ A Mr mon excellentissime fils Charles „ Roi de France, & des Lombards, & Patricien Romain, Adrian Pape. „

La seconde chose à remarquer, est Ercaurard, Evêque de Paris, qui n'étoit pas Evêque de Paris du tems de Charlemagne, mais de Louis le Debonnaire, & de Charles le Chauve. Ercaurard assista au Concile de Thionville en 852, au Concile de Beauvais en 845, & à celui de Soissons en 853, & mourut la même année : ce titre ne quadre pas, & ne peut pas quadrer en effet à Charles le Chauve ; ce Charles-la ne se sert jamais de ce titre, & personne ne lui écrit non plus sous ce titre : Ercaurard n'étoit, &ne pouvoit être Evêque de Paris au tems que Charlemagne se disoit Roi de France & des Lombards, & Patricien Romain, & puis entre ceux qui ont signé cette charte, il y a Ebbon, Archevêque de Reims, qui ne fut fait Evêque que depuis la mort de Charlemagne, comme nous voyons dans Flodoard, Livre 11 de l'Histoire de Reims, chapitre XVIII & XIX, aussi-bien que Rolhad, Evêque de Soissons, qui ne l'étoit point du vivant de Charlemagne.

En dernier lieu ce fut l'an 840 que Charles le Chauve entra au gouvernement du Royaume de France ; ensuite Ebbon est retabli par l'Empereur Lothaire ; il n'y a pas d'apparence que Ercaurard qui avoit approuvé la deposition d'Ebbon au Concile de Thionville, & qui avoit condamné son rétablissement au Concile de Soissons, eut voulu permettre qu'il eût souscrit la charte comme Archevêque de Reims. Le Concile de Soissons, article 2 parle ainsi d'Ebbon.

„ Et parce que le même Ebbon n'avoit pas été canoniquement rétabli ;
„ le saint Siege Apostolique, d'abondant, comme il est écrit aux Actes des
„ Pontifes, qui ont été lûs en presence du Prince, le Pape Sergius confir-
„ mant sa demission, l'a condamné à demeurer toujours dans la communion
„ purement laïque.

Cela étant, il est infaillible que cette charte qui contient ces deux choses incompatibles, ne peut qu'elle ne soit fausse. Je n'en dirai pas davantage pour montrer la supposition de cette charte, ce que nous en avons dit ; n'est que trop suffisant pour cela.

La troisiéme chose à remarquer, consiste en ce qu'il est dit que „ l'Eglise
„ de Paris est consacrée à Notre Dame, à St Estienne, St Denys, St Ger-
„ main, St Marcel, St Cloud, & les autres dont il y a des reliques „. Cette façon de parler de cette charte se rapporte au tems que les reliques de tous ces Saints se sont trouvées en l'Eglise de Notre-Dame ; mais ce tems est

incertain, & est bien éloigné de celui d'Ercaurard. Il y a cependant grande apparence que celui qui a supposé cette charte, n'a fait la description de toutes ces reliques, qu'afin de donner un pretexte plus specieux à cette prétendue immunité.

PARAGRAPHE VI.

Refutation de la charte d'Ænée, Evêque de Paris.

ON a mis au jour une charte tirée du tresor de St Maur des Fossés, dont voici les termes.

„ Je Ænée, Evêque de Paris declare à tous les enfans de la Ste Eglise de
„ Dieu, presens & à venir, que l'an de l'Incarnation de Notre-Seigneur
„ 868, premier de l'indiction, par le commandement du Serénissime Roi
„ Charles, m'étant transporté en l'Abbayie des Fossés, pour y recevoir le
„ corps du Bienheureux Levite Marici : & après avoir dechargé sur l'Autel
„ des Bienheureux Apôtres la sacrée châsse dudit Saint que je portois sur mes
„ épaules, j'ai donné à perpetuité à la même Eglise du consentement de
„ tous mes Archidiacres, & Ecclesiastiques qui étoient là avec moi, une
„ prébende entiere dans le Siege de notre Episcopat, c'est à savoir en l'Egli-
„ se de la bienheureuse mere de Dieu, Marie, &c.

En l'année 868 qu'on dit que cette charte a été écrite, le nom de prebende n'étoit point encore en usage dans l'Eglise en la signification qu'il est pris dans cette charte, & ne se trouve point non plus en cette signification, ni dans les capitulaires de Charlemagne, & de Louis le Debonnaire, ni dans ceux de Charles le Chauve, ni dans les Conciles de France, qui ont été tenus jusqu'à ce tems-là. Davantage si l'Eglise de Notre-Dame étoit cette année-là en même état, qu'elle a été en l'année 911, il n'est pas vrai-semblable qu'Ænée eût donné une prebende entiere aux Moines des Fossés; car si la charte de Charles le Simple, dattée de l'année 911 est veritable, les Chanoines de l'Eglise de Notre-Dame étoient Reguliers. Voici les termes de cette charte.

„ Charles moyennant la bonté divine Roi ; Theodulfe Evêque de l'Eglise
„ de Ste Marie toujours Vierge de Paris, nous a humblement supplié de
„ faire expedier telle Ordonnance de notre autorité en faveur des Reli-
„ gieux (*Fratribus*) de ladite Eglise, qui y sont assemblés pour servir Dieu,
„ touchant leur Cloître, qu'ils en pûssent jouir en commun, comme il leur
„ a été donné anciennement pour y demeurer, afin de pouvoir mieux observer
„ leur regle, sans y être inquietés à l'avenir par aucun Evêque, ou autre
„ personne quelconque ; comme aussi avoir leurs logemens dans leurs mai-
„ sons qui y sont bâties, & y seront bâties à l'avenir, continuellement &
„ sans trouble.

Et un peu après.

„ Il a plû à Notre Serenité d'acquiescer aux demandes dudit Theodulfe,
„ & poussés par notre munificence nous ordonnons que lesdits Freres de
„ Notre-Dame, & leurs successeurs, servans Dieu, jouiront incessamment,
„ librement, paisiblement de leurdit Cloître, ensemble de leurs maisons,
„ situées tant dedans, que dehors ledit Cloître.

Or ces choses „ les Freres ou Religieux de Notre-Dame, le Cloître des
„ Freres ou Religieux de Notre-Dame, leur Regle, ou les Statuts de leur
„ Religion „, appartiennent à des Ecclesiastiques qui vivent regulierement.

Ce qui étant supposé, je dis qu'il n'est pas vrai-semblable qu'Ænée eût donné une prebende entiere aux Moines des Fossés, c'est-à-dire, qu'il eût fait en sorte que des Moines eussent une prebende en une Eglise desservie par des

Clercs, ou Chanoines Reguliers. En des choses de cette nature les Moines ne s'accordent pas facilement avec des Chanoines Reguliers, ni des Chanoines Reguliers avec des Moines.

De plus il est difficile de trouver ensemble plusieurs Archidiacres en l'Eglise de Paris devant l'année 868. Dans Gregoire de Tours, & quelques autres Ecrivains posterieurs, il n'est parlé en même tems que d'un seul Archidiacre, ce qu'ils n'auroient pas fait vrai-semblablement, s'il y avoit eu pour lors tant d'Archidiacres en l'Eglise de Paris, que dit cette prétenduë charte d'Ænée : & ainsi cette multitude d'Archidiacres en cette Eglise est posterieure de tems à Ænée, ou si l'Eglise de Notre-Dame étoit en même état en 858, que du Regne de Lothaire, & de Louis son fils, on ne trouveroit pas tant d'Archidiacres dans cette charte d'Ænée ; car dans la charte de ces deux Rois, qui a été tirée du Tresor de Notre-Dame, cette Eglise n'étoit pas de cette sorte, comme on peut voir par les termes de cette charte.

„ Laquelle (ferme) ledit Evêque Elisiard, poussé de l'amour de Dieu ;
„ separant de son Domaine & de ses successeurs, il a destiné à l'usage des-
„ dits Freres de ladite Eglise Cathedrale de Notre-Dame, nous suppliant
„ en outre très-humblement, qu'il nous plût pour l'honneur de Dieu,
„ pour empêcher que la Congregation ne tombe en necessité, faire une
„ briéve mention dans cette Ordonnance des Ordonnances de nos prede-
„ cesseurs Rois, touchant les pensions des Religieux, qui étoient sur des
„ membranes presque effacées, & les confirmer par toute notre autorité
„ Royale selon leur forme & teneur. Mais afin que la Religion demeure
„ toujours en sa fermeté, le même Evêque Elisiard nous a requis que le
„ Cloître de la Congregation, &c.

Et après il y a :
„ Elisans toujours d'eux mêmes, du commun consentement de tous, un
„ Prevôt & un Doyen pour avoir soin de leurs Fermes, & payer fidele-
„ ment aux Freres (ou Religieux) leurs pensions (ou revenu).

Il n'est pas fait mention d'Archidiacres, mais d'un Prevôt & d'un Doyen que les Religieux de Notre-Dame élisoient entre eux d'un commun consentement : ce que je remarque, non pas que je veuille dire qu'il n'y ait eu aucun Archidiacre en l'Eglise de Paris du tems de l'Evêque Ænée ; mais pour faire voir que ces Rois en auroient fait mention dans leur Charte, si tant est qu'elle soit vraie, s'il y en avoit eu autant du tems d'Ænée que de celui d'Elisiard.

Je n'ai pas dit sans sujet : si tant est que la Charte des Rois Lothaire & Louis son fils soit véritable ; car le même Elisiard parle autrement en la Bulle du Pape Benoît qui est dans le tresor de l'Eglise de Paris.

„ Benoît Evêque, Serviteur des Serviteurs de Dieu, &c.

Et après.
„ La louable douceur de Votre Excellence saura donc qu'Elisiard, Evêque
„ de Paris étant à Rome où est le siege des Apôtres St Pierre & St Paul,
„ nous ayant fait voir les Ordonnances des Rois, par lesquelles pour le sa-
„ lut de leurs ames & de leurs predecesseurs, ils ont donné des privileges
„ irrevocables à l'Eglise de la Bienheureuse Mere de Dieu Marie & du St
„ Proto-martyr Etienne dudit lieu.

Et ensuite.
„ Et s'il se trouve quelqu'un, ce que nous ne desirons pas, qui trans-
„ gresse ce que nous avons ici ordonné & établi en l'honneur de la Ste
„ Marie mere de Dieu, du Proto-martyr St Etienne & des autres Saints qu'on
„ y revere pour l'etablissement dudit Evêché, qu'il sache qu'il est anathéme.

Elisiard en la Charte des Rois, parle des Freres de Ste Marie, de la Congregation des Freres de la Bienheureuse Marie, du Cloitre de la Congregation des Freres, du Prevôt & du Doyen des Freres ; & en la Bulle de Benoît, si elle est veritable, tantôt il parle de l'Eglise de la Bienheureuse Marie & de St Etienne ; tantôt de l'Eglise de la Bienheureuse Marie & de St Etienne & des autres Saints qui y sont honorés.

Certainement tous ces titres que j'ai rapportés en ce Paragraphe & la Charte de Childebert, dont j'ai rapporté un fragment au Paragraphe IV, se détruisent reciproquement l'un l'autre. Si quelqu'un les accorde en tout, & principalement en ce qui concerne les Patrons & Tutelaires de l'Eglise de Paris, je le prendrai pour un grand Apollon. Davantage, tout ce que j'ai dit de ces Chartes, c'est à la rigueur, & comme si j'avois affaire à quelqu'un qui voulût soutenir que toutes ces Chartes sont veritables ; car je ne nie pas absolument que les Moines des Fossés n'ayent ou n'ayent eu autrefois une Prebende en l'Eglise de Paris, mais je nie seulement que cela soit bien prouvé par la Chatte d'Ænée, si on la confere avec les autres Chartes que j'ai rapportées.

Il y a eu un autre tems plus propre auquel les Moines & les Chanoines Reguliers de St Augustin ont pû avoir des Prebendes en cette Eglise, sçavoir lorsque les Chanoines de cette Eglise ont quitté la vie Reguliere, lorsque d'un commun consentement ils ont cessé de vivre en commun, lorsqu'ils ont commencé à jouir chacun séparément de leurs Prebendes, lorsqu'ils ont été Chanoines siguliers ou seculiers ; car alors l'Evêque & les Chanoines rachetterent & compenserent leur changement de vie en donnant une ou deux ou même plusieurs de leurs Prebendes à des Moines & à des Chanoines Reguliers. Chaque chose a quelquefois sa verité, si l'on considere les changemens des années & les relâches qui arrivent avec le tems.

PARAGRAPHE VII.

Conclusion de l'Eglise de Notre-Dame de Paris.

IL est tems maintenant de conclure notre dix-huitiéme chapitre où l'Eglise de Notre-Dame de Paris est prouvée ; & voici comme je le conclus.

Premierement en la premiere race des Rois de France, il n'y a point d'Auteur, il n'y a point de titre vrai & certain des choses Ecclésiastiques, qui fasse aucune mention d'une Eglise consacrée à Paris à la Bienheureuse Vierge Marie, & où l'on ait mis le siege de l'Evêché. On peut voir la force de cette conjecture negative dans le Discours que j'ai fait autrefois de la force de l'argument négatif.

Secondement on ne peut douter qu'il n'y ait eu une Eglise Cathedrale sous la premiere race des Rois de France, & nous avons prouvé au chapitre IV. quelle & de quelle façon & en quel tems a été cette Eglise.

Troisiémement depuis le regne de Pepin, qui fut le premier de la seconde race des Rois de France, on a bâti & élevé une Eglise à Paris en l'honneur de la Mere de Dieu, mais elle n'a pas été si-tôt la Cathedrale.

Quatriémement il est tout-à-fait difficile, pour ne pas dire impossible, de marquer le Roi sous le regne duquel cette Eglise de Notre-Dame a commencé d'être appellée simplement & absolument l'Eglise de Paris ou l'Eglise Cathedrale. Abbon & Flodoard personnages d'autorité, rendent témoignage à la verité de l'Eglise de Notre-Dame, mais ils ne declarent point clairement qu'elle ait été Cathedrale ou Episcopale.

Cinquiemement ce qui me fait croire que cela a été fait vers la fin de la seconde race des Rois de France, c'est premierement la diminution de l'é-
clat

clat de l'Eglise de St Denys Martyr, qui commença à être negligée lorsqu'on fouilla son sepulchre, & qu'on transporta ailleurs ses Reliques. Secondement la grande estime qu'on commença à faire de cette Eglise de Notre-Dame en l'anné 945, à cause de la guerison d'une certaine maladie mortelle, servit beaucoup à confirmer de plus en plus dans cette Eglise de Notre-Dame le Siege Episcopal, qui y avoit été depuis peu établi ; ou au moins, s'il n'y étoit déja, cela fut cause qu'on l'y établit bientôt après. Flodoard qui décrit la chose toute miraculeuse fait que je n'ai pas beaucoup de peine à croire cela ; & puis dans les Chartes & autres Titres de ce tems-là, soit qu'ils soient vrais ou faux, on voit une certaine affectation avec laquelle Enée Evêque de Paris, dit que l'Eglise de Notre-Dame est la Cathedrale de son Evêché. Anseric est appellé Evêque de Ste Marie de la Ville de Paris. Theodolfe Evêque de l'Eglise de Paris de Ste Marie toujours Vierge. Elisiard Evêque de la Cathedrale de Ste Marie de Paris. Mais dans les anciens Regîtres des Evêques & les souscriptions des Conciles, on ne trouve aucun de ces noms.

Depuis le commencement de la troisiéme lignée des Rois de France, les Evêques de Paris ont cessé de prendre ces sortes de Titres. C'est pourquoi cette grande affectation d'un titre si extraordinaire nous fait voir la nouveauté de l'établissement de cette Cathedrale; & même ce nouvel établissement de Cathedrale fit qu'on repetoit souvent ce titre & qu'on en rompoit la tête à tout le monde pour le mieux imprimer dans l'esprit. Mais lorsqu'il fut bien établi, les Evêques qui suivirent reprirent l'ancien titre qu'on avoit quitté. Enfin, ce qui m'aide beaucoup en cette persuasion, c'est l'union de la compagnie des Clercs ou Chanoines qui étoient autrefois en l'Eglise de St Denys avec l'Eglise de Notre-Dame, dont on ne sauroit rendre de raison plus probable, sinon que le College des Chanoines de St Denys, étant trop ancien; & pour cette raison étant moins consideré, passa en l'Eglise de Notre-Dame, qui étoit plus nouvelle & plus illustre.

Ce seroit une imagination bien mal fondée de dire que depuis que l'Eglise de Notre-Dame a été bâtie, on a fondé un College de Chanoines en l'Eglise St Denys, qui peu après a été transporté à la même Eglise de Notre-Dame. Je considere en cela l'ancienne union du College de St Denys à celui de Notre-Dame, non pas les derniers tems qui ont rendu la face & le titre de cette union entierement méconnoissables, ni même l'état present des choses, qui peut être different, selon que le plus puissant commande au plus foible & moins puissant. Je dis Eglise plus illustre, tant à cause des miracles qui s'y firent en l'année 945, que des Reliques de St Etienne, St Denys, St Marcel, St Germain, St Cloud & des autres Saints qui ont rendu l'Eglise de Notre-Dame remarquable par dessus toutes les autres : & ainsi de ces deux Eglises prochaines, celle qui avoit été autrefois la premiere de la Ville cessa de l'être, & celle qui ne l'étoit point commença de l'être. Cette Eglise à qui est demeurée la gloire & l'honneur de ce changement, occupe le lieu auquel un Prêtre eut la hardiesse d'en bâtir une autre d'une grandeur prodigieuse comme est celle que nous regardons avec admiration, comme témoigne Robert du Mont en l'Appendice de la Chronologie de Sigebert.

,, Il y a déja long-tems que Maurice Evêque de Paris, travaille & avance
,, beaucoup à bâtir une Eglise en ladite Ville, dont le cœur est déja fait,
,, à la reserve du *Majori territorio*, & si cet ouvrage s'acheve, il n'y en aura
,, point deçà les monts auquel on le puisse comparer.

Voila ce que dit cet Auteur en 1177. Un peu après vivoit Cæsarius Heister Bachensis, qui écrit au livre 2. des Histoires memorables chap. 34. que
,, Maurice s'étoit porté avec trop de chaleur au bâtiment de l'Eglise de
,, Notre-Dame,

CHAPITRE XIX.

De l'Eglife de St Magloire.

HUGUES, pere de Hugues Capet, qui fut grand Duc des François & Comte de Paris, bâtit & fonda l'Eglife & Monaftere de St Magloire, comme le témoigne le Moine Helgaud en l'abregé de la vie du Roi Robert.

„ L'aïeul donc de ce Grand Roi Hugues, qu'on appelle Grand à caufe de
„ fa pieté, de fa bonté & de la grandeur de fon courage, accompagné de
„ fon fils, bâtit le Monaftere de St Magloire, Confeffeur de J. C. en la
„ Ville de Paris & y mit des Moines qui avoient fait vœu de vivre fous la
„ Regle de St Benoît.

Voila ce que j'avois à remarquer des Eglifes les plus confiderables de Paris, jufqu'à l'an 1000, en quoi je n'ai pas eu deffein de parler de toutes les Eglifes qui ont été bâties jufqu'en ce tems-là dans la Ville & dans les fauxbourgs, mais feulement de faire un petit indice ou abregé de celles que j'ai rencontrées en lifant, & ajouter cet ornement au monument de la pieté des anciens pour me divertir en me delaffant, & donner quelque petite fatisfaction à tous les Chrétiens qui le voudront lire. Au refte ce que j'ai traité en cette recherche n'eft que de fait & non pas de droit; & pour cette raifon les fautes que j'y puis avoir faites doivent être plus tolerables, & je les reconnoitrai toujours lorfque j'en ferai averti, & ferai toujours prêt de les corriger, non feulement en témoignant du regret, mais en me dédifant fi l'on me fait voir que j'aye écrit quelque chofe qui ne foit pas veritable.

DES EGLISES EN GENERAL.

JE prouverai dans le discours des Eglises, que le jeune Valois a changé beaucoup de passages, & perdu bien du tems pour donner aux Basiliques une signification qu'elles n'ont point, & qu'elles ne doivent point avoir: & en même tems je montrerai que ce nom-là vient de la maniere de l'édifice, & de ce que les Eglises que les Chrétiens appelloient Basiliques, ressembloient aux Basiliques & Tribunaux, où les Grecs & les Romains rendoient la justice. Car comme elles consistoient en une nef qui regnoit entre deux contre-nefs; de plus, bordée de colomnes, & terminée d'un tribunal arrondi en demi cercle, & que c'est la figure de la plupart de nos Eglises. On peut dire que les Basiliques de St Pierre & de St Vincent, c'est-à-dire, les Eglises de St Germain & de Ste Geneviéve, avec les Basiliques de Ste Croix, de St Laurent & de Ste Colombe, qu'on ne trouve plus, & tout de même celles de St Gervais, de St Julien, de St Paul & de St Martial, rapportées par Gregoire de Tours, étoient de la sorte, & que les Eglises de Paris sous la premiere race, ressembloient en cela aux nôtres d'à-present.

L'Eglise de Ste Geneviéve, au reste, ainsi que celles de Rome, bâties par les premiers Empereurs Chrétiens, étoit enrichie de Mosaïque, tant dedans que dehors: dedans, il n'y avoit ni statues, ni figures de Saints, non plus qu'à Notre-Dame, à St Germain, à St Martin. Car enfin il est aisé de reconnoître que celles qui y sont, ont été mises là bien depuis: témoin la Ste Chapelle bâtie par St Louis, où les figures des Apôtres rangées vis-à-vis l'une de l'autre de chaque côté, sont posées sur des Corbeaux enclavés dans les pilliers, depuis que l'édifice a été achevé: temoin encore la vie de Jesus-Christ figurée au tour du Chœur de Notre-Dame, qui n'est que du quatorziéme siecle.

Quant aux fenêtres, elles étoient petites & garnies de verres fort épais, de plus obscurcis de figures mal faites, & hautes en couleur, si bien qu'on n'y voyoit presque goutte: c'est ainsi que recevoient le jour St Denys de la Charte, St Germain des Prés, Ste Geneviéve & autres, que nous avons vû éclaircir. Il en étoit de même de St Benoit, St Merri, St Germain l'Auxerois & semblables, où l'on a bien ôté des vitres anciennes, pour en mettre de verre blanc. Enfin pour juger encore mieux de l'obscurité de nos anciennes Eglises, & combien l'on aimoit l'obscurité en ce tems-là, il n'y a qu'à entrer dans l'Eglise du Temple, dans St Paul, St Bon, St Marcel, St Barthelemi, & dans presque toutes celles de la Cité, où la meilleure partie de ces vitres du tems passé restent encore.

Au reste, devant le Portail il y avoit un avant-portique, comme à St Germain des Prés, au Temple, à St Victor, à St Martin, & comme on en voyoit encore à Ste Geneviéve & ailleurs: il n'y a pas long-tems qu'on les a démolis. Cette sorte d'enrichissement en usage autrefois pour les Cathécumenes, a été renouvellé le siecle passé, & s'est fait de nos jours par magnificence à St Germain de l'Auxerois, à la Sorbonne & au Val-de-grace.

Toutes les Eglises qu'on entreprend maintenant, ne se font pas seulement les plus claires qu'on peut, mais encore regulieres & fort superbes.

Notre-Dame-des-Champs est toute enduite de belles peintures; celle

Tome I.   O o ij

de St Louis de la rue St Antoine est magnifique, & enrichie d'une chaire de fer, travaillée delicatement ; de plus, d'un contre-table d'Autel tout d'argent, rehaussé de basses tailles. Deux mausolés y éclatent, le premier du cœur de Louis XIII, le second du cœur de Henri de Bourbon, Prince de Condé, plus recommandables tous deux par l'industrie de l'artisan, que par le prix de la matiere, quoique l'un soit de bronze doré à feu, & l'autre d'argent massif, & qu'ils coutent plus de cinquante mille écus.

Il ne se peut rien voir de plus joli, ni de plus propre que Port-Royal, de plus galant & de mieux entendu que Ste Marie, de plus regulier que les Jesuites du Noviciat, de plus regulier encore, & de mieux entendu que la Sorbonne & le Val-de-grace ; de plus hardi & delicat que la Ste Chapelle ; de plus grand & majestueux que Notre-Dame, à la reserve toutesfois de St Pierre de Rome, l'entreprise de tant de Papes, le mausolé de St Pierre & de St Paul, & le chef-d'œuvre de Michel Ange.

Il me reste quantité d'autres choses à dire de la fabrique de nos Eglises anciennes, que je reserve pour un discours à part.

DES EGLISES.

Leur fondation.

PARAGRAPHE PREMIER.

LE savant de Launoy dans la discussion des deux Sts Denys, nous apprend que celui qu'on reconnoit à Paris pour Apôtre, y fut envoyé sous l'empire de Decius ; que c'est lui qui le premier y planta la foi, & l'arrosa de son sang après un travail de trente ans, à la conversion des Idolâtres. S'il en faut croire le peuple, ce fut encore lui qui y celebra la premiere Messe dans St Etienne des Grès, chose dont tout le monde est persuadé, à cause que cela se trouve gravé sur une pierre, vis-à-vis le portail : ce qui pourtant n'est pas plus vrai que ce qu'on lisoit du tems de *Joannes Major* contre une des portes de St Benoit, & qu'on lit encore dans les vitres d'une des Chapelles dediée à St Nicolas, que là il avoit invoqué le nom de la Ste Trinité.

Le Pere Binet ne s'est pas contenté de si peu, car il a grossi de bien d'autres fables l'histoire de notre Religion, touchant ses commencemens à Paris ; il assure que St Denys lui-même fit bâtir l'Oratoire de cette cave, où Ste Geneviéve faisoit ses devotions, & où elle voulut être enterrée ; & ajoute ensuite qu'il le dedia à St Pierre & à St Paul, son bon maître.

Ce sont ses propres termes, qui comprenent quatre choses que je refuterai ailleurs. Il prétend de plus qu'il fit une Chapelle à Notre-Dame-des-Champs, où il fut pris avec ses Compagnons, & de là mené prisonnier dans cette basse fosse qui se voit encore à St Denys de la Chartre.

S'il y a quelque chose de vrai en ceci, il est certain que le reste ne l'est pas non plus que beaucoup d'autres particularités, dont le peuple à Paris embellit à sa mode la vie de son premier Evêque. Car tantôt il le fait prêcher à St Barthelemi dans une Chapelle sous terre, appellée la Chapelle Notre-Dame des Voutes, & même veut que ç'ait été là qu'il fut surpris par les Païens, & conduit à St Denys de la Chartre : tantôt il croit qu'il fut enfermé dans cette prison qu'on nomme à present le fort-aux-Dames, à cause qu'il s'y voit une grosse chaîne de fer, que le Geolier assure avoir servi à garroter ce St Apôtre : tantôt encore il assure qu'il fut roti à St Denys-du-Pas, parce que tout le monde le dit : & enfin, que du cachot il fut traîné jusques sur la pente de Montmartre, pour y avoir la tête tranchée, qu'il porta de là entre ses mains jusqu'à l'Eglise de St Denys, & que ce miracle fut cause que la montagne changea de nom, & fut appellée Montmartre. Toutes erreurs au reste, que le même de Launoy a renversées par des raisons non moins judicieuses que savantes, prouvant de plus que le nom de Montmartre est bien plus moderne que l'on ne pense; d'ailleurs que c'est dans la Cité que St Denys souffrit le martyre, au lieu même qui en conserve encore le nom, & que pour cela nous appellons St Denys-du-Pas.

Touchant St Denys donc, le Docteur de Launoy prouve que ce premier Evêque, aussi-bien que quelques-uns de ses successeurs, pour dire la Messe ou celebrer le mystere de la Feste du Dimanche, se retiroient à l'endroit même ou St Marcel fut depuis enterré, & qu'à cause de cela les premiers Chrétiens de Paris fonderent là leur premiere Eglise. Il prouve encore qu'avant Clotaire & Gontran ils avoient bâti un Oratoire à la porte de Paris, au même endroit où St Martin revenant de Treves, avoit guéri un Lepreux. Et quand un jour je lui dis que dans une vie de St Marcel écrite par Fortunat, & compilée par Surius, j'avois lû certain passage où il parle d'une Eglise située de son tems proche du lieu même où est celle de Notre-Dame, il me repondit là-dessus que cette vie lui étoit attribuée sans raison, & que Gregoire de Tours qui a fait mention de toutes les vies composées par cet Auteur, ne parle point de celle-ci, qu'elle a été faite par un autre assurement, comme y étant rapporté quantité de miracles que Gregoire de Tours vraisemblablement n'auroit pas oubliés, s'ils se fussent trouvés dans la vie qu'il en a vûe, & dont il s'est servi.

Clovis depuis fit bâtir l'Eglise de St Pierre & de St Paul, que nous appellons Ste Geneviéve, non pas pour lui avoir été dediée, mais pour y avoir été enterrée simplement.

Childebert son fils, bâtit deux autres Eglises, toutes deux grandes & magnifiques; l'une dans la Ville, l'autre dehors: s'il est vrai ce que dit Fortunat de celle de la Ville, dans la description qu'il en fait, non seulement elle étoit éclairée de quantité de fenêtres de vitres, mais encore enrichie de colomnes de marbre. Le savant de Launoy dans sa dissertation des Eglises de Paris, nous apprend qu'alors elle étoit dediée a St Denys, & que le nom de N. D. qu'elle porte, ne lui a été donné que depuis Charlemagne; qu'auparavant elle étoit à l'endroit même où St Denys avoit été décapité, que nous nommons St Denys-du-Pas. Pour l'autre Eglise que Childebert fit construire hors de la Ville, elle n'étoit pas si superbe; ce Prince neanmoins ne laissa pas de la preferer à la premiere, pour lui servir de mausolé. Clotaire après sa mort eut soin de la faire dedier à St Vincent par St Germain, pour lors Evêque de Paris, dont elle prit le nom depuis qu'il y eut été enterré. C'est la même que nous appellons St Germain des Prés, à cause qu'elle est située proche des Prés, que l'on nomme les Prés-aux-Clercs. Quelques-uns la confondent avec l'Eglise Ste Croix, où St Germain rendit la vie à un enfant ; mais le même de Launoy, dont j'ai parlé, a bien montré que cela n'est pas, & que ce qui les a trompés est une Charte de Childebert, supposée par quelque Moine de St Benoist; que Ste Croix fut brûlée par les Normans durant le siége de Paris, & qu'alors ses Reliques ayant été transportées à Ste Croix de la Cité, elles furent cause qu'on donna à cette petite Eglise le nom qu'elle a encore, & n'a point quitté depuis.

A l'égard des autres Eglises, Fortunat nous parle d'un miracle arrivé à St Germain tout devant la porte de St Gervais: & Gregoire de Tours fait savoir qu'étant à Paris il logeoit dans l'enclos de St Julien le Martyr, appellé St Julien le Pauvre ; & dit de plus, que du tems de Childebert la Seine & la Marne s'étant débordées, elles alloient jusqu'à St Laurent qui alors étoit une Abbayie : si bien que par ces trois passages, il se voit que St Gervais, St Julien le Pauvre & St Laurent sont des Eglises fort anciennes.

Le Docteur de Launoi croit que sous Clotaire II, des Assyriens compatriotes de Faramode, Evêque de Paris en ce tems-là, firent bâtir une Eglise proche de la rue des Assis, qu'ils dedierent à St Pierre, mais qui ayant encore été ruinée par les Normans, ceux de Paris en firent une autre dans la Cité pour reparer cette perte, qui en porte encore le nom. Touchant cette Eglise bâtie par des Assyriens, quand je songe que la Cave ou Chapelle de St Merri, comprise dans St Merri même, est consacrée à St Pierre, & tient à la rue des Assis, ne seroit-ce point celle que le même de Launoi cherche & qui auroit échappé à la fureur des Normans.

Pour l'Oratoire Ste Colombe, elle n'a pas été si heureuse, tous les ornemens en furent pillés du vivant de St Eloi ; car il n'en est parlé nulle part, & même on ne sait ce qu'elle est devenue.

Le même St Eloi, repara l'Eglise de St Martial : de plus, de sa maison qui étoit devant le Palais, en fit un Monastere de Filles, & encore bâtit St Paul pour leur servir de Cimetiere.

L'Eglise de St Etienne des Grès, sans doute est la même dont il est parlé dans Abbon, dans les Annales de St Bertin, & aux Chroniques des Gestes des Normans, sous le nom de St Etienne.

St Germain de l'Auxerrois étoit fondé du tems d'Abbon qui l'appelle St Germain le Rond, qu'un titre de Charles le Chauve qualifie Monastere & dont le peuple sans raison veut que Childebert soit le fondateur.

Hugues Capet jetta les fondemens de St Barthelemi, sous le nom de St Magloire, en faveur des Religieux de l'Ordre de St Benoît.

Quelques-uns veulent que St Jaques de l'Hopital ait été bâti par Charlemagne.

Helgaud nous apprend que le Roi Robert fit construire dans le Palais l'Eglise de St Nicolas ; & les Historiens contemporains de St Louis, disent tous, qu'il la jetta par terre pour faire place à la Ste Chapelle, ce qu'à montré Adrien Valois, fondé sur le passage que je lui avois communiqué, qu'il s'est attribué mal-à-propos.

Henri I est fondateur du Couvent de St Martin.

Louis le Gros de ceux de Montmartre & de St Victor.

Alix sa femme a bâti l'Hopital de St Lazare ; & quelques particuliers celui de St Gervais.

Sous Louis le Jeune fut fondé St Thomas du Louvre ; & le Couvent des Mathurins, se nommoit l'Aumone ou l'Aumonerie St Benoît.

Philippe Auguste fut batisé dans l'Eglise St Michel.

St Honoré, St Nicolas du Louvre, l'Hopital de la Trinité, ont été commencés de son tems, aussi bien que le Monastere de St Antoine des Champs, pour la retraite des femmes de mauvaise vie qui voulurent se convertir.

St Louis institua les Quinze-vingts, les Cordeliers, les Jacobins, les Filles-Dieu, les Beguines, les Chartreux, Ste Catherine-du-Val, les Carmes, les Freres Sacs, Ste Croix de la Bretonnerie & les Blancs-Manteaux.

Marguerite de Provence sa femme, établit les Cordelieres St Marcel & bâtit leur Couvent.

Des Particuliers ont fait l'Eglise St Josse : & Etienne Haudri, un des Officiers de St Louis fonda l'Hopital des Haudriettes.

Les fondemens de l'Hopital de St Jaques du Haut-pas furent jettés sous Philippes le Bel.

L'Hopital de la Madelaine, occupé maintenant par les Filles-Dieu, avoit été bâti en 1316 par Imbert de Lyons.

Le St Esprit est du tems du Roi Jean.

Les Celestins reconnoissent pour Fondateur Charles V.

Les Filles Penitentes sont du tems de Charles VIII.

François I a établi les Enfans Rouges.

L'Hopital de St Louis est un ouvrage de la magnificence de Henri le Grand; & c'est lui encore qui a bâti les Enfermés.

Sous Louis XIII les Incurables ont été commencés.

Si nous savions le tems que la Charte de Childebert touchant la fondation de St Germain des Prés, a été supposée; nous saurions par même moyen quand St André & St Côme ont été fondés, car il en est fait mention dans ce titre-là.

Il ne nous reste plus rien du premier plan ni de l'ancienne élevation des Eglises dont le sieur de Launoy a traité dans sa dissertation. Le tems aussi-bien que les Normans les ont ruinées. Toutes celles que nous voyons sont modernes & n'ont été commencées que depuis quelque six cens cinquante ans.

Jusqu'au dixiéme siecle, elles étoient petites, fort obscures & tomboient alors en ruine; qui que ce soit ne daignant les relever; & le tout à cause qu'en ce tems-là tout le monde étoit si épouvanté de ce passage du xx. de l'Apocalypse, où St Jean dit qu'il a vû un Ange lier & enfermer le Démon pour mille ans, qu'on ne doutoit point que la fin du monde ne fût proche & ne dût arriver devant le dixiéme siecle, tellement que chacun ne se soucioit plus d'entretenir sa maison ni la rebâtir, & moins encore les Eglises. Mais depuis qu'on fut parvenu aux dernieres années de ce dixiéme siecle, & qu'on vit qu'il seroit bien-tôt passé, cette fausse terreur vint à se dissiper. On commença à travailler aux Eglises, & de petites, obscures & mal faites qu'elles étoient auparavant, celles qu'on fit à la place, étoient & plus grandes & plus claires & plus belles. Glaber Radulphus dit qu'un tel changement arriva vers l'an 997, lorsqu'on n'apperçut point dans le tems ces signes épouvantables qui doivent preceder le Jugement universel. Si bien que cette émulation de tous côtés à qui bâtiroit de plus magnifiques Temples, rajeunit pour ainsi dire la Chrétienté, & lui redonna toute une autre face.

Paris mit la main à l'œuvre aussi-bien que les autres, & l'on croit que ce fut Morard, Abbé de St Germain des Près, qui le premier releva l'Eglise de son Monastere, & qu'en même tems le Roi Robert en fit autant à St Germain de l'Auxerrois; car c'est lui qui a bâti ce même vaisseau que nous voyons encore aujourd'hui, & qui passe pour un des plus grands de la Ville. Henri I apparemment fit travailler à St Martin des Champs, qui fut dediée sous Philippe I son fils. Cette Eglise à la verité n'est pas si grande que celle de St Germain, mais elle est plus claire. Au défaut de l'autre néanmoins touchant la clarté, on y a remedié depuis quelques années.

Je ne parlerai point du retablissement de toutes les autres Eglises, & dirai seulement qu'auparavant & depuis, il ne s'en est point fait en France de plus grande, de plus magnifique, ni de plus majestueuse, que celle de Notre-Dame. Elle fut entreprise en 1163 par l'Evêque Maurice, & Alexandre III y mit la premiere pierre.

Ce Temple a passé long-tems pour le plus grand & le plus majestueux de toute la Chrétienté, & même a semblé si beau à *Robertus Cenalis* qu'il a bien osé le comparer au Temple de Diane d'Ephese, qui épuisa la plus grande partie des richesses que les Rois de Perse avoient eu bien de la peine à amasser en deux vingt années. St Paul de Londres, à qui toutes les Eglises du monde cedent en grandeur, & dont l'Angleterre se glorifie avec tant de raison, porte à la verité plus de longueur, mais cette longueur est si mal proportionnée à la largeur, que les Architectes n'en parlent que comme d'un monstre, & tiennent que Notre-Dame de Paris ne voit rien au dessus d'elle, que St Pierre de Rome, le Mausolé de tant de Papes, de Saints & d'Apôtres; & néanmoins sont d'accord entre eux que le Portail de l'Eglise de Paris, n'a pas son pareil, & qu'enfin de ces deux Tours si hautes, si grosses & si majestueuses, part une certaine fierté qui donne de la terreur.

Pour ce qui est des autres Eglises, les Jesuites du fauxbourg St Germain, les Prêtres de l'Oratoire de la rue St Honoré, le Val-de-grace encore, la Sorbonne, les Filles Ste Marie de la rue St Antoine, cedent toutes à la verité au Pantheon, aussi-bien qu'aux Temples de la Paix & de Jupiter Capitolin, mais nos Architectes assurent qu'elles ne sont point inferieures à tant d'autres qui faisoient une des principales beautés de l'ancienne Rome, & sont encore le plus bel ornement de la moderne.

Nous remarquons même que jamais dans Rome, depuis qu'elle est, il ne s'est trouvé tant d'Eglises qu'il y en a à Paris. Car enfin Pierre Victor qui n'a rien oublié de tout ce qui pouvoir contribuer à faire éclater cette belle Ville, & la mettre au dessus de toutes les autres, reconnoît que de son tems il n'y en avoit que deux cens cinquante-cinq, y compris même les Chapelles, qui en font la meilleure partie; & de plus tous les Modernes avouent, que presentement il ne s'y en voit que cent cinquante. Chacun sait qu'à Paris nous y en avons plus de trois cens: & de fait, il s'y voit cinq Missions ou Seminaires, plus de dix-huit Eglises Collegiales, plus de vingt-sept Hopitaux, plus de quarante-six Couvens de Religieux, plus de quarante-neuf Paroisses, plus de soixante Monasteres de Religieuses, & plus de soixante-cinq Colleges fondés tant dans la Ville que dans la Cité & l'Université.

Dans les Missions ou Seminaires on enseigne la Doctrine Chrétienne, les Missionnaires l'apprennent & la prêchent aux Ignorans, aux Pauvres, aux Païens & aux Heretiques.

Les Chanoines qui desservent les Eglises Collegiales y font dire l'office fort devotement, les uns en musique les autres en plein chant; mais il n'y en a point où on officie mieux qu'à Notre-Dame & à la Ste Chapelle. Dans ces deux Eglises la musique est fort bonne & bien entretenue. La Treforerie de la Ste Chapelle pour l'ordinaire est remplie par un Evêque. Quelques-unes des Chanoinies de Notre-Dame sont possedées par des Conseillers de la Cour & autres personnes de bonne famille; & quoi qu'un Prince du Sang d'Angleterre & un Duc & Pair soient presentement de cette compagnie, nous lisons pourtant dans l'Histoire, que quelques-uns de nos Rois ont été élevés dans le Cloître de cette Eglise; que quelque Fils de France ont voulu en être Chanoines, & que la dignité Episcopale souvent a été remplie par des Cardinaux. Des personnes de ce rang & de cette naissance donnent si bon exemple à tous les Fideles, & font l'office avec tant de pieté & de majesté, que le Chapitre de Notre-Dame passe pour le plus reformé de tout le Royaume & peut-être même de la Chretienté. Enfin quantité de gens assurent qu'on n'officie pas mieux dans St Pierre de Rome.

A l'égard des Hopitaux, il y en a pour toutes sortes de personnes, & de maladies; les fous sont enfermés aux Petites-maisons; on met les aveugles aux Quinze-vingts; les incurables, les passans, les teigneux, les enfans-trouvés, les convalescens, les pelerins, les petits enfans, les hommes & les femmes, ont chacun le leur, en general & en particulier; mais enfin il n'y en a point de plus considerable que celui de St Louis pour les pestiferés: que s'il n'est pas le plus grand, le plus magnifique, & la plus regulier du monde, les Curieux du moins assurent qu'ils n'en ont point vû qui le passe, & bien peu qui puissent lui être comparés.

Il ne seroit pas necessaire de dire que tous les Religieux & les Religieuses, presque de tous les Ordres approuvés dans le Royaume, y ont des

Monasteres:

Monasteres: on le juge assés par ce grand nombre de Couvents répandus dans tous les coins & recoins de la Ville; & de plus, par la vie exemplaire que menent les Chanoines de l'Eglise Cathedrale, on se doutera bien que ceux des Collegiales ne leur cedent pas quant à ce point. Mais quelques Prêtres séculiers, depuis seize ou vingt ans ont bien encheri sur cette devotion, qui exhortés à cela par leurs Curés, ont consenti de vivre en communauté; nous avons déja dix ou douze Paroisses où ils vivent ainsi, & on espere qu'avec le tems les autres les imiteront.

DES EGLISES

§ 2.

J'AI cherché vainement les Oratoires, ou Chapelles de St Martin, & de Ste Colombe, que Gregoire de Tours semble placer dans la Cité.

Notre-Dame, & St Denys-du-pas, sont assurement les deux plus anciennes Eglises de Paris; la premiere étoit bâtie dès le tems de St Prudence, & de St Marcel; car comme le dernier y servoit de Soudiacre, & que par mégard le jour des Rois, le Sacristain vint à mettre de l'eau dans les deux burettes, sans songer à du vin, il arriva que les presentant au Prêtre, l'une se convertit en vin miraculeusement. Quant au nom de St Denys-du-pas, & ayant égard à l'usage de la primitive Eglise, qui étoit d'ériger des Temples sur le Tombeau des Martyrs, & à l'endroit même où ils avoient souffert la mort, on infere de là que les premiers Chrétiens de Paris le fonderent au lieu-même où St Denys avoit été decapité. Je passe à ce propos contre l'opinion commune, que ce n'est point à St Denys en France, mais à St Denys-du-pas que sont arrivés les miracles de notre Apôtre, raportés par Fortunat Evêque de Poitiers, & par Gregoire de Tours.

St Eloi bâtit, ou plutôt renouvella, & couvrit de plomb St Martial, & de plus fonda le Prieuré appellé de son nom, dans une maison que Dagobert lui avoit donnée; ces deux bâtimens sont si voisins, qu'aucuns ont cru que St Martial étoit la veritable Eglise de St Eloi. Et même de tous ceux qui ont parlé de ce Couvent, il s'en trouve peu qui n'ayent prétendu qu'il occupoit une des meilleures parties de la Cité, c'est-à-dire, à leur avis, que de la rue de la Barillerie il alloit gagner celle de la Juiverie, entre la rue de la vieille Draperie, & la rue de la Calandre, & contenoit enfin tout l'espace que couvre St Martial, St Eloi, & tout ce grand nombre de maisons qui les environne, avec la rue aux Fevres, & celle de la Savaterie; qu'on trouve entre ces quatre rues, & qui se nomment dans les anciennes chartres la Ceinture St Eloi, & les maisons faisant & étant de la Ceinture St Eloi. D'autres mêmes vont si loin, qu'ils étendent ce Prieuré jusqu'à la rue de la vieille Pelleterie, sans s'apercevoir qu'ils renferment dans l'enclos de ce Couvent presque tout le reste de la Cité de ce côté-là, savoir les Eglises de Ste Croix, de St Barthelemi, St Pierre des Assis avec la rue Ste Croix, la rue Gervais Laurent, celle de la vieille Draperie; & les maisons qu'il y a depuis le Palais & la rue de la Barillerie, jusqu'aux rues de la Lanterné, & de la Juiverie, entre la rue de la vieille Pelleterie, & la rue de la Calandre. Or si cela avoit lieu, il faudroit qu'autrefois il n'y eut point eu d'autre traverse, ou passage en ce quartier là, que la petite rue de la vieille Pelleterie, & le bord de la riviere, le long des quais qui se trouvoient à la place du Marché-neuf. A la verité, si on savoit quand a été fondé St Pierre des Assis, & Ste Croix, on pourroit aisément resoudre cette difficulté; mais jusqu'à present, c'est ce qu'on n'a point decouvert. Bien plus on ne fait encore rien aujourd'hui, ni de la fondation de St Michel, & de St Germain-le-vieux, ni de celle de Ste Marine, de St Pierre aux bœufs, de St Landri, de l'Hotel-Dieu, de la Madelaine, de St Denys de la Chartre & de St Jean le Rond.

Pour St Chriftophe, ç'a été affurement un Hopital dependant de l'Evêché, jufqu'en 1006, que l'Evêque Renault en ceda la moitié au Chapitre de Notre-Dame du confentement de Jean XVIII.

Vers l'an 1130 Ste Geneviéve des Ardens, prit fon nom de la maladie des Ardens, dont guerirent les Parifiens par l'interceffion de Ste Geneviéve. De favoir fi auparavant il y avoit là une Chapelle, & même où cette Ste fille venoit prier Dieu fouvent, bien des gens le croyent, mais ce n'eft que par tradition.

St Barthelemi, Chapelle Collégiale d'abord fondée par nos Rois, fut rebâtie dans le dixiéme fiécle par Hugues le Grand, pere de Hugues Capet, & donnée à des Religieux, mais depuis fous Louis le Jeune, érigée en Paroiffe.

Eftienne Archidiacre de Paris, fonda St Aignan, & Mathieu, Comte de Beaumont, St Symphorien dans le treiziéme fiécle.

Le Roi Robert commença la Ste Chapelle fous le nom de St Nicolas: Louis le Gros, & Louis VII, l'enrichirent de revenus confiderables; mais St Louis depuis la rebâtir,& la fonda avec une magnificence plus que Royale, pour y mettre en dépôt la couronne d'épines du Sauveur avec quelques autres inftrumens de la Paffion. Au refte comme il me fouvient d'avoir communiqué au jeune Valois par forme d'entretien une partie de ceci, & que je vois qu'il fe l'attribue, je me fens obligé de dire, que ce qu'il ajoute enfuite de St Magloire, & de St Barthelemi eft de fon invention.

On tient par tradition que St Denys Apôtre de Paris a celebré la Meffe dans une Chapelle fouteraine qu'il y avoit autrefois à St Barthelemi, & qu'étant prifonnier au lieu même où eft une autre Chapelle qu'on montre encore fouteraine à St Denys de la Chartre, Jefus-Chrift lui-même l'y vint communier.

Pourvu que l'Eglife St Gervais d'aujourd'hui foit la même que celle dont fait mention Gregoire de Tours, elle étoit fondée fous Childebert, & le miracle qu'il raconte, que je rapporterai ailleurs, y arriva.

St Eloi fonda St Paul du tems de Dagobert.

En 886 St Germain de l'Auxerrois étoit bâti, & fervit de fortereffe aux Normans contre les Parifiens.

Sous la feconde race St Magloire, nommé aujourd'hui les Filles Penitentes, fut entrepris par les predeceffeurs de Hugues Capet.

St Mederic n'eft point connu avant l'année 984.

Louis le Gros, ou plutôt quelqu'un de fes devanciers, paffe pour bienfaicteur de St Lazare, placé au bout du faux-bourg St Denys, mais on ne doute point que fous fon Regne, l'Hopital St Gervais n'ait été fondé, & que Henri I n'ait rebâti St Martin, ancienne Abbayie, dont alors il reftoit quelques marques.

Il eft certain que St Thomas & St Nicolas du Louvre furent fondés dans le douziéme fiecle.

Dans le treiziéme au commencement l'Hopital de la Trinité fut établi.

Vers l'an 1204 Philippe Augufte entoura de murs le cimetiere Saint Innocent.

En ce tems-là même on jetta les fondemens & du College des Bons-enfans, & de St Honoré.

Bien-tôt après l'Eglife St Antoine du faux-bourg, vint à être commencée.

En 1212 St Jean fut érigé en Paroiffe.

Les Filles-Dieu en 1226, ou à peu près, fe retirerent au faux-bourg St Denys, dans un lieu couvert à prefent des maifons & du marais dont j'ai parlé.

DE LA VILLE DE PARIS. Liv. IV.

St Joſſe, Ste Croix de la Bretonnerie, St Leu, St Gilles, le Prieuré Ste Catherine, les Quinze-vingts ont encore été bâtis ſous Philippe Auguſte; & de plus furent inſtitués les Blancs-Manteaux; les Grands Auguſtins à la rue des vieux Auguſtins; les Carmes où ſont les Celeſtins preſentement; & enfin les Beguines à la place où eſt l'*Ave-Maria* aujourd'hui.

Du tems de Louis Hutin, St Jaques de l'Hopital prit commencement. En 1326 on mit la premiere pierre de l'Egliſe du Sepulchre.

St Julien des Menetriers fut bâti en 1328.

Sous Philippe de Valois, les Bracques en grand credit, & élevés aux premieres charges de la maiſon du Roi, & de ſes finances, d'ailleurs gens de merite & de vertu fonderent la Chapelle de Bracque, près de leur Hotel, & de la rue & porte de Bracque.

Les Celeſtins, & le petit St Antoine furent bâtis du tems de Charles V.

Sous Louis XI les Religieuſes de l'*Ave Maria* prirent la place des Beguines, & les Minimes vinrent s'établir à Nigeon.

Du vivant de Charles VIII, les Filles Penitentes ſe renfermerent dans une partie de l'Hotel d'Orleans, appellé maintenant l'Hotel de Soiſſons, & depuis ſous Charles IX furent transferées à la rue St Denys, au Prieuré de St Magloire.

François I fonda les Enfans-rouges.

Henri III, fit venir à la rue St Honoré les Feuillans, & les Capucins.

SAINT GERMAIN L'AUXERROIS
& ſa Deſcription.

QUOIQUE St Germain l'Auxerrois ne ſoit qu'une Paroiſſe, & une ſimple Egliſe Collegiale; les Chanoines cependant, ſont patrons d'un ſi grand nombre de benefices que bien des Prelats en France n'en conferent pas tant qu'eux, & même la Paroiſſe eſt de telle étendue, & embraſſe tant de Chapelles, de Prebendes, de Canonicats, & de Cures, que Chopin, dit qu'encore de ſon tems on l'appelloit par excellence la grande Paroiſſe. Et de fait non ſeulement, c'eſt la plus grande de la Ville, mais peut-être de tout le monde, puiſqu'enfin il ſe voit quantité de Dioceſes plus petits. Du reſte on ne peut pas douter que ce ne ſoit le plus noble Temple de Paris & le plus illuſtre: outre que depuis quatre ou cinq ans, c'eſt la Paroiſſe de pluſieurs Maréchaux de France, de Ducs & Pairs, de Connétables & de Chanceliers: bien plus c'eſt celle de nos Rois, & où un Roi même, deux filles de France, & tant d'autres perſonnes d'un ſang auguſte, ont reçu le batême.

Avec tout cela on ne ſait point ni l'origine de cette Egliſe, ſi remarquable, ni le nom de ſon fondateur, & encore moins, ſi c'étoit d'abord ou Paroiſſe ou Abbayie, Monaſtere ou Egliſe Collegiale. Helgaudus à la verité & le petit Paſtoral, aſſurent que ſous Louis le Debonnaire, le Roi Robert & Louis VII, c'étoit un Monaſtere; que ſous Benoît VII, & Alexandre III, c'étoit une Abbayie, & tous deux dependants de l'Evêché, & du Chapitre de Paris; enfin le petit Paſtoral ajoute avec Abbon, qu'elle s'appelloit St Germain le Rond; mais comme tout ceci eſt fort obſcur, tâchons à percer ces tenebres.

Je ſai que Favyn, le Pere du Breul, du Sauſſay, & même le Chapitre avec tous les Paroiſſiens reconnoiſſent St Vincent pour Patron primitif avant St Germain; & de plus veulent que Childebert, ou Ultrogothe ſa femme, ou tous deux enſemble, en ſoient les fondateurs.

Tome I.

Favyn fur tout, eft affés hardi pour affurer de fa propre autorité, & fans citer de garant, que Childebert la bâtit proche du Louvre, comme fi le Louvre eut été deja, qui ne fut commencé que par Philippe Augufte, ou un peu auparavant, c'eft-à-dire cinq ou fix cens ans après Childebert.

Le Pere du Breul dit la même chofe, & il affocie à cet œuvre de pieté la Reine Ultrogothe, & prétend que tous deux jetterent les fondemens, tant de St Germain des Prés, que de St Germain de l'Auxerrois; & même que ces deux Eglifes furent dediées à St Vincent', en quoi il fait voir qu'il n'avoit pas trop bien lû Gregoire de Tours, ni les autres Hiftoriens de ce tems-là, qui n'attribuent aucune fondation de cette qualité à Ultrogothe, & ne difent autre chofe finon que Childebert fit conftruire à Paris la Bafilique de St Vincent, où il fut enterré.

Enfin du Sauffay, qui veut encherir & aller plus loin, quoique fans titre ni fondement, non feulement ne fait aucune difficulté de reconnoître avec du Breul & Favyn, la Reine Ultrogothe pour Fondatrice; mais prétend encore de fon chef qu'elle a élevé ce grand Temple au lieu-même où il eft, & l'a dedié à St Vincent par une efpece de jaloufie, afin de l'oppofer à celui du Roi fon mari, bâti de l'autre côté de la Seine, & prefque vis-à-vis. Bien que cette fable ne foit foutenue que de la tradition, de la credulité du peuple, & par ces Hiftoriens modernes de peu de nom, elle a neanmoins paru fi fpecieufe aux Chanoines & aux Paroiffiens, qu'ils n'ont rien oublié pour la faire valoir. Et de fait, lorfqu'il fallut rebâtir le grand portail, qui tomboit en ruine il y a quelque deux cens ans, il ne manquerent pas d'élever exprès au côté droit les figures, tant de St Vincent, que de Childebert & d'Ultrogothe, & même firent graver en Lettres d'or fur une table de marbre noir qui y eft encore.

C'eft Childebert II, Roi Chrétien, & Ultrogothe fa femme, qui fonderent cette Eglife.

D'ailleurs la fête de St Vincent qu'ils celebrent le 22 Janvier, eft chommée ce jour-là par toute la Paroiffe avec autant de folemnité que celle de St Germain. Enfin, & fur le Maître-Autel, & fur celui de la Paroiffe, fe voit la figure de St Vincent, & ils publient hautement qu'il eft leur veritable Patron, & que St Germain n'en eft que le titulaire.

QUE CHILDEBERT ET ULTROGOTHE NE font point Fondateurs de St Germain, ni St Vincent le Patron: & de plus, comment l'Eglife s'appelloit premierement.

§ I.

TOUCHANT le nom de l'Eglife, Abbon dans fon Poëme du fiége de Paris, rapporte qu'en 886, Sigefroid Roi des Normans, après que les Parifiens lui eurent fait abandonner la Tour du grand Chatelet, dont il s'étoit faifi, s'alla camper près de St Denys & le long de la Seine; & qu'enfuite environnant St Germain de l'Auxerrois d'une enceinte de pierre liée de terre & de chaume, de-là il fut faire des courfes par toute l'Ifle de France, d'où il retourna chargé de butin. Or il faut ici remarquer que, quoique l'Eglife alors fut dediée feulement à St Germain, Evêque d'Auxerre, & en portât le nom; ce Poëme néanmoins ne l'appelle que St Germain le Rond, foit qu'en ce tems-là étant ronde, comme dit Fauchet, on lui donnât indifferemment le nom de St Germain-le-Rond, & celui de St Germain de l'Auxerrois, foit qu'enfin l'épithete *teres*, que cet Aureur emploie, entre plus aifement dans les vers hexametres dont il fe fert, que celui d'*Antiffiodorenfis*. Et pour montrer qu'Abbon en cet endroit n'en-

DE LA VILLE DE PARIS. Liv. IV. 301

tend parler que de St Germain de l'Auxerrois, il dit enfuite que les Normans quitterent leur fort de St Germain proche de la riviere, & paſſant l'eau furent piller le Monaſtere de St Germain des Prés qu'ils fortifierent. Si bien qu'il ſemble que ce Poëte ait pris à tâche de marquer la vraie ſituation de ces deux Egliſes afin de les diſtinguer, & qu'on ne crût point que St Germain des Prés ſe nommât alors St Germain-le-Rond, d'où ſortirent les Normans.

Outre cette autorité ſi remarquable touchant ſon nom, le petit Paſtoral de Notre-Dame, une Bulle de Benoit VII, avec une autre d'Alexandre III, qui l'appellent encore St Germain-le-Rond, le mettent au nombre des Abbayies dépendantes de l'Evêché de Paris. De plus, Helgaudus Moine de Fleuri, trois Chartes tirées du petit Paſtoral, ſans beaucoup d'autres que j'ai lû dans un petit Cartulaire de l'Evêque de Paris, font foi que juſqu'en 1165, c'étoit une Abbayie & un Monaſtere. Et de fait, un titre du petit Paſtoral de l'année 820, intitulé *de la rue St Germain*, remarque que Louis le Debonnaire appelle les rues qui conduiſent à St Germain de l'Auxerrois, les petites rues qui conduiſent au Monaſtere de St Germain. Bien davantage, une autre Charte du même Manuſcrit fait voir que Charles le Chauve declare lui-même qu'il a bâti le grand Pont, appellé maintenant le Pont-au-Change, ſur la terre du Monaſtere de St Germain, qu'on nomme depuis long-tems St Germain de l'Auxerrois, & qui dépend de l'Egliſe de Notre-Dame. Enfin dans un autre titre du petit Paſtoral, & dans le Cartulaire de l'Evêque de Paris, Benoit VII, Innocent II, Luce II, Eugene III, Alexandre III, Clement III, & Celeſtin III, font mention, les uns de l'Abbayie de St Germain-le-Rond, les autres de l'Abbayie de St Germain de l'Auxerrois dans le denombrement qu'ils font des benefices dépendants de Lyſiard, d'Etienne, de Thibault, de Maurice, & des autres Evêques de Paris leurs ſucceſſeurs. En un mot, Helgaudus rapporte dans l'abregé de la vie du Roi Robert, que ce Prince bâtit à Paris le Monaſtere de St Germain de l'Auxerrois, à cauſe ſans doute que les Normans l'avoient brûlé & démoli, ainſi que Ste Geneviéve, St Germain des Prés & St Denys, comme n'ayant point été retabli depuis ce tems-là. Mais ce qui eſt remarquable ſur tout, eſt que ni Helgaudus ni Abbon, ni pas une de ces Bulles & de ces Chartes, ni enfin aucun Hiſtorien, ne donnent à cette Egliſe le nom de St Vincent.

Et de vrai, St Vincent en eſt ſi peu le Patron, qu'il n'eſt fait aucune mention de lui ni de ſa Fête, dans la Sentence arbitrale de l'année 1224, qui paſſe pour un des plus anciens titres, & des plus authentiques du Chapitre; puiſqu'à la fin les prérogatives tant des Fêtes de cette Paroiſſe, que des principales de l'année, & tous les autres droits honorifiques & curiaux y ſont examinés de fort près par l'Evêque de Seligni: ſi bien que ce ſilence ne ſauroit venir d'ailleurs, ſinon que St Vincent alors n'étoit point feſté dans St Germain, & même que l'on ne l'y connoiſſoit pas: & tout au contraire j'y vois que St Germain Evêque d'Auxerre, non ſeulement y eſt nommé comme le Patron primitif & titulaire, mais que tous les honneurs curiaux du jour que l'Egliſe ſolemniſe ſa mort, ſont reſervés au Doyen, ainſi qu'au chef du Chapitre & de la Paroiſſe, & même que ſa Fête y eſt miſe en paralelle avec celle de la Touſſaint, de Noël, de Pâques & de la Pentecôte.

Pour ce qui eſt de Childebert & d'Ultrogothe, qui que ce ſoit de leur tems, ni ſous la premiere, ni ſous la ſeconde race, ne leur attribue la fondation de cette Egliſe. Car enfin, s'il étoit vrai que l'un ou l'autre l'eut fait bâtir, Gregoire de Tours & les autres Hiſtoriens contemporains ne l'auroient pas oublié, comme étant une fondation Royale, & dans la Capitale du Royaume. Quant à moi, lorſque je viens à conſiderer que la plus ancienne trace de cette fauſſe tradition n'eſt que de l'année 1438, qu'on refit le portail, il y a grande apparence qu'elle n'a commencé à avoir cours qu'en ce tems-là : & sans doute que quelque Chanoine du Chapitre pour avoir lû dans Gregoire de Tours, que St Germain des Prés avoit été bâti par Childebert, & dedié d'abord à St Vincent, & depuis à St Germain Evêque de Paris, confondit l'Eglise de St Germain de l'Auxerrois avec celle de St Germain des Prés, trompé par la conformité des noms ; si bien qu'il crut que toutes deux avoient eu un même Fondateur, & un même Patron primitif.

Il s'ensuit donc de tout ce que j'ai dit, que St Germain de l'Auxerrois n'a jamais été dedié à St Vincent, que St Germain Evêque d'Auxerre en a toujours été le seul Patron : que tout ce qu'on avance de Childebert & d'Ultrogothe, est un conte fait à plaisir, & appuyé sur une tradition fort recente : que d'abord cette Eglise fut erigée en Monastere & Abbayie, dont il reste encore des vestiges dans le nom de Collegiale qu'elle porte depuis quatre ou cinq cens ans. Et bien que nous ignorions le tems auquel ce changement arriva, l'Histoire Ecclesiastique nous fournit tant d'exemples de cette qualité, qu'il n'est rien si frequent que d'y voir des Moines quitter le froc, pour prendre l'aumusse, soit par autorité des Evêques, ou par le tems qui abolit tout.

LE BATIMENT DE L'EGLISE.

§ 2.

FAUCHET tient, mais seulement par tradition, qu'en 886, lorsque Paris fut assiegé par les Normans, le plan & l'élévation de l'Eglise de St Germain étoient de forme ronde ; & de plus, que cette longue rue circulaire, qui entoure la meilleure partie du Cloitre, & tient d'un bout à la rue de l'Arbre-sec, & de l'autre à l'abreuvoir de Bourbon, n'est nommée la rue des Fossés-St-Germain, que pour avoir été prise sur ces fossés que les Normans firent là afin de se fortifier. Plusieurs même croyent que St Germain bien auparavant ce siége, & peut-être dès le tems de sa fondation, étoit deja fermé de fossés, & que les Normans les trouvant tout faits, ne firent que les élargir & les creuser davantage : & quoiqu'il y ait bien de l'apparence à tout ceci, neanmoins je fais si peu de cas de la tradition, & de ce que dit le peuple en matiere d'Histoire, qu'ici je me contente de le remarquer simplement.

Touchant la situation & la structure de l'Eglise, elle est presque toute environnée d'un grand Cloitre : ce Cloitre a quatre portes, & est rempli de maisons qu'occupent des Ecclesiastiques & quelques personnes seculiéres ; & de ces maisons-là, les unes sont attachées à la rue de l'Arbre-sec, les autres au quai de l'Ecole & à la rue des Fossés. On entre dans cette Eglise par trois grands portaux & un petit : le Roi Robert éleva le principal en bâtissant l'Eglise ; mais comme il tomboit en ruine vers le commencement du treiziéme siecle, on commença à le refaire en 1435, & fut achevé en 1439, aux dépens de l'œuvre & des Paroissiens. Jean Gausel Maçon Tailleur de pierre, le fit pour la somme de neuf cens soixante livres, qu'il accompagna de ce superbe Avant-portique qu'on y voit, bordé de colomnes, & de six figures de pierre plus grandes que nature, qui representent St Vincent, St Marcel, un Ange, Ste Geneviéve, le Roi Childebert & la Reine Ultrogothe.

Ce Portail dans le milieu fut separé en deux par un gros pilier contre lequel étoit dressée la figure de St Germain, mais qu'on a ôtée de nos jours avec le pilier, afin de rendre l'entrée de l'Eglise plus grande & plus com-

DE LA VILLE DE PARIS. Liv. IV.

mode. Cette figure au reste a été enterrée sous la premiere arcade de la contre-nef droite, pour obéir, dit-on, à une ancienne coutume, qui veut que les images des Saints, quand on les ôte des Eglises, soient mises en terre-sainte.

Ce Portail donc, & cet Avant-portique, servent d'entrée non pas à une Eglise ronde, comme autrefois, mais paralellogramme ou quarrée-longue, ainsi que nos Temples anciens & nouveaux, & composée d'un Chœur, d'un Jubé, d'une nef, de deux ailes ou croisées, d'un charnier pour la Communion & de deux contre-nefs qui roulent tout autour de ce grand édifice. Son Chœur est grand & terminé d'un Autel si superbe qu'il a couté cinquante mille francs. Son Jubé n'est pas seulement magnifique, les curieux le tiennent encore pour le plus admirable du Royaume. Sa nef est longue, large, couverte d'une voute fort exhaussée & accompagnée d'une chaire de Predicateur qui semble bien entendue à ceux qui s'y connoissent. Enfin cette Eglise est entourée de Chapelles éclairées de quelques vîtres bien peintes, enrichies de quelques bonnes tailles bien executées, & enfin couronnée d'un gros clocher de pierre fait en piramide exagone. On croit que le chœur, la nef & la contre-nef du côté du midi ont été construits par le Roi Robert, & composent l'édifice dont Helgaudus fait mention dans l'abregé de la vie de ce Prince. J'apprens des comptes des Marguilliers, qu'en 1435, ce furent eux qui redresserent le portail : qu'en 1564 on commença le Jubé & la contre-nef du côté du Septentrion : que la gallerie de la Communion, autrement dite le charnier, fut faite en 1607 : qu'en 1612, on travailla au maître-Autel, & en 1632 à la chaire du Predicateur : qu'enfin le clocher en 1649 fut reparé & couronné d'une grande croix dorée.

Touchant la Chapelle de la Paroisse, outre que sa voute est si platte & accroupie, qu'elle semble suspendue en l'air, ses ogives, liernes, & tiercerets, sont encore menés avec assés de grace & ont une montée aussi douce qu'égayée. De plus huit pendentifs bisarres les tiennent liés ensemble vers le milieu, & au tour de ces pendentifs regne une couronne soutenue d'autant de rempans, dont les uns sont taillés en rosace, les autres contournés en forme d'ancre double avec beaucoup de saillie, & tous ensemble figurent assés bien ces fleurons dont on rehausse la couronne de nos Rois ; tellement qu'ils rendroient cette voute non moins estimable pour le trait que pour le caprice de ses enrichissemens, s'ils ne commençoient point à se démentir.

Les figures de Childebert & d'Ultrogothe du grand portail sont très mal faites & ne ressemblent aucunement aux medailles que nous avons de l'un & de l'autre ; ainsi le Sculpteur a eu raison de graver au dessus : C'est Childebert II, Roi Chrétien, & Ultrogothe sa femme qui fonderent cette Eglise ; quoique cette inscription ait été mise là exprès par ordre du Chapitre, afin d'autoriser sa fable à l'avenir.

L'Avant-portique en son genre est si estimé ; qu'il passe pour singulier & ne cede en magnificence qu'à celui de la Sorbonne ; c'est le plus grand de Paris & bien autre que ceux de St Germain des Prés, de St Martin des Champs, de St Victor & du Temple. Je laisse celui de Ste Geneviéve, comme ayant été ruiné depuis quelques années. Vitruve, Palladio, Scammozzi, rapportent que les Grecs & les Romains embellissoient les principales entrées de leurs Temples de ces sortes de vestibules ; & ce que les Païens n'avoient inventé que pour l'ostentation, servoit aux Chrétiens pour les Cathecumenes & les Penitens publics.

La Gallerie de la Communion est prise sur le Cloitre, & s'étend depuis la croisée ou aîle gauche jusqu'au grand portail. Pour la faire il fallut que les Marguilliers en demandassent la permission au Chapitre, mais qu'ils n'obtinrent qu'en chargeant la Fabrique d'une rente de vingt livres & de deux sols de cens.

LE JUBÉ.

§. 3.

LE Jubé est un ouvrage de Clagni & de Goujon: celui-ci le meilleur Sculpteur que nous ayons jamais eu en France; l'autre le meilleur Architecte de son tems. Il est porté sur trois arcades, & fermé d'un mur à hauteur d'appui. Ces arcades sont élevées sur un grand zocle ou marche. On entre dans le chœur par celle du milieu; les deux autres servent de Chapelles. Leurs jambages sont revêtus chacun de deux colonnes Corinthiennes, & leurs cintres ou reins rehaussés d'Anges de bas relief, tenans à la main les instrumens de la Passion. Sur l'appui du Jubé se voyent les quatre Evangelistes de basse-taille & posés au dessus des colonnes. Au milieu Goujon dans un grand bas-relief, a représenté Nicodeme qui ensevelit le Sauveur, en presence de la Vierge, de St Jean & des Maries. L'ordonnance au reste, aussi bien que la conduite & l'execution, convient fort bien à un lieu destiné pour publier l'Evangile, où se voit toujours un Dieu crucifié. Le grand bas-relief sur tout est savant & bien dessiné. Le corps du Sauveur animé encore de quelques petits restes de chaleur naturelle y est couché dans un suaire que Nicodeme tient & un autre Disciple. Là ce saint vieillard agenouillé, semble employer tout ce que l'âge lui a laissé de forces & son experience d'adresse. De la main gauche il conduit le suaire sur lequel son bon Maître est étendu à son seant, & de la droite il soutient ses reins. La Madeleine aux pieds du Sauveur, la tête penchée & fondant en pleurs, fait paroitre la douleur dans toutes ses actions. L'horreur d'un tel spectacle rend la Vierge si éperdue, & à proportion St Jean & les Maries, qu'ils ne peuvent seconder Nicodeme que de leurs larmes & de leurs soupirs. Mais principalement l'art & le savoir de Goujon éclatent dans la figure de Jesus-Christ, où il s'est surpassé lui-même, sa tête tombe negligemment, son bras droit suit le branle que Nicodeme lui donne; le ventre & l'estomac sont confondus l'un dans l'autre; toutes les parties en semblent demises, & il n'y en a pas une où on ne voye un embarras de plis rompus par la pesanteur de la tête & par l'absence de la vie. Enfin ce bas-relief est admirable, & le seroit encore bien plus, si les Marguilliers ne l'avoient point barbouillé de dorure.

LE MAITRE-AUTEL.

§. 4.

LE Maître-Autel est fermé d'un baluster quarré, en partie de marbre, de pierre & de cuivre: à ses quatre angles sont élevées quatre grandes figures d'Anges avec quelques vases entremêlés, le tout de bronze doré. De plus il est orné d'un grand tabernacle enrichi de colonnes de marbre & de deux Statues de pierre qui representent St Vincent & St Germain, Evêque d'Auxerre, qu'on tient pour deux des meilleures qu'ait jamais fait Boudin. Dans celle de l'Evêque on remarque un port grave, une vieillesse sainte & venerable, une grace nonpareille à donner la benediction: l'autre de St Vincent est pleine de vertu, sa tête belle, son visage doux, ses cheveux frisés avec negligence. Enfin toutes deux sont bien dessinées, bien plantées, & passeroient pour achevées, n'étoit qu'elles sont un peu cour-

tes,

DE LA VILLE DE PARIS. Liv. IV.

tes, ainsi que tous les autres ouvrages de ce celebre Sculpteur.

Le retable d'albâtre n'est qu'un gothique à la verité, mais un gothique très-beau & très-accompli. Il y a entre-autres deux masques très-bien faits, quatre Anges fort bien travaillés, & un Dieu le pere, qui couronne l'œuvre, dont la tête est des plus belles. L'ouvrage entier est sans proportion ni ordonnance.

La voute de la Chapelle de la Paroisse est fort surbaissée & accroupie, ou couronnée avec quatre culs de lampe.

LA CHAIRE.

§. 5.

CERTAINEMENT la Chaire du Predicateur est un peu massive; mais en recompense la maniere dont Mercier l'a conduite, convient bien à la Paroisse du Roi. Ses panneaux mêlés de fleurs de lys, sont enrichis des armes de France; & son dais est couvert d'une grande couronne Imperiale, dont les branches sont à jour, & finissent en fleurs de lys.

PEINTURES.

§. 6.

QUANT aux autres belles choses qui se voyent dans l'Eglise, c'est Champagne qui a peint l'Autel de la Paroisse, où il s'est surpassé lui-même dans la figure de St Vincent.

On dit que le Contre-table d'albâtre d'Orient, posé sur l'Autel du Grand Conseil, a été fait en Angleterre par un Heretique du tems de Viclef; mais on ne sait point son nom, ni même comment ni par quelle voie elle a été apportée & mise là. Cependant dans ce morceau d'albâtre, chacun admire treize Mysteres de la Vie de Jesus-Christ, mal dessinés certainement, mais bien finis & fouillés avec une extrême patience; & quoiqu'il n'y ait aucune figure où l'on ne trouve à redire pour la proportion, ce défaut est amplement recompensé par la mignardise du travail & la delicatesse du ciseau. Toutes les têtes en sont achevées, mais sur tout celle de Dieu le pere, qui couronne l'ouvrage, dont on fait plus de cas que de toutes les autres ensemble.

A toutes ces beautés de Sculpture, de Peinture & d'Architecture, doivent être ajoutés un tableau de le Brun, deux de le Sueur, & un autre de Bourdon, qui sont exposés sur quatre Autels. Il ne faut pas oublier les vîtres de la Chapelle de St Charlemagne & de celle de Ste Geneviéve, non plus que celles de la croisée gauche, où l'incredulité de St Thomas est exprimée avec beaucoup d'ordonnance & d'esprit.

Au reste à la croisée gauche de l'Eglise est adossée une copie de la Cene de Leonard de Vinci, mais placée dans un lieu qu'on ne sauroit presque voir. Vasari dit que l'original est peint à fresque sur un des bouts du Refectoire des Jacobins de Milan, & qu'il sembla si accompli à François I, qu'ayant essayé vainement de transporter en France le mur sur lequel elle étoit representée, il fallut se contenter d'en faire faire des copies, & on tient que celle-ci en est une. Ceux qui l'ont vue de près disent qu'on y découvre de ces grands airs de tête, de ces rares expressions, de ces passions dif-

Tome I.   Qq

ferentes, de ces belles attitudes, que Vasari admiroit dans l'original. Tous les Curieux en font grand cas, tant à cause qu'elle part de la main d'un grand Artisan, dont je ne sai point le nom, que parce que les Jacobins de Milan ont laissé tomber par pieces l'original, & de plus que l'Estampe qu'en a gravée Soutman fait grand tort à un si excellent original & à une si bonne copie.

LE CLOITRE ET LE QUAI DE L'ECOLE.

§. 7.

L'EGLISE de St Germain de l'Auxerrois, ainsi que j'ai dit, est donc environnée de la rue des Fossés St Germain, de celle de l'Arbre-sec, du quai de l'Ecole, & d'un grand Cloître. Comme je n'ai point parlé ni du Cloître, ni du quai, je ramasserai ici tout ce que j'en ai trouvé dans l'Histoire, dans les Regîtres du Chapitre, & dans deux Martyrologes Latins qui m'ont été communiqués par le sieur Seguin, Doyen de St Germain, personne de grand merite.

Fauchet prétend que du tems de Fortunat, Evêque de Poitiers, le mot Latin *Schola*, & le mot François Ecole se donnoit au Clergé d'un Diocese, & même à toutes sortes de Compagnies, sans en excepter celles des gens de guerre, & que s'il a été imposé au quai de l'Ecole, ce n'est qu'à cause des Chanoines qui desservoient l'Eglise de St Germain. Cependant, j'aprens de quelques anciens Regîtres du Chapitre, que les Chanoines avoient autrefois une Ecole dans le Cloître; qu'ils en nommoient le Maître, & le recevoient dans leur Chapitre; & par là je vois que si Fortunat a employé le mot Latin de *Schola* pour dire le Clergé de Paris, nos peres ne lui ont pas toujours donné une telle signification; puisqu'enfin le quai dont nous parlons, n'a emprunté le nom d'Ecole qu'il porte, que de l'Ecole qu'avoit là le Chapitre, & non pas de la compagnie des Chanoines, qui le composent.

Entre les édifices au reste, qui étoient dans le Cloître anciennement, les Martyrologes dont j'ai fait mention, font savoir que l'Evêque de Paris, & le Chapitre de St Germain y avoient chacun une grange, qui s'appelloit *granchia sancti Germani* & *granchia Episcopi*. J'apprens encore d'un Arrêt du Parlement de l'an 1560, que ce Cloître, de tout tems avoit été fermé de portes; mais qu'alors étant rompues, ou couchées le long de quelques maisons voisines, la Cour permit de les rétablir, à la charge qu'on reserveroit un logis dehors pour ceux qui ont charge d'administrer les Sacremens, afin de pouvoir faire leurs fonctions à toute heure, & aller aux malades.

De plus j'ai lu un contrat qui porte que jusqu'en 1607 ce Cloître a joui de la vue de la riviere, & du faux-bourg St Germain, par le moyen d'une place vague, qu'on couvrit en ce tems-là d'un grand bâtiment, qui sert à present de reservoir aux eaux de la pompe du Pont-neuf; & que Henri IV s'en accommoda avec les Chanoines à condition qu'au rès-de-chaussée de leur Cloître il eleveroit un portique dont ils seroient proprietaires, & qu'à l'avenir venant à detruire ce reservoir, les demolitions leur appartiendroient en qualité de Seigneurs censiers.

Quant à cette rue circulaire qui regne depuis la rue de l'Arbre-sec, jusqu'à l'abreuvoir du Petit-Bourbon, elle n'a été appellée la rue des Fossés St Germain de l'Auxerrois, que pour conserver la memoire des fossés dont l'Eglise étoit environnée, & que ces fossés ont été comblés pour la commodité publique. Ainsi de nos jours la rue des Fossés-Montmartre, ne porte le nom de Fossés, que parce qu'au lieu-même où elle est, il y a eu des fossés qui fermoient la ville de ce côté-là, nous avons encore six rues du même nom, savoir celles des Fossés St Bernard, de St Victor, de St Marceau, de St Jaques, de St Michel, & de St Germain des Prés, à cause que ces grandes rues bordent six fossés. Et aussi afin qu'on sût que dans le Cloître, les Sciences avoient été enseignées, premierement, ou depuis fort long-tems, pour cela le nom de l'Ecole est demeuré au quai. En ce tems-là & bien auparavant, les pauvres Muses étoient confinées dans les Cloîtres, & les Monasteres, & n'en sortirent que pour venir habiter ces superbes demeures qui leur furent preparées sur la croupe & le penchant de cette montagne que nous appellons l'Université.

On entre donc dans le Cloître, comme j'ai dit par quatre rues & autant de portes. La plus grande, & plus fameuse de ses maisons, est celle qu'on nomme la maison du Doyen, où se tient le grand Conseil, à qui elle est louée. C'a été long-tems la demeure de Madame Gabrielle, Duchesse de Beaufort, & c'est le lieu même où Henri IV, appaisa avec elle, & le Duc de Suilli, ce grand bruit qu'il y eût pour la ceremonie du batême de leurs enfans : que si elle mourut à l'Hotel de Sourdis, qui tient à ce Cloître, à ce que disent le Chancelier de Chiverni, l'Auteur du grand Alcandre, & quelques autres Historiens, ce fut certainement dans la grande salle du Doyen, que tout Paris la vint voir dans son lit de parade, comme je l'ai appris de plusieurs vieillards qui y vinrent aussi.

Trois choses au reste, & toutes trois fort remarquables, se sont passées dans ce Cloître ; c'est là qu'en 1356, au tems de la prison du Roi Jean, Marcel, Prevôt de Paris ayant été mandé, afin de lever les obstacles que lui & quelques-autres apportoient au cours de la nouvelle monnoie que le Regent avoit été obligé de faire battre ; ce fut là, dis-je, que Marcel répondit audacieusement aux Deputés de ce Prince, qu'il n'en feroit rien ; & même excita une telle émeute, que toutes les boutiques furent fermées dans l'apprehension où chacun étoit que les seditieux & la populace ne se jettassent sur les principaux Officiers du Roi. Cet homme ici étoit un flambeau de sedition, & si peu François qu'il suivoit aveuglement le parti de Charles de Navarre, surnommé le Mauvais, le plus capital ennemi qu'eussent le Roi & le Regent.

Ce fut encore-là que Charles VI, en 1413 fit tenir une nouvelle assemblée pour ce traité de paix avec les Princes du sang, qui fut ensuite conclu à l'Hotel Royal de St Pol, pour la delivrance des Ducs de Bar & de Baviere, & beaucoup d'autres Grands Seigneurs, & Dames de la Cour, que Jean de Bourgogne suivi de tout le petit peuple avoit enlevé d'entre les bras de la Reine, & de Louis de France, Duc d'Aquitaine.

Enfin c'est dans une maison de ce même Cloître, joignant celle du Doyen, & qui a un petit corps de logis sur le derriere, avec une entrée dans la rue des Fossés, que se cacha cet assassin, pour tuer en passant l'Amiral de Coligni d'un coup de pistolet, à la faveur d'un treillis de fer dont la fenêtre de la premiere chambre étoit fermée ; & comme il ne fit que le blesser, montant à cheval aussi-tôt, il se sauva par le Cloître. Et de plus deux jours après lorsque la St Barthelemi fut si bien fêtée, c'est encore à St Germain de l'Auxerrois qu'on sonna tout le carrillon.

LE BOURG DE St GERMAIN L'AUXERROIS.

§ 8.

IL paroît par une Charte de l'année 1222, que sous Philippe Auguste & quelques-uns de ses predecesseurs, le Bourg de St Germain de l'Auxerrois occupoit tous les environs de l'Eglise, & que l'Evêque de Paris pour

Tome I. Qq ij

lors en étoit Seigneur temporel ; de plus , quantité de titres & de papiers que j'ai lû dans le Tresor des Chartes , en font mention ; où même j'ai remarqué qu'il fit grand bruit sous François I & Henri II , & que de ce tems-là on ne convenoit ni de son étenduë , ni de ses limites : & quoique j'aye eu communication de tout ce qui pouvoit m'en donner l'éclaircissement , avec tout cela je ne sai pas si je pourrai être aussi exact là-dessus que je le voudrois bien.

Pour ce qui est de son nom , il y a grande apparence qu'il le tient de l'Eglise de St Germain , étant certain que ce fut pour cette raison que Philippe Auguste le fit indemniser par l'Evêque Guillaume & le Chapitre de Notre-Dame , moyennant une rente qu'il leur assigna sur la Prevôté de Paris, dont quantité d'Actes de ce tems-là font foi.

A l'égard de cette grande contestation touchant son étenduë , qui arriva entre François I & l'Evêque de Paris, le Procureur General qui étoit pour le Roi , soutenoit que les limites de ce Bourg n'étoient autres que celles que Louis le Debonnaire , à la priere de l'Evêque Inchude, lui avoit données , savoir le Grand-Chatelet , ou la place qu'occupe à present le Pont-Notre-Dame ; les Eglises de St Meri & de St Germain de l'Auxerrois ; & enfin un lieu appellé *Tudella* , qu'il traduisoit le Fort-l'Evêque. L'Evêque au contraire qui portoit ses pretentions bien plus loin , vouloit que le territoire de St Germain comprît ce vaste espace couvert d'Eglises , de cimetieres , de rues , d'Hotels , de maisons , de marêts & de terres labourables , qui d'une part s'étend en longueur depuis l'endroit où est bâti à present le Pont Notre-Dame jusqu'à Chailliot , sur le bord de la riviere , & qui de l'autre va gagner en largeur la rue des Lombards , du côté seulement qui regarde le Chatelet , la rue de la Ferronnerie , & ainsi de suite jusqu'au pont du Roule , & celui de Chailliot.

Quoi qu'il en soit , de la façon qu'il en est parlé dans la Charte de Philippe Auguste , de son tems c'étoit un Faux-bourg , & sous ses dévanciers un grand lieu vague, simplement semé de quelques maisons , & tout-à-fait separé par la riviere de l'ancien Paris , lorsqu'il n'occupoit que cette Isle que nous appellons aujourd'hui la Cité.

Depuis, & même dès le regne de Louis le Gros, il commençoit à être compris dans l'un des bouts de la premiere enceinte du nouveau Paris, mais qui y a été enfermé presque entierement par Philippe Auguste, Charles V , Charles I , & Louis XIII , & que depuis peu on a achevé d'unir à la Ville , en unissant Chailliot à Paris, sous le nom de Faux-bourg de la Conference.

Touchant la Jurisdiction de ce Bourg , l'Evêque en étoit Voyer, excepté depuis l'Hotel de Henri de France , fils de Louis le Gros , Archevêque de Reims , jusqu'à St Honoré & au Roulle : il jugeoit des vols & des homicides qui s'y commettoient ; & quoique les biens des Criminels condamnez à mort lui appartinssent , il ne pouvoit pourtant pas leur faire faire leur procès qu'à St Cloud , & sur les terres hors la banlieue de Paris ; en un mot , il lui étoit défendu de punir sur son territoire autres malfaiteurs , tels qu'ils pussent être , que les voleurs, & ceux qu'il avoit condamné simplement à quelque peine afflictive.

Quant au Roi , il avoit dans ce Bourg le droit de Banvin ; c'est-à-dire , qu'il falloit s'adresser à lui pour avoir la permission de crier du vin & d'en vendre : de plus , tous les trois ans il y levoit soixante sols pour la taille du pain & du vin. Le Prevôt de Paris de son côté jugeoit les mesures à bled , & l'Evêque payoit le tiers de ce qu'elles couroient.

Pour revenir à nos Rois , Philippe Auguste , aussi-bien que ses prédecesseurs , connoissoit des rapts & assassinats qui s'y faisoient , & disposoit encore des meubles des coupables , pourvû qu'ils fussent pris sur le fait, ou avouassent leur crime ; car autrement venant à nier le fait , c'étoit alors au

DE LA VILLE DE PARIS. Liv. IV.

Prevôt de voir s'il en vouloit faire la preuve : & en ce cas là l'Evêque entendoit les temoins, & y ayant conviction contre eux, le Prevôt leur faisoit leur procès, de même qu'à ceux qui étoient vaincus en duel dans la cour de l'Evêché. Enfin le Roi avoit pouvoir, non seulement de lever dans le Bourg des gens de guerre, tant à pied qu'à cheval ; mais encore d'y mettre des impôts, quand il faisoit ses fils Chevaliers, ou marioit ses filles, ou tomboit entre les mains de ses ennemis. Hors de là, pour quelque occasion que ce fût, il ne pouvoit imposer de taille sans la permission de l'Evêque, & si dans le même territoire on venoit à bâtir quelque village, ces Reglemens là s'y devoient observer.

Tout ceci pourtant n'empêcha pas que St Louis à son voyage d'Outre-mer, & après lui Philippe le Hardi, lorsqu'il passa en Arragon, ne comprissent à la taille qu'ils exigerent des Parisiens, les habitans de ce quartier-là. L'Evêque Tempier, aussi-bien que Renoul, eurent beau s'y opposer : tout ce qu'ils purent faire, fut de tirer simplement deux Actes de Mathieu de Vendosme, Abbé de St Denys, & de Simon de Clermont, Seigneur de Nesle, Lieutenans du Royaume, par lesquelles ils declarerent qu'en cela ils n'avoient point prétendu annuler l'accord, ni la Charte de l'année 1222, & qu'ils feroient confirmer leur declaration par St Louis & par Philippe.

Au reste, de la façon que les Chanoines parlent de l'ancienne étendue de leur Jurisdiction, ce n'est pas sans raison qu'on lui a donné le nom de Grande-Paroisse, & que j'ai avancé qu'il y avoit de plus petits Diocèses : car enfin, avec le Bourg que je viens de décrire, non seulement elle comprenoit, (à ce que prétend le Chapitre, & Chopin même,) tout ce vaste territoire, qui d'un côté a pour limites St Cloud, la Seine, le Pont-Notre-Dame; de l'autre, la rue & le chemin de St Denys, jusqu'à la Croix-penchante ; mais de plus, elle embrassoit Clichi, Auteuil, Boulogne, avec la Ville-l'Evêque : & enfin ce n'est que du consentement du Chapitre, & sous son autorité, qu'ont été fondées je ne sai combien d'Eglises à Paris, Ste Opportune, St Innocent, St Honoré, St Thomas, & St Nicolas du Louvre, la Trinité, les Quinze-vingts, St Jaques de l'Hopital, St Eustache, St Sauveur, St Roch, St Leufroi, les Prêtres de l'Oratoire, sans parler de tant de Couvents d'hommes & de filles, de Cimetieres, de lieux saints, & autres monumens de la pieté des Parisiens.

Et de vrai, lorsque Estuacol, en 1202, fonda la Chapelle de la Reine, appellée maintenant la Trinité, & qu'en 1205 Renoul Cherci, & Sibille sa femme, bâtirent l'Eglise de St Honoré, ne falut-il pas que le Chapitre de St Germain y consentît : jamais les Chanoines de St Thomas, ni les pauvres Ecoliers de St Nicolas du Louvre, n'auroient eu en 1217, une Chapelle, & un Cimetiére sans leur permission : tout de même, en 1282, les Quinze-vingts n'eurent encore un cimetiere & des cloches, que par ce moyen-là : St Jaques de l'Hopital non plus ne seroit point où il est, si les Pelerins ne le lui eussent fait trouver bon en 1313. Enfin, c'est par là même que les Peres de l'Oratoire en 1633, s'établirent à la ruë St Honoré. C'est ce même Chapitre là encore, qui presente à la Cure, & à tous les Benefices de Ste Opportune ; c'est lui qui nomme à la Chapelle du Mesche, près Creteil ; à celles de St André de la Paroisse St Eustache, des cinq Saints, de St Louis & de St Denys de l'Eglise St Honoré ; & tout de même au Doyenné, à la Cure, & à toutes les Chapelles de St Germain de l'Auxerrois ; comme encore à la moitié des Chanoinies de St Honoré, aux Cures de St Eustache, de St Sauveur, de St Roch, de St Landri, d'Auteuil, de Boulogne, & de la Ville-l'Evêque : il fait desservir la Paroisse de St Leufroi par un Prêtre qu'il y envoye : il a presenté à la Cure de St Innocent jusqu'en 1225, qu'il transporta ce droit aux Chanoines de Ste Opportune ; enfin, c'est lui qui est Curé Primitif de toutes ces Paroisses ; & à l'exception de la Cure de St Eustache, & du Doyenné de St Germain, où il nomme en commun, tous les autres benefices font diſtribués également, & affectés à chaque Canonicat.

Ce partage au reſte, fut fait à l'amiable en 1563, par une Bulle de Pie IV, qui s'appelle la partition, confirmée par l'Evêque Violle, en 1565, & l'année ſuivante par Charles IX & le Parlement ; ſi bien que ſans contredit les Chanoines ſont Patrons de cette grande quantité de benefices ; à la reſerve ſeulement de leur Doyenné, qui n'eſt point compris dans la partition, & dont le Roi leur a diſputé ſouvent le patronage, ſur tout avec éclat, en 1548. Cette Dignité pour lors étant venue à vaquer, Henri II leur fit commandement, avant que de la remplir, de communiquer à ſon Conſeil le titre qui leur en donnoit le pouvoir, & cependant n'ayant pas laiſſé d'y pourvoir ſans cela, en même tems il fit ſaiſir tout le revenu par le Prevôt de Paris, pour être adminiſtré par des Commiſſaires : auſſi ce Benefice eſt-il très conſiderable, non moins pour le revenu que pour le rang, ayant été poſſedé par des Evêques, & même par un Cardinal de la maiſon de Navarre.

Certainement à conſiderer tant de Benefices dépendants d'une ſeule Egliſe, on peut entrer en doute ſi ce ne ſeroit point des reſtes ou des traces de l'Abbayie de St Germain de l'Auxerrois, dont font mention tant le grand que le petit Paſtoral, & même le petit Cartulaire de l'Evêque de Paris ; & enfin, ſi ce qui eſt ainſi partagé entre les Chanoines, n'étoit point autrefois affecté à la Dignité Abbatiale.

LE CLERGE DE St GERMAIN.

§. 9.

PLUS de cent perſonnes deſſervent l'Egliſe Collegiale & Paroiſſiale de St Germain ; & pour commencer par les perſonnes du chœur les moins conſiderables, les Chanoines ont deux Bedeaux, qu'on appelle les Bedeaux du chœur, qui ſonnent le Chapitre le Mardi & le Vendredi, ferment & ouvrent les portes du chœur & du cloître, en gardent les clefs, & doivent marcher dans l'Egliſe & aux Proceſſions devant & après les Eccleſiaſtiques du chœur, & faire enfin toutes les autres fonctions ; à quoi les Bedeaux ſont obligés.

Outre cela ils ont ſix Enfans de chœur, un Greffier, deux Clercs Marguilliers, deux Hauts-Vicaires ; douze Chantres, autant de Chapelains, & un Chanoine Prebendé, de l'Ordre de St Victor.

Les Clercs-Marguilliers ſont Sacriſtains & Gardiens, tant des ornemens que des Reliques du chœur, & des clefs de l'Egliſe ; & de plus, aſſiſtent le Curé aux Sacremens, comme Clercs de la Paroiſſe, & reçoivent les droits de la ſonnerie, par Arrêt du 5 Mars 1611.

Les deux Hauts-Vicaires ſont nommés, l'un par Notre-Dame, l'autre par St Meri ; & quoiqu'au chœur ils ſoient aſſis les derniers dans les hautes formes, aux Proceſſions neanmoins, & aux autres ſolemnités hors du chœur, ils marchent devant les Chantres, comme étant Beneficiers.

Les douze Chantres commencent, & font l'Office à la place des Chanoines : quatre d'entre eux prennent la qualité de Hauts-Vicaires, & ont leur ſeance entre les Chapelains & les deux Hauts-Vicaires dont j'ai parlé.

Tous ces gens au reſte, ne ſont admis ni au Chapitre, ni à la Chambre de la Communauté, de laquelle il ſera fait mention.

Le Chapitre eſt reſervé aux ſeuls Chanoines, & la Chambre aux Chanoines & aux Chapelains conjointement. Le Greffier écrit tout ce qui ſe

DE LA VILLE DE PARIS. Liv. IV.

passe dans ces deux lieux d'Assemblée : un Ponctueur qui est Chapelain, marque ceux qui assistent ou manquent l'Office : un Receveur qui est Chanoine, reçoit tout le revenu du Chapitre & de la Communauté.

Enfin quatorze Chanoines, ou pour parler plus veritablement, douze Chanoines, mais dont l'un est Chantre, & un autre Doyen, celui-ci qui est leur chef & leur Curé, & remplit la place de deux Chanoines, sont les Superieurs de toutes ces personnes que je viens de specifier, & même les Curés Primitifs de l'Eglise de St Germain.

LA PAROISSE.

§. 10.

LA Paroisse fait un corps à part, dépendant toutesfois de ces treize personnes dont je viens de parler, qui composent le Chapitre ; elle est administrée par un Vicaire perpetuel, à qui on donne le nom de Curé, & qui a seance dans le chœur au côté droit, immediatement après le dernier Chanoine. Les grosses & menues reparations de l'Eglise se doivent faire aux dépens de la Fabrique, & par l'ordre des quatre Bourgeois qu'on appelle Marguilliers. Un Clerc qui est Prêtre, a soin de mener à la chaire les Prédicateurs, & leur fournir toutes les choses necessaires. Un Clerc de l'œuvre qui est aussi Prêtre, reçoit tout le revenu casuel de la Fabrique, dont il rend compte aux Marguilliers tous les trois mois ; il est encore dépositaire tant des Reliques & ornements, que de l'argenterie de la Paroisse.

Enfin six Bedeaux rendent au Vicaire-perpetuel & aux Marguilliers, tous les services que ces sortes de gens ont accoutumé de rendre.

Cinquante Prêtres habitués, & quelquefois soixante, font l'Office de la Paroisse, sous les ordres du Curé.

LE DOYEN.

§. 11.

LE Doyen prend la qualité de Chefcier & la tient de l'Evêque Thibault ; & quoique Pierre Lombart & Maurice de Sulli la lui ayent voulu disputer, tous deux néanmoins depuis abandonnerent leurs poursuites, & non seulement le premier la lui confirma solemnellement jusqu'à excommunier ceux qui entreprendroient de l'y troubler, mais même l'autre en usa si genereusement, que non content d'exemter le Chapitre de fournir deux muids d'avoine à l'ordinaire, & lui envoyer un homme à cheval pour servir le Roi à la guerre ; il reconnut encore que c'étoit avec justice que ses devanciers avoient supprimé de si honteuses exactions. Depuis ce tems-là les Evêques ne se sont reservés autre droit sur ce Doyenné que le fief, l'hommage & la collation ; & bien qu'il vaille à present plus de neuf mille livres de rente, c'étoit toute autre chose en 1303, lorsque le revenu desEglises de St Eustache & de St Sauveur étoit uni à ce Benefice, puisque lui seul alors valoit plus que tous les autres du Chapitre ensemble. Les Chanoines en ce tems-là tiroient peu de leurs Prebendes ; le revenu même de la Chantrerie étoit si modique que personne ne la vouloit remplir. Aussi à St Germain disoit-on l'Office rarement ; & faute de bien les affaires tant spirituelles que temporelles de la Paroisse alloient de jour en jour plus mal. Pour remedier à ce scandale, le Doyen fit transport au Chapitre de tout ce qu'il recevoit de St Sauveur & de St Eustache, & il fut arrêté entre lui & les Chanoines, que le revenu de ces Eglises seroit réuni à la Mense Capitulaire, & distribué dans le Chœur à ceux qui assisteroient au service.

Je ne m'amuserai point à rapporter ici cette longue suite de differends, que depuis quatre ou cinq cens ans le Doyen a eu avec le Vicaire perpetuel, pour les droits Curiaux. Il suffira de dire que par une transaction de l'année 1224, dont j'ai parlé, l'Evêque de Seligni ordonna que toutes les cires appartiendroient au Doyen, à cause de sa qualité de Chefcier. Qu'il jouiroit de la moitié des revenus de la Paroisse, & prendroit tous les frais tant des jours de St Germain, qui est Patron, que des quatre grandes Fêtes solemnelles. Ensuite plusieurs Jugemens ont été rendus, tant par le Conseil, le Parlement, que par l'Official, soit pour confirmer ou expliquer cette transaction; & enfin presque tous les differends arrivés entre le Doyen, les Chanoines, le Vicaire perpetuel, les Vicaires & les Chapelains, furent assoupis en 1348, 1558, 1588, 1613, 1626, 1630, 1631, 1633, 1634, 1635, & 1639.

Et de fait, en 1348, l'Evêque de Chanac declara que le Doyen étoit Curé des Chanoines, Chapellains, Vicaires & autres Choristes; & que tous les autres Doyens avoient joui si long-tems de cette prerogative, qu'on ne pouvoit prouver le contraire.

En 1558, l'Evêque du Bellai par des Lettres de Vicariat qu'il donna au Doyen de la Grange, lui permit d'instituer comme son grand Vicaire les Prêtres Habitués de la Paroisse.

En 1588, le Parlement ordonna que les cedules & billets du pain, seroient signés du Doyen, & qu'il auroit une clef du coffre-fort où s'enfermoient les Chartes, les Regîtres & l'argent de la Communauté.

En 1613, la Cour lui permit d'administrer les Sacremens à ses Paroissiens, non seulement aux cinq Fêtes Decanales dont j'ai parlé, mais tous les autres jours indifferemment, pourvû qu'il en fut prié en telle rencontre; néanmoins l'Official l'obligea en 1631, d'en faire avertir le Vicaire perpetuel & lui tenir compte de ce qu'on lui auroit donné.

En 1626 & 1630, il fut dit que les Marguilliers de St Roch compenseroient d'une rente de trois cens livres, les droits qu'il pouvoit exiger de leur Paroisse.

En 1631, le Conseil condamna le Vicaire perpetuel à lui donner quatorze cens livres tous les ans, ou à le laisser jouir de la moitié des droits Curiaux.

En 1633, les Prêtres de l'Oratoire promirent de lui laisser prendre toutes les cires des convois de ceux qui se feroient enterrer dans leur Eglise, à la reserve de celles qu'ils auroient en leurs mains, & qui seroient allumées autour du corps & dans la Chapelle du défunt.

En 1634, la Cour lui accorda tous les droits honorifiques qu'il pouvoit pretendre, autant au Chœur qu'à la Paroisse & dans le Chapitre. Et par Arrêt du neuf Mars de la même année, elle deffendit au Vicaire perpetuel de faire aucune fonction Curiale ni dans l'Eglise ni dans l'étendue de la Paroisse, aux ceremonies où le Chapitre seroit appellé & se trouveroit en corps; & de plus ordonna au Doyen d'administrer les Sacremens & de faire toutes les solemnités & autres fonctions Curiales le jour de St Germain & aux quatre Fêtes annuelles, aussi bien dehors que dedans l'Eglise, avec les Prêtres habitués, à la reserve seulement de l'Extreme-Onction & du St Sacrement qu'on porte aux malades; & à l'égard de la Communion publique qu'on donne à Pâques, à la Pentecote, à la Toussaints & à Noel, dans les Charniers, elle voulut que les Paroissiens la reçussent de ses mains ou de celles des Chanoines, & à leur défaut du Vicaire perpetuel & de ses

Prêtres,

DE LA VILLE DE PARIS. Liv. IV.   313

Prêtres, à condition toutesfois qu'il les presenteroit au Doyen pour avoir son approbation.

En 1635, le Parlement lui adjugea la moitié des cires tant des mariages que des services & enterremens qui se feroient à St Nicolas du Louvre.

Enfin le vingt-trois Juillet 1639, le Parlement confirma au Doyen la qualité de Pasteur & de Curé des Chanoines, Chapellains, Vicaires & autres Choristes; & de plus déclara qu'il prendroit & porteroit la parole dans le Chapitre : qu'aux cinq Fêtes decanales, le Chanoine en semaine, celebreroit en sa place la Messe de Paroisse : que ces jours-là deux Chanoines lui serviroient de Diacre & de Soudiacre : que l'un des Chanoines qui iroient à l'encens à *Magnificat* des Vêpres, au Nocturne & au *Benedictus*, l'encenseroient suivant les Reglemens de 1627 & 1628. Il ordonna encore qu'il signeroit à la fin de l'Office les billets & cedules de ceux qui y auroient assisté. Enfin qu'on rendroit en sa presence les comptes du Chapitre & de la Communauté, soit à l'égard des rachats, remplois de deniers, & autres biens communs aux Chanoines & aux Chapellains, soit à l'égard des lods & ventes, droits Seigneuriaux & autres choses affectées seulement aux Chanoines.

LES CHAPELAINS.

§. 12.

J'AI dit que St Germain étoit desservi par quatorze Chanoines & douze Chapelains. Cependant il faut savoir qu'il y a eu autrefois autant de Chapelains que de Chanoines, & que ce ne fut qu'en 1476 & 1603, que Louis de Beaumont & Henri de Gondi, Evêques de Paris, unirent deux Chapelles de la Paroisse à la Mense Capitulaire, pour subvenir à l'entretien des Enfans de Chœur, & que néanmoins cette reduction n'a pas empêché depuis que lorsque les douze Chapelains sont assemblés avec les quatorze Chanoines, leurs douze voix ne valent autant que les autres quatorze; ce qui a toujours été observé dans la Chambre de Communauté. Car enfin si les douze Chapelains ne sont pas de l'avis des quatorze Chanoines, leurs corps quoique diminué a autant de force que l'autre.

Pour l'intelligence de ceci, on remarquera que dans le Cloître il y a deux Chambres, l'une appellée la Chambre du Chapitre, l'autre de la Communauté.

Dans la premiere se trouvent seulement les Chanoines, où l'on ne traite que des affaires Canoniales, & qui sont decidées sans la participation des Chapelains, & sans les y appeller.

Dans la derniere se rendent indifferemment les Chanoines & les Chapelains, où l'on tient tous les ans trois Chapitres generaux.

Par Sentence arbitrale de l'année 1588, on s'y doit assembler tous les mardis à sept heures du matin, & là regler toutes les choses qui regardent les Chanoines & les Chapelains en commun. Les Chapelains y sont assis sur des bancs derriere les Chanoines, & rien ne s'y peut faire qu'en la presence des uns & des autres.

Du reste quoique par beaucoup de Reglemens & d'Arrêts tous leurs differends ayent été vuidés, ils ne laissent pas tous les jours de se faire des procès.

Tome I.   R r

LES CHANOINES.

§. 13.

TOUCHANT l'emploi & les obligations des Chanoines. Voici ce que j'ai decouvert dans les Chartes que j'ai eues entre mes mains. Par Sentence de l'année 1588, il leur est permis de se dispenser de celebrer les hautes Messes les jours ouvriers, pourvu qu'ils les fassent dire à leurs depens par quelqu'un de leurs Vicaires; mais pour les Fêtes & les Dimanches, il faut que ce soit eux-mêmes. De plus quantité de Sentences, d'Arrêts & de Reglemens les declarent Superieurs tant des Vicaires & des Chantres que des autres Choristes & Enfans de Chœur.

Par un Arrêt de l'année 1639, la Cour ordonne à tous ses Officiers du Chœur de se faire recevoir dans le Chapitre à peine de nullité; & de plus par ce jugement-là aussi-bien que par beaucoup d'autres, elle permet aux Chanoines de partager entre eux les deux tiers des droits Seigneuriaux, lods & ventes, avec les trois quarts de l'argent restant de leurs comptes, à condition qu'il n'y ait point de dettes à acquitter, de reparations ou de dépense extraordinaire à faire. Quant à l'autre quart, il demeure entre les mains du Receveur pour subvenir aux charges inopinées.

Ces Chanoines au reste, pendant plusieurs années, ont eu differend avec la Maison de St Victor, à cause de la Prebende que les Religieux ont dans leur Eglise, mais qui à la fin fut terminé par une transaction en 1631; si bien que la qualité de Chanoine Prebendé de St Germain fut confirmée aux Religieux; que comme tels l'un deux iroit le jour de St Louis faire le service aux premieres & aux secondes Vêpres & chanter la Grande Messe; qu'aux Fêtes encore de St Germain & de St Vincent il pourroit venir à l'Office, revêtu en hiver d'une chappe & en été d'un surplis & d'une aumusse; seroit assis dans le Chœur à côté droit après le dernier Chanoine & à son rang iroit à l'offrande; que hors ces jours-là ils en seroient exclus & ne pourroient aspirer aux dignités Capitulaires, ni nommer & presenter un Vicaire pour remplir leur place. Et enfin pourvu qu'il n'arrive point au Chapitre & à la Communauté, ou de nouvelles fondations ou augmentation de domaine, ou de nouvelles rentes, qu'en leur comptant tous les ans deux cens cinquante livres, quittes de toutes sortes de charges, de dixmes & autres exactions de cette nature, ils renonçoient au gros, aux distributions & à tous les autres revenus.

Les contestations des Chanoines & des Chapelains ont commencé bien plutôt que celles-ci & ont duré bien plus long-tems; & ce n'a pas été seulement pour le bien ni pour les autres affaires, mais pour la nomination de leurs affaires, pour les ceremonies Ecclesiastiques & pour l'honneur que les Chanoines exigent d'eux. Mais enfin toutes ces choses en 1588 & 1639, furent reglées par l'Arrêt & la Sentence dont j'ai parlé tant de fois. Car l'un & l'autre condamnerent les Chapelains de porter respect au Doyen, au Chantre & aux Chanoines comme à leurs Patrons; à faire l'office de Diacre & de Soudiacre pour soulager les Vicaires; à dire les Messes de fondation, dont le Chapitre & la Communauté les chargeront; à faire residence actuelle & continuelle sans en pouvoir être exemtés, sous pretexte de vaquer à l'administration de leurs autres Benefices, sur peine d'être privés par les Chanoines de leurs distributions & même de leur Chapelle, après les avoir averti de se ranger à leur devoir. De plus, l'un & l'autre declarent leur reception nulle, si elle n'est faite par le Chapitre assemblé dans le lieu Capitulaire; & les maintient dans la possession de pouvoir assister aux baux

DE LA VILLE DE PARIS. Liv. IV.

des maisons, rachats, remplois des deniers appartenans à la Communauté, & encore à l'élection du Greffier, du Ponctueur, du Receveur, des Procureurs du Parlement & du Chatelet, & de tous les autres Officiers. Enfin excepté qu'en 1595, l'Evêque, qui étoit le Cardinal de Gondi, se reserva & à ses successeurs, l'autorité de les destituer; il permit pourtant au Chapitre de les punir des fautes qu'ils feroient au Chœur sur le rapport du Chantre; ce qui s'observe encore assés ponctuellement.

Il n'en est pas de même de la contestation que l'Université a avec le Chapitre, pour les Chapelles vacantes durant les mois affectés aux Gradués. En 1573, 1607, 1619, 1622 & 1625, le Parlement les a maintenus en la Chapelle de Ste Catherine, en celles de Sr Jean-Baptiste, de Notre-Dame, & quelques autres, contre les Choristes & les Chanoines. Cependant le Chapitre ne laisse pas de faire son possible pour les frustrer de cette recompense de leurs veilles & de la peine qu'ils ont eu à instruire la Jeunesse; & non contens de pretendre sans preuve qu'il a fondé ces Benefices, il se deffend encore par une Bulle de Pierre de la Lune, autrement dit Benoît XIII, donnée à Marseille en 1404; par un Statut Capitulaire fait en 1423, & par une Bulle de Martin V, de l'année 1424, & soutient.

,, Qu'il peut destituer à sa volonté ceux qu'il a presentés aux Chapelles :
,, qu'elles sont affectées à ses Choristes, & partant exceptées de la nomina-
,, tion de l'Université.

A quoi l'Université repond.

,, Que la Bulle de Benoît XIII est une chanson, comme venant d'un
,, homme que les François ne reconnoissoient plus pour Pape dès l'année
,, 1398, mais d'ailleurs qui ne fut expediée qu'à la poursuite & diligence
,, d'un Doyen de St Germain, si mauvais François, qu'il voulut maintenir
,, une Bulle de cet Anti-Pape, qui excommunioit le Roi & le Royaume,
,, & enfin si fameux dans l'Histoire du Schisme, qu'il fut arrêté au Palais
,, en pleine assemblée du Clergé, mené prisonnier au Louvre, & condam-
,, né comme fauteur de Pierre de la Lune, à être mitré & échafaudé &
,, faire amende honorable à la façon de ce tems-là.

Elle ajoute.

,, Qu'encore que les Chanoines s'approprient par leur Statut toutes les
,, Chapelles, & les donnent pour recompense à leurs Vicaires & à leurs
,, Choristes, se reservant même de les pouvoir demettre à leur volonté,
,, ils n'ont pû neanmoins entreprendre un changement de cette qualité,
,, sans l'autorité du St Siege, du Roi, de l'Evêque, & sans la participation
,, du Recteur de l'Université.

Enfin elle conclud.

,, Que si Martin V commit l'Abbé de St Germain des Prés, pour exa-
,, miner ce Statut & le confirmer au cas qu'il lui parût raisonnable, il y a
,, grande apparence qu'il le trouva injuste & ne l'approuva pas, puisque le
,, Chapitre n'en a jamais produit la ratification. Si bien que de toutes ces
,, choses elle infere que ce Statut & ces Bulles, dont le Chapitre fait tant
,, de parade, ne sont que de vains pretextes pour faire peur aux simples &
,, les frustrer de leurs justes pretentions.

Cependant le grand Conseil n'a pas laissé d'ordonner en 1621, que les Chapelles vacantes par mort, par resignation ou autrement, ne pourroient être conferées à l'avenir qu'aux anciens Vicaires & Choristes. Et le Parlement en 1625, a declaré que les Bulles & les Statuts dont j'ai parlé, n'avoient lieu qu'à l'égard du Chapitre, en cas de vacation par mort ou par demission pure & simple, & non pas à l'égard du Pape, en cas de resignation faite en Cour de Rome, ou comme disent les Jurisconsultes, de resignation *in favorem*.

Tome I.   R r ij

LES VICAIRES.

§. 14.

LES Vicaires outre leur bonne vie doivent être capables de s'aquitter de leurs fonctions. Quant à leur emploi, par Sentence arbitrale rendue en 1588 ils sont chargés du service divin, & de plus obligés de chanter la grande Messe les jours ouvriers aux depens, & au lieu des Chanoines qui s'en déchargeront sur eux : au reste ils ont part au revenu de la communauté pour les distributions du chœur. De dire depuis quand le Chapitre a cessé d'avoir un Maire, c'est ce que je ne sai pas, mais je suis assuré que lors qu'il mit en liberté l'esclave Geneviéve, il en avoit un nommé Guerin, & qui fut témoin de cette manumission, depuis il n'en est fait aucune mention dans les chartes que j'ai maniées ; ainsi il faut qu'il y ait bien du tems que cette charge soit abolie.

LES PRETRES HABITUE'S.

§. 15.

J'APRENS d'un reglement fait en 1614 par Gui Loisel, Chanoine de Paris, Conseiller au Parlement, & depute de l'Evêque Gondi, qu'à la Paroisse St Germain, il doit y avoir cinquante Prêtres habitués ; de plus que leur institution & demission depend du Vicaire perpetuel, qui pourtant est obligé avant les admettre, de les examiner d'abord, & ensuite les presenter au Chapitre, afin d'y recevoir le surplis, & être immatriculés sur le registre : & pour ce qui est de les destituer, de faire entendre aux Chanoines les raisons qui l'y obligent. Ce même reglement m'apprend aussi que les vingt plus anciens doivent être distribués, soit par six, douze, seize, & par vingt pour assister suivant l'ordre de leur reception, aux convois, monter aux charges de Diacre, Soudiacre, & autres ministeres Ecclesiastiques, & que quand quelqu'une de leurs places viendra à vaquer le plus ancien des trente autres en soit pourvû.

LES MARGUILLIERS.

§. 16.

PAR une transaction faite en 1455 entre le Chapitre & les Marguilliers, & enregistrée au Parlement en 1562, il paroit que les Chanoines non seulement se chargerent d'entretenir de cordes, de brayers & de graisse les cinq grosses cloches, & les deux petites du clocher, & encore de payer les gages de celui qui en prend le soin ; mais même le tiers des reparations qui pour lors étoient à faire à St Germain, & de plus de tenir en bon état tant les Livres, chapes, chasubles, tuniques, dalmatiques, linge, vêtemens, que les croix, calices, ornemens, joyaux, luminaire, & les tapisseries de leur chœur. Par la même transaction, je vois encore que le Chapitre permit aux Marguilliers d'exposer deux troncs, l'un près du St Ciboire, l'autre où bon leur sembleroit : & de plus que les Marguilliers moyennant une rente de quatorze livres parisis que le Chapitre constitua à la Fabrique, & six livres parisis, qu'il promit de donner toutes les fois qu'un nouveau Chanoine seroit reçu ; s'obligerent à l'avenir d'entretenir aux depens de l'œuvre, & le clocher & les autres cloches, & même de payer les deux tiers des reparations qui étoient à faire, dont je viens de parler.

STATUTS.
§ 17.

QUANT aux Statuts que les Chanoines, Chapelains & Vicaires doivent observer, soit au Chœur, & au Chapitre, soit pour le tems de la residence, soit à l'égard du temporel, & maniment des revenus, le tout a été reglé en 1588, & 1639 par la Sentence arbitrale, & l'Arrêt du Parlement dont j'ai fait mention.

La Sentence les oblige

A Matines, d'entrer au chœur avant la fin du Pseaume *Venite exultemus*; aux autres heures de l'Eglise, devant la fin du premier Pseaume, & pour la Messe avant le dernier *Kyrie eleison*; de plus elle veut que le Receveur de la Communauté donne caution, qu'autrement ceux qui le nomment en seront responsables, que quand les baux des maisons qui appartiennent aux Chanoines, & aux Chapelains seront expirés, on en fera le prix à la chambre de la Communauté, & seront levés pour ce prix-là aux Chanoines qui n'auront pas de logis ; que les maisons du Cloître ne se loueront pas à des seculiers, & que ceux qui reloueront quelque portion à des Ecclesiastiques de St Germain, n'en rendront point compte ; que les autres maisons de la Communauté se loueront à celui qui en donnera davantage, & fera la derniere enchere, sans exiger aucune de ces gratifications honteuses, qu'un long abus autorise depuis tant de tems ; que les distributions des processions, & les gages des Officiers se prendront sur les deniers communs ; que pour la bien-seance de l'Eglise les mereaux ne se distribueront point au chœur, mais que le Ponctueur après l'Office, marquera les presens, & les absens ; qu'enfin les derniers comptes, regîtres, & les titres de la Communauté seront mis dans un coffre fermé à trois clefs, par le Doyen, les Chanoines & les Chapelains.

L'Arrêt du Parlement ordonne au Maître des enfans de chœur d'amener ses enfans à l'Eglise avant que le service commence. De plus il défend à tous les Ecclesiastiques de porter un habit court, d'aller au cabaret, de faire avancer ou reculer les heures du service, de s'assembler hors du Chapitre, & de la chambre de la Communauté, de mener de leur autorité privée les enfans de chœur en quelque lieu que ce soit, de passer devant leurs Anciens en allant prendre leur place, de venir à la Messe après l'epitre, à Matines & à Vépres après le premier Pseaume, de sortir du chœur avant la fin du Service, de confesser, dormir, parler, lire, se promener, changer de place, dire la Messe durant l'Office, faire des repas aux depens de la Communauté, quand on les deputera pour assister aux comptes de la structure des bâtimens, & des reparations des maisons dependantes de la Communauté & du Chapitre.

Il ordonne encore que les Capitulans parleront chacun à leur tour au Chapitre sur peine d'être privé d'y entrer pour quinze jours ; que personne n'y interrompra ceux qui opineront ; que lorsqu'il s'agira d'une chose qui concerne quelqu'un des Capitulans, il en sortira après que la proposition en aura été faite, & écrite en sa presence, & qu'il y aura fait reponse; à condition toutesfois que pendant son absence, on ne parlera que de cette affaire ; qu'on lira au Chapitre suivant les conclusions du precedent ; qu'il ne sera point fait de baux par anticipation, ni aux Chapitres particuliers, & sans y observer les formalités & solemnités accoûtumées.

Enfin il défend aux Chanoines de tirer du tresor les titres originaux, & au Greffier du Chapitre de rien écrire sur son regitre, que ce qu'on y aura arrêté, & simplement les choses qui lui seront dictées par celui qui y aura presidé; & veut aussi qu'autant les Chanoines, que les Chapelains, & les Vicaires fassent residence, & assistent à toutes les heures du service divin en tout tems suivant les constitutions canoniques; que si par maladie, ou autre empêchement legitime, ils ne pouvoient pas ni resider, ni se trouver à l'Office, en ce cas-là, il leur enjoint de se contenter du tems qu'il plaira au Chapitre de leur accorder.

CHOSES REMARQUABLES.

§. 18.

A Tout ce qui regarde le pur Historique de l'Eglise, & du Clergé de St Germain, nous ajouterons ce qui suit.

J'aprens du grand Pastoral que le Chapitre avoit autrefois des esclaves, & qu'il en traita une nommée Geneviéve avec toute la bonté imaginable.

C'étoit une jeune fille à marier, mais si pauvre que son pere n'avoit rien, cependant un esclave de Notre-Dame qui la recherchoit, ne voulant point l'épouser que les Chanoines de St Germain n'y consentissent; attendu qu'alors les personnes de condition servile ne pouvoient, ni s'établir sur les terres d'un autre Seigneur, sans le consentement de leur Seigneur naturel, ni se marier à une personne d'un autre territoire, qu'après en avoir acheté la permission bien cher. Eude là-dessus, pere de la fille, craignant qu'elle ne se laissât corrompre, si un tel parti venoit à lui échaper, sollicita tant le Chapitre de St Germain, que quoiqu'en ce tems-là, les Seigneurs fussent toujours inexorables touchant ces sortes de requêtes, néanmoins il lui accorda sa demande, & même si genereusement, qu'il n'éxigea des Chanoines de Notre-Dame, ni une autre esclave à la place de Geneviéve, ni ne stipula point que la moitié des enfans qui naîtroient de ce mariage lui appartiendroit; ainsi le garçon épousa cette fille, qui par ce moyen devint esclave de Notre-Dame.

Ceci arriva dans un tems si brut & si negligent, que nous n'en savons ni le siécle, ni l'année, à moins que de découvrir le tems qu'Algrin étoit Chancelier de Paris, & Gui, Doyen de St Germain, & quand vivoient les Prêtres, les Diacres, & Soudiacres qui furent presens à cette manumission.

En 1593 le huit d'Août, Philippe Sega, Legat en France, fit chanter le *Te Deum* dans St Germain, & rendre graces à Dieu, de ce que les Etats des Ligueurs avoient reçu le Concile de Trente en dépit des bons François.

BATEMES ILLUSTRES.

§. 19.

EN 1316 fut batisé dans cette Paroisse Jean I de France, fils de Louis Hutin, & de Clemence de Bavierre.

Depuis en 1389 Isabelle de France, fille de Charles VI, & d'Isabelle de Bavierre y fut encore portée sur les fonts; & tout de même en 1573 Marie-

DE LA VILLE DE PARIS. Liv. IV. 319

Isabelle de France, fille de Charles IX, & d'Elisabeth d'Autriche.

Enfin en 1581, Anne, Duc de Joyeuse, favori de Henri III, y épousa Marguerite de Lorraine, sœur de Louise de Loraine, Reine de France.

ABUS SUPPRIMÉ.

§. 20.

UN abus scandaleux & injurieux à l'Eglise tout ensemble, continua jusqu'en 1505, non seulement dans la Paroisse de St Germain, mais dans toutes les autres de Paris, & qui a duré encore long-tems depuis dans plusieurs grandes Villes.

En ce tems-là les Prelats de France pretendoient que les Chrétiens qui mouroient sans donner à l'Eglise, ne devoient point être mis en Terre-Sainte, & se fondoient sur les Canons d'un Synode de deux ou de trois cens ans, qu'ils interpretoient à leur mode, & dont ils embarassoient si fort les consciences, & jettoient dans de si grands scrupules, que les heritiers de ceux qui mouroient intestats, demandoient à être reçus à faire testament en leur place, afin de sauver l'honneur de leurs parens.

Cette exaction parut si odieuse au premier President Liset, & à l'Avocat General Olivier, qu'il se lit dans du Moulin, que le premier l'appelloit Diabolique, *Jus Satanicum*; & l'autre s'en plaignit à la Cour, afin d'y remedier, ainsi qu'il se voit dans les Regîtres du Parlement. Il remontra que le Vicaire perpetuel de St Germain, avoit différé de lever le corps d'une femme de bien de sa Paroisse, jusqu'à ce qu'on lui eut fait voir le testament; que tous les Curés de Paris étoient contraints d'en user de même de crainte d'être cités d'office par-devant l'Official; qu'enfin, ils n'osoient enterrer un Pauvre, qu'après avoir amassé par les quêtes ou autrement, la somme qu'ils demandoient; & là-dessus requit la Cour de mander les Curés & les principaux Officiers de l'Evêque, & leur deffendre d'empêcher ou retarder à l'avenir la sepulture de leurs Paroissiens Catholiques sous quelque pretexte que ce fût, & même d'ordonner que ces défenses fussent publiées.

Ses conclusions ayant été suivies en partie, la Cour le 21 Juin 1505, fit venir les Curés & les Officiers de l'Evêque avec le Vicaire perpetuel de St Germain. De dire ce qui en arriva, c'est ce que je ne sai pas, non plus que le tems qu'un si détestable abus fut aboli; je trouve seulement dans du Luc un Arrêt de l'année 1552, qui le supprime; mais je pense avoir lû quelque part qu'on l'a depuis renouvellé en quelques Eglises de Paris. Il semble que d'un tel abus soit venu celui qui subsiste encore dans les testamens de leguer cinq sols à l'Eglise.

LA CHASSE DE St LANDRI.

§ 21.

CE que l'on conte de St Landri est purement fabuleux. A la verité quelques Historiens, aussi modernes que peu savans dans l'Antiquité, le font, non seulement Evêque de Paris, mais même Referendaire ou Chancelier de Clovis II; & pour preuve, produisent une charte de lui, qui affranchit l'Abbayie de St Denys de la jurisdiction de son Evêché; mais outre que cette charte & toutes les autres qu'ils emploient, afin d'appuyer cette erreur, sont pleines de faussetés, c'est qu'elles passent encore pour telles parmi les Savans.

Bien plus, dans le tems que le Pere de la Noue Minime, du Saussay & un tas d'autres Auteurs semblables, veulent que St Landri étoit Evêque de Paris, le siége Episcopal fut toujours rempli par d'autres. Que si nos anciens Martyrologes font mention d'un St Landri, outre que celui-là étoit Evêque de Meaux, & non pas de Paris, c'est que tant s'en faut qu'il fût du tems de Clovis II, comme celui que nous cherchons, il ne vivoit que sous Pepin ou Charlemagne ; c'est qu'enfin notre St Landri, dont il s'agit est enterré à Mons en Hainault, & non pas à St Germain de l'Auxerrois. Et de fait, on n'avoit garde de l'enterrer à St Germain en 660 ou environ, puisqu'il n'étoit pas fondé encore, ni ne le fut que long-tems depuis, & dont même on ne trouve rien nulle part avant l'année 886.

Ce n'est pas toutesfois, qu'avec l'Eglise, je n'ajoute foi aux miracles qu'on attribue aux Reliques de ce St Landri, & qui sont gardées dans la plus riche Chasse du chœur. Je veux croire que dans le septième siecle, l'attouchement de son Suaire éteignit le feu qui embrasoit quelques maisons voisines du grand Chatelet ; & tout de même, que dans le douzième siecle, il guérit le neveu de l'Evêque Maurice, d'une Angine, que le peuple appelle Esquinancie. Je croirai encore, si l'Eglise le croit, que ses Reliques ont fait tous les autres miracles que Friaer a particularisé ; mais jusqu'à ce qu'on m'ait prouvé par un Historien du vivant de Clovis II, que St Germain de l'Auxerrois étoit bâti de son tems, & qu'il y avoit alors un Evêque de Paris, & un Chancelier ou Referendaire du Roi, appellé Landri, dont les cendres reposent dans cette Eglise ; j'aurai tout sujet de revoquer en doute si ces Reliques sont les restes de ce Chancelier & Evêque prétendu, & si elles ne viennent point de quelque autre grand Saint, qui peut-être se nommoit aussi Landri, & n'ait vécu que long-tems depuis celui dont nous parlons, sans avoir été ni Evêque de Paris, ni Chancelier de Clovis II.

L'ABBÉ HUGUES.

§ 22.

FAUCHET prétend que l'Abbé Hugues est enterré à St Germain de l'Auxerrois, mais il se trompe.

Cet Abbé, au reste, étoit Prince de naissance, Duc de Bourgogne, & l'un de ces Abbés Militaires, dont j'ai parlé en son lieu ; d'ailleurs : fils de Conrard l'aîné, & d'Adelaïde, fille de Louis le Debonnaire, par consequent frere uterin de Robert I, Roi de France, depuis que sa mere se fut remariée, & eut épousé en secondes noces Robert le Fort, Duc & Marquis de France ; ce qui se voit dans les chroniques manuscrites de l'Abbayie de Beze, & de St Benigne de Dijon, & encore dans Abbon, & le Moine de Fleuri.

Le courage de cet Abbé parut principalement au siége de Paris, en 886, où il se signala par des actions plus qu'héroïques. Depuis, étant mort à Orleans, son corps fut porté à Auxerre, & enterré dans l'Abbayie de St Germain, ainsi que nous apprenons des Annales des François de St Arnoul de Metz, & non point à St Germain de l'Auxerrois, comme veut Fauchet ; car, ainsi que j'ai dit, les Normans avoient ruiné entierement l'Eglise, & le Roi Robert ne la rebatît que quelque deux cens ans après.

DE LA VILLE DE PARIS. Liv. IV. 321

TOMBEAUX DE SAINT GERMAIN
de l'Auxerrois.

LE CHANCELIER OLIVIER.

FRANÇOIS Olivier, fils de Jaques, premier Prefident, & pere naturel de Seraphim Olivier, Cardinal du titre de St Sauveur *in Laura*, étoit un homme doux, accort, fort affable, de grande conduite, & de plus, éloquent. Ces belles qualités lui ayant acquis l'eftime de Marguerite d'Angoulefme, Reine de Navarre, cette Princeffe voulut l'avoir pour Chancelier de fon Royaume ; & depuis, à fa recommandation, François I fon frere, le fit Chancelier de France où il se maintint par fon grand courage, & par fa haute integrité, quoique dans un fiecle miferable, & une Cour fort corrompue, & qu'il eut fur les bras les mignons, mais bien plus, la Maitreffe du Duc d'Orleans, Roi depuis, & nommé Henri II. Mais comme il devint chaffieux, & que là-deffus le Roi François I mourut, la flaterie l'emporta fur fon merite, fi bien qu'il fut obligé de fe retirer, & vécut dans fa retraite jufqu'à la mort du Roi, & auffi-tôt François II le rappella.

Daubigné prétend, fans preuve neanmoins, que Caftelnau, homme de la Religion, & l'un des chefs de la confpiration d'Amboife, s'étant un jour entretenu avec lui touchant nos articles de foi, & l'ayant reduit à ne pouvoir repondre, depuis, il fut Calvinifte dans le cœur. Cependant, ni le Prefident de Thou, ni aucun autre Hiftorien fidele n'en difent rien. Il mourut à Amboife, plus de déplaifir que de vieilleffe, de voir que les Favoris & la Maifon de Lorraine, à qui il devoit une partie de fa fortune, devenus maîtres de l'efprit du Roi, troublaffent le Royaume, & le miffent en proie. Sur le point de mourir, le Cardinal de Lorraine, qu'il regardoit comme une des principales caufes de la maladie de la France & de la fienne, l'étant venu voir en 1560, le 26 Avril, il lui tourna le dos, & auffi-tôt rendit l'efprit. Son corps fut porté à St Germain de l'Auxerrois, qui étoit fa Paroiffe. Il fut fort regreté, & parce que le Roi n'ordonna point au Parlement d'affifter à fa pompe funebre, il fut privé de cet honneur.

FAUCHET.

CLAUDE Fauchet naquit à Paris en 1520, & y mourut en 1603 ; après avoir confumé fon bien & fa vie à détruire les erreurs dont la fable & la tradition ont offufqué notre Hiftoire ; & même à retirer de la pouffiere des Couvents & des Abbayies, où pour lors l'ignorance & le libertinage habitoient, la plupart des Hiftoriens que du Chefne a fait imprimer, ce qui lui fit prendre pour devife, *Difperfa coegi*.

Outre fa fincerité & fon grand jugement, la doctrine, la diligence & l'exactitude brillent dans tous fes ouvrages ; & enfin il ne lui manquoit que de bien écrire : mais c'étoit un des vices de fon fiecle, qui pourtant n'a pas empêché que ce qu'il avoit recueilli des revolutions de la premiere & feconde race, ne fe foit garenti de la rage des Ligueurs, quoiqu'ils nous ayent ravi celles de la troifiéme, à caufe que la maifon de Lorraine n'y étoit pas épargnée.

Tome I. S s

HISTOIRE ET ANTIQUITE'S

Il étoit premier Président de la Cour des Monnoies, charge qu'il n'éxerça presque point, tant il étoit attaché à ses livres; cependant le mépris de la fortune l'incommoda si fort, qu'il mourut dans un grenier, & même son Office fut vendu pour payer ses dettes. Outre le volume *in-quarto* que nous avons de lui, il a encore traduit Corneille Tacite. Tous ses traittés au reste, ont été estimés generalement; celui des anciens Poëtes François est très-curieux : les libertés de l'Eglise Gallicanne firent grand bruit à Rome; mais les Antiquités Gauloises & Françoises passent sans contredit pour le meilleur & le plus savant de ses ouvrages : il le dedia à Henri IV, & même le lui presenta dans une des grottes du Chateau de St Germain ; & l'on dit que ce Prince le reçut de si mauvaise grace, qu'il ne put s'en taire, jusqu'à faire courir contre lui une douzaine de vers assés piquants.

JACOB.

JACOB, le plus excellent Joueur de Luth de son siecle, naquit en Pologne, & vint fort jeune en France, où il se fit plus connoître par le nom de Polonois que par celui de Jacob. Son jeu étoit si plein & si harmonieux; son toucher si fort & si beau, qu'il tiroit l'ame du Luth, comme parlent ceux de cette profession. Il avoit la main si bonne & si vîte, qu'il ne levoit point les doigts en jouant, & sembloit les avoir collés sur son Luth : adresse fort rare, & qui n'étoit point connue avant lui. Bien qu'il touchât le grand Luth mieux qu'aucun de son tems, c'étoit encore toute autre chose sur le petit. Enfin l'on ajoute que jamais personne n'a si bien preludé. Sa grande reputation lui fit donner la charge de Joueur de Luth de la Chambre du Roi. Il acquit si peu de bien, comme ne s'en souciant pas, qu'il est mort pauvre à l'âge de soixante ans. Ballard a imprimé quantité de bonnes pieces de sa composition. Les Musiciens font grand cas de ses Gaillardes, qui pour lors étoient à la mode ; aussi sont-elles les meilleures de ce tems-là. On tient qu'il ne jouoit jamais mieux que quand il avoit bien bû, ce qui lui arrivoit souvent. Il ne se maria point, & mourut vers l'an 1605, d'une paralysie, à la rue Bertin-Poirée où il demeuroit.

LE CHANCELIER DE BELLIEVRE.

POMPONNE de Bellievre fut si savant, si disert, si ferme, & si fidel à son Prince, qu'il ne se fit presque point de Paix, de Conference, ni d'Ambassade extraordinaire sans lui, & merita d'être appellé le *Nestor* de son siecle. Non seulement il fut Ambassadeur extraordinaire en Suisse, en Allemagne, en Pologne, en Angleterre, en Italie, aux Payis-bas, & chés les Grisons; mais encore il eut bonne part aux Conferences de Fleix, de Nerac, de Suresne, & à la Paix de Vervins. Dans tous ses emplois-là, il s'attira la bienveillance de chacun, des Peuples, de la Cour & du Roi. Traitant avec les Etrangers, il tournoit leur esprit comme il vouloit, & réussit en tout, sans même en excepter son ambassade d'Angleterre. Car on tient enfin que Henri III, qui en apparence le dépêcha vers la Reine Elizabeth, pour empêcher qu'elle ne fit mourir Marie Stuart, ne l'envoya en effet que pour l'y porter, afin d'insulter à la maison de Lorraine, comme étant alliée avec celle des Stuarts.

Tant de services rendus à cinq de nos Rois, l'éleverent à la dignité de Chancelier. Il eut pour parrain le grand Pomponne *Trivulce*, qui le nomma Pomponne comme lui. Ce nom de Pomponne, au reste, est un nom déguisé & travesti à l'Antique par *Pomponius Lætus* grand amateur de tout ce qui venoit des Romains du bon tems : si bien qu'ayant été nommé Pierre sur les fonts, il changea son nom en celui de Pomponne, celebre dans l'ancienne Rome. A son imitation plusieurs Savans, qui s'appelloient Pierre, l'ont pris, & même celui de *Pierius*, & de *Papirius*. Pierre Masson, l'un de ceux qui a pris celui de *Papirius*, remarque que le Chancelier de Bellievre étoit de grande taille & fort vigoureux, avoit un grand front, le nés aquilin, le visage long, parloit lentement, mais avec gravité, & eut toujours la vue si bonne, que de sa vie il ne s'est servi de lunettes, quoiqu'il ait vécu soixante-dix-huit ans. Ses emplois lui acquirent beaucoup de gloire, & son integrité peu de bien. Henri IV lui ôta les Sceaux pour les donner à Nicolas de Silleri. Les memoires du Duc de Sulli portent qu'il entreprit sur sa Charge, mais que Pomponne aima mieux dissimuler que de s'en plaindre, bien qu'il en soit mort de déplaisir. Le Roi voulut que le Parlement assistât à ses funerailles. Pierre Fenouillet, nommé à l'Evêché de Montpellier, le plus éloquent Prédicateur de son tems, fit son Oraison funebre, & la plupart des Savans firent des vers à sa louange.

BOUILLOUDE.

PIERRE de Bouilloude, Procureur General au Parlement de Dombes, & Procureur du Roi au Presidial de Lion, sçavoit en perfection le Latin, le Grec, l'Hebreu & le Syriaque, & passoit pour un des plus consommés de son tems dans les Lettres humaines & divines. Ceux qui ont lu ses Notes & ses Commentaires sur les Evangiles, pretendent qu'il a convaincu par tout d'ignorance & d'heresie, les ennemis de la Religion Catholique : & enfin les personnes qui l'ont connu, assurent qu'il étoit capable d'être beaucoup plus qu'il n'étoit. Ayant été député, à ce qu'on dit, vers Henri IV, en qualité de premier Consul de Lion il l'alla trouver au siége d'Amiens ; & là étant tombé malade, il se fit apporter à Paris où il mourut, & fut enterré dans la Chapelle de Bellievre, à St Germain de l'Auxerrois.

CONCHINO CONCHINI.

ON lit dans les Memoires du Duc de Sulli, qu'il partit de Toscane avec Marie de Medicis, & que la Duchesse de Florence, qui vint en France avec elle, ayant reconnu le pouvoir qu'il avoit sur l'esprit de la Reine, essaya aussi bien que Gondi & Joannini, d'obliger le Roi de le renvoyer en Italie. Non seulement Joannini fut maltraité de Marie de Medicis, lorsqu'il lui en fit l'ouverture, bien plus, Conchini le menaça de le poignarder, & le contraignit lui même de s'en retourner à Florence. Depuis, la Marquise de Verneuil, Maitresse du Roi, entreprit la même chose plus finement, & avec toute l'adresse dont une personne comme elle étoit capable, mais avec aussi peu de succès. Car comme elle porta le Roi à le marier, & à lui donner pour femme Eleonor Galigai, afin d'avoir plus de pretexte de les congedier tous deux, à cause de leurs grands biens ; ce mariage neanmoins, au lieu de le détruire, ne servit qu'à l'établir davantage, & à le rendre plus insolent, jusqu'à menacer le Duc de Sulli & le Roi même, s'ils attentoient la moindre chose contre lui, ni contre sa femme : & alla encore si avant, qu'il entreprit de donner une course de bague contre les Princes & les Grands, & de la foutenir à la rue St Antoine, dont le Roi fut fort indigné. La fortune cependant qui favorifoit cet homme en toutes chofes, le fervit fi fidellement, qu'il emporta le prix. Si bien que la jaloufie du Roi & fa colere n'eurent d'autre fuite que fes plaintes vaines, qu'il témoigna en fecret au Duc de Sulli. Enfin lui & fa femme eurent la hardieffe de propofer au Roi d'Efpagne une alliance entre les deux Couronnes, fans la participation du Roi ; & firent encore accroire à la Reine que le Roi fe vouloit défaire d'elle, qu'ainfi elle fe donnât bien de garde de rien manger de tout ce qu'il lui envoieroit, & là-deffus lui confeillerent de faire cuire fa viande dans leur appartement.

Je laiffe-là toutes ces terres & ces grands biens, qu'en peu de tems il acquit ; & tout de même ces hautes dignités, les premieres de la Couronne, qu'il obtint par fes crimes, puifqu'auffi bien notre Hiftoire n'en parle que confufément.

Il fuffira de dire, que le Duc de Luines & fes freres, ne voulans ni compagnon ni maître à la Cour, fe défirent de lui & de fa femme.

Conchini en 1617, fut maffacré fur le Pontlevis du Louvre au mois d'Avril, & enterré en plein minuit fous les orgues de St Germain ; & quoiqu'on mît fon corps dans une foffe fort profonde, creufée ainfi exprès & couverte d'une pierre, cependant quelques gens par curiofité étant venus-là le lendemain, & tous ne pouvant s'empêcher d'en dire du mal, là deffus ils fe mirent à marcher & à cracher fur fa tombe par mépris, d'autres à grater avec les ongles à l'endroit des jointures. Les Chanoines en ayant avis, viennent & les font fortir de l'Eglife ; mais comme alors il leur falloit aller en proceffion, la proceffion ne fut pas plutôt partie, qu'ils accoururent en plus grand nombre, levent la tombe, ôtent une partie des pierres qu'on avoit jettées fur le corps, & à peine l'eurent-ils decouvert, qu'ils coupent les cordes des cloches, lient le mort par les pieds, le tirent de terre, & auffi-tôt fut le jouet de la rage & de la barbarie du peuple.

MALHERBE.

FRANCOIS de Malherbe, Norman, paffa la meilleure partie de fa vie en Provence, & le refte à la Cour. Il étoit fils d'un Affeffeur de Caen, & de la famille des Malherbes de St Aignan, qui pafferent en Angleterre avec Guillaume le Conquerant, où ils s'acquirent beaucoup d'honneur. Son pere changea de Religion, mais il ne l'imita pas, ayant fouvent à la bouche ces paroles affés libertines, que le Poëte Prudence attribue à l'Empereur Galien, *Cole Dæmonium quod colit civitas.*

Henri d'Angoulefme fils naturel de Henri II, Grand Prieur de France & Gouverneur de Provence, le fit fon Secretaire ; & depuis il eut pour amis le Cardinal du Perron, le Cardinal de Richelieu, Guillaume du Vair, premier Prefident à Aix, & époufa la veuve d'un Confeiller au Parlement de Provence, dont il eut quelques enfans qui moururent tous avant lui. Il étoit de bonne mine, avoit l'efprit prompt & prefent, mais fi brufque & fi rude qu'il offenfoit tout le monde. N'étoit-il qu'avec une perfonne, les paroles alors lui étoient fi cheres, que fon filence choquoit ? Autre chofe étoit-il avec fes amis ; alors les bons mots ne lui coutoient rien, il difoit quantité de bonnes chofes, & tout ce qu'il difoit, au rapport de Racan, tiroit un grand ornement de fon gefte & du ton de fa voix. De lui-même il bégayoit un peu, mais c'étoit bien pis quand des gens ne lui plaifoient pas, ou qu'ils lui faifoient reciter de fes vers ; car Balzac affure qu'il crachoit plus de quatre fois en prononçant une fimple ftance de quatre vers ; & de plus il les défiguroit tellement par l'empêchement de fa langue & l'obfcurité de fa voix, que pour cela on l'appelloit l'*Anti-Mondori*.

Le Cavalier Marin en parlant de lui, difoit qu'il n'avoit jamais vû un homme fi humide ni un Poëte fi fec. En effet on remarque dans fa poëfie beaucoup de fechereffe & peu de fecondité. Il ne tenoit pas grand compte des Arts ni des Sciences, ni même de la Poëfie, & il difoit fouvent que le meilleur Poëte n'étoit non plus neceffaire dans un Etat qu'un bon joueur de quilles. Jamais il n'a fait valoir le merite de perfonne, & fe contentoit de louer fobrement les chofes les plus louables. Il comparoit Regnier en fon genre aux Latins; méprifoit Ronfard & tous les autres Poëtes; faifoit très-peu de cas des Italiens, auffi-bien que des Grecs, & traitoit Pindare de faifeur de Galimathias. Entre les Latins, il faifoit état de Seneque le Tragique, d'Horace, de Juvenal, d'Ovide, de Martial, des Sylves de Stace. Il foutenoit qu'on ne pouvoit narrer en vers, & pour preuve apportoit le fecond & le troifiéme livre de l'Enéïde, de forte que fans ceffe il parloit fi mal de Virgile, que le garde des Sceaux du Vair, lui en fit une reprimande affés fevere.

Ses Lettres nous font voir qu'il fe piquoit fi fort de nobleffe, que fans l'exemple de Paul de Foix, Confeiller au Parlement & nommé à l'Archevêché de Touloufe, jamais il n'auroit pû fe refoudre à traiter pour fon fils d'une Charge de Confeiller au Parlement de Provence.

On fait de ceux qui l'ont connu, qu'il s'eft batu trois fois en duel, & qu'à l'âge de foixante-douze ans il vouloit faire un appel à celui qui tua fon fils.

Il aimoit fi fort les femmes qu'on l'appelloit le *Pere Luxure*, & même faifoit vanité d'avoir fué trois fois la verole. Le plus grand de fes ennemis étoit fon frere aîné avec qui il a été en procés toute fa vie.

Balzac rapporte qu'il lui a dit plufieurs fois que quand on avoit fait un Poëme de cent vers, ou un Difcours de trois feuilles, il falloit fe repofer dix ans; & Pelliffon ajoute qu'il n'avoit pas plutôt compofé quelque chofe, qu'il le lifoit à fa fervante pour connoitre s'il étoit bon ou mauvais.

Il mourut à Paris en 1628, âgé de foixante-treize ans, peu de jours avant la prife de la Rochelle. Sur le point de rendre l'efprit, il reprit fa Garde d'un mot qui ne lui fembloit pas François; & comme fon Confeffeur làdeffus vint à lui remontrer qu'en l'état où il étoit il ne devoit pas fonger à ces bagatelles, il repondit brufquement: *Je ne m'en faurois empêcher, & je veux jufqu'à la mort maintenir la pureté de notre Langue.*

BERTIUS.

PIERRE Bertius, Flaman, n'avoit que trois jours, lorfque fon pere qui étoit de la Religion, le fit porter en Angleterre, où il apprit les premiers élemens tant de la Langue Grecque que de la Latine & de la Françoife. A l'âge de douze ans il vint à Roterdam où fon pere étoit Miniftre, qui lui fit faire fes humanités; après quoi il voulut qu'il fût l'Hebreu & la Theologie. En 1582 il fe mit à voyager, regenta en divers endroits en Flandres, en Allemagne, en Pologne & par tout avec une approbation generale. Enfin étant venu à Leyde, les Directeurs de l'Academie, qui plufieurs fois l'avoient follicité de prendre parti chés eux, fe rapporterent à lui touchant l'établiffement & la direction de leur Bibliotheque. L'ordre au refte qu'il y mit eft fi beau & fi commode, qu'on le fuit encore aujourd'hui. Mais parce qu'on l'avoit perfecuté à caufe qu'il étoit Arminien, il refufa la Chaire de Theologie, & paffa en France. Il étoit beau, de bonne mine, avoit les yeux grands, le nés long, le vifage pâle, la taille riche, du refte affés replet, fort fociable, quoiqu'il parût un peu fevere.

Lorfqu'il fut Catholique, bien-tôt après fon abjuration, qu'il fit aux Peres de l'Oratoire de la rue St Honoré, le Roi en fa confideration fonda une Chaire de Profeſſeur en Mathematiques, qu'il ſupprima après ſa mort.

Depuis ſa converſion, il mena une vie ſi exemplaire, que de quatre fils qu'il avoit, tous ſe firent Carmes Déchauſſés. Il paſſoit pour très-ſavant, ſur tout en Humanités, en Mathematiques, en Geographie & en Coſmographie. De pluſieurs ouvrages qu'il a faits, ceux de Coſmographie & de Geographie, ſont les plus conſiderés. Il en avoit fait beaucoup d'autres, mais qui ſont morts avec lui en 1629. De ce nombre étoit la Vie d'Eraſme tirée de ſes œuvres. Nicolas Bourbon à qui il l'avoit lûe la regrettoit infiniment.

FRANCOIS OLIVIER DE FONTENAY.

CET Olivier ici étoit Abbé de St Quentin de Beauvais & petit-fils du Chancelier Olivier, auſſi fut-il enterré auprès de lui en 1636, âgé pour lors de cinquante-cinq ans. Outre qu'il aimoit tendrement ſes amis, il avoit un ſi grand nombre de Livres, de Medailles & de pierres gravées, que non ſeulement il paſſoit pour l'homme de ſon tems qui en avoit le plus, mais qui s'y connoiſſoit le mieux. Son cabinet valoit plus de vingt mille écus, auſſi ſa rareté autant que ſa valeur le firent voller, & ce larcin fut conduit avec tant d'adreſſe, que jamais on n'en a rien pû découvrir. On lui a vû acheter cinq ou ſix fois un même Livre & une même Medaille, & paſſer des nuits entieres dans la boutique d'un Libraire à manier des Livres & les feuilleter.

Ses amis lui ont entendu dire, & non pas pour une fois, que ſi-tôt qu'il ſauroit qu'un Pompée d'or avec ſes enfans, qu'il avoit vû chés le Cavalier Joſpin, ſeroit expoſé en vente à Rome, il partiroit pour y aller, parce que pour cela il ne pouvoit pas ſe fier à d'autres qu'à lui-même.

Quoiqu'il devînt aveugle, la curioſité des Medailles qui ne ſe repaît que par la vûe, ne laiſſa pas de continuer en lui, de ſorte qu'il en achetoit tous les jours, & s'étoit ſi bien accoutumé à les connoître au toucher, qu'on ne l'y pouvoit tromper. Il porta ſi loin cette connoiſſance que pas un curieux ne lui put être comparé.

Au reſte bien qu'il jouïſſoit de quatorze mille livres de rente, jamais il n'a eu que deux valets, alloit toujours à pied, logeoit en chambre garnie & mangeoit ordinairement chés Charles de Laubeſpine de Chateau-neuf, Garde des Sceaux, qui étoit ſon proche parent. Ainſi preſque tout ſon revenu s'en alloit en Livres, en Pierres gravées & en Medailles.

FORMÉ.

NICOLAS Formé, Pariſien, de Chantre chés le Roi, devint Sous-maître, & Compoſiteur de la muſique de la Chapelle, Chanoine de la Ste Chapelle de Paris, Abbé de Notre-Dame de Reclus, & ajouta à tout cela les bonnes graces de Louis XIII. Tant qu'il fut Chantre, il chanta la haute-conte avec une juſteſſe admirable; & lors qu'il fut Compoſiteur, il inventa les motets à deux chœurs, que chacun eſtime, & que les Maîtres de la muſique du Roi, imitent & copient ſi ſouvent. Il alla ſi loin pour le contre-point, & les belles inventions, qu'il a paſſé tous ceux qui avoient été avant lui. Il ſe laiſſoit tellement tranſporter à la juſte cadence de ſes compoſitions, que quelquefois il ſe pâmoit en les faiſant chanter: un jour entre autres, à St Germain en Laie, tombant à la renverſe, il ſe bleſſa ſi fort, qu'il le falut porter à Paris, & parce que le Roi l'aimoit, la Reine lui donna ſa litiere, afin d'y être conduit plus doucement.

Ceux qui firent ſon anagramme, trouverent dans Nicolas Formé, *ut*, *re*, *mi*, *fa*, *fol*, & quoiqu'elle soit un peu licentieuse, elle ne laissa pas d'être très-bien reçue.

Le Roi estimoit tant ce qu'il faisoit, qu'après sa mort qui arriva en 1638 il fit enlever ses œuvres par un Exemt de ses Gardes, & les faisoit souvent chanter. Bien plus il les enferma depuis dans une armoire qu'il fit faire exprès, dont il avoit toujours la clef, & en prenoit plus de soin que des plus riches meubles de la Couronne.

A la mort du Roi ils passerent avec tous les autres meubles de son appartement à Jean de Souvré, en qualité de Gentilhomme de la Chambre, qui étoit alors en charge, & peu de jours après ils tomberent entre les mains de Jean Villet, Sous-maître de la Chapelle, qui, à ce qu'on tient, en fit assés bien son profit.

Il étoit de si mauvaise humeur, & si fantasque qu'il querelloit tout le monde; & quoiqu'il fût fort riche, son avarice étoit insatiable. Il aimoit tellement les femmes, que toutes les servantes qu'il avoit chés lui étoient belles, & de bonne humeur. Il a eu trois ou quatre enfans d'une femme qu'il entretenoit, avec qui il a demeuré long-tems, & même demeuroit encore avec elle, quand il mourut, bien qu'il fût âgé de soixante & onze ans.

CHANDEUILLE.

ELEAZAR de Brecourt Sarcilli, Abbé de Chandeuille avoit beaucoup d'esprit, étoit de bonne mine, & de plus neveu de Malherbe. C'est un des heros du Roman de Cyrus sous le nom de Pherecides. Comme son oncle il aimoit le sexe, & faisoit de beaux vers, d'ailleurs galant, propre, enjoué, complaisant, & agréable en conversation. Il étoit si estimé à la Cour, & des gens de Lettres, que sa mort fut generalement regretée, d'autant plus qu'il n'avoit que vingt-deux ans, de sorte qu'à peine entroit-il dans le monde, qu'il lui en falut sortir, ou pour parler comme les Poëtes, à peine étoit-il monté sur le Parnasse, qu'il fut obligé d'en descendre.

Jamais homme au reste ne contrefit si bien une personne qu'il faisoit. Ses ouvrages, à la verité, ne chargent pas trop la main, mais Courbé qui les a imprimés ne s'en est pas plaint. Depuis neanmoins ils n'ont plus servi qu'à grossir les recueils.

REMI.

ABRAHAM Remi naquit dans un village du Diocèse de Beauvais, appellé Remi, qu'il prit pour son surnom: ce qui est cause qu'on ne sait pas si le nom d'Abraham est son nom de famille, ou de batême. Il regenta vingt-cinq ans dans l'Université avec beaucoup d'honneur, & fut long-tems Professeur du Roi en Langue Latine. Tout ce que nous avons de lui, sont de petits Poëmes Latins, intitulés *Mœsonium*, & *Nympha palatii*, dont Nicolas Bourbon, le meilleur Poëte Latin de notre siécle, faisoit tant d'estime, qu'il disoit assés souvent, qu'avec le tems Remi égaleroit les Anciens.

S'il n'eût point été tourmenté d'un mauvais foie, & d'une fievre lente, qui l'emporterent à l'âge de quarante-six ans, peut-être eussions-nous vû l'accomplissement de cette prophetie.

Les Medecins croyent que son étude, & ses longues veilles causerent cette maladie, qui le rendoit si pâle, & si languissant. Vitré m'a dit qu'un peu devant qu'il mourut, comme alors il imprimoit ses ouvrages, lui ayant apporté le soir une épreuve, aussi-tôt il se mit à la corriger, & sur ce qu'il lui remontra que rien ne pressoit, & qu'il reviendroit le lendemain, sa reponse fut : A quelque heure que vous veniés demain vous me trouverés sur cette table tout de mon long.

FARET.

NICOLAS Faret étoit de Bresse, & Academicien. Comme il aimoit le bon vin & la bonne chere, il eut la connoissance de Colletet, & de St Amand : & celui-ci par cette raison prenoit plaisir fort souvent à se servir de son nom pour rimer à cabaret. Ce qui est cause qu'on a vu long-tems le nom de Faret écrit en grosses lettres contre les murailles de toutes les tavernes de Paris, avec ceux de Flote & de la Miche, & de quelques autres ivrognes fameux. Tant qu'il fut incommodé, il mena une vie assés licentieuse ; mais lors qu'il fut riche, il se piqua d'honneur, & composa alors son Honnête-Homme, qui est une imitation du Parfait-Courtisan de Baldesar Castiglionne.

Ce fut en ce tems-là qu'il pria St Amand d'ôter son nom de ses Poësies, ce que l'autre fit ; mais par gaillardise, il fit mettre dans l'*Errata* de cette nouvelle édition : Au lieu de *Muret*, lisés *Faret*.

Il fut long-tems à Paris sans emploi, mais enfin il devint Secretaire, puis Intendant du Comte d'Harcourt. Au commencement, c'étoit un honneur sans profit ; mais il le fit si bien qu'en peu de tems son maître, & lui changerent de fortune. Car étant devenu pensionnaire du Cardinal de Richelieu, il l'engagea à donner à ce Prince une de ses nieces en mariage, de sorte qu'ensuite il fut dans les grands emplois, & à la tête des armées.

Ses meilleurs amis étoient Coeffeteau, Meziriac, & Vaugelas. Il dedia au premier sa traduction d'Eutropius : le dernier lui rendit de si bons offices qu'en revanche, il s'engagea pour lui aveuglement ; de sorte qu'à force d'être reconnoissant, il faillit à devenir pauvre. Le Comte d'Harcourt, le consideroit à ce point, qu'il vivoit avec lui comme avec son ami. Outre l'Honnête-Homme, & l'Eutropius, nous avons de lui encore quelques lettres. Il n'a jamais fait de vers, qu'une Ode au Cardinal de Richelieu qui est dans le Sacrifice des Muses,& un Sonnet qu'on a vû long tems à Notre-Dame au-dessous d'un vœu qu'il fit à la Vierge, la seule fois qu'il alla à la guerre. Il fut marié deux fois & épousa deux femmes fort riches, surtout la derniere. Une fievre maligne l'emporta le vingt & un Novembre 1646. à l'âge de cinquante ans, ou environ : il n'a laissé qu'un fils de sa premiere femme, mais plusieurs enfans de la seconde. Il avoit les cheveux chatains, le visage haut en couleur, étoit gros, replet, & de très-bonne mine.

Touchant son Honnête-Homme, il fut si bien reçu que peu de tems après on vit paroître l'Honnête-Femme, & l'Honnête-Fille. Il a été plusieurs fois imprimé en caracteres differens : & enfin personne n'y a trouvé à redire que Pierre Bardin, qui se plaignoit que Faret s'étoit servi du titre qu'il vouloit donner à son Lycée, après lui avoir communiqué son dessein.

SEGUIN.

SEGUIN.

PIERRE Seguin, Professeur Royal en Medecine, fort estimé, & premier Medecin de la Reine, avoit épousé Anne Akakia, qui étoit la meilleure femme du monde. Il fut quinze ans entiers Doyen de la Faculté; ce qui n'étoit encore arrivé à personne. L'étude & les veilles lui avoient tellement affoibli la vûe, qu'il devint aveugle à soixante quatorze ans, & mourut deux ans après. Les Apoticaires le regrettent comme leur pere nourricier. Pierre Seguin, son fils aîné, que ses Confreres à cause de sa vertu ont élû Doyen de St Germain lui a fait dresser une Epitaphe à l'endroit même où il est enterré.

BOCAN.

AUTANT que celui-ci est connu sous le nom de Bocan, autant est-il inconnu par son veritable nom, qui étoit Jaques Cordier.
Bocan au reste est le nom d'une petite terre en Picardie, qui ne lui a jamais appartenu, parce que le Duc de Montpensier qui la lui avoit donnée, vint à mourir avant que d'en avoir pris possession. Ce n'étoit qu'un Maître à danser de femmes, mais qui a eu l'honneur de montrer à un grand nombre de Reines, à celle de France, d'Espagne, d'Angleterre, de Pologne & de Dannemarc. Il étoit le miracle de son siecle non seulement pour la danse, mais pour le violon & pour composer des airs justes, agreables & harmonieux. Depuis l'âge de seize ans jusqu'à soixante-dix, il a surpassé tous ses compagnons, & cependant il ne savoit point de Musique, & même ni lire, ni écrire, ni notter; si bien que tous ces beaux airs-là ont été perdus, quoiqu'il songeât à les donner au public comme les ayant tous presens à la memoire.

Charles I, Roi de la Grande Bretagne, l'estimoit à un point qu'assés souvent il le faisoit manger à sa table; de plus il n'a jamais fait de balets sans lui, & l'a comblé de liberalités, mais qu'il dépensoit bien vite tant avec ses amis qu'avec ses amies, car il aimoit éperdument les femmes; à la verité les pauvres s'en sentoient aussi, ce qui témoigne son bon naturel.

Quant aux Dames à qui il montroit, outre qu'il vouloit qu'elles fussent belles, qu'elles lui plussent & souffrissent ses caresses, il falloit encore que pour sa peine d'aller trois fois la semaine chés elles, elles lui donnassent six pistoles par mois. Après tout, quoique gouteux, caigneux, qu'il eut les pieds tortus, les mains crochues, en tenant seulement ses Ecolieres par les mains, il conduisoit si bien leur corps, qu'il leur faisoit danser jusqu'aux danses qu'elles ne savoient pas.

De la plus grande melancholie il passoit à la plus grande joie; tantôt il tranchoit de l'esprit universel; tantôt il faisoit le grand Politique; & tantôt il parloit de la danse si obscurément, qu'on ne savoit ce qu'il disoit. D'ailleurs il aimoit à se louer aussi-bien qu'à médire, & n'étoit jamais plus éloquent que quand il avoit à montrer que Belleville, qui étoit son rival, & les vingt-quatre Violons n'étoient que des Vielleurs. Lorsqu'on le prioit de jouer du violon, il regardoit au visage ceux qui l'en prioient, & s'il n'y avoit personne avec eux qui lui déplut, pour lors il se mettoit à jouer & ravissoit, mais non pas sans bien faire des grimaces Il fut regretté de la plûpart des Princesses de l'Europe, mais particulierement du Roi & de la Reine d'Angleterre.

LE MERCIER.

JAQUES le Mercier, Architecte du Roi, est celui qui au bâtiment du Louvre a conduit le grand Vestibule, la moitié du corps de logis & une partie de l'aîle gauche. De lui sont les Hôtels & les Châteaux Deffiat, d'Emeri, de Chilli. C'est d'après son dessin qu'ont été entrepris le Palais Cardinal, l'Eglise St Roch, celle des Prêtres de l'Oratoire & du Val-de-grace. C'est encore lui qui a fait le College du Plessis, la Sorbonne, la Ville de Richelieu toute entiere avec son Eglise & son Château; sans parler de plusieurs autres grands & superbes édifices.

Il étoit un peu lent, materiel, pesant, mais en recompense, prevoyant, judicieux, profond, solide, en un mot le premier Architecte de notre siecle; & enfin s'il n'étoit pas le Vitruve de son tems, du moins en étoit-il le Palladio.

Charitablement il assistoit les ouvriers de ses avis, les encourageoit à bien faire. Jamais il n'a fait faire de faux frais à ceux qui l'ont employé, ni rien abbatu de tout ce qu'il avoit bâti, défauts assés ordinaire de nos meilleurs Architectes; aussi ont-ils moins de vertu, & plus de bien qu'il n'avoit. Car tant s'en faut qu'il fût riche, qu'à sa mort, pour payer ses dettes, on fut obligé de vendre sa Bibliotheque, si belle, qu'elle fut vendue dix mille écus.

Son pere n'étoit que Maitre Maçon; pour lui, il a pris un vol si haut, qu'il s'est fait connoître & estimer de toute l'Europe, mais sur tout à Rome, qui est le siege des beaux Arts. Dès sa jeunesse il y avoit examiné & mesuré tous les ouvrages des anciens qui y restent. Depuis, comme à Rome, à l'occasion de l'Eglise de St Louis, on ne put decider dans toutes les conferences qui furent tenues exprés, lequel valoit mieux, ou d'assujettir la face du Portail à la rue St Antoine ou à celle de la Coulture Ste Catherine, on lui fit cet honneur de s'en rapporter à lui, & même l'on voulut qu'il traçât le plan de cette grande Eglise & en jettât les fondemens. Il mourut des goutes qui ne lui étoient venues que d'avoir trop veillé & travaillé en sa vie.

AUTRES EPITAPHES.

LE Curieux Italien dont parle Sorbiere dans ses Lettres, mourut chés Bourdoni le Sculpteur, & fut enterré à St Germain, à ce que m'a dit Bourdoni lui-même.

J'ajouterai ici trois choses assés burlesques.

La premiere est une inscription en vers gravée sur une grande pierre qui apparemment avoit été autrefois placée au-dessus d'un tronc de l'Oeuvre, & maintenant est sellée contre le Chœur au troisiéme pilier. La voici.

Si vous voulez faire bonne œuvre,
Mettez-cy en ce tronc de l'Oeuvre,
Qui pour petit de votre avoir
L'amour de Dieu pourrez avoir
Qui à un chacun rendera
Selon l'œuvre que il fera.

L'autre est une Epitaphe de Jean Puillois, Procureur de la Chambre des

DE LA VILLE DE PARIS. Liv. IV. 331
Comptes ; elle eft de l'autre côté du Chœur contre le cinquantiéme pilier.

Cy deſſous , au pied du pilier ,
Gyſt de ceans un Marglier ,
Maiſtre Jean Puillois ſurnommé ,
En ſon vivant bien renommé ,
Autant que Procureur fut oncques ,
Frequentant la Chambre des Comptes ;
Qui de bienfaits plein comme l'œuf
Mil cccc nonante neuf ,
Trepaſſa , dont fut grand eſmay ,
Le XIIII jour de May.
Priez pour lui , il vous en prie ,
Jeſus & la Vierge Marie.

La derniere choſe burleſque , eſt le tombeau de l'un des fous de Charles V. Ce Prince qui a paſſé pour le plus ſage de nos Rois , ne s'eſt pas contenté d'avoir des fous & des plaiſans , il leur a encore dreſſé des Mauſolées preſque auſſi ſuperbes que celui du Connétable de Gueſclin. Car j'apprens des Regîtres de la Chambre des Comptes, qu'il en fit enterrer un dans l'Egliſe de St Germain de l'Auxerrois. Sur une grande tombe de marbre noir, étoit couchée de côté une figure peinte & grande comme nature , dont la tête & les mains étoient d'albâtre , les cuiſſes , les jambes , les pieds & le corps de marbre blanc ; & qui ſervit de modele au Mauſolé qu'il fit faire en 1375 à Thevenin, autre fou, dans l'Egliſe de St Maurice de Senlis par Hennequin de la Croix, le vingt de Juin. Comme on ne trouve plus le premier dans St Germain , je me contenterai de décrire l'autre ſur le devis que j'en ai vû à la Chambre des Comptes, & que j'ai mis dans mes preuves.

Sur une tombe de pierre de liais , longue de huit pieds & demi , ſur quatre & demi de large , étoit étendue une grande figure peinte de même matiere & de même poſture que celle dont je viens de faire la deſcription. Quantité de figures de pierre, rehauſſées de peintures diſtribuées par étages dans des niches , bordoient ce tombeau , & l'environnoient de toutes parts ; un grand arche de pierre , revêtu de creſtelets & couronné d'un tabernacle chargé d'ornemens de ſculpture & de ſept figures peintes le terminoient ; une Epitaphe gravée ſur une grande pierre , apprenoit les folies de Thevenin. Le tout étoit ſoutenu de cols, de piliers , d'arcboutans , de fillolés & de pignonceaux amortis , & couta vingt-huit livres ſeize ſols pariſis , qui faiſoient alors une ſomme conſiderable.

J'ai rapporté beaucoup de termes de l'art, que je n'expliquerai point , puiſque je ne les entens pas , & que même ils ne ſont plus en uſage ni chés les Peintres ni chés les Sculpteurs.

ESTIENNE.

Je ne puis m'empêcher de rapporter une Epitaphe burleſque , qui étoit dans une des Chapelles de cette Egliſe , que voici.

Cy giſt qui pendant qu'il vivoit
Fit tout meſtier de gueſerie ,
Il ſouſloit , prediſoit , rimoit ,
Et cultivoit Philoſophie.

St THOMAS DU LOUVRE.

LE Chapitre de St Thomas du Louvre est composé d'une dignité de Doyen & de onze Canonicats, dont l'un est joint au Doyenné, qui valent de revenu, savoir le Doyenné deux mille livres, & les Canonicats trois cens livres chacun.

Le Doyenné est à la collation du Chapitre, & les Canonicats sont conférés quatre par le Roi, & les sept autres alternativement par sa Majesté & par l'Archevêque de Paris. Il a été fondé par Robert I, Comte de Dreux, quatriéme fils de Louis le Gros Roi de France.

St NICOLAS DU LOUVRE.

LE Chapitre de St Nicolas du Louvre est composé d'une dignité de Prevôt & de dix Canonicats. La Prevôté vaut dix-huit cens livres & les Canonicats huit cens livres chacun.

Ces Benefices sont à la collation de l'Archevêque de Paris, à la reserve d'un Canonicat qui est en Patronage Laïc, dépendant du sieur Galicher, Gentilhomme de la Province de Limoges.

Ce fut Jean du Bellai, Evêque de Paris, en l'an 1542, qui les érigea en Chanoines, de Boursiers qu'ils étoient auparavant, quand il étoit un College dont on ignore absolument la fondation.

St HONORE'.

L'AN 1204, fut fondée l'Eglise Canoniale de St Honoré, par Madame Sebile, veuve du Sieur Renold Chercy, Homme Noble. Le corps de cette Fondatrice repose en cette Eglise. Simon Morthier, Chevalier Seigneur de Villiers & de Boudene, & du Tour en Champagne, Garde de la Prevôté de Paris, au tems des Anglois, y est aussi enterré.

En 1579 a été bâtie une augmentation de cette Eglise telle qu'elle est aujourd'hui.

Cette Eglise est un Chapitre que l'on nomme une des Filles de Notre-Dame, qui sont tenues d'aller quand l'Archevêque les mande, comme je le dirai en parlant de Notre-Dame.

Ste OPPORTUNE.

C'ETOIT autrefois un Prieuré de Filles dépendant de l'Abbaye d'Almaneche en Normandie, dans le Diocese de Séez, & à present c'est un Chapitre & une Eglise Collegiale, où il y a huit ou dix Canonicats. C'est encore une des Filles de Notre-Dame, qui sont également obligées d'aller quand l'Archevêque les mande, tant aux Assemblées, qu'aux Processions publiques, que Notre-Dame fait pendant l'année; ce que l'on verra à l'article de Notre-Dame ci-après.

Elle est d'une très-ancienne fondation. C'étoit un Hermitage appellé de Notre-Dame des Bois, parce qu'elle étoit située à l'entrée des bois qui étoient de ce côté-là.

Si l'on en croit la tradition, on pretend que St Denys, qui vint en France en 252, la mit en grande veneration des peuples; mais depuis qu'une partie des Reliques de Ste Opportune y furent apportées de *Mouſſy le-neuf* vers 853, elle prit le nom de Ste Opportune, & Hildebrand en fut le premier Curé en la même année.

Sur les difficultés arrivées entre le Chefcier & le Curé de cette Eglise, on arrêta en 1225, que ces deux titres de Chefcier & de Curé seroient annexés & unis en une même personne, & ne feroit qu'un Benefice, dont le titulaire presideroit par tout tant au Chœur qu'au Chapitre. Guillaume, Evêque de Paris, y établit en 1311, deux Marguilliers Laics pour avoir soin de ce qui concerne la Fabrique seulement.

On rebâtit à neuf une Eglise près de cette Chapelle de Notre-Dame & de Ste Opportune, on y dressa plusieurs Autels, & celui de St Louis servit de Chapelle de Paroisse jusqu'en 1483.

L'on garde en cette Eglise le bras de Ste Opportune & quelques autres Reliques qui y furent apportées par Hildebrand du Prieuré de Ste Opportune situé à *Mouſſi le neuf*.

Cette Cure est à la nomination du Chapitre de St Germain de l'Auxerrois; & vaut de revenu par an deux mille cinq cens livres.

Elle a plusieurs sorties, & est située quartier St Jaques de la Boucherie.

St ROCH.

CETTE Eglise dès son commencement étoit une Chapelle dediée à Ste Susanne, que l'on nommoit Ste Susanne dite de Gaillon, dont les revenus ont été donnés aux Bons-hommes.

En 1521, Jean Dinoncheau ou Dinonceau, Marchand de Bétail, & Jeanne de Laval sa femme, firent bâtir en leur heritage fauxbourg St Honoré, un Oratoire, y ayant cloches & clocher, en l'honneur des cinq Plaies de Notre-Seigneur Jesus-Christ, & y fonderent trois Messes par semaine, le Dimanche, Mecredi & Vendredi. Celles des Dimanches & des Fêtes devoient être chantées, Eau benite & Pain benit; & pour cela passerent Acte le neuf Novembre, & assignerent trente livres de rente pour le Chapelain & une maison pour le loger.

En 1577, le treize Decembre, Etienne Dinonceau, Fourrier ordinaire du Roi, neveu du susdit Jean, pour seconder le zèle & la devotion de son oncle, & augmenter le lieu & Oratoire de Gaillon, accorda une place vague & un grand jardin attenant, à cette Chapelle, pour en faire une Eglise Paroissiale en l'honneur des cinq Plaies de Notre-Seigneur & l'invocation de St Roch.

En 1578, l'Evêque de Paris permit aux habitans des environs de bâtir cette Eglise pour servir d'aide à leur Paroisse, étant trop éloignés de St Germain de l'Auxerrois: & ce n'a été que du consentement du Chapitre de St Germain de l'Auxerrois qu'elle fut fondée-là.

Le vingt Novembre, les habitans firent acquisition de la Chapelle de Ste Susanne de Gaillon, pour en faire avec la Chapelle des cinq Plaies & de St Roch, une Eglise succursale de la Paroisse de St Germain de l'Auxerrois; avec obligation de faire faire un Autel dans cette Eglise le plus près qu'il se pourroit du principal Autel, qui seroit appellé l'Autel de la Chapelle de Ste Susanne dite de Gaillon, pour perpetuelle memoire de ladite Chapelle.

Le Chapelain qui faisoit les fonctions de Curé, étoit aussi à la nomination du Curé de St Germain l'Auxerrois, nonobstant les oppositions du Doyen de la même Eglise; mais leur different fut terminé par Arrêt du Parlement l'an 1590.

En 1622, après plusieurs assemblées dans l'Hotel Gaillon, les habitans de St Roch acheterent l'Hotel Gaillon pour l'agrandissement de cette Eglise, & qu'ils payerent six mil cinq cens livres.

En 1626 & 1630, il fut dit par Arrêt que les Marguilliers de cette Eglise compenseroient d'une rente de trois cens livres les droits que le Doyen de St Germain de l'Auxerrois pouvoit exiger de leur Paroisse.

Enfin cette Eglise fut erigée en Paroisse en 1630, dont Me Jean Rousse fut le premier Curé, & maintenu au titre perpetuel de premier Curé. Jaques Coignet lui succeda, qui resigna à Denys Coignet son frere, qui en prit possession le deux Juin 1668.

En 1635, fut passée la convention des Religieuses de la Conception avec le premier Curé, portant qu'elles garderont les Fêtes de la Paroisse, & offriront à l'offrande le jour des cinq Plaies un cierge d'une livre & un écu d'or.

En 1653, on a commencé à rebâtir & à agrandir cette Eglise, & Louis XIV au mois de Mars y posa la premiere pierre.

Dans cette pierre on y mit deux medailles, l'une avec le portrait du Roi d'un côté, & l'autre celui d'Anne d'Autriche, la Reine mere; & toutes deux avoient au revers, St Roch. 1653.

Sur cette pierre on y lisoit cette inscription.

D. O. M.
†
Jesu Christo
Per Crucem Salvatori.
Sancto Rocho
Per Crucem Sanatori.
Ludovicus XIV
Gal. & Nava. Rex
Posuit,
Anna Regina Matre
Manum supponente.
M. D. C. LIII.

Le tout fut travaillé sur les dessins de Jaques le Mercier, illustre Architecte de ce tems-là.

En 1665 le vingt-deux Novembre, Madame de Vendosme & le Duc de Mercœur, son fils, obtinrent de l'Archevêque d'Arles & du Pere General des Mathurins & des Consuls d'Arles, l'os du bras droit de St Roch, appellé *Radius* ou *Focile*, que le Curé & les Marguilliers ont mis dans une Chasse d'argent, que l'Archevêque de Paris & son Clergé, le Curé & les Paroissiens de St Roch allerent prendre aux Capucins où elle étoit deposée, le tout avec beaucoup de ceremonie.

Cette Cure est toujours restée à la nomination du Chapitre de St Germain de l'Auxerrois.

St JAQUES St PHILIPPE DU ROULLE.

CETTE Eglise étoit autrefois une Commanderie d'où dependoit la Maladerie de la Chauffée qui vaut cent livres de rente, celle du Roule vaut quinze cens livres de rente & plusieurs maisons, terres, vignes, rentes & heritages de la Maladerie de l'Hôtel-Dieu de St Cloud évalués à cinq cens livres ; le tout revenant à deux mille deux cens livres de rente.

Cette Commanderie étoit de la nomination du Roi, & ses dependances du Grand Prieur de Normandie. Mais cette Maladerie fut érigée en Paroisse le premier du mois de Mai 1699 pour le soulagement des habitans de ce lieu & de ceux des environs par le Cardinal de Noailles, Archevêque de Paris qui y nomme. Cette Paroisse est dotée de la moitié du revenu de ladite Commanderie, & l'autre moité demeure aux soins des Ouvriers de la Monnoye de Paris, qui l'ont appliquée pour le secours de leurs confreres malades.

En 1639, les habitans de ces quartiers representerent au Roi que ce fauxbourg étant l'entrée à Paris de toute la Province de Normandie, étoit d'une très-petite étendue, & qu'il étoit necessaire d'accroître encore ce fauxbourg. Cette proposition fut reçue favorablement. Le Roi leur accorda des Lettres Patentes au mois de Mai 1639, portant permission de bâtir & d'unir à ce fauxbourg le Village de la Ville-l'Evêque, dont je parlerai à la Paroisse de la Madeleine ci-après. L'on solemnise le seize Août en cette Eglise la Fête de St Francbourg. Il y a en cette Paroisse plusieurs Chapelles.

EXTRAIT D'UN ABREGE' DES CHRONIQUES
ou Annales de l'Abbayie St Germain des Prés, composées en Latin par le Pere du Breul, & abregées, & mises en François par le Pere Simon Millet, Religieux de ladite Abbayie.

CHILDEBERT en 525, entra en Espagne, défit Amalaric, prit Tolede, ramena sa sœur Clotilde, & rapporta de cette Ville les soixante Calices que l'on tenoit avoir jadis servi au Temple de Salomon, quinze Patenes, vingt couvertures de livre d'Evangiles de pur or, enrichies de pierreries, plusieurs Croix de divers métaux, & grand nombre d'autres joyaux précieux, entre lesquels étoit aussi le Psautier St Germain, parce que ce Saint s'en étoit servi autrefois, & tenons que Childebert lui en fit present; il est écrit sur membranes violettes & déliées, la dépense qu'il a falu faire pour cette écriture si precieuse, témoigne qu'il vint d'un gros Seigneur, & peut être du Tresor de Tolede. Au Pseaume 78, qui commence : *Deus, venerunt Gentes*, au lieu de ces quatre mots: *Posuerunt Jerusalem in pomorum custodiam*, qui se lit en la version commune : il y a, *Posuerunt Jerusalem in cosam Pomerii*; ce mot de *Cosa* est fort frequent entre les Espagnols.

Tous les Tresors apportés de Tolede, furent par Childebert distribués en diverses Eglises, & une grande partie en cette maison ; mais il ne s'y en trouve plus aucune chose, sinon ce Pseautier, & cet autre livre écrit en Lettres d'or sur membranes purpurines, contenant la plus part des Evangiles de St Marc & de St Mathieu, qui en est peut-être.

Childebert bâtit ce Couvent à la perſuaſion de St Germain, en l'honneur de la Ste Croix, de St Vincent & de St Etienne. Le Monaſtere étant parfait, il y mit la tunique de St Vincent, &c. Nicolle Gilles dit, &c. Gregoire de Tours fait mention de toutes les Reliques apportées d'Eſpagne, &c.

Le Roi y mit des Religieux de St Baſile, que St Germain fit venir de ſon Monaſtere de St Symphorien d'Autun; où il avoit été Abbé. Childebert fit Anthatius Abbé, l'un d'entre eux, & c'eſt le premier Abbé.

Le *Pragmaticum*, ou Privilege de Childebert eſt recité tout entier par Baronius, tome 7, en l'an 561, dont l'original ſe conſerve encore écrit en parchemin dans le Chartulaire de cette maiſon; il eſt ſemé de ſoleciſmes & de barbariſmes, procedés de l'ignorance du Notaire qui le dreſſa: il commence: *Childeberus Rex Francorum, vir illuſter. Vide du Breul, &c*. Dans ce privilege il n'y a aucunes diphtongues.

En 846, du tems de l'Abbé Ebroïnus, les Normans pillerent & brûlerent cette maiſon. Aimoïnus l. 5. c. 20.

L'an 853, le jour de Paques, ils pillerent de rechef l'Egliſe, & le Monaſtere, puis mirent le feu qui fut éteint par les Religieux qui s'étoient cachés.

En 886, ils ruinerent encore cette Abbayie, & mirent l'Egliſe quaſi rès-pied-rès-terre.

En 1239, l'Abbé Simon commença le Batiment ſomptueux du Refectoire qui en beauté & magnificence, ne cede à aucun autre, & fut achevé en 1244, ce qui ſe lit ſur ſon épitaphe, qui eſt devant le Chapitre. *Hic jacet bonæ memoriæ Simon Abbas, qui hanc Eccleſiam laudabiliter in ſpiritualibus & temporalibus regens, ipſam reddidibus ac ædificiis magnificis ampliavit, nam refectorium &c. conſtruxit.*

Hugues de Iſſy fit commencer la Chapelle Notre-Dame, qui fut achevée par ſon ſucceſſeur Thomas de Mauleon: il fut enterré devant le Grand-Autel de la grande Chapelle de Notre-Dame. Sur la tombe on lit: *Hic jacet Thomas de Malo-Leone, quondam Abbas hujus Eccleſiæ, cujus temporibus completa fuit Capella, fundata & ædificata per bonæ memoriæ Hugonem de Iſſiaco, Abbatem hujus Eccleſiæ Anima ejus requieſcat in pace.*

En 1266, le 17 Mars, mourut l'excellent Architecte Pierre de Montreau, qui avoit bâti notre refectoire, & notre grande Chapelle Notre-Dame. Il eſt enterré dans le chœur de ladite Chapelle en entrant à main gauche, ſa femme Agnès y eſt auſſi.

Dans les lettres de l'Anniverſaire de l'an 1278, de l'Abbé Girard, il y a *Ædificavimus & de novo conſtruximus Dormitorium, Capitulum, Latrinas operis nimium ſumptuoſi.*

En 1273, l'Abbé Gerard de Moret cinquante-uniéme Abbé, fit conſtruire ce magnifique Dortoir que nous voyons encore aujourd'hui, & non pas les Chambres qui n'ont été bâties que du tems de l'Abbé Briçonnet, en 1213. Auparavant il n'y avoit point de chambre dans le Dortoir, rien que des lits arrangez ainſi que dans un Hopital, conformément à la Regle de St Benoît, chap. 22. & au Canon 15 du Concile de Tours: *Non liceat Monachis cellas habere Co..... ubi aut bini veniant, aut ſingulares.*

En 1176, Louis VII commença à lever la moitié du revenu de notre foire St Germain, du conſentement de l'Abbé & des Religieux; & la foire commençoit alors le quinziéme jour d'après Paques, & duroit dix-huit jours, comme il apert par les Lettres du Roi.

En 1285, le Roi aſſigna les quarante livres de rente que les Religieux devoient à l'Univerſité, à cauſe de la mort de deux Ecoliers tués par leurs domeſtiques ſur ſon Domaine, en recompenſe de nos foires de Paques, qui lui furent concedées par les Religieux.

En 1285, Mathieu de Vendoſme, Abbé de St Denys, & Simon de Clermont, Seigneur de Neſle, Regent du Royaume, en l'abſence du Roi Philippes III, qui étoit à la guerre d'outre-mer, acquirent au nom & profit

DE LA VILLE DE PARIS. Liv. IV.

fit du Roi, l'autre moitié de nos foires du Faux-bourg, qui commençoient quinze jours après Paques, & duroient dix-huit jours, moyennant quarante livres de rente, que nous étions tenus de payer tous les ans pour la fondation des deux Chapelles, pour les deux Ecoliers occis; de laquelle somme il nous déchargea, & la constituerent sur le Domaine du Roi. Ainsi tout le revenu de nos foires tomba entre les mains du Roi, car l'autre moitié avoit été donnée au Roi Louis le jeune, du tems de l'Abbé Hugues III, en 1176.

La foire jadis Hotel de Navarre, *vide* Livre VII, Hotel de Navarre.

En 1398, Charles VI donna à son oncle, Jean Duc de Berri, fils puisné du Roi Jean, de beaux jardins situés en ce Faux-bourg, avec quelques édifices adjacents; ces jardins auparavant appartenoient au Roi de Navarre. Le Duc ne les garda qu'un an, puis les abandonna à notre Monastere par le rachat & amortissement de neuf livres neuf sols quatre deniers tournois de rente qu'il nous devoit tous les ans sur la maison de Nesle, où il faisoit lors la residence. Ces jardins sont maintenant les grandes Halles de la foire St Germain, qui commence tous les ans le troisiéme Fevrier.

Ludovicus Dei gratiâ Francorum Rex. Noverint universi presentes pariter & futuri, Hugonem dilectum nostrum venerabilem Sancti Germani Abbatem de pracis Parisiis, de assensu totius Capituli sui, in medietatem omnium illorum quæ de redditibus nundinarum suarum, incipientium quinto-decimo die post Pascha provenerint, nos elegisse, eo tenore, quod à manu nostra, vel hæredum nostrorum portio nostra nequaquam poterit alienavi. Actum Parisiis, an. Incarn. Dominicæ, 1176. Chartulaire de St Germain. *Duchesne.*

Gaufridus Eloreau, Evêque & Comte de Châlons, &c. Abbé de ceans, obtint de Louis XI, que les susdites foires seroient transferées; ce qui fut fait nonobstant l'opposition de l'Abbé de St Denys, &c.

L'Abbé Guillaume Briçonnet fit bâtir les superbes Halles de la foire St Germain; & c'est merveille que le Pere du Breul n'en fait aucune mention; non plus que des chambres du Dortoir que cet Abbé fit aussi construire, sinon ce qu'il en dit ci-dessus. *Vide* Livre VI, *plura* de la foire, touchant sa translation & interruption.

L'an 1580, fut commencée la fonte des grosses cloches qui sont au gros clocher; la plus grosse fut faite l'année d'après, au mois de Janvier: celles d'auparavant qui n'étoient pas si grosses, ayant été cassées par accident, furent descendues en 1557, & mises au bas de la nef, où elles demeurerent jusqu'en 1580, que les Peres de ceans resolurent de les faire refondre pour en faire de plus grosses.

Pierre le Roi Fondeur de Paris, très-expert, comme son œuvre le demontre, y travailla, qu'on peut dire les meilleures, ou du moins aussi bonnes & aussi harmonieuses qu'il y en ait au reste du monde, à proportion de leur grandeur, dont il eut deux cens livres pour sa peine, fournissant tout le reste, & le nourrissant lui & ses hommes tant qu'il travailla. Pour le payement du metail qu'il fallut de surplus, le Cardinal de Bourbon, qui ne tiroit jamais à la bourse, permit aux Religieux de vendre quelques places vuides & inutiles qui étoient derriere les halles de la foire.

Ces places furent vendues en 1581, le septiéme Avril, à Pierre Thireul Bourgeois, seize cens livres dix sols de rente annuelle payable à l'Abbé: ce qu'il fallut de surplus fut fourni par le Couvent. La moindre de ces cloches égale la plus grosse des autres.

Tome I. V u

EXTRAIT DES MEMOIRES DU PERE FRANCOIS Guignard.

EN 1586. le Cardinal de Bourbon commença à faire ruiner le vieux logis Abbatial, & bâtir le superbe qui se voit maintenant, œuvre de grande entreprise, & qui a beaucoup embellie cette maison, comme il sera dit ci-dessous.

Extrait des mêmes Memoires.

LA GALLERIE.

ET quod jucundioris est aspectus deprehendimus, cervos, qui una serie, & æquilibris intervallis inter se dispositi dimidio fere corpore, audacter erumpunt, & enascuntur; & quod jucundioris est aspectus in illorum armis, naturæ ludentis cernitur lascivia, alia namque solidis fruticantur surculis; alia pluribus ramatibus dividuntur; alia in immanem protenduntur proceritatem; alia in amplitudinem insolitam diffunduntur, alia in formosos volvuntur anfractus.

En 1561, Charles IX, après son Sacre, pour éviter les embuches des Huguenots, y vint loger avec sa mere, & son frere; le Roi de Navarre logea à l'Infirmerie avec la Princesse Marguerite, âgée pour lors de sept ans, &c.

Fondation de Jeanne, Comtesse de Blois. Item de Catherine d'Alençon, Duchesse de Baviere.

Les trois tours de l'Abbayie font un effet superbe & Royal.

Privé magnifique & grand édifice à l'Abbayie.

En 1394, la porte de Paris qui est au bout de la rue de la Harpe, qui premièrement fut appellée *Porte Gibart*, puis Porte d'Enfer, fut reparée & agrandie par Charles VI, & nommée Porte de St Michel, du nom d'une fille nommée Michelle, qu'il avoit eue de sa femme Isabelle, fille du Duc de Baviere.

L'an 1541 furent bâties les Infirmeries: le Cardinal de Tournon paya la plupart des frais, commençant alors à reconnoître combien injustement il avoit tourmenté les Religieux.

En 1555. au mois de Novembre fut commencé ce beau côté du Cloître qui est du côté de l'Eglise; ou plûtôt fut continué, car les fondemens en étoient posés, déja hors de terre long-tems auparavant, &c. Il coûta cinq mille huit cens soixante livres six sols cinq deniers tournois, &c.

Ceinture de Ste Marguerite derobée avec la clef de St Germain : la ceinture ne fut point recouvrée, & ce que nous en avons est un petit fragment qui étoit à part, qu'on a depuis fait enchasser, & accommoder comme elle se voit. Pour la clef que l'Ange donna en songe à St Germain, pour denoter qu'il seroit Evêque de Paris, nous la gardons encore.

LA BIBLIOTHEQUE.

LA Bibliotheque est composée de quelque six mille volumes imprimés & de sept cens manuscrits, dont une partie appartient aux Benedictins de Corbie.

Inter manuscriptos Codices mirandi isti duo sunt ; unus divi Dionysii continens opera, ab Imperatore Græco, in Galliam missus ; qui in divi Dionysii fano religiosissime asservatur ; alter Psalmos Davidis, notis Ciceronianis descriptos complectitur, in divi Germani Pratensis Monasterio. Voyez le Traité des Bibliotheques de Paris, de Jacob.

Le Bibliothecaire estime neanmoins davantage le Pseautier de St Germain dont ce Saint s'est servi, apporté par Childebert des dépouilles de Tolede. Il est en velin teint en pourpre, & les lettres d'argent, avec les titres & les mots : *Deus & Dominus* en lettres d'or.

Une partie des Evangiles de St Mathieu, de St Marc, en même velin, & les lettres sont capitales & d'or.

Une collection des Conciles, écrite il y a plus de onze cens ans.

Les Epitres de St Paul, Grecques & Latines, en lettres capitales, écrites il y a bien mille ans.

Le Missel de St Eloi, écrit de même tems, dont la Preface, & le Canon sont en lettres d'or.

Un Pseautier par notes de Tiron, qui avoit été esclave de Ciceron, depuis son affranchi, & son Secretaire.

Une grande Bible *in-folio* en deux volumes, écrites du tems de Charlemagne.

Les œuvres des quatre Docteurs de l'Eglise, écrits pour la plupart, il y a huit cens ans.

La Bibliotheque est éclairée de onze grandes croisées, & portée sur autant d'arcades fort larges, qui font une des aîles du Cloître, & qui est de beaucoup plus large que les trois autres ; bien que celles-ci dussent avoir la même largeur, & lui être semblables pour les ornemens. Cet édifice par dehors est appuyé au premier étage de pilastres Doriques, qui lui servent d'arcs-boutans, & orné dans les trumeaux du second, de colomnes Ioniques.

Le Tombeau de Fredegonde, enrichi de marqueterie de diverses couleurs, de divers entrelas à la Mosaïque de pieces de raport fort Gothiques, assés ingenieux, fort minces & deliés que l'on n'a pas pu joindre sans une grande peine.

La maison Abbatiale est magnifiquement bâtie.

Le Jardin du Couvent est fermé de murailles bien fortes, & bien hautes, soutenues en dedans par quantité d'arcs-boutans, & ornées de deux corniches l'une sur l'autre. Elles passent pour être la plus haute ceinture de jardin qui soit en France, & ont coûté quarante mille livres.

Dans le Livre que Mr Gassendi a écrit des merveilles, ou profondes connoissances qu'avoit, ou devoit avoir le Conseiller Peyresc. *Peyrescius falsi convicit tumulos extructos, tum Clodovæo, ad Sanctam Genovefam, tum Childeberto filio Clodovæi primi, Chilperico, Clotario secundo, Childerico, Ultrogothæ Childeberti uxori & Fredegondæ Chilperici ad Sanctum Germanum. Cum eos expendisset, qui ad sanctum Dionysium, nihil potui comperire, inquit, quod ante divi Ludovici tempora satisfecerit ; existimoque omnes illos antiquissimos tumulos tempore eodem, nec multo ante divum Ludovicum constructos ; qui autem placuit maxime, is est nostratis Margaretæ sororis nimirum Beatricis primogenitæ sancti Ludovici uxoris ; denique commendans cætera sigilla quæ coram inspexit, ex typisque expressa tulit ex Archivis Abbatiarum san-*

Tome I. V u ij

HISTOIRE ET ANTIQUITE'S

florum Dionysii, Germani, Mauri, & cæterarum ut in quibus continentur Germani effigies Karoli M. H. Ludovici Pii, H. Lotarii Imperatoris, Pipini Regis Aquitaniæ, Karoli calvi, Karoli simplicis, aliorumque Regum ex secunda stirpe. Hæc sane, inquit, satis refellunt, tumulosque, & statuas hisce Principibus confectas ante quadringentos, aut quingentesimos annos.

Il n'y a point d'autres preuves que les tombeaux de ces Rois ayent été faits immediatement après leur mort, que les tombeaux mêmes qui témoignent cet âge ; l'approbation des Experts, dont quelques-uns doutent de ceux de de Childebert & d'Ultrogothe, & non pas de Chilperic & de Fredegonde, qu'on assure être de ce tems-là ; pour les deux autres, on ne sauroit qu'en juger, les tombes étant toutes unies, sans aucunes lettres, ni figures ; les figures des tombeaux des deux Rois, & de la Reine Fredegonde, qui tient dans sa main un sceptre, dont le bout est terminé en fleurs de lis, la couronne même de la tête de cette Reine qui est accompagnée de fleurons en fleurs de lis : je ne sai si ces fleurs de lis ne sont point plus nouvelles que le siecle auquel vivoient ces Monarques.

Le Chœur est d'une façon très-devote & particuliere, je ne sache que celui-ci, & celui des Bernardins, qui soit de même.

La voute de la Chapelle de la Vierge est peinte par les Nains ; ces trois freres excelloient à faire des têtes, aussi ont-ils réussi merveilleusement dans celles des figures qu'ils y ont fait entrer, aux figures de l'Assomption & du couronnement de la Vierge ; toutes ces têtes au reste sont d'après nature, si belles, & si proprement appliquées au sujet, qu'il ne se peut pas mieux.

Un tombeau d'une Reine, caché dans terre sous celui de Chilperic.

Le Chapitre est soutenu dans le milieu sur quatre grandes colonnes, qui portent une voute d'ogives. Cette façon d'appuyer une grande & haute voute sur de petites colonnes, est toute Gothique, mais celle-ci est particulierement remarquable, tant à cause de la delicatesse de l'ouvrage, que parce que les fusts des colonnes étant trop courts, on a coulé du plomb dans les joints, de crainte qu'autrement les arrêtes de pierre ne vinssent à se rompre.

Ce bâtiment sans doute est fort ancien, & ce n'est pas sans étonnement que des colonnes de dix pieces, & qui n'ont pas plus d'un pied & demi de diametre, ayent pu si long-tems porter une voute de cinq à six toises de largeur, sur davantage de hauteur ; le parterre est à la mosaïque, enrichi de quantité de compartimens, faits de petites pierres de couleur, & de maniere differentes. Ce sont toutes pieces de raport, à la verité dont le travail est gothique, aussi-bien que la disposition, mais qui ne s'est pu faire sans beaucoup de tems, & une peine incroyable. La même peine, & la même diversité éclatent dans les vitres qui l'éclairent ; quantité d'entrelas & lacis blancs, noirs, & rouges y sont admirés, étant tous beaux, plaisants differents, & fort spirituels.

La principale aîle du Cloître est un édifice un peu Gothique, & élevé de deux étages ; le premier est appuyé de pilastres Doriques, & le second qui est appuyé par la Bibliotheque, est orné dans les trumeaux de colonnes Ioniques. Les Religieux firent bâtir ce côté de Cloître à leurs depens, dans l'esperance que le Cardinal de Tournon, pour lors leur Abbé, continueroit les autres côtés.

Ce bâtiment est assés magnifique, les culs de lampe qui servent de clefs aux arcades du premier étage sont tous d'une maniere differente, & travaillés avec une delicatesse non moins galante, qu'incroyable. Les chapiteaux Ioniques ont aussi de petits ornemens tous dissemblables, de plus si bien coupés & fouillés, qu'il ne se peut pas mieux sur la pierre ; de sorte que cet édifice seroit très-bien entendu, si les colonnes n'étoient pas trop courtes de quatre grosseurs, & les pilastres de trois ou environ. Le tout a été bâti en 1557.

La grande Chapelle de la Vierge qu'on croit avoir été commencée en 1245 sur le modele de la Ste Chapelle par Pierre Né de Amsterole, Architecte de la Ste Chapelle, est soutenue sur des colomnes, & des arcs-boutans si delicats, que la voute se dement en quelques endroits. De côté & d'autre elle est éclairée de vitres de clair-obscur, dont les lacis sont fort beaux à la verité, fort gothiques, & d'une gentillesse extraordinaire; mais surtout les vitres du fond du chœur sont universellement admirées, tant pour cette diversité & vivacité du coloris, que parce qu'en y entrant, le rouge éclatant de celles du milieu, frape & éblouit en quelque façon, & se détachent si bien des autres vitres, qu'elles ne ressemblent pas mal à un grand feu au milieu du gris, du blanc, du bleu, du noir, & de toutes sortes de couleurs. Le coloris des uns & des autres est si fort & si vif, qu'ils semblent partir tout fraichement des mains de l'Ouvrier. Ce sont des couleurs qui depuis tant de siecles ne sont point encore mortes, & qu'on ne verra point mourir.

La Sonnerie est fort harmonieuse.

La Ceinture de Ste Marguerite attire quantité de monde le jour de sa fête, & le fauxbourg est rempli de femmes grosses.

Le Cloître est entouré de l'histoire & des miracles de St Benoît par de mauvais Peintres.

Frere Antoine l'a restaurée, & a montré plus de temerité que de science, en remuant cette vieillesse que les plus savans Architectes de notre tems n'ont jamais osé entreprendre.

Une image abusivement nommée par le peuple l'*Idole d'Isis*, abbatue par Guillaume Briçonnet, Evêque de Meaux, premier Abbé Commendataire de cette Abbayie sous François I. C'est le sentiment des Benedictins, particulierement du Bibliothequaire, & non du pere du Breul.

Il n'y a pas de raison pour croire que cette Eglise fut jadis un Temple d'Isis, ni qu'elle ait été bâtie sur les ruines de son Temple ; puisque si cela étoit il en seroit parlé dans la fondation, lorsqu'elle fut bâtie par Childebert; ou cependant il ne s'en trouve pas un seul mot.

Le Refectoire fait en 1239, vouté d'une grande hauteur, sans pilier au milieu, est le plus long & le plus large de tout cet ordre après celui de Marmoutier. Il ne consiste qu'en une seule nef fort large, & même plus que celle de la grande Chapelle de la Vierge.

Il est éclairé de huit grandes & hautes croisées de chaque côté, ainsi que cette Chapelle, & de plus de la même maniere ; d'ailleurs couvert d'une voute fort haute.

Ce corps est si grand qu'on le prendroit par dehors pour une Eglise ; il est pavé à la Mosaïque de compartimens gothiques d'une differente structure & de pierres très-petites.

Il est éclairé de vitrailles gothiques semblables à celles du Chapitre : En dehors il est soutenu par des arcs-boutans fort delicats & par dedans orné d'une touffe de colomnes à la place de chaque trumeau qui a pour base alternativement des feuilles d'Acanthe & un Marmouset travaillé avec bien du soin & de la peine, mais avec peu de dessin.

La Chaire du Refectoire est portée sur un gros cul de lampe, chargé d'un grand sep de vigne, coupé & fouillé avec une patience incroyable.

A côté de cette Chaire est une colomne fort grêle qui porte quelques ornemens ; le tout est si delicat qu'il semble en l'air.

Les Tombeaux Royaux ont été transferés & relevés de notre tems avec permission du Roi.

TOMBEAUX.

SAINT Germain, son pere Eleuthere & sa mere Eusebie, y sont enterrés; leurs tombeaux ne se voyent plus, Abbo assure que ses pere & mere y furent enterrés, liv. 1. du siege de Paris. Cet Abbo étoit disciple d'Aimoinus.

Chilperic encore avec ses deux fils Merouée & Clovis. Les tombeaux de ses enfans ne se voyent plus, la longueur du tems & les ruines de l'Abbayie les ayant effacées.

Item, Fredegonde. Bertrude femme de Clotaire II, & mere de Dagobert, est vis-à-vis de Fredegonde, où se voit encore sa sepulture, toute pleine, sans écriture ni figure.

Clotaire II, dont on voit la sepulture. Chilperic II, fils de Clovis II, frere & successeur de Clotaire III, y est aussi, avec sa femme Blitilde; & ce sont ces sepulchres qui furent deterrés il y a dix ans.

Item, l'Abbé Morardus l'an 990, qui fit rebâtir l'Eglise & reparer les tombeaux des Rois, fondateurs & bienfaicteurs de la maison, comme de Childebert, Chilperic, Clotaire II, & leurs femmes, & non pas de ceux qui n'ont rien donné.

Cet Abbé est le vingt-sixiéme, il fit construire tout à neuf l'Eglise en l'état qu'elle se voit à present, & fit faire l'un des deux clochers qui se voyent aux deux côtés, mais on ne sait pas lequel.

Helgaudus, Religieux de Fleuri, écrivant la vie du Roi Robert, dit qu'il fit rebâtir plusieurs Monasteres, & entre-autres celui de St Germain de Paris: ce qui fait croire que ce Prince fournit une partie des frais pour rebâtir cette maison, & donna de l'argent à l'Abbé Morard; car le revenu de plusieurs années de cette maison n'eût pas été suffisant pour une telle entreprise. Voyés son Epître dans du Breul.

Hugues III, quarante-uniéme Abbé, en 1163, supplie le Pape Alexandre, de consacrer l'Eglise nouvellement bâtie par Morardus, ce qu'il fit, & conceda à Hugues & à ses successeurs l'usage de la Mitre & des Anneaux Pontificaux.

En 1227, Gregoire IX ajouta la tunique, ainsi que portent les Evêques, à l'Abbé Oddo.

La même année, Oddo fit construire le Cloître, dont nous voyons encore trois côtés.

Guillaume Briçonnet, Evêque de Meaux, fit rehausser les aîles du Cloître qui étoient trop basses.

En 1588, le Cardinal de Bourbon, Abbé, fit commencer en Mai à peindre la vie de St Benoît dans nos Cloîtres, & promit de donner par mois dix écus aux Peintres jusqu'à la fin de l'année; mais les Guerres civiles étant survenues en Decembre, firent tout cesser.

Extrait des Memoires du Pere Guignard.

Croix dans les Tombeaux, *Ibidem.*

Pierre de Corpolai, cinquante-cinquiéme Abbé, compila les Gestes des Rois ensepulturés en notre Eglise, ou qui avoient fait quelque bien au Monastere, & les fit attacher en tableaux aux piliers, que le tems a consumés. Le contenu s'en trouve en Latin à la fin du livre des Privileges de Guillaume III, qui est au Tresor.

Le Pere du Breul croit que l'Abbé Richard II, a fait faire la voute qui est au-dessus du Chœur du côté de l'Autel, laquelle est un peu plus basse que celle que fit bâtir Morardus. L'Abbé Richard est enterré devant le grand Autel, avec une Epitaphe.

En 1408, l'Abbé Guillaume fit refaire la Chasse de St Germain; elle est faite en façon de couverture d'Eglise; elle avoit auparavant été d'or.

Le marc d'argent mis pour lors en œuvre, de quelque sorte que ce fût, ne valoit que treize couronnes d'or, c'est-à-dire treize livres dix sols tournois, en nourrissant les ouvriers. Pour la manufacture du marc d'or on ne payoit que seize livres quinze sols, en fournissant la matiere & nourrissant les Orfevres.

En 1482, le Roi Louis XI, donna à la maison de ceans le beau & noble Hotel de Nesle, situé sur le bord de la Seine, & joignant les murs de la Ville, vis-à-vis ledit grand Hotel, qui faisoient la separation de la Ville & du Pré-aux-Clercs.

En 1586, l'Hotel de Nesle, que Louis de Gonzague, Prince de Mantoue & Duc de Nevers, mari de Henriette de Cleves, tenoit à cens annuel de cette maison, fut erigé en fief par le Cardinal de Bourbon, du consentement du Couvent. *Extrait des Memoires du Pere François Guinard*, 24, 30, 54, 62, c.

Une grande Bible *in-folio*, qui fut le premier livre imprimé selon Naudé, & qui fut achevée en 1462, comme il est porté par son inscription, &c. Le caractere de cette Bible, que j'ai vue dans la Bibliotheque de Ste Croix de la Bretonnerie en deux volumes, étoit si semblable à l'écriture à la main de ce tems-là, que Jean Faust, Libraire de Maïence, en ayant apporté grand nombre à Paris, la plupart sur du vélin, & ornées de grandes lettres & vignettes d'or, il les vendit au commencement pour manuscrits, & ne les donnoit à moins de soixante écus piece. Mais après venant à les lâcher à vingt ou trente; & ceux qui en avoient acheté des premiers, s'étant apperçus de la tromperie, intenterent action de survente contre lui, & le poursuivirent si chaudement, que s'étant sauvé de Paris à Maïence, & ne s'y trouvant pas trop en sureté, il passa à Strasbourg, y demeura quelque tems & enseigna son Art à Jean Mentelin.

St DENYS DE LA CHARTRE.

AU Tresor de St Martin, dans la layette intitulée, Prieuré de St Denys de la Chartre à Paris, sont deux titres du Roi Robert donnés tous deux *in Palatio Aurelianis*, où les Chanoines de St Denys de la Chartre sont nommés, *Canonici Sti Dionysii de Parisiaco carcere*.

De là j'infere deux choses.

La premiere, que ce n'étoient point des Chanoines Reguliers, comme l'étoient ceux de St Martin, autrement il auroit dit, *Canonici cœnobialiter viventes*, comme dans le titre de Philippe I & Henri I, *Canonici Regulari conversatione viventes*, quoi qu'en dise le Pere Marrier; & même il y a encore un Chanoine de Notre-Dame Chanoine de St Denys de la Chartre.

La seconde, que St Denys de la Chartre étoit peut-être encore du tems de Robert, la prison de Paris, ce que veut dire *Parisiacus carcer*.

Dans le Pouillié de St Martin, il est porté que dans St Denys de la Chartre, il doit y avoir cinq Religieux y compris le Prieur; mais les Prieurs de St Denys s'y sont toujours opposés, & ont plaidé pour cela.

Enfin, le revenu en est diminué si notablement, que depuis près de cent ans, on y en a vû qu'un. Depuis 1636 au rapport de Mr de la Bistrade, ce Prieuré par Arrêt du Grand Conseil, a été declaré simple & non Conventuel: que le Prieur sera néanmoins tenu d'y recevoir & entretenir deux Religieux Prêtres du Monastere de St Martin, avec un Frere Convers, pour les administrer. Ceux de St Martin néanmoins ne se sont pas souciés d'y en envoyer, parce qu'il leur auroit fallu lever l'Arrêt où il y avoit deux cens écus d'épices.

Le Prieur a haute, moyenne & basse Justice dans son territoire. De plus, franchise & immunité chés lui pour toutes sortes d'Artisans ; a ses Officiers à part, Bailli & autres.

Il doit douze livres parisis de pension à St Martin à cause du droit de patronage.

Il y a une Chapelle qu'on dit être la plus ancienne Eglise & Paroisse de la Cité, dediée à St Blaise & St Symphorien. On voit au bas les fonts & les sepultures de Mathieu, Comte de Beaumont, & de la Comtesse sa femme.

Ce Prieuré est Conventuel depuis sa fondation tant par les marques exterieures, comme le Cloître, où se voit encore le sepulchre d'un Prelat couché & revêtu en sa figure de pierre, d'habits Sacerdotaux, & autres bâtimens reguliers, que par plusieurs titres anciens & modernes.

Il a été premierement une Abbayie de St Augustin, dont Henri frere du Roi Louis le jeune étoit Abbé; puis un Couvent de Filles, échangé avec un Prieuré Conventuel de Religieux qui étoit à Montmartre, dependant de St Martin; & enfin par cet échange le Prieur & Religieux de St Denys ont été reduits au nombre de cinq, à cause de la diminution de son revenu.

Le tout justifié par le livre appellé Bertrand, ancien Poullier de St Martin, & par la Bibliotheque de Clugni. Moyens du procès de Charles de Mass. p. 1.

La Reine-Mere défunte, dont la pieté s'étendoit en divers lieux, en a fait reparer l'Autel & a fait poser les figures qui y sont & qui representent un miracle arrivé à ce Saint, lorsqu'il étoit enfermé dans ce lieu ; elles sont de Mr Anguerre.

On voit une grosse pierre de caillou noir, échancrée & vuidée par le milieu, où le col d'un homme peut tenir ; de plus trouée par les côtés pour passer des cordes & les lier après sur les épaules d'un criminel, afin qu'en cet état demeurant accroupi, il ne puisse se lever ni s'étendre. Ce genre de supplice étoit fort usité chés les Anciens.

S'il est besoin des titres de cette Eglise. *Vide Historiam Sti Martini*, Marrier.

PRIEURE' ET PAROISSE DE St DENYS DE LA CHARTRE.

SISINNIUS Prevôt de Paris, fit serrer St Denys, Rustic & Eleuthere, dans une basse-fosse, sur laquelle (maintenant appellée la Cave) fut depuis bâtie une Eglise appellée St Denys de la Chartre, où il y a Paroisse & Prieuré qui dépendent du Prieuré de St Martin par échange de Montmartre, cedé au Roi Louis VI, dit le Gros, & à Adelle sa femme en 1133, pour y construire une Abbayie de Filles. Du Breul, Liv. 1. feuillet 113.

FONDATION DE L'EGLISE COLLEGIALE DE
St Symphorien près St Denys de la Chartre.

MATHIEU Comte de Beaumont, ayant fait vœu d'aller en guerre à la Terre-sainte, & n'ayant pû faire le voyage, donna à Oddo, ou Eude 71e Evêque, une grande place & maison qui tenoit à St Denys de la Chartre, s'étendant jusqu'à la grande rue qu'il appelle, *Stratam viam anteriorem*, pour y faire une Eglise de trois Chanoines Prebendés, &c.

Agnès

DE LA VILLE DE PARIS. Liv. IV.

Agnès, fille du Duc de Moravie, étant morte à Poiſſy, en 1201, dotta l'Egliſe St Symphorien, & donna cent marcs d'argent pour des Religieux & Abbé de Montivier, & le Four d'Enfer, qui eſt dans la Cité.

Garnier de St Lazare, Bourgeois, dont la rue porte encore le nom, donna à cette Egliſe où il eſt enterré, une maiſon devant St Julien-le-Pauvre, trois arpens de vigne, &c. & un autre arpent & demi, &c. *Ea conditione, ut omnes proventus dicti, quatuor Sacerdotibus in eadem Capella ſervituris, portione diſtribuerentur æquali*, &c.

PROCES ENTRE LES RELIGIEUX, PRIEUR, & Couvent de St Martin, Demandeurs: Contre le Curé & Marguilliers de St Symphorien.

REPETITION de l'échange faite de St Denys de la Chartre pour Montmartre, par Louis le Gros & Adelaïs, & St Denys depuis a toujours été deſſervi par cinq Religieux de St Martin, &c. & cela prouvé par tous les titres & documents de St Martin; & ſur tout par le livre très authentique, nommé *La Bertrande*, qui eſt une eſpece de Papier-terroir, & de Chartulaire compoſé par Bertrand Prieur de St Martin, où il eſt écrit que les Religieux de St Denys doivent recevoir leur veſtiaire à St Martin. *In Proratu Sancti Dionyſii ſunt ibi Prior & alii quatuor Socii, qui Socii recipiunt in Sancto Martino veſtiarium, & ipſe Prior etiam unam forraturam Caputii, & unam ulnam Blancheti.*

Ces Religieux de St Denys voyant qu'il y accouroit tous les jours du monde, & qu'ils n'étoient pas ſuffiſants pour ſatisfaire à la devotion de tant de peuple, érigerent dans la nef une Chapelle, qui avec le tems ſeroit devenue Parochiale; car avant que le Pont Notre-Dame fut fait & élevé à la hauteur où il eſt, St Denys étoit ſur le bord de l'eau, & n'avoit pas tant de Paroiſſiens qu'aujourd'hui, &c.

Cette Chapelle eſt devenue Parochiale du conſentement des Religieux de St Martin qui s'en reſerverent la nomination; & depuis, le Prieur de St Martin y a toujours pourvû. Cette Paroiſſe nouvelle fut érigée ſous le nom de St Denys de la Chartre, &c.

Et parce que les Religieux de St Martin, ni ceux de St Denys de la Chartre ne pouvoient exercer les fonctions curiales, par le Concile de Latran: *Quia Monachi officium eſt plangere, non docere*, dit St Jerôme: & que d'ailleurs c'eſt les détourner de leurs Obſervances clauſtrales; ceux de St Martin y établirent un Curé ou Vicaire perpetuel, ſe reſervant comme Patrons, &c. qu'il marcheroit aux Proceſſions ſans Eſtole, qui eſt la ſeule marque d'un Curé abſolu & indépendant.

Dans cette Paroiſſe, que le peuple a toujours nommée St Gilles & St Leu, à cauſe peut-être de quelques images de St Gilles & St Loup qu'on avoit miſes ſur l'Autel, quoique dans les Archives de St Martin elle ſoit toujours appellée *Capella Sancti Dionyſii de carcere* : dans cette Paroiſſe dis-je, on a toujours vêcu dans cet uſage, & bonne intelligence d'Edme Girardon, Curé, &c. qu'enfin *pro bono pacis*, du conſentement de ce Girardon, & de René Hazon Religieux de St Martin, Prieur de St Denys, cette Paroiſſe de St Gilles & St Leu, avoit été par le Cardinal de Gondi, Evêque de Paris, transferée en l'Egliſe Collegiale de St Symphorien, proche & vis-à-vis dudit Prieuré.

Jaques Martinet ſucceſſeur de Girardon, piqué de jalouſie auſſi-bien que ſes Marguilliers, de ſe voir precedé aux Proceſſions des Rogations par le Curé de St Laurent, ſe revolterent, &c.

Tome I.

Ensuite se voit le fondement de la plaidoirie de Billard pour les Marguilliers de St Symphorien, découvert dans du Breul, au traité de la Cité, Liv. 1. fol. 192.

On ne trouve point pourquoi cette Eglise de St Symphorien se nomme ainsi, & non pas St Denys; mais il est à presupposer qu'ayant été dediée à plusieurs Saints, à St Denys, à Ste Catherine, & depuis à St Symphorien, à St Blaise, on l'a surnommée St Symphorien à la difference de St Denys de la Chartre; car aux Lettres de Roger de Camera ci-dessus de l'an 1214, touchant le Four-d'enfer, elle est nommée *Sancti Symphoriani de carcere*, & sur la porte du chœur on voit St Symphorien & St Blaise en peinture, & de ces deux seuls les Chanoines font la feste.

Cette Eglise anciennement étoit aussi basse que St Denys; la descente commençoit au chevet de cette Eglise, & finissoit à l'eau; mais lorsqu'on bâtit le Pont de pierre, cette Eglise fut divisée en deux par une voute au milieu, & les avances de part & d'autre rehauffées, demeurant moitié dans la terre, moitié dehors, si bien que la haute Chapelle a sa porte au rez-de-chauffée, & la basse est fort obscure, n'ayant lumiere que par deux fenêtres qui sont joignant le pavé, où est un puits, des fonts, & trois Autels; ce qui me fait croire que c'étoit anciennement Paroisse & Chanoinerie, ainsi que St Germain de l'Auxerrois, St Merri & autres, laquelle Paroisse auroit été transferée à St Denys de la Chartre, pour l'incommodité du lieu.

Tout ce plaidoyé de Billard n'est fondé que sur une conjecture d'un Moine de St Germain des-Prés, homme privé, & qui a écrit tout ce qui lui est venu en fantaisie, comme il a voulu.

La rue où est St Symphorien s'appelloit autrefois la rue de Glatigni, rue neuve St Denys, & des Haut-moulins.

La Cure de St Symphorien s'appelloit avant la translation en l'Eglise St Symphorien, St Gilles, St Leu, & de plus a été appellée St Symphorien. Auparavant elle étoit dans l'Eglise St Denys de la Chartre, & ne laisserent pas néanmoins d'avoir dans leur Banniere St Denis de la Chartre, &c.

On ne sçauroit dire en quel tems, ni par quel moyen cette Cure a été rendue dépendante de St Martin, &c.

Les Marguilliers disent qu'elle a été autrefois sur le bord de l'eau, & depuis transferée dans l'Eglise du Prieuré à titre precaire & par souffrance, à cause des incommodités de l'eau, & qu'on rétablissoit le Pont-Notre-Dame, & qu'elle fut établie là du consentement du Prieur de St Denys, & des Religieux de St Martin, mais ils ne le prouverent pas.

Depuis, il s'éleva des contestations, &c. *Vide.* Car je crois que cet endroit est ce qu'il faut prendre pour le plan de l'Histoire de cette Cure.

A la fin est un Extrait d'un Chartulaire de St Denys de la Chartre, & à côté du titre, Mr. d'Herouval.

De plus, une translation entre le Roi & le Prieur de St Denys touchant les Privileges de cette maison, de l'année 1401.

Cette Paroisse presentement est entierement abolie & jointe à la Cure de la Madelaine, & depuis peu sert de Chapelle à la Communauté des Peintres & des Sculpteurs qui l'ont achetée, & qui l'ont nommée St Luc du nom de leur Patron.

EXTRAIT D'UN CAHIER DE PARCHEMIN
in-12 qui paroît écrit vers 1450.

LIBER Statutorum, & Juramentorum Ecclesiæ sancti Symphoriani, quæ unusquisque per se-ipsum legere debet, si sit Clericus, si verò non sit Clericus, senior Canonicus, qui sit presens, debet sibi legere, & dare sua Juramenta ante Altare magnum, & postea ponere eum in possessionem, sic tamen quod primo solvet XL solidos Parisienses pro ornamentis Ecclesiæ intertenendis.

Sequuntur Juramenta.

Ego N. Canonicus Ecclesiæ sancti Symphoriani civitatis Parisiensis, juro ad sancta Dei Evangelia residentiam facere Parisiis.

Item juro quod infra annum ero Sacerdos.

Item juro quod primo dimidio anno nichil recipiam de fructibus, neque de emolumentis secundùm ordinationem fundatorum.

Item juro quod à tempore receptionis mee in Ecclesia incipiam secundùm consuetudinem Canonicorum hujus Ecclesie.

Item juro quod pro primo introitu in die receptionis mee XL solidos Parisienses pro ornamentis hujus Ecclesie intertenendis, in promptu dabo sine excusatione aliqua.

Item juro quod in die receptionis mee prandium Canonicis hujus Ecclesie, vel Capituli, & aliis quibus teneor scilicet Capellariis, Procuratori, & Avocato faciam honestum.

Item quod secreta Canonicorum presentis Ecclesie non revelabo.

Item juro quod Ordinationes, Privilegia, & Statuta pro posse meo, ad quemcumque statum devenero, defendam.

Item juro quod commodum & utilitatem Ecclesie sancti Symphoriani, ad quemcunque statum devenero pro posse meo, procurabo.

His igitur dictis, factis, & pactis, nec non persolutis, senior Canonicus, qui presens fuerit, ducet eum ad sedem suam : dicens

Et nos Canonici sancti Symphoriani ponimus vos in possessionem actualem & realem, in nomine Patris, & Filii, & Spiritus sancti. Amen.

Redditus Ecclesie Sancti Symphoriani.

Primo in civitate Parisiensi quadrivio seu loco, qui dicitur Marchipale videlicet in duobus angulis; in uno faciens cugnum vici Judarie à parte sancte Genovefe parve, & sancti Christofori, est quedam parva domus sita in fundo terre, & censiva ipsius Ecclesie sancti Symphoriani, annuatim XII den. Par. incrementi census, & annui perpetui redditus VI libras XIX solidos Parisiens.

In alio angulo ejusdem vici Judarie, & est inter medium iter commune, veniens de Ponte magno beate Marie, recte dirigens ad parvum Pontem, faciens cugnum ejusdem vici Judarie à parte Palatii, sunt tres domus contigue, una post aliam situate, & in censiva, & dominio ipsius Ecclesie sancti Symphoriani, quarum prima faciens cugnum vici Judarie, debet anno quolibet ipsi Ecclesie sancti Symphoriani perpetuus redditus, in qua est imago sancti Petri LXIII libras solide Parisienses.

Alia domus que est in medio, post domum cugni predicti, in qua pendet caliga Flandrie, simili modo in censiva & dominio Ecclesie sancti Symphoriani debet anno quolibet ipsi Ecclesie sancti Symphoriani XL solidos Parisienses, & pro censu X solidos Parisienses.

Alia domus inserta contigua immediate predicte domus, in qua pendet imago sancti Nicholai, & in censiva, & dominio ejusdem Ecclesie sancti Symphoriani que debet anno quolibet predicte Ecclesie IV libras Parisienses. Proclamationes facte & perfecte sunt in quibus opposuit se Ecclelia predicta, in persona Procuratoris ejus, Petri de Prugento, & suit dicta domus quondam Stepani de Marle, & debet pro censu duos solidos & sex denarios Parisienses.

Super carnificeria magne porte Parisiensis, pro ut se extendit, que fuit demolita per tempus 1416, vel eo circo & post biduum, quando Dux Burgundiæ Parisiis intravit, carnifices ceperunt iterum reedificare eam, ita quòd citra annum Domini 1420 ceperunt vendere carnes; anno quolibet Canonici sancti Symphoriani percipiunt, & percipere debent, videlicet in titulis eorum Ecclesie, novem libras Parisienses, licet predicti Canonici, qui pro tunc fuermierant, requisitis carnificibus, ut diminuerint aliquid de eorum redditibus, ad instar aliarum Ecclesiarum sanctorum Maglorii, Jacobi *de l'Hopital*, Eligii & aliorum locorum; ex consilio Ecclesie super hoc habito, dimiserunt & relevarunt, ac diminuerunt novem libras Parisienses & reduxerunt ad novem libras Turonenses, quitando omnia arreragia.

Alia domus sita in vico sancti Honorati in territorio Episcopi Parisiensis *de Portaville*, prope domum comitis sancti Pauli, eundo ad domum CCC libras, & de eodem latere anno quolibet XXV solid. Parif. quos minime minuere possumus.

Super domo *à la longue allée* prope Ecclesiam sancti Symphoriani in termino Remigii, quolibet anno semel XX solidos Parisienses, & pro quolibet die in defectu solutionis pro emenda VI solidos Parisienses, sed non solvit, neque solvere voluit, nisi VI solidos Turonenses.

Alia domus sita ultra, & prope parvum Pontem, & juxta quadrivium sancti Severini, de parte, seu latere sancti Juliani in magno tamen vico ad signum Cranellorum, in qua consueverunt manere drapparii, seu chaceterii inter & prope venditores specierum; licet tamen habet aliam domum sibi correspondentem, oneratam VI libris, aboutissantem in vico retro eorum sancto Juliano, que nunc affixa est domui *de Mailleiz*: hoc medio domus, illa *de Mailleix*, seu dominus ejus tenetur persolvere dominis aut domino ejus de Cranellis dictas VI libras, eò quod prefata domus de Cranellis onerata, & obligata est in XVIII libris Capituli dominis Canonicis sancti Symphoriani; de & super quibus XVIII libras Capitulo dominus dicte donus de Cranellis, anno quolibet, superdicta sita retro ante sanctum Julianum, in quo solebat pendere signum crucis ferri, qui quidem domus fuit separata à domo de Cranellis, tempore Bertee Draporii, & pro tunc & domini dicte domus Cranellorum, & empta à Magistro Roberto *de Tullures*, pro tunc dominus *de Moilliez*, confesto tunc posuit in ejus manus, & Canonici sancti Symphoriani habent causam & recursum omnimodum per sententias Castelleti petendi dictas XVIII libras supra domo, & domino predicte domus de Cranellis, nec propter hoc secluduntur à domo retro sita, onerata dictarum sex librarum; eo quod ambe domus, videlicet domus de Cranellis, & domus illa sita ante sanctum Julianum, sunt & semper remanent in censiva, & dominio sancti Symphoriani, in vico *eux Prescheurs*, secunda domus *à deux pignons* sine perpetario propter redditus, sita est post primam donum, faciens cugnum prope appolas, que est nunc habitara per Johannem, que dicta domus erat prius habitata per quemdam *Epicier*, nomine Helias Normannum, & capiuntur ibidem annuatim X solidos, & capiuntur redditus alii scilicet Religiose Domine *de Longchamps*, & Dionysius *de Villiers*, & est huic domni signum selle pendentis, &c.

Et item alia multa quæ fuerunt temporibus transactis, quæ perdita sunt per negligentiam.

MONTMARTRE.

§ 1.

MONTMARTRE est une petite montagne de plâtre, isolée & élevée dans une grande plaine. Sur l'une de ses pentes est un Prieuré de Benedictines, appellé les Martyrs, accompagné d'un petit nombre de maisons & de plusieurs cabarets, qui s'étendent jusqu'à Paris; sur l'autre est un village, nommé Clignancourt, qui jouit d'une très-belle vûe, mais sur la croupe est une Abbayie encore de Benedictines, avec un village & des moulins d'où on jouit d'une vûe, non seulement plus belle que celle de Clignancourt, mais incomparable, & faite, ce semble, pour le plaisir des yeux & de l'esprit.

Je laisse là qu'aux environs de ces moulins il y a une fontaine qu'on appelle la fontaine de St Denys, tant parce qu'on en conte cent fables, & que les paysans y font trop de folies.

SON NOM.

§. 2.

LE veritable nom de cette montagne en François est Montmarte sans r, à la derniere syllabe, & non pas Montmartre avec une r entre le t & l'e. Que si la derniere orthographe de ce mot, aussi-bien que sa prononciation, l'emporte sur la premiere, c'est la tyrannie de l'usage qui nous force à dire le tresor des chartres, au lieu du tresor des chartes.

Quant aux Historiens Latins, qui ont fait mention de Montmarte, Fredegaire, contemporain de Clovis II, l'appelle *Mons Mercore*, dont quelques copistes ignorans ont fait Mercomire, & quelques Savans *Mercurii*, car *Mercore* & *Mercurii* ne signifient que la même chose. Hilduin qui vivoit du tems de Louis le Debonnaire, le nomme *Mons Mercurii aut Martyrum*. Abbon, Religieux de St Germain des Prés, Poëte Heroïque, dans son Poëme du siége de Paris en l'année 886 lui donne par trois fois le nom de *Mons Martis*; & Frodoard qui florissoit au dixiéme siécle, dit *Mons Martyrum*, & en cela depuis a été suivi de tous ceux qui en ont parlé.

Cette diversité de noms est fondée sur ce que les derniers ont crû que St Denys avec ses prétendus compagnons, a été martyrisé au lieu appellé les Martyrs, & que les autres étoient tous persuadés que les Romains y avoient des Temples dediés à Mars, & à Mercure. A l'égard de ceux qui veulent que St Denys y ait été martyrisé, il est aisé de refuter leur erreur. Pour ce qui est de l'autre opinion, elle est si plausible, que sur le haut de Montmarte, se voyent des ruines d'un Temple antique, dedié à Mercure, à ce qu'on dit; & même dans le jardin du Prieuré, quelques vestiges d'un autre Temple consacré, dit-on, à Mars, que j'ai vu en 1657 le vingt-quatre Mai, lorsque Madame de Guise fut benite Abbesse. Tellement que s'il étoit permis à un Historien de dire son avis, j'assurerois en cette occasion que *Mons Martis* en Latin, est le veritable nom de cette colline, & de fait, c'est celui que lui donne Abbon, qui demeuroit à Paris, & y étoit Religieux; d'ailleurs dans des vers dont la mesure & la quantité empêchent de croire que ce nom puisse avoir été changé, ni alteré : joint que le nom de Montmarte, dont le peuple a fait Montmartre, semble avoir été formé sur *Mons Martis*, & de vrai, si l'on prend garde que Montmartre avec une r à la fin, est plus dur à la prononciation, & à l'oreille, que Montmarte sans r, on reconnoîtra que cette r est venue de la tradition, qui pour s'établir mieux, l'y a fait entrer même par force ; de sorte qu'on ne doit pas douter que Montmarte ne soit le veritable nom, après le proverbe suivant, quoiqu'assés peu honnête.

C'est du vin de Montmarte,
Qui en boit pinte, en pisse quarte.

Ce n'est pas qu'on ne pût chicanner ici, & pretendre que ces vers ont été changés ; car que sçait-on, pourroit-on dire, afin de favoriser l'autre prononciation, si d'abord le proverbe n'a pas été conçu ainsi.

C'est du vin de Montmartre,
Qui en boit pinte en pisse quatre.

De repartir que la rime n'est pas si riche, on sait que les proverbes ne sont pas si scrupuleux, & non seulement se licentient en cela, mais en tout. Cette petite digression, qui n'est que pour delasser l'esprit, ne doit pas faire tort, ce me semble, aux raisons que j'ai alleguées auparavant. Voici quelques autres proverbes qui sont encore dans la bouche du peuple.

C'est un Devin de Montmartre, qui devine les Fêtes quand elles sont venues.
Je t'envoierai paitre à Montmartre, & boire au Marais.
Il y a plus de Montmartre à Paris, que de Paris à Montmartre.

Ce proverbe ici vient du plâtre qu'on a tiré de cette montagne pour bâtir Paris, & d'où est venu le nom de Ville-blanche, que quelques Auteurs anciens & celebres lui ont donné, à cause de la couleur du plâtre ; car c'est de là que vient λουκετεκια, de Strabon, λουκυτεκια, & λικιτοκια, de Ptolomée, λιυκετια, λευμετ'α, λυμη'α, & λιμασια, de Julien l'Empereur, selon les diverses leçons qui se lisent dans le Misopogon, que le Pere Petau a fait imprimer.

LES DEUX TEMPLES DES PAIENS.

§ 3.

DES ruines de ces deux Temples dediés aux faux Dieux dont j'ai fait mention, celles du temple de Mercure sont plus grandes & plus fameuses ; aussi dans les titres anciens de l'Abbayie, les terres des environs prennent-elles le nom, tantôt de terres du *Mont de Mercure*, tantôt de terres du *Temple* & tantôt des terres du *Temple de Mercure*. Que si dans les autres, bien depuis, ou plutôt de nos jours elles sont appellées terres du Palais. C'est un nom que les Religieuses par un zèle pieux lui ont donné par tacher d'abolir tout-à-fait la memoire des Idoles & du Paganisme de leur montagne, & du culte de leurs Idoles.

En 1618, jusqu'au vingtiéme Octobre dedié à Ste Ursule, l'une des Patrones, dit-on, de l'Abbayie de Montmartre, étoit resté un grand pan de mur de ce temple, qui avoit tant de hauteur que presque de toute l'Isle de France on l'appercevoit, & où il restoit encore une niche remplie d'une figure de deux ou trois pieds, qui passoit pour une Idole ; ce jour-là mê-

DE LA VILLE DE PARIS. Liv. IV.   351

me tout ce pan de mur, par un orage, fut renversé, & l'Idole reduite en poudre.

Au reste, si j'ai dit que Ste Ursule est, dit-on, une des patrones de l'Abbayie, c'est qu'enfin Eugene III l'a dediée à St Denys & à ses Compagnons; & que dans l'érection du Prieuré des Martyrs faite quatre ans après en 1622, par les Commissaires de l'Evêque de Paris, il y a *pro parte Abbatissæ & sanctimonialium B. Marthæ de Monte Martyrum.* Peut-être à la verité que Ste Ursule est Patrone de l'Ordre, & Ste Marthe de la Montagne, comme St Denys l'est de l'Eglise : au cas que cela soit, la difficulté n'est pas bien grande, & il est aisé de s'en éclaircir, Du reste, je trouve que pendant une tempête extraordinaire & furieuse survenue tout à coup, & lorsqu'on y pensoit le moins, des démons à cheval abatirent une Eglise proche de ce temple; & que de là, les poutres à la main, on leur vit jetter par terre un vieux logis du voisinage : il ne faut pas demander si après cela les bleds, les vignes, & les arbres furent épargnés.

Jusqu'à la fin du siécle passé il se voyoit encore en certains endroits quelques restes du temple de Mars, & sur tout une terrasse si épaisse, si solide & si large, qu'on tient qu'elle servit à Henri IV pour braquer son canon, lorsqu'il assiegea Paris. Depuis peu elle a été demolie, & à la place on y a fait de petits murs à hauteur d'appui, avec une Chapelle dediée à St Benoît.

FONDATION DE L'ABBAYIE.

§. 4.

SELON toutes les apparences, le Prieuré, autrement dit les Martyrs, a donné lieu à la fondation de l'Eglise & de l'Abbayie de Montmartre ; que s'il est un peu loin des vestiges du temple de Mars, & bien davantage encore de l'Abbayie & des ruines du temple de Mercure, son éloignement peut-être suffira-t-il pour embarasser, au moins en attendant mieux, ceux qui veulent que St Denys ait été martyrisé devant le temple de Mars ou de Mercure. On ne prétend pas ici se servir de toutes les raisons qui peuvent faire voir que cet Apôtre ne mourut point là, puisqu'elles seront tout autrement en jour dans le discours des traditions & des erreurs populaires.

En 1096, & même auparavant, on y avoit bâti une Eglise nommée alors le St Martyr, & en 1133 la Chapelle du St Martyr, & l'Eglise du St Martyr. En ce tems-là ce n'étoit qu'une partie de ce que nous appellons communement la Cave St Denys, & quelquefois la Chapelle des Martyrs ou du St Martyr, à cause qu'on y montre un certain endroit, où à toute force on veut que St Denys ait été decapité.

FONDATEURS.

§. 5.

GUALTERIUS *Paganus,* & *Hodierna* surnommée *Comitissa*, sa femme, principaux Seigneurs & proprietaires de la montagne, la donnerent en partie en 1196 aux Religieux de St Martin des-Champs; & à leur priere, Urson premier Prieur de ce Monastere consentit qu'un seculier, nommé Bernard, jouît sa vie durant des offrandes qui s'y feroient, à la charge de dire deux ou trois Messes toutes les semaines, de lui payer dix sols chaque année à la St Jean, & à sa mort de laisser tous ses biens au Couvent.

Depuis, sous Philippe le Bel un certain *Hermenerius* Ecuyer, & Catherine sa femme, fonderent cette Chapelle, & parce que le revenu du Chapelain qui la desservoit n'étoit pas suffisant, le Roi en 1304, donna tant pour la fonder, que pour y en fonder encore une autre, vingt livres parisis de revenu, qu'il assigna sur son trefor de Paris.

RUINE DES CHAPELLES ET LEUR RE'TABLISSEMENT.

§. 6.

DURANT les guerres de la Ligue & le siege de Paris entrepris par Henri IV, ces Chapelles furent tellement ruinées & abandonnées, qu'en 1598, lorsque Marie de Beauvilliers fut pourvûe de l'Abbayie de Montmartre, l'Autel des Martyrs étoit demoli, les murailles rompues & entreouvertes, la voute avec la couverture tombée, & l'Eglise longue alors de neuf toises seulement, & parallelogramme, comblée de demolitions & d'ordures. Mais par le moyen d'une quête qu'elle fit à la Cour, joint à cela la charité de ceux de Paris, mais sur tout la liberalité de Pierre Forget, de Fresne Secretaire des commandements, & d'Anne de Beauvilliers sa femme, le lieu fut reparé en peu de jours; le chœur & le dôme que nous y voyons, furent ajoutés avec un Couvent pour quelques Religieuses.

Rien d'abord n'y contribua davantage qu'une petite Cave brute, informe, creusée alors, & agrandie depuis à coups perdus dans un grand rocher, où on descend par quantité de marches, & où l'on veut que St Denys venoit se cacher pour dire la Messe; mais que les Maçons deterrerent vaillant en l'Eglise Comme le Procés-verbal de cette découverte, en 1611, le treiziéme Juillet, se trouve imprimé dans plusieurs Auteurs, & que le bruit qui en court touchant St Denys, est si mal fondé qu'il ne merite pas qu'on le refute, au lieu de m'y amuser, je renvoierai ces contes au Pere du Breul, au Pere Marrier & autres gens credules qui n'examinent pas les choses de si près.

Ce bruit, si l'on veut, reveilla de sorte la devotion du peuple pour St Denys, & mit en telle credit la Chapelle des Martyrs dont on ne parloit plus depuis fort long-tems, que Marie de Medicis même, les Dames, & beaucoup d'autres personnes de qualité y vinrent en foule: si bien qu'à leur exemple chacun y accourant, les charités furent si grandes, que l'Eglise des Martyrs changea bientôt de face, & devint telle que nous la voyons.

Mais, comme j'ai dit, personne n'a plus contribué à ce grand rétablissement que de Fresne, Anne de Beauvilliers sa femme, & Anne de Beauvilliers l'Abbesse. Celle-ci par le moyen de son Beau-frere, fit faire des murailles, afin de joindre le Prieuré appellé alors des Martyrs, à l'Abbayie, qui jusques là en avoit toujours été detaché. Anne sa sœur obtint de l'Evêque qui étoit le Cardinal de Retz, la permission d'ériger les Martyrs en Prieuré dépendant de l'Abbesse: y fonda dix Regliuses tirées de l'Abbayie, & pour cela fit transport de cent vingt livres de rente qu'elle avoit données pour entretenir la fondation du Prieuré de la Ville-l'Evêque, jusqu'à ce qu'il eut le revenu necessaire; & outre cela encore vingt-sept mille livres afin d'acheter des fonds, des terres & autres choses semblables.

Depuis, en 1622, la feue Duchesse de Guise, mere de l'Abesse du même nom, après la mort de son mari fit bâtir à grands frais cette longue file de galleries, l'une après l'autre, qui conduisent les Religieuses à couvert, & insensiblement, quelque rude qu'en soit la pente, du Prieuré situé au pied de la montagne, jusqu'à l'Abbayie élevée sur la croupe, & qui en est fort éloignée.

DEVOTION

DEVOTION POUR MONTMARTRE, TRE'S ANCIENNE.

§. 7.

LA devotion pour Montmartre, à cause de St Denys, a été de tout tems si grande, que de sept en sept ans les Religieux de St Denys y viennent en procession solemnellement avec la tête de St Denys, & une partie de leurs Reliques.

En 1392, le lendemain du ballet des Sauvages, Charles VI, qui avoit été garenti du feu, y vint à cheval en pelerinage, suivi de son frere, de ses oncles, des Princes du sang, & des autres de sa Cour, nuds pieds.

En 1534, St Ignace y implora l'assistance divine, avant que de commencer l'Institution de sa Societé.

En 1604, Anne de Jesus, & Anne de St Barthelemi, Carmelites Espagnoles reformées, & Compagnes de Ste Therese, y furent conduites avec quatre Religieux de leur Ordre, par Pierre de Berule, depuis Cardinal, avant que d'entreprendre l'établissement des Carmelites en France.

Barbe Avrillot, veuve de Pierre Accarie Maître des Comptes; le Cardinal de Berule, St François de Salles, & Maître Vincent, & Ollier, y sont venus, avant que d'introduire & fonder à Paris les Ursulines, les Prêtres de l'Oratoire, les Filles de Ste Marie, & les Missionnaires.

Ajouterai-je que le peuple superstitieux, qui fonde assés souvent sur une allusion des devotions extravagantes, envoye les pauvres maris qui gemissent sous le joug de leurs femmes, faire une neuvaine aux Martyrs, comme étant de la Confrairie.

TOMBEAUX.

§. 8.

DANS le Prieuré en 1574, furent enterrés Lamole & Coconas, deux Favoris du Duc d'Alençon, freres de Charles IX, convaincus d'être du parti des Politiques ou Malcontens, ou plutôt selon la medisance, accusés de n'être pas haïs d'une grande Reine, d'une Princesse & d'une Maréchale de France, dont le mari gouvernoit le Roi & la Reine Mere.

De nos jours, Antoine Boësset, le genie de la Musique douce, & si estimé de Louis XIII, qu'il le fit Intendant de la Musique de sa Chambre & de celle de la Reine, y a été aussi enterré, au grand regret des Religieuses, à qui il avoit appris à chanter, & qui arroserent son tombeau de leurs larmes. Montons à l'Abbayie de Montmartre.

L'ABBAYIE.

EN 1096, ainsi que j'ai déja touché, il y avoit sur le haut de la Montagne une Eglise érigée en Paroisse, & de plus une Seigneurie qui relevoit en fief de Montmoranci, & appartenoit en partie à *Gualterius Paganus*, & à *Hodierna cognomento Comitissa*, sa femme. Tous deux comme j'ai dit encore en firent don aux Religieux de St Martin des Champs, qui en prirent possession & y demeurerent jusqu'en 1133 que Louis le Gros & Adelaïde de Savoie sa femme, ou plutôt que la Reine Adelaïde y établit des Benedictines; & pour cela donna aux Religieux en échange le Prieuré de St Denys de la Chartre.

Si quelque Evêque de Paris a reformé cette Abbayie avant Jean Simon, je n'en trouve rien nulle part. Mais à l'égard de celui-ci, il se passa une chose digne de memoire à sa reforme. Sa sœur en étoit Abbesse quand il la commença, & parce qu'elle s'acquittoit très-mal de son devoir, il la priva pour quelque tems de sa dignité, & mit à sa place celle des Religieuses qu'il jugea la plus capable.

Il n'arriva rien de memorable à la seconde reforme que fit Etienne Poncher, non plus qu'à celle que Jean du Bellai fit faire en 1547 par le Prieur de St Lazare, celui de St Victor & un de ses Religieux. Mais en revanche il se passa bien des choses en 1600, lorsque Marie de Beauvilliers entreprit la derniere reforme.

Durant la ligue, comme les Religieuses de Montmartre avoient été contraintes de se retirer à Paris, ce changement de lieu leur fit changer de vie, & à l'Abbesse toute la premiere, aussi-bien qu'aux Chapelains; que s'il en resta quelques-unes à Montmartre, Henri IV & les autres Chefs, qui y vinrent camper, pendant j'ai dit, pendant le siége de Paris, les corrompirent de sorte que les Satiriques du tems donnerent à cette Montagne un nom infame. Le Couvent ne fut guere mieux conservé que les Religieuses; & le Roi, dit-on se trouva si bien avec l'Abbesse, qu'autant de fois qu'il parloit de ce Couvent, il l'appelloit son Monastere, & disoit qu'il en avoit été Religieux. Cependant Marie de Beauvilliers m'a dit qu'elle ne pût tirer de lui que mil francs pour reparer les ruines qu'il y avoit faites.

Elle m'a dit encore que son Abbayie n'avoit plus que deux mille livres de rente, & en devoit dix mille en 1598, lorsqu'elle en fut pourvue; que le Jardin étoit en friche; les murs par terre; le Refectoire converti en bucher; le Cloitre, le Dortoir & le Chœur en promenade. A l'égard des Religieuses, que peu chantoient l'Office; les moins dereglées travailloient pour vivre, & mouroient presque de faim; les jeunes faisoient les coquettes; les vieilles alloient garder les vaches, & servoient de confidentes aux jeunes. Après cela on ne doit pas s'étonner si elles empoisonnerent leur reformatrice, mais qu'un contre-poison pris à propos garentit, & pourtant de sorte que le reste de ses jours il lui resta une grande difficulté de respirer & de parler. Tout ceci néanmoins, & beaucoup d'autres obstacles, n'empêcherent pas cette bonne Abbesse d'achever sa reforme si lentement néanmoins, que quoiqu'elle fût assistée de Gabriel de Ste Marie, Benedictin, Evêque d'Arquival & Suffragant de Reims, de Dom Didier de la Court, Reformateur de la Congregation de St Vannes en Lorraine, de Benoît de Camsel Capucin, des Peres Gonteri, Jacquinot & Suffren, Jesuites, il lui fallut dix ans pour venir à bout de son entreprise.

Cependant, afin de gagner ces Religieuses, elle voulut comme les associer à la dignité Abbatiale. Car en 1602 pendant qu'elle travailloit à fa reforme, le Roi à fa priere fe démit du droit de nomination qu'il avoit à Montmartre, & declara qu'après la mort ou la demiſſion volontaire de Marie de Beauvilliers, la qualité d'Abbeſſe feroit élective de trois ans en trois ans, & donnée par les Religieufes de l'Abbayie à celle de leur Ordre, de la regle & de la reforme de St Benoît, qu'elles en jugeroient la plus digne en leur confcience. Nonobſtant cette declaration, bien-loin de jouir de cet avantage, Marie elle même, depuis voulut avoir pour coadjutrice Henriette de Beauvilliers fa niece; & cette coadjutrice étant venue à mourir en 1638, elle fit recevoir à fa place Catherine Defcoubleau de Sourdis, fa coufine; & enfin il lui fallut recevoir Renée de Lorraine, Abbeſſe prefentement, ce qui a fufcité des defordres qui n'ont été affoupis qu'à la mort de Marie de Beauvilliers.

A l'égard des Religieufes, quoique de tout tems elles fuſſent de l'Ordre de St Benoît, néanmoins en 1612, elles portoient l'habit de St Auguſtin; mais à leur priere, Henri de Gondi, pour lors Evêque de Paris, confentit qu'elles quittaſſent l'habit blanc & repriſſent le noir. Le même depuis confentit encore en 1617, l'en ayant auſſi prié, qu'elles s'abſtinſſent de l'ufage de la viande, autant que leur fanté le pourroit permettre. Je ne dirai point de quelle maniere elles vivent maintenant, comme étant une chofe que tout le monde fait.

BIENS DONNE'S A MONTMARTRE.

SOIT que *Gualterius Paganus*, dont j'ai parlé, fût Seigneur de toute cette colline, ou feulement d'une partie, il eſt conſtant qu'en 1096, il ne donna aux Religieux de St Martin que ce qui fuit, favoir;

La troifiéme partie de la Seigneurie. La moitié du labourage d'une charue. L'efpace qu'il jugea neceſſaire au logement de quelques Religieux.

L'Eglife élevée fur le haut de la montagne.

La Chapelle du St Martyr bâtie vers le bas.

Le droit des Reliques & de fepulture. Le tiers tant de la dime que des cens, rentes, tailles perfonnelles des habitans libres & demeurans dans l'étendue de la Paroiſſe, car c'eſt ainfi qu'il faut rendre les termes obfcurs de la Charte de cette donation, que les Peres du Breul & Marrier ont mife en lumiere, mais qu'ils n'ont point expliquée, peut-être ne les entendant pas.

Gaultier, felon la coutume de ce tems-là, fit fa donation en prefence & du confentement de Bouchard IV de Montmoranci, de qui Montmartre relevoit. Les plus confiderables de leurs Vaſſaux, mais non pas les Gentilshommes de leur Hotel, comme pretend Duchefne dans fon hiſtoire de Montmoranci, en furent témoins à l'ordinaire: & de fait, alors les Gentilshommes des Seigneurs n'avoient nul interêt en ces fortes de donations, & n'en auroient point encore quand la même Coutume auroit lieu, mais bien les Vaſſaux y avoient grand interêt, & leur prefence en ces rencontres y étoit d'autant plus neceſſaire, qu'en ces tems-là, ni les Seigneurs ne pouvoient fe défaire de leur Seigneurie, fans le confentement de leurs Vaſſaux, ni les Vaſſaux fans le confentement de leurs Seigneurs; & comme c'étoit un joug refpectif, les Grands le trouvoient fort pefant, & euſſent été bien aifes d'en être déchargés, à caufe que les Gentilshommes par-là avoient une efpece d'avantage fur eux, & les retenoient, finon dans l'égalité, au moins un peu dans le devoir. Auſſi depuis l'ont-ils fecoué peu à peu, & de forte même qu'il n'en reſte aucun veſtige que fur le papier & le parchemin, que peu de gens favent lire, & que perfonne prefque n'entend.

Cette solemnité se fit dans l'Eglise de St Martin; & afin de rendre plus authentique le Contrat qui s'y passa, il fut mis sur le Maître-Autel, & on excommunia tous ceux qui y contreviendroient. Mais parce que dès lors on commençoit à ne plus tant s'étonner du bruit de ces fortes de foudres, Bouchard de Montmoranci quelque tems après, revoqua ce qu'il avoit fait si solemnellement en 1096. Là-dessus gros procès & qui dura plusieurs années, mais terminé enfin par l'arbitrage d'Etienne I, Evêque de Paris, en 1123. Cependant vers ce tems-là, Adam de Vineroliis & sa femme avoient fait don aux Religieux de Montmartre du reste de la dime qu'il leur faloit pour en avoir la moitié, dont Gaultier ne leur avoit donné que le tiers. De plus à ce don ils avoient ajouté quelques autres terres & prerogatives; de forte que leurs affaires alloient si bien, que même par l'arbitrage & l'accommodement de l'année 1123, Bouchard par liberalité ou autrement leur donna encore quatre livres de rente pour du Guy, qu'il avoit eu de Mathieu I, troisiéme Prieur de St Martin.

En cet état donc étoient les affaires de Montmartre du tems des Religieux ; mais quand en 1133, la Reine Adelaïde au lieu d'eux y mit des Religieuses, leur Abbesse alors devint Dame de la meilleure partie de la montagne, & eut seule le droit de nommer à la Cure de la Paroisse. Que si l'Abbé de St Denys a eu le reste de la Seigneurie de Montmartre, ce n'a été que jusqu'en 1596, qu'il la vendit à Jaques Leger, Bourgeois de Paris, pour satisfaire à la subvention accordée au Roi par le Clergé. Cependant & jusqu'en 1596 & depuis, les Abbesses ont toujours joui du droit de nommer à la Cure à l'exclusion de qui que ce soit. Celle d'apresent jouit encore seule de toutes sortes de droits au Prieuré des Martyrs, & a toujours obtenu des Arrêts contre ceux qui l'ont voulu troubler.

BATIMENT DE L'ABBAYIE.

PAR le malheur des tems il ne reste presque plus rien des bâtimens qu'Adelaïde fit à cette Abbayie.

Si l'ancienne Eglise qu'on y voyoit est un effet de la magnificence de son tems, c'est peut-être le seul édifice qui reste d'elle. Depuis quelques siecles, les cinq mille harencs de rente, à prendre à Boulogne, que Mathilde, Reine d'Angleterre, lui avoit donnés. Si bien que le seul monument qui subsiste du premier siecle de ce Monastere, c'est la tombe de la Reine Adelaïde, qui est maintenant dans le Chœur des Religieuses, après avoir souvent changé de place, & qui ne merite pas que j'en dise autre chose, sinon que suivant l'usage de ces tems-là, il n'y avoit que quatre fleurons à sa couronne Royale.

On dit que dans cette Abbayie est le corps de Olanus, Roi de Moresque, al'as de Norvegue, jadis Païen, & depuis converti par Robert, Archevêque de Rouen.

DEDICACE DE L'EGLISE.

EN 1146, Eugene III, le vingt-deux Avril, dedia à St Denys, à St Rustique & St Eleuthere, l'Eglise bâtie par la Reine Adelaïde, parce qu'alors personne ne doutoit que St Denys ne les eut eu pour compagnons de son martyre. St Bernard, Abbé de Clervaux, & Pierre le Venerable, Abbé de Cluni, lui servirent de Diacre & de Soudiacre. Le Missel couvert d'or & tous les ornemens qui lui avoient servi à officier, demeurerent à la Sacristie, & en ont été les principaux enrichissemens, jusqu'en 1559, que le feu ayant pris au Couvent, la Sacristie fut brûlée avec la meilleure partie des titres.

Quoique presentement il y ait beaucoup de Religieuses tant à l'Abbayie qu'au Prieuré, je ne sai pas toutefois s'il n'y en a pas bien moins que durant les quarante ou cinquante premieres années. Aussi comme elles étoient en trop grand nombre, Louis VII en 1175, voyant qu'elles n'avoient pas assés de bien, deffendit à l'Abbesse, sur peine d'encourir son indignation, sa censure & celle d'Alexandre IV, qui ratifia ses lettres, d'en avoir plus de soixante ; & ainsi à mesure que les surnumeraires viendroient à mourir, qu'elle n'en reçut aucune à la place, jusqu'à ce qu'elles fussent réduites à ce nombre.

CHOSES HISTORIQUES.

COMME j'ai passé les folies que les Payisans de Montmartre font à la Fontaine de St Denys, & les Maris malheureux à la Chapelle des Martyrs; je passerai aussi celles que font les Femmes malheureuses dans l'Eglise de l'Abbayie, à la Chapelle d'un Saint qu'elles ont fait & nommé St Raboni, qui a le pouvoir à ce qu'elles disent de rabonnir ou rendre bons leurs Maris. Cette superstition cependant est cause tous les jours de quantité de bonnes œuvres & apporte bien de l'argent aux Religieuses & aux habitans de Montmartre.

Après tout, le faux bruit qui court de St Denys par toute cette Montagne, a si bien prévalu, que les Payisans du lieu n'y souffrent aucun Huguenot, & même assurent que de tous ceux qui s'y sont établis par force, il n'y en a point qui ne s'y soit converti ou ruiné.

Sous la premiere race, les gens d'Æghine, Grand Seigneur de Saxe, ayant tué à Clichi près de là, où Clotaire II avoit assemblé la Noblesse de Neustrie & de Bourgogne, Ermenaire, Maire du Palais de Charibert, fils du Roi. Æghine aussi-tôt, par ordre de Clotaire, se retira à Montmartre avec ses amis & quelques troupes, où néanmoins il auroit été attaqué par Charibert & Rodulfe, son oncle, si le Roi n'eut accordé ce differend.

Cette Montagne au reste, toutes les fois que Paris a été ou bloqué, ou assiégé, ou affligé de troubles, a presque toujours été ruinée & détruite. Elle le fut entierement en 886, du tems des Normans, lorsqu'ils mirent le siege devant la Ville : & ce fut de dessus cette montagne, que durant ce siege, Eudes Comte de Paris, qui étoit allé trouver l'Empereur pour avoir du secours, se fit voir aux assiegés, afin de favoriser son passage à travers les ennemis ; & ce fut encore-là que l'Empereur étant arrivé, campa avec son armée ; & enfin ce fut de-là que Thierri & Alderan, freres jumeaux, se détacherent avec les six cens hommes, si fameux dans l'Histoire, & malgré les Normans entrerent dans Paris leur passant sur le ventre.

Dans les Gestes des Evêques de Cambrai, l'Auteur, suspect à la verité, rapporte qu'Othon II, Empereur, ayant bloqué Paris en 978, avec une armée de soixante mille hommes, manda de St Denys à Hugues Capet, Duc de France, qu'il alloit faire chanter sur le haut de Montmartre un *Alleluia* par tant de Clercs, qu'on l'entendroit de Paris. S'il tint parole il eut tout sujet de s'en repentir bien-tôt après, par la valeur de Lothaire, de Hugues Capet, & de Henri Duc de Bourgogne.

Ce ne seroit jamais fait, si je voulois rapporter les divers combats qui s'y sont passés du tems des Armagnacs & des Bourguignons.

Comme j'ai refuté ailleurs les recits fabuleux de ceux qui ont fait les Antiquités de Paris, touchant les presens que nos premiers Rois venoient recevoir de leurs peuples tous les ans avec tant de solemnité dans le Champ de Mars, qu'il placent au pied de cette Colline, fondés seulement sur la ressemblance de ces mots, *Champ de Mars*, *Monsmartre* & *Mons-Martis*. J'aurois tort d'en parler encore ici, puisqu'il me faudroit repeter la même chose.

Sts INNOCENS.

L'EGLISE fut bâtie sous le regne de Philippe Auguste, à ce que l'on croit, des deniers provenans des biens confisqués aux Juifs, quand ils furent chassés de France.

D'autres disent que Nicolas Flamel, fit bâtir cette Eglise à ses dépens, étant devenu un des plus riches de son tems par des voies inconnuës pour lors: l'on croyoit qu'il avoit trouvé la pierre philosophale, & que par ce moyen il avoit amassé des sommes très-considerables, dont il employa une partie pour la construction de cette Eglise: il fut enterré sous les Charniers, où l'on voit son Epitaphe, dont je parlerai ci-après.

En 1445, cette Eglise fut rebâtie & benite, comme on le voit dans cette inscription, gravée dans la muraille de cette Eglise.

L'an de grace 1445, le jour de la Chaire de St Pierre Apôtre, 22. du mois de Janvier, fut consacrée & dediée cette petite Eglise des SS. Innocens, & l'Autel de la Chapelle de N. D. par très-Reverend Pere en Dieu, Monseigneur Denys, Patriarche d'Antioche, Evêque de Paris, lors ordonna & établit la solemnité de ladite consécration ou dédication etre faite, & solemnisée par chacun an en cette Eglise, & donna & octroya perpetuellement à toujours à tous les Bienfaiteurs d'icelle, qui audit jour la visiteront, & par les octaves d'icelles, sept jours de Pardon.

En 1380, le Pape Clement VIII, avoit uni cette Cure au Chapitre de Ste Opportune, qui y nommoit un Vicaire perpetuel du consentement de l'Evêque. Mais les Marguilliers s'étant plaints de cette union, elle fut cassée & annullée le premier Septembre 1457, par la Bulle de Calixte III. Les Commissaires députés par cette Bulle, installerent pour Curé independant Victor Textor, qui en étoit Vicaire nommé par le Chapitre de Ste Opportune, qui étoient en possession depuis 1227 de cette nomination qui leur avoit été cedée en 1225 par le Chapitre de St Germain de l'Auxerrois.

En 1180, le Cimetiere de St Innocent fut clos & muré par ordre de Philippe Auguste; & fut pris & enclos une partie d'un emplacement appellé Champeaux, où se vendoient pour lors des Bestiaux. Il le fit bâtir pour éviter le mauvais air & la corruption des corps morts, puisqu'avant ce Cimetiere il étoit permis aux peres & meres de famille, de se faire enterrer, eux & les leurs, en leurs caves, cours, jardins, voies & chemins.

Plusieurs Paroisses de cette Ville ont droit de faire enterrer leurs Paroissiens dans ce Cimetiere, comme St Eustache, St Germain de l'Auxerrois, St Sauveur, St Barthelemi, &c.

La Fabrique de cette Église, n'est qu'en partie proprietaire de ce Cimetiere, conjointement avec Messieurs les Doyen & le Chapitre de St Germain de l'Auxerrois, les Hospitalieres de Ste Catherine & l'Hotel-Dieu de Paris. Surquoi sont survenus plusieurs differends entre eux, qui ne furent terminés que par une Sentence du vingt-trois Decembre 1371, rendue par Hugues Aubriot, Prevôt de Paris, qui fut confirmée par Arrêt de la Cour du Parlement du vingt-neuf Janvier 1372, par lequel les Marguilliers de cette Paroisse pour avoir interjetté appel de la Sentence ci-dessus, furent condamnés aux dépens.

DE LA VILLE DE PARIS. Liv. IV. 359

En 1450, les Bourgeois de Paris ayant reçu la nouvelle de la bataille de Formigni, gagnée par le Roi Charles VIII, le Mecredi quinze Avril de la même année contre les Anglois, firent assembler douze cens petits garçons dans le Cimetiere des Sts Innocens, d'où ils allerent en procession à l'Eglise de Notre-Dame de Paris, portans chacun un cierge allumé pour rendre graces à Dieu.

Ce qu'il y a de plus singulier en ce Cimetiere, c'est le tombeau de Nicolas Flamel & de Pernelle sa femme, qui est près de la porte du côté de la rue de St Denys sous les Charniers, où il y a plusieurs figures que les Chimistes croyent renfermer les mysteres de la pierre philosophale, comme nous le dirons ailleurs plus amplement.

En 1474, Louis XI, donna une place sur la voirie de la Charonnerie, appellée presentement la rue de la Feronnerie, entre les deux portes de ladite rue, pour y bâtir des maisons, dont le revenu seroit employé à la fondation de six enfans de Chœur en cette Eglise, ce qui a été confirmé depuis par les Rois de France ses successeurs. Mais comme cette fondation étoit plus que suffisante pour entretenir six Enfans de Chœur, on a eu dequoi y entretenir une Musique, qui a été toujours executée depuis le tems de sa fondation.

Cette Cure est de la nomination du Chapitre de Ste Opportune, comme titulaire. Ils viennent chanter le vingt-huit Decembre le jour de la Fête la Messe.

Il y a dessus l'arcade proche de l'Eglise, une très-belle figure ; mais elle est perchée si haut, & si mal orientée, qu'il faut avoir les yeux très-bons & très-fins pour juger que c'est une des meilleures figures de Paris.

Dans le Cimetiere se lisoit l'Epitaphe d'Yollande Bailly, qui étoit ainsi :

Cy gist Yoland Bailly, qui trepassa l'an 1514. le 28. an de son âge, le 42 de son veuvage, laquelle a veu ou peu voir devant son trepas deux cens quatre-vingts & quinze enfans issus d'elle.

Mais quelques Curieux du cuivre l'ont dérobée & fondue pour en tirer de l'argent.

A la Fontaine sont quantité de petits monstres marins, taillés à demie bosse.

Cy gist un tel, non, mais il a fait mettre cette Croix.

Le Pleureur gâté malicieusement par ceux qui l'ont modellé, pleure de sorte, qu'en le regardant on a envie aussi de pleurer.

On y voit aussi dans le même lieu un Squelette, de l'ouvrage de Germain Pilon, qui est un chef-d'œuvre de sculpture.

J'ai trouvé du côté de la rue de la Feronnerie, sur la terre de Messieurs de St Germain de l'Auxerrois, ce qui suit.

Ce Charnier fut fait & donné à l'Eglise pour amour de Dieu, l'an mil trois cens quatre-vingtz dix-neuf. Vueilliez prier Dieu pour les Trepassez.

Le Bas-relief du Foudroyé, de la main du Ponce ; les autres de sa conduite.

Les Bas-reliefs de la Fontaine, quoiqu'ils soient pressés en de petits espaces, font les mêmes effets qu'ils feroient dans les plus grands lieux.

Cette Fontaine est du fameux Jean Goujon, qui l'acheva en 1550. On y voyoit autrefois cette petite Inscription au-dessous :

FONTIUM NYMPHIS.

Dans le Cimetiere, les corps s'y consomment en neuf jours ; il contient quatre-vingts quatre arches.

Je dirai que Mezerai, si connu par son Histoire de France, est enterré dans ce Cimetiere.

Ste CATHERINE DE LA COUTURE.

A MAIN droite du chœur il y a un fouterain, où on voit la figure du Sepulchre de Jerufalem fait en 1420, & depuis repeint en 1577. Le fouterain a été ruiné depuis que les Religieux ouvrirent, pour la commodité publique & de l'Eglife, dans la croifée droite, une porte qui conduit à la rue St Antoine. Voyés ce qu'en dit Dupleix.

On voit le tombeau du Chancelier de Biragues, qui difoit de lui même qu'il étoit Cardinal fans titre, Evêque fans benefice, Chancelier & Garde des Sceaux fans Sceaux, &c. Mais d'autres ajoutent, Juge fans jurifdiction, & Magiftrat fans autorité. Il mourut âgé de foixante-quatorze ans, en 1583.

Cette Eglife a été bâtie fous le Regne de St Louis.

St JAQUES DE LA BOUCHERIE.

CETTE Eglife étoit une Chapelle dediée à Ste Anne, bâtie, à ce que l'on croit, fous le Regne de Lothaire I, qui regnoit en 954.

Elle fut érigée en Paroiffe fous Philippe Auguste, vers l'an 1200, rebâtie en partie en 1340, achevée de bâtir fous le regne de François I en 1520, que fut édifié le Portail. L'on prétend que la Tour ou Clocher de cette Eglife a été bâti d'une partie de l'argent que l'on confifqua aux Juifs, lorfqu'ils furent chaffés de Paris. Elle eft eftimée & admirée pour fon genre Gotique & fa hauteur, & très-bien travaillée.

Elle a été furnommée de la Boucherie, à caufe de la boucherie de la Porte de Paris, dite du grand Chatelet, qui en eft affés proche.

Il y a en cette Eglife plufieurs Chapelles, dont une nommée de St Germain de Vitri; une autre de la Vierge, fondée par Hugues Reftaure, en 1330; une autre fondée par Michel Flaminghen. L'Archevêque de Paris, & le Prieur de St Martin des Champs, nomment alternativement à ces deux dernieres Chapelles.

En 1347, Mahault, veuve de Jean de Dampmartin, y fonda une Chapelle de vingt-cinq livres tournois de rente perpetuelle amortie, & par une Bulle de Clement VI, donnée en la même année, obtint pour foi & fes heritiers, le droit de conferer ladite Chapelainie dans la Chapelle de St Michel, joignant l'Autel. Il y a une tombe de cuivre, fur laquelle font reprefentés le Seigneur & la Dame Dampmartin, fondateurs en 1390, de la Chapelle, avec cette Epitaphe :

Cy gift Marguerite, femme de Simon de Dampmartin, qui trepaffa le cinquiéme jour du mois de Juin 1394. Priez Dieu pour l'ame d'icelle.

Cy gift Simon de Dampmartin, Valet de Chambre du Roy notre Sire, Changeur, & Bourgeois de Paris, qui trepaffa le cinquiéme jour de Juillet, l'an de grace 1399.

En 1406, la Chapelle de St Fiacre, fondée par Jean Turquant, Lieutenant du Prevôt de Paris, où l'on donnoit anciennement la Communion, qui fe donne prefentement fous les Charniers bâtis en 1605, & 1606.

Nicolas

DE LA VILLE DE PARIS. Liv. IV.

Nicolas Flamel est aussi un ancien Bienfacteur de ladite Eglise, comme on voit sur la corniche de la Chapelle des Epronniers, par une ancienne inscription qui fait mention des biens de Nicolas Flamel Maître Ecrivain à Paris. Comme Fondateur de cette Chapelle, où il a fait des legs considerables, comme le porte son testament, on le voit aussi representé en une des vitres de cette Eglise. Il fit aussi quantité de fondations dans d'autres Eglises de Paris, comme à St Innocent, Ste Geneviéve des Ardens, & autres dont je parlerai en son lieu & place.

Dans la Chapelle de St Nicolas il y a un tombeau enclavé dans le mur, de marbre, sur lequel sont couchées les figures de Nicolas Boulart, & Jeanne Dupuis sa femme, anciens fondateurs de services qui se disent dans ladite Eglise, au bord duquel est gravé cette Epitaphe, sans faire mention de sa femme.

Cy gist Noble Homme & sage Nicolas Boulart, Ecuyer de cuisine du Roy notre Sire, qui trepassa l'an 1399, le lundy vingt-huitiéme jour de Juillet. Priez pour luy.

Le quatriéme Novembre, jour de St Charles Borromée, il y a fort bonne musique, & sermon par un habile Predicateur, à cause de la Confrairie de St Charles, qui est la charité de la Paroisse.

Le côté gauche de cette Eglise, fait par Nicolas Flamel Ecrivain de son tems : c'est comme Notaire à present ; son tombeau près la petite Vierge, au banc de Monsieur Pichon ; sa maison au coin de la rue de Marivault, vis-à-vis de St Jaques ; sa figure & celle de sa femme, sur le petit Portail du côté gauche. Quelques-uns disent qu'il s'enrichit des dépouilles des Juifs.

Les vitres de grisailles de la Chapelle St Denys, sont des plus belles de Paris. Celles de la Chapelle Ste Anne sont à present élevées dans le Portail des Minimes de Nigeon ; celles des Charniers sont presque toutes du bon Pinegrier. La sonnerie fort harmonieuse, & le carillon fort musical. Du haut de la Tour on voit la distribution & le cours de toutes les rues, comme les veines dans le corps humain.

On estime fort le Crucifix qui est sur la porte du chœur, de l'ouvrage de Sarazin.

Jean Fernel Medecin de Henri II, y est enterré en 1558.

St MERRI, ou MEDERIC.

ON la nomme par corruption St Merri. C'est une Eglise Collegiale, qui étoit anciennement une Chapelle dediée à St Pierre, qui a été canonisé en 255, par St Denys.

Cette Chapelle a été renommée par les miracles qui y ont été faits par St Pierre, ce qui y attira St Merri ou St Mederic, qui à son arrivée à Paris se logea près de cette Chapelle, & y demeura environ deux ans & dix mois. Il y mourut en 768, le vingt-neuf Août, sous le Regne de Charlemagne, selon Usuard.

Dans la vie de St Mederic par le Prêtre Faure, il est dit que ce Saint étant au fauxbourg de Paris, il demeura avec un de ses Religieux, nommé St Frou, qui depuis a été canonisé, & dont on garde en cette Eglise le corps qui est en une Chasse d'argent, posée au-dessous de celle de St Merri. Il fut enterré en la Chapelle de St Pierre environ l'an 879, ou 884. La translation des Reliques de St Mederic fut faite sous Gordin ou Gauzelin quarante-cin-

Tome I.

quiéme Evêque de Paris ; la devotion des Paroiſſiens, après quelques années, a fait faire une Chaſſe couverte de lames de vermeil, ayant à un bout l'Image de Notre-Dame, & à l'autre celle de St Mederic. Cette Chaſſe ne ſe deſcend pas, ſi ce n'eſt quand on fait des proceſſions generales, où elle eſt portée par les Maîtres Corroyeurs.

En 1005 & 1015, Renaud de Vendoſme, Evêque de Paris, donna au Chapitre de Paris cette Chapelle de St Pierre, où l'on avoit fondé des Chanoines & Chapelains, & en 1200 fut rebâtie, dediée & erigée en Paroiſſe.

Le Chapitre de l'Egliſe de Paris y envoya ſept Eccleſiaſtiques ou Chanoines, pour y vivre *ſecundum Canones*, & celebrer l'Office, & toutes les fonctions de Curé au peuple qui environnoit cette Egliſe ; mais ſur la Requête des ſept Chanoines, diſant que cela leur étoit à charge, le Chapitre par un Statut, en 1219, unit la charge de Curé à une des ſept Prebendes, & déchargea les ſix autres du ſoin des ames, ce qui a duré juſqu'en 1300, que la Cheſcerie ou Cure fut diviſée en deux pour faciliter l'adminiſtration des Sacremens.

En 1612, elle fut rebâtie ſous François I, en ſon entier. Cette Cure eſt de la nomination de Meſſieurs du Chapitre de Notre-Dame de Paris.

St SAUVEUR.

CETOIT une Chapelle que le Roi St Louis avoit fait bâtir, vers l'an 1250, pour y faire ſes prieres, & s'y repoſer lorſqu'il alloit à pied à St Denys en France. Cette Chapelle devint aide & ſuccurſale de l'Egliſe St Germain de l'Auxerrois.

Mais par l'accroiſſement de cette Ville, par tant de peuple qui vint s'établir près de cette Chapelle, il arriva qu'à leurs inſtances, parce qu'ils étoient trop éloignés de leur Paroiſſe St Germain de l'Auxerrois, elle fut érigée en Paroiſſe, rebâtie & agrandie en 1560, comme nous en voyons aujourd'hui une partie, qui depuis ce tems-là fut reſtaurée, & le Charnier qui eſt à côté de la Sacriſtie, ſervant à donner la Communion, rebâti en 1622.

Cette Cure eſt de la nomination du Chapitre de St Germain de l'Auxerrois.

LE CARDINAL LE MOINE.

CETTE Chapelle, & College fut érigée en Egliſe Paroiſſiale de St Remi, ou Fremi ſur les anciennes maiſons, où avoient habité quelque tems les Freres mandians, & Hermites de St Auguſtin, ſitué au lieu dit vulgairement le Clos du Chardonnet en la rue St Victor. On l'appelle le College du Cardinal le Moine, à cauſe que Jean le Moine, Cardinal, Picard de nation, en fut le Fondateur, ſous le Pape Boniface VIII l'an 1296. Ce College reſſent de l'antiquité en ſon bâtiment, poſé ſur l'ancien cours de la riviere de Bievre, qu'on détourna, dont on voit encore les canaux dans ce College, & dans celui des Bons-enfans. Voyés la fondation de ce College, Livre VIII.

En 1302 le Cardinal acheta une partie du clos du Chardonnet, pour augmenter ſon College ; il mourut à Avignon en 1313 le vingt deux Août, & fut apporté en cette Ville, & enterré en ladite Egliſe, où l'on voit ſon tombeau, & cette epitaphe.

DE LA VILLE DE PARIS. Liv. IV. 363

Hic jacet Dominus Monachus, Ambianensis Diœcesis, tituli Sanctorum Marcelli & Petri Cardinalis, Fundator illius domûs, qui obiit Avinione, anno Domini 1313 die 22 Augusti, sepultus fuit prima die Octobris mensis.

Cette figure est la meilleure, & la plus correcte de Pilon, & où il a retranché tout ce que l'on trouvoit de trop manieré dans les autres ouvrages. Dans ce même tombeau fut aussi enterré André le Moine son frere, Evêque de Noyon.

SAINT LAURENT.

LE Portail est assés beau, & l'Autel d'un dessein tout particulier, que le Pautre illustre Architecte, a donné; les statues meritent toute l'attention que peuvent donner les curieux.

L'an 1429 l'Eglise fut dediée par Reverend Pere en Dieu Jaques, Evêque de Paris, qui laissa à Richard Chrétien, Curé de cette Paroisse, pour chaque jour de la Dedicace, & autres grandes Fêtes, quarante jours d'indulgence.

Cette Eglise a été presque toute rebâtie, & presque refaite en 1595 : le tout par les aumônes & charités des Bourgeois de Paris.

De la premiere fondation je n'ai pu trouver autre Memoire que ce que je viens de dire ; ce que j'ajouterai, c'est que les Religieux de St Martin ont quelques droits sur cette Eglise, & qu'en certains jours de l'année ils y viennent chanter l'Office divin.

Il y en a qui disent qu'elle étoit autrefois une Abbayie de l'Ordre de St Benoît, avant qu'elle fut érigée en Paroisse, mais la preuve n'en est pas bien évidente.

Voyés sur sa fondation le Discours de Mr de Launoi.

En 540 cette Eglise a été bâtie sur une partie du terrein d'une Abbayie, dont cette Paroisse a retenu le nom qui subsistoit du regne de Childebert, & dont St Domnole fut Abbé, suivant le témoignage de Gregoire de Tours, qui dit, que l'Abbé de St Domnole, vint trouver à Paris, à St Martin des Champs, le Prince Clotaire, Roi de Soissons, frere du Roi Childebert, qui y faisoit ses devotions, pour le remercier de l'Evêché d'Avignon qu'il lui avoit fait avoir, disant qu'il ne pouvoit l'accepter, étant trop éloigné de sa personne ; mais il arriva en même tems que l'Evêché du Mans vint à vacquer vers l'an 543, que l'on lui donna : il en prit possession, & on l'a appellé improprement St Tannolai.

Il y a en cette Eglise une partie de ses reliques, & de cette ancienne Abbayie, au raport de Malingre en ses Antiquités de Paris, page 651 ; il y a encore des vestiges dans les anciennes murailles de cette Eglise, du côté de St Martin : il y a apparence que le terrein où est bâti presentement le Seminaire de St Lazare, a été une dépendance de cette ancienne Abbayie, puisque le jour de St Laurent, les Prêtres de la Mission de St Lazare, sont obligés de donner le déjeuner à l'Archevêque de Paris, & à tous les Chanoines qui y viennent celebrer la grande Messe, lequel déjeuné, ou *pastus* en Latin, comme il est appellé au Cartulaire du Chapitre de Notre-Dame, a été converti en une rente qui leur est distribuée à la fin de la Messe.

Il y a en cette Eglise suivant le Pere du Breul en ses Antiquités de Paris, en parlant de Ste Croix, une devotion du peuple à St Hildebert, qui étoit de recevoir les malades attaqués de phrenesie, pour être gueris, & soulagés par l'intercession de St Hildebert ; mais comme les cris & les clameurs de ces malades incommodoient le voisinage, elle fut transportée en cette

Tome I. Zz ij

Eglife de St Laurent, vers l'an 1136, où on leur donna une Chapelle dans la nef, & quelques chambres auprès pour retirer les malades phreneti-ques, pour y faire leur neuvaine.

En 1180 fous Philippe Auguste cette Eglife fut erigée en Paroiffe, rebâ-tie, & dediée le neuf Juin 1429 par Jaques Chaftelier, Evêque de Paris, & rebâtie à neuf fous Henri III. En 1622, on a bâti le portail avec d'autres reparations.

Entre plufieurs Chapelles qui fe trouvent dans cette Eglife; celle de la Vierge, fondée en 1431 par la Dame Jeanne de Tafleline, veuve de noble homme Regnault de Guillonet, Ecuyer-Pannetier de Charles VII, Roi de France, Seigneur de Hadancourt, de Becquemont, & de Brunai, tant en fon nom, que comme executrice du testament de fon mari; le Curé a droit de prefenter à l'Archevêque de Paris un fujet pour defservir cette Chapelle.

En 1551 il fut bâti le vingt Août une Chapelle à la Villeneuve, faux-bourg St Denys, pour la commodité des habitans de ces environs-là, qui étoient de la Paroiffe.

Cette Paroiffe eft de la nomination du Prieur de St Martin des Champs; elle vaut de revenu environ quatre mille livres par an.

ARCHEVECHE' DE PARIS.

L'EVECHE' de Paris a été érigé en Archevêché par le Pape Gregoire XV fur la requifition du Roi Louis XIII par Bulle du treize No-vembre 1622. Lors de la verification qui en fut faite au Parlement, la Cour mit fans approbation du terme de *motu proprio*, y contenu, & y fut arrêté qu'en pareille rencontre il feroit dit: obtenu à la requifition du Roi. On lui donna pour Suffragans Chartres, Meaux, & Orleans.

C'étoit avant ce tems-là un Evêché fuffragant de l'Archevêché de Sens: les Evêques de Paris, étoient Confeillers nés du Parlement, & ne cedoient le pas dans les Affemblées, qu'aux Archevêques.

Le premier Archevêque a été Meffire Jean-François de Gondi, Grand Maître de la Chapelle du Roi, & Commandeur de l'Ordre du St Efprit.

Le Roi a illuftré ce Siege d'une nouvelle dignité, l'ayant érigé en Duché-Pairie par Lettres Patentes données à Verfailles au mois d'Avril 1674 fous le titre de Duc de St Cloud. Meffire François de Harlai de Chanvalon étant Archevêque lors de fa reception au Parlement, il ne fut inftalé que dans le rang de l'érection de fa Pairie.

L'Apôtre St Denys a été le premier Evêque de Paris; c'eft un fait con-ftant, & reconnu par tous les Auteurs; mais le tems de fa miffion dans les Gaules, pour y établir la foi: & l'opinion que St Denys, Evêque de Paris foit le même que St Denys d'Athenes, & l'Areopagite, a fait la matiere entre les Savans, de longues differtations, & de grandes controverfes.

Ceux qui ont tenu pour l'affirmation, fe font fondés fur le rapport d'Hil-duin, Abbé de St Denys en France, qui vivoit au commencement du neu-viéme fiécle, lequel a compofé par ordre de l'Empereur Louis le Debon-naire, la Vie de l'Apôtre St Denys, Evêque de Paris, il rapporte dans fon Hiftoire fur le temoignage de Viflinus, Auteur fuppofé, que St Denys l'Areopagite, Evêque d'Athenes, ayant appris que St Paul, dont il étoit difciple, étoit prifonnier à Rome, quitta la Grece & fon Eglife pour le venir vifiter; qu'enfuite étant demeuré à Rome, il fut envoyé par le Pape Clement I dans les Gaules pour annoncer la foi dans le premier fiecle; & que travaillant à répandre les lumieres de l'Evangile, le Prefet Fefcenninus l'auroit fait arrêter avec fes compagnons: qu'ils auroient figné de leur fang, la doctrine qu'ils avoient prêché, & auroient fouffert le martyre. Ce recit

DE LA VILLE DE PARIS. Liv. IV.

mêlé de faits incertains, & éloignés de la verité, a été rejetté par les plus Savans Critiques de notre tems. L'opinion contraire est fondée sur le sentiment de Sulpice Severe, Auteur du quatriéme siecle, & sur le rapport de Gregoire de Tours, écrivain du sixiéme siecle.

Sulpice Severe dans le second Livre de son Histoire, nous apprend qu'il n'y a point eu de Martyr dans les Gaules avant la cinquiéme persecution, qui fut excitée sous l'Empereur Marc-Aurele vers l'an de Jesus-Christ 177 : la Religion ayant été long-tems à s'établir au-deça des Alpes. *Sub Aurelio Antonini filio, persecutio quinta agitata, ac tunc primum intra Gallias, Martyria visa seriùs trans Alpes Dei Religione suscepta.*

L'Histoire de Gregoire de Tours, Livre premier, chapitre 29, raporte sur les anciens actes de la passion de St Saturnin, que St Denys a fondé l'Eglise de Paris avec Rustic & Eleuthere sous l'Empire de Decius, vers l'an 250, & que ces Saints ont soutenu leurs predications par l'effusion de leur sang.

Les autres monumens de l'Antiquité sont conformes aux sentimens de ces deux celebres Auteurs, qui ont été suivis par tous les Modernes ; c'est pourquoi on peut fixer l'établissement de l'Eglise de Paris vers le milieu du troisiéme siécle.

Il y a eu autrefois une celebre contestation entre le Chapitre de Notre-Dame de Paris, & les Religieux de St Denys, pour savoir si le chef de St Denys, qui est à Notre-Dame, est du Corinthien, ou de l'Areopagite : il a été jugé par Arrêt qu'il est du Corinthien, & non de l'Areopagite.

Les Archives de l'Eglise de Paris comptent cent douze Evêques depuis St Denys jusqu'à Messire Louis Antoine de Noailles. De ces Prelats plusieurs se sont rendus recommandables, les uns par leur pieté, les autres par leur doctrine, & d'autres par les services qu'ils ont rendu à l'Eglise.

Il y en a six que l'Eglise honore comme Saints, dix qui ont eu place dans le sacré College des Cardinaux, & quelques-uns ont été Chanceliers. Difroi étoit Evêque de Paris, lorsque l'Empereur Charlemagne fonda l'Université, qui fut si fameuse dès sa naissance, & qui a conservé & augmenté sa réputation dans la suite des siecles par les services qu'elle a rendus à la Religion & à l'Etat.

Dans une contestation qui fut portée au Parlement l'an 1469 entre l'Université de Paris & celle de Bourges au sujet de l'établissement de cette derniere, il fut allegué par l'Université de Paris, qu'elle avoit été autrefois à Athenes, & qu'ensuite elle avoit été transferée à Rome, que depuis s'étant donnée à Charlemagne, il la fit venir à Paris.

Pierre Lombard, Evêque de Paris, en 1159 avoit été Precepteur de Philippe de France, fils de Louis VI. Il se rendit celebre par sa profonde érudition. Guillaume d'Auvergne lui succeda, qui fut fort savant dans les lettres sacrées & profanes ; ce fut lui qui dans une Assemblée de Docteurs, tenue chés les Jacobins en 1238 fit condamner la pluralité des benefices.

Dans ce tems-là fut fondée la Sorbonne en l'an 1252 par Robert de Sorbonne, Aumônier du Roi St Louis, Chanoine de l'Eglise de Paris, sous l'Episcopat de Guillaume Baufeti.

Le Roi Philippe le Bel fonda le College, & la Maison de Navarre en 1304.

Aimeric de Magnac, Cardinal & Evêque de Paris, assista avec les Grands du Royaume au Parlement en 1375, où le Roi Charles le Sage tint son lit de Justice, & fixa à quatorze ans la majorité des Rois de France.

Le Cardinal du Bellai, Evêque de Paris, ne borna pas ses soins au gouvernement de l'Eglise, & n'oublia rien sous les ordres du Roi François I, pour contenir Henri VIII, Roi d'Angleterre, dans l'unité de la foi. L'Histoire remarque, que si à Rome on avoit suivi les sages conseils de ce Cardinal, l'Angleterre seroit encore soumise au St Siege.

Il y a eu depuis l'érection six Archevêques de Paris, savoir en 1622, Messire Jean-François de Gondi, qui a été premier Archevêque.

En 1654 Meſſire François-Paul de Gondi Cardinal de Retz.

En 1662 Meſſire Pierre de Marca, qui mourut la même année avant que d'avoir pris poſſeſſion.

La même année Meſſire Hardouin de Perefixe.

En 1671 Meſſire François de Harlai de Chanvalon, premier Duc & Pair.

Et en 1695 Meſſire Louis-Antoine de Noailles, Duc & Pair, puis Cardinal.

Anciennement l'Archevêque de Paris n'avoit aucune Juriſdiction dans le faux-bourg St Germain, il étoit entierement ſoumis à celle de l'Abbé de St Germain.

Mr de Perefixe, Archevêque de Paris, pretendit en l'année 1668 que ce faux-bourg devoit être ſujet à la Juriſdiction ordinaire comme le reſte de Paris. Cette pretention fit la matiere d'un procès entre lui, & l'Abbé de St Germain qui fut terminé par tranſaction, par laquelle la Juriſdiction de tout le faux-bourg de St Germain fut aſſujetie à la Juriſdiction de l'Archevêque, & celle de l'Abbé de St Germain fut reſtrainte *inter clauſtra*; à condition que le Prieur de l'Abbayie de St Germain ſeroit, & demeureroit Vicaire general de l'Archevêque de Paris. Cette tranſaction fut homologuée par Arrêt du Parlement, & depuis confirmée par Lettres Patentes en 1669.

La Juriſdiction de l'Archevêque eſt l'Officialité, qui eſt compoſée d'un Official, d'un Promoteur, & un Greffier, laquelle a ſon étenduë ſur tout le Diocéſe de Paris.

L'Archevêque a une autre Juſtice appellée la Temporalité qui eſt exercée par un Juge qui connoît des appellations des Jugemens, & Sentences renduës en matiere civile par les Officiers de Juſtice, dependantes du temporel de l'Archevêché.

L'Archevêché de Paris a preſentement quatre Suffragans, ſavoir Meaux, Chartres, Orleans & Blois.

Blois a été nouvellement demembré de l'Evêché de Chartres, & érigé en Evêché en 1698 par le Pape Innocent XII à la requiſition du Roi Louis XIV & a été donné pour Suffragant à l'Evêché de Paris. Pour indemniſer de ce demembrement, & d'autres diſtractions qui ont été faites, il a été uni à l'Evêché de Chartres l'Abbayie de Joyenval près St Germain en Laie qui vaut dix mille livres de rente, ce benefice eſt du Dioceſe de Chartres.

De ces quatre Evêchés il n'y a que celui de Meaux, qui ſoit de la Generalité de Paris.

Cet Archevêché eſt diviſé en ſept Doyennés, non compris la Ville, Fauxbourgs, & Banlieuë de Paris.

Savoir, le Doyenné de Montmorenci.

De Chelles.

Du Vieil-Corbeil.

De Lagny.

De Champeaux.

De Montlheri.

De Châteaufort.

Il eſt compoſé de vingt-trois Chapitres dont il y en a treize dans la Ville de Paris.

De trente & une Abbayies, dont il y en a quatre d'hommes, compriſe celle de St Magloire, unie à l'Archevêché, & ſix de Filles dans Paris.

De ſoixante ſix Prieurés, dont onze dans la Ville, Faux-bourgs, & Banlieuë de Paris.

De cent quatre-vingt-quatre Monaſteres, & Communautés ſeculieres, & regulieres, dont il y en a cent vingt-quatre dans la Ville, Faux-bourgs, & Banlieuë de Paris.

DE LA VILLE DE PARIS. Liv. IV. 367

De quatre cens soixante & quatorze Cures, dont cinquante-neuf dans la Ville, Faux-bourgs, & Banlieue de Paris.

De deux cens cinquante-six Chapelles, dont quatre-vingt-dix dans la Ville, Faux-bourgs & Banlieue de Paris, non comprises celles de l'Eglise de Notre-Dame.

De trente-quatre Maladreries, dont cinq dans la Ville, Faux-bourgs, & Banlieue de Paris.

Cet Archevêché a de revenu cent mille livres.

CHAPITRE DE NOTRE-DAME.

LE Chapitre de Nôtre-Dame de l'Eglise de Paris, est le plus considerable du Royaume, moins par le grand nombre de ses benefices, & de leur revenu, que par le merite, & la distinction de la plupart des Ecclesiastiques qui le composent.

Il y a huit Dignités qui peuvent être possedées par d'autres que par des Chanoines, même le Doyenné.

1°. Le Doyenné qui a une Prebende jointe, qui est possedée par Mr de Bonguerel, il a le double du revenu d'un Chanoine.

2°. La Chantrerie a le double d'une Prebende, c'est Mr Joli qui en est revêtu, il est aussi Chanoine.

3°. L'Archidiaconé de Paris, Mr Ameline, il est aussi Chanoine.

4°. L'Archidiaconé de Josas, Mr le President de la Barde, il n'est plus Chanoine.

5°. L'Archidiaconé de Brie, Mr l'Abbé de la Roche, qui est aussi Chanoine.

6°. La Souchantrerie, Mr petit Pied, ancien Conseiller au Châtelet, qui est aussi Chanoine.

7°. La Chancellerie, Mr Pirot, Docteur de Sorbonne, qui est Chanoine depuis peu.

8°. La Dignité de Penitencier, qui est possedée par Mr Chapelier, Grand Maître du College Mazarin, qui n'est pas Chanoine.

Et cinquante & un Canonicats, qui valent depuis quinze cens jusqu'à deux mille cinq cens livres de revenu.

Outre ces Dignités & Canonicats il y a six Vicaires perpetuels sous le titre de St Maur des Fossés, de St Denys de la Chartre, de St Victor, de St Martin des Champs, de St Marcel, & de St Germain l'Auxerrois, & deux Vicaires de St Aignan, & une Chapelle Sousdiaconale de ce nom qui vaut huit cens livres.

ANNEXES DE L'EGLISE DE PARIS.

LE Chapitre de St Denys du Pas. Le Chapitre de St Jean le Rond.

Le Chapitre de St Denys du Pas est composé de douze Canonicats qui valent chacun huit cens livres de rente.

Le Chapitre de St Jean le Rond est composé de huit Canonicats qui valent aussi chacun huit cens livres de rente.

Les Annexes de l'Eglise de Paris ne sont qu'un même corps avec le Chapitre, ainsi ce ne sont à proprement parler que des Communautés Ecclesiastiques, qui sont soumises au Chapitre.

Il y a dans l'Eglise de Notre-Dame cent cinquante Chapelles, fondées, qui sont de differens revenus, depuis cent jusqu'à quinze cens livres.

Il y a une autre Chapelle qui a deux mille livres de revenu, sous le titre de la Chapelle de la Vierge, elle est possedée par le Doyen d'Autun, qui est de la Maison de Rostaing.

Les Chapelains ont droit de dire la Messe dans l'Eglise de Notre-Dame, pour laquelle ils ont une retribution : ils sont divisés en deux Communautés, l'ancienne & la nouvelle.

L'ancienne jouit du droit de *committimus*.

Les Matines se disent à minuit dans l'Eglise de Paris, parce qu'elle est consacrée sous l'invocation de la Ste Vierge en enfantant le Messie, qui est l'heure de la naissance de Jesus-Christ.

Le Chapitre a cent quatre-vingt mille livres de revenu, non compris les maisons Canoniales, qui sont vendues par le Chapitre aux Chanoines, lorsque quelqu'un d'eux meurt, sans les avoir resigné en personne au Chapitre. Ils ont quatre-vingt-seize minots de sel annuellement par fondation faite en leur Eglise par le Roi Louis XII, & Charles, Duc d'Orleans.

PRIVILEGES DE L'EGLISE DE PARIS.

IL se trouve dans les Archives du Parlement une charte du Roi Philippe Auguste de l'an 1190, par laquelle ce Prince confirme tous les droits, privileges, & possessions, accordés par le Roi Louis le Jeune, son pere, & par les Rois ses predecesseurs, à l'Eglise, Doyen, & Chapitre de Notre-Dame de Paris, voulant qu'elle y soit maintenue, sans qu'il y soit donné aucune atteinte. Les lettres font défenses à tous Chanoines Reguliers, ou Religieux, d'y tenir ou posseder aucune Prebende d'honneur en dignité, ni de s'immiscer en aucune forme, ou maniere que ce soit; elles sont scellées du grand sceau en cire verte sur lacs de soie rouge & verte, suivant l'usage & la coûtume de France de sceller de cette façon les Edits, & lettres qu'on appelle chartes, dont la durée doit être perpetuelle, comme dit Bodin, Livre 1, chapitre 9.

Après ces lettres il s'en trouve d'autres du Roi Jean du treize Novembre 1350 adressées au sieur de Tancarville, grand Maître de son Hotel, par lesquelles il lui est ordonné de faire deloger, si besoin étoit, du Cloître de Notre-Dame, plusieurs nobles & autres qui s'y étoient logés malgré les Doyen & Chapitre, à cause de l'affluence du peuple qui seroit venu à Paris pour l'entrée du Roi, Sa Majesté leur ayant octroyé qu'aucun n'y logeât qu'eux, & leurs serviteurs.

On n'entreprend pas de décrire ici les prerogatives, les Privileges, droits & exemptions de cette Eglise; il suffit de dire qu'elle est la premiere du Royaume, & que la pieté singuliere de nos Rois pour cette Basilique, les a tous porté à l'enrichir de leurs dons, & concessions, & à lui laisser quelques monumens celebres de leur zèle pour la Religion.

Le Chapitre de l'Eglise de Paris est appellé Regent de l'Archevêché de Paris *sede vacante*; il est independant de la Jurisdiction de l'Archevêque, & a sa Jurisdiction separée, qui est exercée de même que celle de l'Archevêque par un Official, un Promoteur, & un Greffier, laquelle s'étend sur les Chanoines, Beneficiers, Chapelains & Officiers de l'Eglise de Paris, sur les quatre Filles de cette Eglise, sur l'Hotel-Dieu de Paris, sur l'Eglise de St Christophe; tous lesquels Beneficiers sont justiciables de l'Official du Chapitre & sont tenus de comparoître le dix-neuf Mars au Synode qui se tient au Chapitre, & d'y repondre en personne : & comme Mr l'Archevêque fait ses visites dans ce qui dépend de sa Jurisdiction, le Chapitre fait les siennes de même par ses Deputés dans les lieux qui sont de sa dépendance, & poursuit les delinquans jusqu'à Sentence definitive.

Le Chapitre a aussi une autre Jurisdiction pour sa Temporalité, qui s'exerce

par

DE LA VILLE DE PARIS. Liv. IV.

par un Bailli, un Procureur Fiscal, & un Greffier. Cette Jurisdiction s'appelle la Barre du Chapitre; elle a été accordée par les Rois de France à l'Eglise de Paris de tems immemorial, notamment par Lettres Patentes du Roi Louis II, du mois de Septembre 1445, par lesquelles il est fait défense à tous Juges ordinaires Royaux d'y exercer aucune justice par prevention, ou autrement; lesquelles sont confirmées par autres Lettres du Roi du quatorze Août 1676 regîtrées au Parlement le deuxiéme Septembre suivant : par lesquelles Sa Majesté, en interpretant l'Edit du mois de Fevrier 1674 portant réunion des Justices de Paris au Châtelet, declare n'avoir entendu y réunir la haute, moyenne & basse Justice de l'Eglise de Paris, appellée la Barre du Chapitre pour l'étendue de l'Eglise, Parvis & Cloître seulement, ensemble du terrain, étant proche le Cloître, dans lesquels Sa Majesté les a maintenus & gardés, & au droit de voirie dans ces lieux.

Les appellations de ces Jurisdictions de l'Archevêque, & du Chapitre sont portés immediatement au Parlement.

L'Eglise de Paris a toujours été la mere des sciences qu'on a enseignées à Paris : anciennement cet exercice des belles lettres se faisoit dans le Parvis de l'Eglise de Paris, mais cette Ville étant devenue la capitale du Royaume, & s'étant fort augmentée, on l'a transferé en un lieu qu'on a appellé l'Université, & les dignités de l'Eglise de Paris, qui étoient chargées de ce soin, l'ont continué depuis ce tems-là : c'est pourquoi le Chancelier de l'Eglise de Paris est Chancelier de l'Université, & le Chantre a le gouvernement des petites écoles, & de Grammaire ; il n'appartient qu'à lui seul d'en accorder les permissions: & ils ont l'un & l'autre droit de visite dans ces lieux.

Le Penitencier de Paris a encore une Jurisdiction pour les cas reservés ; & tout ce qui regarde le for interieur qu'il exerce par lui-même en vertu de sa dignité.

Et les trois Archidiacres ont chacun droit de visite dans l'étendue de leur Archidiaconé. L'Archevêque de Paris a la presentation & la collation des Dignités de son Eglise, & des Canonicats, à la reserve des dignités de Doyen, & de Souschantre, & des deux Canonicats de St Aignan, qui sont conferés par le Chapitre. Les Canonicats de St Denys du Pas, & de St Jean le Rond, sont aussi à la presentation, & collation des Doyen, Chanoines, & Chapitre : ils sont appellés Benefices Servitoriaux, parce qu'ils ne peuvent être conferés qu'à des Clercs Ecclesiastiques, & enfans de chœur, qui ont servi dans l'Eglise de Paris le tems marqué par les Statuts, afin que le service uniforme s'y perpetue.

Outre ces Benefices qui sont à la collation du Chapitre, il y en a plusieurs autres qu'il a droit de conferer, dont il a été fait une distribution entre les Chanoines, ensorte que chaque Prebende a un nombre de Benefices annexés à sa collation particuliere.

QUATRE FILLES DE L'ARCHEVECHE'

IL y a quatre Chapitres qui sont nommés les Filles de l'Archevêché qui sont tenues d'aller quand l'Archevêque les mande : savoir les Chapitre de St Marcel.

St Germain l'Auxerrois.

St Honoré & Ste Oportune.

Le Chapitre de St Marcel est composé d'une dignité de Doyen, & de quatorze Canonicats, qui valent chacun quatre cens livres de rente, le Doyen a douze cens livres ; les Beneficiers sont logés. Il y a aussi dix-sept Chapelles : ces Benefices sont à la collation de l'Archevêque.

Le Chapitre de St Germain de l'Auxerrois est composé d'une dignité de Doyen, d'une commission de Chantre, & de treize Canonicats. Le Doyenné vaut huit mille livres de rente : la Chantrerie & les Canonicats valent quinze cens livres chacun. Il y a onze Chapelles de differens revenus depuis cent jusqu'à huit cens livres.

Le Doyenné est conferé par le Chapitre ; c'est un Benefice electif : la Chantrerie n'est qu'une simple commission, qui est donnée par le Chapitre à un Chanoine. Tous les Canonicats sont à la nomination de l'Archevêque de Paris, & les onze Chapelles sont conferées par le Chapitre au plus ancien Vicaire, Choriste Prêtre, suivant un Arrêt du Conseil du quatorze Novembre 1676. Tous les Chanoines ont leur maison canoniale dans le Cloître.

Le Chapitre de St H. noré est composé d'une dignité de Chantre, & de onze Canonicats ; cette dignité, & les Canonicats valent chacun deux mille livres de rente, les Beneficiers logés ; le Chantre peut être aussi Chanoine, en ce cas il a le double de revenu. Ce Chapitre a soixante-douze mille livres de rente. Ces Benefices, savoir, la dignité de Chantre, & cinq Canonicats, sont à la collation de l'Archevêque de Paris, & cinq à la collation du Chapitre de St Germain de l'Auxerrois, & l'onziéme Canonicat est alternativement à la collation de Mr l'Archevêque, & du Chapitre St Germain de l'Auxerrois.

Le Chapitre de Ste Oportune est composé d'une dignité de Chefcier, & de neuf Canonicats : à l'un desquels la Cure, & la dignité de Chefcier sont jointes. Ces Benefices valent chacun trois cens livres de rente ; le Curé a huit cens livres. Ces Benefices sont à la collation des Chanoines de St Germain l'Auxerrois, qui les ont dans leur partition.

QUATRE FILLES DE NOTRE-DAME.

IL y a quatre autres Chapitres qui sont nommés les Filles de Notre-Dame, sur lesquelles le Chapitre de l'Eglise de Paris a Jurisdiction, savoir les Chapitres de

St Merry.
St Sepulchre.
St Benoît, & St Etienne des Grès.

Le Chapitre de St Merri est composé d'une dignité de Chefcier, & de six Canonicats qui ont six cens livres de revenu chacun : le Chefcier est Chanoine & Curé ; & de six Chapelains en titre. Anciennement il y avoit deux dignités de Chefcier : tous ces Benefices sont conferés par deux Chanoines de Notre-Dame, qui ont le droit de collation annexé à leur Prebende.

Le Chapitre du St Sepulchre est composé de seize Canonicats sans dignité, qui vallent chacun quatre cens livres, ils sont à la collation alternativement de deux Chanoines de l'Eglise de Paris qui ont ce droit dans leur partition, & des Administrateurs de l'Hopital du St Sepulchre.

Le Chapitre de St Benoît est composé de six Canonicats sans dignité, qui vallent six cens livres chacun. Ils sont à la nomination de six Chanoines de Notre-Dame, qui en conferent chacun un.

Il y a douze Chapelains qui ont trois cens livres de rente chacun : ils sont à la nomination & collation des Chanoines de St Benoît.

La Cure ou Vicairerie perpetuelle de St Benoît, est à la nomination du Chapitre, ou Communauté de St Benoît.

Le Chapitre de St Estienne des Grès est composé d'une dignité de Chefcier, & de douze Canonicats qui valent trois cens livres ; le Chefcier a le double.

DE LA VILLE DE PARIS. Liv. IV.   371

Ces Benefices sont à la collation de deux Chanoines de Notre-Dame, qui ont le droit annexé à leur Prebende, ils en donnent six chacun.

EGLISE DE NOTRE-DAME.

TOUS les porteaux de l'Eglise sont revêtus d'hieroglyphes. La figure de St Christophe est le plus grand colosse du Royaume. Il a environ vingt pieds de haut. L'attitude en est très-belle, mais les jambes sont un peu trop roides & trop aigues. Les hermetiques le prennent pour un hieroglyphe. Le tableau de Jesus-Christ semant une terre, qui tient au pilier paralelle à celui de St Christophe, est un hieroglyphe. La premiere assise de ce pilier n'est que d'une seule pierre. La figure de Mercure ou d'Esculape, ou selon d'autres de Guillaume Evêque de Paris, passe encore pour un hieroglyphe chés quelques-uns.

A deux des portes de l'Eglise, St Denys est representé en sculpture avec une partie de son crâne coupé.

Les tableaux qui sont autour du Chœur & aux piliers de l'Eglise, sont autant de presens que font les Orfévres le premier jour de Mai. Entre ces tableaux, la Pentecôte de Blanchard est universellement admirée; aussi-bien que la lapidation de St Etienne, & le Martyr de St André par le Brun; St Paul brûlant à Ephèse des livres heretiques par le Sueur; le martyre de St Pierre par Bourdon, & la conversion de St Paul par la Hire.

Le Crucifix du Chœur n'est que de deux pieces, savoir le pied d'une seule piece, & la Croix & le Christ d'une autre.

La Chapelle de Mr des Roches est peinte par Champagne. Les tapisseries du Chœur sont des desseins de Champagne & de plusieurs autres.

Le fer des deux portes de devant à été admirablement bien roulé par Biscornette: la sculpture, les oiseaux & les ornemens sont merveilleux, ils sont de fer forgé dont l'invention est morte avec Biscornette, qui fondoit le fer avec une industrie presque incroyable; il le rendoit doux, simple, trairable, & lui donnoit tous les moules & enroulemens qu'il vouloit avec une douceur & une gentillesse qui surprend & ravit tous les Serruriers. Gayart Serrurier du Roi, pour tâcher de découvrir un secret si merveilleux, rompit quelques morceaux du fer de ces portes, & avoua ensuite que quelque peine qu'il se fût donnée à le battre & le fondre, il n'en étoit pas devenu plus savant; & même ajoutoit qu'il eut bien de la peine à employer le peu de fer qu'il en avoit detaché & rompu.

Ces portes ont été faites depuis cent vingt ans & sont admirées de tout ce qu'il y a de Serruriers. Le bas est tout couvert de bouillons & de revers de feuilles tournées & travaillées avec étonnement, tant pour la grandeur que pour la beauté de l'ouvrage; & d'autant plus que ceux du métier n'ont encore pû connoître précisément sa fabrique, car les uns croyent que c'est du fer moulé, qu'ils appellent fer de barreau; d'autres disent qu'il est fondu & limé; d'autres pretendent qu'il est battu au marteau. Les plus savans de nos Serruriers assurent que c'est un fer fondu & sans soudure. Ce qui est de certain, c'est que ce secret fut perdu par la mort de Biscornette qui avoit si peur qu'on ne le lui derobât, que personne, à ce qu'on dit, ne l'a vû travailler.

Les gonds de ces portes sont admirables; on ne sait comment les portes y ont été pendues.

Les deux tours sont si grosses & si majestueuses qu'elles servent de proverbes. On montoit autrefois à l'Eglise par treize marches.

Le lieu où la Musique s'entend le mieux, est une petite voute ronde,

Tome I.   A A a ij

eſt derriere le Maître-Autel.

Les figures du portail de St Jean le rond ſont bonnes.

Les Ecoles de Paris étoient dans le Parvis du côté de l'Hotel-Dieu.

On tient que Notre-Dame fut fondée ſur le deſſin qu'elle eſt à preſent, environ l'an mil par Robert, fils de Huges Capet, & continuée par ſes ſucceſſeurs, juſqu'à Philippe Auguſte. Toutefois ſuivant certains Memoires de cette Egliſe, Hercandus quarante-deuxiéme Evêque du tems de Charlemagne, decedé en huit cens quatorze, l'avoit commencé ; & Maurice ſoixante & dixiéme Evêque, & après lui Odo, ſon ſucceſſeur, l'acheverent du regne de Philippe qui mourut en 1223. Quelques-uns diſent, & c'eſt la plus commune opinion, que ce grand vaiſſeau fut entrepris du tems du l'Evêque Odon, que du tems de Maurice Saliac, ſoixante & dixiéme Evêque, & ſous Philippe Auguſte, le bâtiment fut élevé ; & qu'après Maurice qui mourut en 1196, le bâtiment en demeura-là, & ne fut continué qu'en 1257, comme on peut recueillir par ce qui ſe lit gravé en relief ſur la pierre aux deux côtés du portail de la croiſée du côté de l'Archevêché.

Anno Domini M CC LVII, *menſe Februario Idus 2. Fuit inceptum Chriſti Genitricis, Kalenſi Lathomo vivente Joanne Magiſtro.*

Cette Egliſe & la Ste Chapelle ſont couvertes de plomb. Le Chœur garni de tableaux eſt ſans contredit le plus beau & le plus orné de Paris. La Muſique eſt peut-être la plus complette du monde, ce qui ſe peut aiſément connoître aux grandes Fêtes, aux Fêtes de la Vierge & aux Motets qui ſe chantent dans la nef tous les Samedis après Complies devant la Chapelle de la Vierge : auſſi le Chapitre eſt-il curieux de bons Maîtres & de bonnes voix ; & pour peu qu'ils ſoient honnêtes gens, les recompenſe en bons Benefices. Le vaiſſeau contribue auſſi beaucoup à faire paroître la Muſique.

On tient que ce Chœur eſt le plus devot de toute la Chrétienté. Et enfin il n'y a point d'Egliſe au monde où on officie avec plus de pompe & de majeſté.

Notre-Dame, *mole ſuâ terrorem incutit pectoribus.*

Les fondemens ſont aſſis ſur pilotis. Cette Egliſe eſt ſi bien faite, que rien ne s'en eſt dementi depuis ſa fondation. C'eſt la plus baſſe de Paris & néanmoins la plus éminente. Sur les trois porteaux ſont les figures des vingt-huit Rois predeceſſeurs de Philippe Auguſte, à commencer par Childebert.

Les Hiſtoires Gothiques qu'on voit autour du Chœur, ont été commencées par Maiſtre Jean Roux, & achevées par Maiſtre Jean le Bouteiller en 1352.

Notre-Dame s'arrondit en demi cercle de même que la Chapelle de la Vierge à l'Abbayie St Germain.

Dans le Chœur on n'enterre que les Princes, les Princeſſes & les Evêques, comme on verra par le Procès verbal ci-après.

On ne trouve pas hors de propos de placer ici ce Procès verbal, pour éclaircir quelques faits douteux ſur l'Hiſtoire de cette Cathedrale.

DE LA VILLE DE PARIS. Liv. IV.

PROCÈS VERBAL

DE CE QUI S'EST TROUVÉ TANT DANS LE SANCTUAIRE *que dessous & autour du Grand Autel de l'Eglise de Paris, lors de la démolition, qui sous le Pontificat de Monseigneur l'Illustrissime & Reverendissime Louis Antoine de Noailles, Archevêque de Paris, Duc de St Cloud, Pair de France, Commandeur de l'Ordre du St Esprit, (à present Cardinal de la Sainte Eglise Romaine) en a été faite par l'ordre de Louis XIV, surnommé le* GRAND*, Roi de France & de Navarre, pour construire un nouvel Autel plus élevé & plus magnifique, en execution de la Déclaration du Roi Louis XIII, de triomphante memoire dit le* JUSTE*, donnée à St Germain en Laie le* 10 *Fevrier* 1638*, par laquelle Sa Majesté pour monument & pour marque immortelle de la consecration qu'elle a faite à Dieu de sa personne, de sa Couronne, de son Sceptre & de ses Sujets, sous la protection de la sainte Vierge, a promis de faire construire de nouveau le grand Autel de l'Eglise Cathedrale de Paris. Cette Déclaration confirmée par celle de Louis XIV, son Fils, donnée à Dijon le* 25 *Mars* 1650.

LE Mercredi vingt-neuf Avril mil six cens quatre-vingt dix-neuf, on commença à travailler à la démolition de l'Autel. On ôta d'abord les quatre pilliers de cuivre qui étoient aux quatre coins de l'Autel, sur le haut de chacun desquels il y avoit un Ange de pareil metail; ensuite on défit le devant du Contretable de l'Autel qui étoit fermé à deux serrures, & on ôta le bois qui étoit autour du même Autel.

Le Contretable qui avoit quatre pouces ou environ de profondeur, étoit plein de grands & de petis trous faits exprès, qui marquoient qu'on y mettoit antrefois quelques plaques ou embellissemens de métail qu'on y attachoit: & il y avoit des chiffres depuis un jusqu'à vingt-huit.

Le grand Autel étoit composé de cinq pierres de taille, à l'une desquelles, qui comprenoit tout le devant, il y avoit treize petits pilliers joints par des ceintres à la gothique, & de deux autres pierres aux deux côtés qui avoient de petits pilliers semblables.

La pierre de derriere avoit une ouverture d'environ dix-huit pouces de haut sur douze de large, avec une petite porte de fer en treillis, qui étoit maçonnée.

On a trouvé sous le grand Autel, fait en forme de tombeau, une pierre cube d'environ un pied; & dans la pierre de dessus au milieu sur le devant un petit tombeau de plomb avec son couvercle de même, long d'environ quatre pouces sur deux de large, dans lequel étoient cinq ou six petits ossemens, quelques morceaux de linge & d'étoffe de soie quelques petits ornemens, & un autre petit morceau d'étoffe de soie à l'antique broché de petites fleurs d'or; avec une petite boëte de bois, grosse comme le bout du doigt, dans laquelle on n'a trouvé que des cendres, & rien qui pût designer de quel Saint elles étoient.

Tout le cuivre qui servoit à porter la Châsse de St Marcel, avec ses quatre colomnes, & celui de la Suspension, a été brisé & mis en pieces, n'ayant pû être conservé à cause du fer & du plomb qui étoient dedans.

La Châsse de St Marcel, de verneil doré, faite en forme d'Eglise, avec deux bas côtés couverts de fleurs de lis ciselées d'applique dans des compartimens à lozangé dont les enfoncemens sont de lames d'or, enrichie tout autour de plusieurs figures d'or representant la vie du Saint; & de vitrages d'or émaillé, avec un grand nombre de toutes sortes de pierres precieuses; étoit placée derriere le grand Autel sur un palc de cuivre, soutenu de quatre colomnes aussi de cuivre d'environ quinze pieds de haut.

Au dessus de l'Autel du fonds, dit des Ardens, étoit un grand corps de

HISTOIRE ET ANTIQUITE'S

menuiserie enfoncé dans l'arcade, fait en maniere de dôme, orné de moulures & de compartimens de bois doré, où il y avoit des niches, dans lesquelles étoient plusieurs Châsses en trois étages contenant les Reliques ci-après expliquées.

1°. La Châsse de St Gendou Evêque ; dans laquelle se sont trouvés deux procès verbaux conçus en ces termes :

Anno Domini 1449, die 28 mensis Junii, sedente in Sede apostolica Domino nostro Nicolao Papâ quinto, regnante Carolo hujus nominis septimo, visitatæ sunt Reliquiæ hujus Ecclesiæ per Dominum Guillermum Parisiensem Episcopum. In hac Capsâ fuit inventum corpus sancti Gendulphi Episcopi ; integrum in ossibus excepto capite quod est in vase argenteo : astantibus Dominis Jo. Archidiacono, Jo. Succentore, Jo. Cancellario, Rob. Pœnitentiario, Pet. de Chacy, Rad. Hanny, Canonicis Ecclesiæ Parisiensis, cum pluribus aliis Canonicis & Capellanis prædictæ Ecclesiæ Parisiensis. Ita est G. de Rivery. *Et me Dionysio* le Herpeur *Secretario Domini Episcopi. Ita est*, le Herpeur.

Anno Domini 1571, die 8 mensis Junii, visitatæ sunt Reliquiæ retroscriptæ, cum ossibus sacri corporis sancti Gendulphi Confessoris, per Reverendum in Christo Patrem & Dominum, Dominum Petrum de Gondy, *Parisiensem Episcopum.*

2°. La Châsse de St Severin de Paris ; dans laquelle se sont trouvés deux procès verbaux en ces termes.

Anno Domini 1449, die 28 mensis Junii, vigiliâ beatorum Petri & Pauli, sedente in Sede apostolica Domino Nicolao Papâ quinto, regnante Carolo hujus nominis septimo, visitatæ sunt Reliquiæ hujus Ecclesiæ per Dominum Guillermum Parisiensem Episcopum ; & in hac Capsâ fuit inventum corpus integrum in ossibus sancti Severini, astantibus Dominis, Jo. Archidiacono, Jo Succentore, Jo. Cancellario, Rob. Pœnitentiario, Pet. de Chacy, Rad Hanny, *Canonicis Ecclesiæ Parisiensis, cum pluribus aliis Canonicis & Capellanis ejusdem Ecclesiæ, præsentibus nobis Notariis. Ita est*, G. de Rivery, *Not. Capituli.* Le Herpeur, *Secretarius Domini Episcopi.*

Hic sunt dentes cum minutis ossibus sancti Severini.

Anno Domini 1571, die Veneris octavâ mensis Junii, retroscriptæ Reliquiæ visitatæ fuerunt per Reverendum in Christo Patrem & D. D. Petrum de Gondy, *Episcopum Parisiensem.*

3°. Une Châsse dans laquelle se sont trouvées des Reliques de plusieurs Saints, avec deux procès verbaux en ces termes.

Anno Domini 1449, die 29 mensis Junii, sedente in Sede apostolica Domino Nicolao Papâ quinto, regnante Carolo hujus nominis septimo, visitatæ sunt Reliquiæ hujus Ecclesiæ per Dominum Guillermum Parisiensem Episcopum ; & in hac Capsâ fuerunt inventæ Reliquiæ Sanctorum plurimorum, cum pluribus aliis reliquiis ciliciorum & aliorum vestimentorum cum quibusdam phialis ; astantibus Jo. Archidiacono, Jo. Succentore, Jo. Cancellario, Rob. Pœnitentiario, Theob. de Vitry, & Rad. Hanny, cum pluribus aliis Canonicis, & Capellanis Ecclesiæ Parisiensis, præsentibus Notariis infrascriptis. Le Herpeur, *Secretarius Domini Episcopi.* G. de Rivery, *Not Capituli. Istæ Reliquiæ fuerunt visitatæ per Reverendum in Christo Patrem & Dominum, Dominum Petrum* de Gondy, *Episcopum Parisiensem, anno Domini* 1571, *die 8 mensis Junii.*

Dans la même Châsse s'est encore trouvée une boëte d'ivoire, où sont trois fioles de sang de martyrs, un morceau de cilice & des linges ouvrés.

4°. La Châsse de St Germain Evêque de Paris ; dans laquelle s'est trouvée sa soutane de laine de couleur de musc, à laquelle il manque une manche entiere ; & sur la doublure du bord d'en bas de la même soutane se sont trouvés écrit sur un petit parchemin ces mots en lettres gothiques, *C'est la robe Saint Germain.*

Plus s'est encore trouvé un procès verbal en ces termes ainsi ortographiés :

Anno Domini 1529, *die Veneris* 25 *mensis Martii, in festo Annunciationis dominicæ, Nos Franciscus, Dei & sanctæ Sedis apostolicæ gratiâ, Episcopus Parisiensis. Ad requisitam dilectorum fratrum nostrorum Decani & Capituli Ecclesiæ nostræ Parisiensis,*

DE LA VILLE DE PARIS. Liv. IV. 375

hanc Capsam intra Missarum solemnia benediximus, ac intra eam, tunicam beati Germani Parisiensis Episcopi & Confessoris, Deo annuente, honorificè reposuimus. **F. E. Paris.**

Cette soutane est de fil mêlé de laine, de la grandeur & de la figure d'une aube moyenne platte. Une manche en a été coupée. Il y a de petits lizerets de fil blanc de haut en bas de chaque côté, & un lizeret aussi blanc simple autour du poignet.

5°. La Châsse de St Justin mattyr, représenté en devant en bas-relief, portant sa tête; dans laquelle se sont trouvés deux procès verbaux en ces termes qui ne sont presque point de sens.

Ista portio Capitis cum ossibus & reliquiis, utrum pertineat ad corpus sancti Justini, in omni capsâ non est inventum (corpus), vel ad caput beati Cosmæ quod non est inventum in Ecclesiâ ejus, nescimus. Item tenui panno lineo involutum nescimus unde sit, sed supponimus quod fuerit terra tincta infra cranium dicti Capitis, aut cum ossibus (Pongonis) prædictis. Scriptum anno Domini 1367, quartâ die mensis Aprilis.

Istæ Reliquiæ fuerunt visitatæ in vigiliâ beati Petri, anno Domini 1449, per Dominum Guillermum Parisiensem Episcopum, sicut & ceteræ.

Anno Domini 1571, die octavâ Junii, istæ Reliquiæ fuerunt visitatæ per Reverendum Dominum Petrum de Gondy, Parisiensem Episcopum.

6°. Une Châsse dans laquelle se sont trouvés plusieurs ossemens des compagnes de sainte Ursule, avec deux procès verbaux en ces termes :

Anno Domini 1449, die 28 mensis Junii, sedente in Sede apostolicâ Nicolao Papâ quinto, regnante Carolo hujus nominis septimo, visitatæ sunt Reliquiæ hujus Ecclesiæ Parisiensis per Dominum Guillermum Parisiensem Episcopum, & in hac Capsâ inventa sunt quamplurima ossa undecim millium Virginum A la seconde il y a, *cum litterâ testimoniali, astantibus Jo. Archidiacono, Jo. Succentore, Jo. Cancellario, Rob. Pœnitentiario, Theob. de Vitry, Rad. Hanny, cum multis aliis Canonicis & Capellanis prædictæ Ecclesiæ Parisiensis, præsentibus Notariis infrà, & G. de Rivery, Not. Capituli.* Le Herpeur, *Secret. Domini Episcopi.*

Anno Domini 1571, die 8 mensis Junii, suprascriptæ Reliquiæ visitatæ fuerunt per Reverendum in Christo Patrem & Dominum, D. Petrum de Gondy, Parisiensem Episcopum, cum dictâ litterâ testimoniali.

Dilecto consanguineo suo P. Canonico majoris Ecclesiæ in Colonia, & Canonic. sanctarum Virginum ibidem; salutem & debitam dilectionem. De Reliquiis sanctarum undecim millium Virginum quas magnâ precum instantiâ obtinui, super cujus transmitto dilectioni, rogans devotionem vestram, quatenus ad quemcumque vestrum deferri contigerit, hæ debitâ nostrâ ratione habeantur, ac ut eas de nostro Collegio sanctarum Virginum non esse dubitetis, Sigillo dominæ meæ Abbatissæ volui affirmare. avec un Sceau.

7°. Une Châsse marquée d'une Croix de Lorraine en relief, dans laquelle s'est trouvé un procès verbal, faisant mention de toutes les Reliques ci-devant énoncées, du corps de St Lucain, & d'autres Reliques de plusieurs Saints exprimées dans le même procès verbal, ainsi :

Anno Domini 1571, Dominicâ decimo Junii, Festo Sanctissimæ Trinitatis, Altare Ardentium de novo elevatum, fuit consecratum per Dominum Petrum Gondium Episcopum Parisiensem, & feriâ sextâ ante, post Vesperas, recondidit Reliquias Sanctorum Cosmæ, Damiani, Pauli, Dionysii, Leodegarii, Crispini & Crescentis, in duabus Capsis æqualibus de novo reparatis; similiter Corpus sancti Gendulphi in suâ Capsâ; in aliâ juxta sanctum Gendulphum Reliquias de pluribus Sanctis; Reliquias sancti Justini in suâ Capsâ, in Capsâ sancti Germani pars ejus vestis cum litterâ testificationis; corpus sancti Lucani in suâ Capsâ; Reliquias sancti Severini in suâ Capsâ; duas Capsas ex reliquiis ab Urbe Coloniâ allatis.

Derriere l'Autel des Ardens il y avoit un petit tableau de cuivre en quarré oblong, d'environ un pied de haut, scellé en plomb avec des attaches de fer, & encastré dans une pierre de taille, à la hauteur d'environ cinq pieds, sur lequel étoit en relief un Crucifix, accompagné des figures de la Ste Vierge & de St Jean l'Evangeliste, que le Diacre alloit encenser tous les jours à l'Offertoire de la Grande-Messe.

Assés proche de ce Crucifix étoit une figure de Pierre en bas-relief, representant Pierre de Fayel à genoux, le visage tourné vers le Crucifix avec cette Inscription au bas:

Maistre Pierre de Fayel Chanoine de Paris a donné deux cens livres pour ayder à faire ces histoires, & pour les nouvelles voirrieres qui sont sur le Cuer de ceans.

Ensuite en tournant du côté du Revestiaire étoit une figure de pierre en bas-relief, representant la sainte Vierge portant le petit JESUS qui tenoit en sa main une colombe, & devant elle étoit en relief à genoux la figure de Guillaume de Meleun Archevêque de Sens & auparavant Chanoine de l'Eglise de Paris, precedé de son Portecroix aussi à genoux, aïant une soutane rouge, & par dessus, un surplis long à manches fermées; tous lesquels bas-reliefs étoient sur une seule pierre de taille d'environ quatre pieds de haut sur trois de large, placée dans œuvre à environ quatre pieds de terre sous la representation du martyre de saint Etienne, qui étoit en personnages de pierre isolés; & sous les bas-reliefs sur la pierre étoit gravée cette inscription:

Noble homme Guillaume de Meleun Archevêque de Sens, a fait faire cette histoire entre ces deux piliers, en l'honneur de Dieu & de monseigneur saint Estienne.

Et au coin d'enbas de cette pierre, étoit un grand écusson d'azur, à la croix d'argent cantonnée de quatre croissillons d'or adossés, qui est de Sens; écartelée de Meleun ancien, qui est de gueules à 9. bezans d'or, 3. 3. 3. au chef cousu de sable, à la croix d'argent latin, brochant sur le tout. Cette pierre étoit fermée par dessus de deux battans de porte de fer à petits quarrés, fermant à clef.

Il y avoit autour du Chœur les histoires de l'Evangile & des Actes des Apôtres en statues de pierre isolées avec des Inscriptions gravées au bas; & au dessous étoient en petits bas-reliefs les histoires de la Genese, avec pareilles Inscriptions gravées au bas.

Le Mardi 5. Mai 1699. devant le bas des degrés du grand Autel, on leva une petite tombe de cuivre où étoient gravées les Armes de France & de Savoie, avec un cœur couronné qui representoit celui de Louise de Savoie, Fille de Philbert Comte de Bresse & depuis Duc de Savoie, & femme de Charles Comte d'Angoulême, mere du Roi François I, laquelle deceda le 22 Septembre 1531. On y lisoit cette Epitaphe:

Cor magnorum opifex, Francûm quæ & Viscera Regem
Portavere, hîc sunt; spiritus, in superis.

Sous cette tombe de cuivre étoit un coffret de plomb de demi pied en quarré, qui enfermoit le cœur de cette Princesse.

Au bas des degrés du grand Autel au milieu, sous une pierre quarrée de marbre noir sont dans un barillet de bois les Entrailles de LOUIS XIII. dit le JUSTE, avec cette Inscription.

Viscera Ludovici XIII, Regis Christianissimi posuit Ludovicus de Bernage Regis Eleemosynarius & Ecclesiæ Parisiensis Canonicus, anno Domini 1643. 14. Maii.

Derriere l'Autel, sous la Châsse de St Marcel, on trouva un tombeau de plâtre, placé autrement que les autres, la tête tournée du côté droit, & pieds du côté gauche. Il n'étoit couvert que d'une pierre de taille: & il n'y avoit dedans que la tête, quelques ossemens, des morceaux de pantoufles de cuir, & de petits pots de terre rouge dans lesquels il y avoit des charbons & de l'encens.

Ce tombeau est de Philippes, fils de Louis VI. dit le Gros, Roi de France, qui de Chanoine & Archidiacre de Paris fut élu Evêque en 1159. dont il ceda le droit à Pierre Lombard, dit vulgairement *le Maitre des Sentences*, qui avoit été son Precepteur.

Sur la pierre qui couvroit ce Tombeau étoient écrits ces mots, *Hîc*

DE LA VILLE DE PARIS. Liv. IV.

Hìc jacet Philippus, filius Ludovici Crassi, Regis Francorum, Archidiaconus Ecclesiæ Parisiensis, qui obiit anno 1161.

Le Mercredi sixiéme Mai 1699, on découvrit le tombeau d'un Evêque proche l'Autel du côté de l'Evangile. Il étoit d'environ un pied plus grand que les autres tombeaux, & couvert d'une triple tombe, savoir, de deux grandes de pierres maçonnées, & d'une moindre de cuivre, d'un pouce & demi d'épaisseur, dont toutes les lettres de l'Inscription étoient effacées. Il y avoit quelques morceaux de bois de cedre qui avoient servi de bierre, une bague d'or dont le chaton étoit d'un faux rubis de simple cristal rouge convexe, environné de fausses pierreries representant des rubis & des turquoises alternativement, enchassées dans de petits chatons d'or, & plusieurs morceaux d'étofe à demi pourris, qui paroissoient avoir été des oriſrois de chasuble brochés d'or.

Le même jour sixiéme Mai 1699, on ouvrit un tombeau de marbre noir de huit pieds de long sur quatre de large, où étoit inhumé Pierre d'Orgemont Evêque de Paris. Ce tombeau étoit élevé d'environ trois pieds, & situé entre deux des gros piliers du chœur du côté de l'Evangile ; dessus étoit couchée sa statue de marbre blanc couverte d'une grille de fer à petits quarrés, & autour du bord superieur du tombeau étoient gravés ces mots.

Hìc jacet reverendus in Christo Pater Dominus Petrus de Ordeimonte, Parisiis oriundus ; in utroque Jure licentiatus, olim Morinensis, postmodum verò Parisiensis Episcopus ; qui obiit anno 1409, 16 die mensis Julii.

Sous cette pierre de marbre on trouva un cercueil de pierre en façon d'auge, où il n'y avoit ni ossemens ni habits, le tout étant pourri & reduit en cendres hors une bague d'or dont le chaton est d'un doublet vert façon d'émeraude.

Le même jour sixiéme Mai 1699, on ouvrit le tombeau de Louis de France, Duc de Guienne, Dauphin de Viennois, fils de Charles VI, & d'Isabeau de Baviere, âgé de 19 ans ; qui mourut le Mercredi 18 Decembre 1415, & fut inhumé le Lundi 23, du côté de l'Epître au pied des sieges où se mettoient autrefois le Prêtre, le Diacre & le Soudiacre durant la celebration de la sainte Messe.

Dans ce tombeau qui étoit à fleur de terre, on trouva un cercueil de plomb qui étoit enfermé d'un autre de bois, dans lequel ne se sont trouvées que des cendres.

L'enterrement de ce Prince est marqué dans un Arrêt de la Cour du 23 Decembre de la même année 1415.

Le Jeudi septiéme Mai 1699, on trouva derriere l'Autel du côté de l'Evangile un tombeau six pieds en terre, fait d'une seule pierre, couvert d'une autre pierre concave, dans lequel étoient les cendres d'Etienne II, dit Tempier, Evêque de Paris, avec sa crosse de cuivre & sa bague d'or, le chaton d'un doublet blanc de nulle valeur, quelques morceaux d'étoffe, & une plaque de cuivre rompue en deux, où se lisent ces mots :

Hìc jacet Stephanus de Aurelianis, quondam Parisiensis Episcopus ; qui decessit Dominicâ ante Nativitatem beatæ Mariæ Virginis anno 1279. Anima ejus requiescat in pace.

Le Vendredi huitiéme Mai 1699, on découvrit le tombeau d'un Evêque qui étoit environ quatre à cinq pieds en terre, dans une pierre fort étroite du côté des pieds, avec une crosse de cuivre & une bague d'or, le chaton d'un doublet bleu façon de turquoise, & une partie des ossemens en poudre. Il étoit au coin posterieur de l'Autel du côté de l'Epître. On ne sait de qui il est, parce qu'il n'y avoit point d'inscription dedans ni dessus la tombe.

Le Samedi neuviéme Mai 1699, on découvrit le tombeau de Denys du Moulin, Evêque de Paris, qui étoit à fleur de terre du côté de l'Epître, dans lequel étoit le haut de sa crosse de cuivre, & un très-gros anneau pastoral d'or, le chaton d'un doublet blanc de simple cristal de nulle valeur; de plus une bille de chappe couverte d'un doublet de cristal en forme de diamant entouré de petites perles, quelques offemens, des cendres & des pieces d'étoffe. Il étoit couvert d'une grande lame de cuivre autour de laquelle par-dessus étoient gravés ces mots:

Hic jacet recolendæ memoriæ Dominus Dionyfius de Molendino, dum deceffit Patriarcha Antiochenus, Epifcopus Parifienfis, & peranteà Archiepifcopus Tolofanus, de Foro Meldenfi oriundus, Regis Caroli feptimi Confiliarius famofiffimus, vir magni confilii, atque prudentiffimus, probitatis eximiæ, & linguâ difertiffimus; qui plures fecit fundationes hîc, Tolofæ, ac Meldis; & obiit Parifiis die Veneris decima-quinta Septembris anno Domini 1447. Anima ejus requiefcat in pace. Amen.

Le même jour neuviéme Mai 1699, on démolit l'Autel de la Sainte Trinité, vulgairement dit *l'Autel des Ardens*, qui étoit derriere le grand Autel entre les deux gros piliers du fonds, au dessus duquel étoit une figure de la sainte Vierge de pierre d'albâtre, parfaitement bien travaillée. Cet Autel étoit élevé de telle sorte qu'on le voyoit des stalles du Chœur par dessus le grand Autel; dessous étoit le lieu dit *le Conditoire*, fermant à clef d'une porte de petits balustres à jour à deux battans, dans les armoires duquel on serroit tout ce qui étoit du ministere de la grand-Messe, & au fonds duquel dans le milieu étoit un petit Tabernacle doublé en dedans de brocard d'or & d'argent à fond rouge, où on mettoit le Saint-Sacrement, qu'on y portoit en ceremonie par le côté de l'Evangile, les deux Thuriferaires l'encensans continuellement marchant à reculons le soir des deux premiers jours lorsqu'il y avoit des Prieres de quarante heures pour quelque necessité publique, & que l'on rapportoit le matin des deux derniers jours avec la même ceremonie par le côté de l'Epître. On montoit à cet Autel par deux rampes à balustres de cuivre, une de chaque côté.

Sous la grande pierre superieure du même Autel, on découvrit un petit sepulcre de plomb d'environ un demi pied de long sur trois pouces de large avec son couvercle, dans lequel il y avoit des Reliques enveloppées dans du taffetas rouge cramoisi; & sur ce petit sepulcre de plomb étoit placé un vase de verre de composition en forme de ciboire avec son couvercle, dans lequel étoient beaucoup de Reliques, & un morceau de procès-verbal écrit sur du velin à demi pourri, où l'on put seulement lire le nom de *Hatton*, Secretaire de l'Evêque de Paris.

Le Lundi onziéme Mai 1699, on trouva à cinq pieds en terre un tombeau de pierre, qui étoit d'Aymeric de Magnac, Cardinal & Evêque de Paris, à côté de celui de Pierre d'Orgemont, dans lequel étoit son corps embaumé & enveloppé d'un suaire dont il étoit couvert; ce qui tomba en pousfiere dès qu'on commença à le toucher. Sur le même tombeau étoit enchaffée une grande plaque de cuivre, sur laquelle étoient gravés ces mots:

Hic jacet in Chrifto pater reverendiffimus dominus Aymericus de Magniaco, natione Lemovicenfis in Villa fancti Juniani, ex nobilibus parentibus, utriufque juris Profeffor, quondam Regum Joannis & Caroli quinti Confiliarius, & Magifter Requeftarum Hofpitii. Primò fuit Decanus Ecclefiæ Parifienfis nominatus, deinde ad pontificalem affumptus eft dignitatem: tandem factus fuit tituli fancti Eufebii fanctæ-Romanæ Ecclefiæ Presbyter Cardinalis. Et autour il y avoit: *Obiit autem anno 1384. Avenione 20. die Martii; cujus corpus integrum Parifios afportatum fub hac tumba requiefcit. Anima ejus requiefcat in pace. Amen.*

Sa statue étoit élevée sur un pilier dans le Chœur près la porte du côté de l'Evangile.

A côté du tombeau de Pierre d'Orgemont étoit élevée sur une grande colonne de pierre, adossée à l'un des gros piliers du Chœur, la Statue de Philippe Auguste fils de Louis VII. dit le Jeune, & grand-pere de S. Louis.

Tous les offemens énoncés au present procès-verbal, après avoir été

DE LA VILLE DE PARIS. Liv. IV. 379

portés décemment en depôt dans la Chapelle de St Leonard, ont été mis ensemble le six Juin 1699, dans un tombeau de pierre de taille couvert de même, fait exprès, de cinq pieds de long sur deux de large, & de dix-huit pouces de profondeur, placé sous terre dans le Sanctuaire près le grand Autel du côté de l'Epître, vers l'endroit où le Celebrant dit le *De profundis* à la Messe avant le *Lavabo*.

Est à noter que la fondation où sont les piliers qui portent les arcades & le mur au pourtour du Chœur de l'Eglise de Notre-Dame, a dix-huit pieds de profondeur au dessous de leurs bases, qui sont enterrées six pouces plus bas que le rès de chaussée du pavé de la même Eglise, posées sur la glaise ferme sans pilotis ni plateformes, construites par le haut au dessous du rès de chaussée avec trois assises de pierres de taille dure, dans tout le pourtour d'une égale hauteur, & faisant retraite les unes sur les autres, posées & taillées proprement, & le surplus au dessous, de gros moilon & mortier de chaux & de sable, plus dur que la pierre.

La nouvelle fondation du grand Autel a pareille profondeur que celle du pourtour du Chœur ci-dessus énoncée, & contient toute la largeur du Chœur entre les anciennes fondations sur six toises de longueur : elle est construite avec pierre dure des cinq à six à voie que l'on appelle communément *Libages*, picquées & posées par assises avec mortier de chaux & de sable de riviere jusqu'au rès de chaussée de l'Eglise, & deux assises au dessus de pierre de taille-dure d'Arcueil, coulées avec pareil mortier de chaux & de sable de riviere.

Le Lundi septiéme Decembre après midi 1699, entre Nones & Vêpres, Monseigneur l'Archevêque en habits pontificaux, accompagné de Messieurs du Chapitre & du Chœur, fit la benediction de la premiere pierre de l'Autel, comme il est marqué au Rituel pour la premiere pierre d'une Eglise, changeant le mot d'*Ecclesiam* en celui d'*Altare*.

Dans un creux d'un demi-pied en tous sens, taillé en quarré dans le dessus de la plus haute pierre du fondement, on mit d'abord une couche de charbon broyé; & par dessus, une lame d'airain quarrée, où sont gravés ces mots:

LOUIS LE GRAND,
Fils de LOUIS LE JUSTE, & petit fils d'HENRI
le Grand,
après avoir dompté l'Hérésie,
rétabli la vraie Religion dans tout son Royaume,
terminé glorieusement plusieurs grandes guerres
par terre & par mer;
voulant accomplir le Vœu du Roi son pere,
& y ajouter des marques de sa pieté,
a fait faire dans l'Eglise Cathédrale de Paris un
Autel avec ses ornemens d'une magnificence
au dessus du premier projet,
& l'a dedié au Dieu des Armées, maitre de la
Paix & de la Victoire,
sous l'invocation de la sainte Vierge, patrone &
protectrice de ses Etats,
l'an de N. S. 1699.

Par dessus cette lame, on remit du charbon broyé, & sur ce charbon on mit quatre Médailles, savoir une d'or pesant un marc un gros, faite par *Besnard*, representant d'un côté le Roi Louis XIII en buste, avec cette Inscription autour, LUDOVICUS XIII. FR. ET NAV. REX; & sur le revers est representé une Notre-Dame de Pitié qui tient Notre-Seigneur mort sur ses genoux, & le même Louis XIII à genoux qui lui presente sa Couronne & son Sceptre, avec ces mots au bas, ARAM VOVIT M. DC. XXXVIII. & cette

Tome I. BBb ij

Inscription autour, SE ET REGNUM DEO SUB B. MARIÆ TUTELA CONSECRAVIT une autre Médaille d'or pesant un marc juste, faite par Rouſſel, repreſentant d'un côté le Roi Louis XIV en buste, avec cette Inscription autour: LUDOVICUS MAGNUS REX CHRISTIANISSIMUS; & ſur le revers est repreſenté l'Autel comme il doit être, accompagné de quatre Colonnes Corinthiennes, torſes & cannelées tout autour, poſées en demi cercle, ſommées d'un demi baldaquin, avec ces mots au bas, ARAM POSUIT M. DC. XCIX. & cette Inscription autour, VOTUM A PATRE NUNCUPATUM SOLVIT, & deux autres Médailles d'argent de la même grandeur, & repréſentant les mêmes choſes que les deux d'or, peſant chacune, ſavoir celle de Louis XIII. cinq onces un gros, & celle de Louis XIV. cinq onces juſte : ſur ces quatre Médailles rangées à côté l'une de l'autre, les deux d'or vers l'Evangile, & les deux d'argent vers l'Epître, on remit du charbon broyé, & ſur ce charbon on mit une plaque de plomb taillée en quarré, de la grandeur du trou, qu'on fit entrer un peu à force avec un marteau. Puis Monſeigneur l'Archevêque prit du mortier avec une truelle d'argent dans une petite auge d'ébeine, & en remplit le trou par deſſus ladite plaque de plomb; enſuite les ouvriers jetterent pluſieurs ſeaux de mortier à chaux & ciment dont ils firent un lit de l'étendue de la premiere pierre; & les Pſeaumes & Oraiſons étant finies, on fit tomber ſur le ciment la premiere pierre, qui étoit d'un pied & demi d'épais, & de ſept pieds de long ſur trois & demi de large, ſur laquelle Monſeigneur l'Archevêque aſperſa de l'eau benite en trois endroits, & après avoir tourné autour il s'en alla accompagné de Meſſieurs du Chapitre droit au Chœur commencer Vêpres; & les Ouvriers acheverent d'aſſeoir & de cimenter ladite premiere pierre. Les quatre Pſeaumes de cette ceremonie qui ſont, *Quam dilecta*, *Niſi Dominus*, *Miſerere* & *Fundamenta*, furent chantés en plainchant & leurs Antiennes en contrepoint, pendant quoi on ſonna les cinq coups de Vêpres. On avoit auparavant, pendant Nones, bourdonné toutes les cloches des Tours, pour rendre cette benediction plus ſolemnelle.

CE preſent Procés-verbal a été dreſſé par Nous ſouſſignez Chanoines & Fabriciers de l'Egliſe de Paris, certifians veritable tout ce qui y eſt contenu. FAIT au Treſor de la même Egliſe le vingt-troiſiéme de Juin mil ſix cens quatre-vingt-dix-neuf. Signé, N. PETITPIED, Souchantre, Chanoine & Fabricier de l'Egliſe de Paris; & Cl. CHASTELAIN, Chanoine & Fabricier.

EXTRACTUM E REGISTRIS CAPITULI ECCLESIÆ
Pariſienſis de die trigeſimâ Octobris 1699.

Commiſſi ſunt rogati Domini Nicolaus PETITPIED *Succentor*, & *Claudius* CHASTELAIN, *Canonici Pariſienſes*, & *Fabricæ ejuſdem Eccleſiæ Præpoſiti*, *ut curent typis mandari deſcriptionem, eorum operâ factam, omnium monumentorum quæ reperta ſunt tam ſub quam circa majus Altare Chori nuper demolitum;* & *hoc, Capituli impenſis.* DATUM *in Capitulo Eccleſiæ Pariſienſis anno* & *die quo ſupra. Sic ſignatum*: SARASIN *Notarius Capituli*.

St CHRISTOPHE.

C'ETOIT, suivant le sentiment de quelques Auteurs, la Chapelle du Palais d'Archambaud, Maire du Palais, qui vivoit en l'an 638, qui donna à l'Eglise de Notre-Dame de Paris sa maison & la Chapelle de St Christophe, avec la Seigneurie du Village de Creteil sur Marne, dont l'Eglise est aussi dediée au même St Christophe. Sur quelques contestations entre l'Evêque de Paris & le Chapitre, cette Eglise demeura en proprieté à l'Evêque, jusqu'en 1097, que Guillaume de Montfort la quitta à son Chapitre, suivant un titre inscrit au grand Pastoral de l'Eglise de Paris, Liv. XXIII, Chart. XXX, & au petit Pastoral, fol. 82. pag. 2. en ces termes.

„ Au nom de la Ste Individue Trinité, &c. Nous Guillaume, par la mi-
„ sericorde de Dieu Evêque de Paris, nous rendons aux Chanoines de No-
„ tre-Dame de Paris, par notre autorité Episcopale, libre & tranquille,
„ l'Eglise qui est dans la Cité de Paris, & qui étoit consacrée à Dieu à l'hon-
„ neur de St Christophe Martyr, & nous leur cedons pour toujours, tous les
„ droits que nous y avons. Fait à Paris dans le Chapitre de Notre-Dame,
„ l'an de Jesus-Christ 1097, & du Regne de Philippe, le trente-huitiéme,
„ & le premier de l'Episcopat de Guillaume de Falçon, Gualter Vulguin,
„ Archidiacre, & des autres.

Mais tout ceci est detruit, en ce que Favyn homme nullement exacte, grand causeur, assure en son Histoire de Navarre, qu'Archambaud ou Erchinoalde Duc des François, Maire du Palais de Clovis II, Roi de France, étoit Comte de Paris, & qu'il donna au Chapitre de Notre-Dame de Paris, Creteil assis sur la Marne, le Marché-palu situé au bout du Petit-pont à Paris, l'Eglise de St Christophe près de Notre-Dame; mais encore son Hotel, où depuis l'Hotel-Dieu a été bâti, & qu'enfin Landegisilde son fils commença le Palais au bout de la Cité, tant pour lui, que pour ceux qui lui succederont à la Comté.

Du Breul a donné dans les termes de Favyn, en redisant tout ce que l'autre a dit, mais plus succinctement, & aussi fait-il bien moins de fautes.

Brodeau, non content de rapporter tout ce que Favyn a inventé des Comtes de Paris, & ce que du Breul en a dit après lui, ajoute encore que l'Eglise St Christophe leur servoit de Chapelle, & prétend que tout ce que du Breul, Favyn & lui en rapportent, est trouvé dans le vingt-deuxiéme Acte du petit Pastoral; & de plus, par d'autres Chartes tirées de-là, & de divers endroits, ils s'efforcerent d'établir quelques autres Comtes de Paris. Quoique j'eusse lû ce titre avant que de voir leurs ouvrages, sans y avoir fait aucunes de ces remarques: depuis je n'ai pas laissé de les relire, & les copier, mais sans y rien trouver de ce que j'y cherchois, & de ce qu'ils veulent qui y soit.

Il est constant qu'Archambaud, ou Erchinoalde, vivoit dans le septiéme siecle, qu'il étoit Duc des François, & Maire du Palais de Clovis II.

Mais enfin aucun Historien du tems, non pas même aucun titre ni vrai ni faux, ne le traite de Comte de Paris: aussi l'Acte douziéme du petit Pastoral ne lui donne pas cette qualité; & comment le feroit-il, puisqu'il ne parle pas seulement de lui? joint qu'il est de la huitiéme année du Regne de Charles le Chauve, & par consequent dans le neuviéme siecle, ou 845, ou 846, car on sait que Louis le Debonnaire ne lui donna le Royaume de France qu'en 838.

D'ailleurs, touchant Erchinoalde, l'Eglise de St Christophe près Notre-Dame, & le reste, il n'y en a pas un seul mot. Il parle de St Christophe mais bien loin d'être celui de la Cité, c'est celui de Creteil; & il ne contient autre chose, sinon que Charles le Chauve confirme le don de quelques biens, qu'un certain Vicomte de sa Cour, nommé Grimaud, avoit fait à Creteil en faveur de l'Eglise de St Christophe.

A peine dirai-je après cela que Brodeau prend ce Grimaud-ici pour un Vicomte de Paris, quoique la Charte n'en dise rien, & qu'on ne puisse savoir d'où il étoit Vicomte. De plus, il pretend que ce titre est de 900, cependant cela ne sauroit être, puisqu'il est datté en 877. Enfin, pour trancher en un mot, cette Charte est supposée, ainsi qu'on prend de l'indiction, ce que bien d'autres choses feroient connoître, s'il s'y trouvoit rien qui fut à notre sujet : & quand bien même elle feroit mention d'un pretendu Archambaud Comte de Paris, & de tout le reste ; je ne voudrois pas faire fondement là-dessus, bien-loin de m'en servir pour preuve. Au reste, cette Eglise fut erigée en Paroisse dès l'an 1390, fut rebâtie en 1494, & finie en 1510.

Malingre en ses Antiquités de Paris, dit qu'il y avoit anciennement en cette Eglise deux Curés qui sont nommés au grand Pastoral de l'Eglise de Paris Liv. XXIII, Cap. XXXIV, Robert & Etienne, & au petit Pastoral, fol. 196, pag. 2. Il est dit qu'ils avoient aussi la charge du service de l'Hotel-Dieu de Paris, qu'ils devoient s'y trouver chacun sa semaine, pour assister au service divin qui se disoit en cette Eglise.

Notés que la diction de Prêtre se prend au Droit Canon pour Curé qui n'est primitif, mais seulement Vicaire perpetuel, ce qui fait que cette Eglise appartient à l'Eglise de Notre-Dame de Paris *pleno jure*, & qu'ils y nomment; & en sont Curés primitifs. Ils y vont certains jours de l'année en procession faire le service divin, comme le jour de la Fête de St Christophe, le vingt-cinquième Juillet, qui est la Fête titulaire de cette Paroisse. Messieurs de Notre-Dame y font Station aux premieres Vêpres, & les Machicots y font l'Office. Il y a Indulgence pleniere, exposition du St Sacrement avec sermon. Le Mercredi des Cendres ils y vont porter les Cendres, & ils y nomment un Vicaire perpetuel, qui desert cette Paroisse.

St GERMAIN LE VIEUX.

CETTE Eglise étoit une Chapelle dediée à St Jean-Batiste, bâtie par les soins de St Germain (Abbé de St Symphorien d'Autun, & depuis Evêque de Paris,) avec quelques maisons voisines, où il s'étoit retiré lorsqu'il vint en cette Ville, avec quatre ou cinq de ses Religieux qu'il avoit amenés à Paris en quittant son Abbayie de St Symphorien d'Autun, dont trois furent consecutivement Abbés de St Germain des Prés. Le Roi Childebert I, qui regnoit en 511, le fit son grand Aumônier, & ensuite Evêque de Paris, où il mourut âgé de quatre-vingts ans, le vingt-huit Mai 576, & fut enterré en la Chapelle de St Simphorien, qu'il avoit fait bâtir au bas de l'Eglise de St Vincent, presentement nommée St Germain des Prés.

En 886, on mit en depôt le corps de St Germain de Paris, que les Religieux de St Germain des Prés y apporterent pour être en plus grande sureté contre les Normans qui assiegerent cette Ville, jusqu'à ce que Eude Comte de Paris, & depuis Roi de France, regnant en 888, les obligea de se retirer; ce que Aimoin nous rapporte en ces mots : *Tunc, inquit, corpus beatissimi Germani in arcisterium ejusdem Pontificis, in civitate prædicta, ab ipsis Monachis delatum fuit*. Ce corps y resta pendant deux ans, & fut rapporté à l'Abbayie de St Germain des Prés en 888 ; & pour marque de cette hospitalité, les Religieux y laisserent un os du bras de ce Saint, ce qui donna occasion à cette Eglise de changer de nom, & de se nommer St Germain de Paris.

Cette Cure est de la nomination de l'Université de Paris, dès l'année 1368, & ce par l'échange qui se fit entre l'Abbé & les Religieux de St Germain des Prés, & de Messieurs de l'Université, patrons & propriétaires d'une Chapelle de St Martin des Orges, tenant au jardin de l'Abbaye de St Germain des Prés, proche le Pré aux Clercs, appartenant à l'Université ; le tout confirmé par le Pape Urbain V, le seize Septembre 1369.

Cette Chapelle de St Martin des Orges a été demolie par ordre de Charles V, qui mourut en 1380, pour fortifier cette Abbaye contre les insultes des Anglois.

En 1458, le Curé & les Marguilliers de St Germain-le-vieux acquirent la portion de la rue aux Févres, qui passoit anciennement jusques dans le Marché-neuf, devant cette Eglise, où ils bâtirent le grand & le petit portail, & c'est ce qui a formé le cul de sac dans la rue de la Calendre.

En 1560, le portail & le clocher furent bâtis, & elle fut élargie & agrandie du côté du Marché-neuf, d'une Chapelle de Notre-Dame, & d'un petit Charnier, au bout duquel est l'Autel de la Communion.

Outre la Cure qui est à la nomination de l'Université, il y a encore une Chapelle de Ste Catherine fondée de cinquante livres de rente, aussi à la nomination de l'Université de Paris.

SAINTE GENEVIE'VE DES ARDENS.

CETTE Eglise étoit une Chapelle, dite pour lors le Prieuré de Notre-Dame la petite. Le Prieur de cette Chapelle avoit alors sa maison où est à present l'Hotel-Dieu.

Cette Chapelle étoit l'Oratoire de Ste Geneviéve, qui mourut en 512, où elle avoit accoutumé de faire ses prieres, à ce que disent les credules. Cette Eglise fut rebâtie, & nommée Ste Geneviéve des Ardents, à l'occasion, & en action de graces d'un miracle arrivé en 1129, sous le regne de Louis le Gros par l'intercession de Ste Geneviéve pour la guerison d'une maladie Epidemique, dite le feu ardent, qui assiegeoit les Habitans de Paris, sans que les Medecins y pussent apporter aucun remede. Il mourut de cette maladie plus de quatorze mille personnes, quoique Etienne, Evêque de Paris eut imploré le secours du Ciel par des jeûnes & prieres publiques qu'il avoit ordonnées. L'on fut enfin obligé d'implorer l'assistance de Ste Geneviéve, & de la porter en procession en l'Eglise de Notre-Dame, dont la nef étoit pleine de ces malades, aussi-bien que le Parvis. L'on dit que d'abord que la Chasse de cette Sainte approcha d'eux, ils furent tous gueris, hors trois dont l'incredulité mortelle ne servit qu'à rehausser la gloire de cette Sainte dans l'esprit des peuples. Un an après, le Pape s'étant retiré en France, ordonna que l'on celebreroit la memoire de ce miracle tous les ans en cette Eglise le vingt-sixième de Novembre, auquel jour étoit arrivé ce miracle : ainsi il est à croire que cette Eglise fut érigée alors en Paroisse.

Cette Eglise dependoit des Chanoines de St Pierre & St Paul, presentement de Ste Geneviéve du Mont : mais en 1202, par transaction entre Eude Evêque de Paris, & Jean Abbé de Ste Geneviéve, il ceda à Eude cette Cure ; en échange Eude lui donna le village de Roissy & de Vaudrelant, sur le chemin de Senlis.

Le portail de cette Eglise fut rebâti en 1402, aux dépens de Nicolas Flamel, qui est représenté à genoux à côté du portail de cette Eglise, dans une niche.

Il y a deux Chapelles de fondation, l'une au grand Autel, & l'autre appellée du St Esprit, qui sont de la collation de l'Archevêque de Paris ; cette Cure est de la nomination de l'Archevêque de Paris.

St PIERRE DES ARSIS.

MONSIEUR de Launoi dit qu'il faut dire des Assis, parce qu'elle étoit destinée pour plusieurs familles des Assiriens, Marchands établis alors en cette Ville, qui y faisoient celebrer le service divin selon leur rit, du tems d'Eusebe, Evêque de Paris, qui les favorisoit.

Cette Chapelle étoit anciennement l'Infirmerie, bâtie proche & atenant le Cloître de l'ancienne Abbayie de St Marcel, & de St Eloi, & n'en fut separée qu'après l'an 1107, pour en faire une Paroisse.

Elle fut rebâtie à neuf, & dediée le quatre Mars de l'an 1424 sous les ordres de Rochetaillée, Evêque de Paris.

L'on a depuis, l'an 1702, rebâti le portail, où l'on a fait un petit portique de quatre colonnes Ioniques isolées.

Il y a en cette Eglise plusieurs Chapelles, dont l'une nommée de St Jean l'Evangeliste, une sous le nom de Ste Marie, & de Ste Catherine, & une autre du St Esprit, toutes de la collation de Mr l'Archevêque de Paris.

Cette Cure est de la nomination de Mr l'Archevêque de Paris, comme Prieur de St Eloi.

St PIERRE AUX BOEUFS.

CETTE Eglise faisoit partie & dépendoit de l'ancienne Abbaye de St Martial, & de Ste Valere, & fut érigée en Paroisse vers l'an 1107. Il y a en cette Eglise plusieurs Chapelles, dont l'une appellée de Notre-Dame, fondée de cinq livres de rente, qui est de la collation, aussi-bien que cette Cure, de Mr l'Archevêque de Paris, comme Doyen de St Maur, & Prieur de St Eloi : elle vaut de revenu par an neuf cens livres, & est située en la rue de St Pierre aux Bœufs, quartier de la Cité.

Se CROIX DE LA CITE'.

VOYE'S ce que Mr de Launoi dit à l'occasion de cette Eglise, dans la Dissertation qui se trouve à la tête de ce Livre. Il témoigne un doute sur la veritable fondation ; nous n'avons que ce que Malingre nous apprend, quand il dit que c'étoit une Chapelle bâtie sur le terrain d'une ancienne Abbayie, nommée St Martial, dediée à St Hildebert, Evêque de Meaux, édifiée par un Prieur Claustral du Prieuré de St Eloi vers l'an 1112, dependant de ce Prieuré, où l'on recevoit des malades phrenetiques pour y obtenir leur guerison par l'intercession de St Hildebert ; mais dans la suite, cette devotion de recevoir en ce lieu de tels malades, a été transferée en l'Eglise de St Laurent, à cause des cris & clameurs insuportables au voisinage de cette Chapelle, qui étoit déja appellée l'Eglise de Ste Croix.

La Chapelle de St Hildebert commença à changer de nom, & on lui donna

DE LA VILLE DE PARIS. Liv. IV.

donna celui de Ste Croix, & fut érigée en Paroisse en 1107 sous le Pontificat de Paschal II. Dès 1428, il se trouvoit une tombe à côté du grand Autel, où il étoit écrit que Nicolas Dupont, & Jaqueline sa femme étoient Paroissiens de cette Eglise ; & qu'ils y furent enterrés le dix-sept Juillet de cette année.

En 1450 le deux Mars les Marguilliers acheterent une maison de Hugues Guillemeaux, Marchand de vin, & sur cette mazure, ils firent bâtir le Chœur, & quelque tems après une partie de la nef, & les Chapelles qui furent dediées le premier Dimanche du mois de Septembre 1511, comme on le voit en un tableau, à côté gauche du Maître Autel.

L'an 1511 le premier Dimanche du mois de Septembre, Reverend pere en Dieu Mr l'Evêque de Margcrienne, par vertu du pouvoir à lui donné par les Vicaires de Reverend pere en Dieu Mr l'Evêque de Paris, dédia cette Eglise ; en laquelle il consacra trois Autels, c'est à savoir, le grand Autel en l'honneur & reverence de la Ste precieuse Croix, en laquelle Notre Seigneur Jesus-Christ fut crucifié pour notre redemption, de Notre-Dame de Pitié, & de St Hildebert : celui devers la rue, que l'on appelle la vielle Draperie en l'honneur de St Jean-Baptiste, St Jaques le Majeur, & St Nicolas, & celui de l'autre côté en l'honneur de Notre-Dame, Ste Anne, & St Sebastien. Presens à ce Maître Pierre Reine, Prêtre Vicaire de ceans, Jean Landri, Marguillier, Maître Henri Barbeau, Avocat en la Cour de Parlement, Jaques Marne, Marchand, Bourgeois de Paris, Maître Jean Guyon, Jean Gastelier, & Bertrand Chartier, Procureur en ladite Cour, Maître Laurent Valin, Macé Havot, Guillaume Richer, & Charles Landri, tous Paroissiens de ceans, & plusieurs notables personnes, tant de l'Eglise, que de la secularité, signé Jean de Bavones.

Enfin cette Eglise fut parachevée en 1529 comme on la voit presentement. Toutes ces Chapelles sont de la nomination de l'Archevêque de Paris, aussi-bien que cette Cure, comme Prieur de St Eloi.

St LANDRI.

ON dit que St Landri vingt-huitiéme Evêque de Paris, qui souscrivit au Privilege de l'exemption de l'Abbayie de St Denys en France, les années 654, 658, 659, & mourut le dix Juin 660 sous le regne de Childeric II, & fut inhumé dans l'Eglise de St Germain l'Auxerrois, frequentoit, & faisoit ses prieres très-souvent dans une petite Chapelle, qui est à present batisée, & dediée de son nom, près l'Eglise de Notre-Dame de la Cité, où il faisoit sa demeure à côté. Et comme aussi près de la il y avoit un port appelé de son nom le Port St Landri, où l'an 1582, Mrs les Doyen & Chanoines de l'Eglise de Paris, firent rebâtir le mur, qui flanque & ferme cet ancien port comme il paroît par cet écrit, qui est gravé dans la pierre de ce mur.

Anno Domini 1582, ut insula Parisiensis undique insurgat ornatior, tutiorve, Capitulum insignis Ecclesiæ hunc quoque in suo sustulit, P. Seguier Decano, Archidiacono Mesnilio, Camerario P. de la Bessée, Canonicis procurantibus.

Ce quartier étoit pour lors une des principales demeures des Evêques de Paris avant le bâtiment de la grande Eglise, où l'on transporta depuis leurs logemens de l'autre côté de l'Eglise Notre-Dame, y joignant icelle.

Ainsi il paroît par ce témoignage qu'elle est très ancienne.

Tome I. CCc

Il n'est pas aisé de marquer précisément le tems de la mort de St Landri; il vivoit encore en 655; mais on doute qu'il ait vécu long-tems après. Quelques-uns le font mort en 657, & d'autres en 660. Il fut enteré dans l'Eglise de St Germain l'Auxerrois, où son corps demeura jusqu'en 1171, que Maurice de Sulli, Evêque de Paris, le fit lever du tombeau, pour le mettre dans une Châsse de bois doré: mais l'an 1408 le dix-sept Septembre Pierre d'Orgemont, Evêque de Paris, voyant que cette Châsse de bois étoit usée, en fit faire une d'argent, où il remit ces saintes reliques. Il en détacha deux ossemens, l'un du doigt, l'autre du col, qui furent portés en grande solemnité dans l'Eglise de St Landri, & les donna au sieur Jean Fleuri, Secretaire du Roi, & Jean le Bugle, Procureur General, comme Marguilliers de cette Paroisse. En la même année 1408 on fit élever la Châsse de ce Saint sur une colonne, derriere le grand Autel de St Germain l'Auxerrois, où elle est encore honorée des Fideles.

Cette Cure est de la nomination du Chapitre de St Germain l'Auxerrois.

L'EGLISE DE St ESTIENNE DU MONT.

EN l'an 500 le Roi Clovis I fonda au Mont lès Paris en l'honneur des Apôtres St Pierre & St Paul, une Eglise Collegiale & Seculiere, qui fut depuis appellée de Ste Geneviéve, à cause qu'elle avoit été construite à son instance, & rendue depositaire de son corps.

En l'an 1147 le Pape Eugene III étant venu en France, comme un jour il voulut celebrer la Messe en cette Eglise, en presence du Roi Louis VII, surnommé le Jeune, l'Histoire porte que, *orta est contentio inter ipsius & Canonicorum Ecclesiæ ministros, adeo ut ad pugnos res processerit, & non solum Pontificis ministri sed etiam ipse Rex Ludovicus, qui illos compescere voluit, à Canonicorum famulis verberatus sit.*

De quoi le Pape & le Roi indignés, donnerent commission à Suger, Abbé de St Denys, pour changer l'état Seculier de ladite Eglise, en Regulier de l'Ordre de St Augustin; ce qui fut executé, & y furent mis douze Religieux du Monastere de St Victor, dont l'un nommé Odo, fut le premier Abbé, qui eut pour successeur Aubert, & Aubert, Hugues, & Hugues, Estienne.

Il y avoit en ladite Eglise une Chapelle souterraine, appellée de Notre-Dame, destinée pour administrer les Sacremens aux serviteurs laïques, demeurans dans le Cloître ancien des Chanoines Seculiers, lors appellé le Bourg de Ste Geneviéve, & de tous les Habitans du Palais, ou Château de Clovis I, & des Vignerons dépendans de ce Chapitre, laquelle Chapelle avec le Chapelain qui la desservoit, avoient toujours été sujets à Mr l'Evêque de Paris, & les choses demeurerent au même état sous lesdits quatre premiers Abbés.

Cette Chapelle de Notre-Dame fut appellée de St Jean l'Evangeliste: mais après que le Roi Philippe Auguste, environ l'an 1190, eut fait enclore dans la Ville, l'Abbayie & la Montagne de Ste Geneviéve; ceux qui s'établirent audit quartier, s'étant retirés à ladite Chapelle pour y recevoir les Sacremens, en attendant la construction d'une Eglise, & ayant formé un corps de Paroisse, alors Jean leur cinquiéme Abbé, commença sous pretexte de l'exemption particuliere de ladite Abbayie à s'opposer à la puissance legitime de l'Evêque, & vouloir usurper les droits Episcopaux & Parochiaux de cette nouvelle Paroisse.

Ce qui obligea Odo de Sulli, Evêque de Paris, de les mettre en procès qui fut jugé pour la reintegrande, par une premiere Sentence du Pape In-

DE LA VILLE DE PARIS. Liv. IV.

nocent III, dont a été tiré le Chapitre *O'im de Rest. spol.* & depuis au possessoire par une autre Sentence du même Pape du vingt-quatre Decembre 1201 & finalement terminé au petitoire par concordat du mois de Juin 1202, fait entre ledit Evêque, & l'Eglise de Paris d'une part, & Jean Abbé, & l'Eglise de Ste Geneviéve d'autre, ratifié par le Pape & depuis confirmé par Arrêt contradictoire, donné entre les mêmes parties le vingt & un Juillet 1512.

Ce concordat porte que *l'Evêque aura tout le droit Episcopal, ou Paroissial en toute la Paroisse du Mont, & que le Prêtre qui deservira lors au spirituel*, etiam si sit Canonicus Regularis, *sera presenté audit Evêque, & recevra de lui la Cure des ames, liera, & déliera les Paroissiens à son mandement, ou de son Archidiacre, prendra de son Eglise le Chrême, & les saintes Huiles, se trouvera au Synode des Curés, & si lui ou sondit Archidiacre, excommunie en general, ou en particulier les Paroissiens; qu'il mettra l'excommunication à execution, & ne pourra recevoir les excommuniés à la participation des choses divines.*

De cette puissance generale desdits Evêque & Archidiacre, sont exemts pour le fait de la Jurisdiction seulement, les serviteurs des Religieux au nombre de vingt-six, demeurans, sçavoir, vingt en leur enceinte, mangeans, couchans, & levans chés eux; & six dehors, sur lesquels, ni sur ceux qui tiendront leur place, l'Evêque, ni l'Atchidiacre n'auront aucune Jurisdiction, sinon qu'il fut question de demarier ceux qui seroient mariés; & que les femmes des six demeurans hors l'enceinte, seront sujettes en tout ce qui est du spirituel, à l'Evêque & sondit Archidiacre, & néanmoins ne pourront être excommuniées pour les delits de leurs maris.

Quant au lieu de la Paroisse, le concordat porte, que l'Evêque & les Religieux ne pourront bâtir aucune nouvelle Eglise, ni Chapelle, sans le consentement l'un de l'autre: & pour l'accroissement de ladite Paroisse, ledit Evêque a donné sa vigne de Bruneau, afin d'y faire des logemens, à condition que les habitans seront de la même Paroisse, que les premiers Paroissiens, en communion des Sacremens, & sujets au pouvoir & Jurisdiction de l'Evêque & Archidiacre; qu'ainsi sera de ceux qui logeront au clos dit de Mauvoisin, si le lieu s'habite quelque jour, & que le tout sera entretenu à perpetuité, nonobstant tout ce que les uns, & les autres avoient impetré, & pourroient impetrer à l'avenir.

Ensuite de quoi, Messieurs les Evêques de Paris, ont continué d'y exercer toute Jurisdiction & superiorité; ayant pourvû à la Cure, & institué les Curés d'icelle, sur la presentation des Abbés de Ste Geneviéve; reconcilié les lieux en dependans, qui avoient été pollus; permis & autorisé les Confreries avec octroi d'indulgence; fait les visites, donné la permission de manger beure, & laitage en tems de Carême; statué sur l'augmentation de la retribution des Messes; reduit les fondations; ordonné sur la police de l'Eglise, & le changement du service; commandé la premiere Messe du Dimanche; veillé à l'institution des enfans; permis de retrancher & reparer les cimetieres; consacré & dedié l'Eglise; transferé la Fête de la Dedicace; fait publier les Indulgences envoyées de Rome, & aucuns des Curés étant même Abbés de cette Abbayie, ont reconnu tous ces devoirs, & rendu les mêmes obéissances ausdits sieurs Evêques, & assisté à leurs Synodes.

Ceux qui ont été pourvûs de la Cure, en ont fait les fonctions en leur nom propre & singulier; ils ont donné la benediction aux Prédicateurs, même dans l'Eglise de Ste Geneviéve, lorsqu'ils y ont conduit la Paroisse en procession; ils ont administré les Sacremens; ils ont fait les batêmes & les enterremens; ils ont traité pour les droits de la Cure en qualité de Curés; ils ont obtenu des Sentences, & des Arrêts pour lesdits droits, esquels les Abbé & Couvent de Ste Geneviéve ne sont point parties, ni principales, ni intervenantes. Au contraire ils les ont reconnu, & qualifié Curés de St

Tome I.   C C c ij

Eftienne du Mont par les contrats qu'ils ont fait avec eux, & par les Sentences & Arrêts rendus pour le fait de ladite Cure.

L'Office de la Paroiſſe, même aux Fêtes ſolemnelles, & du Patron, & toutes les proceſſions, ſpecialement celle du jour de la Fête-Dieu, ont été faites par leſdits Curés, & leur Clergé en l'aſſiſtance des Marguilliers & Paroiſſiens de ladite Egliſe, ſans les Religieux de Ste Geneviéve; & n'ont été leſdits Religieux admis à la Proceſſion du jour, & Fête du St Sacrement, ſinon depuis que frere Joſeph Foulon, leur Abbé, a été Curé de St Eſtienne en titre, lequel en ladite qualité de Curé titulaire, a conduit de ſon tems ladite proceſſion comme les autres Proceſſions de ladite Egliſe.

Il eſt vrai que depuis le decès dudit Frere Joſeph Foulon, Abbé & Curé titulaire, arrivé en 1607, les deux Curés qui lui ont ſuccédé, ont trouvé bon que leſdits Religieux ayent continué d'aſſiſter à ladite Proceſſion du jour de la Fête-Dieu, afin de la rendre plus celebre par l'augmentation du nombre des Eccléſiaſtiques, mais ç'a toujours été ſous l'ordre, la banniere & la Croix de la Paroiſſe, laquelle a retenu pardevers elle la direction, & diſpoſition toute entiere ces ceremonies de ladite Proceſſion.

Les Marguilliers, & les Officiers de cette Egliſe n'ont point été faits par l'ordre des Abbés & Religieux de Ste Geneviéve; les comptes de la Fabrique n'ont point été rendus pardevant eux; les bâtimens & accroiſſemens de l'Egliſe n'ont point été faits à leurs frais, & s'il a été pris quelque choſe ſur leurs fonds, ils en ont été recompenſés, ou en argent comptant, ou en rentes, dont ils ont reçu les rachats, ou en échange d'autres terres; enſorte qu'ils ne peuvent prétendre ſervitude réelle, ni perſonnelle, ni choſe quelconque ſur l'Egliſe, ni ſur les Paroiſſiens, ſinon une faculté de preſenter à la Cure quand elle vaquera.

Neanmoins ces nouveaux Reformés de Ste Geneviéve ont tenté par droit de voiſinage, de ſe rendre Maîtres abſolus de la Cure, du Curé, & des Paroiſſiens de St Eſtienne, ainſi que ceux de leur Ordre depuis leur reforme ont fait à Reims, à St Lo, à Auxerre, à Orleans, à Tours, à St Quentin lès Beauvais, à Chartres, à Châteaudun, à St Pierre de Rille, à Eu, à Chaſtillon ſur Seine, à Vaulx, à Châlons, à la Charité, & autres lieux où les Paroiſſiens & Titulaires n'ont eu, ni moyen, ni courage de reſiſter à leurs entrepriſes.

En Juin 1638 jour de la Fête-Dieu, les Curé, Marguilliers & Paroiſſiens de St Eſtienne, faiſant leur proceſſion, & paſſant en la maniere accoutumée par l'Egliſe de Ste Geneviéve, pour y faire leur premiere ſtation, & y ajoindre leſdits nouveaux Religieux reformés, ainſi qu'autrefois ils y avoient adjoint les anciens, leur Abbé Regulier, Frere Charles Faure s'immiſçant ès fonctions Epiſcopales & Curiales, s'ingera de ſon autorité privée de changer l'ordre de la proceſſion, & de vouloir porter le St Sacrement à la main, ce qui fut empêché, & non executé.

Et quoiqu'il eut été arrêté avec les Curé, Marguilliers, & Paroiſſiens, qu'il ne ſeroit rien innové, & que ledit Frere Charles Faure, ne fût que la figure d'un Abbé, il ne laiſſa pas d'entreprendre d'encenſer le St Sacrement, qui étoit poſé ſur l'Autel de Ste Geneviéve, au préjudice des droits du Curé, & Prêtres de St Eſtienne, de faire porter par ſurpriſe, en ladite proceſſion, la Croix de Ste Geneviéve, au lieu de celle de St Eſtienne, & de s'y faire aſſiſter non ſeulement d'un Religieux, Porte-Croſſe, & de deux Novices Portes-chandeliers, qui avoient de coûtume d'accompagner les anciens, & veritables Abbés, mais auſſi par un nouveau faſte, & ceremonie extraordinaire de deux Religieux, Portes-mitres, de huit Diacres & Sous-diacres, d'un Aumônier, & de deux autres pour porter les bords de ſa Chappe; même il entreprit de donner la benediction par les rues, afin de s'acquerir quelque acte de poſſeſſion des droits Epiſcopaux, & ſpirituels, & de ſuperiorité ſur les Cure, Curé & Paroiſſiens de St Eſtienne.

DE LA VILLE DE PARIS. Liv. IV.

Ce que l'on fut contraint de diſſimuler pour lors, crainte de ſcandale, & de faire un acte de proteſtation par Notaires.

En l'année ſuivante 1639 au jour de la même ſolemnité, le Curé, & les Marguilliers, & Paroiſſiens de St Eſtienne, étant entrés en l'Egliſe de Ste Geneviéve, pour y faire le premier repoſoir de leur Proceſſion, ledit Abbé, & les Religieux nouvellement reformés pretendirent qu'ils en étoient les Superieurs & les chefs, & s'efforcerent de faire porter leur Croix par le Clerc de St Eſtienne, & faire plier celle de la Paroiſſe.

Ce que n'ayant pu faire réuſſir, ils firent monter ſur les marches de l'Autel un de leurs Religieux, qui publia qu'il falloit quitter la Croix de St Eſtienne, & prendre celle de Ste Geneviéve ; & ſur ce qu'il leur fut répondu que l'on n'empêchoit pas qu'ils fiſſent porter leur Croix, mais que les Marguilliers & Paroiſſiens vouloient marcher ſous la Banniere, & la Croix de leur Patoiſſe, & ſous l'ordre de leur Curé ; ils tinrent conſeil, à l'iſſuë duquel, le même Religieux monta ſur les mêmes marches, reïterant qu'ils n'aſſiſteroient point à la proceſſion, ſi l'on n'y portoit leur croix au lieu de celle de St Eſtienne.

Après cette ſeconde denonciation, le Curé qui ſeul ordonnoit en cette proceſſion, leur fut parler pour eſſayer de les amener à la raiſon, & les obliger d'aſſiſter à cette ceremonie ; ce qui lui ayant été impoſſible, il fit partir la proceſſion ſans eux : & auparavant les Prêtres de ſon Egliſe qui portoient le St Sacrement, commencerent O *Salutaris Hoſtia*, ce que leſdits Abbés & Religieux ne pouvant ſouffrir, envoyerent pour troiſiéme fois ledit Religieux pour leur ſignifier qu'ils euſſent à ſe taire, & qu'ils allaſſent dans leur Egliſe faire leur proceſſion, ſi bon leur ſembloit.

A quoi n'ayant été rien répondu pour la premiere fois, comme il continuoit & repetoit ces paroles avec irreverence & tumulte, l'un des Prêtres de St Eſtienne lui fit entendre qu'en chantant O *Salutaris Hoſtia* devant le St Sacrement, l'on faiſoit un acte d'adoration qui ne devoit pas être interrompu, & l'Hymne finie, leſdits Prêtres portans le St Sacrement commencerent à marcher pour paſſer à travers du Chœur, & aller rencontrer leur Clergé, qui les attendoit à la porte dudit Chœur, accompagné des Marguilliers, & des Paroiſſiens plus notables, & de qualité plus éminente.

Quoi voyant leſdits Faure & Religieux, ils crierent de pluſieurs endroits que l'on fermât les portes du Chœur, & de la Nef ; ce que leurs Sergens tenans les épées hautes, & bâtons en main, s'entremirent de faire avec effort, qui fut tel qu'ils firent preſque tomber les Prêtres, qui portoient le St Sacrement ; & comme ils ne purent être maîtres de cette porte du Chœur, ils coururent par les côtés à la grande porte de la Nef, qu'ils pouſſerent à moitié, & euſſent fermé l'Egliſe, ſi le peuple déja ému, & ſcandaliſé de leur procedé, ne l'eut empêché.

Enfin la proceſſion étant ſortie de Ste Geneviéve, le Bailli de la Juſtice temporelle de l'Abbayie, qui avoit ſuivi ſes Sergens pour autoriſer leurs violences, approcha le Curé, & enflammé de colere, lui dit tout hautement des paroles ſcandaleuſes, & y ajouta qu'il le falloit envoyer à la guerre, à cauſe qu'il conduiſoit bien ſes gens, & autres diſcours, nonobſtant leſquels la proceſſion fut faite avec grande devotion.

Le jour même à une heure après midi, pendant que l'on prêchoit à St Eſtienne, où il y avoit grande aſſiſtance, leſdits Abbé & Religieux continuans leurs ſcandales & troubles, firent ſonner par anticipation de tems toutes leurs cloches coup ſur coup, afin de faire ceſſer le Prædicateur, & d'empêcher que ceux qui avoient reſiſté à leurs entrepriſes & nouveautés, puſſent entendre la parole de Dieu.

Tantæne animis Cœleſtibus iræ ? Le lendemain Vendredi, jour que l'on celebre une quantité de Meſſes en l'Abbayie de Ste Geneviéve, à cauſe de quoi l'on y admet tous les Prêtres qui s'y preſentent, ils en exclurent les Prêtres habitués en l'Eglise de St Estienne, & le vingt-six suivant, jour de Dimanche & de repos, ils envoyerent donner congé aux principaux Prêtres de ladite Eglise, qui sont logés, & qui ont logé de tout tems au-devant en quelques petites maisons du Domaine de leur Abbayie, par des Sergens qui les assignerent ce même jour de Dimanche vingt-six de Juin, devant leur Bailli, lequel adherant à leurs passions, les condamna d'en vuider, afin d'y admettre des loueurs de chambres garnies, comme il a été fait ci-devant de la Chapelle de St Symphorien des Vignes, à l'opposite du College des Cholets, au grand scandale de l'Eglise.

Puis pour parer leurs attentats, ils firent dresser un procès verbal de ce qu'ils appellent l'ordre ancien de la procession, lequel ils ont fait attester tant par le Bailli de leur Justice temporelle, fauteur de leur tumulte, & leur Officier depuis huit ans ; que par Frere Claude de l'Hotel, nouveau Religieux, qui étoit dans la mêlée, & par Frere Pierre Gillou, auquel ils ont défendu de celebrer la Ste Messe, il y a quatre ans & plus, à cause que l'épilepsie l'a rendu infirme d'esprit & de corps ; & sur ce procès verbal nul en sa forme, & faux en substance, ils ont fait assigner le Curé & les Marguilliers, & Paroissiens de St Estienne au Conseil privé du Roi, pour proceder sur leurs demandes, lesquelles ils n'ont libellé que de puis les assignations échuës.

Mr l'Archevêque de Paris ayant eu avis qu'ils tendoient à lui enlever la Jurisdiction, & autorité qu'il a sur lesdits Curé & Paroissiens, & les droits Episcopaux & spirituels qui lui sont acquis sur cette Paroisse, tant de droit divin qu'humain, & par le concordat du mois de Juin 1202, confirmé par une Sentence des Requêtes du Palais du mois de Fevrier 1511, & par un Arrêt du Parlement de Paris, du mois de Juillet 1512, & encore par une possession immemoriale & continuelle ; est intervenu pour en empêcher l'effet.

SENTENCE DU PAPE INNOCENT III, DU VINGT-QUATRE Decembre 1201, entre l'Evêque de Paris, & l'Abbé de Ste Geneviéve, touchant la Paroisse de St Estienne, d'où est tiré le chapitre, Olim 17. De Restitut. Spol.

INNOCENTIUS Episcopus, servus servorum Dei, venerabili Fratri Odoni Parisiensi Episcopo, salutem, & Apostolicam benedictionem. *Olim inter te nomine Parisiensis Ecclesiæ, & dilectum filium Abbatem sanctæ Genovefæ pro Abbatia sua, super possessione Juris Parochialis in Parochia de Monte, quæstione suborta,* Et venerabili Fratre nostro P. Archiepiscopo Senonensi tunc Parisiensi Canonico Procuratore tuo pro te, dicto vero Abbate, nomine suæ Ecclesiæ, accedentibus ad Apostolicam sedem, venerabilem Fratrem nostrum J. Albanensem Episcopum, & dilectum filium G. sanctæ Mariæ in Aquiro Diaconum, nunc verò tituli sancti Vitalis Præsbyterum Cardinalem dedimus Auditores : in quarum præsentia dictus proposuit Procurator, quod idem Abbas, *super possessione Juris Parochialis, in Parochia de Monte* gravem tibi molestiam ingerebat, cum eam potestatem usque ad tempora tua Parisiensis Episcopus habuerit in Parochianos de Monte, ac Præsbyterum qui eis divina pro tempore ministrabat, quem etiamsi esset Canonicus Regularis, in curam Parochiæ committebat, & Sacerdos post curam susceptam de manu Episcopi, Parochianos ad nutum ejus ligabat pariter, & solvebat, & si quis excommunicatus esset ab Episcopo, vel etiam interdictus, Præsbyter eum non admittebat aliquatenus ad divina, qui etiam benedictiones sponsarum, purificationes de partu surgentium, & publicas pœnitentias non assumebat sibi, nisi de mandato Episcopi speciali, & si forte Sacerdos talis esset, qui non posset populo ministrare, ipsius excessum Abbati sanctæ

DE LA VILLE DE PARIS. Liv. IV.

Genovefæ & fratribus Episcopus nuntiabat, qui cognita veritate, amoto indigno ad animarum curam recipiendam alium Episcopo præsentabat. Cum ergo novissime tu præmonuisses Abbatem, ut Capellanos suos qui Parochiis debebant deservire, ad suscipiendam curam animarum, tibi præsentare curaret ; hoc se facturum respondit, aliquos præsentavit, sed requisitus quod præsentaret illum, qui debebat in præfata de Monte Parochia deservire, dixit tunc, eum non posse propter absentiam præsentari, cumque hoc sæpius monitus facere non curaret, tu sub pœna excommunicationis, Parochianis inhibuisti de Monte, ne in Ecclesia sanctæ Genovefæ, vel audirent divina, vel aliqua reciperent Sacramenta, nisi ab illo. Præsbytero qui animarum curam ab Episcopo suscepisset : Quæ sententia in eadem Ecclesia fuit præsente Parochia, publice recitata, eamque Parochiani de Monte, sicut solebant jamdiu, servaverant, donec facientibus Canonicis sanctæ Genovefæ, populo convocato, in verbo Sacerdotis, & periculo animæ, per venerabilem Fratrem nostrum Tornacen. Episcopum ipsius Ecclesiæ quondam Abbatem, fuit publicè prædicatum, quod securè poterant audire divina, cum in eos nec Archiepiscopus, nec Episcopus, vel Archidiaconus posset excommunicationis, vel interdicti sententiam promulgare, sicque ab eo inducti spiritualia receperunt. Te igitur, quemadmodum præmissum est, spoliato obedientia Parochiæ memoratæ, petebat dictus procurator tuus, tibi ante omnia quasi possessionem juris Parochialis restitui, adversariis tuis, super his quæ adversus te proponenda ducerent, postea plenariè responsuro ; cum nec ante restitutionem respondere deberes adversariis, spoliatus : & quod Episcopus Tornacensis, & Canonici supradicti, de præmissis excessibus punirentur, causa postmodum coram delegatis Judicibus ordine debito pertractanda, in quorum præsentia, de jure Parisiensis Ecclesiæ plenius probaretur, quod tunc temporis propter probationum inopiam fieri non valebat. Cæterum præfatus Abbas versa vice novam injuriam inferri sibi per te tunc novum Episcopum proponebat, asserens Ecclesiam suam cum Burgo à primo fundationis tempore, liberam extitisse, nec alicui unquam in spiritualibus, nisi Romano Pontifici fuisse subjectam, quod per rescriptum bonæ memoriæ Cælestini Papæ prædecessoris nostri, ad cautelam ostendere nitebatur, qui piæ recordationis Alexandri, Lucii, Clementis prædecessorum suorum Romanorum Pontificum exempla secutus, Ecclesiam præfatam, ea, inter alia, libertate donavit, ut nullus ipsam, Canonicos, vel Burgum, interdicto, vel excommunicationi posset supponere, nisi Summus Pontifex vel Legatus ab ejus latere destinatus, contra quam libertatem tu venire præsumens, in alienam messem falcem mittere, quod nullus unquam prædecessorum tuorum fecerat, præsumpsisti, Canonicum ipsius Ecclesiæ, qui hominibus Burgi spiritualia ministrabat, ut à te curam animarum reciperet, tibi postulans præsentari, quod cum obtinere non posses, post appellationem interpositam, & iter arreptum ad sedem Apostolicam veniendi, omnes qui in Ecclesia sanctæ Genovefæ missam Parochialem audirent & communicantes eis, excommunicationis vinculo subjecisti, cujus timore motus populus, tanquam rudis ex ignorantia, vel humilitate, abstinuit aliquandiu à divinis, sed per jam dictum Tornacens. Episcopum olim Abbatem ejusdem Ecclesiæ illuc postmodum accedentem, cognita veritate, qui, sicut juris peritus, eis asseruit incunctanter, quod sententia tua de qua præmisimus, tanquam à non suo judice lata, nullius obtinebat roboris firmitatem, ad proprium redit populus Sacerdotem, quem si etiam ex certa scientia evitasset, ut sic jure suæ Ecclesiæ privaretur, ei non sic posset, sicut nec per colonum Domino inscio, vel invito præjudicium generari ; quando & si tu aliquid juris habere in eos, quod penitus negabatur, cum ex eo, quod appellationi minime detulisti, in leges commiseris, per eas non debebas restitutionis beneficium obtinere, quia is frustra leges invocat, qui committit in eis, præsertim cum fueris numquam destitutus, unde restitutionem petere non valebas. Quod autem eadem Ecclesia esset in possessione instituendi Canonicum, qui spiritualia populo ministraret, & quod super hominibus Burgi utramque jurisdictionem haberet, & prædecessorum tuorum temporibus habuisset, paratum se Abbas ex abundanti, dicebat incontinenti probare. Postulabat proinde, quicquid à te de facto fuerat post appellationem interpositam attentatum, irritum judicari, teque, ne de cætero similia præsumeres, coerceri. Prædictis igitur, & aliis rationibus per dictos Auditores, qui & petitiones & allegationes partium in scriptis redditas nobis, & fratribus nostris prudenter, & fideliter retulerunt, pleniùs intellectis. *Nos attendentes, quoniam ex eo solo quod populus dictæ Parochiæ, timore ipsius sententiæ, per aliquot dies abstinuit à divinis, nullam in eos juris Parochialis possessionem fueris assecutus, nec fuit aliquo modo probatum, quod eo tempore quo sententiam protulisti possessionem in ipsos juris Parochialis haberes, vel prius etiam habuisses, restitutionem tibi abjudicare de jure nequivimus: cum non constiterit te fuisse aliquatenus spoliatum.* Verum, quia super aliis quæ proponebantur ex parte tua, nobis non potuit fieri plena fides, causam ipsam dilectis filiis Vizeliacensi, & sancti Petri Antissiodorensis, Abbatibus, & Decano Aurelianensi sub ea forma duximus committendam, &c. Tandem ad nos gesta omnia munita sigillis Judicum sunt remissa, per dilectum filium M. N. Procuratorem tuum, & jamdictum Abbatem ad nostram ob hoc præsentiam accedentes: Nos ergo, præsentibus fratribus nostris, gesta ipsa fecimus aperiri quorum continentiam pleno concepimus intellectu, &c. Cum igitur testes tui Parochianos de Monte ad examen Parisiensis Ecclesiæ accessisse, testes verò partis alterius, eos in foro Abbatiæ referant litigasse, ut non videantur adversa dixisse, dicta tuorum, de Parochianis illius partis Parochiæ quæ sita est extra Burgum, quam tibi dictus Abbas nunc etiam recognoscit, aliorum vero dicta, de Parochianis partis alterius quæ Burgus dicitur, quam dictus Abbas sibi vindicare conatur, possunt intelligi competenter, &c. Nos ergo attestationibus, rationibus, & aliis hinc inde propositis diligenter auditis, & plenius intellectis: Quoniam in duobus articulis, institutionis videlicet, & destitutionis, Capellani de Monte, & libertatis interdictum Parisiensis Ecclesiæ in præfata Parochia non servandi, de possessione Abbatis legitime constitit, cujus etiam Ecclesiæ, rescripto Apostolico indulgetur, ut nulli nisi Romano Pontifici vel Legato ab ejus latere destinato, liceat in Burgum sanctæ Genovefæ interdicti, vel excommunicationis sententiam promulgare, unde rem illicitam, & tibi prohibitam attentasse videris, Abbate possessionem libertatis suæ autoritate Apostolicâ defendente, nec per sententiam à te latam nova tibi fuerit possessio acquisita, cum sic non debeat constitui servitus, sed constituta potius declarari, nec in his articulis quicquam pro tua fuerit parte probatum, Abbatem ipsum & Ecclesiam suam ab impetitione tua, & Parisiensis Ecclesiæ, de communi fratrum nostrorum consilio, super his sententialiter duximus absolvendum. Licet autem in aliis Capitulis, ab utraque parte productiones inductæ fuerint variæ ac diversæ, quia tamen plenius, & expressius est pro tua parte probatum, & Judex credere debet quod naturæ negotii convenit, ut confirmet motum animi sui, ex argumentis & testimoniis, quæ rei aptiora esse compererit, & vero proximiora, & quibus potius lux veritatis assistit secundum legitimas sanctiones, nec solum petebas quasi possessionem Juris Parochialis tibi restitui, sed Abbatem, & Canonicos de præmissis puniri excessibus, quos *super possessione juris Parochialis in Parochia de Monte*, gravem molestiam ingerere querebaris, communicato fratrum consilio, in cæteris ad *possessionem juris Episcopalis vel Parochialis in tota Parochia de Monte spectantibus*, illis dumtaxat exceptis super quibus pro parte altera est absolutionis prolata sententia, supradictos Abbatem & Ecclesiam sanctæ Genovefæ pro Parochia supradicta, tibi & Ecclesiæ Parisiensi per sententiam definitivam condemnamus, ex his tamen quæ super possessorio in præsenti

sunt

DE LA VILLE DE PARIS. Liv. IV.

sunt judicio proinde deffinita *nullum tuæ, vel alteri parti, circa quæstionem proprietatis volumus præjudicium generari.* Ne vero sententia nostra, si effectu careat, irrisoria videatur, &c. Datum Anagniæ nono Kal. Januarii Pontificatus nostri anno quarto

Extrait des Archives de l'Archevêché de Paris.

Signé, BAUDOUYN.

CONCORDAT DE JUIN MIL DEUX CENS DEUX entre Monsieur l'Evêque de Paris, & l'Abbé de Ste Geneviéve.

IN nomine sanctæ & individuæ Trinitatis, Amen. Hæc est forma compositionis & pacis inter Dominum Odonem Episcopum, & Ecclesiam Parisiensem ex una parte, & Joannem Abbatem & Ecclesiam sanctæ Genovefæ ex altera, super querelis quas dictus Episcopus movebat de jure Parochiali in Parochia de Monte, & procurationibus quas in Parochialibus Ecclesiis Canonicorum de Monte petebat, & è contra Canonici de Monte adversus Episcopum super Capella Ecclesiæ sanctæ Genovefæ sita in Civitate Parisiensi, *scilicet quod Parisiensis Episcopus habebit omne jus Episcopale seu Parochiale in tota Parochia de Monte,* & Præsbyter qui illi Parochiæ spiritualia pro tempore ministrabit, etiam si sit Canonicus regularis, præsentabitur Episcopo, & ab eo curam recipiet animarum & Parochianos ipsius Parochiæ ad mandatum Episcopi vel Archidiaconi citabit, vocabit, ligabit pariter & solvet; Chrisma & oleum ad opus Parochiæ ab Ecclesia Parisiensi recipiet, ad Synodum etiam veniet nec tamen circatam, vel synodaticum reddet; item licebit Episcopo & Archidiacono in singulos de prædicta Parochia, & omnes interdicti & excommunicationis ferre sententiam, quæ si lata fuerit Præsbyter qui illi Parochiæ deserviet, excommunicatos seu interdictos de ipsa Parochia non admittet, tamen illis exclusis, in Altari Parochiali quod est intra majorem Ecclesiam nihilominus celebrabit, sed nec alios interdictos vel excommunicatos ab Episcopo, vel Archidiacono undecumque fuerint, ullo unquam tempore ipse vel alius in Altari Parochiali recipiet aliquatenus ad divina. Ab hac autem generalitate exceptæ erunt ab omni jurisdictione Episcopi, & Archidiaconi, viginti personæ inter servitores, & garciones infra ambitum Canonicorum habitantes, comedentes, cubantes, levantes, scilicet unus Janitor, duo Quadrigarii, duo Cursores, unus Hostellarius, unus Carpentarius, unus Hortolanus, quatuor in servitio furni, quatuor in servitio coquinæ, unus Sarcinator, unus Vigil, unus Matricularius, unus Infirmarius, & extra septa Canonicorum, sex servitores scilicet tres Escuerii Abbatis, unus serviens Capiceriis, unus Clausarius vinearum, unus Tonelarius. Nullus autem viginti sex prædictorum, Viarius poterit esse vel major Burgi ita ut prædicta gaudeat libertate. In his siquidem prædictis viginti sex personis aut in illis quæ in locum eorum per Abbatem fuerint subrogatæ, nullam Episcopus vel Archidiaconus potestatem habebit, nisi de eorum matrimonio separando agatur. Illa etenim causa pleno jure ad Episcopum & Archidiaconum pertinebit: Uxores autem prædictorum sex servitorum in Parochia de Monte, extra Cononicorum septa manentium, jurisdictioni Episcopi & Archidiaconi in omnibus spiritualibus subjacebunt, eo salvo ut pro foris-factis maritorum suorum interdici vel excommunicari non possint: Et quando in Parochia positum fuerit interdictum, licebit ipsis sicut & viris earum, in Altari Parochiali audire divina. In prædicta autem Parochia de Monte, neque Episcopo sine consensu Canonicorum, neque Canonicis sine Episcopo, novam Ecclesiam seu Capellam ædificare licebit.

Tome I. DDd

HISTOIRE ET ANTIQUITE'S

In augmentum verò prædictæ Parochiæ dedit Episcopus ad habitandum vineam suam de Brunello, ita ut omnes qui in loco illo habitaverint cum aliis Parochianis de Monte, à Præsbytero Parochiæ supradictæ divina percipiant Sacramenta, & ad Episcopum & Archidiaconum pleno jure pertineant ; similiter & illi qui habitabunt in clauso quod dicitur Mali vicini, si quando illud inhabitari contigerit. Præterea Ecclesiam de Roissiaco dedit Episcopus Canonicis memoratis ad eorum usum perpetuo possidendam, cum additamento villæ quæ dicitur Vallisderlandi, in qua villa licebit prædictis Canonicis de Monte, si voluerint ædificare Capellam, Episcopi tamen jurisdictioni subjectam, & tam in Ecclesia de Roissiaco, quàm in Capella sicut & in aliis eorum Ecclesiis Parochialibus ad curam animarum recipiendam Præsbyterum Episcopo præsentabunt. De procurationibus autem quas Episcopus in eorum Ecclesiis exigebat, ita statutum est, ut Ecclesiæ de Jaussigni, Despinolio, de Vanuiis, de Nantura, de Roosneio & sancti Medardi, à procurationibus Episcopi liberæ sint penitus & immunes, verum in Ecclesia de Roissiaco quatuor libras Parisiensis monetæ, accipiet prædictus Episcopus annuatim, de quibus procurationibus unam vel plures sibi parabit Episcopus in ipsa Ecclesia de Roissiaco vel in qua voluerit prædictarum. Prædicti quoque Canonici sanctæ Genovefæ, ut omnis amoveatur, annuente Domino, materia seditionis & scandali, Capellam sanctæ Genovefæ sitam in civitate Parisiensi, dederunt Episcopo & successoribus ejus in perpetuum liberam & quietam, nullo sibi in ea jure retento, ut possit ipse vel ejus successores de prædicta Capella pro sua voluntate disponere ; Præbendam quoque & Vicariam quas prædicti Canonici in Ecclesia Beatæ Mariæ Parisiensis habebant, prædicto Episcopo & ejus successoribus quittaverunt, nihil omnino sibi juris in prædicta Præbenda seu Vicaria reservantes. Hæc autem omnia, ut in perpetuum servabuntur, nonobstante sententia Summi Pontificis, quam pro se Parisiensis Episcopus inducebat, aut aliis quibuslibet munimentis ab alterutra partium impetratis vel imposterum impetrandis. In hujus rei testimonium & perpetuam firmitatem, duo scripta in eundem tenorem confecta sunt, quorum alterum habebit Ecclesia Parisiensis sub sigillis duobus Abbatis videlicet & Capituli sanctæ Genovefæ, & reliquum habebit Ecclesia de Monte similiter sub duobus sigillis Episcopi scilicet & Capituli Beatæ Mariæ Parisiensis. Actum anno Incarnati Verbi millesimo ducentesimo secundo mense Junio, sigillatum duobus sigillis in cera viridi sub cordulis sericeis viridis coloris.

CONTRACT DE L'AN 1491. POUR L'ACCROISSEMENT de l'Eglise saint Etienne.

A TOUS ceux qui ces presentes Lettres verront. Agnès Destouteville Chevalier, Seigneur de Beyne, Baron du Loy & de saint Andry, en la Marche, Conseiller Chambellan du Roi notre Sire & Garde de la Prevôté de Paris : Salut, savoir faisons que pardevant Pierre Orage & Guillaume de Mongermon, Clercs Notaires Jurés du Roi notredit Seigneur, de par lui établis en son Chatelet de Paris : Furent presens en leurs personnes Reverend Pere en Dieu Monseigneur Philippes Cousin, Abbé de l'Eglise & Abbayie Madame Ste Geneviéve, fondée au Mont de Paris de l'Ordre de St Augustin, Geoffroi Marie, &c. tous Prêtres Religieux Profès en ladite Eglise & Abbayie Ste Geneviéve, assemblés ensemble au Chapitre d'icelle Abbayie, pour faire & passer le contenu ci-après & en la maniere accoutumée de faire pour les affaires d'icelle Abbayie, faisans & representans pour lors tout ledit Couvent d'une part. Et honorables hommes Maitre Jean de la Bretonniere Conseiller du Roi notre-dit Seigneur en sa

Chambre de Generaux fur le fait de la Juſtice des Aides, Jean de Beaumont Procureur audit Chatelet, Vincent le Creant, Marchand Fripier Bourgeois de Paris, & Guillaume Boucher, Marchand Boucher auſſi Bourgeois de Paris, Marguilliers de l'Egliſe, Oeuvre & Fabrique de St Etienne joignant ladite Abbayie de Ste Genevieve audit Mont de Paris, pour & au profit de ladite Egliſe, Oeuvre & Fabrique d'autre part. Diſans icelles Parties, même leſdits Religieux, Abbé & Couvent, que leſd. Marguilliers leur auroient baillé & preſenté certaine Requête en leur remontrant la grande multitude du peuple étant de preſent en ladite Paroiſſe, laquelle multitude & peuple ne pouvoit entrer en ladite Egliſe St Etienne, pour ouïr le Service Divin en ladite Egliſe & Paroiſſe, obſtant ce que icelle Egliſe étoit trop petite, & que leur plaiſir fût leur permettre de accroître icelle Egliſe, & pour icelle accroître leur bailler partie de leur Enfermerie, & leur conſentir faire conſtruire & édifier pour le profit d'icelle Egliſe dudit St Etienne les édifices contenus ſpecifiés & déclarés en ladite Requête & aux charges contenues en icelle au profit d'icelle Abbayie & Couvent : Leſquels Religieux, Abbé & Couvent, vûe par eux enſemblement en leurdit Chapitre en ladite Abbayie, le contenu en ladite Requête, les remontrances faites par ledit Abbé, en enſuivant ledit contenu en ladite Requête, après pluſieurs deliberations faites & eues entre eux, eu ſur ce par eux l'avis du conſeil d'icelle Egliſe & Abbayie, & auſſi eu par eux égard à la ſupplication & requête qu'ils trouvent être juſte & raiſonnable ; deſirans l'augmentation du Service Divin, & pour plus inciter & émouvoir les cœurs & vouloir des creatures, mêmement des Paroiſſiens d'icelle Paroiſſe dudit St Etienne à icelui ſervice ouïr & entendre, & à venir en leur Egliſe & Paroiſſe & faire du bien à icelle : De leurs bons grés & volontés, propre mouvement & certaine ſcience, ſans aucune force, fraude, ſeduction, contrainte ou decevance, reconnurent & confeſſerent en la preſence & pardevant leſd. Notaires comme en droit jugement pardevant nous ; avoir permis, octroyé & accordé, & par ces preſentes lettres permettent, octroyent & accordent auſd. Marguillers deſſus nommés, pour & au profit d'icelle Egliſe, Oeuvre & Fabrique dudit St Etienne ; à ce qu'ils puiſſent par eux & leurs ſucceſſeurs Marguilliers en icelle Egliſe, accroître & faire accroître & augmenter *leurdite Egliſe dudit St Etienne* en longueur autant que contient de preſent *leur petite Cour ou Parvis*, qui eſt devant le portail de ladite Egliſe, & tranſporter *leur Clocher* encommencé, ſi faire le veulent au lieu ou *leur vieil Clocher* eſt à preſent & icelui hauſſer de trois à quatre toiſes de haut & non plus, pour y mettre juſques à quatre Cloches & ſur icelui faire un petit Pavillon, ſans y pouvoir ériger éguille ni pointe. Et pareillement pourront prendre & avoir iceux Paroiſſiens & Marguilliers tout au long *de leur Egliſe* du côté de la Chapelle de Notre-Dame, pour faire & édifier Chapelles juſques à dix ou onze pieds en leurdite Enfermerie & contre le chevet de ladite Chapelle *Notre-Dame en ſa largeur & douze pieds de long pour faire un petit Treſor ou reveſtiaire; pour en jouir par iceux Marguilliers, leurſdits ſucceſſeurs & Paroiſſiens preſens & avenir comme de leur choſe & appartenances d'icelle Egliſe* aux charges & conditions & par la maniere ci-après contenue, ſpecifiée & déclarée. Ces permiſſion, octroi & accord faits, tant à la charge que iceux Marguilliers ſeront tenus, ont promis, & promettent par eux leurſdits ſucceſſeurs Marguilliers, & icelle Egliſe, Oeuvre & Fabrique dudit St Etienne, de faire faire la voûte, portail & portes de l'entrée par où l'on va du carrefour à Ste Geneviéve, icelles ſoutenir, maintenir & entretenir à toujours perpetuellement : Deſquelles portes le Chevecier d'icelle Egliſe & Abbayie de Ste Genevieve en aura une clef, pour mettre & ſortir hors d'icelle Egliſe Ste Genevieve, les Pellerins & autres qui viendront en ladite Egliſe Ste Geneviéve de jour & de nuit ; & les Curé & Marguilliers dudit St Etienne en auront auſſi chacun une clef ; & ſi ne pourront mettre ou faire mettre en l'allée deſſous ladite voûte aucunes Chandelieres pour vendre chandelles de cire, le Cierge benit de ladite Paroiſſe, aucuns Reliquaires, ne pretendre ou reclamer aucun droit en ladite allée, nonobſtant le contenu en toutes autres lettres ou octroi à eux faites & à leurs predeceſſeurs Marguilliers par les predeceſſeurs Abbés & Couvent d'icelle Egliſe, leſquelles moyennant le contenu en ceſdites preſentes ſont & demeurent caſſées, annullées & de nulle valeur; & ſi ſeront tenus de retenir & faire vuider toutes les eaux de ladite Egliſe Ste Genevieve, & icelles mettre hors des groſſes murailles de ladite Abbayie à leurs depens; de faire une ſaillie outre & par deſſus leurs carneaux près leur viz neuve de trois pieds au plus, & faire une nouvelle entrée en leur viz ſur la grande entrée ſi bon ſemble auſdits Marguilliers: *Comme parmi dix livres tournois monnoie courante à preſent de rente annuelle & perpetuelle & non rachetable à t ujours, en ce compris deduit & rabbatu certaint autre rente que ladite Oeuvre & Fabrique devoit à ladite Egliſe, Abbayie & Couvent de Ste Genevieve, & dix ſols pariſis auſſi d'autre rente que la Cure du ſit St Etienne devoit* pareillement à ladite Abbayie & Couvent, dont moyennant icelles dix livres tournois de rente non rachetable & comme amortie ils ſont & demeurent quittes & dechargés; que leſdits Marguilliers ſeront tenus par eux leurſdits ſucceſſeurs rendre & payer doreſnavant par chacun an à toujours auſd. Religieux Abbé & Couvent de Ste Genevieve & leurs ſucceſſeurs, Procureurs Receveurs ou Commis en icelle Abbayie, ou au porteur de ces lettres, aux quatre termes en l'an à Paris accoutumés, en cette maniere, c'eſt à ſavoir trente-deux ſols pariſis au Refectoir d'icelle Abbayie, trente-deux ſols pariſis à la Pitance, trente-deux ſols pariſis à l'Enfermerie, & le reſidu montant à ſoixante-quatre ſols pariſis à la Grande Chambre d'icelle Abbayie & Couvent, premier terme de payement commençant à Pâques prochainement venant, & ainſi d'an en an & de terme en terme par iceux quatre termes. Leſquels octroi, permiſſion, accord, promeſſes, convenances, gageries, & toutes & chacunes les autres choſes deſſus dites, & en ces lettres contenues & écrites, icelles Parties deſſus nommées promirent & jurerent par la foi & ſerment de leurs corps ès mains deſdits Notaires en la maniere de faire en tel cas, comme en la nôtre ſouveraine pour le Roi notredit Seigneur, avoir agreable, tenir ferme & ſtable à toujours ſans jamais contrevenir, &c. Obligeans, &c. Qui furent faites & paſſées multiples, le Dimanche 19. Fevrier l'an de grace 1491. Signé, DE MONTGERMON & ORAGE.

TRANSACTION FAITE ENTRE L'ABBE' ET LES
Religieux de Ste Geneviéve, & le Curé de St Etienne en l'année 1506. pour l'accroiſſement de la Maiſon Presbyterale de la Paroiſſe.

FURENT preſens en leurs perſonnes Reverend Pere en Dieu Monſieur Philippes Couſin, Abbé de l'Egliſe & Abbayie Madame Ste Genevieve au Mont de Paris, Religieux & honnêtes perſonnes Freres Jaques Briffaut Prieur, Guillaume le Duc ſous-Prieur, Jean Choppin Chambrier, Jean Babillon Chancelier, Jean Baudouyn Sellerier, Claude Huot Pitancier, Jean Magiolois Chevecier, Jean Lijotte Procureur, Guillaume Bouquet Prieur de Mariſy, Etienne de Norment Chantre, Mathieu Monton, Nicolas de Rouves, Pierre Enfermier, Benoît Pinart & Philbert le Sage, tous Religieux, Prêtres de ladite Egliſe & Abbaye Madame Ste Geneviéve, faiſans & repreſentans quant à preſent la plus grande & ſaine partie de tous les Religieux de ladite Abbayie, aſſemblés en icelle pour faire ce qui enſuit: Pour & au nom d'icelle Abbayie & Couvent, d'une part, & Religieux &

honnête personne Frere Etienne Contesse, aussi Religieux d'icelle Abbayie & *Curé de la Cure de St Etienne*, en l'enclôture d'icelle Abbayie : Pour & au profit de ladite Cure, d'autre part; disans lesdites Parties esdits noms, qu'elles étoient en procès audit Chatelet pour raison de la propriété d'une maison & portion de Cour, appellée la maison de la Chancellerie, étant joignant le pignon de la grande porte de l'Eglise de ladite Abbayie d'une part, & d'autre part au Presbytere de la Cure dudit St Etienne, en laquelle maison est de present la Cuisine & l'entrée de la Cave dudit Curé, contenant deux travées ou environ, que lesdits Religieux, Abbé & Couvent disoient appartenir à ladite Eglise & Abbayie à cause dudit Office de Chancellerie : Et au contraire ledit Curé de St Etienne disoit iceux lieux appartenir *à ladite Cure, & en avoir joui lui & ses predecesseurs*, par tel & si longtems qu'il n'est memoire du contraire ; finalement icelles Parties esdits noms, pour obvier audit procès, nourrir paix & amour entre eux, de leurs bons grés, bonnes volontés, propres mouvemens & certaines sciences, sans contrainte ou induction aucune, pour leur profit faire & dommage rechever, eux sur ce bien conseillés, pourvus, advisés & deliberés, si comme ils disoient, reconnurent & confesserent en la presence & pardevant lesdits Notaires comme en droit jugement, avoir traité, transigé, accordé & appointé, & par ces presentes traitent, chevisent, transigent, accordent & appointent ensemble en la forme & maniere qui s'ensuit : C'est assavoir, lesdits Religieux, Abbé & Couvent, avoir cedé, transporté & delaissé, & par ces presentes cedent, transportent & delaissent à toujours *audit Curé, pour lui & ses successeurs* Curés dudit St Etienne, ladite maison de la Chancellerie dessus declarée, moyennant le prix & somme de cent livres tournois, que lesdits Religieux, Abbé & Couvent en confesserent & confessent avoir eu & reçu dudit sieur Curé, pour icelle somme être convertie & employée en l'édifice d'un autre logis, qui sera fait pour ledit Office de Chancellerie, au lieu & ainsi que devisé sera entre eux, & laquelle somme de cent livres tournois a été baillée, payée, comptée & nombrée par ledit Curé audit Chambrier, en la presence desdits Notaires, en douzains ayant de present cours pour douze deniers piece, dont lesdits Religieux, Abbé & Couvent se tindrent & tiennent pour bien contens, en quitterent & quittent ledit Curé & tous autres, à qui quittance en appartient; & partant lesdites Parties se desisterent & departirent, desistent & departent de tous procès qu'ils avoient ensemble pour raison de ce, & sans dépens d'un côté & d'autre. Fait & passé double en ladite Abbayie, l'an mil cinq cens & six, le Mercredi septiéme jour de Juillet, ainsi signé de MONGERMONT & de CALAIS.

ARREST DU PARLEMENT DU 24. JANVIER 1510.
Entre le Curé de St Etienne, & les Principal, Maîtres & Ecoliers Pauvres du College de Montaigu pour les droits Parochiaux.

ENTRE Frere Etienne Contesse, Religieux *Prieur Curé de* l'Eglise Parochiale Monsieur St Etienne au Mont de Paris, appellant du Prevôt de Paris, ou son Lieutenant d'une part; & les Principal, Maîtres & Ecoliers Pauvres du College de Montaigu, fondé à Paris en ladite Paroisse de St Etienne, intimés d'autre part : Appointé est que ladite appellation & ce dont a été appellé mis au néant sans amende & sans dépens ; ledit Contesse sera maintenu & gardé, & le maintient & garde ladite Cour en possession & saisine de pouvoir exercer & faire exercer par lui & ses Commis tous droits Parochiaux dedans ledit College de Montaigu , Chapelle & autres lieux d'icelui , situés & assis dans les fins & limites d'icelle Paroisse , comme il peut faire & fait ès autres lieux d'icelle Paroisse ; & néanmoins qu'iceux Maîtres & Ecoliers pourront en ladite Chapelle dudit College, celebrer ou faire celebrer Messes & autres Divins Services , y tenir Ciboire & une Hostie sacré , laquelle icelui appellant pourra visiter en personne , comme Curé , toutes & quantes fois que bon lui semblera : & si pourront lesdits du College administrer aux Ecoliers dudit College, les Sacremens de Penitence & de l'Autel , en payant à icelui Curé les droit & devoirs accoutumés à Pâques & tels comme aux autres Colleges , sauf toutefois que si aucuns desdits Ecoliers étoient malades & en danger de mort & qu'au moyen de ce leur salut administrer lesdits Sacremens de Penitence & de l'Autel , Extreme-Onction , & pareillement recevoir leurs Testamens , *ledit Curé* le fera ou ses commis de par lui ; & ne pourront aussi lesdits du College ensepulturer & mettre en terre en leurdite Chapelle aucun desdits Ecoliers , sans le congé & licence *dudit Curé* : Et partant sont les Parties hors de tous procès qui avoient & pourroient avoir été mûs , encourus entre elles , à cause des droits de ladite Cure par ci-devant jusques aujourd'hui; *Sic signatum* Berruyer , Ferrou. Fait & passé en Parlement par Frere Etienne Contesse en personne , & present Maître Guillaume Berruyer son Procureur d'une part ; & par Maître Jean Ferrou , Procureur des Principal , Maîtres & Ecoliers Pauvres du College de Montaigu au Mont de Paris d'autre , le vingt-quatriéme jour de Janvier l'an mil cinq cens dix.

Signé , PICHON.

ARREST DU PARLEMENT DU 21. JUILLET 1512. Entre Monsieur l'Evêque de Paris , & l'Abbé & Religieux de Ste Geneviéve , touchant la Cure de St Etienne.

LOUIS par la grace de Dieu Roi de France: A tous ceux qui ces presentes Lettres verront ; Savoir faisons que comme en certain procès mû & pendant pardevant nos amés & feaux Conseillers les gens tenans les Requêtes de notre Palais à Paris , Commissaires en cette partie : Entre les Religieux , Abbé & Couvent de Ste Geneviéve du Mont à Paris , prenans le fait & cause pour Frere Etienne Contesse Religieux dudit Monastere , *& Prieur Curé* de l'Eglise Parochiale de St Etienne du Mont, demandeurs & complaignans d'une part ; Et notre amé & feal Conseiller l'Evêque de Paris , opposant & deffendeur d'autre ; de la part desdits demandeurs eussent été proposés plusieurs faits & moyens , à ce que pour les causes declarées audit procès ; ils fussent maintenus & gardés en la possession & saisine des droits de liberté , franchise & exemption dudit Evêque de Paris & qu'il n'avoit été & n'étoit loisible audit Evêque de visiter les lieux étant dans ladite Abbayie , circuit & enceinte d'icelle , même ladite Eglise Parochiale de St Etienne du Mont, située dans l'enclos & circuit dudit Monastere & Abbayie: En la possession & saisine que ledit Evêque ou ses Officiers, à cause du droit de Visitation par lui pretendu en ladite Eglise St Etienne , ni à l'occasion d'icelui, n'avoit pû & ne pouvoit faire citer devant lui ou ses Officiers ledit Curé ou son Vicaire , ni proceder ou faire procedeer contre eux par contumaces , excommunications , suspensions ou autres censures Ecclesiastiques : En la possession & saisine de se dire & nommer possesseurs desdits droits ; au contraire que ledit deffendeur ne devoit & ne devoit se dire & nommer possesseur des mêmes droits : En la possession & saisine que si ledit deffendeur s'efforçoit de troubler ou empêcher les demandeurs & complaignans en leurs possessions & saisines , de l'empêcher & faire re-

mettre les choses bien & duement en leur premier état incontinent & sans
delai par les voies de justice, en declarant où besoin seroit les troubles &
empêchemens faits par le deffendeur tortionnaires & deraisonnables, &
levant à leur profit notre main & tous autres empêchemens qui avoient
été mis & apposés sur lesdites choses contentieuses, avec condamnation
de dépens, dommages & interêts; & en cas de plus long debat, que la
recreance leur fut faite & adjugée. Et de la part du deffendeur eussent été
allegués au contraire plusieurs faits & raisons à ce que pour les causes declarées audit procès : Il fut dit qu'à tort & sans cause, les demandeurs
avoient formé complainte, & qu'à bonne & juste cause le deffendeur s'y
étoit opposé ; & faisant droit sur ladite opposition, il fût maintenu & gardé
en la possession & saisine d'avoir comme Diocesain les droits Episcopaux en
lad. Paroisse de St Etienne, & de la visiter par chacun an, ou quand besoin
seroit, ensemble les Fonts Baptismaux, le Chrême, les Saintes Huilles & le
Sacraire où repose le St Sacrement, & de faire & exercer tout ce qui dépendoit de ladite Visitation : En la possession & saisine que ledit Curé & son
Vicaire étoient tenus de repondre & obéir audit Evêque sur le fait de ladite Visitation des Sacremens de ladite Paroisse, & de toutes autres choses
concernantes la Cure & le gouvernement des Ames, & de recevoir ledit
deffendeur en l'acte de lad. Visitation comme leur Evêque, avec reverence
& soumission en tel cas due & accoutumée : En possession & saisine de corriger par Censures Ecclesiastiques lesdits Curé & Vicaire en cas de resistance
à ladite Visite : En la possession & saisine de corriger les abus & défauts
commis & qui pourront être trouvés ci-après en l'administration des Sacremens & des choses Sacrées & autres concernantes la cure des ames, & de
proceder & faire proceder pour lesdits défauts contre ledit Curé & son Vicaire, par citations, suspensions, excommunications & autres peines de
droit selon l'exigence des cas : En possession & saisine que ledit Curé &
son Vicaire étoient sujets au deffendeur & à son Official en tout ce qui dépendoit de la Jurisdiction Spirituelle & Ecclesiastique pour raison desd. corrections, deffauts en l'administration desdits Sacremens & exercice d'iceux,
cure des Ames de ladite Eglise, & en tout ce qui touche & concerne le
regime & gouvernement des Ames du peuple de ladite Eglise, & tenus de
subir Jurisdiction pardevant eux : En possession & saisine que si lesdits demandeurs, ledit Curé ou son Vicaire ou autres s'efforçoient de faire aucune chose contre lesdites possessions, de le contredire & l'empêcher, &
de le faire reparer par Justice & remettre duement en son premier état,
en levant à son profit notre main & tout autre empêchement apposé sur lesd.
choses contentieuses; & en cas de plus long debat, la recreance lui fut adjugée, & les demandeurs condamnés aux dépens, dommages & interêts d'i-
celui deffendeur. Et enfin tant auroit été procedé, que lesd. Parties ouïes
auroient été appointées contraires, & à faire enquêtes tant sur le principal
que sur la demande incidente, en reparation d'injures intentées par le deffendeur contre les demandeurs. Et depuis les enquêtes faites de part &
d'autre, ayant été reçues pour juger, & les lettres, titres & enseignemens,
contredits, salvations & reproches de témoins desdites Parties mises & pro-
duites, & icelles Parties appointées à ouïr droit ; Nosdits Conseillers par
leur Sentence, auroient dit que lesdits demandeurs à tort & sans cause
avoient formé complainte, & en outre maintenu & gardé ledit deffendeur
en possession & saisine dudit droit de Visitation en ladite Eglise & Paroisse
de St Etienne du Mont à Paris ; & ce faisant d'exercer tous actes appartenans au droit de Visitation : En possession & saisine que le Curé de ladite
Eglise & Paroisse de St Etienne & son Vicaire étoient tenus recevoir ledit
deffendeur & lui obéir, faisant comme Evêque ladite Visitation, comme à
leur Diocesain & Superieur de ladite Eglise Parochiale : En possession &
saisine que si lesdits Curé & Vicaire ou autres s'efforçoient de refuser où

contredire ladite Visitation, de proceder contre eux par citations, excommunications & autres censures Ecclesiastiques, & de les contraindre à souffrir ladite Visitation & y obéir: En possession & saisine, que si les demandeurs s'efforçoient d'attenter ou faire quelque chose contre lesdites possessions & saisines, d'y contredire & de l'empêcher & faire remettre les choses en leur premier état, en levant au profit & à l'avantage du deffendeur notre main & tout autre empêchement qui avoit été mis & apposé à cause dudit procès sur lesdites choses contentieuses; & en ce que ledit défendeur s'étoit rendu demandeur en reparation d'injures, auroient envoyé absous lesdits Abbé & Couvent, des demandes, fins & conclusions du deffendeur, & néanmoins iceux condamnés aux dépens du procès: Eût été par lesdites Parties respectivement appellé en notre Cour de Parlement en laquelle lesdites parties ouïes en leurs causes d'appel, &.le procès par écrit conclu & reçu pour juger si bien ou mal a été appellé, joint les griefs hors le procès, que lesdites Parties pourroient bailler dans huitaine, ausquelles pourroient aussi repondre à la huitaine ensuivant; icelui procès vu, griefs & reponses desdites Parties, & tout diligemment examiné: NOSTRE-DITE COUR par son Jugement & Arrêt, a mis & met les appellations & ce dont a été appellé au neant sans amende & dépens des causes d'appel, & pour cause & en émendant, notredite Cour a maintenu & garde, maintient & garde lesdites Parties respectivement, savoir lesdits Abbé & Couvent en la possession & saisine des droits de liberté, franchise & exemption de la Jurisdiction de l'Evêque de Paris, & de tous autres Evêques, comme immediatement sujets au Siege Apostolique: En possession & saisine que l'Evêque de Paris ne peut visiter les lieux situés dans le circuit & enceinte de ladite Abbayie & Monastere de Ste Geneviéve; *Fors & excepté l'Eglise Parochiale de St Etienne, située dan. l'enclos & circuit dudit Monastere & Abbaye, en ce qui concerne seulement la cure des Ames de ladite Eglise Parochiale: Et ledit Evêque de Paris en possession & saisine des droits Episcopaux en ladite Eglise Parochiale de St Etienne du Mont, comme Evêque Diocesain d'icelle, en ce qui concerne la cure des Ames: En possession & saisine de visiter ladite Eglise & les Fonts Baptismaux d'icelle, le Chrème, les saintes Huilles & le Sacraire où repose le St Sacrement, & d'exercer toutes autres choses dependantes dudit droit de visitation: En possession & saisine que ledit Curé & son Vicaire sont tenus de répondre devant ledit Evêque & lui obéir sur le fait de ladite visitation des Sacremens de ladite Paroisse & es autres choses concernantes la Cure & le gouvernement des ames: En possession & saisine que ledit Curé & son Vicaire sont tenus de recevoir avec reverence & obéïssance en tel cas requise & accoutumée, ledit Evêque Diocesain, Pasteur & superieur de ladite Eglise Parochiale: En possession & saisine de proceder par Censures Ecclesiastiques contre ledit Curé & son Vicaire, en cas de contredit ou refus de ladite visitation: En possession & saisine de corriger les abus & défauts trouvés en l'administration desdits Sacremens & des choses sacrées & autres concernantes la Cure & le gouvernement des ames, & de proceder pour lesdits défauts contre ledit Curé & son Vicaire & chacun d'eux, par citations, suspensions, excommunications & peines de droit, selon l'exigence des cas: En possession & saisine que ledit Curé & son Vicaire sont tenus de comparoir devant ledit Evêque ou son Official lors & quand ils y seront appellés pour raison de ladite Cure & des choses qui en dependent concernantes la cure des ames de ladite Eglise Parochiale, & à faute de ce faire de pouvoir proceder contre eux par contumaces & Censures Ecclesiastiques:* Et a levé notre main & tout autre empêchement apposé esdites choses contentieuses à l'occasion dudit procès au profit & utilité commune de chacune desdites Parties: Et pour le regard des injures pretendues par ledit Evêque, a mis les Parties hors de Cour & de procès, condamné lesdits Abbé, Religieux & Couvent en la moitié des dépens de la cause principale seulement, la taxe d'iceux à notredite Cour reservée: En témoin dequoi avons fait mettre & apposer notre scel à ces presentes. DONNE' à Paris en Parlement le vingt-uniéme jour de Juillet, l'an de grace mil cinq cens douze, & de notre regne l'onziéme.

Signé, PICHON.

ACTE DE VISITE DE MONSEIGNEUR L'EVEQUE
de Paris, en l'Eglise St Etienne, en l'année 1551. En presence de Frere Philippe le Bel, Abbé de Ste Geneviéve, & Curé Titulaire de la Paroisse.

Extractum à Registro Visitationis factæ, per Reverendum in Christo Patrem & Dominum, Dominum Eustachium du BELLAY, Dei & sanctæ Sedis Apostolicæ gratiâ, Parisiensem Episcopum.

ANNO Domini millesimo quingentesimo quinquagesimo primo, die Jovis vicesima prima mensis Maii.
Visitata fuit per dictum Reverendum Patrem, Parochialis Ecclesia sancti Stephani in Monte Parisiensi, ac ibi, Missa submissa voce celebrata & concio facta per Magistrum Nicolaum Maillart, Doctorem Theologum.
Sacraria seu cybola bene disposita reperta sunt. Item oleum Sanctum, Chrisma sanctum, & oleum infirmorum in vasis honestis reconditum repertum est.
Fontes Baptismales nitidi.
Reverendus Pater Dominus Philippus le Bel, Abbas Monasterii sanctæ Genovefæ, & residens in Abbatia, CURATUS dictæ Parochialis Ecclesiæ astitit & præsens fuit dictæ visitationi.
Magister Joannes la Biche, & Anthonius Helie antiqui, Magister Franciscus Cartault, & Stephanus Cartier, novi seu noviter electi ejusdem Ecclesiæ Matricularii, & Provisores præsentes. Ainsi signé, BOURGOING.

PROCE'S VERBAL DE VISITE EN L'EGLISE
de St Etienne, faite par Monsieur l'Evêque de Paris, en l'an 1585. contenant plusieurs Ordonnances & Admonitions dudit sieur Evêque, à Frere Joseph Foulon Abbé de Ste Genevieve, & Curé Titulaire de ladite Paroisse.

ANNO Domini millesimo quingentesimo octuagesimo quinto, die Sabbati decimâ tertiâ mensis Aprilis,
ECCLESIA Parochialis Sancti Stephani in Monte Parisiensis fuit visitata per Reverendum in Christo Patrem & Dominum Dominum PETRUM DE GONDI; Dei & sanctæ sedis Apostolicæ gratiâ Parisiensem Episcopum, cui assistebant Venerabiles & circumspecti viri Domini Archidiaconi Parisiensis & à Josayo, insignis Ecclesiæ Parisiensis Canonici Prebendati.
CURATUS Venerabilis & Religiosus Frater Josephus Foulon, Abbas Sanctæ Genovefæ.
Vicarius Frater Guillelmus Zoline, ejusdem domûs Abbatialis Religiosus, ordinem sancti Augustini professus.
Matricularii honesti viri Magister
Jean in Senatu Parisiensi Patronus.
Thibault & Olivarius Bouchinet, qui quidem dictæ visitationi adfuerunt.
In qua quidem Ecclesia post Missam in majori Altari, per unum ex ejusdem Reverendi Patris Domini Parisiensis Episcopi Capellanis seu Eleemosinariis celebratam, omnia Sacramenta per præfatum Dominum Episcopum visitata fuere.
Quæ quidem munda & bene disposita reperta sunt.
Qua quidem visitatione peractâ post concionem tempore Quadragesimali fieri solitam

Tome I. EEe

ab eodem Reverendo Episcopo auditam ; idem Dominus Episcopus , assistentibus quibus supra propter angustiam domûs Presbyteralis dictæ Ecclesiæ recepit se in domum Abbatialem ejusdem Ecclesiæ Rectoris , ubi in majore ejusdem domûs aula presentibus , & ibidem existentibus prædictis statuta & ordinata fuerunt per eundem Dominum Parisiensem Episcopum quæ sequuntur.

ET premierement après l'exposition faite par ledit Sieur Reverend Evêque de Paris , que la cause de sa venue étoit pour donner quelque ordre & police aux plaintifs , qu'il avoit entendu être faits , soit du Vicaire , Gens d'Eglise , ou Fossoyeur de ladite Paroisse , pour le regard de leurs charges & du devoir qu'ils doivent faire en ladite Eglise ; & aussi pour s'enquerir si le Service Divin étoit en icelle Eglise bien & duement celebré, les Ceremonies de l'Eglise observées , & les Fondations des bonnes gens qui ont delaissé de leurs biens en icelle pour la décoration & entretenement du Divin Service, étoient gardées , entretenues & observées : *& aussi pour recevoir les plaintes du Curé*, s'il y en avoit aucune contre les Marguilliers : & pareillement celles desdits Marguilliers à l'encontre dudit Curé.

Lesdits Marguilliers par l'organe dudit Monsieur Jean aussi Marguillier, de ladite Eglise ont declaré qu'ils ne se plaignent de leur Curé , & se contentent de lui ; mais (*cum bona venia*) & par forme d'avertissement , a dit que le Vicaire de ladite Paroisse n'étoit assidu aux *Processions* qui se faisoient en icelle: Suppliant mondit Sieur de lui enjoindre d'y être d'ici en avant plus assidu. Davantage , que les Prêtres habitués en ladite Eglise ne font leur devoir , tel qu'ils doivent , & est requis , mais courent en l'Eglise çà & là , sans demeurer assidus & arrêtés au Divin Service , & lesquels même ne se comportent devotement & modestement, comme gens d'Eglise doivent faire aux *Processions* de ladite Paroisse.

Davantage , qu'il y a en ladite Eglise plusieurs Prêtres , desquels quelquesuns sont capables & les autres non , & par ainsi indignes de leurs charges & vocations , lesquels lorsqu'il faut faire gain , & recevoir quelque profit ou argent , sont assidus en ladite Eglise , mais où il n'y a point de lucre, s'en vont de ladite Paroisse , & n'assistent *aux Processions* ni au Divin Service d'icelle, comme ils doivent & sont tenus : suppliant Mondit Sieur de Paris d'y vouloir mettre ordre , pour le moins enjoindre au Curé de ladite Paroisse de l'y mettre.

Ce qu'ayant été entendu par mondit Sieur , a enjoint au Curé de ladite Eglise d'avertir son Vicaire d'être assidu *ausdites Processions* , & aussi aux Prêtres habitués de faire leur devoir & être assidus tant au Service Divin *qu' aux Processions* qui se font en ladite Eglise , se comportant en icelles , & en toutes leurs actions modestement & prudemment , comme leur qualité & vocation le requiert , donnant par leur bonne vie & modestie bon exemple au peuple.

Et quant à la capacité d'iceux , a enjoint mondit sieur audit Curé de mettre & commettre en son Eglise des Prêtres capables & suffisans pour ouïr les confessions des Paroissiens , & desquels les Pénitens puissent recevoir quelque consolation spirituelle par le moyen de leur capacité & suffisance, selon laquelle ils pourroient discerner *lepram à leprâ* , & enjoindre aux pecheurs penitence condigne à leur faute , de ce chargeant l'honneur & conscience dudit Curé.

A quoi Monsieur de Sainte Genevieve Curé a dit qu'il y avoit vingt-quatre Prêtres habitués en son Eglise , lesquels veritablement ne sont assidus *aux Processions* , & Divin Service , comme ils doivent , & d'aucuns desquels la capacité n'est pas grande pour bien consoler un pecheur ; mais qu'il y prendra garde avec l'aide de Dieu , plus qu'il n'a fait par le passé , & qu'il se trouve quelquefois outre les Prêtres habitués , plusieurs autres Prêtres supernumeraires , lesquels sont jeunes & viennent de dehors , lesquels depuis peu de tems il a chassés & estrangés de ladite Eglise , & desireroit seulement que les

DE LA VILLE DE PARIS. Liv. IV. 403

vingt-quatre habitués fussent assidus, & que ce seroit une compagnie honorable, de voir vingt-quatre Prêtres assidus en une Eglise : ce qui ne se peut faire à raison qu'aucuns d'iceux sont Ecoliers, lesquels ayant dit leurs Messes s'en vont à leurs leçons, joint qu'ils n'ont moyen de se tenir assidus en lad. Eglise, à raison que même les plus apparens des Paroissiens par leurs Testamens ne demandent quelquefois que douze Prêtres en leur convoi, les autres six ; & que si lesdits Paroissiens employoient lesdits vingt-quatre Prêtres habitués, ils se trouveroient & tiendroient plus assidus.

A quoi Monsieur Jean Marguillier a répondu que lesdits vingt-quatre Prêtres ne sont appellés le plus souvent aux convois, à cause qu'ils ne sont assidus en ladite Eglise, & qu'il est difficile quelquefois de les assembler.

Sur quoi mondit Sieur de Paris a ordonné, après avoir remontré qu'en une Eglise y doit avoir des Prêtres habitués & autres, & principalement les jours solemnels, pour confesser & administrer les Paroissiens, que doresnavant afin que lesdits habitués ayent occasion de se tenir assidus, tant au Divin Service, qu'aux *Processions de ladite Eglise* ; les Marguilliers leur donneront moyen de vivre, pour ce à quoi satisfaire, leur feront dire & chanter les Messes des fondations laissées en ladite Paroisse, leur donnant pour chaque Messe six sols tournois, que si lesdits Prêtres ne se veulent assujettir de dire lesdites Messes de fondation, voulant dire autres Messes de devotion pour aucuns particuliers, seront mis hors de ladite Eglise, & leur sera ôté le surplis, enjoignant ausdits Marguilliers, que s'ils voyent quelque faute être faite & commise par les gens d'Eglise, d'en avertir le Curé, afin d'y mettre ordre, ainsi que sa charge le requiert, & Dieu lui commande.

Et sur la plainte qu'a faite ledit sieur Curé des Prêtres de sadite Paroisse, lesquels ne demeurent en la Ville, ains aux fauxbourgs, où se tiennent jeux & berlans, chose scandaleuse & indigne de gens Ecclesiastiques ;

Mondit sieur de Paris a donné charge audit Curé de mettre ordre à la demeure desdits Prêtres, & ordonner tant de la premiere que de la seconde douzaine d'iceux, comme bon lui semblera, chargeant de ce son honneur & conscience.

Et sur la plainte & remontrance qu'a faite ledit Monsieur Jean Marguillier de ladite Paroisse, sur quelque exaction qu'il a entendu avoir été faite, jusques à demander huit sols pour chacun Prêtre, pour l'assistance d'un convoi.

Monsieur le Curé a dit & répondu qu'il n'a jamais ouï parler de ce, & que là où on lui en eut parlé, il y eut mis bon ordre ; & que celui est encore à naître, qui pourroit se plaindre d'avoir demandé les droits qui lui appartiennent de sepulture, qu'aussi-tôt il ne les eut donné gratuitement & de bon cœur, ayant même averti son Vicaire & Receveur d'ainsi faire.

Sur quoi mondit sieur de Paris a ordonné que pour le regard des pauvres, seront enterrés gratuitement ; & quant à ceux qui sont aisés & riches, s'ils demandent six Prêtres, leur en sera baillé six pour le convoi, s'ils en demandent douze, douze leur en seront baillés, & plus grand nombre s'ils les demandent.

Et quant au sallaire desdits Prêtres, tant pour l'assistance du convoi, que pour celle qu'ils font au Chœur, lorsque le service se fait & chante,

Mondit sieur a ordonné que les Curé & Paroissiens de ladite Eglise en aviseront ensemble, si mieux n'aiment se regler selon les Sentences & Reglemens donnés sur ce par ses Officiaux.

Quant est des fondations de ladite Eglise, après que lesdits Marguilliers ont remontré qu'il y en avoit de bien petites, & lesquelles ne se pouvoient faire sans la perte de la Fabrique de ladite Eglise.

Mondit Sieur de Paris a ordonné que si lesdites fondations sont si petites, en faut faire une reduction, & mettre deux ou trois en une, & par ainsi que lesdits Curé & Marguilliers ayent à s'assembler, afin de voir lesdites fonda-

Tome I. EE e ij

tions, & de les reduire comme ils verront être honnête & convenable : après laquelle reduction faite, la porteront à mondit Sieur, afin de l'omologuer ainsi qu'il verra bon être; & cela fait, & ladite reduction arrêtée & omologuée, sera mis par lesdits Marguilliers en chaque Chapelle où sont enterrés ceux qui ont fait lesdites fondations, un tableau afin que l'on voye pour qui, & à l'intention desquels chaque jour se diront & chanteront lesdites Messes.

Et pour obvier au desordre qui pourroit advenir en ladite Paroisse, faute de police ou ordonnance, a été d'abondant enjoint & ordonné par mondit Sieur de Paris, qu'en ladite Paroisse le Dimanche au matin ne se fera sermon ains après le diner, & au lieu du Sermon qui se souloit faire le matin audit jour, le Curé ou son Vicaire expliquera la creance & commandemens de Dieu au simple peuple, afin de l'instruire en la Religion Catholique, Apostolique & Romaine, & le confirmer davantage en icelle; laquelle interpretation servira de Prône pour la Messe de Paroisse qui se dira le Dimanche au matin sur les six heures, ou peu après en été, & sur les sept heures l'hiver pour les serviteurs & servantes, à laquelle se feront eau benite & pain benit.

Ne se fera aucune benediction de pain benit, ne eau benite ès Messes de Confreries qui se diront en ladite Paroisse.

Deffenses aux gens d'Eglise de ladite Paroisse, de ne dire ne celebrer Messe lors & tandis que la Messe Parochiale se chantera, sinon après le Prône d'icelle fait.

Et sur la remontrance faite par Monsieur Jean Marguillier, de ce que la Messe de Paroisse qui a été ordonnée le Dimanche au matin pour les serviteurs, par mondit Sieur de Paris, *se dit de Beata*, & que cela scandalise plusieurs qui ont intelligence de la Langue Latine, & qu'elle doit être dite du jour : joint que ladite Messe est deja fondée par feu Monsieur le Bel Abbé de sainte Genevieve, & predecesseur dudit Curé, & que ce n'est raison que ladite Messe fondée serve de Messe de Paroisse.

Après que ledit Curé a declaré que, comme Curé, il ne doit qu'une Messe de Paroisse.

A été ordonné par mondit Sieur de Paris, après qu'il leur a remontré qu'il falloit prendre quelque Messe qui fut fondée le Dimanche, pour servir de premiere Messe de Paroisse en ladite Eglise, après que lesdits Marguilliers ont dit qu'un nommé Monsieur Villette avoit fondé une Messe de cinq heures en ladite Eglise, laquelle seroit commode pour servir de Messe de Paroisse ledit jour de Dimanche, laquelle se diroit plus solemnellement, & le *De profundis* à la fin : ce qui exciteroit le peuple de prier Dieu pour ledit Villette qui auroit fondé ladite Messe.

A été ordonné par mondit Sieur que lesdits Curé & Marguilliers parleront audit Sieur Villette, afin de voir s'il accordera que la Messe ainsi par lui fondée à cinq heures, soit dite à six ou sept heures le Dimanche au matin pour servir de Messe Parochiale, & ce seulement pour le Dimanche, tellement que les autres jours ladite Messe ne laissera de se dire à cinq heures, ainsi qu'elle a été fondée, & celle de feu Monsieur l'Abbé par même moyen à son heure.

Et sur la plainte faite par lesdits Marguilliers contre le Fossoyeur de ladite Paroisse, à cause des exactions qu'il fait pour la confection des fosses & autres choses dependantes de son office,

A été ordonné par mondit Sieur que ledit Fossoyeur auroit pour une fosse faite au Cimetiere dix sols tournois, & pour une faite dans l'Eglise, vingt sols, & pour les autres petites fosses, sept sols six deniers, lequel se contentera de ladite taxe; *Alias*, sera chassé, & en prendront lesdits Marguilliers un autre qui obéira à la presente ordonnance.

Et pour ceux qui porteront les corps des Trepassez, *pro modo laboris*, sera baillé à chacun d'eux deux sols tournois, hormis les gens d'Eglise qui auront cinq sols chacun.

DE LA VILLE DE PARIS. Liv. IV.

Et sur le pour-parlé de l'accroissement & augmentation du grand Cimetiere de ladite Paroisse, & demolition du petit Cimetiere,

Mondit Sieur de Paris, après avoir ouï l'offre faite par Monsieur l'Abbé de sainte Genevieve Curé de ladite Paroisse, a remis cela à la discretion desdits Curé & Marguilliers, les admonestant de presenter sur ce leur Requête, laquelle volontiers il enterinera.

Ce fait & ordonné, mondit Sieur de Paris, s'est retiré avec sa compagnie. Fait par moi Greffier de l'Officialité de Paris, soussigné le jour & an que dessus. Signé, Morier.

REQUESTE PRESENTEE A MONSIEUR

l'Evêque de Paris, en execution de ladite Visite par ledit Frere Joseph Foulon, en qualité de Curé Titulaire de saint Etienne, & par les Marguilliers de ladite Eglise, pour la suppression du petit Cimetiere de la Paroisse.

A MONSEIGNEUR L'EVEQUE DE PARIS.

SUPPLIENT les Curé, Marguilliers & Paroissiens de l'Eglise St Etienne du Mont: Disans que près de ladite Eglise, il y a deux Cimetieres, l'un desquels qui est petit, est grandement incommode ausdits Supplians, pour aller & venir en icelle Eglise, pour le peu de place qu'il y a entre lesdits deux Cimetieres, lesquels Supplians auroient avisé de faire ôter les terres dudit petit Cimetiere qui ne sert de guere, & donne Monsieur l'Abbé de Sainte Genevieve place joignant le grand Cimetiere, pour icelui accroître & agrandir: mais lesdits Supplians ne veulent ce faire sans votre permission. Ce consideré, Monseigneur: Il vous plaise permettre ausdits Supplians de pouvoir faire ôter ledit petit Cimetiere; & de faire transporter la terre d'icelui dedans l'enclos de ladite Abbaye sainte Genevieve en lieu & place commode, & les ossemens qui se trouveront audit Cimetiere, en l'autre Cimetiere qui demeure, & vous ferés bien; ainsi signé, Foulon, Abbé de sainte Genevieve, du Breuil, le Beau, Pinson & Bordier.

Vûë la presente Requête par Reverend Pere en Dieu Messire Pierre de Gondi, Evêque de Paris: & après avoir été duement informé de la commodité ou incommodité du lieu, par la visitation qui en a été faite par Monsieur Prevost, Docteur en Theologie, Chanoine de l'Eglise de Paris, son Vicaire General, lequel à cet effet s'est transporté sur ledit lieu: ledit Sieur Evêque a accordé & permis ausdits Supplians le contenu en ladite Requête, aux charges & conditions y contenues. Fait à Paris le 27 jour de Juin mil cinq cens quatre vingt-sept. Ainsi signé, HETTON.

AUTRE REQUESTE PRESENTEE A MONSIEUR

l'Evêque de Paris, pour le changement du Service, en l'année 1610.

A MONSEIGNEUR L'EVEQUE DE PARIS.

LES Marguilliers & Paroissiens de l'Eglise Parochiale saint Etienne du Mont à Paris, vous remontrent très-humblement, Que par le moyen du droit que Messieurs les Abbés de sainte Genevieve audit Mont de Paris, ont de nommer, & vous presenter les Curés de ladite Eglise saint Etienne (quand le cas y échet) lesdits Sieurs Abbés ont toujours continué d'y nommer, & faire pourvoir un des Religieux de ladite Abbayie, lesquels pour être instruits, & savoir par cœur dès leur jeunesse le service qui se chante à l'usage de ladite Abbayie, pour leur commodité particuliere, l'ont fait couler & doucement introduit dans ladite Paroisse. Ensorte que de long-tems & encore de present ayant delaissé le chant qui se devoit dire & chanter à l'usage de votre Diocèse, on ne dit ni chante en ladite Eglise saint Etienne, autre service sinon celui de ladite Abbayie. De quoi lesdits Paroissiens se sont plusieurs fois plaints à leursdits Curés, & iceux priés de vouloir reprendre ledit usage de Paris, ce qu'ils ont refusé faire, pour n'y être (ce disoient-ils accoutumés, ains à celui de leur Monastere & Abbayie. A raison de quoi lesdits Paroissiens par plusieurs & diverses fois auroient tout fraichement instamment requis lesdits à present Marguilliers de ladite Eglise, de vous supplier sur ce leur pourvoir, ce qu'ils n'auroient voulu entreprendre sans le commun consentement & deliberation desdits Paroissiens, en assemblée generale, laquelle ils ont pour cet effet convoquée en la Chambre du Conseil de ladite Eglise, accoutumée le dernier jour de Novembre dernier passé, en laquelle auroit été appellé, & se seroit trouvé Frere Bernard Bourguignon Religieux d'icelle Abbayie, & à present Curé de ladite Eglise St Etienne du Mont, où ledit affaire ayant été proposé & mis en deliberation, après que ledit Sieur Bourguignon auroit sur ce opiné, & dit toutes ses raisons contraires que bon lui a semblé, a été resolu que lesdits à present Marguilliers se pourvoiroient par devers vous, pour & au nom desdits Paroissiens vous supplier d'ordonner & leur octroyer le changement dudit Service : Vû même que ladite Eglise est à present fort mal fournie de Livres necessaires pour ledit chant, & qu'en tout cas il leur est besoin d'en avoir, & acheter d'autres neufs pour continuer ledit service. Mais d'autant qu'en faisant ladite deliberation, il a été reconnu qu'il n'y a moyen de recouvrer les Livres necessaires audit chant, tant dudit usage de sainte Genevieve, que de celui de Paris, sinon en les faisant écrire à la main, ce qui ne pourroit se faire d'ici à long tems, & sans y depenser plus de cinq cens écus, que ladite Eglise n'a moyen de porter pour être fort pauvre & chargée de grands bâtimens. Ils vous supplient très-humblement leur vouloir permettre par provision, & en attendant les Impressions dudit Usage de Paris, de pouvoir user & se servir de l'Usage de Rome & du Concile, dont les Livres se peuvent aisément recouvrer & plus commodement acheter, tout ainsi & pour les mêmes raisons que l'ont pratiqué, le ont usent les Curé & Paroissiens de l'Eglise Parochiale de St Medard-lez-Paris, qui ont acheté lesdits Livres, & tiennent maintenant ledit Usage de Rome, encore que ladite Cure soit en la presentation du même Abbé Sainte Genevieve & le Curé, Religieux de ladite Abbayie, comme est celle de St Etienne : Et vous ferés bien.

Ainsi signé, Roland, Noblet, Buon, Carbonnet, Perdulcis, Presdeseigle, du Chesne, Longuet, Gamare, du Cloud & Baudouyn.

Vûë par Monseigneur de Paris la presente Requête, après avoir ouï le Curé de ladite Eglise, a ordonné que le Service Divin se fera en ladite Eglise à l'Usage de Paris, lorsque les Marguilliers auront fourni de Livres necessaires. Fait à Paris le onziéme Janvier mil six cens dix.

Signé, BAUDOYN.

ACTE POUR LE RETRANCHEMENT DU CIMETIERE de St Etienne du Mont.

HENRI de Gondi, par la permiſſion Divine, Evêque de Paris. A' tous ceux qui ces preſentes verront, ſalut : Savoir faiſons, que ſur la Requête qui nous a été preſentée par les Prieur-Curé & Marguilliers de l'Egliſe Parochiale, où Prieuré-Cure de St Etienne du Mont à Paris; Que pour la commodité de ladite Egliſe & entrée d'icelle, il eſt neceſſaire couper partie du Cimetiere qui eſt joignant l'entrée de ladite Egliſe, ce qu'ils ne peuvent faire ſans notre particuliere permiſſion : Pour ce eſt-il, que nous ayant égard à ladite Requête, & pour la commodité publique, avons permis & permettons auſdits Prieur-Curé & Marguilliers, de faire tranſporter la terre dudit Cimetiere avec les oſſemens des Trepaſſés en un autre Cimetiere & Terre Sainte dans l'enclos de l'Abbayie de Ste Genevieve. Fait à Paris le ſeptiéme Juin, l'an mil ſix cens quatorze.
Signé, BAUDOUYN.

CHOSES REMARQUABLES.
dans St Eſtienne.

LA Chaire eſt faite d'une maniere galante, & aſſés belle : ce Samſon la porte bien.

Le Chriſt crucifié de Biart, eſt une des plus belles, & des plus accomplies figures que l'on puiſſe voir.

Le Jubé fait par le même, eſt très-galant, les degrés ſont fort ingenieuſement, & hardiment ſuſpendus; le trait & la coupe de pierres en eſt univerſellement admiré, mais il ſemble un peu trop chargé d'ouvrage.

St Philippe, St André, St Jean l'Evangeliſte de Pilon, ſe font aſſés bien reconnoître entre les douze figures des Apôtres, qui ſont au tour du Chœur.

Le Sepulchre & la Reſurrection de Jeſus-Chriſt, ne ſont pas auſſi des moindres ouvrages de ce Sculpteur; & les jambes de ce Chriſt reſſuſcité, ſont mieux proportionnées ſur cette terre cuite, que ſur le marbre, que l'on en voit dans le Louvre; mais en l'une & en l'autre elles pechent toujours en trop : le corps du Chriſt eſt fort beau, auſſi-bien que la tête, la poitrine fort muſclée, fort puiſſante; & ſi le tout étoit porté ſur des pieds & des jambes moins tendres, & moins maigres, ce ſeroit un des chefs-d'œuvres de Pilon.

L'abord du Chœur eſt grand, riant, & ouvert : celui d'autour du Chœur, eſt le plus galant & le plus commode de Paris. Pour ſa fondation, voyés le Diſcours de Mr de Launoi.

Ste GENEVIEVE.

LE Retable eſt orné de petites colonnes de marbre jaſpé, que l'on croit même plus fines que celles des Mathurins.

Les dortoirs des Religieux ſont bâtis d'une façon auſſi ingenieuſe qu'extraordinaire : le degré qui y conduit eſt grand & magnifique, bâti à la moderne, & pratiqué avec une continuation d'ordre ſans interruption.

HISTOIRE ET ANTIQUITÉS

Dans l'Eglise, est dressé contre le Chœur un Sepulchre, & une Resurrection de Jesus-Christ de terre cuite, peinte & dorée, où l'on remarque quantité de bonnes choses, & travaillées avec beaucoup d'esprit & d'étude. Tout le monde les croit de Pilon : mais les Savans y trouvent bien des défauts. Ces representations au reste étoient couronnées sur le haut de la ceinture du Chœur de deux figures priantes d'Abbés, & fort belles, dont les chappes sont chamarées de bas-reliefs excellens. Le Cardinal de la Rochefoucault les a fait ôter, & placer au Chapitre.

Les colonnes qui ornent le Tabernacle, sont du plus beau marbre du monde, & le plus fin qui se voye.

L'Eglise est une des plus anciennes de Paris, & fondée par Clovis en 500, à la priere de Clotilde, & de Ste Geneviéve, qu'il dédia à St Pierre, & à St Paul. De notre tems a été ruinée une chambre, qu'on appelloit encore la chambre de Clotilde. Elle est appellée maison Apostolique. Clovis y fut enterré. On avoit proposé de la recouvrir de bronze, & même le Pere Martelange avoit calculé si juste, qu'à son compte cette couverture ne devoit pas coûter plus qu'une de plomb. Voyés le Discours de Mr de Launoi, pour sa fondation.

Ste Geneviéve des Ardens fut jadis l'Oratoire de cette Sainte Vierge.

St VICTOR.

LE Tableau du Maître-Autel est le meilleur de Vignon.

Les formes du Chœur travaillées avec un soin, une delicatesse, & une science inconcevable.

Les Ogives de la contre-nef gauche, sont fort galantes, bizarres & hardies.

Les vitres des Chapelles de cette même nef, de St Lazare, de St Sauveur sont peintes par

Le degré de la Chaire du Predicateur, est tourné, fort hardi, & suspendu, fait par

Les roses nouvelles, l'une par Boudin, l'autre de   & données par Mr de Coëslin, Abbé de St Victor. Il a fait entrer dans l'une & l'autre les armes de l'Abbayie, de huit bâtons fleurdelisés avec un succès qu'on admire, tant il y paroît d'esprit ; les armes de l'une sont mêlées avec une croix de Chevalier, à cause du Chancelier, grand pere de l'Abbé.

Les Tombeaux de Pierre Comestor, l'an 1164, d'Adam, de Richard, & de Hugues de St Victor, epitaphe fait par St Bernard, & mort en 1140, d'Adam de St Victor, fait par lui-même. Le corps de cet Adam s'est conservé tout entier pendant quatre cens ans : il fut découvert il y a vingt ans. Les colonnes du Cloître, sont, à ce que l'on dit, de pierres fondues.

Le Jardin ou terrasse est fort propre, & placé dans une très-belle vûe.

Le Bassin du jardin, jadis lavoir, est de gresserie, & d'une seule pierre, qui porte plus de dix pieds de diametre.

La Chaire du Refectoire est de la même main, de la même hardiesse, mais d'une bien plus grande delicatesse que celle de la porte. Le degré de cette Chaire est taillé dans la masse, & l'épaisseur du mur. La mitre de la porte est seulement soutenue de deux petits arcs-boutans.

Les ornemens donnés par Mr de Bullion, sont faits par le Boiteux après Vouet.

La Robe nuptiale de la Reine Blanche, de vrai pourpre, & distinguée de grands compartimens d'or, faits sur le métier avec l'étoffe ; on s'en est

servi

DE LA VILLE DE PARIS. Liv. IV.

servi pour la veritable preuve de l'écarlate.

La Bibliotheque. Les Manuscrits sont au nombre de douze cens. Le degré qui y conduit, est fort hardi, & commode, bâti par Boudin.

Grosse tour antique, que les bons enfans de famille ne regardent jamais que de fort mauvais œil, pour y avoir mené une vie plus reguliere, & plus disciplinée qu'ils n'eussent voulu.

Vers Leonins, ainsi nommé d'un certain Leonius, Chanoine de St Victor, qui en fut l'inventeur, à ce que dit Naudé, dont je ne demeure pas d'accord: car il me semble, qu'on en faisoit de cette sorte sous Neron.

Le Portail est d'une Architecture la plus gotique, & la plus hardie de Paris: ce sont trois gros pendentifs de pierre, faits en arcs, suspendus en l'air, qui ne ressemblent pas mal à une mitre.

Jacobus Alealmus, celeber Mathematicus deprehendit omnes veteres Ecclesias ab æquinoctiali exortu versus hiemalem deflectere, exceptâ solâ Sanvictorianâ, quæ deflecteret in æstivum, & multâ habitâ ratione Sanbenedictinâ, quam bistornatam (bistorné) horrebat dici, quod fuisset seu bis, seu male conversa, ad Seldenum cum mitteret, rogavit ipsum aliquando, ut vel sui causâ observaret situs Ecclesiarum Angliæ: an nempe ingredientibus constitutæ forent versus ortum, & respectarentur æquinoctium, an solstitiorum alterum; rem videlicet dignam judicarat, quæ exploraretur ad examinandum, ut puto; num majores nostri direxissent potius ad ortum hiemalem, quàm ad alium; quod juxta antiquam Ecclesiæ observationem, traditionemque, Christum Dominum, qui dicitur Oriens, natus fuerit sole versante in hiberno tropico; res profectò ipsi non male Parisiis successeret, cum exploratione factâ per Jacobum Alealmum.

Les vitres de la Chapelle St Clair, où les débauches de l'enfant prodigue sont representées, sont les plus belles de Paris, & des desseins de Pinaigrier, toutes les têtes en sont belles, & très-finies, & le coloris fort vif.

La Chapelle du Lazare est éclairée par des vitres qui representent sa resurrection. Il y a dans cette Histoire beaucoup de figures, dont les attitudes sont assés naturelles, mais les têtes sans contredit en sont très-belles & achevées; le coloris même est si vif, & si petillant, qu'il seroit difficile de lui donner tant d'éclat sur le bois, ou sur la toile.

La Cene qu'on voit aux vitres de la Chapelle St Sauveur, n'est pas moins admirable pour ses têtes, que l'histoire du Lazare, hormis que le coloris n'en est pas du tout si vif. Le peintre s'est si peu épargné, qu'il a voulu que son industrie parût dans les petites choses aussi-bien que dans les grandes jusqu'à une doublure de chape d'Evêque, la moucheture est travaillée avec un soin & une patience, qui n'est pas croyable.

Louis le Gros fit bâtir cette Abbaïe en 1113, & y mit des Religieux Chanoines de St Augustin.

Voici son Epitaphe, qui est dans le Cloître St Victor.

Illustris genitor Ludovici Rex Ludovicus,
Vir clemens, Christi servorum semper amicus;
Instituit, fecit Pastorem Canonicorum,
In cella veteri trans flumen Parisiorum.
Hanc vir magnanimis almi victoris amore,
Auro reliquiis ornavit rebus honore.
Sancte Dionysi, qui servas corpus humatum
Martyr & Antistes Ludovici solve reatum
Christi centeno cum mille decem & tribus anno,
Templum hoc victoriis struxit regalis honoris.

Sanvictorianam Perescius evolvit potissimum Bibliothecam, in qua referebat se, cum multa alia, tum speciatim vidisse omnia puellæ Aurelianensis acta, vindiciasque, & effigies contexto ex iis magno codice, jussu Abbatis contemporanei. Peresc. lib. 2.

Tome I. FFf

St BENOIT.

SAINT Denys fonda cette Eglise au nom de la Ste Trinité, ainsi qu'il paroît dans une des vitres de la Chapelle St Nicolas, vers le Septentrion : où étoit écrit. *In hoc sacello sanctus Dionysius cœpit invocare nomen sanctæ Trinitatis*. La même inscription se voit encore en lettres & orthographe gothiques, & a été renouvellée sur le haut de l'Autel.

Elle est occupée par des Chanoines seculiers, qui sont obligés les jours des grandes fêtes de venir en corps, accompagner les Chanoines de Notre-Dame, lorsqu'ils font les grandes Processions.

La nef fut bâtie sous François I. En 1680 le Chœur a été refait à neuf, assés proprement. Cette Eglise est fort claire, elle n'a pas le défaut qu'elle avoit autrefois, qui étoit que le Maître-Autel étoit tourné du côté de l'Occident. Lors que dans le siécle passé l'on commença à la rebâtir, on changea entierement cette disposition, ce qui fit qu'on la nomma St *Benoît le Betourné*, c'est-à-dire mal tourné, parce qu'en effet il étoit mal orienté : depuis *Bistourné*, quand son Maître-Autel fut transporté où il est maintenant, & à cause que par ce moyen, il fut tourné deux fois; & enfin le *Bientourné*, parce que presentement il est tourné & orienté comme il faut.

LES GRANDS JACOBINS.

LES Jacobins de la rue St Jaques furent fondés l'an 1228, huit ans avant la mort de St Dominique, par St Louis sous le nom de Freres Prêcheurs de l'Ordre de St Dominique, qui se logerent dans une place, nommée le *Parloir aux Bourgeois*, qui est le même lieu, où est à présent ce Couvent, & selon Corrozet ce fut jadis le Château des Seigneurs de Haute-Feuille.

L'on dit que le Dortoir fut bâti de la somme de dix mille livres Parisis, à quoi le Roi avoit condamné Enguerrand de Couci, pour avoir fait pendre, & étrangler trois jeunes Flamans, qui chassoient dans ses forêts.

C'est chés eux qu'est enterré Humbert Dauphin de Viennois, qui se fit Moine après la donation du Dauphiné, dont voici l'Epitaphe.

Cy gist le Pere & très-illustre Seigneur Humbert, jadis Dauphin de Viennois, puis laissant sa Principauté, fut fait Frere de nostre Ordre, & Prieur de ce Convent de Paris, & enfin Patriarche d'Alexandrie, & perpetuel Administrateur de l'Archevêché de Reims, & principal bienfacteur de ce nostre Convent; il mourut l'an de grace 1355.

Epitaphe de Louis de France, & de Louise, son épouse.

Monsieur Loys de France, Comte d'Evreux, fils du Roi de France, & frere du Roi Philippe le Bel, qui trespassa l'an M. CCC. XIX. *le* 19 *jour d'Avril.*

Madame Marguerite sa femme, fille de Monsieur Philippe d'Artois, fille du Bon Comte d'Artois, laquelle trespassa l'an M. CCC. XI *le* 23 *jour d'Avril.*

Cette Eglise est remplie de sepultures de marbre noir avec les effigies des Princes & Princesses & Seigneurs dont l'énumeration seroit trop longue ici. Je me contente des trois ci-dessus, & de dire que dans le Cloître gist Jean de Mehun, grand Theologien, Auteur du Roman de la Rose, & des premieres Poësies Françoises ; il vivoit du tems & regne de Louis Hutin.

LES JACOBINS RUE St HONORE'.

CES Religieux ont un Parterre de terre de raport, bordé & terminé de vallons faits à la main, qui n'est pas moins agreable, que surprenant, & même l'est d'autant plus qu'on ne voit tout au tour, que maisons magnifiquement bâties, qui sentent leurs Palais : ajoutés à cela que de l'un de ses coins, l'œil tout à coup vient à découvrir une grande campagne, le cours entier, & les montagnes qui sont près d'Argenteuil, à trois grandes lieues de Paris.

Ce grand Parterre, au reste, est de niveau à la corniche du premier étage des maisons qui l'environnent, & dans peu une palissade de cyprès, qui n'est pas encore fort touffue, couvrira les Religieux se promenant dans leur Jardin, qui presentement sont vus de toutes les fenêtres circonvoisines.

A l'un des côtés de ce Parterre, ils ont encore pratiqué un autre Parterre, semblable à celui de Morin dans toutes ses parties, mais non pas si fourni de belles plantes, ni orné de palissades si épaisses, ni si hautes.

Il n'y a pas grande curiosité à y voir, que la Bibliotheque, qui est assés-bien choisie, & bien placée.

St HILAIRE.

CETTE Eglise est bâtie sur le terrain de l'ancien Clos, appellé Bruneau, dont les Chanoines de St Marcel sont Seigneurs, en sorte qu'ils le donnerent & vendirent par la suite des tems, pour y bâtir & ouvrir plusieurs rues ; comme celle des Noyers, appellée ainsi, à cause qu'elle étoit plantée de noyers, des Carmes, & Chartiere, dans l'étendue desquelles commença l'établissement des premiers Libraires & Imprimeurs, après la découverte de l'Art de l'Imprimerie. Vers l'an 1470 l'on bâtit l'Eglise de St Hilaire, mais de savoir en quelle année on la batit, c'est ce que l'on ne trouve point, sinon qu'il est parlé de cette Eglise dans une Bulle du Pape Adrien IV l'an 1158. Elle fut rebâtie avant l'an 1300, restaurée & embellie par les soins de Mr Jollin, Docteur de la Societé de Navarre, & Curé d'icelle, & de ses deniers depuis l'an 16.... jusqu'en 17... où il a fait une dépense considerable.

Il y a en cette Eglise plusieurs Chapelles. De cette Paroisse depend le College d'Harcourt, situé dans la rue de la Harpe, quartier St André des Arcs, qui est de la censive du Chapitre de St Marcel, d'où depend cette Paroisse. Cependant en 1674 le Curé de St Cosme intenta procès contre le Curé de cette Paroisse, soutenant que ce College devoit être de sa Paroisse.

Mais par Arrêt du deux Septembre 1678 le Curé de St Cosme en fut debouté, avec défense à lui, & à tous les autres de troubler le Curé de St Hilaire en la jouïssance dudit College d'Harcourt. Cette Paroisse est de la nomination du Chapitre de St Marcel.

Il y a sur cette Paroisse un petit Seminaire, que l'on appelle le Seminaire de St Hilaire, situé dans le cul-de-sac de la cour des Bœufs, où l'on reçoit de toutes les Villes du Royaume des étudians en Theologie, que l'on exerce dans toutes les ceremonies de l'Eglise, & qui composent le Clergé de cette Eglise, qui est très-bien desservie par ces étudians, & les Ecclesiastiques de cette Paroisse, qui est située en la rue du Mont St Hilaire, quartier St Benoît, & a une sortie par la rue d'Ecosse.

St COSME & St DAMIEN.

CETTE Eglise fut bâtie en même tems que celle de St André des Arcs aux dépens de l'Abbé de St Germain des Prés, & de ses Religieux, comme je l'ai dit en parlant de St André ; & elle fut érigée en Paroisse en 1212.

L'Abbé & les Religieux avoient droit de presenter un Prêtre à Mr l'Evêque de Paris, & à l'Archidiacre, pour être Curé de cette Paroisse, mais cela ne dura que jusqu'en 1345. Pour mettre fin à toutes les demandes de l'Université, à cause du Pré aux Clercs, les Religieux donnerent trois cens livres, partie en argent, avec les patronages perpetuels des Cures de St André & de St Cosme. Cet accord fut confirmé par le Pape Clement VI l'an 1346 : ainsi Messieurs de l'Université en sont presentement les Patrons, & ils y nomment

En 1255 le vingt-cinq Fevrier du tems de St Louis, a été érigée en cette Eglise la Confrerie de St Cosme, & de St Damien, Patrons des Chirurgiens.

En 1611 Louis XIII en consideration de ce qu'il étoit né le jour de la St Cosme & St Damien, & du bien que reçoivent ses sujets, des Professeurs du College & Faculté de Chirurgie, composé de deux Jurés pour sa Majesté au Châtelet, Prevôts, & autres Professeurs dudit College, faisant partie du corps de l'Université de Paris, leur a confirmé toutes leurs chartes & privileges, Statuts, Immunités, Octrois, Exemptions & Reglemens, comme il paroît par les lettres patentes, dattées du mois de Juillet de cette année.

Il y a sur cette Paroisse en la rue des Cordeliers, proche de cette Eglise l'Ecole des Chirurgiens, où ils s'assemblent pour y faire les anatomies sur les corps, & à l'occasion desquelles ils font des discours fort savans.

En 1691 l'on y bâtit une salle très-commode, pour y faire les demonstrations Chirurgiques, & où un grand nombre de personnes y peuvent voir aisément, tous à la fois, ce qui s'y demontre.

La porte de cette salle est ornée d'un ordre Ionique avec quelques sculptures, au milieu de laquelle est cette inscription de Mr Santeuil, gravée sur un marbre de Dinan.

Ad cædes hominum prisca amphitheatra patebant,
Ut longum discant vivere, nostra patent.

L'EGLISE St SEVERIN.

L'EGLISE de St Severin Archi-Prêtré, a été bâtie fur un ancien terrain au milieu d'un bois, où étoit une petite Chapelle, dediée à St Clement, dans laquelle St Severin, le Moine Solitaire, s'étoit retiré en 511 fous le regne de Childebert, Roi de France. C'eſt en ce lieu-là, felon Corrozet en fes Antiquités de Paris, qu'il donna l'habit de Religieux à St Cloud.

Baillet en parlant de St Severin, dit que ce n'eſt pas le Solitaire, qui eſt le Patron de cette Paroiſſe, mais le St Severin, Abbé *Agaunenſis* de St Maurice, du Dioceſe de Narbonne, qui étoit en odeur de Sainteté ; celui à qui Clovis, Roi de France en 506, étant malade d'une fiévre, qui le tourmentoit depuis trois ans, abandonné des Medecins, envoya des perſonnes illuſtres, le ſolliciter de venir à Paris, pour lui procurer ſa gueriſon. Il prit ſon parti de venir, & en chemin il guerit Eulalius, Evêque de Nevers, ſourd & muet, & qui même gardoit déja le lit depuis un an. En arrivant à Paris, il guerit auſſi un lepreux en le baiſant, & ayant abordé le Roi, il lui dit que c'étoit au Seigneur, au nom duquel toutes les maladies ſe gueriſſoient, qu'il falloit s'adreſſer. Enfin ce pieux perſonnage obtint de Dieu par ſes prieres la gueriſon du Roi. Après avoir demeuré quelque tems dans cette ville, & y avoir fait pluſieurs miracles, & beaucoup d'œuvres de pieté, malgré les offres que le Roi lui faiſoit, il reſolut de s'en retourner, ayant eu revelation qu'il devoit mourir dans peu de tems. S'en retournant il reſta à Château-Landon avec Paſchaſe, & Uticine, où il mourut dans un Oratoire de bois en 507, ſous le nom duquel l'Egliſe & Abbaye fut bâtie & fondée en 545 par Sigisbert, Roi de Metz, à Château Landon. Voyés Morin Hiſt. du Gatinois, Surius de Vit. SS. &c.

Mais ceci ne s'accorde pas avec ce que l'on trouve dans une Lettre Patente d'Henri I, Roi de France en 1031 par ces mots :

„ Sache-donc que Imber VI, Evêque de Paris, s'eſt preſenté devant
„ nous pour nous prier d'accorder à la Congregation des Chanoines de
„ Notre-Dame quelques Egliſes, ſituées dans les faux-bourgs de Paris,
„ affranchies depuis long-tems de notre autorité, & icelle de nos Ancê-
„ tres, ſavoir celle de St Eſtienne, de St Julien le Martyr, de St Severin
„ le Solitaire, & de St Bachie, dont quelques-unes avoient autrefois eu le
„ titre d'Abbayies, & à cauſe de cela avoient ſervi de retraite à ladite
„ Congregation des Chanoines de Notre-Dame. Mais dans le tems des
„ troubles du Royaume par la perte des biens qu'on leur avoit accordés,
„ étant devenues deſertes, ne contenant rien, ou peu de choſe de ce qu'el-
„ les avoient eu autrefois : comme l'Evêque ci-deſſus a beaucoup de credit
„ ſur nous par ſon merite, ne voulant rien changer de ce qu'il deſire de
„ nous, nous lui avons accordé de notre autorité & liberalité Royale,
„ & aux conditions que tandis que Giraldus Clerc, qui en jouit preſente-
„ ment, vivra, on lui en laiſſe la poſſeſſion ſans trouble, du conſentement
„ des Chanoines de toute la Congregation, & qu'après ſa mort elle appar-
„ tienne aux Chanoines, ſans qu'on puiſſe la reclamer : & que pour le re-
„ pos de mon ame, & celui de mes parens, les Chanoines y ſoient reçus
„ qui priant pour le maintien & la conſervation de notre Royaume, ſuffi-
„ ſent à l'un, & à l'autre ; ſavoir y demeurant, & les viſites à la maniere
„ ordinaire, & à y faire le ſervice „. Cette charte eſt en ſon entier à Notre-Dame, & dans l'Hiſtoire de l'Egliſe de Paris par du Bois, page 645.

Par une Sentence arbitrale du mois de Janvier 1210 qui intervint entre l'Evêque de Paris, & Guillaume Curé de St Severin, les Abbé & Religieux de St Germain-des-Prés, & le Curé de St Sulpice, touchant des droits Ecclesiastiques & Parochiaux du territoire distrait du bourg de St Germain-des-Prés, enclos en partie en la nouvelle cloture qu'avoit fait faire le Roi Philippe Auguste, achevée en l'an 1210, par cette Sentence on connoît qu'il y avoit déja en cette Eglise un Curé, & qu'elle étoit par consequent érigée en Paroisse. Mais de savoir en quelle année ce fut, & quand elle prit le nom de St Severin, je n'en trouve rien autre chose que ce que j'ai rapporté ci-dessus.

Il fut établi une Confrerie de la Conception de la Vierge dans cette Eglise, suivant ce qui se voit en un ancien manuscrit qui est au tresor de cette Confrairie, qui fut instituée au Concile Provincial de Londres, tenu l'an 1228, & ce fut en cette Eglise qu'a été erigée en 1311 la premiere Confrairie en France en l'honneur de la Conception. Lorsqu'on fut obligé d'agrandir l'Eglise qui ne fut parachevée & benite qu'en 1495, l'on prit la place de cette Chapelle de la Conception, que l'on transporta & bâtit derriere le Chœur où on la voit presentement; ce qui fut fait aux dépens des Administrateurs de cette Confrairie, comme il est porté en un ancien compte de 1391. Cette Chapelle étoit contre le sixiéme pilier du côté de la rue St Severin, sur lequel pilier a été posé une image de la Vierge en reconnoissance de ce changement. Cette Chapelle vaut de revenu au Chapelain qui la dessert plus de sept cens livres, & est à la nomination des Administrateurs de cette Confrairie.

Il y avoit dans cette Paroisse plusieurs autres Confrairies, comme celle du St Sacrement, celle de la Trinité & du St Esprit, celle de St Mamets, de St Roch, & enfin celle de St Sebastien.

Il y a encore une Chapelle qui est un espece de Benefice qui a son revenu particulier, sur lequel le Titulaire ou Commissionnaire de ladite Chapelle est tenu de faire dire les Messes & les Prieres qui sont portées dans le Martyrologe de St Severin en 1678, & de rendre compte du revenu aux Administrateurs en presence de l'un des Marguilliers de ladite Eglise: elle est sous le titre de la Chapelle de St Pierre, autrement appellée des trois Nativités ou des Brinons, qui paroît fondée dès 1471 le vingt-un Mars par Guillaume Brinon & Briçonnet.

Toutes ces Confrairies avoient leurs Administrateurs, & leurs Chapelains, avec un revenu convenable à la dépence, savoir cinq cens quatre-vingt-quatorze livres pour celle du St Sacrement, gouvernée par les Confreres, & deux Receveurs de ladite Confrairie. Pour celle de la Confrairie de la Trinité autrement dite du St Esprit, environ cent dix livres pour le Chapelain. Pour celle de St Mamets & de St Sebastien environ la même somme, dont le Chapelain compte devant Mr le Curé tous les ans.

Il se trouve dix Chapellains fondés dans cette Eglise, comme il est porté dans le Matryrologe.

L'on ne sait en quel tems cette Eglise a été bâtie comme on la voit à present. C'est une Gothique qui a été faite à diverses reprises, ce qui est facile de remarquer par la diversité qui se trouve dans son bâtiment.

Les figures peintes sur les arcades de cette Eglise sont de Jacob Bunel, né à Blois, peintre habile, dont on voit des ouvrages assés beaux, entre autres la descente du St Esprit qui est aux grands Augustins dans la Chapelle des Chevaliers de l'Ordre du St Esprit. Les deux tableaux des Chapelles de St Joseph & de Ste Genevíéve qui sont à côté de la porte du chœur sont de Champagne.

Celui de la Chapelle du St Sacrement qui represente la Cene, est une copie du tableau que l'on voit à l'Autel de l'Eglise du Port-Royal fait par Philippe Champagne.

En 1684, on a fait des reparations considerables au chœur. Le grand Au-

DE LA VILLE DE PARIS. Liv. IV.

tel a été achevé au mois de Fevrier. Il est composé de huit colomnes de marbre d'ordre composé, posées sur un demi cercle, qui soutiennent une demie coupole avec quelques ornemens de bronze doré. Les piliers qui sont proche le même Autel ont aussi été ornés de marbre & de flames avec des festons qui pendent des côtés. Aux quatre plus proches piliers sont autant de thermes portant deux chandeliers en corne d'abondance à trois bras chacun. Entre les arcades des piliers au dessus des balustrades de fer doré, sont les chiffres de St Severin avec l'Ecu de Bourbon, qui sont les armes de Mademoiselle de Monpensier, principale Paroissienne de cette Eglise. Le tout a été construit sur le dessein qu'en a fourni Mr le Brun, & executé par Mr Baptiste ; ce qui revient à vingt-quatre mille quatre cens livres, tant des deniers de la Fabrique & du Curé, que de la quête qui fut faite par toute la Paroisse.

Dans la Sacristie il y a une lame de cuivre, qui autrefois étoit à un pilier du Chœur, qui a été ôtée à cause de la construction du Maître-Autel dont je viens de parler, & dessus est gravé :

Jacobus Billius Prunæus, nobilissima Billionum familia, generosissimo Patre, pro Rege Guisiæ imperante ortus, Abbas sancti Michaelis in Eremo pientissimus, sacræ & politioris Litterarum calentissimus, Linguarum Hebraicæ, Græcæ & Latinæ peritissimus, sanctorum Græcorum Patrum interpres fidelissimus, Catholicæ Fidei propugnator acerrimus, Pauperum pater locupletissimus, in cunctis Religionis & Pietatis operibus exercitatissimus, omni denique virtutum genere cumulatissimus, multis libris Græcis, Latinis & Gallicis, summa doctina & pietate refertissimis, prosaque & metro editis celeberrimus. Anno ætatis suæ 47, Salutis vero 1581, hora nona serotina diei illius, quo Christus Dominus in mundum venit, ut eum, cæterosque pios ejus similes, in cœlum assumeret, moritur, hicque jacet, cujus anima requiescat in pace.

Hic jacet illustri Pruneo stemmate clarus
Billius, & longe clarior ipse suo.
Cujus fama volat, virtusq; ignara sepulchri,
Cujus docta vigent nescia scripta mori.
Cujus & in cœlis animus per secula gaudet,
Ejus hic ad tempus dum tegit ossa lapis.
Sic tria læta virum tantum partitæ sibi sunt,
Mundus, terra, polus, nil miser orcus habet.

Jaques Billi naquit à Guise, dont son pere étoit gouverneur pour le Roi François I. Sa science étoit solide & avoit une parfaite connoissance des Langues savantes, il avoit celle des Peres & de la Theologie ; il a traduit plusieurs Peres Grecs ; il étoit Poëte Latin & François, ce que nous reconnoissons par tous les ouvrages qui nous restent de lui.

A côté de l'Eglise dans le Cimetiere, est un Tombeau élevé, sur lequel est la figure à demie couchée d'un jeune Seigneur de la Frise Orientale, qui mourut étant Ecolier de l'Université ; il se nommoit Embda. Cette figure qui a le bras cassé a donné lieu à une histoire populaire & fabuleuse que c'étoit le tombeau d'un jeune homme enterré tout vivant en l'absence de son Gouverneur, qui à son retour fit deterrer son Maître, que l'on trouva avoir mangé son bras ; ce qui est faux en ce qu'il a été cassé par accident. Voici les deux Epitaphes qui sont à son tombeau. Il a été construit par les soins de sa mere, qui fut extraordinairement touchée de sa mort, parce qu'il étoit fils unique & presomptif heritier de la Principauté de Frise.

En souvenance du très-noble sang des Comtes de Phrise Orientale, aussi pour les dons de grace tant de l'esprit que du corps de feu noble homme Ennon de

HISTOIRE ET ANTIQUITE'S.

EMBDA, *esleu Gouverneur & Satrape de la Cité de Embda, qui sur le cours de ses études, fut ici ravi par mort en l'âge de vingt-trois ans, au grand regret de son pays & de tous ses amis: Nobles femmes sa mere-grand & sa dolente mere, ont à leur cher & unique fils fait dresser ce present Tombeau, en témoignage du debvoir de vraye & pure amitié & certaine esperance de la resurrection du corps qui ici repose. Il trespassa l'an de Nostre-Seigneur mil cinq cens quarante-cinq, le dix-huitiéme jour de Juillet.*

A coté & sous le tombeau sont encore ces vers.

Quid fuerim, nostra hæc recubans commonstrat imago.
  Quid sim, quam teneo, putrida calva docet.
Peccati hanc pœnam nobis ingenuere parentes,
  Cujus sed Christus solvere vincla venit.
Hunc mihi viventi spes, qui fuit & morienti,
  Æternum corpus, quale habens ille, dabit.
Peccati, Fidei, Christique hinc perspice vires,
  Ut te mortifices, vivificetque Deus.

Dans la Chapelle de Ste Barbe du côté du Cimetiere, on voit un buste de marbre qui represente Etienne *Pasquier*, né à Paris, Avocat General de la Chambre des Comptes, dont on a un volume de Recherches qui contient quantité de faits d'Histoire de France très-curieux, ainsi qu'un Recueil de Plaidoyers de sa façon. Il étoit en grande estime à cause de son grand savoir, de sa fermeté pour le bon parti & de son désinteressement ; ce qui donna lieu à ces vers, au bas de son portrait, où il est peint sans mains:

Nulla hic Paschasio manus est: lex Cincia quippe
Caussidicos nullas sancit habere manus.

Et l'on peut dire qu'il a pû servir d'exemple aux Gens de Robbe en menant une vie telle qu'un sage Magistrat qui aime la justice & la cause commune doit faire. Son integrité & l'amour ardent qu'il avoit pour sa Patrie, lui firent entreprendre des affaires qui lui attirerent des ennemis puissans & redoutables. Mais s'il ne réussit pas dans les genereux efforts qu'il tenta, au moins a-t-il eu la gloire d'avoir beaucoup plus entrepris qu'aucun Magistrat n'avoit fait avant lui.

STEPHANI PASCHASII

Epitaphium quod sibi ipse scripsit.

Quæ fuerit vitæ ratio si forte requiris,
  Siste gradum, & paucis ista, viator, habe.
Parisiis olim caussis Patronus agendis,
  Haud inter socios ultimus arte togæ,
Id solemne mihi statui; despectus ut essem
  Et procul à nobis, & procul invidia.
Inter utrumque fui medius, miserique clientis
  Suscepi in ditem forte Patrocinium.
Tum ratiociniis allectus Regius actor,
  Principe ab Henrico est hæc mihi parta quies.
Vixi non auri cupidus, sed honoris avarus,
  Hei mihi, quam vanus nunc ego præco mei!
Ingenium expressi variè, prosaque, metroque,
  Fama ut post cineres splendidiore fruar.

Æquavam

DE LA VILLE DE PARIS. Liv. IV.

Æquævam thalamo junxit trigesimus annus,
Mascula quæ peperit pignora quinque thoro:
Quatuor è quinis orbati matre fuerunt :
Pro Patria quintus, fortiter occiderat.
Privatos tandem juvat, ò coluisse Penates,
Contentum & modica vivere sorte mihi.
Jamque ego septem annos sexdenaque lustra peregi
Robore corporeo firmus, & ingenio.
At nihil hæc animam, nisi tu Deus alme reposcas
In Cœlumque tua pro bonitate loces.

Et au deſſous.

D. O. M.

Et mem. æt. V. C. STEPH. PASCHASII, Regis Conſiliarii, & ſummarum rationum Advoc. Generalis ; Juris, Oratoris, Historiographi, Poëtæ Latini & Gallici celeberrimi, pluribus ingenii, corporis & fortunæ dotibus cumulati, vitâ, fatoque fœliciſſimi Theodorus Nicolaus & Widus f. f. d. q. c. III. Kal. VIIB. MDCXV. Vixit an. LXXXVII. M. II. D. XII.

Dans la Chapelle du St Sacrement, qui eſt à côté de cette Egliſe, eſt enterré Gilles Perſonne, ſieur de Roberval, Geometre & Profeſſeur Royal en Mathematiques, qui mourut le ving-ſept Octobre 1675. Il étoit de l'Academie Royale des Sciences. Il publia en 1636, 47, & 48, & en 1670, pluſieurs Ouvrages de Mathematiques.

Louis Moreri a été auſſi enterré dans cette Egliſe. Il eſt mort en 1680, âgé de trente-ſept ans, Auteur du grand Dictionnaire Hiſtorique qui a été augmenté ſi conſiderablement depuis ſa mort, & qui a donné occaſion à celui de Bayle, Auteur de grande reputation.

Scevole & Louis de Ste Marthe, freres jumeaux, ont leur ſepulture dans les Charniers de cette Egliſe. Leur nom eſt ſi connu, qu'il eſt bien difficile d'ajouter aux éloges que les plus illuſtres ont donné à leur merite, & à leur ſavoir. Voici l'Epitaphe de ces grands hommes, qui ont travaillé avec tant de ſoin & d'application pour la gloire de la France leur patrie.

D. O. M.

SCÆVOLÆ ac LUDOVICO SAM-MARTHANIS
Viris nobilibus & illuſtribus;
SCÆVOLÆ *in Pictonibus Franciæ*
Quæſtorum Præſidis ſcriptis inclyti filiis,
LUDOVICI *Domini* DE NEUILLY
Cognitoris Regii nepotibus;
Comitibus Conſiſtorianis,
& Hiſtoriographis;
ut eodem utero editis ſic lineamentis oris,
omniumq; membrorum ſtatura,
ſincera pietate, virtute ſingulari,
temperantia ac tranquillitate animi,
geminis planè atque germanis,
morum ſimilitudine, ſocietate ſtudiorum,
fraterna concordia,
& ferè perpetua vitæ ac victus
communitate conjunctiſſimis;
Qui cum eiſdem præceptoribus uſi,
AURATO. BULENGERO,

HISTOIRE ET ANTIQUITES

PASSERATIO, celeberrimis professoribus,
& eisdem disciplinis instituti fuissent,
pari animo, & labore unum ambo
multorum annorum opus agressi
Regium Francorum genus,
& propaginem.
resque gestas doctis voluminibus
exposuere;
& ad extremam felicemq; senectutem,
non à cunctis modo studiosis culti,
sed etiam Principibus ac Regibus nostris,
externisque noti, chari,
acceptique pervenere.
Pari fratrum incomparabili
PETRUS SCÆVOLA SAM-MARTHANUS,
SCÆVOLÆ filius,
SCÆVOLÆ nepos.
patri;
patruoque optimis & indulgentissimis
ponendum curavit.
Vixit SCÆVOLA annis 78. mensibus 8. diebus 18.
Obiit. 7°. idus Sept. anno 1650.
LUDOVICUS decessit an. ætatis 84.
mense 1. diebus 9. Christi 1656.
Aprilis 29.

In geminis unum, & geminos agnovit in uno,
Ambos qui potuit doctus audire senes.

In eodem loco jacent V. C. fratres,
SCÆVOLÆ filii,
SCÆVOLÆ nepotes,
NICOLAUS SAM-MARTHANUS.
Sacri Consistorii Assessor,
& Eleemosinarius Regius,
Prior sancti Germani in Pictonibus,
pietate, scientiâ
& operibus clarus,
qui obiit 6. idus Feb. 1662.
ætatis anno 39.
Et PETRUS SCÆVOLA SAM-MARTHANUS
Dominus de MERE' supra ANDRIAM
Comes Consistorianus,
Sacrique Palatii Magister Oeconomus,
Historiographus Regius,
qui obiit anno Christi 1690. 9. Aug. ætat. 70.

Proche cette table de marbre noir il y en a une autre où on lit ce qui suit.

D. O. M. S.
LUDOVICO SAM-MARTHANO J. C.
Viro nobili apud Juliod. Procuratori
Regio, doctrinæ, probitatis,
eloquentiæ laudibus insigni;
qui dum Regis,
& patriæ negotia scedulo procurat,
sua ipsius negligit

DE LA VILLE DE PARIS. Liv. IV. 419

non Regi solum & patriæ,
sed suis etiam & sibi præmature moritur.
Scævola *Quæstor Franciæ.*
Ludovicus
apud Pictones Regius Advocatus,
Renatus *sub sign. Princ. Domb. Eques,*
parenti optimo
FF. mœstissimi PP.
Obiit Lutetiæ Kal. Sept. an. 1566.

TRANSACTION PASSE'E ENTRE St GERMAIN
des Prés & St Severin.

NOUS Godefroi, par la grace de Dieu, humble serviteur de l'Eglise de Meaux, Michel Doyen de St Marcel, & Frere Guerin, Salut en Notre-Seigneur à tous les Fidels de J. C. Contestation s'étant élevée entre Messire Pierre Evêque de Paris, Hugue Doyen de Notre-Dame avec tout son Chapitre, & Guillaume Archi-prêtre de St Severin, d'une part; & Jean Abbé, avec tout le Couvent de St Germain-des-Prés, & Rodolphe Curé de St Sulpice, d'autre; à l'occasion de la Jurisdiction Episcopale & du droit spirituel de Paroisse dans le territoire de St Germain-des-Prés, au-delà du Petit-pont tel qu'il est presentement, ou qu'il pourroit être construit à l'avenir, jusques & y compris le bourg de St Germain: les Parties ayant compromis entre nos mains de ratifier & observer inviolablement tout ce que nous aurions dit & statué sur la presente contestation, à peine de deux cens marcs d'argent. Nous pour le bien de la paix, avons dit & statué, que tout le territoire qui s'étend depuis la Tour de Philippe Hameline, appellée la Tour de Nesle, jusqu'à la borne qui divise le territoire du Bienheureux St Germain de celui de Ste Geneviéve du côté de Grenelle le long de la riviere de Seine, ainsi qu'elle se comporte; & depuis cette seconde borne jusqu'à celle qui est proche du chemin d'Issy, qui divise pareillement les deux susdits territoires, & à continuer depuis cette troisiéme borne jusqu'à la quatriéme que nous avons mis hors les murs en tirant du côté de St Etienne-des-grès, ainsi que se comporte le susdit chemin d'Issy. Depuis cette troisiéme borne jusqu'à la quatriéme dont nous avons parlé, & depuis cette derniere borne jusqu'à retourner à la susdite Tour Hameline, ainsi que les murs se comportent au dehors, sera & demeurera exempt & affranchi à perpetuité de la Jurisdiction de l'Evêque de Paris & du droit spirituel de Paroisse; & quant au territoire qui est au dessous des murs, Nous voulons & entendons qu'il soit perpetuellement soumis audit Evêque de Paris; Nous voulons en outre & ordonnons que la Paroisse de St Severin s'étende à commencer de son Eglise jusqu'à la borne que nous avons mise au dessus de la Seine jusqu'à la maison de Guillaume de St Marcel, & depuis cette borne jusqu'à la seconde que nous avons mise proche la maison de Odom de Lierre, ainsi que le chemin se comporte depuis la premiere borne jusqu'à la seconde, & depuis la seconde jusqu'à la troisiéme, que nous avons mise dans la place que tient l'Architecte Baudouin, & qui dépend de St Julien, le tout ainsi que se comporte la rue. Pour ce qui regarde tout le territoire bâti ou à bâtir au delà des bornes de la Paroisse St Severin jusqu'au mur du Roi, il demeurera à perpetuité en droit de patronage au Monastere de St Germain : à condition néanmoins que ledit Monastere n'y pourra faire bâtir qu'une ou deux Eglises Paroissiales, pour la desserte de laquelle ou desquelles l'Abbé sera tenu de presenter un ou deux Prêtres

Tome I. GGg ij

à Mr l'Archidiacre & à l'Evêque de Paris. Si dans la suite des tems il se trouve deux Eglises dans ledit lieu, chaque Curé sera tenu payer par an à perpetuité à l'Abbé de St Germain trente sols, & s'il ne s'y en trouve qu'une, le Curé sera tenu de payer audit Abbé par an à perpetuité ces deux sommes faisant soixante sols. L'Evêque de Paris sera pareillement tenu payer audit Abbé pendant trois ans consecutifs quarante sols au jour & fête de St Remi, à moins que dans ledit espace des trois ans on ne bâtisse audit lieu une ou deux Eglises, notre intention étant que le payement de ladite somme cessera du moment qu'il y aura une Eglise bâtie audit lieu, & même après l'espace de trois ans, soit qu'il y ait une Eglise bâtie ou non: Nous ordonnons pareillement que les habitans de ce lieu seront de la Paroisse de St Severin, jusqu'à ce qu'il y ait une Eglise bâtie dans ce territoire; & aussi-tôt qu'il y en aura une ou deux, ils seront dépendans comme Paroissiens de ladite Eglise, si elle est seule, ou des deux, dont les limites seront reglées selon la prudence & volonté dudit Abbé; & pour dédommager ledit Rodolphe Curé de St Sulpice de la dixme qu'il pretendoit sur led. territoire, il recouvrera de l'Eglise de St Germain pendant sa vie quarante sols au jour de St Remi, ou chaque jour pendant ledit tems de sa vie un pain blanc & la quatriéme partie du vin d'un Religieux, à l'option de l'Abbé, sans que cela puisse être tiré à consequence pour les Curés futurs, qui seront privés dudit émolument. Nous ordonnons en dernier lieu que le droit & administration de la Justice Seculiere appartiendra à perpetuité à ladite Abbaye dans tout son territoire, soit dans la Paroisse de St Severin soit dehors. Et afin que cet Acte soit plus authentique & plus immuable à perpetuité, nous y avons mis nos sceaux au nombre de trois. Fait l'an de grace mil deux cens dix, au mois de Janvier.

RATIFICATION DE LA SENTENCE.

NOUS Pierre, par la grace de Dieu, Evêque de Paris, Hugues Doyen, & tout le Chapitre Notre-Dame, Salut en J. C. Savoir faisons aux Fideles qui sont dans toute l'étendue de notre dépendance, que contestation s'étant élevée entre Nous & l'Archi-prêtre de St Severin, d'une part; & Jean Abbé & Couvent de St Germain-des-Prés, & encore Rodolphe, Prêtre & Curé de St Sulpice, d'autre; à l'occasion de la Jurisdiction Episcopale & du droit spirituel de Paroisse dans le territoire de St Germain-des-Prés au-delà du Petit-pont, ainsi qu'il est de present construit ou qu'il sera à l'avenir, jusques & y compris le bourg de St Germain; quelques personnes de consideration ayant interposé leurs soins, nous avons enfin compromis & juré entre les mains de Me Godefroi, par la grace de Dieu Evêque de Meaux, de M. Michel Doyen de St Marcel de Paris, & de noble Frere Guerin de la maison du Roi notre Seigneur, de ratifier & observer inviolablement tout ce qu'ils ordonneront devoir être fait par nous parties interessées à peine de deux cens marcs d'argent. Messieurs les Arbitres s'étant assemblés, après avoir murement consideré toutes choses, entendu & examiné tout ce que les Parties avoient à dire de part & d'autre, étant enfin pleinement instruits de la verité, ils ont rendu & prononcé en presence des Parties le Jugement arbitral contenu dans l'Acte qui commence: *Nous Godefroi*, *&c.* ci-dessus rapporté. Au Jugement desquels Arbitres très-sages & très-éclairés, Nous Parties interessées voulans de bonne foi nous soumettre, nous l'avons reçu avec un très-profond respect & une parfaite soumission; & pour preuve que nous le ratifions & approuvons de bon cœur, & voulons le suivre de point en point selon sa forme & teneur, nous avons fait faire ce present Acte auquel nous avons fait apposer nos sceaux. Fait l'an de Notre-Seigneur mil deux cens unze, au mois de Juin.

EXTRAIT DES REGITRES DU PARLEMENT

Du dernier Mars 1642.

ENTRE M. Antoine de Breda, Prêtre Docteur de Sorbonne Curé de l'Eglise de St André des Arcs, & les Marguilliers de l'Oeuvre & Fabrique dudit lieu, appellans de l'Ordonnance appofée au bas d'une Requête decernée par le Bailli de St Germain-des-Prés le vingt-deux Mars 1640, comme de Juge incompetent; & demandeurs en Requête du vingt-un Mars 1641, d'évocation du principal, afin d'être fait droit fur le tout, d'une part: & Mr Julien de Fiefque, Prêtre Curé de St Sulpice à St Germain-des-Prés, & les Marguilliers de l'Oeuvre & Fabrique dudit lieu, intimés & deffendeurs, d'autre: & encore Balthafard Babin, Edme Raviere & conforts, proprietaires & locataires des maifons bâties dans les foffés hors les Portes Dauphine & de Buffy, demandeurs en Requête du vingt-deux Fevrier dernier, afin d'être reçues Parties intervenantes audit procès; & faifant droit fur leurfdites interventions, que fuivant leurs declarations ils feroient declarés Paroiffiens dudit St André-des-Arcs, & non de ladite Paroiffe de St Sulpice, d'une part; & lefdits Curé & Marguilliers de St Sulpice deffendeurs, d'autre; fans que les qualités puiffent nuire ni prejudicier aux Parties: Faideau pour les appellans & demandeurs, a dit & foutenu que les maifons dont eft queftion fituées hors les Portes Dauphine & de Buffy font bâties dans le lieu où étoit ci-devant le mur & le foffé de la Ville; que lefd. murs & foffés faifoient partie de la Ville, & Me Antoine de Breda étant Curé du territoire de la Ville tenant audit foffé, lefdites maifons devoient être de la Paroiffe de St André: Defita pour lefdits intervenans a dit que fes Parties font declaration fuivant l'Arrêt de la Cour, qu'ils defirent être de la Paroiffe de St André comme plus prochaine & plus commode pour eux: Pucelle pour les intimés & deffendeurs a dit au contraire qu'autrefois les murs & les foffés de la Ville avoient été faits dans le territoire de l'Abbayie de St Germain de la Paroiffe de St Sulpice, où même ledit Curé de St Sulpice prenoit auparavant la dixme, qu'à prefent les lieux ceffant d'être foffés par des bâtimens nouveaux que l'on y a faits, revenus en leur premiere nature & rendus utiles comme ils étoient auparavant qu'ils fuffent mis en foffés, lefdits intimés & deffendeurs étoient bien fondés à rentrer dans leurs anciens droits Paroiffiaux efdits lieux, & en tout ce qui fe trouvera hors les murs de la Ville, fuivant la Sentence arbitrale rendue l'an 1210, entre les fieurs Evêque de Paris & le Curé de St Severin, d'une part; & les Religieux, Abbé & Couvent de St Germain-des-Prés & le Curé de St Sulpice, d'autre; partant foutiennent les appellans & intervenans non recevables: Talon pour le Procureur General, ouï, qui a adheré aux Conclufions des intimés.

LA COUR fans avoir égard à l'intervention defdits habitans, a mis & met les appellations & ce dont a été appellé au neant: a évoqué le principal, & y faifant droit, ordonne que les maifons nouvellement bâties & dont eft queftion, feront & demeureront de la Paroiffe de St Sulpice. Fait en Parlement le dernier jour de Mars mil fix cens quarante-deux, figné par collation.
GUYET.

Il n'eft pas hors de propos de placer ici la Tranfaction des Chartreux avec St Severin, au fujet des droits Curiaux que cette Paroiffe doit avoir fur leur maifon & fur leurs nouveaux bâtimens.

TRANSACTION DES CHARTREUX AVEC LE
Curé de l'EgliseArchi-presbyterale de St Severin, passée en
1260, & confirmée en 1289.

*SIMON MISERATIONE DIVINA, PARISIENSIS
Ecclesiæ Minister indignus, universis præsentes Litteras inspecturis
salutem in Domino. Notum facimus nos vidisse Litteras inferius an-
notatas, formam quæ sequitur continentes.*

REGINALDUS miseratione divinâ, Parisiensis Ecclesiæ Minister in-
dignus, universis præsentes litteras inspecturis, salutem in Domino.
Notum facimus, quod coram nobis constituti, Frater GUILLERMUS Prior
Vallis-viridis, nostræ Parisiensis Diœcesis, Ordinis Cartusiensis, pro se &
Fratribus suis, ut dicebat, & nomine eorumdem ex una parte, & Magister
Guillermus Archi-presbyter sancti Severini Parisiensis, nomine Archi-pres-
byterii, & Ecclesiæ suæ ex altera, recognoverunt coram nobis, quod orta
discordia dudum inter defunctum Jacobum prædecessorem ipsius Guillermi
Archi-presbyteri ex una parte, & Jourandum prædecessorem ipsius Prioris,ex
altera, *super jure Parrochiali*, quod petebat idem Archi-presbyter ab ipso Priore
& ejusFratribus habitantibus *apud Vallem-viridem* infrà limites Parrochiæ ipsius,
fuit super eodem jure parrochiali, & super aliis inferiùs contentis, tenendis,
& perpetuò possidendis, ab ipsis Religiosis in manu-mortua, sicut & ipse
Guillermus & prædecessores ipsius Archi presbyteri possiderunt, & posside-
re debuerunt de bonorum consilio, amicabiliter compositum in hunc modum:
quittavit enim idem Guillermus Archi-presbyter pro se & suis successoribus
in dicta Ecclesia, dicto Priori & ejus Fratribus, & eorum successoribus, &
eos & locum prædictum de *Valle-viridi* penitùs ab omni jure parochiali absol-
vit pro decem solidis parisiensibus annuæ pensionis: ita quod si quis alius
Presbyter, vel Curatus, seu Patronus, dictos Priorem, & Fratres, & successores eorumdem, super jure parrochiali molestaverit, eò quòd ad aliam Par-
rochiam debeant,quoad jura parrochialia pertinere, dictus Archi-presbyter &
successores sui tenebuntur in posterum se opponere pro dictis Priore & successoribus suis, & deffendere contra omnes; alioquin dicti Prior & successores sui ad annuam solutionem præfatæ pensionis minime tenebuntur Jus verò
parrochiale taliter duximus declarandum, videlicet quod licebit Priori & Fratribus Ecclesiam & Capellas construere, in quibus poterunt divina officia
solemniter celebrare; item Cimeterium habebunt ad opus Fratrum suorum,
nec non illorum omnium qui apud eos elegerint sepulturam,salvo jure parro-
chialiArchi-presbyteri supra dicti, scilicet mortuario, si defunctus fitParrochia-
nusArchi-presbyteri prænotati;item campanas habeant,quibus pulsando uti licebit, quandocunque viderint expedire; item oblationes licebit eis recipere,
tam in missis solemnibus quam in privatis; item propriæ familiæ Sacramenta
ecclesiastica ministrare;item si locum dictorumPrioris & Fratrum dilatari contigerit locum ipsum & ampliationem seu dilatationem futuram, & omnia
infrà contenta in plena libertate & pace quantum ad Archi-presbyterum
sancti Severini prænotati perpetuò possidebunt. Si qua verò alia sunt quæ ratione juris parrochialis ab eisdem Fratribus in loco prædicto, vel ampliatio-
nibus supradictis Archi-presbyter petere posset, eisdem quittavit penitùs &
remisit,ita tamen quod si tempore procedente in terra dictæ domus sciræ infrà
limites prænotatæ Parrochiæ, aliquem vel aliquos habitare contigerit, cura
ipsorum habitantium ad Archi-presbyterum sancti Severini liberè pertinebit. Dedit insuper & concessit idem Archi-presbyter dictis Priori & Fratri-

DE LA VILLE DE PARIS. Liv. IV.

bus ad censum annuum, sive firmam perpetuam, decimas omnes & singulas bladi & vini quas habet dictus Archi-presbyter, vel habere debet in territorio de Valle-viridi, & in terris & vineis adjacentibus in terris & vineis apud Lorcinos & circà; item decimas omnes & singulas quas habet vel habere debet idem Archi-presbyter apud Issiacum pertinentes ad Presbyterium sancti Severini prædicti pro decem solidis parisiensibus annui reditus seu census, ut dictum est ab ipsis fratribus in manu mortua possidendis, quorum viginti solidorum in manu mortua possidendorum medietas in Nativitate Domini, & alia medietas in Nativitate beati Joannis Baptistæ ab ipsis Priore & Fratribus annis singulis dicto Archi-presbytero, qui pro tempore fuerit, persolvetur. Voluit nihilòminus præfatus Archi-presbyter, pro se & successoribus suis, & concessit quodcumque dicti Prior & Fratres seu successores sui viginti solidos parisienses annui reditus Archi-presbytero sancti Severini, qui pro tempore fuerit in loco competenti ad dictum nostrum, vel alicujus successorum nostrorum Episcoporum parisiensium assignarint, ex tunc remanebunt dicti Fratres quoad obligationem prædictam viginti solidorum liberi penitùs & immunes. Quam compositionem & donationem, sive adcensationem dictus Magister Guillermus Rector Ecclesiæ prædictæ pro se & successoribus suis & dictus Prior pro se & Fratribus suis, & successoribus eorumdem voluerunt, & ratam habuerunt & firmam, asserentes coram nobis, quod compositio prædicta erat, ut credebant firmiter, utrique prædictæ Ecclesiæ, non modicum profuturas, obligantes se & successores suos ad compositionem hujusmodi futuris temporibus inviolabiliter observandum, renuntiantes expressè exceptioni doli, actioni in factum, beneficio restitutionis in integrum, conditioni sine causa, vel ex injusta causa, & omnibus aliis exceptionibus realibus & personalibus loci & temporis freti & Juris Canonici & Civilis quæ contra præsens instrumentum possent objici vel adduci. Nos verò, pensatâ utilitate dictarum Ecclesiarum, prout ex relatione dictarum partium intelleximus, ad supplicationem dictarum partium præmissa omnia & singula laudamus & approbamus, & etiam confirmamus: in cujus rei testimonium sigillum nostrum præsentibus litteris duximus apponendum. *Datum anno Domini millesimo ducentesimo sexagesimo, mense Martio.* Virtute quarum litterarum Magister Petrus de Nonanticuria Archi-presbyter Ecclesiæ sancti Severini prædicti successor dicti Magistri Guillermi, quondam Archi-presbyteri ipsius Ecclesiæ sancti Severini in nostra præsentia constitutus, confessus est sibi assignatos esse dictos viginti solidos parisienses hactenus in duobus terminis prædictis perceptos, de cætero percipiendos super quadam domo scita Parisiis juxta ripariam in Mortelleria ultra magnum pontem in Parrochia sancti Gervasi Parisiensis, à parte aquæ contigua domui defuncti Petri de Tornaco, & Domini Franbodi Fullonis, in censiva Domini Regis, in qua domo habent centum quinque solidos Prior & Fratres Vallis-viridis; de quibus prædictos viginti solidos sibi assignant immediate percipiendos post quinquaginta solidos annui supercensus, quod super illa domo recipiunt Burgenses Parisienses, & ante ipsos deinceps recipiendos, post prædictos viginti solidos, modo infrà scripto: videlicet in festo omnium Sanctorum viginti sex solidos & tres denarios, in festo Paschatis viginti sex solidos & tres denarios, in festo beati Joannis sex decem solidos & tres denarios; in terminis enim memoratis natalis & sancti Joannis dictus Archi-presbyter nomine Ecclesiæ suæ decem solidos in quolibet eorum percipiet cum jure prioritatis, ut superius est prætactum: quam assignationem recepit dictus Archi-presbyter in recompensationem dictorum viginti solidorum à dictis Religiosis Joanne Priore & Fratribus domûs Vallis-viridis prope Parisios Ordinis Cartusiensis, tradentibus & assignantibus nomine dictæ domus in perpetuum possidend. cedentibus etiam omne jus & actioni hactenus sibi & dictæ domui competentia in ipsis quatenus ab hodie in antea ipsos viginti solidos suo nomine dictus Archi-presbyter & sui successores pro sua Ecclesia possint eos petere & exigere in judicio, & extra;

HISTOIRE ET ANTIQUITE'S

promittuntque dicti Prior & fratres dictos viginti solidos eidem Archi-presbytero garantisfare, & quod quotiescumque indigebit originalibus instrumenti illius super-census olim concessi prædictis Fratribus, & amortisationis, quod illa tenebuntur exhibere dicti Fratres eidem Archi-presbytero, vel causam ab eo habenti in manu nostra, vel Officialis nostri. Et pro præmissis firmiter observandis dicti Archi-presbyter & Prior pro se suoque conventu obligaverunt se per fidem & omnia bona administrationum suarum mobilia & immobilia, præsentia & futura; seque ad præmissa & quælibet præmissorum jurisdictioni curiæ nostræ supponentes, omni juri renunciantes, consuetudini & statuto generali & speciali per quod alterutra partium se contra aliam juvare posset in præmissis, vel aliquo præmissorum: tenor quorum instrumentorum talis est.

Ludovicus, Dei gratiâ, Francorum Rex: Notum facimus universis, tam præsentibus quam futuris, quod sicut intelleximus Prior & Fratres Vallis-viridis prope Parisios, Cartusiensis Ordinis quasdam possessiones & reditus, partim titulo donationis, partimque titulo emptionis acquisierunt, prout inferius continetur, videlicet ex assignatione sibi factâ à dilecto consanguineo, & fideli nostro Alphonso Comite Augi, ratione legati seu donationis, M.   quondam uxoris ejus quindecim librarum turon. annui reditus in Vicecomitatu de septem Molis; item centum solidos parisienses annui reditus augmentati census super quadam domo scita Parisiis juxta ripariam in Mortellaria à parte aquæ, contigua domui defuncti Petri de Tornaco, & domui Franbodi Fullonis in censiva nostra, ut dicitur per emptionem factam à Michaële Pilocervi. Item sex libras parisienses annui reditus augmentati census, siti Parisiis in capite Mortardriæ, super secanam super domo Simonis de Venabulis in censiva Camerariæ Franciæ, ut dicitur ex donatione Matthæi de sancto Germano, civis Parisiensis & Heloysis uxoris ejus. Item quadraginta solidos parisienses annui reditus augmentati census super quadam domo sita Parisiis in Gravia, ad butum vici sancti Joannis, contigua ex una parte domui Rogerii Fenerii, & domui Gaufridi Barberii, ex altera, in censiva nostra, ut dicitur ex venditione facta à Margareta dicta Marescalla, relicta defuncti Radulphi Marescalli, & Matthei ejus filii. Item sexaginta solidos parisienses annui augmentati census super medietate cujusdam domus sitæ Parisiis in Tonelaria, contiguæ domui Joannis de Corbolio, & domui Galterii Ribondi, in censiva nostra, ut dicitur ex venditione facta à Benedicto dicto de sancta Opportuna Presbytero. Item decem solidos parisienses annui reditus percipiendi super quadam domo sita Parisiis super magnum pontem ab oppositis Ecclesiæ sancti Leofredi parisiensis in censiva & dominio nostro, ut dicitur ex venditione facta ab Abbate & Conventu sanctæ Genovefæ. Item sexaginta solidos parisienses augmentati census annui, seu reditus, percipiendi super duabus domibus sese contingentibus, cum proprißo & pertinentiis earumdem, quæ domus contiguæ sunt ex una parte domui Stephani Martilli, & ex alia parte domui Theobaldi de Corbolio in censiva nostra, ut dicitur ex venditione facta Marcelli, & Stephanæ ejus uxori. Item triginta solidos & dimidium parisienses augmentati census annui reditus percipiendi super quadam domo sita Parisiis in Mortellaria, contigua domui Franbodi dicti de Fonteneto Fullonis ex una parte, & domui defuncti Petri de Tornaco in censiva nostra, ut dicitur ex venditione facta à Michaële Babre & Joanna ejus uxore. Item quemdam furnum, qui est furnus communis Villæ de Salicibus, moventem de feodo nostro, ut dicitur ex venditione Joannis de Glesiis militis, & Isabellis ejus uxoris. Nos autem prædictas acquisitiones, prout à prædictis Priore & Fratribus juste ac rationabiliter factæ sunt, ratas habemus ac gratas, quantum in nobis est, & eas autoritate regia confirmamus, volentes & concedentes quod dicti Fratres eas teneant in manu mortuâ, & possideant in perpetuum pacificè & quietè, retenta nobis & successoribus nostris in prædictis justitiâ nostrâ cum omnibus redevenciis no-

bis

bisdebitis, & salvo in aliis jure noftro, ac jure etiam in omnibus alieno quod ut ratum & ftabile permaneat in futurum præfentibus Litteris, noftrum figillum apponi fecimus. *Actum* Parifiis anno Domini millefimo ducentefimo fexagefimo quarto, menfe Septembris. Qui Magifter Petrus Presbyter prædictus, de folutione dictorum viginti folidorum recipiendo à dictis Priore & Conventu, prout ante præfentem affignationem faciebat, quittavit eofdem, nifi fuper dicta affignatione ipfum, vel fucceffores fuos contingeret, moleftari, & de dicta affignatione fe contentum vocavit, & contra non venire promifit : in cujus rei teftimonium nos præmiffis omnibus autoritatem imponentes præfentibus Litteris figillum noftrum unà cum figillo dictorum Prioris & Conventûs duximus apponendum. *Datum* anno Domini millefimo ducentefimo octogefimo nono, menfe Februario.

LE PORT-ROYAL.

L'EGLISE de ce Couvent a été bâtie fur la place de l'Hotel de Clugni, par le Pautre, en 1625, fondée par la Reine Mere, & eft toute de pierre de St Leu, pierre auffi luifante que le marbre. Au refte il n'y a rien de fi propre, l'architecture en eft très-agreable & des mieux entenduës : fa maniere à la verité eft affés bifarre, mais fort galante & commode. Le Maitre-Autel eft orné d'un Tableau de Champagne, où eft reprefentée la Cene : toutes les figures en font belles : toutes les têtes ont été faites après nature, & fur des originaux de perfonnes encore en vie ; enfin les draperies, les attitudes & le coloris repondent au refte. Outre ce Tableau, l'Autel eft encore embelli de figures de la main de Biffer.

Le St Sacrement eft fufpendu en l'air, ainfi que dans la Primitive Eglife, & tient à une Croffe de bronze doré à feu, faite par Perlan. Elle a ceci de particulier, qu'elle n'eft pas comme les autres attachée à une potence ; mais fort droite ; d'ailleurs garnie de quantité de couleurs qui font un très-bel effet ; & de plus, enrichie de feuilles fort tendres, conduites & difpofées avec autant d'efprit que d'adreffe pour le moins : & l'art y eft fi grand, que non feulement le faint Ciboire paroît fufpendu en l'air, mais encore fe defcend fans bruit & fans cri.

LES CAPUCINS DU MARAIS.

LE Tableau du Maître-Autel où eft reprefenté la Naiffance de Notre-Seigneur, eft de la Hire, auffi-bien que ceux de la vie de St François, qui bordent un des côtés de l'Eglife, & même quelques unes des Chapelles.

LES CAPUCINS DE LA RUE St HONORE'.

L'ASSOMPTION de le Brun, la Vierge vole en l'air fi gaiement, fi vîte, fi legerement : la legereté de la draperie eft fi noble & fi élegante, les têtes des Apôtres fi favantes : celle de St Pierre qui eft renverfée, eft une tête achevée, mais le Tableau n'eft pas en fon jour.

La Prefentation, du même. Il n'y a pas un grand amas de figures, ni d'accompagnemens. L'architecture en eft belle, grande & reguliere. Les figures belles & très-finies : il y a une très-grande union de tout le peu qui s'y trouve. La Vierge entre autres a un visage si pur, si beau, si rond, si chaste, si innocent, si enfantin; son action est si humiliée: elle est si bien & si naturellement coëffée; le poil est si doctement touché & manié; la draperie si galante, qu'on voit bien qu'il ne s'est pas épargné pour nous bien representer celle que Dieu avoit destinée pour être la mere de son fils, & il y a heureusement réussi. La tête du Vieillard est encore un chef d'œuvre.

CEUX DU FAUX-BOURG St JAQUES.

LE Tableau du grand Autel de Porbus est très-bien peint à son ordinaire; mais aussi à son ordinaire il n'y a observé ni dessein ni perspective. Le corps du Petit-Jesus est peint très-mignonement.

SAINTE CROIX DE LA BRETONNERIE.

LE Tombeau de l'Abbé de Bernay, de la conduite de Sarazin, est le plus simple de Paris & le plus modeste, mais il ne passe pas pour son chef-d'œuvre.

Ce Couvent a été fondé par St Louis en 1268, dans lequel il mit des Religieux mandians de l'Ordre de St Augustin; mais depuis ce tems-là ils ont tant reçu de liberalités de plusieurs Bienfaiteurs, qu'ils n'ont plus été à la quête, & qu'à present ils vivent de leurs revenus.

SAINT JEAN.

L'ORGUE de St Jean est la meilleure de Paris, & peut-être du monde, soit pour la grande quantité de jeux, soit pour la netteté des tuyaux; aussi est-elle toujours entre les mains d'un excellent Maître, qui donne des preuves de son savoir les Jeudis de chaque semaine, au Salut; mais particulierement tous les premiers Jeudis du mois, le matin.

Le lieu qu'occupe cette belle Orgue, n'est pas moins considerable qu'elle, ou plutôt est étonnant; car elle est toute suspendue en l'air, sur une espece d'arriere-voussure ou corne de vache, que Monsieur Pasquier de l'Isle a conduite excellemment, & dont Nicolas Dailly a été l'Appareilleur.

Il n'y a point à Paris de voute plus sujette, & je n'ai rien vû de plus hardi dans le trait que cette voussure & le degré de Mademoiselle. Pasquier a suivi ponctuellement toutes les moulures des pilliers Gothiques qui leurs servent de fondement, & c'est en quoi consiste particulierement la merveille de l'ouvrage, & où il a montré plus d'art & plus d'esprit.

Les Orgues donc sont portées sur une voute de quatre toises de long, fort surbaissée, & qui sort en saillie du coin du pilier, de quatre pieds ou environ, en forme de balcon, arrondi sur les extrémités: elle roule, & tourne au-dessus de la largeur de la grande nef de l'Eglise, à cause de la suite du plan Gothique de cette Eglise, & des piliers sur lesquels est portée la continuation des diverses moulures & saillies qui se rehcontrent dans les jointures de ces mêmes piliers, & que Pasquier a voulu continuer & faire entrer dans le trait de lunette cette inimitable arcade.

DE LA VILLE DE PARIS. Liv. IV.

Tous les premiers Jeudis du mois, & ceci le matin, il y a une Procession precedée d'une Messe du St Sacrement, où assistent réglement toutes les femmes grosses qui ont cette devotion, & le soir un Salut avec des Orgues.

L'on trouve qu'en 1212, l'Eglise de St Gervais fut divisée en deux Paroisses, l'une de St Gervais, & l'autre de St Jean en Gréve, qui n'étoit alors qu'une Chapelle. Cette division fut faite par Pierre Louis, Evêque de Paris, à cause de la multitude & abondance de peuple qui ne pouvoit être administré par le seul Curé de St Gervais, & du consentement de tous, aux charges que le Curé de St Jean doit quelque rente à l'Eglise de Paris, & autres redevances de son de office ; à savoir, étant accompagné de la Croix, & cierges ardens, encenser quand la Procession de Notre-Dame passe par la Mortellerie pour aller à St Paul, & quand elle va à Monmartre aux jours des Rogations, avec autres charges contenues en la Charte de Pierre Louis, Evêque de Paris, qui commence.

Petrus, Dei gratiâ, Episcopus Parisiensis, & in fine. *Actum anno Domini* M CC XII, *mense Januario.*

Cette Eglise est à present une grande Paroisse ; devant le Crucifix j'y ai trouvé l'épitaphe qui suit.

ARRESTE-TOY PASSANT.

Cy repose Noble Homme Alain Veau, celui auquel l'integrité & fidelité, au maniement des Finances, sous les Rois François I, Henri II, François II & Charles IX, ont pour une heureuse recompense de ses travaux, acquis sans envie ce beau titre de Trésorier, sans reproche. Il deceda le vingtieme jour de Juin M D LXXV.

PASSANT PRIE POUR LUI.

Il y a beaucoup d'autres épitaphes d'autres personnes illustres que je passe sous silence.

Cette Cure est de la nomination de l'Abbé du Bec, & le Prieur & Couvent de St Nicaise sont Collateurs & Donateurs des deux Paroisses.

Le Cimetiere de cette Eglise étoit où est le marché, près la Porte-Baudès, laquelle place en retient encore le nom selon Corrozet.

SAINT ANDRE'.

CETTE Paroisse appellée des Arcs, ou Arts par corruption, que l'on devroit nommer St André en Laas, qui étoit le nom des Vignes, ou d'un clos sur le terrain desquelles étoit bâtie une Chapelle ou Oratoire dediée à St Andeol, qui avoit été fondée dès le sixiéme siecle, suivant le rapport de M. Baillet en sa vie des Saints, le premier Mai. D'autres disent que ce fut sous le Regne de Louis VII, Roi de France, regnant en 1137, laquelle Chapelle l'on prit pour y bâtir cette Eglise.

En 1190, sur les contestations & differens survenus pour l'accroissement & cloture de cette Ville sous Philippe Auguste, il s'eleva de grandes disputes entre l'Evêque de Paris, le Chapitre de son Eglise, & le Curé de St Severin d'une part ; l'Abbé & les Religieux de St Germain des Prés, & le Curé de St Sulpice de l'autre, touchant les droits Ecclesiastiques & Parochiaux du terroir distrait du bourg de St Germain des Prés, enclos dans la nouvelle cloture de la Ville ; ce qui fut accommodé suivant le desir du Roi, par trois arbitres qui donnerent une Sentence arbitrale du mois de Janvier 1210, ratifiée le mois de Juin 1211, par laquelle il est ordonné que l'Abbé & les Religieux de St Germain des Prés feroient bâtir dans l'enceinte de la nouvelle Ville, une ou deux Eglises Paroissiales, & ce en trois ans, dont ils auroient le droit de nomination, & de presenter un Prêtre ou deux en ces deux Eglises, qui seroient chargés chacun d'eux envers l'Abbayie de

St Germain des Prés, de trente sols de rente perpetuelle à M. l'Evêque & l'Archidiacre de Paris; le Droit de Jurisdiction spirituelle fut ajugé à l'Evêque de Paris dans l'étendue des lieux renfermés dans la Ville & retranchés du bourg de St Germain des Prés.

Pour executer cette Sentence pour la construction des Paroisses, l'on prit l'emplacement pour bâtir cette Paroisse le terrain de la Chapelle de St Andeol, où l'on commença à construire cette Eglise, qui a été achevée en 1212.

L'Abbé & les Religieux de St Germain des Prés y presenterent un Prêtre, suivant l'accord, jusqu'en 1345, que lesdits Abbé & Religieux cederent ce droit à l'Université de Paris, pour le bien de la paix entre eux, au sujet du Pré aux Clercs, & qui fut confirmé par le Pape Clement VI, l'an 1346, de son Pontificat le quatriéme.

Il y avoit en cette Eglise, avant 1467, une Confrairie de St Jean l'Evangeliste, erigée & fondée par les Libraires, qui dans ce tems ne vendoient que des Manuscrits, les Ecrivains, les Enlumineurs, les Relieurs & Parcheminiers, relevant de l'Université de Paris, comme suppôts ; confirmée par le Roi Louis XI, le 15 Septembre 1467.

Cette Eglise a été rebâtie & agrandie au commencement de l'an 1600.

Il y a en cette Eglise plusieurs Chapelles, savoir celle de St Augustin, où M. de Thou est enterré ; celle de St Antoine, où sont les Ancêtres de la famille de M. Seguier Chancelier de France, savoir Pierre Seguier President au Parlement de Paris, mort le 25 Octobre 1580, & son fils Pierre ; celle de Ste Marthe, une de Notre-Dame, une de St Nicolas, une de la Conception, appellée des Ramets ; une de la Ste Vierge, qui est de la nomination de l'Université.

Cette Cure est de la nomination de Messieurs de l'Université de Paris, comme je l'ai dit ci-dessus.

Les Chapiteaux de bronze du Maître-Autel, sont de Perlan.

Dans une Chapelle près des cloches, aux vitres, est representé un Adam & une Eve, avec *Rorate Cœli desuper* : C'est, dit-on, un Hieroglyphe.

Dans les vitres d'une autre Chapelle, on voit un pressoir, ou plutôt des personnes hieroglyfiques.

Les Ogives de la nef sont remarquables en deux endroits.

La décoration & la disposition du Tombeau dans la Chapelle de M. de Thou, est très-belle & bien entendue, & l'un des plus beaux ouvrages d'Anguier; la draperie de Mademoiselle de Thou est juste & naturelle : son attitude devote, & son visage plein de douceur. Deux esclaves qui portent la figure du President de Thou, font paroître dans leur action une grande vigueur : leurs muscles, leurs nerfs, leurs veines sont placées fort naturellement, & leurs jambes de bas relief sont si bien détachées du pied d'estal, qu'elles semblent être de relief entier.

Le bas-relief de bronze, où sont representés les Symboles de la Justice, & des Arts liberaux, est très-beau & très-fini. On y voit des enfans si plaisamment occupés à traîner de gros Livres, à entasser Volume sur Volumes, à manier des Spheres, qu'il ne se peut pas mieux ; mais la tête de ce President est si belle & si majestueuse ; il tourne les feuillets de son Livre de si bonne grace ; la draperie de sa robe de Magistrat n'est ni trop ample, ni trop resserrée : on n'y voit point une confusion de petits plis cassés, ni un manteau qui le gêne & l'embarasse.

Le Tableau est de Stella, les vitres ont été conservées à cause de leur bonté.

La figure de sa premiere femme est de Barthelemi le Prieur, & très-belle ; mais le visage encore plus beau & plus fini que le reste ; cependant l'Autel & la petitesse de la Chapelle cachent la meilleure partie des agrémens qu'on y remarquoit avant qu'elle fut placée.

DE LA VILLE DE PARIS. Liv. IV: 429

SAINT MARTIN DES CHAMPS.

LA nef de l'Eglise est la plus large de Paris : elle porte huit toises, & ses murs sont bâtis avec beaucoup de delicatesse.

L'Autel est de l'Ordonnance de Mansard : il est fort gai, & bien entendu, & l'on en voit peu à Paris qui plaisent tant à la vûë ; on y trouve pourtant je ne sai quoi à redire, car quelques-uns voudroient que la seconde ordonnance fût un peu moins courte.

Il y a un siege dans le Chœur, & une grande armoire de bois de diverses couleurs, adossée contre la Sacristie, faits à la Mosaïque, de marqueterie & de petites pieces de rapport. Les ouvrages en sont si beaux, que quelques-uns doutant si c'étoit platte peinture, ont enlevé plusieurs pieces de l'armoire. L'un & l'autre partent apparemment de la main d'un même Ouvrier ; le tout consiste en une grande quantité de compartimens de differentes façons, mais d'une ordonnance fort jolie & ingenieuse. Ce ne sont que lacis entrecoupés l'un dans l'autre, avec une delicatesse & une patience qui surprend ; c'est le mosaïque le plus beau, la marqueterie la mieux entendue, les compartimens les plus plaisans qui se puissent voir. La perspective par tout y est fort bien gardée, le coloris placé à propos ; les couleurs & les ornemens mariés & detachés avec beaucoup d'esprit & d'étude : ici les Marbriers, les Vitriers, les Peintres, les Jardiniers & les Ebenistes, peuvent apprendre des entrelas très-galants, & dont ils n'ont jamais ouï parler. Il y a tant de travail dans cette armoire & dans ce siege ; toutes les pieces en sont si delicates, si minces & si petites, que les gens du métier disent qu'ils n'en sauroient faire autant pour deux mille écus.

Dans l'angle du cloitre il y a un grand lavoir d'un seul quartier de pierre qui porte trente pieds de circonference sur dix-sept pouces d'épaisseur.

Le Vaisseau est fort propre à la musique.

Es un Lugar de los mas lindos le Paris, cercado de muras como una citdad y grande de circuito.

Le circuit de la maison est tout clos de murailles fortes, de tours & de petits boullevarts.

La Seigneurie de St Martin.

La maison pour les bons enfans, où les peres & meres peuvent les mettre aussi aisément que de les en retirer.

Voyés le Discours de Mr de Launoi des Eglises Chapitre deux sur la fondation.

Ste MARINE.

L'OFFICIAL y marie ceux qui ont forfait à leur honneur, où ils sont épousés ensemble par le Curé du lieu avec un anneau de paille.

Cette Eglise fut bâtie avant l'an 1228 & érigée en Paroisse dès ce temslà, ce qui se justifie par les lettres de Guillaume III, Evêque de Paris de l'an 1228, dont voici la teneur traduite du Latin.

Guillaume par la grace de Dieu Evêque de Paris ; savoir faisons qu'étant intervenu une dispute entre les Doyens & Chapitre de Notre Dame & Anselme Prêtre & Curé de Ste Marine, touchant douze deniers de rente que ledit Curé disoit lui être dus pour la maison proche de son Eglise, qui avoit appartenu à défunt Maspin: Le Doyen & le Chapitre s'accorderent avec ledit Anselme; de sorte qu'ils seroient obligés selon mon sentiment & ma volonté de les lui payer, aussi-bien qu'à ses successeurs, & ce dans l'octave de la St Jean-Baptiste; en témoignage de laquelle chose &c. Fait l'an 1128.

Cette Cure est de la nomination de l'Archevêque de Paris. Elle vaut environ neuf cens livres par an. Elle est située au cul-de-sac appellée Ste Marine, rue St Pierre aux bœufs quartier de la Cité.

LA MAGDELEINE.

EN 1140, sous Clovis VII, il y avoit une Chapelle dediée à St Nicolas, où étoit érigée la Confrairie des Poissonniers & Bâteliers. Cette Eglise ne contenoit que la nef. Mais en 1491, Louis de Beaumont Evêque de Paris, ayant apporté les Reliques de Ste Marie-Magdeleine, cette Eglise fut augmentée & agrandie de l'étendue du Chœur & érigée en Paroisse Archi-presbyterale.

Le Maire pretend que la grande Confrairie des Bourgeois appellée de la Magdeleine a été établie en cette Eglise dès 1168. Mais d'autres Auteurs disent qu'elle commença son établissement à St Etienne-des-grès, depuis dans la basse Chapelle de Ste Geneviéve, après à l'Hopital de St Jaques du Haut-pas, ensuite dans la Chapelle du College de Clugni, & enfin dans cette Eglise.

Plusieurs Rois de la derniere race en ont voulu être: la Reine Blanche de Castille, mere de St Louis en 1240 en étoit; St Louis en 1251 en a aussi été, & même c'est cette Reine qui en a donné l'entrée en 1224 aux Dames, qui avant elle en étoient exclusés.

En 1618 le onze Juillet par une Transaction passée entre le Cardinal de Retz, les Prieur & Religieux de St Denys de la Chartre & les Chanoines de St Symphorien, il fut arrêté que les Paroissiens de St Leu St Gilles du Prieuré de la Chartre se retireroient en l'Eglise & Chapitre de St Symphorien, avec le consentement des quatre Chanoines de St Symphorien; ce qui fut executé le même jour. Mais comme l'Eglise de St Symphorien étoit devenue très-caduque & menaçoit ruine, les Paroissiens ni les Chanoines n'étant pas en état de rebâtir cette Eglise, furent contraints d'abandonner St Symphorien & de se retirer en l'Eglise de la Paroisse de la Magdeleine, où ils ont été reçus, unis & incorporés suivant les conventions faites entre eux pour la sureté & commodité des Paroissiens & des Chanoines.

Cette Cure est de la nomination de Mr l'Archevêque de Paris.

St DENYS DU PAS.

AINSI dit à *Passione*. Le Maître-Autel est élevé justement sur le lieu même où St Denys a été roti sur le gril.

LES PRETRES DE L'ORATOIRE.

LE dedans de cette Eglise est le plus beau de Paris. Ces grands pilastres qui regnent jusqu'à la corniche ou à l'arrachement de la voute font très-bien ; mais le chœur surtout est une petite rotonde des mieux ornée d'architecture & des mieux conduite & entendue.

Il est orné d'une Annonciation de Goorchim très-belle. Les arcades de biais de deux Chapelles qui sont près du chœur en dedans de l'Eglise, sont trouvées trop hardies par les Architectes. On dit à la verité qu'il y a quelques petites parties qui portent à faux, mais le tout est si savant & si bien entendu, qu'il est aisé de voir que ces défauts ne viennent que de l'ignorance des appareilleurs ; les arcs-boutans bizares, galands, contournés en consoles sont beaux.

L'Oratoire commencé par Metezeau & achevé par Mercier. Metezeau en avoit jetté les fondemens ; & outre le trop de longueur en quoi ils péchoient, la largeur étoit mal proportionnée au vaisseau. Mercier corrigea ce grand défaut par le moyen de cette belle & petite rotonde qu'il a pratiquée au bout si à propos & qui sert de chœur à present. Les arcs-boutans de derriere sont bien conduits & bien appareillés, bien bâtis, & trois l'un sur l'autre. Cette Eglise est aussi belle que pas une d'Italie.

Dans la cour, Jean Chastel y blessa Henri IV, contre l'opinion des Historiens, qui disent que ce fut au Louvre.

Ils occupent le lieu où étoit l'Hotel du Bouchage.

L'AVE-MARIA.

EPITAPHE de Claude-Catherine de Clermont, femme d'Albert de Gondi, Duc de Retz, femme docte. Les enfans de Scevole de Ste Marthe, lui ont fait cette Epitaphe, je ne sai si elle se trouve dans cette Eglise ; mais je la trouve peu digne du nom de leur pere, & même il y a une faute.

Quod mortale fuit terrestri conditur urnâ,
Spiritus, æthereas incolit arces,
Duxerit & Regium licet alto à sanguine nomen,
Virtus rara genus meritis illustribus auxit.

L'an 1461 la maison & Religion des Beguines fut nommée l'*Ave-Maria*. Ces Religieuses sont de l'Ordre de Ste Claire. St Louis avoit mis des Beguines dans cette maison, c'est-à-dire des Religieuses de l'Ordre de Ste Begue, originaire Flamande, qui avoient une coëffure qui leur cachoit presque tout le visage, mais sous Louis XI, la Reine Charlotte y introduisit le Tiers-Ordre de St François avec la reforme, & Charles VIII son fils fit bâtir pour les Religieux la maison qui est proche & qui n'est separée que par le passage qui mene à l'Eglise.

St MARCEAU.

HIC jacet Petrus Lombardus Parisiensis Episcopus, qui composuit librum Sententiarum, glossas Psalmorum & Epistolarum; cujus obitus dies est 13 Kal. Aug.

Il mourut en 1164. Mr Morel Chanoine de St Marceau, Precepteur du Chevalier de Vendosme, fit faire cette Epitaphe en l'honneur de cet homme illustre, & datta le jour de sa mort au jour même de Baronius. Mais l'un & l'autre se trompent & le font vivre quarante-deux jours plus qu'il n'a vécu ; car le *Necrologicus Victorinus* inquit 11°. *Kal. Aug. Anniversarium solemne Magistri Petri Parisiensis Episcopi, de cujus beneficio habuimus* 25 *libras & de Capella & tunicam.*

Cette Eglise a été fondée par Roland de Blaye, neveu de Charlemagne, qui y fit beaucoup de biens, en donnant de grands privileges aux Chanoines qui la servoient. Elle étoit sous le titre de St Clement, mais le corps de St Marcel Evêque de Paris y ayant été trouvé, elle en prit le nom. Ce corps est à present à Notre-Dame, & je n'ai pû découvrir le tems de ce transport.

Voyés le Discours de Mr Launoi des Eglises.

St MARTIN.

CETTE Eglise étoit une Chapelle dont il est fait mention dans les Bulles du Pape Adrien IV, en datte du vingt-cinq Juin 1158, adressée au Chapitre de St Marcel pour la confirmation de tous leurs biens & dependances.

Elle fut érigée en Paroisse vers l'an 1480, dediée & consacrée le vingt-quatriéme Aout de la même année, par Louis de Beaumont Evêque de Paris, ayant été alors rebâtie & agrandie. L'on y a fait depuis 1678 des reparations très-considerables, ce qui fait qu'on peut aller autour de cette Eglise en procession à couvert, les deux côtés du chœur ayant été ouverts.

Elle est de la nomination du Chapitre de St Marcel.

St HIPPOLYTE.

CETTE Eglise est d'ancienne fondation. Il en est parlé dans la Bulle du Pape Adrien IV, en datte du vingt-sept Juin 1158. On ne sait pas en quel tems elle a été érigée en Paroisse.

Le Curé de cette Eglise a gagné en 1633 un procés considerable contre le Curé de St Martin cloître St Marcel au sujet de la nomination du Curé de St Jaques du Haut-pas, fauxbourg St Jaques, par Arrêt de la Cour du Parlement, par lequel il lui est conservé le droit d'y nommer *de pleno jure* alternativement avec le Chapitre de St Benoît, & ce en consideration du retranchement de quelques habitans que l'on fit de cette Paroisse pour les joindre à celle de St Jaques du Haut-pas érigée en Paroisse en 1633, à la charge de lui payer quarante-quatre livres. Voyés l'article de St Jaques du Haut-pas.

St Hippolyte est de la nomination du Chapitre de St Marcel.

St MEDARD.

St MEDARD.

IL est très-difficile de marquer justement l'origine, & la fondation de cette Paroisse ; ce que j'ai decouvert de plus certain, c'est qu'elle est très-ancienne, & fondée par le Chapitre de St Pierre & St Paul, dit l'Abbayie Ste Geneviéve, qui sont Seigneurs & Presentateurs de cette Cure de tems immemorial.

Elle a été fondée en faveur des vassaux & habitans sur le territoire de cet ancien Chapitre St Pierre & St Paul, où il avoit droit de haute & basse Justice, police, voirie, droits de Maîtrise, aubaine, desherence, confiscation ; dont ils ont jouï jusqu'en 1673 que le Roi a réuni toutes les Justices des Seigneurs & des Particuliers de Paris, pour former le nouveau Châtelet.

Cette Paroisse étoit située sur un territoire qui formoit un bourg particulier, qui se nommoit le bourg St Medard, lequel avoit ses Juges, & sa police independante de celle de la Ville de Paris, faisant partie de l'ancienne Terre du Chapitre de St Pierre, & St Paul, du tems de la fondation de Clovis I en 498.

Elle étoit peu considerable dans les commencemens, & sujette aux incursions & ravages des ennemis de l'Etat, & surtout sous la seconde race en 857, & 887, où les Normans pillerent & ravagerent tant de fois le Chapitre de St Pierre St Paul, & ses environs, dont cette Paroisse, & ce bourg étoit du nombre.

En 997 les Rois Robert I, Henri I, Philippe I, en confirmant les biens, privileges & franchises de l'Abbayie de Ste Geneviéve, provenans de la fondation de Clovis I, Roi Chrétien, & de ses successeurs, specifient le bourg de St Medard ; il étoit separé de la Ville comme on le trouve dans les anciens titres, où il est appellé *Burgum sancti Medardi*.

Ce bourg qui ne consistoit dans les premiers tems qu'en terres labourables, clos, & jardins, étoit partagé en quatre principaux quartiers, où l'on ne commença à bâtir que sur la fin du quinziéme siécle, savoir celui de St Medard, de St René, de Richebourg, & de Loursine, appellée *Capellani*.

Les Papes Innocent III, Alexandre III, Lucius III, confirmant les droits, terres, & Seigneuries de l'Abbayie de Ste Geneviéve, specifient expressement l'Eglise de St Medard avec son Bourg.

Il se trouve en cette Eglise une ancienne epitaphe de Pierre Chefdeville qui trepassa le deux Octobre 1353.

Charles IX ayant permis aux Huguenots de faire leurs exercices de Religion dans les faux-bourgs de Paris, s'établirent en l'Hotel des Patriarches, situé rue Mouffetard, près St Medard, ou le vingt-septiéme Decembre 1561, Malo, Prêtre habitué de St André des Arcs, devenu Ministre Protestant, faisant le prêche dans cet Hotel, & se voyant interrompu par le bruit des cloches de cette Paroisse, qui sonnoient les vêpres, les Auditeurs sortirent en furie du prêche, entrerent dans l'Eglise de St Medard, se ruerent sur le Predicateur, qui sortoit de Chaire, & sur les Paroissiens qui venoient d'entendre le Sermon, les batirent, en tuerent plusieurs, en massacrerent d'autres, casserent les vitres, briserent les images, pillerent la Sacristie, foulerent aux pieds les saintes Hosties.

Quelques-uns des plus furieux furent pris & executés à mort devant cette Eglise ; leurs biens confisqués, servirent en partie à rétablir l'Eglise.

Le vingt-quatriéme Avril 1562 le Connétable Montmorenci fit démolir une partie de cet Hotel des Patriarches, aussi-bien que les Prêches de Popincour, & le Tripot, appellé de Jerusalem, où les Protestans avoient permission d'aller au prêche, & de s'assembler.

Le Parlement ayant pris connoissance de cette violence, outre la punition de quelques coupables, ordonna une procession solemnelle à St Medard, faite le quatorziéme Juin 1562, où Messieurs du Parlement se rendirent à Ste Geneviéve, les quatre Mandians, Messieurs de Notre-Dame, & les Chapitres, qui ont de coûtume d'accompagner le Chapitre. Le Chapitre de Notre-Dame tenoit la droite, & l'Abbayie Ste Geneviéve la gauche, l'Evêque d'Avranche portoit le St Sacrement, assisté des Abbés de Ste Geneviéve, & de St Magloire, tous trois en habits Pontificaux.

Les Evêques d'Evreux, de Baïeux, d'Amiens, de Glandeve, d'Auxerre, de Lizieux, de Châlons, de Nevers, étoient audevant du dais; les six plus anciens Conseillers du Parlement étoient au tour du dais; les Cardinaux de Bourbon, d'Armagnac, de Lorraine, & de Guise suivoient le St Sacrement en chappe de ceremonie: le Maréchal de Brisac, Gouverneur de Paris, ensuite le Parlement à la droite, le corps de l'Hotel de Ville à la gauche, suivis d'une infinité de peuple, les rues tapissées, & des gardes pour empêcher le tumulte.

La Messe fut celebrée pontificalement à St Medard; l'Abbé de Ste Geneviéve fit le Diacre, l'Abbé de St Magloire le Soû-diacre; les Cardinaux & les Evêques dans le Sanctuaire, le Parlement & la Ville dans le Chœur; la predication par le pere Loudré, Jacobin, Docteur en Theologie.

En 1586 l'on a agrandi cette Eglise de toute la longueur du Chœur, comme on le voit en un écrit qui est audessus de la porte de la Sacristie. La Chapelle de la communion a été bâtie & retablie à neuf en 1615 comme on la voit presentement.

Cette Cure est à la nomination de l'Abbé de Ste Geneviéve.

St SULPICE.

C'ETOIT anciennement une Eglise appellée de St Pierre, qui dans son origine fut bâtie pour les vassaux de l'Abbayie de St Germain des Prés, qui fut ensuite après bien du tems cedée aux Freres de la Charité. Sur le terrain de cette Eglise l'on y a bâti l'Hopital de la Charité, qui fut cedé par transaction du vingt-sept Août 1611, passée par les Marguilliers de St Sulpice, qui leur cederent cette Eglise de St Pierre, avec le cimetiere proche leur Hopital, à certaines conditions. Cette Transaction porte entre autres choses, que de tems immemorial cette Eglise de St Pierre étoit l'ancienne Eglise de la Paroisse; & de plus dans un ancien Regitre des ceremonies, & Offices de l'Abbayie de St Germain des Prés, dressé par l'Abbé Guillaume, qui mourut en 1438, se lisent ces mots à la fin, dans la liste des Eglises qui dépendent de cette Abbayie.

In villa sancti Germani prope Parisios Ecclesia sancti Sulpitii quæ est Capella beati Petri in atrio ejusdem villæ.

Le titre de cette Eglise a été transporté à l'Eglise de St Sulpice.

Cette Eglise fut bâtie tout à neuf avant l'an 1200 sous le nom de St Sulpice; mais la Ville de Paris s'étant de beaucoup agrandie, & ayant commencée à être fermée de murs vers l'an 1191 sous le regne de Philippe Auguste, qui avoit distrait & enfermé dans cette cloture une grande quantité de maisons habitées par des Paroissiens de St Sulpice, cela fit naître de grandes disputes entre l'Evêque de Paris, l'Abbé de St Germain des Prés, le Curé de cette Paroisse, & autres, au sujet des droits Ecclésiastiques & Parochiaux, qui furent terminées par une Sentence arbitrale.

DE LA VILLE DE PARIS. Liv. IV. 435

Cette Eglise après avoir été rebâtie en plusieurs tems, fut construite tout de nouveau en 1645, où Gaston de France, Duc d'Orleans, mit & posa la premiere pierre ; mais ce bâtiment se trouvant encore trop petit, on en recommença un autre en 1655, dont la Reine Anne d'Autriche posa la premiere pierre, qui est le même que l'on voit aujourd'hui, qui n'est pas encore achevé de bâtir.

Cette Cure est de la nomination de l'Abbé de St Germain des Prés.

LE SEMINAIRE St SULPICE.

L'ETABLISSEMENT du Seminaire de cette Paroisse a été projetté par les sieurs Ollier, Curé pour lors, le Ragois de Bretonvilliers, Prêtre, de Pousse, Docteur, & Damiens, Prêtre, sous l'autorité des Ordinaires, suivant les Decrets des Conciles, sur tout de celui de Trente, & cela pour l'éducation & instruction des jeunes Ecclesiastiques, afin de les rendre capables des fonctions conformes à leur état. Dans ce dessein, après avoir obtenu des Lettres du Roi, aussi-bien que de Mr de Metz, Abbé de St Germain, en 1645, vers la fin de Mai, ils acheterent une place à la rue du vieux Colombier, proche St Sulpice : les Lettres de l'Abbé portoient quelques restrictions, entre autres ;

1º. Que ce Seminaire seroit & demeureroit à perpetuité sous la dépendance & Jurisdiction de l'Abbé de St Germain.

2º. Que la pratique des exercices, & toutes les autres choses appartenantes au Seminaire, se feroient sous la conduite, & superiorité dudit Sieur Ollier, & de ceux qui lui succederoient à la charge de Superieur du Seminaire.

3º. Que celui qui aura été élu à la pluralité des voix pour successeur par decès, ou par demission du predecesseur, sera presenté audit sieur Abbé, & de plus, acte sera dressé en leur assemblée, de l'élection, ensemble leurs Statuts, & reglemens pour être confirmés.

4º. Qu'ils ne pourront confesser ; ni communier ceux des Paroisses dans leur Chapelle, sans la permission du Curé.

La porte de ce Seminaire semble une alcove. Les figures de la Vierge, de St Jean, de St Joseph & les autres qui doivent entrer dans ce bâtiment sont excellemment faites par Bister.

L'Architecture en est simple ; mais très-bien entendue en toutes ses parties, tant dedans que dehors : ce bâtiment est des mieux percés, & si les fenêtres de la face de derriere du corps de logis étoient en correspondance à celles du dedans, ce seroit un édifice accompli ; les pierres sont si bien assises & cimentées, qu'il semble d'une seule pierre : & enfin n'a pour ornement qu'une corniche, qui le couronne dedans & dehors, garnie simplement de ses dentelures.

LES BERNARDINS.

ON y voit une vis tournante double à colonne, où l'on entre par deux portes, & où l'on monte par deux endroits, sans que de l'un on puisse être vu dans l'autre ; cette vis a dix pieds de profondeur, & chaque marche porte de hauteur huit à neuf pouces.

Les marches sont delardées, & ne sont point revêtues d'autres pierres.

Tome I. I I i ij

C'est le dégré de la maniere la plus simple, & la plus rare de Paris; toutes les marches font pardessous delardées: sa beauté & sa simplicité consistent dans les girons de l'un & de l'autre, portant un pied ou environ, qui sont entrelassés, enclavés, emboités, enchaînés, enchassés, entretaillés l'un dans l'autre, & s'entremordent d'une façon aussi ferme que gentille.

Les marches de l'autre bout sont appuyées sur la muraille de la tour qui l'environne; ces deux escaliers sont égaux l'un à l'autre en toutes leurs parties; la façon du noyau est semblable de haut en bas, & les marches pareilles en longueur, en largeur, & en hauteur.

L'Eglise & le degré furent commencés par le Pape Benoît XII du nom, de l'Ordre de St Bernard, continué par un Cardinal du même ordre nommé Guillaume. Ces degrés n'ont que deux croisées, l'une qui les éclaire tous deux par en haut & l'autre par en bas.

Le plus petit fut fait pour conduire aux voûtes des nefs basses de l'Eglise, & a cinquante-sept marches de haut. L'autre est imparfait & devoit conduire sur les voûtes hautes. Il y a des recrans dans les murs hors d'œuvre qui supportent les marches; car les marches ne sont point posées dans les murs, de crainte que le mur venant à se démentir ne les rompit, cassât & entraînât avec soi; si bien que par ce moyen-là le mur manquant, ces recrans demeureroient suspendus sur le noyau. La façon veritablement est assés gothique & peu agreable, & même quand il s'y trouveroit moins de moulures, le degré n'en seroit que mieux & auroit une grace qu'il n'a pas.

L'Eglise est un gothique, mais de la plus belle, de la plus delicate & plus grande maniere que nous ayons à Paris; & si la largeur des nefs étoit proportionnée à leur hauteur, ce seroit un gothique incomparable. C'est un bâtiment tout en l'air, il est haut & étroit; mais c'est la maniere de tous les gothiques qui nous restent. Les Architectes de ces mauvais siecles ne s'étudioient qu'à faire des élevations hardies, & le trop en cela étoit ce qu'ils cherchoient; de sorte qu'ils executoient avec la pierre ce que les Menuisiers les plus temeraires n'oseroient entreprendre avec le bois.

Le chœur est d'une façon devote & si particuliere, que je n'en ai point vû de même ni à Paris ni ailleurs.

Les vitrailles gothiques des amortissemens des croisées sont assés belles, mais particulierement celles de la Chapelle de la Vierge, sont assés plaisantes à l'œil & des plus extravagantes, comme étant faites en échiquier & s'entresoutenant plaisamment.

Le Garde des Sceaux du Vair est enterré dans une des Chapelles.

En 1336 le Pape Benoît XII, de l'Ordre de Citeaux, tenant son siege à Avignon, fonda le College & l'Eglise des Bernardins à Paris: & un Cardinal natif de Thoulouse, aussi du même Ordre, paracheva le bâtiment. Il y établit une Bibliotheque & y fonda à perpetuité seize Etudians en Theologie, comme il étoit écrit à l'entrée de l'Eglise sur deux inscriptions peintes contre la muraille.

Hæc arma sunt sanctissimæ memoriæ Domini Benedicti Papæ XII, Cisterciensis Ordinis, cujus est præsens studentium Collegium professoris, qui hanc fundavit Ecclesiam & multis dotavit indulgentiis.

Dominus Guilhelmus, quondam Cardinalis, Doctor Theologus, Tolosanus natione, Cisterciensis Religione, Ecclesiam præsentem ad perfectionem qualem obtinet produxit, Bibliothecam insignavit, sexdecim Scolares in Theologia studentes in perpetuo fundavit.

St EUSTACHE.

C'ETOIT une Chapelle dediée à Ste Agnés, qui relevoit du Chapitre de St Germain de l'Auxerrois, qu'avoit fait édifier Jean Alaîs à qui la conscience reprochoit d'avoir mis un impôt d'un denier sur chaque pannier de poisson.

En 1200 cette Chapelle devint l'aide de St Germain de l'Auxerrois sous Philippe Auguste. Elle a été rebâtie en 1532, & la premiere pierre posée par Jean de la Barre Prevôt des Marchands, & érigée en Paroisse, & prit le nom de St Eustache, comme Mr Baillet le rapporte en sa Vie des Saints.

En 1624, le chœur de cette Paroisse a été rebâti & fut achevé en 1633. Cette Cure est de la nomination du Chapitre de St Germain de l'Auxerrois & de Mr l'Archevêque de Paris alternativement.

Cette Eglise est bâtie d'une architecture gothique mais délicate & fort exhaussée, commencée en 1532. Il semble que David n'en étoit pas le premier Architecte & ait voulu faire revivre l'architecture gothique que nous avons vû mourir en France.

Du Breul, Corrozet & les bonnes gens disent merveilles tant de son architecture que des piliers grêles & chargés de colonnes en l'air. Cette grande élevation de colonnes & un tas de moulures qu'ils ne voyent point ailleurs, cette prodigieuse longueur de pilastres & exhaussement des voûtes, qui sont toutes les parties vicieuses de l'architecture, les ont surpris. Veritablement il y a quelques chapiteaux de colonnes au portail de l'aîle, dont les feuilles sont fort tendres & qui seroient des plus beaux de Paris & des meilleures, s'ils n'étoient un peu gothiques par enhaut. Il y en a de pareille maniere & aussi bonne au côté gauche; & c'est la seule bonne chose qui se trouve dans cette Eglise.

La Paroisse est de grand revenu & vaut plus que beaucoup d'Evêchés.

Marie de Jars, autrement Mademoiselle de Gournai, qui mourut en 1645 âgée de soixante-dix-neuf ans, neuf mois, & sept jours, y est enterrée.

Cy gist Alain de la rue de Grenelle,
A qui Dieu doint vie sempiternelle
En Paradis, où sont haris & luts.
Non en Enfer où damnez sont boulus.
Que dirons nous de ce grand Purgatoire?
Il en est un, ouy da, tredame voire.

Tableaux de Manfrede & de Lucas.

La Chapelle de la Vierge a des ogives fort bien conduites. C'est la plus grande & la plus belle Chapelle de Paris & la plus large. Son plan est très-bien entendu. Mais elle seroit plus achevée si sa hauteur étoit mieux proportionnée à la largeur & à l'exhaussement de l'Eglise.

St MEDERIC.

VIS de St Gille dans les deux tourelles qui font aux deux côtés de la croifée hors d'œuvre. L'une eft à pans & l'autre ronde. Toutes deux ont été deffinées par un Architecte très-favant & fort entendu à la coupe des pierres.

La ronde eft couverte d'une voute en cul de four ou coquille, fi bien & fi doucement conduite, qu'il eft difficile d'en trouver une dont les traits fort doux & hardis foient ni mieux conduits ni mieux executés. Sa beauté confifte particulierement en fix portes qui fe rencontrent toutes enfemble en un même endroit & fur un même pallier auffi-bien que les traits de tous leurs jambages, & cela fans confufion, chofe furprenante & admirable. La colonne de cette vis ronde eft en quelques endroits torfe ou ondée, & quoique les traits partent de deux arrêtes où l'onde eft renfermée, ils font toutefois fi bien conduits que la voute en eft toujours & par tout de femblable ordonnance.

L'autre Vis à pans eft tantôt pentagone & tantôt hexagone. Son noyau eft des plus grêles & fes arrêtes des plus pointues, & eft de haut en bas conduit avec la même delicateffe & la même excellence de l'autre.

La merveille de ces deux Vis confifte en leur petiteffe & en la tendreffe des murailles qui les foutiennent, ne portant pas neuf pouces d'épaiffeur.

La voute qui eft entre le chœur, la principale nef & les deux croifées, eft garnie d'un grand nombre de culs de lampes & de quantité d'ogives ou compartimens gothiques entrelaffés l'un avec l'autre avec beaucoup d'art & de fcience.

La menuiferie de la clôture du chœur eft fort delicate & bien coupée par de Hancy.

Mofaïque d'un Chancelier, toute de pieces de rapport & de differentes couleurs.

La draperie de la Vierge eft fort galante. Ce tableau brille & bleffe les yeux quand il eft frapé du foleil.

Vitres en grifaille, belle union.

Vitres du jugement de Daniel d'une maniere antique.

Tabernacle galant, architecture jolie, bien entendue,

Vitres de Suzanne de Jean Nogare.

Les quatre piliers des deux croifées portent une grande voute plate garnie de quantité d'entrelas gothiques, très-artiftement croifés & entrecoupés les uns dans les autres en forme de las d'amour, & liés enfemble par vingt-cinq culs de lampes rampans, dont les quatre principaux font en forme d'aigrettes bien fournies & bien pennachées, les autres en coquilles.

Les vitres du chœur faites du bon tems.

La tapifferie executée par Lerambert d'après les deffins de Jean Caron.

Devant l'Eglife il y avoit autrefois une efpece de parvis ou veftibule qui reffentoit fort la primitive Eglife, fur tout ces deux lions qui en gardoient les deux côtés de l'entrée étoient une augufte & terrible marque de ce faint lieu, & donnoient une certaine terreur & refpect aux paffans.

Les vitres de la Chapelle de la Magdeleine, celles de la Chapelle St Sauveur ou la Converfion de St Paul, *e delicate, dolciffime & di grandiffima maniera*.

La cloture du chœur, le Contretable d'une Chapelle, font deux chef-d'œuvres.

Voyés le Difcours de Mr de Launoi fur les Eglifes.

LE VAL DE GRACE.

TOUS les plus petits endroits de cette Eglise sont reguliers d'une élegante regularité ; le plan en est superbe & galand ; pas une place inutile ; l'abord du chœur est grand, surprenant magnifique ; les plat-fonds des voutes sont grossiers, de vilaines fleurs de lis ; les voutes des Chapelles vilaines. Mercier étoit grand Architecte, mais il n'entendoit pas les ornemens.

Les Chapiteaux d'une maniere fort riche, élegante & particuliere, fort beaux étant renfermés : point de petit trou ni de petit coin qui n'ait des dégagemens percés & pratiqués avec une adresse & une commodité surprenante.

La Chapelle de la rotonde très-galante ; il y a de très-beaux traits & de belles rencontres de voute.

Mansart en a fait le dessin entier excepté de la Rotonde, que Mercier a agrandie, parce qu'elle étoit trop petite pour les Religieuses.

C'est de l'invention de Mansart que les angles du Dôme sont vuides par bas, qui non seulement font des passages très-galants & commodes, mais rendent l'Eglise plus gracieuse. A la verité les angles du Dome en sont moins forts que s'ils étoient pleins & massifs.

Les bas reliefs sont de Biffer.

La peinture du Dome represente la gloire des Bienheureux dans le Ciel, qui sont disposés par groupes. Les Apôtres, les Prophetes, les Martyrs, les Vierges & les Confesseurs, tous distingués par une marque particuliere, les Rois, Patriarches, &c. Le Chandelier à sept branches, & la Reine Anne qui fait son offrande au Pere Eternel. Toute cette peinture est à fresque de la maniere de Mignard. Dans la frise qui est au bas, on lit cette inscription : *ANNA AUSTRIA D. G. Francorum Regina Regnique Rectrix, cui subjecit Deus omnes Hostes ut conderet domum in nomine suo.* Ecc. A°. M. D. C. L.

A droit & à gauche du grand Autel sont les deux grilles qui occupent les vuides des arcades. Elles sont d'une grandeur tout à fait extraordinaire, dont l'une separe le Chœur des Religieuses de l'Eglise, & l'autre ferme une Chapelle où reposent les cœurs de la Reine mere & de la Reine, & d'autres Princesses du Sang Royal.

Pour combler la magnificence de l'Eglise du Val-de-grace que la Reine Anne d'Autriche a fait bâtir, on a élevé autour du principal Autel six colonnes de marbre noir veiné de blanc, pareilles à celles de St Pierre de Rome. Ces colonnes sont plus torses que celles de Vignole, & cannelées jusqu'au tiers. Le pied d'estal en est Corinthien, haut environ du tiers de la colonne. La base & le chapiteau ont deux pieds de diametre ; & le tout est orné de feuillages de laurier, de palmier & de grenadier. L'architecture est composite, & la corniche Corinthienne avec des modillons. Tout l'entablement est le cinquiéme de la colonne. Elles sont sur un plan circulaire, & chaque colonne porte son entablement qui se communique par un gros faisseau de branches de palmier. Cet excellent ouvrage est digne de la pieté d'une si grande Reine & de la capacité des sieurs le Duc Architecte & Anguier Sculpteur ; le tout du dessin du Chevalier Bernin. Sur l'Autel l'Enfant Jesus est representé en marbre blanc dans la créche, accompagné de la Vierge & de St Joseph, qui sont des plus beaux ouvrages de cet illustre Sculpteur.

FILLES SAINTE MARIE.

L'HARMONIE du bâtiment est bien posée & harmonieusement disposée pour les voix. Les colomnes fuselées sont de Mansart. La fenêtre de fer à droite est d'Arnoul Barri. La gauche de François Lorrain. Le fer en est bien manié & bien fouillé. Toutes ces beautés font l'admiration des Curieux d'aujourd'hui. Ce qui a fait dire à un Italien :

Diversi cori d'Angeli che cantono sono maravigliosi ; perche ne i atti, ne i gesti della persona, & in tutti muovi menti facendo diverse voci, somigleano conmaravigliosa proprieta un cora dicantori.

CHARTREUX.

LE Cloître entouré de tableaux qui representent une Histoire apocryphe, est environné de beaux tableaux & de mauvais vers qu'ils y ont écrit contre l'avis d'habiles gens, alleguant pour raison qu'on leur avoit dit qu'ils étoient bons. Les tableaux sont de la conduite de le Sueur dont il y en a trois de sa main.

Ce Couvent est si reculé du grand monde & si enfoncé, qu'encore qu'il soit joint à la Ville, la plus grande & la plus peuplée de l'Europe, il paroît néanmoins un grand desert & une vaste solitude.

Verum tam non est artis quam pietatis opus.
Verum, mortales ultro nil potuere manus.
Mr Habert Evêque de Vabres.

Le vaisseau de l'Eglise est fort raisonnant & musical. Les canaux qui roulent & resonnent dans la voute le rendent fort harmonieux.

La celulle marquée à l'R & une des nouvelles marquées, est une des plus enjolivées, & celle où demeure à present Dom du Carrouge, sont les plus commodes, les plus logeables & les plus regulieres que j'aie vues dans toutes les plus belles Chartreuses de l'Europe. Leur Refectoire est fondé par St Louis en 1259.

Voyés le livre des Hotels au sujet de la fondation.

St PAUL.

CEtte Eglise a commencé à être bâtie sur le terrain d'une Chapelle qui étoit dans le Cimetiere de l'Abbayie de St Martial & de Ste Valere, appellée de St Paul des Champs, qu'avoit fait construire St Eloi en 650, pour servir de sepulture à trois cens Religieuses, qu'il avoit fondées en 632 en ladite Abbayie de St Martial & de Ste Valere, situées près le Palais, où sont à present les R. P. Barnabites de St Eloi, dont Ste Aure fut la premiere Abbesse qui a été enterrée en ce cimetierre en 666 ; le corps fut depuis transferé de ce lieu en son Abbayie, qui étoit un Prieuré possedé par des Religieux de l'Ordre de St Benoît.

Cette

DE LA VILLE DE PARIS. Liv. IV.

Cette Eglise de St Paul n'a été erigée en Paroisse qu'après l'an 1107, où fut batisé en 1368 le troisiéme Decembre Charles I, Dauphin de France.

Elle a été rebâtie & aggrandie sous le regne de Charles VII, & dediée en 1431, dont la ceremonie fut faite par Jaques du Chastelier Evêque de Paris; & embellie en dedans en 1683.

C'étoit autrefois la Paroisse de nos Rois, lorsqu'ils faisoient leur sejour au Palais de St Paul & à celui des Tournelles, situés pour lors sur cette Paroisse.

Anne de Villesavin, veuve de Leon Bouthillier, Comte de Chavigni, Secretaire d'Etat, donna par son testament la belle tenture de Tapisserie où est representée l'histoire de St Paul très-bien travaillée.

Cette Cure est de la nomination de l'Archevêque de Paris, comme Doyen de St Maur, Prieur de St Eloi. Elle est située en la rue de St Paul, & a une sortie en la rue & quartier St Antoine.

Aux vitres de certaine Chapelle à droite, est un Adam & Eve, de Heron.

Quelques curieux ont remarqué qu'il y a une gallerie de pierre, fermée de balustrades, qui regne tout au tour de l'Eglise en dedans œuvre, & que c'est le seul Góthique de Paris, où cela se rencontre.

Le Jubé est remarquable pour être presque tout en l'air, n'ayant autre appui que deux petits pilliers de bois, aux deux bouts, & des colonnes de bois fort menues qui servent de clôture au Chœur; pardessous il est soutenu de quantité de demi arcs aboutissans en culs de lampes.

On a ruiné devant le portail une espece de parvis, ou avant-portique qui sentoit bien son antiquité, & ces siecles approchans de la primitive Eglise, les lions que nous y avons vû, en étoient une illustre marque, & terrible tout ensemble.

L'œuvre de Mr Francisque est simple à la verité, & fort nud, mais assés bien entendu; & de plus c'est le premier qui ait été fait ouvert à Paris, si bien qu'il a servi de modele aux autres.

Le Retable du Maître-Autel est de la même main; son ordonnance n'est pas des plus regulieres, ni des mieux entendues; mais les ornemens dont il est chargé, sont travaillés avec une delicatesse, & une mignardise incroyable.

Les deux portes des deux côtés du Chœur, & les balustres qui regnent derriere le Maître-Autel, depuis l'un jusqu'à l'autre, sont aussi de sa main, & chargés d'ornemens, travaillés encore avec la même mignardise.

Le Charnier est un des plus grands & des plus beaux de Paris; d'ailleurs éclairé de vitres peintes à l'envi par les meilleurs Vitriers du siécle passé & du present.

Le côté de ce Charnier qui est joint à la Chapelle de la Communion, n'est pas d'une beauté passable, encore bien que la meilleure partie ait été executée par les desseins de Vignon, & faits en concurrence.

Le côté qui regarde l'Arsenal, est moitié executé par les mêmes, & moitié par Robert Pinegrier: ce qui a été peint par celui-ci est d'une bonté mediocre; mais on y trouve des paysages dans des ovales, qui sont de la bonne & belle maniere. De ce côté-là-même, dans le milieu, Perrier a peint le premier Concile de l'Eglise, & l'ombre de St Pierre guerissant les malades.

Le dernier côté qui est paraléle à la rue St Antoine, est garni des plus belles vitres de tout le Charnier, & peut-être aussi bonnes que pas une de Paris.

La premiere est d'une bonté passable, & de la même main de l'autre sixiéme partie.

La seconde represente l'imposition des mains de St Paul aux Ephesiens.

La troisiéme la guerison des malades par l'attouchement des linges, & de

Tome I.   K K k sa ceinture, l'une & l'autre par Desangives. Ce vitrier avoit une certaine liberté à travailler, que les autres n'ont point, & que personne n'a encore eue.

La quatriéme, les sept fils de Serve Magiciens, chassés par le diable, de Desangives, ou Porcher.

La cinquiéme, St Paul batu par les ouvriers du Temple de Diane d'Ephese.

La sixiéme, le depart de St Paul d'Ephese.

La septiéme, la resurrection d'Eutiche, à Ephese, l'une & l'autre par Nicolas Pinegrier, inventeur des émaux, ce sont les deux meilleures de ce Charnier.

La huitiéme, neuviéme, dixiéme & onziéme sont d'une bonté passable, comparées aux autres.

Les quatre dernieres sont bonnes, & de la main de Jean & Louis Pinegrier.

La douziéme, le naufrage de St Paul à Malte.

La treiziéme, son arrivée à Malte.

La quatorziéme, le martyre de St Pierre, Desangives.

La quinziéme, celui de St Paul.

La Chapelle de la Communion est d'une ordonnance assés superbe & galante; les quatre vitres du côté du Charnier, sont les meilleures de l'Eglise, & entre ces meilleures, on admire la vision de Dagobert par Desangives.

Le dais du St Sacrement est du dessin, de l'ordonnance, de la main, & de l'aiguille de Mademoiselle de Chaulnes.

A la même Chapelle, qui est fort galante, Dagobert est visité par St Denys, Nicolas Desangius.

Les deux figures couchées sur le fronton du petit portail, sont des meilleures de Biart le fils.

Le tombeau de Nicolle Gilles qui le premier a écrit les Annales de France & mourut le dixiéme de Juillet 1503.

Dans le chœur gist le très-savant Evêque d'Avranches à main gauche, vous trouverés son tombeau de marbre noir, au-dessus duquel est son effigie élevée en cuivre doré: Robertus Cenalis, mort en 1560.

Cy gist Pierre Biard en son vivant Maistre Sculpteur & Architecte, lequel âgé de cinquante ans est trespassé le dix-septiéme jour de Septembre 1609. Priez Dieu pour son ame.

SONNET.

Sculpteur, Peintre, Architecte, en mon vivant je fus,
Digne, s'il en fut un, d'un second Alexandre.
Paris fut mon berceau, ma Paroisse, ma cendre,
Et le Ciel mon esprit qui me l'avoit infus.
Le Demon de nature eut peur d'être confus,
Et voyant mon ouvrage à sa gloire prétendre,
Il aborde la mort, il la force à me prendre:
Volontiers, ce dit-elle, il n'est pas de refus.
Elle me tira donc hors des geolles charnelles,
Pour être citoyen des voutes éternelles,
Où le Sang de Jesus me fit avoir un lieu.
Je travaillerois las! selon mon ordinaire,
Si tout ce qui ressent l'inconstance lunaire
Ne me deplaisoit point, autant que me plait Dieu.
Après avoir vû Rome, en France je revins,
Pour faire ma fortune avec mon ouvrage;
Mais son ingratitude abaissa mon courage:
Tout vient aux ignorans, rien aux hommes divins.

DE LA VILLE DE PARIS. Liv. IV.   443

L'an 1553, l'on enterra dans le Cimetiere le fameux François Rabelais, natif de Chinon en Lorraine. Il mourut en raillant, après avoir laissé un papier cacheté, où ces trois articles étoient écrits.

Je dois beaucoup,
Je n'ai rien vaillant,
Je donne le reste aux Pauvres.

Fut aussi enterré en cette Eglise, Jean Nicot Maître des Requêtes, Ambassadeur de France en Portugal en 1559, d'où il apporta à la Reine Catherine de Medicis, la fameuse plante, nommée Tabac, que l'on appella d'abord *Nicotiane* de son nom, ensuite l'herbe à la Reine, à cause que la Reine de Medicis la mit en reputation dans tout le Royaume.

LES MINIMES.

LA Chapelle de M. de Castille, entourée d'une très-belle menuiserie, par & d'un Tombeau fort galant, par Guillain, dit Cambray.

Le Tombeau du premier President le Jay, figure croquée, faite par Biart le jeune.

Toutes les Chapelles de cette Eglise sont fermées de fer, & c'est la seule de Paris où se rencontre cette sorte de clôture; le fer en est très-bien travaillé, & fait par

Dans la Chapelle de Notre-Dame de Bon-secours, est un Tabernacle, en Reliquaire de bois de Poirier fort estimé.

Dans la même Chapelle est le Tombeau de Mademoiselle d'Angoulesme, fait excellemment par Thomas Boudin ou Bardin, admiré par le Cardinal de Richelieu. Dans cette Chapelle est une figure de la Vierge, de bois très-estimé, faite par Burel.

Le Mausolée de M. de la Vieuville est dans la Chapelle de St François de Sales, dans laquelle sont encore quatre belles figures au quatre coins.

La Chapelle de M. le Prince est environnée de belle menuiserie, fort artistement faite, & si couverte de mauvaise peinture, que la delicatesse en est évanouie. Les Colomnes néanmoins sont un peu trop chargées d'ornemens; mais les armes sont coupées & recherchées avec un soin & une delicatesse incroyable, dont les traits neanmoins ont été grossis & durcis par l'or & la peinture: le tableau de l'Autel est le dernier de Vouet; vis-à-vis l'Autel de cette Chapelle est un Tableau qui paroit peint par le Sueur.

Le Tableau du Maître-Autel est une copie de la Descente de Croix, de Daniel, & de Volterre.

Il y a un autre Tableau de Vouet, dans la Chapelle de St Joseph, & dans celle de Ste Marguerite est un Crucifix peint par le même. Un autre de la Hire dans la Chapelle de M. le Camus.

Les tableaux du Refectoire sont de la Hire.

Dans la Chapelle de Villacerf, le Tableau de l'Autel peint par Raphaël, à ce que l'on pretend, represente St Michel.

La Bibliotheque consiste en dix mille Volumes; c'est la mieux fournie de Paris en Historiens.

Tableau de Gaudentio dans la Sacristie, qui represente l'adoration des Pasteurs.

Tome I.   K K k ij

La couleur bizarre & extraordinaire de l'habit des Minimes, a introduit une nouveauté dans les couleurs, & leur a communiqué son nom.

Le Chapitre est le plus galant, le plus beau & le mieux entendu de Paris.

LES MATHURINS.

LEUR vaisseau est merveilleux, & le plus propre de Paris pour la Musique douce.

Le Jubé est d'une ordonnance fort galante, & fait par Guillain.

Le Maître-Autel est enrichi de colomnes de marbre les plus belles du monde, & je n'ai point lû que les Romains eussent connu un marbre d'une couleur, d'un éclat, d'une beauté & d'une nuance de couleurs si bien mariées, & si vives; cette sorte de marbre se tire près de Tarragonne, & comme il est d'une beauté toute nouvelle, aussi lui a-t-on donné un nom tout nouveau: on l'appelle marbre brocatelle, & en Catalogne, Jaspe. Des colomnes de cet Autel, celles qui en font les plus proches sont les plus estimées; elles ont de grosseur un pied & demie de diametre, sur dix pieds de hauteur.

J'ai ouï dire que le Cardinal de Richelieu trouva ces colomnes si belles, que souhaitant les avoir pour les mettre au Maître-Autel de Sorbone, il en avoit offert vingt mille écus, & de mettre d'autres colomnes de marbre en la place.

Le Tombeau de Guaguin, General des Mathurins, en 1494.

Des Accords dit ceci de l'épitaphe du Frere Mathurin: Je n'ai point lû d'épitaphe qui m'ait donné tant de plaisir que celui qui est gravé à l'entrée du Cloître des Mathurins, il a été fait de bonne foi & à la franche Marguerite, sur la mort d'un bon Oblat ou Convers de ce Couvent, lequel y servit plus que quatre. Voici donc ce gentil & mirelifique épitaphe.

Cy gist le leal Mathurin, sans reproche bon serviteur,
Qui ceans garda pain & vin, & fut des portes Gouverneur;
Pannier ou hotte par honneur au marché volontiers portoit;
Très vigilant & bon sonneur, Dieu, pardon à l'ame lui soit.

LA SAINTE CHAPELLE.

LA Sainte Chapelle est située dans l'enclos du Palais. Le Palais étoit la demeure des Rois, & cette Chapelle leur Chapelle. Elle fut rebâtie par ordre de St Louis en 1245, pour y mettre en dépôt les Reliques que l'Empereur Baudouin lui avoit cedées & qu'il n'acheva qu'en 1247.

Il fonda un Chapitre composé d'une dignité de Treforier, & de huit Canonicats, lesquels furent augmentés de cinq par Philippe le long en 1318. ensorte qu'ils sont le nombre de treize.

On ne montre les Reliques que par ordre du Roi en vertu de Lettres de Cachet.

Le Tréforier a droit d'officier pontificalement, la Mitre sans Crosse, quand il n'eſt point Evêque, comme il eſt porté par les Bulles de ceſſion des Papes obtenues par nos Rois ; cette dignité vaut ſept mille livres de rente ; il eſt Curé de l'enclos du Palais.

Le revenu des Canonicats eſt inégal, depuis deux juſqu'à quatre mille livres; les Beneficiers logés.

Il y a un Office de Chantre attaché à une Prebende, qui vaut de plus environ deux cens livres de rente.

Il y a ſix Chapelles perpetuelles de differens revenus, dont la moindre vaut quinze cens livres. Ceux qui les poſſedent ſont auſſi logés.

Tous ces Beneficiers ſont à la collation du Roi, qui les confere de plein droit. Ces Beneficiers ſont Commenſaux de la Maiſon du Roi, & en cette qualité jouiſſent de tous les privileges des Commenſaux.

De plus, la Ste Chapelle ne releve point de l'Archevêque de Paris, & n'eſt point ſujette à ſa Juriſdiction, dependant immediatement du St Siege.

On peut dire de cette Chapelle que l'Architecture, non moins que la Fondation, en ſont Royales.

Elle fut premierement fondée par Robert, fils de Capet, en 1022, ſous le nom de Notre-Dame de l'Etoile, à cauſe de l'Ordre des Chevaliers de l'Etoile, & de St Nicolas. St Louis depuis, en 1245, la fit rebâtir & nommer la Ste Chapelle : Egliſe dont les colonnes ſont très-bien appareillées, & avec plus de curioſité qu'aucune autre de Paris.

Compartimens de fer des vitrailles tous differents, très-galants & ingenieux.

La tête de la Vierge de Pitié eſt très-belle ; les mains trop belles & trop delicates, les pieds trop greſles, la coëffure fort ſimple, la robe trop vaſte.

Le Jour du Vendredi-Saint il ſe fait un miracle du mal caduc.

Vin de la couleur des vitres de la Ste Chapelle, eſt un proverbe badin.

Le vaiſſeau eſt mal propre à la Muſique, pour être trop ouvert & garni de vitres qui caſſent les voix ; quelquefois cependant on n'a pas laiſſé d'y entendre une muſique aſſés bonne à l'oreille ; mais quand cela arrivoit, c'eſt qu'il ſe trouvoit alors un Maître ſi habile, que ſachant accommoder ſa compoſition & ſes voix à l'incommodité du vaiſſeau, par là il vouloit donner à connoître ſon merite.

Que ſi rarement on y trouve de bonnes voix & de bons Compoſiteurs, c'eſt qu'il n'y a point de benefices affectés aux Chantres, & que le Chapitre n'en prend pas tant de ſoin que celui de Notre-Dame.

En 1022, au lieu même où la Ste Chapelle eſt bâtie, le Roi Robert inſtitua l'Ordre de Notre-Dame de l'Etoille, appellée communement des Chevaliers de l'Etoille, qui depuis fut aboli par Charles VII, à Clichy.

François I & Henri II, peints avec leurs femmes en émail, en 1553, par Leonard Limoſin.

M. Ogier dans ſes Panegyriques, dit que cette Egliſe eſt le chef-d'œuvre de tous les Temples que St Louis à bâtis, le plus ſuperbe & magnifique édifice qui ſoit deça les monts. Ce bon Roi ayant recherché avec un ſoin & une dépenſe incroyable les inſtrumens de la Paſſion du Fils de Dieu, les organes de notre ſalut, & les armes de ſa victoire & de ſon triomphe, voulut en eriger un trophée digne de ſes combats, & des glorieuſes depouilles remportées ſur nos ennemis ; en quoi certes il faut avouer que ſa pieté a été heureuſement ſecondée par l'induſtrie des Architectes. Ils ont en effet ſurpaſſé la portée de leur ſiecle, même ils font l'admiration du preſent, & il ſemble que quelque main plus qu'humaine, a travaillé pour un Sanctuaire deſtiné à garder de ſi venerables Reliques ; il ne faut plus aller en Paleſtine pour y trouver les veſtiges de notre Redemption : ils ſont au milieu de Paris, & dans le ſein de notre grande Ville ; là ſe voit la Couronne d'épine, les clouds, l'éponge & la lance ; enfin, une grande partie du bois de la Croix.

HISTOIRE ET ANTIQUITE'S

La Charpenterie du clocher paſſe pour la plus belle & la plus hardie de Paris; ce clocher panche veritablement, mais ce deffaut vient de l'execution du travail, & de l'étourdiſſement de quelque compagnon, & non pas du deſſin; c'eſt une charpenterie pendante, qui porte à faux ſur ſes abouts & enrayeures: clocher en cul de lampe porté ſur les maitreſſes-fermes du comble de l'Egliſe, au lieu d'être poſé ſur des tirants, comme aux autres Egliſes, entouré de huit chandeliers qui maintiennent & ſervent d'aſſemblage au comble, & qui lui apportent plus d'ornement que de ſervice.

En 1499, au mois de Janvier, les vieilles orgues de la Ste Chapelle furent vendues, à cauſe qu'elles n'étoient ni bonnes ni recevables pour telle Egliſe, la ſomme de quatre cens livres tournois aux Marguilliers de Notre-Dame de Poiſſy, à la reſerve des ſix groſſes trompes attachées ſur le Portail, & ſes deux tours, & auſſi le plomb qui étoit ſur les ſouflets. La Chambre des Comptes les fit vendre par Guillaume de Badouilles, l'un des Greffiers de la Chambre, & en fit faire de neuves. Extrait du compte de Vincent Gelée des œuvres Royaux, depuis le premier Janvier 1498, juſqu'au dernier Octobre 1500.

SAINT BARTHELEMI.

L'ON trouve qu'il y avoit en ce lieu une Chapelle Royale, Paroiſſe des Rois de France tant qu'ils ont demeuré au Palais qui étoit contigu, où ils fonderent quatre Chapelles Royales, ſavoir de St Fiacre, de St Mathurin, de St Etienne, à preſent nommée de St Brieu des Vaux, de Ste Anne & de Ste Catherine. Ce fut en cette Chapelle que la Reine Clotilde, femme du Roi Clovis, fit batiſer deux enfans, l'un en 485, & l'autre en 486.

Cette Chapelle ne contenoit que la nef d'aujourd'hui, & plus haut il y avoit un jardin où Hugues Capet Maire du Palais & Duc de France, fit bâtir le chœur les & deux allées, qu'il fit dedier à St Magloire & St Barthelemi en 975. Au deſſus de ce jardin étoit une Chapelle appellée de Notre-Dame des Voutes, qui a été rebâtie en 1520. Au delà étoit encore un autre petit jardin où fut bâtie pluſieurs années après la maiſon du Prieuré de St Magloire.

Cette Chapelle Royale étoit deſervie par des Chanoines Seculiers & non Reguliers, qui furent transferés de ce lieu en 966 en la Chapelle de St Michel, ſituée dans l'enclos du Palais, pour faire place aux Religieux de St Magloire, venus de Bretagne à cauſe des guerres, introduits en cette même année 966, en y apportant les Saints Corps de St Magloire, de St Sanſon & de St Maclou, leſquels furent reçus & mis en cette Chapelle Royale par Hugues Capet, pendant le regne de Lotaire I, & pour lors érigée en Abbayie; leſquels Religieux reſterent là juſqu'en 1138, qu'ils furent transferés en une Chapelle de St Georges rue St Denys à cauſe de la proximité du Palais qui leur cauſoit trop de bruit.

En 1138, cette Egliſe fut convertie en Prieuré-Cure, dépendante de l'Abbayie de St Magloire, dont le titre fut ſupprimé & uni à l'Evêché de Paris en 1564.

Le Curé de cette Paroiſſe a eu pluſieurs conteſtations avec le Chapitre de la Sainte Chapelle, qui lui diſputoit le droit d'exercer les fonctions Curiales dans l'enclos du Palais; ſur quoi eſt intervenu quantité d'Arrêts. Ces diſputes furent enfin terminées par un Reglement porté en l'Arrêt du dix-neuf Mai 1621, dont voici l'extrait. Cet Arrêt a été rendu au profit du Curé de St Barthelemi contre les pretentions de Meſſieurs du Chapitre de la Sainte Chapelle. Les moyens déduits par Maître le Bret, ſont que l'Egliſe de Saint Barthelemi a été la premiere Chapelle des Rois lorſqu'ils

DE LA VILLE DE PARIS. Liv. IV.   447

demeuroient dans le Palais, en laquelle ils ont exercé leurs devotions, rendu le pain benit, comme nous le lisons; que le Roi François I, qui logeoit pour lors au Palais, y rendit le pain benit en 1531, comme Paroissien; que le territoire sur lequel on a bâti la Sainte Chapelle du Palais appartenoit à cette Eglise; que ce territoire est justifié par l'usage & possession des Processions qui se font tous les ans tour à l'entour, dans la cour & en la salle du Palais & ailleurs; que le Curé & la Fabrique ont droit de faire prêcher dans la Grand'Salle du Palais les Dimanches de Carême, Vendredi Saint & Fêtes de Pâques; & ce par Arrêt de la Cour du trois Mars 1619. Que le Curé de St Barthelemi par Arrêt contradictoire du quinziéme Novembre, a droit de prendre les offrandes qui se donnent à la grande Messe que l'on celebre dans la Grand'Salle le lendemain de la St Martin à l'ouverture du Parlement. Qu'il a droit d'administrer les Sacremens & exercer les autres fonctions Curiales dans la Prison de la Conciergerie, & ce par Arrêt du dix-neuf Mai 1611. Que la Cure de la basse Ste Chapelle n'est que personnelle, qui ne s'étend que sur les domestiques des Chanoines de la Ste Chapelle, le Jardinier & deux Gardes specifiés & nommés par la Bulle de Jean XXII, donnée l'an quatriéme de son Pontificat le sept Août 1320.

Il y a en cette Eglise trois Confrairies, l'une de Ste Catherine érigée en 1353, une de St Sebastien & St Roch en l'an 1496, & la troisiéme du St Sacrement, qui est la premiere qui ait été établie en cette Ville, en 1518.

En 1611, les Chapelles de St Maurice & de St Roch ont été agrandies & élargies à proportion de la Chapelle de Notre-Dame des Voutes.

Les quatre Chapelles Royales dont nous avons parlé ci-dessus sont de la nomination du Roi, & par commission à Mr le Tresorier de la Ste Chapelle de Paris.

Cette Cure est de la nomination de l'Archevêque de Paris, comme Abbé de St Magloire. Le Prieuré est aussi de la nomination de l'Archevêque de Paris, & réunie à la Mense Archiepiscopale.

LES GRANDS AUGUSTINS.

DANS la Chapelle du St Esprit le tableau de l'Autel est de Bunel. Il represente la descente du St Esprit sur les Apôtres, & est rempli d'un grand nombre de figures dont les attitudes sont toutes naturelles & differentes.

Sono le teste gratissime è l'aconciatura de panni bizarre è capricciate, le teste de vecchi con volti bizarre di giovani con arie dolci è piacevoli.

Chés eux est la Salle où s'assemble le Clergé.

L'orgue est fournie de tuyaux fort agreables & harmonieux, mais elle n'a pas beaucoup de jeux.

A la Chapelle de Mr de Mesme, le tableau est de Porbus. Il represente la Transfiguration de Notre Seigneur. Tout en est si beau, que je ne découvrirai qu'une partie de sa beauté, quand je dirai que les têtes de St Pierre & de St Jean sont des plus belles.

Son prostrati Pietro, Giacomo & Gio in varie è belle attitudini, chia à terra, il capo è chi non fare ombra à gliocchi con le mani si diffende da iraggi è dalla immensa luce delle splendore di Christo, & tâche de le pouvoir contempler à la faveur de sa main. C'est un des tableaux où Porbus a montré plus de genie.

Tombeau de Ducauroi dans la nef. Il ne nous reste de lui qu'une Messe des Trepassés, qui se chante le jour des Morts dans le chœur de Notre-Dame. La musique de cette Messe est très-lugubre, savante & achevée; elle attendrit les cœurs les plus durs, & même épouvante.

HISTOIRE ET ANTIQUITES

Lieu de la fondation & de l'inſtitution de l'Ordre du St Eſprit.

L'Epitaphe du Poëte Belleau, qui ſe voit au milieu de la nef en platte tombe, comme celui de Ducauroi.

Tombeau de Jean-Baptiſte de Gondi, fort galant.

Barthelemi le Prieur.

Au St François qui eſt dans le cloitre, on a derobé une main. Il eſt de Pillon.

Chapelle édifiée par Philippes de Comines, où giſt ſa fille, épouſe du Comte de Ponthievre, derriere l'Autel du St Eſprit.

LES CORDELIERS.

LEUR Egliſe eſt peut-être la plus longue de Paris. Les vitres gauches de la principale nef ſont aſſés bien peintes & très-vivement coloriées.

L'Architecture du Jubé eſt aſſés belle. Il eſt orné de deux niches remplies des figures de St Pierre & de St Paul, faites par Boudin. Les deux figures ſont des plus accomplies que ce Sculpteur ait faites. La barbe entre-autres de St Paul eſt venerable & bien fouillée. L'une & l'autre de ces figures ſeroient excellentes, ſi elles n'étoient un peu courtes, mais c'étoit la maniere de ce Sculpteur.

On voit dans un tableau de bois attaché contre le pilier de la Chapelle de Jeruſalem, où ſe lit le jour de ſa dedicace; on y voit dis-je quelques groteſques de bronze travaillées avec une délicateſſe & une propreté preſque inimitable.

Le tombeau du Comte de Carpes, qui ſe fit Moine après ſa mort, Prince de Savoie, qui mourut au ſervice de François I en 1557, conſiſte en une ſeule figure de cuivre à demi couchée ſur un lit de même matiere. Cette figure eſt fort eſtimée en toutes ſes parties. Sa cuiraſſe eſt chargée de demi reliefs travaillés avec une patience toute extraordinaire. Ses jambes ſont croiſées fort naturellement l'une ſur l'autre, mais ſa main droite ſur tout porte ſi bien ſa tête, & ſa tête repoſe ſi bien ſur cette main, que ce n'eſt pas ſans raiſon que ce mauſolée paſſe pour une des principales beautés de cette Ville. Elle eſt du bon goût & faite dans le bon ſiecle.

Le Maitre-Autel eſt d'une beauté conſiderable, & ſoutenu de colonnes de marbre jaſpé, fort hautes & bien choiſies. Le tableau eſt ſi bien fait par le Franc, que l'Architecte s'eſt aſſujetti & accommodé à ſa grandeur. Le Surintendant Bullion a fourni les frais de l'Autel, & Mercier en a donné le deſſin.

Gilles le Maiſtre, ſurnommé *Magiſtri*, mourut en 1562, premier Préſident de Paris.

Le tombeau dans le chœur, de Guillaume Frolich, Seigneur Allemand, eſt fort remarquable par un buſte de marbre que l'on croit être un des bons morceaux de Paris; le front en eſt bien plicé; les ſourcils bien froncés; les yeux ſont accompagnés de beaucoup de gravité; la barbe fort longue, fouillée & recherchée plus délicatement & plus profondément ſur le marbre qu'on ne pourroit faire ſur le bois, marque bien cet air & ce port majeſtueux qui ne ſe rencontre que dans les perſonnes extraordinaires.

La porte du Couvent eſt remplie dans ſon fronton de quelques imperiales gothiques de pierre toutes percées à jour & recherchées plus délicatement & plus nettement que ſi c'étoit de la cire, & coupées de haut en bas avec un ſoin & une patience dont les Sculpteurs du ſiecle ne ſont point capables.

Leur marmite n'eſt pas ſi grande que le peuple s'imagine; mais le gril dont

dont on ne parle point, est monté sur quatre roues, & capable de tenir une manequinée de harancs.

Les tombeaux de Suarès, de Nicolas de Lira, & d'Alexandre de Hales, Maître de St Thomas.

St JAQUES DU HAUT-PAS.

CETTE Eglise commença son premier établissement par être succursale de St Benoît & autres Paroisses circonvoisines, en une Chapelle d'un Hopital fondé par le Roi Philippe le Bel en 1286, nommée pour lors St Raphaël, de l'Ordre de St Jaques du Haut-pas, comme je le dirai au chapitre des Hopitaux. Pour la commodité d'une partie des habitans des fauxbourgs St Jaques, St Michel & St Marcel, ils presenterent leurs requête à Eustache du Bellai, pour lors Evêque de Paris, tendante qu'il permît ausdits habitans de se servir de cette Chapelle, en attendant qu'ils fissent bâtir une Eglise; ce qui leur fut accordé par ledit Evêque. Mais les Chanoines & Curé de St Benoît, le Curé de St Medard & le Curé de St Hippolyte, s'opposerent à l'enregîtrement de cette permission; ce qui causa de grands procès entre les Parties; & contre l'Ordonnance de Mr l'Evêque de Paris du sept Avril 1564, Sentence interlocutoire du dernier Juillet 1565, Declaration du Roi du quinze Janvier 1566. Enfin tous ces differends furent terminés par une Sentence définitive du vingt-neuf Fevrier 1566 de Mr l'Official de Paris, par laquelle fut érigée ladite Chapelle de l'Hopital de St Raphael, avec le consentement du Commandeur d'icelle, en l'Eglise succursale des Paroisses ci-dessus.

Six ans après les Réligieuses de St Magloire ayant été transferées de la rue St Denys en cet Hopital, en 1572, & le Service Divin de l'un & de l'autre se faisant quelquefois en même tems, l'un au chœur & l'autre en la nef, étoit fort incommode aux Paroissiens & aux Religieuses, ce qui obligea les Paroissiens d'acheter une maison qui leur coûta sept cens trente-sept livres quatre sols, contre cet Hopital, n'en étant separée que par une ruelle qui va encore presentement du fauxbourg St Jaques au fauxbourg St Michel, appellée la rue du Cimetière St Jaques, qui rend devant le Couvent des Chartreux, où ils firent bâtir une nouvelle Chapelle en 1574. Mais s'y trouvant trop petitement pour la quantité de Paroissiens qui se multiplioient tous les jours à cause de l'agrandissement de ces fauxbourgs, ils acheterent encore d'autres maisons contigues, pour y bâtir une grande Eglise en la place de cette Chapelle, dont la premiere pierre fut posée avec toutes les ceremonies accoutumées par Gaston de France frere du Roi Louis XIII, le quatre Septembre 1630. L'on commença par le chœur. Pendant ce tems il y eut encore de très-grandes disputes entre les Curé de St Benoît & Paroissiens, qui furent terminées par Arrêt de la Cour du neuf Avril 1633.

Les Paroissiens ayant obtenu cet Arrêt, ils resolurent de faire bâtir une Eglise plus grande que celle qu'ils avoient commencée auparavant; c'est ce qui paroît par une inscription gravée sur une table de marbre attachée au pilier qui est vis-à-vis la Chapelle de la Vierge en ces termes.

Primi Lapidis Ecclesiæ hujus
Inscriptio.
D. O. M.
SS. & Magnis Apostolis Jacobi Alphæi,
Et Philippo Parochiæ

Patronis.
D. D.
*Sereniſſimus
Joannes-Baptiſta Gaſto,
Ludovici Juſti
Frater unicus,
Aurel. & Carnot. Dux,
Protogonum lapidem
poſuit
Ædis ſacræ,
quam
Æditui & plebs
ejuſdem Eccleſiæ extruunt
Anno Chriſti 1630.
A. Non. Septemb.*

Mr l'Archevêque de Paris, fit la ceremonie quand on poſa la premiere pierre à cette Egliſe ; ce bâtiment fut enſuite continué juſqu'à la conſtruction entiere du chœur. Quant à la nef auſſi bien qu'au gros clocher, les premieres pierres y furent miſes le dix-neuf Juillet 1675, par Madame de Longueville, qui a fourni preſque à toute la dépence, ainſi qu'il paroît par un écrit gravé ſur une table de marbre poſée dans la Chapelle du Bon-Paſteur, du côté droit de l'Egliſe en ces termes.

Anne Geneviéve de Bourbon, Princeſſe du Sang, Ducheſſe Douairiere de Longueville, Souveraine de Neufchaſtel, &c.

Triſte, mais precieux dépôt.

Dieu la conduiſit par une Providence particuliere en cette Paroiſſe, & lui fit trouver dans la maiſon des Carmelites, qui lui avoit toujours été chere, la ſolitude qu'elle cherchoit : dans une grande multitude de pauvres, un exercice perpetuel à ſa charité ; & dans cette Egliſe ruinée, une occaſion d'élever un Temple au Seigneur ; monument éternel de ſa pieté & de ſa foi : enfin, pleine de merite & de bonnes œuvres ; détachée de toutes choſes, de la vie même, & toute occupée des penſées de l'Eternité, elle mourut le 15. Avril 1679. âgée de 59. ans 7. mois.

En 1643, Jean du Vergier de Hauranne, natif de Baïonne & Abbé de St Cyran, fut enterré dans un cercueil de plomb placé à côté du Maître-Autel.

Cette Cure eſt de la nomination du Chapitre de St Benoît & de St Hippolyte alternativement, ſelon l'occaſion de ſa vacance.

LES CARMELITES.

LE Tableau du Maître-Autel repreſente la Nativité de Notre-Seigneur, & paſſe avec raiſon pour un des meilleurs ouvrages de Vouet.

NOTRE-DAME DES CHAMPS.

L'EGLISE, jadis Temple de Cerès, est à present remarquable pour les tableaux, que les meilleurs Peintres de notre tems y ont faits comme à l'envie, ce qui l'a fort embellie. Perlan a fondu les Anges de bronze de l'Autel.

Le Brun a fait l'histoire de J. C. chés le Lepreux & la Penitente, & J. C. au desert pour l'oraison, plus beaux & plus gracieux.

La Hire, J. C. entrant en Jerusalem, & son apparition à la Magdeleine. Stella, les cinq pains & la Samaritaine.

Champagne a peint la voute à fresque. Le Crucifix est le plus beau.

Le Guide a fait l'Annonciation du Maître Autel. Il n'est pas fort beau pour être d'un si grand Maître; la gloire néanmoins en est fort belle, & il est bien peint.

Ce Monastere est le premier de l'Ordre des Carmelites qui a été établi en France en 1604, & fondé par noble Princesse Catherine de Longueville. L'Eglise est bâtie sur les ruines d'un Temple consacré aux Idoles, que St Denys dedia en l'honneur de Dieu & de la Vierge, sur laquelle on voit encore une statue fort ancienne que l'on dit être de Mercure ou de Cerès, ou selon Favin de St Michel, Ange tutelaire & gardien de la couronne de France; c'est sans doute dans sa balance qu'il pese les ames qui paroissent des têtes de loin. Favin dit que St Denys apporta par excellence le portrait de la Vierge tenant son fils sur ses genoux, comme elle étoit dépeinte dans la primitive Eglise, sur lequel en fut fait un autre dans une petite pierre quarrée d'un pied ou environ de diametre, émaillée & peinte de vives couleurs d'or & d'azur que l'on voit encore attachée hors de l'Eglise au côté Septentrional auprès du petit Cimetiere, & enchassé dans une autre pierre plus grande, où dans la baze sont gravés ces vers.

Siste viator iter, Mariam reverenter honora,
Nam fuit hæc Saxo primum depicta minori,
Quod medium spretas, at sculptam primitus ædes,
Et Basilica tenet tanto de nomine dicta.

Cette Image dit Favin, fut la premiere peinte à Paris, tirée sur l'original apporté par St Denys.

Ce qui a été cause que tout le monde a cru que cette figure qui est sur le pinacle ou pignon du portail, fût de Cerès, est à cause de certaines pointes de fer qui sont sur le haut de cette figure, & qui n'y ont été mises que pour la garantir de l'ordure des oiseaux & pour les empêcher de se percher dessus.

St GERVAIS.

DE Launoi dans son Discours sur les Eglises, & Baillet dans sa Vie des Saints, ont dit que l'on bâtit cette Eglise à Paris du tems de St Germain Evêque de Paris, vers l'an 560, dediée à St Gervais & St Protais, où il arriva un miracle rapporté par Fortunat dans la Vie de St Germain Evêque de Paris, qui un jour voulant faire ses prieres à la Chapelle de St

Gervais, elle se trouva fermée; il en demanda les clefs, & ne pouvant ouvrir la serrure, il fit le signe de la croix, aussi-tôt le pêle se desferma, & les portes furent ouvertes. C'est ce que Fortunat rapporte au soixante-septiéme chapitre de cette Vie.

L'accroissement de cette Ville & la clôture que Philippe Auguste fit faire en 1191, fit que cette Eglise ne pouvoit plus contenir la grande quantité de Paroissiens qu'elle renfermoit; ce qui donna lieu en 1212 de separer les Paroissiens en deux, dont la moitié fut unie à une aide appellée la Chapelle de St Jean, ce qui forme la Paroisse de St Jean en Greve.

Il y a en cette Eglise plusieurs Chapelles, entr'autres une bâtie & fondée par Mr de Pacy en 1349 le vingt-un Mai, appartenant à cette famille qui ont droit d'y être enterrés & d'y nommer; elle vaut de revenu par an plus de douze cens livres. Une autre appellée de Montaumer. Une autre de St Cosme & St Damien, de fondation Royale, à prendre sur une maison située devant St Michel du Palais de trente livres, & de quatre sols parisis sur l'Hotel d'Or rue de la Feronnerie, de la collation du Roi, & par commission au Tresorier de la Ste Chapelle de Paris. Une autre bâtie & fondée par le Chancelier Louis de Boucherat, mort en 1699, & enterré en cette Chapelle.

Il y a encore un Autel ou Chapelle fondée à l'honneur de St Eutrope & St Quentin, & devant une habitation ou maison, en laquelle étoient reçus tous les malades attaqués de la maladie dont on requiert ces Saints, où là venant faire leur neuvaine y étoient logés bien honorablement, tant pauvres que riches; lesquels ordinairement à la fin des neuf jours guerissoient ou mouroient. A raison de quoi les Marguilliers & les Paroissiens en 1400, par la permission de Charles VI, instituerent & fonderent une Confrairie en l'honneur de ces Saints; à la charge que tous les ans on diroit une Messe solemnelle audit Autel le jour de leur fête, & que le Roi, la Reine & leurs Enfans, participeroient aux prieres de cette Confrairie, & qu'on y recevroit toutes les personnes qui y auroient devotion.

La porte de la Sacristie est d'une maniere gentille & très-commode; elle est gothique à la verité, droite, & a un de ses pieds droits biais ou biaisés, l'autre droit, mais du côté du chœur elle est tournée de biais fort adroitement, avec toutes ses moulures & ornemens; ensorte que sans sortir de la Sacristie, on voit tout ce qui se passe dans le chœur, & même jusques dessus le Maître-Autel, encore que cette Sacristie soit placée directement à côté & presque au bout du chœur. Cet artifice a été si ingenieusement pratiqué, que du dedans de la Sacristie il ne se voit point du tout, la porte paroît de la figure ordinaire ou oblongue, & la commodité tant du dedans que du dehors est bien plus sensible que visible.

Le degré du clocher est une vis de St Gilles, dont toutes les marches sont delardées, & la voute tantôt à angles, tantôt ronde; les arrêtes de la voute angulaire commencent à la muraille de la tour & finissent aux angles du noyau, ou de la colonne; la ronde est ronde avec le noyau. Il semble que l'Architecte ait pris plaisir à se jouer dans ce degré, & montrer qu'il savoit se servir de sa science où il vouloit & quand il vouloit; car le noyau & le tour de cet escalier sont tantôt ronds & tantôt à pans & angulaires : il est à angles par bas, & aussi par bas les arcs de la voute commencent avec les angles de la muraille de la tour & finissent avec ceux de la colonne; il est rond par haut & le noyau de même. Il y a une autre vis de St Gilles à pans dans l'angle diametralement opposé à celui-ci.

Les ais des portes en sont si fortement collés & si bien unis l'un à l'autre, qu'on n'apperçoit point les jointures, que rien ne s'est lâché, & qu'elles semblent d'une seule piece de bois, le col extremement simple; elles ne sont pas extraordinairement chargées d'ornemens, mais le peu qui y est, est travaillé, ordonné & disposé avec bien de l'art, de l'esprit & de la délicatesse, & répond très-bien à la maniere & à la majesté de ce beau portail. Ces portes sont si bien faites & si bien suspendues, que même dans le milieu elles ne se joignent pas moins aujourd'hui que le premier jour. C'est l'ouvrage d'Antoine de Hanci.

Les vitres du chœur où se voient la Piscine & le Lazare, sont de la main de Pinegrier.

Le tableau de l'Autel posé à côté du Maître-Autel, represente les trois Pelerins, par François Gentil.

Le portail est du dessin de Brosse, fait par Monart. Les figures hautes de Guilain, & les basses de Boudin.

Il se trouve cinq ou six Chapelles dont les tableaux sont bien antiques & de même maniere.

Le retable du Maître-Autel est le premier retable de Paris bâti à la moderne, par Monard.

Les figures du Maître-Autel de St Gervais & de St Protais, par Boudin; les Anges par Guilain; le tableau de l'Autel par Varin.

Les vitres du chœur, de la mort de St Laurent, de la Transfiguration & de la Samaritaine, sont de la grande maniere, d'ailleurs les plus belles & les plus achevées de l'Eglise, & des plus estimées de Paris.

Dans les vitres de la Chapelle St Michel, il y a quelques danses de bergers, fort estimées pour la vivacité du coloris & pour leurs attitudes champêtres & fort naturelles, moitié couchée d'émail & moitié verre de couleur du bon Pinegrier.

A la Chapelle St Pierre sont quelques vitres Gothiques, où est l'histoire de St Jaques, dont les draperies des Rois & des Reines sont gravées & cizelées sur le verre & chauffées d'or. Dans celles qui sont à gauche, où est peinte l'histoire du St Sacrement, se voit un appenti au milieu d'un grand amas de figures gothiques fort naturel, très-beau & fort estimé.

Dans la Chapelle des trois Maries, les vitres gothiques representent la vie de Ste Clotilde; ses habits bleus sont tous semés de fleurs de lis d'or gravées dans le verre.

Le modele du portail sert de retable à l'Autel de la grande Chapelle de la Vierge, qui est racourci de   pouces par pied. Ce contretable est de bois, fait par de Hanci. Cette Chapelle est ornée dans la voute d'un penditif fait par les Jacquets & d'une couronne de six pieds de diametre & de trois & demie de saillie toute suspendue & soutenue en l'air sans fer avec une hardiesse surprenante & incroyable. Ce chef-d'œuvre est si estimé dans la Paroisse, qu'on ne souffre point que personne soit enterré dans l'enclos de cette Chapelle, de peur qu'en remuant la terre, on n'ébranle les fondemens, & que ce bel ouvrage ne vienne à être ruiné. Cette couronne est soutenue de demi arcs qui portent en l'air & ne touchent point contre la voute. Chef-d'œuvre des Jacquets.

Les vitres qui éclairent la Chapelle Ste Barbe sont remplies de Notre-Dame d'argent, où François I est dépeint assistant à cette procession, aussi au naturel que s'il étoit vivant. Le coloris en est des plus beaux & des plus vifs, & les attitudes fort naturelles. Là sont des Prêtres qui chantent de très-bonne grace & de grand courage, les airs des têtes en sont si beaux qu'ils paroissent vivans.

Les vitres de la croisée droite du dessus de la petite porte du nom de Jesus sont belles & fort estimées.

Les grisailles de la Chapelle de Mr le Roux, peints par Perrein après les dessins de le Sueur, sont fort estimés pour le dessin & pour les attitudes naturelles & differentes.

Les vitres de la Chapelle des trois Pellerins, où est representée l'histoire de la Reine de Saba & de Salomon; les habits & l'ordonnance sont vraiement superbes & royales; la perspective même y a été gardée & observée avec bien de la science.

HISTOIRE ET ANTIQUITE'S

Le tombeau de Marchand, orné d'un Ange, modelé après le Pleureur. Un tableau antique fort excellent.

Le portail de cette Eglise a été commencé en 1609 par Jaques de Brosse, l'un des plus habiles Architectes de son tems, qui a donné les desseins du Palais du Luxembourg, de l'Aqueduc d'Arcueil, & de plusieurs autres grands bâtimens, où l'on reconnoît beaucoup d'art & de majesté.

Le Roi Louis XIII mit la premiere pierre à ce magnifique portail, à la priere de l'Intendant des Bâtimens, Fourcy, & des Marguilliers de cette Eglise.

Ce portail doit être consideré pour le plus beau morceau d'architecture qu'il y ait en France & ailleurs. Si plusieurs Architectes dans leurs ouvrages n'avoient pas donné une exacte dimension de toutes ses proportions, je l'aurois donnée ici, mais l'on doit se contenter de ce qu'ils en ont dit.

LE TEMPLE.

C'EST une Eglise gothique, accompagnée devant la porte d'un petit porche ou vestibule antique, & enrichi en entrant d'une coupe dont la voute est égale à celle du vaisseau, & soutenue sur six gros piliers qui portent des arcades au premier étage, & sur autant de pilastres au second, qui s'élevent jusqu'à l'arrachement de la voute. Cette coupe est entourée d'une nef, dont la voute a une élevation pareille à ces arcades. Telle sorte d'entrée, qui est l'unique en son espece que j'aie encore vûe en France, en Angleterre, & dans les dix-sept Provinces, non seulement est majestueuse & magnifique par dedans, mais encore fait un effet surprenant & plaisant à la vûe par dehors.

Les vitres du fonds du chœur sont chargées d'un amas confus de couleurs vives & éclatantes, dont la disposition toute gothique & étudiée qu'elle soit, ne laisse pas d'éblouir & de réjouir la vue.

La Chapelle de Cluys, est fermée d'une clôture toute chargée dedans & dehors de feuillames & d'autres ornemens en quantité; outre ce grand nombre de figures de moyenne & petite taille, travaillées avec une propreté, une delicatesse & une patience incroyable, cette Chapelle est couverte d'une voute liée avec des culs de lampes rampans, taillés avec peine, & d'un dessein mignard, galant & fort joli.

Le tableau de l'Autel est beau & d'une disposition assés bien entendue, eu égard au siecle dans lequel il a été peint.

La Chapelle de l'Isle-Adam de Villiers, est couronnée d'une voute de la même maniere & de la même main. Elle est éclairée par plusieurs fenêtres, dont la disposition à la verité est un peu confuse, à la mode de ce tems-là, mais en recompense le coloris en est vivant & les têtes des plus belles & des plus finies.

Le tableau de l'Autel represente l'Adoration des trois Rois. L'ordonnance n'est pas des mieux entendue, mais le coloris en est si vif & quelques têtes si vivantes & si détachées, qu'elles peuvent avec raison passer pour des plus belles & des plus finies. La tête entr'autres du Roi qui adore le petit Jesus est si grave, celle de la Vierge si modeste, celle du Seigneur de l'Isle-Adam si venerable, & plusieurs autres qu'on voit dans des lointains sont si achevées, que si la disposition du tableau répondoit à tant de beautés, ce seroit sans contredit une peinture des plus accomplies de Paris. La tête du Roi qui adore J. C. marque tant de majesté, qu'on la voit dans les vitres de cette Chapelle, mais non pas si belle ni si finie.

Les trumeaux des croisées sont garnies des figures des Apôtres, dont quelques-unes meritent bien d'être regardées; tellement qu'on pourroit dire de cette Chapelle que ce seroit un ouvrage accompli, si la sculpture du tombeau de ce grand Maître de Rhodes répondoit au reste.

Le circuit du Temple est très-spacieux, & plus grand que plusieurs Villes de réputation du Royaume. Il est clos de fortes murailles à tourelles & creneaux larges. Les Villes de France du tems de Corrozet étoient bien petites.

La Chapelle du nom de Jesus ou de l'Isle-Adam, est enrichie sur un champ blanc d'or & d'azur, ouvrage de subtile artifice & semé de sames de feu & d'épées, où est écrit autour *Pour la foi*. Le pavé est de carreaux de marbre blanc & noir: elle fut édifiée en 1529.

Une belle Vierge de marbre antique derriere l'Autel.

Seigneurie du Temple, refuge des mauvais payeurs. On y envoye par risée les niais le jour de St Simon St Jude chercher des nefles.

L'Eglise est faite à la ressemblance du Temple de Jerusalem.

LES CARMES.

COMME la fondation des Carmes est contemporaine avec celle des Celestins, & que dans l'article des fondations des Colleges l'on y trouvera le transport des Carmes, je n'en parlerai point ici: seulement je rapporterai que sous le regne de Philippe le Long, la Reine Jeanne sa femme, leur laissa de grands biens en 1349, savoir sa couronne, sa ceinture & toute sa vaisselle d'argent, avec quinze cens florins d'or, qui faisoient une somme considerable en ce tems-là.

Voyés aussi à la page suivante *les Celestins*.

St NICOLAS DU CHARDONET.

L'ON trouve qu'en 1230, Pierre Abbé de St Victor, détacha du clos du Chardonnet, dont cette Eglise a retenu le nom, cinq quartiers de terre qui étoient en leurs censives, pour les donner à l'Evêque de Paris Guillaume III, qui vivoit en 1238, afin d'y faire bâtir l'Eglise ou Chapelle de St Nicolas du Chardonet. Cependant on dit que ce fut l'Abbé Raoul & les Religieux de St Victor, qui cederent cette terre, & que ce fut en 1242, se reservant le droit de Cure dans leur enclos & pour leurs domestiques. Ainsi il paroît que cette Eglise a commencé à être bâtie dès ce tems-là, & qu'elle étoit déja érigée en Paroisse avant l'an 1243, comme rapporte Malingre, qui dit que les Clercs appellés Matutinales de Paris, avoient droit de prendre tous les ans vingt-cinq livres parisis de revenu sur ladite Paroisse de St Nicolas, pour supplement de leurs gages; & cela confirmé par la Bulle du Pape Alexandre III, datée de 1166, le sept de son Pontificat, regîtrée au grand Pastoral de l'Eglise de Paris, livre 9. charte 1. L'on peut encore dire qu'il y avoit un Cimetiere pour y enterrer les Paroissiens, dont on prit une partie pour y bâtir la rue des Bernardins, suivant ce que porte le même manuscrit, qui dit qu'en 1243, Guillaume III, Evêque de Paris, & Raoul, Abbé de St Victor, traiterent ensemble de ce lieu même où est encore l'Eglise de St Nicolas du Chardonet, & cela à l'occasion de la rue des Bernardins, & fut arrêté entre eux que cette rue passeroit au travers du Cimetiere de St Nicolas du Chardonet. Cette Eglise fut rebâtie & dediée en 1425 le 13 de Mai, par Jean de Nanto, le quatre-vingt-quinziéme Evêque de Paris, à la requête de Me Augustin Isabarre, Curé de cette Eglise. Etant tombée en ruine, on recommença à la bâtir tout à neuf, & à l'agrandir en 1656, dont la premiere pierre fut posée par Mr Martin, Tresorier de France, & fut discontinuée.

Elle est de la nomination de l'Archevêque de Paris.

St LOUIS EN L'ISLE NOTRE-DAME.

C'ETOIT une Chapelle bâtie par Nicolas le Jeune, Maître Couvreur à Paris, qui fut le premier qui commença à faire bâtir en cette Isle vers l'an 1600, Elle fut érigée en Paroisse en 1623, par Jean François de Gondi, premier Archevêque de Paris, nonobstant les oppositions du Curé de St Paul. Louis Guiard de St Julien, Chanoine de l'Eglise de Paris, en fut le premier Curé. Elle a commencé à être rebâtie en 1664. La premiere pierre y fut posée par Messire Hardouin de Pérefix, Archevêque de Paris, au nom du Roi Louis XIV, le premier Octobre de la même année 1664. Elle fut benie le dixième Août 1679. Il reste encore à bâtir toute la nef; il faut esperer qu'elle s'achevera dans la suite.

Cette Cure est de la nomination de Mrs du Chapitre de Notre-Dame.

LES CELESTINS.

LOUIS, Duc d'Orleans, assassiné en 1407, voulut par son testament être enterré en habit de Celestin, avec sa ressemblance ayant sous sa tête, & sous ses pieds une pierre en maniere de roche; que sa tombe ne soit que de trois doits de haut, avec un livre en ses deux mains, & écrit autour de sa tombe, *Pater, Ave, Credo*. Mais Louis XII n'en fit rien. Voyés Godefroi, où est son testament, & dans l'histoire des Celestins par Beurrier.

St Louis revenant de son voyage d'Orient en France, l'an 1259, ramena avec lui six Religieux Carmes, appellés pour lors *Les Barrés*, à cause de leur manteau, qui étoit divisé par quartiers blancs & noirs, selon Trithemius, & les logea où sont à present les Celestins, lieu pour lors fort étroit, n'y ayant qu'une petite Eglise fort basse & un cimetiere, avec quelques petits édifices & de petits jardins. Ces Religieux depuis, après avoir demeuré là cinquante-huit ans, remontrerent à Philippes V, surnommé le Long, que tous les ans en hiver, outre les autres incommodités qu'ils souffroient, la riviere grossissant venoit jusqu'à leur porte & les assiegeoit si bien qu'ils ne pouvoient sortir qu'en bateau, joint qu'ils étoient trop éloignés de l'Université, & ainsi privés des leçons & des disputes publiques qui s'y faisoient; pour cela ils le supplierent de leur donner le lieu où ils sont à present, comme il paroît par ses Patentes, &c. Voyés *ibidem* le commencement de ces Lettres.

Les Carmes donc, ayant changé de demeure, afin d'être logés plus commodément & se mettre plus au large, vendirent en 1319 à Jaques Marcel, Bourgeois de Paris, leur premier Monastere, cinq cens livres parisis, se reservant les materiaux de la démolition des bâtimens, les tombes avec les ossemens de ceux qui y avoient été enterrés, comme aussi toutes les pierres de taille, les colonnes, la charpente & la chaux qu'ils avoient preparés pour une nouvelle Eglise, & que le tout seroit transporté dans le jour de St Jean-Baptiste. *Ibidem* est le commencement des Lettres de cette vente.

Et afin de discerner mieux les lieux Saints d'avec les autres, les Carmes, assistés d'un Agent de l'Evêque, firent voir que l'Eglise & tout ce qui étoit derriere,

DE LA VILLE DE PARIS. Liv. IV.

derriere, où est à présent le petit Cloître, la Chapelle de Philippe de Maizieres, jusqu'à l'entrée des jardins, étoit beni. Marcel qui étoit homme de bien & craignant Dieu, fit bâtir deux Chapelles & fonda deux Chapelains perpetuels, leur assignant vingt-livres parisis de rente amorties à prendre sur son Hotel, pressoir, vignes, cens & rentes du Larrez en Brie, à une lieue au deça de Melun, s'en reservant la collation après leur decès, pour lui & ses heritiers jusqu'au quatriéme heritier mâle; lequel venant à mourir, il en donnoit la collation à l'Evêque de Paris.

Ce Jaques Marcel fut enterré dans une de ces Chapelles, sous une tombe de marbre noir, qui se voit encore dans la nef des Celestins, devant le Crucifix, l'an 1320. Après sa mort Garnier Marcel son fils, Echevin & Bourgeois de Paris, jouït l'espace de trente-deux ans de ce lieu; & enfin à la sollicitation de Robert de Jussi, Chanoine de St Germain de l'Auxerrois, & Secretaire du Roi, il donna aux Celestins tout le lieu que son pere avoit acquis des Carmes, & tout de même les rentes assignées sur leurs possessions du Larrez, pour en jouïr après le decès des Chapellains. De plus il remit aux Religieux le droit de patronage & collation des deux Chapelles qu'il avoit, avec Jean de Meulant, Evêque de Paris, qui porté d'affection particuliere pour l'Ordre des Celestins, donna ses Lettres de confirmation touchant ce don & transport, ratifiées par Guillaume de Melun, Archevêque de Sens, & toutes deux datées de l'année 1352, qui fut justement le tems que les Celestins furent introduits à Paris par Charles V, lors Dauphin & Duc de Normandie, à l'instance de Robert de Jussi, qui à l'âge de vingt ans avoit été Novice chés eux, & avoit porté l'habit à leur Monastere de St Pierre à Châtres, dans la Forêt de Cuisse, à deux lieues de Compiegne, fondé en 1308 par Philippe le Bel. Ayant été retiré de ce Monastere par l'importunité de ses parens, étant de retour à Paris, comme Philippe de Valois, Roi de France, reconnut la vivacité de son esprit, sa sage conduite dans les affaires, son zèle pour le bien public, & sa pieté, il le choisit pour être un de ses premiers Secretaires, & son principal Conseiller: en ce tems-là il étoit encore jeune, mais mur pour le jugement & pour sa doctrine. Et de fait, il servit si bien le Roi, & s'acquit tant de reputation à la Cour par son merite & par sa vertu, qu'il fut maintenu Secretaire d'Etat, & un des premiers du Conseil, sous Philippe de Valois, Jean & Charles V, Dauphin. Ce grand personnage donc, se ressouvenant toujours des bons exemples qu'il avoit vûs parmi les Celestins, & des consolations spirituelles qu'il y avoit goutées, brûloit du desir de mettre au jour ces belles lumieres cachées dans le desert, & de les faire venir à Paris. Il en parla à Charles V, alors Dauphin, qui en fit venir du Monastere de St Pierre à Châtres en 1352, qu'il logea au même lieu où ils sont à present, que Garnier Marcel leur avoit laissé par testament peu de jours avant sa mort.

Charles V imitant la pieté de St Louis son trisaïeul, porta un grand honneur à ces Religieux, conversant familierement avec eux, sur tout avec ceux qu'il avoit fait venir à Paris; de sorte qu'étant encore Regent, durant la prison de son pere, & voyant ces Religieux en necessité en 1358, il ordonna que tous les mois ils auroient une bourse dans la Chancellerie de France, qu'il leur fit faire lui-même par Eustache de Morsans, Grand Audiancier, & pareille à celle des autres Notaires & Secretaires, qu'il avoit érigés de nouveau en College; obligeant à perpetuité ces Religieux à prier Dieu & la Vierge sacrée pour le bien & la conservation de sa personne, de son Royaume & des Secretaires qui l'avoient sollicité à cette magnifique & Royale fondation. Davantage ce genereux & sage Prince, commanda tant au Chancelier qu'au Grand Audiancier, qui étoient pour lors & seroient à l'avenir, de faire delivrer sans aucun delai toujours cette bourse à ces Religieux: & pour marque d'une singuliere amitié, prit lui-même la peine de leur apporter la premiere bourse, qu'il leur distribua de ses propres mains, en presence du Chancelier, de l'Audiancier & du College des Secretaires. La Charte de cette donation est inserée au livre du Pere Beurrier fol. 7.

Le même Prince, considerant que ces Religieux n'avoient que deux petites Chapelles pour celebrer l'Office Divin, leur donna dix mille francs d'or, avec douze arpens de bois de haute futaie à prendre dans la forêt de Moret, pour bâtir leur Eglise, & y mit la premiére pierre, assisté de plusieurs Princes & Seigneurs, & voulut qu'elle fut dediée en l'honneur de l'Annonciation. Voyés la teneur de ses Lettres, données le propre jour du Grand Vendredi, veille de l'Annonciation 1367. *ibidem.*

Lorsque l'Eglise fut achevée, le Roi comme fondateur, la fit dedier l'an 1370 le quinze Septembre, par Guillaume de Melun, Archevêque de Sens, l'enrichit de très-beaux ornemens, de Calices, Missels, & principalement de deux Chapelles de drap d'or, l'une parsemée de fleurs de lis d'or, l'autre de soleils & d'étoiles d'or; & à l'Offertoire de la Messe presenta une grande Croix d'argent doré; la Reine Jeanne de Bourbon, une très-belle Image de la Vierge d'argent doré; Charles VI leur Dauphin, un riche vase d'argent doré, qui sert encore aujourd'hui à porter le St Sacrement le jour de la Fête-Dieu; & enfin l'Archevêque, une belle Image d'argent de St Pierre.

De plus les Celestins ayant remontré au Roi que les murs de leur Eglise qu'il avoit fait nouvellement bâtir, qui regardent la riviere, étoient en peril, à cause du bétail, des chevaux & du charroi continuel qui se faisoit au long, le Roi commanda à l'Archevêque de Sens, à la Ville & au grand Voyer, de se transporter dans cette Eglise avec plusieurs Experts, pour y remedier & prévenir les accidens qui pourroient arriver; & sur leur rapport, ordonna que les Religieux auroient six pieds de terre au long des murs de l'Eglise, pour y faire des nouvelles murailles pour sa conservation. Les Lettres de cette donation sont datées de l'an 1370 au mois de Mai signées Graffart scellées en cire verte sur lacs de soie.

Le Roi desirant avoir le titre de fondateur de ce Couvent, non content d'avoir bâti l'Eglise, d'y avoir mis sa statue à l'entrée avec celle de Jeanne de Bourbon sa femme, il employa encore cinq mille francs à y faire le dortoir, le refectoire, le cloitre & le chapitre. De plus il dota la maison de deux cens livres parisis de rente amortie; & comme il étoit dans le dessein d'augmenter leur maison, qui pour lors étoit fort étroite, il arriva tout à propos, qu'un nommé Robert Testart, Commis à la recette des Aides ordonnés à Paris pour la guerre en 1564 & 1565, demeura court de sa recette d'une notable somme; de sorte que son bien ayant été decreté, principalement un grand Hotel contenant plusieurs beaux édifices & jardins, le tout contigu à la maison de ces Religieux, le Roi l'acheta d'un nommé Gobin Culdoé, Clerc-Notaire & Secretaire demeurant à Paris, à qui il étoit adjugé par decret, & ensuite le donna aux Celestins, en consideration que le cœur & les entrailles de Jeanne de Bourbon son épouse, avoient été inhumés, avec deux petits Enfans de Louis Duc d'Orleans, dans leur Eglise, devant le grand Autel, sous une riche sepulture de marbre blanc. Les Lettres de cette donation sont telles: *Carolus &c, Vide ibidem.*

Les Conseillers-Notaires & Secretaires du Roi, leur ont fait quantité de bien, ont fondé un Autel dans leur Eglise, de vingt-cinq livres de rente, avec mille francs une fois payés. Cette fondation & quelque changement qu'on apporta à cet Autel, & qui fut reculé avec la permission de ces Secretaires, est gravée sur deux grandes lames de cuivre posées à côté droit du grand Autel, l'une en Latin l'autre en François.

Ces Secretaires firent bâtir à leurs dépens deux grandes salles, l'une basse, l'autre haute; l'entrée de la premiere se voit dans le cloitre: au dessus de la porte est gravé en or : *Camera Collegii Notariorum & Secretariorum Regis*. C'est-là qu'ils s'assemblent pour traiter de leurs affaires ; & tous les ans le jour de St Jean Porte-Latine , ils y créent de nouveaux Officiers. L'autre Salle est fort spacieuse, belle, haute, élevée & située à côté du cloître, ayant soixante-sept pieds en longueur, vingt-cinq en largeur & vingt de hauteur.

Ces Secretaires donnerent trois mille liv. pour les quatre Evangelistes de bronze , posés sur quatre riches colonnes de dix pieds de haut, deux desquels sont de marbre noir & deux de porphire, données par Henri IV.

C'est dans ce Couvent que les Secretaires mettent en dépôt leurs titres & papiers de consequence. Ils ont aussi donné une grande vitre dans le Refectoire. Gilles Corrozet dans son livre des Antiquités de Paris, François de Belle-forest au premier tome de sa Cosmographie, le Pere du Breul dans son Supplement des mêmes Antiquités, & plusieurs autres Modernes, écrivent que les Celestins ont demeuré autrefois à la Place Maubert, au lieu où sont à present les Carmes ; que leur Eglise étoit alors ce qu'est la grande Chapelle de Notre-Dame, & qu'ils firent échange de leur demeure avec celle des Carmes en 1319.

Les anciens titres justifient assés que les Celestins n'ont jamais demeuré au lieu où sont les Carmes, puisqu'il y a trente-trois ans d'intervalle depuis l'établissement des Carmes au lieu où ils sont, jusqu'à la venue des Celestins à Paris. De plus il paroît par les mêmes titres que Jaques Marcel & Garnier son fils, ont joui trente-trois ans de l'acquisition qu'ils avoient faite des Carmes l'an 1319, & que ces trente-trois ans-là, ajoutés aux precedens, montrent justement l'année que les Celestins furent introduits à Paris par Charles V, savoir en 1352. Davantage, si les Celestins eussent succedé immediatement aux Carmes en vertu de l'échange pretendu par ces Historiens, Jaques Marcel ne se fut pas mis en peine de convoquer les plus anciens Religieux des Carmes, assistés d'un Notaire Apostolique, pour discerner les lieux saints d'avec les profanes, afin d'y bâtir deux Chapelles & y fonder deux Chapelains.

Mais la plus forte preuve pour convaincre cette opinion d'erreur, est une Charte de Philippe V, touchant l'achat qu'il fit de la maison où sont à present les Carmes, d'un nommé Guid Liurieu, autrement dit Combes, Notaire & Secretaire, où il n'est fait aucune mention des Celestins ni que ce lieu leur ait appartenu ; ce qui témoigne évidemment combien ces Historiens se sont abusés. Les Lettres de Philippe V, sont telles. *Vide ibidem.*

Le Pere du Breul passe bien plus outre, lorsqu'il dit dans son Supplement, que les Celestins de Paris ne veulent avouer pour fondateur que Charles V, afin de jouir des privileges de ceux qui sont de fondation Royale, bien que la verité soit, dit-il, que Jaques Marcel a été leur premier fondateur sous Philippe le Long.

Premierement, pour refuter cette nouvelle opinion, qui est veritablement préjudiciable à la majesté, & à liberalité de Charles V, je me veux servir des propres écrits de du Breul, où il confesse lui-même que ce pieux & sage Roi est le premier & principal fondateur de ce Couvent, puisqu'ensuite de ce que je viens d'alleguer, il rapporte dans la même page en termes exprès, comme Charles V, premier fondateur, avoit donné en 1360 les six principales vitres du chœur, qui ayant été ruinées lorsque le tonnere tomba en 1538 sur la tour de Billi, remplie de poudre à canon. François I les fit refaire l'année suivante. Voici ce qui étoit écrit au dessus des effigies de Charles V & de François I, rapporté par le même Auteur.

Rex Franciscus has sex vitreas erexit 1539, *turris de Billi fulgure ruens antiquas excussit* 9 *Julii* 1538, *quas priores posuit* 1360 *Carolus V fundator primus.*

Parlant de la Chapelle d'Orleans, il y remarque onze effigies tant de Rois que de Ducs, avec les inscriptions qui sont au dessous, à l'exception de trois mots qu'il a omis exprès, parce qu'ils sont contre lui. C'est sous la premiere effigie qui est de Charles V, où ces trois mots sont écrits en grosses lettres tout au long *Rex Carolus quintus fundator hujus Cœnobii*; & cependant il ne rapporte que ces trois premiers *Rex Carolus quintus*, & laisse le reste.

De plus rapportant une lettre de Charles V, donnée en faveur des Celestins, il est contraint de confesser que c'est lui qui est leur fondateur, & parce qu'il n'en rapporte qu'une partie, & que mon intention étoit de la citer plus bas, j'ai trouvé à propos d'en parler ici.

Charte par laquelle Charles V se dit fondateur des Celestins de Paris, & comme il les prend en sa protection & sauve garde, & commet toutes leurs causes aux Requêtes du Palais.

Carolus Dei gratia, &c. Vide ibidem.

Tous les Rois qui ont succedé à Charles V, approuvant & confirmant ces privileges & autres, font tous mention dans leurs Patentes, comme le Monastere des Celestins de Paris a été fondé par ce Prince.

Louis Duc d'Orleans avoit sa cellule dans le dortoir, & qui y est encore en son entier. Il jeunoit, veilloit avec les Religieux, venoit à Matines comme eux durant l'Avent & le Carême. Ce Prince leur a donné la grande Bible en velin, enluminée & écrite à la main qui avoit été à son pere Charles V, & qu'on voit dans leur Bibliotheque, signée de Charles V & de Louis Duc d'Orleans. Il leur donna aussi une autre grande Bible en cinq volumes in folio, écrite sur le velin, qui a toujours servi & sert encore pour lire au refectoire.

Louis XII, fit dresser les sepultures d'Orleans, ainsi qu'il se voit par cette Inscription. *Ludovicus Rex XII quieti perpetuæ & memoriæ perenni Illustrissimorum Principum Ludovici avi, Valentinæ aviæ, Caroli patris, piissimorum pientissimorumque parentum, ac Philippi patrui feliciter* M. D. IIII.

Le portrait de Louis XII se voit dans la troisiéme vitre de la Chapelle d'Orleans. Le cœur de François II repose dans un vase doré, sur lequel un Ange tient une couronne élevée en l'air qui est de bronze; le tout posé sur une haute colomne de marbre blanc, parsemée de flames de feu, & au bas trois petits enfans qui semblent parler & se plaindre, chacun un flambeau à la main & y mettant le feu: aussi ce Prince portoit-il pour devise une colonne ardente où étoit une bande couronnée avec ces mots, *Lumen rectis*.

Une colonne Salomonique, c'est-à-dire, à l'imitation de celle du Temple de Salomon, par Barthelemi Prieur, Sculpteur Huguenot, que ce Seigneur avoit caché & sauvé du massacre de la St Barthelemi, érigée à l'honneur d'Anne de Montmoranci, Connétable de France, tué à la bataille de St Denys.

La colomne torse qui porte sur son chapiteau le cœur du Connétable Anne de Montmoranci, est de l'ordonnance de Jean Bullant & de la façon de Barthelemi. Elle semble un peu courte aux yeux de quelques Critiques, mais dans son ordonnance aux yeux des connoisseurs très-juste & très-accomplie. C'est un morceau des plus beaux de Paris en son espece Cette maniere de mausolée est si bien pensée qu'il ne se peut mieux. Les ornemens en sont bien travaillés, fort doux & se détachent bien. A Montmoranci la sepulture de ce Connétable est du même.

Philippe de Meziere, Chancelier du Roi de Chipre, & depuis Conseiller de Charles V, après avoir fait merveilles à la Terre-Sainte, se retira dans ce Couvent en 1380, où il vécut en grande solitude & sainteté de vie vingt cinq ans entiers. C'est lui qui a fait bâtir la Chapelle de Meziere, le petit cloître, planter la vigne du clos & environner ce clos de murs. Il est enterré dans le Chapitre sous une tombe de pierre un peu élevée, où se lit autour le phœbus qui suit.

Cy gist Monseigneur Philippe de Meziere en Santerre, Chevalier Chancelier de Chipre,

DE LA VILLE DE PARIS. Liv. IV.

paſſa de la gloire de l'Hôtel Royal à l'humi'ité des Celeſtins l'an de grace 1380, *& rendit ſon eſprit à Dieu le vingt neuviéme jour de Mai l'an de grace* 1405.

Au milieu de cette tombe eſt encore gravé:

Ledit Chevalier fut fait Chancelier de Chipre au tems du très-vaillant Roi Pierre de Luſignan-Quint Roi Latin de Jeruſalem, après Godefroi de Bouillon Roi de Chipre; lequel par ſa grande proueſſe & haute entrepriſe, priat par bataille & à ſes frais les Cités d'Alexandrie en Egipte, Tripolis en Surie, Layas en Armenie, Lathalie en Tur-Conſeiller & Banneret de l'Hôtel du Roi de France Charles-Quint de ce nom, qui trequie, & pluſieurs autres Cités & Châteaux ſur les Ennemis de la Foi de Jeſus-Chriſt; & après la piteuſe mort du très-excellent Roi, ledit ſon Chancelier fut appellé au ſervice du Pape Gregoire XI, & finalement au ſervice de ſon droit Seigneur naturel, lettré, ſage, debonnaire, catholique & bien fortuné R i de France Charles-Quint de ce nom; deſquels Pape & Roi les bonnes memoires ſoient preſentes devant Dieu.

Les platfonds du cloitre ſont ordonnés avec beaucoup d'eſprit. C'eſt le plus beau cloitre; & les bons Architectes ne craignent point de dire que c'eſt le meilleur morceau d'architecture de Paris.

Tombeau de Chabot, accompagné d'ornemens du bon goût. Perlan l'attribue à Maître Ponce. Sarraſin n'eſt pas de cet avis; tous avouent que le goût en eſt fort & ſuperbe.

L'Epitaphe de Geſvres aſſés bon, mais trop bon.

Les Celeſtins admirent dans leur chœur un grand chandelier de cuivre, qui ſe démonte, fait à Abbeville par Bernard le Bel en 1618.

Vitres de la Chapelle d'Orleans.

Les trois Graces le plus bel ouvrage de Pilon; les trois petits Enfans de Maître Ponce.

Les Anciens nous ont repreſenté les Graces ſe tenant par les mains, & nous ont dit qu'elles ſe tiennent toujours par les mains. Auſſi eſt-ce par cette raiſon que Pilon nous les a repreſentées ainſi, & les a ſculpées en rond, afin qu'elles fuſſent liées & unies encore plus fortement les unes avec les autres.

Dans la Chapelle d'Orleans, à main gauche proche de l'Autel s'éleve un magnifique obeliſque chargé de trophées, accompagné des quatre Vertus Cardinales & de deux bas-reliefs de bronze, dorés d'or moulu, qui occupent les deux faces du pied-d'eſtal; ſur leſquels ſont repreſentés le ſecours d'Arques & la bataille de Senlis, le tout du deſſin de François Anguierre l'aîné.

Ce monument a été érigé à la memoire des deux Henri Ducs de Longueville, Princes Souverains de Neuf-chatel. Le premier mourut à Amiens âgé de vingt-ſept ans le vingt-neuf Avril 1595. Le ſecond, fils du precedent, deceda à Rouen le onze Mai 1663, âgé de ſoixante-neuf ans, après avoir donné des marques d'une pieté peu commune, leurs cœurs furent apportés le dix ſept Juin 1663, & unis dans le tombeau des anciens Comtes de Dunois, qui eſt en cette Chapelle.

Charles Pâris d'Orleans, dernier Duc de Longueville, fils d'Henri II, Duc de Longueville, & d'Anne Henriette, veuve de Bourbon-Condé, ayant été tué le douze Juin 1672, à l'âge de vingt-trois ans quatre mois, dans l'Iſle de Bethau, après avoir paſſé le Rhin, combattant pour le ſervice du Roi contre les Hollandois, ſon corps fut apporté le neuviéme Août de la même année, & mis avec le Comte ſon pere & le Duc ſon aïeul.

LE NOVICIAT DES JESUITES
du faux-bourg St Germain.

MENUISERIE de l'Autel très-belle ; Autel de bois de deux colonnes Corinthiennes, & est de la pensée de Poussin.

L'Eglise & le Portail sont d'une Architecture très-belle & très-bien entendue ; le dessein en a été fait par le Frere Martelange de leur compagnie.

Frise ornée de choses qui servent à l'Autel.

Le Maître-Autel est rempli d'un grand Tableau de Poussin, où il a representé St François Xavier qui ressuscite un mort, qu'on trouve trop long & trop peu large. Il a disposé ses figures en sorte qu'elles voyent toutes le miracle, & a remué leurs passions avec un jugement & une adresse qui lui est toute particuliere : il a conduit & manié leur douleur & leur joie par degré à proportion des degrés du sang & de l'intereêt, ce qui paroit visiblement sur leurs visages, & par leurs attitudes toutes differentes. L'un s'étonne du miracle, l'autre en doute ; l'un par sa gaieté temoigne son contentement, l'autre par la continuation de sa tristesse montre qu'il ne s'en rapporte ni au récit d'autrui, ni à sa vûë. Une femme au chevet du lit soutient la tête de la personne ressuscitée fort naïvement ; elle est plantée & courbée avec une science & une force toute spirituelle & toute à fait merveilleuse. On remarque dans les yeux, la bouche, le mouvement des bras, les plis du visage, & toutes les actions d'une autre qui est au pied du lit, que la douleur qui s'étoit emparée de son ame, ne cede qu'à grande force à la joie ; & cette joie encore ne se fait voir que comme le Soleil dans un tems fort chargé, qui simplement par quelque foible rayon, sans pouvoir percer la nuë, à peine donne à connoître qu'il a envie de se montrer. Il n'y a que Poussin au monde capable d'exprimer ce combat de passions si opposées dans une même personne, & sur un même visage. Jesus-Christ dans le Ciel honore ce miracle de sa presence : la figure & les attitudes en sont toutes majestueuses & divines ; elle est si finie dans toutes ses parties, qu'il n'y a que le seul Raphaël qui en puisse faire une semblable. Les envieux & les medisans disent que Poussin, Raphaël & l'Antique ont fait la même figure, ou que Raphaël n'en pourroit pas faire une meilleure ; les soupçonneux la croyent prise de la Colonne Trajanne, mais les désinteressés & les intelligens tiennent qu'il n'est redevable de la beauté des attitudes toutes divines qu'à son grand genie. *E di vero chi considera l'amore, la diligenza, l'arte & la gratia di questa opera, ha gran ragione di maravigliarsi. Perche ella fa stupere chiunque la mira, per l'avia delle figure, per la bellezza di panni, & in somma, per una divina boula chell'. ha in tutte le parti.*

Sur la pointe du fronton qui regne au dessus du Maître-Autel, est un Crucifix de Sarrazin, qui n'étoit pas chés lui moins admirable que le Tableau de Poussin, mais qui ne l'est guere, placé où il est

Dans les deux croisées sont deux Tableaux de Stella & de Vouet, faits en concurrence ; le Lecteur fera jugement du meilleur des deux.

Cette Eglise, dit Freart, passe pour la plus reguliere de Paris ; & quoi qu'elle ne soit pas chargée de tant d'ornemens que quelques autres, elle paroît néanmoins fort belle aux yeux de ceux qui s'y connoissent, tout y étant d'une grande exactitude de dessein fait avec une recherche extraordinaire ; ce qu'il y a d'excellent par dessus tout le reste, est un tableau d'un des miracles de St François Xavier, qui fut peint excellemment par Poussin, encore qu'il l'ait peint pendant l'hiver, & avec grande précipitation.

Monsieur des Noyers y est enterré.

DE LA VILLE DE PARIS. Liv. IV. 463

Summa operis Dorici infelix est omnino, & nunquam antiqui construxerunt templum Doricum. Vide Demontiosi in Ponther. fol. 6.

L'Ordonnance du Tableau de Vouet est vitieuse en toutes ses parties ; il y a toutefois de petits traits merveilleux, le reste est mal.

S. F. ou F. S.

Ces deux Lettres entrelassées qui se trouvent dans la frise de l'Eglise des Jesuites du Faux-bourg, font équivoque à St François, l'un de leurs Patrons, & à François Sublet qui a bâti leur Eglise.

La fondation de ce Noviciat fut faite en 1610. L'année suivante au mois de Janvier, il y eut transaction passée entre les Jesuites, les Religieux de l'Abbayie, & le Curé de St Sulpice, conçûe en ces termes.

Les Religieux ont permis l'établissement des Jesuites à l'Hotel de Mezieres, sous ces conditions,

1°. *Que les Jesuites reconnoissent que les Religieux de St Germain des Prés, ont droit Episcopal dans les territoires de leur Faux-bourg.*

2°. *Qu'ils ne pourront aux Festes solemnelles de Notre-Dame, des Patrons de l'Abbayie, de la Paroisse, & les Dimanches de l'année, faire prédications, ni Catechismes pendant la celebration de la Grand'Messe en l'Eglise de la Paroisse, depuis huit heures & demie du matin, jusqu'à onze heures & demie : & l'après dinée depuis une heure jusqu'à trois heures & demie.*

3°. *Pourront hors ce temps-là faire predications, & tous les jours continuer les autres fonctions & exercices accoutumés dans leurs maisons.*

4°. *Que ces exercices cesseront audit Noviciat, depuis le Dimanche des Rameaux, jusqu'au jour de Quasimodo inclusivement, à l'égard de ceux de la Paroisse, & non des forains & autres ayant permission de leur Curé pour la confession & communion ; & pourront faire la prédication le jour de Pâques à quatre heures après midi.*

Ces articles furent signés en 1611, le 20 Janvier.

Au mois de Juin ensuivant le Prince de Conti, qui jouissoit alors de l'Abbayie sous un Abbé Commandataire, avec dispense du Pape, leur permit de s'établir, si bien qu'ils sont soumis à tous les ordres du Pere Prieur Grand Vicaire, & même sont obligés de les recevoir pour les confessions des seculiers, les cas réservés, absolution d'hérésie, & de tout le reste, ainsi que les autres Religieux du Fauxbourg.

L'Hotel de Mezieres & le jeu de Paume sont compris maintenant dans le clos de ce Noviciat.

A l'égard des Jesuites de la Rue St Jaques, voyés la fondation des Colleges, Livre 8.

LES JESUITES DE LA RUE St ANTOINE.

LE Portail en a été construit par ordre du Cardinal de Richelieu, comme il paroît par cette inscription.

Sancto Ludovico Regi, Ludovicus XIII, Rex Basilicam : Armandus Cardinalis, Dux de Richelieu, Basilicæ frontem posuit.

Cette Eglise est considerable par une chaire de fer faite aux depens de Gaston Duc d'Orleans, par François le Lorrain ; cette chaire est un peu petite pour le dais ; & est toute de fer à claire voie.

Le portail est tourné, ainsi qu'il est, par Mercier, au jugement duquel se raporterent tous les Jesuites du monde ; ils n'eurent point d'égard à la coutume de la primitive Eglife qui tournoit toujours le chœur vers l'Orient.

Le Tombeau de M. le Prince, par Sarrazin & Perlan.

Le portail eſt ſi chargé d'ornemens, que s'il étoit de menuiſerie, il ne le pourroit pas être davantage ; il y a tant de feuillames, de refans, de fleurons & autres ſortes d'ornemens, que c'eſt pitié.

Le corps de l'Egliſe eſt beau, mais il eſt gâté par les ornemens ; quelques Tailleurs de pierre remedieroient en peu de tems à ce grand défaut.

Il ne faut employer l'ordre compoſite que bien à propos, & toujours tout ſeul ; c'eſt ainſi qu'en ont uſé ſes inventeurs, qui connoiſſant bien ſon foible en le comparant aux autres, fuyoient de le mettre en parangon avec eux. Chambray a cru au ſujet de ce portail avec Philippe de Lorme, que la colonne compoſée ne devoit point avoir de diminution, c'eſt-à-dire, qu'elle devoit être également groſſe par haut & par bas, quand on la vouloit placer & élever ſur une autre ; puiſqu'autrement ſes meſures ne feroient que Corinthiennes.

L'aſſomption de St Louis du Maître-Autel eſt priſe par quelques-uns pour une aſſomption de la Vierge, tant l'attitude de ce Saint eſt feminine. Ce n'eſt pas aſſés dans une figure d'y remarquer une tête & un habit d'homme, il faut que le reſte ſoit d'homme auſſi ; le deſſaut de ceci vient de l'habitude qu'avoit Vouet de traveſtir à ſon avantage les penſées d'autrui, & en cet endroit il s'eſt ſervi malheureuſement d'une aſſomption du Carrache, qui eſt chés un particulier à Rome.

Ils ont une Congregation dont ils font grand cas, & qu'ils nomment la plus belle Chambre du monde.

Louis XIII mit la premiere pierre, lorſque l'on a bâti cette Egliſe, accompagné de M. de Gondi premier Archevêque de Paris : ſur laquelle étoit cette Inſcription.

D. O. M.

SANCTO LUDOVICO.
Qui totum orbem in templum Dei
armis, animiſque deſtinavit.
LUDOVICUS XIII,
Hoc templum erexit ;
Ut quem Gallia coluit ut Regem,
amavit ut Patrem,
Hic veneretur ut Cœlitem.
Anno M. D. C. XXVII.

St NICOLAS DES CHAMPS.

LE Portail de la croiſée eſt chargé d'un très-grand nombre d'ornemens, ſi bien coupés qu'il ne ſe peut pas mieux ; il n'y a rien en cette maniere de ſi beau, de ſi recherché, & de ſi achevé à Paris.

La porte de Menuiſerie du même portail n'eſt pas d'une moindre beauté, elle eſt toute chargée de feuillames, d'oiſeaux, de Sirenes taillés avec une delicateſſe incroyable & merveilleuſe, ſans embarras ni confuſion, & d'une maniere fort facile. C'eſt le chef-d'œuvre de Colo, & la porte la plus belle, la mieux entendue, & de la plus ingenieuſe ordonnance de Paris.

Le Maître-Autel eſt encore un des plus accomplis que nous ayons ; il eſt enrichi du plus beau Tableau que Vouet ait jamais fait, & de quatre Anges de Sarazin, qui ſans doute ſont de ſes plus belles figures ; il ſeroit incomparable,

DE LA VILLE DE PARIS. Liv. IV.

comparable; si au lieu de Boudin, Sarazin avoit fait les autres figures; l'ordonnance en est jolie & très-spirituelle : il consiste en deux ordres d'Architecture. Dans le milieu du premier est un tableau des Apôtres, qui regardent & fouillent le tombeau de la Vierge; dans le second, on la voit dans un autre tableau montée au Ciel, & toute environnée d'Anges. Les Apôtres au premier sont tous occupés à cette recherche, avec des attitudes admirables & differentes; toutes leurs têtes sont peintes d'après nature, d'ailleurs très-belles & très-finies; les uns cherchent la Vierge au tour de son sepulchre, les autres levent les yeux en haut, pour voir s'ils ne l'appercevront point en l'air & dans les nues; quelques-uns temoignent de la tristesse & de la douleur de l'avoir perdue : d'autres enfin sont ravis de la voir monter au Ciel, & de l'avoir retrouvée, par le moyen de deux Anges de stuc placés sur le bout de la premiere corniche, & qui se tuent de crier aux Apôtres qu'ils la regardent. Ces deux beaux Anges jettent fort ardemment les yeux sur tous ces Apôtres : leur bouche de la façon qu'elle est ouverte, fait voir en eux une grande charité, & de plus, qu'ils crient bien fort; ils montrent de fort bonne grace, & designent tant des bras, des mains que des yeux, le lieu où est la Vierge, & leurs attitudes sont aisées & differentes. Sur le fronton du second ordre d'architecture sont couchés deux Anges, tenans en main une Couronne, & deja tous prêts à couronner la Vierge : on les voit se courber tout autant qu'ils peuvent, & il se remarque dans leurs bras, leurs yeux & leurs corps, une joie & une impatience de lui mettre sur la tête la Couronne qu'ils tiennent.

A la Chapelle Ste Catherine, quatre Imperiales Gothiques, & fort hautes, mais fouillées avec une patience & une recherche incroyable

Lettres de la porte gravées de relief sur une table de marbre, qui font connoitre que cette Eglise a été élargie considerablement.

Anteriore Templi hujus parte à Roberto Reg. 37. *D. O. M. D. D. Joan. Evang. Nicol. in suburb. ad Reg. ædes constr. in Parroch. erecta : posterior. Hac pop. urbi. tand. incl. & sub mod. aucto. S. D. extr. cap. Anno restit. sal.* 1576. *Sept. N. Jul. Henrici III. Gal. & Pol. Reg. II.*

Le Tombeau de Guillaume Budé Parisien, grand Jurisconsulte, mort en 1544, enterré sans aucune ceremonie, & de nuit, selon sa derniere volonté, sans épitaphe.

Guillaume de Nangis, *Robertus Parisiis construxit Ecclesiam in Palatio suo sancto Nicolao*, nous fait savoir que cette Eglise anciennement étoit une Chapelle dediée à St Nicolas, bâtie par Robert I, Roi de France, qu'il fonda près son Palais, vers l'an 997.

Helgaldus qui a écrit la vie du Roi Robert fils de Hugues Capet, nous apprend qu'il fit bâtir la Chapelle St Nicolas près de son Palais, sur lequel emplacement l'on a bâti l'Eglise de St Nicolas des Champs. Il raporte un miracle qui y arriva, que le Roi Robert étant en un festin solemnel le jour de Pâques, ou selon qu'il avoit de coûtume, il y avoit quantité de Pauvres, dont l'un d'eux étant aveugle, dit au Roi : Sire, je vous prie au nom de Jesus-Christ, de me jetter en la face l'eau de laquelle on aura lavé vos mains, ce qu'il fit, & incontinent l'aveugle reçut la vûe. Corrozet, Nicole Gilles, Bonfons, Duchesne, tous rapportent que le Roi Robert fonda près de son Palais cette Chapelle.

Cette Cure est de la nomination du prieur de St Martin des Champs. Son revenu est d'environ huit mille livres par an. Elle est située en la rue & quartier de St Martin des Champs.

LA SORBONNE.

TOUTES les figures sont de pierre de Tonnere, qui paroissent aussi belles, & aussi luisantes que le marbre: Guilain, & Berthelot en sont les Sculpteurs; les plus belles partent de la main du premier.

Les quatre pilastres qui soutiennent le dôme sont vuides, & servent d'écho pour la musique: dans l'un est un petit escalier, ou vis à jour, faite en limaçon, qui finit en tête de serpent, qui conduit sur la voute: dans l'autre est une tour, & en haut une cloche, où il y a tant d'aliage d'argent, qu'on l'entend de tout Paris depuis neuf heures du soir jusqu'à neuf heures & demie: les autres sont tous vuides.

Quelques-uns ont cru que cette cloche avoit servi de signal au meurtre des huguenots, mais les Historiens nous font bien savoir le contraire.

L'aspect principal de cette Eglise peut-être appellé, *l'Inantis de Vitruve*, à cause des pilastres des coins, & vis-à-vis de ces pilastres des colonnes detachées, & hors d'œuvre, sur lesquelles pose le frontispice qui couvre la porte.

L'aspect de la cour est à peu près le prostyle des Anciens, le decastyle de Vitruve; la maniere est une espece de pycnostyle de Vitruve, parce que le dedans des colonnes, n'a qu'un diametre & demi, & deux diametres.

François Mai, Pere Cordelier, inventeur des Sorboniques.

Sorbonne fondée en 1253. bâtiment trop massif, & trop materiel pour sa petitesse. L'escalier petit, bien peint, se termine en serpent; la coupe en est gracieuse; les ornemens y sont avec beaucoup d'ordre, & sans confusion; ces huit jours, accompagnés de pilastres dans leurs trumeaux, l'éclairent agreablement; les quatre Docteurs de l'Eglise, placés au-dessus des pilastres qui soutiennent le dôme, & placés dans l'arrachement de la voute & peinte excellemment par Champagne, lui donnent une grace qui ne se rencontre point à Paris dans pas un ouvrage de cette espece. Mercier a fait un refant aux moulures de son entablement, pour les faire tomber à plomb du nud des pilastres qui accompagnent ses jours.

Le finissement de cette coupe est soutenu par dehors de huit consoles, qui couronnent le dôme avec bien de l'ornement. Du haut de la Sorbonne on voit Paris avec étonnement; & il faut du tems pour assurer ses yeux, & les accommoder à l'embarras des maisons.

Le portail de devant est beau, & bien majestueux; les colonnes, les pilastres, les niches du premier ordre font un très-bel effet; mais cette ordonnance en porte une autre de pilastres seulement, qui rend ce portail nud & defectueux.

Le vaisseau de la Bibliotheque est long de six-vingts pieds sur trente de large, ou vingt toises sur cinq; la menuiserie en est très-propre; le vaisseau vouté; au degré de cette Bibliotheque sont plusieurs rencontres d'arrêtes fort belles & hardies.

Le vestibule est amphi-prostylos, parce qu'il a des colonnes à deux façades; l'aspect en est pycnostylos & systylos, à cause que celles du milieu ont deux diametres, & celles qui approchent des angles en ont un & demi, ou environ pycnostylos.

Je m'étonne comment Mercier ayant fait les colonnes de son vestibule corinthiennes, n'a pas continué la même ordonnance sur les pilastres des dehors de l'Eglise, & qu'ils sont doriques; c'est le seul bâtiment regulier & bien entendu, tant dedans que dehors, qu'ait bâti le Cardinal de Richelieu, tous les autres étant pauvres par dehors & riches dedans: le bâtiment

DE LA VILLE DE PARIS. Liv. IV.

& l'Eglise sont dignes de la magnificence de ce Cardinal.

Les entre-colonnes près des angles sont pressées, afin de rendre l'ouvrage plus fort, & plus durable : les deux autres sont de largeur égale à celui du milieu, afin qu'il puisse entrer plus de monde à la fois, & plus commodement. La sculpture a été partagée entre Guilain & Berthelot.

Berthelot a fait toutes les figures qui sont à main droite en entrant ; & Guilain celles du côté du College ; celles de Guilain ont une plus grande approbation, encore qu'on l'accuse de ne pas mesurer ses heures.

Les Anges du dôme ont été aussi partagés ; les demi-nuds sont de Guillain ; les vestus de Berthelot : on fait encore le même jugement de ces figures que des autres.

Cette Eglise est le mausolée du Cardinal.

Le fondement de la Sorbonne est d'une profondeur, & d'une épaisseur inebranlable.

Les figures de dehors sont aussi des deux mêmes ; toutes sont d'une beauté extraordinaire, mais entre autres, on en admire deux de Guillain ; l'une represente la Science, foulant les livres aux pieds avec un soleil à la main, fait en miroir, & élevée sur la croisée gauche du porche ; l'autre est de l'autre côté, qui represente la Verité, tenant de la main gauche un Livre, de la droite une palme, & auprès d'elle une Eglise, sur laquelle elle met un pied.

Ne volti de dottori si vede tutta quella dottrina e sapienza, chelli scrivendo montrarono nelle sue carte.

St LEU, St GILLES.

IL ne se trouve qu'une chose considerable dans cette Eglise, qui est le tableau du Maître-Autel, le chef-d'œuvre, & le dernier effort de Porbus, & l'une des merveilles de Paris. En effet, nous n'avons rien de ce Peintre, ni de plus achevé, ni de mieux ordonné ; aussi ne l'entreprit-il que pour confondre ses envieux, qui publioient qu'il ne pouvoit mettre deux figures ensemble.

Dans ce tableau Jesus-Christ est assis à table au milieu de ses Apôtres : de toute la compagnie, c'est le seul dont le visage soit assûré ; tous les autres paroissent surpris, & dans un certain étonnement, mais avec tant de varieté par leurs actions, & leur contenance, qu'on voit bien que leur bon Maître vient de faire savoir qu'il y a un traître parmi eux. Les uns s'entre-regardent, sans se rien dire, comme si l'étonnement ou ils sont leur avoit fait perdre la parole ; les autres un peu plus resolus, étudient les yeux, & la contenance de chacun, afin de découvrir quel pourroit être ce malheureux : à un des bouts de la table est une troupe de disciples, qui comme n'ayant pas bien entendu ce qui avoit été dit, & semblant l'apprendre ; l'un en apparence n'en est pas si touché ; un autre au contraire tout-à-fait surpris, & le reste enfin plein d'indignation. Toutes ces passions, & plusieurs autres se lisent sur le visage de tous les Apôtres ; que si elles éclatent davantage dans les attitudes de St Pierre, de St Jaques, & de St Jean, c'est qu'ils avoient plus d'amour pour Jesus-Christ, & qu'ils en étoient plus aimés. Une colere noble, mêlée de transport, se voit dans les yeux de St Pierre, comme la douleur & l'affliction sur le visage de St Jean : toutes ces differentes agitations troublent Judas ; son crime l'épouvante ; les remords de sa conscience le bourellent ; il se leve de table, & quoique Porbus ne nous le fasse voir que par le dos, on ne laisse pas de découvrir toutes ces choses par le mouvement de sa tête, & par la fuite qu'il minute, pendant

Tome I. NNn ij

que ſes compagnons ſont occupés à ſe regarder l'un l'autre : ſon avarice même s'y fait voir, car en fuyant il a la main ſur la bourſe pour la ſerrer tant il craint de la perdre. Que de douceur, d'ingenuité, & de candeur dans le beau viſage de St Jean ! que de fermeté, & reſolution dans celui de St Pierre ! que de ſincerité, & de ſainteté dans tous les Apôtres. La tête de St Pierre eſt ſi belle, celle de St Jean ſi merveilleuſe, mais celle du Sauveur ſi divine, qu'elle ſeule renferme tout ce que Porbus a diſtribué de bon dans les autres. Les cheveux de toutes les figures ſont très-bien maniés, leurs draperies bien choiſies, les couleurs bien diſtribuées, les carnations vraies ; les têtes accomplies, les figures achevées, & toutes ces choſes ordonnées de ſorte, & ſi bien developpées, qu'on les admire toutes, & que pas une ne ſe derobe à la vue. On remarque entre autre une patience extraordinaire dans la nappe ; il ſemble que le Peintre ait pris plaiſir de s'y égayer, & ſe ſoit efforcé d'y faire paroître tous les fils du Tiſſerant, & tous les plis qu'elle a reçus en la mettant ſous la preſſe.

Enfin les Critiques n'y reprennent que deux petites choſes, l'une d'avoir repreſenté Jeſus-Chriſt aſſis à table & non pas couché, ce qui eſt contre l'Ecriture ſainte ; l'autre que les mains des Apôtres ſont un peu bien tendres pour des pêcheurs, & que les Demoiſelles ne les ont guere plus délicates. Pouſſin au reſte, a dit de ce tableau, & de celui des Auguſtins de du Breuil, que c'étoient les deux plus beaux tableaux qu'il eût vûs.

Es prime quel ſoſpetto, chera entrato ne gli Apoſtoli di voler ſapere chi tradiva, il loro maeſtro : per il che ſi vide nel viſo di tuttilore l'amore, la paura & loſdegno, ò vero il dolore di non potere intendere l'animo di Chriſto, la qual cauſa non avocea minor maraviglio che il cognoſcerri allincontro l'oſtinatione, l'odio il tradimento in Giudo ſenza che ogni minima parte dellopera moſtra una incredibile diligenza auverga che baino milla . . . . è contra ſulſo l'opero del tiſſuto d'una maniera, che la tenſa ſteſſa non moſtra vero meglio . . . . figure è teſte oltra la belleᴁa ſira ordinaria tanto nuove varie è bello, ſe ſi fa giudicio che giuda è la piu celebrata, la piu bella, e divina di tutte.

Le defaut de deſſin de ce Peintre paroîtroit à ſon ordinaire s'il ne l'avoit adroitement caché, en s'aviſant de faire aſſeoir ces figures.

Il eſt bon de dire ici deux mots de la fondation de cette Egliſe. C'étoit ſimplement une Chapelle de l'ancienne Egliſe de l'Abbayie de St Magloire, à côté droit du choeur en entrant, preſentement occupée par les Religieuſes Auguſtines dites de St Magloire, de la rue St Denys, dont j'ai parlé ailleurs, où les Bourgeois & Habitans circonvoiſins de ces quartiers, qui ſe voyant ſi éloignés de St Barthelemi leur Paroiſſe demanderent à l'Abbé & Religieux de St Magloire la permiſſion d'y faire celebrer à leurs dépens la Meſſe & le Service Divin, ce qui leur fut accordé. Mais les Religieux en étant incommodés, lorſqu'ils y faiſoient leur Service, ils conſentirent que l'Autel de St Leu St Gilles ſe tranſporteroit en une nouvelle Egliſe qui aujourd'hui a conſervé ſon nom. Cet accord fut fait en 1235, entre l'Abbé de St Magloire & le Recteur & Curé de St Barthelemi, par lequel accord leſdits de St Magloire permirent de l'agrément de Guillaume III, Evêque de Paris, au Curé de St Barthelemi & aux Paroiſſiens qui étoient en deça du Pont; de faire conſtruire une Chapelle ou Succurſale de St Barthelemi en la terre de St Magloire, de huit toiſes de large ſur dix-huit de long, avec deux cloches ſeulement du poids de deux cens chacune, diſtante de l'Abbayie de St Magloire au moins ſix toiſes; la collation de laquelle, s'il arrive qu'elle ſoit diſtraite de l'Egliſe de St Barthelemi, appartiendra à l'Abbé de St Magloire.

Voilà l'état de cette Egliſe juſqu'en 1611, qu'elle a été beaucoup augmentée & ſeparée en deux par Jean François de Gondi premier Archevêque de Paris. En cette année Pierre Beſſe étoit Curé de St Barthelemi & le ſieur de la Sauſſaye Curé & Recteur de St Leu St Gilles, entre leſquels il y eut beaucoup de conteſtations qui ne furent terminées que le onze Août 1617.

DE LA VILLE DE PARIS. Liv. IV.

Cette Cure est de la nomination de l'Archevêque de Paris, comme Abbé de St Magloire. Il y a grande devotion pour la guerison des petits enfans, envers St Leu.

LES FILLES PENITENTES.

LE Monastere des Filles Penitentes a plusieurs fois changé de nom & de Directeurs. Il fut premierement dedié à St Georges, & n'étoit en 1117 qu'une Chapelle hors de la Ville qui dependoit des Religieux de St Magloire, avec un grand Cimetiere tout contre où on les enterroit. Depuis en 1138, ces Religieux abandonnerent l'Eglise de St Barthelemi où ils avoient été fondés par Hugues Capet, & vinrent dans le Couvent de la rue St Denys sous Louis le jeune. Et enfin en 1572, Catherine de Medicis les obligea de faire place aux Filles Penitentes, & les transfera au fauxbourg St Jaques dans l'Hopital de St Jaques du Haut-pas. J'ai appris tous ces changemens & ces revolutions du Pere du Breul & des titres qu'il a cités. C'est encore de lui & de Corrozet que je sai qu'en 1525 & 1549, on deterra près de ce Monastere une grande quantité d'ossemens, de chaînes & de potences; & que cette découverte fit juger qu'assurément en cet endroit-là il y avoit autrefois un lieu patibulaire.

Ces Filles au reste en changeant de demeure, emporterent avec elles la figure & l'Epitaphe de bronze d'André Blondet, Chevalier Seigneur de Rocquencourt, Controlleur General des Finances, comme étant leur bienfaiteur, & qui leur a legué trois cens livres de rente sur l'Hotel de Ville.

Au goût des Curieux c'est une des meilleures choses que nous ayons de Maître Ponce, aussi est-elle bien dessinée & d'une grande maniere.

Ponce fait reposer ce Controlleur le long d'un drap & d'un cercueil de bronze; sa tête portée sur sa main gauche & sur un oreiller; ses jambes croisées; son corps & son bras droit nonchalamment étendus, nous representent un homme qui dort d'un profond someil. Il y en a qui trouvent ses cheveux aussi-bien maniés que s'ils étoient de terre ou de cire. D'autres remarquent dans les plis de son drap une negligence bien entendue & encore mieux executée : sa tête passe pour achevée. En un mot la figure entiere paroîtroit bien plus accomplie, si ce caractere manieré qui se rencontre dans tous les ouvrages de ce grand Sculpteur ne s'y voyoit point. On se plaint que ces Religieuses ayent dressé contre un pilier cette belle figure, qui represente une personne couchée, & qui certainement l'étoit dans leur ancienne Eglise.

Lettres portant permission aux Filles Penitentes de se faire quêter dans les Eglises, &c. *Vide*.

La prison de St Magloire au logis de Mr Dumas. Il y a quatre ans qu'il en deterra, &c.

Bulle du Pape & Mandement à la Cour de verifier la translation des Religieuses, &c. Epitaphe d'André Blondet, &c. *Vide*.

LES FILLES DE L'ASSOMPTION.

CES Religieuses ont des Filles dans leur cloître qui chantent si agreablement, que la beauté & la douceur de leur voix attire tous les Samedis quantité de beau monde à leurs Litanies.

NOTRE-DAME DE BONNE-NOUVELLE.

L'EMPLACEMENT sur lequel a été bâtie cette Eglise a commencé à se peupler par quantité de maisons qui y furent bâties sur le terrein d'un nommé le Masson, Bourgeois de Paris, qu'il avoit acheté de Thibaut, aussi Bourgeois de Paris, vers l'an 1551, lequel terrein venoit de la Courtille des Filles-Dieu, lequel se trouva si peuplé, que l'on fut obligé d'y bâtir une Chapelle sur la montagne du Moulin, qui fut dediée sous l'invocation de St Louis & Ste Barbe. La premiere pierre y fut posée par les Marguilliers de la Paroisse de St Laurent en l'année 1551, dont le commencement fut si heureux, que cette habitation devint un des plus gros faux-bourgs de Paris. Mais quelques années après, durant la Ligue de 1593, l'on fut obligé de faire jetter par terre & de raser toutes les maisons, même la Chapelle de St Louis, pour y construire des fortifications. Ainsi les habitations & maisons demeurerent desertes jusqu'en 1624 ou 1629, qu'une colonie y fit bâtir des maisons & une Chapelle, qui fut dediée sous l'invocation de Notre-Dame de Bonne-nouvelle. L'on y solemnise la fête de l'Annonciation de la Vierge le vingt-neuf Mars. Les Religieux de St Martin des Champs y viennent chanter la Messe.

Cette Cure est de la nomination du Prieur de St Martin des Champs.

LES FILLES-DIEU.

JAMAIS il n'y a eu tant de femmes de mauvaise vie dans le Royaume qu'au commencement du treiziéme siecle, & jamais néanmoins on ne les a punies avec plus de rigueur. J'apprens des Historiens de ce tems-là, que St Louis les accabla de tant d'opprobres & de miseres, qu'il sembla avoir pour elles une malice instruite & disciplinée. Il ne pût toute-fois par ce moyen refrener leurs dissolutions. Guillaume de Seligni, Evêque de Paris, tout au contraire, les prêcha, les catéchisa, leur remontra l'énormité de leur peché, avec cet esprit de mansuetude qui est si propre à reprimer les mauvaises habitudes, & il les remplit d'une si sainte horreur avec cette douceur insinuante qui lui étoit si naturelle, que les unes quiterent leurs débauches sans quitter le monde, & que deux cens autres abruties de ce vice, ou prêtes de s'y plonger par necessité, resolurent de se renfermer dans un Monastere, & de se condamner au pain & à l'eau. Une Charte de Baudouin, vingtiéme Prieur de St Martin des Champs, porte que ce Prince & ce Prelat établirent ces deux cens femmes en 1226 près de Paris entre cette Ville & St Lazare. Guillaume de Nangis, Religieux de St

DE LA VILLE DE PARIS. Liv. IV. 471

Denys, & Geoffroi de Beaulieu, Jacobin, qui ont écrit l'Histoire de ce Monarque, disent qu'il leur constitua quatre cens livres parisis de rente sur son tresor; & personne ne sait le nom de celui qui les a appellées Filles-Dieu, ni en quel tems ni pour quelle occasion on le fit. Ce n'est pas que André du Saussei, Evêque de Toul n'ait à son ordinaire decidé hardiment cette difficulté, malgré Geoffroi de Beaulieu & Guillaume de Nangis & tous les Historiens contemporains de St Louis, qui n'ont rien dit de cette circonstance. Il n'a pas laissé de dire que ces Femmes repenties furent honorées par ce Prince d'une qualité si auguste & si fastueuse. Mais ce Prelat est le créateur de cette nouveauté, ainsi que d'une infinité d'autres dont il a enflé & multiplié ses gros volumes.

Comme elles commençoient leur Couvent en cet endroit, le Curé de St Laurent & le Prieur de St Martin, qui est Curé primitif de ce quartier-là, s'opposerent à cette nouvelle institution. On eut bien de la peine à les gagner; il fallut que quelques gens de bien sollicitassent leur misericorde en faveur de ces repenties; & s'ils plierent & flechirent enfin leurs esprits, ce ne fut qu'aux conditions suivantes; que cette nouvelle maison porteroit la qualité d'Hopital; que sans le consentement de ce Prieur & de ce Curé, elles ne prendroient point d'autre nom, ni on ne cesseroit point d'y exercer l'hospitalité; que ces Femmes nouvellement converties pourroient lui donner jusqu'à treize arpens d'étendue; qu'elles auroient un Cimetiere, des Fonts-baptismaux, un clocher & deux cloches pesant chacune cent livres; & qu'elles feroient en cet Hopital leurs prieres, leurs Processions & le Service Divin quand il leur plairoit. Davantage, le Prieur de St Martin se reserve le patronage & la presentation de toutes les Chapelles qu'on fonderoit en leur Eglise; & le Curé de St Laurent leur ceda tous les Droits Curiaux qui lui appartiendroient dans leur enclos. Mais il voulut que leurs Chapelains jurassent entre ses mains de ne point entreprendre sur ses droits; que pour compenser ceux qu'il abandonnoit à ces pauvres Femmes, elles lui payassent vingt-sols par an, à la St Jean, à la Toussaints, à Noel & à Pâques; & que leurs Officiers, leurs Valets, leurs Domestiques, & toutes les personnes seculieres qui demeureroient près de cet Hopital, ou qui après une année de Noviciat desireroient y finir leurs jours, le reconnussent pour leur Pasteur & fussent de sa Paroisse.

Guillaume de Nangis, Geoffroi de Beaulieu & les autres Historiens de ce tems-là, ne nous disent point en quelle année se fit cet établissement, de sorte que nous ne saurions pas que ce fut en 1226, sans la Charte que je viens de rapporter; & sans deux autres de 1316 & de 1360, nous douterions du lieu où il fut fait. Depuis plus de cent ans cela a été souvent agité & remué par les Parties adverses des Filles-Dieu; & de nos jours les cautions de Louis le Barbier, qui ont vendu à quantité de particuliers les fossés & les remparts commencés pendant la prison du Roi Jean, ont voulu transporter cet Hopital de l'autre côté de la rue, entre St Laurent & St Lazare, dans ce petit coin de terre qui regne depuis la rue St Denys jusqu'à la rue St Martin. Pour prouver cette nouveauté, ils produisent un titre de l'année 1483, qui veritablement place ce Couvent en cet endroit: & d'autant que les Filles-Dieu ont corrigé sur cette Charte une erreur si grossiere, ils ne se sont pas contentés d'étourdir de leurs plaintes le Conseil du Roi, ils les ont encore repandues dans un Factum qu'ils ont fait imprimer. Sans doute qu'ils n'auroient pas fait tant de bruit, & qu'ils ne se seroient pas servi d'une Charte de l'année 1483, pour établir un fait arrivé en 1226, & pour refuter les deux Titres de 1316 & 1360, que je viens d'alleguer, s'ils avoient sû qu'en matiere d'histoire on n'ajoute point de foi aux circonstances rapportées par un Auteur qui n'a point vécu dans le tems ou dans le siecle qu'elles se sont passées; & que cette maxime est appuyée sur la raison, qui a grande peine à croire ce que lui racontent ceux qui ne l'ont ni vû, ni pû voir, ni appris des perfonnes qui en ont été témoins oculaires.

Et de vrai, s'ils avoient pris garde que ces deux Chartes placent cet Hopital hors de la Ville, le long de la grande rue, entre St Lazare & les dernieres maifons du faux-bourg St Denys, & qu'on ne doit point douter de cette verité; par ce que le premier de ces titres fut expedié pendant que ce Monaftere floriffoit en terres, en biens & en Religieufes; & le dernier, quand force monceaux de ruine marquoient encore toute fon étendue & fa circonference, ils n'auroient pas fait paffer ce Couvent de l'autre côté de la rue St Denys; & pour découvrir le lieu où il étoit bâti, ils l'auroient plutôt cherché dans ces titres contemporains, que dans celui de 1483, qui ne fut expedié que deux cens cinquante fept ans depuis la fondation de cet Hopital, & cent vingt-cinq ans après que le Prevôt des Marchands & les Echevins de Paris l'eurent fait démolir, comme vous verrez dans la fuite.

Mais ils auroient deterré des débris de l'Eglife, du Cimetierre, & de la meilleure partie du Couvent des Filles-Dieu, s'ils avoient fouillé dans les terres & dans les maifons qui fe trouvent depuis St Lazarre, jufqu'à la porte St Denys, & qu'ils euffent dans un Papier-terrier de ces Religieufes, de l'année 1380, confideré les differens plans de ce Monaftere, que le Parlement a fait lever dans ce fiecle-ci & dans le fiecle paffé, & examiné quantité de Chartes de la Chambre des Comptes & du Trefor des Filles-Dieu, qui m'ont été communiquées par Antoine de Vyon d'Herouval Auditeur des Comptes, & par Jean-Marie Ricard Avocat en Parlement, qui s'eft rendu fort celebre dans la Republique des Lettres par fon merite, par le traité des Donations entre vifs & teftamentaires, & par la Coutume de Senlis, corrigée fur l'Original qu'il a fait imprimer.

Et de fait, les Jardiniers de ce quartier-là deterrent fouvent dans leurs marais, & fouvent fous leurs couches de fumier, des tombes & des coffres de pierre. Chacun croit que ce font des reftes des tombeaux qu'on avoit repandus dans l'Eglife, & dans les Cimetieres de ce Couvent, pendant que ces Hofpitalieres y étoient & faifoient leur demeure; & cette croyance eft affés conforme à ce que Jean Geuffroy, Maître & Gouverneur de cette maifon, dit du vieux Cimetiere de ces Hofpitalieres dans un Papier-terrier qu'il dreffa au mois d'Août de l'année 1380.

J'ai vû fouvent près de là dans l'écurie d'une grande hôtellerie, qui a pour enfeigne l'Echiquier, un morceau d'un pilier de l'Eglife de ces Religieufes, qui reffemble fort aux piliers des anciennes Eglifes de cette Ville. Je decouvre dans une Charte de l'année 1360. que cette Eglife étoit dediée à Dieu, à Jefus-Chrift, à la Vierge Marie, à Ste Marie Magdeleine, & à tous les Saints de Paradis; & je vois dans deux autres de 1309 & 1320, qu'elle étoit accompagnée de deux Chapelles; que la premiere étoit dediée à la Magdeleine, & la derniere à St Abraham; que Pierre Barrier Secretaire de Philippe le Long fit agrandir celle de St Abraham, & que plufieurs perfonnes charitables l'avoient fondé de quantité de rentes. Jean Geuffroy affure que St Louis avoit fait bâtir cette Eglife, & qu'il y avoit attaché des dortoirs, des refectoires, & tous les autres bâtimens neceffaires à un grand Couvent; & certes il y en avoit une fi grande multitude, que la tuile & la charpenterie feulement de ces edifices furent vendues en 1359, cinq cens deniers d'or à l'écu du coin du Roi Jean. Tout cela étoit renfermé dans un grand enclos fermé de haies & de murailles, que nous appellons maintenant la Couture des Filles-Dieu. Des differens plans que la Cour de Parlement a fait lever de cet Hopital, nous apprenons qu'il portoit fept cens quarante quatre toifes de circonference, & trente-huit arpens d'étendue, & qu'il occupoit tout ce vafte territoire que couvrent prefentement quantité de maifons, de foffés, de jardins & de marais, & rempli de legumes, de fleurs & de fruits rares nouveaux & agreables, qui rejouiffent la vue, & excitent le gout endormi & languiffant, & qu'environnent de toutes parts les anciens égouts de Paris,

DE LA VILLE DE PARIS. Liv. IV.

ris, le bout de la rue Montorgueil, la rue des Poissonniers, celle de Bourbon, & une partie de la grande rue du faux-bourg St Denys. Les Filles-Dieu acheterent peu à peu ce grand espace de terres contigues dans la censive de Notre-Dame, de Ste Opportune & de St Lazare. Elles furent toutes amorties avec le tems, les unes par le Chapitre de Paris, moyennant vingt-quatre sols parisis de cens, les autres par les Religieux de St Lazare, pour douze livres parisis de rente, & le reste de la même façon par le Chapitre de Ste Opportune.

Tous ces bâtimens, toutes ces Religieuses, toutes leurs successeurs, & tous les biens de ce Couvent étoient gouvernés par un Prêtre qui prenoit la qualité de Maître, Proviseur, & Gouverneur de la maison des Filles-Dieu, & que l'Evêque de Paris appelloit son bien-aimé en Jesus-Christ, mais qui toutesfois ne pouvoit aliener les propres, ni les biens-immeubles de ce Monastere, & qui devoit rendre compte de son administration à ce Prelat, ou à ceux qu'il commettroit pour cela.

J'ai vû plusieurs lettres que les Evêques de ce Diocèse avoient fait expedier avec ces clauses, à plusieurs Gouverneurs de cet Hopital, & entre autres celles de Jean de Meulant, données en 1356 à Valeran du Bosc, duquel je parlerai en son lieu. Enfin St Louis donna à ces Hospitalieres deux muids de bled tous les Carêmes; il leur legua cent francs par son testament, il leur accorda la grosseur d'un gros tournois d'eau, qu'il leur fit venir de la fontaine St Lazare. Et de peur qu'à faute de reparer les tuyaux qui la conduisoient depuis sa source jusqu'en leur Couvent, ces Religieuses ne vinssent à en manquer, il voulut qu'elles pussent contraindre les Moines de St Lazare à entretenir les conduits qui portoient cette eau en leur Monastere. Elles jouirent de cette commodité pendant tout le tems qu'elles demeurerent en ce lieu; & quand on les eut transferées en l'Hopital d'Imbert de Lyons, qu'elles occupent maintenant, Charles VI commanda au Prevôt de Paris de leur rendre en cette nouvelle demeure autant d'eau que St Louis leur en avoit fait conduire en leur premier Monastere; mais cette restitution n'eut lieu que sous Charles VIII, & ensuite de deux Lettres Patentes de 1495, & 1496.

Mais ce n'est pas la seule reverie qui court de l'assiette de ce Couvent. Jaques du Beuil, & André du Saussay en ont encore ajouté chacun une. Le premier s'est imaginé que St Louis eut envie de fonder ce Monastere au lieu où est maintenant le College de Sorbone; & que ce dessein ayant été rompu, Robert de Sorbone resolut d'y jetter les fondemens de son College. L'autre ne s'est pas contenté de redire ceci dans son Martyrologe François, il a encore inventé que Robert de Sorbone fut cause de ce changement, pour avoir moyen de bâtir son College sur la croupe de la montagne Ste Genevieve.

Pour refuter ces erreurs il ne faut que lire l'inscription que du Beuil a mis dans le discours qu'il a fait de la Sorbone, & qu'André de Saussay a vue si souvent, & dans le livre de ce Moine, & contre la muraille de la salle exterieure de ce College, qu'on a ruinée depuis quelques années, mais que l'un & l'autre n'ont ni examinée ni conciliée avec ce qu'ils disent des Filles-Dieu; car elle porte que la maison de Sorbone fut fondée vers l'année 1252, & comme les Filles-Dieu le furent en 1226, ou auparavant, il n'y a guere d'apparence que Robert de Sorbone eut resolu dès 1226, une si sainte entreprise, qu'il l'ait conçue durant 26 ans, & qu'il ne l'ait commencée qu'en 1252.

Je m'étonne de ce que St Louis & Guillaume de Seligny, confinerent ces Filles dans un quartier si reculé, au milieu d'une campagne enpuantie par des marais, & si éloignée de Paris & de ses murailles. Car, comme j'ai prouvé dans mon premier discours, les portes de cette Ville les plus proches de cet Hopital, tenoient alors à la rue aux Oues, à la rue Mauconseil,

& à l'Hotel de Bourgogne ; les murs de Paris commençoient de ce côté là sur le bord de la Seine près du Louvre , & après avoir roulé le long de la rue de Grenelle , & de celles du Jour, de Mauconseil , de Garnier St Ladre , de Paradis , & des Francs-Bourgeois, ils venoient finir près de l'Ave-Maria , entre la riviere & une maison qui appartenoit, & qui appartient encore aux Religieux de Barbeau. Tellement que depuis ces portes & ces murailles, jusqu'aux Filles-Dieu , ce n'étoit pour lors qu'un grand desert infecté de la puanteur des marais voisins, que les Jardiniers ne cultivoient point, & qu'ils ne vouloient pas , ou ne savoient pas desseicher ; & on ne jouissoit en cet Hopital que d'un air grossier, valetudinaire , & même fort mal propre à des personnes converties nouvellement , qui dans des commencemens si penibles ont souvent besoin de la presence , & des conseils de l'Evêque , des Religieux & des Prêtres , pour soutenir & exciter leur vertu naissante.

En effet ceux avec qui elles s'étoient souillées par des actions impures , pouvoient en ce lieu s'opposer à leur avancement dans les devoirs de la vertu , plus facilement & plus à couvert que dans la Ville. Et quand je vois dans les Lettres du Roi Jean de l'année 1350, que quarante-neuf ans depuis leur institution , la peste & la cherté des vivres emporterent plus de la moitié de ces Hospitalieres, & qu'Etienne Tempier Evêque de Paris, attendri de leurs infortunes, les reduisit à soixante Religieuses, je ne sai comment deux cens femmes ont pû subsister tant de tems dans un séjour si puant & si mal-sain , & avec quatre cens livres de rente seulement ; & je ne puis m'empecher d'accuser de cruauté le fils & le petit-fils de St Louis, qui ayant été avertis de ce retranchement , & de la calamité des Filles-Dieu, souffrirent que leurs Tresoriers leur retranchassent la moitié de leur revenu. A cette insulte ces miserables se lamentent, prient Dieu, representent à nos Rois leur malheur & leur necessité , & ne peuvent toutefois exciter dans l'ame du fils , ni du petit-fils de St Louis , des mouvemens de generosité & de compassion. Le Roi Jean fut le premier & le seul dont elles purent remuer & émouvoir l'esprit ; mais ce ne fut qu'après avoir pleuré, souffert & perdu la moitié de leur revenu pendant soixante-quinze ans ou environ. Par ses Lettres Patentes du mois de Novembre 1350, il déclara qu'Etienne Tempier n'avoit pû diminuer le nombre de ces Religieuses, sans en avertir Philippe le Hardi, ou son Conseil, parce qu'on leur avoit constitué quatre cens livres de rente sur son tresor , à la charge qu'elles seroient deux cens , & que néanmoins pour l'amour de Dieu , & par une grace & une largesse Royale , il leur continuoit la même rente que St Louis leur avoit si liberalement accordée , à condition qu'elles seroient désormais cent Hospitalieres , ou davantage.

Je ne saurois passer plus avant , sans m'arrêter un peu à considerer , tant la valeur de l'argent dans le treiziéme & quatorziéme siecle , que le procedé de St Louis & du Roi Jean, qui ne croyoient pas seulement avoir enrichi les Filles-Dieu par cette rente de quatre cens livres , mais qui les avoient effectivement enrichies , & qui leur avoient fait plus de bien qu'il ne leur en falloit pour vivre honnêtement , se bien habiller, entretenir leur Hopital, & exercer l'hospitalité dont elles faisoient profession. Car, comme l'on sait, il y avoit en ce tems-là si peu d'or & d'argent , & ces métaux étoient alors si chers & si précieux, que St Louis ne donna aux Quinze-vingts que trente livres parisis par an , pour avoir du potage à ces trois cens aveugles , & leur donna plus de bien qu'il ne falloit pour cela ; & comme j'ai prouvé dans l'Histoire des Juifs de Paris , que l'un des plus puissans moyens dont il se servit pour attirer les Juifs dans le sein de l'Eglise , fut de les gagner par une rente d'un ou deux deniers par jour de rente aux Juifs qui se convertissoient. Que si cette somme paroit encore si petite, ce n'est que par le calcul , & non pas par les especes, il s'ensuit à plus forte raison , qu'encore que les Filles-Dieu n'eussent du vivant de leur Fondateur qu'un denier & une maille à depenser par jour, & que trois deniers ou environ sous le Roi Jean; en l'un & en l'autre tems neanmoins elles pouvoient avec cette rente vivre fort honnêtement, se bien habiller, entretenir leur Hopital, & exercer l'hospitalité dont elles faisoient profession.

Mais pour pousser plus loin cette verité, Charles V, fils du Roi Jean, avec un million de revenu rebâtit le Louvre & le Palais, entreprit & acheva l'Hotel St Pol, & les Châteaux de Beauté & de Vincennes; il chassa les Anglois d'une partie de la Normandie & de la Guienne; il étouffa les factions & les revoltes, qui durant sa Regence, & son Regne, dechirerent en mille pieces la face de l'Etat & de la France. Les Lettres Patentes du Roi Jean, disent que ce Prince consentit que ses Tresoriers payassent aux Filles-Dieu les quatre cens livres de rente que St Louis leur avoit constituée sur son Tresor, pourvû qu'elles fussent cent Hospitalieres ou davantage, & partant il crut qu'il leur accordoit assés de bien pour entretenir leur maison, l'Hospitalité, & ce grand nombre de Religieuses.

Enfin Gramont a prouvé dans son *Denier Royal*, par la solde des gens de guerre, par la valeur des denrées, & par la pension du Chancelier, que Charles V avec son million de revenu, soutenoit avec plus de splendeur, & de majesté sa grandeur Royale, que ne faisoit Louis XIII avec les trente-deux millions qu'il levoit tous les ans sur ses peuples, quand son livre fut achevé d'imprimer: & quoique Louis XIV son fils jouissoit toutes les années de cent millions & davantage, toutes sortes de choses sont tellement encheries de nos jours, qu'il ne seroit pas difficile de montrer que le revenu de Charles V, & de Louis XIII, valoit bien celui de Louis XIV, quelque immense qu'il puisse être.

Après tous ces exemples tirés de l'Histoire de la Chambre des Comptes, & de nos propres yeux sur le prix de l'argent dans le treize, quatorze, & quinziéme siécle, il est aisé de conclure, que puisque la valeur en a doublé depuis St Louis jusqu'au Roi Jean, & centuplé depuis ce Prince jusqu'à Louis XIV, les quatre cens livres de rente des Filles-Dieu valoient quarante mille livres de notre monnoie sous les Regnes de Jean & de Charles V, & quatre-vingt-mille sous celui de St Louis. Tellement qu'encore que les Filles-Dieu n'eussent chacune que quarante sols par an à dépenser, pendant le Regne de leur Fondateur, & que quatre francs pendant celui du Roi Jean; neanmoins ces quarante sols, & ces quatre francs, valoient alors autant que vaudroient maintenant quatre cens francs; & si St Louis leur eut donné des terres au lieu de cette rente, elles rapporteroient presentement quatre-vingt mille livres. C'est une erreur où sont tombés presque tous les Fondateurs des Couvents, des Hopitaux, & des Eglises, & qui a fait croire à bien du monde que Dieu a corrompu leurs intentions, & leur charité en cette rencontre, & qu'il ne leur a pas permis d'assurer leurs fondations sur des terres, de peur que les Moines & les Prêtres ne devinssent avec le tems les Maîtres de toute la Chretienté.

Mais pour reprendre le fil du discours, qu'une reflexion si importante m'a fait quitter: vous me demanderés sans doute, quand on a commencé à donner le nom de Filles-Dieu à ces Hospitalieres, & pourquoi on a honoré des pecheresses d'une si fastueuse qualité? A des demandes si curieuses je répondrai, qu'il est vrai que lors qu'on jetta les fondemens de ce Monastere, ces Religieuses s'appelloient de pauvres femmes, nouvellement converties, c'est ainsi qu'elles sont nommées dans la charte de 1226, que j'ai expliquée au commencement de ce discours. Il est vrai aussi qu'en 1232 elles portoient le nom de Filles-Dieu, c'est celui qui leur est donné dans des Lettres d'amortissement, faites en ce tems-là par les Religieux de St Lazare; mais ni ces deux titres, ni tous ceux du Tresor de ces Hospitalieres, ne parlent point du tems qu'elles commencerent à porter une qualité

Tome I. OOo ij

si sainte & si auguste ; & de ces deux chartes, nous ne saurions inferer autre chose, sinon que ces Religieuses se nommoient en 1226 de pauvres Femmes nouvellement converties, & Filles-Dieu en 1232, & qu'on ne sait point en quelle année on leur donna ce nom-là. Il est vrai encore qu'André de Saussay, Evêque de Toul, prétend que ce fût St Louis, qui les nomma de cette sorte ; mais comme Guillaume de Nangis, Geoffroi de Beaulieu, & tous les autres Historiens contemporains de St Louis, ne rapportent point cette circonstance, on croit que ce Prelat en est Createur, ainsi que d'une infinité d'autres, dont il a enflé, & multiplié ses gros volumes. Il est vrai enfin, que quand les personnes savantes, & vertueuses, considerent que ces femmes s'étoient condamnées au pain & à l'eau, & au service des pauvres ; qu'elles avoient crucifié leur chair avec toutes leurs passions, & leurs convoitises ; ils croyent qu'on les appela *Filles-Dieu*, à cause que Dieu seul avoit operé une conversion si austere & si éclatante, & que c'étoit purement son ouvrage, & l'un de ces grands miracles qui le rendent quand il lui plaît, le Maître & le Dieu des cœurs & des hommes ; mais je n'oserois presque alleguer cette pensée, quoiqu'elle vienne de personnes savantes, parce qu'elle n'est fondée que sur des conjectures & des vrai-semblances, & que je n'y ajoute point de foi.

Après cela vous ne devés pas vous étonner si je ne vous dis rien des vœux, de la regle, de la couleur, ni de la maniere de l'habit de ces Religieuses, non plus que du plan & de l'élevation de leur Eglise & de leur Monastere, & du nombre, de la qualité, & du sexe des personnes qu'elles recevoient en leur Hopital : & si après avoir manié quantité de titres & de regîtres du Tresor de cette Maison, d'où je pourrois tirer des conjectures fort apparentes sur ce sujet, & peut-être même quelques éclaircissemens de ces difficultés, je me contente de vous dire que de ces circonstances, les unes sont mortes avec les premieres Filles Dieu, les autres furent ensevelies en 1358 & 1359 sous les ruines de leur premier Monastere.

Les personnes & les biens de ce Couvent étoient gouvernées par un Prêtre qui prenoit la qualité de Maître, Proviseur & Gouverneur de la Maison des Filles-Dieu, & que l'Evêque de Paris, appelloit son bien aimé en Jesus-Christ, mais qui toutefois ne pouvoit aliener les propres, ni les biens-immeubles de cet Hopital, & qui devoit rendre compte de son administration à ce Prelat, ou à ses deputés ; & même j'ai lû plusieurs Lettres que ces Evêques ont fait expedier avec toutes ces clauses, à plusieurs Gouverneurs de ce Monastere, & entre autres celles de Jean de Meulant, données en 1356 à Valeran du Bosc, duquel je parlerai en son lieu dans mon Discours à Mr du Ryer, Livre v. Je ne dirois pas non plus que leur Eglise étoit dediée à Dieu, à Jesus-Christ, à la Vierge Marie, à Ste Marie Madelaine, & à tous les Saints de Paradis ; & qu'elle étoit accompagnée de deux Chapelles, l'une dediée à la Madelaine, & l'autre à St Abraham, fondée de quantité de rentes, & agrandies sous Philippe le Long par Pierre Barrier, Secretaire du Roi, si je ne l'avois appris de quelques chartes du Tresor de ces Hospitalieres, & du titre de l'année 1360, dont j'ai parlé & dont je parlerai plus amplement Livre v. Je n'assurerois pas enfin que St Louis fit bâtir à ces Religieuses des dortoirs, des refectoires, & toutes les autres choses necessaires à un grand Couvent ; qu'il leur donnoit deux muids de bled tous les Carêmes ; qu'il leur legua cent francs par son testament, & qu'il leur accorda en 1265 la grosseur d'un gros tournois de l'eau de la fontaine de St Lazare, à la charge d'entretenir à leurs dépens les tuyaux qui la conduiroient depuis ce lieu-là jusqu'en leur Hopital, si je n'avois découvert ces particularités dans le testament de ce Prince, dans quelques titres de ces Hospitalieres, & dans un Papier-terrier fait en 1380 par Jean Geoffroi, Maître & Gouverneur de cette maison. Elles jouirent de cette eau pendant qu'elles ont demeuré en leur premier Monastere ; quand elle cessoit d'y venir par la negligence des Moines de St Lazare, elles les faisoient condamner par Arrêt à reparer les conduits qui la portoient depuis sa source jusqu'à leur Couvent. Quand depuis on eut démoli leur maison, & qu'on les eût transferées à l'Hopital d'Imbert de Lioms, qu'elles occupent maintenant, Charles VI commanda au Prevôt de Paris, de faire conduire en leur nouvel Hopital autant d'eau que St Louis leur en avoit donné; mais cette restitution n'eut lieu que sous Charles VIII, ensuite de deux Lettres Patentes de 1495 & 1496.

J'ai dit que le Roi Jean défendit à ses Treforiers de rien retrancher de la rente des Filles-Dieu, mais elles acheterent bien cherement l'usure de ce bienfait; car ce Prince ayant été defait, & pris devant Poitiers, les Anglois enflés d'une prosperité si subite & si impetueuse, emporterent les Villes & les Provinces qui separent le Poitou de l'Isle de France, & se prepareront à couronner leurs conquêtes par celle de Paris.

J'ai dit ailleurs que pour dissiper le grand orage qui menaçoit alors cette Ville, on l'environna de fossés, & d'une nouvelle enceinte. Etienne Marcel, Prevôt des Marchands, & les Echevins de Paris, qui presiderent tumultuairement à cette entreprise, commanderent en 1358 aux Filles-Dieu de sortir de leur Hopital, de peur qu'elles n'y fussent pillées par les ennemis, & leur ordonnerent de le démolir, & d'en enlever tous les materiaux, de crainte qu'il ne servît de retraite aux Anglois, & de forteresse contre les Parisiens. Pour obéir à cet ordre, Valeran du Bosc, Prêtre, Maître Proviseur & Gouverneur de ce Couvent, le fit ruiner de fond en comble. Quelques particuliers acheterent de lui les materiaux de quelques édifices qu'on nommoit en ce tems là les petites queues, la grange, & le vieil Monastere: & par contrat du jour de Noel de l'année 1359 il fit marché avec Pierre Bourguetelli, Bourgeois de Paris, de tout ce qui restoit de tuille & de charpenterie dans les autres bâtimens de ce Couvent, moyennant cinq cens deniers d'or à l'écu du coin du Roi Jean, & à la charge qu'ils partageroient entre eux le profit & la perte qu'il y auroit sur la revente, & sur le payement de ces materiaux. Si on veut se ressouvenir de la quantité d'édifices, que j'ai dit tantôt qui étoient dans ce Monastere, & du prix & de la rareté de l'or & de l'argent sous le regne de Jean, on verra que j'ai eu raison de dire qu'il y devoit avoir une grande multitude de bâtimens en un lieu dont une partie de la tuile & de la charpenterie seulement, se vendoient une somme si considerable.

Il est certain que le Prevôt des Marchands acheta ce bois, & cette tuille de Pierre Bourguetelli; on croit qu'il s'en servit pour les nouvelles fortifications qu'il fit commencer de ce côté-là. Les Filles-Dieu prétendent qu'on en bâtit la porte St Denys, & chacun sait qu'on ruina tellement leur Monastere, qu'il n'en reste plus rien autre chose que les tombes de leur cimetiere, & une partie de l'un des pilliers de leur Eglise dont j'ai parlé. Leur clos, leur Cloître, leur Eglise, leur cimetiere, & tous leurs autres departemens sont couverts de jardins, de marais, de maisons depuis plus de cent années & occupés par les fossés, les remparts, & les bastions de cette Ville, & par les rues & les logis de ce quartier que nous appellons Villeneuve sur gravois: car ces Hospitalieres ont vendu peu à peu les terres sur lesquelles tous ces lieux étoient situés, moyennant des rentes foncieres, que leur en payent ceux qui les ont achetées. Charles IX leur constitua trois cens livres de rente sur la recette des reparations, & des fortifications, pour les recompenser des terres qu'on leur avoit ôté, lorsqu'il fit creuser ces fossés qu'on a long-tems appellé les fossés jaunes, & qui servent maintenant de clôture à cette Ville, mais on les a toujours fort mal payé de ce revenu comme j'ai montré dans le discours de Villeneuve sur gravois.

Enfin elles disent qu'une partie des fossés commencés pendant la prison du Roi, achevés sous Charles V, & comblés sous Louis XIII, étoient pris sur un bout de leur clos, & que le Roi défunt n'en a pû disposer en faveur de Louis le Barbier, & cette prétention a excité depuis peu tant de chicanes, qu'on a tâché de faire accroire au Conseil de sa Majesté, que l'Hopital des Filles-Dieu, avoit été fondé entre St Laurent & St Lazare, & non pas entre St Lazare, & le faux-bourg St Denys.

On ne sait ce que devinrent ces pauvres exilées depuis 1358 qu'elles furent chassées de leur Couvent, jusqu'en 1360, qu'on les transporta dans celui qu'elles occupent en la rue St Denys, près la porte de cette Ville, & que nous nommons presentement les Filles-Dieu. C'est un petit Hopital contigu à celui dont je viens de vous dire la destinée, & fondé en divers tems par diverses personnes, qui certainement faisoient profession de charité, mais c'étoit d'une charité tiéde, trop interessée & trop precautionnée, (si j'ose user de ce mot). Ses premiers Fondateurs étoient deux freres, qui étoient tous deux Bourgeois de Paris, & se nommoient tous deux Jean de Lyoms, le Lyhoms, de Lyons, de Lihoms, de Lihons, de Lioms, & de Lions: car ces differens noms se trouvent ainsi ortographiés dans plusieurs chartes de la Chambre des Comptes, que m'ont communiqué les sieurs d'Herouval, Auditeur, & Ricard Avocat; mais ils ne le fonderent que par leurs testamens, ou pour mieux dire, ils firent du bien aux pauvres, lorsqu'ils n'en eurent plus affaire. Imbert de Lioms, leur pere, entre les mains de qui ils avoient apparemment consigné l'execution de leur derniere volonté, fit bien pis que ses enfans; il jetta à la verité les premiers fondemens de ce petit Hopital pour le repos de leurs ames, vers le commencement du quatorziéme siecle, dans une maison large de sept toises deux pieds & demi, qui étoit accompagnée d'un Jardin, & située au bout du faux-bourg St Denys, en la censive de l'Evêché de Paris, & qu'il fit amortir pour vingt sols parisis de rente par Guillaume d'Oreillac quatriéme du nom, Evêque de Paris, & le fonda par donation de quarante-huit livres quatre sols quatre deniers parisis qu'il levoit sur tous les biens qu'il avoit, & sur quelques maisons, & quelques rentes foncieres qu'il avoit heritées de ses parens. Mais il salit une charité si pure, & si exemplaire, par des reserves & des conditions tellement interessées, que les pauvres ne furent presque redevables qu'au hazard, de cette fondation; car il ne se contenta pas de declarer qu'il entendoit que lui & Pierre de Lioms son frere fussent usufruitiers de ces quarante-huit livres durant leur vie, il déclara encore qu'il cassoit cette donation, s'il se remarioit, & qu'il eût des enfans & des petits enfans, qui survequissent leur pere & leur oncle; & il n'appella cet Hopital à la substitution de ses biens qu'après la mort de toutes ces personnes, & qu'après tant de précautions. En un mot, si Imbert de Lioms fit quelque chose de raisonnable en cette fondation, ce fut seulement pour obliger ses freres, ses sœurs & ses autres parens, de consentir à une donation si bien precautionnée; il donna à cette maison tout ce qu'il legueroit par son testament à celui d'entre ceux qui s'opposeroit à sa volonté. Il est vrai qu'il devint depuis plus charitable, & moins interessé; car on croit qu'il ne se remaria pas, & il est constant qu'il acheva de bâtir cet Hopital, qu'il l'accompagna d'une Chapelle, & qu'il fonda l'un & l'autre de beaucoup de rentes & de maisons amorties; mais à faute d'en avor nommé les Collateurs & les Administrateurs, personne ne desservoit sa Chapelle en 1360, on n'exerçoit point l'Hospitalité dans son Hopital, & tous les biens qu'il avoit donnés pour cela étoient dissipés & envahis par des gens qui avoient usurpé la qualité de Maîtres & de Gouverneurs de cette Maison.

De tous ses parens, il n'y en eut qu'un qui entreprit d'étouffer ce grand desordre; il étoit cousin germain des premiers Fondateurs de cette maison, neveu, & peut-être même filleul de leur pere, & se nommoit Imbert de Lyhoms, comme son oncle. Cet homme transporté de cette affection grave & domestique qu'un neveu & un cousin doit avoir pour les manes de son oncle & de ses cousins, se plaignit à Jean de Meulant I du nom, Evêque de Paris, qui étoit Patron né de cette maison, & de celles des Filles-Dieu, & lui remontra que les Administrateurs frustroient les pauvres des grands biens que ses parens leur avoient laissés, qu'ils profanoient la charité de ses prédecesseurs, & qu'il n'y avoit point de meilleur moyen de reprimer ce grand abus, que de conferer cet Hopital aux Filles-Dieu, qui faisoient veu d'hospitalité, & n'avoient plus de Monastere. Cette requête sembla si juste à ce Prelat, qu'il établit aussi-tôt en ce lieu ces femmes errantes, les fonda de quarante-neuf livres onze sols quatre deniers parisis, & apporta à la Chapelle & à l'Hopital d'Imbert de Lyoms, tout l'ordre qu'il jugea necessaire pour y maintenir le Service de Dieu, & des Pauvres. Et de fait, il fonda une Chapellenie perpetuelle en la Chapelle qu'on y avoit bâti, & voulut que le Chapellain qui la desserviroit y dît la Messe tous les jours, & que ces Hospitalieres y chantassent aussi tous les jours le service divin. Il institua l'hospitalité dans l'Hopital qui y tenoit, & chargea les Religieuses de l'exercer sur tous les Pauvres passants en l'honneur de Dieu, de la Vierge, de St Jean-Baptiste, de Ste Marie Magdeleine, & de tous les Saints, & en memoire d'Imbert de Lyhoms & de ses enfans; & les obligea d'y entretenir douze lits garnis de draps, de couvertures, de traversins & de lits de plumes ou de boure; de donner à chaque pauvre du potage aux féves, aux poix ou aux choux, & pour un denier de pain, & de les coucher seulement une nuit chacun, afin sans doute de faire plus souvent de nouvelles charités à de nouveaux pauvres. Enfin, pour maintenir cette reforme & cette discipline, il se reserva, & à ses successeurs Evêques, la collation de cette Chapelle, la jurisdiction entiere en ce Couvent, & sur toutes les actions de ces Religieuses, & de leur Chapelain. Et pour empêcher qu'on n'usurpât à l'avenir ni les biens, ni le revenu de cet Hopital, il chargea le Maître de cette maison de rendre compte tous les ans de son administration, à lui & à ses successeurs, en presence d'Imbert de Lyhoms, neveu du Fondateur, pendant sa vie, & de quelqu'un de ses plus proches parens après sa mort.

A ces conditions ces pauvres bannies prirent possession de ce petit Hopital, & y continuerent avec bien du zèle & de l'ardeur, l'hospitalité dont elles faisoient profession, & qu'elles exerçoient auparavant dans le grand Hopital dont on les avoit chassées. Mais ce beau feu ne dura guere; avec le tems elles se lasserent de servir les Pauvres, elles abandonnerent le soin de leur Hopital à des Sœurs-Converses qui portoient l'habit de Filles-Dieu, elles laisserent tomber en ruine leur Chapelle, & la plupart de leurs bâtimens; & reçurent dans leur Couvent force vieilles femmes de mauvaise vie, que l'âge & la necessité forçoient de quitter le vice, tellement qu'en 1483, on ne chantoit plus l'Office en leur Chapelle. Quatre ou cinq vieilles Converses qui devoient faire les lits de leur Hopital, ne les faisoient plus. Personne n'observoit en ce Monastere les Statuts & les Reglemens dressés par Jean de Meulant: & quoique de long-tems il ne restât plus d'ombre ni de traces de l'origine des Filles-Dieu, leur maison étoit devenue l'asyle des pecheresses & des penitentes, comme elles l'avoit été sous St Louis.

Pour guerir toutes ces plaies que recevoit ce Monastere par une corruption si pleine de licence & de si mauvais exemple, Charles VIII le donna aux Religieuses de l'Ordre de Fontevrault, à la priere d'Anne d'Orleans, fille de Charles I du nom, Duc d'Orleans, & Sœur de Louis II aussi Duc d'Orleans, & depuis Roi de France, sous le nom de Louis XII. Ces Religieuses faisoient veu de clôture perpetuelle, de l'Observance reguliere, & des Statuts gardés au Prieuré de la Magdeleine près d'Orleans; & bien qu'elles ne fussent point Hospitalieres, Charles VIII ne leur fit don de cet

Hopital, qu'à condition d'y retirer une nuit les pauvres femmes qui paſſoient, & de leur donner à chacune un denier pariſis ; toutefois elles ne pûrent faire agréer ce transport à l'Evêque de Paris, que le treize Avril 1494, & qu'à ces conditions.

Que le Viſiteur deputé par autorité Apoſtolique pour reformer, conduire & viſiter les Couvents reformés de Fontevrault, lui fourniroit des Lettres ſcellées du Sceau de cet Ordre où ſeroient copiées ce concordat, & raportées toutes les choſes que ces nouvelles Filles-Dieu devoient obſerver à l'avenir. Qu'il ſe reſervoit à lui & à ſes ſucceſſeurs Evêques, non ſeulement la collation pleine & entière des benefices qu'on y avoit fondés, & qu'on y pourroit fonder déſormais, mais auſſi le pouvoir d'entrer quand il lui plairoit en ce Monaſtere, pour s'informer ſi on y obſervoit la reforme & la clôture qu'on garde au Prieuré de la Magdeleine près d'Orleans. Que le Procureur de cette maiſon rendroit compte tous les ans de ſon adminiſtration devant lui, ou devant ceux qu'il voudroit, de la même ſorte que le faiſoit auparavant le Maître de cet Hopital. Que les Religieuſes & les Religieux de ce Couvent celebreroient ſolemnellement la Fête de St Louis, premier Fondateur des Filles-Dieu, & diroient l'Office des Trepaſſés le jour de la mort de Charles VIII, & de la ſienne ; & que toutes les Religieuſes de ce Monaſtere, en y entrant, ou à leur reception, prêteroient ſerment d'obſerver fidelement tous ces articles.

Huit jours après, Cantien Hue, Viſiteur General de l'Ordre de Fontevrault, promit à Jean Simon V du nom, Evêque de Paris, d'obſerver tout ce qui étoit porté dans ce concordat, par un acte ſcellé d'un Sceau de cire verte ſur double queue, dont uſent ordinairement les Viſiteurs Generaux de cet Ordre ; & deux jours après, Guillaume de Cambrai, Archevêque de Bourges, & Robert de Lenoncourt, Archevêque de Tours, delegués par Sixte IV, pour mettre les Religieuſes du Prieuré de la Magdelaine près d'Orleans, en poſſeſſion de l'Hopital des Filles-Dieu, ſe rendirent en ce Couvent avec Nicolas de Hacqueville, Conſeiller au Parlement, & Preſident de la Chambre des Comptes, Pierre Henri Souchantre de l'Egliſe de Paris, & Jean Cantin Penitencier de Notre-Dame, ſubdelegués pour faire cette reforme. Peut-être que quand on verra dans les Preuves de ce Diſcours, que le concordat de Jean Simon eſt datté du treize Avril 1494, l'acte ou la reconnoiſſance de Cantien Hue du vingt-un du même mois de Juin 1495, les mauvais Critiques pretendront que l'acte du Viſiteur de Fontevrault ne ſe paſſa pas huit jours depuis le conſentement de l'Evêque, comme je viens de dire, mais un an & huit jours après. Si ces gens-là étoient ſavans & conſommés dans l'Hiſtoire ; je n'aurois pas été obligé de faire cette digreſſion ; ils ſauroient ſans doute qu'en ce tems-là les années ne commençoient pas au premier Janvier, mais au jour de Pâques ; & ils reconnoîtront qu'il n'y eut pas une année entre les Lettres de Jean Simon, & l'acte de Cantien Hue, comme ils croyent, mais ſeulement huit jours, comme j'ai dit, parce qu'alors le treize Avril échut avant Pâques de l'année 1494, & le vingt-un du même mois quelques jours après Pâques de l'année 1495.

Le quinziéme Juin donc de l'année 1495, ces Commiſſaires vinrent en la maiſon des Filles-Dieu ; Jean Simon Evêque de Paris, & Jean Standouc Docteur en Theologie, Chanoine de Beauvais, & Inſtituteur du College de Montaigu, s'y trouverent avec Cantien Hue, Viſiteur de l'Ordre de Fontevrault, & ſeize, tant Religieux que Religieuſes du même Ordre, & quatre Sœurs-Converſes Filles-Dieu, appellées Jaqueline de la Tour, Gillette Cliſſon, Louiſe Turgis, & Jeanne Plionne. Ce Prelat expoſa aux Deputés que ces quatre Converſes l'avoient pluſieurs fois ſupplié très-inſtamment de loger avec elles dans leur Hopital les Religieuſes reformées de Fontevrault ; les quatre Filles-Dieu les aſſurerent que de long-tems elles ſouhaitoient vivre ſelon Dieu, & ſelon la forme gardée au Couvent de la

Magdeleine

DE LA VILLE DE PARIS. Liv. IV.

Magdelaine près d'Orleans, & au Prieuré de Fontaines du Diocese de Meaux, & qu'elles consentoient que leur maison fût reformée par les Religieuses de ces Monasteres, pourvû que pendant leur vie on ne diminuât rien de leurs droits, & qu'on ne les contraignît point de changer leur maniere de vivre. Mais Jacqueline & Gillette prierent ces Commissaires de leur permettre d'embrasser la reforme. Louise & Jeanne les supplierent de souffrir qu'elles fissent une année de noviciat; & les Deputés jugerent que la demande des deux dernieres étoit si raisonnable, qu'ils ordonnerent que les unes & les autres seroient novices durant une année toute entiere. Ils leur promirent toutefois que si pendant ce tems-là elles ne pouvoient s'accommoder à la reforme, on les laisseroit sortir du cloître de ces Religieuses, pour embrasser la maniere de vivre que leur prescriroit l'Evêque de Paris, & qu'on leur fourniroit toutes leurs necessités de la même sorte qu'on avoit fait auparavant; & ils les renfermerent dans cet Hopital avec les Religieuses de la Magdeleine & de Fontaines, à qui ils deffendirent de recevoir que des Religieuses & des Religieux reformés, & d'en envoyer d'autres ailleurs.

Alors cette maison avoit bien plus d'étendue qu'elle n'en avoit quand elle fut fondée par Imbert de Lihoms, & quand les Filles-Dieu y furent établies par Jean de Meulant. On y avoit embrassé peu ou peu des logis & des jardins des environs, que ces Hospitalieres avoient achetés, & que quelques personnes charitables leur avoient donnés. Lorsque les Religieuses de Fontevrault en prirent possession, elle étoit presque aussi grande qu'elle est maintenant, mais c'étoit une masse rude, informe, mal bâtie, & où il n'y avoit rien qui repondit à la dignité de l'Ordre de Fontevrault. On dit que les nouvelles Filles-Dieu y ont fait construire un cloître assés spacieux, & qu'elles l'ont accompagné de toutes les commodités, & même de toutes les superfluités necessaires à un grand Couvent. Mais il est certain que l'année d'après leur établissement, elles commencerent l'Eglise que l'on voit en leur Monastere; que Charles VIII y mit la premiere pierre; & que ces Hospitalieres firent graver dessus le nom & les armes de ce Prince. Nous apprenons de leurs Chartes, qu'il leur permit de prendre en la forêt de Creci tout le bois dont elles auroient besoin pour achever cet édifice. Nous lisons dans un titre de 1581, que Pierre de Gondi, Evêque de Paris, unit à leur Monastere la Chapelle de leur Hopital, à la charge qu'on y celebreroit le Service Divin aux jours portés dans les Lettres de Jean de Meulant, de l'année 1360. Plusieurs vieillards de ce quartier-là m'ont assuré, que non seulement en 1620 ou environ elles supprimerent l'hospitalité qu'Imbert de Lihoms avoit fondé en cette maison, & que les Prelats de ce Diocese y avoient tant de fois rétablie; mais que pour éteindre absolument la memoire de cette charité, elles démolirent alors l'Hopital fondé & bâti par Jean & par Imbert de Lihoms, & éleverent sur ses ruines des maisons le long de la rue St Denys, qu'elles louent à des particuliers, & sur le derriere des appartemens attachés d'un jardin, où logent les Religieux de leur Ordre, qui prennent soin du temporel & du spirituel de leur Monastere.

Quelques uns de ceux qui ont vû ce petit Hopital, m'ont dit qu'il consistoit en une petite Chapelle couverte d'un plancher & en une Salle de même maniere pleine de lits, & que cette Chapelle & cette Salle étoient contigues & au rès de chaussée de la rue St Denys. On y entroit par cette rue & par une cour de derriere qui faisoit partie du jardin qu'Imbert de Lihoms y avoit fait planter; & on y avoit établi une Confrairie de St Roch & de St Sebastien, qui a été transferée à St Martin des Champs. Par une déclaration que Françoise de Contes, Prieure de ce Couvent, presenta en 1557, aux Juges commis pour reformer les Hopitaux de ce Royaume, il paroit que ses devanciers avoient dépensé onze cens livres à rebâtir cet Hopital & cette Chapelle. Par le rapport de ceux qui les ont vûs sur pied, j'ap-

Tome I.   P P p

Prens qu'ils tomboient en ruine quand les Filles-Dieu les firent détruire ; & je vois dans un Journal manuscrit de François I , qui est en la Bibliotheque du Roi , & dans une liste des rues & des Eglises de Paris , imprimé en lettres gothiques , que ceux qu'on avoit condamnés au dernier supplice venoient boire du vin & manger un morceau de pain dans la cour de ce Couvent , en allant à Montfaucon.

Le Journal dit que Jean de Beaulne de Semblançai , General des Finances , fut mené de la Bastille à ce lieu patibulaire par la rue St Denys , & que les Filles-Dieu lui donnerent du pain & du vin, comme elles ont accoutumé; & la liste porte que ces Religieuses donnent aux malfaiteurs la croix à baiser, de l'eau benite , du vin & du pain dont ils mangent trois morceaux. Si nous en voulons croire le peuple & les Filles-Dieu, on appelloit cela le dernier morceau des patients. On faisoit entrer ces malheureux dans la cour de ce Couvent , & cette ceremonie se passoit au pied d'un vieux Crucifix de bois , qui est encore couvert d'un dais , & dressé contre le chevet de l'Eglise de ce Monastere. Si nous consultons les personnes savantes en l'histoire , ils nous diront que nos Peres ont emprunté cette coutume des Juifs, qui assoupissoient les corps des criminels par la prise de quelques drogues , afin de les rendre moins sensibles aux tourmens qu'ils devoient souffrir. C'est de cette façon qu'il faut interpreter le vin de myrrhe qu'on presenta à Jesus-Christ. C'est le sens qu'on a donné au passage du trente-quatriéme verset du vingt-septiéme chapitre de St Mathieu , depuis que Nicolas le Févre , Precepteur de Louis XIII, l'un des plus savans personnages de notre siecle nous a donné sur ce sujet toute la lumiere que nous pouvions desirer.

Enfin pour achever l'histoire des Filles-Dieu , il me reste à dire deux mots d'une figure de Jesus-Christ à la colonne , qui est élevée contre un des piliers de la nef de l'Eglise de ces Religieuses ; & de Cantien Hue, Visiteur General de l'Ordre de Fontevrault , mort en 1502 , & enterré dans une Chapelle qui est occupée maintenant par la Sacristie. On tient que la figure a été sculpée en Angleterre par un mauvais dessinateur, mais fort laborieux & fort patient, qui s'est joué avec la corde dont il a garroté Notre-Seigneur, & qu'il a rendu si vraie , qu'elle a souvent trompé les yeux des Cordiers de cette Ville. En effet elle semble bien cablée, bien torse, bien tissue , bien unie , bien parée , & faite d'un lin fort fin , fort bien peigné & fort bien filé. On y remarque tant d'art & d'étude , que plusieurs personnes croyent que ce Sculpteur avoit été Cordier de son premier métier ; & certainement il n'y auroit rien à desirer, si elle étoit moins grosse, moins longue , & embarassée de moins de plis & de replis , & de moins de tours & de retours.

J'ai dit tantôt que lorsque les Religieuses du Couvent de la Magdeleine près d'Orleans , & du Prieuré de Fontaines du Diocese de Meaux, furent introduites en cet Hopital , Cantien Hue étoit Visiteur de l'Ordre de Fontevrault. Mais j'apprens du Martyrologe des Filles-Dieu & de celui de Fontaines , qu'il le fut trois fois , & qu'il mourut âgé de soixante & un la quatriéme Avril 1502 , en faisant sa visite en ce Monastere. Il nâquit à Etampes en 1442 , & ne se fit Religieux qu'en 1496 à l'âge de cinquante-quatre ans, en un tems où les hommes sont pour l'ordinaire trop attachés au monde pour en sortir. A son heureux avenement en la Religion, il quitta la dignité de Maître des Grammairiens de Navarre ; il abandonna l'étude de la Theologie , où il étoit en la premiere Licence. Il laissa à ses parens quelques biens du siecle que ses Peres & sa doctrine lui avoient amassés. Il surmonta, il foula aux pieds le grand nom que son savoir & son merite lui avoient acquis , & se priva de toute cette vaine pompe de la gloire humaine. En un mot cet homme illustre par le mépris genereux qu'il faisoit des dignités, de l'étude, des biens & de la renommée , sortit du monde de corps & d'esprit pour entrer en Religion. Depuis néanmoins il fut Licentié en Theologie, & le second de sa licence, mais il fallut que l'Abbesse de Fontevrault se servît pour cela de toute son autorité. Il ne voulut jamais prendre le bonnet de Docteur, de peur de faillir ou de corrompre par une si sainte élévation, l'humilité austere qu'il cultivoit même par ses actions les plus indifferentes. Enfin ses paroles, ses exhortations, sa vertu douce, solide, sociable & infuse en tout ce qu'il faisoit, sa vie exemplaire & Apostolique, instruisirent toutes les Religieuses de son Ordre, amenerent la reforme dans six Monasteres, & remplirent de tristesse tous les Couvents de Fontevrault & toutes les personnes vertueuses, quand on sut que Dieu avoit tiré du monde ce grand personnage. Cette tristesse dure encore par tout cet Ordre, & de crainte qu'elle ne s'étouffe sous les débris de mille autres choses que le tems a ruinées, elle est épandue dans les Fastes & dans les Martyrologes de Fontaines & des Filles-Dieu ; je pense même qu'on la renouvelle tous les ans le jour de la mort de cet homme illustre, dans tous les Monasteres de Fontevrault. Mais il est constant que sa memoire étoit précieuse, & qu'elle est encore en benediction dans celui des Filles-Dieu. Ces Religieuses lui firent faire des éloges & des épitaphes en Latin & en François ; elles le firent peindre pendant sa vie & après sa mort ; elles ont ces deux portraits en singuliere veneration ; & elles l'enterrerent dans une Chapelle de leur Eglise, qui sert presentement de Sacristie, sous une tombe de pierre où est gravé cet Epitaphe qu'on a bien de la peine à déchiffrer.

>Cy gist Cantien Huë digne de memoire,
>Du monde, de la chair, du diable ayant victoire,
>De louable vie & celeste conversation,
>Qui en cette Université vingt-quatre ans ou environ
>En bonté, discipline & science a moult profité,
>A soi des autres exemplaire de toute équité,
>En âge d'homme parfait le conseil Dieu bien memorant,
>En Navarre bel & riche office, & grans biens laissant ;
>Prend l'état de Religion Fontevrault reformation,
>Dont six Convens a reformé par conduite & discretion ;
>Lequel à mil cinq cens & deux de St Ambroys le jour & fête,
>Sexagenaire, vertueux, rend l'esprit, cline la tête.

LES FEUILLANTS.

AVANT que de parler du Couvent des Feuillants, disons un mot de ce bel Ordre & de l'étymologie de son nom.

Cet Ordre est une branche de Citeaux, qui du tems de Jean de Barriere étoit assés desordonné. Celui-ci Abbé Commandataire des Feuillants, qui est une Abbayie du Diocese de Ryeux, entreprit la reforme de son Abbayie en 1577, & fit avec ses Religieux une Congregation qui prit le nom de Feuillants du lieu où elle avoit été établie. Henri III depuis, qui avoit une grande veneration pour ce saint Reformateur, le fit venir à Paris, le reçut honorablement, & le logea à la rue St Honoré, à l'endroit où est à present le Couvent dont j'ai à parler. D'abord le cloître fut fait à la hâte, mais bientôt après il devint un des plus beaux & des plus commodes de Paris. La conduite en fut donnée à un Religieux du même Ordre, où il fit voir son industrie, l'ayant accompagné de tous les membres necessaires à une grande famille comme celle-là, & même de quelques-uns superflus. La faute qu'on y trouve est d'avoir negligé de les mener sur un même niveau & même alignement, & de s'être assujetti au terrain sans necessité, ne prevoyant pas que la maison qu'il bâtissoit seroit enterrée.

LE PORTAIL.

LES Feuillants pour le portail de leur Eglise ne voulurent pas se fier à la conduite du Religieux dont je viens de parler, & choisirent Mansart le plus galant & un des meilleurs de nos Architectes. Si bien que c'est lui qui en a donné le dessin, & qui la rendu le plus joli & un des plus riches de Paris. Ce fut son coup d'essai, essai néanmoins qui vaut bien autant que quelques-uns de ses chefs-d'œuvres.

Il consiste en deux ordonnances de colonnes posées les unes sur les autres. La premiere Ionique, est ornée de huit colonnes, d'un grand portail au milieu, mais de deux grosses vilaines figures dans les entre-colonnes. La seconde sur les angles est enrichie de deux pyramides rustiques, & parée dans le milieu de quatre colonnes Corinthiennes, avec une grande arcade, le tout couronné d'un fronton, de deux figures & de quelques amortissemens. Guillain en a fait les figures aussi-bien que celles des entre-colonnes, & s'il a tâché de les rendre très-mauvaises, il ne pouvoit pas mieux s'y prendre. Mansart n'avoit que vingt-quatre ans quand il entreprit cet ouvrage, où se voit un goût excellent. La maniere en est vigoureuse; ces colonnes fuselées qu'il a depuis introduites dans la maison du Chevalier de Jears & dans l'Eglise de Ste Marie, ne s'y remarquent point, on n'y voit rien que de mâle, rien que de ferme. Les colonnes en sont belles, bien mesurées & bien entendues; les pilastres n'ont point cette vitieuse diminution que les plus illustres d'entre nos Modernes leur donnent, contre les exemples qui nous restent du contraire dans l'arc de Constantin & dans quelques autres antiques. Les pyramides même plaisent aux yeux de quelques-uns à cause de leur nouveauté. Cet enrichissement leur paroit superbe & bien inventé; à la verité on trouve à redire qu'elles soient suspendues en l'air, puisque quand elles ne seroient ni fortes ni rustiques comme elles sont, il ne faudroit pas laisser de leur donner une baze plus solide qu'on ne fait même aux colonnes. A cela on ajoute qu'elles sont trop courtes & trop massives, qu'elles accompagnent mal ce portail; que l'ordre Corinthien n'a jamais été uni avec le rustique; qu'enfin cette sorte d'ordonnance est peu reguliere; que Mansart l'a trop exaucée pour la face de l'Eglise; en un mot qu'elle est mal proportionnée à son abord & à son avenue.

LES TABLEAUX.

BUNEL a peint les tableaux du Maître Autel, & de la Chapelle du chœur; dans celui du Chœur il a representé Jesus-Christ au Jardin des Olives, où il n'a pas tenu à lui qu'il n'ait exprimé sur son visage, & sur son attitude, l'apprehension des tourmens qu'il devoit souffrir.

Quoique le tableau du grand Autel, n'ait pas quatre pieds de large, Bunel neanmoins dans un aussi petit espace, n'a pas laissé de faire entrer le mystere de l'Assomption de la Vierge avec les figures des douze Apôtres, grands comme nature sans les estropier, ni les embarrasser; artifice grand & bien difficile à bien executer, & où ce Peintre a très-bien réussi, & mieux qu'aucun autre de sa profession.

DE LA VILLE DE PARIS. Liv. IV.   485

LE CHOEUR.

LE Chœur est clair & spacieux, & tout enduit de sept tableaux, non moins laids peut-être, qu'ils sont grands, tant ils choquent la vue : au milieu de ce Chœur le Pere Goulu, qui mourut en 1627, est enterré sous une tombe de marbre noir, que le Duc d'Angoulême défunt lui a fait dresser ; personnage de merite sans doute, & à qui ses écrits ont donné de la reputation. Ce mausolée cependant comme trop superbe pour un Religieux, a choqué tout l'Ordre à ce point, que depuis dans un Chapitre general, il fut arrêté de ne plus souffrir qu'à l'avenir aucun d'eux, eût ni tombe, ni épitaphe, comme étant contraire à la simplicité dont ils font profession : & de fait à la mort de Charles Vialart, Evêque de
pour ne point faire tort à ces Reglemens, quoiqu'il eût été quatre fois leur General, son cœur a été enterré dans leur Chapitre avec tant de negligence, qu'ils seroient bien empêchés de trouver l'endroit.

LA BIBLIOTHEQUE.

LE vaisseau de la Bibliothéque est fort petit, aussi bien que le nombre des Livres : il est tout entouré d'une ordonnance de pilastres corinthiens, mais difforme & defectueuse, aussi-bien dans leurs parties, que dans leurs proportions. Pour ce qui est de la menuiserie, elle est belle & bien travaillée ; mais de plus rehaussée, & éclaircie d'une certaine couleur bronzée, & reveillée de je ne sai quelle verdure, qui fait un assés bon effet, quoique l'invention n'en soit pas bien rare. Mais ce qui s'y trouve de bien remarquable, est le moyen dont les Religieux se sont servi pour faire ensorte que les pilastres dont elle est environnée, n'occupassent la moindre place inutile : car sur ce que le Bibliothecaire se plaignant à eux que le grand nombre de ces pilastres occupoit tant de place que mille volumes lui restoient, & qu'il ne savoit où les mettre ; après y avoir bien pensé, on trouva qu'il n'y avoit qu'à creuser ces pilastres, & là pratiquer des armoires, & des tablettes, avis si heureux, que près de mille volumes heretiques fort rares, & très-curieux, qui sont le caractere de cette Bibliotheque, y ont été rangés, & tous venans de Ministres convertis, qui se sont faits de leur Ordre.

Vassau, Ministre de Charenton, s'est fait Feuillant, il étoit bien reçu de Mr Pithou, & a donné tous ses Livres à ce Couvent. Il se nommoit en Religion Dom Jean de St Paul.

APOTHICAIRERIE.

L'APOTHICAIRERIE de cette Maison est la mieux symmetriée, & la plus curieuse du Royaume, & seroit la plus accomplie de l'Europe, si elle n'étoit point defigurée par un plancher trop bas, & traversée d'une grosse poutre. Frere Christophe de St François, Religieux de cet Ordre, nommé dans le monde Godefroi de Melun, la commença en 1637, & choisit pour la place un lieu dans le Cloître, qui donne sur le Jardin, parce que l'air en est pur : elle porte trois toises de long sur quatorze pieds de large, & est environnée de tablettes, d'armoires, & de tiroirs. Les armoires se ferment avec des volets, & les tablettes avec des chaffis de verre, afin d'en varier l'ordonnance, & l'égayer. Des Caryatides feparent ces tablettes & ces armoires, le tout couronné d'un entablement qui regne au pourtour de la Chambre, & qu'avec le tems on rehauffe de vafes, & de Livres de Medecine. Tous ces divers enrichiffemens, au refte, font diftribués dans ce petit efpace avec tant d'ordre & d'agrément, que rien n'y paroît confus ni embarraffé; tout y rit, tout y contente la vûe & l'efprit; il n'y a point d'endroits où l'on ne voye quelque chofe qui divertiffe. Après avoir confideré ces termes Caryatides, les yeux fe delaffent agreablement à regarder les bas reliefs taillés fur les volets de chaque armoire, qui reprefentent plufieurs guerifons miraculeufes, operées par Jefus-Chrift & par St Pierre.

Je laiffe là la proportion de ces colonnes Caryatides, un peu plus correcte à la verité, & mieux entenduë que celles de la Bibliotheque; mais quant aux têtes de ces termes, quelques-uns en ont d'affés belles, & même les draperies font bien choifies & bien executées. Frere Chriftophe choifit d'abord Pierre Dionyfe, Sculpteur & Menuifier tout enfemble; la Menuiferie qu'il lui a fournie, eft fort bonne & très-belle; fes baffes tailles font coupées avec bien du favoir pour un homme de fa profeffion: mais depuis, ce Religieux employa pour la Sculpture le jeune Sarrazin, qui le contenta beaucoup mieux que Dionyfe; auffi fes bas reliefs font-ils d'une maniere bien plus jufte, & plus étudiée : & on tient qu'ils peuvent entrer en comparaifon avec quelques ouvrages de fon frere aîné, & que fans doute il les a vûs & corrigés. Il s'en remarque quelqu'un qui a été fait en fa prefence.

Des volets fi propres & fi curieux, renferment dans l'armoire du milieu toutes fortes de preparations chimiques pratiquées en Medecine : cette armoire eft la plus grande de toutes, & en même tems la mieux garnie, la mieux parée, & la plus rare. On y trouve des efprits acides, les fels fines, des preparations d'antimoine & de vitriol, des effences tirées des vegetaux, & tous ces autres fecrets prompts & falutaires de chimie, qui demandent tant de favoir & de patience, & fervent d'antidotes contre toutes fortes de maladies. Tous ont été diftilés par Frere Chriftophe, avec un fuccès merveilleux, & une peine incroyable: auffi paffe-t-il pour un des plus grands Chimiques de notre fiecle.

Les autres armoires de haut en bas font remplies de tiroirs fort propres & fort commodes; & tout modefte qu'en foit le travail, il ne laiffe pas d'y avoir de la galanterie. Ces tiroirs font fournis de caffé, canelle, beaume, camfre, & de tous autres miracles de nature qui nous viennent de l'autre monde, & dont on affaifonne d'ordinaire les medicaments.

Notre induftrieux Chimique n'a pas donné moins d'agrément & de beauté à ces tablettes, qu'à fes armoires. Il a étalé deffus des phioles & des vafes de toutes les façons & de toutes les grandeurs, & le tout rempli de liqueurs, huiles, de confitures, d'effences: elles ne font fermées que de chaffis de verre, afin de rejouir la vue par cette varieté de couleurs & de figures fi differentes. Enfin ce Laboratoire paffe pour le mieux fourni qu'il y ait, & le feul où on ait encore vû trois mortiers fur un même pied, & de ces trois, il y en a un de porphyre, accompagné de fa meule cannellé à côte de melons, qui porte plus d'un pied de diametre.

LES CAPUCINS DE LA RUE St HONORÉ.

LES Capucins de cette maison ont un jardin le moins curieux, & cependant le mieux cultivé de Paris, avec un peu de choux, de raves & d'herbes. Ils ont pratiqué des compartimens dans leur partere, qui sont plus agreables à la vue que ceux de nos plus illustres Fleuristes; & de plus, les ont distribués avec tant d'ordre & de symmetrie, qu'ils rejouissent plus les yeux, que ne font les Tulippes, ni les Annemones.

Voyés les Memoires de Mr de Marolles, fol. 153, 154. Les arbres sont coupés en palissades: les allées sont larges & bien touffues; il y en a une entre autres à la porte du jardin & du Couvent, & finit contre les murs des Tuilleries, des plus plaisantes qui se voyent. Elle est d'une largeur extraordinaire, toujours sombre & fraiche, & toujours couverte de branches & de feuilles, & pourtant n'est bordée d'arbres que d'un côté.

LES CARMES DE'CHAUSSÉS.

LES Peres Carmes en 1611, ont été fondés & établis au faux-bourg St Germain le vingt-deuxiéme de Mai ; & quoique par leurs privileges ils soient exempts de la Jurisdiction des Ordinaires, ils ne laissent pas de recevoir tous les ordres & les mandemens du Pere Prieur & Grand Vicaire de l'Abbayie: & même au changement, tant de leur propre Prieur, que du Grand Vicaire de St Germain, ils viennent demander permission, & pour confesser, & pour les cas reservés ou dispenses, & pour l'absolution de l'hérésie.

LES PETITS AUGUSTINS.

EN 1613, la Reine Marguerite de Valois, le onziéme Avril, fonda au faux-bourg St Germain, les Peres Hermites de St Augustin de la Reforme de Bourges, dit les *Petits Augustins*, à la distinction de ceux du grand Couvent de Paris. Et depuis en 1617, le onziéme Juillet, ils eurent permission des Religieux de l'Abbayie de s'établir, avec pouvoir aux Confesseurs d'absoudre des censures & des cas reservés: ce que Mr de Metz, Abbé, confirma en 1623, au mois d'Avril, & toujours pour ce qui est de la Confession, à la reserve de la Communion de Pâques.

Nonobstant leur pouvoir général, ils sont obligés, de même que les autres Religieux du faux-bourg St Germain, à chaque changement de leur Prieur, ou du P. Prieur Grand-Vicaire, de venir demander une nouvelle permission de confesser, d'absoudre de l'hérésie, & le reste. De plus, ils assistent aux Processions générales indiquées par le Prieur Grand-Vicaire, ainsi que les Jacobins & les Freres de la Charité.

LES RELIGIEUSES BENEDICTINES DU CALVAIRE.

LES Benedictines du Calvaire ayant obtenu en 1621, une Bulle de Gregoire XV, dattée du 22 Mars, & depuis une autre d'Urbain VIII, portant permission de s'établir en France, le tout d'ailleurs confirmé par des Lettres Patentes du mois de Juin de la même année, Mr de Metz Abbé de St Germain, & le P. Prieur son Grand-Vicaire, de leur part, y consentirent aussi tôt, & voulurent bien qu'elles plantassent la Croix dans leur fauxbourg, au même lieu qu'elles avoient acquis à la rue Vaugirard, dit Montherbu, à la charge de vivre sous la direction des Superieurs ordonnés par les Bulles, & non seulement que les Abbés de St Germain, ou le Grand-Vicaire, pourroient visiter l'Eglise de leur Couvent, le St Sacrement, les saintes Huiles, les ornements, & ce qui concerne le St Sacrifice de la Messe; mais de plus, que les Prêtres qui seroient choisis par leurs Superieurs pour leur administrer les Sacrements, seroient approuvés par eux : & en cas que les choses changeassent de sorte dans le Monastere, que les Religieuses ne fussent plus en congregation, qu'alors l'Abbé ou son Grand-Vicaire aura droit de visite, & Jurisdiction, même quant aux mœurs, suivant le Concile de Trente.

En 1630 au mois d'Août, le Pere Claude Cotton, pour lors Prieur & Grand-Vicaire, leur fit deffense de recevoir aucune fille à l'habit ni à profession, qu'auparavant il ne l'eut examinée, à quoi elles obéirent; & non content de cette soumission, il a été encore interroger quelques filles depuis pour la profession, dont il y a acte dans les Archives de l'Abbayie.

Touchant le lieu qu'occupe leur Monastere, l'acquisition fut faite en 1622 au mois d'Avril, & le contrat ensaisiné à Ste Genevieve, le troisiéme de Mai. Il consistoit en trois maisons, l'une appellée l'Hotel de Montarbe, de Monterbe, de Montherbu; l'autre l'Hotel St Nicolas; la troisiéme de ces maisons est un pavillon d'ardoise, qui doit servir d'infirmerie, qu'elles eurent en échange de la Reine Mere, avec certaine quantité de toises de jardin au bout, moyenant un arpent du fond des deux premieres maisons qu'elles lui cederent, ce qui se passa en 1630, le vingt-deux Juin.

NOVICIAT DES JACOBINS.

EN 1632, le Pere Nicolas Rodolphe, General des Dominiquains, obtint de M. l'Abbé de St Germain des Prés, le dix-huit Juin, la permission d'eriger dans le fauxbourg un Noviciat, pour la reformation des Couvents de l'Ordre de St Dominique en France. Ces Religieux ici reconnoissent la même jurisdiction que les Petits-Augustins & les Carmes Deschaux, dans tous les cas que j'ai observés.

L'Eglise a été conduite par le sieur Bulet Architecte de la Ville, aussi-bien que toutes les maisons que ces Peres ont fait élever au tour de la leur, ce qui leur donne un très-gros revenu.

LES RELIGIEUSES DE LA CONGREGATION
Notre-Dame, à la rue de Chaffe-midi.

CETTE Congregation de Religieufes de l'ordre de St Auguftin, eft venue de Laon, & fait veu entre autres d'inftruire les petites filles. Elles furent établies en 1634, au mois de Juillet & de Septembre, tant par Lettres Patentes du Roi, que par brevet de Mr l'Abbé de St Germain. Madame de Brienne, femme du Secretaire d'Etat, qui leur prête fimplement fon nom, s'en dit la fondatrice, moyennant une fomme de quarante mille livres imaginaire qu'elle ne doit point payer; & cela par une contre-promeffe de la part des Religieufes. Ce Couvent eft encore entierement fujet à la Jurifdiction de l'Abbé, & de fon Grand-Vicaire, Prieur.

LES RELIGIEUSES DU St SEPULCHRE,
à Belle-Chaffe.

CES Religieufes font Chanoineffes de l'Ordre de St Auguftin, de la Congregation du St Sepulchre, & forties de Charleville. En 1635, après avoir acquis de Barbier, à la rue St Dominique, le lieu appellé de Bellechaffe, en vertu des Lettres du Roi & du Brevet de Mr de Metz Abbé de St Germain, elles s'établirent au mois d'Août, conformément au Concile de Trente. Elles reconnoiffent en tout la Jurifdiction de l'Abbé, & du Prieur Grand-Vicaire.

LES RELIGIEUSES BERNARDINES DE Ste CECILE,
dites, du Précieux Sang de Notre-Seigneur.

EN 1635, Mr de Metz, Abbé de St Germain, donna à ces Religieufes au mois de Decembre, des Lettres d'établiffement, & pour lors elles fe logerent proche le Noviciat des Jefuites; & quoiqu'elles foient Bernardines, neanmoins elles ne reconnoiffent point les Superieurs de Cifteaux, mais fimplement la jurifdiction de l'Abbé & du Prieur de St Germain, fon Grand-Vicaire. Ces Filles-ici font venus de Provence.

Depuis, en 1657, leur maifon ayant été vendue par decret, & reconnoiffant qu'elles ne profitoient ni au fpirituel, ni au temporel, & même que la plupart des Religieufes étoient prefque toujours malades, elles crurent par une infpiration de Dieu, que tout ceci ne provenoit d'ailleurs que de ce qu'elles n'étoient pas dans la parfaite obfervance de la Regle de St Benoît qu'elles avoient profeffée, & là-deffus toutes d'un commun confentement, prirent refolution d'embraffer cette Obfervance. Et de fait, peu de tems après elles reconnurent que c'étoit l'état auquel Dieu les appelloit; car enfin tout leur reuffiffoit. Non feulement quantité de perfonnes pieufes mues de charité, leur firent beaucoup de bien, & les affifterent de tout, foit pour la nourriture, foit pour les vêtemens; mais de plus, malgré leurs

Tome I. QQq

mortifications, comme ne mangeant plus de chair, ne portant plus de linge, & qu'elles se levent à deux heures après minuit pour chanter Matines, sans les autres austerités, cependant elles n'ont plus de malades, & se portent parfaitement bien.

Deux ans après, c'est-à-dire en 1659, elles furent transferées au mois de Fevrier dans un nouveau Monastere à la rue Vaugirard, vis-à-vis les jardins du Palais d'Orleans; là le Prieur de St Germain, Grand-Vicaire, ayant beni la Chapelle & les lieux reguliers, y établit la Clôture perpetuelle, où à present elles vivent très-religieusement.

LES RELIGIEUSES DE St NICOLAS DE LORRAINE.

CES Religieuses ici sont celles-là même que nous appellons de l'Annonciade, qui en 1636 vinrent de St Nicolas de Lorraine à Paris. Leur Croix, au mois de Septembre, ayant été plantée à la rue du Bac, au lieu où sont à present les Recoletes, deux ans après elles furent transferées sur le chemin de Vaugirard, & leur Couvent appellé du St Sacrement, autrement St Nicolas de Lorraine; mais enfin depuis, cette maison, par une mauvaise conduite, ayant été ajugée aux creanciers en 1656, au mois d'Octobre, par decret elle a passé aux Filles de l'Assomption.

LES RELIGIEUSES RECOLETES.

CERTAINES Religieuses de Ste Claire venues de Verdun, qui en 1627 s'étoient établies au faux-bourg St Germain à la rue du Bac, furent obligées en 1638, le dernier Juin, de ceder leur droit & leur maison aux Recoletes de l'Ordre de St François qui étoient de Tulles en Limosin; & cela en vertu des Lettres de Mr de Metz Abbé; & enfin deux ans après, qui fut en 1640, au mois d'Août, le Prieur de l'Abbayie, Vicaire General, vint benir la Chapelle & les lieux reguliers de ces nouvelles filles, en dressa un acte, & reitera les conditions & les articles portés dans la permission de Mr l'Abbé; à quoi elles se soumirent, aussi-bien que les Peres Recolets de la Province de Paris, dite de St Denys; & tous ensemble signerent l'acte & le Procès-verbal. Voici quelques-uns des articles.

1°. Que suivant le Concile de Trente, ledit Seigneur Abbé, ou son Grand-Vicaire, pourront entrer dans le Monastere des Recolettes, afin d'y voir & visiter la clôture.

2°. Que les Confesseurs nommés par les Superieurs des Recoletes pour entendre les confessions, seront tenus de se faire approuver par ledit Seigneur, ou son Grand-Vicaire.

3°. Que si dans le Monastere quelque desordre ou scandale arrivoit, soit par les Religieux ou Religieuses, & que les Superieurs, après en avoir été duement avertis & requis, n'y missent pas ordre, ledit Seigneur Abbé ou son Grand-Vicaire y remedieroient.

4°. Que qui que ce soit, Seculier ou Regulier, hors le cas de droit, ne pourra entrer dans la clôture du Monastere, sans licence dudit Seigneur Abbé, ou son Grand-Vicaire.

5°. Que les Religieuses donneront tous les ans un écu d'or de reconnoissance au Curé de St Sulpice, dans la Paroisse duquel elles sont établies.

6°. Que pas une fille ne pourra être reçue à profession, qu'elle n'ait été examinée par mondit Seigneur Abbé, ou son Grand-Vicaire.

Signé F. IGNACE LE GAUD, Vicaire General de l'Ordre de St François. Le Pere Grand-Vicaire, Prieur de St Germain, a permis au Pere Provincial des Recolets de ladite Province, ensuite d'une Requête qu'il lui a presentée, que la maison où demeurent les Peres Recolets, à la rue du Bac, proche du Monastere des Recolettes, fut érigée en hospice pour la demeure de sept ou huit Recolets, qui seront employés à la conduite de ces Religieuses, le quinze Septembre 1658.

LES FILLES DE LA PROVIDENCE,
sous le Patronage de St Joseph.

MARIE Delpech, autrement dite Mademoiselle de Lestan, native de Bordeaux, elevée dans la maison des Pauvres orphelines de la même Ville, étant venue à Paris à dessein d'y former un même institut, suivant les Reglemens faits en 1638 par Mr l'Archevêque de Bordeaux, assistée de quelques personnes pieuses, obtint pour cela des Lettres du Roi en 1639. Depuis Mr de Metz, Abbé de St Germain, par un Brevet, lui ayant accordé la permission de s'établir dans son faux-bourg, le Pere Prieur Grand-Vicaire, en 1641, l'établit au mois de Juin avec de ses compagnes, à la rue St Dominique, dite rue neuve St Dominique, où elles sont à present, non sans leur prescrire quelques ordonnances.

Son institut est de recevoir les pauvres filles orphelines dès l'âge de neuf à dix ans, de les élever à la pieté, leur faire apprendre diverses sortes d'ouvrages, afin qu'à l'âge de dix-huit ans à peu près, elles se trouvent en état: ou de se mettre en quelque bonne maison pour servir, ou d'entrer en Religion, ou de se marier.

LES PERES THEATINS, CLERCS REGULIERS.

EN 1648, les Pères Theatins, après avoir présenté Requête à Mr l'Abbé de St Germain pour s'établir dans son faux-bourg, qu'il enterina: & obtenu un mois après des Lettres Patentes du Roi; aussi-tôt le Prieur Vicaire General, fut benir leur Chapelle, planter la Croix, & faire toutes les autres ceremonies requises en tel cas. Leur Chapelle a été dediée à Ste Anne la Royale, suivant le desir de la Reine, qui assista à cette ceremonie avec quantité de personnes de qualité. La maison de ces Clercs Reguliers est située sur le quai, en deça du Pont-rouge, que l'on nomme aujourd'hui Pont Royal; l'Abbé les a reçus pour exercer toutes sortes de fonctions Ecclesiastiques, ainsi que les autres Reguliers du faux-bourg; & cela aux mêmes conditions.

LES RELIGIEUSES DE LA MISERICORDE.

CES Religieuses qui sont de l'Ordre de St Augustin, & établies en Congregation sous le titre de Notre-Dame de la Misericorde, furent approuvées avec leurs Statuts en 1642, par Urbain VIII, le trois Juillet.

Cette Congrégation a commencé dans la Ville d'Aix en Provence, sous la conduite & direction d'un saint Prêtre, nommé le Pere Yvan. Le principal but de ces Religieuses étoit de recevoir des filles sans dot, qui auroient les qualités requises, quand chacun de leurs Couvents se trouveroit en fonds, ou par le moyen de leur travail manuel, de quoi subsister. Depuis, deux établissemens de ces Religieuses ont été faits, l'un à Avignon, l'autre à Marseille. La Mere, appellée de la Trinité, est reconnue pour Superieure, Fondatrice & Institutrice, avec le Pere Yvan. Ensuite de ces deux établissemens, étant venue à Paris à dessein d'y eriger un Couvent, quelques personnes pieuses lui donnerent & rentes & argent; si bien que là-dessus ayant obtenu des Lettres du Roi, & d'autres de Mr l'Abbé de St Germain, le Prieur Grand-Vicaire les établit dans le faux-bourg, en 1651. Le tout ayant été omologué au Parlement le sixiéme Septembre. En même tems elles acheterent une maison à la rue Cassette, où le Pere Grand-Vicaire les a transferées, qui pour lors benit la Chapelle, avec les lieux reguliers, & y mit la clôture.

RELIGIEUSES BENEDICTINES, DITES DU St Sacrement.

EN 1649, comme deux grands sacrileges vinrent à être commis envers le très-auguste & adorable Sacrement de l'Autel, l'un au faux-bourg St Germain, dans l'Eglise de St Sulpice, l'autre peu de tems après dans celle de St Jean en Greve, pour reparer en quelque façon l'injure faite à Dieu par le premier, le Pere Prieur, Grand-Vicaire de St Germain, indiqua une Procession solemnelle de tout le Clergé du faux-bourg, où officia Monsieur de Beigne Nonce du Pape, & ensuite les Religieux, comme les Superieurs de ce Clergé, conduisirent la Procession.

A quelque tems de là, Madame Courtin, Marquise de Boucs, & la Comtesse de Chateau-vieux, touchées d'un saint zèle, & souhaitant que ce Sacrement si adorable fut honoré continuellement dans quelque Monastere de filles, toutes deux en 1652 & 1653, firent donation de sommes notables à la Mere Catherine de Bar, dite du St Sacrement, Religieuse de l'Ordre de St Benoît, pour fonder un Monastere du même Ordre. Cette Mere Catherine aussi-tôt obtint permission de Mr de Metz, Abbé de St Germain, d'en bâtir un dans le ressort de sa jurisdiction, & même à la charge qu'aucune fille ne pourroit être reçue qu'elle n'apportât trois cens livres de pension perpetuelle, qui font six mille livres en principal. Ensuite le Roi lui ayant accordé des Lettres Patentes, le tout fut omologué en 1654, tant au Parlement qu'à la Chambre des Comptes.

L'établissement fait, & après avoir demeuré quelque tems à la rue Ferou, ces Religieuses, en 1659, furent transferées par le Prieur Grand-Vicaire dans la rue Cassette, dans un Couvent bâti à neuf, où après avoir beni les lieux, suivant le procès-verbal du onziéme Mars, il permit à l'Evêque du Puy, de consacrer la Chapelle, ce qu'il fit avec grande solemnité, & dont il a donné attestation.

Ces filles sont appellées *Benedictines du St Sacrement*, à cause que jour & nuit, perpetuellement il y a toujours quelque Religieuse au pied de l'Autel, à adorer le St Sacrement; afin de reparer en quelque façon, & autant que la fragilité humaine le peut permettre, les irreverences & les injures qui se font envers ce Sacrement adorable.

DE LA VILLE DE PARIS. Liv. IV.

LES RELIGIEUSES DE NOTRE-DAME DE GRACE.

CES Religieuses sont de l'Ordre de St Augustin, & furent transferées du Couvent de l'Assomption de Paris, qui est proche la porte St Honoré, sous la Jurisdiction du Grand-Aumônier de France, au faux-bourg St Germain, avec la permission de l'Evêque de Coûtance, Grand-Vicaire du Cardinal Antoine Barberin, Grand-Aumônier, dans ce Couvent là; & le tout après avoir renoncé à toute jurisdiction sur ces filles à perpetuité; & ce que tout de même ont declaré les Religieuses de l'Assomption, sans quoi l'Abbé de St Germain des Prés n'auroit point donné de Brevet. Ensuite donc de ces Lettres, elles furent établies en 1656, au Couvent de St Nicolas de Lorraine, le dix-huit Octobre, s'y reservant toute Jurisdiction spirituelle, tant pour lui & ses successeurs, que pour le Prieur Grand-Vicaire; & de plus, à la charge qu'aucune fille ne sera reçue, qu'elle n'apporte au moins six mille livres de dot, pour être employés en fonds. Cet établissement au reste, ne fut fait qu'après avoir examiné leurs Constitutions, comme il paroît par le procès-verbal.

DIX VERTUS.
Les Religieuses Bernardines de l'Abbayie aux Bois.

LES Filles de l'Annonciade, dites *des Dix-Vertus*, ayant été expulsées par leur mauvaise conduite, le Monastere fût ajugé à l'Abbesse de l'Abbayie aux Bois en Picardie, Ordre de Cisteaux, au Diocèse de Noyon, où elle a établi en 1654 une Communauté de Religieuses, avec l'agrément & la permission de l'Abbé de St Germain des Prés.

LES RELIGIEUSES BENEDICTINES DE NOTRE-DAME de Liesse.

TROIS filles, savoir, Barbe de Coux, Geneviéve Poulain, & Françoise Boutroué, sont cause de cette institution, & en ont jetté les fondemens; toutes trois demeuroient ensemble dans une maison appellée le Jardin d'Olivet au-de-là des Incurables, sur le grand chemin de Seve, où elles s'occupoient à enseigner & instruire de jeunes filles; neanmoins avec intention de tout tems d'établir un Couvent au même lieu, sous la protection de Notre-Dame, & le tout en consequence du contrat de donnation fait avec elles, en 1626, au mois de Juillet, par Marie Briçonnet, veuve d'Etienne le Tonnelier, Conseiller au grand Conseil. Si bien que pour satisfaire au desir de cette veuve, & executer en même tems la volonté de Genevieve Poulain, portée par son testament en 1643, le vingt-neuviéme Janvier; Barbe de Coux, en 1645, transporta sa maison aux Benedictines, avec la permission de Mr l'Abbé de St Germain des Prés, après avoir obtenu des Lettres Patentes du Roi.

PRETRES HIBERNOIS.

QUELQUES Prêtres Hibernois, ayant permission du Roi d'établir à Paris une maniere de College, dont le sieur Tirel fut fait Superieur, le Pape en 1628, à la fin de Juin, octroya un bref à tous les Hibernois vivants en société, & étudiants à dessein de retourner en leur Pays pour travailler à la conversion des Infideles, où il leur donne pouvoir de prendre les Ordres, avec la permission des Evêques, sans patrimoine même, & sans garder les interstices.

Depuis quelques années le sieur Taf, Prêtre Irlandois, s'est retiré au faux-bourg St Germain avec quelques autres Ecclesiastiques de sa nation, pour les preparer par des exercices de pieté, & des conferences spirituelles entre eux, afin d'être en état d'aller aux Missions d'Irlande. Cependant, parce qu'en 1656 & 1657, les Grands-Vicaires voulurent avoir ce Taf ici & ses Prêtres, d'abord le Prieur de St Germain s'y opposa, de crainte que cette entreprise ne réussit pas; à la fin néanmoins il y consentit, à la charge qu'il ne meneroit avec lui que deux ou trois de ses Ecclesiastiques; si bien qu'il a retenu les autres, tant pour empêcher que leurs exercices ordinaires ne viennent à cesser, & qu'ils n'abandonnent leur premier dessein, qu'afin que le lieu où ils sont puisse servir de retraite à Taf & à ses Compagnons, au cas que son nouvel établissement vint à manquer, & que l'autre Congregation dans la Ville se dissipât. Ces Prêtres au reste ont vecu sous la Jurisdiction de St Germain des Prés.

LES RELIGIEUX HIBERNOIS DE L'OBSERVANCE de St François.

EN 1652, le Pere Georges Dileon, Hibernois, Religieux de l'étroite Observance de St François, faite par St Bernardin, après avoir obtenu permission de la Reine de demeurer à Paris avec quelques autres Religieux de sa nation, & de même profession que lui, exilés à cause de la foi; Mr de Metz ensuite, Abbé de St Germain, voulut bien que pour un tems ils eussent un hospice dans son faux-bourg, ce que le Prieur Grand-Vicaire confirma au Pere Georges par écrit en 1653, au mois d'Août; à condition neanmoins qu'il n'auroit que six Religieux avec lui, & tous Prêtres. Qu'à l'égard de la Messe, ils pourroient la dire dans les Eglises, ou même chés eux dans un Oratoire; mais pour lors à huis clos, & sans laisser entrer personne: si bien qu'ils prirent une petite maison à la rue Chasse-midi, où depuis en vertu d'un autre pouvoir par écrit qui leur a été accordé, non seulement ils disent l'Office indirectement à la verité, sans sonner la cloche, ni ouvrir leur porte à personne, mais encore de confesser ceux de leur Nation, & même quelques Bienfaiteurs particuliers, sans tirer à consequence.

Les Recolets de la Province de France, dite de St Denys, vouloient au commencement les contraindre de demeurer dans leur Couvent; cependant changeant d'avis en 1656 & 1657, ils consentirent dans leur Chapitre general, qu'ils vecuffent comme ils faifoient dans leur particulier, fans vouloir plus les inquieter. En effet, ce font de bons Religieux qui vivent fort paifiblement.

GEORGES TARRI.

EN 1645, un Hermite, nommé Frere Georges Tarri, natif d'Aix en Provence, eut permiffion verbale de Mr de Metz, d'elever au fauxbourg St Germain des enfans dans la crainte de Dieu ; comme il étoit logé dans une maifon qu'il louoit tout contre les Incurables, il les envoyoit là à la Meffe tous les jours de bon matin, les catéchifoit, & le long du jour alloit queftant par la Ville avec eux, un Crucifix à la main ; mais en 1657, ceci fut fupprimé par l'établiffement de l'Hopital General, où ces enfans furent conduits. Quant à l'Hermite, il s'en alla à Rome avec deux ou trois jeunes hommes habillés de chappes blanches dont il fe fervoit pour la conduite de fes petits garçons, après avoir pris obédience du Prieur Grand-Vicaire, *de vita & moribus*.

ECOLE DE PETITES FILLES.

EN 1655, les fieurs de Bafancourt, Bourgeois du faux-bourg St Germain, par contrat du deuxiéme Mai, avec le Curé de St Sulpice & les Marguilliers, donnerent une petite maifon à la rue de Grenelle, pour fervir d'école Chrétienne aux pauvres petites filles orphelines de la Paroiffe, Mr de Metz enfuite indemnifa cette maifon au mois de Decembre. En 1657, le Pere Prieur, à la requête des Fondateurs, donna permiffion à une fille Catholique de les inftruire tant qu'il lui plairoit : elles vont entendre la Meffe à St Sulpice.

Madame Rouffeau veuve, ayant reçu de quelques perfonnes pieufes certaine fomme d'argent pour faire apprendre métier à de pauvres petites filles, la mit en rente en 1657, afin de faire fubfifter trois ou quatre Maitreffes qu'elle loge chés elle au faubourg St Germain où elle demeure, dont elle a la conduite & la direction ; ne faifant rien neanmoins de fon chef, mais fe conformant en tout aux Reglemens que lui a dreffés le Pere Prieur Grand-Vicaire. Ces Maitreffes peuvent prendre des Penfionnaires ; quant aux autres petites filles, leurs parents les envoyent là le matin & l'après-diné, de même que s'ils les envoyoient à l'école.

L'Inftitut eft d'apprendre de petits métiers qui ne font point fujets à Maitrife : depuis, la même Dame Rouffeau a obtenu quatre mille livres d'une perfonne de pieté, afin de pouvoir faire dire la Meffe dans fa maifon, & ainfi empêcher les petites filles de vaguer pour l'aller entendre autre part, ce que le Grand-Vicaire lui a permis en 1659.

LES RELIGIEUSES DE GOMER-FONTAINE.

LES Religieufes de Gomer-Fontaine, de l'Ordre de Cifteaux, & du Diocèfe d'Amiens, ont été tranfportées à Paris pendant la Paix, & elles ont été établies derriere les Carmes Defchaux, faux-bourg St Germain, quartier de Luxembourg. Je n'ai rien trouvé de la fondation de ce Couvent.

HISTOIRE ET ANTIQUITE'S

RECOLETS.

LES Recolets, dits de St Laurent, établis en 1603, par Henri IV & Marie de Medicis, au faux-bourg St. Laurent .leur Eglise fut dediée sous le titre de l'Annonciation de la Vierge, en 1614.

Frere Luc a fait le Tableau du Maître-Autel des Recolets, aussi fort que le Guide, & presque aussi fini; il passoit pour imitateur de Raphaël.

La Bibliotheque est assés belle, & les Livres en sont bien choisis, & assés proprement reliés.

St SEPULCHRE.

FONDATION de l'Eglise du St Sepulchre à Paris, faite en 1325, par Louis de Bourbon, Comte de Clermont, dont la premiere pierre du bâtiment de l'Eglise fut posée le dix-huit Mai 1326, par Guillaume Archevêque d'Ausch, ce qui paroît par l'inscription au haut du Portail.

L'an de grace 1327, le Vendredy devant Noël, fut chantée la premiere Messe de cette Eglise, & les fondemens levés, comme il est appert, par Maître de l'Ortignes, qui erigea ce Portail, & le fonda, &c.

Cette Eglise a été bâtie pour les Pelerins du St Sepulchre de Jerusalem, qu'on y logeoit autrefois quelques jours, & on leur donnoit soixante sous & un pain, après quoi on les renvoyoit. A présent c'est une Eglise Collegiale, dont les Chanoines sont à la collation de Notre-Dame.

L'Autel est d'une très-belle menuiserie, & le Tableau qui est dessus, dont Mr Colbert a fait present, est de M. le Brun.

QUINZE-VINGTS.

FONDATION aux Quinze-vingts, 1493. *lib. E. fol. 3.*
Voyés les Hopitaux, liv. v.

St ANTOINE.

FONDATION à l'Hopital St Antoine de Paris, 1393. *lib. E. fol. 3. 6.* & au second livre des Chartes, *fol.* 8. Voyés les Hopitaux, livre v.

NOMS DES EGLISES CHANGE'S.

QUOIQUE l'Eglise Ste Geneviéve ait été dediée à St Pierre & à St Paul, & tout de même celle de St Germain des Prés à St Vincent, deux des plus anciennes de Paris; neanmoins, combien y a-t-il de siecles qu'on ne connoît plus leurs vrais Patrons, & le tout par la fantaisie du peuple?

Les Evêques ont eu beau s'y opposer, son opiniâtreté a prevalu sur leurs ordres; bon gré, malgré, il a falu que l'Abbayie de St Vincent ait pris le nom de St Germain; & celle de St Pierre & de St Paul, celui de Ste Geneviéve, qui ont vecu bien depuis.

La

La Chapelle de Gaillon, parce que le peuple l'a encore ainsi voulu, a été appellée St Roch; l'Eglise St Pierre, St Meri; celle de St Nicolas, la Ste Chapelle; St Magloire, a pris le nom de Filles Penitentes; St Peré celui de la Charité; l'Hopital d'Imbert de Lyhoms s'appelle les Filles-Dieu; celui de Braque, la Merci.

On ne sait plus ce que c'est que Beguines, à cause de l'*Ave-Maria*: on ne dit plus les Filles de la Magdeleine, mais les Madelonnettes.

On appelle Notre-Dame des Champs, les Carmelites; la maison la Croix-la-Reine, la Trinité; les Dominicains, ou Freres-Prêcheurs, ne se nomment pas ainsi, mais Jacobins; & tout de même les Religieux de la Redemption des Captifs, Mathurins.

Les Benedictins de la rue des Blancs-manteaux, tout vêtus de noir qu'ils soient, ne sont connus que sous le nom des Blancs-manteaux; & les Carmes mitigés, que sous celui des Billettes.

Enfin si je voulois m'étendre davantage, je ferois voir qu'il n'y a presque point de Saint ni de Fête, tant à Paris qu'ailleurs, dont le peuple n'ait corrompu le nom & les miracles.

CIMETIERES.

TANT que les Romains furent Maîtres de Paris, ils se firent enterrer à l'ordinaire sur les grands chemins, qui étoit leur coutume; & de fait, outre les tombeaux qu'on a deja trouvés, il s'en trouve encore tous les jours en remuant la terre.

En 1538, proche de la tour de Nesle, on decouvrit onze caveaux, où dans l'un étoit un corps armé de toutes pieces. Il n'y a pas plus de quinze ou seize ans qu'en fouillant au marché aux Chevaux de la porte St Victor, on tira de là plusieurs grands coffres de pierre tous antiques, remplis de corps d'une taille extraordinaire, & chargés d'inscriptions Grecques. Quelque tems auparavant, vingt ou trente autres de pierre & de brique avoient été deterrés à la rue St Etienne des Grès derriere le chevet de l'Eglise, chés Merchaut Maître Maçon, aussi bien que chés les voisins; ce que nos Curieux virent, assurant tous qu'il n'y avoit point d'inscriptions; mais enfin Merchaut m'a souvent parlé de plusieurs medailles d'or & d'argent, tant de Constantin, que de Constans & de Constance qui s'y étoient trouvées, qu'on lui vola, & que tous nos Medaillistes ont vues entre ses mains.

Les plus remarquables furent decouverts à la rue de la Tixeranderie, au logis de Jean Amauri; & encore au fauxbourg St Jaques, en 1612, dans le Monastere des Carmelites. Chés Jean Amauri on deterra deux grands squelettes, & plusieurs autres ossemens enfermés dans des tombeaux de pierre, avec un brassal d'airain, un lacrymoire de verre, un vase de corne, un plat de terre sigilée, des medailles de Neron & de Magnence; de plus, une inscription qui se lit encore dans cette maison là, & que Petau, Conseiller au Parlement, a fait graver, aussi bien que tout le reste, & qu'il a donné au public avec ses medailles & les autres raretés de son Cabinet. Voici cette inscription.

ALIA ISTAQUE PRÆGRANDIA OSSA CUM LAPIDE, FERCULIS, CUMQUE NUMISMATIS, ET BRACHIALI ÆNEIS ARENA OBRUTA IN JOANNIS AMALRICI FRANCICORUM EXERCITUUM CENSITORIS ÆDIBUS, QUÆ PARS VETERIS DOMUS ANDEGAVENSIUM COMITUM FUERE, QUASQUE ILLE PARISIIS IN VICO TEXTRINARIO A FUNDAMENTIS REPARABAT. ANNO HOC DOMINI CIƆ IƆ CXII REPERTA SUNT.

Depuis, les mêmes Carmelites du fauxbourg St Jaques, ayant acheté quelques terres du voisinage afin d'agrandir leur jardin, & voulant y bâtir une Chapelle, les Ouvriers en creusant rencontrerent à quatorze pieds du rès-de-chauffée, une grande voute faite à la main, où au milieu étoit un homme à cheval, suivi de deux autres, & d'un petit garçon à pied, ayant chacun à la bouche une medaille de grand bronze de Faustine, la mere d'Antonin le pieux; l'un de ces pietons tenoit de sa main gauche une lampe de terre rouge, & de la droite une tasse de metail garnie de trois dés, & d'autant de jettons d'ivoire, que le tems à la longue avoit quasi petrifiés. Mademoiselle du Verger qui a fait un amas très curieux de medailles, & qui s'y connoît m'a montré la tasse, avec un des dés, & un de ces jettons qu'elle a recouvrés, & garde précieusement.

Dans tout le tems que Paris fut sous la domination des Romains, & suivit leurs loix, ceux de la Ville qui venoient à mourir, étoient aussi toujours enterrés le long des grands chemins; mais si-tôt qu'il y eut des Rois, & que le Christianisme y fut établi, on commença à enterrer dans les Eglises, aussi bien que dehors. La Ville depuis étant devenue plus peuplée, & ne se trouvant pas assés de place pour ses morts, il fallut songer à avoir des Cimetieres publics, & alors celui de St Innocent fut beni, où long-tems on porta les corps, & à cause de cela il fut nommé le Cimetiere de Paris. Avec le tems neanmoins, Paris croissant, & ce Cimetiere étant devenu trop petit, on fut obligé d'en faire d'autres ailleurs de tous côtés, tant dans le quartier appellé la Ville, que dans la Cité même, & dans l'Université. Les Juifs en eurent pour eux, ainsi que les Chrétiens, comme étant fort considerés de nos Rois, à raison du profit & du grand tribut qu'il en tiroit, & ce qui fit aussi qu'ils les logerent en beaucoup d'endroits avec permission d'acheter des places pour se faire enterrer. Les tombeaux, les ossemens, les tombes & les épitaphes qu'on a déterrés dans la rue Pierre-Sarrazin, & particulierement dans celle de Mr Talon Avocat Général; les inscriptions encore qui composent les murs de l'ecurie de Mr Doujat, Conseiller à la Grand'Chambre; les marches de l'escalier de Mr Briçonnet, Conseiller au Parlement, dans la rue de la Harpe, près la rue Pierre-Sarrazin; le nom même de Sarrazin qui est demeuré à cette rue, & que les Chrétiens donnoient autrefois aux Juifs pour leur faire plus de depit; tout cela ensemble, & bien d'autres choses que je remarquerai quand il sera tems, ont fait croire, non sans raison, que les Juifs avoient là un Cimetiere. Sans celui-ci pourtant, ils ne laissoient pas d'en avoir encore deux autre part; l'un que je n'ai pû decouvrir, qu'en 1311, Philippe le Bel donna aux Religieuses de Poissy, fondées par St Louis; l'autre à la rue Galande, & dont en 1258, ils firent refus de payer les droits Seigneuriaux aux Chanoines de Notre-Dame, qui en étoient Seigneurs. Le nom de Juiverie que porte la rue qui aboutit à Petit-pont, & au Pont-Notre-Dame; celui de Judas qu'on a donné à la rue qui est près des Carmes, & de celle de la montagne de Ste Genevieve; celui des Juifs enfin, que conserve encore deux ruës, l'une à la Halle, l'autre derriere le Petit-St Antoine, nous informent, & font assés connoître que les Juifs demeuroient en ces quartiers là, & y avoient des maisons séparées de celles des Chrétiens. Les Regîtres du Trésor portent que leurs écoles étoient à la rue de la Tascherie, & que Philippe le Bel, en 1311, les donna à Jean de Prunin son Cocher, à perpetuité.

Le grand Pastoral fait mention en 1245 & 1267, des Juiveries de St Bon & de la rue de la Harpe; de plus, les titres du Temple nous assurent que les Juifs avoient une Synagogue dans la Paroisse de St Jean en Gréve.

Par ce que je viens de dire des Cimetieres, on voit qu'ils étoient hors des limites de l'ancien Paris, que nous appellons la Cité. Raoul de Presle prétend que cela se pratiquoit ainsi pour éviter la puanteur que ces sortes de lieux peuvent exhaler; que s'ils furent placés au loin, peut-être fut-ce par necessité, ne pouvant être trop grands pour une Ville qui grossissoit à vue d'œil, & devenoit fort peuplée.

Contre St Hilaire il y a eu autrefois un Cimetiere, pour enterrer les Habitans des environs.

De tout tems il y en a eu un autre devant St Benoit, au commencement de la rue de St Jean de Latran, & qui de nos jours a été transporté derriere le College Royal, & de ces deux Cimetieres cependant du Boulay & du Beuil n'en disent pas un mot.

DES ASYLES.

JE ne dirai point quand les Eglises de Paris ont commencé à servir d'asyle, si c'étoit pour toutes sortes de crimes, ni quand ceci a cessé, & autres choses semblables; car outre que cela regarde plus l'Histoire générale de l'Eglise que celle de Paris en particulier, il me suffira de remarquer que ces Eglises ont joui de ce privilege-là de même que toutes les autres. Mais comme à cet égard il y avoit des cas privilegiés, & d'autres qui ne l'étoient pas, je ne m'arrêterai point à ce détail qui me meneroit trop loin, joint que dans la suite de ce discours par le recit des asyles qu'on a violés effectivement, ou voulu violer, mais qu'on n'a osé, on en aura assés de connoissance.

Sous Chilperic, Phatir Juif converti, & filleul du Roi, ayant eu querelle avec un autre Juif, nommé Priscus, plus que très-bien venu auprès du Prince, nonobstant cela escorté de ses gens, l'assassina un jour de Sabath, & en même tems se refugia avec ses complices, dans St Julien le Pauvre, ainsi que dans un asyle inviolable. Mais comme il fut que le Roi avoit resolu de les avoir à quelque prix que ce fût, & en faire un exemple; en cette extrêmité, Phatir fait tant qu'il se sauve; quant aux valets, à l'ordinaire des Juifs, chacun pria son compagnon de le depêcher au plus vite, si bien que tous charitablement s'entrégorgerent, hormis un qui resta, & qui neanmoins plein de resolution, ne desesperant pas de pouvoir échaper, sort l'épée à la main toute sanglante, pour se faire jour au travers de toute la populace qui tenoit l'Eglise assiegée, mais où il demeura accablé par le grand nombre.

Chilperic quelque tems après, ayant été assassiné lui-même à Chelles, Fredegonde sa femme, soupçonnée, ou peut-être en effet complice de sa mort, aussi-bien que de celle du Roi Sigebert, son beau-frere, sans parler des cousins & des enfans de son mari, se retira aussi-tôt dans la Cathedrale de Paris, où elle fut maintenue par l'Evêque appellé Raimond, autrement Raguemedure, & par Gontran Roi d'Orleans, contre Childebert Roi de Metz, fils & successeur de Sigebert, qui eut beau l'envoyer demander pour en faire justice.

Depuis, suivant la tradition, & même au rapport d'Aimoin, un Cerf poursuivi par Dagobert, & presque reduit aux abois, s'étant venu sauver contre le tombeau de St Denys, ce lieu lui servit d'asyle, & même d'une façon si étonnante, que les chiens qui l'avoient lancé, demeurerent tout court, sans pouvoir passer outre, ni lui faire autre mal que d'abboyer.

A quelques jours de là, Dagobert lui même fut obligé d'avoir recours au même asyle, pour se mettre à couvert de la colere du Roi son pere; car tous ceux qui eurent ordre d'entrer dans la Chapelle de St Denys, pour le tirer de là, n'y purent pas seulement mettre le pied. Clotaire lui-même en personne y étant venu, fut contraint de pardonner à son fils sa faute, avant qu'il en sortît; si bien que Dagobert depuis, eut tant de devotion pour ce grand Saint, que non content de lui bâtir le temple magnifique de l'Ab-

Tome I.   R R r ij

bayie de St Denys, & de la fonder, il l'enrichit encore de quantité de privileges, & voulut même que, comme ce lieu lui avoit fervi d'afyle, auffi bien qu'au Cerf qu'il pourfuivoit, il en fervît encore aux criminels de tous les Pays aux environs, jufqu'à Louvres en Patifis, Montmartre, & autres terres du voifinage.

Veritablement, pour ajouter foi à ces miracles, de deux chofes l'une, ou il faut croire que Dagobert ne fonda pas St Denys à Paris, quoique notre favant de Launoi l'ait prouvé, mais St Denys en France, comme le jeune Valois a tâché de le montrer peut-être affés mal.

Sous le même Dagobert, Amand Duc de Guyenne, accompagné des plus qualifiés de fon Pays étant venu à Paris pour lui demander pardon des courfes que fes fujets avoient faites dans le Royaume, tous tant qu'ils étoient, fe mirent auparavant en la fauve-garde de St Denys; & enfuite ayant obtenu ce qu'ils fouhaitoient, s'en retournerent: ce qui ne les fit pas devenir plus gens de bien pour cela, car incontinent après ils fe revolterent tout de nouveau.

Depuis Dagobert, il fe trouve un fi grand nombre vuide dans l'Hiftoire touchant ces Afyles, qu'il faut que je fois muet là-deffus, & que d'un plein faut je paffe à l'année 1357. En ce tems-là donc, un certain Perrin Marc, garçon d'un Changeur, étant venu à tuer à la rue neuve St Merri, Jean Baillet Treforier de Charles, Duc de Normandie, fils aîné du Roi, & en grand credit auprès de ce Prince, qui même honora de fa prefence les funerailles de fon Treforier, auffi-tôt fe jette dans l'Eglife St Merri. Robert de Clermont en même tems, Maréchal de France, & Jean de Challons, Maréchal de Champagne, affiftés du Prevôt de Paris, & de quantité de gens en armes, font violence, rompent les portes, fe faififfent du meurtrier, & le menent au Chatelet. Le lendemain matin le Prince lui fait couper le poing à l'endroit même où il avoit fait le coup, & de là eft conduit à Montfaucon & pendu. Peu de jours après, l'Evêque, qui étoit Jean de Meulant, offenfé de ce procedé, qu'on eut ainfi violé un fi faint Afyle, fait dépendre le corps, & l'apporte dans St Merri même, où Marcel Prevôt des Marchands, le fit enterrer honorablement, & où fe trouverent quantité de Bourgeois.

Marcel non content, un mois après affemble à St Eloi quantité de feditieux au nombre de trois mille, tous bien armés; & de là marchant à leur tête, s'en vient au Palais, fait maffacrer en prefence du Prince les deux Maréchaux, dont les corps furent traînés inhumainement dans la cour du Palais: bien plus fon infolence & fon pouvoir furent affés grands pour contraindre Charles à autorifer fon attentat par une amniftie. L'aprèsdiné, les corps de ces Seigneurs furent mis fur une charette que tiroient deux crocheteurs, & conduits à Ste Catherine du Val-des-Ecoliers, que les Religieux néanmoins refuferent d'enterrer qu'ils n'en euffent auparavant la permiffion du Prevôt: l'étant donc venu trouver pour cela, Marcel les renvoya au Prince, qui leur ordonna de les mettre en terre fecretement & fans pompe. A l'égard néanmoins de Robert de Clermont, l'Evêque deffendit de mettre fon corps en terre fainte comme étant excommunié pour avoir violé la franchife de St Merri; à quoi pourtant ils n'obéirent pas, & furent les feuls qui témoignerent du cœur dans des tems fi miferables.

Quelque vingt ans après, trois Sergens ayant ofé enlever encore dans St Merri un Clerc nommé Jean Bridelle, qu'ils menerent au Châtelet; en même tems le Chapitre de Notre-Dame, auffi-bien que les Curés & les Chanoines de St Merri s'en plaignirent au Parlement. Le Procureur du Roi là-deffus & les Sergens, remontrent que Bridelle avoit fouillé l'Eglife de fon fang, pour avoir été bleffé à la main en fe deffendant contre eux. Cette raifon non plus que les autres qu'ils alleguerent n'ayant pas été fort goûtées, en 1577 le septiéme Octobre, ils furent condamnés par Arrêt à le ramener à St Merri un jour de Dimanche en presence de quelques Chanoines, & de leur dire: „Messieurs, ce que nous avons fait, en ce que „nous l'avons fait pour le bien de Justice & non pas pour injurier l'Eglise „ne vous, ne cuidans mal faire, nous vous prions que vous nous veuillés „pardonner.

En 1382, quoique les Maillotins eussent tué dans St Jaques de la Boucherie un Fermier des Aides qui s'y étoit sauvé, & qui même pour plus de sureté s'étoit retiré devant le Maître-Autel, y embrassant l'image de la Vierge. Cependant tout étrange que fût cet attentat, Aymeri de Magnac, Evêque de Paris pour lors, n'en demanda aucune reparation; & bien qu'un an après le Roi tirât raison des Maillotins, par la punition la plus exemplaire dont on ait jamais usé en France contre des coupables, ce sacrilege fut mis en oubli & confondu parmi leurs autres crimes.

En 1387, trois Sergens encore tout de nouveau, ayant pris deux Ecoliers dans l'Eglise des Carmes de la Place Maubert, furent condamnés par Arrêt à faire amende honorable devant la porte de l'Eglise, l'un nud en chemise, & tenant une torche de quatre livres, les autres nuds pieds sans chaperon, & ayant seulement une cotte & un cierge de deux livres à la main. Outre ceci le premier paya trente livres d'amende, applicables moitié au Roi, moitié aux Carmes. A l'égard des deux autres, ils en furent quittes pour trente livres, qui devoient servir à faire un tableau où ils seroient representés. Tous au reste tinrent prison jusqu'à l'entier payement de la somme. De plus, sans parler de tous les depens, dommages & interêts qui tomberent sur eux, il leur fut deffendu d'exercer à l'avenir aucuns Offices Royaux; & enfin la Cour ordonna que les Religieux seroient payés les premiers. Le Pere du Beul a fait la description du tableau, & en rapporte même l'inscription qui étoit en Latin & en François, & que les Carmes firent mettre dans leur nef; mais comme il ne s'y trouve rien de nouveau ni de considerable, je n'en dirai rien.

En 1406, un Criminel s'étant retiré à St Jaques de la Boucherie, aussi-est tiré de là & conduit à la conciergerie par des Sergens. L'Evêque d'Orgemont là-dessus fait cesser le service. Le Parlement le prie de lever l'interdit qu'il avoit fulminé, mais qu'il n'obtint que pour quelques jours, & jusqu'à ce qu'il lui eût fait justice sur la Requête qu'il avoit presentée contre les profanes qui avoient violé un lieu de refuge si saint.

Dans ce même tems-là, un nommé Valcanger, soupçonné d'un certain meurtre, fut encore enlevé de St Jaques & mené en prison; mais par Arrêt du huitiéme Fevrier, ceux qui l'avoient pris l'y ramenerent.

En 1416, les Baudés ou Armagnacs, le vingt-cinq Mai veille de l'Ascension, ayant fait prendre par le Prevôt de Paris quelques personnes dans l'Eglise des Quinze-vingts, Gerard de Montagu, Evêque de Paris, incontinent fait cesser le Service, & depuis on n'y officia point qu'à la St Laurent, lorsque les Baudés accompagnés de Sergens & de Commissaires y firent chanter la Messe par des Prêtres apostés, sans que l'Eglise eût été reconciliée, & malgré les Quinze-vingts.

En 1432, le Parlement averti par Simon Morhier, Prevôt de Paris, qu'il ne pouvoit faire le Procès d'un certain Guyot Sixti, sans quelques Religieuses de St Antoine des Champs, lui fit savoir que ni elles ni même l'Abbesse ne devoient point jouir de la franchise annexée à leur Monastere, & lui permit de les en tirer.

En 1433, Jaques du Chastelier, Evêque de Paris, intenta procès au Parlement contre le Procureur du Roi du Châtelet, afin d'être condamné à faire remettre dans l'Eglise du St Esprit Jean Mozelet & Thomas Pigale, qui y avoient été pris, & conduits en prison. Sur le point de juger l'affaire, huit Conseillers se trouverent d'une opinion contraire; sur cela on trouva à propos de mander le Grand Conseil avec tous les Maîtres des Requêtes tant du Palais que de la Maison du Roi, qui tous ensemble arrrêterent, qu'à cause de la consequence de l'Arrêt qu'il falloit prononcer, on attendroit la venue du Chancelier.

Sept mois après, les Anglois alors étant maîtres de Paris & disposans de tout, ne voulurent pas que Vincent dit le Bembourg, convaincu d'avoir sollicité plusieurs traités de paix, jouît dans St Jaques de la Boucherie de la franchise qu'ils n'osoient refuser aux meurtriers & aux scelerats, & l'en firent sortir par Arrêt de la Cour pour le sacrifier à leur cruauté.

En 1440, trois Sergens, suivis d'un Meunier & d'un Horloger, enleverent du cloitre des Grands-Augustins un Religieux du Couvent nommé Nicolas Aimeri, Docteur en Theologie, & tuerent Pierre Gougis, aussi Religieux de la même Maison. L'Université pour en avoir raison se joint en même tems avec le Procureur du Roi & les Augustins; & par Sentence du Prevôt de Paris, les fait condamner non seulement à faire amende honorable en chemise, nues jambes & pieds nuds dans la Chambre Civille du Châtelet, devant le Couvent des Augustins & à la Place Maubert, ou en tel autre endroit qu'il plairoit au Recteur ; mais encore en mille livres parisis d'amende, dont une partie seroit employée à faire prier Dieu pour l'ame de Gougis, le reste tourneroit tant au profit de l'Université, que des Augustins & du Pere Aimeri : sur quoi seroit pris auparavant ce qui pourroit couter à faire ériger une Croix avec un demi relief de pierre proche du lieu où le crime avoit été commis, de plus à demeurer en prison jusqu'à ce qu'ils eussent satisfait à leur jugement ; & enfin à être bannis du Royaume à perpetuité.

En 1441, un Religieux Augustin criminel, s'étant sauvé des prisons de l'Evêque de Paris, en même tems se jetta dans Notre-Dame; mais la Cour voulut qu'il y fût pris, & qu'enfin il ne devoit point jouir de l'immunité attachée à cette Eglise.

En 1459, le Parlement ordonna qu'un certain Daniel du Bac, bâtard, & un autre nommé Guillaume Aubin, retirés dans l'Eglise des Augustins, fussent mis aux fers, & là gardés par deux Huissiers de la Cour. Deux jours après du Bac fut mené à la Conciergerie.

L'année suivante, comme Guillaume Chartier, Evêque de Paris, sollicitoit le retablissement dans l'Eglise St Hippolyte du fauxbourg St Marceau, tant de Jacotin le Clerc, que de Michault le Creux & Philippe Aubert. Le Parlement néanmoins, ouïes les raisons du Procureur du Roi au Châtelet, ne voulut point que le premier sortît de prison, & sursit à faire droit aux autres. Depuis il confirma la Sentence du Prevôt de Paris, qui avoit condamné le Clerc à être pendu, & enfin cinq jours après à la requête de l'Evêque fit ramener à St Hippolyte le Creux & Aubert. J'aurois bien voulu raporter la cause de ces differens Arrêts, mais les Regîtres d'où j'ai tiré ceci n'en disent pas davantage.

En 1464, par Arrêt, le Gardien & le Couvent des Cordeliers tirerent des prisons de la Conciergerie, nonobstant les oppositions du Procureur General un nommé Picart qui avoit été pris dans leur Eglise.

En 1465, Guillaume Charpentier fut rétabli dans l'Hotel-Dieu, où on étoit venu le prendre, après avoir confessé qu'il avoit assassiné sa femme.

En 1467, au mois de Juin, Antoine Gervais, meurtrier d'Etienne Gravelle, Bourgeois de Paris, fut tiré de St Jaques de la Boucherie ; mais l'Evêque de Paris s'en étant plaint, le Parlement le fit conduire à la Conciergerie par Arrêt. Ensuite de quoi, après avoir été interrogé, & qu'on eut vû les informations, il fut ramené dans son asyle pour y être en sureté.

En 1472, le Procureur du Roi ayant appellé à la Cour d'une Sentence du Châtelet, qui ordonnoit qu'un nommé Poton seroit ramené dans l'Eglise des Carmes, le jugement fut confirmé par Arrêt.

DE LA VILLE DE PARIS. Liv. IV.

En 1473, Emeri Rousseau, après avoir tué Jean Valleret, & s'étant sauvé dans St Antoine des Champs, fit appeller à la Cour les Sergens qui l'avoient pris-là. Mais bien-loin d'obtenir ce qu'il espéroit, on lui fit son procès & il fut condamné à mort.

En 1474, Robin de Bergue, qu'on avoit tiré de l'Eglise des Carmes & conduit au Châtelet, se voyant condamné au dernier supplice par le Prevôt de Paris, appelle de sa Sentence à la Cour, qui aussi-tôt le fit ramener aux Carmes, avec permission néanmoins au Prevôt de le faire ajourner à trois briefs jours, & proceder contre lui à l'ordinaire.

La même année, un jeune homme appellé Brigandinier, & un certain Thomas le Clerc, Ecossois, après avoir vollé la nuit à un Poissonnier deux mille cinq cens livres, tous deux se refugient, l'un aux Carmes, & l'autre à Ste Catherine du Val-des-Ecoliers. Mais ils en furent tirés & condamnés au Châtelet à être pendus. L'Ecossois se deffendit si opiniatrément que les gens du Prevôt trouverent à qui parler; de sorte qu'ils ne mirent guere à voir de quelle couleur étoit leur sang. Quant à l'autre, on le chargea de tant de fers & de chaînes, que ne pouvant marcher, on fut contraint de le porter jusques dans la prison.

Deux ans après, le Procureur Général ayant appellé d'une Sentence du Châtelet, qui portoit que Robin Bolon & Guillaume de Bernai, Faux-monnoyeurs, retourneroient dans l'Eglise des Augustins, d'où on les avoit enlevés, on n'eut aucun égard à son appel.

Enfin en 1477, Petit-Jean, Boureau de Paris, fameux pour avoir tranché la tête au Connétable de St Pol, fut assassiné à la rue de Grenelle par un Meunier qu'il avoit batu; ennemi si cruel, que non content de sa mort, il lui fit couper les jambes par ses associés; qui tous ensemble coururent ensuite aux Celestins pour s'y refugier. La nuit même cependant, & par ordre du Prevôt de Paris, qui avoit été averti du fait aussi-bien que le Conseil, ils en furent tirés à cause de la qualité du crime qui étoit un guet-à-pan; & quoiqu'alors les Celestins remuassent ciel & terre pour eux, aussi-bien que l'Evêque en particulier, qui leur vouloit faire leur procès comme étant écoliers, nonobstant cela ils furent condamnés d'être pendus à Montfaucon, & là executés par Maitre Henri Cousin, Maître Boureau en la Ville de Paris, pere de Petit-Jean.

Dans tous les exemples que j'ai rapportés sur cette matiere, on ne sauroit pas trop bien distinguer ces cas privilegiés des asyles d'avec ceux qui ne le sont pas. Car Phatir & ses complices homicides de Priscus; Perrin Marc, meurtrier de Jean Baillet; & ceux qui assommerent l'Executeur de la Haute-Justice; ni enfin Emeri Rousseau, assassin de Jean Valleret, ne sont pas seulement pris dans les Eglises où ils s'étoient refugiés, mais même condamnés à mort; & cependant Valcanger accusé d'un meurtre; Antoine Gervais qui avoit tué Gravelle; & Guillaume Charpentier qui ne nioit pas qu'il eut assassiné sa femme, tous trois sont ramenés à leurs asyles, l'un à l'Hotel-Dieu, les deux autres à St Jaques. Valcanger sans autre figure ni forme de procès, & Gervais simplement après avoir subi interrogatoire, & qu'on eût vû ses informations; de sorte que si tous ces faits fournissent quelque cas privilegiés, c'est seulement la fausse monnoie; car je remarque que jamais le Parlement n'a condamné à des peines afflictives pas un de ceux qui ont violé ces asyles, mais seulement à être bannis ou à des amendes honorables & pecuniaires.

Si l'on me demande comment ces refugiés logeoient dans les Eglises, je trouve qu'en 1407 ils se retiroient à St Jaques de la Boucherie sur les voutes, & qu'alors on leur bâtit-là une chambre qui coûta quatre livres six sols seize deniers parisis.

Au reste je ne sai si on pourra souffrir qu'à la fin de ce discours ici j'ajoute une chose fort singuliere & peut-être unique en son espece qui veritablement a quelque forte de rapport avec le sujet que j'y ai traité, mais indirectement.

En 1560, un Sergent nommé Poiret, convaincu de plusieurs concussions, faussetés, vols & autres malversations dans sa charge, & par Sentence du Châtelet condamné d'être pendu à la Greve, pour de là être porté à Montfaucon, après avoir demeuré 24 heures à la potence; & cette Sentence enfin ayant été confirmée par Arrêt un Samedi vingt-cinq Janvier. Cependant l'execution faite, ce jour-là même le Lieutenant Criminel permit aux parens de l'ôter de là & de l'emporter. Le lendemain, qui étoit un Dimanche, on lui fait un enterrement solemnel. Le Lundi d'après au rapport du President le Maître, ou bien le Jeudi, ainsi qu'il se voit dans les Regîtres de l'Hôtel de Ville, la Cour ordonna que l'Arrêt seroit executé de point en point, si bien qu'il fut deterré & conduit à la Greve dans un tombereau par l'Executeur & les Officiers du Châtelet, puis remis à la potence, après le cri fait à la maniere accoutumée, où il demeura vingt-quatre heures, & ensuite fut porté à Montfaucon. Le Lieutenant Criminel lui-même, qui s'étoit montré si indulgent, tint la main à cette execution, par ordre de la Cour, avec deffense à lui à l'avenir de faire plus de tels coups sur peine de privation de sa Charge.

Si j'ai fait savoir que cet exemple avoit quelque rapport avec les autres, & ne s'écarte pas tout-à-fait du sujet que j'ai traité, j'ai d'autant plus de sujet de le dire, que c'est une violence faite à l'Eglise, non pas simplement contre un refugié couvert du sang de son ennemi & coupable, mais pour y arracher un mort du tombeau, criminel à la verité, mais qui avoit expié ses crimes par une mort honteuse, & de plus qu'un Magistrat avoit permis d'enterrer, toutes circonstances qui devoient allarmer non seulement les Carmes mais encore l'Evêque. Cependant ils virent de leurs yeux cette entreprise du Parlement sans s'y opposer & sans faire le moindre pas pour s'en plaindre; & le tout parce que peut-être long-tems auparavant les asyles avoient été abolis par tout le Royaume.

Ajoutons ici une autre sorte d'asyle que Louis XI en 1467 fit publier par les carrefours, qui étoit que pour repeupler Paris, que les guerres & les maladies avoient épuisés d'habitans, il permettoit à toutes personnes convaincus de crimes, hormis ceux de leze-majesté, de s'établir à Paris comme dans un lieu de sureté, ne desirant d'eux autre chose sinon qu'ils prendroient les armes pour son service toutes les fois que l'occasion s'en presenteroit.

Je n'avois pas envie de parler des Hotels des Rois & des Maisons des Princes en qualité d'asyles, quoiqu'ils ayent été toujours plus inviolables que les Eglises même; & cela pour n'en avoir que deux exemples & encore modernes, l'un de l'année 1407, & l'autre de l'année 1467. A tout hazard néanmoins les voici.

Le Duc d'Orleans ayant été massacré en 1407, & le Prevôt de Paris n'osant pas aller dans les Hotels des Princes pour y chercher les meurtriers & s'en saisir, le Roi de Sicile alors & les Ducs de Bourbon & de Berri lui en donnerent la permission; ce qui fut cause que le Duc de Bourgogne qui les avoit retirés dans son Hotel d'Artois, & leur avoit fait faire le coup, le leur avoua, & aussi-tôt se sauva avec eux aux Pays-bas.

Quant à l'autre exemple, en 1467, un Religieux du Temple, nommé Frere Henri, qui en vouloit au Receveur de l'Ordre appellé Frere Thomas Loquette, étant venu à l'égorger, aussi-tôt se sauve dans l'Hotel Royal de St Pol. Cependant quoiqu'il se fût caché dans une armoire, qu'il eût un chapeau noir & un roquet de toille blanche, un Commissaire ne laissa pas de le prendre & de le mener au Châtelet. Aussi-tôt il en appelle à la Cour, & pretend que le Palais où on l'a fait prisonnier étoit un lieu de franchise, & qu'on devoit l'y remener comme dans un asyle inviolable.

Là

DE LA VILLE DE PARIS Liv. IV. 505

Là-dessus les Religieux du Temple le demandent au Parlement, & ayant été mis entre leurs mains, un jour ou deux après le Grand Prieur de France avec quelques Grands-Croix & des Commandeurs de Malte, le condamna à finir ses jours au pain & à l'eau dans un cachot noir.

DIVERSES ANTIQUITE'S ET CHANGEMENS.

ON sait que les Freres Sacs, autrement appellés les Freres de la Penitence de Jesus-Christ, pour avoir trop degenerés & s'être rendus indignes du nom qu'ils portoient, furent obligés sous Philippe le Bel de ceder leur Couvent aux Augustins. Ils avoient été d'abord établis à la rue du Cimetiere St André, qu'on nommoit à cause d'eux la rue des *Sachettes*.

L'Ordre des Blancs manteaux ayant été supprimé au Synode tenu à Lion sous Gregoire X, leur Monastere en 1298 fut donné aux Hermites de St Guillaume ou Guillemins, & de nos jours aux Religieux de St Benoît.

Quoique l'Ordre des Beguines eût été condamné en Allemagne par Clement V, il ne laissa pas de subsister à Paris jusqu'au tems de Louis XI, qui enfin en 1461 donna leur Couvent aux Cordeliercs de l'*Ave-Maria*.

Les Billettes, dits les Freres de la Charité de la Vierge, de notre tems ont fait place aux Carmes mitigés, qui se sont rendus maîtres de leur maison aussi-bien que de leur Eglise. Cette Eglise du côté de la rue est pour la plupart bâtie de grès.

Je n'ai point voulu dire que le grand Prieuré du Temple & la Commanderie de St Jean de Latran ont passé aux Chevaliers de l'Ordre de St Jean de Jerusalem, appellés les Chevaliers de Malte avec les autres biens des Templiers.

Je n'ai pas voulu dire non plus qu'à cause d'un attentat commis en 1146, sur la personne de Louis VII, par les Chanoines Seculiers qui desservoient alors Ste Genevíéve, & qui eurent bien la hardiesse de lui donner un soufflet; les Chanoines-Reguliers de St Augustin, que nous y voyons encore aujourd'hui, furent mis à leur place.

Enfin je n'ai point voulu dire que les Religieuses de St Eloi à cause de leurs dissolutions, ont été chassées de leur Couvent, leur Abbayie reduite en Prieuré, & donnée aux Religieux de St Maur. Car enfin, si j'avois mis tous ces changemens chacun en leur lieu, peut-être m'auroient-ils engagé à mettre ensuite les diverses reformes des Monasteres de Paris, & les changemens arrivés à St Merri, St Germain de l'Auxerrois, Ste Geneviéve des Ardens, St Paul, & autres Eglises, qui de simples Chapelles, Prieurés & Abbayies, sont devenues Eglises Paroissiales.

J'ai oublié de dire que certains Mathurins déchaussés, demeurans en un heritage proche Pontoise, ayant obtenu un Bref de Clement VIII en 1601, par lequel il leur fut permis de faire des Elections de Ministres tous les ans, & d'avoir un Visiteur qui seroit choisi d'entre trois par le General de l'Ordre. Ils prirent la qualité de reformés, & cesserent de se trouver aux Chapitres generaux de l'Ordre des autres Mathurins. En 1615 ils se retirerent devers Paul V, pour lui demander de n'être plus sujets à l'obéissance de leur General, mais de se soumettre au Vicaire general des Religieux déchaussés du même Ordre en Espagne, ou à quelqu'un d'autre Ordre, Italien, François ou Espagnol, plutôt qu'à leur legitime Superieur.

Les Reformés nient ceci, & disent veritablement qu'ils se retirerent à Rome en 1615, mais que c'étoit pour faire casser l'Election de leur General, faite contre les regles & les statuts de l'Ordre, & desavouent le memoire que le General dit avoir sur cela intercepté entre ses mains. Cette entreprise obligea le General d'aller à Rome. Sa Sainteté renvoya cette affaire à trois Cardinaux, & arrêta de vive voix que ces Reformés n'auroient rien de ce qu'ils demandoient, mais qu'ils obéïroient à leur General, lequel revint en France en 1616 & en 1617.

Ces Reformés pretendirent s'établir au Marais du Temple sans en demander la permission à leur General qui s'étant opposé à cet établissement, obtint Arrêt de la Cour, par lequel ces Reformés furent deboutés de leurs pretentions.

A cela les Reformés repondent qu'ils demanderent à leur General permission de faire cet établissement au Marais, & qu'il le refusa.

Je ne puis m'empêcher de parler de ces entreprises qui ont avorté.

Une Religieuse Professe du Monastere de Chelles de l'Ordre de St Benoît, voulant établir un Couvent de Filles dudit Ordre, elle obtint permission de Mr de Gondi de l'établir en cette Ville. Elle s'établit à un des fauxbourgs de Paris, mais étant devenue malade, & l'argent qu'elle avoit pour cette fondation ayant été employé aux bâtimens, cette Communauté se dissipa, & elle se retira à Chelles.

Marie de la Chartre, femme de Bardeau, Conseiller & Secretaire du Conseil d'Etat & Finances du Roi, par son testament, legua trente-sept mille livres en faveur du nouvel établissement du Monastere du St Sacrement. Mais ce Couvent n'ayant pas subsisté faute de moyens suffisans, la volonté de la deffunte eût été frustrée, si l'Executeur de son testament n'y eût pourvû.

HISTOIRE
ET
RECHERCHES
DES
ANTIQUITÉS
DE LA VILLE
DE
PARIS.
LIVRE CINQUIEME.

HOPITAUX.

AS un Auteur ne parle que dans l'Université sous Philippe de Valois, cinq Hopitaux furent fondés, ce qui pourtant ne marque pas moins le progrès de ce quartier-là que la charité de nos Ancêtres.

Le premier dedié à St Jaques du Haut-pas pour les Pellerins & passagers.

Les autres destinés pour les pauvres femmes veuves âgées & de bonne vie, étoient épars çà & là en diverses rues, dans des maisons achetées exprès, dont l'un s'appelloit l'Hotel-Dieu des Parcheminiers, & de qui on ne sait autre chose sinon qu'il fut établi dans la rue de la Parcheminerie.

Le troisiéme se trouvoit à la rue St Jaques vis-à-vis celle des Parcheminiers, qui est tout ce que j'en sai, n'ayant pû découvrir que sa situation,

Le quatriéme avoit été placé à la rue St Hilaire pour y loger six bonnes femmes.

Le dernier enfin & le plus confiderable, comme devant fervir de retraite à vingt-cinq autres femmes, étoit à la rue des Poitevins, & avoit pour fondateur Jean Mignon, celui-là même qui a fondé le College Mignon, & Laurent Lenfant Bachelier en Decret.

Au fauxbourg St Victor près la Halle au vin, fe voit la Chapelle d'un fixiéme Hopital, où tous les jours on dit la Meffe, & dont les Chartreux ont l'adminiftration.

Au bout du fauxbourg St Jaques, Notre-Dame des Champs fervoit d'Hopital dans le quinziéme fiecle.

Par delà le fauxbourg St Germain, il y en a eu un qu'on appelloit l'Hopital de la Banlieue.

Dans le même fauxbourg ont fubfifté long-tems l'Hopital St Pere & la Maladerie St Germain, celui-ci pour des Ladres, & l'autre pour toutes fortes de Pauvres.

Les maifons de deux autres Hopitaux établis près St Medard, & à la rue de Lourfine, font encore fur pied; l'une eft dediée à St Martial & à Ste Valere, l'autre s'appelloit l'Hotel-Dieu St Marcel: mais on n'en fait pas davantage.

De notre tems a été ruiné un Hopital fondé le fiecle paffé pour les perfonnes atteintes du mal de Naples, & bâti fur le bord de la Seine vers le pont des Tuilleries.

Bicêtre que Louis XIII avoit commencé avec une magnificence Royale, pour les foldats eftropiés, eft demeuré imparfait, & feroit peut-être tombé en ruine, n'étoit qu'on l'a uni à l'Hopital General.

Dans le onziéme fiecle & le fuivant, & peut-être auparavant même, des gens de bien fonderent le Roulle & St Lazare pour les Ladres; Ste Marie Egyptienne pour les pauvres femmes veuves; Ste Catherine pour enterrer les perfonnes noyées, mortes & tuées dans les rues; de plus pour retirer la nuit les pauvres filles & les pauvres femmes.

Un grand nombre de perfonnes charitables, dont en vain nous cherchons le nom & le fiecle, ont érigé fous les regnes de Jean, Charles VI & Charles VII, l'Hopital de Maître Guillaume Rongnart à la rue Quinquampoix, celui du St Efprit, & un autre à la rue des Affis, pour l'éducation des pauvres enfans orphelins tant de Paris que de dehors.

St Louis a fondé les Quinze-vingts, pour nourrir & loger trois cens Chevaliers, aufquels les Sarrafins avoient crevé les yeux, & lefquels il avoit laiffés en ôtage au Soudan du Grand Caire: & Etienne Haudri un des Officiers de fa Maifon les Haudriettes, pour trente-deux pauvres femmes.

Jean Sequens, Curé de St Merri, & une veuve nommée Conftance de St Jaques; entreprirent l'Hopital Ste Avoie en 1285, & auparavant, pour y retirer cinquante pauvres femmes veuves âgées de cinquante ans.

L'an 1316, deux freres appellés Jean de Lyhoms & Imbert leur pere, en firent faire un autre, occupé maintenant par les Filles-Dieu, afin que de pauvres femmes & de pauvres filles y puffent coucher une nuit.

Quatre ans après ou environ, Philippe de Magni érigea celui de St Euftache au coin de la rue Quiquetone, ouvert indifferemment à toutes fortes de Pauvres.

A la rue des Francs-bourgeois, Jean Rouffel, Bourgeois de Paris, en 1334, fit conftruire vingt-quatre chambres fous un feul toit, qu'on appella les petites maifons du Temple; chaque chambre logeoit deux pauvres, qui étoient tenus de dire tous les jours un *Pater* & un *Ave* pour les Trepaffés.

Sous Charles VI, deux longues maifons baffes, qu'on voit encore à la rue de Montmoranci, furent bâties par Nicolas Flamel, Maître Ecrivain, le plus riche particulier qui peut-être fut alors fous le ciel, & qui tout d'un coup le devint par des moyens inconnus aux Hermetiques & par eux cherchés inutilement. Que si la plupart de ces Hopitaux ne sont plus, nous ne laisserons pas de les retablir en traitant des Hopitaux abolis.

Enfin en 1425 & 1497, un Garde de la Monnoie de Paris, nommé Chesnard, & Catherine du Homme, veuve de Barthelemi, Maître des Requêtes, donnerent chacun une maison, l'une à la rue St Sauveur, l'autre à la rue de Grenelle; toutes deux pour loger huit pauvres femmes veuves âgées & de bonne vie.

J'ai dit ce me semble que les Couvens de St Antoine des Champs & des Filles-Dieu furent fondés aux fauxbourgs St Denys & St Antoine, du tems de Philippe Auguste & de St Louis; & encore celui des Filles Penitentes sous Charles VIII; tous trois pour des filles & femmes repenties.

Je passe les autres Hopitaux aussi-bien que les autres Eglises, parce que les fondations en sont nouvelles & qu'ils ne sauroient contribuer à faire voir l'agrandissement de la Ville. Il suffira de remarquer que si du tems de François de Gondi, notre premier Archevêque, mort en 1654 ou 1653, on y en a plus fait, même à commencer par St Denys, qui nous est venu annoncer l'Evangile; c'est que du vivant de ce Prelat seul, Paris s'est plus accru que depuis sa fondation.

LIEUX POUR LES ENFANS DE FAMILLE DEBAUCHE'S.

JE vous raconterai plus de choses nouvelles des lieux où on met des enfans de famille debauchés. Il y a long-tems qu'on n'en met plus à St Victor & aux Capetes ou au College de Montaigu, on en met encore quelquefois à St Martin.

Depuis que les Missionnaires sont à St Lazare, pour cinq ou six cens livres par an ils les reçoivent & les traitent en enfans de bonne maison. Ils ne les remettent point entre les mains de leurs parens, qu'en état de leur obéir & de mener une vie reglée; en un mot ils s'en acquittent si bien qu'on ne met presque plus ailleurs les enfans de Paris, dont les actions deshonorent leur famille.

A St Victor on les enfermoit autrefois dans une tour qu'on y voit encore au bout de la basse-cour, au coin de la rue de Seine, vis-à-vis la Pitié. Toutefois les vieillards du Couvent ne se souviennent point d'y en avoir vû, & personne ne sait quand on a cessé d'y en mettre. Le premier qu'on y mit s'appelloit Alexandre de son nom de batême; vous me dispenserés de vous dire celui de sa famille, parce que cela pourroit faire quelque tort à d'honnêtes gens qui le portent, & vous trouverés bon que ce soit une chose en quoi je ne vous imite point. Vous vous contenterés donc de savoir que c'étoit un Religieux de St Victor, visionnaire, dont on fait force contes plaisans, que je passerai sous silence, pour ne point troubler sa memoire. A cause de lui on donna à cette tour le nom de la tour d'Alexandre : c'est ainsi qu'elle s'appelle dans les titres de Ste Geneviéve, dont les Religieux sont Seigneurs en partie de la rue de Seine, où elle est bâtie. Mais d'autant que Pierre Berchore, homme savant sous le Roi Jean, étant Religieux de St Victor fut emprisonné dans son Monastere, pour n'avoir pas eu les sentimens qu'il devoit avoir de la Foi; & que durant sa prison il composa un gros Dictionnaire, les petits Ecoliers l'ont confondu avec Despautere : & quoi que la tour d'Alexandre n'ait été faite que long-tems depuis; toutefois parce que Berchore & Alexandre étoient Religieux de St Victor, & qu'ils y ont été prisonniers, ils ont voulu qu'on les ait mis tous deux dans cette tour & la nomment la tour de Despautere.

Ne m'accusés pas d'avoir diffamé la memoire d'un homme illustre, qui est mort Prieur de St Eloi de Paris. Croyés au contraire que je n'ai parlé de lui qu'après y avoir été comme forcé, & qu'après tout je me serois bien gardé d'en dire ce que j'en ai dit, s'il ne se lisoit dans sa vie que plusieurs personnes ont écrite.

A deux des coins de l'enclos du Prieuré de St Martin, il y a deux tours de pierre, où comme dans celle de Despautere, on a mis des Religieux & des enfans de famille. Dans la premiere appellée la tour du Vert-bois, parce qu'elle tient au coin d'une rue de ce nom-là. Les Religieux de St Martin ont mis autrefois leurs Moines convaincus de quelques crimes, mais c'étoit sous terre avec un peu de pain & d'eau dans une basse fosse, où on les laissoit mourir miserablement, comme j'ai dit ailleurs. Depuis vingt ou trente ans un certain Frere Convers appellé Frere Jaques ou Frere Jacob Fessart ou Faissart, & l'un de ces Religieux que nous nommons anciens pour les distinguer des reformés, a tenu plusieurs enfans de famille debauchés dans l'autre tour, qui est bâtie de la même façon, & qui est à l'autre coin, vis-à-vis la premiere. Du commencement le Prieur & les Religieux lui en donnerent la permission, à la charge qu'ils partageroient ensemble le gain qu'il feroit. Mais Frere Jaques ne leur en rendant pas le compte qu'ils attendoient d'un Religieux, ils convinrent avec lui qu'il leur donneroit cent livres par an pour chaque personne qu'on lui mettroit entre les mains. Cette nouvelle convention ne leur ayant pas mieux réussi que l'autre, il a fallu que les anciens & les reformés se soient unis ensemble pour le déposseder de cette tour, & que le different ait été porté au Grand Conseil. Les Avocats firent rire leurs Juges, quand ils leur dirent, qu'un Couvent entier de Religieux avoit confié à un Frere Convers la discipline de plusieurs personnes débauchées ; que réglément deux fois le jour Frere Fessart fessoit les enfans, qu'il donnoit la discipline aux autres, & qu'il s'y prenoit si bien avec eux, qu'au sortir de ses mains, ceux-ci s'étoient faits Capucins, ceux-là Chartreux, ceux-là Mathurins. Si on avoit tû au nom de Frere Fessart, on ne se tût pas lorsqu'on entendit parler des Mathurins. Après-tout il continue toujours son commerce ; ce n'est pas veritablement dans sa tour, mais dans un appartement qu'il a dans St Martin. Au reste on ne tient ni par tradition ni autrement, qu'auparavant on eût mis ma personne dans cette tour, non plus que dans la premiere, ou dans celles qui sont rangées à l'entour de ce Prieuré. C'a toujours été, à ce qu'on dit, dans la geolle de St Martin: il y a là des prisons destinées pour cela: le Geolier prend soin de ceux qu'on lui amene, & ne les écroue pas. Mais quoiqu'il soit certain qu'il y a long-tems que les peres & les meres de Paris mettent à St Martin leurs enfans debauchés ; toutefois il ne paroît point dans les Regîtres de ce Prieuré, ni que les Religieux s'en soient jamais chargés, ni pourquoi on les a mis plutôt chés eux qu'ailleurs, ni quand on a commencé à les y mettre.

COURS DES MIRACLES.

POUR les Cours de miracles dans lesquelles se retirent les gueux ou les mauvais pauvres, elles sont peut-être aussi anciennes à Paris que les gueux & la gueuserie. Ceux qui savent que truand & truanderie signifient gueux & gueuserie, se doutent que la rue de la Truanderie a pris son nom des gueux qui y ont autrefois demeuré, & que ce n'étoit pas seulement autrefois une cour de miracles, mais que c'étoit peut-être la premiere & la plus ancienne de Paris. On établit la seconde vers l'année 1350, en la rue des Francs-Bourgeois, dans une grande maison composée de vingt-quatre chambres, & nommées tantôt les petites maisons du Temple, tantôt les maisons des aumônes, dites des Francs-Bourgeois. En 1415, un Bourgeois, nommé le Mazurier, les donna au Grand-Prieur de France, à la charge d'y loger quarante-huit pauvres, & à d'autres conditions que j'ai deduites ailleurs. Parce que les miserables qu'on y retiroit, étoient exemts, ou francs de payer ni boues, ni pauvres, ni lanternes, à quoi sont sujets les Bourgeois de Paris, on les appella francs-Bourgeois, & on donna à leur rue le nom de la rue des Francs-bourgeois, au lieu de celui de la rue des Poulies qu'elle prenoit auparavant. Tandis qu'ils y demeurerent ils y firent tous les desordres que font d'ordinaire les mauvais pauvres ; le long du jour ils insultoient la plupart des passants ; la nuit ils étourdissoient les voisins par leur tintamarre ; le soir ils pilloient & voloient tout ce qui se rencontroit en leur quartier, en un mot, à toute heure leur rue & leur maison étoit un coupe-gorge, & un asyle de débauche & de prostitutions. Ils ont continué d'y mener la même vie, jusqu'au commencement de ce siecle, qu'on y bâtit de grandes maisons, & que d'honnêtes gens, qui commencérent à s'y établir, les contraignirent d'en sortir.

Peut-être qu'en sortant de là ils se jetterent en foule dans la cour de miracle, dont je vais vous entretenir ; & que de ceux qui n'y purent avoir de place, les uns se retirérent en la cour du Roi François, près du Ponceau, & dans la cour Ste Catherine, presque vis-à-vis ; les autres en la rue de la Mortellerie, dans la cour Brisset, & dans la cour Gentien ; les autres en la rue Montmartre dans la cour de la Jussienne, au tour de l'Eglise Ste Marie Egyptienne ; car ce sont des lieux habités encore par des gagne-deniers, ou autres pauvres gens, & auparavant par des fripons & des mauvais pauvres.

Depuis, tant de retraites ne leur suffisant pas, ils s'établirent, partie en la rue St Honoré à l'entour de la Boucherie, dans une assés longue cour circulaire, fermée de portes, où demeuroient des artisans ; partie au faux-bourg St Germain, & au faux-bourg St Marceau, le reste sur la butte St Roch ; & quoique presentement on ne trouve en la plupart de ces cours que de bons pauvres qui gagnent honnêtement leur vie : elles n'ont point perdu néanmoins le nom de leur origine, on les appelle toujours Cour, & Cour de miracles, en dépit de ceux qui y logent, qui se fachent qu'on donne à leur demeure un nom qui n'appartient qu'à la maison des fripons & des mauvais pauvres. Aussi on l'a seulement inventé pour se moquer de certains gueux imposteurs qui sont sujets d'un Roi, nommé le grand Coësre, & qui contrefaisant dans les rues les borgnes, les boiteux, les aveugles & les moribonds, avec des hurlemens & des langueurs imaginaires, excroquent des aumônes qu'on ne leur feroit pas sans ces supercheries ; mais qui ne sont pas plutôt de retour chés eux, qu'ils se dégraissent, se débarbouillent, & deviennent sains & gaillards en un instant, & sans miracle.

De tant de cours de miracles, il n'y en a point de plus celebre que celle qui conserve encore, comme par excellence, le nom de la Cour des miracles. Elle consiste en une place d'une grandeur très-considerable, & en un très-grand cul de sac puant, boueux, irregulier, qui n'est point pavé. Autrefois il confinoit aux dernieres extrémités de Paris, à present il est situé dans l'un des quartiers des plus mal bâtis, des plus salés, & des plus reculés de la Ville, entre la rue Montorgueil, le Couvent des Filles-Dieu, & la rue neuve St Sauveur, comme dans un autre monde. Pour y venir, il se faut souvent égarer dans de petites rues, vilaines, puantes, detournées ; pour y entrer il faut descendre une assés longue pente de terre, tortue, raboteuse, inégale. J'y ai vu une maison de boue à demi enterrée, toute chancelante de vieillesse & de pourriture, qui n'a pas quatre toises en quarré, & où logent neanmoins plus de cinquante ménages chargés d'une infinité de petits enfans legitimes, naturels & dérobés. On m'assura que dans ce petit logis & dans les autres, habitoient plus de cinq cens grosses familles entassées les unes sur les autres. Quelque grande que soit à present cette cour, elle l'étoit autrefois beaucoup d'avantage: d'un côté elle s'étendoit jusqu'aux anciens remparts, appellés aujourd'hui la rue-neuve St Sauveur: de l'autre, elle couvroit une partie du Monastere des Filles-Dieu, avant qu'il passât à l'Ordre de Fontevrault: de l'autre, elle étoit bordée de maisons qu'on a laissé tomber en ruine, & dont on a fait des jardins; & de toutes parts elle étoit environnée de logis bas, enfoncés, obscurs, difformes, faits de terre & de boues, & tous pleins de mauvais pauvres. Quand en 1630, on porta les fossés & les remparts de la Porte St Denys, au lieu où nous les voyons maintenant, les Commissaires députés à la conduite de cette entreprise, résolurent de traverser la Cour de miracles, d'une rue qui devoit monter de la rue St Sauveur à la rue-neuve St Sauveur; mais quoi qu'ils pussent faire, il leur fut impossible d'en venir à bout: les Maçons qui commençoient la rue, furent batus par les gueux, & ces fripons menacerent de pis les Entrepreneurs & les Conducteurs de l'ouvrage.

Comme en la rue des Francs-bourgeois, on ne savoit en ce lieu ce que c'étoit que de payer boues, lanternes, loyers, & autres taxes & impositions civiles; lorsque les Commissaires & les Sergens y venoient faire leurs charges, ils en sortoient sans rien faire, que de recevoir des injures & des coups. On s'y nourrissoit de brigandages, on s'y engraissoit dans l'oisiveté, dans la gourmandise, & dans toutes sortes de vices & de crimes; là sans aucun soin de l'avenir, chacun jouissoit à son aise du present, & mangeoit le soir avec plaisir ce qu'avec bien de la peine, & souvent avec bien des coups, il avoit gagné tout le jour; car on y appelloit gagner, ce qu'ailleurs on appelle dérober: & c'étoit l'une des loix fondamentales de la Cour de miracles, de ne rien garder pour le lendemain. Chacun y vivoit dans une grande licence personne n'y avoit ni foi ni loi, on n'y connoissoit ni Batême ni Mariage, ni Sacremens. Il est vrai qu'en apparence ils sembloient reconnoître un Dieu: pour cet effet, au bout de leur cour ils avoient dressé dans une grande niche, une image de Dieu le Pere, qu'ils avoient volé dans quelque Eglise, & où tous les jours ils venoient adresser quelques prieres, mais ce n'étoit en verité qu'à cause que superstitieusement ils s'imaginoient que par là ils étoient dispensés des devoirs dus par les Chrétiens à leur Pasteur & à leur Paroisse, même d'entrer dans l'Eglise, que pour gueuser & couper des bourses. Des filles & des femmes les moins laides se prostituoient pour deux liards les autres pour un double, la plupart pour rien. La plupart donnoit souvent de l'argent à ceux qui avoient fait des enfans à leurs compagnes, afin d'en avoir comme elles, & de gagner par là de quoi exciter la compassion & arracher des aumônes. Le jour il ne se trouvoit en ce lieu que ceux qui étoient tellement malades, qu'ils ne se pouvoient remuer: le reste plein de santé en sortoit de bon matin, teigneux en apparence, la mort sur les levres, & par de faux gemissemens imposoit aux yeux des simples, ausquels il tachoit de couper la bourse, & d'attraper quelque charité. Cette derniere circonstance sembla si ridicule à la Cour, en 1653, qu'elle servit de passe-tems au Roi, & d'entrée au Balet Royal de la nuit, divisé en quatre parties, & dansé sur le theatre du Petit-Bourbon; jamais les subites métamorphoses de ces imposteurs n'ont été plus heureusement représentées. Benserade nous y prepara par des vers assés galans les meilleurs Danseurs du Royaume figurérent le Concierge & les Locataires de la Cour de miracles, par une serenade, & par des postures si plaisantes, que tous les spectateurs avouérent que dans le Balet il n'y avoit point de plus facetieuse entrée.

Si vous desirés être mieux informé de la vie de ces fripons, il vous faut savoir qu'il s'en trouve de plusieurs especes. Les uns sont argotiers ou gueux; les autres coupeurs de bourse; les autres voleurs de nuit & de grands chemins,

mins, tous libertins; les voleurs & les coupeurs de bourse neanmoins le font bien davantage que les autres. Ce sont gens sans loix & sans disciplines. Les argotiers au contraire ont un Roi, des Loix, & un Royaume composé d'un nombre presque infini de sujets disciplinés, si on peut appeller de la sorte de mauvais pauvres. Comme il n'y a rien que de mauvais à dire des voleurs, je viens aux coupeurs de bourse, lesquels veritablement ne font pas tant de façon que les argotiers ; mais ne laissent pas d'en faire qui meritent peut-être votre curiosité. Il n'est pas permis à tout le monde d'être coupeur de bourse ; pour le devenir il faut entre autres choses faire deux chefs d'œuvres en presence des Maîtres.

Le jour pris pour le premier, on attache au plancher & aux solives d'une chambre une corde bien bandée, où il y a des grelots avec une bourse, & il faut que celui qui veut être passé Maître, ayant le pied droit sur une assiette posée au bas de la corde, & tournant à l'entour le pied gauche, & le corps en l'air, coupe la bourse sans balancer le corps, & sans faire sonner les grelots ; s'il y manque à la moindre chose, on le roue de coups; s'il n'y manque pas on le reçoit Maître. Les jours suivants on le bat autant que s'il y avoit manqué, afin de l'endurcir aux coups, & on continue de le battre jusqu'à ce qu'il soit devenu insensible. Alors pour faire son second chef-d'œuvre, ses compagnons le conduisent en quelque lieu grand & public, comme par exemple, le Cimetiere St Innocent: s'ils y voyent une femme à genoux devant la Vierge, ayant sa bourse pendue au côté, ou une autre personne avec une bourse aisée à couper, ou quelque chose semblable, facile à derober ; ils lui commandent d'aller faire ce vol en leur presence, & à la vue de tout le monde. A peine est-il parti, qu'ils disent aux passants, en le montrant au doigt: Voila un coupeur de bourses qui va voler cette personne. A cet avis chacun s'arrête, & le regarde sans faire démonstration de rien. A peine a-t-il fait le vol, que les passants & les délateurs le prennent, l'injurient, le battent, l'assomment sans qu'il ose, ni declarer ses compagnons, ni même faire semblant de les connoître. Cependant force gens s'assemblent & s'avancent pour voir, ou pour apprendre ce qui se passe. Ce malheureux & ses camarades les pressent, les fouillent, coupent leurs bourses, vuident leur poches ; & faisant plus de bruit & plus les mauvais que tous les passants ensemble, tirent subtilement de leurs mains leur nouveau maître, & se sauvent avec lui & avec leurs vols, durant que chacun se plaint de sa perte, sans savoir à qui s'en prendre.

Après que ce gueux a fait cette derniere épreuve, appellée la perfection du chef-d'œuvre, les Maîtres lui donnent leur attache, & l'enrollent dans une compagnie ; ils lui permettent de couper des bourses par tout où son Capitaine le dépêchera. Et si auparavant il a été bien frotté pour devenir Maître, en revanche il frotte bien, il aide même faire frotter ceux qui le veulent être, & tache de se vanger sur eux avec usure des coups qu'il a reçus.

Sans parler de toutes leurs autres coutumes, l'une des principales de leur Corps, ou peut-être la fondamentale, c'est qu'ils ne sont jamais seuls ; toujours ils marchent en compagnie, ou suivis ordinairement d'un, quelquefois de deux de leurs compagnons: & ce n'est pas pour avoir des amis qui les puissent deffendre quand on les surprend sur le fait, mais pour avoir des Receleurs à qui ils puissent fier leurs vols, de peur qu'on ne les surprenne entre leurs mains. De crainte que par leur nombre ils ne se nuisent les uns les autres, aux Halles à l'Eglise & semblables lieux publics, ils savent combien ils y doivent être pour ne s'y pas rencontrer davantage. Dans un endroit fort caché, & connu seulement d'eux, le premier qui s'y rend, met seulement un dé qu'il tourne à son arrivée sur le côté marqué d'un point, celui qui vient après le retourne sur le deux, l'autre sur le trois, & ainsi jusqu'à ce que le sixiéme gueux l'ait mis sur le six. Alors s'ils doivent être plus, le septième apporte un autre dé qu'il met sur, l'un que le huitiéme pose sur le deux, & que le reste change de la même sorte que le premier, jusqu'à ce que le nombre des coupeurs de bourse qui doivent venir en ce lieu, soit entierement complet.

Pendant qu'un de nos amis communs de l'Academie Françoise étoit encore Page de la Chambre de Henri IV, il découvrit par hazard ce mystere, & le trou où il se passoit aux Halles les jours de marché; & pour l'éluder par un tour de galant homme, & empêcher qu'il n'y eut en ce lieu tant de coupeurs de bourses qu'il y en devoit avoir, il m'a assuré que plusieurs fois il avoit mis ces dés sur le six, encore qu'ils ne fussent que sur l'un, & que par ce moyen il avoit souvent retranché le nombre que ces fripons devoient être aux Halles, & sauvé quantité de bourses.

Pour les Argotiers, ce sont des pauvres que vous voyés aux foires, aux pardons & aux marchés: ils sont tant qu'ils composent un gros Royaume: ils ont un Roi, des Loix, des Officiers, des Etats, & un langage tout particulier. Des Ecoliers debauchés en ont jetté, à ce qu'on dit, les premiers fondemens, ayant associé avec eux des gueux, des coupeurs de bourses & des voleurs. Ils se rendirent fort puissants, quoique depuis les voleurs s'en soient retirés, il ne laisse pas d'être encore fort considerable par la multitude de ses peuples.

On tient par tradition que leur jargon est le même que firent entre eux les premiers Merciers qui allerent aux foires de Niort, de Fontenai, & d'autres Villes de Poitou. Leurs Officiers se nomment Cagoux, Archisupôts de l'Argot, Orphelins, Marcandiers, Rifodés, Malingreux & Capons, Pietres, Polissons, Francsmitoux, Calots, Sabouleux, Hubins, Coquillarts, Courteaux de boutanche. Leur Roi prend d'ordinaire le nom de grand Coësre, quelquefois de Roi de Thunes, à cause d'un scelerat appellé de la sorte, qui fut Roi trois ans de suite, & qui se faisoit traîner par deux grands chiens dans une petite charette, & mourut à Bordeaux sur une roue.

Enfin, encore que depuis l'établissement de l'Hopital général, les Cours de miracles dont je viens de parler, ne relevent plus du grand Coësre, qu'on lui enleve tous les jours ses sujets & ses officiers, qu'on les emprisonne dans Bicêtre & dans la Salpetriere; si le Royaume argotique ne fleurit plus, il ne laisse pas de subsister toujours.

Quand il fleurissoit, le grand Coësre y recevoit tous ceux qui se presentoient. D'abord il leur faisoit enseigner par ses Cagoux à accommoder une drogue faite avec une herbe nommée *Esclaire*, ou avec du lait, du sang & de la farine, pour contrefaire des ulceres, des blessures & autres plaies. Après il leur faisoit apprendre à faire de la graisse pour empêcher les chiens d'aboyer dans les villages, & mille autres tours de souplesse qui seroient peut-être plaisans, mais trop longs à raconter. Pour devenir officiers il falloit avoir un magasin de masques, de haillons, d'emplâtres, de potences, de bandages, & de ces autres épouvantails de cheneviere, qui font pitié au peuple, & rire les honnêtes gens. Pour monter sur le trône, il falloit avoir été Cagou, ou Archisupôt de l'Argot, & porter un bras, une jambe ou une cuisse à demi rongée, en apparence, de gangrenne ou de pourriture, mais en effet si aisée à guerir, qu'en un jour elle se pouvoit rendre aussi saine que jamais. Ses habits Royaux étoient faits de mille haillons rapetacés & bigarrés de mille couleurs: tous les ans il tenoit des Etats géneraux: tous ses officiers & ses peuples s'y rendoient, & lui faisoient hommage; ceux-ci lui payoient les tributs à quoi les Loix du Royaume les obligeoient; ceux-là lui rendoient compte de leurs charges, & des choses qu'ils avoient fait le long de l'année: quand ils s'en étoient mal acquités, il les faisoit punir en sa presence selon leurs démerites. Lorsqu'il n'avoit pas lui-même bien gouverné, on le détronoit, & on en créoit un autre à sa place. En un mot, s'il est vrai, comme je l'ai appris de plusieurs person-

DE LA VILLE DE PARIS. Liv. V.

nes dignes de foi, qu'à Ste Anne en Auray, le lieu le plus saint de la Bretagne, gouverné par des Carmes Reformés, il y a un grand Pré, nommé le Pré des gueux, parce qu'il est couvert de cabanes faites de branches & de terre, où se rend tous les ans à la Ste Anne, à la Pentecôte, & aux autres Fêtes solemnelles, le grand Coësre, avec ses officiers & ses sujets, pour tenir ses Etats, couper des bourses, & dérober. S'il est vrai encore que ces Moines, tout informés qu'ils sont des déportemens de ces fripons, les souffrent près d'un lieu sanctifié par tant de miracles, afin qu'ils remplissent tous les coins de la France, où ils vont voler & couper des bourses, à l'abry de la sainteté de la Chapelle Ste Anne, j'ai eu raison d'avancer que le Royaume argotique subsiste toujours; & je puis ajouter que de mauvais pauvres contribuent à l'entretien de plusieurs Religieux, ou bons pauvres; & que voilà un des mauvais moyens dont on dit que Dieu se sert quelquefois pour operer de bonnes œuvres.

J'ai dit que les premiers officiers du Royaume argotique s'appellent Cagoux & Archisuppôts; comme ils prennent bien de la peine, ce sont les seuls qui ne lui payent rien. Ceux-ci sont des Ecoliers & des Prêtres débauchés qui enseignent le langage argotique aux nouveaux venus, & qui le retranchent & le reforment à leur volonté. Ceux-là tranchent des Gouverneurs de Provinces, & apprennent aux apprentifs les choses que j'ai dites: ils repandent dans les Villes, & les lieux de leur gouvernement tous ceux dont le grand Coësre leur confie la conduite; ils les menent aux Etats, ils répondent de leurs actions; quand ils ont fait quelque vol dont on se vient plaindre à eux, ils en ordonnent comme il leur plaît: leur nombre est proportionné au nombre des Provinces: il n'y en a qu'un dans chacune, & ils peuvent gueuser par tout leur gouvernement, contrefaisant les pauvres honteux, & les personnes de condition ruinées ou dévalisées.

Ces miserables qui, l'épée au côté, contrefont les soldats estropiés, étoient Narquois, ou gens de la petite flambe: ces petits coquins, que avant l'établissement de l'Hopital général, nous voyïons mandier en tremblottant dans les rues de Paris, trois ou quatre de compagnie, se nommoient Orphelins: ces grands pendards qui alloient d'ordinaire deux à deux, vêtus d'un bon pourpoint & de mechantes chausses, crians qu'ils étoient de bons marchands ruinés par les guerres, par le feu, ou par de semblables accidens, s'appelloient Marcandiers: ces hommes qui gueusoient ordinairement avec leurs femmes, leurs enfans, & un certificat en main, lequel portoit qu'ils avoient été brûlés avec tout leur bien, du feu du ciel, ou par fortune, prenoient le nom de Rifodés. Quant aux Malingreux, il y en avoit de deux especes, les premiers avoient le ventre dur & enflé, ainsi que des hydropiques, les autres avoient un bras, une jambe, ou une cuisse pleine d'ulceres, & demandoient l'aumône dans les Eglises, pour aller en pelerinage à St Méen, où ils feignoient d'avoir voué une Messe: les Pietres ne marchoient qu'avec des potences: les Courtaux de boutanche ne gueusoient que l'hiver: les Polissons alloient quatre de bande, avec un pourpoint sans chemise, un chapeau sans fonds, le bissac & la bouteille sur le côté: bref, selon quelques-uns, les Francsmitoux avoient autour du front un mechant mouchoir salle, & contrefaisoient les malades, appuyés sur un petit bâton, haut seulement jusqu'à la portée de la main, fléchissant les jambes & le corps de foiblesse; selon d'autres, ils se lioient le bras en haut de telle sorte que leur poux ne battoit point, & que se laissant quelquefois tomber, ils ne sembloient pas seulement être prêts à mourir aux bonnes gens qui venoient à leur secours, mais même aux Medecins & aux Chirurgiens, qui ne leur sentant point l'artere au bras, croyoient qu'ils alloient rendre l'ame: les Capons étoient aussi, selon quelques-uns, des larrons & des coupeurs de bourses, qui mandioient dans les Cabarets de Paris; mais selon ceux qui ne les admettent point dans le Royaume argotique, c'étoient des petits

Tome I. TTt ij

gueux qui jouoient autrefois sur le Pont-neuf, faisant semblant de ne savoir pas jouer, & perdoient leur argent avec des personnes attitrées, qui les gagnoient eux & tous les autres. Enfin, les Callots feignoient d'être guéris de la teigne, & de venir de Ste Reine: les Hubins disoient & montroient avec un certificat, qu'un chien ou loup enragé les avoit mordus, & qu'ils alloient faire le voyage de St Hubert: les Coquillarts avoient fait le pelerinage de St Jaques, ou de St Michel, & vendoient bien leurs coquilles à ceux mêmes qui en revenoient. les Sabouleux contrefaisoient les malades de Saint avec un morceau de savon en la bouche, qui jettoit bien de l'écume, & avoient la tête pleine de blessures, pour s'être tourmentés & débatus: ces derniers étoient les plus fidelles sujets du grand Coësre, & lui payoient plus gros tribut qu'aucun autre de ses officiers. Tous ensemble ne se portoient mal qu'en apparence, ils étoient aussi sains les uns que les autres: tous les maux que je viens de déduire, ils se les faisoient, & s'en guerissoient eux-mêmes, & les pouvoient perdre aussi promtement que gagner.

Il y a quelque tems qu'un de nos bons amis en vit l'experience en un malingreux, qui avec son ventre enflé extraordinairement feignoit d'être hydropique, & remplissoit de heurlemens la rue St Honoré. Les doubles tomboient en foule dans un méchant chapeau qu'il tenoit à la main. Chacun prenoit pitié de sa misere; il n'y eut pas même jusqu'à un Chirurgien qui charitablement ne le fit entrer dans sa boutique pour lui donner du soulagement; mais n'ayant pû découvrir la cause de son mal, & se doutant de l'imposture, il s'avisa de lui découvrir un certain endroit, & lui en ayant ôté un gros tampon qui lui en bouchoit l'entrée, il en sortit du vent en si grande quantité, que toute sa boutique s'en remplit, & que l'odeur en infecta le nés du peuple, qui touché de compassion avoit suivi le malingreux.

Ne vous attendés point après cela que je vous raconte les autres impostures de ces gens-là, après vous avoir appris comment les malingreux se couvroient d'ulceres les jambes, les cuisses & les autres parties du corps, ne me demandés rien davantage du Royaume Argotique.

Ils se lient le plus fortement qu'ils peuvent avec une bande fort étroite; si c'est une jambe, ils dansent dessus; si c'est un bras, ils s'y appuyent, & ainsi des autres, jusqu'à ce que la partie devienne bien enflée. Cela fait ils la deplient, puis y mettent à l'heure même de l'esclaire, qu'ils y laissent toute la nuit, & qui a la proprieté de couvrir la peau de cloches. Le matin ils les coupent, & comme il en sort de l'eau rousse, ils l'arrêtent avec de la poirée, qui la convertit en boue. Après tout pour rendre ces plaies plus vraies & plus vilaines, ils les entourent de sang de boeuf détrempé avec de la farine, & preparé comme j'ai dit par leurs apprentifs. Une jambe en cet état s'appelle une jambe de Dieu. Aussi est-il tellement difficile de la mettre au point qu'il faut, que c'est le plus grand coup de maître des Argotiers, & que ceux qui en viennent à bout sont considerés comme les Grands du Royaume Argotique & estimés les plus riches.

Pour finir ce discours, quoique les voleurs soient bien plus anciens que les argotiers, toutefois il ne m'a pas été possible d'en découvrir rien avant 1427 & 1448. Selon quelques-uns en 1448, & selon d'autres en 1449, une colonie de voleurs, convaincus de quantité de crimes, & sur tout d'avoir derobé des petits enfans & de leur avoir coupé les jambes & crevé les yeux, furent pendus à la porte St Jaques & à la porte St Denys. Le bruit couroit qu'ils avoient un Roi & une Reine. L'un d'entre eux étoit joueur de vielle & marié; il ne laissoit pas néanmoins d'entretenir une femme mariée qu'on fit mourir avec lui, & qui fut la premiere personne de l'autre sexe, qui souffrit à Paris le dernier supplice.

BOHEMIENS.

ENFIN en 1427, il arriva à Paris & aux environs une compagnie de gueux & de coupeurs de bourses d'une autre espece que ceux-ci, & que tous ceux dont je vous ai entretenus. Veritablement comme les Argotiers, ils composoient un Royaume gouverné par un Roi & par des Officiers; comme les voleurs ils avoient un Roi & une Reine; & comme les uns & les autres ils mandioient, ils voloient, ils croupissoient dans l'oisiveté & menoient une vie execrable. Mais leurs Officiers prenoient le titre de Ducs & de Comtes; ils n'alloient qu'à cheval; le peuple le suivoit à pied: c'étoit néanmoins les plus pauvres gens qu'on eut jamais vû en France. Leur Roi & leur Reine étoient morts en chemin; leurs femmes en regardant dans les mains de ceux qui les alloient voir, leur disoient ce qui leur étoit arrivé & ce qui leur arriveroit. Elles apprenoient aux personnes mariées des nouvelles de leurs maris & de leurs femmes, que les uns & les autres ne desiroient pas trop savoir; tellement qu'on les prenoit pour des Sorciers. Cependant elles coupoient la bourse de ceux qu'elles amusoient par leurs discours; elles usoient de ces nouveaux moyens & autres avec beaucoup de souplesse, & ne laissoient pas d'avoir bien de la peine à gagner la vie à leurs maris. Ils vinrent tous ensemble en deux troupes. La premiere consistant en un Duc, un Comte & dix Cavaliers, se rendit à Paris le dix-septiéme du mois d'Août de l'année 1427. La seconde composée de cent ou cent vingt personnes tant hommes que femmes & enfans, arriva le vingt-neuf aux portes de la Ville, mais on ne voulut point les y laisser entrer, & on les logea à LaChapelle, petit Village hors de la porte St Denys.

Ils venoient, disoient-ils, de la basse Egypte, où ils avoient pris naissance. Autrefois ils avoient été Sarrazins & Idolâtres, à present ils faisoient profession de la Religion Chrétienne, que les Chrétiens de leur voisinage leur avoient enseignée par force; car ces voisins ayant subjugué leur pays, tuerent tous les Egyptiens qui ne voulurent pas se faire Catholiques, & rendirent le Royaume à ceux qui embrasserent la Loi de Jesus-Christ. Cela dura quelque tems, après quoi les Sarrazins envahirent presque sans peine la basse Egypte, & contraignirent les vaincus de devenir Renegats. A cette nouvelle, l'Empereur, le Roi de Pologne & autres Princes Chrétiens leur font la guerre, les obligent d'abjurer leur Religion, les chassant de leur patrie; & au lieu de les y retablir comme les Chrétiens avoient fait auparavant, ils les envoyent à Rome, les contraignent d'y traîner jusqu'à leurs enfans, & leur declarent qu'ils ne les souffriront pas en leur pays, qu'après en avoir eu ordre du Pape. Pour leur obéïr, il fallut que ces Relaps allassent à Rome. Le Pape les confessa & leur donna pour penitence d'aller sept ans de suite errans par le monde, sans coucher dans des lits. Toutefois afin qu'ils ne mourussent pas de faim dans ce tems-là, il leur fit expedier des Bulles, par lesquelles il ordonne aux Archevêques, aux Evêques & aux Abbés crossés & mitrés qu'ils rencontreroient en leur chemin, de leur donner chacun dix livres tournois, & leur promit de telle sorte qu'il leur donneroit un pays bon & fertile, pourvu qu'ils achevassent leur penitence, qu'ils s'attendoient encore à ses promesses.

Voilà bien des folies, & ce qui est étrange, ce n'étoit pas seulement le menu peuple qui les croyoit, c'étoit un Docteur en Theologie du College de Navarre, de qui je les ai apprises.

Il y avoit, dit-il, cinq ans, que ces miserables rodoient par la Chrétienté. De mille ou douze cens qu'ils étoient en partant de leur pays, il n'en restoit plus que cent ou cent vingt : & parce qu'en 1427 on disoit Penance au lieu de Penitence, & Penanciers au lieu de Penitenciers, qui signifioit alors des gens qui faisoient penitence, ces malheureux prenoient le nom de Penanciers. Ils avoient le visage bazanné, les cheveux tous frisés, les oreilles percées, & un ou deux anneaux d'argent à chacune. Le visage des femmes étoit tout découvert, & encore plus bazanné que celui des maris; leurs cheveux étoient noirs & faits comme la queue d'un cheval; elles portoient un méchant roquet ou une mauvaise chemise, avec un vieux drap tissu de cordes & lié sur l'épaule : c'étoit en un mot les plus noires & les plus laides femmes qu'on ait jamais vues en France. Néanmoins il n'y eut presque personne de Paris & des environs qui ne les allât voir, les uns par curiosité, les autres pour se faire regarder dans les mains. Comme c'étoit le tems du Landi, & qu'il se tenoit alors près de La Chapelle dans une grande campagne, dont on voit encore force marques, jamais il n'y alla tant de monde : tout Paris, tous les habitans de St Denys & des villages circonvoisins y vinrent en foule. Le Theologien qui rapporte toutes ces choses, y alla trois ou quatre fois. Il vit ces femmes, il leur parla; & ni elles ne lui regarderent point dans la main, ni elles ne lui couperent point la bourse. Toutefois, comme tout le peuple murmuroit de leurs façons de faire, l'Evêque de Paris alla les voir avec un Predicateur nommé le petit Jacobin. Après leur avoir fait faire un beau sermon par ce Religieux, il excommunia celles qui regardoient dans les mains, avec toutes les personnes qui les leur avoient montrées, & qui avoient donné creance à leurs discours. Enfin le jour de la Nativité de Notre-Dame cette compagnie de gueux quitta Paris & les environs.

Depuis, leurs semblables sous le nom de Bohemiennes ou d'Egyptiennes n'ont pas laissé de roder impunément en France jusqu'en 1561 & en 1612, qu'aux Etats de Blois, & que par Arrêt du Parlement de Paris, il leur fut ordonné de sortir du Royaume dans deux mois à peine de galeres & de punition corporelle. Avec le tems, nonobstant l'Ordonnance des Etats, elles n'ont pas laissé d'y revenir, & nous en voyons tous les étés, sous le nom d'Egyptiennes & de Bohemiennes, ressemblantes en laideur, en vêtemens & en façons de vivre aux personnes que je viens de décrire, dire ce qui s'appelle la bonne avanture, & prendre tout ce qu'elles peuvent attraper.

Nous les appellons Bohemiens, à cause qu'ils passerent de Boheme en France la premiere fois qu'ils y vinrent.

Si de ce long & fabuleux recit on peut recueillir quelque verité, c'est seulement qu'en 1427 ces miserables & difformes creatures que nous nommons Egyptiennes, commencerent à paroître en cette Ville, & que peut-être à leur exemple, plutôt qu'à la sollicitation des Marchands des Foires de Poitou, les Argotiers voulurent avoir un Roi & des Officiers; & n'eurent ni Ducs ni Comtes, parce qu'ils ne vont jamais à cheval, & que leur Monarchie est un corps composé de parties presque toutes languissantes & estropiées.

DE LA VILLE DE PARIS. Liv. V.

HOPITAUX DE PARIS.

LA connoissance des Hopitaux de Paris est necessaire à l'Histoire de l'Hopital General. Par leur nombre & par leur qualité, on verra la grandeur de cette Ville capitale, & les charités qui s'y exercent. Mais parce que la mendicité y blessoit encore la vûe, & qu'il ne manquoit plus à cette bonne mere des pauvres qu'un Hopital General, pour ôter de devant les yeux un objet si déplaisant, on a travaillé tout de bon à ce nouvel établissement depuis quelques années, & enfin l'on en est venu à bout.

Ce n'est pas que les mendians sans cela n'eussent pû trouver place dans les autres Hopitaux, soit en qualité ou de malades, ou de convalescens, ou d'incurables; ou bien, comme vieillards ou aveugles, pellerins ou passans. Tel menage néanmoins étoit indigne d'une Ville comme Paris, qui n'a pas sa pareille au monde pour la magnificence, & se devoit aussi distinguer par dessus toutes les autres. Ainsi il étoit à propos que sa charité, qui éclate en un si grand nombre d'Hopitaux, parût consommée en cette occasion par ce grand effort, afin d'ôter à tous les pauvres le pretexte de la mendicité, qui étoit souvent ce qui entretenoit la faineantise & le desordre, qui n'arrivoit que trop frequemment en cette Ville avant l'établissement de l'Hopital General.

L'HOTEL-DIEU.

PUISQUE avant que d'en venir à l'Hopital General, il est à propos de parler des autres Hopitaux, on ne sauroit pas mieux commencer que par l'Hotel-Dieu, qui est le grand Hopital, & qualifié tel depuis si long-tems. Car non seulement il est ouvert aux malades de Paris, mais à tous les autres, soit de France, de l'Europe & de toute la terre.

SA FONDATION.

QUANT à sa fondation, elle n'est pas bien certaine. La tradition commune l'attribue à St Landri, Evêque de Paris, sous Clovis II environ l'an 608, & on croit en avoir des preuves; ce qui sera examiné ailleurs. Sa subsistance dépend de plusieurs fondations des charités continuelles qu'on y fait, & enfin de l'œconomie des Directeurs. Car quoique son bien soit considerable, il ne pourroit pas se maintenir sans le secours des legs & des aumônes, & qui même doit être grand: ce que justifie assés l'alienation notable d'une partie de son fonds depuis quatre ans.

SES ADMINISTRATEURS.

CET Hopital étoit autrefois administré par le Chapitre de Notre-Dame, tant pour le spirituel que pour le temporel. Mais enfin en 1505, la direction temporelle, le deuxiéme Mai, fut commise à des Administrateurs Laïcs par un Arrêt du Parlement. Le Chapitre néanmoins y a encore la direction spirituelle sous la conduite du Doyen, qui en est le chef, & d'un Chanoine ou deux élus au Chapitre de deux en deux ans.

Anciennement c'étoit des Religieux & des Religieuses de St Augustin, qui assistoient & servoient les malades, & qu'on appelloit les Freres & les Sœurs de l'Hotel-Dieu. Presentement il n'y a plus qu'un Religieux fort ancien, qui prend la qualité de Maître de l'Hotel-Dieu quant au spirituel, à cause qu'il est le Superieur des Ecclesiastiques, & pourtant sous l'autorité du Chapitre de Notre-Dame. Ces Ecclesiastiques sont au nombre de dix-huit, & tous Prêtres; savoir huit pour le Chœur, un pour la Sacristie, sept pour les Malades, & deux pour les Agonisans. Outre cela il y a six enfans de chœur, dont quelques-uns après avoir fait leur tems sont quelque fois retenus en robes noires tant qu'on en a besoin.

LES RELIGIEUSES.

LE service pour les malades est administré par cent trente Religieuses, dont la resolution pour exercer une si haute charité, n'est pas moins à admirer que le travail.

Les filles qui veulent être Religieuses à l'Hotel Dieu, d'abord sont deux ou trois mois, plus ou moins à postuler, sans y boire, ni manger, ni coucher; quoique pendant ce tems-là elles servent les malades par les ordres des Religieuses. Ensuite si elles plaisent à la Mere Prieure, elle les propose au Doyen de Notre Dame & aux autres Directeurs particuliers pour le spirituel, qui les agréent; & là-dessus les Religieuses tiennent chapitre pour les recevoir.

Etant reçues, la Mere Prieure & la Mere des Novices viennent avec la fille & les parens au Bureau des Directeurs temporels, afin de la presenter avec son extrait batistere, pour savoir non seulement son âge & son pays, mais aussi quels sont ses parens, & si elle est née en legitime mariage. Les parens n'y étant pas, on lui demande si elle a pere & mere; s'ils consentent à la profession qu'elle veut embrasser; si elle en a bien consideré toutes les difficultés, & si elle se trouve disposée d'assister les pestiferés, en cas qu'il s'en trouve parmi les autres malades.

Après la reception au Bureau, la fille commence à coucher, boire & manger à l'Hotel-Dieu, & est encore en habit seculier près d'un mois, selon qu'il plaît à la Mere Prieure & à la Mere des Novices.

Quant à la prise d'habit, cela se fait dans l'Eglise, & ce sont les Directeurs spirituels qui le lui donnent, & n'est autre que blanc avec un simple voile. Le Noviciat dure six ans du jour de la prise d'habit; & pour lors elle sert les malades avec les nouvelles Professes.

Les six ans échus, les Religieuses tiennent chapitre pour savoir si elle sera admise à l'approbation.

A ce chapitre, où president les Directeurs spirituels, n'assistent que les Meres Superieure, & celles qui ont sept ans de profession; que si la Novice est approuvée, la ceremonie de l'approbation se fait encore dans l'Eglise,

entre

DE LA VILLE DE PARIS. Liv. V.

entre les mains des mêmes Directeurs, où on lui donne une jupe noire & un voile double blanc. Pendant l'année de probation elle rend le même service que durant le Noviciat, parce que pour être reçue à profession il faut un chapitre General; & pour lors, encore dans l'Eglise & entre les mains des Directeurs spirituels, on lui donne un voile noir, un habit avec un manteau de la même couleur; & pourtant continue toujours de servir les malades, sans pouvoir être Cheftaine ni avoir voix deliberative aux chapitres, qu'après sept ans de profession. Mais en ce tems-là on la fait passer par tous les offices en qualité de Cheftaine. Ensuite de quoi on la met Mere au pain & Mere au vin, afin de se reposer quelque tems. Après on l'occupe aux offices du dedans, comme aux draps, aux chemises & ainsi du reste.

Pour ce qui regarde le service des malades, la Mere Prieure chaque semaine nomme des Religieuses tant Professes que Novices, pour les veiller la nuit, & qu'à cause de cela l'on appelle veilleresses. Travail très-grand, comme ayant plus de peine & moins d'assistance; joint que les malades sont bien plus difficiles la nuit que le jour, & que le plus souvent c'est en ce tems-là qu'ils meurent, si bien qu'elles sont dans une agitation continuelle, à tout moment étant obligées d'appeller des Prêtres, les Chirurgiens, les Apoticaires; ce qui ne leur arrive pas durant le jour, à raison que dans chaque Salle il y a des Cheftaines alors qui prennent ce soin-là.

Je laisse à part qu'elles se trouvent toutes dans des Salles vastes & fort differentes, parmi une multitude effroyable de gens de toutes les sortes, enfans, hommes, femmes, & peu respectueux.

LES SALLES.

IL y a maintenant douze Salles tant grandes que petites, dont voici les noms.

    St Denys.
    St Thomas.
    St Côme.
    St Jean.
    St Lazare.
    St Augustin.
    Ste Geneviève.
    Ste Marthe.
    Des Innocens.
    Des Sts Martyrs.
    De la Nativité.
    Du St Rosaire.

Le premier office des Salles est dans celles de St Denys & de St Thomas. Elles sont pour les hommes toutes deux, & placées à l'entrée de l'Hotel-Dieu. Les Religieuses destinées pour y assister les malades, outre cette occupation, ont encore soin de ceux qu'on amene pour les distribuer par les Salles; & alors le Visiteur qui est un des Chirurgiens, & celui qui les reçoit écrit leur nom à l'entrée de l'Eglise.

La Salle de St Côme est celle où on met les blessés.

La Salle du pont est appellée du St Rosaire, qui est fort longue & fort spacieuse.

La grande Salle de l'Infirmerie porte le nom de St Jean ou des malades. Celle de St Lazare est pour les petits verolés.

La Salle où on met les taillés s'appelle des Sts Martyrs.

La Salle baſſe eſt celle des Innocens.
La Salle jaune pour les femmes, eſt nommée de St Auguſtin.
La Salle pour les petites veroles des femmes eſt celle de Ste Geneviéve.
La grande Salle du Legat, encore pour les femmes, prend le nom de Ste Marthe.
La Salle de la Nativité eſt où ſont les accouchées.

Outre le ſoin des malades, les Religieuſes ſont encore employées tant à l'office de la grande lavanderie, qui eſt un travail extraordinaire, qu'à celui de la petite, qui ſe fait tous les jours, quelque hiver qu'il faſſe.

Quant aux autres offices, il y a celui de la grande chambre aux draps, d'où ſe diſtribuent les neceſſités dans toutes les Salles, & celui des chemiſes tout de même, où il eſt beſoin d'une grande œconomie.

Outre cela il y a l'office de la porte, afin d'avoir l'œil à tout ce qui entre & ſort de la maiſon.

L'office de l'Apoticairerie, où deux Religieuſes ſont employées, ſans le Maître Apoticaire & ſes deux Garçons.

Celui de la Pouillerie où ſe gardent les habits des Pauvres.

De plus, les Religieuſes en ont encore d'autres entre elles, comme ſont l'office de leur Noviciat, celui du Refectoire, de la Chambre de leur Communauté, & de leur grande Infirmerie.

Or quoique ce vaſte Hopital regorge de monde, mais bien plus que la pauvreté & la maladie s'y rencontrent, qui cauſent ordinairement beaucoup de ſaleté & de dégoût, néanmoins les Salles ſont autant nettes qu'elles peuvent être; & quant aux offices ſoit des Religieuſes ou des Officiers, il ne ſe peut rien voir de plus propre.

LES DIRECTEURS.

A l'égard de la direction temporelle, il a été dit qu'en 1505, elle fut donnée par Arrêt à des Adminiſtrateurs Bourgeois, au nombre de huit outre le Receveur, que l'Arrêt leur donne pouvoir de commettre. Depuis en 1654, par un autre Arrêt du troiſiéme Fevrier, leur nombre a été augmenté de quatre. Au reſte quoique ces douze Adminiſtrateurs ſoient qualifiés Bourgeois, il ne laiſſe pas de ſe rencontrer parmi eux des Preſidens au Parlement, des Conſeillers d'Etat, des Maîtres des Requêtes, des Conſeillers de la Cour, des Secretaires du Roi, & autres ſemblables. Mais cette qualité leur a été donnée pour les diſtinguer des trois autres places de Directeurs affectées au premier Preſident du Parlement, au premier Preſident de la Chambre des Comptes, & au premier Preſident de la Cour des Aides.

De ſavoir maintenant en quel tems & comment les premiers Preſidens de ces trois Cours Souveraines ont commencé à être admis dans la direction du temporel, c'eſt ce qui n'eſt pas trop connu; ni ſi ce fut en 1505, en conſequence de l'Arrêt du deux Mai, à cauſe qu'il y eſt fait mention que le Parlement avoit commis aucun des Preſidens & Conſeillers; ou bien ſi c'eſt comme Commiſſaires du Roi, parce que le même Arrêt porte qu'auparavant, dès le huit Janvier, le Roi avoit decerné ſes Lettres Patentes adreſſées à certains Commiſſaires ſur la reformation de cet Hopital; & que depuis il avoit écrit d'autres lettres miſſives, tant au Parlement, qu'aux Commiſſaires; ou bien encore ſi c'eſt qu'ils ont été appellés ou priés par les Adminiſtrateurs Bourgeois, afin que la direction fût ſoutenue & autoriſée par l'ordre des premiers Magiſtrats; ou enfin ſi ces premiers Preſidens y ſont venus d'eux-mêmes & de leur propre mouvement, ſoit par un zèle particulier, ou en conſideration du bien public, afin d'être témoins de ce qui se fait dans cette direction & en informer leurs Compagnies, & même en être les protecteurs. Enfin, comme j'ai dit, c'est ce que l'on ne fait point, & il ne s'en trouve rien ni dans le tresor de l'Hotel-Dieu, ni dans les Regîtres du Bureau. Mais peut-être la fondation faite en 1573 par Ludovic de Gonzagues, Duc de Nevers, & Henriette de Cleves son épouse, pour marier tous les ans 60 pauvres filles dans l'étendue des terres qu'ils possedoient alors, a-t-elle donné lieu à cette qualité de Directeurs que prennent ces Presidens, en ce qu'ayant nommé les Administrateurs de l'Hotel-Dieu de Paris, afin d'avoir soin de l'execution de leur fondation, ils en ont aussi prié ces trois premiers Presidens; à la verité ils y ont aussi joint les Gens du Roi du Parlement, qui ne sont point de l'administration de l'Hotel-Dieu. Quoi qu'il en soit, & de quelque maniere que ces Presidens ayent commencé à y être Administrateurs, c'est tout ensemble & un très-grand honneur au Bureau & un très-grand avantage pour les pauvres.

L'administration de ces trois premiers Presidens dure autant que leur dignité, & tous les autres Administrateurs sont perpetuels. Les Magistrats des Compagnies Souveraines prennent seance au Bureau selon leur rang; les autres suivant l'ordre de leur reception.

LES MALADES.

TOUTES sortes de malades sont reçus à l'Hotel Dieu, sans distinction de sexe, de biens, d'âges, de conditions, de pays ni de Religion. On y a vû des Calvinistes, des Lutheriens, des Anabaptistes, des Turcs & des Catholiques de l'Eglise Grecque. Il suffit d'être malade pour y être admis. On ne refuse ni les blessés ni les estropiés, ni ceux qui ont des fractures & des luxations. La porte est ouverte aux femmes enceintes pour accoucher, un mois avant leur terme; & même à ceux qui ont la pierre, pour être taillés, operation comme l'on fait non moins difficile que dangereuse, & qui fait bien de la peine aux Administrateurs pour trouver un Operateur habile, tant il s'en trouve peu. Enfin l'affection qu'on a pour assister le public, est si grande dans cette maison, que ceux qui ont la petite verolle ou des fievres pourpreuses y entrent comme les autres. Ce qui est à remarquer est que tous ces malades sont separés dans des Salles differentes, selon le sexe, l'âge, la qualité de la maladie, les incommodités & les blessures.

Ceux qui avoient la peste ou quelque maladie honteuse, y étoient autrefois admis; mais les inconveniens qui en arrivoient, ont été cause que depuis on a établi pour eux près de la porte de la Ville d'autres lieux, aussi-bien que pour les Incurables, & ceux qui de naissance sont sujets au mal caduc. Les teigneux encore, les fols & les insensés, ont leurs maisons en particulier, & les convalescens tout de même.

Cependant il y a eu un Arrêt de la Cour du Parlement, du sixiéme Septembre 1659, par lequel il est ordonné que le grand Bureau des Pauvres sera tenu recevoir les pauvres femmes grosses qui seront atteintes du mal venerien.

Cet Hopital enfin est tel, que dans la Chrétienté, ni par tout le monde, il ne s'en voit point où il y ait tant de personnes ni tant de Religieuses pour assister les pauvres malades. Comme leur nombre n'est point limité, & qu'il croît de jour en jour, d'ordinaire il s'y en trouve onze, douze, treize, quatorze, quinze & seize cens & plus. En 1652 on y en comptoit jusqu'à deux mille quatre cens, & cela sans les estropiés qu'on avoit mis à l'Hôpital St Louis, aussi travaille-t-on à l'augmentation des lieux, & presentement il y a plusieurs bâtimens nouveaux, dont quelques-uns même

Tome I. VVv ij

font achevés, mais non pas encore occupés ni meublés, car on voudroit bien que les malades ne fussent pas tant ensemble dans un même lit, à cause de l'incommodité, n'y ayant rien de si importun que de se voir couché avec une personne à l'agonie & qui se meurt.

La situation de l'Hotel-Dieu a été cause qu'il a falu faire ces nouveaux bâtimens sur l'eau, & par consequent avec solidité & beaucoup de dépense.

LES MEDECINS.

A l'Hotel-Dieu il y a quatre Medecins ordinaires à gages, mais qui n'y demeurent point, quoiqu'on ait fait des propositions aussi-bien pour les nourrir que pour les loger. Outre ces Medecins néanmoins il ne laisse pas d'y en venir encore d'autres.

De plus il y a un Maître Apoticaire & deux Garçons ; un Maître Chirurgien, avec lequel on passe un Contrat pour assister les Pauvres ; & un autre encore qui gagne sa Maîtrise après six ans de service. Outre ces Chirurgiens on nourrit & loge encore dix Compagnons, sans parler de beaucoup d'autres de la même profession, qui sont externes, & qui pour succeder à ceux-ci quand une place sera vacante, viennent se presenter. Car avant que d'être Compagnon Chirurgien de l'Hotel-Dieu, non seulement il faut avoir été presenté, examiné & reçu, mais encore y avoir rendu service ; après quoi si une place vacque, le plus ancien de ceux qui se sont presentés la remplit, & tout de même les autres chacun à leur tour, suivant l'ordre de leur reception. Pour plus de secours, à tant de Compagnons se viennent joindre encore d'autres Chirurgiens pensionnaires du Maître. Et parce que parmi les malades se trouvent des accouchées, il y a une Sage-femme exprès & des Apprentisses, & près de quatre-vingts autres Domestiques, les uns à gages, les autres à qui on n'en donne point.

Pour ce qui est de la conduite de cette grande maison & de son œconomie, le tout dépend de plusieurs fonctions & de quantité d'offices. A l'égard du nombre des tables, comme il y a trois Communautés differentes, aussi y en a-t-il trois, une pour les Religieuses, une autre pour les Ecclesiastiques, & la derniere pour les Domestiques, & encore n'est-ce que depuis peu que celle-ci a été établie, savoir en 1655 ; auparavant chaque Domestique avoit sa portion, mais presentement ils vivent en commun. L'établissement néanmoins en a été assés mal-aisé, par ce qu'il ne faut pas abandonner entierement les malades ; aussi ne mangent-ils pas tous en même tems, mais à deux reprises ; si bien que comme leur Communauté est de soixante & douze à present, une partie travaille pendant que l'autre prend son repas.

Antoine du Prat, Chancelier de France, depuis Legat & Cardinal, est celui qui a bâti les Salles de Petit-pont, où se voient sur la face du portail quatre figures, une de St Jean Batiste, une de St Jean l'Evangeliste, une de François I, & une autre de ce Fondateur.

St JULIEN LE PAUVRE.

LE Prieuré de St Julien le Pauvre est presentement uni à l'Hotel-Dieu de Paris.

Ste ANNE.

L'HOPITAL Ste Anne, dit de la santé, dépendant de l'Hotel-Dieu, fut bâti en 1651, pour y recevoir les malades en tems de contagion. Il est situé au bout du fauxbourg St Marcel sur le chemin de Gentilli, & à main gauche en sortant par la porte St Jaques. Ce bâtiment est isolé pour empêcher la communication du mauvais air.

L'HOPITAL GENERAL DE PARIS,

La Pitié, la Salpétriere, Bicêtre.

LE dessein de renfermer les Pauvres mendians, n'est pas une invention de nos jours; on l'avoit projetté autrefois, on l'avoit tenté au commencement du siecle passé, mais on n'avoit pû l'executer pleinement, & il ne nous est resté des marques du soin qu'en avoient pris les Magistrats, que la seule maison de la Pitié, près St Victor.

Cet ouvrage, qui alors donna tant de peine à ceux qui l'entreprirent, ne dura que fort peu de tems; le gouvernement des Pauvres renfermés parut insuportable à ceux qui s'en étoient chargés, & tout fut reduit à l'entretien & à l'éducation d'un nombre de petites filles, & de quelques petits garçons; quelques vieilles femmes infirmes y trouverent aussi leur retraite: & dans un lieu separé qu'on appella le Bon-secours, on reçut encore des filles débauchées, qui desiroient se convertir.

Dans la suite, la maison de *Scipion*, vers St Marcel, fut établie pour loger les Pauvres vieillards qui paroissoient les plus infirmes; & la *Savonnerie* près Chaillot fut remplie de jeunes garçons, qui travailloient aux tapisseries du Levant.

Cependant tout le reste des Mendians demeura dans sa pleine liberté par toute la ville & les faux-bourgs de Paris, ils y abordoient de toutes les Provinces du Royaume, & de tous les Etats de l'Europe, le nombre en croissoit tous les jours, & il s'en faisoit enfin comme un peuple independant, qui ne connoissoit ni loi ni religion, ni superieur, ni police; l'impieté, la sensualité, le libertinage étoit tout ce qui regnoit entre eux, la plupart des assassinats, des larcins & des violences de jour & de nuit, étoit l'ouvrage de leurs mains, & ces gens que leur état de Pauvres rendoit l'objet de la compassion des fidéles, étoient par leurs mœurs corrompues, par leurs blasphêmes, & par leurs discours insolens, les plus indignes de l'assistance du public.

Tous ces prodigieux désordres eurent leur cours jusqu'en l'année 1640, sans qu'on y fît beaucoup de refléxion : mais alors quelques particuliers de grande vertu furent touchés du déplorable état, où se trouvoient les ames de ces pauvres malheureux Chrétiens. Pour leurs corps, quelque affligés qu'ils parussent, ils n'étoient pas de veritables objets de compassion; car ils trouvoient dans les aumônes des peuples plus qu'il n'en falloit pour satisfaire à leurs besoins, & même à leurs débauches; mais leurs ames abimées dans l'ignorance totale de nos Mysteres, & dans l'extrême corruption de leurs mœurs, donnoient de grands sujets de douleur aux personnes animées de zèle pour le salut de ces miserables.

Ce fut là le grand motif de quantité d'assemblées que ces personnes charitables firent dans Paris chés les principaux Magistrats, depuis 1640 jusqu'en 1649. Alors les necessités publiques leur donnerent sujet de mettre en pratique ce qu'ils avoient projetté pour le soulagement des Mendians, & ces soins eurent tant de succès, que les Pauvres se trouverent dans l'abondance, pendant que les familles qui n'avoient qu'un bien mediocre, manquoient souvent du necessaire.

Ce succès assura plus que jamais le zèle de ceux qui souhaittoient si fort le renfermement des Pauvres; mais ils en connurent bien davantage la facilité par l'experience des magasins charitables, dont on trouva l'invention en 1651. On en remeubla tant d'Eglises, on en assista tant d'Ecclesiastiques, on en revêtit tant de Pauvres, on en nourrit tant de miserables, & on en rétablit tant de familles désolées, qu'alors on crut qu'il n'étoit pas impossible de trouver la subsistance necessaire pour renfermer & contenir dans le devoir une nation libertine & faineante, qui n'avoit jamais reçu de regles.

On travailla donc avec plus de ferveur qu'auparavant à ce grand ouvrage du renfermement des Pauvres. Tous les anciens memoires que l'on avoit, & les differens moyens qui avoient été proposés en plusieurs tems, furent examinés: on chercha les lieux propres pour les logemens, & on projetta la conduite & la police qui s'y devoit observer. Le nombre prodigieux de ces miserables en faisoit apprehender l'exécution, on jugeoit qu'il y en avoit plus de quarante mille dans Paris, & on craignoit que ce ne fût une grande occasion de désordre parmi le peuple. Mais les jours de salut étoient arrivés pour ces Pauvres, & la divine Providence leur avoit suscité des Peres pour les nourrir, & des Maîtres pour les instruire.

Un des plus illustres Magistrats que nous ayons eu de nos jours, embrassa ce dessein avec une affection singuliere, ce fut M. de Beliévre, premier President du Parlement. Dieu le fit entrer dans tous les sentimens que l'on pouvoit souhaiter d'une personne de son rang sur ce sujet, & l'Hopital auquel il donna le nom de général, est obligé d'avoir un éternel respect pour sa memoire, & ne doit jamais manquer de reconnoissance des bons offices qu'il en a reçus.

On fit voir à Mr de Beliévre le projet de la Declaration que l'on avoit dressée pour servir d'établissement à cet Hopital, il l'examina soigneusement, & les fit examiner par quantité de personnes intelligentes; de sorte qu'elle devint publique avant que d'être scellée, ainsi chacun en discourut à sa mode, la plupart du monde en traita le dessein d'imagination & de chimere, & ceux qui l'entreprenoient, de gens de bonne volonté, mais de petite prévoyance.

Cependant, malgré tous les obstacles, la Declaration en forme d'Edit fut scellée au mois d'Avril, & dattée le quatriéme Mai 1656. Le Roi nomma vingt-six personnes de differentes conditions pour Directeurs perpetuels de cet Hopital; & pour Chefs-nés de la direction, M. le Premier President, & M. le Procureur Général du Parlement; mais il survint tant de difficultés pour la verification, qu'elle fut differée jusqu'au mois de Septembre suivant.

Jamais un difficile ouvrage ne fut poussé ni appuyé avec tant d'ardeur, que celui-ci le fut par M. de Beliévre; on eut beau lui dire que c'étoit une réverie de devots, sans s'arrêter à ces discours, il crut cet établissement tout-à-fait possible; & pour marque de l'estime qu'il en faisoit étant encore en pleine santé, il donna trois mille livres de rente sur la ville de Paris, à ce nouvel Hopital, & le fit legataire d'une somme considerable par son testament: mais quelque desir qu'il eut de le voir établir, il n'en eut pas la consolation.

Une des plus grandes disgraces qui survint à cet Hopital naissant, ce fut la mort de M. de Beliévre Premier Président. Il tomba malade le deuxiéme Mars 1657, & mourut le onziéme du même mois. Jamais la mort d'un Magistrat n'affligea davantage le public, & l'on peut dire que les Pauvres firent en lui une très-grande perte.

Ceux que le Roi avoit nommés par sa Déclaration pour Directeurs perpetuels, ne laisserent pas d'agir, & de continuer leurs assemblées : la Cour les avoit approuvés, la Reine Mere les honoroit de sa protection ; & par les bons offices que Mr de Beliévre avoit rendus, tout le ministere donnoit les mains à l'ouvrage, mais il ne vouloit pas se charger de faire réussir une chose dont il avoit toujours douté.

Les Directeurs, avec le secours de cinquante mille écus, que leur fournit charitablement une Dame de pieté, commencerent à faire travailler avec soin aux reparations des maisons de Bicêtre & de la Salpétriere, que le Roi avoit données pour servir au renfermement. Pour le spirituel, Sa Majesté avoit nommé par l'article 23 de son Edit, les Prêtres Missionnaires; mais feu Monsieur Vincent leur Superieur reconnoissant que ses Ecclesiastiques avoient assés d'emploi, témoigna par écrit qu'ils ne pouvoient pas accepter la conduite spirituelle de l'Hopital. On eut donc recours à Messieurs les Grands-Vicaires du Chapitre de Paris, le Siege vacant, ils en reglerent le spirituel, & lui donnerent pour premier Recteur Messire Louis Abelly, homme de très-grande capacité, & d'éminente vertu, qui par son pur merite a été depuis élevé à la dignité Episcopale.

Toutes choses étant ainsi disposées, on supplia Messieurs les Ministres de donner leurs ordres pour le renfermement, ils en envoyerent l'execution aux Magistrats ordinaires; & Monsieur le President de Nesmond, qui presidoit alors au Parlement, appuya ce grand ouvrage avec beaucoup de zèle, & avec toute l'application qu'on pouvoit desirer de lui.

On publia aux Prônes de toutes les Paroisses de Paris, que l'Hopital Géneral seroit ouvert le septiéme Mai 1657, pour tous les Pauvres qui y voudroient entrer de leur bonne volonté, & de la part des Magistrats on fit deffenses à cri public aux Mendians de demander l'aumône dans Paris : jamais ordre ne fut si bien executé.

Le treize on chanta une Messe solemnelle du St Esprit dans l'Eglise de la Pitié, & le quatorze l'enfermement des Pauvres fut accompli sans aucune émotion.

Tout Paris ce jour-là changea de face, la plus grande partie des Mendians se retira dans les Provinces, les plus sages penserent à gagner leur vie sans la demander, & les plus infirmes se renfermerent de leur propre mouvement. Ce fut sans doute un coup de la protection de Dieu sur ce grand ouvrage, car on n'avoit jamais pû croire qu'il dût couter si peu de peine, & qu'on en vînt si heureusement à bout.

Ce calme, & cet éloignement de Mendians furent entretenus par les soins que l'on prit de faire marcher une compagnie d'Archers pour prendre les Pauvres, ou pour les obliger de se retirer.

La prevoyance des Directeurs avoit été si éclairée, & leur supputation si juste, que le nombre des renfermés se trouva presque égal au projet qu'ils en avoient fait ; les quarante mille Mendians furent reduits à quatre ou cinq mille qui tenoient à grand bonheur de trouver retraite dans l'Hopital : mais le nombre s'en est augmenté depuis, il a passé souvent six mille, & est à present de plus de huit mille ; c'est ce qui a obligé d'augmenter les bâtimens, pour éviter les extremes incommodités qui arrivent aux Pauvres, lorsqu'ils sont trop pressés dans leurs chambres & dans leurs lits.

Au commencement on donnoit des portions aux Mendians mariés, parce qu'on n'avoit pas encore les moyens de les renfermer ; mais l'abus qu'en firent les Pauvres qui prenoient ces portions, & qui demeuroient dans la fainéantise, & continuoient leur mendicité, fit resoudre leur renfermement. Le Roi l'ordonna tout de nouveau, & Monsieur le Cardinal Mazarin donna cent mille livres pour bâtir leur logement; il y en ajouta depuis soixante mille par son testament : & c'est par cette liberalité qu'on a fait à la Salpétriere ce beau bâtiment qui sert aux pauvres ménages, & qui fera voir à la posterité des marques de l'affection que ce grand Ministre a eu pour un si saint établissement.

Enfin il s'est peu à peu perfectionné en l'état où on le voit aujourd'hui, soit pour les Ecoles, soit pour les Manufactures : on a tenté d'y en établir de toutes sortes, dans l'esperance d'en tirer la subsistance des Pauvres, mais l'experience a fait connoître le contraire, & qu'il falloit se restraindre à celles qui sont necessaires pour les maisons, & qui peuvent être les plus utiles aux jeunes garçons qu'on y employe pour gagner leur vie lorsqu'ils en sortent. Le public est invité de visiter cet Hopital pour en penetrer la conduite, & on verra que c'est le plus étendu, & le plus bel ouvrage que la charité ait jamais produit; aussi étoit-il reservé pour les jours du plus grand & du plus heureux Monarque que la France ait eu jusques à present, qui par sa pieté & par sa liberalité toute Royale a voulu en être le Fondateur, & le favoriser de bienfaits dignes de sa Majesté.

Voilà de quelle maniere ce grand ouvrage a été conçu & executé; on estime qu'il est important de montrer plus particulierement au public, ce que c'est que cet Hopital dont tant de personnes parlent, & que si peu de personnes connoissent. Pour cela il faut faire voir quelle est son administration, de combien de maisons il est composé, de quelle qualité doivent être les Pauvres qu'on y renferme, leurs occupations & leur subsistance.

L'administration est spirituelle & temporelle; pour la spirituelle il y a un Recteur établi par M. l'Archevêque, & vingt deux Prêtres sous la direction du Recteur; ils sont départis en nombre necessaire dans les maisons qui composent l'Hopital général, à proportion des Pauvres qui y sont enfermés, pour les catechiser, instruire & leur administrer les Sacremens : tous les jours les Pauvres entendent la Ste Messe, & trois fois la semaine ils sont interrogés sur leur creance dans les grands Catechismes, & les exhortations qui se font par les Eclesiastiques, & journellement dans les petites instructions que donne par écrit Monsieur le Recteur aux Maîtres d'Ecole, Maîtres & Maitresses des Dortoirs & des Ouvroirs, où on fait les lectures spirituelles, même pendant le travail des Pauvres, afin d'occuper leur esprit dans les pensées continuelles de leur salut.

Quant à la temporelle, il y a presentement trois Chefs de la direction, qui sont M. l'Archevêque, M. le Premier President, & M. le Procureur General du Parlement, cette qualité de Chefs est attachée à leurs dignités, & vingt-six Directeurs qui ont été nommés par les Lettres de l'établissement, & à mesure qu'ils sont decedés, on en a élu d'autres pour remplir leurs place, suivant les formes prescrites par ces Lettres : les Directeurs ainsi élus sont reçus au Parlement, où ils font serment de bien, fidelement & charitablement administrer le bien des Pauvres : outre ces Directeurs, il y a un Receveur qui prête aussi le serment au Parlement, & un Secretaire qui le prête au Bureau de la Direction.

Ces Directeurs ont estimé necessaire pour la bien-seance, l'ordre & la pieté de separer les deux sexes, ensorte qu'il n'y pût avoir aucune communication de l'un avec l'autre. Pour cela on a destiné la maison de *Notre-Dame de Pitié* pour les filles, depuis l'âge de quatre ans jusqu'à six, pour les enseigner à faire les prieres & à s'habiller; depuis l'âge de six jusques à neuf, celles qui sont capables d'instruction apprennent à lire, écrire & le Catechisme; & lorsqu'elles sont en état de pouvoir travailler, on leur enseigne le tricot des bas de St Marceau, & après le tricot fin, & ensuite la lingerie, la couture, le point de France, & autres manufactures à quoi on les estime

propres

DE LA VILLE DE PARIS. Liv. V.

propres, pour être en état de gagner leur vie, & de servir quand elles entrent en condition, ou qu'il y a du fonds des legs faits pour les pourvoir par mariage, ou autrement en foulager l'Hopital. Dans une cour de cette maison, appellée la petite Pitié, il y a environ cent petits garçons de l'âge de douze à treize ans, ce sont ceux qui assistent aux enterremens. Ils ont deux Maîtres pour leur instruction & pour leur conduite.

La Maison de St Denys, dite *la Salpetriere*, comme elle est la plus grande de l'Hopital, est destinée pour y enfermer les petits enfans, sous des Gouvernantes qui ont le soin de les nettoyer, habiller & coucher jusqu'à quatre ans, & toutes les femmes, de quelque âge qu'elles soient, & quelques infirmités qu'elles ayent, comme insensées, paralytiques, épileptiques, aveugles, estropiées, caduques, & en âge decrepit, écrouellées, & toutes autres affligées de maladies incurables.

Et outre ces especes de Pauvres, l'on reçoit aussi en cette Maison les enfans mâles, depuis l'âge qu'ils sortent des mains des Gouvernantes, pour les mettre aux Ecoles dans le bâtiment de St Joseph, ou des ménages mariés, separés du bâtiment où sont les enfans de l'autre sexe. Dans ces Ecoles ils apprennent à lire, écrire & le catéchisme, & à six ou sept ans à tricotter; & de ce petit Seminaire l'on tire les plus dociles & devots, pour apprendre le plain-chant & servir aux Eglises d'enfans de chœur; d'autres sont envoyés à la petite Pitié sous des Maîtres d'école, pour aller aux convois & enterremens où ils sont mandés; les plus forts & adroits à l'âge de onze à douze ans sont envoyés à la maison de St Jean-Bariste de Bissêtre, pour être employés à des métiers ou manufactures, selon leurs inclinations & talens; y ayant pour cet effet, outre le tricot, des Maîtres Fileurs de laines, Drapiers, Tisserands, Lacetiers, Tissutiers, Cordonniers, Charrons, Serruriers, Cordiers, & de toutes autres professions & métiers.

Il y a encore dans cette maison de St Denys de la Salpetriere, trois grands Dortoirs, composés de deux cens cinquante Cellules, où sont reçus les vieilles gens mariés, que l'on appelle les ménages, lorsqu'ils ne sont plus en âge, ou en état de pouvoir subsister de leur travail. Dans ces Dortoirs, ainsi que dans tous les autres de la Maison, les prieres se font en commun le matin & le soir, avant & après les repas: & les Catéchismes, lectures spirituelles & exhortations, outre la Ste Messe que les Pauvres entendent tous les jours dans les Eglises de St Denys & de St Louis, pour les valides; & quant aux paralytiques, épileptiques, insensés, & les Pauvres separés des Dortoirs, & enfermés à part pour quelque faute, elles entendent aussi la Messe dans une Eglise dediée à l'Ange Gardien, & separée de la communication des autres courts; comme aussi pour la commodité des infirmes & invalides, il se dit une Messe dans une Chapelle au bout du Dortoir, où elles peuvent l'entendre de leur lit.

Outre toutes ces qualités de Pauvres, il y a encore dans cette maison de la Salpetriere une court separée, en laquelle il n'entre que les personnes necessaires au service, où sont logées les filles, femmes grosses, & les nourrices avec leurs enfans, afin qu'étant reçues dans cette retraite assurée & secrette, la crainte de la necessité, ou d'être deshonorées, ne les porte plus dans le desespoir, & dans des resolutions effroyables, dont il n'y a eu que trop d'exemples par le passé.

De ces maisons de la Salpetriere & de la Pitié, plusieurs personnes de condition, & des Bourgeois viennent demander des filles pour les servir; mais on ne les donne qu'après une exacte connoissance des personnes qui les demandent, & être demeurés d'accord de leurs gages; d'autres sont mariées à des Maîtres, ou Compagnons de métiers, des mœurs & biens desquels l'on s'informe particulierement. & pendant quelques années que la Mer a été libre, les Directeurs par ordre du Roi, ont fait embarquer un nombre considerable de filles de l'Hopital pour le Canada, où elles ont été

Tome I. XXx

mariées, & dont M. l'Evêque du Pays, & les Religieux & Religieuses qui y sont établies, ont rendu des témoignages très-avantageux.

En la Maison de St Jean-Batiste, dit *Bissêtre*, sont envoyés & reçus tous les pauvres hommes & garçons valides & invalides; les valides capables d'apprendre des métiers y sont employés pendant les heures du travail, qui y sont reglées comme celles des prieres, lectures spirituelles, instructions & catechismes, après avoir ouï la Messe. Les invalides sont les caducs, les insensés, paralytiques, hydropiques, aveugles, épileptiques, écrouellés, estropiés, & generalement tous les Pauvres affligés de maladies, qui y sont traités, medicamentés, instruits, & consolés avec tout le secours & toute la charité possible.

Outre ces trois Maisons de la Pitié, St Denys de la Salpetriere, & St Jean de Bissêtre, qui sont les principaux membres du Corps de l'Hospital général; il y a encore celle de Ste Marthe, dite Scipion, dans laquelle sont établies la Boulangerie & la Boucherie, qui s'y font avec beaucoup d'œconomie, & dont se tire tous les jours la quantité de pain & de viande necessaire pour la subsistance des Pauvres, sur les billets de demande des œconomes, & dépensieres des maisons de l'Hopital, laquelle se regle journellement sur le nombre des Pauvres de chaque Maison, & sur la qualité des portions qui leur sont ordonnées par les Etats.

Il y a encore depuis quatre années une maison, rue d'Orleans près de la Pitié, où sont logées, nourries & entretenues aux dépens de l'Hopital, les Religieuses de neuf Couvens ou hospices supprimés; & dans cette maison ces Religieuses observent la clôture & les fonctions de leur profession, sous la direction d'une Superieure & du Recteur de l'Hopital, y ayant une Chapelle où se dit tous les jours la sainte Messe, & se chante l'Office & les Heures Canoniales. Et bien que ces Religieuses soient de differentes Regles & Ordres, elles disent un même Office dans le Chœur de la Chapelle, ayant la liberté au surplus d'observer dans leurs Cellules les Regles de leur Profession.

Outre toutes ces Maisons, il y a encore celles du Refuge & des Enfans-Trouvés, qui sont unis à l'Hopital général, sous la direction des quatre Commissaires choisis entre les Directeurs de l'Hopital général pour chacune de ces Maisons; ils changent de trois ans en trois ans, ou sont continués autant que leur service y est jugé necessaire pour y conserver l'ordre & l'œconomie: pour le spirituel, le Recteur de l'Hopital général en a la conduite; mais parce que le fonds de la subsistance de ces deux Maisons est distinct & separé de celui de l'Hopital, il n'en sera pas ici fait plus ample declaration.

Pour la conduite, l'ordre & la police de ce grand œuvre, qui n'est pas moins à present que de dix mille personnes, compris deux mille Enfans-Trouvés. Messieurs les Chefs de la direction, avec les vingt-six Directeurs s'assemblent en deux Bureaux généraux, les jours de Mercredi & Samedi de chaque semaine, dans lesquels s'examinent les propositions qui s'y font, & on en delibere avec entiere liberté des suffrages, à la pluralité des voix; & si les affaires meritent une plus ample discussion, elles sont renvoyées aux Commissaires à ce destinés, qui s'assemblent tous les Jeudis en l'Hotel de M. le Premier President, pour les examiner & en faire leur rapport; & si ce sont des propositions d'autre nature, & qui se puissent juger plus sommairement, on depute sur le champ deux Commissaires pour en prendre une plus particuliere connoissance, & en faire leur rapport au Bureau suivant. De toutes les propositions & resolutions il se tient un Regître exact, pour en l'Assemblée immediatement suivante, lire ce qui a été proposé en la précedente, & sur le rapport des Commissaires qui ont été chargés d'en faire l'examen, en deliberer & prendre les resolutions necessaires; & outre ces Assemblées générales de chaque semaine, il s'en fait encore une pareille

DE LA VILLE DE PARIS. Liv. V.

toutes les années en chacune des Maisons de l'Hopital, dans laquelle les Commissaires de ces Maisons rendent compte de l'état, de l'ordre & de l'œconomie, dont le soin particulier leur a été commis, afin que tous les Directeurs soient informés pleinement de tout ce qui regarde l'administration de l'Hopital général, pour y établir l'uniformité de la discipline, & de la subsistance, autant qu'il leur est possible.

Pour produire ce bon effet, les Directeurs se partagent en des commissions generales & particulieres.

Les Commissions générales sont de trois especes, la premiere est composée de huit Directeurs, pour veiller au recouvrement des fonds, examiner les propositions, & faire la discussion des affaires & procès de l'Hopital; & dans ces Assemblées, le Receveur ou son Commis, les Procureurs, Commis, & les Solliciteurs des affaires, rendent comptent de l'état des choses, & reçoivent les ordres de ce qu'ils ont à faire pour l'acceleration & le jugement des procès, & le recouvrement des fonds.

En la deuxiéme Commission, sont les Commissaires du magasin qui donnent les ordres pour l'achat de tous les vivres, & les provisions necessaires pour la subsistance, medicamens, vêtemens, blanchissage, soulagement & nourriture des Pauvres, suivant l'état par estimation qui en est dressé au commencement de chaque année, & les états particuliers de chaque maison, comme aussi de toutes les laines, fil, filasses, chanvres, cuirs, & autres marchandises propres pour être manufacturées, pour le service & l'usage des Pauvres.

En la troisiéme Commission generale, sont les Commissaires qui s'assemblent deux fois la semaine en la maison de Scipion, afin de pourvoir par avance à l'achat de treize ou de quatorze cens muids de bled tous les ans, à les faire travailler, cribler & convertir en farines & en pain, & à faire abattre les bœufs, veaux & moutons, dans la quantité necessaire & journaliere, pour la nourriture des Pauvres. Pour ces deux dernieres Commissions, il y a des œconomes, qui sous les ordres des Commissaires tiennent des Regîtres fideles de toute la recette & dépense qui en est faite, laquelle se verifie tant sur les certificats de l'œconome & garde des magasins, que sur les Regîtres de la recette qui en est faite par les œconomes & dépensieres des maisons particulieres, qui sert de controlle à la dépense de ces œconomes de Scipion, & garde-magasin général, & la dépense, & leur consommation particuliere sert aussi pour justifier si toute la recette a été utilement & effectivement distribuée ou consumée: & toutes ces verifications se font sur les Regîtres qui sont arrêtés de semaine en semaine par les Commissaires deputés pour les emplois, afin que l'on en puisse rendre compte au public, toutefois & quantes qu'on le desirera: & même pour plus grande facilité, il se fait des cartes journalieres en abregé des recettes & dépenses, qui d'une seule vue font connoître le nombre des Pauvres, leurs qualités, leurs emplois, & les dépenses qui se font en détail pour leur subsistance.

Voilà l'emploi des Commissions générales.

Mais quant aux particulieres, afin que la police & la discipline des Pauvres, & l'œconomie de leur subsistance, se fasse avec une connoissance exacte, les vingt-six Directeurs se partagent en nombre necessaire pour servir dans les Maisons de l'Hopital général, selon le travail qui y est à faire, la moitié de ces Commissaires se change tous les ans, l'autre moitié des Anciens demeure pour instruire les nouveaux, & ces Commissaires particuliers étant établis en la Maison qui leur est affectée, ils en partagent les emplois, les uns pour avoir soin des vivres, les autres pour les vêtemens & manufactures, les autres pour tenir en regle tous les Pauvres qui sont dans les Dortoirs & Ouvroirs, & tenir la main à ce que chacun s'acquite de son devoir, soit pour les Ecoles, soit pour les ouvrages, les autres pour les infirmeries, bâtimens & reparations, & dans leurs Assemblées qui se font

Tome I. X X x ij

reglément tous les Lundis de chaque semaine dans ces Maisons de l'Hopital, ils entendent les plaintes de la conduite des Pauvres, pour en faire faire le châtiment & y apporter les remedes convenables, & dressent des Etats & Memoires des besoins des Pauvres, au bas desquels ils prient les Commissaires du Magasin general d'y pourvoir ; ce qui se fait exactement & avec un très-grand ordre.

Voilà en gros ce qui se pratique dans les Maisons de l'Hopital general, pour l'éducation, le lôgement, le vêtement, la subsistance & la nourriture d'un si grand nombre de Pauvres, dont il y en a de deux sortes ; les uns sont pris mendians publiquement par le Bailli, Brigadiers & Archers de l'Hopital, où ils sont enfermés & retenus, & les autres se presentent volontairement pour y être reçus, lorsqu'ils ne sont pas en âge ni en état de pouvoir gagner leur vie, & qu'ils sont de la Ville, Fauxbourgs & Banlieue de Paris, certifiés tels par les Curés de leur Paroisse, & que leur pauvreté est bien justifiée ; & pour en faire l'examen & la reception, il se tient un Bureau de quatre Commissaires qui sont commis de mois en mois, à tour de rolle, en la Maison de la Pitié, pour examiner la necessité des Pauvres qui se presentent, & expedier les billets portant ordre aux œconomes des Maisons qui leur sont destinées selon leur sexe & leurs âges de les y recevoir ; & le même ordre s'observe par les Commissaires des Maisons particulieres à l'égard des Pauvres qui demandent congé d'en sortir, après avoir entendu leurs raisons, pris les precautions possibles, qu'ils ne retourneront plus dans la mendicité, & verifié sur les Regîtres des entrées, s'ils ne sont point Mendians ordinaires & plutôt faineans que veritables Pauvres.

Et parce qu'il est de la bienseance & de l'ordre qu'il y ait des personnes d'autorité, de pieté, de regle & d'exemple qui veillent sur la conduite & les mœurs des femmes & filles enfermées dans les Maisons de Notre-Dame de Pitié, & St Denys de la Salpetriere, & ayent le soin de faire observer les reglemens établis par les Directeurs pour l'éducation, nourriture, vêtement, subsistance & emploi de ces femmes & filles. Il y a des Dames de pieté & de talent particulier pour cet œuvre si important, qui se donnent charitablement au service des Pauvres, à qui les Officieres & Maitresses des Dortoirs & Ouvrois, rendent compte journellement de ce qui se passe dans leur emploi, ces Dames que l'on appelle Superieures, ont soin de pourvoir au détail des choses, suivant les états des Maisons, & d'en informer les Commissaires, & de tout ce qu'elles estiment dépendre de leur autorité dans leurs assemblées des Lundis, & en toutes occasions.

Quant à la nourriture ordinaire des Pauvres, il leur est distribué journellement du pain bis de froment très-bon, avec du potage, & six onces de bœuf qui reviennent à environ trois onces cuit & sans os ; & aux personnes caduques & infirmes, un demi septier de vin ; & pour les jours maigres, ils ont aussi du pain, du potage, deux ou trois œufs, du beurre ou du fromage ; & pendant le Carême, des pois, des féves, du hareng ou du fromage, du beurre, à l'exception des malades qu'on n'envoye pas à l'Hotel-Dieu, des infirmes & convalescens, à qui on donne des bouillons & de la viande ; outre les medicamens & remedes necessaires qui leur sont administrés par les Apoticaires, Chirurgiens, Infirmiers & Infirmieres selon l'ordonnance de deux Medecins de la Faculté de Paris, qui sont gagés pour visiter les Pauvres trois fois la semaine, & plus souvent quand il est besoin.

Les Pauvres qui ont quelque emploi sur la conduite des autres, ou qui rendent quelque service extraordinaire, ont la plupart portion double, suivant l'ordre qu'en donnent les Commissaires.

Quant à Mr le Recteur & aux Ecclesiastiques, Officiers, sous-Officiers & Maitres d'ouvrages & Artisans, ils prennent leurs repas en la premiere

& feconde table des Refectoirs. Ainfi que les Superieures, Maitreffes des Dortoirs, Ouvroirs & Manufactures, & celles qui font chargées du foin de l'œconomie des cuifines, des paneteries, buanderies, & des ouvrages des Maifons de l'Hopital.

Voilà un petit crayon de ce qui fe fait en general pour la fubfiftance de ce grand Hopital. Mais pour en expliquer le détail, il faudroit un jufte volume, qu'on donnera peut-être un jour au public, pour fervir de modelle à tous les autres Hopitaux du Royaume.

On peut dire au refte que l'Hopital general de Paris, a été bien juftement nommé general, puifqu'on y voit tout ce que les autres Maifons de charité de cette Ville, n'ont pû ou n'ont pas dû recevoir. Le grand nombre de petits Enfans qui s'y rencontrent, fait un double Hopital d'Enfans-trouvés: celui des garçons & des filles, qui font aux Ecoles, reffemble aux Hopitaux de la Trinité, du St Efprit & des Enfans rouges : la quantité d'Aveugles qu'on y voit, fait une feconde Maifon de Quinze-vingts : les vieillards, les vieilles femmes, les infenfés & les imbecilles, font en plus grand nombre qu'aux Petites-Maifons. On voit dans les dortoirs des paralytiques de l'un & de l'autre fexe ; un fupplement à l'Hopital des Incurables ; les Infirmeries font un abregé de l'Hotel-Dieu ; & les nouveaux revenus de l'Hotel-Dieu, font un Hopital de Convalefcens.

On fupplie toutes les perfonnes de qualité de prendre la peine de vifiter les Maifons de l'Hopital, fur tout les jours de travail; ils verront comment tant de fortes de gens y font gouvernés & occupés ; ils verront la neceffité qu'on a eu de faire des bâtimens, qui bien loin d'être trop vaftes & trop grands, font trop ferrés & trop petits pour y loger tant de monde commodément; ils verront que c'eft avec grande raifon qu'on a bâti par les liberalités du Roi, & de quelques perfonnes pieufes, l'Eglife de la Salpetriere en la maniere qu'elle eft aujourd'hui, pour y contenir avec decence un fi grand nombre de Pauvres & de qualités fi differentes ; & après avoir connu à fond cet Hopital, ils avoueront que c'eft un miracle de la Providence de Dieu. C'eft par elle qu'il s'eft établi, & c'eft par elle qu'il s'eft fauvé tant de fois de fa deftruction qui paroiffoit infaillible. On a cru fouvent qu'on feroit contraint d'ouvrir les portes aux Pauvres pour ne pouvoir pas leur donner la fubfiftance neceffaire. On s'eft trouvé deux fois réduits à telle extremité, qu'on ne confultoit plus fi l'on ouvriroit, mais de quelle maniere & à quels Pauvres on ouvriroit les portes, pour n'en retenir qu'autant que le revenu en pourroit nourrir.

C'eft dans ces extremités que les fecours de la divine Providence ont paru vifiblement pour le foutien de ce grand ouvrage. On a vû des Princeffes & des Dames de la plus haute qualité, touchées de douleur de ce qu'un bien fi univerfel s'alloit détruire, emprunter pour prêter fans interêt à l'Hopital ; lui donner le fond dans la fuite ; vendre leurs pierreries pour l'affifter; & le fecourir de tant de charités extraordinaires, par des inventions auffi pieufes que nouvelles, que durant une année où la plupart des bourfes fembloient fermées, les Pauvres fe trouverent dans une plus grande abondance qu'ils n'avoient jamais été. Il y a eu de grands Seigneurs dont le nom s'eft fait plus connoître au Ciel que fur la terre, qui dans les tems les plus difficiles, n'ont pas voulu fe laiffer vaincre en charité par les Dames: tel pour une année a donné cent mil livres à l'Hopital, dont on paya le bled des Pauvres, & plufieurs ont appuyé puiffamment de leur bourfe & de leur credit ce grand ouvrage, dont la ruine fit peur à tous ceux qui étoient touchés du zéle de la gloire de Dieu. Mais entre celles qui ont fait du bien à l'Hopital general, on ne pourroit s'empêcher de nommer une Dame de grande condition, fi elle n'avoit defiré avec des precautions extraordinaires qu'on ne la nommeroit jamais même après fa mort. Cette Dame, qui a voulu que Dieu feul connût fa charité, doit être confiderée après fa Majesté, comme la premiere bienfactrice de l'Hopital general, ayant donné d'abord les cinquante mil écus qui firent la principale partie du fond sur lequel on entreprit ce grand établissement, comme on l'a déja remarqué, & on croit que les aumônes qu'elle y a fait depuis en diverses occasions, ont été encore plus fortes que ce qu'elle avoit donné d'abord.

On a peine à comprendre ces évenemens merveilleux, mais on en découvre la source dans la conduite qui s'observe à l'égard des Pauvres; les soins que l'on prend de leur faire connoître Dieu, & de leur enseigner à le servir & à l'honorer, pour les rendre obéïssans à l'Eglise, & utiles à l'Etat, attirent sans doute les benedictions du Ciel; & la diligence exacte qu'on apporte dans l'œconomie de toutes les choses que le public confie à l'administration des Directeurs, fait esperer que le Roi honorera toujours l'Hopital de sa Royale protection, qu'il lui continuera ses magnifiques liberalités, & que tout le monde contribuera par ses aumônes en toutes manieres à la conservation de l'œuvre le plus admirable qu'inventa jamais la charité. On peut dire avec raison, voyant ce secours spirituel qu'en reçoivent les Pauvres, l'avantage qu'en retire l'Etat, & l'honneur qu'on en rend à Dieu, que cet Hopital general merite de durer jusqu'à la consommation des siecles, & que toute la Cour, tout Paris fassent des efforts continuels pour le soutenir dans l'état où le Roi & le public l'ont établi.

Je crois qu'il ne sera pas hors de propos de donner ici la liste des Edits & Arrêts qui regardent l'établissement de l'Hopital general, pour faire voir avec quelle attention le Roi Louis XIV & le Parlement ont travaillé à ce grand ouvrage public & si generalement approuvé.

Recueil des pieces qui regardent l'établissement de l'Hopital General.

EDIT d'établissement de l'Hopital general. 27 Avril 1656.
Reglement pour l'Hopital general, sous le contre-scel de l'Edit.
Lettre de Cachet du Roi aux Directeurs de l'Hopital general.
Arrêt du Parlement portant enregîtrement de l'Edit.
Declaration du Roi, par laquelle Mr l'Archevêque est nommé l'un des Chefs de l'Hopital. 29 Avril 1673.
Arrêt de verification de cette Declaration. 16 Mai 1673.
Autre Declaration pour l'établissement de l'Hopital des Enfans Trouvés. 18 Août 1670.
Arrêt du Conseil d'Etat pour la Direction de cet Hopital.
Noms de Mrs les Chefs & des Directeurs tant anciens que nouveaux.
Arrêt du Parlement portant que le Rolle des taxes que les Officiers qui seront reçus en la Cour, doivent payer pour les Pauvres de l'Hopital general sera executé.

Arrêt faisant défenses à Marie Boisdin, de se qualifier Directrice des Ecrouellés. 27 Mars 1657.
Ordonnance du Roi portant commandement à tous Soldats estropiés de se retirer vers le sieur Lieutenant Criminel de Robe courte, pour être enrollés, & envoyés aux Places frontieres. 8 Avril 1657.
Arrêt du Parlement portant défenses à qui que ce soit d'imprimer &c. aucune chose concernant l'Hopital general, sans ordre par écrit signé au moins de deux Directeurs. 12 Avril 1657.
Arrêt du Parlement, pour l'execution de l'Edit d'établissement de l'Hopital, & empêcher la mendicité. 8 Avril 1657.
Autre Arrêt faisant défenses aux Soldats estropiés, de troubler les Directeurs en la possession du Château de Bissêtre. 18 Avril 1657.
Autre Arrêt faisant défenses à tous Notaires, Huissiers, ou Sergens, de

faire ou signifier aucuns Actes de Justice, concernans l'Hopital, ailleurs qu'au Bureau de la Pitié, & non aux Directeurs ou en leurs maisons, à peine de nullité & d'amende. 18 Avril 1657.

Autre Arrêt faisant défenses d'empêcher la capture des Pauvres, & aux Pauvres de resister aux Archers. 2 Juin 1657.

Ordonnance du Roi, pour la distribution des Soldats estropiés dans les Places frontieres. 20 Octobre 1657.

Arrêt de verification de l'Edit d'établissement de l'Hopital en la Cour des Aides. 11 Decembre 1657.

Arrêt de pareille verification en la Cour des Monnoies. 19 Decembre 1657.

Arrêt de pareille verification au grand Conseil. 9 Janvier 1658.

Arrêt de la Cour des Monnoies portant que taxe sera faite en faveur des Pauvres de l'Hopital, tant pour les adjudications des Monnoies que pour les receptions des Officiers, ensemble les taxes arrêtées &c. 15 Janvier 1658.

Arrêt du Parlement qui fait défense de donner l'aumône aux Mendians dans la rue, dans les Eglises, &c. sous peine d'amende payable sur le champ, &c. & aux Soldats, Bourgeois, Artisans, & autres d'injurier, ni maltraiter les Archers des Pauvres, ni d'empêcher leurs fonctions, permis aux Archers de se saisir s'ils peuvent des contrevenans, sinon de dresser leurs Procès verbaux, &c. défend de loger ni retirer les Mendians à peine d'amende & confiscation des meubles 29 Decembre 1657.

Enregîtrement de l'Edit aux Eaux & Forêts. 16 Juillet 1658.

Arrêt du Parlement contre le nommé Jean Rouvroi, Soldat aux Gardes, condamné au fouet pour avoir excité sedition contre les Archers. 1 Juillet 1659.

Pareil Arrêt contre Truffault. 20 Août 1659.

Autre Arrêt portant iteratives défenses de donner l'aumône au Mendians, &c. & injonction à tous Vagabonds & Mendians valides, de sortir de Paris 7 Janvier 1659.

Enregîtrement de l'Edit, au Bureau des Tresoriers de France. 11 Août 1659.

Arrêt du Parlement, qui ordonne que le grand Bureau recevra les pauvres femmes grosses atteintes du mal venerien. 6 Septembre 1659.

Arrêt du Parlement, portant la taxe que chaque Officier, Marchand, Artisan, & autres doivent payer, &c. 6 Septembre 1659.

Arrêt du Parlement, faisant iteratives défenses de donner l'aumône aux Mendians. 27 Novembre 1659.

Arrêt du Parlement, qui permet aux Directeurs d'établir dans toutes les Paroisses de Paris, une quêteuse pour les Pauvres de l'Hopital. 5 Decembre 1659.

Arrêt du Parlement, qui fait défenses d'executer les decrets contre les Brigadiers & Archers de l'Hopital sous le nom de Quidams, &c. 1 Juillet 1660.

Ordonnance du Roi qui fait défenses aux Soldats du Regiment des Gardes, & à tous autres de troubler les Archers dans la fonction de leurs charges. 19 Août 1660.

Ensuite de laquelle est le Mandement de Mr le Duc d'Espernon pour la publication de cette Ordonnance, &c. 6 Octobre 1660.

Arrêt du Parlement, sur le Procès verbal de descente faite par Messieurs Payen & Doujat dans les Maisons de l'Hopital. 7 Septembre 1660.

Edit du Roi portant condamnation des Galeres, contre les hommes & garçons valides Mendians, qui auront été pris trois fois & châtiés à l'Hopital. Août 1661.

Arrêt de verification du 2 Septembre 1661, étant ensuite avec les Extraits d'un Arrêt de 1535, & des Ordonances de Henri II de l'année 1547 & de Louis XIII du 4 Juillet 1639.

Arrêt du Parlement qui enjoint à tous Soldats qui ne sont sous charge de Capitaine, Vagabonds & tous Mendians qui ne sont de Paris d'en sortir, & à ceux qui sont natifs de Paris, de travailler pour gagner leur vie s'ils sont valides, sinon de se retirer à l'Hopital, le tout sur les peines portées par l'Arrêt, &c. 13 Decembre 1662.

Arrêt du Parlement, faisant défenses à tous Messagers & voituriers par terre ou par eau, d'amener enfans en cette ville sans écrire sur leurs Livres leurs noms & demeures de ceux qui les en ont chargés, &c. 8 Fevrier 1663.

Ordonnances de Mr le Duc de Grammont Colonel du Regiment des Gardes, du 12 Mars 1663, & du Prevôt des Bandes qui font défenses aux Soldats d'empêcher la capture des Pauvres Mendians, &c. du 9 Juin 1664.

Arrêt du Parlement, portant que les Greffiers du Châtelet & autres ne pourront délivrer aucunes Lettres de Maîtrise qu'on ne leur ait montré la Quittance du Receveur de l'Hopital, &c. 18 Mai 1665.

Arrêt du Parlement, qui fait iteratives défenses de mendier, ni de donner l'aumône aux Mendians, ni à qui que ce soit d'empêcher leur capture sous les peines y contenues, & rend les Maîtres responsables en leurs noms des violences commises à leur vû & à leur sû par leurs domestiques & valets. 13 Juin 1665.

Autre Arrêt portant injonction à tous Soldats & Vagabonds, de sortir incessamment de Paris. 9 Août 1668.

Ordonnance du Roi pour empêcher la mendicité, même dans l'étendue de quatre lieues aux environs de Paris, avec défenses de donner congé à ceux qui ont été pris deux fois, & pour l'établissement d'une Maison de force, pour y renfermer les fieffés. Lettre de Cachet du Roi aux Directeurs sur ce sujet. 10 Octobre 1669, 3 Octobre 1670, 4 Octobre 1670.

Edit qui défend de donner à fonds perdu aux Communautés Ecclesiastiques, regulieres ou seculieres & autres gens de main-morte à l'exception de l'Hotel-Dieu, de l'Hopital general de Paris, & de la Maison des Incurables. Août 1661.

Verifié en Parlement le 2 Septembre 1661.

L'HOTEL ROYAL DES INVALIDES.

APRE'S que Louis XIV eut donné la paix à ses Peuples, signée à Aix-la-Chapelle, Sa Majesté en voulut faire goûter les avantages à ceux qui aux dépens de leur sang & au peril de leur vie avoient contribué, à ce glorieux repos dont jouissoit le Royaume. C'est ce qui porta ce Prince tant à reparer les maux que les guerres avoient causés, qu'à pourvoir aux besoins des Officiers & des Soldats, que le sort des armes ou le tems mettroit hors d'état de servir. Il trouva le secret d'entretenir dignement un grand nombre d'Officiers & de Soldats, que les guerres avoient mis hors d'état de continuer une profession si glorieuse. De sorte que ce grand Roi sans aucune imposition, en corrigeant seulement les abus qui se commettoient depuis long-tems à l'égard des Moines-Lais, les réunit tous à l'Hotel des Invalides, en y joignant deux deniers pour livre, au lieu de six que l'on prenoit autrefois pour les aumônes, sur la dépense qui se fait dans l'Extraordinaire des Guerres du Royaume.

Sa Majesté en fit un fond & des revenus suffisans pour l'établissement d'un projet que les Rois ses predecesseurs avoient plusieurs fois tenté sans aucun succès, & dont l'accomplissement étoit reservé à la force de la prudence de Louis XIV.

Sa Majesté fit un Edit en l'année 1674 pour l'execution de ce grand dessein; & cet Edit étant le fondement du grand ouvrage dont je parle, & pouvant servir de preuve authentique de la prudence & de la liberalité de ce grand Roi, j'ai cru qu'il ne seroit pas inutile d'en inserer la teneur à la fin de cette description.

DE

DE LA SITUATION ET DES DEHORS DE CET HOTEL.

L'HOTEL Royal des Invalides est situé à l'extremité du Fauxbourg St Germain, dans un lieu spacieux, qui n'est resserré ni borné d'aucune hauteur; assis sur un terrain un peu élevé, presque au milieu de la plaine de Grenelle. La grande face est vers le Septentrion, & conduit par une chaussée de dix toises de large & de deux cens soixante de long, jusqu'au bord de la Seine. Il est environné d'un paysage qui rend sa situation aussi agreable que l'air qu'on y respire la rend salutaire.

Il y a une grande place faite en demie lune au devant de l'entrée de l'avant-cour, où l'on entre par une porte de fer d'un très beau travail, aux deux côtés de laquelle sont deux pavillons qui servent de corps-de-garde, enrichis d'un monde fleurdelisé, avec la devise du Roi, & de plusieurs trophées d'armes.

Cette avant-cour est environnée d'un large fossé, profond & gazonné, revêtu de deux gros murs de pierre de taille, elevés à hauteur d'appui, dont l'un soutient le penchant de la cour, & l'autre borde ses dehors. On voit dans cette avant-cour quatre petites guerites posées aux quatre coins du dedans, où il y a toujours quatre sentinelles; & c'est dès l'entrée de cette avant-cour que paroît la grande face de ce majestueux bâtiment.

La principale entrée du coté du Septentrion, qui fait face à la riviere, se fait remarquer d'un seul coup d'œil pour la symmetrie & la beauté de tous les étages, avec les pavillons aux extremités, les avant-corps d'espace en espace, aussi-bien que la majesté du grand portail, qui est au milieu, soutenu d'un ordre Ionique, & qui s'élevant jusqu'au comble, étale avec pompe les plus justes proportions de la symetrie & les plus riches ornemens de la sculpture, dont le plus beau est une statue beaucoup plus grande que nature, où le Roi paroît à cheval.

L'élevation de la face du derriere de cet édifice, le portail & le dôme de la grande Eglise tournée du côté du Midi, & une partie des infirmeries, se trouvent gravées dans une grande planche. Le portail de cette Eglise se fait admirer dans tous les ordres qui le composent.

La face du côté de l'Orient, où l'on découvre la double Eglise; les infirmeries qui n'ont que deux étages, & les trois corps de logis qui sont entre les quatre pavillons, cette face, dis-je, regarde directement Paris, & fait connoître que la face opposée qui regarde Meudon & St Cloud est toute semblable: c'est pourquoi il n'est pas necessaire d'en faire une double description.

LES DEDANS DE CET HOTEL ROYAL.

SI les dehors de cet édifice semblent n'être faits que pour exciter les curieux à considerer les dedans, l'ordre des choses veut qu'après avoir parlé de tous les dehors, je dise quelque chose de tout ce qu'on voit au dedans.

En entrant dans cette maison par le grand portail, on se trouve dans une grande cour, qu'on nomme *la Cour Royale*, à cause de sa beauté. On y compte quatre-vingts portiques qui en soutiennent quatre-vingts autres, pour former de grandes galleries qui peuvent servir de promenade en tout tems; & l'on y admire plusieurs beaux ouvrages de sculpture, entre lesquels quatre grands colosses posés sur des angles saillans, peuvent disputer de

Tome I. YYy

beauté avec les ouvrages les plus vantés de l'Antiquité.

Cette cour a quatre autres cours moins spacieuses à ses côtés, qui toutes étant distinguées & environnées de differens corps-de-logis, forment ce grand carré de l'Hotel, dont les angles sont flanquées de quatre gros pavillons, & le milieu soutenu par trois perrons avancés, qui ont six marches chacun; & l'on remarque dans le fond de cette grande cour le portail de l'Eglise de la maison, chargé de deux ordres d'architecture Ionique & Composite à la Françoise, qui le rendent très-majestueux, avec son fronton orné d'un cadran & couronné d'une grande lanterne à jour, qui a six pans faits en Hexagone, laquelle est remplie de cloches & d'une horloge pour la commodité de cet Hotel.

Lorsqu'après avoir consideré toutes les faces de la cour Royale, on voudra passer dans les moyennes cours, qui sont au côté gauche de cette grande cour en entrant par le grand portail, on trouvera de ce côté une élevation qui commence par la coupe du grand corps-de-logis qui est au Septentrion, & finit aux infirmeries qui sont du côté du Midi. Cette face des moyennes cours, a Paris ou l'Orient derriere elle, & regarde l'Occident ou St Cloud.

Mais si l'on se retourne & qu'on regarde la face de ces deux moyennes cours, qui est opposée à celle dont je viens de parler, on verra une élevation qui commence par un grand corps de logis, & les faces jusqu'au derriere des infirmeries de ce côté-là. Cette face a l'Occident derriere elle, & regarde Paris ou l'Orient. Quant à ce qui regarde les deux autres côtés qui forment les carrés de ces cours; & pour ce qui est des deux autres moyennes cours qui sont au Couchant du côté droit de la cour Royale en entrant par le grand portail, on peut bien juger, que tout cet édifice étant d'une symetrie très-exacte, le bâtiment de ces deux cours est semblable a ceux dont je viens de parler.

Ce seroit entrer dans une trop longue discussion, si j'expliquois les plans geometraux des étages de ce bâtiment. Je me contenterai de dire ici que dans l'histoire de cet Hotel Royal, ces six plans sont très-exactement décrits, les mesures & les hauteurs fidelement mesurées; & c'est assés pour n'en rien dire ici.

LES REFECTOIRES.

JE dirai qu'il y a quatre grands Refectoires pour les Soldats, qui sont à droit & à gauche de la cour Royale en entrant par la grande façade & contigus aux deux galleries que forment les portiques d'en bas dont j'ai parlé. Deux ont vingt-cinq toises chacun de long, & les deux autres vingt-trois sur quatre de large. Mais comme ce qu'il y a de plus remarquable dans ces Refectoires, sont les diverses peintures dont on a eu soin de les embellir, j'ai crû être obligé de dire quelque chose du sujet de chacun de ces tableaux, qui representent les campagnes & les conquêtes de Louis XIV, dans les guerres de Flandres & d'Hollande.

En entrant on trouve à sa gauche le premier Refectoire qui est du côté de Paris. On voit sur la porte un grand tableau qui represente le Roi sur des nuées, environné des Graces, revêtu de toute la valeur des Romains, representée par leurs habits, ayant à ses pieds, la Justice, la Force, la Prudence & la Temperance, & mettant en fuite l'Ignorance, la Crainte & l'Aveuglement. On voit dans une autre groupe de l'autre côté dans ce tableau, la France qui rend graces au Ciel d'un si grand present, ayant à ses côtés l'Abondance & la Magnificence de ce Regne. Le Dieu des combats & les Genies de la Guerre paroissent dans le ciel de ce tableau, pour marquer que le grand cœur de ce Monarque soumettra toutes les diverses Provinces, qu'un petit Amour mesure de son compas sur le globe de la terre. On voit du côté de ce Refectoire opposé aux fenêtres dans differens tableaux, les conquêtes du Roi en Flandres, comme la prise de Charle-Roi, de Tournai, de Douai, de Bergues, de Lille, de Furnes, de Courtrai, d'Alost & d'Audenarde. Sur l'autre porte du même Refectoire, on y voit un tableau, où le Roi est dépeint à cheval avec ses Gardes derriere lui, comme s'il revenoit de la conquête de toutes ces Villes. La Renommée devance ses pas pour publier sa gloire ; & la Valeur & la Victoire le suivent chargées de palmes. Sur le devant de ce tableau est une jeune & belle personne qui represente la Franche-Comté soumise, & un vieillard dans la posture d'un vaincu, pour marquer une partie de la Flandre déja subjuguée. Si l'on regarde l'autre côté de ce même Refectoire, on verra dans chaque espace qui est entre les croisées, divers tableaux des conquêtes de la Franche-Comté, comme de Besançon, de Salins, de Dole, de Grais, du Fort & Chateau de Joux, de St Laurent-la-Roche & de Ste Anne.

Dans le second Refectoire du même côté, on voit au dessus de la porte un tableau de la declaration de la guerre aux Hollandois. Le Roi y est assis sur son lit de justice, & en prononce lui-même l'Arrêt. Il est accompagné de la Raison, de la Religion & de la Justice, qui conseillent cette juste guerre. Pallas à ses pieds ; la Muse de la guerre écrit les ordres de notre Roi sur son cartel. Bellone paroît sur le devant, repandant le desordre & l'horreur par tout où elle passe, méprisant les cris d'un enfant qui court après elle. Dans l'enfoncement de ce tableau paroît le Temple de Janus ouvert ; de l'autre côté la Paix renversée par terre, soutenant encore à peine un rameau d'olivier. Un petit Amour, revêtu de quelques armes, court à la guerre, méprisant les douceurs de la paix.

On voit sur le côté opposé aux fenêtres de ce Refectoire, la prise des Villes de Rimbergue, de Dorsoi, de Vesel, le Fort de la Lippe, de Rées, de Schin, d'Emerik, de Guritz, de Zutphen, de Narden, d'Utrecht & de Tiel. Sur l'autre porte du Refectoire est un tableau representant la France chargée de gloire & des dépouilles des ennemis, couronnée par la Valeur & par la Victoire. Enfin on voit entre les fenêtres, les prises des Villes de Graves, de Bommel, de Crevecœur, du Fort St André, de Voorn, de Nimegue, de Znotxembourg, d'Oudenarde, de Culembourg, de Doësbourg, de Vianem & d'Arnhem.

Dans le Refectoire sur la droite, c'est-à-dire du côté de St Cloud. On voit ce Roi vainqueur accompagné de Minerve, de Bellone & de la Victoire, s'acheminant vers la Meuse, qui semble déja soumise : le Rhin, l'Europe se preparent aussi à être bien-tôt conquises par ce Monarque. On remarque dans les tableaux du côté opposé aux croisées quelques conquêtes du Roi, entre chacun desquels il y a des trophées d'armes dépeints dans d'autres cadres. On y voit la prise de Mastricht, de Dinan, la bataille de Seneff, la levée du siege d'Oudenarde, par les trois armées des Espagnols, des Imperiaux & des Hollandois, la prise de Huy, de Limbourg & autres. Au dessus de l'autre porte est un grand medaillon, qui represente la Clemence assise sur des trophées d'armes, tenant une Victoire en sa main, avec cette inscription VICTORIS CLEMENTIA. De l'autre côté de ce même Refectoire, on voit encore plusieurs autres tableaux semblables, comme la prise de Joux, de Besançon, de Dole & de Salins pour la seconde fois, celle de Lure, de Vesou & de Fauconnier.

Dans le quatriéme & dernier Refectoire du même côté, au dessus de la porte, est un grand tableau representant le Roi à cheval dans son camp, donnant les ordres necessaires pour les expeditions de ses dernieres campagnes. Du côté opposé aux fenêtres, sont representées les prises des Villes de Valenciennes, de Condé, de Cambrai, de Bouchain, de St Omer, d'Aire, le fecours de Maftricht, la bataille de Mont-Caffel. En retournant du côté des croifées, on voit l'embrafement du pont de Strafbourg, la prife d'Ypres, du Fort rouge, de Puifferda, de St Guillain, de Fribourg, du Fort de Linck, de la Ville de Bouillon, le fecours de Charle-Roi, & la bataille St Denys devant Mons. Au deffus de la feconde porte, le Roi eft dépeint recevant les humbles remercimens des Ambaffadeurs d'Efpagne, de Hollande & d'Allemagne, pour la paix qu'il leur vient d'accorder.

Il y a auffi quatre Refectoires pour les Officiers, qui font moins grands, & qui ne cedent point en beauté à ces premiers.

DES DEUX EGLISES.

ON a divifé ce Temple en deux Eglifes. La premiere eft celle qui eft du côté du Septentrion, compofée du Chœur, de la Nef & des bas côtés, & c'eft celle qu'on appelle l'Eglife de la Maifon, parce qu'elle eft deftinée pour les Officiers & Soldats invalides.

L'autre Eglife eft du côté du Midi, qui s'appelle l'Eglife du Dôme, à caufe qu'elle eft libre à toutes les perfonnes de dehors. De maniere que, quoique ces deux Eglifes, par la liaifon & la communication qu'elles ont entre elles, n'en faffent qu'une enfemble dediée à St Louis, cependant la Nef & le Dôme qui en font les deux parties les plus confiderables, font deftinées à divers ufages, formées de differente architecture, & ouvertes par deux entrées oppofées, dont l'une eft pour les gens de la maifon, & l'autre pour ceux de dehors, dont je ferai une defcription en particulier.

L'Eglife de la nef a fon entrée du côté de la maifon au fond de la Cour Royale: fon Portail eft au Septentrion fous un frontifpice de deux ordres, Ionique & Compofite, qui font fymmetrie aux deux rangs de galleries qui regnent tout autour de cette grande Cour. Le fecond ordre qui eft de niveau avec le fecond rang des galleries & le fecond étage, conduit au Jubé de l'Eglife foutenu de douze pilaftres, en comptant ceux qui portent le Veftibule & le Portail. Le Jubé eft au bas de la nef, & fert de paffage aux Tribunes & aux galleries pofées au deffus des voutes des bas côtés.

Ce Jubé porte un buffet d'orgues qui fe fait admirer, foit pour la belle recherche de fa menuiferie, foit pour la favante ordonnance de fes jeux. Il eft rempli d'une montre de feize pieds d'étain bien poli, & bien fourni de tous les differens jeux qui peuvent entrer dans cette harmonie. Son grand buffet a vingt-quatre pieds de face fur cinq de profondeur: le buffet d'en bas où eft le pofitif, a neuf pieds de hauteur & de largeur, fur cinq de profondeur; & toutes les proportions d'architecture font obfervées dans tout ce corps, avec les ornemens convenables à chaque piece, comme chapiteaux, architraves, frifes, corniches, confoles, culs de lampe, claires-voies, têtes de Cherubins, amortiffemens & autres.

Du Frontifpice de ce Temple, dont je viens de parler, on entre dans l'Eglife qui a trente-deux toifes de long fur onze de large, éclairée de cinquante-quatre croifées, & divifée par deux rangs de piliers qui forment trois allées, dont celle du milieu fait la nef, & les deux autres font les bas côtés. La partie fuperieure de la nef fait le chœur de l'Eglife, où les Ecclefiaftiques font placés dans des formes bien travaillées, & rien n'empêche les feculiers de voir les fonctions & les ceremonies qui fe font à l'Autel. Dans l'étendue de la longueur des trois travées d'arcades de cette nef, on a fait une cave pour y inhumer les principaux Officiers & les Ecclefiaftiques. Elle a huit toifes deux pieds & demi en longueur fur feize de large en œuvre, & fept pieds de hauteur fous clef.

Cette Eglife eft voutée de pierre de taille en plein cintre dans toute fon étendue, son architecture est d'un ordre Corinthien qui a toutes ses proportions, depuis sa plinte jusques à sa corniche, sur laquelle commencent les appuis des grands vitraux faits par compartimens de fer & de verre, dont il y a plusieurs panneaux de verre d'aprêt, c'est-à-dire, de differentes couleurs, où diverses figures, chiffres & blasons sont representés. Chaque pilier a ses impostes pour recevoir les retombées des voutes des bas côtés, & les arcades qui portent chacune leur balustre à hauteur d'appui sur les Tribunes, dont l'ouverture regarde la nef, & formant une seconde arcade, remplit la hauteur des piliers de l'Eglise. Enfin toutes les principales pieces de cette Eglise sont accompagnées de tous les ornemens de sculpture convenables quant à ce qui regarde la construction; l'étendue, la longueur & l'élevation des murs & piliers, par leur solidité font connoitre qu'on a pris tous les soins & toutes les mesures pour faire des fondations capables de soutenir cette pesante masse.

Enfin ce superbe bâtiment est construit des pierres les plus propres à sa magnificence & à sa durée, distribuant par dehors d'espace en espace de grands arcs-boutans que les Italiens appellent *Contra-forti* ou *Speroni*, les Espagnols *Entivos*, les Grecs *Anterides* ou *Appuis*.

L'Eglise du Dôme est au Midi, elle est d'une figure carrée de vingt-six toises ou environ à chaque face; toute sa masse est soutenue par plusieurs piliers, dont les uns sont isolés, & les autres adossés contre les murs, & tous ensemble font huit allées posées en croix, en sautoir & en orle. Les principales de ces allées sont les deux qui croisent toute l'Eglise en sa longueur & en sa largeur. Celle qui occupe toute la longueur traverse le dôme & la nef, & se termine aux deux grandes portes, & celle de la largeur aboutit aux deux Chapelles de la Vierge & de St Louis. Les quatre coins sont remplis de quatre Chapelles faites en cintre, à huit colonnes chacune, ornées de beaux ouvrages de sculpture & peinture. Le point où ces deux allées se croisent, qui se trouvent à l'opposite des deux entrées, est un vuide de douze toises de diametre, environné de huit gros pilastres qui supportent un superbe Dôme élevé au-dessus de la grande corniche du dedans. Contre ces pilastres sont posées huit colonnes qui portent deux à deux quatre Tribunes en tour creuse, ceintes de grilles de fer richement travaillées. Les niches qui sont remplies de grandes figures isolées, font l'entre-colonnement; & quatre statues des quatre Evangelistes en reliefs, posées au-dessus des Balcons, achevent un si bel ouvrage. Dans l'épaisseur des gros pilastres de l'entrée & du lieu où se croisent les deux allées, il y a six tourelles qui enferment des escaliers en limaçon pour descendre dans les caves, & monter sur les combles, & sur les toits les plus hauts, suivant les besoins.

Toutes les colonnes du dedans de l'Eglise sont d'un ordre Corinthien, avec toutes les proportions & les ornemens d'une architecture complette. Dans le fond de cette Eglise à l'opposite du grand Portail, est une grande grille de fer doré à jour, d'un dessein très-curieux, pour separer la partie du dôme de celle de la nef. Au-delà de cette grille est le Sanctuaire dans un espace ovale de neuf toises, où est placé le Grand-Autel isolé, admirable pour la beauté de sa structure. Aux deux côtés du Sanctuaire, & joignant les extrémités de la nef, il y a deux tourelles de cinq toises de diametre, qui servent de Sacristie. Les combles de cette Eglise sont de vingt-sept toises de longueur sur quarante pieds de largeur, & de hauteur depuis le rès de chaussée du milieu du dôme, jusqu'au dessus de la croix de la piramide, de quarante-neuf toises & demi.

Cette Eglise est pavée de pierre de marbre, entrelassée de differentes especes de couleurs, dont les platres-bandes qui regnent autour de ces compartimens, repondent à plomb aux arcs des voutes qui sont au-dessus, commençant devant le socle de chaque pilastre, & aboutissant à l'entrée de la nef, le tout d'un très-beau dessin & convenable à cet édifice.

LES DEHORS.

LES beautés du dehors de cette Eglise ne cedent en rien à celles du dedans. La principale entrée est du côté de la plaine de Grenelle : son frontispice fait face au Midi, avec vingt-quatre colonnes detachées sur deux ordres qui regnent sur les faces. L'ordre Dorique & le Corinthien soutiennent son portail, où toutes les proportions sont observées depuis la plinte jusques aux corniches. Les instrumens de la Passion de Notre Sauveur, & quelques ornemens de l'Eglise servent de triglyphes & de métopes à la frise. Les colonnes sont distribuées en forme de peristile, parce que les entre-colonnemens sont larges à proportion des portes, des fenêtres, des niches & des Bossages qui les remplissent.

On monte sur ce portique par un grand perron de quatorze ou quinze marches, qui font une élevation de cinq ou six pieds, dont la derniere commence l'aire de l'Eglise, à l'entrée de laquelle sont deux autres colonnes faites sur le modele du vestibule du Temple de Salomon. L'entablement des corniches du second ordre est chargé d'un baluftre de pierre à hauteur d'apui, qui regne dans tout le pourtour de l'Eglise, avec de grands vases posés sur des pieds d'estaux qui repondent aux colonnes de dessous ; les frontons posés sur le milieu de toutes les faces, pour les hausser, sont remplis des armes de France. Les encoignures sont aussi rehaussées de grands vases en forme de pyramides.

La couverture de l'Eglise est faite en voute depuis l'entablement jusqu'au vuide du dôme de dalles de pierre en recouvrement, qui forment une espece d'escalier par leur penchant & par leur glacis. Autour du vuide de ce dôme regne un ordre Composite, qu'on pourroit nommer *Piénostile*, à cause des colonnes qui sont si serrées qu'elles ne laissent que le jour des fenêtres pour entre-colonnement. Sur cet ordre Composite qui a ses ornemens reguliers, regne un baluftre de même qualité & façon que celui de devant, & tous les pieds d'estaux sont chargés de figures grandes comme nature. Après ce baluftre on a fait une retraite en forme de chemin, tant pour la commodité des Ouvriers qui seront obligés de reparer les lieux, que pour la beauté de l'ouvrage qui demande toutes ces proportions. Au-delà de ce baluftre on voit un attique élevé avec autant d'arcs-boutans qu'il y a de piliers & de fenêtres dans l'ordre de dessous.

La corniche au-dessus des pilaftres est chargée de vases fort élevés, & posés à plomb sur les arcs-boutans, & il y a une retraite tout autour semblable à celle de dessous, après laquelle s'éleve encore un sur-attique avec pareil nombre de pilaftres, & de petites fenêtres en ovale, enrichies de ses ornemens, selon l'ordre sur lequel ils sont posés. Au dessus de ce sur-attique commence le cintre du dôme rempli de côtes refendues, entremêlées de trophées d'armes en forme de guirlandes, qui pendent tout le long du dôme, rehauffé d'une lanterne, dont le jour & les fenêtres font l'entre-colonnement d'un ordre Corinthien.

La corniche qui est chargée de vases & de figures en relief, a pour amortissement une pyramide fleurdelisée, qui porte un Monde couronné de France, & croisé d'or.

Enfin ce superbe édifice est éclairé tout autour de cinquante-une fenêtres hautes & larges, dans les plus belles proportions, & de douze lucarnes dans la calote du dôme. Et ce qui ne s'est point encore vu, c'est que toutes les assises de pierre employées dans les paremens exterieurs des murs & des piliers, tant au dedans qu'au dehors, sont d'une même hauteur, en sorte que les joints des lits de chaque assise, regnent à même niveau en tout le pourtour du dedans & du dehors de ces Eglises.

Il se trouve dans cet Hôtel un grand nombre de bâtimens pour la commodité des malades, comme des Infirmeries, une grande cuisine pour apprêter les viandes, dans laquelle il y a plusieurs robinets, & même au dessus des marmites pour leur donner de l'eau plus commodément ; une dépense, un garde-manger, un lavoir dans lequel il y a aussi plusieurs robinets qui fournissent autant d'eau qu'on en veut ; une buanderie pour faire la lessive ; une apoticairerie fournie de toutes les drogues necessaires, & entretenue d'une très-grande propreté, & d'un ordre admirable ; une Chirurgie garnie de tous les Instrumens necessaires à cet art ; un laboratoire très-commode pour les distillations & pour la chimie ; un Refectoire pour les Sœurs de la Charité, une grande salle pour recevoir le linge, six grandes salles pour recevoir les malades & les blessés, dont les quatre principales s'appellent les salles de Notre-Dame, qui sont faites en croix, & ont dans leur point-milieu où elles se croisent, un Autel de figure isolée, où l'on dit la Messe, ensorte que chaque malade dans son lit peut assister au Sacrifice, & voir le Celebrant, de toutes les quatre salles. Il y en a deux autres dont l'une est du côté du Midi, qu'on nomme la salle de St Joseph, & l'autre la salle de St Cosme, du côté de l'Orient. Il y a aussi un Autel isolé dans l'angle que forment les deux bouts de ces salles, d'où les malades peuvent entendre la Messe. Il y a outre cela des petites Salles de traverse pour les convalescens, & toutes ensemble contiennent deux cens quatre-vingts-neuf lits, garnis de paillasses, de matelas, de traversins, d'oreillers, de draps, de couvertures & de tours lits de serge jaune en hiver, & de futaine blanche en été. Chaque malade a son lit & sa petite commodité à côté par un petit cabinet commun, & des poëles d'Allemagne enchassés dans le mur d'espace en espace pour tenir les salles chaudes. On a fait au bout de ces salles plusieurs loges ou cages pour mettre les insensés.

Au premier étage au dessus de la salle St Cosme, se trouve une grande salle qu'on nomme la salle de St Louis, qui contient deux cens soixante-un lits destinés pour les Soldats malades particuliers & contagieux ; de sorte que toutes ces Infirmeries contiennent cinq cens cinquante lits pour les malades en cas de besoin.

La lingerie où chaque piece de linge neuf à sa tablette, & où les Sœurs gardent un ordre & une propreté exacte. Les magasins pour le linge blanc qui a servi : chaque piece y est dans son rang, comme les compresses, les charpies, les bandes, les vieux linges & le reste. D'autres magasins pour les meubles, pour les habits des malades, sont ferrés, nettoyés avec soin. L'Infirmerie particuliere des Sœurs, leur Oratoire, leur dortoir, des chambres pour sécher & repasser le linge, d'autres pour la couture, d'autres pour serrer les fruits & les confitures. De sorte que ces bâtimens renferment toutes les commodités necessaires pour les malades.

Il se trouve une machine qui fournit abondamment à toute la maison une eau claire & legere, & aussi pure que celle des meilleures sources. C'est un puits creusé dix pieds plus bas que le dessous du lit de la Riviere. Il a dix toises de profondeur, sept pieds de diametre par le bas & sept pieds & demie par le haut. Il est bâti de bonnes assises de pierre dure, pavé au fond d'une seule pierre fendue en deux de sept pieds de diametre & d'un pied d'épaisseur. On a fait mettre sous cette pierre une aire de cailloux de vigne passés à la claie, d'un pied de haut, & l'on a fait jetter cinq ou six cens tombereaux des mêmes cailloux derriere les assises de pierre, qui font le tour de ce puits, pour mieux purifier l'eau. En hiver ce puits a vingt-deux pieds huit pouces d'eau, & seize pieds trois pouces en été, dans les plus grandes secheresses. Il fournit de l'eau dans tous les endroits de la maison, par une chaîne sans fin attachée à cette machine, qui occupe le travail de trois mulets, qui la font tourner ; & qui donnant continuellement douze pouces d'eau, remplit en peu de tems un grand reſervoir de plomb de quinze pieds de haut, qui contient plus de quatre cens muids, qui eſt placé au deſſus de ce puits. De là l'eau deſcend par de gros tuyaux de plomb, enfoncés de trois pieds en terre, & qui ſe rediſtribue par une infinité de petits tuyaux qui rendent chacun à leurs endroits dans la maiſon.

DU GOUVERNEMENT ET ADMINISTRATION de cet Hotel.

POUR ce qui regarde le gouvernement ſpirituel, les Miſſionnaires de la Maiſon de St Lazare, qui ſont au nombre de vingt, y exercent les mêmes fonctions & les mêmes offices que les Curés dans leurs Paroiſſes. Tous les mois on fait un Service pour les Officiers & Soldats decedés, tant dans cet Hotel que dans les Armées, & un Service à perpetuité tous les ans, pour le Roi Fondateur de cette Maiſon. Quand un Officier meurt, ſix Eccleſiaſtiques aſſiſtent à ſon enterrement, & quatre ſeulement, ſi c'eſt un Soldat.

Les Prêtres viſitent tous les jours les Infirmeries, & les Fêtes font des exhortations aux malades, & ont ſoin d'adminiſtrer tous les devoirs qui regardent leur miniſtere.

La premiere charge eſt l'*Adminiſtrateur General* qui a un pouvoir abſolu ſur toute la Maiſon, c'eſt pour l'ordinaire un Secretaire d'Etat, qui a le departement de la Guerre, qui eſt pourvû de cet emploi, & qui eſt demeuré attaché à cette Charge. Il nomme ſous lui des *Directeurs*, pour avoir ſoin de toutes choſes en ſon abſence, & pour lui rendre compte conjointement avec le Gouverneur & les autres Officiers prepoſés pour cela. Le Gouverneur a ſous lui un *Lieutenant de Roi*.

Il y a un *Major* qui eſt obligé à veiller ſur la conduite, ſur la vie & ſur les mœurs de tous en general, & de chacun en particulier. Quand quelque Officier ou Soldat ſe preſente pour être reçu, le Major le mene au Gouverneur ou au Lientenant de Roi, en ſon abſence, qui lui fait donner quelque ſubſiſtance juſqu'au Samedi ſuivant, & après l'avoir fait enregîtrer par le *Secretaire*, il le renvoye juſqu'à ce que le Conſeil ait deliberé ſur ſa reception. A la fin du Conſeil le Major reçoit du Secretaire le nom & la qualité de tous ceux qui ont été reçus, afin de leur faire donner le logement & les autres choſes convenables, & d'enregîtrer leur nom, leur qualité, leur chambre, & le tems de leur reception, pour trouver plus promptement ceux dont il auroit beſoin. Il a un Rolle des quarante-cinq Compagnies qui montent la garde, un des cinquante-cinq Cantons des Invalides; un des Soldats qui ſont trop infirmes pour faire les exercices; un des Officiers ou des Soldats qui ont congé pour aller à la Campagne, & du tems qu'on leur donne pour faire leur voyage, lequel congé ne ſe delivre pas que le Soldat n'ait rendu une garniture de linge au garde-meuble, avec la clef de ſon armoire, & que le Sergent de ſon canton n'ait temoigné que tout ce qu'il avoit en dépôt, eſt en bon état. Il tient auſſi Regître de ceux qui quittent de bon gré, de ceux qui ont été chaſſés, ou qui ont deſerté; un des Infirmes, des malades, & de tous ceux qui ſont en priſon, avec le jour de leur empriſonnement, pour mieux juger quand on les doit faire ſortir; de ceux qui reviennent de la campagne, qui ſortent de priſon, & qui entrent en convaleſcence, pour leur faire donner du linge & les autres commodités; & enfin, de ceux qui ont permiſſion de coucher dehors quelques jours de la ſemaine. Enfin rien n'échappe à la connoiſſance du Major. Il y a deux *Aide-Majors* qui font tous les Jeudis à dix heures du ſoir, & tous les Vendredis la viſite dans toutes les chambres des Invalides, & dans les infirmeries, pour

rendre

DE LA VILLE DE PARIS. Liv. V.

rendre compte de tout au Major qui confronte le Rolle des Aide-Majors, avec celui des Sergens qui doivent faire tous les matins, depuis cinq heures & demie, jusqu'à six & demie, la visite dans les cartiers de leur compagnie & de leurs cantons, pour savoir ceux qui ont découché, & en faire leur rapport au Major sur peine de prison, & privation de leur charge : & on leur donne pour cet effet du papier & de l'encre, de la chandelle, une lanterne & trente sols par mois. Le Major prend tous les jours l'ordre du Gouverneur, ou du Lieutenant de Roi en son absence, & le donne aux Sergens commandans, en les faisant à cet effet ranger tous en cercle dans la grande cour proche le Corps de garde. Le Major & les Aides-Majors se doivent trouver tous les jours aux refectoires durant les repas, pour empêcher les désordres, & faire tenir chacun en sa place, jusqu'à ce que le Commissaire les ait compté, & que la cloche ait sonné pour les laisser sortir. Les Officiers mangent après les Soldats dans leurs Refectoires separés, au tour de huit tables ovales, le Major a soin de les faire remplir de douze. Quand le nombre se trouve augmenté, les surnumeraires sont obligés de manger dans un des Refectoires des Soldats le plus proche, jusqu'à ce qu'il y ait une place vacante aux autres tables, que le plus ancien de ces derniers venus doit occuper quand le Major l'en avertira, afin d'éviter toutes jalousies & querelles qui pourroient naître entre les Officiers à ce sujet. Lorsqu'il arrive quelque differend entre eux, le Major s'en informe, & en fait son rapport au Gouverneur : mais si le differend arrivoit entre le Major & les Officiers, le plus ancien Officier est obligé d'en avertir le Gouverneur, ou le Lieutenant de Roi. Le Major a soin de faire distribuer le bois dans le Corps de garde. C'est le Major & les Aide-Majors qui mettent les Sentinelles après souper dans tous les passages, pour observer ceux qui ne vont point à la priere qui se fait après le souper ; c'est lui qui prend la connoissance de tout ce qui se trouve dans la chambre des Officiers ou Soldats decedés, dont il fait inventaire en presence de quelques témoins, & met tout dans son magazin pour en disposer selon la derniere volonté du deffunt : s'il ne se trouve point d'heritiers, les hardes sont vendues à l'encan, & l'argent qui en vient est employé à faire prier Dieu pour le deffunt. Enfin le Major est obligé de faire observer les Ordonnances publiées dans l'Hotel, & faire son rapport contre les contrevenans, au Gouverneur ou Lieutenant de Roi en son absence.

Le *Commissaire* regarde l'œconomie & police des vivres, & autres depences qui se font pour l'Hotel, à examiner, visiter & recevoir les provisions & denrées qui servent à la nourriture & à l'entretien des Officiers & Soldats invalides, afin que les Pourvoyeurs ne livrent rien qui ne soit de la qualité portée par les marchés, il est obligé d'en tenir des feuilles de tout, sur quoi le Controlleur les confronte au Conseil avec les Regîtres du Controlleur.

Les Portiers ont ordre d'arrêter à la porte tout ce qui entre pour la subsistance & service de l'Hotel, d'envoyer avertir le Commissaire, afin qu'il vienne voir & visiter les choses arrêtées selon la qualité & l'usage portés par les marchés ; si cela n'est pas, le Commissaire & le Controlleur ont droit de renvoyer ces denrées, & obliger les Marchands d'en fournir d'autres ; de sorte que le Controlleur & le Commissaire doivent se trouver à la reception de toutes les provisions qui se consument dans la maison, & en tenir un compte exact au Conseil, où les Directeurs examinent la depense, & ordonnent les payemens à la fin de chaque mois sur les Rolles qu'on leur presente.

Le Controlleur doit donner des billets pour avoir des habits, chapeaux, souliers & le reste, à chaque Officier & Soldat, quand les tems sont échus, & le Commissaire examine lesdites hardes, si elles sont bonnes & bien conditionnées.

Le Commissaire assiste aussi à tous les repas dans les Refectoires, pour

Tome I.   Z z z

compter les Officiers & les Soldats qui y sont, afin de mesurer, de proportionner les vivres, & mettre par compte ce qu'il y a de consommation effective par jour. Il va tous les jours compter les prisonniers à dix heures du matin, afin de leur donner tous les jours un pain, comme aux autres Soldats; enfin il a soin de tout ce qui se consume dans cet Hotel Il a aussi soin d'examiner tous les travaux qui se font aux manufactures & autres lieux de la maison, afin que tout aille à l'occupation & au bien des Soldats, suivant l'intention de l'Administrateur général : & comme il est difficile qu'il puisse vaquer à tout, on lui a donné un Aide, pour partager avec lui les soins & pour faire les mêmes fonctions, en cas d'absence ou de maladie.

Le Secretaire fait un extrait des Passeports & certificats de service de ceux qui se presentent pour être admis aux Invalides, pour être presentés au Conseil, c'est lui qui donne le nom & le surnom de ceux qui sont reçus au Major, afin qu'il les loge.

Comme les Soldats ont congé de sortir trois fois la semaine, quelques-uns tous les jours. Pour cet effet le Secretaire leur donne une carte ou un billet signé du Gouverneur, où leur nom est écrit, & les jours qu'ils peuvent sortir, sans cela les Portiers les arrêteroient quand ils se presenteroient à la porte. Il livre les congés & passe-ports faits sous le nom du Gouverneur pour aller à la campagne, ou se retirer de la maison, ou de ceux qui sont guéris, qui veulent retourner dans le service, dont il tient Regître, comme de ceux qui ont deserté, & enfin de ceux qui sont morts. Il paraphe les billets du Controlleur pour les habits; il fait un état des gages & appointemens dûs aux Officiers domestiques & valets servant dans cet Hotel, au bas duquel le Directeur met son ordonnance pour la porter au Trésorier qui les paye aussi-tôt. Il tient Regître des hardes fournies, & un de tous les meubles de la maison, & de ceux qui les fournissent pour servir de Controlle au Garde-meuble. Enfin le Secretaire est le dépositaire de tous les Titres, Papiers, Regîtres & Memoires qui concernent la maison, & les conserve comme les pieces authentiques, pour faire foi de tout ce qui s'y passe.

Il y a encore un Prevôt & cinq Archers à cheval, dont l'un sert de Greffier : tous lesquels Officiers sont choisis parmi les moins invalides. Ce Prevôt se promene dans l'Hotel avec ses Archers, les jours de Dimanche & de Fête, pour observer si les Soldats vont à l'Eglise pour assister au Service divin & aux prieres publiques. Il est present à tous les repas pour appaiser les desordres & les querelles qui y pourroient survenir. Il visite les lieux publics, comme les manufactures, les attelliers; & le tout pour empêcher les disputes & les querelles. Il monte à cheval pendant la journée, & visite les avenues, les grands chemins & toutes les dépendances de l'Hotel, observe la conduite des Soldats, il tient un Rolle de ceux qui causent quelques désordres, & de tous ceux qui sont accusés de quelques crimes. Enfin quand il surprend quelqu'un en faute notable, il le fait mettre en la prison de l'Hotel, à la Requête du Major, en informe le Gouverneur, & en dresse un procès-verbal, en instruit le Conseil de Guerre qui se tient chés le Gouverneur, fait rapport du procès en presence des Juges & de l'accusé, fait dresser par le Greffier la Sentence; & la fait executer sur le champ.

OFFICIERS SUBALTERNES.

LE Garde-meuble est un Officier qui a soin de distribuer le linge à chaque Officier tous les mois, savoir pour chacun une paire de draps, deux chemises, deux caleçons, deux paires de chaussettes & de chaussons, deux coeffes de nuit, deux cravates, deux serviettes, afin qu'il puisse mettre au

DE LA VILLE DE PARIS. Liv. V.

blanchissage une de ses garnitures de linge, tandis qu'il se sert de l'autre. Les Soldats sont obligés tous les Samedis de porter au Garde-meuble une garniture complette de linge sale, afin de recevoir autant de blanc. Il a soin de visiter le linge qu'il faut raccommoder, avant de le blanchir. Les Garçons de cuisine & des Refectoires viennent aussi à certains jours de chaque semaine lui apporter le linge sale par compte, & en reçoivent autant de blanc, également de l'Infirmerie les malades le rapportent. Il donne aussi à plusieurs Garçons des Refectoires une quantité de vaisselle, marquée d'autant de differentes marques qu'il y a de personnes qui en ont besoin, afin que l'un ne puisse pas prendre celle de l'autre ; & chacun de ces garçons a soin de son lot, & rapporte la vaisselle qui ne peut plus servir au Garde-meuble qui la change tous les quartiers, & garnit enfin les chambres de toutes les choses qui sont necessaires.

Les *Pourvoyeurs* font marché de fournir toute la volaille necessaire aux Infirmeries, & à la grande cuisine pour les Officiers les jours qu'il leur en est ordonné, comme aussi de fournir toutes les denrées maigres de table, excepté le pain, le vin, la viande de boucherie, le sel, le bois & la chandelle pour lesquelles il y a d'autres personnes arrêtées.

Il y a une *Boulangerie* établie dans cet Hotel, assortie de toutes les ustanciles. Le Boulanger qui a entrepris le marché de fournir le pain suivant le bled qu'on lui fournit, se charge de toutes ces ustanciles qu'il doit rendre en bon état à la fin de son marché ; il est logé avec ses garçons : il se cuit plus d'un muid de bled par jour. Le Boulanger fait la livraison du pain blanc au Sommelier à six heures du matin pour les Officiers, à neuf heures le bis-blanc pour les Soldats, & à sept heures du soir pour les malades. Quand on livre un pain qui n'est pas de poids, le Commissaire donne un écu au Soldat qui a reçû le pain, qui est une amende aux dépens du Boulanger : si le pain n'est pas de bonne qualité ni bien conditionné, on le condamne à une amende qui est distribuée à tous les Soldats dans chaque Refectoire.

L'Administrateur envoye dans les Provinces où sont les plus beaux bleds, que les Marchands sont obligés d'envoyer bien conditionnés au port de l'Hotel par bateaux, après avoir envoyé les échantillons. Etant arrivés, les Officiers ont soin de le faire mesurer & serrer sechement, & transporter par les garçons de la maison, avec une grande exactitude : une provision pour un an se trouve toujours dans les greniers de la maison.

Une Boucherie également établie hors la maison avec ses ustanciles. Le Boucher qui a entrepris de fournir la viande, se charge de toutes ces ustanciles par un inventaire, pour les rendre en bon état à la fin de son marché : il est logé avec ses garçons ; une bouverie à mettre trente bœufs & autant de veaux ; une bergerie pour six cens moutons ; un échaudoir où il y a des robinets qui lui donnent de l'eau pour sa commodité, & une sale à fondre le suif, & à faire les chandelles.

Chaque bœuf doit peser six cens livres, chaque veau cinquante, & chaque mouton trente ; il doit livrer trois quarts de bœuf, & un quart de veau & mouton, le tout à *tant* la livre, l'un portant l'autre, ainsi qu'il est specifié dans le marché que l'on fait avec lui.

Il doit faire porter ordinairement à onze heures du matin toute la viande proprement habillée, à la cuisine de l'Hotel, où le Controlleur & le Commissaire avec le Chef de cuisine la reçoivent, l'examinent, la pesent, ensuite la font couper par les garçons du Boucher, & tiennent memoire de la quantité qui a été fournie, pour en rendre compte tous les Samedis au Conseil. Le Boucher est exemt de tous les frais d'Entrée, de Pied-fourché & autres impôts.

Le Boucher est obligé de fournir tout ce qui se brûle de chandelle dans l'Hotel sur le pied de six sols six deniers la livre, en lui fournissant toutes

Tome I.   ZZz ij

les uftanciles neceffaires à la faire, & il en faut plus de dix à onze mille livres par an, outre les lampes dont on fe fert en plufieurs endroits de la maifon.

Pour le vin, on prend le même foin de le faire venir comme le bled, fournis dans des batteaux au port de l'Hotel, & rangé bien conditionné dans les chantiers de la maifon. Les Marchands de vin qui fourniffent le vin font exemts de tous frais d'entrée, paffage de ponts, & de tous autres droits & impôts. L'œconomie que l'on obferve dans ces achats eft fi grande, que l'on a vu quelquefois de très-bon vin à quinze livres le muid rendu en chantier dans les caves de cet Hotel.

Le Sommelier eft chargé de tous les vins que l'on met dans les caves : il en doit tenir Regître pour en rendre compte fuivant la diftribution qu'il en fait, & il eft obligé de les entretenir de reliage & chevilles, & de tout ce qui eft neceffaire pour la confervation du vin. On lui donne toutes les futailles, & le reftant des lies & beffieres, après que la maifon, tant pour faire les eaux de vie que l'on employe aux Infirmeries pour les remedes, que pour les écurages aux cuifines & offices, eft fournie. On met environ quinze cens muids de vin dans les caves, qui font la provifion de chaque année. Le Sommelier a foin de les vifiter deux fois par jour: tous les matins à cinq heures il defcend aux caves pour tirer le vin avec cinq garçons, aufquels il fait prendre à chacun deux grands brocs pour porter le vin dans les trois offices, où il y a trois grandes cuvettes ou fontaines qui tiennent environ quatre muids, pour la provifion de chaque jour.

Ce vin fe diftribue au Sacriftain, aux garçons des Infirmeries, aux Officiers pour leur déjeuner, à toutes les mefures des Soldats. Enfin c'eft le Sommelier qui a foin de cette diftribution à chacun felon fa qualité & fon pofte.

Le Chef de Cuifine a fous lui un aide & trois garçons avec un marmiton, qui font employés à accommoder près de deux mille livres de viande par jour; les jours maigres donnent plus de peine aux Cuifiniers, il faut chaque jour près de quatre cens livres de beure, plus de douze milliers d'œufs, & le tiers d'un Minot de fel, dont la provifion eft deftinée pour l'ufage de cette cuifine; & le refte de la provifion de fel de la maifon eft dans un cabinet que l'on a fait faire au deffus du lavoir proche la grande cheminée de la cuifine, qui eft un lieu chaud, propre à le tenir fec & en bon état.

Les Officiers de la Gabelle font obligés de livrer à l'Hotel fans aucun droit, par Arrêt du Confeil d'Etat du dixième Juin 1679, cent quatre-vingts minots de fel par an, & plus fi le cas y échoit.

Pour le foin & la garde des portes de l'Hotel, on a établi quatre Portiers, favoir un Chef & trois Aides, qui doivent exactement avoir foin d'ouvrir les portes à cinq heures du matin en tout tems, & de les fermer à huit heures & demi du foir en Hiver, à neuf heures au Printems & en Automne, & à dix heures en Eté. Le Chef va tous les foirs après avoir fermé les portes, rendre les clefs au Gouverneur, ou au Lieutenant de Roi en cas d'abfence, & les va reprendre tous les matins pour ouvrir les portes aux heures marquées.

Il a ordre de laiffer fortir les Officiers invalides avec leurs épées, quand bon leur femble; de les empêcher d'entrer avec d'autres armes, & de les leur faire laiffer au Corps-de-garde. Il doit auffi laiffer fortir les Officiers Commenfaux, & les domeftiques de l'Hotel toutes les fois qu'ils le voudront, à moins qu'il n'y ait un ordre contraire. Il ne doit laiffer fortir les Sergens, les Cavaliers & les Soldats les jours ouvrables, fans lui montrer leurs billets de fortie fignés du Gouverneur.

Après avoir parlé de plufieurs chofes confiderables de cette maifon, nous pouvons mettre au nombre des Officiers de cet Hotel, les *Sœurs de la Charité* qui font des filles devotes, dont l'Inftitution & l'emploi eft d'affifter

DE LA VILLE DE PARIS. Liv. V.

de leurs soins les pauvres malades dans les Paroisses de Paris, & autres endroits où elles sont établies, desquelles Sa Majesté voulut qu'il en fut choisi trente, pour rendre les mêmes services aux malades & blessés qui sont dans les Infirmeries de l'Hotel Royal des Invalides, où elles furent établies le seize Fevrier 1676.

Elles ont soin de la cuisine des Infirmeries. les Bouchers sont obligés de leur fournir la plus belle viande, en telle quantité que la Sœur superieure la lui demande. Le Boulanger doit avoir soin de leur fournir la quantité de pain blanc, proportionément au nombre des malades & blessés. Le Pourvoyeur a soin aussi de fournir les volailles qu'il faut pour les bouillons des malades, dont la Superieure donne son recepissé à la fin de chaque mois pour être mis en compte. A l'égard des choses maigres, comme œufs, beurre & fromage, elles les envoyent prendre à l'office & à la cuisine, sous des billets qu'elles donnent au Controlleur; le vin qu'elles employent, elles le viennent prendre à l'office de la maison. Pour le bois, elles en prennent une quantité suffisante pour leur provision. Elles ont des caves, des offices & des magasins propres & capables de contenir telle quantité de provisions qu'elles voudront faire.

Elles y sont occupées à faire cuire les viandes, preparer les bouillons & autres alimens necessaires aux malades, à laver & écurer la batterie de cuisine, & à tenir toutes choses dans une grande propreté. Elles sont chargées de l'Apoticairerie; elles y preparent tous les remedes, & les distribuent selon l'ordre du Medecin: elles donnent aux Chirurgiens les onguens, emplâtres & autres choses dont ils ont besoin pour penser les blessés: elles ont une lingerie qui est digne d'admiration, tant par la propreté que par l'ordre qu'elles y gardent. Elles ont soin généralement de tout ce qui est à l'usage des malades, leur gardent les habits pendant qu'ils sont dans l'infirmerie, de faire les lits, les tenir propres. Le linge de chaque malade consiste en douze pieces, savoir, deux draps, une chemise, une camisole, un calleçon, une paire de bas, deux mouchoirs, une coeffe de nuit, une serviette, une taie d'oreiller, & un drap à mettre sur le lit. Chaque piece est bien pliée & rangée en particulier dans les magasins des linges dont l'ordre est admirable à voir.

Sa Majesté a établi dans cet Hotel, pour le secours & soulagement des malades, un Medecin choisi dans les Medecins d'armée des plus experimentés, un Chirurgien de même, & un Apoticaire, tous experimentés à l'armée. Le Chirurgien après six ans gagne sa Maîtrise, & a droit de travailler publiquement, comme les autres Maîtres de Paris. Ils sont aidés par deux Fraters gagés comme les autres domestiques, qui les suivent quand le Medecin, le Chirurgien & l'Apoticaire vont faire leur visite par toutes les Infirmeries, aux loges des Insensés, & dans la chambre des bains pour les verolés.

Le Chirurgien est obligé de fournir de bequilles & jambes de bois, tant aux Officiers qu'aux Soldats qui en ont besoin; de bandages & brayers à ceux qui sont affligés de descentes, dont le nombre est grand, en faveur desquels le Roi prend la peine de composer un remede connu à très-peu de personnes, & le fait envoyer tout preparé au Medecin, qui le remet au Chirurgien pour le leur faire prendre, dont plusieurs, & sur tout ceux qui ne sont pas trop avancés en âge, ont été parfaitement guéris. Il a soin de voir si les Barbiers que l'on a choisis, qui sont gagés de la maison comme les Fraters, pour raser les Officiers & Soldats toutes les semaines, font leur devoir. Ces trois Officiers logent tous trois dans l'Hotel, & sont nourris & gagés par la maison.

ASSEMBLÉES ET CONSEILS.

Il y a des Assemblées générales & particulieres; des Conseils qui regardent le Civil, & d'autres pour le Criminel ; tous tenus par ordre du Roi, & par les soins de l'Administrateur Général.

Les Assemblées generales se tiennent en presence de l'Administrateur général, du Directeur, du Gouverneur, du Lieutenant de Roi, & de plusieurs Officiers qui y ont seance par leur emploi, dont j'ai parlé ci-dessus. Le Roi a nommé encore plusieurs autres pour assister à ces Conseils, comme le Colonel, le Lieutenant-Colonel, le Sergent-Major des Gardes Françoises, & plusieurs autres nommés dans l'Edit.

On tient tous les Samedis un Conseil, auquel assistent le Directeur, le Gouverneur, le Lieutenant de Roi, le Major des Gardes Françoises, & autres nommés par le Roi. Il s'y rend compte des revues des Soldats, de la dépense ordinaire & extraordinaire. Le Prevôt doit s'y trouver avec les Archers, pour garder les portes de la salle, pour faire entrer les Officiers & les Soldats qui se sont presentés pendant la semaine pour être reçus. Après le Conseil, le Directeur & Gouverneur signent l'état de tout ce qui s'est arrêté & reglé. On tient un autre Conseil au commencement de chaque mois, qui est une recapitulation des quatre autres. A la fin de chaque quartier, c'est-à-dire, tous les trois mois, on en tient encore un autre, où il se fait une récapitulation générale de tout ce qui a été fait pendant ce tems, & un arrêté de tout ce qui a été fourni & payé pendant ce quartier; & au commencement de chaque année il se fait encore une semblable récapitulation de toute l'année précedente. Outre ce Conseil on tient tous les ans une Assemblée générale, où preside l'Administrateur Général, accompagné de tous ceux qu'a nommé Sa Majesté ; dans celui-là, le Tresorier & Receveur Général, en presence de tous, lit tout haut les états de tout ce qui s'est fait depuis la derniere Assemblée générale, jusqu'à ce jour-là.

Enfin on en tient, quand l'occasion se presente, qui est un Conseil de Guerre pour des mutins criminels, & pour condamner les Officiers & Soldats convaincus de quelque crime. Il s'assemble par l'ordre de l'Administrateur Général sur les avis que lui donnent le Directeur & le Gouverneur, lequel choisit conjointement avec le Lieutenant de Roi & le Major, certain nombre des Officiers invalides les plus considerables : & après avoir écouté le rapport du procès, & interrogé le criminel, le Prevôt a soin de recueillir les voix, sur lesquelles il dresse la Sentence, qui est executée sans appel.

LES ORDONNANCES ET REGLEMENS DE L'HOTEL.

1°. Les nouveaux venus sont obligés de demeurer six semaines dans l'Hotel sans sortir, afin que les Missionnaires ayent le loisir de les instruire sur les exercices, tant de la maison que de leur Religion. 2°. Il est permis aux Officiers de porter leurs épées en tout tems, en tout lieu, soit dehors ou dedans la maison. 3°. Il est deffendu à tous Sergens, Cavaliers & Soldats invalides, d'entrer dans l'Hotel avec leurs épées, non plus d'en avoir dans leur chambres : ceux qui sont de garde, il leur est permis d'en porter. 4°. Le blasphême est un crime des plus détestables, & puni rigoureusement. 5°. Il est deffendu à tout invalide de vendre les hardes de la maison, sur peine du fouet ; il n'est pas permis d'injurier ses camarades, de se battre sur peine de prison. Deffense d'introduire des filles de joie dans la maison, sur peine du chevalet. Deffense de vendre de l'eau de vie, du tabac, ou autres choses pareilles. Deffense de jouer pendant l'Office, de fumer dans d'autres lieux que ceux qui sont destinés à cet usage. Deffense très-expresse de demander l'aumône par la Ville, sur peine d'être mis à l'Hopital général, comme il est porté par l'Edit du vingt-huit Juin 1676. Deffense encore aux Invades de suivre les personnes qui viennent par curiosité voir la maison, sous pretexte de les conduire, pour leur demander quelque chose, à peine de prison.

Je ne parlerai point ici de leurs habillemens, de leurs chambres & de leur nourriture, je descendrois dans un trop long détail; je parlerai seulement de leurs exercices & occupations, ce qui leur apporte quelque douceur, selon leur capacité.

LES EXERCICES DES INVALIDES.

LES exercices & les occupations des Invalides se reduisent à trois choses, savoir les exercices de devotion, ceux de la guerre & ceux des arts.

Outre les devoirs qu'un Catholique rend à sa Paroisse, dont les Invalides s'acquittent exactement, on fait tous les jours la priere soir & matin, à laquelle tout le monde doit se trouver; quoiqu'on n'oblige de frequenter les Sacremens qu'aux quatre principales Fêtes de l'année, mais sur tout au tems de Pâques, neanmoins la plupart des Invalides s'en approchent tous les mois, plusieurs tous les quinze jours. On fait des exhortations & des lectures spirituelles trois fois la semaine dans les Infirmeries, dans les salles & dans les manufactures. Enfin on y cultive une pieté dont l'exactitude est necessaire à un veritable Chretien.

A l'égard des exercices militaires, elles se font aussi regulierement dans cet Hotel, que dans la place de guerre la mieux gardée. On a choisi quarante cinq Compagnies d'entre les moins invalides; chaque Compagnie de vingt-cinq hommes, deux Sergens commandans, deux Caporaux pour poser les sentinelles, deux pour leur aider, deux pour faire la ronde la nuit suivant les postes des Compagnies, & les dix-sept restans sont les factionnaires. On détache tous les jours ouvrables cinq de ces Compagnies à une heure & demie, pour monter la garde, & les Fêtes & Dimanches à une heure & un quart, pour leur donner le tems d'assister à l'Office divin, & relever les cinq autres qui doivent la descendre. De ces cinq, il y en a une au Corps-de-garde de l'avant-cour sur le chemin, les quatre autres sont au Corps-de-garde de la porte-Royale, & ils reçoivent les ordres du Major; le Capitaine de la porte de l'avant-cour se tient tout le jour à son poste, & ne se retire qu'au commencement de la nuit, quand il n'a point reçu d'ordre contraire; mais l'un des quatre Capitaines qui sont à la porte-Royale, est obligé de se tenir à son poste vingt-quatre heures durant, hors le tems des repas, & de répondre de tout ce qui se passe dans son Corps-de-garde pendant que les trois autres Capitaines vont prendre le repos de la nuit.

Quant aux exercices des arts, quand on établit les manufactures dans l'Hotel, on fit plusieurs revues & examens de tous les Soldats, & après avoir connu la force, l'adresse, l'inclination & la profession de chacun d'eux, on leur donna les choses necessaires, & qui étoient propres à leurs arts; de sorte qu'il en est sorti une grande quantité d'ouvrages, même des tapisseries. Les Invalides ont profité de ces avantages avec tant de succès, que le Roi voulut qu'on se servît d'eux pour tous les ouvrages de la Maison, en les payant comme Ouvriers externes, & qu'ils pussent debiter librement leurs ouvrages dans Paris; de façon que ces Soldats tirent des profits considerables de leur travail. On fit voir au Roi les Livres d'Eglise travaillés par des Invalides manchots: il les trouva si beaux, qu'il voulut qu'ils en fissent de semblables pour sa Chapelle de Versailles.

EDIT DU ROI POUR L'ETABLISSEMENT de l'Hotel des Invalides.

Du mois d'Avril 1674.

LOUIS par la grace de Dieu Roi de France & de Navarre, à tous presens & à venir, Salut. La paix qu'il plut à Dieu de Nous donner vers la fin de l'année 1659, & qui fut conclue aux Pyrenées entre nous, & le Roi Catholique, ayant rétabli pour lors le repos presque dans toute la Chrétienté, & nous ayant delivré des soins que nous étions obligés de prendre pour la conservation de notre Etat, & de veiller au dehors à nous opposer aux entreprises que nos Ennemis y pouvoient faire, Nous n'aurions eu d'autre application pendant que ladite paix a duré, que de songer à reparer au dedans d'icelui les maux que la guerre y avoit causé, & de corriger les abus qui s'étoient introduits dans la plupart de tous les Ordres; ce qui a eu tout le succès que nous en pouvions esperer. Et comme pour accomplir un dessein si utile & si avantageux, nous avons estimé qu'il n'étoit pas moins digne de notre pieté que de notre justice, de tirer hors de la misere & de la mendicité les pauvres Officiers & Soldats de nos Troupes, qui ayant vieilli dans le service, ou qui dans les guerres passées, ayant été estropiés, étoient non seulement hors d'état de continuer à nous en rendre, mais aussi de rien faire pour pouvoir vivre & subsister, & qu'il étoit bien raisonnable que ceux qui ont exposé librement leur vie, & prodigué leur sang pour la defense & le soutien de cette Monarchie, & qui ont si utilement contribué au gain des batailles que nous avons remportées sur nos Ennemis, aux prises de leurs places, & à la défense des nôtres, & qui par leur vigoureuse resistance & leurs genereux efforts les ont reduits souvent à nous demander la paix, jouissent du repos qu'ils ont assuré à nos autres Sujets, & passent le reste de leurs jours en tranquilité. Considerant aussi que rien n'est plus capable de détourner ceux qui auroient la volonté de porter les armes, d'embrasser cette profession, que de voir la méchante condition où se trouveroient reduits la plupart de ceux qui s'y étant engagés, & n'ayant point de bien y auroient vieilli ou été estropiés, si l'on n'avoit soin de leur subsistance & entretenement: Nous avons pris la resolution d'y pourvoir. Et quoique nous ayons ci-devant à l'exemple des Rois nos Predecesseurs, tâché d'adoucir la misere desdits estropiés, soit en leur accordant des places de Religieux-Lais dans les Abbayies & Prieurés de notre Royaume, qui de tout tems leur ont été affectées; soit en les envoyant comme nous avions fait, dans nos Places frontieres, pour y subsister & y être entretenus, au moyen de la solde que nous leur avions ordonnée, ainsi qu'aux autres Soldats de nos Troupes. Néanmoins comme il est arrivé que la plupart desdits Soldats, preferans la liberté de vaquer à tous ces avantages, après avoir les uns composé & traité desdites places de Religieux-Lais dont ils étoient pourvûs, les autres quitté & deserté lesdites Places frontieres, sont retombés dans leur premiere misere. Nous aurions jugé à propos pour apporter remede à ce mal, de recourir à d'autres moyens; & après en avoir fait examiner plusieurs qui nous ont été proposés sur ce sujet, nous n'en avons pas trouvé de meilleur que celui de faire bâtir & construire en quelque endroit commode & proche de notre bonne Ville de Paris, un Hotel Royal d'une grandeur

DE LA VILLE DE PARIS. Liv. V.

grandeur & espace capable d'y recevoir & loger tous les Officiers & Soldats, tant estropiés que vieux & caducs de nos Troupes, & d'y affecter un fond suffisant pour leur subsistance & entretenement. A l'effet de quoi, & pour suivre un si pieux & si louable dessein, & mettre la derniere main à un ouvrage si utile & si important, nous avons donné nos ordres pour faire bâtir & édifier ledit Hotel Royal, au bout du fauxbourg St Germain de notre bonne Ville de Paris, à la construction duquel l'on travaille incessament, au moyen du fond de deux deniers pour livre, que par Arrêt de notre Conseil d'Etat du douze Mars 1670, nous avons ordonné aux Tresoriers tant de l'Ordinaire que de l'Extraordinaire de la Guerre & Cavalerie-Legere, de retenir par leurs mains sur toutes les dépenses generalement qu'ils feront du maniement des deniers de leurs Charges; pour être ce fond de deux deniers pour livre employé tant à la construction dudit Hotel qu'à le meubler convenablement. De sorte que ledit Hotel étant déja fort avancé, & presqu'en état de loger lesdits Officiers & Soldats estropiés, vieux & caducs, il ne reste plus qu'à pourvoir à les y faire subsister commodément, & aux autres choses concernant le bon ordre & discipline que nous desirons être gardés dans ledit Hotel. SAVOIR faisons que pour ces causes, après avoir fait mettre cette affaire en deliberation en notre Conseil; NOUS, de l'avis d'icelui, de notre grace speciale, pleine puissance & autorité Royale, avons par ce present Edit, perpetuel & irrevocable, fondé, établi & affecté, fondons, établissons & affectons à perpetuité ledit Hotel Royal, que nous avons qualifié du titre des Invalides, lequel nous faisons construire au bout dudit Fauxbourg St Germain de notredite Ville de Paris, pour le logement, subsistance & entretenement de tous les pauvres Officiers & Soldats de nos Troupes, qui ont été & seront estropiés, ou qui ayant vieilli dans le service en icelles, ne seront plus capables de nous en rendre; duquel Hotel comme Fondateur, nous voulons être aussi le Protecteur & Conservateur immediat, sans qu'il depende d'aucun de nos Officiers, & soit sujet à la visite & jurisdiction de notre grand Aumonier, ni autres. Et afin que ledit Hotel Royal soit doté d'un revenu suffisant & assuré qui ne puisse jamais manquer pour la subsistance & entretenement dans icelui, desdits Officiers & Soldats invalides, nous y avons affecté & affectons à perpetuité par ce present Edit, tous les deniers provenans des pensions des places des Religieux-Lais des Abbayies & Prieurés de notre Royaume, qui en peuvent & doivent porter, selon & ainsi qu'il a été par nous reglé, tant par notre Declaration du mois de Janvier 1670, que par les Arrêts de notre Conseil d'Etat des vingt-quatre Janvier audit an 1670, & vingt-sept Avril 1672; & d'autant que nous sommes bien informés, que le nombre des Officiers & Soldats estropiés, vieux & caducs, est fort grand; & que ne pouvant manquer, la guerre ouverte comme elle est, qu'il n'augmente considerablement, & qu'ainsi le fond provenant des pensions desd. Religieux-Lais ne seroit pas suffisant pour leur subsistance & entretenement, en sorte qu'il est necessaire d'y pourvoir encore d'ailleurs. Pour soutenir un établissement si utile, & empêcher que faute de fonds il ne vienne à manquer, nous y avons d'abondant & de la même autorité que dessus, affecté & affectons pour toujours celui qui proviendra aussi des deux deniers pour livre de tous les payemens qui seront faits par les Tresoriers Generaux de l'Ordinaire & Extraordinaire de nos Guerres & Cavalerie-Legere, à cause de leursdites Charges, & par celui de l'Artillerie, après que ce qui sera necessaire, tant pour achever la construction dudit Hotel des Invalides, & le mettre en sa perfection, que pour l'achat des meubles & autres choses qu'il conviendra dans icelui, pour le rendre habitable, aura été employé. Voulons & entendons qu'au moyen dudit Hotel Royal, & des fonds ci-dessus dont nous l'avons doté, tous les Officiers & Soldats estropiés, vieux & caducs de nos Troupes, soient logés, nourris & vêtus leur

Tome I.   A A a a

vie durant dans icelui. Que comme ledit Hotel n'étant destiné que pour le logement, subsistance & entretenement desdits Officiers & Soldats estropiés & Invalides, le fond ci-dessus mentionné dont nous l'avons dotté est suffisant pour y subvenir, nous voulons qu'il ne puisse être reçu ni accepté pour ledit Hotel aucunes fondations, dons & gratifications, qui pourroient lui être faites par quelques personnes, & pour quelque cause, & sous quelque pretexte que ce soit. Comme aussi qu'il ne puisse être fait pour icelui aucune acquisition d'heritages, ni autres biens immeubles quelconques, sinon les heritages des environs dudit Hotel, & qui y sont contigus, lesquels seront jugés necessaires pour la plus grande commodité, utilité, embellissement, & pour conserver les vûes d'icelui, & ce en payant la juste valeur d'iceux, suivant l'estimation qui en sera faite, en cas que les Proprietaires desdits heritages voisins fissent refus d'en traiter à l'amiable. Défendons très-expressément toutes autres acquisitions, gratifications ou donations, qui pourroient lui être appliquées, & declarons dès à present comme pour lors, tous les Contrats & autres Actes qui seroient faits & passés au préjudice de ce, nuls & de nul effet & valeur. Lequel Hotel, ensemble les terres & lieux étans dans l'enceinte d'icelui, & qui y sont contigus & sont de sa dépendance, nous avons amorti & amortissons par ce present Edit; comme aussi ce qui pourra être ci-après acquis de proche en proche, pour la commodité & embellissement dudit Hotel, comme il est dit ci-dessus, sans que pour raison de ce on soit tenu de nous payer aucun droit d'amortissement, ni même aucune indemnité, lods & ventes, quints & requints, rachats ni relief, pour ce qui se trouvera mouvant de nous & en censive de notre Domaine, nonobstant toutes alienations & engagemens, sans aussi payer francs-fiefs & nouveaux acquêts, ban ou arriere-ban, taxes ni autres droits quelconques, qui nous sont ou pourront être dûs, dont nous déchargeons ledit Hotel, & en tant que besoin est ou seroit, lui en avons dès à present comme pour lors, fait ou faisons don, quoique le tout ne soit si particulierement exprimé ni encore échu, nonobstant toutes Loix & Ordonnances à ce contraires, ausquelles pour ce regard nous avons dérogé & dérogeons; à la charge toutefois d'indemniser les Seigneurs particuliers de qui les heritages ainsi acquis seront mouvans & relevans, de ce qui leur sera ou pourra être dû pour raison dudit amortissement. Declarons pareillement ledit Hotel exemt de tous droits de guet, garde & fortifications, fermetures de Ville & Fauxbourgs, & generalement de toutes contributions publiques & particulieres, telles qu'elles puissent être, quoique aussi non exprimées par ce present Edit; pour de toutes lesdites exemtions jouir par ledit Hotel entierement & sans reserve. Et d'autant que le bon ordre que nous voulons toujours être gardé dans ledit Hotel Royal, dépendra principalement du soin du Directeur & Administrateur General d'icelui, & que pour cette fin il est important de ne confier cette Charge qu'à une personne d'autorité & de dignité convenable, Nous avons pour ce sujet resolu de nous en reposer sur celui de nos Secretaires d'Etat & de nos Commandemens, qui a & aura ci-après le département de la Guerre; lequel en ladite qualité de Directeur & Administrateur General dudit Hotel, aura le pouvoir de faire & executer tout ce qu'il estimera necessaire & à propos pour le maintien de la discipline & du bon regime en icelui; à l'effet de quoi nous voulons & entendons que chaque mois il soit tenu par ledit Directeur & Administrateur General une assemblée dans ledit Hotel, en laquelle pourront assister le Colonel du Regiment des Gardes Françoises, le Lieutenant Colonel & le Sergent Major d'icelui, & les Colonels des six vieux Corps de notre Infanterie, comme aussi le Colonel general de notre Cavalerie-Legere, le Mestre de Camp general, & le Commissaire general d'icelle, & le Colonel general des Dragons, pour tenir un Conseil, & en icelui voir & aviser aux Statuts, Reglemens & Ordonnances qu'il sera à propos de faire, tant

DE LA VILLE DE PARIS. Liv. V.

pour la jurisdiction, police, discipline, correction & chatiment de ceux qui tomberont en faute, que pour la bonne administration & gouvernement dudit Hotel. Que s'il arrive quelque difficulté sur le fait desdits Statuts, Reglemens & Ordonnances, soit pour l'explication, soit pour l'execution & observation d'icelles, Nous entendons qu'elles soient levées & decidées à la pluralité des voix par ceux qui assisteront audit Conseil, lesquels aussi-bien que le Directeur & Administrateur general ne pourront prétendre aucuns gages ni appointemens, & seront tenus de donner leurs soins charitablement pour le bien & avantage de la Maison. Que comme à l'occasion de l'établissement dudit Hotel, plusieurs personnes qui ne seroient pas de la qualité requise, pourroient par supposition, surprise ou autrement y entrer, & jouir induement de la même grace que ceux pour qui elle est destinée, & qu'il importe d'empêcher tous abus sur ce sujet, nous ordonnons que nul ne pourra être reçu ni admis dans ledit Hotel, qu'après que les certificats qu'il rapportera de ses services auront été presentés audit Conseil, qu'ils auront été vûs & examinés en icelui & y auront été jugés bons & valables. Et d'autant que nous avons ci-devant fait soigneusement examiner les certificats de ceux qui avoient servi dans les guerres passées & qui se sont trouvés avoir les qualités requises pour être reçus dans ledit Hôtel, nous défendons à ceux qui assisteront audit Conseil d'admettre dorénavant aucun Officier ni Soldat invalide dans ledit Hotel, sinon ceux qui serviront actuellement dans les Troupes que nous avons presentement & aurons ci-après sur pied. Quant aux Officiers, Serviteurs & Domestiques qui devront être employés dans ledit Hotel pour le secours & assistance des Invalides, nous avons donné & donnons pouvoir & faculté audit Directeur & Administrateur general de nommer, & nous presenter pour cette fin ceux qu'il trouvera les plus capables & qu'il jugera necessaires d'y être établis, comme Gouverneur & Aumônier, Chapelain, Receveur, Controlleur, Medecin, Apoticaire & Chirurgien & autres, lesquels seront admis & reçus dans les fonctions de leurs Charges, en vertu des provisions ou brevets que nous leur ferons expedier sur la nomination & presentation dudit Directeur & Administrateur general; lequel pourra aussi établir dans ledit Hotel les serviteurs, valets & autres domestiques qu'il conviendra, & les destituer à sa volonté. Voulons que des Medecins ainsi établis jouissent des mêmes honneurs & privileges que font les Medecins ordinaires de notre Maison. Voulons aussi que le principal Chirurgien qui servira dans ledit Hotel, acquiere & gagne sa Maîtrise en notre bonne Ville & Fauxbourgs de Paris, après avoir servi & travaillé dans ledit Hotel durant le tems & espace de six ans consecutifs, lesquels nous voulons courir à l'égard de celui qui sert presentement dans ledit Hotel du jour qu'il y est entré, & que lesdits Chirurgiens jouissent des mêmes droits & privileges que les autres Maîtres, lesquels seront tenus de les recevoir comme reputés suffisans & capables, sur le certificat qui leur sera donné par ledit Directeur & Administrateur general, sans qu'ils soient obligés de subir aucun examen, ni faire aucuns frais pour être reçus à ladite Maîtrise. Et si lesdits Maîtres differoient de les recevoir, nous leur permettons par ces Presentes de tenir boutique, & entendons que du jour qu'ils auront été presentés ausdits Maîtres pour être reçus, ils jouissent des droits de seances & de tous autres, tout ainsi que s'ils avoient été reçus par le Corps de l'Art de Chirurgie, faisant deffenses ausdits Maîtres de les empêcher ni troubler dans l'exercice d'icelui, à peine de trois cens livres d'amende. Et à l'égard des Artisans qui travailleront dans ledit Hotel, qu'ils ne puissent être sujets à visite des Maîtres ou Jurés, ni recherchés & inquietés pour tous les ouvrages & manufactures qu'ils feront dans ledit Hotel pour l'usage, utilité & service d'icelui seulement. Quant à ce qui regarde le maniement des fonds destinés pour l'entretenement dud. Hotel, nous voulons & entendons qu'ils soient mis és mains du Receveur d'icelui, pour être par lui employés, suivant & conformément aux Etats & Ordonnances qui en seront expediées par le Directeur & Administrateur general dudit Hotel; & qu'à la fin de chaque année il soit fait une assemblée dans ledit Hotel, pour examiner, clore & arrêter le compte general de la recette & depense qui aura été faite durant ladite année pour ledit Hotel par le Receveur d'icelui, suivant lesdits Etats & Ordonnances : à laquelle assemblée, outre les susnommés, qui ont droit de se trouver audit Hotel chacun mois, tous les Colonels, Mestres de Camp, & les Lieutenans Colonels des Regimens tant d'Infanterie que de Cavalerie & Dragons qui se trouveront pour lors à Paris, pourront assister, sans que ledit Receveur soit tenu de compter devant d'autres que pardevant ceux qui se trouveront en ladite assemblée à la fin de chaque année; voulant que les comptes qu'il presentera à ladite assemblée & seront arrêtés en icelle, lui servent de décharge valable de son maniement par tout où il appartiendra. Que si par l'arrêté du compte, il se trouve des deniers revenans bon, nous entendons, qu'il n'en puisse être disposé que par nos ordres exprès, nous reservans en ce cas de les appliquer en gratifications en faveur des Officiers de nos Troupes qui auront été estropiés ou se seront signalés par dessus les autres, selon & ainsi que nous estimerons à propos. Et parce qu'il est bien raisonnable d'accorder quelque affranchissement audit Hotel, vû la destination d'icelui, nous voulons & entendons qu'il jouïsse du droit de Franc-sallé, pour le sel necessaire à la provision d'icelui, jusqu'à la concurrence de trente minots par chacun an, à prendre au Grenier de notre Ville de Paris, dont nous voulons que le bail general de nos Gabelles soit chargé sans qu'il en soit payé aucune chose que le prix du Marchand; comme aussi de l'exemtion & affranchissement de tous droits d'entrée, d'aide, & autres quelconques, pour la quantité de trois cens muids de vin, le tout sur les certificats dudit Directeur & Administrateur general; & ce nonobstant qu'il soit porté par nos Edits, Declarations & Arrêts, que lesdits droits seront payés par les privilegiés & non privilegiés, exemts & non exemts, à quoi nous avons pour ce regard dérogé & dérogeons par ce present Edit, & sans tirer à consequence. Si donnons en mandement à nos amés & feaux les Gens tenans notre Cour de Parlement de Paris, Chambre des Comptes & Cours des Aides audit lieu, Presidens & Tresoriers generaux de France au Bureau de nos Finances établi audit Paris, que ce present Edit ils ayent à faire lire & enregistrer, & le contenu en icelui garder, faire garder & observer inviolablement selon sa forme & teneur, sans permettre qu'il y soit contrevenu en quelque sorte & maniere, & pour quelque pretexte que ce puisse être; Car tel est notre plaisir: Et afin que ce soit chose ferme & stable à toujours, nous avons fait mettre notre scel à cesdites Presentes, sauf en autres choses notre droit, & l'autrui en toutes. Donné à Versailles au mois d'Avril l'an de grace mil six cens soixante & quatorze, & de notre Regne le trente-uniéme. Signé, LOUIS; & plus bas, Par le Roi LE TELLIER. Visa DALIGRE.

Registrées, ouï & ce requerant le Procureur general du Roi, pour être executées selon leur forme & teneur, suivant l'Arrêt de ce jour. A Paris en Parlement le cinquiéme Juin 1674. Signé, DONGOIS.

Registrées en la Cour des Aides, ouï le Procureur General du Roi, pour être executées selon leur forme & teneur. A Paris le neuf de Juin 1674. Signé, BOUCHER.

Registré és Registres du grand Conseil du Roi, suivant l'Arrêt ce jourd'hui donné en icelui. A Paris le vingt huitiéme Juin 1674. Signé, LE NORMAND.

Registré au Bureau des Finances de la Generalité de Paris, du consentement du Roi, pour être executé selon sa forme & teneur, suivant notre Ordonnance de ce jour neuf Juillet 1674. Signé par mesdits Sieurs, LE DROIT.

DE LA VILLE DE PARIS. Liv. V.   557

Registrées en la Chambre des Comptes, ce requerant le Procureur general du Roi, pour avoir lieu & être executées selon leur forme & teneur, les Bureaux étant assemblés le dix-huitiéme jour d'Août 1674. Signé, RICHER.

Reglement pour l'Hotel Royal des Invalides.

Du premier Mai 1676.

BIEN que la plus grande partie de ceux qui ont été reçus en cet Hotel s'y gouvernent sagement, & obéissent avec regularité auxordres qui y sont établis, néanmoins comme il est impossible que dans un si grand nombre il ne s'en trouve de libertins, & sur tout parmi ceux qui y sont admis nouvellement ; il a été jugé à propos de dresser la presente Ordonnance, pour être affichée dans les endroits dudit Hotel les plus frequentés, afin que personne ne puisse pretendre cause d'ignorance de tout ce qui doit être observé pour la police & la propreté de la Maison.

Premierement.

Il est très-expressément deffendu à tous Soldats reçus dans ledit Hotel d'y entrer avec leurs épées & d'avoir des armes à feu, poignards ou baïonnettes dans leurs chambres, sous peine de confiscation. Et à l'égard de ceux qui y sont reçus comme Officiers, il leur est permis de porter leurs épées en tout tems & en tous lieux, mais non pas d'avoir d'autres armes.

II.

Les Sergens, Cavaliers & Soldats, laisseront leurs épées au Portier en entrant dans la Maison, & les reprendront en sortant. Et ceux qui contreviendront au Reglement par surprise ou autrement, seront punis pour la premiere fois par la confiscation de leurs armes, & de la prison pour la seconde.

III.

Il est pareillement deffendu d'écrire sur les murs des corridors, portes, passages, escaliers & autres endroits de la Maison, & d'y faire des figures deshonnêtes avec charbon, encre, craie ou autre chose en quelque maniere que ce soit : comme aussi de jetter par les fenêtres de jour & de nuit des ordures, urines, & même de l'eau claire, à peine aux contrevenans d'être privés pour un mois du vin qui leur est donné journellement. Et afin d'obliger ceux qui logent dans une même chambre d'empêcher un pareil desordre, tous ceux de la chambrée encoureront la même peine, s'ils n'en avertissent le Major, qui fera donner un écu au dénonciateur.

IV.

Les Officiers, Sergens, Cavaliers & les Soldats, auront un soin particulier de la propreté de leurs chambres, dans chacune desquelles il sera donné des paniers pour y pouvoir retirer les ordures qui seront mises à la porte, & enlevées tous les jours par les balayeurs de la Maison ; à peine de privation de vin pour huit jours à tous ceux qui logeront dans la chambre où l'on aura contrevenu à ce Reglement.

V.

Si l'on porte dans les chambres quelques pots, plats, assietes & autres ustanciles necessaires pour le service de quelque malade qui n'aura pas pû être mis à l'Infirmerie, les valets domestiques de la Maison, les iront reprendre ; & il est expressément deffendu aux Soldats de la chambrée de les exposer aux portes des chambres, dans les corridors & sur les degrés, sous les mêmes peines.

VI.

Il est pareillement deffendu de fumer à quelque heure que ce soit dans les Cours, Corridors, Poeles & Refectoires ; & d'avoir du feu ou de la chandelle dans les chambres après la derniere retraite sonnée, à peine d'être mis en prison au pain & à l'eau pendant huit jours pour la premiere fois, & d'un plus grand châtiment pour la seconde.

VII.

Il est aussi deffendu sous les mêmes peines de jouer à quelque jeu que ce puisse être dans les Corridors, Chambres, Promenoirs, Poëles & autres lieux dudit Hotel, pendant les Dimanches & jours de Fêtes aux heures du Service, & dans les Corridors à quelques jours & à quelque heure que ce puisse être.

VIII.

Et d'autant qu'il est important de faire cesser le desordre qui se commet par la plupart des Invalides, en accompagnant les gens qui viennent voir la Maison, tant dans les lieux habités qu'au dehors, il est très-expressément deffendu à tous ceux qui sont dans ledit Hotel, tant Cavaliers, Sergens que Soldats, & particulierement à ceux qui sont de garde, de suivre en quelque maniere & sous quelque pretexte que ce puisse être, même d'amitié ou d'alliance, ceux qui sont attirés par leur curiosité dans ledit Hotel, pour le voir & s'y promener, ni de leur rien demander, à peine d'un mois de prison. Et pour l'observation de ce Reglement, il est ordonné aux Aides-Majors d'aller de tems en tems dans tous les lieux dudit Hotel & du bâtiment, & de remarquer ceux qui y contreviendront pour les faire conduire & mettre au cachot au même instant.

IX.

Il est aussi deffendu très-expressément aux Invalides qui ont la liberté de sortir, ou pour aller travailler du métier qu'ils savent, ou pour leurs affaires particulieres, de mendier dans la Ville ou dans les Maisons, de s'accoster de Filles de joye, de jouer sur le Pont-neuf & autres Places publiques, & de frequenter les Tabacs & autres lieux de desordre, à peine d'être mis à l'Hopital General, ainsi qu'il est porté par l'Ordonnance de sa Majesté du vingt-huit Janvier dernier.

X.

Et pour leur donner lieu de s'appliquer à des choses qui leur soient avantageuses, il leur est permis de travailler dans leurs chambres aux jours ouvrables, & il leur sera fourni des outils pour cet effet, & autres choses necessaires, pour leur donner moyen d'apprendre les métiers dont ils seront capables, & tout le travail qu'ils feront tournera entierement à leur profit.

DE LA VILLE DE PARIS. Liv. V.

XI.

Ils seront informés de ce qui concerne l'ordre qu'on tient pour la Garde, par le Major & les Sergens Commandans, parmi lesquels ledit Major en commettra un pour prendre soin de la propreté des Chambres de chaque Compagnie, tant à l'égard des ordures, que des lits & des vitres : & il sera donné trente sols par mois à chacun desdits Sergens commis, qui seront aussi déposés par le Major, s'ils ne s'en acquittent soigneusement.

FAIT & arrêté dans ledit Hotel le premier jour de Mai mil six cens soixante & seize. Signé, DORMOY. *Et plus bas*: Par Monsieur le Gouverneur : Signé, HENRIETTE.

Collationné à l'Original, par moi soussigné Major dudit Hotel Royal.

LES PETITES MAISONS.

JE n'ai rien à remarquer de cet Hopital, que ce qu'on en lit dans les Antiquités de Paris, excepté que les deux Ecclesiastiques qui anciennement y administroient les Sacremens, dependoient du Curé de St Sulpice, comme étant Prêtres de sa Paroisse. Presentement les choses ont changé, car non seulement depuis plusieurs années il y en a trois ou quatre, dont le Principal se nomme Curé ; mais encore celui-ci prend son institution, & les autres Prêtres l'approbation & la permission de confesser & de faire les autres fonctions dans l'Eglise, du Grand-Vicaire de St Germain des Prés : & de plus, lui sont presentés par les Maîtres Administrateurs.

En 1615, le P. Gabriel Bordet, Prieur & Grand-Vicaire de St Germain pour lors, à la requête du Procureur Général Molé, Intendant des Petites-Maisons, permit qu'un Evêque Catholique consacrât la Chapelle de cet Hopital, qui avoit été agrandie de beaucoup.

L'HOPITAL DE St GERVAIS.

L'ON ne doute point que sous le regne de Louis le Gros, l'Hopital de St Gervais n'ait été fondé, qui se nomme à present l'Hopital des Filles de St Anastase. Cet Hopital a été transferé de la rue de la Tixeranderie en la vieille rue du Temple à l'Hotel d'O, en 1656, il est administré par les Religieuses de l'Ordre de St Augustin ; il est établi pour recevoir les pauvres pendant trois jours, afin que dans cet intervalle ils puissent trouver de l'emploi ou quelque condition.

LES LEPREUX.

EN 1530, les Malades de lepre étoient logés, reçus, nourris & entretenus dans les maladeries de St Ladre du Rouvre & autres, par ordonnances du Grand-Aumonier du Roi, ou son Vicaire-Général, qui est Commissaire-né dudit Bureau, & ce selon leurs demeurances, & le revenu desdites maladeries.

MAL St ANTOINE.

EN 1530, les malades de la Gangrenne ou Esthiomene, communement appellée de Mr St Antoine, étoient reçus, nourris & pensés à l'Hopital & Commanderie de St Antoine, même ceux de Paris: les autres étrangers après qu'ils ont eu les jambes ou bras gueris & pensés, ou coupés & consolidés, on les envoye avec argent dans les autres Commanderies de leur pays.

LES TEIGNEUX.

EN 1655, un ou deux logis qui dependent des Petites-maisons, furent assignés pour les Teigneux. Les Peres de l'Oratoire de la maison appellée l'*Institution*, au faux-bourg St Jaques, vont aux bonnes Fêtes les exhorter & confesser, après en avoir demandé la permission au Grand-Vicaire de St Germain.

L'HOPITAL DE LA CHARITÉ.

L'ORDRE de la Charité a été admis en France en 1601, & l'année d'après en consequence des Lettres Patentes du Roi, les Religieux furent établis au faux-bourg St Germain par Marie de Medicis, qui leur fit bâtir la maison & l'Hopital où ils sont; mais comme ils n'avoient point d'Eglise en 1611, par transaction du vingt-sept Août le Curé & les Marguilliers de St Sulpice leur cederent la Chapelle St Pierre, avec le cimetiere proche de leur Hopital, à certaines conditions.

Cette transaction entre autres choses porte que de tems immemorial on a tenu que cette Eglise de St Pierre étoit l'ancienne Eglise de la Paroisse: & de plus, dans un vieux Regître ou parchemin des Ceremonies & Offices de l'Abbayie St Germain des Prés, dressé par l'Abbé Guillaume, qui mourut en 1438, se lisent ces mots à la fin dans la liste des Eglises qui dépendent de cette Abbayie.

In villa sancti Germani propè Parisios, Ecclesia sancti Sulpitii, quæ ad dictum Monasterium pertinet pleno jure.
Capella beati Petri in atrio ejusdem villæ.

Le Pere Prieur au reste, Grand-Vicaire Général de St Germain, a jurisdiction temporelle & spirituelle sur cet Hopital, si bien que ses Religieux Prêtres n'oseroient confesser les malades sans sa permission, ni les autres Prêtres séculiers sans son approbation, ni même faire prêcher chés eux le Carême, l'Avent, & les autres jours de l'année, qu'ils n'ayent son consentement.

Dans l'Eglise se voit un Dieu le Pere de bas relief fait par Sarrazin, qui du point de vue paroit de relief, & detaché entierement de la muraille.

De cet Hopital en depend un autre fondé en 1652 pour les Convalescens qui en sortent: il est situé dans la rue du Bac, quartier St Germain.

St JAQUES DE L'HOPITAL

LE Chapitre de St Jaques de l'Hopital est composé d'une Dignité de Tresorier de quinze cens livres de revenu, & de sept Canonicats qui ont chacun six cens livres, & douze Chapelles qui ont quatre cens livres.

Ces Benefices sont à la collation des Pelerins qui élisent tous les ans trois Administrateurs, lesquels conferent ces benefices dans leur année d'administration lorsqu'ils viennent à vaquer.

Du tems de Louis Hutin St Jaques de l'Hopital prit son commencement.

L'HOPITAL St LOUIS.

IL est entouré de deux rangs d'arbres & de fossés, commencé par Henri IV en 1604, & achevé par Louis XIII en 1617. Cet Hopital passe pour le plus vaste, le plus beau, & le plus commode du monde, mais son architecture n'est pas des plus agreables, ni des mieux fondée du monde. Valfaut en est l'Architeste.

Cet Hopital a été bâti pour les Pestiferés, mais à present les Convalescens de l'Hotel-Dieu y vont prendre l'air pendant quelques semaines. Il est desservi par les Religieuses de l'Hotel-Dieu.

L'HOPITAL DES INCURABLES.

CET Hopital a été fondé en 1634 par le Cardinal de la Rochefoucault pour les malades reconnus pour incurables; il est desservi par des Sœurs de la Charité, & sous la même administration de l'Hotel-Dieu.

Les Gouverneurs de l'Hotel-Dieu, ensuite des Lettres du Roi afin d'établir un Hopital pour les Pauvres malades incurables, eurent permission en 1638, de Mr de Metz Abbé de St Germain, de le bâtir dans son faux-bourg, à condition que le Prêtre qu'ils choisiroient pour administrer les Sacremens à l'exception du Mariage & du Batême, & faire toutes les autres fonctions curiales, tant à l'égard des malades que des Officiers Administrateurs, serviteurs & servantes actuellement domestiques de cet Hopital, recevroit de lui ses provisions, ou du Prieur, son Grand-Vicaire, au cas qu'il en fût capable; qu'il auroit droit de visite; que le Service seroit fait suivant le Breviaire Romain; que le Prêtre Vicaire ne pourroit prendre la qualité de Curé; & qu'enfin venant à faire des bâtimens dans l'enclos de cet Hopital, ceux qui les occuperoient ne pourroient jouir d'aucun des privileges, graces & immunités accordées par les Lettres, & le Brevet du Seigneur Abbé.

L'HOPITAL DES CONVALESCENS.

QUELQUES personnes portées de pieté, voulant eriger un Hopital en bon air sous la direction des Freres de la Charité, pour le soulagement des Pauvres malades convalescens, afin que plus facilement ils pussent recouvrer la santé : & cependant ne voulant pas être connus des hommes, mais de Dieu seul, afin que leurs aumônes fussent plus meritoires, mirent une somme notable entre les mains du sieur Gervais Promoteur de l'Officialité de l'Abbaye de St Germain des Prés, qu'il employa, tant à acheter une maison à la rue du Bac, qu'à fonder cet Hopital en partie. La donation en ayant été faite aux Freres de la Charité en 1652 au mois de Mars, le mois d'Août ensuivant le Prieur Grand-Vicaire les y établit, & benít la Chapelle sous le nom de Notre-Dame.

En 1628, cet établissement commença, du moment qu'on eut obtenu des Lettres Patentes, & ces Lettres depuis, en 1631, ayant été verifiées au Parlement le quinze Fevrier; enfin, après plusieurs années, il eut le succès qu'on en attendoit, par le moyen du Brevet de Mr l'Abbé de St Germain, qu'il accorda en 1632 au mois de Juillet.

LES FILLES-DIEU.

SI on veut s'en rapporter aux Filles-Dieu, leur coulture s'étendoit entre le chemin des Poissonniers & la grande rue du faux-bourg, le long de la rue de Bourbon, depuis la porte St Denys jusqu'à l'extrémité de la rue Montorgueil, & depuis les anciens Egoûts qui subsistent encore, jusques aux anciens Fossés comblés sous Louis XIII; tellement que la Villeneuve sur Gravois en couvre une partie, & le reste est un grand marais, plein de legumes, bordé de maisons seulement du côté du faux-bourg St Denys.

Leur Couvent y a demeuré depuis 1226, jusqu'en 1358 ou 1359, qu'on le ruina durant la prison du Roi Jean, de crainte que les ennemis ne s'y fortifiassent. Depuis, les Habitans & les Boueurs du bout de la rue St Denys & des environs, porterent leurs immondices à l'endroit que nous appellons Ville-neuve sur Gravois, & en firent une voirie, & l'élévation que nous y voyons encore.

En 1511, les Trésoriers de France en passerent bail à perpetuité à raison de sept livres parisis de cens à un Bourgeois de Paris appelé Thibault, qui s'en deffit en 1513, en faveur d'un autre Bourgeois nommé le Masson.

En 1551, on y commença une petite Chapelle sous l'invocation de St Louis & de Ste Barbe.

En 1562, & 1563, elle étoit coupée en plusieurs tranches ou rues; & de plus, il y avoit un moulin à vent, avec un nombre assés considerable de maisons. Peu de tems après, de nouveaux Habitans pour s'y loger dépenserent encore trente ou quarante mille livres, si bien que peu à peu elle devint un des plus gros faux-bourgs de Paris.

Mais enfin vers l'an 1593, devant les guerres de la Ligue, la Chapelle, & tout ce qu'il y avoit d'édifices, fut rasé, de sorte que ce lieu demeura si desert, que l'herbe & les ronces en cachoient les ruines.

Enfin, en 1624, une petite colonie de nouveaux Habitans étant venue pour s'y retirer, rebâtit l'ancienne Chapelle sous le nom de Notre-Dame de Bonnes-nouvelles. En 1634, comme on vint à agrandir Paris de ce côté-là, le tout fut renfermé dans la Ville, ce qui a été cause que tant de monde y est venu demeurer, qu'il n'y a pas un pouce de terre à vendre; & sans un long procès qu'ont intenté les Filles-Dieu à ceux qui ont obtenu de Louis XIII le don des anciens fossés, il n'y auroit plus dans tout ce quartier là de place vuide.

LES FILLES-DIEU.

Discours à Monsieur du Ryer, Conseiller & Historiographe du Roi.

MONSIEUR,

Il faut que je commence cette Histoire par un paradoxe qui surprendra par sa nouveauté & par sa verité, tous ceux qui liront ce discours, & qui renversera ce que tout le monde a cru jusqu'à cette heure de l'origine des Filles-Dieu.

Saint Louis n'est pas le Fondateur de ces Religieuses, comme le disent tous les Historiens modernes qui en ont parlé, comme le portent quantité de Chartes du Trésor de ce Monastere, comme le veulent le Peuple & la Tradition, & comme le croyent même les Filles-Dieu ; il n'en est que l'Instituteur & le Bienfaiteur, comme nous l'apprenons d'un Concordat passé en 1226, entre ces Hospitalieres & le Curé de St Laurent, & le Prieur de St Martin des Champs, pendant qu'elles posoient les premieres pierres de leur Hopital, & comme nous le lisons dans Guillaume de Nangis, & dans Geofroi de Beaulieu qui vivoit du tems de St Louis, & qui ont écrit son Histoire : & cela est tellement vrai, qu'on ne sauroit être d'un avis contraire sans se précipiter dans une erreur fort grossiere, & sans faire un étrange anachronisme. Car, Monsieur, quand elles furent fondées, non seulement Louis VIII vivoit encore, & St Louis qui lui succeda, étoit encore un enfant d'onze ans ; mais si vous considerés que Guillaume de Nangis, & Geofroi de Beaulieu mêlent ce qu'ils disent de cette grande multitude de pecheresses qui se convertirent sous le Regne de St Louis, & ausquelles il donna quatre cens livres parisis de revenu, avec les autres largesses qu'il fit lorsqu'il avoit de l'âge, de l'experience & une vertu toute consommée ; vous reconnoîtrés qu'il ne fonda pas les Filles-Dieu en 1226, à l'âge de onze ans du vivant de son pere, & que puisque ces Auteurs disent qu'il établit ces penitentes dans la maison des Filles-Dieu, ils nous disent aussi par consequent que les Filles-Dieu avoient été fondées, & que leur Hopital l'avoit aussi été auparavant.

Pour éclaircir ce Paradoxe, & pour démêler toutes les difficultés qui pourroient embarasser la suite de cette Histoire, je vais vous en tracer le plan, & faire comme un racourci de la destinée de ces Hospitalieres.

Ces Religieuses, Monsieur, que nous nommons les Filles-Dieu, étoient au mois de Septembre de l'année 1226 de pauvres femmes nouvellement converties, qu'on renferma dans un Hopital situé entre Paris & St Lazare ; c'est une circonstance que nous trouvons dans le concordat dont je vous ai parlé. Quelques années depuis, St Louis logea avec elles en ce lieu deux cens femmes debordées qui avoient changé de vie, & leur constitua sur son Trésor quatre cens livres parisis de revenu ; c'est une particularité que nous apprenons de Guillaume de Nangis, de Geoffroi de Beaulieu, & des Lettres Patentes du Roi Jean de l'année 1350. En 1358 ou environ, Etienne Marcel Prevôt des Marchands les chassa de leur Couvent, & le fit démolir. C'est un fait qui est touché dans quantité de titres du Trésor de ce Monastere. En 1360, Jean de Meulant Evêque de Paris les transfera dans l'Hopital d'Imbert de Lyhoms, que nous appellons presentement les Filles-Dieu.

Tome I. BBbb ij

La Chapelle & l'Hopital sont tombés en ruine, & avec lui l'hospitalité & le service, qui lors se faisoit par des Religieuses de Fontevrault : cela se voit dans une Charte de cette année-là, que j'ai transcrite dans mes Preuves, Livre xv. Enfin, en 1483, Charles VIII donna cet Hopital aux Religieuses de l'Ordre de Fontevrault, qu'il tira du Couvent de la Madeleine près Orleans, & du Prieuré de Fontaines du Diocèse de Meaux ; ceci est particularisé dans la donation que ce Prince leur en fit, & dans le procès-verbal des Commissaires delegués sur ce sujet par Sixte IV.

Tout cela posé pour fondement, je vous dirai qu'en 1226, une troupe de pauvres femmes nouvellement converties, commencerent un Hopital entre Paris & St Lazare, dans l'étendue de la Paroisse St Laurent, & que le Curé de cette Eglise, & le Prieur de St Martin des Champs, qui en est Curé primitif, s'opposerent d'abord à leur établissement, & y consentirent neanmoins avec le tems à de certaines conditions dont je vous entretiendrai en son lieu. Voila, Monsieur, la veritable fondation des Filles-Dieu, dans laquelle il y a ce me semble trois choses à remarquer.

La premiere, la qualité de converties qu'elles prenoient.

La seconde, l'assiete de leur maison qu'on a tant & si souvent disputée & remuée.

La derniere, ce qui se passa en 1226, entre elles & leurs Curés.

Quant à la premiere, si vous vous ressouvenés d'avoir lû dans l'Histoire qu'il n'y eut jamais en ce Royaume tant de femmes de mauvaise vie, que sous le regne de Philippe-Auguste, de Louis VIII, & de St Louis, & si vous prenés garde que dans le concordat dont je viens de parler, les Filles-Dieu sont appellées des femmes converties, vous reconnoitrés sans doute qu'on ne les nommoit ainsi qu'à cause de leurs prostitutions & de leur conversion : mais si vous ajoutés à cela que les deux cens femmes que St Louis renferma avec elles, s'étoient laissées emporter à des affections impures, & les avoient étouffées ; vous verrés qu'il ne s'y comporta de cette sorte, qu'à cause de la honteuse sympathie & de la sainte conversion de toutes ces penitentes, & que pour loger des femmes dissolues qui vouloient crucifier leur chair, leurs passions & leurs convoitises avec d'autres femmes qui les avoient crucifiées ; vous avouerés que l'Hopital des Filles-Dieu fut fondé pour des femmes débauchées & converties.

Quoique, comme je vous ai dit, la situation de cet Hopital soit bien controversée, neanmoins j'espere la deterrer fort aisément, & venir mieux à bout de cette seconde remarque, que de la premiere. Je ne me contenterai pas de la tirer du concordat, dont je vous ai tant parlé, & que j'ai transcrit dans mes preuves. Bien qu'il ait été passé pendant qu'on jettoit les premiers fondemens de cette maison, & qu'il refute les raisons & les titres que les Parties adverses des Filles-Dieu alleguent pour changer l'assiette de ce Monastere ; je me servirai encore de deux autres Chartes de 1316, & de 1360 ; la premiere expediée dans un tems que ce Couvent florissoit en biens, en terres & en Religieuses ; la seconde, durant que force monceaux de ruines en marquoient encore l'étendue & la circonference, & toutes deux entierement conformes à ce qui est raconté de cette situation dans le concordat ; & de vrai, le concordat porte que cet Hopital étoit bâti entre Paris & St Lazare. Le titre de 1316 nous apprend que ce Monastere, que nous appellons maintenant les Filles-Dieu, tenoit à l'enclos que les Filles-Dieu avoient commencé à construire en 1226 ; & celui de 1360 dit que la maison dont on chassa les Filles-Dieu, durant la prison du Roi Jean, étoit bâtie dans le faux-bourg St Denys, le long de la grande rue, près des fossés de Paris, & de la porte, ou de la Bastille St Denys. Après tout cela neanmoins quelques gens n'ont pas laissé depuis peu de tacher de faire accroire au Conseil du Roi, que cette maison étoit située entre St Laurent & St Lazare, dans ce petit coin de terre qui regne entre ces deux Eglises, depuis la rue

St Denys jufqu'à la rue St Martin. Et pour prouver cette nouveauté, ils ont produit une Charte de l'année 1483, qui veritablement place cet Hopital en cet endroit là, & à laquelle toutesfois il ne faut point ajouter de foi; car, comme vous voyés, elle fut expediée deux cens cinquante-fept ans depuis la fondation des Filles-Dieu, & vous favés qu'on ne croit point en matiere d'hiftoire, à ce que raporte un Hiftorien qui n'a pas vecu dans le tems, ou dans le fiecle que s'eft paffé ce qu'il raconte: d'autant que cette maxime eft appuyée fur la raifon qui doute des chofes que difent ceux qui ne les ont ni vûes ni pû voir, ni apprifes de ceux qui les ont vûes. Mais quand je confidere que les portes & les murs de cette Ville les plus proches de ce Monaftere, tenoient alors à la rue aux Oues, à la rue Mauconfeil, & à l'Hotel de Bourgogne; & que depuis là jufqu'à cet Hopital, ce n'étoit qu'un grand & vafte defert mal fain & infecté de la puanteur des marais voifins, que les Jardiniers ne vouloient pas, ou ne favoient pas deffécher, je m'étonne de ce qu'on avoit logé des femmes dans un lieu fi valetudinaire, & de ce qu'on avoit confiné dans un quartier fi reculé des perfonnes nouvellement converties, qui dans des commencemens fi pénibles ont fi fouvent befoin de la prefence & des confeils de l'Evêque, des Religieux & des Prêtres, pour foutenir & exciter leur vertu naiffante.

Ou on ne prevint pas ces inconveniens, ou on n'y eut point d'égard; car on établit ces femmes au milieu de ces marais, & on précipita tellement leurs logemens, que bien qu'on les bâtit dans l'étendue de la Paroiffe de St Laurent, on n'en demanda pas permiffion au Curé de cette Eglife, ni au Prieur de St Martin des Champs, qui eft Curé primitif de ce quartier-là. Auffi s'oppoferent-ils à cette nouvelle Inftitution; mais des perfonnes vertueufes folliciterent fi bien leur charité en faveur de ces pauvres repenties, qu'ils leur permirent de continuer leurs édifices, & que même ils leur cederent tout ce qu'ils leur purent ceder, & beaucoup plus qu'elles n'euffent ofé prétendre; c'eft la derniere remarque qui me refte à faire fur la fondation des Filles-Dieu.

Il paroit par le Concordat, dont je vous ai parlé fi fouvent, que le Prieur de St Martin & le Curé de St Laurent, confentirent au mois de Septembre de l'année 1226, que ces Hofpitalieres donnaffent à leur enclos treize arpens de grandeur, qu'elles euffent un Cimetiere, des Fonts baptifmaux, un Clocher & deux cloches pefantes chacune cent livres, & qu'elles celebraffent le Service Divin aux heures qui leur feroient le plus commode; mais ils voulurent encore que leur Maifon portât la qualité d'Hopital; qu'elles y reçuffent les Pauvres inceffamment, & que fans leur permiffion elles ne puffent ni changer fon nom, ni y ceffer l'hofpitalité. En revanche, le Prieur de St Martin, ne fe referve rien en leur Couvent, que le patronage des Chapelles qu'on y fonderoit; & le Curé de St Laurent leur abandonne tous les droits curiaux qui lui appartiendroient dans leur Monaftere, & pour les compenfer, il n'exigea de ces femmes que vingt livres tous les ans, & il leur declara qu'il entendoit que leurs Officiers, leurs Valets, leurs Domeftiques, & toutes les autres perfonnes feculieres qui demeureroient hors de leur enclos, ou qui après une année de Noviciat y defireroient finir leurs jours, le reconnuffent pour leur Pafteur & fuffent de fa Paroiffe.

Je vous ai dit que dans ce Concordat, on les nomme de pauvres femmes nouvellement converties; de là, Monfieur, nous apprenons qu'on ne les appelloit pas encore Filles-Dieu. Je ne fai fi elles porterent une qualité fi fâcheufe avant l'anné 1232; quoique j'aye pû faire, il m'a été impoffible de découvrir fi elles fe nommoient ainfi auparavant, ni de favoir qui leur impofa un fi beau nom. Guillaume de Nangis, Geoffroi de Beaulieu & tous les autres Hiftoriens de ce tems-là ne nous en difent rien. Tous les autres qui ont écrit l'hiftoire de St Louis n'ont point touché cette circonftance.

Il n'y a qu'André du Sauſſai, Evêque de Tul, qui ait oſé franchir ce mauvais pas, malgré le ſilence de ces Auteurs, & malgré même la tradition: il a dit dans ſon Martyrologe François, que ce fut St Louis qui honora ces femmes repenties d'une qualité ſi auguſte & ſi ambitieuſe. Mais ce n'eſt pas, Monſieur, la ſeule nouveauté que ce Prelat a inventée, car je me ſouviens d'avoir entendu dire à Pierre & à Jaques du Pui, perſonnages ſi fameux dans le monde ſavant, que cet Evêque a enflé & multiplié ſes gros volumes d'une infinité de nouvelles découvertes de ſa façon. Il eſt tombé dans cette erreur pour avoir cru avec tout le monde que St Louis étoit le Fondateur des Filles-Dieu, & pour n'avoir pas pris garde que St Louis diſtingue ſous le nom de femmes penitentes, les deux cens pechereſſes qu'il avoit établies en cet Hopital; & que puiſque Guillaume de Nangis & Geoffroi de Beaulieu rapportent que ce Prince renferma quantité de Pechereſſes converties dans la maiſon des Filles-Dieu, ils rapportent auſſi que les Filles-Dieu étoient fondées avant que leur maiſon fût bâtie; & qu'elles ſe nommoient Filles-Dieu, avant que de recevoir avec elles ces repenties. Après tout on ne ſait ni qui leur donna un ſi beau nom, ni pourquoi on le leur donna. Veritablement ſi nous voulions entendre ſur ce ſujet quelques perſonnes ſavantes & vertueuſes, ils nous diroient qu'il vient de celui qu'on donnoit aux Hopitaux dans le treiziéme ſiecle, & de la converſion de ces pechereſſes, qui s'étoient retirées en cet Hopital. En effet de tous les Hopitaux de ce tems là, il n'y en a preſque pas un qu'on n'appellât alors ou Hotel-Dieu ou Maiſon-Dieu: & la converſion de ces penitentes étoit tellement rare dans un ſiecle ſi corrompu, que comme c'étoit un de ces miracles, qui rendent Dieu, quand il veut, le maitre des cœurs & des hommes, on impoſoit à ces repenties & à ces Hoſpitalieres le nom de celui qui les avoit converties, & le nom que portoient alors tous les Hopitaux. Mais quoique cela ſoit, & bien apparent & aſſés bien fondé, je n'oſerois néanmoins vous en parler que comme d'un doute fort ſpecieux & d'une conjecture fort vraiſemblable, & je ne ſai ſi je vous dois dire que *Robertus Cenalis*, Evêque d'Avranches, le Pere du Breul & André de Sauſſai, Evêque de Tul, attribuent cette converſion aux prédications de Guillaume de Seligni, Evêque de Paris, & que ces trois Hiſtoriens ſe ſont lourdement trompés en cette rencontre, ainſi qu'en une infinité d'autres.

Encore que je me faſſe fort de refuter des erreurs ſi groſſieres, il faut toutefois que je vous diſe que ces trois Auteurs ont fait ici un étrange anachroniſme. Car comme je vous ai dit, les Filles-Dieu furent fondées en 1226; & Demochares nous apprend, que Guillaume de Seligni mourut en 1223, tellement que ſelon *Robertus Cenalis*, le Pere du Breul, & André du Sauſſai, il faut que Guillaume de Seligni prechât & convertît ces Penitentes trois ans après ſa mort. Voilà, Monſieur, tout ce que j'avois à vous dire de l'origine & de la deſtinée des Filles-Dieu fondées en 1226, paſſons maintenant aux deux cens femmes repenties que St Louis logea avec elles.

Jamais il n'y eut en France tant de femmes de mauvaiſe vie que ſous le regne de ce Prince, & jamais néantmoins on ne les punît avec tant de rigueur. Je trouve dans les Hiſtoriens de ce tems-là, que St Louis les accabla de tant d'opprobres & de miſere, qu'il ſembla avoir pour elles une ſeverité toute extraordinaire. Je vois dans Guillaume de Nangis & dans Geoffroi de Beaulieu, qu'une grande multitude de femmes abruties de luxure, ou prêtes de s'y plonger par neceſſité, conçurent une ſi ſainte horreur de leur vie paſſée, qu'elles le prierent de leur donner ſeulement de quoi finir le reſte de leurs jours au pain & à l'eau. Il paroit par une Charte du Roi Jean de l'année 1350, que cette multitude conſiſtoit en deux cens femmes converties; & on apprend de cette Charte & de ces Auteurs, que St Louis fut tellement tranſporté de la penitence publique de ces perſonnes débau-

DE LA VILLE DE PARIS. Liv. V.

chées & de leur conversion si austere, qu'il les logea avec les Filles-Dieu, & leur constitua sur son tresor quatre cens livres parisis de rente, qui, comme je vais vous dire, composoient un vaste & magnifique revenu. Il fit même conduire en leur Couvent la grosseur d'un gros tournois d'eau qu'il tira de la Fontaine St Lazare. Il leur donnoit tous les Carêmes deux muids de bled. Il leur legua cent francs par son Testament; & il leur fit faire une Eglise, des Dortoirs, des Refectoires, & tous les autres bâtimens necessaires à un très-grand nombre de Religieuses.

Quoiqu'il ne reste presque plus de débris de tous ces édifices, nous croyons toutefois qu'ils étoient en fort grand nombre, & qu'ils occupoient beaucoup de place; car il est constant que la tuille & la charpenterie d'une partie seulement de ces bâtimens fut vendue en 1559 cinq cens deniers d'or au coin du Roi Jean, qui, comme vous verrés en son lieu, faisoient une somme très-considerable. Et bien que ce grand Monastere ne subsiste presque plus que dans la tradition, je tacherai néanmoins de le restaurer & de le rétablir à la faveur de quelques ruines que j'en ai deterrées dans les marais, & dans les maisons qui regnent depuis St Lazare jusqu'à la porte St Denys, dans un Papier-terrier dressé en 1380 par Jean Geuffroi, Maître de cet Hopital, dans les differens plans que le Parlement en a fait lever, & dans quantité d'anciennes Chartes du Tresor des Filles-Dieu, qui m'ont été communiquées par Jean Marie Ricard, Avocat de la Cour de Parlement, qui a mis au jour un Traité des Donnations entre-vifs & testamentaires, & la Coutume de Senlis corrigée sur l'original.

J'apprens d'une Charte de Jean de Meulant, Evêque de Paris, que l'Eglise de ces Hospitalieres étoit dediée à Dieu, à Jesus-Christ, à la Vierge, à Ste Marie Magdeleine & à tous les Saints de Paradis; & je découvre dans deux autres titres de 1309 & de 1359, qu'elle étoit accompagnée de deux Chapelles dediées l'une à St Abraham, l'autre à Ste Marie Magdeleine; que plusieurs personnes charitables avoient fondé la premiere, de quantité de bonnes terres; & que Pierre Barrier, Secretaire de Philippe le Long, l'avoit fait agrandir, & avoit legué pour cela une rente par son testament, qui fut amortie le cinq Juin 1359. On ne sait point la grandeur ni la figure de cette Eglise & de ces Chapelles; nous ne saurions pas même en quel endroit on les avoit bâties, sans un morceau de leurs piliers qu'on m'a montré dans l'écurie d'une grande Hotellerie, qui a pour enseigne l'échiquier, & qui est située le long de la grande rue du fauxbourg St Denys entre St Lazare & la porte St Denys. Mais nous ne doutons point du lieu où étoit placé le Cimetiere de ces Hospitalieres; les Jardiniers de ce quartier-là déterrent assés souvent dans leurs marais, des tombes & des coffres de pierre où on avoit enterré des Filles-Dieu & des personnes seculieres avant qu'on eut ruiné ce Monastere; & nous lisons dans le Papier-terrier de Jean Geuffroi, qu'en 1380 on l'appelloit le vieux Cimetiere.

Tout cela étoit renfermé dans un grand enclos entouré de haies en un endroit, de fossés en un autre, & de murailles en un autre; & occupoit quatre-vingts arpens de terre ou environ, ou bien ce vaste territoire qu'environnent de toutes parts les anciens égouts de cette Ville, la rue des Poissonniers, celle de Bourbon, & une partie de la rue Montorgueil & de la grande rue du fauxbourg St Denys, & que couvrent presentement les fossés & les remparts, qui s'étendent depuis la porte St Denys jusqu'à celle de Montmartre, & quantité de jardins, de maisons & de marais. Les Filles-Dieu acquirent peu à peu tout ce grand espace de terres contigues. Depuis elles les firent amortir par les Religieux de St Lazare, par le Chapitre de Notre-Dame, & par les Chanoines de Ste Opportune; & avec le tems elles les remplirent d'édifices, de jardins & de terres qu'elles cultivoient.

Je ne vous dirai rien de leurs vœux, de leur regle, de la couleur & de la maniere de leur habit, non plus que du nombre, de la qualité & du sexe des personnes qu'elles recevoient dans leur Hopital. Bien que j'aie manié beaucoup de titres & de regîtres du tresor de cette maison, d'où je pourrois tirer des conjectures & peut-être même des éclaircissemens de ces particularités, j'aime mieux vous dire que ces circonstances sont ou mortes avec les premieres Filles-Dieu, ou ensevelies sous les debris de leur premier Monastere, que de vous entretenir de vrai-semblances & de traditions. Comme toutes les autres Hospitalieres, elles étoient de l'Ordre de St Augustin, ne gardoient point de clôture, étoient sujettes à leur Diocesain, & avoient un Administrateur de leur Maison. Celui qui prenoit le soin de celle-ci, étoit Prêtre, nommé & pourvû par l'Evêque de Paris, portoit la qualité de Maître, Proviseur & Gouverneur de la Maison des Filles-Dieu, devoit rendre compte de son administration au Prélat, ou à ceux qu'il commettroit pour l'ouïr & pour l'examiner, & cet Evêque l'appelloit dans ses Lettres son bien-aimé en Jesus-Christ, comme on voit dans celles que Jean de Meulant donna à Valleran du Bose, le jour de Noel de l'année 1356.

Nous apprenons d'une Charte du Roi Jean de l'année 1350, qu'en 1349 la peste & la cherté des vivres emporterent plus de la moitié de ces repenties, & que l'Evêque de Paris attendri de leur infortune les reduisit à soixante Religieuses. Bien que ce retranchement fût plein de charité & de justice, & qu'il eut été fait par le Diocesain, les Tresoriers de France toutefois ne voulurent plus payer que deux cens livres de rente à ces Hospitalieres, & pretendirent que ce Prelat n'en devoit pas diminuer le nombre sans le consentement du Roi ou de son Conseil; & que St Louis ne leur avoit constitué quatre cens livres de revenu, qu'à condition qu'elles seroient deux cens.

Il paroît par la Charte du Roi Jean, dont je viens de vous parler, qu'elles ne purent exciter des mouvemens de generosité & de compassion dans l'ame des petits-fils de St Louis. Le Roi Jean fut le premier & le seul dont elles purent fléchir & émouvoir l'esprit; mais ce ne fut qu'après avoir declaré que pour l'amour de Dieu, & par une grace & une largesse Royale, il leur continuoit la même rente que St Louis leur avoit accordée, pourvû qu'elles fussent à l'avenir ou cent ou davantage.

Je ne saurois passer plus outre, Monsieur, sans m'arrêter un peu en cet endroit, & considerer combien l'argent étoit rare, & combien le prix en étoit excessif dans le treiziéme & le quatorziéme siecle, afin de vous dire sur cette matiere ce qu'il me faudroit souvent repeter ailleurs. Il me faut rassembler en ce lieu tout ce qui est repandu sur ce sujet dans les Rouleaux & les Regîtres de la Chambre des Comptes, dans les Lettres Patentes du Roi Jean de l'année 1350, & dans un Livre intitulé le Denier Royal composé par Scipion de Gramont & imprimé en 1620 in-8°.

Pour commencer par le treiziéme siecle, je vous ai dit que St Louis fonda pour quatre cens livres de rente deux cens femmes dans l'Hopital des Filles-Dieu. J'apprens des titres des Quinze-vingts, que pour faire du potage à ces trois cens Aveugles, ce Prince ne leur constitue que trente livres parisis de revenu. Je vois dans les Rouleaux de la Chambre des Comptes que l'un des plus puissans moyens dont il se servit pour attirer les Juifs dans le sein de l'Eglise, ce fut de donner un ou deux deniers par jour à ceux d'entre eux qui se convertissoient; & que la guerre d'Outremer ne lui couta jamais par année trois cens mille livres. Cependant avec si peu d'argent en apparence, il est constant que les Quinze-vingts eurent plus de revenu qu'il ne leur en falloit pour leur potage. Tant de Juifs se convertirent, qu'en 1255 ils coûterent sept cens soixante-quatre livres neuf sols 8 den. Quoique St Louis emmenât avec lui en son expedition de la Terre Sainte, la Reine, ses Enfans, la plupart des Princes du Sang & des Grands de son Royaume, il fortifia encore en ce pays-là beaucoup de Villes ennemies

DE LA VILLE DE PARIS. Liv. V.

mies, & son armée fut toujours leste, bien payée & puissante en hommes, en armes & en artillerie.

Si du treiziéme siecle nous descendons au quatorziéme, & que nous lisions le titre du Roi Jean de l'année 1350, nous y verrons que s'il ordonna à ses Tresoriers de payer tous les ans quatre cens livres aux Filles-Dieu, ce fut à la charge qu'elles seroient cent ou davantage; & parce qu'il crut que cette somme suffisoit pour les entretenir avec leur Hopital & l'hospitalité dont elles faisoient profession. Mais si nous passons à l'histoire de Charles V, & que nous examinions les Regîtres de la Chambre des Comptes de son tems, nous y remarquerons qu'il ne jouissoit que d'un million de revenu, & que néanmoins il rebâtit le Palais, le Louvre & quelques autres Maisons Royales; qu'il entreprit & acheva l'Hotel St Pol & les Chateaux de Beauté & de Vincennes; qu'il chassa les Anglois presque de toute la Guienne & de la Normandie, & qu'il étouffa les factions & les revoltes qui pendant sa Regence & son Regne déchirerent en piece la face de l'Etat & de la France. En un mot, Scipion de Gramont aprouvé dans son Denier Royal par la solde des Gens de guerre & par la valeur des denrées, que bien que Charles V n'eût qu'un million de revenu, il soutenoit toutefois la grandeur Royale avec plus de splendeur que ne faisoit Louis XIII en 1620, quoiqu'il jouît alors de plus de trente-deux millions : & quoique que Louis XIV son fils en leve plus de cent par année, il ne seroit pas difficile de prouver par les raisons de cet Auteur, qu'il n'en leve pas plus en valeur que Charles V & Louis XIII.

Enfin de tous ces exemples il est aisé de conclure deux choses : la premiere que puisque la valeur de l'argent a doublé depuis St Louis jusqu'au Roi Jean, & centuplé depuis le Roi Jean jusqu'à Louis XIV, les quatre cens livres de St Louis valoient quarante mille livres de notre monnoie sous les Regnes de Jean & de Charles V, & quatre-vingts mille liv. sous celui de Louis XIV. La seconde, que bien que ces deux cens femmes n'eussent chacune que quarante sols par an à dépenser du vivant de leur Fondateur, & que quatre francs sous le regne de Jean, si est-ce que ces quarante sols & ces quatre francs valoient alors autant que vaudroient maintenant quatre cens livres, & que ces quatre cens liv. en vaudroient presentement quatre-vingts mille, si au lieu d'une rente St Louis eût donné des fermes ou des terres à ces Hospitalieres. Mais ce Prince se comporta en cette rencontre comme ont fait presque tous les fondateurs & les bienfaicteurs des Hopitaux & des Eglises; & c'est ce qui a fait croire à bien du monde que Dieu n'a pas béni leur charité & leurs saintes intentions, & qu'il ne leur a pas permis d'assurer leurs fondations sur des terres, de peur que les Moines & les Prêtres ne devinssent avec le tems les maîtres de toute la Chrétienté.

Mais pour reprendre le fil du discours que cette reflexion m'a fait quitter, les Filles-Dieu ne jouirent pas long tems en leur Hopital du bienfait du Roi Jean, neuf ans après il leur fit payer bien cherement l'usure de cette liberalité; car ayant été défait & pris devant Poitiers, les Anglois enflés d'une prosperité si subite & si impetueuse, emporterent les Villes & les Provinces qui separent le Poitou de l'Isle de France, & se preparerent à couronner leur victoire par la conquête de Paris. J'ai dit ailleurs, livre premier, que pour dissiper le grand orage qui menaçoit alors cette Ville, on l'environna de fossés & d'une nouvelle clôture. Etienne Marcel Prevôt des Marchands, & les Echevins de Paris qui presiderent tumultuairement à cette entreprise, commanderent en 1358 ou en 1359 aux Filles-Dieu de sortir de leur Hopital, de peur qu'elles n'y fussent pillées par les ennemis, & leur ordonnerent de le faire démolir & d'en enlever tous les materiaux, de crainte que les Anglois ne s'en servissent & ne s'y fortifiassent contre les Parisiens.

Pour obéïr à un ordre si fâcheux, ces Hospitalieres se retirerent dans la Ville, & Valleran du Bosc, Gouverneur de leur Maison, la fit ruiner de fond en comble. Des particuliers acheterent de lui les materiaux de quelques-uns des édifices de ce Couvent, & entre autres ceux qu'on nommoit les petites queues, la grange & le vieux Monaftere; & par Contrat paffé le jour de Noel 1359, il fit marché avec Pierre Bourguetelli, Bourgeois de Paris, de tout ce qui reftoit de tuille & de charpenterie dans les autres bâtimens de ce Monaftere, moyennant cinq cens deniers d'or à l'écu au coin du Roi Jean, & à la charge qu'il partageroit avec lui le profit & la perte qu'il y auroit fur la revente & fur le payement des materiaux. Si vous vous reffouvenés de ce que je viens de vous dire du prix de l'or & de l'argent fous le regne de Jean, & de la quantité des édifices que St Louis & ces Hofpitalieres avoient fait faire en ce lieu, vous verrés que j'ai eu raifon de vous dire tantôt qu'il y devoit avoir une grande multitude de bâtimens en un Hopital, dont une partie de la tuille & de la charpenterie feulement fe vendoit une fomme fi confiderable.

On tient par tradition que Pierre Bourguetelli revendit au Prevôt des Marchands & aux Echevins de Paris la tuille & la charpenterie qu'il avoit achetée de Valleran du Bofc, & qu'elles fervirent à bâtir la Porte & la Baftille St Denys. Mais on fait de fcience certaine que quelques perfonnes prirent des terres du Monaftere des Filles-Dieu à baux à rente & d'emphiteofe, qu'ils les convertirent en marais, les joncherent de fleurs, de fruits & de legumes, & les couvrirent de maifons qu'ils firent conftruire le long du fauxbourg St Denys, & dans ce nouveau quartier que nous appellons Ville-neuve fur gravois, & que nous avons vû renfermer dans Paris. Dans le refte on creufa fous le Roi Jean les foffés qui furent comblés en 1634. On commença fous Charles IX ceux que nous nommions autrefois les foffés jaunes, & qui fervent maintenant d'enceinte à cette Ville, & on a fait de grands marais qui appartiennent encore à ces Religieufes, & qu'elles louent à des jardiniers. Si je voulois particularifer toutes les revolutions & toutes les pretentions que ces Hofpitalieres ont fur ces foffés & fur ces maifons, il me faudroit faire ici un trop long difcours & repeter ce que j'ai dit fur ce fujet dans l'hiftoire de Ville-neuve fur gravois; fi bien que pour ne vous point ennuyer, j'aime mieux vous dire qu'on ne fait ce que devinrent ces pauvres exilées depuis qu'elles furent chaffées de leur Couvent jufqu'en 1360 qu'on les tranfporta dans celui qu'elles habitent maintenant en la rue St Denys.

C'étoit un petit Hopital qu'on appelloit l'Hopital d'Imbert de Lyhoms, & qu'on nomma des Filles-Dieu, dès que ces Religieufes en eurent pris poffeffion. Il tenoit à celui que ces Hofpitalieres avoient commencé en 1226, & que St Louis avoit augmenté; & il avoit été fondé en divers tems par diverfes perfonnes, qui certainement faifoient profeffion de charité, mais c'étoit d'une charité tiede, trop intereffée & trop precautionnée, fi j'ofe ufer de ce mot. Deux freres, tous deux Bourgeois de Paris, & tous deux nommés en Latin *Johannes* de *Lugduno* & de *Ludugno*, & en François Jehan de Lyons, de Lioms, de Lyhons, de Lyons, de Lions, en furent les premiers fondateurs. Mais ils ne firent cette fondation que par leurs teftamens, ou pour parler plus veritablement, ils ne s'aviferent de donner leur bien aux pauvres que lorfqu'ils n'en avoient plus affaire. Imbert de Lyons leur pere, entre les mains duquel ils avoient apparemment configné l'execution de leur derniere volonté, fit bien pis que fes enfans; il jetta à la verité les fondemens de ce petit Hopital pour le repos de leurs ames, environ l'an 1316, dans une petite maifon large feulement de fept toifes deux pieds & demi, qui étoit accompagnée d'un jardin, & fituée au bout du fauxbourg St Denys, & que Guillaume d'Oreillac, Evêque de Paris, amortit pour deux fols parifis de rente: il l'agrandit auffi de quelques maifons, & de quelques terres du voifinage, qu'il acheta & qu'il y joignit, & il le fonda par donation entre-vifs de quarante-huit livres quatre fols quatre de-

DE LA VILLE DE PARIS. Liv. V.

niers parisis, que lui rapportoient tous les ans les rentes foncieres & les biens qu'il avoit acquis & herités de ses parens. Mais il salit cette charité par des reserves & des conditions tellement interessées, que les pauvres ne furent presque redevables qu'au hazard de cette fondation; car il ne se contenta pas de déclarer qu'il entendoit que lui & Pierre de Lyons son frere, fussent usufruitiers de ces quarante-huit livres durant leur vie. Il declara encore qu'il cassoit cette donation s'il venoit à se remarier & qu'il eût des enfans & des petits enfans, qui survequissent ou leur pere ou leur mere: il n'appelle même cet Hopital à la substitution de ses biens qu'après la mort de toutes ces personnes, & qu'à toutes ces conditions; s'il fit quelque chose de passable en cette fondation, ce ne fut seulement que pour obliger ses parens de consentir à une liberalité si bien precautionnée, il donna à cette Maison tout ce qu'il legueroit à celui d'entre eux qui s'opposeroit à cette donation. Il est vrai qu'avant que de mourir il devint un peu plus charitable & moins interessé, car on croit qu'il ne se remaria pas; & il est constant qu'il fit faire une Chapelle en ce petit logis, qu'il fonda cet Hopital & cette Chapelle de beaucoup de rentes & de maisons amorties, & qu'il y joignit des terres & des maisons voisines; mais à faute d'en avoir nommé les Collateurs & les Administrateurs, personne ne desservoit la Chapelle en 1360. On n'exerçoit plus l'hospitalité dans son Hopital, & tous les biens qu'il avoit laissés pour cela étoient dissipés & envahis par des gens qui avoient usurpé le gouvernement de cette Maison.

De tous ses parens, il n'y en eut qu'un qui entreprit d'étouffer ce grand désordre, il étoit cousin germain des deux premiers Fondateurs de cet Hopital, neveu, & peut-être même filleul du second, & se nommoit Imbert de Lihoms, comme son oncle; cet homme transporté de cette affection privée ou domestique, qu'un cousin & un neveu doit avoir pour les manes de son oncle & de ses cousins, se plaignit de cet abus à Jean de Meulant Evêque de Paris, & lui remontra qu'on frustroit les pauvres des biens que ses parens leur avoient donné, qu'on prophanoit la charité de ses predecesseurs, & qu'il n'y avoit point de meilleur moyen de reprimer cette iniquité, & d'arrêter ces voleries, que de conferer cette maison aux Filles-Dieu qui n'avoient plus de Monastere. Il y a grande apparence que cette Requête sembla fort juste à ce Prélat, car il y établit aussi-tôt ses femmes errantes, il fonda une Chapellenie perpetuelle en la Chapelle qu'on y avoit bâti, & voulut que le Chapelain qui la desserviroit, y dît la Messe tous les jours, & que ces Religieuses y chantâssent aussi tous les jours le Service divin. Il rétablit l'hospitalité dans l'Hopital qui y tenoit, & non seulement il chargea ces Filles-Dieu de l'y exercer sur tous les pauvres passants en l'honneur de Dieu, de la Vierge, de St Jean Batiste, de Ste Marie Madeleine & de tous les Saints, & en memoire d'Imbert de Lihoms & de ses enfans; mais il les obligea aussi d'y entretenir douze lits garnis de draps, de couvertures, de traversins, & de lits de plume ou de bourre, de donner à chaque pauvre du potage aux féves, aux pois ou aux choux, & pour un denier de pain, & de ne les coucher qu'une nuit chacun, afin sans doute de faire tous les jours de nouvelles charités à de nouveaux pauvres. Enfin il fonda cet Hopital & cette Chapelle de quarante-neuf livres onze sols quatre deniers de revenu, pour maintenir la discipline & la reforme qu'il y avoit établie; il se reserva, & à ses successeurs Evêques, la collation de cette Chapelle, la jurisdiction entiere en ce Couvent. Et sur toutes les actions de ces Religieuses & de leur Chapelain ; & pour empêcher qu'on n'usurpât à l'avenir leurs biens ou leur revenu, il chargea le Maître de cette maison de rendre compte tous les ans de son administration, à lui & à ses successeurs, en presence d'Imbert de Lihoms, neveu & cousin des Fondateurs pendant sa vie, & de quelqu'un de ses plus proches parens après sa mort.

Tome I.

A ces conditions, ces pauvres bannies prirent possession de cet Hôpital, & y exercerent l'hospitalité avec bien du zèle & de l'ardeur; mais ce beau feu ne dura guére, avec le tems elles se lasserent de servir les pauvres, & abandonnerent le soin de leur Hopital à des Sœurs Converses, qui portoient l'habit de Filles-Dieu ; ensuite elles laisserent tomber en ruine leur Chapelle, & la plupart de leurs bâtimens, & enfin elles reçurent dans leur Couvent forces vieilles femmes de mauvaise vie, que l'âge & la nécessité forçoient de quitter le vice, tellement qu'en 1483, on ne chantoit plus l'Office en leur Chapelle. Quatre ou cinq vieilles Converses qui devoient faire les lits de leur Hopital, ne les faisoient plus; personne n'observoit en ce Monastère les Statuts dressés par Jean de Meulant, & quoique de long-tems il ne restât plus d'ombre ni de traces de l'origine des Filles Dieu, elles étoient remontées à leur principe, & leur maison étoit devenu l'asyle des pecheresses & des pénitentes, comme elle l'avoit été sous St Louis.

Pour guérir toutes ces plaies que recevoit ce Monastere par une corruption si pleine de licence, & de si mauvais exemple, Charles VIII le donna en 1493, aux Religieuses de l'Ordre de Fontevrault, à la priere d'Anne d'Orleans qui en étoit Abbesse & Générale, & qui étoit fille de Charles I du nom Duc d'Orleans, & Sœur de Louis II aussi Duc d'Orleans, depuis Roi de France, sous le nom de Louis XII.

Ces Religieuses faisoient vœu de clôture perpetuelle, de l'Observance reguliere, & des Statuts gardés au Prieuré de la Madeleine près Orleans. Par de salutaires nouveautés, ou par une sainte réformation, elles tachoient de renouveller l'ancien culte, & la vieille dévotion des Religieuses Françoises : si bien que Charles VIII leur fit don de cet Hopital, à condition toutesfois d'y retirer une nuit les pauvres femmes qui passoient, & leur donner à chacune un denier parisis; toutefois elles ne purent faire agréer ce transport à l'Evêque de Paris que le treize Avril 1494, & qu'à ces conditions.

Que le Visiteur député par autorité Apostolique, pour reformer, conduire & visiter les Couvens reformés de Fontevrault, lui fourniroit des Lettres scellées du Sceau de cet Ordre, où seroit rapporté ce concordat, & toutes les choses que ces nouvelles Filles-Dieu devoient observer à l'avenir. Qu'il se reservoit à lui & à ses successeurs Evêques, non seulement la collation pleine & entiere des benefices qu'on y avoit fondés, & qu'on y pourroit fonder, mais aussi le pouvoir d'entrer en ce Monastere quand il lui plairoit, pour s'informer si on y observoit la reforme & la clôture gardée au Prieuré de la Madeleine. Que le Procureur de cette Maison rendroit compte tous les ans de son administration devant lui, ou devant ceux qu'il commettroit pour cela, de la même sorte que le faisoit auparavant le Maître de cet Hopital. Que les Religieuses & les Religieux de ce Couvent feroient son Annuel & celui de Charles VIII, le jour de la mort de ce Prince & de la sienne, & celebreroient solemnellement la Fête de St Louis Bienfaiteur des Filles-Dieu ; & que toutes les personnes qui prendroient l'habit en ce Monastere, prêteroient serment en y entrant, ou à leur reception, d'observer fidelement tous ces articles.

Huit jours après, Cantien Hue, Visiteur Général de l'Ordre de Fontevrault, promit à Jean Simon II du nom, Evêque de Paris, d'observer tout ce qui étoit porté par ce concordat, par un Acte scellé du sceau de cire verte sur double queue ; & vingt-quatre jours après, Guillaume de Cambrai, Archevêque de Bourges, & Robert de Lenoncourt, Archevêque de Tours, delegués par Sixte IV, pour mettre les Religieuses du Prieuré de la Madeleine en possession de l'Hopital des Filles-Dieu, se rendirent en ce Couvent avec Nicolas de Hacqueville, Conseiller au Parlement, & Président de la Chambre des Comptes, Pierre Henri Souchantre de l'Eglise de Paris, & Jean Cantin, Pénitencier de Notre-Dame, Subdelegués pour faire cette reforme. Peut-être, Monsieur, que quand on verra dans les Preuves de ce

Discours, que le concordat de Jean Simon est datté du treize Avril 1494, & l'Acte de Cantien Hue du vingt-un du même mois de l'année 1495, les mauvais Critiques prétendront que cet Acte ne se passa pas huit jours depuis le concordat, comme je viens de dire, mais un an & huit jours après. Si ces gens la étoient aussi savans & aussi consommés que vous en l'Histoire, je n'aurois pas été obligé de faire cette digression, ils sauroient sans doute qu'en ce tems-là les années commençoient à Pâques, & non pas au premier Janvier, & ils reconnoîtroient qu'il n'y eût pas une année & huit jours entre le concordat & la reconnoissance de Cantien Hue, comme ils croyent, mais seulement huit jours comme j'ai dit, & qu'en 1494 le treiziéme Avril échut avant Pâques, & le vingt-un du même mois quelques jours après cette Fête, en 1495.

Le quinziéme Juin de cette année là, les Commissaires vinrent en la maison des Filles-Dieu; Jean Simon Evêque de Paris, & Jean Standonc Docteur en Théologie, Chanoine de Beauvais, & Instituteur du Collège de Montaigu, s'y trouverent aussi avec Cantien Hue, & quatorze; tant Religieux que Religieuses de l'Ordre de Fontevrault, & quatre Sœurs Converses Filles-Dieu, appellées Jacqueline de la Tour, Gillette Clisson, Louise Turgis & Jeanne Plionne. Après que ce Prelat eut assuré les Deputés que ces quatre Converses l'avoient plusieurs fois supplié de loger avec elles dans leur Hopital les Religieuses reformées de Fontevrault, les quatre Filles-Dieu leur dirent qu'elles consentoient que leur maison fut reformée par ces Religieuses du Couvent de la Madeleine près Orleans, & du Prieuré de Fontaines, du Diocése de Meaux, pourvû que pendant leur vie on ne diminuât rien de leurs droits, & qu'on ne les contraignît point de changer leur maniere de vivre. Mais Gillette Clisson & Jaqueline de la Tour, qui prenoit la qualité de Maitresse de cet Hopital & de ces Hospitalieres, prierent les Commissaires de leur permettre d'embrasser la Reforme. Louise Turgis & Jeanne Plionne les supplierent de souffrir qu'elles fissent une année de Noviciat, & les Deputés trouverent si raisonnable la demande de ces deux dernieres, qu'ils ordonnerent qu'elles seroient toutes quatre Novices: ils leur permirent que si pendant ce tems-là elles ne pouvoient s'accommoder à cette Reforme, elles ne garderoient point de clôture ni d'observance reguliere, mais suivroient la maniere de vivre que leur prescriroit l'Evêque de Paris, & jouiroient des biens de leur Hopital, comme elles faisoient auparavant; & après avoir donné tous les ordres qu'ils crurent necessaires; ils renfermerent en ce lieu les Religieuses de la Madeleine & de Fontaines avec ces quatre Sœurs Converses, & leur deffendirent de recevoir en ce Couvent que des Religieuses & des Religieux reformés, & d'en envoyer en quelques Monasteres qui ne le seroient pas. L'on verra ce que j'avance dans le Secretariat de l'Archeveché, le septiéme Juillet 1495.

Alors cette maison avoit bien plus d'étendue qu'elle n'en avoit quand les Filles-Dieu y furent établies par Jean de Meulant. On y avoit joint peu à peu quelques logis & quelques jardins des environs, que ces Hospitalieres avoient achetés, & que quelques personnes charitables leur avoient donnés: tellement que lorsque les Religieuses de Fontaines & de la Madeleine en prirent possession, elle étoit presque aussi grande qu'elle l'est presentement; mais c'étoit une masse rude, informe, où il n'y avoit rien qui répondît à la dignité de l'Ordre de Fontevrault, que les Religieuses de Fontaines & de la Madeleine ont rebâtie & accompagnée de toutes les commodités, & même de toutes les superfluités convenables à un grand Couvent: car nous lisons dans leurs Chartes que l'année d'après leur établissement, elles jetterent les fondemens de l'Eglise que vous avés vûe si-souvent en leur Monastere, & que Charles VIII y mit la premiere pierre, & qu'on grava dessus le nom & les armes de ce Prince: nous apprenons de leurs Regîtres, qu'il leur permit de prendre dans la Forêt de Crecy tout le bois dont elles auroient besoin pour achever cet édifice. Nous voyons dans un titre de l'année 1581, que Pierre de Gondi Evêque de Paris, unit à leur Couvent la Chapelle de leur Hopital, à la charge qu'on y celebreroit le Service divin aux jours portés dans les Lettres de Jean de Meulant de l'année 1360, que je vous ai rapportées : & plusieurs vieillards de ce quartier-là m'ont assuré que non seulement en 1620 ou environ, elles supprimerent l'hospitalité qu'Imbert de Lihoms avoit fondée en cette maison, & que Jean de Meulant y avoit rétablie ; mais que pour éteindre absolument la memoire de cette charité, elles démolirent alors l'Hopital & la Chapelle de Jean & d'Imbert de Lihoms, & éleverent sur leurs ruines des maisons le long de la rue St Denys, qu'elles louent à des particuliers ; & sur le derriere, des appartemens attachés à un jardin, & occupés par des Religieux de leur Ordre, qui prennent soin du spirituel & du temporel de leur Monastere.

Par une declaration que Françoise de Contes Prieure de ce Couvent, presenta en 1557, aux Juges commis pour reformer les Hopitaux de ce Royaume ; il paroît que ses dévanciers avoient dépensé onze cens livres à rebâtir cet Hopital & cette Chapelle, & par le rapport de ceux qui les ont vû sur pied, j'apprens qu'ils consistoient en une petite Chapelle couverte d'un plancher, & en une Salle de même maniere pleine de lits ; l'un & l'autre étoient & contigus, & au rès de chaussée de la rue St Denys : il y avoit deux entrées, l'une en cette rue, l'autre en une cour de derriere qui faisoit partie du jardin qu'Imbert de Lihoms y avoit fait planter, & on y avoit établi une Confrerie de St Roch & de St Sebastien, qu'on a depuis transportée en quelque autre Eglise.

Enfin, pour achever cette Histoire, il ne me reste plus que trois choses assés curieuses à vous dire ; la premiere, que les malfaicteurs qu'on avoit condamnés au dernier supplice, & qu'on faisoit mourir à Montfaucon, entroient auparavant dans la cour de ce Couvent pour y recevoir de l'eau benite, boire un verre de vin, manger trois morceaux de pain, & baiser un vieux Crucifix de bois qui est encore couvert d'un dais, & dressé derriere le chevet de l'Eglise de ce Monastere.

Le Journal manuscrit de François I, porte que Jean de Beaune de Semblançay, Général des Finances, fut conduit en ce lieu, comme les autres scelerats, avant que d'être pendu à Montfaucon, & que ce fut pour obéir à la coutume. Je ne vous allegue que cet exemple, parce que c'est le seul que je trouve sur ce sujet dans notre Histoire ; le peuple & les Filles-Dieu appelloient cela le dernier morceau des Patients. Mais quoique Jean Rioland ait dit dans l'Epitre dédicatoire de ses opuscules Anatomiques, que l'Hopital d'Imbert de Lihoms fut fondé pour faire cette charité aux criminels, personne ne sait, non pas même ces Religieuses, quand on a commencé à la faire, ni si elles y étoient obligées par quelque fondation ; & on croit que ce pain & ce vin étoient une image de ce vin de Mirrhe que les Juifs donnerent à Jesus-Christ, & de ce repas que les Dames Juives faisoient faire aux malfaicteurs avant qu'on leur prononçât leur Arrêt de mort.

La seconde chose dont je veux vous entretenir, c'est d'une figure de Jesus-Christ lié à la colomne, qui est élevée contre l'un des piliers de la nef de l'Eglise de ces Religieuses, & où il n'y a rien de remarquable que la corde dont Notre Seigneur est garotté ; en effet elle semble bien câblée, bien torse, bien tissue, bien unie, bien parée, & faite d'un lin fort fin, fort bien peigné, & fort bien filé ; en un mot, elle est si vraie, qu'elle a souvent trompé les yeux des Cordiers qui l'ont considerée ; mais la figure est très-mal dessinée, & cette corde même où le Sculpteur s'est bien joué, est trop longue & embarassée de trop de tours & de retours, de trop de plis & de replis.

Je vous ai dit tantôt que lorsque les Religieuses de Fontevrault furent introduites en cet Hopital, Cantien Hue étoit Visiteur de cet Ordre; c'étoit un grand homme qui fut trois fois élevé à cette dignité, & qui mourut âgé de soixante ans, faisant sa visite en ce Monastere; & c'est de ce grand homme dont il me reste à vous parler, pour achever ce discours. Il naquit à Etampes en 1442, & ne se fit Religieux de Fontevrault qu'en 1496, à l'âge de cinquante-quatre ans, en un tems où les hommes sont pour l'ordinaire trop attachés au monde pour en sortir. Il étoit alors Maître des Grammairiens du College de Navarre, & en la premiere Licence de Théologie, & il avoit beaucoup de savoir, de merite, de bien, & de reputation; mais il se priva de toute cette vaine pompe de la gloire humaine; & cet homme illustre par le mépris genereux qu'il faisoit de la doctrine, des charges, des biens & de la renommée, sortit du monde de corps & d'esprit, pour devenir un pauvre Religieux. Depuis neanmoins, il se fit licentier en Théologie, mais ce fut par obédience; & quoiqu'il fût le second de sa licence, & grand Théologien, il ne voulut jamais prendre le bonet de Docteur, de peur de salir ou de corrompre par une si sainte élevation, l'humilité austere qu'il cultivoit par ses actions, même les plus indiferentes : ses paroles, ses exhortations, sa vertu douce, solide, sociable & infuse en tout ce qu'il faisoit, sa vie exemplaire & apostolique, instruisirent toutes les Religieuses de son Ordre, amenerent la Reforme dans six Monasteres, & remplirent de tristesse tous les Couvens de Fontevrault, quand on sût que Dieu avoit ôté de ce monde ce grand personnage: cette tristesse dure encore par tout cet Ordre; de crainte qu'elle ne s'étouffe sous les débris de mille autres choses que le tems ruine tous les jours, elle est épandue dans les fastes & les Martyrologes de Fontaines, & des Filles-Dieu : je pense même qu'on la renouvelle tous les ans le jour de la mort de cet homme illustre dans tous les Monasteres de Fontevrault; mais il est constant que sa memoire étoit précieuse, & qu'elle est encore en benediction dans celui des Filles-Dieu. Les Religieuses lui firent faire des éloges & des épitaphes en Latin & en François, elles le firent peindre pendant sa vie & après sa mort. Elles ont ses deux portraits en singuliere veneration, & elles l'enterrerent en 1502, en une Chapelle qui sert presentement de Sacristie, sous une tombe de pierre, où est gravé cet Epitaphe qu'on a bien de la peine à déchifrer, & que je vous envoie. Voyés Liv. IV, pag. 483.

LES FILLES PENITENTES ET ANCIENNE ABBAYIE de St Magloire.

CE que nous nommons aujourd'hui les Filles Penitentes a souvent changé de nom aussi-bien que de qualité. Et de fait, parce qu'en 1525 & 1549, on deterra près delà quantité de potences & d'ossemens liés avec des chaînes, on s'est persuadé qu'autrefois il avoit servi de lieu patibulaire, ce qui est bien vrai-semblable; & je ne sai si ce ne seroit point l'endroit où les Sectateurs de l'Heresie d'Amauri furent brulés sous le regne de Philippe Auguste. Car il me semble le reconnoître aux marques que nous en donne Rigord, puisqu'en ce tems-là il étoit hors des portes de la Ville & faisoit partie du quartier qu'on appelloit Champeaux. Mais laissons-là telle conjecture; tant y a que du tems de Lothaire ce n'étoit qu'une simple Chapelle dediée à St Georges & St Magloire, que depuis on nomma l'Abbayie St Magloire, & qu'enfin nous appellons aujourd'hui le Prieuré des Filles Penitentes.

Ce lieu d'abord servoit de Cimetiere aux Religieux de l'Ordre de St Benoît, que Hugues Capet, Maire du Palais & Duc de France, avoit fondés en 975 ou à peu près, à l'endroit même où nous voyons St Barthelemi, parce qu'alors on n'enterroit point encore dans la Cité. Le Cimetiere des Religieuses de St Eloi, celui de St Innocent & les autres, étoient repandus dans ces deux quartiers de Paris que nous appellons la Ville & l'Université.

Jusques au commencement du douziéme siecle, ce fut toujours une petite Chapelle, que nos Benedictins entretenoient fort mal, & qui même seroit tombée en ruine sans Henri de Lorraine, qui n'épargna rien pour la reparer; & même afin qu'à l'avenir on en prit plus de soin, il donna un pressoir avec un arpent de vignes & deux autres arpens de terre situés à mille pas de là, & à Charonne.

Cette liberalité fut cause sans doute qu'en 1117, l'Abbé & tout le Couvent supplierent Louis le Gros & l'Evêque Gerbert, que deux Religieux fussent detachés de leur Maison pour y faire le service, & firent tant enfin que le Roi lui-même accompagné de l'Evêque, vint dans leur Chapitre exprès, qui non content d'accorder leur demande, joignit encore à son autorité la priere, & y fit consentir Gerbert.

Or comme le Cloitre depuis, qui tenoit à cette Chapelle, commença à avoir une grande étendue, & qu'au contraire le Couvent de la Cité étoit si petit & si voisin du bruit & des affaires de la Cour, les Benedictins de ce tems-là qui aimoient la solitude, l'abandonnerent & se retirerent à leur Chapelle de St Magloire & de St George, où ils ont demeuré paisiblement jusques en 1572 ; car cette année-là même le propre jour de St Michel, ils furent transferés au fauxbourg St Jaques dans l'Hopital St Jaques du Haut-pas, pour faire place aux Filles Penitentes, qui abandonnoient leur Monastere à Catherine de Medicis, pour y bâtir cet Hotel de la Reine, que nous appellons aujourd'hui l'Hotel de Soissons.

Par la Charte de Louis le Jeune de l'année 1159, il paroît que l'Abbé de St Magloire passant de la Cité dans la Ville, ne perdit point sa superiorité sur St Bartelemi, il prit la qualité de St Barthelemi, aussi-bien que de St Magloire, & se reserva le droit sur toute la terre qui environnoit cette Paroisse, y comprenant les habitans libres qui se trouvoient dans son étendue aussi-bien que les autres.

Presentement l'Archevêque de Paris jouit de ces Droits Seigneuriaux, comme faisoit l'Abbé de St Magloire, & confere encore le Prieuré à un Prêtre seculier, qui souvent a des differends avec le Curé de St Barthelemi; & qui même est proprietaire d'une maison adossée contre l'Eglise de St Pierre des Assis, vis-à-vis la porte de derriere de cette Paroisse, & nommée le Prieuré St Magloire.

Or parce que l'Abbé de St Magloire, tant qu'il demeura dans la Cité, fut toujours Chapelain de nos Rois, Louis VII ne voulut pas qu'en changeant de Couvent il perdit sa qualité ; bien au contraire, il ordonna qu'il jouiroit toujours de quatre Prebendes affectées exprès à sa Chapellenie. Nous apprenons de ce titre, que la premiere étoit assignée sur l'Eglise de Notre-Dame ; la seconde sur l'Abbayie St Germain des Prés : & bien que les deux autres ne soient pas nommées, on pretend que l'une étoit à Senlis, & la derniere à Melun, & on se fonde sur ce que l'Abbé de St Magloire en a joui de tout tems & en jouit encore.

En ce tems-là le revenu des deux premieres se prenoit tous les ans en bled & en vin, dans les celliers & greniers de St Germain des Prés & de Notre-Dame. A l'égard des Chanoines de Notre-Dame, il y a grande apparence que l'Abbé pour cela n'eut aucun demêlé avec eux, car je n'en ai rien vû dans leurs Chartes & leurs Regîtres.

Il n'en fut pas de même avec l'Abbayie de St Germain; tantôt les Religieux

gieux se plaignoient que Louis le Jeune n'eut point particularisé la quantité de bled & de vin qu'ils devoient fournir à l'Abbé : tantôt ils vouloient l'obliger à de certaines servitudes, à cause qu'ils lui payoient deux tonneaux de vin à la St Remi & huit septiers de bled à la Toussaints ; quelque fois par an ils lui donnoient six muids de vin qui valent deux queues, à raison qu'il se faisoit deux tonneaux, qui tenoient chacun trois muids. Par fois enfin ils ne lui vouloient donner que trois muids de vin ou quatre poinçons, à cause qu'en France nous avons des tonneaux de telle mesure.

Toutes ces chicannes attirerent de grands procès terminés pourtant; premierement par accord, comme en 1311, le Jeudi d'après l'Exaltation de Ste Croix ; depuis par Sentence du Prévôt de Paris en 1489 le onze Fevrier; ensuite le sept Septembre par Arrêt en 1524; & enfin en 1601 par Arrêt de la Cour du vingt-sept Janvier ; & pour lors le vin & le bled furent appreciés à vingt-huit écus & quarante sols tournois, qui valent quatre-vingts-six livres.

Je ne parlerai point des rentes dont jouissoit cette Abbayie, ni des terres qui lui appartenoient, pour ne pas fatiguer le Lecteur d'une longue suite de noms barbares ou inconnus, dont un tel recit seroit rempli ; & néanmoins s'il est curieux d'en savoir quelque chose, il n'a qu'à parcourir la Charte de Louis le Jeune, que j'ai transcrite dans mes Preuves.

Je dirai seulement en gros, que nos Rois avoient fait de grands avantages tant à l'Abbé qu'aux Religieux, quoique l'Abbé ne fût plus Chapelain du Roi depuis qu'il eût quitté St Barthelemi. Car outre qu'on ne laissa pas de lui continuer les mêmes privileges, c'est que même en cette qualité, il étoit toujours Commensal de la Maison du Roi, toutes les fois qu'il venoit à la Cour, autant quand la Cour étoit à Paris que quand elle n'y étoit pas. De plus il avoit haute, moyenne & basse Justice. Autre que lui n'avoit droit de voirie sur son territoire, ni prendre connoissance des forfaits, des meurtres & des vols commis sur les grands chemins qui en soient partie ; ni tout de même de lever l'amende qui en provenoit, de mettre en prison les personnes tant roturieres que de main-morte, qui demeuroient sur les terres de son Abbayie, de poser aucun ajournement ni prendre caution de comparoir aux assignations.

Outre ceci, il étoit deffendu à tous les Evêques du Royaume, & même à celui de Paris, d'exiger de ce Couvent, qu'il les logeât & les nourrît. Et enfin nos Rois consentirent, que non seulement l'Abbé fût de la Congregation de St Magloire & de l'Ordre de St Benoît, mais même élu par les Religieux. Ce qui a eu lieu jusqu'au Concordat passé en 1516 entre Leon X & François I. Car depuis ce tems-là, ce Prince & ses Successeurs en ont disposé à leur volonté ; tant qu'enfin en 1564, Catherine de Medicis, fit unir cette Abbayie à l'Evêché de Paris.

Pour en venir à bout elle s'adressa à Pie IV, & lui remontra, que quoique Vincennes fût une maison de plaisance ; néanmoins nos Rois n'alloient souvent s'y divertir, ni prendre le plaisir de la chasse, à cause que le Chateau n'étoit logeable ; & ainsi qu'il seroit à propos qu'ils en eussent quelque autre près delà ; qu'elle avoit jetté les yeux sur celui de St Maur, comme étant fort proche & très-propre à ce dessein, d'ailleurs assés magnifiquement bâti par Jean du Bellai, Evêque & Cardinal, & qui ne servoit que de Maison de campagne aux Evêques de Paris ; qu'au reste s'il vouloit bien le lui donner, non seulement elle recompenseroit Guillaume Violle nommé à cet Evêché, de l'Abbayie St Magloire, mais encore de la Baronnie de Leuroux en Berri. Ces offres parurent au Pape si raisonnables, que par les Bulles du premier Septembre, il commit Nicolas de Pellevé, Archevêque de Sens, pour unir cette Abbayie à l'Evêché.

Ces Bulles portoient que la Reine promettoit deux choses ; la premiere de donner à Guillaume & à ses successeurs la Baronnie de Leuroux ou dix ans après en échange, une terre de seize cens livres de rente qui ne seroit pas éloignée de Paris de plus de dix lieues. La seconde de faire en sorte que Nicolas, Abbé Commendataire de St Magloire, consentiroit que son Monastere & tous les Prieurés & Benefices Reguliers & Conventuels qui en dependoient, seroient annexés à l'Evêché de Paris; si bien que pour ces deux choses, Guillaume en faveur de cette Princesse & de ses successeurs, se defaisoit non seulement du Chateau de St Maur & de la Justice du Bourg, mais aussi leur abandonnoit la presentation & la nomination tant des Vicaireries, Prebendes & Chanoinies que du Chantre & des autres dignités de l'Eglise, ne s'y reservant autre avantage que la disposition du Doyenné avec la visite, la correction & la Jurisdiction ordinaire sur le Chantre, les Chanoines & le Chapitre.

Pour favoriser cet échange, le Pape de son côté supprima non seulement la dignité Abbatiale de St Magloire, qui étoit taxée à trois cens dix-sept florins d'or à la Chambre Apostolique; mais aussi toutes les petites dignités du Couvent, qui devoient vingt-quatre ducats d'or à la même Chambre.

Tout ceci fut executé de point en point suivant l'intention du Pape, de la Reine & de Guillaume Violle; mais comme dix ans après Catherine de Medicis voulut retirer la Baronnie de Leuroux pour la terre d'Hermentiere de treize cens onze livres de revenu, & une rente sur l'Hotel de Ville de cinq cens livres; pour cela elle eut encore recours au Pape. En ce tems là Pie IV & Guillaume Violle étoient tous deux morts, à qui avoient succedé Gregoire XIII, & Pierre de Gondi, En 1574 donc, Gregoire par ses Bulles du premier Septembre, commit Nicolas de Pellevé, Archevêque de Sens, pour faire cet échange, pourvû qu'il tournât à l'avantage de l'Evêque, & que toutes les conditions portées par le Contrat passé entre la Princesse & Violle, s'y rencontrassent. Sur cela il y eut quatre Bulles qui furent toutes enregitrées en 1581 le vingt-quatre Novembre, & que même j'ai lues dans le Regitre des Ordonnances cottées LL. C'est-là tout ce qui se passa à la suppression de l'Abbayie de St Magloire, & touchant l'union qui en fut faite à l'Evêché de Paris. Et voici ce qui s'en est ensuivi depuis.

Etablissement des Filles Penitentes à St Magloire.

EN 1580 après que Gregoire, par ses Bulles données à Rome le premier jour de Mars, eut ordonné que les Religieux du Monastere de St Magloire seroient transferés au fauxbourg St Jaques, dans l'Hopital de St Jaques du Haut-pas, aussi-tôt ils obéirent & abandonerent leur Couvent aux Filles Penitentes, qui logeoient près St Eustache à l'Hotel d'Orleans, que nous appellons maintenant l'Hotel de Soissons. Quant à ces Religieuses ici si nous ne savons point assurément l'année de leur institution, en recompense nous savons fort bien la cause de leur établissement.

Du tems de Charles VIII, Frere Jean Tisserand, de l'Ordre des Freres Mineurs, ayant converti par ses predications grand nombre de filles & de femmes impudiques, fit si bien qu'elles embrasserent la Regle de St Augustin, sous la protection de Ste Marie-Madelaine Patrone de toutes les personnes du sexe qui menent une vie scandaleuse. Corrozet, Bonfons, du Breul, aussi-bien que Du Chêne dans sa Geographie manuscrite, disent que cette conversion arriva en 1492. Pierre Desrey, Orateur Troyen, qui a continué les Chroniques de Monstrelet, assure que ce fut l'année d'après; & enfin Nicolle Gille aussi-bien que Belle forêt, veulent que la chose n'arriva qu'en 1494.

D'abord Louis d'Orleans, second du nom, leur donna une partie de son Hotel, à l'imitation de l'Empereur Justinien, qui ceda aux Filles Peniten-

DE LA VILLE DE PARIS. Liv. V.

tes de Constantinople un de ses Palais. Louis depuis étant devenu Roi de France, se défit du reste en faveur de Pierre le Brun, son Valet de Chambre, & de Robert de Framezelles, son Chambellan ordinaire; le tour en 1498 & 1499, & même consentit quelque tems après que ces deux donnataires vendissent aux Filles Penitentes ce qu'il leur avoit donné de sa maison. Par le moyen de ces acquisitions & d'autres qu'elles avoient deja faites & firent ensuite, elles rendirent leur Couvent non moins commode que spacieux. Avec tout cela à peine y demeurerent elles quatre-vingt-dix ans, & jusqu'à Charles IX. Car alors Catherine de Medicis voulant bâtir en cet endroit l'Hotel de la Reine, appellé aujourd'hui l'Hotel de Soissons, elle les transfera à la rue de St Denys dans l'Abbayie de St Magloire.

Du Breul dit qu'en 1572 le vingt-neuf Septembre jour de St Michel, les Religieux de St Magloire abandonnerent leur Couvent de la rue St Denys, pour aller loger à St Jaques du Haut-pas. Il le dit, mais je doute fort que cela soit vrai. Car premierement les Lettres Patentes de Charles IX là dessus sont datées du mois de Decembre ensuivant; & de plus les Bulles que Catherine de Medicis obtint de Gregoire pour cela, ne furent expediées qu'en 1580 le premier jour de Mars, ni même enregitrées qu'en 1586 le sept du même mois. Si bien que par ces Bulles & par ces Lettres, il paroît que ni ces Religieux ni ces Religieuses, n'avoient point quitté encore leur Couvent en ce tems-là, & qu'on déguisa au Pape la veritable raison qui porta la Reine à exiger de lui un tel changement.

Je ne sai pas même si les raisons qui sont alleguées dans les Lettres Patentes ne sont point contraires à celles qui se lisent dans l'exposé des Bulles qui est dressé ordinairement par les impetrans.

Charles IX dans ses Lettres prend pour pretexte de la translation de ces Penitentes, que leur pauvre Monastere est confiné dans un quartier détourné & éloigné des personnes de qui elles pouvoient recevoir des aumônes.

Dans les Bulles tout au contraire, Catherine de Medicis represente au Pape, que leur Couvent est trop près du Louvre, que ce ne sont que logis de Courtisans & d'Etrangers tout au tour, qui viennent-là en foule, afin d'être parmi le grand monde & plus près du Prince; que telles gens accablent de visites ces bonnes Filles, les empêchent d'assister au service, & souvent même entrent jusques dans leur cloitre.

Dans tout ceci cependant le veritable motif de Catherine n'étoit point touché. On dit bien à Gregoire que cette Princesse ne souhaitoit la proprieté de ce Monastere, qu'afin de le jetter par terre, & de bâtir à la place un Palais pour elle; mais on ne l'avertit point que quoiqu'elle eût au Louvre un très-grand appartement, & même un autre au Palais des Tuilleries qu'elle avoit commencé avec beaucoup de faste & de depence, néanmoins elle ne vouloit loger ni dans l'un ni dans l'autre par une pure superstition, & parce qu'ils étoient situés dans la Paroisse St Germain de l'Auxerrois, & le tout à cause d'un Devin qui lui avoit predit qu'elle mourroit auprès de St Germain. Ceci dis-je lui fut celé & on lui fit entendre toute autre chose.

Or afin d'obtenir plus aisément du Pape ce que l'on desiroit, on l'assura que la Reine avoit fait faire à ses depens, tant à St Magloire qu'à St Jaques du Haut-pas, Dortoirs, Refectoires, Celulles, & tous les autres départemens necessaires à des Religieux & à des Religieuses; & qu'enfin pour recompenser les Filles Penitentes des édifices & reparations qu'elles avoient faites dans leur Monastere, aussi-bien que des maisons qu'elles avoient acquises pour l'agrandir, Charles IX consentoit que la pension de deux mille livres, que Henri ne leur avoit assignée que pour neuf ans sur la recette generale de ses Finances de Paris, fut convertie en rente perpetuelle & irrevocable.

Tome I.   DDdd ij

Ainsi la Reine, en 1580, obtint enfin du Pape ce qu'elle souhaittoit par ses Bulles du premier Mars ; il erigea donc l'Hopital de St Jaques en Abbayie , ordonna qu'à l'avenir on l'appelleroit l'Abbayie St Magloire ; & que le Prieur & les Religieux y étant logés, les Filles Pénitentes abandonneroient leur Couvent pour celui de la rue St Denys, avec ordre d'emporter avec elles les tombeaux, les corps & les ossemens des morts enterrés, tant dans leur Eglise que dans leur Cimetiere, même la terre qui les couvroit, pour être transportés dans quelqu'autre Eglise ou Cimetiere : ensuite de quoi il nomma l'Evêque de Paris pour les ceremonies ordinaires, lorsqu'on convertit en usage profane des lieux & des édifices sacrés, ce qui fut executé par Pierre de Gondi. Depuis, ces Religieuses n'ont point été troublées dans leur nouvelle demeure : elles y ont vecu & y vivent encore fort paisiblement, mais elles n'en sont pas demeurées plus riches, comme on avoit promis à Gregoire.

Au reste, elles ont eu plusieurs noms ; tantôt on les a appellées les Filles Pénitentes, tantôt les Filles rendues, & tantôt les Filles Pénitentes. Ce dernier est celui que nous leur donnons à present, mais ce ne sont pas les premieres Religieuses qui l'ont porté. Dès le tems de St Louis il y en avoit d'autres que l'on nommoit ainsi, & à qui ce Prince legua cent francs par son testament : si ce n'est des Religieuses de St Antoine des Champs qu'il veut parler, je ne sai ce qu'elles sont devenues, car assurement ce ne peut être les Filles-Dieu, puisqu'il parle d'elles auparavant.

Par leurs Statuts que Jean Simon dressa, il paroît que l'on comptoit dans leur Couvent plus de deux cens vingt Religieuses ; même on ne doute point que toutes n'eussent mené une vie libertine, & pourtant du Breul croit que parmi elles il y en avoit de releguées par Ordonnance de Justice, & par leurs parens pour les retirer du peché, & éviter le scandale ; dont je ne demeure point d'accord, sur tout quand je vois que l'Evêque leur donne le nom de Religieuses : or est-il que les Religieuses ne se font point par force ; joint que celles qu'on renferme par ordre des parens & du Parlement, sont proprement des prisonnieres, que non seulement on garde avec grand soin, mais encore que pour plus de sureté on met dans des cachots, de peur qu'elles ne se sauvent ; joint à cela que ce qui se pratiquoit alors chés elles touchant ce point, s'est pratiqué depuis à la rue St Denys dans leur cloître.

Les Regîtres du Chatelet & du Parlement sont pleins de Sentences & d'Arrêts, qui condamnent des filles & des femmes de mauvaise vie à être enfermées aux Filles-Penitentes.

J'ai lû dans les Regîtres de la Chambre plusieurs comptes rendus pour des prisons faites pour elles exprès dans leurs deux Monasteres ; ce qui est si vrai, que pour remedier à l'incommodité qu'elles recevoient des Maçons & des autres Ouvriers qui venoient souvent dans leur Couvent pour y bâtir des cachots, elles ont grillé de gros barreaux de fer chaque fenêtre de leurs cellules, & ainsi de toutes leurs Chambres en ont fait autant des prisons. Prévoyance qui ne leur a pas été inutile, & dont elles ont tiré long-tems du profit, & en tireroient encore sans les Madelonnettes qui le leur ont envié, & s'en sont prévalues, de sorte que le Parlement ne confine plus ni fille, ni femme débauchée dans leur Monastere ; & il ne laisse pourtant pas d'y en avoir toujours quelqu'une, mais ce n'est pas en si grand nombre, & simplement celles que les Parens y emmenent de leur autorité, & dont la prostitution n'est pas si publique.

Ce fut l'Evêque Simon, comme j'ai dit, qui dressa des Statuts en 1497, à nos Filles Pénitentes d'aujourd'hui, dans lesquelles j'ai remarqué des Reglemens assés plaisans & fort particuliers ; car entre autres il leur deffend de recevoir dans leur Monastere, sans son consentement, aucune personne qui n'eut mené une vie débordée : Statut qu'elles n'ont violé que depuis

DE LA VILLE DE PARIS. Liv. V. 581

trente ans ou environ ; bien que néanmoins, à ce qu'on tient, elles en recevoient encore de cette qualité, quand il s'agissoit d'une somme considerable.

Par tel Statut, au reste, afin de n'y être pas trompées, cet Evêque vouloit que toutes celles qui se presenteroient, fussent visitées par quelques-unes d'entre elles, avant que d'être reçues pour prendre l'habit ; & de plus, que les Sœurs choisies pour les visiter, prêtassent serment entre les mains de la Mere & de la Sous-mere, en la presence des Discretes de leur faire un rapport fidéle, si celles qu'elles auroient à visiter s'étoient prostituées en effet, & si quelque mal provenant de là, ne les empêchoit point d'être de leur Congregation.

Je n'ai que faire de m'amuser à dire ce que signifie le mot de *Mere*, *Sous-mere* & de *Discrette*, parce qu'il est aisé de juger que c'est ce qu'on appelle ailleurs Prieure, Souprieure & Conseilleres.

Pour ce qui est du mot de Congregation, comme il est employé souvent dans les Reglemens dont j'ai parlé, c'est pour cela que je m'en suis servi.

Le même Evêque encore, afin d'empêcher les filles qui voudroient entrer dans ce Couvent, de se prostituer exprès afin d'être reçues, soit après avoir été visitées, ou devant, il ordonne que celles qu'on auroit une fois refusées, en seroient exclues pour toujours.

Bien plus, sa rigueur est si grande là-dessus, qu'il commande, tant à la Mere qu'à la Sous-mere, d'interroger toutes les autres, & les faire jurer sur les saints Evangiles, & sur peine de damnation éternelle, entre les mains de leur Confesseur, & de cinq ou six autres Religieuses, si elles ne se sont point prostituées à dessein d'être de leur Congregation ; & veut qu'alors le Confesseur leur declare que si jamais on peut découvrir qu'elles ayent fait un faux serment, elles seront punies & chassées, quand bien même elles auroient fait profession.

De crainte aussi que les femmes de mauvaise vie attendissent trop long-tems à se convertir, dans l'esperance que la porte leur sera toujours ouverte, & même pour les obliger à songer de bonne heure à faire penitence, il deffendit de recevoir celles qui auroient trente ans passés. Cependant comme elles n'avoient point de Fondateurs, & qu'elles ne vivoient que d'aumones, il permit tant à la Mere & à la Sous-mere, qu'aux Discrettes, de choisir celles d'entre elles qui seroient les plus propres à quêter, voulant que ces quêteuses n'allassent jamais seules, mais avec une Compagne, & toujours deux ensemble, avec deffenses à elles de boire ni manger hors du Couvent sans grande necessité.

Toutes ces precautions ici n'empêcherent pourtant pas que ces quêteuses, avec le tems, ne causassent quelque scandale ; car l'Auteur de l'Appendice de la Chronique du Carion dit, qu'en 1550, Henri II accrut si bien leur revenu, qu'elles n'eurent plus besoin de quêter, ni de sortir de leur cloître : & le cinquiéme Volume des Bannieres porte que ce même Prince en 1551, par des Lettres du quinziéme Novembre, commanda au Prevôt de Paris de donner permission à ces Religieuses de se faire quêter dans les Eglises, de même que les autres Pauvres de la Ville, par des personnes seculieres qui portoient leur quête à la fabrique, pour leur être après rendue par les Marguilliers.

Avant que de finir, ajoutons quelques autres choses qui se sont passées tant dans ce Monastere ici, que dans celui qu'occupoient les Filles-Dieu au quartier St Eustache.

J'apprens des Regîtres du Conseil du Parlement, que la Chambre des Vacations a permis par trois fois, tant au Lieutenant Civil qu'aux autres Officiers du Chatelet, d'aller exercer la justice dans le Couvent de la rue St Denys, du tems que les Religieux de St Magloire y demeuroient, la premiere fois & la derniere en 1559 & 1562, parce que la femme du Geolier étoit frapée de peste, l'autre en 1560, à cause que la Chambre civile menaçoit de ruine.

J'apprens aussi du testament de Diane de Poitiers Duchesse de Valentinois, & Maitresse de Henri II, qu'elle voulut après sa mort que son corps fit une espece de pénitence publique de son adultere; car par le testament qu'elle fit en 1564, elle declare que venant à mourir à Paris, elle entendoit avant que d'être enterrée à Annet, qu'on la portât dans l'Eglise des Filles Repenties; & que là on y dit pour elle un Service des Trépassés.

Enfin en 1558, André Blondel de Roquencourt, Controlleur Général des Finances, fut inhumé chés dans leur premier Monastere, c'étoit un Lionnois qui devoit sa fortune à la Duchesse Diane de Valentinois. Tant que Henri II fut Dauphin, il fut Controlleur de ses Finances, & depuis de toutes les Finances du Royaume quand ce Prince regna, qui est ce que nous appellons maintenant Trésorier de l'Epargne, chargé qui à present est sur quatre têtes : & bien qu'alors elle fut remplie par Jean Duval, le Roi ne laissa pas d'en disposer en sa faveur: il en augmenta même les gages de trente mille livres. L'Historien de Thou l'appelle la creature de la Duchesse de Valentinois : tous ceux qui ont parlé de lui assurent que Henri II l'aimoit particulierement, & le cherissoit ; mais il n'y a personne qui en dise plus de bien que Ronsard, & même depuis sa mort il en a plus dit qu'il n'avoit fait de son vivant ; il l'a pleuré dans quantité d'épitaphes qu'il a faites à dessein de perpetuer sa memoire, & qui se lisent dans ses ouvrages : il l'appelle courtois, vif, gentil, subtil, vigilant, & publie que l'honneur, la courtoisie, la bonté & la vertu, ont été enterrées avec lui. Il fut porté dans l'Eglise des Filles Pénitentes, & sa veuve ensuite honora sa sepulture d'un petit Mausolée de bronze, enrichi de sa figure en bas relief, que fit Maître Ponce, l'un des plus renommés Sculpteurs de son tems. Or comme depuis ces Religieuses vinrent à être transferées à la rue St Denys, elles emporterent avec elles ses cendres & sa tombe, qu'elles mirent dans leur nef ; & parce que cette tombe embarassoit & occupoit trop de place, depuis ils l'ont dressée contre la muraille à côté de leur portail. Quoique là elle ne fasse pas ce bel effet qu'elle faisoit quand elle étoit couchée, on ne laisse pas de remarquer toujours qu'elle elle d'une grande maniere & bien entendue. Ici doit être la description de cette même figure, quoique separée du discours précedent, aussi bien que de la Ste Anne & de St George du même Ponce, qui est mise ailleurs.

Copie du Titre d'Echange de l'Hotel de Soissons au Couvent de St Magloire, pour les Filles Penitentes, en 1572.

A TOUS ceux qui ces presentes Lettres verront. Antoine du Prat, Chevalier de l'Ordre du Roi, Seigneur de Nantouillet, Precy, Rosay & de Fourmerie, Baron d'Ethier, de Tourg & de Viteaux, Conseiller de la Majesté dudit Seigneur son Chambellan ordinaire & Garde de la Prevôté de Paris, SALUT. Comme sur les Remontrances faites à la Reine Mere du Roi par plusieurs notables personnages de cette Ville de Paris, de la grande pauvreté & necessité qu'endurent les pauvres Religieuses Penitentes de cette Ville, pour ce que leur Monastere est situé & assis en la Paroisse St Eustache, au lieu ci-devant appellé *l'Hotel d'Orleans*, n'est doué que de bien peu de revenu qui consiste en une pension, de laquelle leur avoit été fait don par le feu Roi Henri que Dieu absolve, confirmée par le feu Roi François dernier decedé, & par le Roi à present regnant, dont elles ne font payées que selon la commodité des affaires du Roi, combien que les filles soient maintenant en grand nombre, & qu'il leur est fait si peu d'aumônes, que la plupart du tems elles n'ont de quoi vivre; & considerant que cela en partie procede à cause que ledit Monastere est en lieu tellement detourné & éloigné des endroits dont elles peuvent être secourues d'aumônes, qu'elles demeurent plusieurs jours de la semaine en grande necessité de vivres, & toutes autres choses necessaires à la vie humaine; considerant aussi qu'il est convenable & expedient que telle Religion soit en lieu plus apparent, & en rue qui soit plus celebre & notable en cette Ville de Paris, afin que leur vie & austerité de Religion soit plus connue & recommandée, & par ce moyen les gens de bien incités à leur bien faire: Desirant ladite Dame pour le bien, zèle, charité & aumônes qu'elle a envers ledit Monastere & Couvent desdites Filles Penitentes, leur subvenir en cet endroit, & voulant pourvoir, & après avoir sur ce l'avis de plusieurs notables personnages, ne se seroit trouvé lieux plus commodes ni convenables pour loger lesdites Religieuses, que l'Eglise St Magloire située & & assise au milieu de la rue St Denys, en accommodant les Religieux Abbé & Couvent dudit St Magloire d'autres lieux, & pour ce faire ne se seroit presenté lieu plus commode que le lieu où est situé *le Prieuré, Commanderie ou Hopital de St Jaques du Haut-pas*, étant au fauxbourg St Jaques de cette Ville de Paris, si mieux lesdits Religieux St Magloire n'aimoient s'accommoder dudit Monastere desdites Religieuses. Et sur ce ayant sadite Majesté fait entendre ce que dessus ausdits Religieux, Abbés & Couvent par le Seigneur Dorsay, Maître Arnoult Boucher Conseiller du Roi, Maître des Requêtes Ordinaire de son Hôtel, Premier President en son Grand-Conseil, & Conseiller en son Conseil-privé, pour ce faire commis par sa Majesté, par ses Lettres patentes; iceux Religieux Abbé & Couvent auroient fait très-humbles remontrances à ladite Dame que leur Monastere est un lieu celebre en cœur de Ville bien bâti, & de fort grand'valeur, au milieu de leur Justice & revenus, & de la plus grande partie de leurs autres vivres, & fort commode & à propos, près des portes & marchés pour faire toutes leurs provisions; & quant au Monastere des Filles Pénitentes, il seroit du tout impossible que lesdits Religieux se puissent accommoder, pour être l'Eglise trop petite & anguste; & pour le regard du lieu de St Jaques du Haut-pas, encore qu'il soit d'assés grande étendue, neanmoins il seroit aussi impossible de s'y accommoder, s'il ne plaisoit à sa Majesté y faire les reparations requises & necessaires, pour ce que ledit lieu est un logis & lieu presque tout ruiné, ouvert & déclos, & auquel il n'y a aucuns Cloîtres, Dortoirs, Refectoires pour lesdits Religieux de St Magloire; & pour ce qu'en l'Eglise du Haut-pas, outre le service ordinaire du Prieur, se fait le service d'une Cure en l'Eglise Paroissiale, les Habitans & Paroissiens de laquelle occupent tout ledit lieu, & outre ce les heures du jour à faire le service; & est ledit lieu loin des autres biens desdits Religieux de St Magloire, loin des portes & marchés, sujet & dépendant du Commandeur de St Jean de Lucques, lequel Commandeur est Maître Jean Prevet, Prieur & Commandeur à present titulaire dudit Prieuré de St Jaques du Haut-pas, & plusieurs autres pourroient à l'avenir faire querelle ausdits de St Magloire, à quoi ils auroient très-humblement supplié Sa Majesté d'avoir égard. Et quant ausdites Religieuse, saprès avoir été assemblées & congregées en leur Eglise & Monastere au lieu où elles ont accoutumé de s'assembler au son de la cloche, pour traitter & aviser des affaires dudit Monastere, & avoir entendu ce que dessus, & même les dons & aumônes, & liberalités que ladite Dame leur fait & fait faire, tant par le Roi, que par Nosseigneurs les Ducs d'Anjou & d'Alençon ses enfans, comme ci-après sera plus amplement declaré, ont eu & ont pour agreable ladite Translation, aux charges & conditions

HISTOIRE ET ANTIQUITE'S

ci-après declarées; toutes lesquelles choses vûes & meurement confiderées, finalement SAVOIR FAISONS que pardevant Pierre Pourain, & Edme Pareques Notaires du Roi Notre Sire en son Chatelet de Paris, furent presens en leurs personnes ladite Dame Reine, mere du Roi Charles IX de ce nom d'une part, & Reverend Pere en Dieu, *Maître Pierre de Gondi, Evêque de Paris*, Abbé de ladite Abbayie de St Magloire, Ordre de St Benoît, uni & annexé audit Evêché de Paris, Conseiller du Roi en ses Conseils privés, Chancelier, Chef du Conseil, & Surintendant des affaires de ladite Dame Reine; Religieuses personnes, tous Religieux Profés en ladite Abbayie Mr. St Magloire, étant de present audit lieu du Haut-pas, faisant & representant la plus grande & saine partie des Religieux & Couvent dud. St Magloire, pour eux & leurs successeurs à l'avenir, d'autre; noble & discrete personne Maître Pierre le Vigneron Docteur en Théologie, leur Pere, & devotes Religieuses Sœur Marguerite Montrot, Mere; Jossine de Collemont, Jeanne Gueneberde & Gillette Langlois, Agnès la petite, Françoise Buhot, Isabeau Boulet, Jeanne Desmery, Jaqueline Perault, Françoise Maleton, Henriette Regnault, Jaqueline Maton, Jeanne l'Hermisse, Catherine Crochet, Marguerite Feucher, Marie l'Amour, Nicolle Raverdy, Agnès de Ligny, Charlotte Amyot, Etiennette le Noble, Catherine Godine, Guillemette Bezard, Jeanne Dumoret, Jeanne de la Roche, Anne Tolle, Jaqueline du Hamel, Jeanne le Grain, Guillemette Fournier, Anne Favier, Claude de Butois, Jeanne Giffard, Catherine Baudouyn, Imberde de Pinjon, Marie Sevrés, Françoise Martel, Françoise de la Clef, Jeanne Donner, Catherine Baudonyin, Philippe le Tirant, Marguerite le Moine, Renée Savatte, Marie Pirot, Guillemette Colombel, Catherine Mesnard, Catherine Greffier, Geneviéve l'Escuyer, Madeleine du Chemin, Marguerite Tesson, Jeanne du Manoir, Nicolle Lamy, Jeanne de Lyon, Mathurine Sorec, Jeanne David, Michelle Villaot, Charlotte le Grand, Marie Mougret, Renée Prevôt, Michelle Genaille, Claude Ronge-oreille, Jeanne Girorou, Helene le Verdier, toutes Religieuses Professes, faisant & representant la plus grande & saine partie des Religieuses dudit Monastere & Couvent des Filles Pénitentes à Paris, congregées & assemblées au son de la cloche en leur Eglise & Monastere, au lieu où elles ont accoutumé de tenir leur Assemblée pour traitter & & aviser des affaires d'icelui Monastere & Couvent, pour elles & leurs successeurs Religieuses à l'avenir, aussi d'autre part; lesquelles Parties ont fait, convenu, & accordé ce qui ensuit sous l'autorité, consentement & intervention du Roi Notre Sire. C'EST A SAVOIR, que ladite Dame Reine Marie Catherine de Medicis, pour accommoder lesdites Religieuses audit lieu de St Magloire, a promis & promet audit sieur Evêque, Religieux & Abbé de St Magloire, faire unir & incorporer effectuellement & perpetuellement en forme de droit bonne & authentique audit Evêque de Paris, & Abbayie St Magloire, par Notre Saint Pere le Pape, du consentement dudit Commandeur de St Jean de Lucques, & tous autres ayans ou prétendans interêt à ladite union, ladite Eglise, Prieuré & Commanderie de St Jaques du Haut-pas, jardins, maisons, pourpris, fermes, terres & Seigneuries, héritages, cens, rentes, justice, tous les autres droits, vivres & revenus appartenans & dependans dudit Prieuré, Aumône & Commanderie sans rien excepter; à la charge toutesfois que le divin Service accoutumé y être dit, sera dit & celebré, & continué par lesdits Religieux Abbé & Couvent, ainsi que de coutume, & *l'Hospitalité exercée* selon l'intention des Fondateurs; & à ces fins sera destinée l'une des maisons joignant la grande maison dudit Prieuré dépendante d'icelui, en laquelle seront dressés lits ou autres ustanciles necessaires pour recevoir les Pelerins, suivant la fondation, & sera commis par ledit sieur Evêque un personnage qui aura la charge de recevoir & heberger lesdits Pelerins, ainsi qu'il a été

fait

fait par ci-devant : Outre, a promis & promet sadite Majesté faire homologuer ladite union par les Cours de Parlement, & par tout ailleurs où il appartiendra ; & desdites union & homologation bailler & délivrer lesdites pieces, Bulles, Arrêts & autres Lettres en forme probante & authentique ausdits sieurs Evêque & Religieux dedans six mois prochains venans, aux frais & dépens de sadite Majesté. Et encore sadite Majesté a cédé & transporté, & par ces Presentes cede & transporte ausdits Abbé, Religieux & Couvent de St Magloire, certain jardin autrefois appartenant à Messieurs de la Ste Chapelle en partie, & l'autre partie à Pierre Coyer, & à un nommé Chevancher, lequel jardin est derriere le logis dudit Haut-pas, contenant deux arpens ou environ, tenant d'une part à ladite Commanderie, d'autre part aux hoirs Caderon, aboutissant d'un bout par bas sur la rue d'enfer, & d'autre bout audit Haut-pas, lequel jardin Sa Majesté a acquis ; tous lesquels lieux, droits & choses susdites sadite Majesté a promis & promet garantir ausdits sieurs Evêques, Religieux & Couvent dudit St Magloire de tout trouble & empêchement quelconque, les en faire jouir pleinement & paisiblement à toujours, comme si c'étoit le propre domaine, ancienne fondation & dotation de ladite Abbayie de St Magloire, & tout ainsi que les autres Prieurs & Commandeurs dudit Haut-pas, & Seigneurs dudit jardin ont accoutumé d'en jouir. A davantage Sadite Majesté promis & promet, & sera tenu de faire translater & transporter la Paroisse ou service qui est en ladite Eglise du Haut-pas, en autre Eglise commode, où les Habitans & Paroissiens puissent faire leur service. Aussi pour la commodité de l'exercice de la Justice, & des sujets Hauts-justiciables de ladite Abbayie de St Magloire, Sa Majesté a promis de faire translater le Siege & exercice de ladite Justice, & icelui unir & incorporer perpetuellement avec l'Evêché de Paris au Siege du For-l'Evêque, & que les appellations ressortiront nuement & sans moyen en la Cour de Parlement, comme font les appellations du Bailly dudit Evêché de Paris, & d'en faire expedier Lettres Patentes, & icelles purement & simplement, & sans modification verifier par la Cour de Parlement, Chambre des Comptes, & par tout ailleurs que besoin sera ; & de ce rendre & bailler toutes Lettres & Arrêts expediés en bonne forme aux dépens de Sa Majesté dedans un mois. Et à ce que lesdits Religieux n'ayent occasion de se plaindre des ruines des bâtimens & maisons dudit Prieuré du Haut-pas, ains qu'ils soient commodement logés pour y faire residence, vacquer à prieres & oraisons, ladite Dame Reine a promis & promet faire accommoder l'Eglise dudit Haut-pas d'enclos, chaires, & toutes autres choses necessaires, de façon qu'elle soit propre pour les Religieux, & qu'ils soient separés d'avec les Laïcs ; & encore faire parachever le logis neuf sur les fondemens, & selon leurs dessins encommencés. Plus, faire accommoder les Salles des malades pour servir de Chapitre, Refectoire & Cuisine pour les Religieux ; & outre, bâtir & construire des Cloîtres, refaire les clotures, & reparer les autres logis en bon & suffisant état, de sorte que lesdits Religieux & Couvent puissent faire leur demeure & residence audit lieu & Commanderie du Haut-pas, y vivre religieusement, & faire le service divin, oraisons & prieres comme ils ont accoutumé de faire en leurdit Monastère de St Magloire. Et outre ce, ladite Dame a promis & promet bailler & fournir de procurations de Maître Jean Prebet Prieur titulaire pour consentir ladite union, & resigner purement & simplement sondit Prieuré & Commanderie ès mains de Notre St Pere le Pape, ou autres ayant à ce puissance, & satisfaire ledit Prebet des meliorations & reparations qu'il dit avoir faites audit Prieuré & Commanderie du Haut-pas. Et moyennant ce que dessus lesdits sieurs Evêque, Religieux, Abbé & Couvent dudit St Magloire, de leur part ont baillé, cedé, quitté, transporté & delaissé, & par ces Presentes baillent, cedent, quittent, transportent & delaissent du tout, dès

maintenant & à toujours auſdites Religieuſes & Couvent des Filles Penitentes; ce acceptant pour elles & leurs ſucceſſeurs Penitentes, ladite Egliſe
St Magloire, bâtimens, Dortoirs, Refectoires, Chapitre, Salle, Chambres,
Chapelles & Oratoires qui y ſont conſtruits & edifiés, Cloche & le Jardin deſdits Religieux dudit Monaſtere de St Magloire, ſes appartenances
& dépendances, ainſi qu'ils ſe pourſuivent & comportent: en ce non-com-
pris, ains reſervé auſdits ſieurs Evêque, Religieux, Abbé & Couvent
dudit St Magloire, les lieux qui s'enſuivent: Savoir eſt, le jardin de l'Abbé, qui eſt près & joignant la maiſon de Mandoſſe, aujourd'hui l'Hotel de
Beaufort & de Picar, enſemble quatre toiſes un pied en largeur du Cimetiere à prendre, attenant le long de la muraille qui à preſent ſepare ledit
jardin de l'Abbé, & ledit Cimetiere ſur quinze toiſes quatre pieds de long
depuis la muraille du côté de la rue Quinquampoix, juſqu'au mur ſepa-
rant à preſent ledit Cimetiere & la baſſe-cour, & compris l'épaiſſeur de
ladite muraille; auſſi la baſſe-cour depuis ledit Cimetiere juſques contre
la muraille des maiſons du côté de la rue St Denys, excepté le paſſage,
que ſera tenu ledit ſieur Evêque laiſſer pour entrer le charroi, pour le
ſervice deſdites Religieuſes; & pour ledit paſſage ſera fait un mur
aux dépens dudit ſieur Evêque, pour faire les ſeparations; dedans laquelle
Baſſe-cour en la longueur & largeur ſuſdite, il y a un corps de logis de trois
travées ſervant par le bas à étables à chevaux; & anti-chambre, un grenier
avec une vis partie dedans, partie dehors œuvre, un édifice en appenti
auſſi de trois travées ſervant à grange, & un colombier; & y a en la place
de la Baſſe-cour une grande porte qui ſert à un petit chantier rendant en la
rue St Loup ſortant ſur la rue aux Oues. Pareillement en la reſerve du deſſous des piliers qui portent les pans de bois du derriere des maiſons ſur la
rue St Denys, contenant treize toiſes & demie ſur ſix pieds de large ou
environ, & de la hauteur qu'ils ſont de preſent, qui eſt de dix pieds ſous
ſolives ou environ, ſous l'un deſquels piliers eſt l'Auditoire de ſa Juſtice,
avec les vues hautes qui ſeroient neceſſaires pour accommoder leſdits lieux.
Outre ce demeurera à icelui ſieur Abbé la cave du corps de logis du côté de
la rue St Denys, en partie duquel corps demeure un Menêtrier, lui demeurera la chambre en l'étage au-deſſus du rès de chauſſée & le grenier au-
deſſus de ladite chambre, avec l'allée pour entrer & la trape de ladite cave;
à la charge de faire les vues de hauteur competantes à fer maillé & verre
dormant, fors & reſervé l'étage dudit rès de chauſſée, qui ſe conſiſte en
une ſallette où ſe ſouloit tenir le Conſeil de la Juſtice, & un petit bouge
derriere tirant du côté des priſons; lequel étage dudit rès de chauſſée demeurera auſdites Religieuſes comme deſſus, avec le ſurplus depuis l'huis
qui eſt joignant ladite ſallete entrant en la priſon, enſemble leſdites priſons, le tout de fond en comble, & le lieu que tenoit le Geolier & ce qui
eſt deſſus. Plus demeurera audit ſieur Abbé, Religieux & Couvent, leſquels ſe ſont reſervés & reſervent par ces Preſentes, pour eux & leurs ſucceſſeurs, les Juſtices, cenſives, fiefs, lods, cens, rentes, domaines & heritages, droits de patronage & tous autres biens à ladite Abbayie appartenans, renonçant quant au reſte à tous droits de proprieté qu'ils ont &
pourroient pretendre à ladite Egliſe St Magloire, & bâtimens, appartenances & dependances au profit des Religieuſes & Couvent des Filles Penitentes, ſans aucune ſujection ni charge, ſinon de deux ſols tournois de
cenſives envers ledit ſieur Evêque de Paris pour tous leſdits lieux; & ſe feront toutes les ſeparations & murs du côté du Cimetiere & Baſſe-cour à
hauteur competente, aux depens dudit ſieur Evêque; & pourront leſdites
Religieuſes faire adminiſtrer les Sacremens de ſainte Egliſe, inhumer &
enterrer audit lieu, ſans qu'ils ſoient tenus demander congé à quelque
perſonne que ce ſoit, ne reconnoître autre Superieur que l'Evêque. Leſquels lieux ainſi cedés, ſa Majeſté a promis & promet garentir de tous trou-

DE LA VILLE DE PARIS. Liv. V.

bles & empêchemens quelconques ausdites Religieuses, les en faire jouir pleinement & paisiblement à toujours, les faire reparer & accommoder, & les faire mettre en bonne possession & saisine pour faire le Service Divin, Oraisons & Prieres, comme elles ont accoutumé en leurdit Monastere dessus declaré : a promis & promet sadite Majesté de faire reparer ladite maison & lieux de St Magloire, de toutes autres reparations & clotures necessaires, ensorte qu'elles puissent y habiter commodément, & y faire conduire & eriger une fontaine pour le service desdites Religieuses dedans trois mois prochains venans; & aussi a promis & promet ladite Dame de faire commuer & changer par le Roi deux mille livres de pension donnée par le feu Roi Henri, & au lieu d'icelle leur faire donner par ledit Seigneur par donnation pure & irrevocable deux mille livres tournois de rente, à icelle avoir & prendre par chacun an par lesdites Religieuses Penitentes, leur Procureur & Receveur, aux quatre quartiers sur la recette generale des Finances de sadite Majesté établie en cette Ville de Paris, sur les plus clairs deniers d'icelle, sans que la distraction qui se pourroit faire d'aucuns membres de ladite recette, leur puisse nuire, prejudicier ni differer ou empêcher aucunement le payement de ladite rente, laquelle demeurera comme charge ordinaire sur ladite recette, & à cette fin sera employée ès états d'icelle, qui en seront faits & dressés par les Tresoriers de France, pour être payée sur ladite recette aux termes ci-dessus declarés, à commencer du premier jour d'Octobre 1572, ladite rente rachetable pour la somme de vingt-quatre mille livres tournois : & moyennant ce ladite somme de 2000 liv. tournois, à elles ci-devant aumônée par ledit feu Roi Henri, comme dit est, demeurera & demeure éteinte & assoupie, sans que le Roi soit tenu à l'avenir au payement & continuation d'icelle; & ice que dessus, outre & par dessus le revenu & autres aumônes qu'elles pourront avoir du Roi par chacun an ; & outre ce lad. Dame a donné aussi par donnation irrevocable du tout à toujours ausdites Religieuses ce acceptant mille liv. tournois de rente, à prendre sur l'Hotel de cette Ville de Paris, en la partie de & d'abondant promet icelle Dame faire donner par chacun de Messeigneurs les Ducs d'Anjou & d'Alençon mille livres tournois de rente de pension annuelle, qui sont deux mille livres tournois de rente, la vie durant de mesd. Seigneurs, payable de quartier en quartier, & de ce leur faire passer les Lettres & Contrat de donnation en bonne forme ; lesdits deux mille livres tournois de rente, néanmoins après le décès de mesdits Seigneurs, rachetables par leurs hoirs ou ayant cause de la somme de douze mille livres tournois, qui est chacun la somme de six mille livres tournois. Lesquelles Religieuses en consideration de ce que dessus, aussi de leur part, ont delaissé & delaissent dès maintenant à toujours à sadite Majesté & ayant cause, leursdits lieux & Monastere ci-devant appellé l'*Hotel d'Orleans*, & ses appartenances, tout ainsi qu'il leur appartient, & en jouissent à present, aux charges, rentes, redevances dont lesdits lieux sont chargés, sans rien excepter ni reserver dues jusqu'à hui ; partie desquels lieux avoient été donnés ausdites Filles Penitentes par le feu Roi Louis XII de ce nom, que Dieu absolve, par ses Lettres de don du seize de Juin l'an de grace 1499, & le surplus acquis par lesd. Religieuses pour la somme de 2000 écus de Mr Robert de Fromezelles, Chevalier, qui en avoit don dudit deffunt Seigneur & Roi Louis XII ; renonçant lesdites Religieuses au profit de sadite Majesté à tous droits de proprieté qu'elles ont ou pourroient pretendre en quelque sorte que ce soit ausdits lieux & Monastere, & s'en sont desaisies, démises & devêtues au profit de sadite Majesté, pour en jouir, faire & disposer comme bon lui semblera : en ce non compris la maison qui est joignant la grande porte, qu'elles ont baillée à loyer à Jean Raffelin, laquelle demeurera ausdites Religieuses, en la reception & jouissance de ladite rente. Et pour la validité du contenu en ces Presentes, sadite Majesté a promis & promet faire homologuer le present Contrat par Notre Saint Pere le Pape, par la Cour de Parlement, Chambre des Comptes, Cour des Aides, Generaux des Finances, & par tout ailleurs où il appartiendra, & de ce fournir & bailler Lettres suffisantes & valables ausdits sieurs Evêque de Paris, Religieux & Couvent St Magloire & Filles Penitentes dedans trois mois prochains venans; A CE FAIRE PRESENT LA MAJESTE' DU ROI NOTRE SEIGNEUR CHARLES IX de ce nom, lequel après avoir entendu la lecture de mot en mot du Contrat ci-dessus écrit, a icelui loué, agréé, ratifié, confirmé, approuvé & autorisé & autorise, veut qu'il sorte son plein & entier effet. Et outre à la requête de ladite Majesté de la Reine sa mere, a promis & promet faire unir & incorporer actuellement & perpetuellement ladite Eglise & lieu de St Jaques du Haut-pas audit Evêché de Paris & Abbayie St Magloire, selon la forme ci-dessus écrite; & semblablement icelle Majesté, aussi à la priere de ladite Dame Reine sa mere, a commué & changé lesd. deux mille livres de pension donnée par le feu Roi Henri son pere, confirmée comme dessus est dit, & au lieu d'icelle a donné & donne par cesdites Presentes, irrevocablement, à toujours, avec promesse de garentir, fournir & faire valoir ausdites Religieuses Filles Penitentes, ce acceptant pour elles & leurs successeurs & ayant cause à l'avenir, deux mille livres tournois de rente annuelle & perpetuelle, que sadite Majesté a promis & promet leur faire payer par chacun an aux quatre quartiers également, le premier payement écheant le dernier jour de Decembre prochain venant, & continuer par chacun an ausdits quatre quartiers de l'an à toujours, en & sur la recette generale des Finances de sadite Majesté, établie en cette Ville de Paris, & sur les plus clairs deniers d'icelle, sans que la distraction qui se pourroit faire d'aucuns membres d'icelle recette leur puisse prejudicier, differer ou empêcher aucunement le payement de ladite rente, laquelle demeurera comme charge ordinaire de ladite rente, & ce outre & par dessus leurs revenus & autres aumônes qu'elles peuvent avoir de sa Majesté chacun an, non compris ladite pension de deux mille livres tournois, à elle aumônée par le feu Roi Henri, qui demeurera éteinte par le moyen du don & transport que sa Majesté leur fait de deux mille livres sur la recette generale; pareillement à ce present mesdits Seigneurs Henri Duc d'Anjou, François Duc d'Alençon, freres de sadite Majesté, lesquels de leur bon gré & volonté à la priere & requête de lad. Majesté, de leur mere la Reine, mûs de devotion envers l'Eglise & Couvent des pauvres Filles Penitentes, & afin d'être participans de leurs Prieres & Oraisons, ont donné, constitué, assis & assigné par cesdites Presentes, ausdites Religieuses du Couvent des Filles Penitentes ce acceptant, deux mille livres tournois de rente, qui est par chacun an de mesd. Seigneurs mille livres tournois de rente ou pension, qui ont été assignées à savoir par mondit Seigneur le Duc d'Anjou sur la recette de Montfort-Lamauri, Mante & Meulant, & par mondit Seigneur Duc d'Alençon sur la recette de Pontoise & Chaumont, & ont promis & promettent les faire payer par les Tresoriers & par les Receveurs desdits lieux, desdites deux mille livres tournois de rente par chacun an, & les faire deliver aux Procureur & Receveur desdites Filles Penitentes ou au Porteur de ces Presentes pour elles, ausdits quatre quartiers de l'an également, le premier quartier de payement écheant ledit dernier jour de Decembre prochain, & continuer par chacun an ausdits quatre quartiers de l'an sur lesdites recettes, & generalement sur les deniers de leurs finances tant ordinaire qu'extraordinaire, qu'ils respectivement en chargent, affectent, obligent & hypotequent par ces Presentes, à fournir & faire valoir lesdites deux mille livres tournois de rente ou pension viagere, pour être payées ausdites Religieuses & Couvent desdites Filles Penitentes, la vie durant seulement de mesdits Seigneurs les Ducs d'Anjou & d'Alençon, & après leur decès fera rachetable par leurs heritiers ou ayant cause pour la somme de douze mille livres tournois, qui est chacun six mille livres tournois. PROMETTANS lesdites Majestés du Roi & Reine sa mere, en parolle de Roi & Reine, mesdits Seigneurs les Ducs d'Anjou & d'Alençon, en parolles de Princes, ledit sieur Evêque en parolle de Prelat, lesdits Religieux & Religieuses sous leur vœu de Religion, ces Presentes & tout le contenu en icelles avoir & tenir pour bien agreable, ferme & stable à toujours sans jamais y contrevenir, & rendre & payer respectivement l'un à l'autre & sans aucun plaid ou procès, tous coûts, frais, mises, dépens, dommages & Interêts, qui faits ou soufferts, soutenus & encourus seroient par deffaut des choses dessusdites ou d'aucunes d'icelles non faites & accomplies, comme dessus est dit, sous l'obligation & hypotheque de tous & chacuns leurs biens & de leurs ayans cause, meubles & immeubles, presens & à venir, qu'ils en ont soumis & soumettent, chacun endroit soi, pour ce du tout à la justice, jurisdiction & contrainte de ladite Prevôté de Paris, & de toutes autres justices & jurisdictions où vûs, sûs & trouvés seront; & renoncerent en ce faisant à toutes choses à ces Lettres contraires, & au droit disant generale renonciation non valoir. EN TEMOIGNAGE DE CE, Nous à la relation desdits Notaires, avons fait apposer le sceau de ladite Prevôté de Paris à cesdites presentes Lettres, qui furent faites & passées à savoir par les Majestés du Roi, de la Reine, mondit Seigneur le Duc d'Anjou & led. Seigneur Evêque, le Vendredi trente-uniéme & dernier jour d'Octobre; par mondit Seigneur le Duc d'Alençon le Dimanche deuxiéme, par lesd. Religieuses le Mardi quatriéme jour de Novembre, le tout en l'an mil cinq cens soixante & douze; & reste à parler par lesdits Religieux dudit St Magloire. Ladite Minutte paraphée en fin desdites: Signé, PONTRAIN & PARQUES, Notaires.

LES ENFANS-TROUVE'S.

L'HOPITAL des Enfans-trouvés est sous la même administration que les autres maisons de l'Hopital General, mais sans confusion des revenus. Il fut établi d'abord en l'année 1638, & transferé en la rue Notre-Dame en 1670. Cette maison est proprement destinée pour servir d'entrepôt & d'hospice aux Enfans exposés, qu'on ne peut transporter en la maison du fauxbourg St Antoine sans quelque danger. Il est desservi par des Sœurs de la Charité.

J'ai placé ci-après le Reglement de cet Hopital, pour confirmer ce que je viens de dire.

L'Hopital des Enfans-trouvés du fauxbourg St Antoine a été bâti en 1669 dans la grande rue, pour les Enfans-trouvés qui reviennent d'entre les mains des Nourrices, pour y être élevés jusqu'à un certain âge, qu'ils sont mis à l'Hopital General. Il est aussi desservi par des Sœurs de la Charité.

DECLARATION DU ROI,

Et Arrêt du Conseil d'Etat, Portant établissement & direction de l'Hopital des Enfans-trouvés de la Ville & Fauxbourgs de Paris.

Verifiée en Parlement le dix-huitiéme jour d'Août 1670.

LOUIS par la grace de Dieu, Roi de France & de Navarre: A tous presens & à venir, Salut. Comme il n'y a point de devoir plus naturel ni plus conforme à la pieté Chrétienne, que d'avoir soin des pauvres Enfans exposés, que leur foiblesse & leur infortune rendent également dignes de compassion ; les Rois nos predecesseurs ont pourvû à l'établissement & à la fondation de certaines Maisons & Hopitaux, où ils pussent être reçus pour y être élevés avec pieté : En quoi leurs bonnes intentions ont été suivies par notre Cour de Parlement de Paris, qui conformément aux anciennes Coutumes de notre Royaume, auroit ordonné par son Arrêt du treiziéme Août 1552, que les Seigneurs Hauts-Justiciers dans l'étendue de notre bonne Ville & Fauxbourgs de Paris, contribueroient chacun de quelque somme aux frais necessaires pour l'entretien, subsistance & éducation des Enfans exposés dans l'étendue de leur Haute-Justice : Et depuis le feu Roi notre très-honoré Seigneur & Pere, voyant combien il étoit important de conserver la vie de ces malheureux, destitués du secours des personnes mêmes desquelles ils l'ont reçue, leur auroit donné la somme de trois mille liv. & mille liv. aux Sœurs de la Charité qui les servent, à prendre chaque année par forme de Fief & Aumône sur le Domaine de Gonesse. Et considerans combien leur conservation étoit avantageuse, puisque les uns pouvoient devenir Soldats & servir dans nos Troupes, les autres Ouvriers ou Habitans des Colonies que nous établissons pour le bien du commerce de notre Royaume, Nous leur aurions encore donné par nos Lettres Patentes du mois de Juin 1644, huit mille livres à prendre par chacun an sur nos cinq grosses Fermes. Mais comme notre bonne Ville de Paris s'est beaucoup accrue depuis ce tems, & que le nombre des Enfans exposés s'est fort augmenté, la depense que l'on a été obligé de faire depuis quelques années pour leur nourriture s'est trouvée monter à plus de quarante mille livres pour chacun an, sans qu'il y ait presque autre fonds pour y subvenir que les aumônes de plusieurs Dames pieuses, les charités desquelles excitées par le feu sieur Vincent, premier Superieur general de la Mission, & Instituteur des Filles de la Charité, ont contribué de notables sommes de leurs biens & de leurs soins & peines à la nourriture & éducation de ces Enfans, Notre Cour de Parlement de Paris auroit estimé necessaire de convertir l'entretenement & subsistance que les Hauts-Justiciers sont obligés de donner aux Enfans exposés dans l'étendue de leur Haute-Justice, en une somme de quinze mille livres annuellement, pour être mise ès mains de personnes pieuses, qui charitablement en prennent soin, suivant son Arrêt du trois Mai 1667. Ce que nous aurions confirmé par Arrêt rendu en notre Conseil le vingt Novembre 1668. Mais comme l'établissement de cette Maison n'a point été specialement autorisé par nos Lettres Patentes, quoique nous l'ayons approuvé par les dons que nous y avons faits, étant bien aises de maintenir & confirmer un si bon œuvre, & de l'établir le plus solidement qu'il nous sera possible. A CES CAUSES, & autres bonnes considerations, à ce Nous mouvans ; & de no-

DE LA VILLE DE PARIS. Liv. V.

tré grace fpeciale, pleine puiſſance & autorité Royale, Nous avons par ces prefentes, fignées de notre main, dit, declaré, ftatué & ordonné; difons, declarons, ftatuons & ordonnons l'Hopital des Enfans-trouvés, l'un des Hopitaux de notre bonne Ville de Paris; Voulons qu'en cette qualité il puiſſe agir, contracter, vendre, aliener, acheter, acquerir, comparoir en jugement & y proceder, recevoir toutes donnations & legs univerfels & particuliers, & generalement faire tous autres actes dont les Hopitaux de notredite Ville & Fauxbourgs de Paris font capables : Confirmons & renouvellons en tant que befoin eft ou feroit, les donnations faites aufdits Enfans par le feu Roi notre très-honoré Seigneur & Pere, & par Nous; enfemble toutes autres donations, legs ou autres actes quelconques paſſés à leur profit, que nous voulons être reputés valables & avoir leur effet, comme fi ledit Hopital avoit été établi en vertu de nos Lettres Patentes. ORDONONS que des fommes de quatre mille livres & huit mille livres données aufdits Enfans-trouvés par le feu Roi & par Nous, il en fera d'orénavant payé par chacun an de quartier en quartier, à commencer du premier Janvier prochain, la fomme d'onze mille livres au Receveur dudit Hopital des Enfans-trouvés, & mille livres à la Superieure defdites Sœurs de la Charité, fur leurs fimples quittances; le tout à prendre, favoir quatre mille livres fur le Domaine de Goneſſe, comme il s'eſt fait ci-devant, & huit mille livres fur nos cinq groſſes Fermes. VOULONS que les fommes portées par l'Arrêt du Parlement de Paris du trois Mai 1667, & de notre Conſeil d'Etat du vingt Novembre 1668, foient auſſi payées de quartier en quartier ès mains du Receveur defdits Enfans-trouvés, par les Seigneurs Hauts-Juſticiers de notredite Ville de Paris, leurs Receveurs & Fermiers ou autres qui feront la recette de leurs revenus, & qu'à ce faire ils foient contraints ainſi qu'il eſt accoutumé. Savoir, trois mille livres par chacun an pour toutes les Juſtices dépendantes de l'Archevêché, deux mille livres pour celle du Chapitre de l'Egliſe de Paris, trois mille livres pour celle de l'Abbayie St Germain des Prés, douze cens livres pour celle de l'Abbayie St Victor, quinze cens livres pour celle de l'Abbayie Ste Geneviéve, quinze cens livres pour celle du grand Prieuré de France, deux mille cinq cens livres pour celle du Prieuré St Martin, fix cens livres pour celle du Prieuré de St Denys de la Chartre, cent livres pour celle de l'Abbayie de Thiron, cinquante livres pour celle de l'Abbayie de Montmartre, cent livres pour celle du Chapitre de St Marcel, cent cinquante livres pour celle du Chapitre de St Mederic, cent livres pour celle du Chapitre de St Benoît, cent livres pour celle de l'Abbayie St Denys; fans que les fommes ci-deſſus puiſſent être augmentées à l'avenir pour quelque cauſe & fous quelque pretexte que ce foit. Et à ce moyen lefdits Seigneurs Hauts-Juſticiers demeureront dechargés du payement des fommes portées par l'Arrêt dudit Parlement du treiziéme Août 1452. ORDONONS que la Direction dudit Hopital des Enfans-trouvés fera faite par les Directeurs de l'Hopital General, auquel nous l'avons uni & uniſſons par ces prefentes. Mais comme elle ne defire pas un fi grand nombre de perfonnes, VOULONS que le premier Prefident & notre Procureur General en notre Parlement de Paris en prennent foin, avec quatre Directeurs dudit Hopital General, qui feront nommés au Bureau d'icelui, ainfi que les Commiſſaires des autres Maifons dudit Hopital General, & y ferviront pendant trois ans, s'il n'eſt trouvé à propos de les continuer après ledit tems expiré, pour le bien des affaires defdits Enfans-trouvés. Et feront pendant ce tems toutes les chofes neceſſaires pour ladite adminiſtration, à la referve néanmoins des acquifitions d'immeubles ou alienations de ceux qui appartiennent & appartiendront ciaprès audit Hopital des Enfans-trouvés, lefquels ne pourront être arrêtés que dans le Bureau dudit Hopital General. VOULONS pareillement que lefd. premier Prefident, Procureur General & quatre Directeurs choifiſſent un

Receveur charitable du revenu defdits Enfans-trouvés, qui en fera la recette & en rendra compte chacune année, trois mois après icelle expirée, au Bureau dudit Hopital General: auquel compte les Officiers des Seigneurs Hauts-Jufticiers de notredite Ville de Paris, pourront affifter fi bon leur femble: auquel effet ils feront avertis du jour que lefdits comptes feront examinés & arrêtés. Et comme plufieurs Dames de pieté ont pris très-grand foin jufqu'à prefent defdits Enfans-trouvés & contribué notablement à leur nourriture & éducation, Nous les exhortons autant qu'il nous eft poffible de continuer leur zèle & charitables foins envers lefdits Enfans, ainfi qu'elles ont fait par le paffé, pour avoir part à ladite adminiftration fuivant les Articles de Reglement ci-attachés fous le contre-fel de notre Chancellerie, que nous voulons être executés felon leur forme & teneur. Si donnons en mandement aux Gens tenans notre Cour de Parlement & Chambre des Comptes de Paris, que ces prefentes ils ayent à faire lire, publier, regîtrer & obferver felon leur forme & teneur, nonobftant tous Edits, Declarations, Arrêts & autres chofes à ce contraires, aufquelles nous avons derogé & derogeons par ces prefentes: Car tel eft notre plaifir. Et afin que ce foit chofe ferme & ftable à toujours, nous y avons fait mettre notre Sel. Donne' à St Germain en Laye au mois de Juin, l'An de Grace mil fix cens feptante. Et de notre Regne le vingt-huitiéme. Signé, LOUIS: Et fur le repli, par le Roi, Colbert. Et à côté eft écrit, *Vifa*, Seguier: *Pour fervir aux Lettres d'union des Enfans-trouvés à l'Hopital General.* Et fellé du grand Seau de cire verte en lacs de foie rouge & verte.

Lues, publiées & enregîtrées, Ouï & ce requerant le Procureur General du Roi, pour être executées felon leur forme & teneur, fuivant l'Arrêt de ce jour. A Paris en Parlement le dix huitiéme jour d'Août 1670. Signé, ROBERT.

Extrait des Regiftres du Confeil d'Etat.

LE Roi étant en fon Confeil d'Etat, Voulant pourvoir à la direction & adminiftration de l'Hopital des Enfans-trouvés de la Ville de Paris, ordonné être établi par fa Declaration du prefent mois: A ordonné & ordonne ce qui enfuit.

Premierement.

Les Adminiftrateurs & Receveurs feront les pourfuites & diligences neceffaires pour la recette du bien qui appartiendra à l'Hopital des Enfans-trouvés; & pourront intenter pour cet effet telles actions qu'ils eftimeront neceffaires.

II.

Feront les marchés des bâtimens neufs, & auront foin de toutes les reparations qu'il conviendra faire aux anciens.

III.

Feront la dépenfe de l'Hopital, tant à l'égard des Enfans que des perfonnes qui les fervent.

IV.

Vifiteront toutes les femaines le Regître où l'on écrit le nom des Enfans-trouvés, que l'on apporte dans l'Hopital; & après l'avoir verifié fur

les

les procès verbaux des Commissaires du Châtelet, & Ordonnances des Officiers qui en doivent connoître, en parapheront les feuilles, & feront mettre lesdits procès verbaux dans le lieu qui sera destiné pour les garder.

V.

Examineront tous les mois la recette & depense dudit Hopital, & en arrêteront les comptes.

VI.

Les Dames qui seront choisies par celles de la Charité pour avoir soin desdits Enfans pendant quatre ans, iront les visiter le plus souvent qu'il leur sera possible.

VII.

Prendront garde que les Sœurs de la Charité qui y seront les servent bien, & leur administrent toutes les choses necessaires.

VIII.

Auront soin que les Sœurs de la Charité aillent visiter les Enfans qui seront mis en nourrice hors dudit Hopital dans les tems qu'elles estimeront à propos; & se feront rendre compte de l'état auquel elles les auront trouvés, & des necessités dont ils pourront avoir besoin, pour y pourvoir ainsi qu'ils le jugeront necessaire.

IX.

Feront les marchés qu'elles jugeront à propos pour leur nourriture, tant à Paris qu'à la campagne.

X.

Acheteront les toiles, étoffes, bonnets & autres choses necessaires pour l'habillement desdits Enfans, de l'argent qui leur sera mis à cet effet entre les mains par le Receveur, par ordre des Administrateurs, dont elles lui donneront un recepissé, lequel il leur rendra en leur remettant un bref état de l'emploi qu'elles en auront fait, pour être inseré dans son compte.

XI.

Pourront recevoir les charités qui seront faites audit Hopital par des personnes qui ne voudront être nommées, & les remettront entre les mains du Receveur, qui s'en chargera dans son compte. FAIT au Conseil d'Etat du Roi, sa Majesté y étant, tenu à St Germain en Laye le vingt-uniéme jour de Juillet 1670.

Signé, COLBERT.

L'HOPITAL DE LA TRINITE'.

L'AN 1202, deux Chevaliers Seigneurs de Galendes, donnerent leur maison, pour y fonder un Prieuré de l'Ordre des Premontrés au nom de la Ste Trinité, qui fut achevé, comme on le voit au portail, l'an 1210, & renouvellé en 1518; & y établirent un Prieur & deux Religieux. On voit au portail les effigies de ces deux Chevaliers avec leurs armoiries. Ce Prieuré étoit rue St Denys, & y avoit un Cimetiere pour enterrer les Pauvres.

En 1544 du tems d'Henri II, fut institué l'Ordre des Pupilles & des Orphelins, en l'Hopital de la Trinité, & en une Salle où autrefois les Confreres de la Passion jouoient leurs pieces de Morales & Comedies de la Passion, qui furent obligés d'acheter un lieu en l'Hotel de Bourgogne pour leur assemblée & jeux de Theatre.

C'étoit une belle chose avoir sortir de cette Maison la jeunesse propre à rendre service & mise en metier & adroite à toute action honnête. De plus ils ont droit de Maîtrise, & nul Juré ne peut aller faire visite dans cette Maison ou Hopital.

Au Cimetiere on portoit enterrer la plus grande partie des morts de l'Hotel-Dieu de Paris, lesquels on voituroit dans un chariot chaque nuit conduits par un homme d'Eglise qui faisoit les prieres accoutumées pour les deffunts.

Mais depuis que les Administrateurs de l'Hotel-Dieu ont fait acquisition du Cimetiere de la Croix Clamar, on ne conduit plus de morts de l'Hotel-Dieu à cette Maison, dont ils sont beaucoup debarrassés.

LE St ESPRIT.

L'HOPITAL du St Esprit établi en 1632, pour y recevoir les Orphelins, natifs de cette Ville. Il est uni à l'Hopital General, ou plutôt sous la même administration.

Il est situé à côté de l'Hotel-de-Ville dans la place de Greve.

LES ENFANS ROUGES.

L'HOPITAL des Enfans-Rouges fut institué par la Reine de Navarre en 1538, & l'Eglise fondée par François I, durant le siége de Pavie, & par les soins du Monsieur Briçonnet, President à la Chambre des Comptes. Cette fondation se voit dans une des vitres du Chœur, où le Roi, Marguerite Reine de Navarre sa sœur unique, & Briçonnet, sont peints excellemment après le naturel; là le Prince & la Princesse caressent des Enfans rouges, avec certaines attitudes dignes de leur Majesté & de leur âge : ces Enfans sont auprès d'eux, qui sautent de joie, comme pour temoigner leur reconnoissance.

Dans une autre vitre est l'Histoire de Jesus Christ, lorsqu'il montre un enfant aux Apôtres, pour exemple de simplicité; mais cette Histoire est à present un corps sans tête, parce que le reste de la vitre est fort gâté, & cassé presque tout à fait, on ne laisse pas neanmoins d'y admirer la tête,

DE LA VILLE DE PARIS. Liv. V. 595

& l'attitude d'un St Paul, qui sont belles par excellence; & de plus, trois hommes dans un éloignement, qui parlent ensemble pleins d'attention & d'étonnement; leurs têtes sont si belles, & quoiqu'elles semblent passées & enlassées l'une dans l'autre, elles sont placées neanmoins avec tant d'art & d'industrie, qu'elles attirent les yeux de tout le monde.

L'entrée de Jesus-Christ dans Jerusalem, de la même main, n'est pas moins à estimer; toutes les têtes & les attitudes en sont achevées & admirables.

Mais la vitre où Jesus-Christ est representé caressant les petits enfans que des femmes lui offrent, sans contredit est une des plus belles, des mieux peintes, & des mieux entendues de tout Paris, soit pour être plus en jour, ou pour s'être mieux conservée, ou que le Peintre y ait apporté plus de soin & d'étude. On y remarque dans Jesus-Christ une si grande charité à caresser ces petits enfans: ses deux mains sont occupées si naturellement à leur toucher la tête, & ses yeux à regarder ceux qui, à cause de la foule, ne peuvent approcher; dans les meres on voit un grand empressement de lui presenter leurs enfans; dans un certain petit garçon, la joie qu'il a d'être proche de lui se remarque si bien, son action est si douce, si enfantine, ses regards si pueriles & innocents, qu'il ne se peut rien imaginer de mieux; dans les Apôtres paroissent des passions aussi belles qu'elles sont differentes. Enfin, toutes les têtes & les attitudes de cette vitre ravissent: je crois pour moi que ces vitres sont du même Maître qui a fait celles du Joseph de St Merri.

LES MADELONNETTES.

LES Madelonnettes ont une Chapelle que Madame de Fieubet a fait bâtir en 1616, à ses depens, qui est si conforme en tout à celle de Notre-Dame de Lorrette, qu'il ne se peut rien voir de plus semblable.

Le peuple au reste les appelle ainsi, tout persuadé, quoique sans raison, que c'est un Couvent de femmes débauchées qu'on a contraintes de se faire Religieuses, comme si les vœux de Religion se faisoient par force.

Il est vrai qu'on y enferme les femmes un peu trop libertines, à cause de la sage conduite, & de l'adresse de ces bonnes filles à leur faire changer de vie: & de fait, il n'en sort guere d'une si bonne école, qui après cela songe encore à l'amour.

Elles sont gouvernées par des Religieuses Ursulines.

Cette Maison est située en la rue des Fontaines, quartier St Martin.

LES HOSPITALIERES DE LA PLACE ROYALE.

EN 1629, la Reine Anne d'Autriche, mere de Louis XIV, se rendit Fondatrice de cette Maison, pour y recevoir des femmes & des filles malades, qui sont traittées & soignées par des Chanoinesses de l'Ordre de St Augustin. Cet Hopital est situé dans le cul-de-sac de la rue du Foin, derriere la Place Royale.

Tome I. FFff ij

DE LA RAQUETTE.

LA Raquette ou Roquette, sous le nom de St Joseph, étoit ci-devant uni à l'Hopital des femmes de la Place Royale, dont Madame la Duchesse de Mercœur, vers l'an 1638, se rendit la Protectrice; par la suite il fut désuni & partagé en deux. Cet Hopital est également administré par des Religieuses du même ordre, & il est situé à l'extrémité de la rue de Charronne, faux-bourg St Antoine.

DE St ANTOINE DE LA MISERICORDE.

CETTE Maison a été fondée en 1624, par Monsieur Seguier, pour l'éducation de cent Orphelines qu'on y éleve depuis l'âge de six à sept ans, jusqu'à celui de vingt. On leur apprend à faire toutes sortes d'ouvrages; il faut pour y être reçues, qu'elles soient natives de Paris. Cet Hopital est situé au faux-bourg St Marcel en la vieille rue St Jaques, quartier de la Place-Maubert.

DE Ste BASILISSE ET DE St JULIEN
appellée de la Misericorde.

CET Hopital a été transferé de Gentilli en 1657, fondé par Monsieur le Prevôt, Seigneur d'Herblai, pour y recevoir les pauvres femmes & filles malades. Des Religieuses de l'Ordre de St Augustin ont l'administration de cet Hopital, qui est situé rue Mouffetar, faux-bourg St Marcel.

DE L'ENFANT JESUS.

EN 1653, cet Hopital a été fondé par un Bourgeois de Paris, établi & bâti vers cette année là, par les soins de Monsieur Vincent Instituteur & Procureur général de la Congregation de la Mission, pour y recevoir quinze hommes & quinze femmes, vieux & vieilles hors d'état de gagner leur vie, & desservi par les Sœurs de la Charité. Il est situé à l'extrémité du faux-bourg St Laurent.

DE Ste PELAGIE, ou DU REFUGE.

CETTE Maison est dépendante de l'Hopital Général, & sous la même administration; elle a été établie pour y recevoir des femmes & filles, dont la conduite cause du scandale, soit qu'elles s'y retirent volontairement, soit qu'elles y soient envoyées par ordre du Roi, ou par l'autorité des Magistrats. Elle est située au faux-bourg St Marcel, Place du Puits-l'Hermite.

MAISONS INSTITUE'ES EXPRE'S POUR LES
Nouveaux-Convertis, & Nouvelles-Catholiques.

LA Compagnie, pour la propagation de la Foi, & pour la maison des Nouvelles-Catholiques, fut instituée en 1634, le sixiéme Mai, par Jean-François de Gondi, premier Archevêque de Paris, & non seulement confirmée avec ses Statuts, la même année, le treiziéme Juin, par Urbain VIII, mais encore autorisée en 1635, par les Lettres Patentes du Roi, données à Senlis au mois de Mars; & le tout regitré au Grand Conseil, le rendant Maître absolu de tous les differends qui pourroient intervenir là-dessus.

Depuis neanmoins, & cela en 1637, le douziéme Mai, le Roi par Arrêt de son Conseil a pris les maisons des Nouvelles-Catholiques en sa protection.

Quant aux Directeurs de ces Maisons, le premier fut Raconie, Evêque de Lavaur; le second, Lescot Evêque de Chartres; le troisiéme, Labarde Evêque de St Brieu; le quatriéme, de Villars-la-Faye, Abbé de Jassin, Maître de la Chapelle du Roi, à present Evêque de Perigueux.

SUPERIEUR DE LA COMPAGNIE.

PEAN presentement, Docteur en Théologie, & Aumônier de Mademoiselle Souveraine de Dombes, & Directeur de la Maison des Nouvelles-Catholiques, nommé par les Grands-Vicaires du premier Archevêque deffunt, & depuis par ceux du Cardinal de Retz son successeur.

SUPERIEURES DE LA COMPAGNIE DES DAMES QUI
prennent soin de la Maison des Nouvelles-Catholiques.

LA Duchesse de Crouï, premiere; la Comtesse de Montgommery, seconde; la Presidente Loysel, Madame Fouquet qui l'est presentement. Cette Maison, au reste, fut établie d'abord au faux-bourg St Germain, rue des Fossoyeurs; depuis, vis-à-vis l'Hotel de Lorraine, & maintenant à la rue Ste Avoie.

SUPERIEURES DES DAMES QUI PRENNENT LE
soin de la Maison des Nouveaux-Catholiques.

LA Maison des Nouveaux-Catholiques, commença son établissement dans l'Isle-Notre-Dame, du tems que l'Evêque de Perigueux en étoit Directeur; presentement elle est dans la rue de Seine du faux-bourg St Victor. L'excellence de cet Institut se fait voir tant par la necessité qu'il y a d'avoir des maisons de retraite, pour y retirer des personnes de l'un & de l'autre sexe, qui ne peuvent pas se convertir chés leurs parens huguenots, que par le grand avantage qui en revient à l'Eglise, puisque ces personnes là, étant converties, attirent souvent leurs parens avec elles; ou du moins en se mariant, & élevant leurs enfans dans la Religion Catholique, augmentent le nombre des Fidéles. Cependant il y a lieu de s'étonner que si peu de monde s'applique à ce saint emploi, & d'autant plus qu'il n'y a point encore de maisons pour mettre les filles à part, & que pour toute fondation elles n'ont que cent livres de rente; quoique depuis leur érection il se soit fait à Paris quantité d'autres établissemens.

L'HOTEL-DIEU D'ETIENNE HAUDRI,

OU

L'HOPITAL DES HAUDRIETTES.

QUI voudroit s'en rapporter à Jacobus de Monte & au Pere du Breul, touchant les Haudriettes, tous deux tiennent que cet Hopital n'est guere moins ancien que la Monarchie; & s'il en faut croire l'Auteur Anonyme des miracles de Ste Geneviéve qu'elle fit après sa mort, que j'estime bien autre qu'eux, l'Eglise est un monument de la pieté que les premiers Chrétiens de Paris, dont la foi, pour lors plus forte que la persecution, bravoit la cruauté des Païens, avoient érigé pour y adorer Jesus-Christ. Ainsi laissant là du Breul avec ses fables & ses prodiges imaginaires, qui ne se trouvent qu'à la suite de la Legende dorée de Jacobus de Voragine, je m'attacherai à cet Anonyme, & rapporterai ce que j'ai découvert là-dessus en le lisant. Car enfin, quoiqu'on ne sache pas son nom, & même qu'il soit à reprendre à cause de sa trop grande simplicité, cependant personne ne doute de la fidelité de son Histoire; & de plus, il est très-certain qu'il vivoit sur la fin du neuviéme siecle, & étoit Religieux de Ste Geneviéve : car lui-même nous apprend qu'en 886, après que le siége de Paris fut levé, tout le Couvent & lui partirent en procession pour aller au lieu où le corps de Ste Geneviéve avoit été transporté à cause des Normans, afin de le rapporter.

Cet Auteur fidelle dit donc que de son tems la Seine étant venue à grossir à cause des pluies & des neiges fondues, deborda si cruellement, que tout Paris fut noyé; si bien que chacun étoit contraint d'abandonner sa maison & son logement. Dans cette affliction l'Evêque Inchadus, pour appaiser Dieu, ordonne des jeûnes & des prieres, & envoie en bâteau des Prêtres dans toutes les Eglises, afin d'y faire le Service. Un de ces Prêtres, nommé Richard, s'étant fait conduire proche de l'Eglise de St Jean, à un Couvent de filles bâti par Ste Geneviéve même, & à ses dépens: il le trouva tellement assiegé par les eaux, que la riviere battoit ses murs & ses fenêtres jusqu'à moitié; & de plus, remarqua que le lit où cette sainte Vierge avoit rendu les derniers soupirs, qu'on gardoit là encore, quoique tout entouré d'eau, l'eau neanmoins n'en approchoit pas, & qu'il étoit à sec. Inchadus à cette nouvelle accourt avec tout son Clergé, & une foule de peuple qui le suivoit; & admirant les faits de Dieu, se met en prieres, & incontinent les eaux commencerent à diminuer; & enfin la riviere se retira dans son canal. Cet Historien, comme fort credule, ajoute que le Prêtre Richard n'avoit été envoyé là qu'à cause de ce lit, & pour éprouver sa vertu par l'intercession de Ste Geneviéve; & bien plus, que la Seine ne s'étoit debordée que pour operer ce miracle.

DE LA VILLE DE PARIS. Liv. V.

Au reste, qui voudra se donner la peine de collationner le passage Latin de cet Auteur, que j'ai traduit sur l'Original manuscrit qui est à la Bibliotheque de Ste Geneviéve, avec celui qu'a fait imprimer Bollandus, trouvera qu'il l'a tiré d'un Manuscrit copié par quelque ignorant, qui ne pouvant lire l'Original, l'a tellement alteré, qu'on n'y sauroit découvrir ni le tems ni le siecle de cette inondation. ni du miracle; joint qu'il a changé le nom d'Inchadus, pour lors Evêque de Paris, & qui mourut en 839, aveugle de vieillesse, en celui de Richaldus qui ne fut jamais Evêque. Ce même passage est plein de beaucoup d'autres fautes, que j'ai toutes corrigées dans mes remarques.

Je croirois volontiers le miracle que je viens de dire; mais, comme il est raconté avec tant de circonstances pueriles, & peut-être même fabuleuses, je doute fort qu'il soit vrai.

Touchant l'érection de ce Monastere de Filles par Ste Geneviéve, la chose me paroît encore un peu suspecte, sur tout lorsque je viens à considerer que cet Auteur est le seul qui le dise, & qu'il vivoit quatre ou cinq cens ans après Ste Geneviéve, & qu'enfin il n'en est point parlé dans Gregoire de Tours, qui auroit été soigneux de visiter ce Couvent, si Ste Geneviéve l'avoit fait bâtir; & de plus, qui n'a rien omis de tout ce qu'il savoit de cette sainte Vierge, & même de tout ce qui s'en disoit de son tems. J'ajoute que les Parisiens qui ont toujours eu tant de devotion pour leur Patrone, n'auroient jamais souffert la ruine de cette maison Religieuse, si veritablement elle l'eût fait bâtir, & y fût morte; en tout cas, que jamais ils n'auroient permis qu'on la ruinât, de sorte qu'un jour on pût être en peine de sa situation.

Et de fait, quoi qu'en veuille dire Jacobus de Pont & le Pere du Breul, personne ne sait au vrai en quel endroit de la Paroisse St Jean ce Monastere étoit bâti: d'ailleurs il est très-certain que l'Hopital des Haudriettes n'est élevé ni sur ses ruines, ni sur ses traces. Car j'ai appris de plusieurs Chartes anciennes, que pour fonder cet Hotel-Dieu, Etienne Haudri dans le treiziéme & quatorziéme siecle, acheta des places vuides, & quelques maisons particulieres à la rue de la Mortellerie; que Laurent le Matrenier lui vendit depuis le lieu qu'occupe presentement la Sacristie ou la premiere Chapelle; & qu'enfin Philippe le Bel & Philipe le Long, en 1306 & 1319, amortirent cette maison, aussi-bien que la Chapelle, & tous les biens généralement des Haudriettes. De sorte que si ce que je viens de dire est vrai, il faut que du vivant de l'Auteur Anonyme que j'ai cité, il n'y eût aucun Couvent de filles proche St Jean, ni sur le bord de la riviere, mais que depuis on l'a tellement negligé, que non seulement le tems en a arraché jusqu'à la derniere pierre, puisqu'il ne s'en trouve aucun vestige, mais même que la memoire en est tout à fait perdue.

Mais ce n'est pas là la seule difficulté que nous trouverons ici, & qui nous donnera de la peine; car si nous ne savons pas où étoit placé le Monastere bâti par Ste Geneviéve, nous ne sommes pas mieux informés qui étoit Etienne Haudri, non plus que de l'année, & même du tems qu'il jetta les fondemens de son Hopital; & moins encore les raisons qui le porterent à ce grand œuvre de charité. J'ai vû des Chartes anciennes, ou tantôt il prend la qualité de Bourgeois, tantôt celle d'Echevin de Paris, tantôt les deux ensemble; tantôt celle de Pannetier du Roi, & tantôt de Secretaire de St Louis. Et quoique je n'aie manié aucun titre de ceux où il se soit qualifié Secretaire ou Officier de St Louis, ce sont pourtant les seules qui lui sont données, tant par le peuple, que par les Haudriettes : & non contens de lui faire suivre ce Prince à son voyage d'Outremer, on prétend même qu'à son retour il fit bâtir exprès cette Maison en reconnoissance du soin particulier que quelques veuves avoient eu de sa femme en son absence, & de lui avoir tenu si bonne compagnie.

Quelques-uns même sont assés injustes pour lui ravir la gloire de cette fondation, & l'attribuer à sa femme, qu'ils appellent Jeanne, prétendant qu'elle le commença en 1250 ou 1258, durant le voyage de son mari; & que le croyant mort, parce qu'elle n'en avoit point de nouvelles, elle même se retira dans cet Hopital, où elle fit vœu avec trente-deux autres femmes veuves, & y porta tout son bien. D'autres enfin, pour annoblir l'origine des Haudriettes, la font remonter jusqu'à St Louis, afin que ce glorieux Regne, & si illustre par tant d'autres actions pieuses, lui donne plus d'éclat, le tout appuyé sur des contes fondés en l'air, & des avantures fabuleuses, au préjudice de la verité.

Car quant aux traditions qu'ils alleguent, outre qu'on n'en trouve rien que dans la memoire des pauvres femmes de cet Hopital, c'est que St Louis mourut en 1270; & de plus, j'apprens des Registres du Tresor des Chartes, & des Rouleaux de la Chambre des Comptes, qu'Etienne Haudri n'acheta qu'en 1306, le lieu où est la Sacristie, qui a servi de premiere Chapelle aux Haudriettes, lorsque son Hopital ne venoit que d'être bâti ou fondé; qu'enfin il fit son testament en 1313, & qu'il étoit mort en 1319.

Au reste, je n'ai pû encore découvrir au vrai, ni dans le Tresor des Chartes, ni à la Chambre des Comptes ni ailleurs, le nombre des veuves qu'il établit dans cette Maison, quoique tout le monde le fasse monter à trente-deux.

On ne sait de qui tout le monde a appris cette particularité, car les Lettres du Roi de l'année 1319, dont j'ai fait mention, & qui furent expediées après la mort du Fondateur, ne parlent en général que d'une certaine quantité de pauvres femmes, & semblent même dire par là que le nombre n'en avoit pas été fixé, & ne l'étoit pas encore en 1319.

S'il le fut depuis, conformément à la Tradition, je ne sai si ç'a été vers la fin du quatorziéme siecle, comme n'en ayant pû rien trouver avant ce tems-là, & que l'Antipape Clement VII, rapporte dans une Bulle donnée à Avignon en 1386, où il dit que dans cet Hotel-Dieu il y avoit alors trente-deux Sœurs, toutes âgées & veuves. Or, comme il me souvient d'avoir lû dans la Reforme faite de nos jours par François de la Rochefoucault, Cardinal, & dans plusieurs autres actes que je citerai en leur lieu, que dans cette Maison l'on a compté quelquesfois jusqu'à quarante veuves, il y a lieu d'assurer que le nombre de ces Hospitalieres n'a jamais été bien reglé, & qu'on l'a proportionné au bien & au revenu de la maison, tantôt plus grand en certains tems, & tantôt plus petit.

LE BATIMENT.

QUANT au Bâtiment, quoiqu'on ne doute point qu'Etienne Haudri n'ait procuré à ces femmes tous les avantages qu'il lui a été possible, & qu'on croye enfin qu'il acheva tous les édifices qui lui étoient necessaires; la grande Chapelle neanmoins que nous voyons encore aujourd'hui proche de la Greve, tout à l'entrée de la rue de la Mortellerie, n'en est pas; car encore qu'elle soit fort vieille, on tient pour certain qu'il n'en fit point faire d'autre que celle qui sert maintenant de Sacristie, & qui, comme j'ai dit, est petite, obscure, malfaite & barbouillée de fort mauvaises peintures, où sont représentés des Anges & des Saints.

On tient que Guillaume d'Oreillac, Evêque de Paris, qui mourut en 1320, y mit la premiere pierre, la benit, la dedia, & y dit la premiere Messe. à quoi l'on ajoute foi à cause de quelques mechans Vers écrits en Lettres Gothiques contre la muraille, qui le font savoir.

On prétend encore qu'Etienne Haudri, fils du Fondateur, Marie sa femme me, & Jean son fils, fonderent dans le même Hopital trois autres Chapelles, à la charge de les conferer alternativement avec Guillaume de Chanac, Evêque de Paris, & les autres Evêques ses successeurs.

De plus, on assure qu'en 1386, Clement VII commanda à l'Abbé de Ste Geneviéve de permettre aux Haudriettes d'avoir un Ciboire pour y mettre le St Sacrement; que des quatre Chapelains qui desservoient alors la Chapelle, il y en avoit deux perpetuels, & obligés de faire le Service tous les jours: pour les deux autres, que toutes les semaines ils disoient chacun trois Messes ordinairement. D'ailleurs, que ce même Clement Antipape permit à tous quatre d'administrer les Sacremens aux Hospitalieres. On tient enfin, que le Fondateur donna la direction de cet Hotel-Dieu à son fils aîné & ses descendans ; qu'il appella à la substitution de ce Gouvernement, le Prevôt des Marchands & les Echevins ; que la fondation fut confirmée en 1414, par Alemanus Catdinal de Pise, du titre de St Eusebe, Legat *a latere* de Jean XXIII.

Toutes ces circonstances là, au reste, se lisent en plusieurs Chartes que l'on conserve dans le tresor de cette Maison, si bien qu'on n'en peut pas douter.

Du reste, je ne m'arrête pas trop à ce qui se lit dans quelques Papiers des Haudriettes, que leurs premiers Statuts furent approuvés en 1295, par le Pape, & par l'Evêque de Paris; car puisque j'ai fait voir que leur Hopital n'étoit pas encore fondé, quelle apparence y a-t-il à cela ?

Ce n'est pas qu'à le bien prendre, rien n'empêcheroit que des Statuts ne fussent faits & confirmés avant que de commencer à bâtir une maison; même il est certain qu'il y en avoit de plus anciens que ceux qui furent approuvés en 1414 par Alemannus, & qu'Etienne Haudri avoit dressés lui-même, à ce que disent les Haudriettes, mais je ne les ai pû découvrir. Tellement que je ne saurois rapporter ici que ceux qui furent faits par Michel de Brache, Michel de Cernai, ou de Crenai, & Pierre d'Ailli, grands Aumoniers de France, sous les Rois Jean & Charles VI; ou pour parler comme on faisoit alors, Aumoniers du Roi, car nos Rois ne s'étoient pas encore avisés de créer les Charges du Grand-Maître, de Grand-Chambellan, de Grand-Ecuyer, & de Grand-Aumonier.

STATUTS.

V OICI les Statuts de Michel de Brache.
Que les Descendans d'Etienne Haudri seront Administrateurs perpetuels de cet Hopital.

Que toutes les Veuves qu'on y recevra, apporteront chacune, ou un lit garni, ou la valeur, & donneront à dîner le jour de leur entrée, à toute la Communauté.

Qu'elles vivront en commun & paisiblement, & communieront quatre fois l'an.

Qu'elles finiront leurs jours dans cet Hotel-Dieu, & n'en pourront sortir, même étant malades.

Que celles qui pourront être convaincues de vol, de médisance, d'ivrognerie, de luxure, & d'avoir logé quelqu'un dans leurs chambres, sur tout si c'est un homme, seront chassées honteusement, & sans pouvoir rien esperer du bien qu'elles auront apporté.

Enfin toutes les fois qu'on leur donnera des habits neufs, qu'elles seront obligées de rendre les vieux, jusqu'aux souliés & aux hardes.

Qu'elles obéiront à leurs Administrateurs aveuglément, diront tous les jours pour leurs Fondateurs, trois *Pater*, & deux pour leurs Bienfaicteurs.

Que sans reserve aucune de leur bien ni de leur personne, elles se consacreront à la Maison entierement, sans pouvoir plus disposer de rien.

Qu'elles renonceront à tous les attachemens & autres empêchemens du monde, afin de vaquer seulement au service de Dieu & de l'Hopital.

A l'égard de Michel de Cernai, je ne sai s'il chargea ces femmes d'autre chose que de ne point sortir sans la permission de leur Maitresse, quand même ce seroit pour aller au Service, ou en Pelerinage. Mais enfin, c'est le seul Statut qui lui soit attribué dans la Bulle d'Alemannus : or si cela est, en recompense il eut un bon second ; car Pierre d'Ailli ne s'y épargna pas, qui en fit lui seul assés pour eux deux. Ces Statuts sont.

Que toutes les Chartes seroient enfermées sous deux clefs differentes ; l'une que garderoit la Maitresse, & l'autre qui seroit confiée à deux des plus vertueuses de ces Hospitalieres.

Que ces trois femmes, chacune à part, auroient un inventaire, tant des livres, que du linge, & des ornemens de la Chapelle.

Que tous les ans la Maitresse rendroit compte de son administration, & ne pourroit dépenser plus de vingt sols à la fois, sans le communiquer aux deux autres femmes.

Que personne ne viendroit dîner dans cette Maison, ni souper, & même ne pourroit entrer dansle Dortoir, ni dans le logis neuf, sans la permission de la Maitresse.

Que les Haudriettes ; à moins que d'être malades, ne dîneroient point hors du Refectoire, & ne pourroient rien faire dans le Dortoir, qui pût en troubler le silence, ou incommoder leurs Compagnes.

D'Ailli leur ordonna encore.

D'assister les bonnes fêtes au Service qui se dit chés elles, sans penser ces jours-là à aller aux autres Eglises, hormis à l'heure du Sermon.

Enfin, il les obligea de garder le silence, aussi-bien au Dortoir qu'à la Chapelle, & de dire dix-huit *Pater*, & autant d'*Ave*, pour leurs Bienfaicteurs.

En recompense il leur permit d'avoir une Infirmerie ; du reste, leur declarant que par ces reglemens il n'entendoit point déroger en aucune façon aux anciens, en ce qui regardoit le nombre des prieres, & de leurs habits : tant s'en faut qu'il vouloit qu'on les lût publiquement aux quatre grandes Fêtes de l'année, & même qu'ils fussent exposés au Dortoir dans un tableau, afin qu'en tout tems & à toute heure on les pût lire.

Au reste, comme dans ces Statuts il est fait mention d'autres plus anciens, ce n'est pas sans raison que j'ai fait savoir qu'il y en avoit de plus anciens que ceux qu'approuva Alemannus ; & même que j'ai bien cherché sans les pouvoir trouver, dont je ne m'étonne plus, depuis que j'aprens que les Filles de l'Assomption s'en sont emparés, aussi bien que de l'Hopital, & de tout le bien des Haudriettes : & si bien même, qu'on desespere de pouvoir jamais les retirer de leur main ; avec d'autant plus de raison, qu'il s'y verroit le premier état de cet Hotel-Dieu, & dont je serois instruit à fonds : ce que ces Religieuses ne veulent pas qu'on sache, comme étant tout-à-fait opposé à leurs vœux, & à l'esprit que la Regle qu'elles suivent demande, que cependant le Cardinal de la Rochefoucault leur a substitué.

Je n'ai pas encore été plus heureux à la recherche que j'ai faite de quelques autres Statuts plus modernes, qui obligent ces Hospitalieres, tant à faire des vœux, recevoir chés elles des filles, qu'à prendre le nom & l'habit de Religieuses ; & l'on tient qu'elles les ont égarés exprès, afin qu'on ne pût pas s'en servir contre elles.

Que si cela est, elles ont bien mal pris leurs mesures, puisque dans leur Regîtres on a découvert qu'en 1526, 1528, 1545, 1552, 1557, 1558, 1572, & 1582, neuf ou dix de leurs Devancieres prirent en effet l'habit, & firent

DE LA VILLE DE PARIS. Liv. V.

profession; qu'en 1416, 1489, 1501, 1520, 1521, 1569, 1589 & 1610, elles reçurent de pauvres filles dans leur corps; & qu'en certains contrats passés avec elles en 1416, 1477, & 1520, celle qui prenoit la qualité de Maitresse, y prend celle de Superieure; & tout de même à son imitation, que les Hospitalieres s'y font donner le nom de Sœurs & celui de Religieuses, quoiqu'auparavant, & jusqu'en ce tems-là, on les eut toujours appellés les bonnes femmes de la maison & Chapelle d'Etienne Haudri.

Or pour ce qui regarde ces changemens, il ne faut point douter que les Grands-Aumôniers de France n'en soient Auteurs, & que ces nouveaux Statuts, aussi-bien que les precedents, n'ayent été dressés par eux; car, & dans les Chartes & dans les Regitres de cet Hopital, on voit comme peu à peu ils en ont usurpé l'administration, & enfin se sont appropriés tous les droits que le Fondateur avoit reservés à ses descendans, & tous confirmés par Alemannus, & par Michel de Brache. Et de fait, quant aux Regîtres, ils sont tous pleins des Ordonnances & des Reformes faites par ces Grands-Aumôniers. Les uns portent que c'étoient eux qui nommoient les Directeurs au temporel, & qu'aucun n'étoit admis sans leur approbation, & un *Placet* qu'ils donnoient, comme faisoient autrefois les Abbés Commendataires dans leurs Abbayies.

Les autres nous apprennent qu'en 1618, Saint Pere, Grand-Vicaire de Davy, Cardinal du Perron, Grand-Aumônier, deffendit à la Superieure de laisser entrer dans le Dortoir autre personne que le Medecin, le Chirurgien & l'Apoticaire; qu'en 1620 & 1622, François de la Rochefoucault, Prêtre, Cardinal du titre de St Calixte, Evêque de Senlis, & Grand-Aumônier, reforma cet Hotel-Dieu; qu'en abolissant & le nom & l'institution des Haudriettes, il les transporta dans un logis qu'il avoit au fauxbourg St Honoré, & les érigea en Religieuses, mais de celles que nous appellons Filles de l'Assomption. Enfin, & pour tout dire en un mot, ce Cardinal démolissant peu à peu les remparts, a tant fait qu'il a arraché jusqu'à la derniere pierre de cet Hopital, que la pieté d'Etienne Haudri depuis trois ou quatre cens ans avoit consacré à la vieillesse des pauvres femmes veuves pour leur soulagement, & le tout afin d'être employé à l'édifice, & servir à l'établissement d'un nouveau Monastere de Filles, jeunes, riches, & de l'Ordre de St Augustin.

Dans cette vûe au reste, pour mettre son honneur à couvert, & faire réussir son dessein avec plus d'apparence de raison, en 1620 il assembla les Administrateurs du temporel avec d'autres tant Seculiers qu'Ecclesiastiques sages & d'une haute reputation.

A la verité, d'abord par leur avis, il confirma les Statuts que ses devanciers & le Fondateur avoient dressés, & pour le spirituel & pour le temporel, même en ce qui regardoit les habits des Haudriettes; mais du reste il regla & changea tellement le genre de vie de ces femmes, qu'on ne doit pas s'étonner qu'un simple Hopital, fondé par un Bourgeois, avec le tems par le credit d'un Cardinal Grand-Aumônier, soit devenu un nouveau Couvent & le Monastere des Filles de Notre-Dame de l'Assomption. Et non seulement depuis, il ne se contenta pas de leur permettre de recevoir avec elles des Filles âgées de plus de trente ans, il se reserva encore & aux autres Grands-Aumôniers ses successeurs, le pouvoir tant de les examiner & approuver avant leur reception, que de donner dispenses à celles qui seroient plus jeunes.

De plus il les obligea à retenir le même habit que de tout tems elles portoient, & voulut que les nouvelles Recipiendaires en entrant, fissent d'abord leur confession générale & une année de Noviciat, avec les vœux de pauvreté & de clôture, outre ceux de chasteté & d'obédience qu'elles faisoient auparavant. Il les chargea encore de recevoir gratuitement autant de veuves & de filles que le revenu de la maison pourroit porter, & même

Tome I. GGgg ij

davantage, pourvû qu'elles apportassent une dot convenable; en tout cas tout ce qui seroit necessaire pour leur entretien. Du reste tant s'en faut qu'il exigeât d'elles des mortifications ou autres devotions extraordinaires, il se contenta des jeûnes commandés par l'Eglise, leur enjoignant de communier réglément tous les Dimanches, toutes les Fêtes de Notre-Dame, des Apôtres & autres Fêtes solemnelles, sans manquer ces jours-là d'assister à l'Office de la Vierge qui se dit à leur Chapelle.

Davantage, il leur recommanda de ne faire paroître aucune affectation & n'avoir rien de singulier, soit en leurs paroles, soit en leurs devotions, façon de vivre, & ainsi des autres choses qui concernent l'ordre de leur maison; mais surtout il leur deffendit expressément de passer sans sa permission au de-là de ce qui leur étoit prescrit touchant les jeûnes, austerités & communions.

Outre ceci, pour mettre à tout un si bon ordre, que leurs prieres, leur travail & toutes leurs autres actions se fissent en communauté, reglément & au son de la cloche, afin d'y être exactes & n'y pas manquer, il voulut que toutes les heures du jour fussent partagées, & que nonobstant les Haudriettes gardassent le silence pendant le tems qui leur avoit été marqué par leurs Superieurs.

Que le matin elles donnassent une demie heure à la meditation, ou dissent leur chapelet, ou lûssent quelque livre devot; à dîné en sortant de table, il leur accorda une demie heure de recreation, & l'heure entiere après soupé; mais toujours les Litanies après ces recreations, sçavoir à dîné celles de la Vierge, & le soir celles des Saints, pour demander la grace de bien mourir. De plus le matin à certaine heure, de chanter Prime & Tierce de l'Office de Notre-Dame; l'après-dîné Vêpres & Complies: & quant aux jours de Fêtes de dire l'Office entier. Enfin tous les soirs avant que de se coucher, de mediter & d'examiner leur conscience.

Pour les servir, il leur permit de recevoir des Sœurs Converses, selon le besoin qu'elles en auroient, sans dire combien; & tout de même pour les gouverner, il permit aux Professes d'élire une Superieure à la pluralité des voix, & d'en changer tous les deux ans; voulant néanmoins que leurs voix fussent reçues par celui qu'il commettroit exprés, & par trois d'entre elles des plus anciennes.

Au reste quand les voix seroient partagées, qu'on procederoit tout de nouveau à une nouvelle élection jusqu'à trois fois; & si pour lors les voix se trouvoient encore égales, qu'il seroit à son choix d'en disposer comme il voudroit. Que tous les trois mois il leur envoieroit des Confesseurs extraordinaires. Qu'elles ne laisseroient entrer personne dans leur Hopital sans son congé, ni n'en sortiroient point sans grande necessité ni sans sa permission; & encore, cela arrivant, que ce ne seroit point à des heures indues ni seules, mais avec d'autres personnes qu'il leur donneroit pour éclairer leurs actions. Qu'elles ne possederoient rien en propre & ne pourroient donner que des choses de peu de valeur. Enfin il recommanda à la Superieure d'avoir grand soin des malades; aux jeunes Religieuses de solliciter les vieilles avec grande charité; & aux malades de porter leur mal en patience, & de ne se pas rendre insupportables. Qu'au refectoire les viandes seroient communes; que pendant le repas on y liroit quelque livre spirituel. Que celles qui n'auroient point fait de confession generale en feroient une au plutôt; qu'au reste elles observeroient ces reglemens toute leur vie, sans pouvoir en être dispensées par autre que par le Pape.

En 1620 le huitiéme Août, ces femmes en plein Chapitre accepterent cette reforme. Le Cardinal depuis, qui à ce qu'on dit, vouloit se défaire d'un logis qu'il avoit au fauxbourg St Honoré, & le vendre à son mot, mais bien plus s'ériger en fondateur de Monastere aux dépens d'autrui, ce Cardinal, dis-je, jetta les yeux sur cet Hopital, comme étant justement ce

DE LA VILLE DE PARIS. Liv. V. 605

qu'il lui falloit. De quelque façon pourtant qu'il s'y prît, toutes ses finesses & ses adresses ne purent rien sur l'esprit des quarante Religieuses qui l'occupoient, pour les amener à son but, & qu'elles le sollicitassent de les transporter à sa maison du fauxbourg. Car de tout ce grand nombre, jamais il n'en pût gagner que six, toutes les autres n'en voulurent point entendre parler, ni faire ce tort à la pieté de leur fondateur que de trahir ainsi lâchement ses saintes intentions. Et quoique le petit nombre de celles qui avoient été gagnées ne fissent pas la septiéme partie des Hospitalieres toutes ensemble, elles ne laisserent pas au nom de toute la Communauté de presenter une Requête au Cardinal, qu'aussi-tôt il enterina.

Par cette Requête, qui est du vingtiéme Juillet 1622, les Haudriettes lui remontroient que dans leur Hopital, non seulement elles ne pouvoient observer les Statuts dont je viens de parler, comme étant de trop petite étendue pour des Religieuses, & de plus où l'air étoit étouffé, mal sain & grossier à cause des vapeurs de la Seine, mais encore parce que tous les hivers cette riviere venant à grossir, la plupart du tems elle les tenoit assiegées de tous côtés par ses grandes eaues; joint le vacarme continuel du quartier par les querelles & les blasphêmes des Bâteliers & des Crocheteurs; qu'ainsi elles le supplioient de les transferer ailleurs & dans un lieu où elles pussent avoir toutes les commodités necessaires pour l'établissement & l'observation tant de la clôture que des autres reglemens qu'il leur avoit dressés.

Dès le lendemain le Cardinal vient chés elles, visite la maison, remarque toutes les incommodités portées par la Requête, sans les autres; en fait un procès-verbal, & sur le champ y ajoute son Ordonnance.

Aussi-tôt Berger, Conseiller au Parlement & Hinselin, Correcteur des Comptes, se chargent de la commission, & quelques jours après rapportent qu'ils n'ont sû trouver de logis plus propre pour le séjour de ces Hospitalieres, que celui du Cardinal, où il avoit posé les fondemens du Couvent des Filles de l'Assomption. Le quatre Septembre suivant, le Cardinal commet les deux mêmes Officiers, afin de faire en sorte que ces Hospitalieres y fussent conduites au plutôt. Le sixiéme ces Commissaires, assistés de la presence de Madame de Lamoignon, Presidente au Mortier, des Dames Lozeau, de Montmor, & de Lauzun, toutes de qualité & d'une haute pieté, transportent quinze Haudriettes au fauxbourg St Honoré. Le vingt de Novembre, le Cardinal, par Sentence autorise cette translation si subite, supprime l'Hopital d'Etienne Haudri & en approprie le revenu, qu'on fait monter à des sommes très-considerables, au Monastere des Filles de l'Assomption, & sept jours après il obtient des Bulles de Gregoire XV, par lesquelles le Pape approuve son procedé, aggrege les Haudriettes à l'Ordre de St Augustin, les soumettant neanmoins à la Jurisdiction du Grand-Aumônier : mais au lieu de leur permettre de sortir avec congé, ainsi qu'il est porté dans la reforme de l'année 1620, il leur commande de se conformer en cela à ce que le Concile de Trente ordonne aux Religieuses de St Augustin.

Ensuite & depuis il fit plusieurs chicannes tant au Parlement qu'au Grand Conseil & au Conseil Privé, que je laisse-là comme trop longues, & qui ne serviroient qu'à montrer que le Cardinal, les Haudriettes & les Filles de l'Assomption maintinrent leurs interêts chaudement. Deux ans après, les Veuves de l'Hopital, qui n'avoient pas voulu se retirer au Couvent de l'Assomption avec les autres, ayant appellé de la translation & de la suppression de leur Hotel-Dieu; le Pape & le Roi confirmerent l'un & l'autre. Sur cela ces femmes se pourvoient au Grand-Conseil, & s'opposent à l'enregîtrement tant des Bulles du Pape que des Lettres du Roi. Le Prevôt des Marchands & les Echevins là-dessus interviennent; & le Procureur général fit si bien valoir leur cause, que par Arrêt du treize Decembre

1624, il fut ordonné qu'elles feroient rétablies dans leur Hopital, & la poffeffion de tous leurs biens & revenus; & enfin que la fondation & les Statuts de la maifon feroient ponctuellement obfervés. Le Cardinal fans perdre de tems, évoque la caufe au Confeil privé, & fit tant par fon credit, que le dix-neuf Decembre, non feulement le Confeil deffendit à ces Hofpitalieres de paffer outre, mais encore manda le Procureur général du Grand-Confeil pour rapporter les raifons qu'avoit eu fa Compagnie de rendre un jugement fi favorable à ces Hofpitalieres & fi préjudiciable à l'autorité du Grand-Aumônier ; & enfin le onziéme Juillet 1625, après avoir ouï les Prefidens & Confeillers de cette Cour, il caffa leur Arrêt, & leur commanda d'enregîtrer fans aucune modification tant les Bulles que les Lettres, & d'expedier aux Filles de l'Affomption toutes les Lettres qui leur feroient neceffaires pour autorifer & perpetuer ce tranfport des Haudriettes & l'union de leur Hopital.

Depuis ce tems-là jufqu'en 1632, il ne fe fit rien de confiderable ; mais alors le Cardinal chargea les Filles de l'Affomption de recevoir gratuitement & à perpetuité dans leur Couvent fix femmes veuves, pourvû qu'elles fuffent en état d'obferver la difcipline reguliere, avec deffenfes de refufer celles qui n'auroient point de bien, & d'y proceder comme elles faifoient à l'Hopital de la rue de la Mortellerie. Toutefois à caufe que les Religieufes de l'Affomption fe trouvoient fort engagées, & qu'elles avoient emprunté beaucoup, tant pour acheter de lui la maifon où elles demeuroient, que pour bâtir leur Monaftere & en achever d'autres de pareille nature ; il ne les obligea qu'à recevoir prefentement deux pauvres veuves jufqu'à ce qu'elles fe fuffent acquittées ; ce que les Religieufes acceptererent tout d'une voix & fans referve, tant cette Ordonnance leur étoit favorable.

Les Haudriettes affligées au dernier point de voir que le Cardinal eut ainfi éteint la memoire de leur cher Fondateur, & éludé fes faintes intentions, n'épargnerent rien après fa mort pour tâcher à le retablir, & tout de même les Filles de l'Affomption pour fe bien défendre ; & comme celles-ci fe doutoient bien que tant que l'Hopital fubfifteroit elles feroient toujours troublées par les Haudriettes, & par les autres pauvres femmes veuves de la Ville, elles le louerent à des Taverniers & Artifans.

Les Haudriettes là-deffus font intervenir Adam Haudri, l'un des defcendans du teftateur, prefentent leur Requête au Parlement le feize Juin 1645 ; fupplient la Cour d'empêcher que la memoire & les monumens de la charité du Fondateur de cet Hopital fuffent abolies, & d'y retablir les veuves qu'il y avoit fondées. L'année d'après le feize Mars, elles prefenterent encore une autre Requête au Grand Confeil, afin de l'engager à maintenir fon Arrêt du treize Decembre 1624, & confequemment de leur faire rendre leur bien & les faire jouir de leur revenu.

Le vingt-fept du même mois les Filles de l'Affomption firent arrêter une pauvre Damoifelle veuve, qui fe difoit Haudriette, appellée Marie Boyer, & ne la voulurent point laiffer fortir des Prifons du grand Chatelet, qu'elle n'eut figné un papier blanc qu'elles lui envoyerent.

Depuis ce tems-là jufqu'à prefent, les unes & les autres ont prefenté plufieurs Requêtes & fait quantité de procedures, tant au Parlement & au Grand-Confeil qu'au Confeil Privé du Roi. Car fi d'une part en 1649 & 1652, les Haudriettes firent intervenir Alfonfe du Pleffis, Cardinal de Lion, Grand-Aumônier de France ; & tout de même fi en 1651, par Arrêt du neuf Août, les Veuves firent condamner leurs Parties à apporter les papiers en vertu defquels elles jouiffoient des biens & revenus de l'Hopital, le vingt Decembre d'après ces Religieufes encore n'obtinrent pas feulement une Requête Civile contre cet Arrêt, mais encore au mois de Février fuivant, elles eurent des Lettres du Roi qui autorifoient tout ensemble & leur procedé & celui du Cardinal de la Rochefoucault ; & depuis par Arrêt du onze Decembre les Parties furent appointées.

Enfin les Administrateurs de l'Hopital General intervinrent au Procès le quinze du mois de Juin 1659, & remontrerent à la Cour que le Roi par ses Lettres du mois de Decembre 1657, leur avoit accordé sans reserve toutes les maisons, hopitaux, revenus, & absolument tous les autres biens des Pauvres de la Prevôté de Paris, soit abandonnés, usurpés ou employés à d'autres usages qu'à celui de leur fondation ; & enfin on ne doute point que le Parlement ne les eût investis de tous les propres & de toutes les rentes des Haudriettes Mais comme une des Filles de l'Assomption étoit proche alliée & fort considerée d'un des Ministres & des arbitres de la justice du Parlement, & que cet homme-là même adroitement fit entendre à ces Directeurs, qu'à l'égard de leur intervention, s'ils vouloient passer outre, non seulement il sauroit bien les priver des graces que les Pauvres recevoient du Roi, & de plus, les traverseroit en tout ce qu'il pourroit ; & tout au contraire que venant à se desister de leur poursuite, il avoit cent moyens pour les recompenser au-delà. Cela fut cause que ceux-ci se laisserent debouter de leur demande, & consentirent que les Religieuses fussent maintenues en la possession du bien des Haudriettes.

Avec tout cela quoique la Cour ait frustré ces veuves de leur attente, & même leur ait ôté toute esperance de pouvoir jamais venir à bout de leurs pretentions, sans pourtant perdre courage encore, elles ne laissent pas toujours de songer aux moyens de se retablir : aussi prêtes que jamais de recommencer la querelle de nouveau tout autant de fois que l'occasion s'en presentera.

DE L'ORDRE DE MALTE.

L'ORDRE de Malte ou des Hospitaliers de St Jean de Jerusalem, est celebre par tout le monde. Il a été institué sur la fin du onziéme siecle. Son établissement dans les premiers tems étoit peu considerable & se fit de cette maniere.

Quelque tems avant le voyage de Godefroi de Bouillon en la Terre Sainte, certains Marchands de la ville de Melfe dans le Royaume de Naples, qui negotioient dans le Levant, obtinrent permission du Calife d'Egypte de bâtir à Jerusalem une maison pour eux & pour ceux de leur Nation qui viendroient en pelerinage dans la Palestine, moyennant un tribut annuel. Quelques années après ils eurent la devotion d'y faire bâtir deux Eglises, l'une sous l'invocation de la Ste Vierge, & l'autre de Ste Madeleine. Suivant cette institution ils recevoient charitablement dans leurs maisons les Pelerins qui venoient visiter les Saints lieux. Leur bon accueil y attira un grand nombre de Fideles, & donna lieu à un plus grand établissement. Ils fonderent ensuite une troisiéme Eglise en l'honneur de St Jean, avec un Hopital pour les malades. Le B. Gerard en 1099 eut la premiere administration de cet Hopital. Il étoit natif de Martigues en Provence ; ses Freres ou Compagnons furent nommés Hospitaliers. Le Roi de Jerusalem informé de leur charité & de leur zèle, approuva & agréa leur établissement ; ainsi cette fondation commença en 1104, que Gerard leur donna des Statuts, & donna aux Freres une forme d'habillement, qui étoit un habit noir avec une croix à huit pointes ; il leur fit faire les trois vœux ordinaires de Religion, ausquels il en ajouta un quatriéme, par lequel ils s'engageoient de recevoir, traiter & deffendre les Pelerins contre les entreprises des Infideles. Ce serment pour la deffense des Voyageurs, & la liberté des chemins,

HISTOIRE ET ANTIQUITE'S

leur donna occafion de prendre les armes pour s'oppofer aux courfes & aux infultes de leurs ennemis. L'ufage qu'ils en firent leur attira quantité de Nobleffe, ce qu'il leur fit changer le nom d'Hofpitaliers en celui de Chevaliers. Depuis ce tems-là ils ont toujours fait la guerre aux ennemis de la Foi & du nom Chrétien.

La ruine des affaires des Chretiens dans le Levant, obligea les Chevaliers & Hofpitaliers de fortir de Jerufalem après la prife de cette Ville. Ils fe retirerent à Margaz, puis à Acre, qu'ils deffendirent vaillamment en 1298. Ils fuivirent Jean de Lufignan, qui leur donna dans fon Royaume de Chipre la ville de Limiffon, où ils demeurerent jufqu'en 1310 qu'ils conquirent l'Ifle de Rhodes le quinze Août 1311. Quelques années après ils la deffendirent contre une puiffante armée de Sarrafins avec le fecours d'Amé IV, Comte de Savoie. On tient que c'eft de cette valeureufe deffenfe que fes fucceffeurs ont porté pour devife ces quatre lettres F. E. R. T. qui veulent dire, *Fortitudo ejus Rhodum tenuit*.

En 1480, Mahomet II affiegea Rhodes avec une puiffante armée ; le Grand-Maître d'Aubuffon la deffendit & l'obligea de fe retirer après un fiege de trois mois.

Depuis, Soliman s'en rendit maître en 1522 après une genereufe deffenfe. Le Grand-Maître Philippe de Viliers de l'Ifle-Adam, ayant fait voile avec fes Chevaliers & quatre mille habitans fe retira en Candie, de-là en Sicile, puis à Rome vers le Pape Adrien VI, qui leur donna la ville de Viterbe pour retraite. En 1530 l'Empereur Charles-Quint, leur donna l'Ifle de Malte dans la Mediterranée, entre la Sicile, vers le Septentrion & le Royaume de Tunis vers le Midi, pour mettre fon Royaume de Sicile à couvert ; ils s'y retirerent.

Cette Ifle a près de dix lieues de longueur & cinq de largeur. Il y a deux Villes confiderables, la Cité vieille, & Malte, avec environ cinquante Bourgs & Villages.

En 1566 Soliman II fit affieger Malte avec une armée formidable; & après quatre mois de fiege il fut obligé de fe retirer après avoir perdu quinze mille Soldats & huit mille Matelots.

Le Chef de l'Ordre eft le Grand-Maître, lequel envoie fes Ambaffadeurs à tous les Rois. Son Ambaffadeur à la Cour de France aujourd'hui, eft Mr Texier, Bailli d'Haute-feuille, Grand-Prieur d'Aquitaine.

Cet Ordre eft compofé de fept Langues ou Nations. Avant le Schifme d'Angleterre il y en avoit huit.

La premiere Langue eft nommée de Provence, dont le chef eft Grand-Commandeur. La feconde d'Auvergne, dont le chef eft Grand-Maréchal de l'Ordre. La troifiéme de France, dont le chef eft Grand-Hofpitalier. La quatriéme d'Italie, dont le chef eft Amiral. La cinquiéme d'Arragon, dont le chef eft Grand-Confervateur. La fixiéme d'Allemagne, dont le chef eft Grand-Bailli. La feptiéme de Caftille, dont le chef eft Grand-Chancelier.

L'Angleterre étoit autrefois la huitiéme, & fon chef étoit le Colonel de la Cavalerie de la Religion, autrement dit le Turcopolien.

Le Grand Maître de l'Ordre qui regne prefentement, eft de la Langue d'Arragon, il fe nomme Frere Raimond de Perellos de Roquaful.

Dans chaque Langue il y a plufieurs dignités, fçavoir dans la Langue de Provence le grand Prieuré de St Gilles & de Toulouze, & le Bailliage de Manofque.

Dans la Langue d'Auvergne, le Grand Prieuré d'Auvergne, & le Bailliage de Lion.

Et dans celle de France, le Grand Prieuré de France, le Bailliage de la Morée, qui eft St Jean de Latran & fes dépendances, la grande Treforerie de St Jean de l'Ifle, le grand Prieuré d'Aquitaine, & le grand Prieuré de Champagne. Ce font là toutes les dignités qui font en France, dépendantes

dantes de l'Ordre ; chaque Grand-Prieur a un nombre de Commanderies dont les unes sont destinées aux Chevaliers, & les autres aux Servans d'armes & aux Prêtres de l'Ordre.

Celui de France a trente-six Commanderies pour les Chevaliers & dis pour les Servans d'armes & Prêtres, outre la Commanderie Magistrale que le Grand-Maître de l'Ordre tient par ses mains, ou la donne à tel Chevalier qu'il lui plaît sous la redevance d'une pension.

Les autres Grands-Prieurs ont pareillement un nombre certain de Commanderies, dont la plus grande partie est affectée aux Chevaliers, & l'autre aux Servans d'armes & Prêtres; & le Grand-Maître a une Commanderie Magistrale dans chacune, dont il dispose ainsi que de celle du Grand-Prieuré de France.

Dans chacun de ces Grands-Prieurés le Grand-Maître commet des Receveurs de l'Ordre & des Agents particuliers, & un Agent general dans le Royaume.

Noms des Grands-Prieurs & Receveurs en France.

LE Commandeur de Javoux est Grand-Prieur de St Gilles, & le Commandeur de Beauffet est Receveur de l'Ordre dans ce Grand-Prieuré.

Le Commandeur de Cologne de Berte est Grand-Prieur de Toulouse, & le Commandeur de Sabres est Receveur dans ce Grand-Prieuré.

Le Commandeur de la Renaudie est Grand-Prieur d'Auvergne, & le Commandeur du Tré Receveur dans ce Grand-Prieuré.

Mr de Vendôme est Grand-Prieur de France, & le Commandeur de Culant est Receveur dans ce Grand-Prieuré.

Mr Texier, Bailli d'Haute-feuille, est Grand-Prieur d'Aquitaine, & le Commandeur de Mateuil est Receveur dans ce Grand-Prieuré.

Le Commandeur du Frenoi est Grand-Prieur de Champagne, & le Commandeur de Vaudremont est Receveur de l'Ordre dans ce Grand-Prieuré.

Le Commandeur d'Escluseaux est Agent general dans le Royaume. Il fait cette fonction depuis quarante ans, & il exerce aussi la Charge de Chancelier au Grand-Prieuré de France depuis dix ans.

Pour être reçu Chevalier, il faut faire preuve de Noblesse de quatre races, tant paternelle que maternelle ; avoir seize ans ou obtenir lettre de dispense d'âge ; être né de legitime mariage, à la reserve des fils naturels des Princes & des Rois.

Entre les Chevaliers il y a les Grands-Croix, qui seuls peuvent aspirer à la dignité de Grand-Maître, qui est le superieur & le souverain de l'Ordre.

Il y a aussi les Chevaliers Servans d'armes, qu'on prend dans les bonnes familles ou nobles qui n'ont pas quatre races de noblesse, ou non nobles, & des Prêtres Conventuels reçus avec preuve, ainsi que les Chevaliers servans d'armes, qui sont attachés à l'Ordre par des vœux, & servent d'Aumôniers dans les armées de l'Ordre, lesquels jouissent des mêmes Commanderies que les Freres Servans.

Les Chevaliers portent devant eux une Croix d'or émaillée de bleu à huit pointes, & une Croix blanche sur leur manteau. Il faut que ceux qui pretendent aux Commanderies ayent fait profession, ayent cinq années de residence à Malte, & quatre caravanes ou voyages sur Mer.

Les dignités ou Commanderies de l'Ordre tombent à chacun selon son rang d'ancienneté, & les provisions s'expedient au nom du Grand-Maître

& du Couvent en ces termes : *Magister & nos Conventus, &c.*

La forme de ce gouvernement est aristocratique ; le Grand-Maître gouverne avec le Conseil de Malte ; il est le Superieur du Couvent, mais pour les affaires de Finance, elles se reglent au Conseil, où il assiste avec distinction dans une chaise sous un dais. Ceux qui composent ce Conseil sont tous Grands-Croix ; ils ont leur séance des deux côtés à droit & à gauche du Grand-Maître.

Tous ceux qui sont pourvûs de dignités ont entrée dans ce Conseil, & encore tous les Grands-Croix qui sont de grace, c'est-à-dire ceux qui n'ont point de dignité.

L'Ordre des Templiers fut aboli en France à la requisition du Roi en 1311, par Decret & Constitution du Concile general de Vienne, à cause du dereglement des mœurs de ces Religieux & de leurs erreurs, tous leurs biens furent concedés à perpetuité aux Freres Hospitaliers de St Jean de Jerusalem, & unis à leur Ordre, avec tous les privileges, honneurs, droits & charges qui leur avoient appartenu, desquels ils reçurent l'investiture & en furent mis en possession en consequence d'un Arrêt du Parlement de Paris donné le Mecredi après l'Annonciation de l'année 1312.

L'Ordre de Malte n'a rien de commun avec le Clergé de France ; il en est entierement separé. Cette separation est établie sur une possession perpetuelle, & sur des Lettres Patentes du Roi Charles IX du vingt-six Avril 1568, qui homologuent & approuvent un Arrêt du Parlement rendu par appointement passé & accordé entre les Deputés du Clergé de France d'une part, & ceux de l'Ordre de St Jean de Jerusalem d'autre part ; par lesquelles il est dit que ceux de l'Ordre de St Jean de Jerusalem, tant en general qu'en particulier, & les membres qui en dependent, seront & demeureront separés du Clergé, ensemble de leur Jurisdiction, suivant & conformement aux Edits du Roi & Arrêts donnés en consequence, lesquelles Lettres ont été regîtrées à Paris en Parlement le quatorze Juin 1568. Ce qui avoit donné lieu à la contestation étoit une taxe faite sur ceux de l'Ordre de Malte par les Syndics deputés du Clergé de France pour leur part d'une subvention accordée au Roi par ceux du Clergé.

Les Rois de France ont toujours donné à l'Ordre de St Jean de Jerusalem une protection particuliere, & lui ont accordé plusieurs beaux & grands privileges par diverses Chartes & Lettres Patentes de concessions, qui sont regîtrées au Parlement de Paris, dans lesquelles on trouve plusieurs sortes d'exemptions & attributions, qui sont :

Premiere, exemtion de payer tous les droits de peages, passages & de coutumes.

Seconde, exemtion de toutes sortes de contributions & droits d'Aides, Tailles & autres impositions tant pour eux que pour leurs hommes & Fermiers.

Troisiéme, de tous droits de Chancellerie pour le Sceau des Lettres & expeditions qui leur sont necessaires.

Quatriéme, des decimes, des dixmes & novales des Curés.

Cinquiéme, de la visite de leurs Eglises par les Evêques Diocesains.

Sixiéme, de la Justice Seculiere, ordonnant les renvois des Chevaliers & Freres pardevant les Superieurs de l'Ordre.

Septiéme, elles contiennent une attribution de garde-gardienne pardevant le Prevôt de Paris, & du droit de *committimus* aux Requêtes du Palais.

Huitiéme, un amortissement de tous leurs biens, terres, revenus & possessions, avec exemtions, prerogatives, franchises & immunités qui y sont énoncées.

La plus ancienne Charte que nous ayons de ces concessions, est celle du Roi Louis le Jeune de l'année 1158, qui est fort ample, & se trouve inscrite dans le Regître du Parlement de Paris du regne de ce Prince fol. 27.

DE LA VILLE DE PARIS. Liv. V.

Elle porte que les privileges qui y sont énoncés avoient été octroyés à ces Religieux & à leur Ordre par les Rois ses predecesseurs. Ils leur ont été confirmés par le Roi Philippe Auguste en 1219, & par le Roi St Louis en Mars 1226.

Il se trouve une Charte du Roi Philippe le Bel de l'an 1294, qui ordonne à tous Officiers de laisser passer leurs Navires portans bois & autres choses propres pour le Temple de Jerusalem, sans payer aucun droit, *sine quæstu*.

Il y a d'autres Lettres Patentes de ce Prince & de la Reine Jeanne de Navarre, Comtesse Palatine de Champagne & de Brie, son épouse, confirmatives de leurs privileges ; & dans une autre du même Roi du mois d'Août 1304, on y lit ces mots. Eu égard aux services que lui avoit rendu Hugues Conques ou de Paracede, Visiteur General de l'Ordre.

Tous ces privileges leur ont été confirmés par Lettres Patentes du Roi Charles VI du vingt-deux Mars 1401, du Roi Charles VII par autres Lettres du vingt Juillet 1441, du Roi Louis XI par autres du vingt-trois Mars 1480, du Roi François I par Lettres du mois de Mars 1523, par lesquelles il amortit toutes les terres & possessions, cens & rentes qu'ils tenoient en France, moyennant une somme de cent mille livres une fois payée, verifiée en la Chambre des Comptes le penultiéme Novembre 1526.

Ils ont été maintenus dans leurs exemtions de tous droits de péages, passages & travers, par Arrêt du Grand Conseil du vingt-troisiéme Septembre 1529.

Le Roi Henri II les a confirmés dans leurs privileges, par Lettres du mois de Juillet 1549, verifiées en Parlement le vingt-trois Juillet 1550.

Le Roi Charles IX par Lettres du mois de Septembre 1566, regîtrées le vingt trois Decembre suivant.

Le Roi Henri III par autres Lettres de confirmation du mois de Mars 1575, verifiées au Parlement le dix-sept Novembre suivant.

Le Roi Henri IV par Lettres Patentes du mois de Decembre 1596, regîtrées au Parlement le vingt-un Fevrier 1597.

Le Roi Louis XIII par Lettres Patentes du mois de Janvier 1619, verifiées au Parlement le cinq Mars suivant.

Enfin le Roi Louis XIV par Lettres Patentes données à Paris au mois de Septembre 1651, regîtrées au Parlement le vingt-quatriéme Janvier 1652.

Etat de l'Ordre de Malte dans la Generalité de Paris.

LE Grand-Prieuré de France est possedé par Mr le Chevalier de Vendôme. Il consiste en un grand enclos dans la ville de Paris appellé la Commanderie du Temple, dans lequel est un Hotel Prieural, une Eglise Conventuelle desservie par six Religieux de l'Ordre, avec tout droit de Justice, haute, moyenne & basse ; dans l'enclos plusieurs maisons; dans la ville de Paris des cens & rentes tant dans cette Ville qu'aux lieux circonvoisins, avec plusieurs petits domaines qui en dependent, savoir le membre de Clichi près Bondi qui peut valoir seize cens livres de ferme.

Une petite maison à Montmoranci, & quelques dependances d'environ cinq cens livres.

Le Chateau de Mail près Montmoranci.

L'Hopital de Mesli près Ville-neuve St Georges, où il y a Chapelle & domaines d'environ quinze cens livres.

La maison de Santeni en Brie, proche & par-delà Gros-bois, qui a haute, moyenne & basse Justice, droits honorifiques dans l'Eglise ; les terres, prés, jardins, dixmes, cens, rentes & bois en dependans, peuvent valoir enſemble mille livres.

La Ferme de Bailiſis près Lonjumeau, qui conſiſte en maiſon, jardins & vignes dans l'enclos, domaine tant terre labourable que prés, moyenne & baſſe Juſtice, cens & rente, le tout peut valoir de ferme treize cens livres.

La Ferme d'Orangis au-deſſus de Ris ſur le chemin d'Eſſone, conſiſtant en une maiſon & domaine affermés cinq cens livres.

Tous ces domaines à Paris & à la campagne peuvent valoir de revenu vingt mille livres, ſur quoi il faut payer les charges.

La Commanderie de Choiſi eſt de la dépendance du Grand-Prieuré de France; elle eſt ſituée au-deſſus de Claye allant à Meaux, il y a Chapelle, logement & pluſieurs domaines, avec haute, moyenne & baſſe Juſtice; cette Commanderie eſt d'environ ſix mille livres de revenu.

Il y a des terres labourables ſur les terroirs de Vineuil, Vinantes, Thieux, & Mitri, qui ſont des marchés de fermages particuliers, qui peuvent monter enſemble à trois mille cinq cens livres.

La ferme de la Trace dans le voiſinage de Choiſi.

La ferme de Charni, les domaines & bois en dépendants, valent de ferme environ trois mille cinq cens livres.

La ferme de Monthoyon au même voiſinage, conſiſte en Chapelle, un petit corps-de-logis, pluſieurs domaines, terres, prés, vignes, bois, droits Seigneuriaux & chapons, qui peuvent valoir de fermage trois mille livres.

Deux maiſons dans la Ville de Meaux, l'une dite l'Hotel St Jean, & l'autre ſituée dans la rue St Remi, louées toutes deux quarante-huit livres.

Un moulin ſitué ſur le pont de la Ville, affermé cinq cens livres.

Une autre maiſon au grand Marché, dite l'Horloge, devant la grande Place de Meaux.

La ferme de Dieu-l'amant, ſiſe proche St Fiacre, où il y a Chapelle, maiſon & domaines, affermée treize cens livres.

La Commanderie de Launay eſt auſſi dépendante du grand Prieuré de France, elle eſt ſituée à trois lieues de Sens, & conſiſte en pluſieurs logemens & foſſés. Il y a Chapelle, preſſoir, moulin, domaines, pluſieurs fermes & bois, haute, moyenne & baſſe Juſtice, & maiſon dans la ville de Sens, le tout peut valoir douze mille livres de ferme.

Le membre de Montenart, diſtant de Courtenai d'une demi-lieue, peut valoir huit cens livres de ferme.

Le Grand Prieuré de France avec toutes ſes dépendances, peut valoir cinquante-cinq ou ſoixante mille livres de rente, ſur quoi il y a environ pour vingt mille livres de charges.

La Commanderie de St Jean de Latran, dont jouit Monſieur le Commandeur de Baillets, Bailli de la Morée, peut valoir de ferme neuf mille livres toutes charges payées, compris les dépendances de la campagne, & les domaines de Paris.

Il y a dans Paris l'Enclos de la Commanderie, l'Egliſe Conventuelle deſſervie par trois Religieux de l'Ordre; elle a haute, moyenne & baſſe Juſtice, pluſieurs maiſons dedans & dehors l'Enclos, ſituée dans la Place de Cambrai; pluſieurs rentes & cenſives dans Paris, & dans le faux-bourg St Marcel dans la rue de Lourſine & à l'Hotel Jeaune. A la campagne, & autour de Paris il y a pluſieurs fermes & domaines, qui ſont entre autres:

La ferme du Chaufour, dont la Cure eſt à la nomination du Commandeur, ſituée ſur le chemin d'Etampes.

Les terres & vignes de Bazieux.

Les terres & vignes de Chatillon.

Les terres d'Atis.

Les prés de Nogent.

De Lonjumeau.

De Gentilli.

Et la terre de Sacley.

Les terres de Mont-rouge & de la Tombe-Ifoire, qui font face fur le chemin qui va au Bourg-la-Reine.

La ferme du Déluge proche Marcouffi, où il y a Chapelle, logemens, domaine, bois & terres avec toute Juftice, affermée quinze cens livres.

La ferme de l'Hopital des Loges, diftante de celle du Deluge de trois lieues, confifte en logemens, quelques terres, prés & cenfives, qui peuvent valoir cinq cens livres.

La Cure de Ville-Coufin par de-là Chartres, eft encore à la nomination du Commandeur.

La Commanderie de St Jean en Ifle près Corbeil, autrement dite la grande Treforerie, poffedée par le Commandeur de Cintrai, vaut douze mille livres. Il y a de groffes charges qui peuvent monter à trois mille liv.

Dans l'Enclos de cette Commanderie il y a plufieurs logemens, une grande Eglife, fix Ecclefiaftiques, dont trois Religieux, & trois Séculiers, & un Clerc entretenu par le Commandeur. Le Prieur eft croffé & mitré : le Service s'y fait regulierement.

Cette Commanderie a cinquante muids de bled à prendre fur le minage de Corbeil, en vertu d'une fondation faite par la Reine Ildeburge. Il y a plufieurs terres labourables au terroir d'Effonne, qui en dépendent ; des terres, vignes, & plufieurs cens & rentes, un droit d'Annate, ou d'une année du revenu de tous les Canonicats vacants de Noyon, St Quentin, Perronne & Roye.

Plufieurs maifons dans Corbeil, & ferme du Preffoir St Jaques ; dans le faux-bourg St Jaques.

Des dixmes à Villebert, Normant, Maincy, & à l'Hopital de Tigery ; la ferme d'Ozoy-le-Boulgis près Guignes, la forêt de Rougeaux, cinq cens arpens de bois, & deux cens dans la forêt de Senars, qui fe coupe de neuf ans en neuf ans.

Plufieurs cens & rentes dans Melun, & des prés proche la Ville ; la ferme de Savigni-le-Temple près Melun, où il y a Chapelle, plufieurs logemens & domaines, avec tous droits de haute moyenne & baffe Juftice, & plufieurs fermes dans le voifinage qui en dépendent.

La Commanderie de Sauffoy eft fituée dans la Paroiffe de Balancourt près Villeroi, & poffedée depuis peu d'années par Monfieur le Beau, peut valoir deux mille deux cens livres, favoir dix-fept cens livres pour ce qui eft dans Balancourt, & cinq cens livres pour quelques autres domaines qui font fitués en Nivernois ; ce qui dépend de Sauffoy confifte en un moulin à eau, & quelques petits fermages au Village d'Auvergnaux, une ferme à la Curée fife à deux petites lieues de Puifeaux, & une rente de deux cens livres à prendre fur la terre de Bandelus.

La Commanderie de Bellé dans la Paroiffe de Nully, eft un membre de la Commanderie de Louviers, qui eft fituée au deffus de Magny, fur la route de Rouen ; elle eft poffedée par Monfieur le Bailli de Noailles, & peut valloir au total fept mille livres de rente, dont la portion de Bellé vaut environ fix cens livres.

Les dépendances de cette Commanderie, font le moulin du haut du Roi, fis en la Paroiffe de Sarcelles, près St Denys, avec droits de cens & rentes dans cette Paroiffe, & Villiers le Bel.

La ferme de Rubelles, fife en la Paroiffe de St Pere, & la ferme de Coni-le-Comte au-de-là de l'Ifle-Adam.

La ferme de Cernon dans la Paroiffe d'Henon.

La ferme de St Aubin à deux lieues de Linois.

La ferme du boullai-les-trous.

La ferme de la Broffe, près la Paroiffe de St Lambert, éloignée d'une lieue de celle de Trou.

La ferme de la Ville-Dieu sous Trapes.
La ferme de Vaunion.
La ferme de Bellé en Telles.

La Commanderie de Laignevilles, située près Montataire à trois lieues de Senlis, est possedée par le Commandeur Gorillon, & vaut deux mille cinq cens livres de revenu, compris la ferme de l'Hopital de St Samson, qui est dans la Ville de Douai, qui vaut environ cinq cens livres; il y a peu de domaines;

La Commanderie de Compiegne est un membre de la Commanderie d'Ivri le Temple, située près la Ville de Chaumont en Vexin, qui est possedée par Monsieur le Commandeur de Martinvast, qui vaut au total environ neuf mille livres de rente.

Et la Branche de Compiegne peut valoir treize cens livres.

La ferme d'Alcret distante d'un quart de lieue de celle de Compiegne.

Celle de Messelan.

Celle de Gardecourt, celle de Lorme, de la Lande & de Villeneuve, distante d'Ivri de trois quarts de lieue.

Chepoix au Village de Cleri & ses dépendances, sont entre la portion de Compiegne, deux moulins sis au Village de Cleri.

La Commanderie de St Pantaleon dans la Ville de Beauvais, & de l'Hopital Mortain dans l'Election, sont membres dépendans de la Commanderie de Sommereux, Election d'Amiens, à sept lieues de Beauvais. Elle est possedée par Monsieur le Commandeur du Frenai, Grand Prieur de Champagne.

La Commanderie de Sommereux avec ses dépendances, vaut environ quatorze mille livres de rente, & les membres de St Pantaleon, & l'Hopital de Mortaing valent deux mille trois cens livres.

La Commanderie de Prunay est un membre de la Commanderie de Chanus, située à deux lieues d'Evreux, qui est possedée par le Commandeur Ollier de Nointel, cette portion de Prunay peut valoir quinze cens livres.

La Commanderie de Ville-Dieu en Drugeoin près Dreux, possedée par le Commandeur de Beaumont, vaut cinq mille livres de rente; ses dépendances sont:

La ferme de Launay distante de Verneuil d'une lieue.
La ferme de Champagne près Houdan.
La ferme de Meusle sise au Village de Vert à une lieue & demie de Dreux.
La ferme de Ville Dieu, près Dreux.
Le Temple de la Paucelle, dit d'Olivet.
La ferme du Buisson Gouger
La ferme de la Renardiere, sise en la Paroisse de Manfoult.
La ferme de la Cressoniere.
Le Feuillet & quelques moulins.

La Commanderie d'Etampes possedée par Monsieur le Commandeur Gossart, le domaine & fermes qui la composent, sont partie sur la Generalité de Paris, & sur celle d'Orleans: ce qui est de la Generalité de Paris, est la ferme de l'Hopital sise en la Paroisse d'Abbeville, qui est affermé en bled.

Deux petites maisons qui sont en la Ville d'Etampes, de soixante livres de loyer les deux.

La ferme du Temple éloignée d'Etampes d'une demi-lieue.

Le Temple du Chesnay, distant d'une demi-lieue de la Paroisse de St Martin, affermé en bled.

Le Temple de Chaillon la Seine, avec un grand étang.

Cette Commanderie, compris le domaine de la Generalité d'Orleans, ne vaut que quinze cens livres de net, à cause des grandes charges dont elle est tenue.

DE LA VILLE DE PARIS. Liv. IV.

La Commanderie de Beauvais en Gatinois, située à une demi-lieue en deça de Nemours, possedée par Monsieur le Commandeur de Fleurigni, vaut dix mille livres de rente : les dépendances sont :
La Cense de Genouilli sise en la Paroisse de Brantes.
Un moulin sis sur la riviere de Bay.
Le bois de Piquelier, Paroisse de Gerville, & des terres labourables.
Plus, trois cens quarante arpens de bois taillis en la Paroisse d'Armonville, & quatre-vingt-dix arpens de bruyeres.
Le bois de Rozieres.
Une maison dans la Ville de Nemours.
Un moulin sis dans la Paroisse de Grez, sur la riviere de Loing.
Les cens de Fargeville, d'Auserville, & domaines en dépendans.
La Commanderie de Moisi-le-Temple, située dans la Paroisse de Montigni par de-là Meaux, proche de Gêvres & Etoui, est possedée par Monsieur le Commandeur d'O, vaut environ sept mille livres de rente ; ses dépendances sont :
La ferme de Sablonieres.
La ferme de Montigni.
Une maison dans la Ville de Meaux.
La ferme de Magni St Loup, près le Village de Boutigni.
L'Hopital de Boutigni.
L'Hopital de Montaigu.
Plusieurs terres, domaines & droits aux environs.
La Commanderie de Lagni-le-sec, possedée par M. le Commandeur d'Orvilliers, petit neveu du Grand-Maître de Vignacourt, vaut environ seize mille livres.
La Commanderie de la Croix en Brie est possedée par le Bailli d'Hautefeuille, Grand Prieur d'Aquitaine, & Ambassadeur Extraordinaire de l'Ordre de Malte, vaut quatorze mille livres, ses dépendances sont la ferme de Fourmeri sise en la Paroisse de la Croix, la ferme de Rampillon, un moulin, la ferme de la Roullée située en la Paroisse de Nangis, l'Hopital de Champfleuri sis en la Paroisse de Monceaux ; la ferme de Monci sise en la Paroisse de Nesle près Provins, un moulin à eau, dit le moulin du Temple près la porte de la Ville de Provins, sur la riviere Ortaing. Une maison dans la Ville, dite la Commanderie du Val de Provins, la ferme de Cottençon à trois lieues de Provins.
La Commanderie de Maison-neuve située au-dessus de la Ville de Coulomiers, possedée par le Commandeur du Chatelet de Fresnieres, grand Hospitalier de l'Ordre, vaut environ huit cens livres, ses dépendances sont la ferme de la Mal-maison, de Bertancourt, de Noisement, de l'Hopital ; une maison dans Coulomiers, plusieurs droits, redevances en grains à prendre sur le moulin de la Ville, & sur le Minage, plusieurs bois taillis & étangs.
La Commanderie de Chevreu possedée par le Commandeur d'Escluseaux, Agent Général de l'Ordre de Malte en France depuis quarante années, qui en est pourvû nouvellement, vaut environ cinq mille livres de revenu, elle est située à trois petites lieues de Coulomiers, elle consiste en étangs, bois, fermages, plusieurs cens & rentes, la ferme de Tanchins, de Treffou, qui est de l'Election de Sezanne, de Rigni, de Maison-rouge, & des terres de Campigniou.
La Commanderie de la Ferté-Gaucher, possedée par Monsieur le Commandeur du Bois, vaut environ trois mille livres de rente, elle est située proche la Ville de Coulomiers, & ses dépendances sont la ferme de Visfort distante de deux lieues ; le Temple de Jouis en la Paroisse de Jouis, la ferme du Fresnoi à une lieue de Villenoce, & plusieurs autres petits marchés.
La Commanderie de Coulours possedée par le Chevalier Brulart de Genlis, vaut environ sept mille livres, elle est située près la Ville de Sens, le

Chef-lieu est Coulours, ses dépendances sont un moulin, dit le moulin Couchet, sis en la Paroisse de Venisi; trois autres moulins tant à bled qu'à huile, la ferme de Linteau en la Paroisse de Linteau, la ferme de Vallée en la Paroisse de Prezenai en Othe, la ferme du Mesnil St Loup, l'Hopital de Belleville, la ferme de Turny, la ferme de Barbonne, le membre de St Laurent, & trois maisons dans la Ville de Sens.

N. B. En parlant des Hotels & Maisons, & de leurs changemens, je parlerai de ceux qui ont été convertis en Hopitaux, en Colleges, & même en Eglises, comme on le pourra voir au Livre VII.

HISTOIRE
DES
COUVENS, COMMUNAUTE'S,
Congregations & Maisons Religieuses d'Hommes en la Ville, Fauxbourgs & Banlieue de Paris, par ordre alphabetique.

PREMIERE PARTIE.

QUOIQUE dans mes Recherches j'aie parlé de quelques Maisons Religieuses de reputation, & que j'eusse peine à me resoudre d'entrer dans un détail aussi grand que celui que demande cette recherche, ayant resolu de m'en tenir là ; cependant j'entreprens de donner ici un ample Discours de tout ce que j'ai découvert à ce sujet : & ce n'est pas sans peine que j'ai deterré toutes les fondations, les divers changemens de ces Communautés, leurs reformes & les retablissemens de quelques-unes. Comme j'ai promis de satisfaire la curiosité, & de ne rien échaper de ce qui peut faire admirer la grandeur de cette Ville, je le fais pour remplir mon dessein : & pour plus grande facilité je les dispose par ordre alphabetique, ne voulant pas m'assujettir à celui de la Chronologie qui m'auroit engagé à un trop grand travail.

LE PETIT St ANTOINE.

CE sont des Clercs Reguliers, membre dépendant de l'Abbayie de Saint Antoine, de l'Ordre de Saint Augustin, en Dauphiné, Diocèse de Vienne. C'étoit anciennement une Commanderie ou Hopital pour la maladie nommée Epidémique ou le mal de St Antoine, fondé par St Louis, & qui leur fut donné par Charles V en 1368. Hugues de Chateauneuf leur Abbé general, fit construire l'Eglise en 1375, laquelle fut reparée & dediée en 1442. Ce qui paroit par un écrit en lettres Gothiques, posé en cette Eglise, où on lit que l'an de grace 1442 le premier Dimanche après la Fête-Dieu, Messire Denys, Patriarche d'Antioche, Évêque de Paris, dedia & consacra cette presente Eglise de St Antoine dans Paris.

Vers l'an 1620 y fut établi un Seminaire & la reforme en cette Commanderie, par l'Abbé general de cet Ordre, nommé Antoine de Gramont; ce qui fut confirmé par le Pape & Lettres Patentes de Louis XIII en 1622; sur quoi il y a eu & avant & après bien des procès & des contestations qui n'ont été terminées que vers l'an 1636. Voyés les differends survenus là-

618* HISTOIRE ET ANTIQUITES

deſſus que le ſieur Malingre a données dans les Antiquités de cette Ville imprimées en 1640. Cette Communauté eſt ſituée rue & quartier St Antoine.

LES GRANDS AUGUSTINS, ORDRE DES HERMITES de St Auguſtin, ſous le titre de Ste Anne.

CES Religieux vinrent en cette Ville & acheterent de la veuve Conin, qui vendit en 1259 au Vicaire general des Auguſtins, une maiſon & un jardin qui tenoit à la Couture l'Evêque en la rue Montmartre, où ils commencerent à s'établir, ce que l'on appelle à préſent la rue des vieux Auguſtins, & ſe ſervirent de la Chapelle de Ste Marie Egyptienne, qui y étoit conſtruite pour lors. Mais ſe trouvant trop étroitement logés & trop éloignés de l'Univerſité, ils acheterent pour s'y établir en 1285 du Chapitre de l'Egliſe de Paris & de l'Abbé de St Victor, ſix arpens & demi de vignes & une maiſon, ſitués dans le clos du Chardonnet, entre les Bons-Enfans & l'Egliſe de St Nicolas du Chardonnet, qu'ils quitterent vers l'an 1302 au Cardinal Lemoine, comme je le dirai ailleurs, Ne ſe trouvant pas bien en ce lieu à cauſe de quelques incommodités de la petite riviere de Bièvre, qui y paſſoit en ce tems-là, ils le quitterent & vinrent s'établir au lieu qu'occupoient les Freres de la Penitence de Jeſus, ou Freres Sachets, que St Louis avoit fondés en 1261, qui ne demeurerent que trente-deux ans en ce lieu, qu'ils quitterent aux Auguſtins en 1293. Leur Egliſe fut bâtie ſous le regne de Charles V, qui leur fit de grands biens, comme on le voyoit il y a quelques années au pied de la ſtatue de ce Roi placée à l'entrée de la grande porte en entrant à main gauche, en ces termes.

Primus Francorum Rex Delphinus, fuit iſte
Exemplar morum Carolus-dictus, bone Chriſte,
Merces Juſtorum dilexit fortiter iſte,
Hic patet exemplum; tibi nam complexit honore,
Hoc præſens Templum Deo ditetur honore.

Cette Egliſe fut dediée par Guillaume Chartier Evêque de Paris le ſix Mai 1453.

On lit dans le Journal du Roi Henri III, que la Chapelle du St Eſprit du côté gauche de cette Egliſe, ſervoit à la fameuſe Confrairie des Penitens, nommés les *Blancs battus*, établie par ce même Roi Charles, laquelle n'a pas duré long-tems. Elle étoit compoſée des plus grands Seigneurs de la Cour, & particulierement des Favoris du Roi. Leur habit étoit blanc, d'un deſſein très-bizare & très-ſingulier. Ce qui étoit de particulier, c'eſt qu'ils faiſoient des Proceſſions à pied depuis le Couvent des Chartreux de Paris où l'on faiſoit l'aſſemblée, juſqu'à Notre-Dame de Chartres à dix-huit lieues de Paris, en deux jours de tems ſeulement; le Roi lui-même y aſſiſtoit habillé comme les autres, animant chacun par ſon exemple à cette devotion extraordinaire.

Le Preſident de Berci eſt enterré en cette Egliſe, où il a donné & laiſſé des ſommes très-conſiderables, pour y faire des embeliſſemens, comme on le voit tant au grand Autel, qui fut commencé l'an 1675 & fini en 1678. La Menuiſerie où ſont les ſtalles des Religieux commencée en 1666 & finie en 1672, qui eſt très-belle; comme auſſi le Jubé & les deux Chapelles qui l'accompagnent. La Chapelle du St Eſprit à côté gauche du Chœur, reparée & embellie des deniers du Pere Guichin, Religieux de cette Maiſon en 1675. La baluſtrade du grand Autel & la porte de fer du

DE LA VILLE DE PARIS. Liv. V.

Chœur, ont été conſtruites des deniers & liberalités du Pere Olivier, auſſi Religieux de cette Maiſon.

C'eſt dans une des Salles de ce Couvent que ſe tiennent ordinairement les Aſſemblées extraordinaires du Clergé de France, comme on l'a vû en 1687 & autres années.

Ce Couvent eſt ſitué le long du quai des Auguſtins, dont il a pris le nom, quartier St André des Arcs.

LES PETITS AUGUSTINS REFORME'S, DE L'ORDRE de St Auguſtin, ſous le tirre de St Nicolas de Tolentin.

CE Couvent a commencé par une Chapelle que la Reine Marguerite de Valois, épouſe de Henri IV, fit bâtir en 1608. Elle leur donna ſix mille livres de rente, pour la ſubſiſtance de douze Religieux. Mais ſur un faux expoſé fait à Rome, que ces Religieux ne pouvoient pas poſſeder de rentes, le Pape Paul V, à la demande de la Reine, qui ne vouloit pas que ces Religieux quittaſſent, donna permiſſion aux Religieux du même Ordre, reformés, non déchauſſés, ou de la Communauté & Province de Bourges, de s'y établir, ſauf aux Auguſtins dechauſſés de proteſter contre; ce qu'ils ont fait. Cependant ils furent transferés en 1625 à la Place des Victoires. Elle y mit en leur place des Religieux Auguſtins de la reforme & Communauté de la Ville de Bourges, par Contrat paſſé pardevant Notaires le 12 Avril 1613, qui fut admis à Rome par le Pape Paul V le quatre Août 1613. Le Cardinal de Gondi Evêque de Paris y donna ſon conſentement le dix-neuviéme Octobre 1613; comme auſſi l'Abbé & Religieux de St Germain des Prés, par Acte du onze Juillet 1613, ſur quoi intervint Lettres Patentes du Roi du dix-neuviéme Fevrier 1614. Enſuite ils firent bâtir & aggrandir leur Egliſe en 1617, où la Reine Anne d'Autriche épouſe de Louis XIII, mit la premiere pierre le 15 Mai 1617, ſur laquelle étoit gravée ces mots:

ANNE D'AUTRICHE, REINE DE FRANCE, M'A ICY POSE'E
LE XV. MAY M. DC. XVII.

Cette Egliſe peu de tems après fut benite ſous le titre de St Nicolas de Tolentin. Le Convent fut rebâti & la premiere pierre poſée le vingt-ſept Juillet 1619, par Henri d'Amboiſe, Marquis de Biſſi. Ce Couvent eſt ſitué en la rue des petits Auguſtins quartier St Germain des Prés.

AUGUSTINS DECHAUSSE'S.

LES Auguſtins Déchauſſés, connus ſous le nom de Petits-Peres, ſous le titre de Nôtre-Dame des Victoires, qui vinrent du fauxbourg St Germain en ce lieu, comme je le viens de dire, & qui avoient été ci-devant établis au milieu de la Forêt de St Germain en Laie, furent fondés par le Roi Louis XIII, qui en reconnoiſſance & actions de graces de toutes les ſignalées victoires que Dieu lui avoit fait remporter ſur les rebelles, voulut bien être le fondateur de cette Egliſe. On commença la cerémonie le huit Decembre 1629, par Monſeigneur l'Archevêque de Paris, qui poſa une grande croix de bois à l'entrée de ce lieu que l'on preparoit pour y recevoir le Roi, qui y vint le lendemain second Dimanche de l'Avent neuviéme Decembre, accompagné des Princes & Seigneurs de sa Cour, où il posa la premiere pierre qui étoit de marbre noir, & quatre medailles aux quatre coins. La premiere portoit l'image de Nôtre-Dame des Victoires avec cette inscription:

Virgo solo Cœlo sibi nobis laurea donat.

La seconde representoit St Augustin avec ces mots:

Quam teneo sacram, me sacra hæc sustinet ædes.

La troisiéme representoit le portrait du Roi:

Ludovicus XIII, Francorum & Navarræ Rex Christianissimus.

La quatriéme representoit les armes de France & de Navarre, avec ces mots:

Lilia non gignunt lauri, sed lilia lauros.

Et sur la pierre de marbre étoit gravé:

DEO OPT. MAX.

Ludovicus XIII, Dei gratiâ Francorum & Navarræ Rex Christianissimus, Invictus, & ubique victor, tot victoriarum cœlitus partarum, profligatæque hæreseos non immemor; in insigne pietatis monumentum, F.F. Augustinianis Discalceatis Conventus Parisiensis hoc Templum erexit: Deiparæque Virginis Mariæ (sub titulo de Victoriis) dicavit anno Domini M. DC. XXIX. die IX mensis Decembris, regni verò XX.

Cette Eglise fut rebâtie en 1656, comme on la voit aujourd'hui (qui n'est pas encore achevée) est située le long de la rue de Notre-Dame des Victoires quartier de Montmartre.

Il y a un Couvent de cet Ordre établi à Argenteuil, & un autre dans la forêt de St Germain en Laie.

LES BENEDICTINS ANGLOIS, ORDRE DE St BENOIT, sous le titre de St Edmond.

ILS se refugierent en France à cause de la Religion & s'y établirent en 1657. Ce Couvent a été bâti de neuf en 1674, & beni en 1677 par Mr l'Abbé de Noailles, presentement Cardinal & Archevêque de Paris. La Reine Anne d'Autriche a contribué beaucoup à leur établissement en leur faisant des dons considerables. Il est situé en la grande rue du fauxbourg St Jaques quartier St Benoît. C'est en cette Eglise qu'est en depôt le corps du Roi Jaques II Roi d'Angleterre, mort en odeur de Sainteté en 1701.

DE LA VILLE DE PARIS. Liv. V. 621

LES BARNABITES.

LES Peres Barnabites, Clercs Reguliers de la Congregation de saint Paul, sous le titre de St Eloi, furent établis en ce lieu, qui étoit une partie d'une ancienne Abbayie appellée de St Martial, par Jean François de Gondy, premier Archevêque de Paris, en 1631, qui les transfera du fauxbourg St Jaques & St Michel, où ils étoient déja établis dès l'an 1629, à condition de retablir ce lieu qui étoit presque tombé en ruine, & d'y faire le Service Divin, auquel étoient obligés les Prêtres Seculiers qui y étoient. Ce qui a été executé; & ils y ont fait construire la maison des Peres, & élever depuis quelques années le portail de leur Eglise, achevé en 1703, & autres bâtimens considerables. Ils sont situés en la rue de la Barillerie, devant une des portes du Palais, & en la rue de la Savaterie, quartier de la Cité.

Ces Peres ont le droit de nommer à la Cure de Passy lez Paris.

LES BERNARDINS.

LES Bernardins, Ordre de Cisteaux, sous le titre de Notre-Dame, ont été toujours en cette demeure, où l'on envoyoit anciennement les Religieux de Clairvaux pour étudier en l'Université. Mais s'y trouvant trop étroitement logés, ils acheterent en 1246 du Chapitre de Notre-Dame de Paris, six arpens trois quartiers de vignes sises entre l'Abbayie de St Victor & les Fossés de la Ville pour s'y établir & faire construire une nouvelle maison & un College. Mais l'Abbé Ascelin & les Religieux de St Victor prevoyant la proximité de cet établissement, ils leur quitterent six arpens de terre au lieu appellé Chardonnet, contigus à leur ancienne demeure, & autres droits en contre-échange des six arpens & trois quartiers de vignes que leur cederent les Bernardins; le tout par Contrat passé entre toutes les Parties le dix-huit Décembre 1246. Ils commencerent donc en cette demeuré à y faire bâtir tout à neuf vers l'an 1336 leur College, que l'on appelloit du Chardenay, avec la permission du Recteur de l'Université. Leur Eglise fut aussi commencée en la même année 1336 par les bienfaits du Pape Benoît XII, qui avoit été de leur Ordre, tenant le siege en Avignon, & achevée par Guillaume le Blanc, Cardinal & Archevêque de   qui y fit beaucoup de bien. Cette Eglise est regardée comme une des plus belles Gothiques qui soient en France. A côté de la Sacristie, il y a un petit escalier à vis fort industrieusement imaginé, dans lequel deux personnes peuvent monter & descendre en même tems sans se voir. Ce Couvent est situé rue des Bernardins quartier de la Place Maubert.

DES BILLETTES. Voyés ci après Carmes dits Billettes.

LES BLANCS MANTEAUX.

LES Blancs-manteaux (appellés ainsi à cause qu'ils portoient anciennement des manteaux blancs) ou Serviteurs serfs de la Vierge, qui est leur veritable nom, vinrent de Marseille en cette Ville de Paris en 1252, où ils acheterent plusieurs maisons situées alors & tenans aux murs de la Ville. Ils obtinrent ensuite la permission d'Amaulry de la Roche, Commandeur du Temple, de qui relevent ces maisons, de bâtir en ce lieu une Chapelle & un Cimetiere, ce qu'il leur accorda sous le bon plaisir de l'Evêque de Paris appellé Regnaud de Corbeil, qui y consentit en 1258. Cet Ordre des Serviteurs de la Ste Vierge fut aboli par le Concile de Lion en 1297, ce qui donna lieu au Pape Boniface VIII, & au Roi Philippe le Bel en 1298, de donner ce Couvent des Serviteurs de la Vierge, aux Freres Hermites de St Guillaume, de la Regle de St Benoît, qui étoient établis pour lors au Village de Mont-rouge près Paris dès l'an 1256 en une maison appellée les Machabées, d'où ils furent tirés & transferés à Paris en 1298, à condition de prendre les Religieux Serviteurs de la Vierge qui voudroient entrer dans leur Ordre, & de leur ceder leur Monastere qu'ils avoient en cette Ville de Paris, où lesdits Peres Guillemins ont resté jusqu'en 1618. Après quoi il y eut bien des difficultés de la part des Peres Guillemins & de la part des Benedictins de la Congregation de St Maur, sous pretexte de la Reforme; le Prieur des Peres Guillemins consentit & y introduisit les Benedictins de la Congregation de St Maur; ce qui obligea une partie des Peres Guillemins d'embrasser leur Ordre & leur Reforme, & l'autre partie se retira ailleurs, & particulierement en leur maison ou Couvent de Mont-rouge où le dernier de ces Peres Guillemins est mort en 1680.

Ce Monastere des Blancs-manteaux a toujours retenu aussi bien que la rue le nom de Blancs-manteaux, où l'on a fait de très-grands bâtimens tant en dedans qu'en l'Eglise, qui a été bâtie tout à neuf depuis quelques années, & est dediée à Notre-Dame des Blancs-manteaux. Elle est située en la rue des Blancs-manteaux & a une sortie par la rue du Paradis, quartier du Temple ou du Marais.

LES BONS-HOMMES DE NIGEON. Voyés ci-après les Minimes de Nigeon.

Ste CROIX DE LA BRETONNERIE.

CE sont des Chanoines Reguliers de l'Ordre de St Augustin & un Prieuré triennal aussi bien que pour le Provincial, confirmé par Arrêt de 1586. Cet ordre & établissement a été fondé par Saint Louis, qui entendant parler du merite de Jean de Sainte-fontaine, General de cet Ordre, le fit venir avec quelques-uns de ses Religieux en cette Ville, & leur fit construire une Eglise & maison vers l'an 1250 en sa haute Justice rue & fauxbourg de la Bretonnerie, où étoit anciennement la Monnoie du Roi. Et pour aggrandir cette maison il leur donna & joignit en 1258 plusieurs autres maisons que lui échangea Robert de Sorbonne, pour d'autres que lui donna le Roi en la rue Coupeguelle devant le Palais des Bains, maintenant dite de Sorbonne, pour l'aggrandissement des Ecoles de Theologie, que Robert de Sorbonne y fonda. En l'année 1518 & suivantes, après la reforme qui y fut établie sous le Pontificat de Leon X & de Clement VII par les Commissaires députés par les Papes, ce fut en ce tems là que Thomas de Gonda, General de l'Ordre, accorda le pouvoir aux Religieux de France de se pourvoir à l'avenir d'un Provincial de la Nation Françoise, comme il s'est pratiqué depuis. Et comme sous le regne de Louis XIII Roi de France, le Cardinal de la Rochefoucault travailloit fortement à la reforme de tout l'Ordre de St Augustin, ces Religieux ne jugerent pas à propos d'attendre que d'autres Religieux vinssent leur donner des loix, c'est pourquoi ils se mirent d'eux-mêmes à leur devoir, resolurent de vivre en communauté, de porter l'habit Religieux & de faire toutes les autres choses qui sont de l'Ordre de St Augustin. Ce Couvent est situé en la rue Ste Croix de la Bretonnerie.

LES CAPUCINS DE LA RUE St HONORÉ.

CET Ordre fut admis en France en 1574, par les soins du Cardinal Charles de Lorraine, sous le regne de Charles IX. Leur premiere maison & demeure fut à Meudon près Paris, qui fut fondée & bâtie en 1585 par le même Cardinal de Lorraine, qui leur donna quarante arpens de son parc pour leur clôture quelque tems après. Quelques-uns furent instalés au même tems au fauxbourg St Antoine en un lieu appellé Piquepuce, que leur fit bâtir l'Evêque de Cisteron, où il demeuroit. Et quelque tems après le Roi Henri III leur ayant fait bâtir vers l'an 1603 celui-ci près du Jardin des Tuilleries, l'Eglise fut rebâtie de neuf & fort agrandie en 1610 & dediée à l'honneur de Dieu & de l'Assomption de la Vierge par le Cardinal de Joyeuse.

Ces Religieux desirant avoir un Couvent retiré pour la reception de leurs Novices & dans l'Université, le Prieur de Notre-Dame des Champs en 1602 leur offrit son Prieuré avec l'Eglise & dependances où sont presentement les Carmelites du fauxbourg St Jaques, mais les bons Peres assemblés en leur Chapitre Provincial, prirent la resolution de l'en remercier, par des considerations que Dieu permit, que je dirai en parlant de l'établissement du Couvent de St Jaques.

La Congregation de l'Exaltation de la Sainte Croix fut établie en cette Maison pour la propagation de la Foi le quatorze Septembre 1632 par les soins du R. P. Hyacinthe de Paris Capucin, & fut ensuite tenue au Couvent des grands Augustins en 1635, dont l'on a donné au Public un Recueil contenant toutes les Bulles, Statuts, Constitutions & autres concernant cet établissement, imprimé à Paris chez Sebastien Cramoisy *in-octavo* 1635.

Ce Couvent est situé en la rue St Honoré quartier du Palais Royal.

LES CAPUCINS DE St JAQUES,
sous le nom de l'Annonciation de la Vierge.

GODEFROY, Seigneur de la Tour, étant malade & au lit de la mort, en sa maison de la Tour, située au fauxbourg Saint Jaques, leur donna par son testament du vingt-sept Avril 1613 sa grande maison & ses dependances, dont Mr Molé pour lors President en Parlement & Syndic des Peres Capucins prit possession le onziéme Septembre ensuivant.

L'an 1617 le Roi Louis XIII leur accorda un demi pouce d'eau, dont ils avoient grand besoin, ce qui leur a été confirmé en 1635. Quelque tems après le Cardinal Jean François de Gondi, Archevêque de Paris, posa la premiere pierre à cette nouvelle Eglise, qui fut construite, aussi-bien que le Dortoir, des liberalités de ce Cardinal, & dediée en l'honneur de l'Annonciation par François de Harlai, Archevêque de Rouen. Ce Couvent est le Noviciat de ces Peres de la Province de Paris, où ils instruisent ceux qui desirent embrasser cet Ordre. Il est situé au fauxbourg & grande rue St Jaques quartier de St Benoît.

LES CAPUCINS DU MARAIS.

LEUR établissement commença en 1623 par les soins du Pere Athanase Mollé, frere du premier President Mollé, sous le titre de la Nativité de la Vierge, sis rue d'Orleans, quartier du Temple ou du Marais.

LES CARMES dits DE LA PLACE MAUBERT.

SAINT LOUIS revenant de son voyage de la Terre-Sainte en France l'an 1259, amena avec lui six Religieux de l'Ordre des Carmes, appellés pour lors les Barrés, à cause de leurs manteaux qui étoient divisés par quartiers blancs & noirs, selon Trithéme, & les logea où sont presentement les Celestins.

Monsieur l'Abbé de Choisi, en son Histoire de St Louis, pag. 68, dit que St Louis en quittant la Terre-Sainte avoit souffert un coup de vent qui l'avoit poussé sur les côtes du Mont Carmel; que la tempête s'étant appaisée il avoit fait jetter l'ancre ayant entendu une cloche; & ses Matelots lui ayant dit que c'étoit un Monastere de Religieux établis sur le Mont-Carmel, il avoit mis pied à terre pour y entendre la Messe. Il prit quatre de ces Religieux pour instruire les Matelots durant la navigation; qu'ensuite il leur fit bâtir un Convent & Eglise où sont presentement les Celestins, qui étoit fort étroit, n'y ayant qu'une petite Eglise fort basse & un Cimetiere avec quelques petits édifices & jardins. Peu de tems après un nommé Jean de Concorge & sa femme donnerent en 1262 à ces Religieux, pour aggrandir leur maison, un arpent & demi de terre, relevant de la censive de St Eloi & Ste Genevieve par moitié, qui étoit joignant leur demeure. Ces Religieux après avoir demeuré cinquante-huit ou soixante ans en ce lieu, remontrerent en 1317 à Philippe V surnommé le Long, que tous les hivers lorsque la riviere de Seine venoit à grossir elle venoit jusqu'à leur porte & les assiegeoit si bien, qu'ils ne pouvoient sortir qu'en bateau, joint qu'ils étoient trop éloignés de l'Université, qu'ainsi ils étoient privés des leçons & des disputes publiques qui s'y faisoient; & pour cela le suplioient de les changer de demeure & leur permettre de venir s'établir en l'Université, ce qui leur fut accordé. Et même ce Prince acheta de Maître Guidon de Livri dit de Cointet au mois de Decembre 1317, le lieu avec ses dependances où ils sont presentement établis. Voici la traduction de la Lettre Patente pour ce changement de demeure.

PHILIPPE, par la grace de Dieu Roi de France & de Navarre, faisons savoir à tous presens & à venir; que Nous, suivant les traces de nos Ancêtres, qui par une pieté singuliere & connue envers l'Eglise & ses Ministres,

DE LA VILLE DE PARIS. Liv. V.

tres, leur ont fait si largement & si magnifiquement d'amples donnations & de larges aumônes, avons donné à perpetuité en pure aumône de notre Royale liberalité, pour le repos de l'ame de notre chere épouse Jeanne Reine de France & de Navarre, & de celles de nos Ancêtres, aux Religieux de l'Ordre de Mont-Carmel, (que l'on sait être logés très-pauvrement à Paris hors la porte des Beguines sur les bords de la Seiné, & qui même dans les années precedentes ont été tellement incommodés des grands débordemens de la riviere qu'à peine pouvoient-ils mettre le pied à terre dans leurs refectoires & leurs chambres, & ne pouvoient descendre ni sortir de leur maison pour leurs besoins sans l'aide d'un bateau), une maison ci-devant appartenante à Maître Guidon de Livri, autrement dit Cointet, notre Clerc, & que nous avons acheté de lui, située dans la grande rue Ste Genevieve au-delà de la Croix Haymon entre la maison de Maître Quintin Furtinent d'une part, & celle de Pierre Lorrain, Tondeur de draps, ayant son entrée dans la grande rue ci-dessus & sa sortie sur la rue St Hilaire, ainsi qu'elle est presentement tant en longueur & largeur qu'en hauteur & profondeur, afin que ces Religieux soient proches des Ecoles, où ils puissent s'y instruire & puissent par la predication & par leur bon exemple répandre aux Fideles par toute la terre une instruction salutaire. Voulons donc qu'iceux Religieux & leurs successeurs jouissent de cette maison & de tout ce qui en depend à perpetuité, sans être obligés de s'en defaire ou de la remettre entre les mains d'autrui, & sans pour cela Nous donner aucun argent ou payement, ne retenant seulement pour Nous & nos Successeurs que le droit de superiorité, de garde & de ressort. Et pour que cela soit ferme & stable à jamais, avons à ces presentes Lettres fait mettre notre sceau, pourvû que personne n'en souffre aucun dommage. Fait à Montargis l'an 1317 au mois de Decembre.

Après ces Lettres Patentes obtenues, ils vendirent en 1318 leur ancienne demeure à Jaques Marcel, Marchand Drapier & Echevin de Paris, la somme de cinq cens livres parisis, se reservant les materiaux de la demolition des bâtimens, les ossemens de ceux qui y avoient été enterrés, comme aussi toutes les pierres de taille, les colomnes, la charpente & la chaux qu'ils avoient preparés pour bâtir une nouvelle Eglise; & que le tout seroit transporté dans le jour de la St Jean-Baptiste prochain. Toutes ces clauses & conditions furent ratifiées par le Vicaire general de l'Ordre des Carmes le vingt-six Avril 1319. Et afin de discerner mieux les lieux saints d'avec les autres, les Carmes assistés d'un Agent de l'Evêque de Paris, firent voir que l'Eglise & tout ce qui étoit derriere, où est à present le petit Cloître, la Chapelle de Philippe de Meziere, jusqu'à l'entrée des jardins, étoit beni. Après toutes ces circonstances ils vinrent prendre possession de ce lieu, où ils sont demeurans presentement, en 1318 le quinze Octobre, & où ils commencerent à faire celebrer la premiere Messe en la Chapelle Notre-Dame du Mont-Carmel : joignant laquelle ils bâtirent par la suite des tems des deniers que leur laissa la Reine Jeanne, femme de Philippe V Roi de France, par son testament de 1349. Leur Eglise ne fut dediée qu'en 1353 le seize Octobre par Guy de Boulogne, Cardinal & Archevêque de Lion. Il y a en cette Eglise deux Confrairies considerables, la premiere est celle de Notre-Dame du Mont-Carmel, érigée en 1216 par Simon Stoc, General des Carmes ; & la seconde de St Roch & St Sebastien érigée en 1490, qui est la premiere érigée à Paris. Il y a en ce Couvent un College pour les Etudians dudit Ordre, qui après leurs études peuvent être reçus Docteurs en Theologie. L'on a rebâti le grand Autel de cette Eglise en 1683, qui est du dessein du sieur Jacques Jacquin, Sculpteur. Ce Couvent est situé en la rue de la Montagne de Ste Genevieve, & a une entrée par la rue des Carmes quartier de la Place Maubert.

LES CARMES dits BILLETTES.

LE Couvent de ces Peres fut autrefois la maison d'un Juif qui fut brûlé pour avoir voulu percer & brûler la sainte Hostie, qu'une malheureuse femme lui avoit apportée de la Communion, où elle la retira de sa bouche & la vendit à ce Juif, qui ne pût la dissoudre, ayant été trouvée en son entier. Elle fut portée en l'Eglise de St Jean en Greve où elle est honorée. Cette maison fut donnée ou acquise l'an 1290 par Regnier Flamingre, Bourgeois de Paris, à qui le Pape Boniface VIII permit par sa Bulle du seize Août l'an 1295 d'y faire faire une Chapelle, où la devotion fut si grande, qu'en peu de tems on en eut de quoi bâtir un Monastere, que l'on donna aux Religieux du Tiers-Ordre de St François. Après eux les Religieux Hospitaliers de la Charité de Notre-Dame, Ordre de St Augustin, tirés d'un Monastere de Rongney au Diocèse de Châlons, l'ont eu; comme le raporte le sieur Houel en son livre des Fondations des Reines de France pag. 18. Que la Reine Jeanne, femme de Philippe le Bel, acheta vers l'an 1296 la maison d'un Juif qui avoit voulu percer une sainte Hostie avec un canif, en laquelle maison y fut établi un Monastere appellé de l'humilité de Notre-Dame, ayant été donné aux Religieux de l'Hospital de Notre-Dame de Rongney. Mais je crois qu'il a voulu attribuer cette fondation à la Reine sans aucune bonne preuve. Cependant cet Hopital fut érigé en Prieuré, & ils ont possedé & occupé jusqu'en 1408, en laquelle année le 13 Mai, l'Eglise qui avoit été rebâtie tout nouvellement, fut dediée & consacrée sous le titre de la Ste Trinité; étant tombée presque en ruine & décadence, par Contrat passé le 26 Septembre 1631 entre les Religieux Carmes de la reforme de la Province de Touraine & observance de Rennes, & les Religieux Hospitaliers de la Charité de N. D. ils cederent ce Couvent & Prieuré aux Carmes, qui en sont en possession depuis le 26 Septembre 1631. Ce qui leur fut confirmé le huit Janvier 1632 par un Bref du douze Fevrier de la même année, & par Arrêt du Parlement du deux Juin 1634. Le Prieuré de St Nicolas des Basses-loges près Fontainebleau leur fut aussi cedé, comme appartenant à l'Hopital de la Charité de Notre-Dame. Ce Couvent est situé en la rue des Billettes quartier de Ste Avoie.

LES CARMES DECHAUSSE'S.

CES Religieux venus d'Italie pour apporter en France la reforme que Ste Therese avoit établie en Espagne de l'Ordre du Mont-Carmel, furent admis à Paris vers l'an 1610. Les Reverends Peres Denys & Bernard logerent en differens endroits pendant un an, comme aux Mathurins, au College de Cluni. Enfin ils commencerent à s'établir, après avoir obtenu Lettres Patentes, ausquelles les Carmes de la Place Maubert formerent opposition; mais ces oppositions furent levées le vingt-deux Mai 1611, & ainsi ils entrerent en une maison qui avoit servi de Prêche aux Huguenots sise rue de Vaugirard, qui leur fut donnée par Nicolas Vivian, Maître des Comptes, qui y joignit aussi un jardin qu'il acheta du sieur Barat. Ils commencerent par une petite Chapelle; le Nonce du Pape planta la Croix & y celebra la premiere Messe le jour de la Pentecôte en 1611. Quelques mois après Mr du Tillet, Greffier de la Cour, leur fit bâtir une autre Chapelle plus grande, dans laquelle le même Nonce celebra la Messe le sixiéme Novembre de la même année, & y exposa le St Sacrement. L'an 1613 le

DE LA VILLE DE PARIS. Liv. V.

sept de Fevrier la premiere pierre du Couvent fut posée par Mr Vivian en reconnoissance de ce qu'il leur avoit donné leur premier établissement, & celle de l'Eglise fut posée par la Reine Marie de Medicis le vingt Juillet 1613, où l'on a gravé ces mots:

MARIA MEDICÆA MATER FUNDAMENTUM HUJUS ECCLESIÆ POSUIT.
M. DC. XIII.

Elle fut achevée en 1620 & dediée le vingt-un Decembre 1625 en l'honneur de Jesus-Christ, de la Ste Vierge & de St Joseph, par Eleonor d'Etampes de Valençai, Evêque de Chartres, assisté de deux autres Evêques.

C'est en cette Eglise où l'on commença pour la premiere fois à Paris les Prieres de quarante heures, que le Pape accorda à ces bons Peres en l'an 1612, pour être dites pendant les trois derniers jours du Carnaval, par l'exposition du St Sacrement & par plusieurs predications: ce qui après s'est pratiqué dans toutes les Eglises de Paris; & ainsi ces jours de dissolution furent changés en jours de dévotion.

Cette Eglise & Couvent sont situés en la rue de Vaugirard quartier du Luxembourg.

SAINTE CATHERINE DE LA COUTURE,
dite du Val-des-Ecoliers, fille de Ste Geneviéve.

CETTE Eglise fut commencée à bâtir en 1229 par les Sergens d'armes de St Louis, qui dans les armées avoient le soin de conduire les gens de pied, lesquels prierent le Roi St Louis de mettre la premiere pierre à cette Eglise, en reconnoissance de la victoire remportée au Pont de Bouvines en 1214. Ce que le Roi leur accorda, & fournit les moyens d'executer le vœu qu'ils avoient fait de faire bâtir cette Eglise, où il fonda une Messe tous les jours pour le repos de l'ame du Roi Philippe Auguste. Ensuite St Louis tira du Prieuré du Val-des-Ecoliers, établi pour lors à Froies, quelques Religieux de l'Ordre de St Augustin, qu'il établit en cette maison en 1229, qui par la suite devint un Prieuré dependant de l'Abbaye de Ste Catherine du Val-des-Ecoliers, fondée près de Langres, dont l'un des Prieurs nommé Jean Nervet, Evêque de Margarinan, fut enterré en cette Eglise le dix Novembre 1525. La reforme y fut faite en 1607 par le General de l'Ordre de Ste Catherine du Val-des-Ecoliers. En 1630 il y fut encore fait une nouvelle reforme par les soins du Cardinal de la Rochefoucault, du consentement de l'Abbé & Prieur du Val-des-Ecoliers, qui consentit à l'union de cette maison à l'Abbayie de Ste Genevieve, & la qualité de Prieuré de Ste Catherine reservée pour la nomination au Roi. Après cette reforme, Messieurs de Ste Geneviéve en prirent possession en 1631 & en ont fait leur Noviciat.

L'on a reparé cette Eglise & maison de quantité d'embellissemens & d'un portail tout neuf. Ce Monastere est situé en la rue de la Couture Ste Catherine quartier de St Antoine.

NOUVEAUX CATHOLIQUES, ou NOUVEAUX CONVERTIS.

LA Communauté des nouveaux Catholiques ou nouveaux Convertis, doit son établissement au Roi, qui commença en l'Isle de Notre-Dame, du tems que l'Evêque de Perigueux en étoit Directeur. Après ils vinrent s'établir au fauxbourg St Victor vers l'an 1656, où l'on acheta quelques maisons relevant de la Seigneurie de Messieurs de Ste Geneviéve, pour lesquels lots & vente ils cederent le lieu du Cimetiere des Huguenots situé au coin de la rue du Puits-qui-parle en la rue des Poules fauxbourg St Marcel, qui leur avoit été donné par le Roi en 1685, & le dernier par Transaction aux susdits le vingt-uniéme Août 1694. Après quoi ils ont fait bâtir une Eglise dediée à Ste Croix & une maison propre pour y retirer les nouveaux Convertis à la Foi Catholique. Cette Communauté est située en la rue de Seine vis-à-vis les murs de l'Abbayie de St Victor quartier de la Place Maubert.

LA CHARITE' DES HOMMES. Voyés au chapitre des Hopitaux.

St CHARLES DE LA DOCTRINE CHRETIENNE. Voyés ci-après la Doctrine Chrétienne.

LES CHARTREUX.

LES Chartreux doivent leur établissement & leur fondation à St Louis Roi de France, qui fit demander au Chapitre general tenu à Grenoble, quelques Religieux, pour les établir en cette Ville de Paris, ce qui lui fut accordé en lui envoyant en 1257 Dom Joceran, accompagné de quatre autres Religieux, que le Roi St Louis reçut avec joie, & leur donna pour leur demeure & établissement une grande maison & dépendances au Village de Gentilli près Paris. Mais quelques mois après, le Chateau Royal du Roi Robert I, qui regnoit en 1000, étant inhabité depuis longtems, y ayant des Esprits malins, suivant la tradition des peuples credules; Dom Joceran le demanda au Roi St Louis, qui le leur donna, & ils en prirent possession le vingt-un Novembre 1257, & pour lors tous les Esprits malins disparurent, après quoi le Roi leur assigna pour leur nourriture cinq muids de bled sur le Village de Gonesse, par une donnation du mois de Mai 1259. On retablit la Chapelle de ce Chateau, & l'on y bâtit quelques Cellules pour y retirer ces bons Religieux. Ensuite on projetta les fondemens du Cloître & de l'Eglise, où l'on mit la premiere pierre en 1276, qui ne furent achevés qu'en 1324 des bienfaits de Jean de Cerées, Tresorier de l'Eglise de Lisieux, & dediée le six Juin 1325 en l'honneur de la Vierge & de St Jean-Baptiste.

Le Chapitre où les Religieux s'assemblent & la Sacristie ont été bâtis des deniers de Pierre Loisel & de Marguerite sa femme le treiziéme Août 1332.

On voit dans le Refectoire, où étoit autrefois la Chapelle de l'Hotel de Vauvert, le Crucifix favori de Philippe de Champagne, l'un des plus habiles Peintres de son tems, qu'il leur a laissé par son Testament.

Le grand Cloître a été construit à diverses reprises. Les Cellules sont séparées l'une de l'autre, & composées chacune d'un petit jardin, une cour, une chambre, un vestibule & un grenier.

Il y en eût huit de bâties & fondées du tems de St Louis.

Jeanne de Chastillon, femme de Pierre, Comte d'Alençon, troisiéme fils de St Louis, en fonda quatorze, pour lesquelles elle donna deux cens vingt livres de rente amortie en 1290 au mois de Mars.

André Tarant & Pierre Crosant en fonderent sept autres.

Pierre Bourguignon, Seigneur de Rouillon, en fit bâtir une autre qu'il fonda, & y donna sa terre de Rouillon.

Jean des Moulins une autre.

Jeanne d'Evreux, femme de Charles IV dit le Bel, donna de quoi faire bâtir l'Infirmerie & les choses necessaires pour l'entretien de cette Infirmerie, contenant six Cellules & une Chapelle, qui fut achevée en 1341 ; pour laquelle fondation elle donna la Terre & Seigneurie qu'elle avoit à Yerre. Le sieur Houel, en ses recherches des Fondations des Reines de France pag. 18. dit que cette Reine commanda cette fondation & bâtiment dès l'an 1296.

Jaques Juvenal des Ursins, Patriarche d'Antioche, Evêque de Poitiers, a fourni à la depense du bâtiment de la Chapelle située entre la premiere cour, appellée de St Blaise, achevée le quatorze Mai 1460, où les Dames peuvent seulement entrer & y faire leurs devotions, ne leur étant pas permis de passer outre.

Il y avoit anciennement en ce lieu une devotion en la Chapelle de saint Hugues, Chartreux, située en la seconde cour de ce Monastere, pour les enfans en chartre ; mais comme les femmes n'y pouvoient elle-mêmes apporter leurs enfans, à cause de l'entrée de cette seconde cour leur est deffendue, & que cela étoit incommode aux Religieux en disant leur Office, l'on a transferé cette devotion en l'Eglise St Etienne des Grès, située au haut de la rue St Jaques vis-à-vis les Jacobins.

Les Curieux de Peinture s'y peuvent satisfaire par la beauté de plusieurs grands tableaux qui sont en leur Eglise, qui sont des meilleurs Maîtres du siecle & particulierement les tableaux du petit Cloître representant la vie de St Bruno leur Fondateur, peints par cet habile Peintre Eustache le Sueur, qui y travailla pendant trois années vers l'an 1649. Ce Couvent est situé en la rue d'Enfer quartier du Luxembourg.

CLUNY.

LE College de Cluny, sous le titre de Notre-Dame, Ordre de St Benoît fondé par Yves premier Abbé de Cluny, fut bâti en 1269 sur les ruines de quelques bâtimens de l'ancien Palais des Etuves ou des Thermes de Julien l'Apostat, lequel s'étoit étendu jusques-là ; & la rue dite des Maçons, s'appelloit la rue des Bains ou des Etuves. Le successeur de Yves fit achever ce College, qu'il fit dedier à la Ste Vierge de Cluny. Tous les Prieurs dependans de l'Abbayie de Cluny sont obligés d'entretenir chacun un ou deux Boursiers en ce College, ce qui fait le nombre de vingt-huit Boursiers. Il y fut établi un Noviciat en 1681 par Arrêt du Conseil d'Etat du quatorze Juillet. Il est situé en la Place de Sorbonne quartier de St André des Arcs. Malingre rapporte en ses Antiquités de Paris pag. 285 qu'avant la fondation de ce College, il y avoit en ce lieu même avant l'an 1263, des Religieux de St Denys qui y habitoient & qui étoient contigus à un Hopital que Robert de Sorbonne échangea avec St Louis, qui le donna aux Peres Jacobins pour aggrandir leur maison.

LES CORDELIERS.

LES Cordeliers du grand Couvent, Ordre de St François, vinrent en cette Ville vers l'an 1217, lorsque St François vivoit encore, & eurent leur premier établissement au lieu où est bâti le College de Navarre. Ensuite St Louis leur fit bâtir le lieu qu'ils occupent presentement, que Guillaume Evêque de Paris, à qui ils se firent connoître, à la recommandation du Pape Hohoré III, leur procura auprès d'Eudes, Abbé de St Germain des Prés, vers l'an 1230.

Le Roi Louis Hutin en 1233 ou 1234 établit en ce Couvent des Cordeliers une Chambre pour les Pelerins de Jerusalem, appellés Palmiers ou Croisés, qui auparavant avoient été établis près le Palais de St Louis. En 1336 les Cordeliers obtinrent la garde du St Sepulchre de Jerusalem & autres lieux de la Terre-Sainte, où on envoyoit de trois ans en trois ans des Cordeliers.

Environ ce tems-là, huit Bourgeois de Paris, Voyagers du St Sepulchre avec d'autres, mûs de devotion, établirent en ce Monastere la Confrairie par eux nommée du St Sepulchre vers l'an 1336.

L'Eglise fut bâtie en 1262 & dediée le six Juin 1562 sous le titre de Ste Marie Magdelaine. En 1502 le Couvent des Cordeliers fut reformé, & de Conventuels qu'ils étoient furent faits de l'Observance. Le dix-neuf Novembre 1580, cette Eglise fut brûlée. En 1582 le Roi Henri III fit rebâtir le Chœur, & en 1585 le dix-neuf Novembre il fut beni, & le principal Autel dedié à l'honneur de Dieu, de Ste Magdelaine, de St Roch & St Sebastien. La Nef & les aîles furent rebâties en 1606. Toutes ces reparations ont été faites par les soins de Messieurs de Thou. Cette Eglise contient en longueur trois cens vingt pieds & en largeur quatre-vingt-dix. Il y a un College en cette Maison pour les Religieux de leur Ordre qui ont le droit de se faire passer Docteurs. Au mois de Fevrier 1622 fut proposé la reforme en ce Couvent par le Pere General Benigne de Genes, suivant certains Statuts qui avoient été faits à Barcelone en Espagne, dont les principaux articles étoient d'avoir les pieds nuds & de n'avoir point de troncs en leur Eglise. Sur quoi il y eut bien des contestations que l'on peut voir dans le tome 8 page 504 du Mercure François. Enfin la reforme n'y fut introduite qu'en 1671 par les soins du R. P. Dom Francisque Maria Rhini de Politio, Ministre General & Commissaire deputé par les Brefs des Papes Clement IX & X. L'on a fait en ce Couvent des reparations considerables en 1673, comme le Cloître, le Dortoir qui contient plus de cent chambres, la Chapelle du Tiers-Ordre, le Maître-Autel, & au bas de l'Eglise où l'on a changé des tombeaux qui y étoient, & autres embelissemens qu'on y faits depuis. Ce Couvent est situé en la rue des Cordeliers quartier de St André des Arcs.

LES CORDELIERS de l'AVE-MARIA. Voyés au chapitre des Couvents de Filles de l'*Ave-Maria*.

LES CORDELIERS de la rue de Lourfine fauxbourg St Marcel. Voyés le chapitre des Religieuses, au mot de Cordelieres de St Marcel.

DE LA CRECHE. Voyés ci-après St François de Salles.

SAINT DENYS DE LA CHARTRE.

SAINT Denys de la Chartre. Voyés le chapitre des Prieurés, à St Denys de la Chartre.

LES PERES DE LA DOCTRINE CHRETIENNE.

PREMIERE MAISON.
Sous le Titre de St Charles Borromée.

LES Peres de la Doctrine Chrétienne furent attirés en cette Ville par Jean François de Gondi, premier Archevêque de Paris, par Lettres dattées du vingt-huit Août 1626, & commencerent à bâtir en 1628, sur les fondemens d'une maison nommée l'Hotel de Verberie, qui avoit été construite sur un terrain appellé le Clos des Arennes, dependant de l'Abbayie de St Victor. Cette Communauté est instituée pour instruire & catéchiser la jeunesse; elle est située sur les fossés de St Victor, quartier de la Place-Maubert.

SECONDE MAISON.
Sous le Titre de St Julien des Menestriers.

C'étoit autrefois un Hopital, comme je le ferai voir en parlant des Hopitaux à S Julien & St Genest. Quelques années après leur premier établissement au Faux-bourg St Marcel, ils obtinrent de la Reine Anne d'Autriche, femme de Louis XIII Roi de France, ce second lieu où ils se sont établis vers l'an 1630, mais avec bien des difficultés de la part de Messieurs les Joueurs de violons, & Maîtres à danser de cette Ville, comme Fondateurs, Patrons Laïques & Administrateurs de cette Eglise, qui par une Transaction passée par-devant Notaires à Paris, le quinze Avril 1664, entre eux & les Peres de la Doctrine Chrétienne, où sont contenus plusieurs chefs gravés en un marbre qui est exposé dans cette Eglise, reconnoissent lesdits Maîtres d'instrumens, violons, être de toute ancienneté, sont & demeureront, & les leurs à perpetuité, & conformément à l'Arrêt de la Cour de Parlement du 13 Juillet 1658, les Fondateurs, Patrons Laïques, Presentateurs, Gouverneurs & Administrateurs de ladite Eglise & Chapelle de St Julien des Menestriers, & des lieux en dependans, & Proprietaires du fonds d'iceux, & de la maison joignant lad. Chapelle où ils font leurs Assemblées & concerts, & logent leur Clerc, & generalement de tous les droits honorifiques, rentes, revenus & dépendances desdites Eglise, Chapelle, maisons & lieux, sans aucune chose en excepter ni reserver. Et en cette qualité continueront la possession en laquelle ils sont de presenter à ladite Chapelle, vacation advenant, telle personne qu'ils aviseront bon être; comme aussi en la possession & jouissance du Jubé, étant au-dessus de la grande porte de ladite Eglise, ensemble de ladite maison en laquelle ils sont ordinairement leurs Assemblées & Concerts; laquelle maison leur appartiendra aussi en pleine & entiere disposition, & pareillement de l'allée, montée, & autres lieux en dépendans, & du droit d'y loger un Garde-lai, femme & enfans. Auront

HISTOIRE ET ANTIQUITES

en outre la faculté d'élire leur sepulture, & faire ouvrir la terre de ladite Eglise pour eux & leur famille, sans qu'autre personne, à l'exception desdits Peres, s'y puisse faire inhumer, que du consentement desdits Patrons, &c. Et d'autres Reglemens qui seroient trop longs à rapporter ici, que l'on peut voir sur le marbre exposé en cette Eglise. Cette Communauté est située en la rue & quartier de St Martin.

TROISIE'ME MAISON.
Faux-bourg St Germain.

Ces Peres ont à Paris une troisiéme maison, laquelle ils appellent la maison de la Grange, ou de Berci, située dans l'ancienne vallée de Fescam, au haut de la rue, nommée aujourd'hui rue de Berci, Faux-bourg St Antoine, Paroisse de Ste Marguerite. Cette maison fut établie en 1677, par la donation qu'en firent aux Peres de la Doctrine Chrétienne, le sieur Jaques Champion, ancien Avocat au Parlement, & Damoiselle Marie du Port, son épouse, & par la translation qui y fut faite des revenus attachés à une autre maison, laquelle avoit été fondée douze ans auparavant pour ces mêmes Peres au Bourg-la-Reine, par Messire Jerôme du Four-Alligret, Conseiller au Parlement. La donation du sieur Champion, le consentement du sieur du Four pour la translation des revenus de la maison du Bourg-la-Reine, la permission de Monsieur du Harlay, Archevêque de Paris, & les Lettres Patentes de Sa Majesté, sont de 1677.

La Chapelle est appellée, Notre-Dame de bon secours.

Quant à ce que l'on demande, de quelle Maison ces Peres ont été tirés pour cet établissement; si c'est de St Charles ou de St Julien ? On répond que ce n'est ni de l'une, ni de l'autre Maison en particulier; mais en general, de ce qui s'appelle parmi ces Peres, la Province de Paris; les Superieurs ayant choisi, pour prendre possession de cet établissement, ceux de cette Province qu'ils ont jugé à propos.

SAINT ELOI.

SAINT Eloi. Voyés Barnabites ci-devant.

SAINT EDMOND. Voyés Benedictins, ci-devant.

LES FEUILLANS, dits DE St HONORE', ORDRE DE Cisteaux, Regle de St Benoît.

LE Roi Henri III, qui avoit une estime toute particuliere pour le Pere Dom Jean de St Benoît, dit de la Barriere, qui avoit été le Reformateur de l'Ordre de St Bernard, dans une Abbaye nommée Feuillans, située proche Thoulouze, le fit venir à Paris: il y arriva le onze Juillet 1587, avec soixante de ses nouveaux Religieux. Il les logea au Prieuré de Gramont, appartenant presentement aux Minimes de Vincennes, depuis le onziéme Juillet, jusqu'au huitiéme Octobre de ladite année 1587, en attendant la maison qu'il leur faisoit preparer en la rue St Honoré, où ils sont presentement. Le bâtiment de cette Eglise n'a été commencé qu'en 1601,

1601, des aumônes que ces Religieux reçurent pendant le Jubilé univerfel du commencement du fiecle de 1600, par la permiffion d'une Station que leur accorda François de Gondy, alors Evêque de Paris, par la recommandation du Roi Henri IV, qui leur fut fi favorable, qu'ils recueillirent plus d'argent qu'ils n'en avoient befoin pour la dépenfe de leur bâtiment, où le Roi Henri IV pofa la premiere pierre en 1601. Cette Eglife fut achevé & dediée le huitiéme Août 1608, à St Bernard, par le Cardinal de Sourdis Archevêque de Bordeaux. Il y a en cette Eglife quatorze Chapelles toutes de même fymetrie. Le Roi Henri IV, s'en declarant le Fondateur, voulut que ce Monaftere jouit de tous les droits dont jouiffent les Maifons de fondation Royale. Le Portail fut achevé en 1624, par les foins du Roi Louis XIII, qui les honora de fa protection, & qui contribua à la dépenfe de ce Portail. Ceux du Couvent, comme on les voit prefentement, ont été bâties en 1676, par les foins & la dépenfe defdits Religieux, qui font fitués en la rue St Honoré, quartier du Palais Royal.

LES FEUILLANS DU FAUX-BOURG St MICHEL.
Sous le Titre des Anges-Gardiens.

CES Religieux furent établis en un lieu où étoit fituée la Tour-Gaudron, & fondés par la liberalité des Freres Dupont, en 1632. L'année d'après on commença à bâtir ce Monaftere, où la premiere pierre fut pofée le vingt-un Juin 1633. Ils font fitués près les Chartreux, rue d'Enfer, Faux-bourg St Michel, quartier du Luxembourg.

Il y a encore une Maifon de cet Ordre, appellée St Etienne du Pleffis-Piquet, fituée à une lieue de Paris, du côté de Fontenay-aux-Rofes; fondée en 1615.

LA COMMUNAUTE' DES PRETRES DE SAINT,
François de Sales.

CETTE Communauté a commencé à s'établir en 1701, fur le foffé de l'ancienne Eftrapade; au coin de la rue-neuve-Ste-Genevieve, faux-bourg St Marcel, qu'ils quitterent & cederent à la Communauté de Ste Perpetue, pour prendre poffeffion d'une ancienne Communauté de Filles, appellées de la Creche, qui y étoient dès l'année 1659, que Mr. le Cardinal de Noailles, Archevêque de Paris a fupprimée en 1702, pour y mettre & entretenir les pauvres Curés & Prêtres de fon Diocèfe. Et pour foutenir cette Communauté, le Roi a confenti l'union du Prieuré de St Denys de la Chartre; ce qui a été executé en 17   & confirmé par le Pape. Cette Communauté eft fituée au Fauxbourg St Marcel, en la place du Puits-l'Hermite, au coin de la rue de la Clef, quartier de la Place-Maubert.

LES RELIGIEUX DE GRAMMONT.

LA premiere Maifon de l'Ordre de Grammont, qui fut bâtie en France, fut celle du bois de Vincennes près de Paris, fondée par le Roi Louis VII, l'an 1164. Jean XXII l'érigea en Prieuré. Le Roi Louis XI, qui infirma l'Ordre de St Michel, choisit le Prieur de cette Maison de Vincennes, & le fit Chancelier-né de cet Ordre qui fut peu après en Commande. Le Cardinal de Lorraine en fut le premier Commendataire, & plusieurs autres ensuite. Enfin, en 1584, le Roi Henri III fit un Concordat avec l'Abbé general dudit Ordre, appellé François de Neufville, & donna ce Couvent à des Religieux *de l'Ordre de St Jerôme*, qui le cederent l'année suivante aux Minimes qui en sont presentement en possession; & le Roi, pour dédomager les Religieux de Grammont, leur donna en échange le College de Mignon à Paris, situé en la rue de Mignon près les Cordeliers, dont je parlerai au chapitre des Colleges, au mot de Grammont.

On dit que Philippe-Auguste établit les Moines de Grammont au bois de Vincennes, ausquels les Carmes succederent, & ensuite les Minimes. Ce qui ne peut être, car Philippe-Auguste n'a regné que depuis 1180, & lesdits Religieux étoient deja fondés par le Roi Louis VII, en 1164, comme on le voit ci-dessus. Ce n'a point aussi été les Carmes qui ont succedé à ces Religieux, mais bien les Freres Mineurs, qui le quitterent en 1584, aux Religieux Minimes. Voyés ci-après Minimes de Vincennes, & le chapitre des Prieurés, au mot Bons-hommes de Grammont.

LES JACOBINS, dits DE St JAQUES, ORDRE de St Dominique, sous le titre de St Jaques le Majeur.

SAINT Dominique Instituteur de cet Ordre, envoya à Paris vers l'an 1217, le Pere Mathieu, revêtu de la qualité de Vicaire general, qui fut le premier Superieur de cette Maison, avec quelques-uns de ses Religieux munis de Lettres de recommandation du Pape Honorius, pour leur établissement en cette Ville. Ils logerent d'abord chés un Chanoine de Notre-Dame, dans leur Cloître.

En 1218, à la Requête dudit Pape Honoré, leur fut donné & cedé une maison & dépendances, où il n'y avoit qu'un petit Oratoire dédié à St Jaques situé en la rue St Jaques, devant St Etienne des Grès, par Maître Jean Doyen de St Quentin en Vermandois, Docteur Regent en Theologie, & par l'Université de Paris, avec quelques droits sur cette Chapelle & dépendances, à condition de quelques redevances; comme on le voit par cette donnation traduite du Latin en ces termes.

Au nom du Pere, du Fils, & du St Esprit. Ainsi soit-il. Nous, l'Université des Maîtres & Ecoliers de la Ville de Paris, de notre pleine & entiere liberté, offrons & accordons par donation à Frere Mathieu Prieur, & à tous les Freres de l'Ordre des Prêcheurs, & en leurs personnes à tout l'Ordre, tout le droit de proprieté que nous avons eu & avons encore presentement dans le lieu dit St Jaques, devant & vis-à-vis l'Eglise de St Etienne lez-Paris, situé proche & à la sortie de ladite Ville; & ce pour obtenir de la misericorde de Dieu le salut de nos ames. En reconnoissance de quoi, & pour témoigner le respect qu'ils ont pour ladite Université, comme Dame & Maîtresse dudit lieu dont ils sont devenus Proprietaires, ils nous admettront & nos successeurs à perpetuité, à la participation generale de toutes leurs prieres & bonnes œuvres, ainsi qu'à leurs Confreres.

Ils seront de plus tenus & obligés de celebrer tous les ans au Grand-Autel, une Messe solemnelle, le lendemain de la Fête de St Nicolas, leur Communauté y assistant, pour la conservation & prosperité des Maîtres, Ecoliers & autres appartenans à l'étude generale de ladite Université. Ils

DE LA VILLE DE PARIS. Liv. V.

celebreront pareillement avec la même solemnité une Messe le lendemain de la Purification de la Vierge pour le repos des ames de ceux qui appartenants à ladite Université seront morts à Paris. Enfin ils seront tenus de faire les mêmes prieres & ceremonies pour chacun des Maîtres de cette Faculté de notredite Université, qui sera mort à Paris pendant l'exercice de la Regence, qu'ils font pour le repos des ames de chacun de leurs Freres; & tous les Prêtres de la Communauté diront la Messe chacun en particulier à l'intention du deffunt, le Prieur dans le Chapitre, & si le mort étoit d'une autre Faculté, dans le Cloître. Et pour donner plus de fermeté & d'autorité à ce present Acte, nous y avons fait apposer les seeaux des Maîtres de Theologie. Fait l'an mil deux cens vingt-un.

Ce qui s'execute encore aujourd'hui, où il y a une retribution pour ceux qui assistent à ce service. Mais comme il n'y avoit en cette Maison ni Eglise ni Cimetiere, ils furent admis en l'Eglise de Notre-Dame des Vignes ou des Champs (presentement appellée le Couvent des Carmelites, qui étoit un Prieuré de l'Ordre de St Benoît, dependant de l'Abbayie de Marmoutier,) dans laquelle ils commencerent à celebrer le divin service; il y demeurerent jusqu'en 1220. Et après une opposition à leur établissement de la part du Chapitre & Curé de St Benoît, ils obtinrent par l'entremise du Chapitre de l'Eglise de Paris, la permission de venir prendre possession de la demeure ci-dessus: & du Chapitre & Curé de St Benoît, dont voici la traduction du Concordat, en datte du mois de Decembre 1220.

A tous ceux qui ces presentes Lettres verront, moy E. & Etienne Archidiacre, & Gregoire Chanoines : SALUT au Seigneur. Faisons savoir que les Chanoines & le Curé de la Paroisse de St Benoît d'une part, & les Freres de l'Ordre des Prêcheurs de St Jaques de l'autre, étant en contestation devant le Chapitre de Paris; les Chanoines & le Curé de St Benoît ne voulant pas permettre que lesd. Freres de St Jaques celebrassent les Mysteres divins, qu'ils le leur fut auparavant accordé une indemnité. Le Doyen & le Chapitre Nous ont commis tous trois, & ont donné plein pouvoir de regler ce different entre eux selon Dieu & la justice; & les Parties même étant assemblées devant Nous, s'en sont rapportées à notre décision. Nous donc, en presence des Parties, & du conseil de personnes judicieuses, avons reglé que dans les cinq Fêtes annuelles, savoir de Pâques, de la Pentecôte, de la Translation St Benoît, la Toussaint, & Noel, lesdits Freres de St Jaques diront ou feront dire dans leur Chapelle, sous peine d'excommunication, que personne n'ait à se soustraire de son Eglise Paroissiale pour venir entendre l'Office dans la Chapelle St Jaques : & que si après cette deffense, dans les Fêtes ci-dessus lesdits Freres reçoivent quelques offrandes de la Paroisse St Benoît, ils soient obligés de la rendre aux Chanoines de ladite Paroisse, dont le Curé n'aura rien. De même si quelque Paroissien de St Benoît vient à mourir, son corps sera porté à St Benoît, & après la Messe dire pour les Morts, il soit porté à St Jaques, le Prêtre sera payé comme par les autres Paroissiens. Outre cela, comme il ne se peut pas qu'il ne revienne beaucoup de Chapelles à St Jaques, qui reviendroient à l'Eglise St Benoît, si cette Chapelle de St Jaques n'étoit pas fondée dans leur Paroisse, nous sommes convenus que par chacun an les Freres de St Jaques payeront au Chapelain de St Benoît quinze sols, moitié à Noel, & l'autre à la St Jean, & aux Chanoines de St Benoît cinq sols dans les mêmes termes. Et si dans la maison de St Jaques, où il y a un Hopital, il meurt quelqu'un qui ne soit point attaché à ladite maison, il sera permis à l'Eglise de St Benoît d'y aller faire les fonctions Pastorales, comme à tous les autres Paroissiens. Nous avons de plus reglé qu'il n'y ait qu'une seule cloche dans la Chapelle St Jaques, pour appeller les Freres, qui des-

Tome I. LLll ij

à-present & à l'avenir n'excedera pas le poids de trois cens livres. Telle est notre intention & ordonnance. De plus, les Freres de St Jaques auront la liberté de faire leur Office de nuit & de jour, se soumettant en toutes choses à l'Evêque & à l'Archidiacre de l'Eglise de Paris. Nous reservant la liberté d'ajouter, de diminuer, ou de corriger jusqu'à trois ans tout ce que nous trouverons qui devra être ajouté, diminué ou corrigé Fait l'an du Seigneur 1220, au mois de Decembre.

Le bon Pere Mathieu, dont il est parlé ci-dessus, obtint de Messieurs les Bourgeois de Paris le lieu de leur Assemblée, situé près la porte St Jaques, qu'ils leur donnerent pour agrandir leur établissement. Le Seigneur de Haute-feuille leur donna aussi son Chateau appellé de son nom, & ensuite St Louis leur fit achever les dortoirs & autres bâtimens commencés, & employa la somme de dix mille livres Parisis, en quoi le Seigneur Roi condamna Enguerrand de Coucy, pour avoir fait pendre & étrangler trois jeunes Flamans qui chassoient dans ses Forêts. Ce qui est rapporté par Corrozet en ses Antiquités de Paris de l'Edition de 1561. pag. 75. Plus le Seigneur Roi leur crût leur enclos d'un Hopital voisin, qui étoit devant leur refectoire, & y ajouta deux maisons situées en la rue d'Arondel, qu'il acheta de Robert de Sorbonne en 1263. Louis Hutin leur donna aussi la place qu'on appelloit la Porte d'Enfer, deux Tours & lieux circonvoisins ; & le Roi Charles V, en 1365, racheta & amortit les douze deniers de fonds & terres, & soixante sols Parisis de crois de cens & de rente que cette maison devoit à la Maison de Ville ; ce que l'on va voir ci-après plus étendu.

L'on voit en la Cour de ce Couvent, entre l'Eglise & les vieilles Ecoles, une Croix de pierre, & contre la muraille sont écrits ces mots.

L'an 1358. en ce lieu-ci furent transportés les os de tous ceux qui étoient enterrés au Cimetiere de ceans, lequel fut detruit, & les Cloître, Dortoir & Refectoire retranchés pour la clôture de la Ville.

Il paroit que le Roi Charles V, pour dédomager ces Religieux de ce qu'on fut obligé de prendre de leurs bâtimens pour les fortifications de cette Ville, pendant l'absence du Roi Jean I, detenu prisonnier en Angleterre, leur donna en échange le bâtiment & dépendances du Parloir aux Bourgeois, appartenant à la Ville, qui l'avoit cédé à l'Abbayie & Religieux du Couvent du Moustier-Notre-Dame de Bourg-moyen, ne s'y reservant que douze deniers Parisis de fonds de terres, & soixante sols Parisis de crois de cens ou rente annuelle & perpetuelle que le Roi acheta de la Ville ; par transaction du neuf Novembre 1365, en ces termes.

Sçachent tous, que Nous Prevôt des Marchands & Echevins de la bonne Ville de Paris, par la déliberation du Conseil de ladite Ville, & pour obéir au Roy, qui de ce Nous a voulu parler, & pour accomplir sa volonté, si comme tenus y sommes, lui avons, pour & au nom de ladite Ville, transporté & delaissé, & par ces Presentes transportons & delaissons douze deniers Parisis de fonds de terres, & soixante sols Parisis de crois de cens ou rente annuelle & perpetuelle des rentes de ladite Ville dues par an au Parloir-aux-Bourgeois, que ladite Ville avoit & prenoit par chacun an ; & sur un Hotel, si comme il se comporte avec ses appartenances & dépendances, assis à Paris lez-la porte d'Enfer, tenant d'une part aux hostieux ou pourpris des Religieuses Personnes, le Prieur & Convent des Freres Prêcheurs de Paris, & d'autre part à ladite porte d'Enfer, lequel Hotel est ou fut des Religieux, Abbé, ou Convent du Moustier-Notre-Dame de Bourg-moyen de Blois, de l'Ordre de St Augustin, au Doyenné de Chartres, &

DE LA VILLE DE PARIS. Liv. V. 637

lequel Hotel étoit en la Justice & Seigneurie foncière de ladite Ville; & voulons au nom de ladite Ville, que des douze deniers Parisis de fonds de terres, & desdits soixante sols Parisis de crois de cens ou rente, le Roi notre Sire puisse faire & ordonner, si comme & où il lui plaira. En temoin de ce Nous avons fait sceller ces Presentes du sceel de la Marchandise, qui furent faites & passées le 9 de Novembre 1365. Par le commandement du Prevôt, LE FLAMAND. Scellé en cire rouge sur queue de parchemin.

Après que le Roi Charles V eut acquis de la Ville les cens & rentes mentionnés ci-dessus, que ladite Ville avoit sur le terrain du Parloir aux Bourgeois, en ayant cedé la proprieté du fond à l'Abbé & Religieux de Notre-Dame de Bourg-moyen, ne s'y étant reservé que les douze deniers &c, ledit Roi acheta ensuite de l'Abbé & Religieux de Notre-Dame de Bourg-moyen, Proprietaire de ce lieu, qu'il donna ausdits Jacobins, exempt de toutes charges; en reconnoissance de ce que l'on leur avoit pris & retranché de leurs bâtimens quelque partie, comme je l'ai dit ci-dessus.

Le Cloître de ce Couvent qui est tout voûté de pierre de taille, a été rétabli tout à neuf des deniers & liberalités de Nicolas Hennequin Bourgeois de Paris.

Les écoles de St Thomas situées en la cour de ce Couvent furent commencées par Frere Jean Binet, Docteur en Theologie, & de ses deniers, & parachevées par les aumônes que lesdits Peres reçurent au Jubilé qui se fit en l'année 1609, & les premieres disputes y furent faites en 1611. Lesdits Religieux avoient un clos qui consistoit en neuf arpens de vignes ou environ, situé sur les fossés de la Ville; entre les portes de St Michel & St Jaques : lesquelles vignes ne leur produisant presque rien, le Roi François I leur permit de les donner à bâtir, ou à cens & rente dès l'an 1546, ce qui fut exécuté, & en ont joui. Ce clos est presentement tout rempli de maisons & de plusieurs rues qui y ont été ouvertes, comme celles des fossés St Hiacinthe, de St Thomas, de St Dominique, de la Madeleine; aboutissant en la rue d'Enfer, Faux-bourg St Michel.

La Reforme fut plusieurs fois proposée en cette Maison, mais sans aucun succès, jusqu'en 1669, qu'elle y fut admise & observée, savoir pour Service divin; de se lever à minuit; de manger maigre, & en Communauté, & autres que l'on pratique presentement en ce Couvent.

On voit quantité de tombeaux de Rois, Reines, Princes & Princesses, qui ont été enterrés en cette Eglise, qui a été reparée & embellie depuis plusieurs années. Ce Couvent est situé au haut de la rue St Jaques, quartier de St Benoît, où il y a des écoles de Theologie, comme je le dirai au chapitre des Colleges.

LES JACOBINS, dits DE St HONORE', ORDRE de St Dominique, sous le titre de l'Annonciation de la Vierge.

LA Reforme de cet Ordre a commencé en 1594, par les soins des Peres Michaelis & Belly, au Couvent de Clermont de Lodeve : depuis ils se sont établis en plusieurs autres Couvents; mais au Chapitre général tenu à Paris en 1611, ledit Pere Michaelis avec cinq Peres de la Congregation des Jacobins, proposa au Couvent de St Jaques cette Reforme, où il ne pût rien obtenir, tellement que le Pere Salamin, Général, supplia le Roi & la Reine Regente, de donner Lettres de permission audit Pere Michaelis pour établir à Paris un Couvent & Maison nouvelle de Freres Prêcheurs reformés; ce qui lui fut accordé, & obtint Lettres en forme de Charte, en Septembre 1611.

HISTOIRE ET ANTIQUITE'S

Ces Lettres furent fignifiées au mois de Janvier 1612, au Pere Prieur des Jacobins de St Jaques, avec celle de la permiffion de l'Evêque de Paris, pour s'établir en cette Ville & Faux-bourg. L'on y forma oppofition, fur lequel intervint Arrêt de la Cour de Parlement, du vingt-troifiéme Mars 1613, par lequel il leur fut permis, fuivant lefdites Lettres Patentes, de s'établir en cette Ville. Ainfi au commencement de 1614 ils firent bâtir leur Chapelle au Faux-bourg St Honoré, en une maifon achetée des deniers de leurs bienfaiteurs; & depuis, plufieurs autres maifons & terres dont ils ont fait un Couvent, que ledit Pere Michaëlis & le Pere Longer ont gouverné, jufqu'à ce que le Pere d'Ambrun en ait pris poffeffion en qualité de premier Prieur en 1615, le jour de la Conception de Notre-Dame. Ce Couvent eft fitué en la rue-neuve St Honoré, quartier du Palais-Royal, & a une fortie par la rue de la Sourdiere.

LES JACOBINS REFORME'S,
Sous le titre de St Dominique.

LE Pere Nicolas Rodolphe, Général des Dominicains, obtint permiffion de l'Abbé de St Germain des Prés, pour l'établiffement de ce Monaftere, le dix-huit Juin 1632, & fut fous la protection, & fondé par le Cardinal de Richelieu en 1633; qui leur acheta quelques maifons & places, où ils difpoferent leurs chambres & lieux neceffaires pour faire le Service divin. Mais le Pere Lepul Prieur de ce Couvent, entreprit en 1682 la conftruction d'une Eglife plus regulieré, dont la premiere pierre fut pofée le cinquiéme Mars 1682, par Hyacinthe Serroni premier Archevêque d'Albi, & par Anne de Rohan Ducheffe de Luyne, & fut benite en 1683, le quatriéme Décembre, par Maître Robert, Docteur de Sorbonne, par commiffion de Monfieur l'Archevêque de Paris. C'eft une Eglife très-belle, ayant vingt-deux toifes de long fur trente-deux pieds de large. Cette Maifon fait une Congregation à part, qui fut feparée par le Pape Paul V, en 1608, d'avec les autres Couvents du même Ordre. Elle eft fituée en la rue de St Dominique, quartier de St Germain des Prés.

SAINT JULIEN des Ménétriers. Voyés ci-deffus, Doctrine Chrétienne.

INSTITUTION, ou PERES DE L'ORATOIRE. Voyés l'Oratoire, ci-après.

SAINT LAZARE.

SAINT Lazare. Voyés le chapitre des Seminaires.

DE LA VILLE DE PARIS. Liv. V.

L'ORATOIRE DE St HONORE'.

CETTE Congregation de l'Oratoire de Jesus, sous le titre des Grandeurs de Jesus, commença à Paris le onze Novembre 1611, & eut pour établissement une maison appellée le Petit, ou Sejour de Bourbon & de Valois, sise au Faux-bourg St Jaques, où l'on a bâti depuis l'Abbaye du Val-de-grace. La conduite & Superiorité en fut donnée par Henri de Gondy Evêque de Paris, à Pierre de Berulle, personnage de singuliere doctrine & vertu, élevé depuis à la dignité de Cardinal. Mais en 1629, cet établissement se fit par des Lettres Patentes du mois de Decembre 1611, par lesquelles Lettres il est dit: Que cette Communauté soit tenue & estimée de fondation Royale, & qu'elle jouisse de tous les droits & privileges dont jouissent les autres Maisons fondées par les Rois nos Predecesseurs, laquelle à present, avec tous les droits, biens, rentes, revenus & heritages, nous avons pris & mis en notre sauve-garde speciale, &c. Regitrées en Parlement le quatriéme Decembre 1612, & confirmées par le Pape Paul V, le sixiéme Mai 1613. En cette Congregation entrerent plusieurs Docteurs & Bacheliers en Theologie de la Faculté de Paris, & en peu de temps fut recherchée & souhaitée en plusieurs Villes de ce Royaume, où elle a été établie.

Les Prêtres de cette Congregation sont sous l'ancienne Jurisdiction de Messieurs les Evêques où ils sont établis, sont capables de tous Actes legitimes & civils; ne faisant aucun voeu solemnel. Ils n'ont point d'autre habit que celui des autres Ecclesiastiques, mais un peu plus modestes. S'ils ont du bien de leur patrimoine, ou s'ils sont pourvûs de quelques benefices, ils contribuent pour leur entretien, & pour supporter les dépenses communes de la Maison où ils vivent; s'ils n'en ont point, ils sont nourris & entretenus en la Congregation de tout ce qui leur est necessaire, tant en santé qu'en maladie, & l'on ne refuse à personne l'entrée de cette Congregation, pourvû qu'il soit reconnu capable des fonctions qui s'y exercent; faute de moyens, d'y payer sa pension.

Cette Congregation quitta cette demeure en 1616, & fut s'établir en la rue St Honoré, où le Cardinal de Berulle leur premier Instituteur, acheta en 1615, l'Hotel de Bouchage de la Duchesse de Guise, la somme de quatre-vingts dix mille livres, bâti par le Duc de Joyeuse, qui se fit Capucin, sis rue St Honoré, qui s'est depuis bien étendue. Cette Congregation est gouvernée par un Général qui fait sa demeure en cette Maison; avec ses Assistans. C'est la premiere de la Congregation, & où se tiennent toutes les Assemblées générales. Cette Congregation est située en la rue St Honoré, quartier du Louvre.

Lesdits Prêtres ont le droit de nommer à la Cure de St Christophe d'Aubervilliers, situé près Paris, dans le Doyenné de Montmorenci, & qui vaut de revenu six cens livres.

L'ORATOIRE, sous le titre de St Magloire. Voyés au chapitre des Seminaires, à St Magloire.

L'ORATOIRE, dit L'INSTITUTION, sous le titre de l'Enfance de Notre-Seigneur.

CET établissement fut commencé en 1650, par Maître Nicolas Pinelle, Conseiller du Roi, & Tresorier de feu Monsieur le Duc d'Orleans, qui en attendant que cette nouvelle Maison fut bâtie, loua une grande maison vis-à-vis les Chartreux, où l'on commença les exercices de pieté. La premiere pierre de l'Eglise fut posée en 1655, par le sieur de Choisy, Chancelier de Monsieur le Duc d'Orleans, fondé de procuration de son Altesse Royale, qui s'en rendit le fondateur, & la fit declarer de fondation Royale par des Lettres que le Roi accorda audit Duc d'Orleans son Oncle. Elle fut benite avec le Cimetiere, le septiéme Novembre 1657.

L'on appelle cette Maison le Noviciat de toute cette Congregation. C'est où l'on forme, & où l'on institue les Sujets qui se presentent pour être du Corps de cet illustre Communauté de l'Oratoire de Jesus. L'on a joint à cette Maison le Prieuré de St Paul-aux-bois, Diocèse de Soissons, qui vaut de revenu par an cinq mille livres. Cette Communauté est située au Faux-bourg St Michel, rue d'Enfer, quartier du Luxembourg, Paroisse de St Jaques du Haut-pas.

St MARTIN DES CHAMPS.

SAINT Martin des Champs, Ordre de St Benoît, Congregation de Clugny, est d'une ancienne fondation. C'étoit une Abbayie avant l'an 1000. Voyés le chapitre des Prieurés, au mot de St Martin.

LES MATHURINS, ORDRE DE LA Ste TRINITE' & Redemption des Captifs, Chanoines Reguliers de l'Observance de St Augustin.

CETTE Eglise étoit anciennement un Hopital appellé l'Aumonerie de St Benoît, en la censive du Roi, chargée envers lui d'une obole pour le fond de terre donné par Simon Tornelle, laquelle obole Louis le jeune, fils de Louis le Gros, remit par ses Lettres Patentes de 1138, en ces termes traduits du Latin.

Au nom de la Ste Trinité, &c. Louis par la grace de Dieu Roi de France, & Duc d'Aquitaine, savoir faisons à tous, tant presens qu'à venir, que pour le repos de notre ame, & celui de nos predecesseurs, Nous avons remis & remettons une obole que nous tirions tous les ans de censive de l'Aumonerie de St Benoît, qui est dans le Faux-bourg de Paris, près du lieu qu'on nomme les Thermes, à cause de la terre de Simon Tornelle, afin que ladite Aumonerie possede à jamais cette terre exempte de tout droit, &c.

Ces Religieux, sous Louis VIII qui regnoit en 1224, étoient appellés
pour

DE LA VILLE DE PARIS. Liv. V. *641

pour lors les Freres de Cerfroid, lieu de leur premiere Inſtitution, furent gratifiés de cet Hopital par l'Evêque & le Chapitre de Paris, qu'ils convertirent en un Couvent vers l'an 1209, duquel ils prirent le nom de Mathurins, à cauſe que le Corps de St Mathurin, apporté de Rome, avoit repoſé en la Chapelle de cet Hopital, où il avoit fait pluſieurs miracles. Il étoit ſitué près le Palais des Thermes, & ceſſa alors d'être appellé Hopital de l'Aumonerie de St Benoît, & fut nommé St Mathurin.

En conſequence de la donation ci-deſſus, voici l'Acte de reconnoiſſance traduite du Latin, qui ſe trouve dans le vocabulaire de l'Abbé Chaſtelain, *in folio*, imprimé à Paris chés le ſieur Aniſſon.

Nous Frere Michel premier Miniſtre de l'Ordre de la Ste Trinité, & Redemption des Captifs, ſans l'avoir jamais merité; & Nous tous les autres Miniſtres & Freres du même Ordre aſſemblés dans notre Chapitre general tenu à Cerfroid; Salut & Communication de prieres. Savoir faiſons à tous ceux qui ces preſentes Lettres verront, que nos Freres ont reçû du Venerable Pere en Dieu, Guillaume Evêque de Paris, & du Venerable Doyen & Chapitre du même lieu, l'Egliſe & Maiſon de St Mathurin de Paris avec toute la ſoumiſſion, obéiſſance & reſpect, dont leurs predeceſſeurs ont été honorés en qualité de Maîtres & Superieurs de ladite Egliſe & Maiſon: leſquels ont promis de bonne foi auſdits Evêque, Doyen & Chapitre de leur rendre à perpetuité les mêmes devoirs dans la poſſeſſion des mêmes lieux, renonçant à cet effet à tous privileges & Lettres d'exemption à ce contraires qu'on pourroit obtenir; & Nous du conſentement de tout notre Chapitre general, en approuvant tout ce que deſſus, confirmons, & avons pour agréable ladite donnation. En foi de quoi nous avons fait appoſer à ces Preſentes le ſcel de notre Chapitre general. Fait & paſſé à Cerfroid, l'an 1230, le trentiéme jour d'après la Trinité.

Le principal Inſtitut de cet Ordre eſt d'aller racheter les Eſclaves Chrétiens des mains des Infidéles, & de leur procurer la liberté en les renvoyant dans leurs maiſons. Ainſi de temps en temps ils font des voyages en Barbarie par le moyen des aumônes qu'ils reçoivent des perſonnes pieuſes qui contribuent aux dépenſes qu'ils ſont obligés de faire en cette occaſion.

Le terrain ou place où fut conſtruit le Dortoir des Religieux du côté de la rue du Foin, fut donné par Damoiſelle Jeanne de Vendoſme, fille de Monſieur Bouchart Comte de Vendoſme, qui fut enterrée dans le Chœur de cette Egliſe, où l'on y voyoit autrefois ſon Epitaphe.

Leur Egliſe & Cloître ont été rebâtis par Robert Gaguin Général dudit Ordre, mort en 1500, & furent reſtaurés & embellis en 1610, par François Petit, Général, qui fut obligé de démolir le Portail de cette Egliſe qui étoit du côté de la rue St Jaques, pour l'élargiſſement de cette rue: il avoit été bâti en 1406, où il y avoit à côté cette Inſcription.

Faites pour Dieu bonnes perſonnes
A cet Hopital vos aumônes,
D'argent, de draps ou couvertures,
Pour heberger les creatures,
Qui viennent Hopital querir,
En aidant à le ſoutenir,
Et ils prieront Dieu qu'ils ſoient mis,
En Paradis, & leurs amis.

Ce qui obligea ce Général d'y faire faire le Grand-Autel, qui eſt orné de quatre Colonnes Corinthiennes d'un marbre très-rare, & ſans pareil.

Les Stalles ou les chaises des Religieux font d'une menuiserie très-belle que Pierre le Mercier Général a fait faire, aussi-bien que la fermeture du Chœur, qui est de fer, soutenue par des Colonnes de marbre, d'avec la nef, qui est tout à jour. Toute la menuiserie de la nef qui est très-estimée, est chargée de sculpture, & garnie de quantité de grenades, qui étoient les armes de ce Général.

L'Eglise de ce Couvent est située en la rue des Mathurins qui en a pris le nom, & le Couvent en la rue du Foin, quartier de St André des Arcs.

LA MERCY, ORDRE DE LA REDEMPTION des Captifs.

CES Religieux furent établis par l'ordre de la Reine Marie de Medicis proche l'Hotel de Guise en 1613, où étoit un Hopital & Chapelle dediée à Notre-Dame, fondée en 1350 par un nommé Nicolas de Braque, desservie par quatre Chapelains qui logeoient en ladite maison, & vivoient du revenu affecté à cette Chapelle. Ils ne vouloient pas consentir que les Religieux prissent possession de leur domicile & dependances, cependant on leur accorda pendant leur vie la jouissance des fruits & revenus de ladite Chapellenie, avec pension annuelle pour le regard du logement. Et quant au Patron qui faisoit difficulté de changer la fondation de ses predecesseurs, on le persuada de consentir que de la Chapelle on en fit un Couvent; à quoi enfin il consentit, voyant que la Reine protegeoit ces Religieux, & lui remit son patronage; le tout agréé & autorisé par Bulle. Cette Eglise a été rebâtie & agrandie depuis quelques années. Elle est située en la rue du Chaume, quartier du Temple ou du Marais.

LA MERCY, RUE DES SEPT-VOYES.

CETTE Maison fut fondée en 1520 par Alain Sr. d'Albret, qui donna à Frere Nicolas Barriere, Religieux & Vicaire de cet Ordre, une place faisant partie de son Hotel situé derriere l'Eglise de St Hilaire, en la rue des Sept-voyes, pour y bâtir un College pour les Religieux. Elle fut amortie par le Roi & par l'Abbé de Ste Geneviéve, moyennant douze sols parisis de cens & rente fonciere par chacun an, faisant partie de trois livres cinq sols deux deniers, dont tout l'Hotel d'Albret étoit chargé. Après cet établissement ces Religieux desirant avoir une Maison Religieuse dans la Ville, ils solliciterent tant auprès de la Reine Marie de Medicis, qu'ils obtinrent la maison & Chapelle de Braque, comme je l'ai dit ci-dessus. La Chapelle du College a aussi été rebâtie, comme aussi la maison depuis quelques années, située en la rue des Sept-voyes, quartier de St Benoît. Voyés le chapitre des Colleges.

LES MINIMES DE NIGEON, dits BONS-HOMMES,
sous le titre de l'Annonciation de la Vierge

LE Roi Louis XI, sur la fin de ses jours se voyant attaqué de continuelles infirmités, s'adressa au Pape Sixte IV, le priant de lui envoyer François de Paule, espérant par son intercession le recouvrement de sa santé. Ce saint homme partit de la Calabre, & arriva le vingt-quatrième Avril 1482, au Plessis lés-Tours où étoit le Roi, qui alla avec toute sa Cour au devant de lui, se jetta à ses pieds, & le supplia par son intercession envers Dieu de lui rendre la santé. Ce saint homme s'y appliqua avec tous ses soins, lui ôta de l'esprit les vaines terreurs de la mort, lui fit recevoir avec une grande dévotion les Sacremens, & mourut le quatriéme Août 1483. Il fut fondé en ce lieu de Plessis lès-Tours un Couvent de cet Ordre par Charles VIII, l'an 1489, d'où furent tirés quelques Religieux, que la Reine Anne de Bretagne, femme de Charles VIII, & ensuite de Louis XII, établit en un ancien Chateau, appellé pour lors l'Hotel de Nigeon près Paris, qu'elle acheta en 1496, de Jean de Cerisy, Bailli de Montfort-Lamaury, qui dépendoit de la Seigneurie d'Auteuil, contenant sept arpens enclos de murs, & un vivier au bas, qu'elle donna à ces Religieux. Il y avoit une Chapelle appellée de Notre-Dame de toutes graces, où l'on a bâti depuis ce Couvent & Eglise, comme on le voit aujourd'hui, qui ne fut dédiée que le douziéme de Juillet 1578. Ce Couvent est situé un peu au-de-là du Cours-la-Reine, sur le bord de la riviere du côté du fauxbourg St Honoré.

MINIMES DE VINCENNES,
sous le nom de la Nativité de la Vierge.

LE Roi Henri III fit un Concordat du consentement de l'Abbé general de l'Ordre de Grammont, par lequel il consentoit que le Prieuré du bois de Vincennes à eux appartenant, avec tous les droits & dependances, fut distrait dudit Ordre & transferé à tel autre qu'il plairoit à sa Majesté; lequel en recompense donna ausdits de Grammont le College Royal de Mignon, avec toutes ses appartenances. Tout ceci passé entre le sieur de Chiverni, Chancelier de France, & Prieur dudit Prieuré du bois de Vincennes, & Claude Marcel, Intendant des Finances, au nom & comme Procureur dudit Roi, & par lui ratifié en 1584 le quatorze Mai, confirmé par le Pape Gregoire XIII. En vertu de cet accord, le Roi y introduisit les Freres Mineurs ou Cordeliers de l'Observance; lesquels ne s'y purent accommoder: & la même année 1584 qu'ils étoient venus, ils s'en retournerent en leur Couvent de Paris.

En 1585 au mois d'Octobre, le Roi tira du Couvent de N. D. de toutes graces de Nigeon, établi à Chaillot lès Paris, dix-huit Religieux Minimes, lesquels furent transferés audit Prieuré de Vincennes, & y commencerent l'Office Divin le dix-sept dudit mois; ce que le Pape Sixte V a confirmé par sa Bulle du cinq Janvier 1586.

Le Roi confirma par ses Patentes du mois d'Août 1587 ausdits Minimes le don du lieu de Vincennes & tout ce qui en dependoit; ce qui a été aussi confirmé par les Rois ses successeurs. Ce Couvent est situé dans l'enclos du bois de Vincennes en la banlieue de Paris du côté du fauxbourg St Antoine.

LES MINIMES dits DE LA PLACE ROYALE.

ILS commencerent leur premier établissement au fauxbourg St Honoré près les Capucins, en un heritage qui leur fut legué en 1590 par le Duc de Joyeuse, avant que d'entrer dans l'Ordre de St François; lequel fut vendu depuis à Mr le Cardinal de la Rochefoucault. Ce qui les obligea de chercher une autre demeure, comme l'Hotel de Châlons où sont les Carmelites, l'Hotel de Roquelaure, mais cela sans succès. Enfin Olivier Chaillou, Chanoine de l'Eglise de Paris, qui avoit devotion d'entrer dans l'Ordre des Minimes, y entra en 1604 & commença le progrès de cette sainte Maison, en leur donnant une partie de son bien. Ce qui fut accepté par le Chapitre general en 1605 : en consideration de quoi Mr Chaillou son frere, Maître des Comptes à Paris, fut declaré fondateur. Après quoi l'on acheta de Mr de Vitri une partie des anciens jardins du Palais des Tournelles, ancienne demeure de nos Rois, qui fut abatu après la mort de Henri II. En ce lieu fut construit à la hâte un petit bâtiment & une Chapelle, où ils enterent solemnellement. Ces commencemens n'en demeurerent pas là. Quelques années après, la Reine Medicis, Regente, au nom du Roi son fils, s'en rendit fondatrice, faisant payer le fond acheté de Mr de Vitri. En consequence, le Chapitre general tenu à Rome en 1627, declara ce Couvent de fondation Royale. La premiere pierre de ce beau bâtiment fut posée le dix-huit Septembre 1611 par l'Evêque de Grenoble au nom de la Reine mere, sur laquelle pierre furent gravés ces mots :

Maria Medicæa, pientissima & serenissima Francorum Regina, Henrici IV olim conjux, nunc vidua, & Ludovici XIII, Francorum Regis, mater; extruendi hujus templi ergo, quod honori beatæ Dei genitricis Mariæ votum & dicatum est ipso ejusdem Virginis natali die VI Idus Septembris M. DC. XI. primarium lapidem pro fundamento posuit Christianè prorsus & feliciter.

La longueur de cette Eglise qui ne fut achevée qu'en 1630, est de cent soixante & douze pieds de Roi dans œuvre, la hauteur de quarante-huit, la largeur de trente ; hors les Chapelles, qui sont des plus grandes & des plus regulieres qui se voient en cette Ville. Leur largeur est de quinze pieds, la longueur de dix-huit, la hauteur de vingt-un, & sont toutes uniformes & de même proportion. Cette Eglise fut dediée en l'honneur de saint François de Paule, & son portail ne fut achevé que vers l'an 1679, à un point qu'il est vû de la rue St Antoine au travers de la Place Royale & de deux rues, ce qui rend son aspect très-agreable. Ce Couvent est situé en la rue appellée des Minimes quartier de St Antoine.

LES PENITENS DE NAZARETH.

LES Penitens de Nazareth, du Tiers-Ordre de St François, sous le titre de l'Annonciation de la Vierge, furent fondés par le Chancelier Seguier en 1630; & sont situés en la rue & quartier du Temple ou Marais. C'est un hospice du Couvent de Piquepuce. Voyés le chapitre des Couvens de Filles au mot de Ste Elizabeth.

RELIGIEUX PIQUEPUCE.

LES Religieux Penitens du Tiers-Ordre de St François ont été établis à Piquepuce, à l'extremité du fauxbourg St Antoine en 1601. Madame Jeanne de Saulx, veuve de Messire de Rochechouart, Chevalier des Ordres du Roi, Comte de Mortemart, est reconnue pour fondatrice de ce Couvent. Messire Henri de Gondi, Evêque de Paris donna le vingt-sept Fevrier de ladite année 1601 son consentement pour cet établissement, qui fut autorisé par Lettres Patentes du Roi Henri IV de la même année. Ils avoient d'abord une Chapelle sous le titre de Notre-Dame de Grace, que l'Evêque de Cisteron avoit autrefois fait bâtir pour les Peres Capucins, qui s'étoient établis là avant les Religieux d'apresent, mais qui n'y demeurerent pas long-tems à cause de l'éloignement de la Ville. Après que les Capucins en furent sortis, les Jesuites de la Maison professe de St Louis firent leur demeure dans ce lieu, mais ils l'abandonnerent aussi quelque tems après, ne trouvant pas cet endroit avantageux pour eux. Quelques années après que lesdits Religieux Penitens y furent établis, voyant que leur Chapelle étoit trop petite à cause du concours du peuple qui y alloit, ils formerent le dessein de bâtir une plus grande Eglise. Louis XIII en posa la premiere pierre le treiziéme Mars 1611; qui fut la premiere année de son regne. Cette Eglise ayant été achevée par le secours des aumônes des personnes pieuses & charitables, fut benite sous la même invocation que la Chapelle, c'est-à-dire sous l'invocation de Notre-Dame de Grace, par Mr Dulaureux, Archevêque d'Embrun, qui precha à cette ceremonie. Ces Religieux ont fait là un beau Couvent, qui est le premier des autres qu'ils ont ensuite établis par toute la France & ailleurs. Ils y tiennent leurs Chapitres generaux, d'où l'on a pris occasion de les nommer par tout Religieux Piquepuces, à cause dudit lieu de Piquepuce où leur Ordre a commencé en France, quoique le nom selon la regle soit celui de Religieux Penitens du Tiers-Ordre de St François. On pretend qu'avant que de venir à Piquepuce ils avoient été établis d'abord à Franconville, où ils ont encore une maison.

Ils reconnoissent pour leur reformateur un nommé Vincent Mussart, fils d'un Bourgeois de Paris, qui fit profession solemnelle de la troisiéme Regle de St François, entre les mains du Peré Jean Lebrun, Cordelier du Couvent de Pontoise, qui en avoit reçu le pouvoir de son Provincial de la Province de France Parisienne; laquelle profession fut ratifiée par le Reverendissime Pere Bonaventure de Catalageron, General de tout l'Ordre de St François. C'est de ce Couvent que sortent tous les Ambassadeurs Catholiques, lorsqu'ils font leur entrée publique à Paris; & il y a là une belle salle à côté du Cloître où ils reçoivent les complimens des Princes & des Ministres le jour de leur entrée & avant que de la faire.

LES PETITS-PERES. Voyés ci-devant Augustins Déchaussés.

LES PREMONTRE'S dits DE Ste ANNE.

CES Chanoines Reguliers ont commencé à s'établir & bâtir un College & une Chapelle sur le terrain de neuf maisons, sur lesquelles les Religieuses & Abbesse de St Antoine des Champs avoient droit foncier & sept livres dix sols parisis de cens annuel & perpetuel, qu'elles vendirent à l'Abbé & Couvent de Premontré au mois de Juin 1255. Outre cette acquisition ils y en joignirent d'autres qu'ils firent de plusieurs particuliers & en differens tems. Louis XIII par ses Lettres Patentes du mois de Juillet 1617 ordonna à tous les Abbés de cet Ordre en France d'envoyer un ou plusieurs Religieux en cette Maison ou College de Premontré à Paris pour y être instruits & élevés dans la pieté & aux saintes Lettres, & que tous ces Abbés feroient à ces Religieux une pension congrue.

Cette Maison ou ce College étoit environné de quatre rues, mais celle qui les separoit du College de Bourgogne a été bouchée de tems immemorial, & une autte rue qui cottoyoit ledit College & l'Hotel de Rheims, Mr le Maistre, premier President en la Cour de Parlement l'a fait fermer par le bout d'en haut en y bâtissant une grange & des écuries.

Cette Maison & sa Chapelle ont été rebâties & agrandies comme on les voit aujourd'hui en 1618 & dediées en 1672 en l'honneur de Ste Anne, & sont situées en la rue Haute-feuille quartier de St André des Arcs.

LES PREMONTRE'S dits DE LA CROIX ROUGE,
sous le titre du St Sacrement.

CE sont des Chanoines Reguliers de la reforme & étroite observance de l'Ordre de Premontré. Ils commencerent leur établissement en cette Ville en 1661, par la faveur de la Reine Anne d'Autriche, qui leur fit avoir des Lettres Patentes pour leur établissement, & du consentement d'Henri de Bourbon, Evêque de Metz, Abbé de St Germain des Près. Ainsi le Pere Paul Terrier acheta une place de Marie le Noir veuve de René Chartier, Medecin du Roi, le seize Octobre 1661. La Reine mere Anne d'Autriche leur fit donner dix mille livres pour leur aider à bâtir leur Eglise & Maison, où elle a posé la premiere pierre en la même année 1661 & fut benite par le pere Philebert, Prieur de l'Abbayie St Germain des Prés en presence de la Reine mere, qui y entendit la premiere Messe dire par un de ses Aumôniers. Ce Couvent est situé au carrefour de la Croix rouge quartier du Luxembourg.

LES RECOLETS.

LES Recolets, dits de St Laurent, Ordre de St François, reformés, vinrent de Nevers & Montargis en cette Ville vers l'an 1596, comme le dit le sieur Cayet dans son livre du Mercure François tom. pr. pag. 457. disant que les Recolets sont venus à Paris l'an 1596 commencer leur premier établissement à Piquepuce, & depuis voulurent s'établir au fauxbourg St Marcel, où l'Abbé & les Religieux de Ste Geneviéve les vouloient recevoir; mais il y eût empêchement par quelques particuliers pour les heritages qu'ils devoient occuper; ce qui fit qu'en 1604 ils prirent la resolution de faire bâtir leur Eglise & leur Maison en ce lieu de St Laurent. Le sieur Malingre en ses Antiquités de Paris pag 655. dit que le sieur Cayet s'est trompé en disant que les Recolets ont demeuré à Piquepuce, ce qui n'est pas vrai, mais bien au Sepulchre rue St Denys, où ils demeurerent pendant quelques années, vers l'an 1600; ensuite ils vinrent s'établir en cette demeure du fauxbourg St Laurent le quatre Decembre 1603, où il y avoit deja plusieurs petits logemens & jardins que leur donna Jaques Cottart, Marchand Tapissier, & Anne Grosselin, la ferme où ils firent bâtir une petite Eglise, qui fut benite le sept Septembre 1604 sous l'invocation & titre de l'Annonciation de la Vierge, mais se trouvant trop petitement logés dans ce Monastere, il fut amplifié par Mr Favres & Magdelaine Brulart son épouse.

Le Roi Henri IV leur donna le vingt Juillet 1605 une grande piece de terre contigue à leur jardin, & leur fit donner le 26 Août 1606 une ligne & demie d'eau tirée de la fontaine de Ville. L'on a rebâti & agrandi ensuite l'Eglise, où la Reine Catherine de Medicis posa la premiere pierre, & s'en declara la fondatrice. Elle fut dediée en l'honneur de Notre-Dame de Bonnes-nouvelles.

Il y a en cette Maison une très-belle Bibliotheque, dont est presentement Bibliothequaire le R. P. Fortuné Lantier, très-entendu dans la connoissance des Livres. Elle doit son accroissemet au Pere Jean Damascene le Bret, qui a rempli avec aplaudissement pendant trente-huit années les plus fameuses chaires de Paris & du Royaume.

Ces mêmes Religieux fournissent depuis 1615 un très-grand nombre de Missionaires, tant pour l'Amerique, le Canada, que pour l'assistance des Officiers & des Soldats des Armées du Roi, où ils rendent de très-grands services avec un zèle & une charité desinteressée.

L'on voit aussi en cette Maison quantité de peintures du Frere Luc, qui s'y fit Religieux en 1644, âgé de vingt-neuf ans, & qui y mourut en 1685; & plusieurs autres repandus dans les Couvens de ce même Ordre, entre lesquels il y en a quantité qui ont beaucoup de beauté. Ce Couvent est situé au fauxbourg & quartier de St Martin.

LES THEATINS,
sous le titre de Ste Anne la Royale.

CE sont des Clercs Reguliers, que le Cardinal Mazarin fit venir d'Italie en cette Ville en 1644, & dont il se rendit le fondateur. Il leur acheta plusieurs maisons sur le quai Malaquais, où ils entrerent le vingt-sept Juillet 1648, & le Roi Louis XIV mit sur la porte de cette maison la Croix, qui fut benite par le Nonce du Pape. Le Cardinal Mazarin leur legua en mourant cent mille écus pour bâtir leur Eglise, que l'on a commencée, & où feu Monsieur le Prince de Conti posa la premiere pierre au nom du Roi le huitiéme Novembre 1661. L'on commença à y celebrer le Service Divin le douze Novembre 1669. Cette Eglise n'est point encore achevée.

Leur principal institut est de vivre des charités qu'on leur fait, sans qu'il leur soit permis d'envoyer quêter par la Ville, comme font les Mendians. Cependant ils ne laissent pas de subsister fort commodément, par le secours de plusieurs personnes de qualité, qui sont instruites de la rigueur de leur institut sur cet article. Ils sont situés sur le quai des Theatins, qui a pris ce nom depuis leur établissement, & que l'on appelloit auparavant le quai Malaquais, quartier de St Germain des Prés.

HISTOIRE
DES
COUVENS, COMMUNAUTE'S,
Congregations & Maisons Religieuses.

Avec les Patentes de leurs établissemens, & les Fondateurs de ces Ordres.

SECONDE PARTIE.

COMMUNAUTE' DE Ste AGATHE.

LA Communauté de Ste Agathe, dite du silence, ou de la Trape, Regle de St Bernard, a commencé son établissement en la rue neuve Ste Genevieve fauxbourg St Marcel, en une grande maison située entre la rue Pot-de-fer & la rue des Rosiers ou du Puits-qui-parle, attenant la nouvelle Communauté de Ste Aure vers l'an 1697. Cette maison ayant été vendue par Decret, elles furent obligées d'en sortir vers l'an 1698, pour aller s'établir près le Village de la Chapelle à une lieue & demie de Paris du côté de St Denys ; mais le Curé de cette Paroisse leur fit plusieurs poursuites & les fit mettre à la taille, ce qui les obligea de quitter ce lieu pour venir occuper la Maison, Chapelle & dépendance d'une ancienne Maladrerie, apellée de Ste Vallere ; située à l'entrée de la rue de Lourcine fauxbourg St Marcel Paroisse de St Medard, où étoit pour lors une Dame appellée Mademoiselle Guinard, & se lierent ensemble pendant quelques années ; mais ne s'accordant pas, elles se separerent vers l'an 1700. Elles acheterent pour lors deux maisons sous le nom de deux particuliers, l'une le neuf Avril 1700, l'autre le dix-sept Mai de la même année ; situées en la rue de l'Arbalêtre Paroisse de St Medard, vis-à-vis les Filles de la Providence, dont elles passerent titre nouvel à Messieurs de Ste Genevieve, où elles ont fait bâtir l'an 1701 une Chapelle sous l'invocation de Ste Agathe. Elles font tous les ans le renouvellement de leurs vœux, & portent l'habit de l'Ordre de St Bernard, & le font aussi porter à toutes leurs Pensionnaires, qui y sont élevées avec beaucoup de soin, en leur apprenant toutes sortes d'exercices convenables à leurs âges.

L'on solemnise en la Chapelle de cette Communauté la fête de Ste Agathe, comme fête titulaire, où il y a sermon.

COMMUNAUTÉ DE Ste AGNÈS.

LA Communauté de Ste Agnès fut établie par les soins de Mr de Lamet, Curé de St Eustache, qui en obtint des Lettres Patentes en date du   que l'on a joint ci-après en leur entier ; par lesquelles on connoîtra son utilité pour le Public & le soulagement de cette Paroisse. Cette Communauté est située entre les rues du Jour & Plâtriere, près l'Eglise de St Eustache sa Paroisse, & même quartier de St Eustache.

Lettres Patentes pour l'établissement de la Communauté de Ste Agnès, sur la Paroisse de St Eustache.

LOUIS, par la grace de Dieu, Roi de France & de Navarre, à tous presens & à venir; SALUT. Notre-cher & bien-amé Leonard de Lamet, Prêtre Docteur en Théologie & Curé de la Paroisse de St Eustache de notre bonne Ville de Paris, nous a fait remontrer, que dans ladite Paroisse, qui est de très-grande étendue, il y a une très-grande quantité de pauvres Artisans & gens de travail ; lesquels à cause de leur pauvreté, ne pouvant faire donner aucune bonne éducation à leurs enfans, & notamment à leurs jeunes filles, elles demeuroient dans l'oisiveté, & tomboient souvent dans le libertinage & la débauche, & en se corrompant corrompoient les autres, & causoient un très-grand desordre. Ce qui auroit mû ledit sieur Curé, & plusieurs autres personnes de pieté de ladite Paroisse de s'assembler pour deliberer & trouver quelque moyen de remedier à un si grand mal : & pour cet effet l'on auroit trouvé à propos, par le secours de quelques Dames de charité & de pieté, de louer une maison dans l'étendue de ladite Paroisse, pour y recevoir quelques enfans des pauvres habitans de ladite Paroisse ; dans laquelle il fut mis pour vivre en communauté trois filles de bonne conduite & bon exemple, Maitresses de differens métiers, savoir Couturieres, Lingeres & Tapissieres, qui se sont appliquées soigneusement à donner les enseignemens necessaires aux pauvres filles de ladite Paroisse & leur apprendre gratuitement les métiers ausquels elles ont le plus d'inclination, & dont elles sont jugées capables, pour être en état de gagner leur vie. Ce qui a un si heureux succès, que de trois filles Maitresses qui furent mises en ladite Communauté, qui enseignoient au commencement environ quarante pauvres filles, la Communauté a augmenté, depuis trois années qu'elle est commencée, jusqu'au nombre de quinze Maitresses, qui en enseignent tous les jours plus de deux cens ; & on en compte depuis cet établissement un assés grand nombre, qui repandues dans la Ville, gagnent fort honnêtement leur vie, & repandent par tout la bonne odeur des instructions qui leur ont été données dans cette Comunauté. Duquel établissement ladite Paroisse a trouvé un très-grand secours pour le soulagement de ses Pauvres. Laquelle maison est dirigée & gouvernée par une Dame & un Ecclesiastique de probité de ladite Paroisse, connus & choisis par ledit Exposant, par les soins desquels les Pauvres ne sont pas seulement instruits, comme il est dû, mais pour les rendre plus assidus à leurs ouvrages, il leur est fourni leur nourriture à dîné ; ensorte qu'elles passent la journée entiere en ladite Maison & Communauté ; & les plus pauvres mêmes y sont habillées, plus de deux cens y ayant été revêtues depuis trois ans. Enfin cette Maison est si judicieusement conduite, qu'encore qu'elle contienne deux cens personnes & plus, les maisons voisines ne s'apperçoivent pas qu'il s'y fasse le moindre bruit, le silence y étant observé. Les

DE LA VILLE DE PARIS Liv. V. *651

heures y font reglées pour les exercices de pieté & pour le travail manuel. Chaque Maitreffe de chaque métier prend le foin d'un certain nombre defdites filles, qui y viennent tous les jours dès fept heures du matin & ne s'en retournent qu'à fept heures du foir, remplies des bonnes idées & des vertus qu'on leur infpire, & continuent ainfi autant de tems qu'il leur en faut pour apprendre le métier qu'elles ont entrepris. Pour l'accompliffement & perfection duquel établiffement, fi avantageux à ladite Paroiffe & neceffaire pour le foulagement des Pauvres, ledit Expofant Nous a fait humblement requerir de vouloir lui octroyer nos Lettres de confirmation & approbation fur ce neceffaires. A CES CAUSES, defirant donner audit Expofant les moyens faciles de fecourir les Pauvres de ladite Paroiffe, Nous avons loué, confirmé & approuvé, & par ces Prefentes fignées de notre main, louons, confirmons & approuvons ledit établiffement d'une Maifon & Communauté en ladite Paroiffe, pour y tenir tel nombre de filles Maitreffes des métiers convenables, pour enfeigner aux pauvres filles de ladite Paroiffe les métiers dont elles feront jugées capables pour gagner leur vie, & leur donner les inftructions fpirituelles & neceffaires pour leur falut, à la plus grande gloire de Dieu; pour ladite Maifon être dirigée & gouvernée en tout au fpirituel, par l'un des Prêtres de ladite Paroiffe, qui fera nommé par ledit Expofant & fes fucceffeurs Curés de ladite Paroiffe de faint Euftache, le tout néanmoins fous l'autorité du fieur Archevêque de Paris; lefquelles filles qui la compofent aujourd'hui & compoferont à l'avenir, vivront en Communauté, obfervant les regles & les difciplines établies par le fieur Curé, ainfi qu'il fe pratique dans les autres Communautés, pour continuer à l'avenir à recevoir dans ladite Maifon tous les enfans de ladite Paroiffe qui fe prefenteront pour apprendre à gagner leur vie. Voulons & Nous plait que ladite Maifon jouiffe des privileges, franchifes, libertés & exemptions, telles & femblables qu'en jouiffent les Maifons de fondation Royale; à condition néanmoins que ladite Maifon & Communauté ne pourra jamais être changée en Maifon de profeffion Religieufe; mais demeurera toujours en état Seculier comme elle a commencé & continué jufqu'à prefent, & que l'on y vivra felon les regles & ftatuts déja donnés & à donner par ledit fieur Curé. Et pour témoigner davantage combien l'établiffement de cette Maifon Nous eft agreable, & que Nous en defirons l'affermiffement, Nous l'avons mife & mettons avec les autres chofes qui lui appartiennent & appartiendront à l'avenir en notre protection & fauve-garde; lui permettons d'accepter & recevoir tous dons & legs qui lui pourront être faits par donations entre vifs; teftamens ou autrement, même d'acquerir une Maifon dans l'étendue de ladite Paroiffe commode pour y loger les filles qui compofent ladite Communauté, & y établir les Manufactures neceffaires pour l'inftruction de la jeuneffe, & autres biens & heritages qui pourront être acquis de l'épargne de ladite Communauté ou des aumônes des gens de bien pour le foutien & la fubfiftance des fujets qui la compofent jufqu'à la concurrence de la fomme, defquels biens & autres ci-devant acquis, Nous avons amortis & amortiffons ceux qui feront compris dans l'enclos & bâtimens de ladite Maifon, pour en jouir par ladite Communauté pleinement & paifiblement, fans être tenue de Nous payer ni à nos fucceffeurs Rois aucune finance ni indemité, ni aucuns droits de lots, ventes, quints & requints, francs fiefs, nouveaux acquets, & autres droits, pour les biens compris dans l'enclos & bâtimens de ladite Maifon feulement, dont Nous l'avons affranchie & affranchiffons jufqu'à la fomme de   lui en avons fait & faifons don, à la charge de payer les indemnités, droits & devoirs dont ladite maifon & heritages ainfi amortis peuvent être tenus envers d'autres que Nous, & de faire chaque jour par ladite Communauté des prieres particulieres à Dieu pour notre falut, confervation & profperité de notre famille. Si donnons en mandement, &c.

Tome I.   N N nn ij

COMMUNAUTE' DES CENT FILLES DE St ANTOINE.

LA Communauté des cent Filles, sous le titre de St Antoine ou de la Misericorde, fut fondée par Mr Seguier. Voyés pour le reste le chapitre des Hopitaux au mot de St Antoine.

COMMUNAUTE' DES DAMES ANGLOISES,
du Chant de l'Allouette.

VERS l'an 1620 s'établit à Paris la Communauté des Dames Angloises, qui se retirerent en France pour le sujet de la Religion, & elles vinrent en cette Ville occuper cette demeure que l'on nomme le Chant de l'Allouette, Paroisse St Hypolite. Leur Eglise fut dediée à Notre-Dame de bon espoir. Ce sont presentement des Benedictines. Elles sont sous la jurisdiction de Mr le Cardinal de Noailles, Archevêque de Paris. Ce Couvent est situé rue des Filles Angloises ou Chant de l'Allouette fauxbourg St Marcel quartier de la Place Maubert.

COUVENT DES ANGLOISES DE NOTRE-DAME DE SION.

LE Couvent des Angloises, sous le nom de Notre Dame de Sion, Chanoinesses de St Augustin, fut établi en 1634. Le Pere du Moliner en son Traité des habits de Chanoines & Chanoinesses, donne à cette Communauté le nom d'Abbayie. Leur Eglise a été bâtie en 1639 & benite la même année par l'Evêque de Calcedoine, du consentement de Mr l'Archevêque de Paris. Elles sont situées sur les fossés de St Victor, quartier de la Place Maubert, & de la Paroisse de St Nicolas du Chardonnet.

LE COUVENT DES ANGLOISES dites DE BETHLE'EM.

EN 1658 les Religieuses Angloises ou de Bethléem, de l'Ordre de la Conception, Regle de St François, vinrent de Flandres de la Ville de Nieuport; d'autres disent de Bruges, à cause des guerres. Elles étoient du Tiers-Ordre de St François, & changerent d'Ordre pour prendre celui de l'Immaculée Conception, avec la permission du Pape Alexandre VII, le huit Decembre 1660.

Elles acheterent de Mr Angran sa maison, qui étoit hors la Porte St Antoine sur la rue de Charenton, où elles s'établirent la même année 1660, avec la permission de Mr l'Archevêque de Paris. Ensuite elles obtinrent des Lettres Patentes pour leur établissement en 1670.

Leur premiere Eglise fut bâtie des bienfaits des Dames de la Charité de cette Ville, & la premiere pierre fut posée le deux Juin 1672 par Madame de Bois-Dauphin, femme du Chancelier le Tellier, & fut ensuite benite par l'Abbé de Montaigu, Anglois de nation, Aumônier de la Reine Anne d'Autriche, & mise sous la protection de Ste Anne.

Madame la Duchesse de Kevalande, Angloise, y fit faire des augmentations & reparations considerables en l'année 1676, & fit bâtir l'Eglise tout à neuf comme on l'a voit aujourdhui, où elle mit la premiere pierre le treize Novembre 1679 & fut dediée à Ste Anne. Leur premiere Eglise leur sert presentement de Chœur.

DE LA VILLE DE PARIS. Liv. V.

L'on solemnise le huit Decembre en cette Eglise la fête de la Conception de la Vierge, où il y a exposition du St Sacrement pendant l'Octave à la Messe & au Salut, & la fête de Ste Anne le vingt-six Juillet, comme titulaire de cette Eglise, où il y a exposition du St Sacrement & sermon. Il y a en cette Eglise tous les Vendredis de Carême sermon à trois heures pour la conversion des Anglois, avec exposition du St Sacrement.

Ce Couvent est situé au fauxbourg & quartier de St Antoine en la rue de Charenton, Paroisse de Ste Marguerite.

COMMUNAUTÉ DE Ste ANNE,
rue St Roch.

LA Communauté de Ste Anne a été fondée & établie par Mr de Fremont, grand Audiancier de France, dont s'ensuivent les Lettres Patentes du Roi du mois de Mars 1686.

LOUIS, par la grace de Dieu, Roi de France & de Navarre, à tous presens & à venir; SALUT. Notre cher & bien amé Denis Coignet, Prêtre Docteur de Sorbonne, Curé de la Paroisse de St Roch de notre bonne Ville de Paris, Nous a fait remontrer que dans ladite Paroisse de St Roch, qui est de très-grande étendue, il y a une très-grande quantité de pauvres Artisans & gens de travail, qui ne pouvant à cause de leur pauvreté donner une bonne éducation à leurs enfans, & principalement à leurs jeunes filles, elles demeuroient dans l'oisiveté, & tomboient souvent dans le libertinage & dans la débauche. Ce qui auroit obligé ledit sieur Curé, & plusieurs personnes de pieté de ladite Paroisse, de s'assembler pour deliberer & trouver quelques moyens de remedier à un si grand mal; & pour cet effet le sieur de Fremont, grand Audiancier de France, l'un desdits Paroissiens & premier Marguillier d'honneur, auroit offert de faire bâtir à ses dépens une maison pour y loger des Maitresses de petites Ecoles, de Couture, de Point, de Tapisserie, & autres ouvrages, qui s'appliqueroient avec soin à donner les enseignemens necessaires aux pauvres filles de ladite Paroisse, & leur apprendre gratuitement le métier auquel elles auroient le plus d'inclination, & dont elles seroient jugées le plus capables, afin de les mettre en état de gagner honnêtement leur vie, & leur ôter toutes les occasions de se corrompre. Laquelle maison a été bâtie en l'année 1683 aux dépens dudit sieur de Fremont, sur des places appartenantes à l'Oeuvre & Fabrique de ladite Paroisse en la rue St Roch, du consentement des Marguilliers de ladite Eglise, qui ont loué audit sieur de Fremont ladite place moyennant deux cens vingt-deux livres par an, à condition de ne le pouvoir deposseder de ladite maison qu'en le remboursant de la somme de quinze mille cinq cens livres qu'il a payée de ses propres deniers pour la construction d'icelle. Depuis laquelle année ledit établissement ayant été commencé avec un succès dont toute la Paroisse est édifiée, ledit sieur de Fremont pour le soutenir d'autant plus, & pour fournir ausdites Maitresses le moyen de subsister, auroit encore offert de donner à ladite Communauté une rente de quatre cens livres par chacune année, constituée à son profit sous le nom de Maître Claude Boutet, par les Prevôt des Marchands & Echevins de notre-dite Ville de Paris, par Contrat du quatorze Septembre 1684. Pour l'accomplissement & perfection duquel établissement si avantageux à ladite Paroisse, & pour donner audit sieur de Fremont le moyen de fonder & de rendre la donation qu'il a faite valable; ledit Exposant Nous a fait humblement requerir de vouloir lui accorder nos Lettres de confirmation & d'approbation sur ce neceſſaires. A CES CAUSES, après avoir vû le conſentement de notre très-cher & bien amé Couſin l'Archevêque de Paris, à l'effet dudit établiſſement en date du vingt-deux Février 1686, ci-attaché ſous le contre-ſcel de notre Chancellerie; Nous avons loué, confirmé & approuvé, & par ces Preſentes ſignées de notre main, louons, confirmons & approuvons ledit établiſſement d'une maiſon en ladite Paroiſſe de St Roch, pour y tenir tel nombre de filles ou femmes Maîtreſſes de petites écoles & de métiers convenables, pour enſeigner gratuitement aux pauvres filles de lad. Paroiſſe les métiers dont elles ſeront jugées capables. Pour être ladite maiſon dirigée & gouvernée en ce qui regarde le ſpirituel, par l'un des Prêtres de ladite Paroiſſe, qui ſera nommé par l'Expoſant & ſes ſucceſſeurs Curés de ladite Paroiſſe; le tout néanmoins ſous l'autorité du ſieur Archevêque de Paris, & conformément à ce qui eſt porté par ſondit conſentement: & en ce qui touche le temporel, par ledit ſieur de Fremont & ſes ſucceſſeurs. Et à cette fin lui permettons de donner ladite maiſon & ladite rente de quatre cens livres à ladite Communauté. Et en cas que les Marguilliers de lad. Paroiſſe vouluſſent à l'avenir diſpoſer de ladite maiſon en rembourſant la ſomme qui a été debourſée par ledit ſieur de Fremont pour la faire conſtruire, ainſi qu'il leur eſt permis de le faire par le Contrat du quatre Mai 1683, & que ladite rente fut auſſi rembourſée; Voulons que les ſommes provenantes deſdits rembourſemens ſoient employées, ſavoir la ſomme de quinze mille cinq cens livres provenante du rembouſement du prix de ladite maiſon à en acheter une autre dans ladite Paroiſſe pour ladite ſomme: & le ſort principal de quatre cens livres de rente en conſtitution d'autres rentes pour faire un revenu pour la ſubſiſtance deſdites Maitreſſes, le tout par l'avis dudit Expoſant & dudit ſieur de Fremont ou leurs ſucceſſeurs; les Contrats des quatre Mai 1683 & dernier Avril 1684 demeurant au ſurplus dans leur force & vertu. Laquelle maiſon en tant que beſoin eſt, Nous avons à cette fin amortie & amortiſſons par ceſdites Preſentes, comme choſes à Dieu dediées, pour le ſoulagement des pauvres de ladite Paroiſſe, ſans que pour raiſon dudit amortiſſement il nous ſoit payé ni à nos ſucceſſeurs Rois aucune finance ni indemnité; de laquelle, à quelques ſommes quelle ſe puiſſe monter, Nous avons fait & faiſons don par ces Preſentes en faveur des pauvres de ladite Paroiſſe, à la charge de l'indemnité qui ſera due à autre Seigneur que Nous. SI DONNONS EN MANDEMENT à nos amés & feaux Conſeillers les gens tenans nos Cours de Parlement & Chambre de nos Comptes à Paris, Prévôt dudit lieu ou ſon Lieutenant Civil & autres Officiers qu'il appartiendra, que ces Preſentes ils faſſent regiſtrer, & du contenu en icelles jouir & uſer ledit Suppliant expoſant, ſes ſucceſſeurs en ladite Cure, ledit ſieur de Fremont & ſes ſucceſſeurs, & les Filles & Maitreſſes qui enſeignent & enſeigneront ci-après les Pauvres de lad. Paroiſſe, pleinement, paiſiblement, perpetuellement; ceſſant & faiſant ceſſer tous troubles & empêchemens contraires. CAR TEL EST NOTRE PLAISIR. Et afin que ce ſoit choſe ferme & ſtable à toujours, Nous avons fait mettre notre ſcel à ceſdites Preſentes. DONNE' à Verſailles au mois de Mars l'an de grace mil ſix cens quatre-vingt-ſix, & de notre regne le quarante-troiſième, ſigné LOUIS. Et ſur le repli, par le Roi COLBERT. Et à côté viſa BOUCHERAT. Regiſtrées au Parlement le vingt-huit Février 1687.

Cette Communauté eſt ſituée rue St Roch quartier du Palais Royal & de la même Paroiſſe.

LES ANNONCIADES DE POPINCOUR,
fauxbourg faint Antoine.

PLUSIEURS Religieuſes des Annonciades du Couvent de St Nicolas *de Melun*, étant ſorties dudit Couvent quelques années avant l'an 1636, pour venir s'établir à Paris ou aux environs, acheterent d'abord une maiſon à St Mandé, proche la porte du parc de Vincennes, où elles demeurerent quelque tems; mais ayant été obligées de la vendre au Roi, qui en avoit beſoin pour faire dans cet endroit une Ménagerie, qui ſubſiſte encore à preſent audit St Mandé; elles acheterent dans le quartier de Popincour, fauxbourg St Antoine; Paroiſſe de Ste Marguerite, un grand terrain, où elles s'établirent en l'année 1636. Elles ne reconnoiſſent ni Fondateurs ni Fondatrices de leur Communauté. Ce ſont elles-mêmes qui ont fait faire tous les bâtimens de leur Couvent & leur Egliſe, tant de leurs épargnes, qu'aidées par le ſecours de leurs familles. Leur établiſſement fut confirmé par Lettres Patentes du Roi, en l'année 1641.

L'on prétend que ſur l'emplacement de ce Couvent étoit bâtie anciennement une Chapelle, appellée du St Eſprit de Montpelier, qui avoit ſervi à des Hoſpitaliéres, & une autre appellée de Ste Marthe, le tout bâti ſur les ruines d'un ancien Prêche que les Calviniſtes y avoient ſous le regne de Charles IX, que le Connétable de Montmorenci fit brûler. Ces Religieuſes firent rétablir l'Egliſe en 1659, qui fut dediée ſous le titre de Ste Marie Protectrice, où l'on celebre tous les ans le quatriéme Fevrier, la fête des Dix-Vertus de la Vierge; la fête des Souffrances de la Ste Vierge, le vingt-troiſiéme Mars, celle de Ste Marthe le ving-neuviéme Octobre, & celle de St François le quatriéme, comme Titulaire de cette Egliſe.

LE COUVENT DES ANNONCIADES DU St ESPRIT,
dit de Pincourt, Regle de St François, ſous le titre des Dix-Vertus, ou Plaiſirs de la Vierge, quartier du Marais.

LA Bienheureuſe Jeanne, fille de Louis XI, femme de Louis XII Roi de France, qu'il repudia, fut Fondatrice de ce Couvent. Elle commença de l'établir en la Ville de Bourges, où elle s'étoit retirée vers l'an 1500. La Regle en fut formée ſur les dix Vertus de la Vierge; leur habit eſt ſingulier, le voile noir, le manteau blanc, le ſcapulaire rouge, la robe griſe, & la ceinture de corde. Cet Ordre fut confirmé par le Pape Alexandre VI, en 1501, le quatorziéme Fevrier, & par Leon X, le vingt-cinquiéme Juillet 1517. Après la confirmation de cet Ordre, la Reine Jeanne commença le bâtiment de ce Couvent en 1502 au mois d'Août, en la Ville de Bourges, acheta des Chanoines de Montermoyen une place & dépendances; elle donna toute la conduite de ce bâtiment à ſon Ecuyer, appellé George, & fut achevé en 1503, où elle mourut le quatriéme Fevrier 1504, & y fut inhumée. De ce Monaſtere furent tirées quelques Religieuſes par les ſoins de Madame de Rhodes, en cette Ville de Paris en 1639, & s'en rendit la Fondatrice; en les établiſſant au quartier St Germain des Prés, en la rue de Seine, où on les appelloit pour lors les Religieuſes des Dix-Vertus.

Mais en 1654 elles cederent cet établiſſement & dépendances aux Religieuſes de l'Abbayie-aux-bois, & vinrent en ce lieu de Pincourt, où il y avoit deja un établissement de cet Ordre, sous le titre du St Esprit, où elles avoient fait bâtir une Eglise & Dortoirs sur le terrain d'un ancien Prêche que les Huguenots y avoient sous le regne de Charles IX, que le Connétable de Montmorenci fit brûler. Cette Eglise fut dediée en 1659, sous l'invocation & titre de Ste Marie protectrice.

Ce Couvent est situé à Pincourt, quartier du Marais, ou du Temple.

LES ANNONCIADES CELESTES, ou FILLES BLEUES, dites Celestines, Regle de St Augustin, sous le titre de l'Annonciation de la Vierge, fauxbourg St Antoine.

CET Ordre commença à Gennes vers l'an 1604, par une Dame des plus considerables de la Ville & de la Republique, qui en fut la Fondatrice, nommée Victoire Fornari veuve, morte en odeur de sainteté en 1627, âgée de cinquante-cinq ans, qui avoit pour compagne la Mere Marie Magdeleine Lameline veuve, qui fut une des premieres Religieuses de cet Ordre, morte le huitiéme Avril 1605, âgée de cinquante-quatre ans. De là cet Ordre passa à Nancy vers l'an 1615; ensuite en cette Ville de Paris, par les soins de Madame la Marquise de Verneuil, qui y attira la R. Mere Marie Bernarde, Allemande de nation, Professe dudit Couvent de Nanci, qu'elle quitta pour fonder celui-ci, & y amena avec elle huit à neuf Religieuses, toutes tirées du Monastere de Nancy, qui arriverent en cette Ville de Paris le troisiéme Juillet 1624; & fut nommée pour premiere Mere & Prieure, Marie Jeanne Magdeleine, & pour Mere des Novices Marie Agnès Dauvaine, âgée de vingt-un ans, qui avoit fait profession au Couvent de Nancy en 1618.

Elle reçut, étant Superieure en ce Couvent durant les guerres, deux Communautés de Religieuses chassées de leur Monastere, au nombre de trente. Elle mourut le dix-septiéme Juin 1665, âgée de soixante-trois ans.

Après cet établissement la R. Mere Bernarde fut élevée pour être Prieure, & commencer la fondation du Monastere de St Denys en France. Cet Ordre est très-austere, n'ayant que six jours de l'année pour pouvoir parler à leurs Parens. L'on solemnise en la Chapelle de ce Couvent la fête des saints Anges Gardiens, où il y a Chapitre, Indulgence Pleniere, Exposition du St Sacrement & Sermon.

Ce Couvent est situé en la rue de la Culture, ou Couture Ste Catherine, quartier St Antoine.

LES FILLES DE L'ASSOMPTION.

LE Couvent de l'Assomption, Regle de St Augustin, doit son établissement au Cardinal de la Rochefoucault, Grand Aumônier de France, qui en jetta les premiers fondemens en sa maison au fauxbourg St Honoré, vers l'an 1620, qui s'appelloit pour lors l'Hotel de Joyeuse, bâti sur une partie du terrain appartenant à Pierre des Essarts Prevôt de Paris. Il y attira par ses soins, pour soutenir cet établissement, les Hospitalieres des Haudriettes, situées en la rue de la Mortellerie, avec tout leur bien, & supprima cet Hopital, abolissant le nom & l'Institution des Haudriettes. Il y établit la Reforme, en ayant obtenu un Bref du Pape Gregoire XV, & des Lettres Patentes de confirmation du Roi Louis XIII, & fit élire l'une d'elles, nommée Marie Chalopin, & depuis la Reforme Marie de Jesus; ensuite les fit transporter le 20 Novembre 1622, en ce lieu, qui par la suite a bien

causé

DE LA VILLE DE PARIS. Liv. V.

causé des procès de part & d'autre. Voyés au chapitre des Hôpitaux, au mot d'Haudriettes. Elles ont fait des reparations très-considerables, & rebâti tout à neuf l'Eglise, dont la premiere pierre fut posée en 1670 ; & le quatorziéme Août 1676 fut benite par Monsieur Poncer Archevêque de Bourges, & le lendemain il y celebra pour la premiere fois la sainte Messe. Cette Eglise est à voir des Curieux, elle est située au haut de la rue St Honoré, quartier du Palais-Royal.

Communauté de St AVOYE. Voyés ci-après les Ursulines de St Avoye

LES RELIGIEUSES AUGUSTINES DE LA CONGREGATION de Notre-Dame, dites de St Joseph.

MADAME de Brienne en fut la Fondatrice honoraire. Ces Religieuses étant venues de Laon pour travailler à l'instruction de la jeunesse gratuitement, suivant leur Institution, acheterent du sieur Forget, qui avoit obtenu du Roi par un Traité arrêté au Conseil d'Etat, du vingt-troisiéme Novembre 1633, regitré en Parlement le cinquiéme Juillet 1634, pour l'établissement de deux Couvents dans l'étendue du quartier de St Germain des Prés, un emplacement, & obtinrent des Lettres Patentes du Roi du mois de Septembre 1634, en vertu desquelles, & avec toutes les permissions necessaires, elles s'établirent en la rue du Chasse-midi, quartier de St Germain des Prés. Mais n'ayant pas bien pris leurs mesures, joint au peu de soin qu'elles avoient de leurs affaires, après huit années leur maison & dépendances tomberent entre les mains de leurs Créanciers qui la mirent en decret : ce qui dura jusqu'au mois de Septembre 1669, que Madame l'Abbesse de Rohan se la fit ajuger, & en prit possession le quatorziéme Septembre de la même année 1669, à la charge & clauses d'y entretenir & nourrir les anciennes Augustines, & de donner à celles qui en voudroient sortir pour entrer en quelque autre Couvent, la somme de cent livres de pension viagere, & de satisfaire les Créanciers; ce qui a été executé suivant le concordat passé avec l'Abbesse de Rohan & les Religieuses Augustines le septiéme Juillet 1669.

LA COMMUNAUTE' DES AUGUSTINES, dite DE Ste ANNE la-Royale.

CETTE Communauté fut établie dès l'an 1646, au coin de la rue du Cheval-vert & des Postes, fauxbourg St Marcel. La Reine Anne d'Autriche, Mere du Roi Louis XIV donna pour acheter la maison qu'elles occupoient, la somme de neuf mille livres. Monsieur le Prêtre en étoit pour lors Superieur, & il y étoit encore en l'an 1676. Mais, comme cette Communauté n'avoit pas de quoi se soutenir, elle fut dispersée en plusieurs autres Communautés, vers l'an 1679; & leur maison & dépendances vendues par decret en 1688, à Monsieur de Sainte Foi. Elle est presentement occupée par plusieurs particuliers.

CONGREGATION ou COMMUNAUTE' DE St THOMAS DE Ville-neuve.

ON doit l'établissement de cette Congregation au R. P. Ange le Prevôt, de l'Ordre des Hermites de St Augustin de la Ville de Bourges, qui en fut l'Instituteur, & qui s'étoit établi en plusieurs Villes de la Province de Bretagne, demeure ordinaire de la Directrice & Procureuse generale de cette Congregation, d'où sont venues ces Religieuses à Paris, pour le soulagement de l'Eglise & du Public, enseignant gratuitement la jeunesse. Après la mort du R. Pere le Prevôt qui étoit leur Instituteur, arrivée le seiziéme Octobre 1697 âgé de soixante treize ans, elles sont rentrées sous la conduite des Curés où elles sont établies. L'on solemnise en cette Chapelle, le dix-huit Septembre, la fête de saint Thomas de Ville-neuve, comme Titulaire de cette Chapelle, qui est situee presentement en la rue de Seine, où l'on tient écoles, vis-à-vis les murs de l'Hopital des Petites-Maisons. Elles avoient demeuré avant en la rue de Grenelle ; même quartier de St Germain des Prés, Paroisse de St Sulpice.

Communauté des Augustines de St Magloire. Voyés c-après les Filles Penitentes.

COMMUNAUTE' DE Ste AURE.

LA Communauté des Filles de Ste Aure doit sa naissance & son établissement à l'indocilité & l'opiniâtreté des Filles de Ste Theodore, dont je parlerai ci-après au mot de Ste Theodore, qui bien loin de vouloir profiter des avantages qu'on vouloit leur procurer, ces revoltées s'opiniâtrerent ; ce qui fit que Monsieur le Cardinal de Noailles Archevêque de Paris, ayant appris les resolutions de ces Filles, en 1697 en substitua d'autres en leur place, qui ayant vécu sans aucun reproche, seroient bien aises de se retirer du monde, pour se preserver du malheur où les autres étoient tombées.

Ce nouveau dessein étant fort du goût de Monsieur l'Abbé le Fevre, il seconda très-volontiers les vues de Monsieur le Cardinal de Noailles ; il acheta de ses deniers plusieurs maisons dans la rue neuve Ste Geneviéve tenant au coin de la rue Pot-fer, où l'on commença à benir une Chapelle, dont la ceremonie fut faite par Monsieur Dantecourt, Curé de St Etienne du Mont, l'an 1700, où le St Sacrement fut exposé & mis dans le Tabernacle de cette Chapelle, par la permission de Monsieur le Cardinal de Noailles. Ensuite Monsieur l'Abbé le Fevre y a fait bâtir, & fait une dépense de plus de quarante mille livres, pour y retirer des filles d'un air & d'un temperament à faire craindre que la compagnie du monde leur fut préjudiciable. Mais la mort l'a empeché d'achever une Eglise qu'il avoit commencée à bâtir dès l'an 1707, sur le bord de la rue de Pot-fer, étant decedé le vingt-quatriéme Août 1708, & enterré à St Etienne du Mont, où l'on y voit son Epitaphe.

Outre la religion & la crainte de Dieu dans lesquelles on éleve ces filles, on leur apprend à s'occuper & à fuir l'oisiveté ; on leur apprend aussi la couture, la tapisserie, la broderie, &c ; le service même & l'œconomie à celles, à qui ces fonctions conviennent.

DE LA VILLE DE PARIS. Liv. V.

Après la mort de Monsieur le Fevre, Monsieur le Cardinal de Noailles a fait voir qu'il continuoit à honorer cette maison de sa protection, en lui donnant pour Superieur Monsieur l'Abbé de Lagneau, Docteur de Sorbonne, d'une rare vertu, & d'un merite singulier, qui est fort consideré de son Eminence. L'on solemnise en cette Chapelle la fête de Ste Theodore, comme premiere Titulaire, le onziéme Septembre; & celle de Ste Aure, le cinquiéme Octobre, comme seconde Titulaire, & il y a Exposition du St Sacrement & Sermon.

Cette Communauté est située en la rue neuve St Genevieve, Paroisse de St Etienne du Mont, & quartier de St Benoît.

LA COMMUNAUTE' DES BARRATINES,
sous le titre de St François de Paule.

CETTE Communauté a été établie en la rue de Beaujolois derriere le Temple, quartier du Marais ou du Temple, sous le titre de St François de Paule.

LES BENEDICTINES DES CARRIERES.

LE Couvent & Prieuré des Benedictines, dites des Carrieres ou Conflant, sous le titre de
ont été établies par
en l'année
dont Monsieur l'Archevêque de Paris est le Collateur *de pleno jure*.

Elles sont situées en la banlieuë de Paris, au bout du fauxbourg & quartier de St Antoine.

Le Couvent & Prieuré des Benedictines du Chasse-midi. Voyés Chasse-midi ci-après.

Le Couvent des Benedictines du St Sacrement. Voyés ci-après les Filles du St Sacrement.

LES RELIGIEUSES BENEDICTINES DU MONASTERE
de Notre-Dame des Prés, Regle de St Benoît, rue de Vaugirard.

CES Religieuses furent obligées de quitter l'Abbayie de Mouzon à cause des guerres civiles, pour venir s'établir en cette Ville de Paris, comme il est porté par les Lettres Patentes ci-après inserées, où il est dit que, s'étant refugiées en cette Ville de Paris à cause des guerres, pendant que ladite Ville de Mouzon étoit frontiere, avec le consentement de l'Archevêque de Reims & de l'Archevêque de Paris, & du sieur de Joyeuse leur fondateur, par Lettres Patentes du mois de Mars 1638. La guerre étant finie, elles retournerent en leur ancien Monastere, mais les fortifications de Mouzon ayant été démolies en l'année 1673, où se trouva leur Monastere, elles auroient de nouveau obtenu permission des Archevêque

Tome I. OOoo ij

de Reims & de Paris, en 1674 & 1675, de s'établir à Paris. Et ayant cherché une maison commode, elles auroient acquise au fauxbourg St Germain, rue de Vaugirard, une maison où il y avoit eu un établissement de Religieux, qui par le mauvais gouvernement & administration de leurs biens, furent obligés de quitter, avec qui elles s'accommoderent par Contrat du vingt-huitiéme Mai 1675 sur quoi leur fut accordé de nouvelles Lettres Patentes du mois de Juillet 1689. Ces Religieuses sont considerées & estimées par leur pieté & leur conduite reguliere, qui leur attire l'estime de tout le monde. L'on solemnise en cette Eglise, le quatriéme Janvier, la fête de St Roger de Loroy, & l'on expose ses Reliques. Ce Prieuré perpetuel est situé en la rue de Vaugirard, au coin de la rue de Bagneux, près la derniere barriere de la rue de Vaugirard, quartier du Luxembourg.

S'en suivent les Lettres Patentes de ce Couvent.

LOUIS, par la grace de Dieu, Roi de France & de Navarre, à tous presens & à venir, SALUT. Notre bien amée Claude Gabrielle de Coucy, Superieure, & les Religieuses du Couvent de Sainte Marie, Ordre de St Benoît, ci-devant fondé & établi en notre Ville de Mouzon, Nous ont fait remontrer, que s'étant refugiés en notre bonne Ville de Paris à cause des guerres, pendant que ladite Ville étoit frontiere, elles y auroient été établies du consentement de l'Archevêque de Reims, & de l'Archevêque de Paris, & du sieur de Joyeuse leur Fondateur, par Lettres Patentes du feu Roi notre très-honoré Seigneur & Pere, du mois de Mars 1638, regitrées en notre Cour de Parlement, le vingt-huit Juillet suivant; que la guerre étant finie, elles seroient retournées dans leur Monastere. Mais les fortifications de Mouzon ayant été démolies en l'année 1673, elles auroient de nouveau obtenu permission de notre cousin l'Archevêque de Rheims leur Diocésain, en datte du deuxiéme Fevrier 1674, & de notre cousin l'Archevêque de Paris du troisiéme Decembre 1675, de s'établir en notredite Ville de Paris; depuis lequel tems elles auroient travaillé à l'acquittement de quelques dettes, & cherché une maison commode pour leur établissement, laquelle elles auroient acquise au fauxbourg St Germain de notre-dite Ville de Paris, rue de Vaugirard, par contrat du vingt-huitiéme Mai de la presente année. Requerant qu'il Nous plaise lui accorder nos Lettres necessaires pour leur établissement. A CES CAUSES, voulant favorablement traitter les Exposantes, de notre grace speciale, pleine puissance & autorité Royale, en confirmant lesdites Lettres du mois de Mars 1638, ci-attachées sous le contrescel de notre Chancellerie, avec lesdits consentemens de nosdits cousins l'Archevêque de Reims & l'Archevêque de Paris, & le contrat d'acquisition de ladite maison; Nous avons ausdites Superieure & Religieuses dudit Couvent de Ste Marie, Ordre de St Benoît, ci-devant établies à Mouzon, permis & permettons de s'établir en notredite Ville de Paris, pour y vivre suivant leur regle, sous la jurisdiction de notre cousin l'Archevêque de Paris; leur permettons à cet effet de faire construire & bâtir les édifices necessaires pour leur clôture & exercices, sans qu'au moyen de la presente Translation nous pretendions rien innover à la fondation de ladite maison, en laquelle les Patrons & Fondateurs auront le même pouvoir & droit qu'ils avoient audit lieu de Mouzon. Et pour contribuer en ce qui dépend de Nous audit établissement, Nous avons amorti & amortissons par cesdites Presentes ladite maison, Eglise, jardins & enclos, sans que lesdites Superieure & Religieuses soient tenues de Nous payer aucune finance ni indemnité, de laquelle, à quelque somme qu'elle puisse monter, Nous leur avons fait don & remise, à la charge de payer les droits dont elles pourroient être tenues envers autres que Nous. SI DONNONS EN MANDEMENT à nos amés & feaux Conseillers, les Gens tenans notre Cour de Parlement & Chambre des Comptes à Paris, que ces Presentes ils ayent à faire regître; & du contenu en icelles faire jouir & user pleinement, paisiblement & perpetuellement les Exposantes; cessant & faisant cesser tous troubles & empêchemens au contraire : car tel est notre plaisir. Et afin que ce soit chose ferme & stable à toujours, Nous avons fait mettre notre scel à cesdites Presentes. Donné à Versailles au mois de Juillet, l'an de grace 1689, & de notre regne le quarante-septiéme. *Signé*, LOUIS. Et sur le repli, par le Roi, COLBERT, & scellé.

Regîtrées au Parlement, le cinquiéme Août 1695, & en la Chambre des Comptes le douziéme du même mois.

LE PRIEURE' ET COUVENT DES BENEDICTINES MITIGE'ES, sous le titre de la Presentation de Notre-Dame, Regle de St Benoît, rue des Postes, fauxbourg St Marcel.

CES Religieuses doivent leur établissement & leur fondation à Demoiselle Marie Courtin, veuve de Nicolas Billard, sieur de Carouge, qui auroit donné une rente de neuf cens livres à sa niéce Catherine Bachelier, par Contrat du septiéme Octobre 1649, & une autre donnation de onze cens livres de rente; par Contrat du vingt-sept Septembre de ladite année 1649. Ladite veuve Billart se seroit adressée à l'Archevêque de Paris, qui auroit consenti audit établissement en une maison située en la rue des Postes, fauxbourg St Marcel (où étoient établies des Benedictines sous le nom de Ste Anne la Royale, dont on a parlé ailleurs); mais quelque tems après elles quitterent cette demeure pour aller en la rue d'Orleans, fauxbourg St Victor, dont elles obtinrent Lettres Patentes du mois de Novembre 1656, où elles ont demeuré jusques vers l'an 1671, qu'elles acheterent de Monsieur Olivier, à condition d'y recevoir en leur Couvent, & du Chœur ; une fille qui leur sera presentée de la part dudit sieur Olivier & de ses descendans, moyennant une pension de deux cens livres seulement, tant pour le Noviciat, que Profession & habillement de ladite fille. Et arrivant le decès de ladite fille, y en presenteront une autre consecutivement ; ce qui paroît par le Contrat d'ensaisinement qui en a été fait à Messieurs de Ste Geneviéve, le vingt-six Novembre 1671, en ces termes: Nous avons mis en possession les Religieuses Meres Sœur Catherine Bachelier, Prieure, Sœur Elizabet le Feubre de Ste Marie, Sous-Prieure, &c. d'une maison, jardin, vignes, & autres heritages appartenans à Monsieur Olivier, contenant environ quatre arpens, &c. Et depuis cet ensaisinement il paroît qu'il y en a eu encore un autre le quatriéme Septembre 1673, où il est dit que l'on a mis les Dames Prieure & Religieuses Benedictines de la Presentation de Notre-Dame, établies au fauxbourg St Marcel lez-Paris, rue d'Orleans, ce reconnoissant pour leur Couvent & Monastere R. Mere Sœur Marie Ferrare, dite de St Joseph, &c. Lesquelles avoient des Lettres Patentes du mois de Novembre 1656, regîtrées au Parlement & Chambre des Comptes le 11 Janvier, & 7 Fevrier 1657. Ce qui fait connoître ou douter que ces Religieuses étoient deja établies en lad. rue d'Orleans, ou bien quelques autres Religieuses qui se sont jointes en cette acquisition pour s'établir sous une même Prieure. Après quoi elles commencerent à bâtir en la rue des Postes une Eglise & un Dortoir. Mais la mauvaise œconomie de Madame Bachelier, pour lors Prieure ; & le peu d'attention qu'elle avoit au gouvernement de cette maison, a fait qu'on l'a dépossedée de ce Prieuré vers l'an 1700, & fut obligée de se retirer en un autre Prieuré & Couvent de Benedictines, appellé du Chasse-midi, où elle ne resta pas long-tems ; après elle se retira à Port-Royal lez-Paris, où elle est morte. Elle avoit une pension de six cens livres que cette Maison lui accorda; après quoi l'on a établi en ce Couvent la Regle & l'Observance, par les soins d'une Prieure perpetuelle.

Lettres de confirmation pour l'établissement du Monastere desd. Religieuses de St Benoît, de la Regle mitigée.

LOUIS, par la grace de Dieu, Roi de France & de Navarre, à tous presens & à venir: SALUT. Notre bien-amée Sœur Catherine Bachelier, Prieure d'un Couvent de Religieuses de l'Ordre de St Benoît, de la Regle mitigée, nouvellement établi au fauxbourg de St Victor lez-Paris, Nous a fait remontrer que dès l'année 1649, Demoiselle Marie Courtin sa tante, veuve de Nicolas Billard, vivant sieur de Carrouge, ayant eu dessein de fonder un Monastere de filles dudit Ordre, elle auroit fait donation entre vifs, insinuée, de la somme de neuf cens livres de rente perpetuelle par chacun an à l'Exposante & autres Religieuses, par Contrats passés par-devant les Notaires du Chatelet de Paris, le septiéme Octobre 1649, & quatriéme Decembre ensuivant, aux charges y contenues. En consequence de laquelle donation ladite veuve Billard s'étant adressée au feu sieur Archevêque de Paris, il auroit consenti audit établissement dudit Monastere, en une maison sise au fauxbourg St Marcel, rue des Postes, à condition de la visite dudit sieur Archevêque, où ladite veuve Billard seroit allé demeurer avec lesdites Religieuses, en qualité de Fondatrice & Seculiere ; depuis lequel tems la commodité de leurs affaires les ayant obligé de changer de demeure, & de s'établir audit fauxbourg St Victor, où elles sont à present, & y vivent suivant les Regles de leur Institut. Et la devotion de ladite veuve croissant avec le nombre desdites Religieuses ; & afin de leur donner meilleur moyen de subsister, par autre contrat passé par-devant les Notaires, le vingt-sept de Septembre dernier, confirmant ladite premiere donation, elle leur auroit encore fait donation entre vifs d'onze cens livres de rente, faisant les deux donations deux mille livres de rente annuelle & perpetuelle, aux clauses & conditions portées par led. contrat. C'est pourquoi l'Exposante, pour la perfection dudit établissement, Nous a fait suplier de leur accorder nos Lettres de Confirmation d'icelui. A CES CAUSES, désirant contribuer aux louables desseins de ladite Fondatrice, & aux bonnes intentions de l'Exposante ; & pour les maintenir dans une facilité de pouvoir plus aisément s'acquiter du Service divin, & pour la plus grande gloire de Dieu, la prosperité & tranquillité de notre Royaume : Nous, de notre grace speciale, pleine puissance & autorité Royale, avons agréé, accordé & confirmé, agréons, accordons & confirmons par ces Presentes signées de notre main, ledit établissement du Monastere desd. Religieuses de St Benoît, de la Regle mitigée, situé au fauxbourg de St Victor lez-Paris, & de construire & bâtir audit lieu leurdit Monastere, l'Eglise, Cloître & Dortoir ; ensemble les bâtimens necessaires & commodes, si faire se peut : & pour cet effet d'acquerir tels lieux & places qu'elles jugeront leur être necessaires & commodes ; pour par elles en jouir à perpetuité, pleinement, franchement de toutes charges & redevances, en ce qui nous pourroit être dû ; lesquels lieux & places Nous avons de notre même grace & autorité comme dessus, amorti & amortissons pour notre regard seulement, exempté & exemptons à perpetuité de tous droits, tant de lods & ventes, que de franc-salé & nouveaux acquêts, desquels en tant que besoin est ou seroit, Nous leur avons fait don par ces Presentes ; leur avons aussi permis & permettons de recevoir les fondations & charités qui leur pourront être faites, pourvu que ce soit du consentement des

Ordinaires. Si DONNONS EN MANDEMENT à nos amés & feaux Conseillers, les Gens tenans notre Cour de Parlement, & Chambre de nos Comptes à Paris & à tous autres nos Officiers qu'il appartiendra, que ces Presentes ils fassent regîtrer, & du contenu en icelles jouir ladite Exposante, & les Religieuses dudit Monastere, pleinement, paisiblement & perpetuellement, cessant & faisant cesser tous troubles & empêchemens au contraire : car tel est notre plaisir. Et afin que ce soit chose ferme & stable à toujours, Nous avons fait mettre notre sceel à cesdites presentes, sauf en autres choses notre droit, & l'autrui en toutes. Donné à Paris au mois de Novembre, l'an de grace mil six cens cinquante six ; & de notre regne le quatorziéme. *Signé* LOUIS. Et sur le repli, par le Roi, PHELYPEAUX. Et scellé du grand sceau de cire verte.

Regîtrées au Parlement, l'onze Janvier, & en la Chambre des Comptes, le sept Fevrier 1667.

LES RELIGIEUSES DE BON-SECOURS.

LE Prieuré perpetuel des Religieuses Benedictines mitigées de Notre-Dame de Bon-Secours, situé rue de Charonne, fauxbourg St Antoine, Paroisse de Ste Marguerite, a été fondé par Madame de Vignier, qui pour cet établissement fit venir de l'Abbayie Royale de Notre-Dame de Soissons Madame Magdelaine Emmanuelle de Bouchavanne sa sœur qui y étoit Religieuse. Cette Dame Religieuse amena avec elle, par ordre de Madame de Vignier sa sœur, deux Religieuses, l'une nommée Madame Magdelaine de Vertus, & l'autre Madame Olive Durand. Elles entrerent toutes trois dans cette Maison le premier Septembre 1648, & le huit du même mois la clôture y fut mise.

Comme Madame de Vignier s'étoit reservée par la fondation le droit de nommer sa vie durant audit Prieuré, elle y nomma pour premiere Prieure Madame de Bouchavanne sa sœur, qui gouverna cette Maison pendant vingt-ans, & mourut âgée de soixante-trois ans.

Après la mort de cette premiere Prieure arrivée le vingt-huitiéme Août 1668, Madame de Vignier encore vivante, nomma pour seconde Prieure Madame Laurence de St Simon Sandricourt, premiere Professe de ladite Maison, y ayant pris l'habit le vingt-sept Decembre 1648, & fait profession le premier Fevrier 1650. Elle a été Prieure de ce Couvent vingt-sept ans & dix mois, & y deceda le dix Juillet 1696 âgée de soixante-trois ans & trois mois.

Madame Jacqueline Marguerite de St Simon Sandricourt sa sœur lui succeda en qualité de coadjutrice dudit Prieuré. Madame sa sœur l'avoit fait venir en cette Maison quelques années avant sa mort de l'Abbayie du Parc-aux-Dames où elle étoit Religieuse ; & après lui avoir fait changer d'Ordre & fait faire profession de la Regle mitigée de St Benoît, par dispense du St Siege. Elle l'avoit fait sa coadjutrice le quinze Mars 1694 de l'agrément de Messire François du Harlai, pour lors Archevêque de Paris, à qui appartenoit en qualité d'Archevêque de Paris, le droit de nommer audit Prieuré de Bon-Secours, depuis la mort de Madame de Vignier fondatrice.

Ladite coadjutrice Prieure après avoir reçu ses Bulles de Rome prit possession dudit Prieuré, mais elle ne commença à gouverner cette Maison que du jour de la mort de Madame sa sœur, qui arriva comme il a été dit le dix Juillet 1696, & elle ne la gouverna que pendant neuf ans cinq mois, étant decedée le dix-huit Decembre 1705 âgée de cinquante-cinq ans & un mois.

Le trente & un du même mois de Decembre, son Eminence Monseigneur le Cardinal de Noailles, Archevêque de Paris, nomma audit Prieuré Madame Magdelaine de Longueval, Religieuse de l'Abbayie Royale de Notre-Dame de Soissons, d'où lesdites Religieuses de Bon-Secours sortent originairement. Elle prit possession dudit Prieuré le douze Janvier de l'année suivante 1706, & n'a été Prieure que quatre ans & six semaines, étant morte le premier Mars 1710, âgée de soixante & onze ans.

Le onze dudit mois de Mars, son Eminence Monseigneur le Cardinal de Noailles, nomma pour Prieure de cette Maison, Madame Marie Bazin de Bezons, Religieuse de Notre-Dame de Grace de la Ville-l'Evêque lès Paris, sœur de Mr le Marechal de Bezons, & de Mr l'Archevêque de Bordeaux, qui est mort Archevêque de Rouen. Elle prit possession dudit Prieuré le dix-neuf du même mois, & c'est elle qui gouverne encore à present cette Maison avec édification.

L'établissement dudit Prieuré de Bon-Secours fut fait du consentement de Mr de Gondy, Archevêque de Paris, & confirmé par Lettres Patentes du Roi Louis XIV de l'année 1667.

PRIEURÉ DES BENEDICTINES DE LA VILLE-L'EVEQUE,
appellé le Petit-Montmartre.

LE Couvent des Benedictines de la Ville-l'Evêque, appellé le Petit-Montmartre, est un Prieuré de l'Ordre de St Benoît, dépendant de l'Abbayie de Montmartre, sous le titre de Notre-Dame de grace. Ces Religieuses furent fondées le deux Avril 1613 par Catherine d'Orleans, Princesse de Longueville, & Marguerite d'Orleans d'Estouteville, sa sœur. Elles donnerent à cette fin à l'Abbayie de Montmartre une grande maison contenant environ huit arpens, sise à la Ville-l'Evêque, où l'on a bâti depuis une Eglise & un Monastere sous le titre de Notre-Dame de Grace. Suzanne Habert, veuve de Charles Jardin, Valet de Chambre du Roi, donna encore à cette maison plusieurs terres & rentes, à condition qu'elle y seroit nourrie sa vie durant, par Acte du premier Juin 1615. Marguerite Darbouze étoit pour lors Superieure de ce Monastere. Ce Couvent est situé à la Ville-l'Evêque quartier du Palais Royal.

LA COMMUNAUTÉ DU BON-PASTEUR.

LA Communauté du Bon-Pasteur a commencé à être établie en cette Ville par Mademoiselle Marie de Cyz, fille de Jean de Cyz, Gentilhomme Hollandois, née à Leyde en 1656, mariée en 1676 au sieur Adrien de Combé, qui mourut vers l'an 1677. Quelques années après, étant veuve, trouvant l'occasion de sa sœur & de son beau-frere, qui vinrent en cette Ville de Paris, elle les y accompagna; où deux ans après elle tomba très-malade; & dans la crainte de mourir Huguenote, fit son abjuration entre les mains du Vicaire de St Sulpice. Elle revint de cette grande maladie. Ses parens l'abandonnerent à cause de son abjuration, & avec le secours de Mr de la Barmondiere, alors Curé de St Sulpice, qui la fit mettre en une Communauté, il lui procura encore une pension de deux cens livres sur l'Oeconomat de l'Abbayie de St Germain des Prés, & lui fournissoit le surplus pour son entretien. Elle sortit de cette Communauté & vint s'établir en la rue Pot-de-fer en une petite maison où elle n'avoit pour lors qu'une chambre. Ce fut là qu'elle commença à former le dessein

de

DE LA VILLE DE PARIS. Liv. V.

de retirer avec elle quelques Filles Penitentes ; mais le nombre croissant de jour en jour, il fallut songer à un autre établissement. Le Roi Louis XIV étant informé de sa conduite à l'égard de ces pauvres Filles qui cherchoient à se retirer du desordre, Sa Majesté lui accorda sa protection, afin qu'elle pût donner une plus grande étendue à sa charité, & lui envoya un ordre en datte du quinze Mars 1688 pour prendre possession de la maison d'un Calviniste, située en la rue du Chassemidi, où l'on commença à y bâtir des deniers que le Roi lui avoit fait donner ; ce qui a été suivi par plusieurs personnes de merite, qui y ont donné & fait de grandes charités. L'on y celebra la sainte Messe le jour de la Pentecôte ensuivant. Cette maison s'est tellement agrandie, qu'il y a pour retirer plus de cent Filles. Cette vertueuse Dame mourut le seize Juin 1692 âgée de trente-six ans, & elle est enterrée dans le petit Cimetiere de St Sulpice, suivant son desir. Le Roi a confirmé cet établissement par ses Lettres Patentes du mois de Juin 1698 (dont on peut voir la teneur ci-après). Cette Maison est composée de deux sortes de Filles ; les unes sont appellées les Sœurs, dont la conduite a toujours été reglée ; & les autres de Filles ou Femmes penitentes. La porte est ouverte à toutes celles qui ont une sincere resolution de quitter le monde, sans distinction de pays ni de qualité. On ne reçoit point de pension ; on se contente de demander la premiere robe. Si quelques-uns pour le soulagement de la Maison font volontairement quelques aumônes, il les faut mettre dans le tronc, ou entre les mains de la Superieure : mais ces aumônes ne peuvent être affectées à aucunes Filles en particulier. On n'y reçoit point de Femmes tant que leurs mariages subsistent, ni celles qui sont enceintes. Elles sont habillées d'un gros drap brun de Berri, le col fermé par une agraffe, une ceinture arrêtée par une boucle, une coeffe d'étamine assés épaisse pour ne pas voir au travers, un bonnet dessous de laine tricottée, des bas de laine, & pour souliers des sandales de bois couvertes de cuir ou de chapeau. Elles sont sous la conduite de Mr l'Archevêque de Paris pour le spirituel, & pour le temporel de Mr d'Argenson Lieutenant general de Police. L'on solemnise en la Chapelle de cette Communauté le dix-neuf Août la fête du Bon-Pasteur, comme titulaire de cette Eglise, où il y a exposition du St Sacrement & sermon.

Cette Communauté est située rue du Chassemidi quartier St Germain des Prés.

Lettres Patentes portant confirmation de l'établissement de la
Communauté du Bon-Pasteur, rue du Chassemidi,
en date du mois de Juin 1698.

LOUIS, par la grace de Dieu, Roi de France & de Navarre à tous presens & à venir ; SALUT. Plusieurs personnes pieuses, Nous ayant representé que depuis quatorze ans Dieu donnoit une benediction singuliere à une Maison, dite du Bon-Pasteur, située rue du Chassemidi au quartier de St Germain des Prés en notre bonne Ville de Paris, dont Marie de Cyz, veuve d'Adrien de Combé, Holandoise de Nation, autrefois de la Religion Protestante, avoit commencé l'établissement. Dans laquelle Maison, soutenue par les seuls secours de la Providence, elle recevoit gratuitement les Filles que le libertinage ou la necessité avoit engagées dans le desordre, lorsqu'elles y venoient volontairement dans la resolution d'y faire penitence, preferant toujours celles que la pauvreté mettoit dans l'impuissance d'être reçûes faute de pension dans les Maisons du Refuge ou de la Magdelaine. Nous voulumes bien pour favoriser un établissement si utile au public & si avantageux pour la conversion d'une infinité d'ames perdues lui faire distribuer nos aumônes. Mais depuis ce tems-là ayant été informés que le nombre de ces pauvres Filles étoit augmenté jusqu'à quatre-vingt quatre, & que des personnes de pieté édifiées par la penitence & la ferveur de ces Filles, avoient trouvé moyen par leurs charités d'acquerir deux maisons, l'une sous le nom de Pierre Dugué sieur de Meridon, & l'autre sous le nom du sieur Abbé Bitault; de faire un bâtiment sur ces fonds pour loger cent Filles, dont il n'est dû aucune chose; ensorte que cette Maison qui se soutient par le secours de la Providence & par le travail des Filles, se trouve actuellement établie & connue sous le titre du Bon-Pasteur, pour des Filles Penitentes qui y sont gratuitement reçûes & qui s'y retirent volontairement pour sortir de leur desordre, & y vivent dans une grande pieté & penitence, sous les regles & constitutions qui ont été approuvées par notre Cousin l'Archevêque de Paris. Mais comme elles ont besoin de nos Lettres Patentes pour confirmer ce que Nous avons déja approuvé par les charités que Nous avons faites à ces pauvres Filles, & par la protection que Nous avons bien voulu donner jusqu'à present à ce nouvel établissement, elles Nous ont très humblement fait supplier de les leur accorder: A ces causes, après avoir été bien informé par notre Cousin l'Archevêque de Paris de la bonne odeur que la vie de ces pauvres Penitentes répand de tous côtés, desirant contribuer de tout notre pouvoir à ce qui peut servir à l'édification de nos Sujets; après avoir fait examiner les regles & constitutions ci-attachées sous le contre-scel de notre Chancellerie, qui contiennent les conditions sous lesquelles ce nouvel établissement a été fait; ensemble l'approbation de notre Cousin l'Archevêque de Paris: Nous de notre grace speciale, pleine puissance & autorité Royale, avons par ces Presentes signées de notre main, loué, approuvé, confirmé & autorisé, loüons, approuvons, confirmons & autorisons l'établissement de ladite Maison située rue du Chassemidi au quartier de St Germain des Prés en notre bonne Ville de Paris sous le titre du Bon-Pasteur, pour y être les Filles de mauvaise conduite qui s'y retireront volontairement, reçues gratuitement & sans aucune pension, en observant la regle & constitution susdite, sans qu'il y soit apporté aucun changement pour quelque cause & sous quelque pretexte que ce soit, si ce n'est de l'ordre dudit sieur Archevêque de Paris, lequel & ses successeurs seront toujours & à perpetuité Superieurs de ladite maison, & sous tels Prêtres & non Religieux qui seront par lui commis & nommés. A l'effet de quoi nous avons de la même grace & autorité que dessus approuvé, agréé, confirmé & autorisé en tant que de besoin lesdits Contrats d'acquisitions qui ont été faits sous les noms dudit sieur Dugué de Meridon & dudit sieur Abbé Bitault; leur permettons à cet effet de bâtir tant sur lesdits fonds que sur ceux qu'ils pourront acquerir ci après, une Eglise, Dortoir, Clôture & autres commodités qui seront jugées necessaires pour leur utilité & sûreté; lesquels de notre même grace & autorité, Nous avons amortis & amortissons à perpetuité, comme consacrées à Dieu, pour en jouir par elles & par celles qui leur succederont en ladite Maison, franchement & quitement, sans qu'elles soient tenues d'en vuider leurs mains ni de Nous payer ni à nos successeurs Rois aucune finance, de laquelle à quelque somme quelle puisse monter; Nous leur avons fait & faisons don & remise par cesd. Presentes, à la charge de payer les indemnités, droits & devoirs dont lesd. maisons & heritages peuvent être tenus envers autres que Nous. Leur permettons aussi d'acquerir, accepter, recevoir, recueillir, tenir & posseder tous dons, legs & fondations d'heritages, rentes & possessions d'immeubles qui pourront être donnés, legués, acquis à leur maison. Si donnons en mandement à nos amés & feaux Conseillers, les Gens tenans nos Cours de Parlement & Chambre des Comptes à Paris, que ces Presentes ils fassent enregistrer, & le contenu en icelles entretenir, garder & observer, sans permettre qu'il y soit contrevenu en aucune maniere que ce soit. Car tel

DE LA VILLE DE PARIS. Liv. V.

EST NOTRE PLAISIR Et afin que ce soit chose ferme & stable à toujours Nous avons fait mettre notre scel à ces Presentes. DONNE' à Versailles au mois de Juin l'an de grace mil six cens quatre vingt-dix-huit, & de notre Regne le cinquante-sixiéme. Signé LOUIS. Et plus bas par le Roi, PHELYPEAUX ; & scellé. Registrées au Parlement le douze Juillet 1698.

LE COUVENT DU CALVAIRE dit DU LUXEMBOURG,
Regle de St Benoît, sous le titre de St Jean-Baptiste.

LA fondation de cette sainte Congregation est attribuée à la venerable Mere Antoinette d'Orleans, appellée dans le monde la Marquise de Belle-Isle, qui avoit été Feuillantine à Thoulouze en 1599. Elle étoit issue de la maison de Bourbon & de Longueville; elle passa ensuite en l'Ordre de Fontevrault où elle commença le dessein de cette Congregation qu'elle établit à Poitiers, qui est le premier Monastere de cet Ordre, où elle mourut le vingt-cinq Avril 1618.

L'établissement de cette Congregation à Paris fut projetté par le Reverend Pere Joseph le Clerc, Capucin, qui le communiqua à Madame de Lozon, veuve d'un Conseiller de la Cour, qui par ses conseils consentit à cet établissement. Pour y parvenir, elle assura au Pere Joseph qu'elle donneroit dix huit mille livres en argent & douze cens livres de rente pour l'établissement de ce Couvent ; ce qui fit que le Pere Joseph fut à Poitiers & proposa ce dessein à la Reverende Mere Gabrielle de St Benoît dite de l'Esproniere, qu'elle accepta avec ardeur. Et pour executer cet établissement, elle choisit pour compagnes la Mere Françoise de la Conception, la Mere Françoise de Ste Marie, la Mere Agathe des cinq Plaies, la Mere Elizabeth l'Evangeliste, & la Mere Magdelaine de la Passion. Elles partirent toutes de Poitiers le quatorze Octobre 1620 sous la conduite de Madame la Baronne de Chemereau & autres, & arriverent à Paris le vingt-deux dudit mois & an, & furent reçues en un hospice près la Porte St Michel, que leur avoit preparé Madame de Lozon, & plusieurs autres personnes de pieté & de merite, où elles firent faire une petite Chapelle, avec la permission qu'en donna Mr l'Archevêque de Paris, en datte du 22 Octobre 1620 & y resterent jusqu'au vingt-huit Juillet 1622 qu'elles en sortirent pour aller prendre possession de leur nouveau bâtiment que la Reine Marie de Medicis leur avoit preparé près de son Palais du Luxembourg, comme fondatrice, honneur que Madame de Lozon lui avoit abandonné, ne se reservant que la qualité de bienfaictrice.

La Reine Marie de Medicis leur donna pour les attirer près de son Palais du Luxembourg cinq arpens de terre pour y construire leur Monastere, se reservant toutesfois ce qui seroit necessaire pour la continuation d'une allée & mille livres de rente qu'elle donna à prendre sur son domaine de la Comté de Dourdan, à la charge de celebrer à perpetuité son anniversaire après son decès, de faire dire tous les ans une Messe pour le Roi son fils, & après sa mort un anniversaire à perpetuité. Ce don fut reçu par lesdites Religieuses, par Contrat passé le seize Juin 1621.

Elles obtinrent une Bulle du Pape Gregoire XV, du ving-deux Mars 1621, & une autre du Pape Urbain VIII, portant permission de s'établir en cette Ville ; le tout confirmé par Lettres Patentes du Roi du mois de Juin 1621. Elles furent admises ensuite par l'Abbé de St Germain des Prés, qui leur permit de s'établir & de bâtir en la rue de Vaugirard, par Acte du vingt-sept Juillet 1621.

Ces Religieuses commencerent à faire bâtir sur ce terrain que la Reine

Tome I.   P P p p ij

leur avoit donné, mais elles y furent troublées par les Entrepreneurs des bâtimens de sa Majesté, qui lui rapporterent que ce Monastere situé en ce lieu incommoderoit les vûes de ce Palais; ce qui obligea ces bonnes Religieuses de chercher un autre lieu. Elles trouverent par bonheur proche de ce Palais l'Hotel de Montarbe on Monterbe, & un autre endroit appellé l'Hotel de St Nicolas, qu'on leur vendit le dix-neuf Mars 1622, & qu'elles payerent des dix-huit mille livres que leur avoit donné Madame de Lozon leur bienfaictrice, où elles firent accommoder des Cellules,& rendirent ce Couvent le plus regulier qui soit, & avec le plus de diligence qu'elles purent. Au bout de quatre mois le vingt-huit Juillet 1622, elles y furent conduites de leur hospice près la Porte St Michel par Mademoiselle de Longueville & Madame de Lozon, qui les meubla de tout ce qui leur étoit necessaire en ce lieu. Le vieux bâtiment étant détruit, elles firent bâtir le grand Dortoir tout à neuf.

Ces Religieuses étant donc dans leur nouvelle maison, la Reine quelques années après leur fit bâtir une Chapelle ou Eglise, & il fut arrêté qu'elle seroit bâtie en la place d'un beau corps de logis qu'elle leur donna joignant le petit Luxembourg, où elle fit poser la premiere pierre en son absence par Madame de Bragelone, femme de Claude de Bouthailler, Chancelier de ladite Reine, au mois de Mai 1625, avec grande solemnité, où étoit presente la Mere Gabrielle de St Benoît, Superieure de ce Monastere; & sur une medaille d'argent mise en cette premiere pierre étoit gravée l'inscription suivante.

A la gloire de Dieu & de la très-sainte Vierge sa mert, Marie de Medicis a posé la premiere pierre de cette Eglise & Monastere, afin que comme elle reconnoit cette Mere du Roi des Rois pour la conservation du Royaume & de sa Royale lignée, & pour le modele & exemplaire de sa vie & de son nom, aussi elle la puisse avoir dans le Ciel pour mediatrice de son salut éternel, l'an de notre Redemption 1625.

Au retour d'un voyage de la Reine, sa Majesté voyant qu'on n'avoit pas mis dans l'enclos desdites Religieuses toutes les terres qu'elle leur avoit données de son Palais, pour leur laisser de quoi faire un Jardin raisonnable, leur donna en recompense une cour pavée & un pavillon qui étoit au bout de leur petit Jardin & leur en fit prendre possession. L'on pretend que ces Religieuses donnerent en échange à la Reine un arpent de terres de leurs acquisitions, ce qui se passa par Transaction du vingt-deux Juin 1630.

Ces Religieuses après avoir eu cette petite Eglise ou plutôt une Chapelle pendant sept à huit années, eurent enfin l'Eglise que l'on voit aujourd'hui, que la Reine leur fit bâtir en 1629 sur les ruines de l'ancienne qu'elle fit abattre. Cette Eglise n'a été consacrée que le quatre Octobre 1650. Elle fit aussi construire tout à neuf le Chœur, la Tribune, le Cloître, le logement du Predicateur, les Parloirs, & une Chapelle dans l'interieur pour y entendre la sainte Messe, que l'on appelle aujourd'hui la Chapelle de la Reine, & autres choses concernantes ledit Couvent, qui fut achevé en 1631. Monsieur l'Evêque de Leon après avoir beni cette Eglise y celebra la premiere Messe le Jeudi-Saint de cette année 1631, & les Religieuses commencerent à y chanter l'Office Divin. La Reine, qui étoit à Lion, leur accorda un demi pouce d'eau des fontaines de son Palais, par Brevet du trois Juillet 1630. Le treize Avril 1631 la Cloche de cette nouvelle Eglise fut benite & appellée Marie du nom de sa Fondatrice. Ces Religieuses sont situées en la rue de Vaugirard vis-à-vis la rue des Fausionniers quartier du Luxembourg.

LE COUVENT DU CALVAIRE DU MARAIS.

LE Couvent du Calvaire, dit du Marais, Regle de St Benoît, sous le titre de la Transfiguration de Notre-Seigneur, doit son établissement aux soins du Reverend Pere Joseph le Clerc, Capucin, qui après avoir établi celui, dit du Luxembourg, dont l'on vient de parler, commença celui-ci pour l'institution des Seminaires des Filles de cette Congregation; & pour cela il jetta les yeux sur une grande maison & dependances, appellée de Voisins, située au fauxbourg St Victor, dont le marché fut presque arrêté à la somme de quarante mille écus en 1632; mais n'ayant pas trouvé toutes ses suretés, l'affaire fut rompue. Un an après il se presenta audit Pere Joseph un Architecte, qui lui offrit de bâtir cette Maison Religieuse sur une place située au Marais du Temple proche le rempart, & qu'il lui en mettroit dans un an les clefs en main.

Aussitôt le Pere Joseph visita le lieu, qu'il trouva fort à son gré, puis obtint le consentement de Mr l'Archevêque de Paris & les Lettres Patentes du Roi pour cet établissement. L'achat en fut fait pour la somme de trente-sept mille livres. Il arriva bien des differends pour cet établissement à cause de ce lieu de la part de plusieurs particuliers, mais enfin le Pere Joseph surmonta toutes ces difficultés par le moyen & la protection de ses amis; & pour faire cesser tous ces troubles, en attendant la fin du bâtiment, il fut jugé à propos d'établir près de ce lieu un hospice, dont on donna la conduite à Madame d'Eme, Dame d'un merite insigne, qui y reçut la Mere Jeanne de St Paul dite Planchette, pour Superieure, & douze Religieuses, savoir la Mere Anne de la Nativité, la Mere Marie de la Croix, la Mere Marie de Ste Maltilde, la Mere Anne de St Etienne, la Mere Jeanne de St Maur, la Mere Françoise de la Trinité, la Mere Catherine de St Charles, la Mere Marie Angelique de St Paul, la sœur Marie de St François Converse, la Sœur Anne de la Compassion Novice, la Sœur Françoise de Ville-longue Novice, & petite niece du Reverend Pere Joseph, la Sœur Jeanne de St Antoine Novice-Converse, toutes tirées du Monastere du Luxembourg, & qui prirent possession de ce nouveau Couvent le 17 Juin 1634. Le lendemain Mr l'Archevêque de Paris y celebra la premiere Messe en une petite Chapelle que l'on avoit fait faire, où il laissa le St Sacrement.

Le Pere Joseph eut la conduite de ce nouveau bâtiment. Il fit amasser pendant l'Hiver quantité de materiaux pour commencer à bâtir le Printems suivant, & pria Mr le Cardinal de Richelieu d'y poser la premiere pierre, ce qu'il ne pût faire, mais il en donna la commission à la Duchesse d'Eguillon sa niece, qui la fit poser avec une très-grande solemnité au fondement de l'Eglise au commencement de l'année 1635. Mr le Cardinal de Richelieu donna pour le commencement de ce bâtiment la somme de quarante mille livres, & assura mille livres de rente ausdites Religieuses.

Le dix Avril 1637 ce Couvent ayant été rendu logeable, les Religieuses sortirent de leur hospice pour s'y rendre, conduites par Madame la Duchesse d'Eguillon & autres Dames. Le Pere Joseph l'ayant auparavant visité & fait benir.

Cette Eglise fut consacrée en 1650, & dediée sous le titre de la Transfiguration, quoique ce Couvent porte celui de la Crucifixion.

Le Pere Joseph mourut à Ruel près Paris le dix-huit Novembre 1638 & fut inhumé en cette Eglise, où les Religieuses lui firent faire une belle cave à leurs dépens avec un Epitaphe qui s'y voit.

Ces Religieuses suivent le même institut & sont de la même Congregation que celles du Calvaire, dit du Luxembourg; & sont situées en la rue St Louis quartier du Temple ou du Marais.

LE COUVENT DES CAPUCINES, ORDRE DE Ste CLAIRE,
sous le titre de la Transfiguration de Notre-Seigneur, rue des Petits-Champs, quartier de Montmartre.

L'ETABLISSEMENT & la fondation de ce Couvent se devoit faire en la Ville de Bourges, suivant le testament de la Reine Louise de Lorraine, femme de Henri III, laquelle fondation fut changée par Lettres Patentes du Roi Henri IV, du mois d'Octobre 1602, par lesquelles il fut permis à Madame la Duchesse de Mercœur, niéce de ladite Reine, de le faire bâtir & construire en cette Ville de Paris. Pour cet effet elle acheta l'Hotel de Retz, appellé l'Hotel du Perron, qui étoit situé vis-à-vis les Capucins, où elle fit bâtir le Couvent & Monastere des Capucines, dites de la Passion, ce qui fut executé en 1604, le vingt-neuviéme Juin, où ladite Duchesse de Mercœur posa la premiere pierre, en la rue St Honoré, & fut dediée le dix-huitiéme Juin 1606, en l'honneur de Notre-Seigneur, de la Ste Vierge, de St François & de Ste Claire. Pendant que la Princesse de Mercœur faisoit bâtir son Hotel, appellé par la suite de Vendosme, & le Couvent ci-dessus, elle se retira avec douze filles qu'elle avoit fait venir & reçues, dont une, nommée la Mere Christine de la Fleche, admise en 1604, prit l'habit en 1606, & fit profession en 1607, entre les mains du R. Pere Ange de Joyense, & y mourut en 1645, âgée de cinquante quatre ans ; une autre nommée la Mere Cecile d'Estampes, morte le vingtiéme Mai 1647, agée de soixante-quatre ans, & autres qui souhaitoient embrasser une si austere Regle. Pour commencer cet établissement elle fut se loger en une grande maison située au fauxbourg St Antoine, appellée la Roquette, qui consistoit en deux logis, l'un appellé la grande, & l'autre la petite Roquette, accompagnée d'une très-belle gallerie, d'Orangers, d'un Colombier, de Bassecourt, de Prés, de Garenne & terres labourables. Lorsqu'elle y fut, elle divisa cette maison en deux, se logea dans l'une avec ses domestiques, & abandonna l'autre aux douze filles devotes, qui avoient pris l'habit de Novice le quatorziéme Juillet 1604, & y firent profession le vingt & un Juillet 1607. Après y avoir demeuré deux ans, elles vinrent dans le Couvent bâti tout à neuf sur le bord de la rue St Honoré en 1606, après avoir été examinées par le Pere Provincial des Capucins, & le Pere Ange de Joyeuse, Gardien ; d'où, après plusieurs années, on les a transferées de cette demeure en la face de la Place de Louis le Grand, où le Roi Louis XIV leur a fait bâtir une Eglise & Monastere tout neuf, dont la dépense monte à plus de trois cens mile écus. La premiere pierre fut posée au mois de Mai 1686, avec cette Inscription gravée sur la frise de la porte, qui marque à qui elle est dediée presentement.

C. H. O.

SALVATORI, SUB INVOCATIONE SANCTI LUDOVICI.

L'on peut dire que le Roi n'a rien épargné pour donner à ces bonnes Religieuses toutes les commodités qu'elles ont pû souhaiter. Il y a en cette Eglise une très-grande devotion à St Ovide, dont leur fit present Monsieur le Duc de Crequi Ambassadeur à Rome, & qui y fut apporté en très-grande solemnité, le dixiéme Septembre 1665, de la maison de Simon Piget Libraire, demeurant rue St Jaques, où il étoit en dépôt en attendant cette cérémonie, & fut porté en leur ancienne Eglise en la rue St Honoré.

DE LA VILLE DE PARIS. Liv. V.

Elles sont situées presentement au bout de la rue-neuve des Petits-Champs, quartier de Montmartre.

Lettres Patentes du Roi Henri IV, pour l'établissement desdites Capucines.

HENRI, par la grace de Dieu, Roi de France & de Navarre, à tous presens & à venir : SALUT. Comme ci-devant, & dès le tems de la feuë Reine Louise, Douairiere de France, notre très-chere & très-amée Belle-sœur, Nous lui ayons permis de faire construire & bâtir en cette notre Ville de Paris, un Couvent de filles Capucines, afin d'y vaquer à prieres & oraisons pour la paix & l'union des Princes Chrétiens, & le bien & tranquilité de cet Etat ; & que par testament & ordonnance de derniere volonté de ladite Reine, elle ait desiré que, suivant notre permission, ledit Couvent ait été bâti, & son corps inhumé en icelui. SAVOIR FAISONS, que Nous desirans, à l'exemple des Rois nos predecesseurs ; & pour l'affection que nous avons à l'accroissement & propagation de notre sainte Foi & Religion Catholique, Apostolique & Romaine, exciter nos sujets aux exercices de pieté & de devotion, voulons aussi favoriser de notre part le saint & louable vœu de ladite defuncte Reine Louise, sur la très-humble supplication qui Nous a été n'a guere faite par notre très-chere & amée Cousine la Duchesse de Mercœur ; afin de satisfaire, en tant qu'il sera possible, à l'intention & derniere volonté de ladite defuncte Reine Louise, avons de notre grace speciale, pleine puissance & autorité Royale permis, & permettons à notredite Cousine la Duchesse de Mercœur, de faire bâtir & construire en cette dite Ville de Paris ledit Couvent de Capucines ; en tel lieu & endroit le plus commode qu'elle avisera ; sans qu'en la construction & bâtiment d'icelui, il lui soit donné ores, ni à l'avenir aucun trouble, détourbier ou empêchement, par quelques personnes, & pour quelque cause que ce soit. Si DONNONS EN MANDEMENT à nos amés & feaux Conseillers, les Gens tenans notre Cour de Parlement de Paris ; Prevôt dudit lieu, ou son Lieutenant, & à tous nos autres Justiciers & Officiers, & à chacun d'eux en droit soi, si comme à lui appartiendra, que de nos Presentes, grace, congé, licence & permission, ils fassent, souffrent & laissent notredite Cousine la Duchesse de Mercœur & lesdites Capucines qui habiteront audit Couvent, jouir & user pleinement & paisiblement, cessant, & faisant cesser tous troubles & empêchemens au contraire : Car tel est notre plaisir. Et afin que ce soit chose ferme & stable à toujours, Nous avons fait mettre notre scel à ces presentes, sauf en autre chose notre droit, & l'autrui en toutes. Donné à Paris au mois d'Octobre, l'an de grace mil six cens deux, & de notre regne le quatorziéme. *Signé*, HENRI. Et sur le repli, par le Roi, DE NEUFVILLE, & scellé.

Regîtré au Parlement, le dix-septiéme du même mois d'Octobre 1602.

LE COUVENT DES RELIGIEUSES CARMELITES
de la rue du Bouloir, à présent rue de Grenelle.

CES Religieuses furent premierement établies en la rue du Bouloir, où la Reine, femme de Louis XIII, & sa fille Anne Therese, femme de Louis XIV Roi de France poserent la premiere pierre, le vingt Janvier 1664; mais elles furent transferées en 1689, au lieu où elles sont presentement.

La mauvaise œconomie de ces Religieuses, & le peû de soin de leurs affaires, a fait qu'elles sont tombées dans l'accablement de leurs Créanciers, qui les ont obligé d'abandonner leurs biens, & de les mettre en direction, depuis plusieurs années que l'on tâche d'accomoder à l'amiable & sans frais leurs affaires.

Mais le Roi attentif à toutes les necessités des Maisons Religieuses, leur a accordé une Lotterie par Arrêt du Conseil d'Etat, du vingt-neuf Mars 1713, qui fut ouverte le quatriéme Janvier 1715, & tirée le treize Fevrier de la même année 1715, montant à la somme de quatre cens soixante-dix mille livres de principal, sur laquelle elles ont eu quinze pour cent de benefice; & ce par les soins de Monsieur d'Argenson Conseiller d'Etat ordinaire, & Lieutenant général de Police, qui s'est bien voulu charger du soin de toute cette Lotterie, & de leurs affaires.

Elles sont situées presentement en la rue de Grenelle, quartier de St Germain des Prés.

Lettres Patentes du Roi, pour l'établissement des Religieuses Carmelites de la rue du Bouloir, à présent rue de Grenelle, quartier de St Germain des Prés.

LOUIS par la grace de Dieu, Roi de France & de Navarre, à tous presens & à venir: SALUT. La Reine notre très-chere & très-aimée Epouse & Compagne, Nous ayant communiqué la devotion particuliere qu'elle portoit à la bienheureuse Ste Therese sa Patrone, & le desir qu'elle avoit de fonder en notre bonne Ville de Paris une Communauté de Religieuses Carmelites, pour y faire ses retraites spirituelles, & remercier Dieu de la naissance de notre très-cher & très-aimé fils le Dauphin; & Nous ayant à cet effet demandé la permission de faire cet établissement en quelque lieu proche de notre Chateau du Louvre, pour y pouvoir aller avec plus de commodité; Nous aurions avec beaucoup de joie secondé ses bonnes & pieuses intentions, sans les deffenses que Nous avons faites par nos Lettres Patentes du mois de Juillet 1656, verifiées en notre Cour de Parlement de Paris, de faire aucun établissement nouveau de Religieux & de Religieuses en ladite Ville & fauxbourgs de Paris. L'observation desquelles deffenses étant absolument necessaire pour le bien de notre Etat; & ayant cherché d'ailleurs tous les expediens possibles pour donner moyen à ladite Dame Reine notre Epouse & Compagne, de mettre à effet ses bons desseins, Nous n'avons rien trouvé de plus convenable que de lui designer l'établissement commencé à faire d'une Communauté de Religieuses Carmelites, en la rue du Bouloir, voisine, autant que faire se peut, de notre Chateau du Louvre. Mais, d'autant que ledit établissement a été permis par nos Lettres Patentes du mois d'Avril 1656, en faveur des Meres Prieure & Religieuses du grand Couvent des Carmelites du faux-
bourg

DE LA VILLE DE PARIS. Liv. V.

bourg St Jaques, & de notre très-chere cousine Anne-Marie Crétienne de Foix de la Valette, à present nommée Anne-Marie de Jesus, Religieuse Professe dudit Couvent, pour leur servir de retraite & de refuge à l'avenir en cas de troubles & de necessité publique, & pour être une dépendance inseparable dudit grand Couvent, à condition qu'on n'y pourroit recevoir aucune Religieuse à Noviciat ni Profession; & que ledit Monastere ne pourroit être rempli d'autres Religieuses que de celles qui seroient envoyées par ledit grand Couvent; & que pour rendre ledit établissement de la qualité necessaire pour satisfaire aux pieuses intentions de notredite Epouse & Compagne, il étoit necessaire de changer toutes lesdites conditions, & de le rendre entierement independant dudit grand Couvent, même revoquer la qualité de Fondatrice accordée par nosdites Lettres Patentes à notredite Cousine de Foix de la Valette, afin que notredite Epouse & Compagne en puisse disposer avec plus de liberté, sans néanmoins innover aucune chose aux Constitutions Religieuses des Communautés de Carmelites, établies dans les autres Villes & lieux de notre Royaume indépendamment dudit grand Couvent du fauxbourg St Jaques. Nous avons jugé le pouvoir d'autant plus justement faire, que le pretexte qui a donné lieu à l'établissement dudit Refuge de la rue du Bouloir, n'est digne d'aucune consideration, lesdites Dames du grand Couvent n'ayant pas plus à craindre les desordres des gens de guerre, au lieu où elles sont, que les Filles de Ste Marie, les Ursulines, Feuillantines, & autres Maisons Religieuses situées audit fauxbourg St Jaques; & même l'Abbayie Royale du Val-de-grace, fondée par la Reine notre très-honorée Dame & Mere, qui est située vis-à-vis dudit grand Couvent. Et d'ailleurs, que nous saurons aussi-bien les proteger au lieu où elles sont, que si elles étoient au milieu de notredite Ville de Paris. Joint que si ce Refuge subsistoit plus long-tems, ce seroit un exemple qui tireroit à consequence pour toutes les autres maisons Religieuses situées hors l'enceinte de notredite Ville de Paris, & qui seroit très préjudiciable au bien de notre Etat. A CES CAUSES, & autres considerations à ce Nous mouvans, de l'avis de notre Conseil, & de notre propre mouvement, pleine puissance & autorité Royale, Nous avons dit & declaré, disons & declarons par ces Presentes signées de notre main, voulons & Nous plait que toutes lesdites conditions, sous lesquelles ledit établissement du Refuge de la rue du Bouloir a été fait, soient revoquées, cassées & annulées, comme Nous les revoquons, cassons & annulons par cesdites Presentes: & que ladite Maison & Communauté de la rue du Bouloir soit à l'avenir un Monastere de Religieuses Carmelites, distinct & separé, & indépendant absolument du grand Couvent des Carmelites du fauxbourg St Jaques, dans lequel les Religieuses qui le rempliront; vivront selon les Constitutions des Religieuses Carmelites des autres Couvens de notre Royaume, qui sont indépendans dud. grand Couvent; qu'elles puissent recevoir des Religieuses à Noviciat & à faire Profession, & faire election des Prieures & autres Officiers & Officieres accoutumées être établies en semblables Maisons; même accepter & posseder les gratifications & biens qui pourront leur être faits ci-après par quelques personnes que ce soit; de laquelle Maison de la rue du Bouloir ladite Dame Reine notre Epouse & Compagne sera Fondatrice, pour y faire commodément ses retraites spirituelles; & jouira ladite Maison de tous les Privileges & immunités attribués & accordés aux autres Maisons Religieuses de fondation Royale, & specialement du Droit de *Committimus* aux Requêtes de notre Hotel, ou de notre Palais à Paris pour leurs affaires. A la charge toutefois que lesdites Religieuses Carmelites du grand Couvent du fauxbourg St Jaques seront remboursées & dédomagées des maisons & places par elles achetées pour l'établissement dudit Refuge, & des autres dépenses utiles & legitimes qu'elles y pourroient avoir faites, en deux payemens égaux; savoir, moitié dans un an, & l'autre moitié un an après, avec l'interêt, à raison de l'Ordonnance, du jour & datte des presentes, jusqu'à l'actuel remboursement, suivant la liquidation qui sera faite, tant desdites dépenses que desdits interêts, par les Commissaires qui seront à cet effet par Nous deputés. Et d'autant que dès le troisiéme du mois de Mars de l'année 1662, la Reine nôtre très-honorée Dame & mere a fondé en ladite Maison de la rue du Bouloir un Salut du St Sacrement tous les Dimanches de l'année, pour attirer & conserver la benediction du Ciel sur la famille Royale; & que ladite Maison étant lors dépendante dudit grand Couvent, elle a été obligée de passer un Contrat avec les Religieuses d'icelui, pour l'établissement de ladite fondation, dont elles pourroient prétendre l'execution par leurs mains & par leur ministere : & ne voulant pas qu'il y ait aucune connexité d'affaires entre ledit grand Couvent & celui de la rue du Bouloir, Nous voulons & ordonnons que lesdites Religieuses du grand Couvent, soient déchargées de ce à quoi elles pourroient être tenues par ledit Contrat de fondation, & que lesdites Religieuses du Couvent de la rue du Bouloir en soient chargées à commencer du premier Janvier prochain. En consideration de quoi les mille livres assignées sur le Domaine de Calais pour ladite fondation, seront dorénavant payées aussi à commencer du premier Janvier prochain, sur les simples quitances de la Superieure de ladite Maison de la rue du Bouloir, par nos Receveurs dudit Domaine de Calais, ou autres qu'il appartiendra; lesquels en demeureront bien & valablement déchargés : le tout nonobstant nosdites Lettres d'établissement de ladite Maison du Refuge, du mois d'Avril 1656, & autres nos Lettres Parentes expediées au mois de Mai 1662, pour l'execution dudit Contrat de fondation, ausquelles Nous avons dérogé & dérogeons en tout ce qui est contraire à ces Presentes, que nous voulons être executées selon leur forme & teneur. Si donnons en mandement à nos amés & feaux Conseillers, les Gens tenans nos Cours de Parlement & Chambre des Comptes à Paris, Presidens & Tresoriers generaux des Finances audit lieu, & autres nos Justiciers & Officiers qu'il appartiendra, que ces Presentes ils ayent, chacun en droit soi, à faire enregistrer, & le contenu en icelles garder & observer, selon leur forme & teneur ; cessant & faisant cesser tous troubles & empêchemens, nonobstant, comme dit est, lesdites Lettres d'établissement de ladite Maison du Refuge, du mois d'Avril 1656, celles du mois de Mai 1662, pour l'execution de ladite fondation, & toutes autres Lettres à ce contraires, ausquelles nous avons dérogé & dérogeons par ces Presentes : Car tel est notre plaisir. Et afin que ce soit chose ferme & stable à toujours, Nous y avons fait mettre notre scel, sauf en autres choses notre droit, & l'autrui en toutes. Donné à Paris au mois de Decembre, l'an de grace 1663, & de notre regne le vingt-un. Signé, LOUIS. Et sur le repli, par le Roi, De Guenegaud, & scellé.

Registré au Parlement, le dix-septiéme Decembre 1663 ; en la Chambre des Comptes, le vingt-deuxiéme Avril 1664, & au Bureau des Finances, le dix-huitiéme Juillet 1678.

LE COUVENT DES CARMELITES, dite DE LA MERE DE DIEU, sous le titre de la Nativité de Notre-Seigneur, rue Chapon.

LA Reverende Mere Madelaine de St Joseph fut choisie par Messieurs les Superieurs du Couvent de St Jaques, pour aller établir & commencer la fondation de ce second Monastere en cette Ville de Paris. Elle fut pour commencer cet établissement, se loger, en attendant l'acquisition de l'Hotel de Châlons que l'on avoit projetté pour cet établissement, dans une maison voisine, appartenant à une Demoiselle qui se fit par la suite Religieuse en ce Couvent, nommée la Sœur Jeanne de Jesus. Elle y entra avec ses Compagnes la veille de Noel de l'an 1617, & avoit pour Souprieure la Mere Marguerite du St Sacrement, fille de Pierre Acarie, Maître des Comptes à Paris, & de Barbe Avrillot, dont nous avons parlé ci-devant à l'établissement des Carmelites de St Jaques.

Elle reçut pour premiere Novice en cette maison, la Sœur Agnès de St Michel, qui y apporta une dot très-considerable, qui a été, pour ses rares qualités, Prieure en plusieurs autres Maisons.

Ces Religieuses n'étoient en ce lieu qu'en attendant l'accommodement de l'Hotel des Evêques de Châlons, considerable pour son étendue, qui leur couta la somme de cent vingt mille livres, que leur vendit Cosme Clausse, Evêque de Châlons, par Contrat qui ne fut passé qu'en 1621. Pendant qu'elles occupoient cet Hotel, où elles entrerent au mois d'Octobre 1619, après avoir demeuré près de deux ans dans l'autre maison. Cette bonne Mere Superieure, après avoir fait la cloture de cet Hotel, fit bâtir l'Eglise, le Chœur & un grand Dortoir, contenant dix-huit à vingt Cellules tout à neuf : ainsi on la peut considerer comme Fondatrice de cette Maison, qui eut pour succeder en sa place, le vingt-quatriéme Avril 1624, Marguerite du St Sactement, fille de Madame Acarie, dont il est parlé ci-dessus. Ce Monastere est situé en la rue Chapon, quartier du Marais ou du Temple.

LE COUVENT DES CARMELITES ESTABLI EN LA Ville de St Denys en France.

L'AN de grace 1625, le vingt-septiéme de Septembre, fut établi à St Denys en France le Monastere des Religieuses Carmelites, communément appellées Déchaussées, selon la reforme de Ste Therese en France, avec la permission de Monseigneur de Gondi, Archevêque de Paris, en datte du vingt-troisiéme Juillet 1625, & celle de Messire Henri de Bourbon, Abbé de St Denys, donnée le vingt-huitiéme d'Août 1625.

Cet établissement fut confirmé par le Roi Louis XIII, par Lettres Patentes en l'année 1627, & vérifiées en la Chambre des Comptes, le vingt & un Fevrier 1628.

Cette fondation, sortie du Monastere d'Amiens, fut faite par la Reverende Mere Anne Viole, dite du St Sacrement, Religieuse Professe du Monastere de l'Incarnation, situé en la rue St Jaques à Paris, d'où elle fut envoyée pour être Prieure à celui d'Amiens, qu'elle quitta pour venir fonder celui de St Denys, dont elle a été la premiere Prieure.

Elle y arriva, accompagnée de la Reverende Mere Anne de Jesus pour sa Souprieure, & des Sœurs Antoinete de Jesus, Catherine de Jesus,

Marie du St Esprit & Jeanne de la Visitation, toutes cinq Professes dudit Monastere d'Amiens, & Sœur Anne de l'Incarnation, Novice, du consentement, & sous l'autorité & l'obéissance des trois premiers Superieurs de l'Ordre ; savoir, Messire Jaques Gallemant, Docteur en la Faculté de Theologie de l'Université de Paris, Messire André du Val, aussi Docteur & Professeur du Roi en la même Faculté, & le Reverend Pere Pierre de Berule, & Instituteur General de la Congregation de l'Oratoire de Jesus, & Superieur & Visiteur dudit Ordre des Carmelites en France.

Toutes lesdites Religieuses furent amenées à Paris par Madame de la Grange-Trianon, & conduites à St Denys, dans une petite maison qui leur fut preparée sur la Paroisse de Ste Croix. Elles y furent reçues par Monsieur du Val, l'un desdits Superieurs, qui les presenta à Monsieur le Blanc, Chanoine & Grand-Archidiacre de l'Eglise de Notre-Dame de Paris, & Vicaire de Monseigneur l'Archevêque, qui les assura de sa protection, & dit ensuite les prieres accoutumées pour la benediction d'une maison Religieuse.

Le jour suivant vingt-huitième dudit mois de Septembre 1625, le Superieur chanta la Messe solemnellement, posa le très-St Sacrement, établit la Cloture, & donna au Monastere le nom de *Jesus-Maria*, érigeant cette Maison sous ce titre, en l'honneur de la Souveraineté de Jesus, & de la maternité de la Ste Vierge, declarant que la fête s'en celebreroit le jour de l'Epiphanie, à cause qu'en ce jour Notre Seigneur fut reconnu & adoré comme Dieu par les Mages, Prémices des Gentils, & que la Ste Vierge fut aussi reconnue Mere de Dieu.

L'an 1628 le troisième Mai, la premiere pierre du bâtiment & de l'Eglise fut mise par la Serenissime Marie de Medicis Reine, mere du Roi Louis XIII, & par le Commandement de Sa Majesté posée par Madame d'Eguillon de Combalet sa Dame d'atour, representant sa personne.

L'an 1629 le vingt-huitième Juillet, toutes lesdites Religieuses sortirent de leur petite maison, pour aller à leur nouveau Monastere, elles accompagnerent processionellement le St Sacrement, avec leurs manteaux blancs, & leurs grands voiles baissés, en chantant les Litanies de Jesus.

Dans l'Octave de l'Assomption de la même année, le St Sacrement qu'on avoit deposé au Chapitre, en fut ôté & porté avec les mêmes ceremonies & prieres, & posé dans le Tabernacle de la petite Eglise, par le Superieur, qui benit aussi dans la même année toute la Maison & les hermitages.

Le septiéme Juillet 1630, la Communauté fit élection pour la premiere fois de la très-Reverende & très-honorée Mere Angelique de Gadagne, (elle avoit été élevée à la Cour en qualité de fille d'honneur de la Reine) dite de Jesus, pour être Prieure à la place de la Reverende Mere Anne du St Sacrement, decedée. Cette digne Mere étoit sa Souprieure, & comme elle Religieuse Professe du Monastere de l'Incarnation de Paris, qui la donna à celui de St Denys dans son commencement, comme un sujet des plus accomplis, & selon la grace & selon la nature.

Le quinziéme Septembre de la même année, le Cloître fut beni par Monseigneur de Langres, Duc & Pair de France, accompagné de deux de ses Aumoniers, & de deux autres Ecclesiastiques.

Le dix-huitiéme Juin 1639, les deux cloches furent benites ; la grosse s'appelle Marie Angelique de St Paul, elle pese deux cens cinquante-six livres ; la petite se nomme Therese-Magdeleine de St Pierre, & pese cent sept livres.

L'an 1644, la premiere pierre de la Chapelle St Joseph fut mise par la Serenissime Anne d'Autriche Reine, mere du Roi Louis XIV, & Regente du Royaume. L'Eglise entiere est bâtie de ses liberalités.

Mademoiselle d'Orleans de Montpensier a donné le Retable du Grand-Autel, où elle a fait appliquer ses armes.

L'an 1650 le dix-septiéme Avril, le Superieur, accompagné de deux Ecclesiastiques, benit la grande Eglise, les deux Chapelles, & les deux caves des Fondateurs.

L'an 1651 le vingt-septiéme Mai, le St Sacrement fut porté processionnellement dans la grande Eglise, & posé dans le grand Tabernacle.

Le jour suivant qui étoit la fête de la Pentecôte, la premiere Messe y fut célébrée par Monseigneur l'Evêque d'Utique, Coadjuteur de celui de Montauban.

La troisiéme fête de la Pentecôte, Monseigneur l'Archevêque du grand Caire en Egypte y dit la Messe Conventuelle, fit les Ordres d'un Diacre, & l'après midi donna la Confirmation à plus de trois cens personnes.

L'an 1657 le vingt-cinquiéme de Fevrier, l'Eglise fut dediée, avec la permission de Monseigneur l'Archevêque de Paris, la cérémonie fut faite avec une grande solemnité, par Monseigneur Pierre Berthier, Evêque de Montauban, assisté de Messeigneurs les Evêques de Vance, de Macon & de Couserans, & Illustres Abbés de Brienne, de Jariac & autres, accompagnés d'un grand nombre d'Ecclesiastiques. Cette fête de la Dedicace dura huit jours, pendant lesquels il y eut tous les jours Office solemnel & Prédication par les plus célebres Prédicateurs du tems. Le premier jour ce fut Monsieur Godeau, dont le merite & l'éloquence sont si connus. On ne se souvient pas du nom des autres Prédicateurs.

L'Eglise, comme le Monastere, fut dediée sous la nomination de la Souveraineté de Jesus & de Marie, dans le Mystere de l'Epiphanie qui est representé dans le Tableau du Maître-Autel.

Les deux Chapelles sont dediées, l'une à St Joseph, & l'autre à Ste Therese. Les Reliques des Saints qu'on a mis sous les trois Autels, sont des Sts Eustache, Hippolyte, Saturnin, Christophori, Amand, Innocentii, Germani, Annei, & d'une des onze mille Vierges. Ces Reliques furent données par Monseigneur l'Evêque d'Angers, qui les avoit apportées de Rome, comme il paroît par l'attestation signée de sa main. Monseigneur de Montauban, & les Superieurs de l'Ordre, ont permis de transferer la fête de cette Dedicace au trentiéme Août, où l'on fait ensemble celle de tous les Monasteres de l'ordre.

A l'égard du gouvernement, pour le spirituel & le temporel l'Ordre releve immediatement du St Siege. On a pû remarquer que dans le commencement de son établissement il étoit conduit par trois Superieurs generaux, mais dans la suite des tems le Reverend Pere de Gondren, Général de la Congregation de l'Oratoire, s'étant demis de cette qualité, le Pape Alexandre VII, par un Bref du deuxiéme Octobre 1659, & par deux autres Brefs confirmatifs du treiziéme Janvier, & septiéme Avril 1662, ordonne à chaque Monastere d'élire son Superieur particulier & immediat, qui doit toujours être confirmé par le Nonce, ou en son absence, par Monseigneur l'Archevêque de Paris. Il y a outre cela trois Visiteurs Généraux pour tout l'Ordre, qui sont toujours des Abbés & autres Ecclesiastiques du premier rang, tant par leur naissance, que par leur merite & leur vertu.

La Communauté de St CHAUMONT. Voyés ci-après, Union Chrétienne.

CONGREGATION DES FILLES DE LA CROIX,
Ordre de St Augustin.

CES Filles doivent leur établissement aux soins de Mr Guerin, l'un des Curés de la Ville d'Amiens, qui ayant assemblé en cette Ville plusieurs Filles vertueuses pour commencer cet établissement, les destina à l'instruction des jeunes filles, & à leur apprendre à travailler à toutes sortes d'ouvrages convenables à leur âge. Ce qui dura jusqu'en l'an 1636 en la Ville de Roye, mais les guerres les obligerent de quitter leur établissement pour venir à Paris, où le Reverend Pere Lingendre les reçut & les adressa à Madame de Villeneuve, dite aussi Luillier, qui les reçut avec grande joie, se tenant bien honorée de pouvoir contribuer à cet établissement. Elle les mit premierement en une maison située à Brie-Comte Robert, où elle alla aussi demeurer avec ces Filles, pour leur donner moyen d'exercer leur charité envers de jeunes filles. Cette Dame voyant augmenter cette Congregation, obtint l'an 1640 de Jean François de Gondi, Archevêque de Paris, l'érection de cette Compagnie de Filles en Societé ou Congregation sous le titre des Filles de la Croix; ce qui fut autorisé par Lettres Patentes du Roi, registrées en Parlement la même année. Ce fut pour lors que Madame Luillier alla avec une partie de ces Filles demeurer à Vaugirard, où elles firent des vœux entre les mains de Mr Forget, Curé de St Nicolas du Chardonnet, qui étoit leur Superieur. Cette Dame voyant la Congregation formée voulut lui procurer un établissement à Paris, où étant venue la même année, elle acheta une dépendance de l'Hotel des Tournelles, sise rue St Antoine au cul-de-sac de l'Hotel de Guimenée, où depuis lesdites Filles ont demeuré. Mais plusieurs differends survenus entre Mr Guerin, premier Directeur de cette Congregation, & Madame Luillier ou de Villeneuve, furent cause que les Filles qui demeuroient à Brie-Comte-Robert & celles de Paris se separerent & formerent comme deux Congregations differentes. Quelques années après arriva la mort de Madame de Villeneuve ou Madame Luillier le quinze Janvier 1650; & fut choisie en sa place pour protectrice de cette Congregation Madame Anne Petau, veuve de Mr Traversai, qui surmonta tous les obstacles, & mit cette Congregation en état de rendre service à l'Eglise & au Public.

Dès l'an 1644 Madame de Villeneuve avoit procuré aux Filles de la Croix, qui demeuroient à l'Hotel des Tournelles à Paris, un second établissement à Ruel, distant de Paris de deux lieues, où elles furent mises & installées par la Duchesse d'Aiguillon niece du Cardinal de Richelieu.

Celles qui demeuroient à Brie-Comte-Robert firent aussi au même tems un établissement à Paris sur la Paroisse de St Gervais, où il n'y a point de Chapelle, comme je le dirai ci-après. Ensuite il vint s'établir en cette Ville un autre hospice de cette Congregation tirée de Brie-Comte-Robert, dont il est parlé ci-dessus, en la rue des Barres quartier de la Greve, où elles apprennent à la jeunesse toutes sortes d'exercices, à lire & à écrire pour parvenir à pouvoir gagner leur vie, ce qui est d'une très-grande utilité pour les Pauvres de la Paroisse St Gervais. En consideration de quoi le Roi leur accorda une Lotterie, en vertu d'un Arrêt du Conseil d'Etat du vingt-neuf Mars 1713, qui fut ouverte le dix-sept Octobre & close le vingt-trois Decembre 1713, montante à la somme de quatre cens mille livres de principal, dont leur fut adjugé pour le bâtiment de cet hospice la somme de huit mille deux cens cinquante livres le cinq Juin 1715, par les soins que s'en donna Mr d'Argenson, Conseiller d'Etat & Lieutenant general de Police, leur bienfaicteur & protecteur. Cet Hospice ou Congregation est situé en la rue des Barres, quartier de la Grève, Paroisse de St Gervais.

Peu de tems après il s'établit un Hospice de cette Congregation tiré des Filles de l'Hotel des Tournelles, qui vinrent s'établir au fauxbourg St Marcel rue d'Orleans Paroisse St Medard, sous le titre de Ste Jeanne, où elles exercent leurs charitables soins pour l'instruction des Pauvres de cette Paroisse & autres Pensionnaires, à qui elles apprennent toutes sortes d'ouvrages convenables à leurs âges. L'on solemnise en la Chapelle de cet Hospice la fête de Ste Jeanne, comme titulaire de cette maison, qui est située en la rue d'Orleans quartier de la Place Maubert.

LE COUVENT DE LA CONGREGATION DE NOTRE-DAME.

LES Religieuses de la Congregation de Notre-Dame, sous la Regle de St Augustin & le titre de l'Annonciation, attirées à Paris du Monastere de cet Ordre, établi à Nanci en Lorraine, ont eu pour Instituteur le Pere Fournier, Religieux de l'Abbayie de Chamonzay, de l'Ordre de St Augustin, & Curé de Maincourt en Lorraine. Cet ordre commença à Nanci en 1611, & fut confirmé par des Bulles du Pape Paul V de 1615, qui les obligent à reciter l'Office Divin selon l'usage de Rome, seulement en psalmodiant, sinon les Vêpres des Fêtes & Dimanches qu'elles chantent. Elles sont sous l'autorité des Evêques des lieux où elles s'établissent; & sont instituées à l'imitation des Religieuses Ursulines, pour instruire gratuitement les jeunes filles à lire & écrire. Ces Religieuses vinrent s'établir en cette Ville de Paris en vertu de Lettres Patentes du Roi & la permission de l'Abbé de St Germain des Prés le dix-sept Juillet 1634, en la rue de Vaugirard, en une maison & terrain qui leur fut vendu par le sieur Barbier, & où étoit le sieur Forger, qui en avoit obtenu la permission du Roi pour l'établissement de deux Couvents à Paris. Quelque neuf ans après elles quitterent cette demeure, avec la permission de l'Archevêque de Paris, appellé de Gondi, vers l'an 1643, & vinrent se loger au quartier de St Paul, qu'elles quitterent aussi quelque tems après pour s'établir près la Porte de Montmartre, où elles ne demeurerent pas long-tems, & l'abandonnerent à de nouvelles Religieuses du St Sacrement en 1674, à qui elles cederent cette derniere demeure, dont je parlerai ci-après, pour venir s'établir en ce lieu du fauxbourg St Marcel rüe neuve St Etienne quartier de la Place Maubert. Ces Religieuses recevoient en leur Congregation pour pensionnaires des externes tant femmes que filles & veuves.

L'on solemnise en cette Eglise le vingt-huit Août la fête de St Augustin, comme premier titulaire de cette Congregation, où il y a Indulgence pleniere, exposition du St Sacrement & sermon; on y fait aussi la fête de St Joseph.

COMMUNAUTE' DE NOTRE-DAME, ou Angloises du Chant-de-l'Allouette. Voyés ci-devant Angloises du Chant-de-l'Allouette.

LE COUVENT DES CORDELIERES dites DE St MARCEL.

LES Cordelieres, dites de St Marcel, Ordre de Ste Claire, sous le titre de St Etienne, vinrent de Troies (où le Comte Thibaud VII, Roi de Navarre, les avoit fondées en 1270) à Paris en 1289 prendre possession des maisons que leur avoit laissé Galion de Pise, Chanoine de St Omer, par son testament datté du Mercredi d'après l'Octave de St Martin d'hiver de 1287, où elles commencerent à faire bâtir leur Monastere l'an 1294. La Reine Marguerite, épouse de St Louis, leur donna sa maison Royale, que ce Prince avoit fait bâtir proche ce Monastere. Elle fit aussi construire leur Eglise appellée St Etienne & Ste Agnés, qui fut ensuite achevée des liberalités de Blanche sa fille, qui s'y rendit Religieuse & y mourut le sept Juin 1322, laquelle fonda quatre Chapelles qui sont de la collation de la Mere Superieure. Le grand Hotel a été depuis construit en 1497, avec les deux autres, qui furent dediés & consacrés le treize Avril de la même année, par Jean Simon de Champigni, Evêque de Paris. Elles suivent le Regle de Ste Claire observée par les Religieuses de l'Abbayie de Long-champ. Ce Couvent est situé au fauxbourg St Marcel Paroisse de St Hippolyte en la rue de Lourfine quartier de la Place Maubert.

RELIGIEUSES DE Ste CROIX, REFORME'ES DE St DOMINIQUE, rue de Charonne.

MADAME Marguerite de Senaux, née à Toulouze le vingt-un Novembre 1589, épousa à l'âge de 15 ans Mr de Garibal, Conseiller au Parlement de Thoulouze, dont elle eut plusieurs enfans qui moururent sans pouvoir recevoir le Batême; ce qui les determina l'un & l'autre d'un mutuel consentement à se separer. Mr de Garibal se fit Chartreux, & mourut douze ans après Prieur de la Chartreuse de Ville-franche en Rouergue. Marguerite de Senaux son épouse, prit l'habit de St Dominique, sous le nom de Marguerite de Jesus, dans le Monastere de Ste Catherine de Sienne à Thoulouze, d'où elle sortit le vingt-deux Octobre 1626 avec cinq Religieuses de Chœur & une Sœur Converse pour venir à Paris, où elles arriverent le six Mars 1627. Après avoir établi le Couvent des Filles de St Thomas, & y avoir demeuré pendant quelques années, elle en sortit le treize Novembre 1636 avec six Religieuses pour établir un autre Couvent du même Ordre reformé de St Dominique, sous le titre de la Croix. Elles demeurerent pendant quelque tems, avec la permission de Mr l'Archevêque de Paris, dans une maison particuliere sise rue de Matignon, où étant elles acheterent de Robert Thierri & sa femme, par Contrat passé le vingt-un Juin 1639 pardevant Baudri & Durand Notaires à Paris, une maison avec toutes ses dépendances, appartenante audit sieur Thierri & sa femme, située proche l'Eglise de Ste Marguerite rue de Charonne, fauxbourg St Antoine, où elles entrerent le seize Janvier de l'an 1641, sous la conduite de la Mere Marguerite de Jesus, accompagnées de la Princesse de Condé, la Marechale d'Effiat, & de plusieurs autres Dames, depuis la rue de Matignon jusqu'en ce lieu, où à leur arrivée l'on exposa le St Sacrement & on chanta le *Te Deum* en actions de graces, ensuite Mr de Lingende, Evêque de Sarlat, fit la predication.

C'est-là que ladite Mere Marguerite de Jesus établit le Couvent des Filles de la Croix de l'Ordre de St Dominique, & dans lequel elle mourut

l'an

DE LA VILLE DE PARIS. Liv. V.

l'an 1657, & fut enterrée au milieu du Chœur des Religieuses, où l'on voit son tombeau. Cette digne Superieure fut pendant sa vie fort considerée de la Reine Anne d'Autriche, & des personnes distinguées de la Cour, dont elle avoit gagné l'estime & la confiance. Madame la Marquise d'Effiat a été bienfaictrice de cette Maison, & y a été aussi enterrée dans le Chœur desdites Religieuses.

On a jugé à propos d'avertir ici le Public que le tableau de l'Autel de l'Eglise dudit Couvent de la Croix, qui est un excellent morceau de Jouvenet, fort estimé des connoisseurs, n'est pas une descente de Croix, comme l'a dit Germain Brice dans sa Description de Paris, mais au contraire une élevation de Croix.

LA COMMUNAUTÉ DES ECOLES CHARITABLES.

LA Communauté des Ecoles charitables, pour l'instruction des pauvres Filles, tant anciennes que nouvelles Catholiques, dont Mr le Curé de St Sulpice a le soin & la direction, lui est d'un très-grand soulagement pour sa Paroisse. Cette Communauté est située en la rue St Maur, quartier de St Germain des Prés.

Il y a encore une autre Communauté tirée de cette maison pour le même sujet, située en la rue de Seine, même Paroisse & quartier, vis-à-vis l'Abbaye de St Germain des Prés.

LES ECOLES CHRETIENNES ET CHARITABLES
de l'Enfant Jesus.

LE Pere Barré Minime, ayant uni ensemble plusieurs Filles qui s'employassent à l'instruction des personnes de leur sexe, le premier établissement fut à Paris en 1678. Le Pere Barré voyant le succés de cet établissement engagea aussi les Maîtres d'Ecoles à faire une pareille Société, qui fut commencée l'an 1681 au quartier de St Germain des Prés. Les uns & les autres vivent en Communauté sans faire de vœux, sous la conduite d'un Superieur ou d'une Superieure. Leur principal emploi est de tenir les Ecoles pour les Enfans pauvres & indigens.

LA COMMUNAUTÉ DES SOEURS DE LA CHARITÉ,
Servantes les Pauvres Malades, appellées les Filles grises,
sous le titre de l'Annonciation de la Vierge.

LE projet de cet établissement fut fait par Mr Vincent de Paul, qui en donna le soin & la conduite vers l'an 1632, à Madame Louise de Marillac, veuve de Mr le Gras, Secretaire de la Reine Marie de Medicis, qui commença à retirer chés elle cette Communauté, le vingt-neuf Novembre 1633, demeurant pour lors sur la Paroisse de St Nicolas du Chardonnet, où elles étoient instruites.

On leur donna ensuite une autre demeure au Village de la Chapelle près Paris, d'autant que le nombre de ces Filles s'étoit si fort multiplié que le premier lieu se trouvant trop petit, l'on fut obligé de les mettre en ce Village, où Madame le Gras alla loger au mois de Mai 1636. Ensuite vers l'an 1642, elles retournerent à Paris & furent logées & établies au faux-bourg St Lazare en la maison où elles sont encore presentement, que Madame le Gras acheta avec l'assistance considerable qu'elle reçut de Madame la Présidente Goussaut, & en fut la premiere Superieure. Le Pere Vincent de Paul leur donna des regles & constitutions approuvées par François de Gondi, Archevêque de Paris, qui les mit à perpetuité sous la direction des Superieurs generaux de St Lazare. Le Cardinal de Retz donna de nouvelles Lettres au mois de Janvier 1655, les premieres ayant été perdues, il approuva cette Societé avec ses statuts & reglemens, & l'érigea par son autorité en Confrairie & Communauté, sous le titre de Servantes des Pauvres. Ensuite le huit Août de la même année, Mr Vincent fit une assemblée de toutes ces Filles, pour faire l'Acte de leur établissement ; il pria Madame le Gras de continuer pendant sa vie la charge de Superieure de cette Communauté, qui fut mise sous la protection de la sainte Vierge par un Sacrifice qu'elle pria Mr Vincent d'offrir à Dieu au nom de toute sa Compagnie au mois de Décembre 1658. Cette Superieure mourut le quinze de Mars 1660 âgée de soixante-huit ans, & fut enterrée dans l'Eglise de St Laurent en la Chapelle de la Visitation de la Vierge. Ces Sœurs sont établies pour le soulagement des Pauvres & des Malades, pour l'instruction des jeunes Filles, en leur apprenant à lire & écrire, & à faire toutes sortes d'ouvrages pour gagner leur vie ; & c'est de cette Maison que l'on tire des Sœurs pour les envoyer dans toutes les Charités des Paroisses de Paris. Elles ont le soin des Pauvres Malades de l'Hopital du nom de Jesus, fondé en 1643 au haut du fauxbourg St Laurent, pour quarante Pauvres de l'un & de l'autre sexe, lequel Hopital donna lieu à l'établissement du grand Hopital general. Il y en a aussi en plusieurs Hopitaux, comme aux Petites-Maisons, aux Invalides, aux Galeriens, à Versailles, & en plusieurs autres endroits & diverses Villes du Royaume. L'on ne peut assés louer le zèle de ces bonnes Filles pour le soulagement des Pauvres, en quoi elles rendent plus de service au Public qu'aucune Communauté de leur sexe. Il se retire aussi chés elles des Dames de qualité pour y faire des retraites spirituelles. Elles ne sont point Religieuses, & peuvent quitter quand elles le jugent à propos, & sont situées au fauxbourg & devant St Lazare quartier de St Denys.

LA COMMUNAUTÉ DES FILLES BLEUES. Voyés ci-devant Annonciades celestes.

LA COMMUNAUTÉ DES FILLES DE LA MORT. Voyés Ste Thecle.

LA COMMUNAUTE' ou ECOLE DES FILLES DE Ste GENEVIEVE.

CETTE Communauté ou Ecole de Charité, sous le titre des Filles de Ste Geneviéve, fut établie par les soins de Mr l'Abbé de Ste Geneviéve & du Curé de la Paroisse de St Etienne du Mont, qui ont obtenu des Lettres Patentes du Roi en date du mois d'Avril 1677, regîtrées au Parlement le vingt-trois Mai 1678; que l'on a mis ci-après en leur entier, par lesquelles l'on connoît l'utilité de cet établissement pour les pauvres Filles de cette Paroisse & le soulagement qu'en reçoit le Public. Cette Communauté est presentement située dans le Carré de St Etienne du Mont, à côté du College de l'*Ave-Maria*.

Lettres Patentes portant confirmation de l'établissement de la Communauté des Filles de Sainte Geneviéve, Paroisse de St Etienne du Mont.

LOUIS par la grace de Dieu, Roi de France & de Navarre, à tous presens & à venir : Salut. Nous avons reçu l'humble supplication de nos amés & feaux, Paul Beurier, Abbé de Ste Geneviéve du Mont de Paris, Seigneur spirituel & temporel du Prieuré-Curé de St Etienne du Mont, membre dépendant de ladite Abbayie, Superieur general des Chanoines Reguliers de la Congregation de France; Frere Julien Gardeau, Chanoine Regulier de la même Congregation, Curé de ladite Paroisse St Etienne du Mont : Contenant que quelques personnes de pieté ayant remis & fait remettre ès mains dudit Abbé, lors Curé de ladite Paroisse, diverses sommes de deniers, pour employer en œuvres de charité telles qu'il estimeroit le plus utile au bien public. Dans la liberté où il étoit de disposer desdites sommes, & ayant conferé avec des personnes très-pieuses & très-intelligentes, il se seroit enfin determiné de les employer à l'établissement de petites Ecoles de Charité en ladite Paroisse pour l'instruction des jeunes Filles, tant en la Doctrine Chrétienne, qu'à lire, écrire, & faire divers ouvrages convenables à leur sexe & à l'honnêteté qui en doit être inseparable, afin que cet établissement fut non seulement utile à lad. Paroisse, mais encore à tout le Royaume, produisant des Maitresses capables de tenir de semblables Ecoles. Que lesdites Ecoles seroient regies & gouvernées au spirituel par le Curé de St Etienne, & ses successeurs; & suivant ses ordres; & que les revenus des biens destinés à l'entretien de ces Ecoles, seroient touchés & depensés par l'une des Maitresses tenant lesdites Ecoles, ou par telle autre personne qu'il plairoit audit sieur Curé d'y commettre, avec l'agrément dudit sieur Abbé; laquelle en rendroit compte annuellement en presence dudit Curé & dudit Abbé, ou en son absence du Prieur Clauftral de ladite Abbayie : & en cas de rachat ou remboursement des principaux des rentes affectées à l'entretien desdites Ecoles, qu'il sera reçu par ledit Curé de St Etienne du Mont, pour en faire le remploi par l'avis & du consentement dudit Abbé. Ce que les Suppliants s'étoient d'autant plus resolus d'executer, que cet établissement sembloit par la Providence Divine avoir été commencé par quelques Filles, qui mûes de zèle & de charité s'étoient de leur propre mouvement appliquées à tenir lesdites petites Ecoles, & à l'instruction des jeunes filles de la Paroisse, sans esperer d'autre retribution que celle qu'elles attendent de Dieu. Ensorte que ledit Abbé auroit par Contrat reçu par le Chanteur & le Roi,

Notaires au Chatelet de Paris, en date du vingt-sept Mai 1670, declaré que son intention étoit d'appliquer & d'employer à l'entretien desdites Ecoles les deniers qui lui auroient été mis ès mains en faveur de tel établissement ou œuvre pieuse qu'il jugeroit le plus avantageux au Public, & en tant que besoin seroit d'en faire cession ou transport en faveur de l'établissement desdites Ecoles, aux clauses & conditions portées par ledit Contrat. Ce qui a été depuis paisiblement executé avec autant d'avantage que d'édification. Mais parce que les debiteurs des rentes & détenteurs du peu de biens affectées à l'entretien de ces Ecoles, prirent pretexte d'en refuser le payement, de ce que les Exposans n'ont point obtenu nos Lettres d'agrément & de confirmation, d'autant plus que c'est une des clauses du Contrat ou Transaction dudit jour vingt-sept Mars 1670, les Exposans Nous ont très-humblement fait supplier leur vouloir octroyer nos Lettres sur ce necessaires. A quoi inclinant favorablement, & voulant seconder les bonnes & charitables intentions des Exposans; de l'avis de notre Conseil, & de notre certaine science, pleine puissance & autorité Royale, Nous avons loué, agréé, approuvé, confirmé & autorisé, louons, agréons, approuvons, confirmons & autorisons par ces Presentes signées de notre main, l'établissement desdites Ecoles de la Charité en ladite Paroisse de St Etienne du Mont, pour l'instruction des jeunes filles tant en la Doctrine Chrétienne, qu'à lire, écrire & faire divers ouvrages de manufacture convenables à leur sexe. Qu'à cet effet & à l'entretien desdites Ecoles, seront employés les deniers legués & mis ès mains dudit Curé de St Etienne, pour être employés aux œuvres pieuses & charitables; les revenus desquels biens seront reçus & dépensés par telle des Maitresses tenant lesdites Ecoles, ou par telle autre personne qu'ils jugeront à propos de commettre à cet effet, qui en rendra compte annuellement en presence des Exposans; & les rachats & remboursemens reçus par ledit Curé, pour être incessamment fait remploi de l'avis & du consentement dudit Abbé de Ste Geneviéve; & aux autres clauses & conditions portées par ladite Transaction du vingt-sept Mars 1670, que Nous avons pareillement agréée, confirmée & autorisée, agréons, confirmons & autorisons, que Nous voulons être executée selon sa forme & teneur, en tant qu'elle est conforme à la disposition des Presentes, & pourvû qu'en icelle il n'y ait rien contraire à nos droits & à ceux d'autrui. Si DONNONS EN MANDEMENT à nos amés & feaux Conseillers les gens tenans notre Cour de Parlement à Paris, & autres nos Cours & Juges qu'il appartiendra, que ces presentes Lettres de confirmation ils ayent à faire regitrer, & du contenu en icelles jouir & user lesdits Exposans pleinement, paisiblement, perpetuellement; cessant & faisant cesser tous troubles & empêchemens au contraire. CAR TEL EST NOTRE PLAISIR. Et afin que ce soit chose ferme & stable à toujours, Nous avons à ces Presentes fait mettre notre scel; sauf en autre notre droit & l'autrui. DONNE' au Camp devant Cambrai au mois d'Avril l'an de grace mil six cens soixante & dix-sept, & de notre regne le trente-quatriéme; *Signé*, LOUIS. Et sur le repli, par le Roi COLBERT. Et scellé du grand seau de cire verte. Regîtrées au Parlement le vingt-trois Mai 1678.

LE COUVENT DE LA CONCEPTION dite CORDELIERES, du Tiers-Ordre de St François, rue St Honoré.

CES Religieuses furent établies en ce lieu & leur Eglise bâtie en 1633, mais n'étant pas en état d'acquitter leurs dettes à cause des grandes dépenses qu'elles avoient été obligées de faire pour le bâtiment de leur Eglise, elles eurent recours au Roi, & lui firent remontrer leurs besoins; ce qui fit que le Roi leur accorda par Arrêt du vingt-neuf Mars 1713 une Loterie, qui fut ouverte le vingt-cinq Juin 1714, close le quinze Septembre de la même année, montante à la somme d'un million quatre-vingt mille livres de principal. Ce qui leur a produit à raison de quinze pour cent de benefice une somme très-considerable: le tout par les soins de Monsieur d'Argenson, Conseiller d'Etat ordinaire & Lieutenant general de Police, nommé par le Roi pour l'execution de cette Loterie, qu'il a fait executer avec une très-grande exactitude.

Ces Religieuses sont situées en la rue St Honoré vis-à-vis les Filles de l'Assomption, joignant la Place nouvelle de Vendôme quartier du Palais Royal.

LES RELIGIEUSES DE L'IMMACULE'E CONCEPTION, rue du Bacq.

LES Recoletes, Ordre de Ste Claire, sous le titre de la Conception, comme on le voit en l'Inscription mise au-dessus de leur porte en ces termes:

LE MONASTERE ROYAL DE L'IMMACULE'E CONCEPTION,

ETABLI PAR LA REINE MARIE-THERESE D'AUTRICHE.

commencerent à s'établir par certaines Religieuses de Ste Claire, qui vinrent de Verdun en cette Ville en 1627, en la rue du Bacq, & furent obligées, le dernier de Juin 1638, de ceder leur droit & maison aux presentes Religieuses, qui étoient de la Ville de Tulles en Limosin; & cela en vertu des Lettres de l'Abbé de St Germain des Prés, du mois d'Août 1640. Leur Eglise fut benite par le Grand Vicaire dudit St Germain des Prés

En 1658, le Grand Vicaire & Prieur dudit St Germain des Prés permit au Pere Provincial des Recolets, de pouvoir faire bâtir & ériger un hospice joint audit Couvent, pour la demeure de sept à huit Religieux, qui seroient employés à la conduite de ces Religieuses, ce qui fut accepté par Acte passé le quinziéme Septembre 1658.

En 1664, la Reine Marie-Therese d'Autriche, femme du Roi Louis XIV, obtint des Lettres Patentes pour faire porter à ces Religieuses le nom de la Conception de Notre-Dame, que l'on pourra voir ci-jointes. Cette Reine obtint aussi du Pape Clement X, en 1673, la permission aux parens de ces Religieuses, de leur parler deux fois le mois. Leur Eglise fut rebâtie de neuf, & achevée en 1703. Le Roi Louis XIV a donné une somme considerable pour agrandir & augmenter le petit Couvent des Recolets qui est bâti à côté.

Ces Religieuses sont habillées de blanc, par un vœu que fit la Reine Marie-Therese, femme de Louis XIV, Roi de France, en 1661. L'on soemnife en cette Eglife la fête de la Conception de la Vierge, comme Titulaire de cette Maifon. Il y a Indulgence Pleniere, Expofition du Saint Sacrement, & Sermon pendant l'Octave.

Ce Couvent eft fitué en la rue du Bacq, quartier de St Germain des Prés.

Lettres Patentes du Roi, pour l'établiffement & dénomination d'un Couvent de Religieufes, fous le titre de l'Immaculée Conception de la Bienheureufe Vierge Marie.

LOUIS, par la grace de Dieu, Roi de France & de Navare, à tous prefens & à venir: SALUT. La Reine notre très-chere Epoufe & Compagne, Nous a reprefenté que fe trouvant excitée par la devotion particuliere qu'elle a envers la Bienheureufe Vierge Marie, & au Myftere adorable de fon Immaculée Conception; & pour en quelque façon reconnoître les graces qu'elle a reçues de Dieu, par l'heureufe naiffance de notre très-cher fils le Dauphin, elle defireroit fonder en notre bonne Ville ou fauxbourg St Germain de Paris, un Couvent de Religieufes, fous le nom de *l'Immaculée Conception de la Bienheureufe Vierge Marie*, de même Ordre & Regle que fes Ancêtres en ont établi en Efpagne, fous le Pape Jules II d'heureufe memoire. Et qu'ayant une particuliere connoiffance de la bonne vie, & de la devotion finguliere des Religieufes Recolétes de l'Ordre de Ste Claire, fous la conduite des Peres Recolets de St François, de la Province de St Denys, établies par notre autorité au fauxbourg St Germain des Prés lez-Paris, Elle les auroit choifies pour être les victimes facrées de fa devotion, & qu'à cet effet Elle auroit obtenue de Notre St Pere le Pape, du confentement defdites Religieufes & de leur Superieure, une Bulle du dix-huitiéme jour d'Août de l'année derniere, portant permiffion, felon le defir & l'intention de ladite Dame Reine, aufdites Religieufes Recoletes de prendre l'habit, l'Inftitut, la Regle & la dénomination des Religieufes de l'Immaculée Conception de la Bienheureufe Vierge Marie, ainfi que les Religieufes du même titre, qui ont été établies en Efpagne, en confequence de la Bulle de Notre St Pere le Pape Jules II, fur la demande, la pourfuite & la devotion des Ancêtres de la Reine notre Epoufe, pour garder l'Obfervance & la Regle dudit Ordre; à condition toutefois qu'elles demeureront fous la conduite defdits Peres Recolets de l'Ordre de St François, de la Province de St Denys, aux termes, & ainfi qu'il eft plus particulierement porté par ladite Bulle du dix-huitiéme Août dernier. Comme cette fainte & religieufe propofition Nous a été très-agreable, & que Nous voulons contribuer, en ce qui dépendra de Nous, à une fi bonne & fi pieufe intention à tout ce qui concerne la gloire de Dieu, & à l'honneur de la Glorieufe Vierge Marie, en imitant la louable coutume de plufieurs Rois nos predeceffeurs, & ce qui a été pratiqué par eux en l'établiffement de leur fondation; & de celles des Rois & Reines qui nous ont precedé, & qui ont été faites & tenues pour fondations Royales. La pieté & la devotion des Reines ayant toujours été une marque certaine de la benediction de Dieu fur elles; en reconnoiffance de ce que la Religion Catholique & Romaine a commencé fon établiffement en ce Royaume par l'entremife d'une Reine: Nous, pour ces caufes, inclinant à la fupplication de la Reine notre très-chere Epoufe, de l'avis de notre Confeil, & de notre grace fpeciale, pleine puiffance & autorité Royale, lui avons permis, & par ces Prefentes, fignées de notre main, permettons d'ériger & établir, fonder & renter au fauxbourg St Germain des Prés de notre bonne Ville de Paris, un Couvent de Religieufes, fous le titre de *l'Immaculée Conception de la Bienheureuse Vierge Marie*, & ausdites Religieuses Recoletes d'en prendre l'Institut, l'Ordre, la Regle & la dénomination, suivant & au desir de la Reine notredite Epouse, & conformément à la susdite Bulle du dix-huitiéme Août dernier, & le consentement de notre très-cher & amé Oncle naturel, le Duc de Verneuil, Pair de France, Abbé de St Germain des Prés, porté par son Brevet en date du dernier Juin 1638, ci-attaché sous le Contre-scel de notre Chancellerie, pour, par lesdites Religieuses Recoletes, vaquer sous ledit titre à la priere pour notre prosperité & santé, & de la Reine notre très-honorée Dame & mere, & de la Reine notre très-chere Epouse, & de notre très-cher fils le Dauphin ; pour la paix & la tranquilité de l'Eglise, & de cet Etat. Voulons & Nous plaît, que lesdites Religieuses Recoletes, qui en vertu desdites Bulles, Brevet & permission, ont pris l'habit, & fait les vœux, conformément à ladite Institution, en presence desdites Dames Reines, nos mere & épouse, soient à l'avenir dites, nommées & appellées les Religieuses de l'Immaculée Conception de la glorieuse Vierge Marie ; qu'elles soient tenues, reputées & estimées de fondation Royale ; qu'elles jouissent de tous & chacun les droits, prérogatives, privileges & avantages, dont jouissent les autres Maisons & Familles fondées par les Rois & Reines qui Nous ont precedé ; que dès-à-present, avec tous les droits, biens, revenus, rentes & heritages qui leur appartiennent, & leur pourront appartenir ci-après, Nous avons pris & mis, prenons & mettons en notre particuliere & speciale protection & sauve-garde ; deffendons à toutes personnes, de quelque qualité & condition qu'elles soient, de donner empêchement à la fondation & arentement desdites Religieuses, ni à la construction des lieux qui leur seront necessaires pour leur établissement. Si DONNONS EN MANDEMENT à nos amés & feaux Conseillers, les Gens tenans notre Cour de Parlement & Cour des Aides à Paris, & à tous nos autres Juges & Officiers qu'il appartiendra, que ces Presentes ils ayent à regîtrer, & de tout ce qu'elles concernent, faire & laisser jouir & user lesdites Religieuses, & celles qui leur succederont, pleinement & paisiblement, sans souffrir qu'il leur soit fait aucun trouble ni empêchement quelconque : Car tel est notre plaisir. Et afin que ce soit chose ferme & stable à toujours, Nous avons fait mettre notre scel, à cesdites presentes, sauf en autre chose notre droit, & l'autrui en toutes. Donné à Paris au mois de Mars, l'an de grace mil six cens soixante-quatre, & de notre regne le vingt-un. *Signé*, LOUIS. Et sur le repli, par le Roi, DE GUENEGAUD, & scellé du grand Sceau de cire verte.

Regîtré au Parlement, le vingt-quatriéme Juillet, & en la Cour des Aides le vingt-quatriéme Octobre 1664.

LE PRIEURÉ DE NOTRE-DAME DE CONSOLATION
de l'Ordre de St Benoît, rue du Chasse-midi, fauxbourg St Germain.

LE Prieuré perpetuel de Notre-Dame de Consolation, de l'Ordre de St Benoît, fut établi dans cette Ville, le dixseptiéme de Juillet de l'année 1634, par les Religieuses de la Congregation de Notre-Dame, instituée pour instruire la Jeunesse qui venoit de Laon.

Leurs Lettres Patentes leur furent accordées au mois de Septembre de la même année, sous le titre de la Congregation de Notre-Dame de St Joseph.

Mais n'ayant pas bien pris leurs mesures, après huit années leur maison tomba en decret jusqu'à l'année 1669, que très-vertueuse, & très-illustre Princesse Madame Marie Eleonore de Rohan, Abbesse de Malnoüe, Dame plus illustre par ses grandes vertus, son esprit de Religion, sa sagesse & son savoir, que par sa haute naissance, racheta ce Monastere des mains des créanciers, pour y mettre l'Ordre Benedictin.

Elle y établit Prieure perpetuelle, la Mere Françoise de Longaünay de Franqueville, Religieuse de l'Abbaïe de Ste Trinité de Caen, recommandable pour sa vertu, aussi bien que par sa naissance.

Elle eût pour Compagne à cette seconde fondation, Sœur Charlotte de Longaunay sa sœur, & Sœur Eleonore de Palvoisin, que Madame de Rohan avoit amenée de Caen avec elle, & quelques-unes des Religieuses de l'Abbaïe de Malnoüe, dont elle avoit été pourvûe en quittant celle de Ste Trinité de Caen.

Il fut passé un Concordat entre les anciennes Religieuses & la Dame Fondatrice, par lequel les Religieuses Benedictines furent établiés sur les Lettres Patentes des anciennes Religieuses.

Le même Concordat portoit que la Mere Charlotte de Longaünay succederoit à sa sœur, en cas que Madame de Rohan, qui, comme Fondatrice, étoit Superieure majeure, vînt à mourir la premiere, ce qui arriva le huitiéme Avril 1681.

La Mere de Franqueville gouverna seule la maison, en qualité de Prieure perpetuelle, jusqu'à sa mort, arrivée le dix-huitiéme de Juin 1695, que la Mere de Longaunay, selon le Concordat, lui succeda, & gouverna ce Prieuré jusqu'à son decès, arrivé le neuviéme Fevrier 1711.

La Communauté étant assemblée le vingt-deuxiéme du même mois, selon ses droits & Privileges, elles élurent pour Prieure perpetuelle, la Mere Marie de Walmesley; une des premieres Professes de cette Maison, & qui la gouverne presentement.

Ce Prieuré est situé rüe du Chasse midi, fauxbourg St Germain.

LES PETITES CORDELIERES, ORDRE DE Ste CLAIRE,

reformées sous le titre de Filles de la Nativité de Jesus, en la rüe de Grenelle, quartier de St Germain des Prés.

LE Couvent des Cordelieres, dites Petites-Cordelieres, Ordre de Ste Claire, reformées sous le titre de Filles de la Nativité de Jesus, étoit anciennement au fauxbourg St Marcel. Quelques années après, elles occuperent une grande maison & jardin, proche la Couture-Ste-Catherine, au coin de la rue Païenne & des Francs-bourgeois, près l'Hotel d'Angoulesme, où elles étoient établies avant l'an 1683. Et y étant trop petitement logées, elles acheterent en 1687, l'Hotel de Beauvais, situé en la rüe de Grenelle, où elles ont été transferées, & s'y sont accommodées, comme on les voit presentement. La Superieure de ce Monastere est appellée Prieure perpetuelle; elles vivent sous la Regle de Ste Claire, mais plus reformées que les Cordelieres de St Marcel, quoiqu'elles suivent le même Institut. L'on solemnise en cette Eglise, le quatriéme Fevrier, la fête de St Aventin; le trentiéme Avril, celle de St Hoïlde; dont il y a des Reliques; & celle de St Paschal-Baylon, le dix-septiéme Mai. Il y a Indulgence Pleniere, & Exposition du St Sacrement.

Ce Couvent est situé en la rue de Grenelle, quartier de St Germain des Prés, Paroisse de St Sulpice.

COMMUNAUTE' DE FILLES, SOUS LE NOM DU St ESPRIT.

LA Communauté de filles, sous le nom du St Esprit, dit d'Hubate, fut établie par Madame Cossart, en 1640, en la rue Neuve-Notre-Dame, attenant la premiere barriere de la rue de Vaugirard, vis-à-vis la rue du Regard, quartier du Luxembourg; dont la Chapelle est dediée au St Esprit, où cette Fondatrice est enterrée. Après sa mort cette maison est tombée en ruine, & a été donnée à l'Hopital-General, avec ses dépendances; cependant la Chapelle y est restée, où l'on dit tous les Dimanches & Fêtes, la Ste Messe.

Une partie de ces Religieuses se sont établies en la rue St Maur.

LE COUVENT DES RELIGIEUSES DU TIERS-ORDRE DE
St François, sous le titre de Notre-Dame de Pitié, appellées les Filles de Ste Elizabeth.

LE Pere Vincent Mussart, Reformateur de l'Ordre de St François, alla avec son frere François Mussart, en Bourgogne pour amener à Paris quelques Religieuses de cette Communauté, pour l'établissement de ce Couvent. La Mere Claire-Françoise fut choisie pour être Superieure; elle sortit de Salins, & arriva en cette Ville, où douze filles ou veuves l'attendoient, pour embrasser, sous sa conduite, la reforme du Tiers-Ordre; du nombre desquelles étoient, la Belle-mere du Pere Mussart, qui prit le nom de sœur Gabrielle de Ste Anne, & sa propre sœur, qui fit aussi profession, sous le nom de Sœur Marie de St Joseph; & autres qui firent profession le trentiéme Mai 1617. La Reine Marie de Medicis, mere de Louis XIII, les honora de sa protection, & voulut assister à la clôture de ces Religieuses, se déclarant leur Fondatrice.

Conjointement avec le Roi son fils, la Reine posa la premiere pierre des nouveaux bâtimens, tant de l'Eglise que du Monastere, qui furent commencés en 1628, & où les Religieuses allerent demeurer en 1630, en rendant le lieu qu'elles avoient occupé jusqu'alors, attenant ce Couvent, aux Religieux de Piquepuces du fauxbourg St Antoine, à qui il appartenoit, qui leur servoit, avant cet établissement, d'hospice, & que ces Religieuses avoient eu d'eux par emprunt, jusqu'à ce qu'elles fussent établies en ce lieu qui est situé en la rue du Temple, vis-à-vis du Temple, quartier du Marais ou du Temple, Paroisse de St Nicolas des Champs.

LA COMMUNAUTE' DES FILLES GRISES. Voyés les Filles de la Charité.

LES FEUILLANTINES.

LE Couvent des Feuillantines, Regle de St Bernard, de la Reforme du B. Jean de la Barriere, sous le titre de la Nativité de la Vierge, fut établi en cette Ville de Paris, à la recommandation de la Reine Anne d'Autriche, le vingt-huit Novembre 1622. Elle obtint du Roi Louis XIII, la permission pour cet établissement, & fit venir de Toulouse six Religieuses Feuillantines, qui furent reçues par Anne Gobelin, femme de Charles Deftourmel, Conseiller du Roi en ses Conseils, qui en fut la seule & principale Fondatrice, & qui leur a donné la place. où l'on a bâti une Eglise tout à neuf, achevée en 16

Comme les fondemens de cette maison étoient en peril évident, le Roi toujours attentif à ce qui concerne les Maisons Religieuses, leur accorda une Lotterie, par Arrêt du Conseil d'Etat du vingt-neuviéme Mars 1713, qui fut ouverte le vingt-neuviéme Mai, & tirée le dixiéme Octobre de la même année, montant à la somme de six cens cinquante-cinq mille livres de principal, dont elles eurent quinze pour cent de benefice; & ce par les soins de Monsieur d'Argenson, Conseiller d'Etat ordinaire, & Lieutenant général de Police, en presence duquel cette Loterie fut éxecutée.

Ces Religieuses sont situés au fauxbourg St Jaques en la grande rue, quartier de St Benoît, Paroisse de St Jaques du Haut-Pas.

Lettres Patentes du Roi, portant permission pour l'établissement du Couvent des Feuillantines.

LOUIS, par la grace de Dieu, Roi de France & de Navarre, à tous presens & à venir: SALUT. SAVOIR FAISONS, que reçû avons l'humble supplication des nos cheres & bien amées les Religieuses Feuillantines, contenant qu'elles desireroient s'habituer, & faire construire un Couvent & Monastere de leurdit Ordre, au fauxbourg St Jaques de notre bonne Ville de Paris, suivant la permission qu'elles en ont eue de Notre St Pere le Pape, & du Chapitre général des Peres Feuillans; & qu'à cette occasion il leur est besoin d'acquerir dans ledit fauxbourg quelques maisons & heritages pour construire ledit Monastere, & enclos d'icelui : ce qu'elles ne peuvent faire, s'il ne leur est par Nous permis, à cause que lesdites terres tombent en main-morte, & craindroient d'en être à l'avenir recherchées, si elles n'avoient sur ce nos Lettres d'amortissement necessaires, humblement Nous requerant icelles. A CES CAUSES, desirant, autant qu'il Nous sera possible, gratifier, & favorablement traitter lesdites Religieuses Feuillantines, & Nous rendre participans des bonnes prieres & oraisons qui se feront ci-après audit Monastere; Nous leur avons permis & permettons par ces Presentes signées de notre main, de faire construire & établir un Couvent & Monastere dudit Ordre au fauxbourg St Jaques de notredite Ville de Paris; & d'acquerir & acheter audit fauxbourg, les maisons & heritages qui leur seront necessaires pour l'édification & accommodement de leurdit Couvent. Lesquelles maisons & heritages Nous avons amortis & amortissons, comme à Dieu dediées, sans que lesdites Exposantes soient tenues en vuider leurs mains, ni en payer à Nous, ni à nos successeurs Rois pour ledit amortissement, aucune finance, francs-fiefs, & nouveaux acquêts; de laquelle, ensemble des droits de lods & ventes qui Nous en pourroient être dûs, à quelque somme, valeur & estimation que le tout se puisse monter, Nous leur avons fait, & faisons don & remise par cesdites Presentes, à la charge toutefois du droit d'indemnité, si aucun y échet, envers les Seigneurs particuliers qui y auront interêt. Si DONNONS EN MANDEMENT à nos amés & feaux Conseillers, les Gens tenant notre Cour de Parlement, Chambre de nos Comptes, Presidens & Tresoriers géneraux de France à Paris, Prevôt dudit lieu, ou son Lieutenant; & à tous nos autres Justiciers & Officiers qu'il appartiendra, que de nos presens dons, permission & octroi, ils fassent, souffrent & laissent lesdites Religieuses, & leurs successeurs à l'avenir, jouir & user pleinement, paisiblement & entierement, sans en ce leur faire ou donner, ni souffrir

DE LA VILLE DE PARIS. Liv. V.

leur être fait, mis ou donné aucun trouble ou empêchement au contraire : si fait, mis ou donné leur éroit, le fassent reparer & remettre incontinent &, sans delai, au premier état & dû. Et rapportant ces Presentes, ou *Vidimus* d'icelles dûement collationné, une fois seulement, avec reconnoissance desdites Religieuses ou de leur Procureur, sur ce suffisante ; Nous voulons ce à quoi ladite finance & droit des lods & ventes pourront monter, être passé & alloué en la dépense des Comptes de celui ou de ceux de nos Receveurs comptables qu'il appartiendra, par vous-dits Gens de nos Comptes, ausquels mandons ainsi le faire sans difficulté : Car tel est nôtre plaisir. Et afin que ce soit chose ferme & stable à toujours, Nous avons fait mettre notre scel à cesdites Presentes, sauf en autre chose notre droit, & l'autrui en toutes. DONNE' au Camp devant Montpellier ; au mois de Septembre, l'an de grace, mil six cens vingt-deux, & de notre regne le treizième. *Signé* LOUIS ; & sur le repli, par le Roi, PHELYPEAUX.

Regîtré au Parlement, le douze Decembre 1624 ; en la Chambre des Comptes, le sixiéme Septembre 1662 ; & au Bureau des Finances, le neuviéme Decembre 1678.

COMMUNAUTE' DES FILLES DE Ste GENEVIEVE;
ou de Madame de Miramion.

MADEMOISELLE du Blosset avoit fait société avec quelques filles, dès l'année 1636, pour vivre ensemble sans aucune singularité d'habit, sans vœux ni cloture, sous la regle & l'esprit du Christianisme, s'occupant au travail, recitant le petit Office de la Vierge, visitant les Pauvres malades. Et pour pouvoir entretenir ce petit commencement, elles prirent des Pensionnaires, tenoient de petites Ecoles ; elles faisoient des conferences entre elles & pour les personnes de dehors ; elles aidoient aussi les pauvres de la campagne, en y allant enseigner, & y établir des Maitresses d'écoles. Elles prirent Ste Geneviéve pour leur Patrone, étoient de la Paroisse de St Nicolas du Chardonnet, où elles demeuroient, & dont elles recevoient beaucoup de secours & d'édification. Elles étoient en corps de Communauté séculiere, sous l'autorité de Monseigneur l'Archevêque de Paris, le vingtiéme Août 1638 ; & par Lettres Patentes du Roi, du mois de Juillet 1661. Elles étoient pour lors situées sur les fossés de St Victor, près le coin de la rue des Boulangers.

Pendant que cette petite Communauté travailloit à la sanctification de son sexe dans cette Paroisse, Madame Marie Bonneau, qui étoit demeurée veuve dès l'âge de seize ans, de Monsieur de Miramion, Conseiller du Roi au Parlement de Paris, se donna entierement au service de Dieu, & au secours du Prochain ; & forma un dessein assés semblable dans la Paroisse de St Paul, en la rue St Antoine, qu'elle commença à executer vers l'an 1660 ou 1661, & fit de sa maison une petite Communauté, dont la fin étoit d'honorer la vie cachée de Notre Seigneur. Elle prit le nom de la Ste Famille, & s'employa à enseigner les filles dans les petites écoles, & d'y former des Maitresses d'école, & d'autres exercices comme celles ci-dessus ; sous des reglemens communs dressés par Monsieur du Fêtel, Prêtre, qu'elles avoient choisi pour leur Superieur, de l'avis de Monsieur Vincent, & de Monsieur Feret Curé de St Nicolas du Chardonnet. Après la mort de Monsieur du Fêtel, Madame de Miramion choisit Monsieur Feret pour sa conduite ; & la Providence divine l'ayant alliée à Monsieur le Président de Nesmond, par le mariage de sa fille, Monsieur Feret & Madame la Présidente de Nesmond, la mere, l'engagerent de venir demeurer sur la Paroisse de St Nicolas du Chardonnet.

Ce qui arriva en 1662, & vint demeurer vis-à-vis l'Eglise. Peu de tems après, elle se lia plus étroitement avec six filles qui s'étoient deja données à elle, pour former cette Communauté. Elles firent toutes, le jour des Rois, en présence de Monsieur Feret leur Superieur, des resolutions de garder l'obéissance & la chasteté, & de s'employer au secours spirituel & temporel du prochain.

Après avoir beaucoup experimenté l'utilité de leurs exercices, & reconnu que Dieu y donnoit sa benediction, Madame de Miramion fut conseillée par Monsieur Feret & par plusieurs personnes de pieté, d'affermir par un établissement solide le bien qu'elle avoit commencé.

La Providence divine lui avoit fait connoître dans ce même tems la Communauté des Filles de Ste Geneviève, instituée long-tems auparavant par Mademoiselle du Blosset; & le rapport qu'elle avoit avec ce qu'elle-même pratiquoit, lui fit desirer cette union, & la leur fit proposer. Mr Feret, Superieur de l'une & de l'autre Communauté, fit plusieurs assemblées sur cette proposition, & sur le moyen de la faire réussir. Enfin après quinze mois, l'union fut conclue le quatorziéme Août 1665; & le contrat fait de l'agrément de Monseigneur de Pérefixe Archevêque de Paris, le quatorziéme Septembre de la même année; en faveur de quoi Madame de Miramion fit une fondation de plusieurs places, & en fut la premiere Superieure.

Monsieur Feret, après cette union, travailla à leur donner des constitutions qui furent approuvées de Monsieur le Cardinal de Vandosme, Legat à latere, au mois de Juin 1668, approuvées par François du Harlay, Archevêque de Paris, au mois de Fevrier 1674, & presentées au Roi pour obtenir de nouvelles Lettres Patentes; ce qui fut accordé, & registré au Parlement, le trentiéme Juillet 1674.

Enfin, ces deux Communautés furent installées en une maison située en la rue & quai de la Tournelle, qu'avoit fait bâtir le sieur Martin, riche Partisan, qui la leur vendit en 1670, où mourut Madame de Miramion en odeur de sainteté, le vingt-quatriéme Mars 1696, âgée de soixante-dix-sept ans. Elle avoit eu toujours le soin de soutenir toute la dépense de cette Communauté, jusqu'en 1670, que leur œconomie & la reception de nouvelles filles a fait qu'elles se voyent en état de subsister par elles-mêmes: alors Madame de Miramion ne leur donna plus que quinze cens liv. de pension.

Elle y a fondé douze places, pour lesquelles elle a donné plus de soixante-dix mille livres; & en cas que ces filles voulussent un jour se cloîtrer elle en donne toute la fondation à l'Hopital général.

Madame de Miramion acheta une maison située près Paris, au village d'Ivri; pour servir de récréation aux Filles de sa Communauté, qui lui couta dix mille livres, & y en dépensa autant pour la mettre en état de servir à sa Communauté, à qui elle l'avoit donné; elle y alloit de tems en tems y faire des retraites.

Cette Dame ne se contenta pas de tout ce qu'elle avoit fait pour l'établissement de sa Communauté; elle y voulut joindre encore un lieu propre pour y faire des retraites; & pour cela elle consulta plusieurs personnes de pieté qui approuverent ce dessein. On en parla au Roi, qui lui envoya six mille livres. Monseigneur l'Archevêque François du Harlay nomma des Confesseurs pour les retraites, & voulut qu'à l'avenir la maison de Madame de Miramion fût honorée de la présence perpetuelle du St Sacrement, & qu'on l'exposât tous les soirs pendant le Salut, tant que les retraites dureroient; ce qui ayant été ainsi resolu, fut executé.

On acheta la maison attenant, qui couta soixante-quinze mille livres, dont Madame de Miramion en donna quinze mille livres, Madame de Gui-

DE LA VILLE DE PARIS. Liv. V.   *693

se six mille livres, Madame du Bloslet autant, & plusieurs autres y donnerent aussi des sommes considerables. La maison fut separée ; on y mit toutes fortes d'ouvriers pour y faire cinquante chambres ou cellules separées, & pour y preparer un Refectoire, une Sale d'exercice, &c. Il se passa deux ans avant que cette maison se trouvât prête. Madame de Miramion en regla le spirituel & le temporel, & trouva à propos que les retraites des Dames durassent sept jours, pendant lesquelles elles coucheroient toutes dans la maison ; & que les retraites des Pauvres, où l'on reçoit aussi des femmes & des filles de mediocre condition, ne dureroient que cinq jours ; qu'on en pourroit recevoir jusqu'à six-vingts à chaque fois, que l'on ne retiendroit à coucher que celles qui viendroient de la campagne : qu'à l'égard de celles de Paris, elles retourneroient tous les soirs chés elles, & reviendroient les matins, & qu'on les nourriroit toutes aux depens de la Providence.

L'on commença les retraites par les pauvres gens, le jour de Noel 1687; & elles furent suivies par celles des Dames.

Le principal devoir de cette Communauté est d'enseigner gratuitement les jeunes filles de dehors, à lire, écrire, & autres exercices. Elles donnent aussi gratuitement toutes sortes de remedes pour les malades & blessés. Elles saignent les Pauvres, donnent des bouillons aux malades, & les vont visiter. Elles prennent des Pensionnaires, pour les élever chrétiennement.

L'on solemnise la fête de Ste Geneviéve en cette Chapelle, comme Titulaire de cette Communauté, où il y a Salut pendant l'Octave de cette fête.

Cette Communauté est située en la rue ou quai de la Tournelle, quartier de la Place-Maubert.

Lettres Patentes qui confirment l'établissement des Filles de Ste Geneviéve dites de Miramion, du mois d'Août 1693.

LOUIS, par la grace de Dieu, Roi de France & de Navarre ; A tous presens & à venir ; SALUT. Nos cheres & bien amées les Filles de la Communauté de Ste Geneviéve, établies sur le Quai de la Tournelle, dans la Paroisse de St Nicolas du Chardonnet de notre bonne Ville de Paris, Nous ont fait remontrer, qu'encore que par nos Lettres Patentes des mois de Juillet 1661 & Mai 1674, regîtrées où besoin a été, Nous ayons confirmé leur établissement, ensemble les nouveaux Reglemens & Constitutions approuvées par notre cher & bien amé Cousin l'Archevêque de Paris ; Duc & Pair de France, & que Nous leur ayons donné pouvoir de recevoir toutes donnations entre-vifs & legs testamentaires, d'acquerir, tenir & posseder toutes sortes de fonds & heritages ; & que pour cet effet Nous avons dès lors amortis ; néanmoins n'ayant point été depuis leur établissement en état d'acquerir une maison propre à loger une Communauté, & pour s'acquitter de leurs emplois, elles ont été obligées de demeurer dans des maisons qu'elles ont tenues à loyer, & par consequent exposées à des changemens continuels & à d'autres grands inconveniens, sans pouvoir jouir entierement de la grace que Nous avons eu dessein de leur faire. Mais comme elles ont depuis peu acquis une maison sur le Quai de la Tournelle de notre amé & feal Conseiller en nos Conseils, le sieur François de Nesmond, Evêque de Baïeux, & de notre chere & bien amée Marie Bonheau, veuve de notre amé & feal Conseiller en notre Cour de Parlement de Paris, Jean-Jaques de Beauharnois ; sieur de Miramion, moyennant le prix de quatre-vingt mille livres, par Contrat passé pardevant Torinon & son Confrere, Notaires, le vingt-six Juin 1691. Et encore une petite maison joignante la precedente, appartenante à ladite Dame de Miramion, ainsi qu'elle se comporte presentement, par autre Contrat passé pardevant lesdits Notaires, le vingt-six Juin 1693, moyennant la somme de neuf mille six cens livres. Qu'outre ce, ladite Dame de Miramion par autre Contrat passé pardevant ledit Torinon & son Confrere le 22 Avril 1693, a donné à ladite Communauté deux maisons réunies en une, situées sur ledit Quai de la Tournelle entre ladite maison de la Communauté & celle dudit sieur Evêque de Baïeux, qu'elle a acquise des sieurs Maugis des Granges, de quelques aumônes que Nous leur avons fait mettre entre les mains à cet effet, & des deniers de plusieurs personnes distinguées par leur qualité & leur pieté, qui ont bien voulu y contribuer, afin de la faire servir selon nos intentions aux bonnes œuvres qui se font dans ladite Communauté, & particulierement aux exercices de retraites d'un grand nombre de Filles & de Femmes de toute qualité, pour s'instruire des maximes de la veritable pieté, & penser à leur salut pendant quelques jours avec plus d'application. Lesquelles deux maisons ainsi réunies en une ont été estimées par Experts la somme de cinquante mille livres, suivant leur rapport du deux Avril 1693. Que de plus ladite Dame de Miramion ayant reconnu que les Filles de ladite Communauté, outre les fatigues des retraites, sont encore occupées auprès des pauvres Filles de l'Ecole charitable, qu'elles tiennent soir & matin, & auprès des malades & blessés qui viennent de tous les endroits de la Ville & des Fauxbourgs se faire saigner, panser & medicamenter, dont le mauvais air fait souvent tomber la plus grande partie des Exposantes dans de grandes infirmités; & que pour ce sujet elles ont besoin d'une maison hors de Paris, où elles puissent aller prendre l'air de tems en tems & y retablir leur santé; elle leur auroit encore donné à cet effet & par forme d'augmentation de clôture, une petite maison, jardin & enclos sis à Ivri dans la banlieue de Paris, par elle acquise la somme de 10000 l. payée à cet effet des deniers de la Dame Presidente de Nesmond, ladite donation faite pardevant ledit Torinon & son Confrere le 26 Juin 1693. Que d'ailleurs les Filles de ladite Communauté pour accroître leur jardin & enclos, & principalement pour se conserver un passage qui conduit à l'Eglise de St Nicolas du Chardonnet leur Paroisse, où elles sont obligées d'aller plusieurs fois le jour pour assister au Service Divin, & y conduire avec plus de décence les jeunes Pensionnaires; ont besoin d'acquerir une portion de terre d'environ seize toises sur vingt de superficie, qu'elles tiennent à loyer du College des Bernardins ausquels elle appartient, à raison de deux cens livres par chacune année; & qu'elles auroient encore besoin d'acquerir une autre petite maison sise rue des Bernardins, appartenante audit sieur Evêque de Baïeux de la valeur d'environ huit mille livres, aboutissant au jardin de ladite maison des retraites pour y tenir leurs Ecoles charitables, afin qu'elles soient plus proches de l'Eglise & plus separées des personnes qui sont en retraite. Au moyen desquelles acquisitions faites ou à faire, & desdites deux donnations, les Exposantes auront un établissement fixe & certain, & des lieux commodes & à peu près suffisans pour les fonctions de leur institution. Mais d'autant qu'elles craignent d'être inquietées ci-après en la possession desdits biens, sous pretexte de défaut de formalités, omission de déclaration, & autres cas non prevûs ni suffisamment expliqués par nos precedentes : Elles Nous auroient très-humblement fait supplier de les pourvoir de nos Lettres plus speciales sur ce necessaires. A CES CAUSES, de l'avis de notre Conseil, qui a vû nosdites Lettres Patentes desdits mois de Juillet 1661 & Mai 1674, les Arrêts d'enregîtrement, les Constitutions & approbations de notre-dit Cousin l'Archevêque de Paris, les copies collationnées des Contrats d'acquisition desdites grande & petite maisons sur le Quai de la Tournelle, de celui de donnation desdites deux maisons réunies en une pour les retraites, & de celui de donnation de la maison, jardin & enclos du Village d'Ivri.

DE LA VILLE DE PARIS. Liv. V. *695

Extrait du rapport d'Experts portant estimation de ladite maison des retraites à la somme de cinquante mille livres ; le tout ci-attaché sous le contre-scel de notre Chancellerie. Et étant bien informé du profit & de l'édification que nos Sujets retirent de plus en plus de l'établissement & accroissement de ladite Communauté, tant au moyen des vertus solides que l'on voit continuellement pratiquer par les Exposantes, que par leur grande application à l'instruction tant des pauvres Filles dans les Ecoles de charité que des Femmes & Filles dans les exercices des retraites & au secours & pancement des malades & blessés ; ce qui contribue notablement au salut des ames & à la gloire de Dieu, auquel elles presentent tous les jours leurs vœux pour la conservation de notre personne, la prosperité de nos armes, le bonheur & la durée de notre Regne. Et voulant par ces considerations & autres, favorablement traiter les Exposantes, & leur donner moyen de continuer plus facilement leurs exercices & perseverer dans leur ferveur ; de notre grace speciale, pleine puissance & autorité Royale, Nous avons par ces Presentes, signées de notre main, confirmé & agréé en tant que de besoin seroit, & d'abondant confirmons & agréons l'établissement de ladite Communauté des Filles de Ste Genevieve, suivant les reglemens & constitutions approuvées par notre-dit Cousin l'Archevêque de Paris ; & en consequence avons permis & permettons aux Exposantes & à celles qui leur succederont, de tenir, avoir & posseder en toute liberté à titre de proprieté incommutable, les biens, maisons, jardins & enclos & heritages par elles acquis & à elles donnés par tous les Contrats ci-dessus énoncées, ensemble ladite maison de la rue des Bernardins & portion de place appartenante audit College des Bernardins, qu'elles ont dessein d'acquerir lorsqu'elles seront en état de ce faire ; & attendu que tous lesdits lieux ne sont destinés qu'à augmenter leur enclos pour remplir plus facilement & avec plus d'étendue & de fruit leurs devoirs & y vivre selon leur Institut, conserver les forces dont elles ont besoin dans leur travail & retablir la santé des Sœurs malades & convalescentes ; & comme tels destinés plus particulierement à Dieu & à l'usage desdites Filles & Communauté, les avons dès à present & à toujours amortis & amortissons par ces Presentes, même ladite maison, jardin & enclos d'Ivri, ayant fait la même grace aux Filles nouvelles Catholiques pour leurs maison & heritages qu'elles ont à Charenton par nos Lettres du mois de Juillet 1686, dont copie est aussi attachée sous le contre-scel de notre Chancellerie, sans que les Exposantes ni celles qui leur succederont puissent être contraintes d'en vuider leurs mains, bailler homme vivant & mourant, ni payer à cause de ce à Nous ou à nos successeurs Rois aucune finance ni indemnité pour droits d'amortissement, de nouvel acquet, ou pour quelque autre droit, cause & pretexte que ce puisse être, dont en tant que besoin est ou seroit, & à quelque somme que le tout se puisse monter ou être estimé, Nous leur avons fait don & remise, les en avons affranchies, quittées & déchargées, affranchissons, quittons & déchargeons pour toujours, sans préjudice toutefois des droits d'indemnité & autres qui pourroient appartenir aux Seigneurs particuliers, dans la censive desquels sont situées lesdites maisons & heritages, si aucuns sont dûs. Comme aussi leur avons permis & permettons d'accepter toutes donations entre-vifs & tous legs tant universels que particuliers, & d'acquerir, tenir & posseder toutes sortes d'autres fonds, heritages & droits immobiliers, à la charge que dans le tems de chaque retraite on fera des prieres speciales pour Nous tous les soirs au Salut, lesquelles seront continuées à perpetuité par nos successeurs Rois. Comme aussi à la charge qu'il sera celebré dans la Chapelle de ladite Communauté une Messe chaque mois de l'année à perpetuité pour Nous & nos successeurs Rois, & que Nous participerons à toutes les autres prieres & bonnes œuvres qui se font & feront dans ladite Communauté. Et pour en conserver la memoire, il en sera fait mention sur les Martyrologes de lad. Communauté, & sur une table de marbre ou de cuivre qui sera posée dans ladite Chapelle des Exposantes. SI DONNONS EN MANDEMENT à nos amés & feaux Conseillers, les Gens tenans notre Cour de Parlement & Chambre des Comptes, Trésoriers de France, & autres nos Officiers qu'il appartiendra, que ces Presentes ils ayent à faire enregîtrer purement & simplement, & du contenu en icelles jouir & user pleinement, paisiblement & perpetuellement les Exposantes & celles qui leur succederont, cessant & faisant cesser tous troubles & empêchemens quelconques, nonobstant tous Edits, Ordonnances, Declarations, Arrêts & Reglemens à ce contraires, ausquelles nous avons, en tant que besoin est ou seroit, dérogé & dérogeons par ces Presentes : Car tel est notre plaisir. Et afin que ce soit chose ferme & stable à toujours, Nous avons fait mettre notre scel à cesdites Presentes. Donné à Marli au mois d'Août l'an de grace mil six cens quatre-vingt-treize, & de notre regne le cinquante-uniéme. *Signé*, LOUIS. Et sur le repli, par le Roi, PHELYPEAUX, & scellé.

Regîtrées au Parlement le sept Septembre 1693. Et en la Chambre des Comptes le trente Juin 1696.

LA COMMUNAUTÉ DE St ILDEFONSE.

LA Communauté des Filles de St Ildefonse, Regle de St Augustin, établie en
par les soins de
Elle est située en la rue de Lourcine à l'Hôtel de Ste Barbe, quartier de la Place Maubert.

LA COMMUNAUTÉ DES FILLES DE L'INSTRUCTION Chrétienne.

CETTE Communauté fut fondée & établie par Madame Rousseau & autres Dames de pieté de la Paroisse de St Sulpice, en vertu de Lettres Patentes du treize Septembre 1657, verifiées en Parlement en 1662, pour l'instruction & éducation de la jeunesse, & y enseigner gratuitement aux externes à lire & écrire & toutes sortes d'exercices pour le travail, à l'instar des Filles de la Congregation.

Elles ont une Chapelle où l'on solemnise la fête de la Conception de la Ste Vierge, qui est leur fête titulaire, où il y a sermon. Cette Communauté est située en la rue du Gindre quartier du Lxembourg.

S'ensuit la copie des Lettres Patentes de cette fondation.

Lettres Patentes pour les Filles de l'Instruction Chrétienne, rue du Gindre quartier St Germain.

LOUIS, par la grace de Dieu, Roi de France & de Navarre, à tous presens & à venir; SALUT. Notre chere & bien amée Marie de Gournai, veuve de David Rousseau, vivant Marchand, demeurante au fauxbourg St Germain des Prés, Nous a fait remontrer que plusieurs & vertueuses Dames dudit fauxbourg, mûes de pieté & charité envers les pauvres

DE LA VILLE DE PARIS. Liv. V. 697

vres jeunes Filles, lui auroient mis ès mains certaines sommes de deniers pour acheter audit fauxbourg une maison propre pour loger & entretenir quelque nombre d'honnêtes Femmes & Filles capables de montrer & enseigner gratuitement les jeunes Filles à louer & servir Dieu, & à faire des ouvrages pour gagner leur vie, lesquels leurs peres & meres ou autres parens n'ont les moyens de leur faire apprendre; & qui à cause de ce, parvenues en l'âge de discrétion, demeurent souvent ignorantes, sans civilité ni honneur & fainéantes, en danger de perdre leur honneur & en péril de leur salut. Lesdites Dames n'ayant pas trouvé de meilleur moyen parmi les miseres & calamités de ce siécle, pour remedier & éviter un si grand mal, que d'instituer & établir à perpetuité, sous notre plaisir, aveu & consentement du Pere Prieur de l'Abbayie de St Germain, & Grand Vicaire de notre très-cher & bien amé Oncle naturel le sieur de Metz, Abbé de lad. Abbayie, une maison, appartenances & revenu suffisant, pour loger, nourrir & entretenir trois, quatre, cinq ou six Femmes ou Filles à l'effet susdit; & après leur décès ou incapacité dudit exercice, que lesdites Dames fondatrices, & par l'avis dudit sieur Grand Vicaire, y nommeront. Lesquelles fondatrices, & celle qui sera nommée l'aînée desdites Femmes ou Filles Maitresses, & leurs successeurs, auroient la direction de ladite maison de Maitresses, à ce qu'elles s'acquittent de leur devoir & vacquent soigneusement à l'instruction desdites jeunes Filles, suivant le Statut & Reglement que ledit sieur Grand Vicaire leur auroit donné. Pour la validité & fermeté duquel, clauses & conditions amplement declarées & specifiées par icelui & établissement, lesdites Dames & l'Exposante Nous ont très-humblement supplié leur accorder nos Lettres sur ce necessaires. SÇAVOIR FAISONS, qu'après avoir fait voir en notre Conseil le Statut & Reglement ci-attaché sous le contre-scel de notre Chancellerie, desirant à l'imitation des Rois nos predecesseurs, en consideration des prieres & oraisons qui se feront journellement en ladite maison pour le bien, repos & prosperité de notre Etat & du Public, contribuer en tout ce qui Nous sera possible aux louables & pieuses intentions desdites Dames, à ce qu'elles sortent leur effet pour l'honneur & la gloire de Dieu, de nos grace speciale, pleine puissance & autorité Royale, Nous avons en agréant & confirmant ledit Statut & Reglement, & conformément à icelui, permis, accordé & octroyé ausdites Dames & à ladite Exposante; d'acquerir une maison audit fauxbourg, avec ses appartenances & dépendances, qui sera nommée l'*Instruction des pauvres jeunes Filles*, pour en icelle établir, loger, nourrir & entretenir, trois, quatre, cinq ou six Femmes ou Filles, plus ou moins, selon que la necessité le requerera, craignant Dieu, capables d'instruire & enseigner toutes les pauvres jeunes Filles qui se presenteront à louer Dieu, le servir, & à faire des ouvrages pour gagner leur vie, lesquels leurs peres & meres ou autres parens n'ont les moyens de leur faire apprendre. Lesquelles Femmes ou Filles Maitresses seront gouvernées & conduites par lesdites Dames fondatrices & la sœur ainée desdites Maitresses & leurs successeurs, & par l'avis dudit sieur Vicaire general de notre très-cher & bien amé Oncle le sieur de Metz, Abbé de ladite Abbayie, selon & ainsi qu'il est amplement specifié & declaré par ledit Statut & Reglement, charges, clauses & conditions portées par icelui; & de nos plus amples graces, avons ladite Maison & Maitresses servant en icelle, prises & mises en notre protection & sauve-garde speciale, pour jouir des mêmes graces, franchises & exemptions & privileges accordés aux maisons de fondation Royale; Voulons & nous plait, que lesdites Dames Fondatrices & Sœur ainée desdites Maitresses & leurs successeurs puissent acquerir & accepter toutes donations & aumônes qui seront faites & données pour l'entretenement de lad. Maison & Maitresses, de quelque qualité que soient les biens & heritages acquis & aumônés, que Nous avons amortis & amortissons, comme à

Tome I. TTtt

Dieu dediés, sans qu'elles soient tenues en vuider leurs mains, Nous bailler homme vivant & mourant ni payer à Nous ni à nos successeurs Rois aucune finance ni indemnité; de laquelle, à quelque somme, valeur & estimation qu'elle se puisse monter, Nous leur avons fait & faisons don & remise par cesdites Presentes, en indemnisant toutefois les Seigneurs desquels lesdites choses pourront relever. A la charge que ladite Sœur ainée & Maitresses de ladite Maison demeureront toujours en l'état seculier pour l'instruction desdites Filles, sous la conduite desdites Dames & direction de l'Ordinaire du lieu où elles seront dans ledit fauxbourg ou ailleurs, où lesdites Dames pourront faire de semblables établissemens en vertu des Presentes, si le cas y échet, sans qu'il soit besoin d'autres Lettres que ces Presentes. Si donnons en mandement à nos amés & feaux Conseillers les gens tenans nos Cours de Parlement, Chambre de nos Comptes & Cour des Aides à Paris, Presidens, Tresoriers de France & Generaux de nos Finances audit lieu, & autres nos Justiciers & Officiers qu'il appartiendra, que ces Presentes ils fassent regîtrer, & du contenu en icelles ils souffrent & laissent jouir lesdites Dames, l'Exposante, Sœur ainée & Maitresses, & leurs successeurs en ladite Maison d'instruction des pauvres jeunes Filles pleinement, paisiblement, perpetuellement; cessant & faisant cesser tous troubles & empêchemens au contraire. Car tel est notre plaisir. Et afin que ce soit chose ferme & stable à toujours, Nous avons fait mettre notre sceau à cesdites Presentes. Donne' à Rethel au mois de Septembre l'an de grace mil six cens cinquante-sept, & de notre regne le quinziéme, *Signé*, LOUIS. Et sur le repli, par le Roi Phelypeaux. Et à côté *visa* Seguier. Et scellé du grand seau de cire verte. Regîtrées au Parlement le treiziéme Fevrier 1662.

LA COMMUNAUTE' DES FILLES DE St JOSEPH.

MARIE Delpech, autrement dite Mademoiselle de Lestang, native de Bordeaux, élevée dans la maison des pauvres Orphelines de la même Ville de Bordeaux, où a commencé cet établissement par Lettres Patentes du Roi de 1638, étant venue à Paris à dessein d'y former un même Institut, suivant les Reglemens faits en 1638 par Mr l'Archevêque de Bordeaux, assistée de quelques personnes pieuses, obtint pour cela des Lettres Patentes du Roi du mois de Mai 1641 (que l'on verra ci-après). Ensuite la permission de l'Abbé de St Germain des Prés pour son établissement en la rue St Germain des Prés en 1641 au mois de Juin, où elle fut établie avec ses Compagnes par le Grand Vicaire de Mr l'Abbé de St Germain des Prés.

Leur Institut est de recevoir de pauvres Filles Orphelines dès l'âge de huit à neuf ans, de les élever à la pieté, leur faire apprendre diverses sortes d'ouvrages; afin qu'à l'âge de dix-huit ou vingt ans elles puissent se trouver en état de les mettre en condition ou en Religion, ou de les pourvoir en mariage.

Madame la Duchesse de Montespan, qui étoit dans les bonnes graces du Roi, leur a procuré de très-grands biens, s'en étant rendue la bienfaictrice, & leur ayant fait rebâtir toute cette maison en 1684. L'on solemnise la fête de St Joseph en cette Chapelle, comme titulaire de cette Communauté, qui est située en la rue de St Dominique quartier de St Germain des Prés.

Madame Delpech est morte à Paris le vingt-un Decembre 1671. S'ensuit la copie des Lettres Patentes dont il est parlé ci-dessus.

Lettres Patentes portant confirmation de l'établissement de la Communauté de St Joseph rue St Dominique.

LOUIS par la grace de Dieu, Roi de France & de Navarre, à tous presens & à venir : SALUT. Notre chere & bien amée Marie Delpech de Lestang, Nous a fait remontrer qu'elle auroit obtenu nos Lettres Patentes ci-attachées sous notre contre-scel ; portant pouvoir d'ériger une Société & Communauté pour l'instruction & éducation des Filles Orphelines, suivant les Regles & Statuts qui lui ont été baillés & presentés par notre amé & feal Conseiller en nos Conseils, Commandeur de nos Ordres, le sieur Archevêque de Bordeaux ; Primat d'Aquitaine ; en consequence desquelles elle auroit dans ladite Ville de Bordeaux fait ledit établissement, & par l'aide & aumônes de plusieurs personnes charitables, pieuses & devotes, acquis une maison de suffisante étendue pour y recevoir cinquante Filles. Ce qu'ayant conduit à sa derniere perfection, & de telle sorte qu'il ne reste plus aucune chose à souhaiter en ladite Ville de Bordeaux, où l'Exposante a laissé des personnes capables pour continuer l'instruction & éducation desdites Filles; elle est venue en notre bonne Ville de Paris, à la priere & persuasion de quelques personnes de pieté, où elle a commencé depuis deux ans la même institution & établissement que dans notre-dite Ville de Bordeaux. Ce qui auroit tellement réussi par l'aide de plusieurs personnes charitables qui auroient déja contribué en une œuvre de si grande édification ; que l'Exposante auroit acquis une maison dans notre fauxbourg St Germain des Prés lès Paris, dans laquelle elle retire jusqu'au nombre de cent Filles Orphelines & davantage, qu'elle nourrit, entretient, instruit en la pieté & devotion Chrétienne, fait apprendre tous les métiers & exercices propres aux Filles jusqu'à ce qu'elles puissent être colloquées en condition de mariage, de service, ou même en l'état de Religion, s'il plait à Dieu les y appeller. Mais d'autant que pour assurer & confirmer ladite institution, éducation & érection de Societé dans notre Ville de Paris il est necessaire que notre autorité y intervienne, l'Exposante Nous auroit très-humblement remontré & requis nos Lettres à ce necessaires. A CES CAUSES, desirant aider & favoriser un si saint & louable établissement,& en faire jouir notre Ville de Paris, où un si grand nombre de Filles se perdent faute d'éducation & retraite assurée, l'ayant jugé très-utile au Public, & pour empêcher les grands inconveniens, esquels tombent d'ordinaire les Filles destituées de parens & de conduite ; de l'avis de notre Conseil, & de notre certaine science, pleine puissance & autorité Royale, Nous avons icelle érection & institution sous le titre de la Congregation de St Joseph, approuvé, confirmé & autorisé, approuvons, confirmons & autorisons par ces Presentes, voulons & nous plait qu'elle soit établie en notre Ville de Paris pour le fauxbourg St Germain par ladite Exposante, ainsi qu'elle l'a été en notre Ville de Bordeaux ; & qu'en ce faisant ladite Congregation ainsi établie en notre Ville de Paris puisse accepter toutes sortes de donnations, institutions testamentaires, legs & aumônes de biens, tant meubles qu'immeubles, pour être les revenus en provenant employés à l'instruction & nourriture, entretenement & collocation desdites Filles Orphelines, comme les autres Hopitaux & Communautés pourroient faire. SI DONNONS EN MANDEMENT à nos amés & feaux Conseillers, les Gens tenans notre Cour de Parlement, Presidens, Tresoriers de France & Grands-Voyers en la Generalité de Paris, que ces Presentes ils fassent lire, publier, regitrer, & executer le contenu en icelles, jouir par ladite Exposante & ladite Congregation pleinement & paisiblement, sans souffrir qu'il lui soit fait aucun trouble ni empêchement. Mandons en

Tome I.

HISTOIRE ET ANTIQUITE'S

outre aufdits Prefidens, Treforiers de France en ladite Generalité de Paris que nonobftant les deffenfes portées par nos Lettres Patentes du & Arrêts de notre Confeil des ils fouffrent & permettent ladite Impetrante édifier murs de cloture & autres bâtimens pour la fureté & commodité de ladite Maifon & Seminaire defdites pauvres Filles. Car tel eft notre plaifir. Et afin que ce foit chofe ferme & ftable à toujours, Nous avons fait mettre notre fcel à cefdites prefentes, fauf en autre chofe notre droit, & l'autrui en toutes. Donné à St Germain en Laie au mois de Mai, l'an de grace mil fix cens quarante & un; & de notre regne le trente-uniéme. *Signé*, LOUIS. Et fur le repli, par le Roi, DE LOMENIE, & fcellé.

LE MONASTERE DE LA MAGDELAINE, dites Magdelonettes; Regle de St Auguftin.

CETTE Congregation a pris naiffance en cette Ville de Paris vers l'an 1616 ou 1618 par les foins de Mr du Pont, Curé de St Nicolas des Champs, du Reverend Pere Athanafe Molé, Capucin, de Mr de Montry, Marchand de vin, & de Mr du Fresne, Officier dans les Gardes du Corps du Roi, qui tous animés du zèle de la gloire de Dieu, ayant retiré quelques Filles du vice, où elles s'étoient plongées par leurs proftitutions, on leur loua d'abord des chambres au faubourg St Honoré. Mais ce lieu ne fe trouvant pas propre pour leur établiffement, le fieur de Montri leur ceda fa propre maifon, fituée à la Croix-rouge au quartier de St Germain des Prés. En peu de tems elles fe trouverent au nombre de vingt. Les Reverends Peres Benedictins de l'Abbayie de St Germain des Prés leur permirent d'avoir une Chapelle chés elles, où la premiere Meffe y fut celebrée le vingt-cinq Août 1618, & peu de tems après elles embrafferent la clôture. Quelques années après on les transfera dans cette prefente maifon fituée proche du Temple, dont Madame la Marquife de Maignelai fe declara la Fondatrice.

Mais comme on reconnut dès le commencement de cette fondation qu'il falloit une bonne conduite au dedans de cette Maifon, ce qui y manquoit, on eut recours aux Religieufes de la Vifitation à qui l'on donna la conduite de ce nouveau Monaftere. Mr Vincent fut chargé de ce foin. Il en parla à la Mere Angelique Lhuillier, Superieure pour lors du premier Monaftere de la Vifitation à Paris; ce qui fut executé en 1629. L'on deftina quatre Religieufes de ce premier Monaftere pour aller en celui de la Magdelaine, dont elles occuperent les premieres charges, qui furent données par l'autorité de Mr l'Archeveque de Paris. La Mere Marie Bolain de la Vifitation, fut chargée par un Bref du Pape d'y dreffer des Conftitutions. L'on changeoit ces Religieufes de tems en tems, pour les foulager du grand travail qui fe rencontroit dans cette Communauté, où la conduite a été d'un très-bon ordre; de forte que pendant plus de trente ans tout s'y eft paffé avec édification, par la fage conduite de ces bonnes Religieufes, qui s'appliquent à faire changer de fentimens & de mœurs aux Filles de cette Maifon, ce qui fait qu'il n'en fort guere d'une fi bonne école, & qu'elles ne fongent guere à leurs anciens dereglemens, ne penfant plus qu'à faire penitence de leurs libertinages. Ce qui a produit plufieurs autres établiffemens comme à Rouen & à Bordeaux.

La Mere Eugenie, Superieure du Monaftere de la Vifitation de la rue St Antoine, fit en forte de décharger fa Maifon du foin qu'elle avoit de cette Communauté, & y fit pourvoir pour Superieure la Mere Parfait, Religieufe Urfuline, déchargeant entierement la Maifon de la Vifitation de ce foin.

DE LA VILLE DE PARIS. Liv. V.

en rendant les dix-huit mille livres que Madame la Marquise de Maignelai avoit données pour entretenir cette bonne œuvre, que continuent presentement les Religieuses Ursulines, qui s'en acquittent dignement.

Dans ce Monastere des Magdelonettes, il y avoit ci-devant plus de cent ou cent-vingt personnes, dont les unes faisoient trois vœux de Religion, les autres n'en faisoient pas & y demeuroient de leur bon gré en y menant une vie reglée ; il y en avoit encore d'autres qu'on y menoit par force & qui y étoient retenues par des ordres superieurs : le tout gouverné par lesd. Religieuses, qui y ont beaucoup à souffrir tant dedans que dehors ; en quoi elles ont été soutenues par les bons conseils de Mr Vincent de Paul.

Mr le Cardinal de Noailles, Archevêque de Paris, y a mis depuis quelques années à la place des Ursulines des Religieuses Hospitalieres de l'Ordre de la Misericorde de Jesus.

Les Constitutions que l'on observe dans ce Monastere furent dressées l'an 1637 & approuvées par Jean François de Gondi, Archevêque de Paris, le sept Juillet 1640.

Ces Religieuses sont situées en la rue des Fontaines près le Temple quartier de St Martin.

LA COMMUNAUTÉ DES FILLES DE Ste MARGUERITE, fauxbourg St Antoine.

EN l'année 1679, Mesdames les Duchesses de Noailles & de Lesdiguieres, & quelques autres Dames de la Charité de la Paroisse de St Paul, ayant eu avis de l'ignorance qui regnoit parmi les pauvres jeunes filles du fauxbourg St Antoine, touchées de compassion pour elles, & en même tems du desir de leur procurer des instructions utiles pour leur salut, firent venir quelques Sœurs de la Communauté des Filles de Notre-Dame des Vertus, établies à Aubervilliers, & les mirent dans une maison rue du Basfroid, fauxbourg St Antoine, Paroisse de Ste Marguerite, où lesdites Sœurs firent l'école pendant quelques années. Monsieur l'Abbé Mazure, ancien Curé de St Paul, ayant eu connoissance du bien & du progrès que ces Sœurs faisoient par leurs instructions, fit donation en 1681 à Mademoiselle du Buha, Superieure de ladite Communauté de Notre-Dame des Vertus, d'une maison à lui appartenante dans la rue St Bernard, proche l'Eglise Ste Marguerite, pour y établir une Communauté pour l'instruction de la jeunesse, & pour l'utilité des pauvres filles du fauxbourg St Antoine. Mademoiselle du Buha obtint en l'année 1682, des Lettres Patentes pour cet établissement, & nomma un nombre suffisant de Sœurs qui entrerent dans cette Communauté en 1685, sous le titre de *Notre Dame des Vertus*. Mais les heritiers & creanciers dudit sieur Mazure intenterent procès ausdites Sœurs contre la donation qui leur avoit été faite de cette maison. Ce procès ayant duré jusqu'en l'année 1690, la donation fut annulée ; & il fut ordonné que ladite maison seroit vendue au profit des creanciers dudit sieur Mazure deffunt. Dans cette même année 1690, Monsieur de Bragelonne, Conseiller de la Cour des Aides, & son épouse, acheterent cette maison, & en firent donation à ladite Communauté qui y étoit déja establie, & en même tems Madame de Bragelonne fit donation à la même Communauté d'une fondation de rente pour l'entretien de sept Sœurs : & cette Communauté, qui depuis son établissement avoit été sous le titre de Notre-Dame des Vertus, changea alors ledit titre en celui des Filles de Sainte Marguerite, qu'elle conserve encore à present. Ce changement se fit selon toutes les apparences, à l'occasion de l'Eglise de Ste Marguerite, au cimetiere de laquelle ladite Communauté tient par un côté.

LA COMMUNAUTÉ DES MATHURINES, ou FILLES DE LA Ste Trinité.

SUSANNE Sarrabat, élevée dans la Religion de Calvin, dont ses pere & mere, & sa famille, faisoient profession, ayant été touchée de Dieu de quitter sa Religion, après bien des combats communiqua son dessein à des personnes de pieté, & entre autres à Monsieur Robert grand Pénitencier de l'Eglise de Paris, qui travailla le plus à sa conversion, & lui fit faire abjuration de l'hérésie de Calvin dans sa Chapelle. Après son abjuration, pleine de reconnoissance des misericordes que le Seigneur lui avoit faites, elle ne pensa qu'à la conversion de sa famille, & Dieu lui fit la grace de lui accorder celle de sa mere, d'un frere & de deux nieces qui sont encore actuellement dans ladite Communauté.

Susanne Turet, mere de ladite Susanne Sarrabat, étant veuve se retira avec sa fille qui étoit deja dans une maison particuliere avec deux de ses niéces, & deux Demoiselles à qui elle montroit à travailler. Elles formerent toutes le dessein de se retirer du monde, & de vivre en Communauté; & dans ce dessein elles furent presentées à son Eminence, Monseigneur le Cardinal de Noailles Archevêque de Paris, par Madame Voisin Conseillere d'Etat, qui lui demanda, & obtint de lui permission, pour elles, de former une Communauté.

Cet établissement se fit au fauxbourg St Marceau, proche le cloître de St Marcel, Paroisse de St Martin. Quelques années après elles furent demeurer au fauxbourg St Jaques, proche l'Observatoire; & en l'année 1608, elles quittèrent ce second endroit pour venir au fauxbourg St Antoine, où elles s'établirent dans une maison appartenante à Monsieur Titon, sise Grande-rue du fauxbourg, à côté du Pavillon-Adam. Elles ne demeurerent dans cette maison que jusqu'en l'année 1733, qu'elles la quittèrent pour aller dans la petite rue de Ruilly du côté de Rambouillet, où elles sont actuellement, & où elles procurent un grand bien par les instructions qu'elles donnent aux pauvres filles de ce quartier-là & des environs, qui pour la plupart vivoient dans une grande ignorance, tant par pauvreté qu'à cause de l'éloignement des Ecoles de Charité.

Elles élevent dans la pieté de jeunes Pensionaires, & instruisent gratuitement les pauvres filles de ce quartier & des environs, & leur apprennent à travailler d'une maniere convenable à leur état.

LA COMMUNAUTÉ DES FILLES DE Ste MARTHE, au fauxbourg St Antoine.

L'AN 1713, Madame Elisabeth Jourdain, veuve de Monsieur Theodon Sculpteur du Roi, forma la resolution d'établir une nouvelle Communauté dans le fauxbourg St Antoine, pour l'instruction des pauvres filles dudit fauxbourg, qui sont en grand nombre; & pour cet effet, avec la permission de son Eminence, Monseigneur le Cardinal de Noailles, & sous le bon plaisir de Messire J. B. Goy, premier Curé de la Paroisse de Ste Marguerite, prit une maison, Grande-rue du fauxbourg, à côté du Pavillon-Adam, d'où étoient sorties quelques mois auparavant les Filles Mathurines, dites de la Trinité, dont on vient de parler, & établit là une Communauté, sous le titre de *Ste Marthe*, dans laquelle non-seule-

DE LA VILLE DE PARIS. Liv. V.

ment on instruit les pauvres jeunes filles du quartier, & on leur apprend à travailler ; mais encore on forme des Sœurs pour les mettre en état d'instruire la jeunesse, soit dans Paris, soit à la campagne, dans les lieux où l'on en a besoin. Cette Communauté a demeuré dans cet endroit jusqu'en l'année 1719, que les filles qui la composent en sortirent au mois de Juin, pour aller demeurer dans la rue de la Muette, qui est à la gauche de la premiere barriere de la Croix-Faubin, où elles sont actuellement, & où elles procurent un bien infini pour l'instruction des pauvres filles de ce quartier-là & des environs, qui vivoient dans l'ignorance, parce qu'elles étoient trop éloignées des écoles de Charité.

LE COUVENT DE St MAGLOIRE DES FILLES PENITENTES. Voyés ci-après, Pénitentes.

LE COUVENT ET PRIEURE' DE MONTMARTRE, Voyés Benedictines de la Ville-l'Evêque.

LE COUVENT DES FILLES DE LA NATIVITE'. Voyés Cordelieres.

LA COMMUNAUTE' DES NOUVELLES CATHOLIQUES,
sous le titre de la Croix, rue Ste Anne.

L'ON prétend que l'on doit cet établissement à Madame de Pollalion, qui avoit projetté plusieurs établissemens pour l'instruction des nouvelles Catholiques, comme je l'ai dit en parlant de la Communauté de la Providence, d'où l'on tira la Sœur Garnier avec autres filles, qui commencerent cette Communauté, qui fut établie par Brevet du Roi du quatriéme Juillet 1634, & par Lettres Patentes en consequence, du mois d'Octobre 1637, qui consentit & accorda l'établissement de la Compagnie de la propagation de la Foi, sous le titre de *l'Exaltation de Sainte Croix*, instituée le sixiéme Mai 1634, par Jean François de Gondy, Archevêque de Paris, & approuvée par Bulle du Pape Urbain VIII, dont la premiere maison fut établie au quartier de St Germain des Prés, en la rue des Fossoyeurs, & depuis en la rue St Avoie, vis-à-vis l'Hotel de Lorraine, & presentement en la rue-neuve Ste Anne ou de Lionne. Cette Communauté doit cette derniere demeure à feu Monsieur le Maréchal de Turenne, qui par ses liberalités leur a procuré ce bâtiment, qui est situé en la rue neuve Ste Anne.

Lettres Patentes du Roi, portant confirmation de l'établissement de la Communauté des Nouvelles-Catholiques, rue Sainte Anne.

LOUIS, par la grace de Dieu, Roi de France & de Navarre, à tous presens & à venir : SALUT. Dieu ayant par sa providence determiné notre Royaume, pour être possedé par le Fils aîné de son Eglise, & donné à nos prédecesseurs Rois des sentimens de devotion & de pieté convenables à cette dignité, & à celles de Roi très-chrétien, dont ils ont été honorés. Nous voulons bien à leur imitation contribuer, autant qu'il nous est possible, à sa plus grande gloire. C'est pourquoi le feu Roi notre très-honoré Seigneur & Pere, ayant par son Brevet du quatriéme Juillet

1634, & par ses Lettres Patentes en conséquence, du mois d'Octobre 1637, consenti & accordé l'établissement de la Compagnie de la propagation de la Foi, sous le titre de *l'Exaltation de Sainte Croix*, instituée par l'Archevêque de Paris, & approuvée par Bulles de notre St Pere le Pape : Nous aurions aussi approuvé ledit établissement, ayant sur tous ces titres fait expedier nos Lettres de Surannation au mois d'Octobre 1649. Mais, comme depuis, ladite Compagnie, en execution du cinquiéme Chapitre des Statuts donnés par ledit sieur Archevêque, & approuvés par lesdites Bulles qui ont été confirmées par lesdites, lettres Patentes, a preparé deux maisons, l'une pour recevoir les Nouveaux-Convertis, & l'autre pour servir aux filles Nouvelles-Catholiques. Ledit sieur Archevêque de Paris voyant déja le fruit de cet établissement, auroit, par son Acte d'érection, permis de planter la Croix, & de former des Communautés de l'un & de l'autre sexe dans lesdites deux maisons. Ce qui a tellement augmenté le progrès de ce pieux dessein, que plusieurs Hérétiques, tant de notre Royaume que des Pays étrangers, y ayant fait abjuration de leurs héréfies, y ont trouvé avec joie une retraite assurée contre les persecutions de leurs parens dans leurs necessités & delaissement ; ensorte que l'on nourrit chaque jour vingt ou vingt cinq hommes Nouveaux Convertis, & ordinairement jusqu'à quarante filles Nouvelles-Catholiques. A l'effet de quoi, & pour favoriser une œuvre si pieuse & si utile à l'Eglise ; Nous nous sommes portés depuis long-tems à donner gratuitement à ladite Maison des Nouvelles-Catholiques une aumône annuelle de mille livres ; mais d'autant que ces deux maisons pourroient être troublées dans le bel état où se trouve à present ledit établissement, sous pretexte que les Lettres qui en ont été accordées, n'ont point encore été regitrées en notre Cour de Parlement, suivant l'adresse qui en a été faite. A CES CAUSES, & autres considerations à ce Nous mouvans, de notre grace speciale, pleine puissance, & autorité Royale, Nous avons agréé, confirmé & autorisé, agréons, confirmons & autorisons par ces Presentes signées de notre main, lesdites Lettres Patentes du mois d'Octobre 1637, ci-attachées sous le contre-scel de notre Chancellerie, avec les autres pieces concernant ledit établissement : & de nouveau en tant que besoin est ou seroit confirmé ledit établissement desdites deux maisons, pour par eux, & celles qui les composent, à l'avenir vivre en Communauté sous la conduite & direction du sieur Archevêque de Paris, ainsi qu'il est pratiqué dans les autres Communautés, pour continuer à recevoir dans lesdites deux maisons tous ceux & celles qui auront volonté de se convertir, & leur rendre toute assistance spirituelle & corporelle. Voulons & Nous plaît que lesdites deux maisons jouïssent des privileges, franchises, libertés & exemptions, tels & semblables qu'en jouïssent les maisons de fondation Royale. A condition néanmoins que lesdites deux maisons & Communautés ne pourront être changées en maisons de profession Religieuse, mais demeureront toujours en état séculier, comme elles ont commencé & continué jusqu'à present, & que l'on y vivra selon les regles & Statuts deja donnés & à donner par ledit sieur Archevêque. Et en cas qu'il plût à Dieu que les hérésies vinssent à cesser, que lesdites maisons en dependans seront employées à retirer des filles orphelines, sans pouvoir être destinées à autre usage, pour quelque cause & occasion que ce soit. Et pour temoigner davantage combien l'établissement de ces deux maisons Nous est agreable, & que Nous en desirons l'affermissement, Nous les avons mis & mettons avec les autres choses qui leur appartiennent & appartiendront ci-après, en notre protection & sauve-garde ; leur permettons d'accepter & recevoir tous dons & legs qui leur pourront être faits par donation entre vifs, testament ou autrement ; même d'acquerir maisons, terres, heritages & autres biens : lesquels biens, & autres ci-devant acquis, Nous avons amortis & amortissons

DE LA VILLE DE PARIS. Liv. V. 705

tiſſons ceux qui ſeront compris dans l'enclos & bâtimens deſdites deux maiſons, pour en jouir par leſdites Communautés, pleinement & paiſiblement, ſans être tenus de Nous payer, ni à nos ſucceſſeurs Rois, aucune finance ni indemnité, ni aucuns droits de lods & ventes, quints & requints, francs-fiefs, nouveaux acquêts & autres droits, pour les biens compris dans l'enclos & bâtimens deſdites deux maiſons, dont Nous les avons affranchis & affranchiſſons; & à quelque ſomme qu'ils ſe trouvent monter, leur en avons fait & faiſons don. A la charge de payer les indemnités, droits & devoirs dont leſdites maiſons & heritages ainſi amortis, peuvent être tenus envers autres que Nous; & de faire chaque jour par leſdites Communautés des prieres particulieres à Dieu pour notre ſalut, conſervation & proſperité de notre famille. Si DONNONS EN MANDEMENT à nos amés & feaux Conſeillers, les Gens tenans notre Cour de Parlement à Paris, Chambre des Comptes, Cour des Aides, Preſidens & Treſoriers Generaux de France audit lieu, que ces Preſentes nos Lettres de confirmation d'établiſſement deſdites deux maiſons, enſemble celles du mois d'Octobre 1637, ils faſſent regîtrer, & de leur contenu jouir & uſer leſdites Communautés, & ceux qui leur ſuccederont, pleinement, paiſiblement & perpetuellement, ceſſant & faiſant ceſſer tous troubles & empéchemens, nonobſtant la ſurannation, ſi aucune y a deſdites Lettres de l'année 1637, & tous Edits, Declarations, Ordonnances, Arrêts & Reglemens au contraire, auſquels Nous avons pour ce regard ſeulement dérogé & dérogeons par ces Preſentes: Car tel est notre plaisir. Et afin que ce ſoit choſe ferme & ſtable à toujours, Nous avons fait mettre notre ſcel à ceſdites Preſentes. Donné à St Germain en Laie au mois d'Avril, l'an de grace mil ſix cens ſoixante & treize, & de notre Regne le trentiéme. Signé LOUIS. Et ſur le repli, par le Roi, Colbert, & ſcellé.

Regîtrées au Parlement le ſept Août 1673; en la Chambre des Comptes le vingt-neuf du même mois, & au Bureau des Finances le vingt-huit Septembre de la même année.

LA COMMUNAUTE' DES ORPHELINES, dites DE LA MERE de Dieu, rue du Vieux-Colombier, quartier de St Germain des Prés.

CETTE Communauté fut établie en 1680, ſous le titre de l'Annonciation, par les ſoins de Monſieur Pouſſé, Curé de St Sulpice, & de Mademoiſelle Leſchaſſier, pour les Orphelines de la Paroiſſe de St Sulpice.

L'on ſolemniſe, le vingt-cinquiéme Mars, en cette Chapelle, la fête de l'Annonciation de la Vierge, comme Titulaire de cette Communauté. Voyés ci-devant les Lettres Patentes du Roi pour les Nouvelles-Catholiques.

Elles ſont ſituées en la rue du Vieux-Colombier, quartier de St Germain des Prés.

LA COMMUNAUTÉ DE Ste PERPÉTUE,
rue-neuve Ste Geneviéve, fauxbourg St Marcel.

La Communauté, sous le titre de Ste Perpetue, a été commencée par les soins & le zèle de Mademoiselle Grivot, fille de Libraire de la ville de la Flèche, l'an 1688, en la rue-neuve St Etienne, fauxbourg St Marcel, vis-à-vis la Congregation des Filles de Notre-Dame, où l'on recevoit des Pensionnaires, tant filles que femmes, en attendant la definition de leurs affaires. Cette Communauté s'étant augmentée par sa reputation, & là protection de Monsieur le Cardinal de Noailles Archevêque de Paris, fit que Mademoiselle Grivot fut obligée de quitter cette demeure, l'an 1701, trouvant l'occasion d'une autre maison plus commode, qui étoit occupée pour lors par la Communauté des Prêtres infirmes du Diocèse de Paris, sous le titre de St François de Sales, dont j'ai deja parlé ailleurs, qui lui fut cedée avec la Chapelle qui y étoit, où cette Demoiselle a continué de faire dire tous les Dimanches & Fêtes, & presque tous les jours, la Ste Messe.

L'on instruit en cette maison gratuitement de jeunes filles de dehors, à qui l'on apprend toutes sortes d'ouvrages convenables a leur âge, avec beaucoup de soin & d'éducation.

L'on solemnise en la Chapelle de cette Communauté, le septiéme Mars, la fête de Ste Perpetue, comme Titulaire de cette Maison, où il y a Sermon.

Cette Communauté est situee sur le fossé de l'anciene Estrapade, près le coin de la rue-neuve Ste Geneviéve, fauxbourg St Marcel, vis-à-vis les murs de l'Abbayie de Ste Geneviéve, quartier de St Benoît.

LE COUVENT DES CHANOINESSES DE PIQUEPUCE.

Les Religieuses Chanoinesses Regulieres de l'Ordre de St Augustin, ont été établies à Piquepuce-lès-Paris, sous le titre de *Notre-Dame de la Victoire & de St Joseph*, de la maniere suivante.

Messire Jean François de Gondy, premier Archevêque de Paris, écrivit à Madame de Villiers-St Paul, Abbesse des Chanoinesses Regulieres de St Etienne de Reims, la lettre suivante, en datte du vingt-sept Janvier 1640.

MADAME ET TRÈS-CHERE FILLE,

La bonne estime que la misericorde de Dieu vous a donnée en ce mien département de Paris, ne m'a pas apporté peu de satisfaction dans le bon dessein que j'ai de faire un établissement de l'Ordre de ce grand Prelat St Augustin, pour la plus grande gloire du Souverain des Prelats; lorsque de très-saintes ames m'ont assuré votre bonne qualité, suivie d'une particuliere charité & experience pour ce qui regarde la conduite d'un œuvre de devotion & pieté. Ce qui m'oblige à ne plus retarder cette louable & juste execution, parmi cette grande Ville de l'Univers, à l'édification du Public; & pour cet effet à me resoudre, sur ce qu'on m'a rapporté vous être fort agréable de cooperer à ce bien, vous supplier, dis-je, de prendre la peine de nous venir voir auffi-tôt que le tems fera adouci, afin de déterminer, en préfence de nous deux & de mon Confeil, qui comme moi vous fera toujours fort favorable, à terminer l'heureufe conclufion de cet ouvrage; puifque les écrits ne peuvent fouffrir les diverfes repliques. Ce qu'attendant de votre charitable entreprife, je me dirai fort veritablement, ma très-chere Fille.

Votre très-humble, & plus affectioné à vous fervir de cœur.
J. FRANÇOIS, premier Archevêque Paris.

Ladite Dame Abbeffe de St Etienne vint la même année à Paris avec fix Religieufes de fon Abbayie; & comme il étoit befoin d'une perfonne non feulement vertueufe, pour être Prieure dans ce nouvel établiffement, mais encore qui pût avoir les fecours temporels neceffaires à cet effet, ladite Dame Abbeffe fit choix de la Reverende Mere Sufanne Tubeuf, du nombre de celles qu'elle avoit amenées, qu'elle établit Prieure. Monfieur Tubeuf fon frere, qui étoit alors Intendant des Finances de la Reine Meré, Anne d'Autriche, pour lors Regente du Royaume; & qui fut depuis Préfident de la Chambre des Comptes, en confideration de la Damé Tubeuf fa fœur, acheta dans Piquepuce une maifon avec fes dépendances, où font actuellement établies lefdites Religieufes Chanoineffes, fans neanmoins dotter ni fonder cette maifon. Il fit venir enfuite une feconde fœur qu'il avoit, qui étoit Religieufe Benedictine à St Pierre de Reims, qui eut la permiffion du Pape de changer d'Habit & d'Ordre. Tant que le fieur Tubeuf vecut, il eut foin de cette Communauté, en donnant fouvent à fes fœurs manuellement de l'argent pour la fubfiftance de ladite Communauté & les befoins de cette Maifon; & la mit ainfi par fes liberalités en état de recevoir des filles, & de s'établir elle-même, comme on la voit, par deux ailes du Dortoir & l'Eglife, que lefdites Religieufes ont fait bâtir depuis de leurs épargnes.

Monfieur de Gondy confirma cet établiffement, & accorda aufdites Religieufes Chanoineffes le droit d'élire une Prieure triennalle; & en l'année 1647, ledit fieur Tubeuf obtint pour cette Maifon des Lettres Patentes confirmatives de fon établiffement, avec les Arrêts d'enregitrement des Cours de Parlement & Chambre des Comptes.

L'on folemnife en cette Eglife la fête de Notre-Dame des Victoires, comme Titulaire. Il y a Indulgence Pleniere, Expofition du St Sacrement & Sermon, comme pareillement à celle de St Foulque, le vingt-fixiémé Octobre.

LE COUVENT DES FILLES DE St THOMAS D'AQUIN.
Regle de St Dominique.

EN 1626, Madame de Caumont, femme de Mr le Comte de St Pol, fit venir de Thoulouze à Paris Marguerite de Jefus avec cinq Religieufes & une Sœur Converfe, tirées du Couvent de Ste Catherine de Sienne, où elles arriverent le 6 Mars 1627. Madame de Caumont defirant en être fondatrice, les établit premierement au fauxbourg St Marcel près la rue des Poftes, où elles demeurerent jufqu'en 1633, qu'elles vinrent enfuite s'établir en la rue d'Orleans quartier du Marais, où elles acheterent quelques maifons. Mais ne s'y trouvant pas bien logées, elles vinrent enfin en cette demeure où elles ont fait bâtir & conftruire ce Couvent vers l'an 1652.

HISTOIRE ET ANTIQUITES

Elles eurent donc pour premiere Superieure la Mere Marguerite de Jesus, qui reçut & donna l'habit à la Mere Anne des cinq Plaies, qui fut Superieure de ce Couvent. Ensuite elle fut choisie & envoyée au Monastere de Langeac, où elle mourut en 1675 âgée de soixante & douze ans.

Le Pere Ignace de Jesus-Marie, en la vie de St Maur page 435, dit que ce Couvent s'étant de beaucoup augmenté, l'on fut obligé d'en établir un autre sous le titre de la Croix au fauxbourg St Antoine rue de Charonne Paroisse de Ste Marguerite.

Ces Religieuses sont situées au bout de la rue neuve St Augustin, qui a pris presentement le nom de la rue des Filles de St Thomas, vis-à-vis la rue Vivienne quartier de Montmartre.

LA COMMUNAUTE' DES FILLES DE Ste PLACIDE.

CETTE Communauté qui avoit été établie par les soins de en l'année   ne subsiste plus, mais en leur place sont venues une partie des Filles de la Communauté du St Esprit, qui étoient situées en la rue neuve Notre-Dame, même quartier, qu'elles quitterent pour venir occuper ce lieu qui est situé en la rue Ste Placide dont elles ont pris le nom, quartier du Luxembourg Paroisse de St Sulpice.

LE COUVENT DES BERNARDINES DE Ste CECILE,
dites du Precieux-Sang de Notre-Seigneur.

CES Filles sont venues de Grenoble à Paris en 1636 avec la Mere Pacones, pour lors fondatrice & reformatrice de cet Ordre, accompagnée de quatre de ses Filles, & elles arriverent à Paris le vingt-deux Fevrier 1636; où étant elle donna l'habit à la Reverende Mere Elizabeth de St Bernard, qui fut ensuite une des premieres fondatrices de cette Communauté à Paris, & où elle mourut en odeur de sainteté en 1673 âgée de cinquante-sept ans, après avoir eu bien des traverses pour obtenir des Lettres Patentes & la permission de s'établir en cette Ville de Paris, avec le consentement de l'Abbé de St Germain des Prés au mois de Decembre de l'année 1636.

Elles logerent près du Noviciat des Jesuites en la rue Pot-de-fer au coin de la rue de Meziere, mais en 1657 leur maison ayant été vendue par Decret, elles furent obligées de chercher une autre maison. Ainsi reconnoissant qu'elles ne profitoient ni au spirituel ni au temporel, & que même la plupart des Religieuses étoient toujours malades, elles crurent par une inspiration de Dieu, que leur mal venoit de ce qu'elles avoient embrassé une Constitution contraire à leur destination. Là dessus toutes d'un commun consentement prirent la resolution d'embrasser une nouvelle reforme suivant l'Ordre de St Benoît; & de fait peu de tems après elles reconnurent que c'étoit l'état auquel Dieu les appelloit.

En 1659 elles furent transferées au mois de Fevrier dans un nouveau Monastere situé en la rue de Vaugirard, même quartier du Luxembourg, où elles sont presentement, où avoient logé & s'étoient refugiées des Religieuses venues de Lorraine à cause des guerres, à ce que rapporte le sieur le Maire en son nouveau Paris page 277 du tome 2.

Le Roi ayant appris par plusieurs personnes de consideration, que les Religieuses du Precieux-Sang étoient dans le besoin, voulut bien leur ac-

DE LA VILLE DE PARIS. Liv. V.

corder pour leurs preffans befoins une Lotterie, par Arrêt du vingt-neuf Mars 1713, qui fut ouverte le vingt-quatre Septembre 1714, & tirée le 22 Decembre de la même année 1714, montante à la fomme de huit cens foixante & douze mille livres au principal, dont elles eurent quinze pour cent de benefice; le tout par les foins de Mr d'Argenfon, Confeiller d'Etat ordinaire, Lieutenant general de Police, commis par le Roi pour l'execution de cette Lotterie, qui leur a été d'un très-grand fecours.

L'on folemnife en cette Eglife la fête de Ste Cecile le vingt-deux Septembre, comme titulaire, où il y a Indulgence pleiniere, expofition du St Sacrement & Sermon; & celle du Precieux Sang de Notre-Seigneur le dix-fept Avril.

Ces Religieufes font prefentement fituées en la rue de Vaugirard quartier du Luxembourg Paroiffe de St Sulpice.

LES FILLES DE LA PROVIDENCE.

LA Communauté des Filles de la Providence, fous le titre de l'Annonciation, établie ci-devant à Charonne, a pour fondatrice la Reine Anne d'Autriche, mere du Roi Louis XIV, fuivant ce qui eft porté par l'Acte d'échange qu'elle fit de cette maifon, appellée ci-devant l'Hopital de la fanté, avec Meffieurs les Adminiftrateurs de l'Hotel-Dieu de Paris, en datte du fept Juillet 1651; par lequel Acte il paroit que cette Reine donne cette maifon & dependances aux Filles de la Providence, qui étoient fous la conduite de Madame de Polaillon, contenant onze arpens d'étendue, dont neuf avoient appartenu anciennement à Simon Brufle, & depuis acquis par Daniel Voifin, qui en fit declaration à Meffieurs de Ste Geneviéve le 11 Juin 1604, & les deux autres arpens à Antoine Marie, qui en fit auffi déclaration aufdits Sieurs de Sainte Geneviéve le vingt-deuxiéme Août 1603.

Cette Reine leur procura encore du Roi Louis XIV fon fils une penfion de douze cens livres de rente, pour foutenir cet établiffement, qui avoit commencé vers l'an 1630 par les foins de Madame Marie Lumagne, veuve de Mr de Polaillon, Refident pour le Roi en la Republique de Raguze, qui l'avoit établie en la rue d'Enfer près les Chartreux.

Cet établiffement fut commencé par les avis & les confeils qu'en donna Mr le Vacher à Madame de Polaillon, qui étoit pour inftruire & retirer des Filles dont la chafteté étoit en danger. Ce commencement fut fort difficile par le grand nombre de filles qui s'y prefenterent, qui paffoit plus de cent. Mais Madame de Polaillon avec fes Filles ayant pris poffeffion en 1652 de cette nouvelle maifon de la Santé, foutenue de la protection de la Reine Anne d'Autriche, fit que cette fondation & établiffement s'y eft maintenue avec diftinction & reputation; dont plufieurs autres Communautés Seculieres fe font établies par leur aide, & particulierement le Seminaire des Sœurs de l'Union-Chretienne qui tire fa naiffance de cette Communauté.

Madame de Polaillon, premiere Directrice, ayant reconnu dans fes Filles plufieurs d'entre elles qui feroient propres pour former des Communautés, fit venir de la Ville de Lion deux Filles, & en mit plufieurs de celles-ci fous la conduite d'une de ces Filles, appellée Catherine Florin, morte en odeur de fainteté; & fous l'autre Fille, appellée la Sœur Garnier, qui fut s'établir dans une maifon fituée en la rue Ste Avoie, où elle commença l'établiffement d'une Communauté de Nouvelles-Converties, qui ont été depuis transferées en la rue neuve Ste Anne près la porte de Richelieu, dont j'ai parlai ci-devant. Elle envoya aussi à la Ville de Metz en Lorraine la Sœur Renée des Bordes, tirée de cette Maison pour y en établir une semblable à la sienne.

Ces deux établissemens faits, Madame de Polaillon resolut par les conseils que lui en donna Mr le Vacher, de former un Seminaire de Veuves & de Filles, pour en tirer des sujets propres pour l'instruction des Nouvelles-Catholiques, & de là les envoyer dans les Provinces. Ce grand dessein fut communiqué à Mr Vincent Superieur de la Mission, & à Mr Olier Curé de St Sulpice, qui en parlerent à Mr l'Archevêque de Paris, qui y donna son approbation & promit toute sa protection pour achever une si grande entreprise. Mais la mort imprevûe de Madame de Polaillon l'ayant retirée de ce monde le quatriéme Septembre 1657, fit que ce projet fut reservé à Monsieur le Vacher, dont je parlerai ci-après au mot de l'Union-Chrétienne.

Cette Communauté a eu après la mort de Madame de Polaillon pour Directrices Madame la Duchesse d'Aiguillon, Mademoiselle Violle, Madame de Miramion, qui y fut élue en 1678, & après sa mort, Madame la Presidente de Nesmond sa fille ; & pour Directeurs, Mr le Curé de St Nicolas du Chardonnet, Mr l'Abbé le Pileur, qui a achevé & perfectionné sous les ordres de Monseigneur l'Archevêque de Paris, de qui dépend cette Communauté, les Constitutions que Madame de Miramion avoit commencées.

Leur Eglise est sous l'invocation de St Sebastien, où Mr d'Argenson a fait faire quelques embellissemens & des reparations considerables en 1711.

L'on ne reçoit en cette Communauté presentement que des Filles dont la vertu n'a point été soupçonnée & est sans reproche. Il y a presentement plus de cent Filles, dont cinquante ne payent rien, & les autres payent des pensions très-modiques. On leur apprend à faire toutes sortes d'ouvrages, à lire, à écrire & à aimer la vie laborieuse.

L'on solemnise en cette Eglise la fête de St Sebastien, comme second Patron, & celle de St Barnabé le douze Juin pour l'institution de cette Maison.

Cette Communauté est située en la rue de l'Arbalêtre Paroisse St Medard, fauxbourg St Marcel, quartier St Benoît.

Il se forma une seconde maison tirée de celle dont je viens de parler, qui fut établie en l'Isle Notre-Dame, & un Hospice en la Paroisse St Germain de l'Auxerrois ; peu de tems après celle de St Germain quartier du même nom, & celle de la Ville-neuve.

Madame de Polaillon établit aussi les Nouvelles-Catholiques à Paris.

Lettres Patentes du Roi, pour l'établissement de la Maison de la Providence de Dieu, rue de l'Arbalêtre, fauxbourg St Marcel.

LOUIS, par la grace de Dieu, Roi de France & de Navarre, à tous presens & à venir : SALUT. Nous avons assés fait connoître en diverses occasions, combien nous avons pris de soin de reformer la dépravation des mœurs qui s'étoit glissée dans cet Etat, & d'y retablir la pieté & la vertu, afin que Dieu y étant mieux servi & honoré, il répandit ses graces & ses bénédictions sur nos Peuples. C'est ce qui a donné lieu non seulement à la dotation & fondation de diverses Maisons Religieuses, mais aussi à aucuns Hopitaux, pour y retirer les pauvres filles, les élever en la crainte de Dieu, les dresser à quelques ouvrages & exercices, par le moyen des-

DE LA VILLE DE PARIS. Liv. V.

quels elles puissent être rendues capables de gagner leur vie dans une honête condition, & ainsi se garantir des dangers d'abandoner leur pudicité où la necessité les pourroit faire tomber. Comme entre tous ceux de cette nature aucun n'a paru plus utile au public que celui commencé au Village de Charonne près notre bonne Ville de Paris, par Madame Marie de Lumagne, veuve du sieur Polaillon, vivant l'un des Conseillers de notre Conseil d'Etat, & Resident pour notre service à Raguse; laquelle portée d'affection & de charité à retirer un nombre de Filles, & avec l'assistance de quelques pieuses & vertueuses Dames, auroit ci-devant acheté une maison dudit Charonne, où de present il y a bien cent Filles qui y sont élevées en toute vertu & honêteté dans la pratique des susdits exercices. Mais comme il ne suffit pas d'avoir donné commencement à une si bonne œuvre, s'il n'étoit pourvû aux moyens de la faire subsister, ladite Dame Polaillon Nous auroit supplié d'autoriser ledit établissement, & de rendre ladite Maison capable de recevoir les bienfaits qu'on voudroit destiner à cet usage, & approuver les Constitutions qu'elle a reconnu être utiles pour faire subsister ladite Maison, après en avoir eu l'avis de personnes de pieté & capacité éprouvée. POUR CES CAUSES & autres bonnes considerations à ce Nous mouvant, desirant favoriser en tout ce qu'il Nous sera possible, le pieux & louable dessein de ladite Dame de Polaillon, Nous avons loué & approuvé, louons & approuvons par ces Presentes, signées de notre main, le susdit établissement ainsi par elle fait audit lieu de Charonne. Et pour davantage profiter au Public, lui avons permis & permettons d'acquerir en notre bonne Ville de Paris ou ès fauxbourgs d'icelle, une place ou maison de grande étendue, où puisse être fait & transferé ledit établissement de Charonne. Laquelle maison sera appellée *la Maison de la Providence de Dieu* destinée à retirer les pauvres filles ou autres dépourvues de moyens ou destituées de conduite pour vivre honnêtement ; lesquelles y seront nourries ; élevées & instruites en la crainte de Dieu, & en l'exercice d'aucuns ouvrages qui les puissent rendre capables de gagner leur vie ou d'entrer en condition avec des Dames vertueuses qui les voudront retirer. Et à cette fin ; & pour satisfaire aux grandes dépenses qu'il conviendra faire pour leur établissement, Nous avons permis & permettons à celles qui auront la direction & conduite de ladite Maison, de recevoir & accepter les aumônes, legs & bienfaits qui leur seront faits par nos Sujets, & d'en disposer au profit d'icelles, le tout sous la direction de notre amé & feal l'Archevêque de Paris ou ses successeurs; par lesquels sera député un Ecclesiastique de probité reconnue, pour y administrer les Sacremens de l'Eglise, qui leur sera presenté par les Dames Superieures de ladite Maison; lesquels oiront & examineront les comptes de la dépense, & auroit tout pouvoir de mettre hors & renvoyer d'icelle Maison celles desdites Filles qu'ils connoîtront portées av. mal & incapables de correction & discipline. De laquelle Maison nulle Dame ne pourra être Superieure qu'elle ne soit veuve & jouissante de ses droits, afin de pouvoir agir de son chef à ce qui sera pour le bien de ladite Maison ; laquelle Nous avons prise en notre protection speciale, & munie de tous les Privileges accordés par Nous & nos Predecesseurs aux Hopitaux de fondation Royale, tout ainsi que si lesdits Privileges étoient ici plus particulierement specifiés & déclarés. Et afin que la susd. Maison de la Providence puisse jouir à l'avenir paisiblement des rentes, heritages & autres biens qui leur ont été ou pourront être donnés & aumônés, Nous les avons amortis & amortissons, comme à Dieu dediés, sans qu'il Nous soit pour ce payé aucune finance ou indemnité, de laquelle, en tant que besoin est ou seroit, Nous avons fait don & remise à ladite Maison, à la charge toutefois de l'indemnité envers les Seigneurs desquels lesdits heritages pourroient être tenus & mouvans. SI DONNONS EN MANDEMENT à nos amés & feaux Conseillers ; les Gens tenant notre Cour de Parlement, & Chambre de nos Comptes à Paris, Prevôt dudit lieu, ou son Lieutenant, & autres nos Justiciers & Officiers qu'il appartiendra, que ces Presentes ils fassent enregîtrer, & du contenu en icelles jouir & user ladite Maison de la Providence, & celles qui en auront la conduite & la direction, pleinement, paisiblement & perpétuellement, cessant & faisant cesser tous troubles & empêchemens quelconques à ce contraires. CAR TEL EST NOTRE PLAISIR. Et afin que ce soit chose ferme & stable à toujours, Nous avons fait mettre notre sceau à cesdires Presentes : sauf notre droit en autre chose, & l'autrui en toutes. DONNE' à Paris au mois de Janvier l'an de grace mil six cens quarante-trois & de notre Regne le trente-troisiéme.

Ces Lettres ne furent point enregîtrées ; ce qui fit que cette Communauté fut obligée d'avoir recours au Roi Louis XIV, qui leur en donna d'autres ; ce qui fut executé en l'année 1677.

LA COMMUNAUTÉ DES SOEURS SACHETTES.

LA Communauté des Sœurs Sachettes est très-ancienne. Malingre rapporte en ses Antiquités de la Ville de Paris page 196, qu'il y avoit un Couvent de pauvres femmes Religieuses, appellées Sachettes, à cause des sacs dont elles étoient vêtues, & étoient logées en grandes maisons qui étoient encore en 1383 en une rue aussi appellée de leur nom située derriere St André des Arcs. Ces maisons ont passé à Jean Gallope, Avocat. Ces Religieuses en furent expulsées du tems du Roi St Louis.

Du même Ordre étoient les Freres des Sacs, qui se tenoient où sont presentement les R. P. Augustins, dont j'ai parlé ailleurs.

LA COMMUNAUTÉ DU SAUVEUR.

CETTE Communauté fut établie pour y recevoir des femmes & filles qui se sont prostituées & qui desirent faire penitence de leurs fautes passées. Elles y sont reçues à l'instar de la Communauté du Bon-Pasteur.

Cet établissement a commencé en la rue du Temple vers la rue Portefoin, par les soins de Madame des Bordes, & de plusieurs autres Dames, qui touchées des desordres des filles & femmes embrasserent cet œuvre de charité vers l'an 1701. Mais n'étant pas bien logées ni commodément pour l'execution de cet établissement, elles vinrent trois ans après en cette demeure, où l'on a bâti une Chapelle dédiée sous l'invocation du Sauveur, & plusieurs dortoirs sur un fonds qu'elles ont acheté.

L'on solemnise en cette Eglise la fête de la Transfiguration de Notre-Seigneur, comme titulaire ; & le six Août celle de Ste Marie l'Helespontine, niece de St Abrahon, où il y a exposition du St Sacrement & Sermon.

Cette Communauté est située en la rue de Vendosme quartier du Temple ou du Marais Paroisse de

LE COUVENT DES FILLES DU St SACREMENT
de la rue Caſſette.

LE Couvent des Benedictines de l'adoration perpétuelle du St Sacrement, dites *Filles du St Sacrement*, Regle de St Benoît, de la Congregation de St Maur, eſt une eſpece de Communauté particuliere diſtinguée des autres branches de cet Ordre par la pratique de quelques auſterités dont les autres ſont exemtes ; comme d'y obſerver la Regle de St Benoît dans ſa plus étroite reforme : que les Prieures y ſont électives & triennales : qu'il doit y avoir une Religieuſe nuit & jour à genoux la corde au col au pied d'un poteau, où eſt un cierge allumé au milieu du chœur, & autres.

Elles vinrent de Lorraine où elles étoient pour lors, en cette Ville, à cauſe des guerres, & ſous la protection de Marguerite de Lorraine, ſeconde femme de Gaſton de France Duc d'Orleans. Leur premier établiſſement fut en la rue du Bac, enſuite en la rue Feron. Dans ce tems la Reine Anne d'Autriche fit dire à Mr Picotté, Prêtre habitué à St Sulpice de Paris, qui paſſoit pour un ſaint, qu'il eut à faire tel vœu qu'il plairoit à Dieu de lui inſpirer pour obtenir la paix dans ſon Royaume, & qu'elle auroit ſoin de le faire accomplir ; le vœu fait, la paix s'enſuivit. Enſuite de quoi ce ſaint Prêtre fit entendre à la Reine qu'il avoit voué l'établiſſement d'une Maiſon de Religieuſes conſacrées à l'adoration perpétuelle du St Sacrement. Quelques Dames de qualité qui s'étoient propoſées de contribuer à ce grand projet par de groſſes ſommes d'argent qu'elles donnerent dès l'an 1652 & 1653, comme Madame la Comteſſe de Chateau-vieux, Madame Courtin Marquiſe de Baume & autres, qui touchées d'un zèle, & ſouhaitant que le St Sacrement fut honoré continuellement dans quelque Monaſtere, jetterent les yeux ſur la Mere Melchtilde qui étoit arrivée à Paris avec pluſieurs de ſes Religieuſes ſorties des Benedictines de la Ville de Ramberviliers en Lorraine à cauſe des guerres. Les grands talens & la grande vertu de ladite Mere Melchtilde, la faiſoient diſtinguer par tout pour la ſeule capable d'executer ce grand deſſein; en conſequence de quoi l'on lui donna la conduite de ce Couvent, qui étoit établi en la rue Feron ; où le St Sacrement fut expoſé pour la premiere fois le jour de l'Annonciation de l'an 1653. L'année ſuivante la Reine Anne d'Autriche y vint elle-même faire poſer la Croix ſur la porte de ce Couvent, & y fit la reparation en perſonne devant l'Autel le flambeau à la main, confirmant cet établiſſement comme de fondation Royale : ce qui ſe fit le Jeudi douze de Mars 1654. Mais la mort de cette Reine Anne d'Autriche arrivée en 1666 a empêché que les grands deſſeins qu'elle avoit pour l'établiſſement de ce Couvent n'ayent été executés.

Ces Religieuſes obtinrent pour leur établiſſement une permiſſion de Mr l'Abbé de St Germain des Prés, & des Lettres Patentes enregîtrées au Parlement & en la Chambre des Comptes en 1654.

Pendant leur ſejour en cette demeure de la rue Feron, on leur fit bâtir tout à neuf un Couvent en la rue Caſſette, où elles furent transferées en 1669, dont la benediction s'en fit par Mr l'Evêque du Pui en la même année 1669.

Cette Mere Melchtilde, dont l'on vient de parler, doit être conſiderée comme fondatrice de cette Congregation. Elle y mourut le ſix Avril 1698 âgée de quatre-vingts-quatre ans.

Ces Religieuſes ſont preſentement établies en la rue Caſſette quartier du Luxembourg Paroiſſe de St Sulpice.

LE COUVENT DES FILLES DU St SACREMENT,
du Marais.

LES Filles du St Sacrement, Ordre de St Benoît, furent établies en l'Hotel de Bouillon, rue St Louis, quartier du Marais, où elles sont presentement, qu'elles acheterent par Contrat du trentiéme Avril 1684, regitré en Parlement le vingt-six Août, & en prirent possession le seize Septembre de la même année.

Il est à remarquer que cet Hotel avoit servi de Prêche aux Religionnaires, & qu'il ne pouvoit être mieux cedé qu'à des Religieuses qui y font une Adoration perpetuelle au St Sacrement. Cet établissement s'est fait par la sollicitation de quelques Religieuses, que la Superieure du Monastere du St Sacrement, établie à Toul en Lorraine, envoya à Paris en 1674. Elles demeurerent pendant quatre ou cinq mois au Monastere du même Institut, rue Cassette; ensuite Monsieur l'Archevêque de Paris leur permit de se mettre en hospice en une maison proche la Porte Montmartre, que les Religieuses de la Congregation de Notre-Dame, dont j'ai parlé ci-devant, quittoient pour aller demeurer au fauxbourg St Marcel. Elles y entrerent le vingt-deux Octobre 1674. Le premier jour de Novembre ensuivant l'on exposa, pour la premiere fois, le St Sacrement, qui y a été adoré, & l'est toujours; & continuerent le Service divin avec la même regularité des autres Maisons de leur Institut.

En 1680 l'on vendit cette maison de la Porte Montmartre, qu'elles n'avoient qu'à loyer; mais Monsieur l'Archevêque de Paris, à la sollicitation de la Duchesse d'Aiguillon, leur permit de s'établir ailleurs, dont elles obtinrent des Lettres Patentes au mois de Juin 1680. Depuis ce tems-là, ces Religieuses ont demeuré au delà de la Porte de Richelieu, dans une maison qu'elles avoient louée pour quatre années; mais ne s'y trouvant pas bien, elles jetterent les yeux sur l'Hotel de Bouillon, qu'elles acheterent de Monsieur le Cardinal de Bouillon, comme je l'ai dit ci-devant.

Elles sont situées au haut de la rue St Louis, quartier du Temple ou du Marais.

LA COMMUNAUTÉ DE Ste THEODORE,
rue des Poules, fauxbourg St Marcel.

LA Communauté de filles de Ste Theodore a commencé vers l'an 1687, par les soins de Monsieur Gardeau, Curé de St Etienne du Mont, qui dans la visite de sa Paroisse reconnut qu'il y avoit quantité de jeunes filles engagées dans de mauvais commerces, qui y croupissoient faute de biens, de nourriture & de protection pour les retirer de ce libertinage. Ce qui porta ce digne Curé, assisté de plusieurs Dames charitables, à ramasser celles que Dieu avoit touchées de sa grace, dans une maison sise rue des Poules, fauxbourg St Marcel, sous la direction de Monsieur Labitte Prêtre de la Paroisse de St Etienne, qui menoit une vie exemplaire de sainteté.

Monsieur de Chanvallon, Archevêque de Paris, voulant changer de Directeur à cette Communauté, mit à la place de Mr Labitte Prêtre, pour lors leur Directeur, Monsieur l'Abbé le Fevre sous-Precepteur des Enfans

DE LA VILLE DE PARIS. Liv. V.

de France, homme autant recommandable par son zèle, que par sa charité, & d'une profonde érudition. Monsieur le Fevre n'eut pas plutôt pris possession de cette maison, que ces filles, sans connoître le caractere de leur nouveau Superieur, prevenues contre lui, & apprehendant la suite de ce changement, refuserent de se soumettre à sa conduite, & de recevoir les regles qu'il voulut leur donner. Elles prirent par entêtement la triste resolution de sortir par des voies indirectes de cette maison de la rue des Poules, sans garder aucune mesure de prudence & de bienséance. Ce qui fit que quelques-unes de ces filles se retirerent en une autre Communauté qui donna lieu à la naissance de la Communauté de St Aure, dont j'ai parlé ci-devant au mot de St Aure.

COMMUNAUTE' DE Ste VALERE.

L'ON ne peut dire autre chose de l'origine de la Chapelle de Ste Valere, sinon que la maison qui la compose, appartenoit autrefois à un nommé Prevôt, de laquelle maison dependoit un jardin qui étoit vis-à-vis & de l'autre côté de la rue, qui appartient presentement aux Apotiquaires, comme on le va voir.

Nota, Que l'on trouve dans les anciens titres de Ste Geneviéve un Hotel-Dieu de la rue de Lourfine, dès l'an 1510, & même avant, &c.

Cette Chapelle de Ste Valere a été unie à l'Hotel-Dieu de Paris. l'Arrêt d'union & les Lettres Patentes pourront dire quelque chose de l'origine de cette Chapelle.

La maison & le jardin des Apotiquaires leur appartiennent au moyen de l'acquisition qu'ils en ont fait de Gabriel Juselin & sa femme à titre de rente, le deuxiéme Decembre 1626. Et le jardin de la Chapelle Ste Valere, qui est à present confondu dans celui-ci, leur appartient au moyen d'un Arrêt du Conseil du septiéme Septembre 1624.

Les Filles de Ste Agathe sont Proprietaires de leur maison (qui en composoit autrefois deux) sous le nom de deux particuliers qui ont acquis chacun une de ces maisons, l'un le neuviéme Avril 1700, & l'autre le dix-septiéme Mai audit an.

COMMUNAUTE' DU VERBE INCARNE'.

CETTE Congregation du Verbe Incarné a commencé son établissement à Lion en 1637, par les soins de la Mere Matel. Le quinziéme Novembre 1639, elle fit l'établissement de cette Congregation à Avignon, où Monsieur l'Evêque de Nismes donna l'habit aux cinq premieres Religieuses de cette Congregation, elle vint ensuite à Grenoble, & de Grenoble à Paris par les ordres d'Anne d'Autriche, où elle établit une Congregation du Verbe Incarné, le premier Janvier 1644. Elle fut obligée de quitter cette Ville de Paris pour retourner à Lion, où elle arriva le premier Novembre 1653, & fit changer cette Congregation en Monastere, en 1655. Elle revint à Paris en 1663, où elle fut reçue avec beaucoup de joie, & elle y mourut le douze Septembre 1670, après y avoir pris l'habit & fait profession. Mais les Religieuses restantes en ce Monastere après sa mort, furent obligées par leur mauvaise conduite de quitter cette demeure, & la ceder à Madame Poulin, qui y mit de jeunes filles qu'elle avoit retirées pour commencer un nouvel établissement ou Congregation de Religieuses. Mais elles quitterent cette demeure, parce qu'elle avoit été

Tome I. XXxx ij

vendue aux Religieuses de l'Abbayie de Pantemon comme je le dirai ci-après.

LES FILLES DE Ste MARIE DE LA VISITATION,
rue St Antoine, près la Place-Royale.

LE Couvent des Filles de Ste Marie de la Visitation, sous le titre de *Notre-Dame des Anges*, fut premierement établi au fauxbourg d'Annecy en Savoie, où St François de Sales donna une maison pour leur premier établissement, qui fut le sixiéme Juin 1610. Dans ce premier établissement elles ne firent que de simples vœux, & sortoient de leurs maison pour le soulagement des malades; mais ensuite elle fut érigée en Religion, confirmée par le Pape Paul V. Après plusieurs établissemens en divers endroits, elles vinrent en cette Ville environ l'an 1619, où St François de Sales fit la cérémonie de cet établissement le premier Mai de la même année, & fit pour premiere Mere & Fondatrice, Françoise Fremiot de Chantal, morte en odeur de sainteté en 1641, âgée de soixante-dix ans; & pour premier Superieur & Pere spirituel de toutes les Maisons, Mr Vincent de Paul; dont il reçut les ordres du Cardinal de Retz, alors Archevêque de Paris : & furent installées premierement, en une maison située au fauxbourg St Michel; mais s'y trouvant trop petitement logées par la grande quantité de Religieuses qui se presentoient pour y entrer, elles acheterent plusieurs maisons derriere les Celestins, comme l'Hotel de Boisy ou de Cossé, qui leur couterent la somme de vingt-quatre mille liv. en 1628, où elles ont fait bâtir un très-beau Monastere, & une très-belle Eglise, où elles furent transferées (qui est à voir des Curieux). De cette Maison sont sorties celles qui furent établies en la Ville de St Denys en France, dont je parlerai ci-après.

Ce Couvent est situé en la rue & quartier St Antoine, près la Place-Royale.

LE COUVENT DES FILLES DE LA VISITATION DE St JAQUES,
fauxbourg St Jaques, quartier de St Benoît.

LES Filles de la Visitation de St Jaques, sous le titre de *St François de Sales*, vinrent s'établir en ce lieu le troisiéme Août 1626, où une partie de celles qui se presentoient en la Maison de la rue St Antoine, qui se trouvoit trop petite, donna occasion à ce second établissement qu'elles firent bâtir sur plusieurs maisons qu'elles acheterent de Monsieur le Clerc Conseiller au Parlement, situées sur la grande rue du fauxbourg St Jaques, jusqu'à la ruelle qui va à la rue des Postes, & qui à main droite conduit à l'Hopital, ou Maison de la Santé, presentement appellées les Filles de la Providence, joignant le Monastere des Ursulines, elles y entrerent le troisiéme Août 1626.

Elles sont situées en la grande rue du fauxbourg St Jaques, quartier de St Benoît.

LE COUVENT DES FILLES DE LA VISITATION,
sous le titre de Notre-Dame de Paix, rue de Grenelle, au coin
de la rue du Bacq, quartier de St Germain des Prés.

CES Filles furent premierement établies en la rue Montorgueil, le vingt-cinq Juillet 1660, tirées du Couvent de St Jaques; mais ne s'y trouvant pas bien, elles prirent cette demeure en 1673, où elles ont fait faire de très-beaux bâtimens, & une Eglise où la premiere pierre fut posée par une pauvre femme sans aucune cérémonie, par les soins de Madame la Presidente d'Anfreville leur Bienfaictrice.

Elles sont situées en la rue de Grenelle au coin de la rue du Bacq, quartier St Germain des Prés.

LES FILLES DE LA VISITATION DE Ste MARIE DE CHAILLOT,
Regle de St Augustin.

LA Reine d'Angleterre s'étant retirée à Paris, & cherchant un lieu commode & agréable pour y fonder un Monastere, on lui indiqua la maison de plaisance que Catherine de Medicis avoit fait bâtir à Chaillot, que le Maréchal de Bassompierre, après la mort de cette Reine Marie de Medicis, avoit embellie, & que le Comte de Tilliers possedoit. Comme cette maison se trouva en decret, la Reine d'Angleterre se la fit adjuger, & on commença à y preparer tout ce qui étoit necessaire pour la nouvelle fondation de ce Monastere, qui fut en 1651. Cette Illustre Princesse Henriette-Marie de France, Reine d'Angleterre, fille du Roi Henri IV Roi de France, & femme de Jaques I, Roi d'Angleterre, decedée à Colombe près Paris & de ce lieu, le dixiéme Septembre 1669, âgée de soixante ans, a toujours honoré cette Maison de ses bienfaits, en lui laissant pour marque de son affection son cœur; à côté duquel fut mis aussi le cœur du Roi Jaques II, Roi d'Angleterre, son fils, & celui de Louise Marie Stuart, fille de Jaques II, morte à St Germain en Laie le dixiéme Avril 1712, âgée de dix-neuf ans.

Il paroît que ce Monastere est destiné pour être la retraite des Reines d'Angleterre. La Reine d'Angleterre presentement en France, l'honore de frequentes visites. L'on y a encore bâti depuis des augmentations considerables, & l'Eglise a été rebâtie tout à neuf en 1704.

Ce Couvent est situé au bout du fauxbourg St Honoré, ou de la Conference, ou du Cours de la Reine, quartier du Palais-Royal.

LES FILLES DE LA VISITATION DE Ste MARIE,
établies en la Ville de St Denys en France.

MONSIEUR Armand de Bourbon, Prince de Conti, Abbé pour lors de St Denys, & les Habitans de la Ville, formerent opposition à leur établissement, ce qui obligea les Religieuses à demander la protection de la Reine Anne d'Autriche, qui voulut bien appuyer de son autorité cet établissement par des Lettres de fondation Royale, au nom du Roi Louis XIII, de l'année 1638 : ainsi elles commencerent à s'y établir le trente Juin 1639, en une petite maison, où à peine pouvoient elles loger toutes. La premiere Superieure fut la Reverende Mere Françoise-Elizabeth Phelipeaux de Pontchartrain. Celle qui commença le bâtiment de cette Maison, fut la Mere Marie-Madelaine le Laboureur, au mois de Mars de l'année 1666. Madame la Chancelicre Seguier posa la premiere pierre au nom de Monsieur le Chancelier son mari, où l'on enferma plusieurs medailles, par lesquelles on marquoit qu'on dedioit ce bâtiment à la Ste Trinité, sous la protection du St Enfant Jesus, de la Vierge & de St Joseph.

L'Eglise n'est pas encore bâtie ; ce n'est qu'une Chapelle benite, en attendant que les bâtimens soient achevés.

Ce Monastere, comme tous ceux de cet Ordre, est gouverné par Messieurs le Evêques de chaque lieu; car les Constitutions deffendent, sous quelque pretexte que ce soit, de dépendre des Reguliers, qu'on ne peut même choisir pour Superieur immediat & particulier de chaque Communauté.

Le commencement de l'établissement des Religieuses de cette maison, est sorti de la maison de Paris, située en la rue St Antoine, avec la permission de la Reverende Mere Helene-Angelique Luillier, qui en étoit pour lors Superieure.

LE SEMINAIRE DE L'UNION CHRETIENNE,
situé en la rue St Denys, près la Porte.

LE Seminaire de l'Union Chrétienne commença premierement à Charonne, l'an 1661, en une maison appartenante à Madame de Croze, par les soins de Monsieur Vachet, qui fit venir de Metz la Sœur Renée Desbordes, que lui & Madame de Polaillon avoient envoyée à Metz pour établir une Communauté. Mademoiselle de Croze se joignit à elle, appellée depuis Sœur Anne de Croze, qui pour vaquer plus librement aux exercices de pieté, s'y étoit retirée. Quelques années après l'établissement de ces Filles, Mademoiselle de Croze ayant remarqué en leur conduite une vie reglée, les gratifia de sa maison & de ses héritages, qui étoient considerables, par une donation entre vifs, qu'elle leur fit par Contrat du quinziéme Septembre 1672, ratifié par le Roi par ses Lettres Patentes du mois de Fevrier 1673, qui confirma cet établissement & donation, qu'il mit sous la dépendance de Mr l'Archevêque de Paris.

Ce fut donc en ce village de Charonne, que ces deux Sœurs, accompagnées des Sœurs Marguerite Martaigneville; Madelaine Vergnier, Marguerite-Agnès Desnoyers & autres, jetterent les fondemens du Seminaire de l'Union Chrétienne, & eurent pour premiere Superieure, Sœur Anne de Croze, que son zèle & sa douceur ont toujours fait aimer & distinguer.

Et pour premier Superieur, qui en fit les fonctions, le premier Mai 1672, Monsieur l'Abbé de Benjamain, Grand-Vicaire & Official de Monsieur l'Archevêque de Paris. Le St Sacrement n'y étoit pas encore, & elles n'avoient qu'une Chapelle sous l'Invocation de St Joseph, où tous les jours on leur disoit la Messe ; mais ce Grand-Vicaire obtint la permission d'y poser le St Sacrement le premier Mai 1675.

Cette Communauté fut transférée de ce lieu en la rue St Denys, en un Hotel appellé St Chaumont, qui leur fut adjugé par les Creanciers du sieur & Dame Menardeau, par déliberation du trentiéme Août 1683, &

par la permission qu'en donna François de Harlai, Archevêque de Paris, le neuviéme Août 1684, confirmée par Lettres Patentes du Roi du mois d'Avril 16 7, dont la teneur est ci-après. A condition que ladite Maison ne pourra être changée ni convertie en Maison de Profession Religieuse; & que celles qui y sont à present & qui leur succederont, seront toujours en l'état de Séculieres, suivant leur Institut.

Cette translation ne se fit en l'Hotel de St Chaumont qu'en l'année 1685, où Monsieur l'Archevêque de Paris dit la premiere Messe, le dix-huit Février 1685, en la Chapelle dediée à St Joseph, dont l'on solemnise la fête, comme Titulaire de cette Maison, où il y a Indulgence Pleniere, Exposition du St Sacrement & Sermon. Il y a aussi en cette Eglise une Confrairie de la bonne Mort, où l'on solemnise la fete de St Michel; il y a aussi Indulgence Pleniere, Exposition du St Sacrement, & Sermon.

L'Institut de ces Filles de l'Union Chrétienne est pour la conversion des filles & femmes hérétiques, & les retirer auparavant ou après leur abjuration, à l'exception du Seminaire de Charonne aujourd'hui transferé l'Hotel de St Chaumont, dans lequel elles ne peuvent être reçues qu'après qu'elles ont fait abjuration, pour y recevoir & retirer des filles & des veuves de qualité, destituées de biens ou de protection, & qui ne pouvant être reçues en d'autres Communautés, sont formées & élevées, ou pour entrer dans l'Institut, ou pour vivre Chrétiennement dans l'état où Dieu les appelle, après avoir reçû une sainte éducation en cette Maison, établie aussi pour élever de jeunes filles dans la vertu & dans la pieté Chrétienne, leur apprendre à lire & écrire, & les exercices de toutes choses.

Ce Seminaire est situé en la rue, & près la Porte St Denys, quartier de St Denys.

Lettres Patentes pour les Filles de l'Union Chrétienne, de St Chaumont.

LOUIS par la grace de Dieu, Roi de France, & de Navarre, à tous presens & à venir; SALUT. Nos cheres & bien amées Renée Desbordes, Anne de Croze, Marguerite de Gaude, & autres Filles associées du Seminaire & Communauté seculiere de l'Union-Chrétienne, transferées de Charonne en notre bonne Ville de Paris, Nous ont fait exposer, que comme il a plû à la Divine Providence donner une bénédiction toute particuliere à leur Institut, à cause des œuvres de charité & de pieté qu'elles exercent avec beaucoup d'application & de succès, pour instruire sous l'autorité de l'Ordinaire, les Nouvelles-Catholiques qui sont délaissées par leurs parens, & donner une retraite aux femmes, veuves, filles & orphelines qui ont le malheur de n'avoir pas de bien pour satisfaire aux necessités les plus pressantes. Comme aussi de s'appliquer à l'instruction des jeunes enfans dans les lieux où elles sont établies, & à l'éducation de ceux des Nouveaux-Catholiques, Nous leur aurions permis de faire divers établissemens dans notre Royaume qui ont eu le succès que Nous en esperions, même au-delà de ce que Nous en pouvions attendre, dont Nous sommes pleinement informés par les témoignages que Nous en ont donnés leurs Evêques Diocesains, mais principalement par notre très-cher & bien-amé Cousin le sieur du Harlai, Archevêque de Paris, Duc & Pair de France, qui par des Patentes du neuf Août 1684 auroit pour les causes & motifs y contenus, permis sous notre bon plaisir, de transferer leur Seminaire & Communauté établi à Charonne en vertu de nos Lettres Patentes du mois de Fevrier 1673, & de s'établir dans notre bonne Ville de Paris à l'Hotel de St Chaumont rue St Denys, qui leur a été adjugé par les créanciers des sieur & Dame Menardeau, suivant leur délibération du trente Août 1683, confirmée par un jugement du vingt Decembre 1684 rendu par les Commissaires à ce députés, & suivi d'un Decret volontaire fait en notre Cour de Parlement le vingt-trois Mars 1685. De sorte qu'il ne reste plus de notre part qu'à homologuer & confirmer le tout. A CES CAUSES, & autres à ce Nous mouvans, Nous de notre grace speciale, pleine puissance & autorité Royale, avons par ces Presentes signées de notre main, loué, approuvé & confirmé, louons, approuvons & confirmons l'etablissement fait en notre bonne Ville de Paris dudit Seminaire de l'Union-Chrétienne en l'Horel de St Chaumont, pour y faire leurs exercices sous la conduite & direction dudit sieur Archevêque de Paris, suivant les statuts & reglemens par lui faits ou à faire; à condition toutefois que ladite maison ne pourra être changée ni convertie en maison de profession Religieuse, & que celles qui y sont à present & celles qui leur succederont seront toujours en l'état de seculieres suivant leur Institut. Que Nous avons en outre permis & permettrons d'accepter & recevoir toutes donnations & fondations & autres dispositions; d'acquerir, tenir & posseder biens meubles & immeubles de même que les autres Communautés, sans néanmoins qu'elles puissent pretendre aucun amortissement, sinon seulement du fonds de leur Eglise, maison, jardin & enclos, que Nous avons amortis & amortissons par cesdites Presentes comme à Dieu dédiés & consacrés, sans qu'il soit besoin d'obtenir d'autres Lettres de Nous ni de nos successeurs, dont Nous les avons déchargés & déchargeons, même de leur en payer ni à Nous aucune finance ni indemnité, droits de francs fiefs, nouveaux acquêts & autres, dont Nous les avons affranchis & affranchissons, fait & faisons don en tant que de besoin, à quelque somme que le tout se puisse monter; à la charge de payer les indemnités & autres droits dûs à autres Seigneurs que Nous, & à la charge aussi de faire chaque jour des prieres particulieres à Dieu pour la conservation & prosperité de notre personne & de toute notre maison Royale. SI DONNONS EN MANDEMENT à nos amés & feaux Conseillers, les Gens tenans notre Cour de Parlement, Chambre des Comptes & Cour des Aides à Paris, que ces Presentes ils ayent à faire lire, publier & regîtrer, & du contenu en icelles jouir & user par ladite Communauté pleinement, paisiblement & perpetuellement, cessant & faisant cesser tous troubles & empêchemens, nonobstant tous Edits, Declarations, Arrêts & Reglemens & autres choses à ce contraire, ausquelles & aux derogatoires des derogatoires y contenus, Nous avons dérogé & dérogeons par ces Presentes: Car tel est notre plaisir. Et afin que ce soit chose ferme & stable à toujours, Nous avons fait mettre notre scel à cesdites Presentes. Donné à Versailles au mois d'Avril l'an de grace mil six cens quatre-vingt-sept, & de notre regne le quarante-quatriéme. *Signé*, LOUIS. Et sur le repli, par le Roi, COLBERT, & scellé.

Regîtrées au Parlement le dix-huit Novembre. Et en la Chambre des Comptes le trente Decembre 1687.

LA COMMUNAUTE' DES FILLES DE Ste ANNE, de la petite Union-Chrétienne, appellées ainsi pour les distinguer d'avec celles de St Chaumont.

CES Filles furent établies l'an 1679 en la Ville-neuve quartier de St Denys, pour servir d'azile à de pauvres filles & femmes en attendant ou cherchant des conditions ou en étant sorties; ce qui avoit fait tant de compassion à Mr le Vacher, que considerant cet état malheureux auquel ces pauvres filles & femmes étoient exposées, il excita la pieté tant de Mr de Noailles, Evêque de Châlons, depuis Archevêque de Paris, que de l'Abbé Hervé, Evêque de Gap. Ces deux Prelats qui méditoient les moyens d'y parvenir & d'y apporter remede, en parlerent à Mademoiselle de Lamoignon & à Mademoiselle Mallet. Ces quatre illustres personnes resolurent après une mure déliberation, d'établir une Communauté qui seroit pour ces Filles un lieu d'azile.

Dieu qui presidoit à ce grand dessein leur inspira d'aller trouver Mr Berthelot, assés connu dans le monde par ses grandes charités, & lui demander pour cet établissement une maison qu'il avoit fait bâtir à la Ville-neuve, pour retirer les Soldats estropiés & invalides. Cette maison leur avoit servi de retraite jusqu'au tems que le Roi eût fait bâtir l'Hotel des Invalides. Mr & Me Berthelot ravis de trouver une ocasion de contribuer au grand dessein que leur avoient projetté ces quatre personnes, donnerent cette maison toute meublée, & garnie de tout ce qui est necessaire pour les besoins de la vie. Ce qui se fit en 1679.

Le Roi approuva cet établissement par des Lettres Patentes du mois de Fevrier 1685 regîtrées en Parlement le cinq Fevrier 1686, & permit aux Sœurs du Seminaire de l'Union-Chrétienne de s'y établir & d'en prendre possession pour y vivre conformément à leur Institut.

Madame de Noailles & les autres en parlerent à Mr Vachet, & allerent à Charonne, prier Sœur Anne Croze de leur donner des Sœurs du Seminaire pour commencer cet établissement; ce qui fut executé, & y établirent plusieurs Sœurs pour gouverner cette maison, qui est située à la Ville-neuve en la rue de la Lune quartier de St Denys.

L'on solemnise en cette Eglise la fête de Ste Anne, comme titulaire de cette maison.

Lettres Patentes du Roi, portant confirmation de l'établissement de la Communauté des Filles de l'Union-Chrétienne, de la Ville-neuve sur Gravois rue de la Lune.

LOUIS, par la grace de Dieu, Roi de France & de Navarre; A tous presens & à venir; SALUT. Notre amé & feal Conseiller en nos Conseils, Secretaire des commandemens de notre très-chere & très-amée fille la Dauphine, François Berthelot, & Dame Marie Regnault sa femme, ayant acquis une place en notre bonne Ville de Paris sise à la Ville-neuve sur Gravois rue de la Lune, auroient fait faire plusieurs bâtimens & y auroient fait mettre cinquante lits garnis, pour y recevoir les Soldats qui revenoient malades de nos Armées. Mais le secours ayant manqué à cet établissement, les Dames, qui dans notre bonne Ville de Paris s'appliquent aux charités, ayant reconnu que cette maison pouvoit servir de retraite à des Filles qui sont persecutées de leurs parens pour s'être converties à la Foi Catholique, & de celles qui viennent en notre-dite Ville de Paris, & n'ayant point d'azile sont contraintes de loger chés des personnes inconnues. Lesdits sieur & Dame Berthelot par Contrat du treize Mai 1682 auroient fait don entre-vifs aux Filles de l'Union-Chrétienne ci-devant établies au Bourg de Charonne de ladite maison, de tous les lits, linges, meubles & ustenciles qu'ils y avoient fait mettre, pour y recevoir à l'avenir les Filles de la qualité ci-dessus, & pour leur faire apprendre non seulement l'exercice de pieté, mais les ouvrages qui les peuvent rendre capables de servir. Et pour cet effet lesdites Dames auroient obtenu le consentement de notre très-cher & bien-amé Cousin l'Archevêque de Paris, Duc & Pair de France, Commandeur de nos Ordres. Mais comme nuls établissemens ne peuvent être faits sans notre permission, Nous avons été requis de vouloir accorder nos Lettres à ce nécessaires. A quoi Nous inclinons d'autant plus volontiers, que Nous cherchons toutes les occasions de contribuer à tout ce qui tend à la gloire de Dieu & à l'utilité de nos Sujets, ayant déja pour favoriser cet établissement accordé plusieurs fois une aumône de six cens livres, & le Clergé de France à notre exemple ayant aussi accordé une pension de deux cens livres par chacun an. SAVOIR FAISONS, que Nous pour ces causes & autres à ce Nous mouvans, de l'avis de notre Conseil, qui a vû le consentement de notre-dit Cousin l'Archevêque de Paris, ci attaché sous le contre-scel de notre Chancellerie, & de notre grace speciale, pleine puissance & autorité Royale, avons autorisé, approuvé, homologué & confirmé par ces Presentes, signées de notre main, en tant que besoin est ou seroit, ledit Contrat de donation faite par lesd. sieur & Dame Berthelot ausd. Filles de l'Union Chretienne de la maison sise à la Ville-neuve sur Gravois rue de la Lune, ensemble de tous les lits, linges, meubles & ustenciles qu'ils y ont mis; dans laquelle maison elles envoyeront quatre de leur Communauté, & plus s'il est necessaire, pour la conduite des Filles qui s'y retireront, & lesquelles y seront reçues en la maniere qui sera reglée par ceux ou celles qui en ont l'administration. Et pour maintenir ladite maison il sera choisi quatre desdites Dames qui s'appliquent aux charités, dont une d'entre elles sera nommée la protectrice. Arrivant le décès de l'une desdites Dames, il sera procedé par les trois autres à l'élection d'une quatriéme, en cas que la défunte n'en ait point nommée de son vivant, soit pour être en la place de la protectrice ou pour remplir le nombre des quatres; le tout n'ayant force & vertu qu'avec l'agrément de notre cher Cousin l'Archevêque de Paris. A cette fin permettons ausdites Filles de l'Union-Chrétienne d'accepter tous dons & legs qui leur pourront être faits, soit entre-vifs, par disposition testamentaire ou à cause de mort, comme aussi d'acquerir, tenir & posseder toutes terres, maisons & heritages & autres biens, de faire bâtir & édifier en ladite maison une Chapelle, si fait n'a été, & autres lieux necessaires à leur établissement, sans pretendre par Nous aucun amortissement, même des fonds de ladite maison, jardin & clôture, dont Nous leur faisons don par ces Presentes, & sans qu'elles soient tenues de Nous payer ni à nos successeurs Rois aucune finance ni indemnité, dont Nous les avons tenues quittes & exemptes, à quelque somme qu'elles se puissent monter, à la charge néanmoins des droits & devoirs dont les lieux ci-dessus pourroient être tenus envers autres Seigneurs que Nous; & outre aux autres conditions portées par ledit Contrat; & que ladite maison ne venant plus à subsister, elle ne pourra point être changée en une Maison de Profession Religieuse, auquel cas lesdits sieur & Dame Berthelot rentreront en la proprieté & possession d'icelle, & tous les lits & meubles par eux donnés en l'état qu'ils seront, en remboursant par eux ou leurs successeurs ausdites Sœurs la somme de quatre mille livres qu'elles ont payées à la veuve Louvet, comme aussi les ameliorations & augmenta-

DE LA VILLE DE PARIS. Liv. V. *723

tions faites en ladite maison à ceux qui les auront fait faire, demeurant néanmoins en la liberté desdits sieur & Dame Berthelot de reprendre lad. maison aux conditions susdites, ou de la laisser ausdites Filles, soit pour continuer ledit établissement, ou pour employer le fonds à quelque autre de pareille nature ; & à la charge aussi par elles tant qu'elle subsistera de faire prier Dieu pour notre personne, toute notre Famille Royale, la conservation & prosperité de nos Etats. SI DONNONS EN MANDEMENT à nos amés & feaux Conseillers les gens tenans notre Cour de Parlement, & Chambre de nos Comptes à Paris, que ces Presentes ils ayent à enregîtrer, & du contenu en icelles faire jouir lesdites Filles de la Communauté de l'Union-Chrétienne, pleinement, paisiblement & perpetuellement ; cessant & faisant cesser tous troubles & empêchemens, nonobstant Edits, Declarations, Arrêts & Reglemens à ce contraires, auxquels & aux dérogatoires des dérogatoires y contenues Nous avons dérogé par ces Presentes. CAR TEL EST NOTRE PLAISIR. Et afin que ce soit chose ferme & stable à toujours, Nous avons fait mettre notre scel à cesdites Presentes. sauf en autres choses notre droit & l'autrui en toutes. DONNÉ à Versailles au mois de Fevrier l'an, de grace mil six cens quatre-vingt-cinq, & de notre regne le quarante-cinquiéme, *Signé*, LOUIS. Et sur le repli, par le Roi COLBERT. Et scellé du grand seau de cire verte.

Regîtrées au Parlement le cinquiéme Fevrier 1686. Et en la Chambre des Comptes le quatriéme Fevrier 1687.

LES FILLES DE L'UNION-CHRETIENNE
de la rue Cassette.

LES Filles de l'Union-Chrétienne, dont la Chapelle est dediée à saint Michel, & où l'on en fait la fête comme Titulaire, s'établirent par les soins de Mr Vachet, dans le quartier de St Germain des Prés près les Incurables, pour la retraite des Dames étrangeres, sous la conduite de la Sœur des Bordes, qui en a été la premiere Superieure, à qui a succedé la Sœur Charlotte des Guiots.
Cette Communauté est située en la rue Cassette quartier du Luxembourg.

LES FILLES DE L'UNION-CHRETIENNE
quartier de St Germain l'Auxerrois.

MONSIEUR le Vachet établit encore des Filles de l'Union-Chrétienne, dans le quartier de St Germain l'Auxerrois, pour instruire de jeunes filles, & leur apprendre à travailler pour pouvoir gagner leur vie. Elles sont sous la direction de Mr le Curé de ladite Paroisse. Mais je crois que cette Communauté ne subsiste plus.

LE COUVENT DES URSULINES FAUX-BOURG St JAQUES.

LE Couvent des Ursulines, dites de St Jaques, regle de St Augustin, sous l'invocation de Ste Ursule, doit son institut à Mademoiselle Acarie, dès le commencement de 1607 au fauxbourg de St Jaques ; à quoi contribua beaucoup le zèle & la piété de Monsieur Gallemont Docteur en Theologie, & de Monsieur de Marillac Garde des Sceaux ; lesquels considererent que beaucoup de jeunes filles, par la corruption du siécle & des mœurs étoient en danger de se perdre faute d'instruction. Pour prevenir tout ce mal, ils employerent tout leur credit pour établir une Communauté pour ce remede. Ayant connoissance d'une Congregation de filles seculieres, qui portoient le nom d'Ursulines, qui étoit établie depuis quelques années à Aix en Provence, ils en demanderent deux pour former à leur façon de vivre un nombre de filles devotes qu'ils avoient assemblées dans l'Hotel de St André, situé au fauxbourg St Jaques. Ces deux Ursulines seculieres arriverent à Paris au mois de Mars 1608, l'une desquelles se nommoit Sœur Françoise de Bermont, morte en 1628, âgée de cinquante six ans, & l'autre Sœur Lucrece de Montez. Sœur Françoise fut du consentement commun élue Superieure, & leur maniere d'instruire fut tellement approuvée de toutes parts, qu'on leur amenoit quantité de jeunes filles de bonne maison qu'on leur donnoit en pension pour les instruire ; de sorte que cet Hotel de St André n'étant qu'une demeure à louage, & de trop petite étendue pour y établir une Congregation de filles, dont le nombre s'augmentoit de jour à autre ; la resolution fut prise d'acheter une place plus grande, & y bâtir une maison capable pour y faire leurs fonctions ordinaires. Et comme pour cet effet il étoit besoin d'avoir une fondatrice, & qui eut des moyens pour employer à cette pieuse entreprise ; Mademoiselle Acarie, dont j'ai parlé au Monastere des Carmelites de St Jaques, jetta les yeux sur sa cousine Mademoiselle Magdeleine Luillier, veuve (dès l'âge de vingt ans) de feu Monsieur de Ste Beuve, Conseiller au Parlement. Elle accepta cette proposition, & se resolut aussi-tôt de donner une partie de son bien, mais avec cette condition que les filles seculieres seroient Religieuses, & feroient un vœu particulier outre les trois essentiels de Religion qui sont communs à toutes autres Religieuses ; sçavoir, de vaquer à l'instruction des jeunes filles, d'autant que cette sorte de Congregation de filles devotes en habit seculier & sans clôture, n'étoit pas agréée dans Paris ; joint qu'elle vouloit rendre cet Institut plus stable & solide. Pour ce sujet elle en fit écrire en Cour de Rome pour obtenir des Bulles de sa Sainteté. Pendant ce tems elle acheta une grande place près ledit Hotel de St André, relevant de la Seigneurie de Messieurs de Ste Geneviève, au lieu dit *les Poteries*, tenant d'un côté audit Hotel, & de l'autre aboutissant à la petite ruelle appellée de Paradis ou Jean le Riche, & d'autre part depuis la grande rue du fauxbourg St Jaques, jusqu'au chemin qui est devant la porte de l'Hopital de la Santé, rue des Vignes, fauxbourg St Marcel.

En cette place on y fit bâtir un grand Corps de logis, & les vieux bâtimens furent destinés à faire une petite Chapelle pour le dehors, & un Chœur au dedans pour les Religieuses, dont elles eurent la jouissance le premier Octobre 1611, avec la permission du Roi, dont les Lettres furent verifiées au Parlement la même année.

Dans le même tems Madame de Ste Beuve leur Fondatrice passa le Contrat de fondation, par lequel elle donna deux mille livres de rente pour la nourriture & entretien de douze Religieuses du Chœur. Pendant ce tems arriverent les Bulles du Pape Paul V, du mois de Juin 1612, par lesquelles il permet cet établissement des Ursulines, sous la regle de St Augustin, & sous l'invocation de Ste Ursule; & outre les trois vœux solemnels communs à toutes autres Religieuses, leur en permet un quatriéme, qui est de vaquer à l'instruction des jeunes filles, les soumettant à la Jurisdiction de l'Evêque de Paris, & sous son autorité leur donne pour Superieurs, Messieurs Guillaume Geslin, Jaques Gallemont & Thomas Grillot Docteurs en Theologie, leur permettant de choisir trois ou quatre Religieuses de quelque Monastere bien reformé, pour y instruire & former à la vie Religieuse celles qui seront jugées propres. Pour cet effet, Madame Anne de Roussi, Abbesse de St Etienne de Soissons, y fut choisie pour avoir le soin de cet exercice, elle arriva à Paris le onze Juillet 1612, avec quatre de ses Religieuses, dont la premiere étoit Marie Renée de Villiers, qui fut depuis Abbayie de ladite Abbayie de St Etienne; & le onze Novembre 1612, elle donna l'habit de Religion à douze filles, dont la cérémonie fut faite par Messire Henri de Gondy, Evêque de Paris, qui donna aussi son approbation pour cet établissement, y posa le St Sacrement en la petite Chapelle, & mit aussi la clôture au Monastere le même jour. Cette Congregation s'est tellement augmentée, qu'elles y ont été jusqu'à quatre-vingts, & dont on a tiré celles qui ont été envoyées en diverses Villes de France pour y établir des Monasteres, comme celui de Ste Avoie, St Denys en France, & autres.

Et d'autant que ce premier bâtiment ne pouvoit suffire à leur logement, Madame de Ste Beuve leur fondatrice leur donna encore six mille livres pour commencer le bâtiment de l'Eglise, & accroître leur logement, dont la premiere pierre y fut posée par la Reine Anne d'Autriche le vingt-deux Juin 1620, fut achevée en 1627, & benite par l'Archevêque de Paris Jean François de Gondy.

Le vingt-neuviéme Août 1630, mourut Madame de Ste Beuve, qui fut inhumée au milieu du Chœur des Religieuses, avec Madame de Marcilli sa Sœur, aussi bienfaictrice dudit Monastere.

Ces Religieuses ne s'emploient pas seulement à instruire les filles qu'elles ont en pension, mais elles vaquent aussi à instruire & former les mœurs des petites filles de dehors, qui viennent deux fois le jour en grand nombre à leur école, où elles les instruisent en la pieté & en la crainte de Dieu, à lire, écrire, & autres ouvrages pour gagner leur vie, ce qui est d'une très grande utilité pour le Public, le tout gratuitement.

Ce Monastere est situé en la grande rue du fauxbourg St Jaques, quartier de St Benoît.

LA COMMUNAUTE' DES FILLES URSULINES, dite DE Ste Avoie, rue & quartier de Ste Avoie.

LA Communauté des Filles Ursulines, dite de Ste Avoie, fut établie en une ancienne maison qui avoit été occupée par des veuves appellées Beguines, dont l'on a parlé ci-devant au mot de Beguines. Cette presente Communauté y fut établie vers l'an 1626. Elles reconnoissent pour fondatrice, Madame de Brou; & pour Superieur, le Curé de St Meri, qui a le soin d'y envoyer dire la Messe tous les jours, & d'y faire celebrer l'Office divin tous les Dimanches & Fêtes de l'année, & de leur administrer les Sacremens.

Cette Communauté est située en la rue & quartier de Ste Avoie.

LE COUVENT DES URSULINES D'ARGENTEUIL.

LES premieres Religieuses qui commencerent l'établissement du Couvent des Ursulines d'Argenteuil, furent tirées au nombre de quatre du Monastere de St Denys, le vingt-sixiéme Juillet 1646.

Je finis par quelques Epitaphes d'Hommes illustres, malheureux & sçavans Auteurs, qui feront plaisir aux Curieux, pour leur faire connoître où sont les Monumens de ce qui reste après leur mort.

AUX MATHURINS.

JACQUES *de Rully*, Chevalier, Conseiller du Roi, & President en la Cour de Parlement. Il s'acquit l'amitié de Charles VI, qui le gratifia de la charge de President. Il est mort à Troyes le huit Octobre 1409. Son corps apporté à Paris fut inhumé aux Mathurins, où l'on voit son tombeau avec cette épitaphe.

Cy gist noble-homme Messire Jaques de Rully, Chevalier, Conseiller du Roi notre Sire, & President en son Parlement de Paris, qui trépassa à Troyes l'an 1409 le sept Octobre.

Il étoit pere de Marie de Rully, mariée avec l'infortuné Seigneur Pierre des Essars, à qui Jean Duc de Bourgogne fit couper la tête aux Halles à Paris.

AUX CELESTINS.

Guillaume *le Duc*, Chevalier, Conseiller du Roi, & President en sa Cour de Parlement, Seigneur de Virevodé près de Montjay. Il fut chassé de Paris avec le Chancelier de France par les Anglois, le quinze Avril 1436, après avoir appuyé leur parti. Cependant il fut rétabli dans ses biens, & mourut en 1452. Il est enterré aux Celestins dans le chœur avec Jeanne Porchere sa femme, comme on le voit par cette épitaphe.

Cy gist honorable homme & sage Maistre Guillaume le Duc, President en Parlement, Sieur de Virevoday près Montjay, qui trépassa l'an de grace 1452 le Dimanche vingtiéme jour de Janvier.

Cy gist Damoiselle Jeanne Porchere, femme dudit President, laquelle trépassa l'an de grace 1466 le premier jour de Fevrier.

Dieu ait l'ame d'eux. Amen.

AUX CARMES.

Robert *Mauger*, Chevalier, Conseiller du Roi en son Grand-Conseil, & premier President en sa Cour de Parlement de Paris, qui par les menées de Jean, Duc de Bourgogne, fut déposé de cette auguste charge en 1418. Il mourut de déplaisir la même année, & fut enterré aux Carmes de Paris devant le grand Autel, avec cette épitaphe.

DE LA VILLE DE PARIS. Liv. V.

Cy gist Robert Mauger, jadis Conseiller du Roi notre Sire, & premier Président en sa Cour de Parlement, qui trépassa en son Hotel l'an de grace 1418 le jour de Noel.

Cy gist noble Dame Simonne Darie, jadis femme dudit Maistre Robert Mauger, laquelle trépassa en son Hotel à Paris le 27 Octobre 1418.

A St MARTIN DES CHAMPS.

Philippe *de Morvilliers*, Chevalier, Seigneur dudit lieu & de Charenton, Conseiller du Roi & premier Président en sa Cour de Parlement de Paris, ayant été favorisé du parti de Bourgogne, lorsqu'en 1416 Paris se remit en l'obéissance de Charles VII, il fut chassé de Paris. Il ne survéquit pas long-tems à cette disgrace, car il mourut deux ans après, & fut enterré auprès de sa femme à St Martin des Champs, où l'on voit son tombeau avec cette épitaphe.

Cy dessous reposent les corps de nobles personnes Messire Philippes, Seigneur de Morvilliers, Clary & Charenton, Conseiller du Roi notre Sire, & premier Président en son Parlement de Paris.

Et Madame Jeanne du Drac sa femme; & trépassa ledit Président le 25 Juillet l'an de grace 1418, & sadite femme l'an 1417.

AUX CHARTREUX.

Adam *de Cambrai*, Chevalier, Conseiller du Roi & premier Président en sa Cour de Parlement de Paris, qui fut present au fameux Traité d'Arras en 1435. Les Chartreux furent honorés de sa bien-veillance par les fondations qu'il fit en leur Couvent. Il mourut le quinze Mars 1456, & est enterré aux Chartreux sous une tombe platte de cuivre sur laquelle est gravée cette inscription.

Cy gist noble homme Adam de Cambrai, Chevalier, premier Président en la Cour de Parlement de Paris, qui trépassa le quinziéme jour de Mars 1456.

Et Dame Charlotte Alexandre sa femme, qui trépassa le douziéme jour de Mars 1473.

AUX CHARNIERS St INNOCENT.

Jean *de Montigni*, dit le Boulanger, Chevalier, Seigneur de Jacqueville en Gastinois, d'Isles & de Montigni en Brie, & premier Président en la Cour de Parlement de Paris. L'on tient que le nom de Boulanger lui fut donné à cause d'une grande quantité de bled qu'il fit entrer dans ce Royaume au tems d'une grande famine. Il fut député du Parlement pour aller au Chateau de Beauté conferer avec le Duc de Guienne, frere du Roi, qui formant un parti avec les Princes ligués, tenoit la Ville assiegée: il l'engagea au Traité de paix qu'il fit avec le Roi. Il présida au procés du Connétable St Pol. Il mourut le vingt-quatriéme Fevrier 1481, & fut enterré près de sa femme à St Innocent sous les Charniers, où se voyent ces épitaphes.

Cy dessous gist noble & sage Messire Jean le Boulanger, Chevalier, Premier Président en sa Cour de Parlement, Seigneur de Jacqueville en Gastinois, d'Isles & de Montigni en Brie, qui trépassa le vingt-quatriéme jour de Fevrier M. CCCC. LXXXI.

Auſſi giſt noble Dame Philippes de Cotthereau, en ſon vivant femme dudit Chevalier, qui trépaſſa le quatriéme Novembre l'an 1473.

A Ste CROIX DE LA BRETONNERIE.

Jean *de Popaincour*, Chevalier, Conſeiller du Roi & Préſident en ſa Cour de Parlement, Seigneur de Sarcelles & de Liancourt. Il s'oppoſa à l'élection de Martin de Belle-Faye à la commiſſion de l'Office de Lieutenant Criminel. Pendant le ſiege de Paris il avoit la garde de la Porte de St Denys. Le Roi l'envoya en ambaſſade en Angleterre : & il fut nommé un des Commiſſaires dans le procès du Connetable St Pol. Il mourut en 1480 & eſt enterré en l'Egliſe de Ste Croix de la Bretonnerie, avec ſa femme, ſa fille & ſon gendre, dont voici les épitaphes.

Cy giſt noble homme Meſſire Guillaume de Popaincourt, en ſon vivant Seigneur de Sarcelles & de Liancourt, Conſeiller du Roi notre Sire & Préſident en ſa Cour de Parlement, lequel trépaſſa le vingt-un Mai 1480. Auſſi giſt Damoiſelle Catherine le Begue, femme dudit Popaincourt, qui trépaſſa le quatriéme jour d'Octobre 1490.

Cy giſt noble homme Jean du Pleſſis, en ſon vivant Seigneur de Douchamps, de Savonniers & de Prugue, Conſeil. & Maiſtre d'Hotel des Rois Louis XI & Charles VIII, qui trépaſſa le quinziéme jour de Mai 1484.

my giſt noble Damoiſelle Claude de Popaincourt, Dame de Sacelles & de Liancourt, femme dudit du Pleſſis, qui trépaſſa le 21 Novembre 1510.

AUX JACOBINS RUE St JAQUES.

Il ne faut pas oublier l'épitaphe du Prince ſouverain *Humbert*, Dauphin de Viennois, qui après la chute inopinée de ſon fils, s'accommoda du Dauphiné avec Philippe de Valois, ſe fit Moine, Sous-Diacre, Diacre, & Prêtre dans le cours de vingt-quatre heures. Il mourut aux Jacobins de Paris, où l'on voit cette épitaphe.

Hic jacet R. P. Dominus ampliſſimus Humbertus, primò Viennæ Delphinus, deinde relicto Principatu, Frater noſtri Ordinis, Prior in hoc Conventu Pariſienſi, ac demum Patriarcha Alexandrinus & perpetuus Eccleſiæ Rhemenſis Adminiſtrator, & præcipuus hujus Conventus Benefactor.

Obiit anno Domini 1345, Maii 22.

HISTOIRE ET RECHERCHES DES ANTIQUITÉS DE LA VILLE DE PARIS

LIVRE SIXIE'ME.

DES PLACES EN GENERAL.

OUR faire mieux entendre ce que j'ai à dire des Places de Paris, il les faut reduire fous trois efpeces.

La premiere de celles repandues maintenant dans tous les quartiers.

La feconde, de celles qui s'y trouvoient anciennement, mais qu'on ne fauroit plus trouver que dans l'Hiftoire & dans les Romans.

Et la derniere, de la Place de France, & de la Place Ducale que l'on a eu deffein de faire, & qui n'ont point eu d'execution.

De toute ancienneté il y a eu à Paris quantité de Places vers les derniers tems de l'Empire Romain ; & fous les Rois de la premiere race il s'y en fit quelques-unes ; mais, ou les debris en font égarés dans nos livres, ou

Tome I. IIii

il n'y en reste plus que la renommée, qui nous fait savoir simplement qu'elles ont été. Sous la troisiéme race on en a fait beaucoup, quelques-unes pour l'ostentation, avec uniformité & magnificence ; plusieurs par necessité, mais qui ne servent de rien ; la plupart pleines de vivres, de marchandises & de denrées, presque toutes sans ordre & comme par hazard, grandes au reste, & éparses çà & là.

La Place de France commencée par Henri IV, entre le Calvaire & le Temple, avec toute la magnificence & l'uniformité connue alors dans l'architecture.

La Place Ducale, & celle de devant le Palais Royal, que le Cardinal de Richelieu s'étoit proposé de faire, encore bien plus magnifique qu'elle, auroient sans doute beaucoup plus contribué à l'ornement de Paris, que ne font ni la Place Royale, ni la Place Dauphine, ni celle de devant la Sorbonne.

Les Places du Chevalier du guet ; de Ste Opportune, de Cambrai, du Pet-au-Diable & autres, sont autant d'espaces perdus, & à peine même peuvent-elles servir.

Le Pilori, les Halles, Montfaucon, la Place aux pourceaux, le Parvis Notre-Dame, les lieux où étoient dressés les échelles des Seigneurs Hauts-justiciers, quelques autres Places semblables, ont été destinées autrefois à punir les criminels, & n'étoient pas en petit nombre.

La Gréve, la Croix du Tiroi, le Pont-neuf, & plusieurs autres endroits servent maintenant de lieu patibulaire.

Quant aux Carrefours, il y en a tant qu'on n'en sait pas le nombre. Les plus fameux sont le Marché-palus, ceux des Quatre-forges de la Cité, des Quatre-cocus, & quantité d'autres, dont quelques-uns ne subsistent plus.

Il y a assés long-tems qu'on ne parle plus du Landit, ni de la foire St Ladre ; pour ce qui est des foires St Denys & St Germain, & du Parvis de Notre-Dame, elles se tiennent tous les ans : celles de St Germain & de St Laurent repondent au bruit qu'elles font.

On a proposé vainement d'en établir d'autres à la place de France, près l'Hopital St Louis, à la Place Royale même & ailleurs.

Je ne sai point quand on a aboli dans la Cité, ni la Halle au bled de Beausse, ni la Halle de la Juiverie, ni celle de Champeaux, de la Mercerie, de la Ganterie, & de toutes sortes de marchandises & de denrées, non plus que celles de St Denys, de Gonesse, de Pontoise, d'Aumalle, de Beauvais, de Lagni, de Chaumont, de Corbie, d'Amiens, & autres Villes de Picardie, Normandie, & des environs de Paris.

Tout ce que je sai, c'est que tous les Marchands & les Artisans de plusieurs Villes de France avoient leurs Halles à Paris, & que ceux de Douai, d'Avesne, de Malines, de Louvain, de Brusselles, de Hainaut, & autres Villes & Provinces des Pays-bas, en avoient aussi.

Dans le Discours des Halles je rapporterai quantité de choses qui ne sont pas connues, tant de la Halle nommée ainsi, comme par excellence, que de celle des Mathurins, & de plusieurs autres. Je releverai même beaucoup de Boucheries abbatues ; je rétablirai des marchés de charbon, de buches, d'autres au poisson, au sel, au grain, & ainsi du reste.

De plus, je parlerai des anciens & nouveaux marchés, des nouvelles & anciennes boucheries, des places qu'ils occupoient & occupent aujourd'hui, & cela dans le Discours des Boucheries & celui des Marchés ; enfin toutes les Places dont je viens de faire mention, serviront de sujet aux discours suivans. Dans celui-ci je dirai seulement deux mots de plusieurs Places qui ne sauroient avoir lieu qu'ici.

PLACES INCONNUES.

DU tems que l'Empereur Julien sejournoit à Paris, il y avoit deux Places, & toutes deux fort celebres, aussi bien dans sa Lettre aux Atheniens, que dans Ammian Marcellin; cependant elles nous sont si peu connues, que nous ignorons même jusqu'à leur situation.

En l'une, qui apparamment devoit être dans la Ville, comme un des Huissiers de la Chambre de Julien ne trouva plus ce Prince à son Palais après son élevation à l'Empire, épouvanté alors, & craignant qu'il n'eut été tué par l'ordre de Constance, y accourut aussi-tôt, criant à pleine tête: ,, Soldats, Etrangers, Citoyens, n'abandonnés pas votre Empereur, ne son-,, gés qu'à conserver sa vie.

Pour ce qui est de l'autre Place nommée *Campus*, par Marcellin, sur un Tribunal environné de troupes Romaines avec les aigles, Julien, les Parisiens tous en armes, le lendemain harangua l'armée de Constance, qui l'avoit proclamé Empereur; & de plus, quelque tems après au même lieu donna audiance au Questeur *Leonas*, député vers lui par l'Empereur Constance.

Gregoire de Tours, Roricon, & quelques Auteurs anciens, font mention de trois autres Places, dont la situation ne nous est pas plus connue que des précedentes.

Clovis dans la premiere ayant un jour assemblé ses troupes, & pour lors leur representant que l'ancienne Aquitaine, une des plus grandes parties de la Gaule, étoit possedée par Alaric Roi des Visigots, & qu'enfin c'étoit une honte de souffrir qu'un Arien commandât lui, & des Hérétiques en jouissent: tous aussi-tôt levant les mains au Ciel, protesterent de ne se point faire la barbe qu'ils ne l'eussent chassé de là.

Dans la seconde, Chilperic fit representer les Jeux *Circenses*, à quoi il prenoit grand plaisir, & y donna aux Parisiens ce divertissement presque aneanti depuis la decadence de l'Empire.

Quant à la troisiéme, c'étoit là que tous les ans au mois de Mars les derniers Rois de la premiere race, se rendoient montés sur un char attelé de quatre bœufs, avec leur Maire du Palais, & où sur un tribunal ils recevoient les presents de leurs sujets, & les divertissoit de ce qui se faisoit toute l'année. Car comme Paris dès ce tems-là, & même bien auparavant, étoit le Siége du Royaume, cette cérémonie ne se devoit point faire ailleurs, & pour lors il falloit qu'il y eut une place destinée exprès, & capable de tenir tant de monde. Et de fait, c'est ce qu'on croit, à la verité sans aucune preuve, & seulement par tradition, puisqu'il n'en reste aucun vestige, & que les Historiens sont muets là-dessus. Car de s'aller imaginer avec le Pere du Breul, que la campagne qui se trouve entre Paris & Montmartre ait servi à de pareilles Assemblées, c'est vouloir qu'un marais au mois de Mars ait pû y être propre: d'admettre encore ce qu'il dit touchant le nom de cette place ou de cette campagne, & qu'il s'appelloit *Campus Martis*, à cause qu'il étoit au pied de Montmartre, nommé en Latin *Mons Martis*; c'est ignorer que les Historiens de la premiere race se servoient de *Campus Martis* pour signifier les Assemblées tenues tous les ans par nos Rois au mois de Mars; & de plus, que *Campus Martis* est un nom général donné par les Romains aux grandes places hors la Ville, soit pour faire faire l'exercice aux Troupes, soit pour la convocation du peuple, soit pour d'autres assemblées.

Si un titre de l'Abbayie St Germain est aussi veritable que le disent les Religieux, au Pré-aux-Clercs, plusieurs siecles avant que d'être couvert de maisons, il s'est passé des choses presque aussi celebres que les précedentes.

En 1163, Alexandre III, après avoir dedié l'Eglise de St Germain, non seulement y fut en procession, mais y prêcha & declara cette Eglise affranchie de la Jurisdiction de l'Evêque, & qu'à l'avenir elle ne releveroit plus que de lui.

De plus, en 1333, un Archidiacre de Rouen, par ordre de Jean XXII, y prêcha la Croisade; & pour lors Philippe de Valois, le Patriarche de Jerusalem, & une infinité de monde de qualité & autres s'y croiserent entre ses mains.

Vingt ans auparavant, Philippe le Bel, ses enfans, Edouard III Roi d'Angleterre, le Roi de Navarre, & un nombre incroyable de personnes de toutes qualités, avoient encore reçu la Croix dans l'Isle Notre-Dame, place alors d'une grande étendue, & où l'on n'a fait des maisons & des rues que depuis quelques années.

En 1357, durant la prison du Roi Jean, losque Charles Roi de Navarre porta le flambeau de la discorde jusques dans Paris, mais que Charles de France Regent sut éteindre, autant par sa sagesse que par son bonheur, tous deux plusieurs fois, & en plusieurs places, prêcherent le peuple à Paris, pour me servir des termes de ce tems-là. Le Roi de Navarre le fit au Pré-aux-Clercs, sur un échaffaut dressé le long des murs de St Germain; le Prince Regent harangua aux halles, au cloitre St Jaques de l'Hopital & à la Gréve; tantôt sur les degrés de la Croix, tantôt des fenêtres de l'Hotel de Ville.

Dans ce même tems là Etienne Marcel Prevôt des Marchands, Partisan du Roi de Navarre, à la priere de l'Archevêque de Sens, du Comte de Rouci, & autres Conseillers du Regent, étant venu les trouver au cloitre de St Germain l'Auxerrois, mais escorté d'une multitude de seditieux en armes, sans se soucier des raisons qu'ils lui alleguerent, afin de ne pas empêcher le cours d'une nouvelle monnoie, faite pour subvenir aux necessités de l'Etat, repondit avec audace qu'il n'en feroit rien, & là-dessus excita une grosse sedition.

L'année d'après dans le cloitre St Eloi, place alors beaucoup plus spacieuse qu'elle n'est; le même Marcel assembla trois mille Artisans en armes, & montant au Palais, fit massacrer en presence du Regent, les Maréchaux de Clermont de & de Conflans.

Enfin, en 1358, par l'entremise de la Reine Jeanne d'Evreux, veuve de Charles le Bel, il se fit une entrevue du Regent & du Roi de Navarre, sous un Pavillon dressé près St Antoine des Champs, dans une grande place ou campagne, nommée alors le Moulin à vent. L'Armée du Roi composée de huit cens hommes au plus, se rangea en bataille entre Charonne & Montreuil, deux villages des environs, sur une petite montagne, d'où elle n'osa descendre; celle du Regent, qui étoit de quelque douze cens hommes, & partagée en quatre bataillons, couvrit la campagne voisine; l'accommodement se fit aux dépens du peuple, moyennant certaines grosses exactions qui seroient levées, à quoi le Regent fut obligé de consentir, forcé par le malheur du tems, & la necessité de ses affaires.

De plusieurs autres Assemblées faites sous Charles VI en diverses places, dans des tems plus difficiles encore que les précedents, il y en eut une à la rue St Antoine, composée d'une infinité de gens, tous de la lie du peuple, que le Duc de Bourgogne avoit amassé, pour arracher d'entre les bras de la Reine & du Dauphin, leurs amis & leurs parents, sans aucune distinction de sexe.

Ensuite il en fut tenue une nouvelle par des gens de bien & autres, qui

DE LA VILLE DE PARIS. Liv. VI.

se rendirent en troupes, mais en divers endroits ; ces derniers ici au cloitre de St Germain l'Auxerrois, & à l'Hotel Royal de St Pol ; quant aux gens de bien, les uns s'assemblerent à la porte Baudets, le reste au Cimetiere St Jean, & au cloitre Ste Opportune.

En ce tems-là le Dauphin ayant eu avis que le Duc de Bourgogne venoit à Paris à main armée, marcha par la Ville à la tête des Princes, de plusieurs Grands Seigneurs, & douze mille chevaux, & voyant que le peuple le suivoit, il s'arrêta à la Greve & à la Croix du Tiroi, & par son ordre son Chancelier à cheval exhorta tout le peuple à se preparer à la resistance, après l'avoir informé de ce qui se passoit.

A ce propos il me souvient de deux celebres harangues prononcées en presence de deux de nos Rois, & par leur ordre, l'une devant Philippe le Bel par Enguerrand de Marigny son favori & son premier Ministre tout ensemble ; l'autre par le Chancelier d'Orgemont devant Charles VI, toutes deux au Palais, & sous un haut dais élevé sur le Perron du grand degré.

La premiere fut faite aux Deputés des Provinces du Royaume, & autres rangés dans la cour du Palais.

La derniere aux Parisiens criants misericorde au même endroit.

Venons aux Places affectées aux Spectacles, & à des Assemblées Generales.

PLACES POUR LES DIVERTISSEMENS,
Pour les Joûtes.

SI la cour du Palais a été quelque fois un lieu bien triste pour les Parisiens, comme quand ils furent crier misericorde à Charles VI, en recompense, & sous le même Prince, & sous Charles V, elle a contribué à leur divertissement, & ils y ont vû des joûtes & des tournois, ce que je dirai ailleurs.

Sous Charles V, encore & sous Charles VI, la cour de l'Hotel de St Pol, une grande place de la Coulture Ste Catherine & d'autres places fort spacieuses, ont encore servi à ces sortes de passe-tems, ainsi que je ferai voir en parlant des spectacles.

Louis XII, François I & Henri II, prenoient le même plaisir dans la cour du Louvre & à la rue St Antoine, tant à la place des Anglois devant les Jesuites, que depuis la rue St Paul jusqu'à la Bastille.

POUR LES DUELS.

SOUS Charles V & Charles VI, & quelques-uns de leurs successeurs, on se battit en duel en leur presence, & à la vûe de toute la Cour & de tout Paris, non-seulement dans la place de la Coulture Ste Catherine, dont je viens de parler, dans une autre de la Coulture St Martin, dont je ferai mention ailleurs ; mais aussi à la Gréve, le long des murs de l'Abbayie St Germain, entre le Louvre & la Riviere, & dans plusieurs autres places.

Si nous voulons ajouter foi aux Romans & aux Chroniques fabuleuses, par-delà le fauxbourg St Jaques autrefois il y a eu deux autres places où on s'est battu en duel. Dans l'une proche du Bourg-la-Reine, Guerand de Dampmartin en vint aux armes avec Geoffroi Roi de Frize, pour la Reine Colombe sa femme.

Dans l'autre place affés près du Fauxbourg St Jaques fur le grand chemin d'Orleans, aux environs d'une Ferme & d'un Moulin à vent nommé Maugue-fouri, à l'endroit même où il y avoit une Croix appellée la Tombe-Ifoire, Geoffroi Grifegonnelle, Comte d'Anjou ou Guillaume aux Cornelic, Comte de Provence, l'Empereur Othon affiegeant Paris, tua un geant de fon armée feul à feul à la vûe de tout fon camp.

POUR L'ARC.

JE laiffe-là toutes les autres places où les Parifiens prenoient l'arc & l'arbalêtre par divertiffement & pour s'exercer, comme dans l'Ifle Notre-Dame, au Jardin des Archers & des Arbalétriers proche la porte de Buffi; dans deux autres places qui regnoient anciennement le long des murs de la Ville, à côté de la porte de Barbette ou de la vieille rue du Temple, & contre la porte aux Peintres de la rue St Denys.

Je laiffe encore les diverfes places où s'exercent maintenant & fe font exercés autrefois les Arquebufiers derriere les Celeftins, fur le baftion de l'ardoife & ailleurs. Enfin je paffe le Mail, le Mail d'aujourd'hui, & ceux qu'il y a eu long-tems à la rue du Mail, derriere le Palais Royal, & en quelques autres endroits; mais je ne puis pas oublier les places fuivantes, qui ne font plus, ou qu'on ne connoit que par l'Hiftoire.

Dans la Cité, outre les carrefours des quatre Forges de la Cité & du Marché-Palus, il y a eu encore deux places, l'une devant St Denys de la Chartre au bout du Pont Notre-Dame; l'autre derriere St Michel dans la rue de la Barillerie, vis-à vis la rue Calandre & l'une des portes du Palais. Je dirai ailleurs que les carrefours de Paris ne fe peuvent prefque nombrer, tant il y en a; & que celui du Marché-Palus a fervi de Marché durant plufieurs fiecles, & même a laiffé fon nom à l'une des rues qui y conduifoient.

Dans les titres de 1300 & de 1414, il eft fait mention de la place qui tenoit à St Denys de la Chartre; en ce tems-là elle devoit être affés fpacieufe, puifqu'on n'avoit pas encore commencé le Pont Notre-Dame; le niveau de la Cité pour lors étoit le même que celui de l'Eglife fouterraine de St Denys, & peut-être que le lit de la Seine: d'un côté elle s'étendoit jufqu'à la riviere, de l'autre jufqu'à l'Eglife & dans fon parvis, qu'on n'a rehauffé qu'en 1667. Je dirai ailleurs qu'en 1430, à caufe de la mifere du tems, le Parlement permit à de pauvres Revendeufes d'y étaler leurs denrées fans aller aux Halles, & nonobftant les Ordonnances des Fripiers.

L'Eglife de St Michel portoit le nom de l'autre place, où l'on vendoit fous Louis VII du pain; en revanche celui de St Michel en 1230, 1300, 1312, & depuis, fous le nom de St Michel de la place. L'Auteur de l'hiftoire du glorieux Louis, c'eft-à-dire de Louis VII, parle de cette Eglife, que Philippe Augufte fut batifé à St Michel de la place, fous le nom de la place St Michel. C'eft de cette place-là qu'il eft parlé dans l'échange d'une maifon du Mont St Hilaire fait en 1230 avec celle de la rue Calandre, où l'on veut que St Marcel foit né. Il en eft encore parlé dans un extrait de la taille levée fur les Parifiens en 1300; de plus dans un Contrat de conftitution de vingt-quatre livres parifis de rente affignée en 1312 par Philippe le Bel fur la boëte au poiffon des Halles, en recompenfe d'une maifon qu'il avoit prife pour aggrandir le Palais.

Enfin dans la Ville, il y a eu fous Louis le Gros une place ou carrefour entre la Gréve & St Gervais, où Philippe fon fils aîné, facré Roi de France, prenant plaifir à pourfuivre un pourceau avec de jeunes gens comme lui, tomba de cheval fi rudement qu'il mourut le lendemain.

En 1398, Charles VI donnoit l'aumône aux pauvres près des Celestins, sur le bord de la riviere, dans une place longue d'onze toize & demie, fermée de pieux hauts de dix pieds, appellée la place de l'aumône.

Dans la rue St Germain l'Aufferrois en 1413 il y avoit une place qu'on nommoit la place aux Marchands.

A la porte de Paris vers le Grand-Chatelet, Charles VI fit faire une place sur les ruines de la grande Boucherie qu'il fit rafer en 1416.

Une place appellée la place aux Marchands, dite l'Ecole St Germain, étoit en 1489 le long de la riviere fur le quai de l'Ecole.

Une autre place que tantôt on appelloit la vieille place aux pourceaux, tantôt la place aux pourceaux dite la Limace, se voyoit en ce tems-là dans la rue des Déchargeurs, vis-à-vis la rue de la Limace & celle des Foureurs.

Je dirai en son lieu pourquoi depuis à la rue des Marmouzets on a fait la place qui y est; & tout de même la place de Gâtines, celle de devant le Palais, & autres, sur les ruines de quelques maisons particulieres.

DES GRANDES PLACES.

S'IL est vrai au jugement de Platon & du Scammozzi qu'il faille mettre dans le cœur d'une grande Ville sa principale Place, l'environner de portiques & de boutiques tant de Marchands que d'Artisans; de plus qu'elle soit près de l'Eglise Cathedrale & du Palais du Prince; non seulement il n'y en a point à Paris située de la sorte, mais même dans tout le monde.

Lorsque Julien, surnommé depuis l'Apostat, fut proclamé Empereur, il n'y en avoit que deux à Paris, l'une dans la Ville l'autre dehors; si bien que comme un Officier de son Palais ce jour-là accourut à celle de la Ville, & ne l'y trouvant pas, tout épouvanté & s'imaginant que les amis de l'Empereur Constance s'étoient saisis de sa personne pour le tuer; aussi-tôt il se met à crier: Soldats & Citoyens au secours, & n'abandonnés point votre Empereur qu'on a resolu de perdre.

Mais comme le lendemain dans l'autre Place, Julien parut tout environné de ses Drapeaux, d'Aigles & de Troupes Romaines, là sous un dais & un trône élevé, il harangua les Troupes, avec parolle que dorénavant les Charges de l'Armée ne se donneroient plus ni à la brigue ni à la faveur, mais au courage & à la vertu.

Là même peu de jours après, il donna audience à Leonas, Questeur de Constance, homme d'honneur & de merite tout ensemble, & cela en presence de l'Armée & de tout le Peuple qu'il fit assembler, & où la lecture fut faite des Lettres & des ordres que l'Empereur lui envoyoit; mais on ne vint pas plutôt à entendre que Constance blâmoit la promotion de Julien à l'Empire, aussi-tôt ce ne fut que murmure & clameurs, & tout de nouveau il fut nommé Empereur & Auguste.

Au reste si je donne à cette seconde Place le nom de Campagne, c'est qu'Ammian Marcellin l'appelle *Campus*, & qu'alors, non plus qu'à present, il n'y avoit point de place à Paris assés grande pour une Armée. Cette place donc, quelque part qu'elle fût, devoit être neceffairement au-deçà ou au-delà de la Riviere, & si la premiere étoit dans la Ville, comme il y a bien de l'apparence; d'en marquer l'endroit c'est ce que je ne puis pas, ni peut-être un autre.

Depuis, & du tems que nos Rois demeuroient au Palais, & même sous Philippe Auguste, il y en avoit une autre devant St Michel; car enfin Rigord nomme cette Eglise, *S. Michael de platea*.

De plus, dans un titre de l'an 1230 concernant la maison de St Marcel, la rue de la Calandre est appellée *via qua itur à parvo ponte ad plateam sancti Michaelis*. Et enfin dans une levée de cent mille livres assise sur Paris en 1300, elle est encore nommée la Place St Michel.

D'ailleurs la grande cour circulaire du Palais, où se tient aujourd'hui le Parlement, peut être considerée comme une Place, puisqu'il s'y est passé quantité d'évenemens remarquables, sur tout sous Philippe le Bel, Charles V & Charles VI.

Philippe le Bel y assembla les Deputés des Villes du Royaume, avec la plupart des Bourgeois de Paris; là sous un haut dais, il leur fit savoir par la bouche de Marigni, la necessité pressante de l'Etat, à quoi il ne pouvoit remedier s'ils ne lui fournissoient de l'argent.

Après l'entrée de Charles V & de la Reine, ce fut dans ce lieu-là même que le Roi de Chipre & les plus grands Seigneurs leur donnerent le plaisir des joûtes & des tournois.

Sous Charles VI, Claude Sanceloup & le Courrier de l'Antipape Benedict, y furent mitrés, échafaudés & prêchés en 1408, pour avoir apporté & presenté des Bulles qui excommunioient le Roi & tous ceux qui s'opposoient au Schisme.

Enfin en 1383, ce fut encore là devant que ce même Prince, placé alors sur son trône au haut des grands degrés du Palais, tout Paris à genoux, tête nue & baisant la terre, lui cria misericorde.

En 1430, il y avoit encore deux places, l'une à St Denys de la Chartre, & l'autre à St Martin, où le Parlement à cause des troubles permit aux pauvres gens d'y venir vendre leurs denrées.

Je ne daignerois parler de cette place de onze toises & demie de long derriere l'Hotel St Pol, entre la rue St Paul & les Celestins, que Charles VI fit environner d'une clôture de bois haute de dix pieds, où il donnoit l'aumône.

En ce tems-là, & peut-être même plusieurs siecles auparavant, il y avoit encore dans la Cité le Terrain & le Parvis; & de plus dans l'Université la Place Maubert, avec les Cloîtres de Ste Geneviéve & celui de St Benoît.

A l'égard de la Ville, la Porte de Paris, la Porte Baudets, la Halle & le Cimetiere St Jean, étoient autant de Places. Je laisse-là les autres, puisqu'aussi-bien les ferai-je connoître dans le discours suivant.

LA PLACE ROYALE.

LA Place Royale fut entreprise sous Henri IV sur les ruines d'une partie de l'Hotel des Tournelles, & le tout pour y établir des Manufactures de draps de soie, avec les Ouvriers qu'il vouloit attirer en France, & de plus pour servir aux fêtes publiques, & même de promenade.

Et de fait, en 1605 les Entrepreneurs de ces Manufactures y avoient fait un grand logis qui occupoit tout un côté. Le Roi vis-à-vis fit marquer une grande place de soixante-douze toises en quarré; qu'il voulut être appellée la Place Royale, & pour un écu d'or de cens donna les places des trois autres côtés, à la charge de les couvrir de pavillons selon l'élévation qui leur en seroit fournie. De plus il fit percer les rues qui y conduisoient, & commença à ses depens tant le pavillon Royal, situé au bout de la rue Royale, que celui de la Reine, placé au bout de la rue du Parc-Royal. Et afin qu'à l'avenir rien ne pût être alteré en la symmetrie des autres pavillons qui l'environnent, il ne voulut pas qu'ils pussent être partagés entre des coheritiers, mais leur appartinssent par *indivis*, ou en tout cas qu'ils s'en accommodassent entre eux.

Un

DE LA VILLE DE PARIS. Liv. VI.

Un des côtés fut bâti à ses dépens, qu'il vendit depuis; & lorsqu'on y travailloit, afin que l'ouvrage avançât, lui-même y venoit fort souvent; il avoit si envie de la voir achevée, qu'étant à Fontainebleau, sans cesse par ses lettres il la recommandoit au Duc de Sulli, afin d'y tenir la main, & lui faisoit savoir son avis sur les difficultés qui se presentoient.

Or comme la Place Royale étoit située à la censive du Prieuré Ste Catherine, & qu'elle devoit à ce Monastere quarante-quatre livres dix-huit sols six deniers parisis de cens & rentes, avec les lods & ventes que Henri IV en 1605 s'étoit reservés; Louis XIII son fils l'en déchargea en 1613, & fit transport aux Religieux d'autant de revenu, avec les mêmes droits sur vingt-six maisons de la rue Françoise, de la rue Mauconseil & de celle de Montorgueil qui faisoient partie du fief de Bezée.

Cette Place est quarrée, reguliere, longue & large de soixante-douze toises; on y entre par quatre rues.

La premiere & la principale qui conduit au milieu d'un des quatre côtés, tient à la rue St Antoine.

La seconde, qui est vis-à-vis celle-ci, nommée la rue du Parc Royal, commence à la rue des Minimes & à leur Eglise.

La troisiéme s'appelle la petite rue Royale, qui aboutit à l'un des angles de cette Place.

Et la derniere qui lui est opposée se nomme la rue de la Coulture Ste Catherine, où se viennent rendre la rue St Louis, celle des Egoûts, la rue Royale, la rue Pavée & la rue des Francs-Bourgeois.

Vers la rue St Antoine, la rue des Tournelles & les Minimes, il y a neuf pavillons; que si de l'autre côté vers la Coulture Ste Catherine il n'y en a que huit, c'est que le bout de la rue de la Coulture n'est pas couvert comme celui de la rue du Parc Royal; on voit par là qu'elle est environnée de trente-sept pavillons & non de trente-six seulement, comme disent tous ceux qui en ont fait mention, car à les bien compter elle auroit trente-huit si elle étoit achevée de ce côté-là.

Tous ces pavillons consistant en trois étages, sont tous bâtis de brique, rehaussés d'arcades, de chaînes, d'embrasures, d'entablemens & de pilastres de pierre, d'ailleurs tous couverts d'un comble d'ardoise à deux croupes, terminé d'un faîte garni de plomb, & environné d'amortissemens de même, faits en forme de vases, d'où il sort des feuilles & des fruits. Lorsqu'ils furent commencés au reste, la brique, l'ardoise & le plomb étoient les seuls materiaux qui s'employoient dans les grands bâtimens, & dont Henri IV fit la Place Dauphine, Monceaux & quelques appartemens de Fontainebleau. On trouvoit dans la rougeur des briques, la blancheur de la pierre & la noirceur de l'ardoise & du plomb un mélange, ou, si cela se peut dire, une certaine nuance de couleurs si agreable à la vûe qu'elle n'a paru dure à l'œil & bien éloignée de la tendresse de la pierre, que depuis qu'elle a passé jusqu'aux maisons Bourgeoises: on est venu à reconnoître que telle varieté étoit puerile, & qu'enfin l'édifice le plus superbe bâti de la sorte ne sentoit que son Chateau de carte.

Pour revenir à nos trente-sept pavillons, il n'y a autre différence sinon que celui de dessus la petite rue Royale est plus étroit que les autres; & tout au contraire le pavillon qui est sur la rue Royale, & l'autre sur celle du Parc Royal, sont plus larges, plus hauts & plus magnifiques.

Celui de la rue Royale s'appelloit en 1605 le Pavillon Royal, depuis il a été nommé le Pavillon du Roi; l'autre porte le nom de Pavillon de la Reine, comme ayant été bâtis tous deux aux dépens du Roi, & même je pense qu'ils lui appartiennent encore.

Au premier étage sont trois arcades; l'une, haute de dix-huit pieds & large de onze, s'éleve entre deux plus basses, qui n'ont guére que sept pieds & demie de largeur; toutes trois sont accompagnées de six pilastres

Tome I. KKkk

cannelés, doriques & terminés de leur architrave, de leur frize & de leur corniche.

Au second étage sont plusieurs croisées couronnées de frontons ronds & de pierre. Autant s'en trouve-t-il au troisiéme, mais ils n'ont aucuns enrichissemens. Dans le comble sont encore des croisées & des lucarnes, couvertes aussi de frontons, enrichis des armes de Henri le Grand, de trophées & de doubles HH couronnées, & sur le faîte des fleurs de lis doubles & dorées servent d'amortissement. Les trente-cinq autres Pavillons sont portés au premier étage sur une longue suite d'arcades larges de huit pieds & demi, hautes de douze ou environ, ornées de pilastres doriques, sans architrave, frise ni corniche qui regne à l'entour de la Place, & devant composent un portique large de deux toises, couvert d'une voute surbaissée ou plate, presque par tout faite de brique & de pierre, en quelques endroits de plâtre simplement, mais semblables pour la couleur.

Au second & troisiéme étage sont des chaînes de pierre refendues dans leurs joints, tels que se voyent les pieds droits & les appuis des croisées.

Telles sont les croisées du comble avec des os garnis de leurs ornemens ordinaires

Entre le comble enfin & le troisiéme étage, regne un entablement ou corniche de pierre qui roule tout autour de la Place, sans être interrompue que par la rencontre des Pavillons du Roi & de la Reine, des croisées & des os pratiqués dans le comble, le tout jusqu'à l'entablement à onze toises de hauteur.

Chaque Pavillon, à la reserve de celui de la petite rue Royale, est porté & consiste en quatre arcades par bas, en quatre croisées à chaque étage, & huit toises de face.

En ce tems-là c'étoient les plus grandes & les plus superbes maisons de Paris, mais tant s'en faut qu'elles soient telles à present, qu'un Pavillon & demi & même deux tout entiers, sont encore trop peu pour loger quelques particuliers, tant le luxe & la vanité se sont fait valoir & ont acquis de credit.

Cette Place enfin est pavée le long des portiques de la largeur d'une rue, le reste est entouré de barrieres qui renferment quatre grands tapis verds.

Quant au jugement qu'on fait de toute son architecture, les uns pretendent que les portiques sont trop bas, & qu'ils devroient être élevés sur deux ou trois marches, ainsi que le commun Jardin de Londres.

D'autres voudroient que ses pilastres fussent couronnés d'un architrave, d'une frise & d'une corniche, & qu'il y en eut encore aux autres étages, ou qu'ils regnassent de haut en bas des Pavillons.

Cependant tous conviennent que c'est la plus grande & la plus reguliere Place du monde; & que les Grecs ni les Romains n'en ont jamais eu de semblable.

La Place Royale étoit auparavant un Marché aux Chevaux.

Racan, Page de la Chambre, étoit en 1608 avec Henri IV, qui alloit tous les jours à la Place Royale voir travailler ses Maçons & ceux des Particuliers, car il avoit vendu les trois quarts des places, & faisoit bâtir l'autre pour le revendre & gagner dessus; & bien qu'il eût été arrêté que le premier étage de cette Place seroit orné de portiques, il n'avoit pas été dit qu'il seroit vouté; de sorte que les uns voutoient, les autres ne faisoient que des planchers. Au quartier où le Roi faisoit bâtir, qui étoit depuis la rue Royale jusqu'au Prince de Guimenée, il vit qu'un Bourgeois près de lui voutoit le portique de pierre de taille, cela lui fit honte lui qui ne faisoit que des planchers; en ayant parlé à son Maçon, l'autre lui dit qu'il y remedieroit en faisant de plâtre ce que l'autre faisoit de pierre, & qu'il n'y avoit autre difference sinon que cela dureroit moins. Si bien que c'est pour cela que les arcades de cette Place qui sont de plâtre n'ont été faites qu'après coup, les unes par le Roi, les autres par des Particuliers.

DE LA VILLE DE PARIS. Liv. VI.   627

La fabrique en paroît dure à l'œil, & est bien éloignée d'être tendre comme la pierre.

Les Rois, dont tous les desseins & toutes les pensées ont toujours été fort vastes & extraordinaires, n'ont jamais fait. ni même songé à faire un cheval d'une taille si grande & si épouvantable. Le Cheval est d'une grande science, fait par Daniel Ricciarelli. La statue n'a pas tant d'approbateurs & est de Biart le fils; les bas reliefs de la Salle sont hors la portée de la vue.

PLACE DE HENRI IV.

CETTE Place est située au milieu du Pont-neuf, à la pointe de l'Isle du Palais, vis-à-vis la Place Dauphine, en face de la grande porte du Palais. Dans cette place est la statue Equestre d'Henri IV, qui est tournée à la Place Dauphine, & la porte du Palais que l'on nommoit anciennement le Palais de St Louis. La statue de ce Roi est posée sur un Piedestal de marbre blanc & gris, aux quatre coins duquel sont quatre figures de bronze enchaînées, & au tour des bas reliefs qui représentent les fameuses actions de ce Heros; j'en ai parlé en parlant des ponts, où l'on trouvera une description plus exacte de ce monument.

LA PLACE DES VICTOIRES.

CETTE Place est l'ouvrage du zèle & de la reconnoissance du Maréchal Duc de la Feuillade, des faveurs & des bienfaits qu'il avoit recus de Louis XIV. Il forma le projet d'une nouvelle Place publique, qu'il entreprit de faire ouvrir à ses dépens pour y élever une statue du Roi, & l'orner de trophées à la gloire de ce Monarque Dans cet objet il acheta l'Hotel de Sennsterre, rue des Petits-Champs, d'une situation avantageuse; il étoit d'une étendue considerable, & isolé de quatre rues qu'il fit abattre en 1684; l'on forma en même tems sur le terrain qu'il avoit occupé, une Place ovale, environnée de maisons d'une même symmetrie. Il fit eriger en 1686, au milieu de cette Place sur un piedestal de marbre blanc, un grouppe de bronze doré, qui represente la statue Pedestre du Roi couronné par la Victoire, & qui foule aux pieds un Cerbere; ce piedestal est accompagné de quatre esclaves, & orné de trophées & bas reliefs de bronze, representant les événemens les plus mémorables du Regne de Louis XIV. Enfin il n'a rien épargné pour rendre cette Place illustre & magnifique: aux avenues il a fait élever quatre grouppes de colomnes de marbre, ornés pareillement de bas reliefs, & de quatre lanternes de bronze doré, dans lesquels ce Maréchal entendoit qu'il seroit entretenu à perpetuité des lumieres suffisantes pour éclairer cette Place pendant la nuit, & dans toutes les saisons de l'année.

Il poussa si loin sa précaution, qu'il substitua en 1687 des biens considerables, de mâles en mâles de ses descendans; & enfin à Messieurs les Prevôts des Marchands de Paris, pour entretenir cette Place dans toute sa beauté, & avoir soin de faire redorer tous les dix ans la statue, les bas reliefs, & les fanaux qui ornent cette Place.

Tous ces soins n'ont pas empêché quelques changemens, car on a ouvert après la mort de ce Maréchal la façade du côté de l'Hotel de la Vriliere, qui avoit été borné dans le tems de la construction de cette Place. Les grilles qu'il avoit fait dresser aux deux côtés du piedestal de la statue,

Tome I.   KKkk ij pour empêcher le Public de passer devant ce monument, ont été ôtées, de sorte que l'on passe & on tourne au tour de la statue facilement. Je ne doute pas qu'au premier jour les fanaux ne decampent à leur tour, ce qui fait voir que le Seigneur se joue des desseins & volontés des hommes.

LA PLACE DE LOUIS LE GRAND.

CETTE Place publique a été formée sur la ruine de l'Hotel de Vendosme, bâtie par le Duc de Vendosme, fils naturel d'Henri IV, où il avoit toujours demeuré. Cet Hotel étoit fort spacieux, & accompagné d'un grand jardin ; mais comme il étoit negligé en ce que le Duc de Vendosme Gouverneur de Provence, & petit fils de celui dont je viens de parler, demeuroit dans le Temple avec le Grand Prieur de France son frere : le Roi Louis XIV l'acheta en 1685, & le fit abattre en 1687. Mais comme cet espace n'étoit pas suffisant pour y ouvrir une place aussi considerable que le dessein le demandoit ; Sa Majesté fit bâtir sur le derriere du lieu que cet Hotel avoit occupé, un Couvent pour les Capucines, fondées par Henri IV, suivant l'intention de Louise de Lorraine, veuve d'Henri III, où elles furent transferées en 1698, par un Acte capitulaire le dix-neuf Avril de cette même année ; elles abandonnerent pour ce grand dessein leur ancien Couvent, qui fut aussi demoli. Il faut remarquer que ce nouveau Couvent a été bâti en cinq ou six mois, & si conforme à celui d'Henri IV, que les Religieuses étant transferées, retrouverent leurs Cellules ornées, arrangées & disposées, comme celles qu'elles venoient de quitter.

L'on traça ensuite sur ce terrein le plan d'une Place publique ; & pour la rendre plus belle & plus reguliere, le Roi fit élever de même symmetrie les murs de façade des édifices qui la devoient environner.

Les lieux ainsi preparés, la Ville de Paris obtint du Roi la permission de faire élever en bronze au milieu de cette place, la statue Equestre de Sa Majesté ; l'érection en fut faite le dix-neuf Août 1699, avec toute la pompe & la magnificence possibles. Ce lieu a été nommé *la Place de Louis le Grand*.

Cette Place fut quarrée d'abord, avec des galleries voutées tout au tour ; mais après la mort de Monsieur de Louvois, qui avoit dessein d'y placer la Bibliotheque & l'Imprimerie du Roi, on en a changé la forme. Elle est à present Octogone, & a été vendue à plusieurs Seigneurs & Particuliers, qui ont fait bâtir chacun à leurs dépens, & conformément au devis proposé pour la regularité de la place.

Dans le milieu de cette place est donc élevée la statue Equestre de Louis XIV en bronze, d'une grosseur gigantesque, & pesante quarante ou quarante cinq milliers ; elle est posée sur un piedestal de marbre blanc, relevé d'un gradin de quatre ou cinq marches de même marbre ; & aux quatre faces du même piedestal il y a des vers gravés à la louange de ce grand Monarque. Cette place est environnée de superbes bâtimens, & d'Hotels de Grands Seigneurs.

LA PLACE DAUPHINE.

LA Place Dauphine est située à la pointe de l'Isle du Palais, & vient finir au Pont-neuf vis-à-vis le Cheval de bronze.

Elle fut faite de pierres fort massives & fort relevées, qui la garantissent en tout tems des inondations de la riviere. C'étoit auparavant une folitude fterile, deferte & abandonnée, qui tous les hivers étoit noyée & cachée dans l'eau; mais depuis elle a été bâtie fi bien & fi commodément, qu'aujourd'hui c'eft un de quartiers de Paris le plus habité & le plus frequenté. Le voifinage du Palais & du Louvre, la belle uniformité des bâtimens qui la compofent, la pureté de l'air qu'on y refpire, y ont attiré dans toutes les maifons prefque des gens tenans auberges & chambres garnies, où logent la plupart des Plaideurs aifés, & une bonne partie des Officiers de l'Armée. La longueur de cette Place eft de cinquante-fept toifes en dedans œuvre, & cette longueur eft renfermée dans un triangle ifocèle entourré d'édifices de même fymmetrie: toutes les maifons en font doubles, & élevées de quatre étages; de plus, bâties de brique, couvertes d'ardoife, & liées avec des chaînes de pierre faites en boffages ruftiques. Ce mélange de pierres, de briques & d'ardoifes fait une union de couleurs qui plaifent à la vue, & de tous côtés forment une perfpective non moins enjouée qu'extraordinaire. Mais cette place reçoit encore bien plus de grace & de majefté d'une corniche de pierre, garnie de dentellures, qui couronne toutes ces maifons, tant fa grande faillie fe trouve proportionnée à propos, & à leur hauteur, & à l'étendue de la place. Il eft vrai que toutes ces beautés font un peu ternies par une longue fuite de grandes croifées placées dans la couverture, au-deffus de cette corniche; mais en même tems on voit fort bien que l'Architecte n'en a ufé ainfi, que pour ménager plus de logemens, & d'augmenter le nombre des chambres, & des autres commodités.

En 1607, deux ans après que Henri IV eut jetté les fondemens de la Place Royale, il refolut de couvrir encore de maifons, de rues & d'une place, la pointe de l'Ifle du Palais, depuis le jardin du premier Prefident, appellé alors le jardin du Bailliage, parce qu'en effet c'étoit le jardin du Bailli du Palais.

J'ai dit ailleurs qu'il y avoit deux Ifles en cet endroit-là, & qu'elles furent unies pour faire les Quais qui conduifent au milieu du Pont-neuf. Derriere ce jardin il y avoit une place de trois mille cent vingt toifes & demie, que le Roi donna au Premier Prefident de Harlay, pour un fol tournois par toife de cens & rente fonciere, à la charge de la faire bâtir fuivant les plans & les devis, qui s'en feroient par le Duc de Sulli Grand-Voyer de France. Quoique ce don au refte, la même année, eut été enregîtré au Parlement & à la Chambre des Comptes au mois de Novembre, néanmoins au mois de Mai enfuivant, on n'avoit pas commencé à y travailler: fi bien que le Roi étant à Fontainebleau, manda au Duc de Sulli d'aller trouver le Premier Prefident, pour refoudre avec lui l'affaire de la Place Dauphine, fuivant le deffein qui en avoit été donné, afin que dans trois ans elle fut faite: & au cas qu'il voulut fe deporter de l'entreprife, de lui chercher une autre perfonne qui l'acceptât; cependant de lui dire qu'il ne laifferoit pas d'avoir le profit du fonds.

Dans cette pointe de l'Ifle donc, d'abord on fit le long du jardin du Bailliage une rue bordée de maifons uniformes, qui tient à deux quais, & fut appellée la rue de Harlay à caufe du Premier Prefident: le refte fut couvert d'une Place qu'on entoura de maifons de même fymmetrie encore, & femblable à celle de la rue de Harlay qu'on nomma la Place Dauphine, pour faire honneur au fils ainé de France, & qui depuis a regné fous le nom de Louis XIII.

Cette Place eft triangulaire ifocèle, comme parlent les Mathematiciens; ou plutôt, pour mieux me faire entendre, cette Place eft faite en triangle, dont les deux côtés font égaux, & plus longs que la bafe, c'eft-à-dire, plus longs que le côté qui regne le long de la rue de Harlay.

On y entre par deux endroits, qui font deux rues courtes & larges; l'une ouverte dans le milieu de fa bafe, & de la rue de Harlay; l'autre prise dans le sommet du triangle, à l'opposite de la premiere, vis-à-vis le Cheval de bronze. Sa hauteur est de   sa largeur de

Toutes ces maisons sont doubles & à trois étages, ou plutôt à quatre, y comprenant l'étage des chambres lambrissées, & pratiquées dans le comble ou la couverture.

Au premier elles sont accompagnées d'une longue suite d'arcades de pierre, faites en bossage rustique.

Le reste est de briques liées avec des chaînes de pierre de même symmetrie que les arcades. Les embrasures de leurs croisées sont de la même maniere.

Le tout est couvert d'ardoises, & d'une corniche de pierres garnie de dentellure, & saillante à proportion de la grandeur de la place, & de la hauteur de ses logis, & a été bâtie sur les dessins, & par la conduite de François Petit Architecte du Roi.

PLACES DE SORBONNE ET DE SILLERI.

LA Place de Sorbonne & celle de Silleri ont été faites toutes deux aux dépens du Cardinal de Richelieu.

La premiere de son vivant, pour orner le portail & la façade de l'Eglise de Sorbonne qu'il a fait bâtir.

L'autre après sa mort, afin d'accompagner la face, & la principale entrée de son Palais.

Celle-ci porte   de longueur sur   de largeur. D'un bout elle tient à la rue St Honoré, & sur les côtés à la rue Froimanteau, & à la rue St Thomas du Louvre; dans le fond sont des corps-de-garde.

J'ai dit ailleurs qu'en 1608 le Commandeur de Silleri y avoit fait faire un grand logis quarré, appellé l'Hotel de Silleri, bâti de briques & de pierres, avec un portail enrichi de colomnes & d'une gallerie balustrée. Depuis, le Cardinal de Richelieu l'acheta pour l'abbattre, & y faire la place que je décris; mais comme il mourut, & le Roi étant venu loger au Palais-Cardinal avec la Reine mere, cette maison fut rasée pour servir de place, où l'on ne fit autre bâtiment que le corps-de-garde que j'ai dit.

Quant à la Place de Sorbonne, elle fut faite en 1640 ou environ, tant sur les ruines des écoles anciennes & exterieures, de quelques maisons de la Sorbonne, que sur celles d'un grand logis qui appartenoit au College de Cluni, situé entre la rue des Poirées & celle des Maçons qu'on acheta vingt-six mille livres. Elle a   de longueur sur   de largeur. On y entre par la rue des Maçons, par la rue de Sorbonne, & par celles des Cordiers & de Richelieu.

Jusqu'en 1647, on y entroit encore par la rue des Poirées; mais comme j'ai dit ailleurs, elle fut condamnée alors, pour unir à la Sorbonne le College des Dix-huit.

Du coté de la rue des Poirées, elle est bordée de la Chapelle du College de Cluni, qui est si belle qu'elle sent son Eglise: vis-à-vis est l'école exterieure de Sorbonne, bâtie de pierre en bossages rustiques. Dans le fond s'éleve la façade, ou le portail de l'Eglise de Sorbonne, enrichi de deux ordonnances de colonnes, de niches & de statues que je décrirai en son lieu; à l'opposite est la rue de Richelieu, qui de la rue de la Harpe monte au milieu de la place, & qui consiste en batimens de même symmetrie. Enfin elle est bordée de barrieres, & du côté de cette rue, & de celle des Cordiers & de la Chapelle de Cluni, & presque toute environnée d'échoppes de Libraires pleines de toutes sortes de Livres.

AUTRES PLACES.

J'AI dit en quelque endroit, que l'Isle Notre-Dame & le Pré aux Clercs ont servi à des assemblées, à des spectacles & à quelques revues des Bourgeois de Paris en armes.

J'ai dit aussi qu'en 1416, Charles VI fit faire une Place devant le grand Châtelet sur les ruines de la grande Boucherie, & qu'elle ne dura que jusqu'en 1418.

François I en 1527 ordonna au Prevôt des Marchands de faire clore une autre Place beaucoup plus grande qui alloit depuis le Louvre jusqu'à la riviere, & qui avoit servi aux joûtes & aux tournois.

En 1585, les gens de guerre des Seigneurs, alloient faire l'exercice entre les Chartreux & Notre-Dame des Champs, dans un grand lieu qui s'appelloit à cause de cela la place de bataille.

Près la porte de Paris & la rue St Denys, il y a une place qu'on nomme la place du Chevalier du Guet, à cause que le Chevalier du Guet y a long-tems demeuré.

Je laisse là le Boulevart ou le grand Bastion de la Porte St Antoine, qui fut fait sous Henri II, non-seulement si vaste, qu'on y peut ranger une armée en bataille, comme ayant plus de cent toises de face, mais encore si agreable, que chacun va s'y promener; à Carême-prenant sur tout il est couvert de monde pour voir passer les masques qui vont en foule au fauxbourg St Antoine.

A la pointe de l'Isle du Palais vis-à-vis la Place Dauphine, nous avons une place que j'ai vû faire à l'entour de la figure équestre de Henri IV, que Mansart Architecte a voulu environner d'auvents, mais en vain, quoiqu'il en eut obtenu la permission du Roi.

En 1662 pour le Carousel, le Roi fit faire dans le petit Jardin des Tuilleries une place entourée d'un amphitheâtre de bois.

PLACE DUCALE.

SI Henri IV & le Cardinal de Richelieu eussent vécu plus long-tems, ils auroient fait faire deux Places plus magnifiques qu'aucune que j'aie décrite.

La derniere eut été appellée la Place Ducale, à cause du Cardinal de Richelieu qui étoit Duc. Il avoit resolu de la faire derriere son Palais dans le Marché aux Chevaux près la Porte St Roch & celle de Richelieu. On y seroit entré par quatre rues, par deux en venant de la rue St Honoré, de la rue de Richelieu, par une troisiéme qui auroit continué la rue neuve des Petits-champs, laquelle passe au bout du Jardin du Palais-Cardinal.

Sa figure eut été quarrée & grande de cinquante-huit toises; elle auroit été entourée de pavillons doubles uniformes & profonds de dix toises.

L'Academie Françoise qu'il avoit instituée y auroit été établie, & les quarante Academiciens qui la composent logés.

Des Marests, de ce nombre, qui est un bel-esprit & sait quantité de choses en avoit fait le plan.

Et enfin les choses en étoient venues si avant que le Cardinal avoit déja commencé à traiter avec les proprietaires tant des logis que des places dont il avoit besoin.

Mais comme il étoit sur le point de mettre la main à l'œuvre, la mort l'en empêcha & rompit son dessein, si bien que Paris fut privé d'un fort grand ornement.

PLACE DE FRANCE.

QUANT à l'autre place qu'avoit projetté Henri IV, & qui auroit été appellée la Place de France, à cause que chaque rue y aboutissant auroit porté le nom d'une des principales Provinces du Royaume, ce Prince pour en arrêter le dessin se transporta sur le lieu : il y en a même qui veulent que c'est lui qui en étoit l'inventeur, & qu'en sa presence Alaume & Châtillon ses ingenieurs en tracerent le plan & l'élevation. Le marché en fut fait avec Carel & autres Entrepreneurs, à la charge d'y travailler incessamment, avec ordre au Duc de Sully d'y tenir la main. Si bien que pour ce qui est des rues qui y devoient conduire, le dessin en partie étoit déja commencé. Elle auroit été faite en demi cercle terminée par les remparts & située presque vis-à-vis la place du Calvaire, où viennent rendre la vieille rue du Temple & celle de St Louis. Sa profondeur devoit être de quarante toises, sa longueur de quatre-vingt & sa circonference de cent trente-neuf Dans les murailles de la Ville il y auroit eu une porte appellée la Porte de France, ayant en vûe le milieu de la Place, entre deux grands corps de logis bâtis de brique & de pierre, qui non-seulement auroient couvert les remparts, mais encore les angles contraints du plan par le moyen des Halles & des Marchés qu'on y auroit construits.

On y seroit entré par huit rues larges de six toises, bordées de logis uniformes, qui auroient eu pour nom, Picardie, Dauphiné, Provence, Languedoc, Guienne, Poitou, Bretagne, Bourgogne, noms des huit plus grandes Provinces de France ; en un mot elle auroit été environnée de sept Pavillons doubles à trois étages de brique & de pierre, de treize toises de face, avec un portique au premier étage composé de sept arcades de pierre, deux tourelles en saillie dans les angles, trois lucarnes faîtières en croisées dans le comble, & un dôme octogone sur le faîte de la couverture.

A quarante toises aux environs, il y auroit eu un demi cercle de sept rues concentriques à la demié circonference de la place & des portiques de ses Pavillons. Celles-ci se seroient appellées Brie, Boubonnois, Lionnois, Beauce, Auvergne, Limosin & Perigort, qui composent des Gouvernemens moins considerables que les precedens ; & toutes auroient traversé les huit grandes rues & fait huit carrefours flanqués chacun de quatre Pavillons de brique & de pierre, & garnis de trois tourelles saillantes depuis le premier étage.

Les rues qui auroient conduit aux premieres & aux secondes & passé tout au travers, devoient se nommer Xaintonge, la Marche, Touraine, le Perche, Angoulême, Berri, Orleans, Beaujolois, Beausse, Anjou.

Or quoique ce grand dessein ait échoué, néanmoins les dernieres rues que je viens de dire sont toutes faites & assujetties au plan qu'on avoit pris par ceux qui les ont couvertes de maisons.

Et afin d'en faire mieux voir la situation, la rue de Bretagne & la rue de Poitou y devoient aboutir ; celles de Perigueux & de Limoges auroient commencé le demi cercle des rues concentriques.

La rue de Brie qui n'y est point le devoit finir près de l'oreillon du Bastion de l'ardoise, où est le Jardin des Arquebusiers.

Qui voudra en savoir davantage peut examiner le plan & l'élevation gravés

DE LA VILLE DE PARIS. Liv. VI. 623

vés par Poinfart, & Lire tout au long, le grand difcours qui eft imprimé au bas.

LA PLACE DE CAMBRAI ou TERRE DE CAMBRAI.

LES Libraires & les Ecoliers du Mont St Hilaire & de la rue St Jaques fe promennent les foirs après foupé fur la Terre de Cambrai, qui aboutit à la Fontaine St Benoît, & paffe entre le College Royal, le College de Cambrai & la Commanderie de St Jean de Latran. Elle étoit couverte du Cimetiere de St Benoît vers le commencement de ce fiécle, comme je dirai en fon lieu.

Ceux qui demeurent dans l'Ifle Notre-Dame vont prendre l'air en été les foirs fur le Quai des Balcons. Quant aux autres qui logent dans la Cité, ils n'ont point d'autre promenade en leur quartier que les Quais qui conduifent au Cheval de bronze.

Au pied de l'Arfenal, vis-à-vis l'Ifle, le long de la riviere, eft le Mail avec fes allées & une petite peloufe, où la petite Bourgeoifie va volontiers.

BOUCHERIES.

BOUCHERIE DE LA PORTE DE PARIS.

LA meilleure Boucherie, la plus grande & la plus ancienne eft celle de la Porte de Paris, auffi l'appelloit-on autrefois la grande Boucherie. De plus c'eft d'elle que l'Eglife de St Jaques de la Boucherie du voifinage, & la rue St Jaques de la Boucherie qui y tient, ont pris leur furnom. D'ailleurs, ainfi que toutes les nouvelles Boucheries & la plupart des anciennes, elle eft dans un lieu fort paffant & fort peuplé; & quoique jamais elle n'ait été ailleurs, néanmoins le lieu qu'elle occupe étoit anciennement hors du vieux Paris que nous appellons à prefent la Cité, parce qu'autrefois on ne fouffroit point dans les Villes, ni lieux patibulaires, ni Boucheries, ni Cimetieres, à caufe de leur puanteur.

Quant à cette Boucherie ici, pour la commodité publique, on la plaça tout le plus près qu'on pût du grand Chatelet, la feule porte qu'il y avoit à Paris en ce tems-là vers le Septentrion; & peut-être pour la même raifon on s'eft comporté de même à l'égard de la Boucherie Gloriette, puifqu'elle n'eft pas moins près de la Cité que l'autre, & qu'elle tient au petit Chatelet, la feule autre porte de l'ancien Paris du côté du Midi. Il refte quelques marques de cette ancienne coutume dans un Arrêt du Parlement de l'anné 1366 le dix-huit Mai, car il fait favoir en termes exprès, qu'anciennement pour éviter la corruption & l'infection de l'air, l'ufage étoit de tuer les veaux à St Germain, les moutons à St Marcel, les pourceaux à Ste Geneviéve, les bœufs à la porte de Paris, quatre endroits non feulement hors de la Cité, mais qui en font bien éloignés, à la referve du dernier. Un autre Arrêt du onze Juin enfuivant, porte tout au contraire que plufieurs années auparavant telle coutume ne s'obfervoit plus, & ne pouvoit être obfervée fans grand inconvenient, & fans contrevenir à l'ufage.

Tome I. LLll

En 1133 & en 1210, la Boucherie de la Porte de Paris se tenoit dans la maison de Gueri le Changeur ou de Gueri de la Porte. Thibault Prieur de St Martin des Champs & ses Religieux, la donnerent en 1133 à Louis la Gros & à la Reine Adelaïde, avec le Couvent de Montmartre, en échange du Prieuré de St Denys de la Chartre, dont Adelaïde & Louis firent don à des Religieuses de St Benoît qu'ils fonderent à Montmartre. La maison depuis étant tombée en ruine, à ce que dit le Pere du Beuil, pour trente livres de cens, les Religieuses s'en défirent en faveur des St Yons, qui avoient charge alors de prendre garde que la viande de Boucherie ne manquât pas à Paris, ainsi qu'à Rome le Prefet de la Ville. Tous contes au reste ou forgés par du Beuil ou empruntés de la tradition, & qui ne sont pas les seuls qu'on trouve dans son livre comme en étant tout farci.

Dans cette maison, dont je viens de parler, il y avoit vingt-cinq étaux sous Philippe Auguste, qui leur permit en 1282 d'acheter & de vendre du poisson de mer & d'eau douce; ce qui peut-être fut cause qu'ensuite ils érigerent la Poissonnerie, que nous voyons à la Porte de Paris, & l'étendirent jusqu'à la rue Pierre-au-poisson, appellée depuis la rue de la petite Saulnerie, & que c'est du poisson qui s'y vendoit qu'elle a pris son nom de la rue Pierre-au-poisson.

Quelques années après il survint un differend entre les Bouchers & les Religieuses de Montmartre, tant pour la maison que pour les étaux; mais par ordre du même Prince, en 1210 il fut terminé au mois de Mars, à la charge qu'au lieu de ces trente francs par an, qui en apparence ont servi de fondement aux mauvais rapports de du Beuil, les Bouchers en donneroient cinquante aux Religieuses, payables par quartier, le premier à la St Jean, le second à la St Denys, & les deux autres à Noel & à Pâques, & le tout à peine d'amende comme pour consisvos.

Jusqu'à Charles V & Charles VI, cette Boucherie consista en trente-un étaux & en une grande maison nommée le Four du métier qui couvroit la rue du Pont au Change, depuis celle de St Jaques de la Boucherie jusqu'aux environs du grand Chatelet; mais comme alors Hugues Aubriot, Prevôt de Paris, vint à la ruiner pour faire à la place la rue du Pont au Change, sans pourtant ni l'acheter ni se soucier de dédommager ni recompenser les interessés, de-là depuis on passa tout droit à ce pont, au lieu qu'auparavant il faloit se détourner & gagner la Porte de Paris, comme n'y ayant point d'autre chemin pour y arriver.

Les Maillotins quelque tems après, ayant excité cette sedition en 1381 au mois de Mars, qui dura jusqu'au commencement de l'année suivante, Charles VI abolit aussi-tôt & Maîtrises & Corps de Métiers de Paris, & après s'être saisi de la grande Boucherie, de tous ses droits, dependances & revenus, en jouit jusqu'en 1387, qu'ils leur furent rendus au mois de Fevrier. Mais par ce qu'ils voulurent encore ravoir la place qu'Aubriot avoit retranchée sous Charles V sans leur en faire raison, ils presserent si fort là-dessus, & la Chambre des Comptes & les Tresoriers de France, que le Roi l'ayant sû, declara en 1393 au commencement de Mars, qu'en 1387 il n'avoit point entendu leur rendre rien de ce qu'Aubriot avoit pris de leur Boucherie, mais seulement le corps de la Boucherie en l'état qu'il étoit en 1382.

Cependant en 1406, pour les recompenser, il leur permit de faire de ce côté-là le long des murs de leur Boucherie, des étaux couverts d'auvents larges de cinq pieds ou moins suivant le rapport de personnes connoissantes. Mais parce qu'en 1411 les St Yons & les Thiberts, Bouchers de la même Boucherie, incités à cela par le Comte de St Pol, s'étant mis à la tête de quantité de seditieux tant Chirurgiens, Pelletiers, Couturiers & autres, en faveur du Duc de Bourgogne; & bien plus qu'en 1416 une conjuration effroyable vînt à être découverte, tant les Bouchers de la

DE LA VILLE DE PARIS. Liv. VI. 635

grande Boucherie que les autres, furent encore bien plus maltraités qu'en 1381.

Et de fait, après avoir été desarmés d'abord, il leur fut deffendu de tuer & d'écorcher des bêtes à la Place aux Veaux ; ensuite on rasa la Boucherie de la Porte de Paris, le Roi s'empara de ses revenus, & obligea les Bouchers d'étaler sur le Pont Notre-Dame.

NOUVELLES BOUCHERIES.

QUELQUE trois mois après que la Boucherie de la Porte-Paris eut été demolie, Charles VI en créa quatre autres.
La premiere dans la Halle de Beauvais.
La seconde devant St Leufroi.
La troisiéme près le Petit-Chatelet.
La quatriéme au tour du Cimetiere St Gervais.

Les deux dernieres consistoient en quatre étaux chacune ; les deux autres en seize aussi chacune, tellement qu'au lieu de trente-un qu'il y avoit à la boucherie abbatue, dans ces quatres nouvelles il s'en trouvoit quarante ; d'ailleurs, elles furent unies au domaine, & appellées les boucheries du Roi ; leurs tueries & leurs écorcheries furent mises sur le bord de la riviere près des Tuilleries, éloignées alors des murailles de la Ville, avec défense, sur peine de confiscation & d'amende arbitraire, de tuer, ni d'écorcher bêtes autre part.

Le Roi n'en demeura pas là, il abolit encore tant les Assemblées, que le Corps & la Communauté des Bouchers, des Tueurs & Ecorcheurs de la grande boucherie. De plus, les Maîtres & ses Officiers & son Sceau, furent anéantis avec tous ses droits & ses privileges ; car jusques-là elle avoit eu sa jurisdiction à part. Ni Seigneurs, ni Juges ordinaires, ni même le Prevôt de Paris, ne prenoient point connoissance de leurs causes ; personne qu'eux ne se mêloit de leurs affaires, eux mêmes terminoient leurs differends entre eux devant leurs Chefs, ou leurs Maîtres ; tous ces avantages leur furent ôtés, & bien d'autres. Le Roi commanda au Prevôt de Paris de faire des baux à vie ou autrement des quarante étaux de ces quatre nouvelles boucheries qu'il venoit d'établir ; d'en nommer & instituer les Jurés, d'y établir tel nombre de tueurs & d'écorcheurs qu'il trouveroit à propos, de recevoir Maîtres indifferemment tous ceux qui en seroient capables, au lieu qu'auparavant il ne pouvoit recevoir que les fils de Maîtres : les Lettres du Roi en furent publiées à l'audiance du Chatelet en 1416, au mois d'Août. Au commencement de Septembre les Bouchers de dessus le Pont Notre-Dame eurent ordre d'étaler aux boucheries de Beauvais, du Cimetiere St Gervais & de Petit-Pont. Quinze jours après, ils s'établirent devant St Leufroi, & enfin à son de trompe, les étaux des nouvelles boucheries furent publiés.

RETABLISSEMENT DE LA GRANDE BOUCHERIE.

NONOBSTANT tout ce changement & cette grande colere du Prince, le Duc de Bourgogne, deux ans après s'étant emparé du gouvernement & de l'esprit du Roi, obligea aussi-tôt le Prevôt des Marchands de rendre l'argent, tant de l'ardoise que des autres materiaux de la grande boucherie ; & fit tant pour les Bouchers, que le Roi leur per-

Tome I. LLll ij

mit de la rebâtir ; de plus, les retablit dans tous leurs Privileges, & revoqua tous les ordres qu'il avoit donnés en 1416.

En 1421 donc, la boucherie ayant été rebâtie, les Bouchers à la Pentecôte la remplirent de viande : il y a apparence qu'alors ils ne la mirent pas tout à fait en l'état qu'elle est aujourd'hui ; car dans quelques Papiersterriers de l'an 1536, je trouve qu'elle étoit couverte d'une terrasse, & que dessus il y avoit eu auparavant une Salle appellée la Vieille-Salle, & chargée de quatre sols parisis de cens envers le Seigneur du fief de Haren ou Coquatrix; mais qu'en 1536, vers la Porte-Paris & le Grand Chatelet, il s'y trouvoit une autre Salle sur laquelle il y avoit six étaux, non-seulement chargés de trois livres trois sols de rente envers quelques Seigneurs particuliers, mais aussi de dix deniers parisis de fonds de terre envers les mêmes Seigneurs, payables tous les ans le jour de l'Octave St Denys, au porche de St Jaques de la Boucherie. Dessous étoient onze étaux, dont quatre devoient chaque année 22. liv. tournois au Prieuré de St Martin des Champs, & pour lesquels le Prieuré étoit tenu de payer cinq sols quatre deniers parisis de fonds de terre par an, dans le même tems, aux mêmes Seigneurs, & au même porche de St Jaques. Dedans on vendoit des tripes, & parmi quelques étaux qui s'y rencontroient, il y en avoit un entre autres qui devoit quatre deniers parisis de fonds de terre aux mêmes Seigneurs, & six livres encore parisis de rente au Prieur de St Magloire.

Du vivant du Pere du Beul il y avoit des caves sous cette boucherie, & des greniers au-dessus, où l'on montoit & descendoit par un escalier commun placé dans une vieille tour octogone qui s'y voyoit alors. Maintenant elle a dix travées de long, sur cinq de large, & est relevée de trois ou quatre marches plus que le rès de chaussée ; d'ailleurs exhaussée de quatre à cinq toises, & couverte d'une terrasse ou platte forme de plomb. Dessous sont encore des caves, & dehors tout à l'entour sont des étaux, des échopes & des boutiques occupées par des Poissonnieres, des tripieres, des fruitieres, & quelques artisans : en dedans quatre rue la traversent, bordées de trente-neuf étaux qui la remplissent ; on y entre par huit grandes portes, & non-seulement le jour y vient par six grandes fenêtres pratiquées dans la terrasse ; mais de plus, par tant d'endroits d'un treillis de bois qui l'environne, qu'il y fait presque aussi clair que dans la rue. Quant à sa situation, elle n'a pas sa pareille, car c'est au cœur de Paris, entre le Palais, le Grand Chatelet, le Pont-au-change, la rue St Denys, & je ne sai combien d'autres, pleines de gros Marchands & de bons Artisants; sa tuerie & son écorcherie sont près de là, & de même qu'anciennement à la Place-aux-veaux, & autres rues voisines qui tiennent à la riviere, ou y conduisent, rues veritablement à l'ordinaire étroites, tortues, obscures, puantes; les Bouchers neanmoins qui sont gens riches, & mariés à de belles femmes, & propres, ne laissent pas d'y demeurer ; mais c'est la plupart dans des maisons claires, propres & bien meublées.

LES QUATRE BOUCHERIES NOUVELLES.

L'AUTEUR du Journal de Charles VI, rapporte qu'en 1421, le Dimanche de devant la Pentecôte, les Bouchers abandonnerent les quatre boucheries créés en 1416, & vinrent étaler à la porte de Paris ; cependant de ces quatre boucheries, à l'exception de celle de St Leufroi, qui est peut-être la seule qu'on abolit en 1421, les trois autres ont toujours été sur pied.

La Boucherie de St Gervais subsiste encore au Cimetiere St Jean, où on la transporta peu de tems après son établissement ; & tout de même celle

DE LA VILLE DE PARIS. Liv. VI.

de Beauvais & de Petit-Pont, se tiennent & se sont tenues depuis au même endroit, sans jamais avoir été supprimées, selon toutes les apparences du monde : si bien que pour accorder le journal de Charles VI, avec ce que je vais dire de ces quatre boucheries, il faut necessairement, ou que les Bouchers de la Porte de Paris abandonnassent alors à d'autres Bouchers ces quatres boucheries, où on les avoit contraints de se retirer en 1416, ou que leurs étaliers, & des gens de dehors, prissent incontinent après leurs places.

Bien davantage, je ne sai pas même si je ne pourrois point ici repeter ce que j'ai déja avancé au commencement, que la boucherie de Petit Pont, autrement Gloriette, n'est pas moins ancienne que celle de la Porte de Paris.

Quoi qu'il en soit, ce que j'en sai avant 1416, n'est fondé que sur des conjectures, & comme elles ne doivent point avoir lieu dans une Histoire, aussi les laisserai-je là.

Charles VI donc alors, ainsi que j'ai dit, établit les quatre étaux, que vrai-semblablement on doit bien moins appeller création d'une nouvelle boûcherie, qu'une augmentation d'étaux d'une autre qui y étoit déja bien auparavant.

Enfin, parce qu'elle subsistoit encore en 1558, & même avec plus d'étaux que jamais, le Roi alors, aussi-bien que la Ville, resolut de la supprimer, & de la transporter au Marché-neuf ; la resistance des Bouchers fut si grande & si opiniâtre, que quelque commandement qui leur fût fait, ils ne voulurent point sortir de là, & y sont encore. Je ne puis pas assurer si elle est encore au même endroit qu'en 1416 ; les Lettres de Charles VI de cette année-là, portent à la verité qu'il érigea quatre étaux de Bouchers près le Petit Chatelet, en la Reculate où souloit être le Petit-Pont ancien. J'avoue qu'elle occupe un cul de-sac, & un lieu reculé qui ne peut être ni plus près du Petit-Pont, ni du Petit-Chatelet, qu'il l'est ; mais que le Petit-Pont y ait jamais été, c'est ce que je n'ose ni nier ni maintenir. A present il se nomme Gloriette, aussi bien que la boucherie, c'est un cul de sac où on entre par la grande rue, & qui est composé de dix boutiques, & de maisons habitées par des Bouchers. Cette boucherie, au reste, ne passe pas pour un des meilleures de Paris, ni des mieux garnies, mais telle qu'elle est, parmi les mediocres elle peut tenir le premier rang.

La boucherie du Cimetiere St Gervais, composée de quatre étaux qu'on y fit en 1416, ne dura là que depuis la premiere semaine du mois de Septembre, jusqu'au premier Dimanche du mois de Fevrier, qu'on la transporta au Cimetiere St Jean, dans une boucherie commencée au mois d'Octobre ; mais en 1421 il lui arriva la même chose qu'à celle du Petit-Pont, car les Bouchers de la grande boucherie qui en louoient les étaux, se voyant rétablis, retournerent à la Porte de Paris bien vîte, & d'autres apparement prirent leur place. Car enfin, quarante-quatre ans après, Louis XI ayant permis à quelques particuliers d'y faire six étaux, les Bouchers de la grande boucherie s'y opposerent, & se pourvûrent au Parlement : nonobstant, l'affaire passa, & ces six étaux vrai-semblablement furent joints aux quatre autres. Et de fait, en 1465, par Arrêt, & depuis, en 1471, par des Lettres du Roi ils furent reduits à la moitié, si bien qu'on en ruina trois, & les trois autres demeurerent à la Communauté des Bouchers de la Porte de Paris pour la somme de soixante livres parisis de rente, payables tous les ans aux Chartreux, Seigneurs du lieu ; & de plus, à la charge qu'ils retrancheroient autant d'étaux de la grande boucherie, du coté du Grand Chatelet, dont la place seroit prise pour élargir la rue de la Poissonnerie ; cependant avec le tems, ce petit nombre d'étaux s'est si fort accru, qu'à la reserve de la grande boucherie, il n'y en a pas moins qu'aux meilleures, & aux mieux fournies de Paris. De marquer le tems que tel accroissement s'eſt fait, c'eſt ce que je ne ſai pas, & que je ne me ſuis pas donné la peine de ſavoir, comme ne le valant pas; & même ſi en cherchant des choſes plus conſiderables dans les Regîtres de l'Hotel de Ville, je n'y avois trouvé qu'en 1415, le Roi y en établit quatre du conſentement du Prevôt & des Echevins, à la charge que leur Maître des œuvres en donneroit l'alignement, & que les Bouchers qui viendroient à les occuper, ſeroient ſujets aux Ordonnances & aux Reglemens de la Police de la Ville, je me ſerois contenté de dire en general qu'on les a erigés en divers tems.

Par la même raiſon j'ajouterai encore en paſſant, qu'en 1634, le Roi & ſon Conſeil y en établit encore deux de ces dix qu'il créa pour lors pour être diſperſés en divers endroits, tant à la Gréve & à la Halle, qu'à la Place-maubert, & le tout en faveur de Juſſac, l'un de ſes Gentils-hommes ordinaires; mais que le Parlement, l'année d'après, reduiſit à ſix, ſans que je ſache ſi ce Reglement porta prejudice à la boucherie de St Jean, ni s'il les établit dedans ou dehors; car il faut remarquer que cette boucherie conſiſte en deux ſortes d'étaux, les uns enfermés dans une Halle couverte, les autres dehors dans quelques maiſons du marché. Dans la Halle il y en a douze, dans les maiſons cinq. Si le Maître des œuvres de la Ville en a donné l'alignement par le Prevôt & les Echevins, qui eſt la coutume, il ne s'en voit rien neanmoins dans leurs Regîtres, & cela ſans doute à cauſe qu'ils ont été faits avant 1499, qu'on commença à enregîtrer à l'Hotel de Ville les choſes qui ſe paſſoient.

La boucherie de Beauvais, la derniere des quatre créés en 1416, eſt encore ſur pied, & parce qu'on la fit dans une partie de la Halle de Beauvais, elle en prit le nom; elle eſt à côté de la rue St Honoré, & de celle de la Tonnellerie, & non ſeulement conſiſte en   étaux, mais paſſe pour une des plus excellentes de Paris.

En 1417, un an après ſa création, Charles VI preſſé, tant à cauſe des beſoins preſſants de l'Etat, que parce qu'il faloit s'oppoſer aux entrepriſes des Anglois, cependant ne ſachant en même tems ou prendre de l'argent, comme il vint à exiger vingt mille livres des Religieux de St Denys, ſomme alors prodigieuſe, & que pour la fournir il leur falut fondre la Chaſſe d'or de St Louis, de plus engager & mettre quantité de joyaux, de reliques & autres prétieux monumens, ce qui ne ſe pût faire qu'il n'y eut ſix mille livres de déchet: en recompenſe il donna à l'Abbayie la boucherie de Beauvais qu'il amortit, & fut eſtimée deux mille cinq cens livres de rente, avec pouvoir d'en viſiter les viandes, de nommer les Maîtres Jurés, tueurs & écorcheurs, & de recevoir d'eux le ſerment accoutumé; ne ſe reſervant autre choſe que cinq ſols pariſis de rente ſur chaque étail, & la juſtice. Et au cas que les Religieux n'en puſſent jouir, il s'obligea de leur aſſigner autant de revenu ſur la boëtte au poiſſon; en un mot, il n'épargna rien pour les enrichir des depouilles du Sanctuaire. Auſſi les gens du Roi en repreſenterent-ils les inconveniens, tant au Dauphin qu'au Conſeil & au Parlement, & même pour leur décharge demanderent Acte de leur oppoſition, ſi bien qu'il fallut que le Chancelier remontrât au Parlement, que cette ſomme avoit été recouvrée par les Religieux de St Denys avec grande difficulté, & employée pour des beſoins preſſants dans les tems les plus difficiles de la Monarchie, & encore avec tout cela, la Cour fit-elle grande difficulté de conſentir à la verification du don de cette boucherie.

Après quoi la Chambre des Comptes & le Treſor, donnerent auſſi les mains, à la charge neanmoins que dans dix-huit ans ils feroient refaire la Chaſſe de St Louis, & retireroient les joyaux mis en gage, ſans pourtant les obliger à cauſe de ceci de vendre la boucherie de Beauvais; tant s'en faut, car même il leur fut permis d'avoir recours au bien de leur Egliſe; c'eſt-à-dire, qu'ils eurent permiſſion de depouiller leur Egliſe encore une fois.

Peu de tems après ils unirent la cinquiéme partie de leur nouvelle boucherie, à l'office des charités de St Denys, ce qui fut confirmé en 1436, & 1514, par Charles VII, & François I. Telles particularités & autres vérifient ce que j'ai dit auparavant, que la Boucherie de Beauvais ne fut point supprimée en 1421; & si les Bouchers de la Porte de Paris l'abandonnerent, que d'autres remplirent leur place. Il me seroit plus aisé de rapporter les differentes augmentations, & les changemens de cette boucherie ici, que des autres dont j'ai déja parlé & vais parler, tout le reste en étant égaré dans les Regîtres du Parlement, des Tresoriers de France & de la Ville qu'on ne communique pas aisément, & où l'on perd souvent bien du tems à lire sans rien trouver, au lieu que les Religieux tiennent regître de tout ce qu'ils font, en ont peu, & qu'il n'est pas difficile de les tirer de leurs mains. Toutefois, comme ces minuties ne meritent pas qu'on s'y arrête, vû la matiere que je traite, si je passe quelque chose sous silence, ce n'est que tant mieux pour le Lecteur qui m'en doit savoir gré. Venons aux autres boucheries.

BOUCHERIE DU TEMPLE

LES Templiers, sous Philippe-Auguste, sur leur territoire, où ils avoient Justice haute, moyenne & basse, en établirent une ; ce que les Bouchers de la grande boucherie voulurent empêcher aussi-tôt, prétendant que personne n'en pouvoit tenir sans leur consentement. Procès là dessus, & terminé en 1182, à la charge que cette boucherie n'auroit que deux étaux larges chacun de douze pieds; & ceci par Lettres Patentes qui se trouvent dans les cartulaires du Temple, & ceux des Bouchers. Si j'eusse pû les tirer des mains des Bouchers, ou du Grand-Prieur de France, selon ma coutume, je n'aurois pas manqué sans doute d'y trouver des choses que le Pere du Beuil a oubliées, mais que j'ai cherchées vainement dans le tresor du Temple; & pour ne les avoir pas voulu demander aux Bouchers, comme ayant resolu depuis quelques années, de ne plus communiquer leurs titres, & les cachent si bien, qu'à peine même leur Avocat a-t-il connoissance de leurs affaires, & à qui ils ne se decouvrent qu'autant qu'il le faut, & que la necessité les y contraint.

Quant au reste que du Beuil n'a pas dit, & que j'ai decouvert dans le tresor du Temple, c'est qu'on l'a tenue à la rue du Bracque, qui est celle de la Merci à present, & pour lors nommée à cause de cela, tantôt la rue des Boucheries, tantôt la rue aux Bouchers du Temple, tantôt la rue aux Boucheries de Bracque. Avec le tems on la transporta près de là à la rue du Temple, sans que sa tuerie & son écorcherie changeassent d'endroit, étant toujours demeurées à la rue du Bracque ou de la Merci ; ce qui a duré jusqu'en 1640, que le Grand-Prieur de la Porte fit bail pour vingt-sept ans, des maisons où se tenoit la boucherie, à Turpin Chirurgien du Duc d'Orleans, Oncle du Roi, à condition de la rebâtir, & de sept cens livres de redevances qu'elles étoient louées. Par ce bail il paroit qu'elle consistoit en deux étaux simplement, maintenant il y en a trois, & sont adossées contre les murs du Temple, au commencement de la rue de la Corderie. Mais par une Sentence du Chatelet de l'année 1422, on apprend qu'à la rue du Temple étoient l'Hotel & la boucherie de Jean Testart; de savoir si cette boucherie faisoit partie de celle des Templiers, ou si c'en étoit une autre, je m'en rapporte.

BOUCHERIES DU FAUXBOURG St GERMAIN.

DE trois Boucheries qu'il y a au fauxbourg St Germain, dont il a besoin à cause de sa grandeur & de ses habitans, l'une est au carrefour de la Croix-rouge, dont j'ai parlé au Discours des Marchés. Elle a consisté long-tems en une seule échope, encore étoit-elle si mal fournie de viande, & le Boucher si cher, que les voisins s'en plaignirent au Duc de Verneuil, Abbé de St Germain & Seigneur du Fauxbourg; si bien qu'à leur priere il y érigea un Marché & une Boucherie en 1652 le vingt-trois Juillet aux conditions suivantes; que le Marché seroit composé de boutiques, d'échopes, de bancs, & autres lieux épars çà & là, pour y vendre toutes sortes de denrées; que dans une maison qui a face sur le carrefour de la Croix-rouge & issue dans les rues de Seve & de Chasse-midi, l'échope seroit transferée, qu'on y feroit quatre étaux, mais sans y pouvoir faire ni abbatis ni tuerie. Mais parce que les Religieux de Premontré du voisinage, aussi-bien que les proprietaires du petit Marché & de sa Boucherie s'opposerent à cette érection, les Bouchers surtout alleguant que leur Boucherie avoit été créée à condition qu'il ne s'en pourroit faire d'autre qui n'en fût plus éloignée que la Porte St Germain, prétendant que le carrefour de la Croix-rouge en étoit plus proche, le Parlement sans avoir égard à leur opposition, comme mal fondée, confirma l'établissement de la Boucherie & du Marché; & presentement on les y tient tous deux. La Boucherie qui n'a point été renfermée, consiste en quatre étaux placés aux endroits les plus passants & les plus commodes.

La Boucherie du petit Marché, dont j'ai parlé au Discours des Marchés, a été établie en 1639; elle est de pierres de taille, bien située, relevée de plusieurs marches, extremement claire & bien fournie de viandes.

Quant à celle de la rue des Boucheries, je n'en dirai presque rien que ce que le Pere du Beuil en a dit, comme il étoit Religieux de St Germain, & par consequent maître de tous les titres de son Monastere, qu'on ne laisse plus voir à personne. Si j'ajoute quelque chose à ce qu'il rapporte, je l'aurai pris ailleurs.

En 1274, Gerard Abbé de St Germain, à la priere des habitans d'alentour, l'érigea au lieu même où elle est encore, & contre le fauxbourg St Germain & les murs de l'Université. Maintenant elle tient à huit rues fort frequentées, pleines de monde, & se trouve dans un des quartiers de Paris le plus peuplé. D'abord elle ne devoit consister qu'en seize étaux rangés dans la rue vis-à-vis l'un de l'autre; le nombre n'en pouvoit être accru sans la permission de l'Abbé, & même ne pouvoient être ni loués ni vendus qu'à des Bouchers nés dans le bourg, & enfin furent chargés de vingt livres tournois de rente, que quatre-vingt-dix-neuf ans après on convertit en livres parisis.

A ces étaux il en fut ajouté trois à certaines conditions & placés dans une maison appellée la maison des trois étaux. Si dans les premiers tems de cette Boucherie il s'y passa autre chose, le Pere du Beuil n'en dit rien. Mais voici les particularités que je trouve dans quelques Ecrivains qu'il n'a pas lus; la premiere.

Qu'après la bataille de Poitiers & la prise du Roi Jean, à cause du Roi d'Angleterre qui étoit déja à Chanteloup entre Châtres & Monthleri, resolu d'assieger Paris, elle fut transportée dans l'Université, & depuis rétablie dans le Fauxbourg.

Qu'en 1366, le Parlement ordonna par Arrêt qu'on y tuât des veaux.

Que ses Bouchers furent desarmés en 1416, ainsi que ceux de la grande
Boucherie

DE LA VILLE DE PARIS Liv. VI.

Boucherie & de Ste Geneviéve, que je ne nomme point ici, pour ne pas trop repeter de fois une même chose.

Que la même année ils vinrent étaler entre les Cordeliers & la Porte St Germain, dans un lieu fort bas en maniere de Cellier où l'on descendoit dix marches.

Que vingt ans après ils commencerent une autre Boucherie au bout du Pont St Michel, en tournant vers les Augustins, & qui fut ouverte la veille de la Toussaint.

Au reste maintenant on compte dans cette Boucherie jusqu'à vingt-deux boutiques, & toutes faisant partie des maisons où logent au dessus les Maîtres & les Etaliers. Chacune a sa tuerie non moins grande que bien aitée; & parce que dans ce fauxbourg il y a plus d'Hotels & de personnes de qualité qu'en pas un autre endroit de Paris, les Bouchers sont si soigneux d'avoir de bonne viande, que dans tout ce quartier-là on ne va point ailleurs; si bien que leur Boucherie est en telle reputation que peut-être ne la voudroit-on pas changer pour celle de la Porte de Paris.

Les Evêques de Paris, les Abbés de Ste Geneviéve & de St Germain, les Prieurs de St Eloi & de St Magloire, le Chapitre de St Marcel & l'Hotel-Dieu, ont eu de tout tems la permission d'avoir chés eux ou dans leur Cloître un Boucher & un Artisan de chaque vacation; de savoir quand telle érection a eu lieu, c'est ce que je n'ai pû découvrir.

Outre le Boucher du Cloître, autrement de la Cour de St Eloi, Charles de France en 1358, durant la prison du Roi Jean son pere, permit au Prieur de ce Couvent de lever une Boucherie près St Paul. Maintenant elle consiste en plusieurs étaux; sa tuerie est tout contre dans une grande maison qui dépend de ce Prieuré. L'une & l'autre sont situées dans le territoire de St Eloi, & unies depuis quelque tems avec St Magloire à l'Archevêché de Paris.

La Boucherie que l'Archevêque a droit d'avoir de toute ancienneté au Parvis ou dans le Cloître Notre-Dame, n'a pas augmenté comme celle de la rue St Paul.

En 1222, Philippe Auguste le maintint dans cette possession. Avec le tems il s'en défit en faveur de l'Hotel-Dieu. En 1343 l'étal de son Boucher étoit dressé devant la porte de cet Hopital; & depuis, Philippe de Valois lui permit de le transporter ailleurs sans aucune diminution de ses franchises.

En 1431, il y en avoit un dans le Parvis. En 1492, il y en avoit encore un autre au coin d'une ruelle qui ne subsiste plus, & par où on descendoit au bas de l'Hotel-Dieu.

De dire si ces étaux n'en faisoient qu'un, ou bien si c'en étoit trois, c'est ce qui n'est pas venu à ma connoissance; quoi qu'il en soit toutes les bêtes qu'on amenoit à Paris pour vendre à l'étal de l'Evêque étoient franches & quittes de tous impôts, comme il paroît par une Commission de l'année 1402.

D'assurer maintenant si l'Hotel-Dieu avoit une Boucherie ou non avant l'étal que lui donna l'Evêque de Paris sous Philippe de Valois, c'est ce que je ne ferai pas. De plus, encore qu'on ne doute point qu'il ne jouisse seul du pouvoir non-seulement de vendre à Paris de la viande le Carême pour ceux qui en ont besoin, & même de l'accorder aux Bouchers de toutes les autres Boucheries, mais encore de tenir dans son enclos une Boucherie pour ses malades, néanmoins je ne saurois marquer le tems de ces deux établissemens. Tout ce que j'en sai, c'est que le Parlement les a confirmés par une infinité d'Arrêts, & que l'Hotel-Dieu en jouit, sinon de tout tems, au moins de tems immemorial. Du reste comme il s'y trouve ordinairement jusqu'à douze cens malades, & qu'on les nourrit bien, je laisse à penser si sa boucherie ne doit pas être bien garnie & de bonne viande.

Tome I.   M M m m

Sous Charles VI, il y en avoit une dehors tout contre, que Juvenal des Ursins appelle la Boucherie d'emprès l'Hotel-Dieu devant Notre-Dame. Caboche y écorchoit des bêtes en 1411; d'où il sortit pour devenir chef des seditieux appellés Cabochiens. Les Gois, trois freres, fils d'un Boucher de Ste Geneviéve, se signalerent dans cette sedition, suivis de quantité de gens de la lie du peuple qu'ils avoient ramassés, & furent mette le feu au Château de Bicêtre que le Duc de Berri avoit fait peindre & enrichir. L'un d'eux marchant à la tête des Parisiens, fut tué dans la Beausse par les Armagnacs; homme vaillant au reste, agreable & bien regreté. Son corps fut apporté à Paris, & enterré à Ste Geneviéve. *On lui fit moult honorables obseques, autant que si c'eust esté un grand Comte ou Seigneur, & y fust present le Duc de Bourgogne avec foison de peuple.* Vanité dont les Grands amusent les simples & la populace; mais s'il fut loué de ceux-ci, il fut moqué des autres. On grava sur sa tombe une épitaphe qui se voyoit encore du tems de Juvenal des Ursins.

LA BOUCHERIE DE LA MONTAGNE.

JE ne puis dire en quel tems la Boucherie de la Montagne Ste Geneviéve fut érigée. Ses étaux occupent les boutiques des maisons mêmes où logent les Bouchers. Sa tuerie aussi-bien que son écorcherie sont dans quelques logis tout contre aux environs. Neuf rues non moins peuplées que passantes y conduisent & aboutissent. La Place Maubert l'un des plus grands & des plus considerables Marchés de Paris en est proche; & enfin elle passe pour une si bonne Boucherie, que dans l'Université il n'y en a point qui la vaille.

Dès l'an 1245 elle étoit déja là; & de fait la Croix des Carmes dressée au bas de la Montagne ne se nommoit point autrement que la Croix des Bouchers; & bien qu'apparemment elle fut beaucoup plus ancienne que cette Croix, néanmoins le tems m'en est inconnu, & je n'ai pu le découvrir. Sous le Roi Jean les Bouchers tuoient & égorgeoient leurs bêtes dans leurs maisons autant la nuit que le jour. Ils en jettoient le sang & les ordures dans la rue, hormis quelques-uns qui les gardoient dans les fosses ou en remplissoient leurs lieux communs. Enfin la plupart affinoient & fondoient chés eux leurs suifs & leurs graisses; & tous, nonobstant les deffenses de la Ville & de l'Abbé de Ste Geneviéve, vendoient de la viande le Samedi.

Sur les plaintes non-seulement des Carmes & des Principaux des Colleges, mais de tout le quartier, pour l'incommodité qu'on en recevoit; le Conseil du Roi dressa quelques reglemens; qui furent publiés à l'Audiance du Chatelet en 1363 le seize Aout, & qu'on peut voir dans mes preuves. Nonobstant tout ceci, trois ans après, le Parlement se vit obligé de faire boucher les fosses & les éviers de ces Bouchers, de transferer la tuerie de Paris sur le bord de la Riviere, & de verifier tout de nouveau les reglemens qui avoient été faits.

J'ai déja dit qu'en 1366 on y tuoit les pourceaux.

Ces Bouchers ici après tout, jusqu'en 1557 firent toujours charrier le sang, les boyaux & autres immondices de leurs bêtes entre la riviere de Biévre & la bute du Jardin Medecinal qui servoit alors de voirie, dont l'infection étoit si grande & si à charge aux Religieux de St Victor, que cette année-là Henri II le douze Mai voulut qu'elle fût fermée; & comme en 1570 on s'apperçut encore que depuis plusieurs années ces Bouchers faisoient couler le sang de leurs bêtes dans un égoût bâti sous la rue de Biévre, sur la plainte des voisins ils furent obligés par ordre de la Ville de relever de sorte leurs tueries qu'il n'y vînt plus de sang sur peine de cent livres parisis d'amende.

DE LA VILLE DE PARIS. Liv. VI.   643

Je croi au reste que Thomas le Gois, pere de ces trois mutins de la faction de Caboche, dont j'ai parlé, étoit un Boucher de la Montagne.

Outre cette Boucherie qui dépend de Ste Geneviéve, les Religieux en ont encore une autre au fauxbourg St Marceau dans la grande rue près St Medard.

LA BOUCHERIE DE St NICOLAS DES CHAMPS.

DANS le tresor du Prieuré de St Martin ni ailleurs, on ne trouve point l'érection de la Boucherie établie dans quelques maisons de la rue St Martin près St Nicolas des Champs.

En 1426 elle étoit renfermée au coin de la rue au Maire dans un logis qui tomboit en ruine, & qui fut reparé des seize cens livres que le Premier President de Morvilliers avoit legué aux Religieux pour diverses fondations; & de plus on l'aggrandit d'une place vuide & triangulaire que le Roi leur donna & amortit.

En 1586 & 1598 il fut permis à la fabrique de St Nicolas de l'augmenter à son profit de deux étaux.

En 1632 & 1650 la veuve de Denys le Guai & Anne Gamin, nourrice du Duc d'Orleans, frere du Roi, eurent permission du Conseil d'y en ajouter deux autres, à quoi la Ville & le Chatelet ne s'opposerent point aussi-bien en 1633 qu'en 1649 & 1653. Si je ne dis point combien il s'y en trouve en tout, c'est qu'ils multiplient souvent; qu'il suffise de savoir que c'est une bonne Boucherie.

BOUCHERIES DU MARCHE'-NEUF.

EN 1558 Henri II érigea deux Boucheries au Marché-neuf, qui furent achevées dix-ans après. Pour les remplir, la Ville ordonna aux Bouchers de Petit-pont d'y venir étaler. Mais, comme j'ai montré ailleurs, bien-loin d'obéïr ils n'en voulurent rien faire. Elles sont toutes deux sur le bord de la Riviere, chacune à un bout du Marché & proche des deux rues par où on y entre. Depuis quelques années l'une se loue à des Artisans, l'autre abonde en bonne viande, & passe pour une des mieux garnies & des plus exquises de Paris. Si je n'en avois pas déja fait la description dans le Discours des Marchés, il me la faudroit faire ici, sur tout de leurs ornemens, dont Goujon Sculpteur celebre les a enrichies, & qui viennent si bien à des édifices de cette qualité. Mais enfin je ne saurois m'empêcher de dire, que nous n'avons point de Boucheries ni mieux bâties ni mieux situées.

BOUCHERIE DE LA RUE St ANTOINE.

QUOIQUE Henri IV eut fait deffenfes de faire des étaux de Bouchers dans cette grande Place de la rue St Antoine tout devant les Jefuites, autrefois appellée le Cimetiere des Anglois, la Boucherie toutefois fous fon regne ne laiffa pas de s'y tenir, mais non pas fous Louis XIII qui ne l'y pût fouffrir. Cependant après fa mort, favoir en 1645, 1647 & 1657, il s'y en eft vû quelques-uns, dont les Treforiers de France & le Lieutenant Civil avoient donné l'alignement. Quant au refte, tout ce que j'en ai appris, eft qu'on en fit trois là, deux tout proche, & un au coin de la rue de l'Egoût, & que le Roi en accorda la permiffion tant aux Jefuites qu'à Bridier, Gouverneur de Guife, & à Anne Chauvin, Nourrice du Duc d'Orleans fon frere. Depuis on y en a encore établi d'autres, auffi-bien qu'à la rue de St Paul, en faveur de l'Oeuvre de la Paroiffe & de quelques Particuliers ; joint qu'on en établit fouvent de nouveaux. Pour ce qui eft de tant d'autres étaux qu'on a repandus en divers endroits, ce ne feroit jamais fait de vouloir s'y arrêter. Je me contenterai fimplement d'avertir en general, touchant les principaux, que les derniers dont j'ai parlé, fe font établis du confentement de la Ville, & ceux du Chatelet du confentement des Treforiers de France fans les ordres du Parlement.

Il ne fera pas hors de propos de placer ici un état general de toutes les Boucheries de Paris & où elles fe trouvent placées aujourd'hui.

Etat des Boucheries felon leur diftribution dans la Ville de Paris.

QUARTIER DE LA CITÉ.

LA Boucherie du Marché-neuf dix étaux. Ils appartiennent au Domaine de la Ville, par Lettres Patentes du onze Juillet 1558.
Deux Etaux proche St Denys de la Chartre, appartenans à ce Prieuré.
Deux Etaux dans l'Ifle Notre-Dame, en execution du Traité fait avec les Entrepreneurs des bâtimens de l'Ifle, du feize Septembre 1623. Ils appartiennent au fieur Monnerat.

QUARTIER St JAQUES DE LA BOUCHERIE.

La grande Boucherie de la Porte de Paris, vingt-neuf Etaux. Elle appartient aux trois familles qui reftent des anciens Proprietaires.

QUARTIER DE Ste OPPORTUNE.

La Boucherie de Beauvais, rue St Honoré, vingt-huit Etaux. Cette Boucherie appartenoit au Roi en 1416. Elle a été depuis alienée à differens Particuliers.
Trois Etaux en dehors joignant une des portes de cette Boucherie. Henri

DE LA VILLE DE PARIS. Liv. VI.

IV en 1605 les avoit accordés à Gilles Redoute, à charge de payer tous les ans au Domaine du Roi neuf livres de rente & dix-huit den. de cens Ils appartiennent à present aux sieurs Marchand & Compigni.
Un Etal joignant la même Boucherie, appartenant au President Maison.

QUARTIER DU PALAIS ROYAL.

La Boucherie St Honoré dix Etaux, à la place de l'ancienne Porte. Les Etaux furent établis en ce lieu-là lors de la nouvelle cloture de Paris en 1633, le vingt-trois Novembre donné à Barbier. Cinq Etaux appartiennent encore au Domaine du Roi ; deux au sieur de St Mandé ; & les trois autres au sieur de la Chastaigneraie.
Deux autres proche cette même Boucherie, l'une au sieur Richemont, & l'autre à la Damoiselle de Heudeville.

QUARTIER St EUSTACHE.

Rue Montmartre près St Eustache, six Etaux à la Fabrique de cette Eglise ; le quatorze Août 1631, huit Mai 1637 & huit Mars 1638, registrées au Châtelet vol. 12. Bannieres, fol. 24. 68. & 70.
La Boucherie de la rue Montmartre proche l'égoût, six Etaux au sieur Rochais. Un Etal rue des vieilles Etuves près la Croix du Tiroir.

QUARTIER DES HALLES.

Deux Etaux rue Comtesse d'Artois, établis le vingt huit Juin 1651. Ils appartiennent à Damoiselle de Murgerie.
Deux Etaux proche des Halles au sieur le Moine.

QUARTIER St DENYS.

Deux Etaux rue aux Oues, au coin de la rue Bout-l'Abbé, à la Dame Gouri.
Deux Etaux rue St Denys, appartenans à l'Hopital de la Trinité.
La Boucherie couverte de la Porte St Denys. Six Etaux au sieur du Bourg.
Un Etal proche la même Porte St Denys, 1621 au mois de Janvier, au sieur Poulain.
Un Etal dans le fauxbourg St Denys, au sieur Fremont & Consorts.
La Boucherie de la Ville-neuve, que le vulgaire nomme de Gilles-le-niais, à cause d'une figure burlesque qui est au-dessus de la porte, cinq Etaux au sieur Rochais.

QUARTIER St MARTIN.

Rue St Martin vers St Nicolas des Champs, vingt-un Etaux, par Arrêt du Parlement du quatre Mai 1540, quelques-uns aux Religieux de St Martin, à la Fabrique de St Nicolas, & le surplus à differens Particuliers.
Trois Etaux proche la rue de Montmoranci, du mois d'Avril 1650, appartiennent à divers Particuliers.
Un Etal proche la Porte St Martin.
Trois Etaux dans le Fauxbourg hors cette même Porte.
Six Etaux de la Boucherie St Merri, rue St Martin, à la veuve Chastelus.

HISTOIRE ET ANTIQUITE'S

QUARTIER DE LA GREVE.

Boucherie couverte du Cimetiere St Jean; sept Etaux, établis au mois d'Août 1416, dont trois sont aux Proprietaires de la grande Boucherie, pour les indemniser de ceux qui leur furent retranchés en 1471. Les quatre autres appartiennent à differens Particuliers.

Cinq autres au même Cimetiere de St Jean, hors de la Boucherie couverte, dont quatre établis au mois de Fevrier 1573, par Pierre Geoffroi, Boucher; & le cinquiéme établi en 1580 au mois de Juin, en faveur de Guillaume Doussin, mais depuis ils appartiennent à differens Particuliers.

QUARTIER St PAUL.

Rue St Paul, quatre Etaux établis en 1354, dont deux à la fabrique de St Paul, un au Prieuré de St Eloi, & le dernier au sieur Herault.

QUARTIER DU TEMPLE ou DU MARAIS.

Deux Etaux rue de la Corderie, au Grand-Prieur de France.
La Boucherie du petit Marché au Marais du Temple, établie en 1615, & appartenante à trois Particuliers.

QUARTIER St ANTOINE.

La Boucherie de la rue St Antoine, dix Etaux.

 Les deux premiers fort anciens.
 Deux établis au mois de Decembre 1637.
 Deux autres au mois de Mai 1639.   à present, à divers Particuliers.
 Trois autres en Avril 1645.
 Un dernier en Mai 1656.

Au fauxbourg St Antoine sous la Halle, dix Etaux, établis le deux Mars 1643, à l'Abbayie St Antoine.
La Boucherie neuve, qui est à l'entrée du même Fauxbourg, dix Etaux à la même Abbayie St Antoine.

QUARTIER DE LA PLACE MAUBERT.

A la Montagne de Ste Geneviéve, quatorze Etaux, construits en 1360.
Place Maubert, six Etaux, quatre Mai 1540.
Trois Etaux proche le lieu où étoit la Porte St Victor.
A la Boucherie de la rue Mouffetard, six Etaux, établis au mois de Mars 1644.
A la Boucherie du Pont aux Trippes, fauxbourg St Marcel, quatre Etaux, au mois de Mars 1644.
Rue de l'Ourcine, au même Fauxbourg, trois Etaux, établis en Mars 1644.

QUARTIER St BENOIST.

La Boucherie de Petit-Pont, dit Gloriette, dix Etaux, établis en Août 1416, dont un appartient à la Fabrique de St Severin, le reste à differens Particuliers.
Un Etal proche la Fontaine St Severin, à un Particulier.

DE LA VILLE DE PARIS. Liv. VI.

Quatre Etaux rue St Jaques, dont un au Chapitre St Benoît, un au Chapitre St Etienne des Grès, le troisiéme aux Jacobins, l'autre à un Particulier.

La Boucherie à l'entrée du fauxbourg St Jaques, cinq Etaux, à differens Particuliers.

QUARTIER DU LUXEMBOURG.

Rue des Boucheries au fauxbourg St Germain, vingt-deux étaux, établis en Avril 1370, confirmés par Charles V en 1374 à differens Particuliers.

La Boucherie du petit Marché, neuf Etaux, à l'Abbayie St Germain.

Cinq Etaux au carrefour de la Croix-rouge, sont au sieur Vallet.

Deux autres Etaux au même fauxbourg St Germain, sont à l'Hotel des Mousquetaires.

Deux Etaux à la Porte St Michel, établis en 1623 au mois de Fevrier, accordés à Jaques de Brai, Huissier á Verge.

DES HALLES.

AUTREFOIS aussi bien que maintenant, il y a eu à Paris plusieurs Halles; la plus renommée & la plus ancienne se nomme la Halle, comme par excellence.

Dans le dixiéme & l'onziéme siecle; c'étoit une terre appellée *Champeaux* ou *Campelli*, tenant à un fossé, & accompagnée d'un fossé. Au commencement du douziéme siecle, Louis le Gros y établit un nouveau marché pour les Merciers & les Changeurs, dans un endroit qui appartenoit à St Denys de la Charte, & pour lequel en 1137, Louis VII reconnut devoir cinq sols de cens au Prieuré de St Martin.

A l'égard du fossé, l'Eglise & l'Evêché de Paris en furent proprietaires jusqu'en 1136, que l'Evêque Etienne, du consentement de son Chapitre, le ceda à Louis le Gros, aux conditions que j'ai rapportées en l'article precedent.

Tout ceci au reste, à la sollicitation des Evêques Etienne, Thibault & Maurice, fut confirmé, tant par Innocent & Luce II, que par Clement & Celestin III.

Philippe-Auguste en 1181, y transfera la Foire de St Lazare, que j'ai décrite ailleurs, & qui s'y est tenue jusqu'au commencement de notre siecle: deux ans après il y fit faire deux Halles entourées d'une muraille garnie de logis, & fermées de bonnes portes, afin que quand il pleut, les Marchands y pussent vendre leurs marchandises, & les tenir à couvert en tout tems, & en toute sureté.

En 1222, par un concordat passé avec l'Evêque Guillaume, les Halles demeurerent au Roi entierement moyennant vingt livres de rente qu'il lui assigna sur la Prevôté de Paris, tant pour cela que pour le Louvre, le Petit-Chatelet, & le fief de la Ferté-Aleps: & encore, à la charge que durant la semaine il continueroit de jouir de ses coutumes & droits, que son predecesseur Etienne s'y étoit reservés en 1136.

Sous St Louis il y avoit là deux Halles aux draps, & une autre entre deux, avec un appenti. De dire si ces Halles aux draps sont les mêmes que fit faire Philippe-Auguste, c'est ce que je ne sai pas. Quant à l'appenti, & à la troisiéme Halle, on y avoit fait des loges, ainsi que dans celle de Philippe : le Roi en étoit Proprietaire, & les louoit soixante-quinze livres aux Merciers & aux Corroyeurs. En 1263 St Louis s'en défit en leur faveur, à la charge de treize deniers parisis de rente, & de douze d'investiture ; & de plus, à condition qu'ils entretiendroient les loges de couvertures, de grosses & menues reparations, les feroient rebâtir à leurs dépens, venant à être brûlées ou endommagées, sans pour cela prétendre aucune diminution ; & qu'enfin le Roi ou ses successeurs pourroient, près ou loin de là, faire une autre Halle pour les Corroyeurs & les Merciers.

Ce Prince traitta plus favorablement les pauvres Lingeres, & les Vendeurs de petits souliés & menues friperies ; par charité il leur permit d'étaler le long des murs du Cimetiere St Innocent, depuis la Place-aux-chats jusqu'au Marché-aux-poirées. Après sa mort, lorsque Philippe le Hardi son fils, vint à bâtir une Halle pour des Cordonniers & des Peaussiers, tant s'en faut qu'à cause de cela il les frustrât du Privilege que son pere leur avoit accordé, qu'au contraire en 1278, il ordonna qu'ils continueroient leur trafic sous cette Halle, comme auparavant. Ensuite sous Philippe le Bel, les Peaussiers & les Cordonniers ayant voulu les empêcher, le Parlement commanda au Prevôt de Paris de terminer ce differend ; ce qu'il fit en 1302, à l'avantage de ces pauvres gens. Sentence qui long-tems après a été confirmée par Louis XI, Charles VIII, Louis XII, François I, & Henri II, aussi bien que la permission de St Louis.

A l'égard de Henri II neanmoins, comme il vint à se defaire, tant du lieu affecté à leur étalage, que de la Halle des Cordonniers & des Peaussiers, les Particuliers à qui on les vend, s'obligerent par contrat de faire à la place des maisons de même symmetrie, couvertes d'ardoises, rehaussées de deux marches plus que le rès de chaussée ; outre cela accompagnées d'arcades de pierre au premier étage, & de quatre autres de brique & de charpenterie au-dessus, suivant les plans & les devis qu'on leur fourniroit. De plus, consentirent que chacune seroit chargée de douze deniers parisis de cens, & d'une Henrique de la valeur de cinquante sols tournois de rente. Depuis, il y eut quelque chose de changé dans ce contrat, sans que l'on en sache le tems, ni le sujet. A la verité on éleva ces logis sur des arcades de pierre, & furent faits de même symmetrie, mais qui depuis a été tellement changée, que presentement ils ne sont rehaussés que d'une marche, & consistent en six ou sept étages de plâtre & de moilon. Avec tout cela, de même que sous St Louis, Philippe le Hardi, Philippe le Bel & leurs successeurs, des Lingeres les occupent encore aujourd'hui, & ainsi que sous leur regne, on a toujours appellée la rue de la Lingerie, celles qui les bordent ; mais ils se louent à celles qui en donnent davantage ; & quoique peut-être elles mènent une vie honnête, elles n'y sont pourtant pas obligées, comme sous St Louis, & jusqu'à la reformation des Halles ; car en ce tems-là elles n'osoient avoir pour compagnons aucune fille, ni femme qui causât du scandale : & celles qui en faisoient étoient aussi-tôt chassées honteusement, & les autres Lingeres ne les souffroient plus.

MULTIPLICATION DES HALLES.

AVEC le tems la Halle devint si grande, & on en fit tant d'autres, que les Marchands & les Artisans de Paris de toutes vacations, en eurent chacun une à part, si bien qu'alors, au lieu de se servir du mot de Halle au singulier, ainsi qu'auparavant, on commença à s'en servir au plurier, & à dire les Halles. Quelque tems après, ceux de Beauvais, de Pontoise, de Lagni, de Gonesse, de St Denys, & autres Villes des environs de Paris, y en eurent aussi. On en fit de même pour la plupart des Villes de
Picardie

Picardie & des Pays-bas, & pour quelques-unes de Normandie, que nos Rois, à l'exemple de St Louis, louerent aux Habitans des Villes de ces Provinces là. Les Drapiers, les Chauffetiers & les Merciers y en ont eu long-tems deux chacun. On appelloit celles des Drapiers, l'une la Halle des draps en détail, & l'autre la Halle des draps en gros. Celles des Merciers se nommoient, les Halles des hautes & basses merceries. Quoiqu'elles ayent souvent changé de place, cependant je découvre que la premiere s'est tenue long-tems à la rue de la Chauffeterie, le long de celle de la friperie, & l'autre à côté du Cimetiere St Innocent, & de la rue de la Lingerie; d'abord avec les Corroyeurs, après cela tous seuls sur les étaux des pauvres Lingeres, & des pauvres Fripiers.

Dans ce tems-là même, les Fripiers, & les Lingeres à leur aise avoient la leur, ainsi que les Pelletiers, les Toiliers, les Tisserands, les Gantiers, les Cordonniers & les vendeurs de lin, de chanvre de cuir & de fruit: on les discernoit par la profession de ceux qui les occupoient, dont elles prenoient le nom; & quoique les Pelletiers eussent une Halle à eux, ils ne laissoient pas d'avoir encore quatre étaux à la Halle des Fripiers.

Celle des Chaudroniers, en 1432, tenoit à la place-aux-chats.

Celle des Cordonniers, en 1432, aux Halles des Chaudroniers & de Beauvais: elle comprenoit cinquante-neuf étaux distribués en trois rangs, & en trente-trois loges & demie, si bien qu'elle occupoit beaucoup d'espace, maintenant elle consiste en une cour irreguliere, bordée d'un portique mal bâti, où se met le cuir à couvert, & tient encore à la boucherie de Beauvais.

Le reste, comme la Halle de la Lingerie, étoit sous celle de Champeaux, entre le Marché-aux-poirées & la Place-aux-chats.

Quant aux Merciers & aux Gantiers, peut-être étaloient-ils dans celle de Champeaux, puisque tantôt elle s'appelloit la Ganterie, & tantôt les merceries de Champeaux.

A tant de Halles il faut encore ajouter quinze greniers à coustes, des étaux à toiles, à savetiers, pelletiers, tapissiers, fripiers, corroyeurs, à seiches, à la graisse, aux pois, avec deux jeux de paulme, une Place aux oignons, & une autre aux œufs, près de la rue de la Fromagerie.

La Halle à la graisse joignoit celle des Chaudronniers.

Celle du bled dure encore, où étoit la Halle aux toiliers, & les quinze greniers à coustes.

L'Etape au vin s'y est tenue jusqu'en 1413.

Je laisse là les autres Halles, aussi-bien que les Places & lieux, les étaux, les bancs où les jours de marché les Coffriers, les Malletiers, les Chapeliers, les Chandeliers venoient étaler, & où on charrioit le grain, le poisson, les œufs; en un mot, toutes sortes de viandes & de vivres, jusqu'aux superflues même.

Je ne dirai rien ici du Pilori, le seul lieu patibulaire qu'il y ait eu peut-être à Paris devant le treiziéme, le quatorziéme, & le quinziéme siecle, & où tant de Grands du Royaume ont payé la peine de leur revolte & de leurs crimes: je laisserai encore là les Halles, tant des Marchands, que des Artisans de Paris, pour venir à celle des gens de dehors.

HALLES DES MARCHANDS FORAINS.

LES Habitans de Chaumont, de Corbie, d'Amiens & d'Aumalle, louoient chacun une Halle qui prenoit le nom de leur Ville; elles étoient repandues çà & là, les uns à part, les autres sans distinction, & où il fut trouvé à propos.

Tome I.   NNnn

Il y en avoit encore d'autres qu'on louoit, tant aux Marchands qu'aux Artisans de Douai, d'Avesnes, de Malines, de Brusselles, de Louvain, de Hainaut, & de quelques autres Villes circonvoisines.

En 1417 & auparavant, la Halle d'Aumalle se tenoit dans la Halle aux draps en gros, & consistoit en vingt travées, avoit six toises de large, étoit couverte d'une voute de pierre de taille, & dura jusqu'en 1572, dont on eut des materiaux neuf cens livres.

Les Halles de Beauvais, & des Tisserands de Paris n'en composoient qu'une sous Charles VI, dont on prit une partie pour y établir la boucherie de Beauvais, assise à côté de la rue St Honoré près des piliers des Halles.

Celles de Brusselles & de Louvain subsistoient encore en 1413 : sur le dernier étage de douze maisons bâties vers la rue de la Tonnellerie, regnoit la halle de St Denys.

Dans une très-grande halle appellée la halle du commun, se trouvoient celles de Pontoise, d'Avesnes, de Chaumont, de Corbie, d'Amiens, de Hainaut & de Douai.

Outre celle-ci, les Habitans de Douai en avoient encore une autre qui s'étendoit le long de la Place-au-bled, sur les maisons de la rue de la Fromagerie ; & parce que pour y faire cette halle, il fallut rehausser les maisons, ceux à qui elles appartenoient traitterent avec le Roi, & l'acheterent en 1491.

Sous Henri II neanmoins, ils furent obligés de les lui revendre, ou à ses Commissaires, pour la reformation des halles, qui aussi-tôt furent jettées par terre, afin d'élever sur leurs ruines celles que nous y voyons.

Quoique ces maisons eussent été retirées par force, & à bon marché, des mains de ceux qui les avoient bien achetées, il ne laissa pas de se trouver des gens pour les acheter encore une fois, & qui leur furent revendues bien cherement, mais à perpetuité.

Ceci n'a pas empêché que de nos jours un encherisseur ne leur ait voulu faire accroire, qu'elles font toujours partie du domaine du Roi, & sont sujettes à revente & réunion ; & sous ce pretexte leur a donné tant de peine, que je ne sai si à la fin il n'a pas tiré d'eux une somme considerable pour se tirer de ses mains.

Au reste, si parmi tant de halles je n'ai pas mis une maison du bout de la rue des Prouvelles, qui appartenoit aux habitans de Tournai, c'est ce que je doute si c'étoit effectivement une halle, ou simplement une maison pour s'y loger étant à Paris. Le Parlement l'unit au domaine sous Philippe de Valois ; à leur priere pourtant elle leur fut rendue en 1334, mais pour mieux faire juger si c'étoit une simple maison ou une halle en 1334, le Parlement la donna pour l'usage des Echevins & habitans de laditte Ville, pour toujours & à perpetuité.

POLICE ANCIENNE DES HALLES.

TOUCHANT l'ancienne Police des halles, le Roi Jean en 1350, deffendit de délier les sacs de grains dans la halle au bled, qu'entre tierce & midi, sur peine de confiscation.

Sous St Louis & auparavant, il faloit que les Merciers, & autres Marchands & Artisans de Paris, certains jours de la semaine vinssent à la halle: ceux qui y contrevenoient, & se tenoient chés eux, étoient condamnés à diverses peines ; par trois Ordonnances qui se voyent dans les Livres rouge & blanc du Chatelet, la première sans datte, la seconde du douze Octobre 1368, la derniere du vingt-quatre Juin 1371. Il paroît qu'ils devoient s'y trouver tous les mercredis, vendredis & samedis, à peine de quarante fols parifis d'amende; & que ces jours-là ils ne pouvoient ni rien vendre, ni montrer ailleurs fur peine de dix livres encore parifis. Quelques Merciers depuis, ayant expofé en vente leurs merceries hors de leurs maifons, foit au Palais ou ailleurs, ceux de la halle remontrerent au Prevôt de Paris, que St Louis leur avoit donné à titre de cens la halle des Merciers, à la charge d'y venir vendre aux jours ordinaires; fi bien qu'en 1323 ils obtinrent une Sentence contre eux, qui les condamnoit à s'y rendre ces jours-là, à peine de forfaiture, d'amende, & de perdre leurs merceries; avec injonction à tous ceux qui y avoient des étaux, de les entretenir, fournir de marchandifes chaque jour de marché, finon qu'ils feroient declarés déchus des droits dont ils jouiffoient.

En 1367, le Parlement, par maniere de provifion, ordonna le vingt-troifiéme de Juillet, que les Pelleriers, ces jours-là, porteroient leurs marchandifes aux halles, avec deffenfe d'en vendre alors, ni d'en faire vendre ailleurs.

En 1410, Jean Davy Drapier, pour avoir manqué un Samedi de venir à la halle, ni d'y envoyer fes draps, fut condamné à vingt fols parifis d'amende.

Sept ans après, deux fardeaux de toiles vendus hors de la halle, furent confiqués, & Jean de Tilloy, qui les avoit achetés, condamné à une amende de quarante fols parifis.

En 1432, le vingt-un Juillet, fept Drapiers, ayant été affignés, pour avoir un Samedi ouvert leurs boutiques & leurs armoires, comme ils affirmerent que ce jour-là, ils n'avoient ni vendu, ni rien expofé en vente; ils furent mis hors de cour, mais avec ordre d'aller aux halles à l'avenir, & de ne plus faire de même. Un de ceux-ci neanmoins, nommé Jean de Grainville, convaincu d'avoir expofé fes draps en vente & d'en avoir vendu, paya dix fols parifis d'amende.

Je ne fai pas combien a duré cette police, mais depuis 1455, que le Parlement commanda aux Marchands du Palais d'aller aux halles les jours de marché, je ne trouve point que, ni lui ni le Chatelet y ayent obligé perfonne; veritablement elle ne s'obferve plus depuis un fort long-tems, mais je ne puis dire quand elle a ceffé. Voila l'état ancien de la halle, voyons celui d'aujourd'hui.

L'ETAT PRESENT DES HALLES.

SOUS François I & Henri II, on mit la Halle en l'état qu'elle eft à prefent. Toutes les halles, les places, les maifons, les boutiques, les loges, les étaux dont les baux n'étoient pas de cent ans, furent ajugés au Roi par des Commiffaires. Tout ce qui avoit été aliené cent ans auparavant, pour la commodité publique, le Procureur du Roi le rachera, fuivant l'eftimation faite par des experts. Il fut arreté d'élever fur leurs ruines de nouveaux édifices, dont on dreffa des plans & des devis, & les Commiffaires enfuite les vendirent à plufieurs particuliers : ceci commença en 1543, ne finit qu'en 1572, & prit le nom de la reformation des Halles.

Ce quartier au refte, eft le plus peuplé & le plus riche de Paris; il eft prefque fait en croiffant, & peut-être pourroit-on dire que ce n'eft pas fans deffein. Un portique fort large & mal fait, appellé les Pilliers des Halles, l'environne prefque, & felon toutes les apparences l'environnoit autrefois entierement : fept ou huit grandes rues pleines de toutes fortes de Marchands & d'Artifans, y tiennent & y aboutiffent. La ruë St Denys, la rue St Honoré, la rue Montorgueil & celle de Montmartre, quatre des principales, des plus marchandes, & des plus peuplées de la Ville y conduisent en l'entourant : il est entrecoupé & traversé de huit ou dix autres rues, les unes élargies dans le siecle passé, les autres fort étroites : des places & des halles, grandes & irregulieres, y sont éparses çà & là : le tout est bordé & environné de petites maisons, la plupart mal-bâties : toutes si hautes, & serrées de sorte qu'elles semblent entassées les unes sur les autres, d'ailleurs si pleines de boutiques, d'échopes, d'étaux, de bancs, d'étalages, de monde, qu'on a bien de la peine à s'y remuer.

A un endroit, on trouve la Halle au bled, qui consiste en une place fort irreguliere à la verité, mais d'une grandeur très-considerable ; dans une autre on rencontre les halles aux draps, toutes deux couvertes, & l'une sur l'autre, de huit toises de largeur chacune, & de soixante-dix de longueur avec trente-deux travées & soixante-six croisées. Vers l'un de ses bouts est la boucherie de Beauvais, l'une des meilleures & des plus grandes boucheries de Paris : à l'autre bout, assés près se voit la Halle de sa marée avec deux poissonneries, l'une à la rue de la Cossonnerie, dans une maison du voisinage, l'autre éparse çà & là par la halle, toutes deux les mieux fournies qu'il y ait.

Dans le reste sont des marchés, des halles au bled, aux draps, aux toiles, aux cuirs, plus comblées de marchandises & de denrées, que je ne saurois dire. De fait, on vend en detail plus de toiles & de linge de toutes façons dans les maisons des rues de la Lingerie & de la Toilerie, qu'au Palais, à la rue St Denys, à la rue Aubri-boucher, ni par tout ailleurs. Les Mercredis & les Samedis il se debite plus de pain à la Halle, qu'en tous les Marchés de la Cité, de l'Université & de la Ville : sous les piliers des Halles, à la rue de la grande fripperie, & à celle de la petite, il y a plus d'habits, de meubles, de hardes, d'étain, qu'on ne sauroit s'imaginer ; quant aux habits, il y en a pour des armées entieres. Pour achever en un mot, tant de Drapiers, d'Epiciers, de Potiers de terre & d'étain, de Cordonniers, de Jardiniers, d'Artisans & autres de toutes vacations, & de tous métiers, remplissent les rues, les places, les halles, les avenues & les environs de la halle : les legumes, les fruits des jardins & des marais, le poisson de mer & de riviere, les choses qui peuvent contribuer à la commodité & aux delices de la vie ; enfin, ce que l'air & la terre ont de plus excellent, de plus exquis, & de plus rare, arrivant à Paris, s'amène là.

C'est de là qu'on tire pour fournir & composer tous les autres marchés, tant de Paris que des Provinces à l'entour ; avec tout cela, la halle ne laisse pas d'être toûjours, comme une source inépuisable, qui sans se tatir innonde tous les lieux où elle se repand. Toutes les choses qu'elle distribue aux autres marchés, s'y trouvent à toute heure avec tant de profusion, qu'elle semble, non-seulement un continuel marché, & une foire continuelle, mais aussi le grenier, le jardin, le vivier ; & le garde-meuble du Royaume. Elle est toujours si pleine, qu'elle passe pour le quartier, je ne veux pas repeter, le plus peuplé & le plus riche de la Ville ; je dis plus, & je dis sans exageration, le plus riche & le plus peuplé de la terre : j'ajouterois pour un petit monde, n'étoit que ce titre convient mieux à Paris.

Peut-être ailleurs aurai-je occasion de parler d'un bas-relief, que Pierre & François l'Heureux ont fait aux pilliers des Halles, sous l'appui de la croisée d'une maison, où ils ont representé des petits enfans dansants au son de la flute.

Peut-être encore aurai-je occasion de parler ailleurs d'un autre bas-relief que Martin le Favre à sculpé à la rue de la Poterie, où il a figuré cinq ou six hommes vigoureux, qui deployent toutes leurs forces à remuer une grosse colonne, & qui semblent tirés du jugement de Michel-Ange.

Peut-être enfin décrirai-je ailleurs un escalier double de charpente, qui

DE LA VILLE DE PARIS. Liv. VI.

partage en deux logemens différents, une petite maison de la rue de la grande Friperie, ou de la Chausseterie, qui commençant à deux boutiques bâties au rès de chaussée, conduit au dessus à deux magasins par deux divers endroits, & se partage en deux rampes, dont l'une monte à la seconde & à la quatriéme chambre, & l'autre à la premiere & à la troisiéme, & au grenier; & cependant de deux ménages logés ensemble dans cette maison, & usant du même escalier, personne ne peut ni se rencontrer, ni s'entrevoir, ni se parler.

Mais dans le discours des erreurs populaires, je décrirai assurement les folies que font les garçons de boutique, les apprentifs, les servantes & les porte-faix des halles, le jour de la Mi-carême, devant une basse taille où se voit une truie qui file.

HALLE ET MARCHÉ DE LA CITÉ
transferés aux Halles.

POUR des raisons où il faudroit perdre trop de tems à rapporter, je n'ai pas compris parmi tant de Marchés & de Halles, une autre Halle & un Marché au bled, que depuis quelques années on a transporté à la Halle, & qui pendant plusieurs siecles se sont tenus à la Cité devant l'Eglise de la Madelaine dans la rue de la Juiverie & au Fevre.

Jusqu'en 1216, ils avoient appartenu au Roi, c'est-à-dire quelques années après que Philippe Auguste eut fait les Halles, & bien près d'un siecle après que Louis le Gros y eût etabli le nouveau Marché dont j'ai parlé. Il est certain qu'à cet endroit de la Cité, que je viens de dire, avant le Marché de Louis le Gros & les Halles de Philippe-Auguste, nos Rois y avoient érigé une Halle & un Marché, peut-être même étoit-ce un établissement des premiers Parisiens, des Romains ou de nos Rois de la premiere race, au moins de quelques-uns de ceux qui regnoient en France avant que Paris s'étendît au-delà de la Cité.

Cette Halle & ce Marché sont confondus maintenant dans la Halle que j'ai décrite, & s'y sont perdues, comme les rivieres se perdent dans la mer, sans qu'on les puisse reconnoître.

Quant à cette Halle particuliere, Philippe-Auguste en 1216 la demembra du Marché en faveur de René Arcoarius son Echanson, à qui il la donna, tant à lui qu'à ses heritiers, en consideration des fideles services qu'il lui avoit rendus; il s'y reserva seulement la Justice, & de plus la charge de douze deniers de cens.

En 1315, le Roi Louis Hutin ordonna qu'on n'y delietoit point les sacs de grains qu'entre Prime & Tierce sonnées à Notre-Dame, à peine de confiscation, & pour cela qu'il y auroit douze Mesureurs.

L'année d'après elle appartenoit à un Chanoine de Notre-Dame nommé Philippe Convers, & fut amortie moyennant cent cinq livres tournois qu'il paya comptant à Philippe le Long. Et afin que chacun fût bien servi là & ailleurs, Charles VI en 1415 ordonna que les cinquante quatre Mesureurs de grains de Paris, se partageroient de sorte, que tant à cette Halle qu'aux autres à bled, il y en auroit toujours un certain nombre; qu'ils s'y rendroient précisément aux heures du Marché pour y mesurer tout le grain qui s'y porteroit, & ne commenceroient à le mesurer à la Juiverie & à la Greve qu'après Prime sonnée à Notre-Dame, & à la Halle au bled qu'entre Prime & Tierce.

Depuis, cette Halle a été fermée dix-huit ou vingt-ans pendant les troubles qui mirent le Royaume à deux doigts de sa ruine, sous les regnes de Charles VI & de Charles VII. Enfin on l'ouvrit en 1436, où il fut apporté tant de bled, que ce qui deux ou trois ans auparavant coutoit quarante-huit ou cinquante fols, on l'avoit pour vingt. En ce tems-là le Chapitre de Notre-Dame en étoit proprietaire.

De tant de choses à peine en reste-t-il à present que lame moire, & que parmi les cinquante-quatre Mesureurs de grain de Paris, ceux de la Halle de la Cité, ne laissent pas de subsister; & même quelques-uns d'entre-eux conservent toujours leur ancien nom de Mesureurs de grain de la Juiverie; si bien que vers le commencement du siecle qui court, ils obtinrent du Roi des Lettres contre les Mesureurs de grain de la Halle. Et quoique sur ces Lettres le Prevôt des Marchands & les Echevins donnassent leur avis & le Conseil un Arrêt au mois d'Octobre 1619, & de plus que cet Arrêt porte qu'il n'a été prononcé qu'après avoir vû l'avis de la Ville, les procès, les informations & les enquêtes des Parties, avec tout cela il ne paroît point de quoi il s'agissoit. On y voit seulement que le Conseil declara au Roi Louis XIII, que pour le bien public il pouvoit & devoit ordonner que desormais les cinquante-quatre Mesureurs des Halles, de la Greve & de la Juiverie feroient leurs charges aux ports & heures, & aux Marchés de Paris.

HALLE AU POISSON.

IL n'y eût point de Place marquée dans l'étendue de la Halle pour le poisson. St Louis par son Ordonnance de 1254, fit deffenses de l'exposer pour le vendre en gros, ailleurs que sur une place de la Clef, à peine de confiscation. C'est cette place que l'on a depuis appellé & que l'on nomme encore aujourd'hui le Parquet de la Marée. Il paroît par une Sentence du Chatelet du vingt Mars 1498 que cette marque étoit une grande Clef attachée contre un poteau, qui separoit la place des Detailleresses de celle des Marchands, & qui s'y voit encore.

Il y avoit une famille en 1180 que l'on nommoit Hellebic, qui avoit sur ce lieu un petit fief, consistant en une maison & une certaine étendue de terre, justement à l'endroit qui fut destiné par St Louis à exposer en vente les poissons de mer par les Chasse-marées.

Pour indemniser cette famille, il leur fut attribué certains droits à prendre sur ce poisson. Mais ayant voulu augmenter leurs droits & vexer les Marchands, sur les plaintes qui en furent faites, Charles le Bel cassa & annulla en 1325 la fausse coutume des Hellebic, & Philippe de Valois en 1328 confirma les mêmes deffenses. Cette exaction si abusive ayant recommencé de tems en tems, fut encore très-étroitement deffendue en 1370 & 1414.

L'abus fut ainsi aboli, mais le fief subsista, & les droits utiles qui en dependent continuerent d'être perçus. Le manoir de ce fief situé aux Halles en porte encore le nom, quoiqu'il soit passé en d'autres mains & partagé dans la famille des Essarts.

Les trois anciens Marchés de Paris pour le détail subsistent toujours; celui de la Porte de Paris au même endroit, les deux autres ont seulement changé de place. Le Marché de la Porte Bauders a été transferé dans l'ancien Cimetiere St Jean, après que Charles VI eut donné aux Marguilliers de cette Paroisse l'an 1393, la place où avoit été l'Hotel Craon rue de la Verrerie, pour leur servir de Cimetiere au lieu de l'ancien qu'ils abandonnerent au public. Le Marché de Petit-Pont fut depuis transferé à la Place Maubert, par Arrêt de la Cour du dix Decembre 1547.

DE LA VILLE DE PARIS. Liv. VI. 655.

A ces trois anciens Marchés pour le détail, il y en a depuis été ajouté huit autres.

I. La Halle aux poissons, rue St Martin, au coin de la rue d'Arnetal, vis-à-vis St Nicolas des Champs.
II. Au Marché-neuf.
III. Rue St Antoine vis-à-vis la rue St Paul.
IV. Au Marais du Temple, rue de Bretagne.
V. Au fauxbourg St Germain au bout de la rue de Ste Marguerite.
VI. Vis-à-vis les Quinze-vingts & la Boucherie.
VII. Au fauxbourg St Antoine sous une Halle vis-à-vis l'Abbayie.
VIII. Au fauxbourg St Marcel, dans un lieu clos, que l'on nomme la Cour du Patriarche.

HALLE AU VIN.

DE L'ETAPPE.

C'EST une place destinée anciennement pour y décharger & y exposer en vente les Vins amenés à Paris par terre. Elle étoit autrefois aux Halles, & le Vin s'y vendoit en gros, de même que le bled & les autres vivres. Les accroissemens de la Ville de Paris ayant attiré à proportion l'abondance des Provinces pour ses provisions, les Halles se trouverent trop étroites pour les contenir. Le Roi Charles VI, par ses Lettres Patentes du mois d'Octobre 1413 transfera l'étappe des Halles en la Place de la Greve, où elle a toujours demeuré depuis ce tems-là.

NOUVELLE HALLE AU VIN.

LES Marchands forains étoient obligés par les anciennes Ordonnances de vendre leurs vins dans leurs bateaux, cela les exposoit à de grandes incommodités, & souvent à des pertes considerables, par les chaleurs, les innondations & les glaces.

Il est vrai qu'en cas de necessité, & avec la permission du Prevôt des Marchands & Echevins, ils pouvoient encaver les deux tiers de leurs vins sous les Salles & Halles de l'Hotel de Ville; mais ce secours n'étant pas suffisant, Louis XIV par ses Lettres Patentes du mois de Mai 1656, permit de construire une Halle près la Porte St Bernard, pour faire enchanteler le vin des Marchands à mesure que leurs bateaux ou charettes arriveroient aux clauses & conditions portées par cette concession, savoir que l'on prendroit dix sols par chaque muid.

Après avoir parlé des endroits où l'on distribue le poisson & le vin, je me trouve obligé de donner ici une liste des differentes places où l'on débite le pain dans la Ville de Paris les Mercredis & les Samedis.

ETAT DES BOULANGERS.

QUANT aux places où les Marchés au pain se devoient tenir, l'Ordonnance du vingt-trois Novembre 1546, nous apprend qu'en ce tems-là il y en avoit quatre; savoir

I   Les Halles.
II Le Cimetiere St Jean.
III La rue neuve Notre-Dame.
IV La Place Maubert.

Ces places ont depuis été multipliées à proportion de l'accroissement de Paris, & quelques-unes des anciennes transferées en d'autres lieux plus commodes.

Voici l'état présent & le nombre des Boulangers qui les occupent ordinairement, tant de la Ville & des Fauxbourgs que Forains.

I	Aux grandes Halles.	342
II	Aux Halles de la Tonnellerie.	104
III	A la Place Maubert.	159
IV	Au Cimetiere St Jean.	158
V	Au Marché-neuf.	89
VI	Rue St Antoine vis-à-vis les Jesuites.	148
VII	Quai des Augustins.	92
VIII	Au Petit-Marché, fauxbourg St Germain.	147
IX	Devant les Quinze-vingts.	95
X	A la Place du Palais Royal.	40
XI	Rue St Honoré devant l'Hotellerie des Batons Royaux.	30
XII	Au Marché du Marais du Temple.	46
XIII	Devant le Temple.	22
XIV	A la place de la Porte St Michel.	36
XV	A la Halle du fauxbourg St Antoine.	16
		1524

Les Boulangers qui occupent ces places sont au nombre de quinze cens vingt-quatre, dont cinq à six cens sont de la Ville & des Fauxbourgs, les autres qui y viennent apportent du pain de differens endroits des environs, dont le principal est Gonesse, & les villages qui en sont voisins, & les plus éloignés sont St Germain en Laie à cinq lieues, & Corbeil à sept.

LA HALLE DES MATHURINS.

LA Halle des Mathurins est fort ancienne, & beaucoup plus que toutes celles dont j'ai parlé; de sorte que pour garder l'ordre des tems je devois la mettre la premiere. Elle appartient à l'Université, & comme à tout propos elle fait montre de Charlemagne, & soutient que c'est son fondateur, aussi pretend-elle que ce grand Prince lui-même lui en a fait le don. Conte si fabuleux que je ne m'amuserai point à le refuter. Quant à l'érection de cette Halle, c'est une chose inconnue; & même nous ne savons rien d'elle avant Philippe le Bel.

On l'appelle la Halle des Mathurins, à cause d'un lieu couvert appartenant aux Mathurins & bâti dans leur cour, qu'ils prêterent à l'Université en 1291, pour vendre & mettre à couvert le parchemin que l'on apportoit à Paris. Quoiqu'on ne s'en serve plus depuis fort long tems, & que le parchemin ait été mis à couvert & vendu en beaucoup d'autres, cette Halle néanmoins a toujours conservé son ancien nom, & le garde encore.

De tout tems immemorial ceux qui amenoient du parchemin à Paris & aux environs, étoient tenus de le faire porter & descendre dans cette Halle, à peine de confiscation & d'amende arbitraire; & de plus n'osoient l'en tirer que les Parcheminiers de l'Université ne l'eussent visité, que le prix n'en fut fait & marqué, & n'eut été payé au Recteur le droit de marque, savoir seize deniers parisis; ce qui s'appelloit & s'appelle encore Rectorier. Le Parlement & le Prevôt de Paris ont donné plusieurs Sentences & Arrêts contre les contrevenans, ce qui se voit & dans les Regîtres de la Cour & dans ceux du Chatelet.

En vertu de cette prerogative, de tout tems le Procureur Fiscal de l'Université, s'est transporté au Landi pour y visiter le parchemin. Pour cela en 1291 l'Université assemblée deffendit aux Parcheminiers d'acheter du parchemin le premier jour du Landi & de la Foire St. Ladre, avant ses Regens & Ecoliers, les Marchands du Roi & de l'Evêque.

Dans ce même tems-là, pour obvier aux abus des Parcheminiers, elle dressa douze Statuts que j'omets, parce que du Boulai les a inserés dans son histoire. Et comme en 1454 l'Abbé de St Denys pretendit qu'elle ne pouvoit acheter de parchemin au Landi que le premier jour de la Foire, l'Université assemblée là-dessus le dix-neuviéme Juin, conclut que son privilege étoit général, qu'elle étoit en possession d'en acheter tant que la Foire dureroit, & toute prête de le maintenir en Justice, s'il n'y vouloit consentir à l'amiable.

Avec le tems l'Université a porté si loin ses pretentions, qu'en 1549 elle saisit le parchemin que le Roi devoit fournir aux Greffes de la Cour, de la Chambre des Comptes & des autres Jurisdictions de Paris, & ne voulut avoir aucun égard à la permission que Henri II avoit donné à Jean & à Guillaume Prevôt de le faire venir, ni à l'exemtion de toutes sortes de droits qu'il leur avoit accordée. Mais le Parlement ayant pris connoissance de ceci, leva la saisie & ordonna qu'à l'avenir le parchemin dû par le Roi aux Greffiers des Cours Souveraines, se déchargeroit au Palais.

Ce procedé néanmoins n'étoit rien pour ainsi dire en comparaison de ce qu'elle entreprenoit quelques siécles auparavant; elle excommunioit ceux qui tâchoient de la frustrer de ses droits. A la verité c'étoit dans des tems fort scrupuleux, où presque tout le monde trembloit au seul nom d'excommunication. L'avidité du gain pourtant plus puissante que ces foudres, fit que les Parcheminiers & autres tenterent toutes sortes de moyens pour faire entrer à Paris du parchemin sans le porter à la Halle des Mathurins.

L'amende arbitraire & la confiscation leur firent plus de peur que les excommunications, car quant à une excommunication fulminée contre eux en pareille rencontre par l'Université, ils se rapporterent à la Sorbonne *de sa validité ou invalidité*.

Après tant de Halles si celebres & si anciennes, je n'oserois rien dire ni de la Halle Barbier, ni de celle de devant l'Abbayie St Antoine, ni de l'autre au cuir du fauxbourg St Marceau ; aussi-bien sont-elles nouvelles & peu considerables ; joint que j'ai assés parlé de la premiere & de la seconde dans le Discours des Marchés. Quant à la derniere, quoiqu'en 1657 elle ait été accordée par le Roi aux Chanoinesses Regulieres de St Jean des Vignes ou de Ste Perrine, transferées de Compiegne à la Villette près le fauxbourg St Denys, & même que la Ville ait consenti à son érection, néanmoins elle n'a point été érigée, & maintenant à Paris il n'y a point de Halles aux cuirs, sinon à la Halle proche la rue de la Tonnellerie & de la Lingerie.

LE PETIT MARCHÉ DU MARAIS DU TEMPLE.

APRES tout je ne sai s'il fut établi, & si les Entrepreneurs de ce petit Marché du Marais n'ont point été substitués à du Flos & à du Houssiere. Il est placé le long de la rue de Bretagne, entre la rue de Beauce & celle de Berri; il consiste en une Boucherie & quelques étaux & maisons basses, & le tout bâti dans une grande cour, & où se vend du poisson & autres denrées. On y entre par trois portes, les unes situées dans la premiere & la derniere de ces rues que je viens de nommer ; l'autre au bout de la rue des Oiseaux, ou la petite rue Charlot, qui tient à celle de Beauce, & a pris le dernier nom d'un des Entrepreneurs & des maisons circonvoisines.

Or parce que de tout tems la plupart des marchandises & des denrées, tant de Paris que des Halles, se portent & se pesent au poids du Roi, & que le poids du Roi est une espece de Halle, je suis comme obligé de rapporter ici ce que j'ai pû en découvrir.

LE POIDS DU ROI.

LE Poids du Roi se nommoit autrefois le Poids-le-Roi, mais presentement on l'appelle le Poids du Roi, parce qu'il appartenoit au Roi originairement : & bien que le poids de la cire lui appartint aussi, cependant on ne l'a jamais appellé le Poids-le-Roi

Jusqu'à Louis VII, nos Rois ont été propriétaires du premier, & ceux à qui ils appartiennent en font foi & hommage, savoir de celui de la cire au Grand Chambellan, & de l'autre au Roi ; car ce sont des fiefs qui relevent d'eux, l'un à l'ordinaire, l'autre en franc-aleu.

Autrefois le poids de la cire se tenoit dans de certaines maisons appellées le Poids de la Chancellerie. De tout tems on a tenu le Poids du Roi, & on le tient encore à la rue des Lombards, dans un grand logis nommé à present le Poids du Roi, & anciennement le Poids-le-Roi.

En 1169, Louis VII le donna à Henri de Puella, que quelques-uns traduisent fils de Pucelle, d'autres fils de la Pucelle, sans qu'on sache quand ce Prince, son fils, ou son petit fils, se deffirent de l'autre. On trouve qu'en 1208, Gachon de Rosieres le vendit à Alerme Hesselin, y compris les métiers ; avec tout ce qui en dependoit, & plusieurs autres droits, fiefs & heritages. De plus, on trouve qu'en 1238, le Roi le racheta de

Jean de Chetenville, Chevalier. Depuis 1380. jusques en 1384, Isabelle des Essarts & & Jean de Vaudetar vendirent des renres qu'ils avoient sur le Poids-le-Roi, tant à Adam des Essarts, qu'au Chapitre de Notre-Dame, & à Bureau de la Riviere.

Dans ce tems-là le même Bureau acheta ces deux poids; savoir, celui du Roi, avec la maison de la rue des Lombards, de Jaques des Essarts & de sa femme, six mille six cens francs d'or au coin du Roi; & quant à l'autre, avec les maisons de la Chancellerie, il l'eut de Jean Hesselin & de sa femme, moyennant la somme de 1100. liv. tournois, sans qu'on sache encore, quand de la main du Roi il est retourné en celle des Hesselins. Il se voit qu'en 1417, Marguerite de la Roche-Guion, fille de Perrette de la Riviere, & veuve de Jean de Vergi, Sénéchal & Gouverneur de Bourgogne, les vendit tous deux mille sept cens soixante & quinze livres au Chapitre de Notre-Dame, avec les fleaux, les cordages, les revenus, leurs ustanciles, & le lieu où on les exerçoit. Depuis cela, ils ne sont point sortis des mains du Chapitre de Paris, & lui appartiennent encore. Or comme auparavant il étoit survenu des differends touchant la nomination des Officiers du Poids du Roi, les Chanoines de Notre-Dame ont eu plusieurs fois le même demêlé avec le Prevôt de Paris, & les Apoticaires qui sont gardiens des poids & des balances.

En 1321, le Parlement commanda à Gilles Hacque de faire ajuster les poids à l'Hotel de la Monnoie, par les Maîtres de la Monnoie même; & de plus, ordonna qu'il en seroit fait des étalons ou patrons pour le Roi, dont l'un demeuroit au Chatelet, un autre au Bureau des Epiciers, un autre au poids-le-Roi.

Je ne puis pas dire de quelle matiere on les fit alors, mais je sai que presentement & depuis long-tems ils sont de cuivre. Il est bien certain que les poids dont on se servoit aux Poids du Roi pour peser en 1434, étoient de Caillou. A cause de cela, l'Aide du Peseur & du Garde du Poids du Roi étoit nommé *Lieve Caillou*; & de là on pourroit inferer que les étalons de ce tems-là en étoient aussi.

Quoi qu'il en soit, en 1452, du consentement du Roi, & en presence des Jurés des Gardes-Epiciers, le Prevôt de Paris nomma à l'Office de Peseur, Oudet le Sénéchal, & même le reçut sans la participation, & sans faire mention des proprietaires. De la même sorte encore, en 1465, Pierre Godin fut nommé Garde par les Epiciers, & reçu par Sentence du Prevôt de Paris. Bien plus, en 1510, Jean de Ferre fut installé dans la même charge par les Epiciers en presence de deux Notaires, sans le Procureur du Roi, le Prevôt de Paris, ni le Chapitre de Notre-Dame, à qui il appartenoit alors.

En 1545, le second jour de Mars, sur le rapport des Gardes Apoticaires & Epiciers, Isaac d'Aubreine fut mis en possession de la charge du Clerc, prêta serment entre les mains du Procureur du Roi du Chatelet.

En 1601 le quinziéme Fevrier, Antoine Boulduc fut presenté au Prevôt de Paris par les Gardes-Epiciers & Apoticaires, pour être Juré-Peseur, & fit serment entre ses mains.

En 1632, Jean Barré au commencement d'Avril, reçut d'eux la charge de Garde, prêta le serment entre les mains de l'Ancien de leur Corps, & en prit possession dans le Poids du Roi, en portant la main sur l'une des balances. Le troisiéme Mai, un des Chanoines de Notre-Dame y consentit pour le Chapitre par devant Notaire, & fit écrire son consentement au dos de l'Acte de la nomination.

Je ne repeterai point ici ce que j'ai dit ailleurs, qu'en 1432 le Prevôt de Paris fit faire une loge devant St Leufroi, pour peser les grains qu'on faisoit moudre aux moulins du Pont-aux-Meuniers, & pour repeser les farines. Qu'il en donna la commission à Pierre Rousseau, & le chargea des pieces de bois, des cordes & uftancilles; avec permiſſion de prendre un denier ournois par feptier de grain, & autant par feptier de moûture.

LES FOIRES DE PARIS.

FOIRES PROPOSE'ES.

DE toutes les Foires que nous avons à Paris, il n'y en a pas une qui n'appartienne à des Eccleſiaſtiques, & qui ne ſoit tenue près de quelque Egliſe : & même à la reſerve de celle de St Germain, toutes ſe ſont tenues & ſe tiennent encore les jours de Fête, non pas de quelque Fête ſimple ou d'Apôtre; mais le jour de la Nativité de la Vierge, & même les trois derniers jours de la Semaine-Sainte, ſans ſonger que c'eſt les profaner par un trafic honteux, entre autres d'oignons, d'andouilles, de jambons, de lard; & cela depuis pluſieurs ſiecles, par ordre de nos Rois, & à la priere du Chapitre de Notre-Dame, & des Religieux de St Germain & de St Denys en France, en vertu de pluſieurs Bulles des Papes.

FOIRE St ANTOINE.

CEUX qui demeurent à la Place Royale, ayant eu avis qu'on parloit d'établir une foire dans leur Place, requirent le Chancelier en 1644, d'avoir agréable l'oppoſition qu'ils formoient à ſon erection, & de ne ſeller aucunes Lettres tendantes à ceci, pour les raiſons qu'ils allegueroient en tems & lieu.

Par une Requête preſentée au Roi Louis XIII, un certain Fourſon lui demanda permiſſion de tenir une autre foire le jour de St Louis, près l'Hopital de ce nom, deſtiné pour les Peſtiferés. Que cette foire qui ſeroit appellée la foire Royale de St Louis, durât huit jours; qu'on y vendît vin, beſtiaux, & toutes ſortes de Marchandiſes & de denrées; qu'il y fut établi une Juſtice, compoſée d'un Juge, d'un Procureur du Roi & d'un Greffier; qu'il y pût faire une halle, des boutiques, & autres bâtimens neceſſaires; qu'il jouît de tous les droits & revenus qui en viendroient, à la reſerve de la cinquiéme partie qui appartiendroit à l'Hopital St Louis. Sa requête fut preſentée, & renvoyée à la Ville en 1618; mais trois mois après ou environ, la Ville trouva qu'elle pouvoit être enterinée avec les modifications ſuivantes. Que de crainte du mauvais air, la foire de Fourſon ſe tiendroit loin de l'Hopital; que les Marchands de vin & de bétail qui y viendroient, feroient tenus de leur payer les droits & les impoſitions ordinaires des fermes anciennes, à cauſe qu'elles lui ſont engagées pour des rentes. Avec tout cela, pour des raiſons qui ne ſont pas encore connues, elle n'a point été erigée, non plus que celle dont je vais parler.

En 1609, Henri IV par Lettres en forme d'Edit, inſtitua une foire dans la place de France, qui devoit durer huit jours comme la precedente, & où ſe vendroient des beſtiaux, & toutes ſortes de marchandiſes. Les Marchands de dehors, auſſi bien que ceux du Royaume, y devoient être bien venus, & tous les ans elle devoit s'ouvrir le premier jour de Mai. Le

Parlement là-dessus ayant ordonné que les Lettres du Roi seroient communiquées à la Ville & au Chatelet, afin d'avoir leurs avis ; de dire si on les porta au Chateler, je n'en sai rien ; mais certainement elles ne furent pas portées à la Ville. Quoiqu'il en soit, la mort du Roi apporta un tel changement, que bien loin d'établir cette foire, la place de France même ne fut pas bâtie.

De savoir si ce sont là les seules foires qui ayent été proposées, & s'il y en a eu d'autres à Paris que celles dont je vais parler, c'est ce que je ne puis pas dire, comme n'étant pas venu à ma connoissance.

Les moindres sont celles du Temple, les foires au Lard & aux Oignons, & celle de St Laurent.

Les principales servent de terme aux Marchands pour s'entrepayer, & s'acquitter de leurs dettes, traitter de leur negoce & de leurs affaires. Car ces foires au reste, sont si grosses & celebres par tout le Royaume, qu'on les appelle les foires de Paris, comme par excellence, quoiqu'elles se tiennent, & se soient toujours tenues hors de Paris, au fauxbourg St Germain, dans la Plaine, & dans la ville de St Denys.

LA FOIRE DU TEMPLE.

LA Foire du Temple appartient au Grand-Prieur de France, & s'ouvre dans la Cour du Temple à la St Simon & St Jude, qui est le jour que l'Eglise du Temple fut dediée. Et parce qu'on ne sait pas l'année que fut faire cette Dédicace, c'est ce qui est cause qu'on ignore en quel tems on créa la foire. C'est la moindre au reste, de toutes celles dont j'ai à parler ; puisqu'elle n'est remarquable, pour ainsi dire, que par les Nefles que les valets de ceux qui logent au Temple donnent aux nouveaux venus avec des huées & des moqueries injurieuses: scandale qu'on devroit empêcher, cependant si ancien, qu'il est venu de main en main jusqu'à nous, & qui fait dire par maniere de proverbe : *Va-t-en au Temple querir des nesles. Que me donneras-tu ? des nesles*, &c.

Il ne s'y trouve que des Foureurs, & quelques Merciers des plus petits, & autres Marchands Camelottiers.

LA FOIRE AUX OIGNONS ET AU LARD.

ON sait aussi peu l'origine de ces deux foires, que de la precedente. La foire au Lard commence le Jeudi-Absolu, l'autre à la Nativité de la Vierge : toutes deux appartiennent à l'Archevêque & au Chapitre de Paris. Anciennement elles n'occupoient que le Parvis Notre-Dame, depuis elles se sont repandues dans les rues qui y aboutissent. Enfin, il n'y a pas long-tems que celle aux Oignons passa en partie la riviere, c'est-à-dire, l'Isle Notre Dame, le long du quai de Bourbon.

La foire du Jeudi-Absolu dure au moins trois jours, savoir, le Jeudi, Vendredi & le Samedi saints. De toute ancienneté, & même de nos jours, on n'y vendoit que des andouilles, des jambons & du lard, le tout amené des Provinces voisines, & des lieux aux environs. Mais, comme Paris depuis croissant de jour en jour, est venu à une grandeur surprenante qui n'a point de fin, à cette foire veritablement on vend plus de jambons que jamais : cependant il s'en faut bien qu'on y vende tous ceux qui s'y rendent à Paques ; car maintenant les friands, fort difficiles à contenter, ne veulent que ceux de Baïonne & de Maïence, que les Epiciers font venir, à caufe de leur goût, tout autrement fin & relevé. En 1687, cette foire fut changée au Mardi de la Semaine-Sainte. On ordonna que dorénavant elle fe tiendroit à pareil jour.

Quant à la foire aux Oignons, anciennement on n'y expofoit autre chofe, & le tout pour les fauces, les ragoûts & les viandes infipides. Depuis, à la faveur du mot d'oignons, on y apporte auffi des oignons de Tulipes, d'Anemones, de Tubereufes, & autres fleurs confiderées pour leur nouveauté & pour leur odeur: peu à peu les Orangers, Citronniers, Grenadiers & autres arbres odorants, y ont auffi trouvé place. Enfin, toutes fortes de fleurs & de fimples, mais même toutes les richeffes & les depouilles des jardins les plus curieux des environs. Si bien que tous les ans on voit ce quartiers là, quelque habité qu'il foit, & tout couvert de maifons, fe metamorphofer en un inftant, & devenir un jardin fleuri, bien varié, & qui fent fi bon que l'air en eft tout embaumé. Prefentement on n'y en apporte plus.

Au refte, il eft à remarquer qu'à ces deux foires il fe pratique une chofe fort particuliere, contre la coutume & les ordonnances du Royaume, qui portent que quiconque a droit de foire, a droit auffi, où elle fe tient, de louer les places, & d'en recevoir les loyers, en quelque endroit qu'elles fe trouvent, quand ce feroit hors de leur Seigneurie & de leur Voirie, même en celle du Roi. A ces foires aux Oignons & au Lard au contraire, fi l'Archevêque & le Chapitre louent les places de la rue-neuve, du Parvis & du Quai de Bourbon, ce n'eft point en qualité de proprietaires de ces foires, mais feulement comme Seigneurs Voyers & Hauts-Jufticiers. Ce qui eft fi vrai, que le Roi en cette qualité loue toutes les places de la rue St Chriftophe, & des autres où ces foires fe font repandues: & tous trois encore en cette qualité jugent des differends qui furviennent alors en leur Juftice: cependant ces foires n'appartiennent point au Roi, mais au Chapitre & à l'Archevêque. Je doute qu'aucune Ville du Royaume puiffe fournir un exemple pareil, car c'eft le feul que je fache, & dont la caufe eft univerfellement ignorée.

LA FOIRE St LAURENT.

L'ORIGINE de cette foire eft auffi peu connue que celle des précedentes: tout ce qu'on en fait, c'eft que fon nom lui vient de l'Eglife de St Laurent, & que la veille de St Laurent on l'a toujours ouverte depuis trois ou quatre fiecles.

Anciennement elle fe tenoit entre Paris & le Bourget, dans une campagne de trente fix arpens, nommée *le champ St Laurent*; avec le tems on l'a rapproché de l'Eglife & du fauxbourg, entre la fauffe porte St Laurent & la fauffe porte St Martin. En cet endroit-là nous l'avons vue couvrir, prefque entierement d'échopes faites à la hâte, d'établis découverts, & de parcs jonchés de pailles, toute une grande rue fort longue & fort large, bordée de maifons. Dans ces deux lieux St Lazare, de toute ancienneté, a joui des droits appartenants aux proprietaires des foires; & quand le Chapitre de Notre-Dame, & celui de Ste Opportune, ont voulu l'y troubler, auffi-bien que les Abbés de St Denys & de St Magloire, en qualité de Hauts-jufticiers, de Seigneurs & de Voyers, ç'a toujours été vainement: toujours St Lazare a obtenu contre eux des Sentences & des Arrêts. Dès l'an 1369, les Religieux de St Denys ayant voulu l'entreprendre, eurent fujet de s'en repentir, & de même les autres en 1528, 1532, 1551, 1557, & en d'autres tems.

DE LA VILLE DE PARIS. Liv. VI.

En 1426, Henri VI Roi d'Angleterre, & usurpateur de la France, confirma à St Lazare la possession de la Justice en cette foire, & en cas d'opposition le renvoya au Prevôt de Paris.

En 1616, le Tresor permit au Voyer de ce Prieuré d'exiger cinq sols par toise de chaque boutique & établi assis sur le pavé. Huit ans après il ne lui en fut adjugé que deux, & encore l'obligea-t-on la veille de l'ouverture de la Foire, de donner les alignemens necessaires pour conserver la voirie, & rendre le chemin public libre au passage des charois, & des gens de pied & de cheval.

Quoiqu'en 1656 le Duc de Mortemart eût proposé de transporter à Paris la Foire St Laurent dans un lieu fermé, où les Marchands & les Marchandises pourroient être mis à couvert. L'affaire ayant été renvoyée par le Roi & le Conseil à la Ville pour avoir son avis, elle declara que les Marchands & le Public recevroient bien de la commodité de ce transport; cependant cela n'a pas réussi.

La Requête des Missionnaires eut tout un autre succès en 1661, que celle du Duc de Mortemart: ayant remontré au Roi que leur Foire embarassoit extremement le fauxbourg, & en même tems demandé permission de la transferer en quelque endroit de leur domaine & de leur Seigneurie: de plus d'y faire des halles, des loges & des boutiques fermées, tant pour la commodité des Marchands que pour la sureté des Marchandises, presque aussi-tôt il leur fut expedié des Lettres Patentes. Là-dessus les ayant renvoyée à la Ville en 1662, le Prevôt des Marchands se transporta sur le lieu, & comme il le trouva fort commode, il ne fit aucune difficulté de donner son consentement. Si bien que les Lettres du Roi ayant été enregitrées, les Prêtres de la Mission commencerent à bâtir leur Foire & à la mettre en l'état que nous voyons. C'est une place de cinq ou six arpens fort proche de St Laurent, mais au-delà, entre le fauxbourg St Laurent & celui de St Denys, qui forment de grands chemins vis-à vis St Lazare & les Recolets; à l'un des bouts est un grand espace découvert pour la gresserie; le reste est entrecoupé de rues larges & tirées à la ligne, ornées de loges & de boutiques de même symmetrie, claires, commodes, bâties agréablement: si bien que le tout ensemble compose un quartier propre & galant, d'ailleurs si bien situé pour une Foire de Paris qu'il ne se voit rien de semblable.

Cette Foire en 1345 se tenoit le jour de St Laurent; que si depuis quelque tems on a voulu l'empêcher, je ne sai pas si l'on en est venu à bout. Autrefois elle finissoit quand le soleil commençoit à se coucher; & à peine l'étoit-il, que les Sergens de la douzaine du Roi au Chatelet, venoient fondre sur les loges, faisoient les Diables à quatre & brisoient tout. Philippe de Valois eut beau deffendre une telle violence; le Prevôt de Paris ne s'en mettant pas trop en peine, il fallut enfin que les Missionaires s'en plaignissent au Roi de nouveau: de sorte que l'année suivante Philippe leur accorda d'autres Lettres, ratifiées depuis en 1362 par le Roi Jean. Maintenant on en fait l'ouverture le jour de la St Jaques & St Christophe; le Chatelet vient en corps prendre possession de la Justice haute, moyenne & basse, où ces Messieurs dînent ensuite aux dépens des Missionnaires de St Lazare, qui leur font faire bonne chere.

Anciennement donc, comme j'ai dit, elle ne se tenoit que le jour de St Laurent; avec le tems elle se tint aussi la veille, ce qui a continué jusqu'en 1616; depuis elle a duré une semaine; après quinze jours, & même un mois presque entier; presentement elle dure deux mois. Et quoi qu'il soit deffendu de l'ouvrir les Fêtes & les Dimanches, peut-être à cette deffence obéit-on aussi peu qu'à beaucoup d'autres Reglemens de Paris.

Apparemment on ne la tint point du tems de la Ligue, & autres tems difficiles; mais il est certain qu'elle ne fut point ouverte en 1638 à cause de la peste, dont quelques Villes des environs étoient affligées; ce qui n'empêcha pas néanmoins les Marchands de venir à l'ordinaire & de faire apporter leurs Marchandises, qui à la verité ne furent étalées que le dernier jour de Decembre, par Ordonnance du Lieutenant de la Police. Outre les bijoux & les autres bagatelles qui se font en France, on y vend depuis quelques années de la porcelaine & autres choses, que les Marchands vont acheter à grands frais aux extremités du monde. Autrefois on n'y vendoit que des pots de terre & de grès, de la faïence, des verres de fougere, du cristal, & sur tout de petits tambours ou tabourins, ce qu'on fait encore, & ce qui est cause qu'on en est étourdi quelque tems par les petits enfans; car il n'est fils de bon pere & de bonne mere, comme on dit, à qui on n'en achete. De même que les autres Foires, celle-ci se tient seulement en plein jour.

Elle finit le jour de la St Michel le vingt-neuviéme Septembre de chaque année.

LA FOIRE St GERMAIN.

A Paris autrefois il y avoit deux Foires St Germain, presentement il n'y en a plus qu'une. Tout ce que je sai de la premiere, est que dans le douziéme siecle on l'ouvroit quinze jours après Pâques & duroit dix-huit jours. L'Abbé & les Religieux en étoient proprietaires, pour des raisons qui ne sont pas venues à ma conoissance. Ils en donnerent la moitié à Louis XII, à la charge qu'elle demeureroit toujours unie au domaine ; & quant à l'autre moitié bien auparavant, ils en avoient déja fait transport à Philippe le Hardi, durant son voyage d'Outre-mer, à condition que le Roi se chargeroit pour eux d'une rente de quarante livres qu'ils devoient à l'Université pour la fondation de deux Chapelles. Au reste il ne faut pas s'étonner qu'une si petite somme fît la moitié du revenu de toute une grande Foire, & pût suffire à la fondation de deux Chapelles, car alors c'étoit beaucoup: tellement que les Religieux furent bienheureux de se voir délivrés, pour avoir à toute heure l'Université sur les bras, qu'on redoutoit en ce tems-là & qui exerçoit une tyrannie insuportable. Depuis cet échange il ne se trouve rien nulle-part de l'ancienne Foire St Germain. A la verité le Pere Millet, Religieux de la même Abbaye, prétend qu'elle fut abolie par Philippe le Bel, ou qu'il la transfera ailleurs, mais peut-être eut-il mieux fait de se taire, que d'en avoir parlé avec tant d'incertitude.

L'autre Foire St Germain, qui est celle d'aujourd'hui, dure depuis près de deux cens ans : c'est la premiere, la plus longue & la plus riche des principales Foires dont j'ai à traiter, & qui comme par excellence prennent le nom de Foires de Paris. Elle fut érigée par Louis XI en 1482, & donnée à l'Abbé & aux Religieux de St Germain, avec franchise huit jours durant d'Aides, de Peages & autres impôts, à la reserve de ceux du vin & du pied fourché, que la Chambre des Comptes voulut conserver au Roi, lorsqu'elle enregitra ses Lettres D'abord elle commença le premier jour d'Octobre, & dura huit jours; mais comme la Foire de St Denys s'ouvroit presque en même tems que finissoit celle-ci, les Religieux de St Denys s'opposerent à son établissement. On n'eut égard à leurs remontrances qu'en 1484 ; & pour lors à leur requête le Parlement la transfera au trois Fevrier, & la Chambre des Vacations au douze Novembre.

En 1485 Charles VIII la remit au troisiéme Fevrier. Depuis en 1491 il la divisa en deux, & permit aux Religieux de St Germain, à leur priere, de l'ouvrir le lendemain de la St Martin, & de la St Mathias, mais que chaque fois elle ne dureroit que quatre jours.

En 1562 à la fin de Janvier, le Parlement à cause des troubles la remit au lendemain de Quasimodo, permettant néanmoins aux Marchands qui avoient fait venir des draps & autres Marchandises, de les vendre & de les exposer à Paris depuis le trois jusqu'au onze de Fevrier. Quelques années après, & cela en 1568, à la sollicitation du Cardinal de Bourbon, Abbé de St Germain, par Arrêt du Conseil Privé, donné le dernier Janvier, elle fut remise au vingt-six de Mars. En 1595 elle commença le Lundi six Fevrier, veille du Mardi-gras ; maintenant & depuis plusieurs années on l'ouvre le trois de Fevrier. Ainsi c'est vers la fin de l'hiver & au commencement du printems, lorsque la Cour est à Paris pour l'ordinaire & que la mauvaise saison y attire & retient la plupart des gens riches & de qualité. Pendant la ligue on ne l'a presque point tenue : en recompense Henri IV, en 1595 la fit durer trois semaines, jamais elle n'en avoit duré plus d'une. En 1630 elle fut continuée six semaines toutes entieres. De nos jours elle a commencé à durer deux mois, souvent même nous l'avons vû tenir la semaine de la Passion, pour de l'argent que les Marchands donnoient autrefois à l'Abbé & au Bailli ; plusieurs fois on l'a portée jusques là : depuis quelque tems le Roi dispose seul de sa durée, il la prolonge tant qu'il lui plaît, & tant qu'elle dure il en continue la franchise, sans exiger ni même pretendre de l'argent de qui que ce soit.

Le lieu où on la tient aujourd'hui fait partie de celui où elle se tenoit au commencement ; & là étoit l'Hotel de Navarre, maison de plaisance des Rois de Navarre, Comtes d'Evreux descendus de Philippe le Hardi, car c'est sur ses ruines qu'elle fut établie ; jamais on ne l'a tenue ailleurs qu'en 1589, qui fut aux Halles à cause des troubles, par ordre du Duc d'Aumalle Gouverneur de Paris, & du Prevôt des Marchands. Pendant plusieurs années elle s'étendit dans un grand Champ & un grand Pré du voisinage, où on vendoit du vin, des chevaux & des bêtes à pied fourché : presentement il ne s'en vend plus à cette Foire ; & le Pré aussi bien que le Champ ont été couverts de rues & de maisons particulieres. Cette Foire est près de trois Portes de Paris, dans un quartier fort peuplé du Faux-bourg St Germain, entre les rues Guisarde, du Four, des Boucheries, des Quatre-vents, de Tournon & des Aveugles.

Ce sont deux Halles longues de 130 pas, larges de 100, composées de vingt-deux travées, & couvertes d'une charpente fort exhaussée, où les Gens du métier admirent quantité de traits de leur Art : aussi est-elle très-celebre, autant pour sa grandeur que pour sa magnificence ; car c'est peut-être le plus grand couvert qui soit au monde. Neuf rues tirées à la ligne la partagent en vingt-quatre Isles, & sont bordées de tant de loges, que le nombre en est surprenant. De çà & de-là on a repandu des cours & des puits pour remedier aux accidens du feu. On apprend des anciens plans de Paris que tout étoit isolé autrefois, presentement d'un côté, & à l'un des bouts, elle tient à des maisons particulieres ; au tour du reste regne une grande place vuide où l'on entre par trois grandes rues, & de-là dans la Foire par sept autres grandes portes, où ses principales portes viennent aboutir. Dans ses rues les plus éloignées, les Marchands en gros de draps, de serge & autres choses, vendent leurs marchandises durant les huit premiers jours de la Foire. Dans celles qui y tiennent sont épars çà & là ceux qui vendent en détail des verres, de la faïence, de la pourcelaine, & autres menues marchandises ; mais les principales sont pleines d'Orfévres, de Merciers, de Lingeres & de Peintres.

Dans les loges & maisons des Peintres on voit une infinité de tableaux entassés & placés les uns sur les autres ; dans les rues de la Lingerie & de la Mercerie, se trouvent non-seulement plus de toiles & de dentelles, plus de galanteries & d'affeteries qu'on ne sauroit s'imaginer ; mais encore tous ces vains amusemens du luxe & de la volupté, que les Marchands, au peril de leur vie, vont chercher à l'extremité des Indes, dans la

Chine, & dans le nouveau monde.

Toutes ces curiofités cependant ne font rien en comparaifon de ce qui fe vend dans la rue de l'Orfevrie ; fes loges fe font admirer par ces grands & riches miroirs, par ces luftres de criftal, ces bijoux d'or & d'argent mis en or à ravir ; enfin par une infinité de pierreries, & tant d'autres richeffes refervées pour la magnificence. Mais ce qui eft de particulier à cette Foire ici, & merveilleux tout enfemble, eft qu'elle eft auffi frequentée la nuit que le jour, de forte que tous les jours elle change de face deux fois fi differentes cependant, qu'il femble que ce foient deux Foires, & non pas la même. De jour on diroit qu'elle n'eft ouverte que pour le Peuple qui y vient en foule, & la nuit pour les perfonnes de qualité, pour les grandes Dames, & pour le Roi même. Les riches rues fe font admirer à la clarté des luftres & des flambeaux, fur tout celles des Orfevres, & tous viennent là pour jouer & fe divertir ; de forte qu'alors ce lieu eft moins une Foire qu'un Palais enchanté, où tout le beau monde fe trouve affemblé, comme à un rendés-vous.

Tant que l'Abbé de St Germain a été Regulier, lui & fes Religieux conjointement ont été Seigneurs & Proprietaires de cette Foire, & l'ont bâtie, rebâtie & entretenue de groffes & menues reparations à frais communs. Dans le fiecle paffé elle échût à l'Abbé, lorfqu'en execution du Concordat, les biens de l'Abbayie furent partagés entre les Religieux & lui. Le Cardinal Briçonnet, qui depuis en fut Abbé, la mit en l'état que nous la voyons prefentement. Il en nomma le Concierge ; & comme à Paris on ne fouffre point qu'aucune place demeure inutile, dans le tems que la Foire ne tient pas, ce Concierge en loue les rues à des Selliers qui y mettent leurs caroffes à couvert, depuis Pâques jufqu'au vingt-deuxième Janvier. Avec le tems quantité de Particuliers ont acheté du Cardinal Briçonnet & de fes fucceffeurs Abbés Commendataires, toutes les loges, de forte que depuis fort long-tems il ne refte plus à l'Abbé que la Seigneurie, fix deniers de cens, & trois livres de rente fur chaque loge, les lods & ventes, & autres charges de peu de confequence, que fes devanciers fe font refervés.

Quoique le Roi n'y ait rien, & n'y doive rien prétendre, il ne laiffe pourtant pas quelquefois d'exiger de groffes fommes des Proprietaires des loges. Tout de même l'Abbé, qui de fon côté tire d'eux des droits d'Entrée exceffifs; les Religieux là-deffus, qui feroient fachés de n'être pas de la Fête, bien qu'ils n'y ayent que voir, parlent auffi haut que s'il leur étoit dû quelque chofe. L'Abbé qui ne fe trouve pas fatisfait de fes droits d'Entrée, revient à la charge fous d'autres pretextes ; & le Roi pareillement, en qualité de Maître, à qui il faut donner ce qu'il demande.

LA FOIRE DE St DENYS.

JE ne dirai presque rien du Pardon ni de la Foire St Denys, sinon que tous deux appartiennent à St Denys en France, & se tiennent là tant que le Pardon dure, depuis le jour de St Mathias jusques
& la Foire, depuis la St Denys jusqu'à la fin de l'Octave. Car d'alleguer ici l'Auteur des Gestes de Dagobert, & un Acte copié par le Pere Doublet, qui font voir que ce Prince donna cette Foire aux Religieux de St Denys, la deuxiéme ou douziéme année de son regne, & cela dans un tems qu'on lit dans un titre de St Germain des Prés, que ce fut Louis XI qui l'établit en 1472, outre les contrarietés qu'il faudroit sauver auparavant, ce seroit preferer de simples Ecrivains à des Actes authentiques. Je laisse là Doublet avec ses autres contes sur ce sujet, & ses bagatelles.

LE LANDIT.

LE Landit, qui est la troisiéme Foire de Paris, commence le Mercredi d'après la St Barnabé, pour finir la veille de la St Jean, ce qui pourtant n'est pas si reglé qu'on ne la laisse durer davantage, de même que la Foire St Germain, & celle de St Laurent.

Ce Landit ici, jusqu'à present, a passé pour la plus ancienne Foire de Paris, & neanmoins il s'en faut bien. Quelques Historiens, à la verité, en font Dagobert l'Instituteur, aussi bien que de la Foire St Denys; mais c'est Guillaume de Nangis, Gaguin & Belle-Forest, gens qui ont écrit, ou dans le siecle passé, ou dans le treiziéme c'est-à-dire 600 ans & plus depuis Dagobert. Un Manuscrit du tresor St Denys le fait plus moderne, mais avec si peu de raison, qu'il ne faut que lire ce que le Pere du Breul a rapporté, pour voir qu'il est supposé. Charlemagne, dit-il, l'établit à Aix-la-Chapelle; & depuis, Charles le Chauve, avec grandes ceremonies, le transporta dans une plaine entre Paris & St Denys. J'obmets exprès le Pere Doublet, qui en attribue l'institution aux Ancêtres de Louis le Gros; & pour le mieux faire croire, se sert d'une Charte fausse de l'année 1124; & pour ne point aussi m'amuser à refuter Belle-forest, Gaguin, & le reste, voici la chose en deux mots, & comme elle est.

Louis le Gros donna le Landit à l'Abbaye St Denys; & pour preuve, c'est que l'Abbé Suger, Regent du Royaume sous Louis VII, fils de Louis le Gros, l'assure dans son Livre des choses arrivées durant sa Regence. Après ce temoignage là, il me semble qu'il n'en faut point chercher d'autres.

Mais disons quelque chose du mot de Landit, ce qu'il signifie, & comment il doit être orthographié. Juvenal des Ursins, Marot & Belle-forest, l'ont habillé tous trois à leur mode, que je laisse là, pour m'arrêter à Malherbe, qui dans sa Traduction des Bienfaits de Seneque, a mis *Landit*, parce que Vaugelas & Menage prétendent qu'il le faut écrire comme lui; & même afin qu'on en soit plus assuré, rapportent tous deux son même passage; quoique Menage orthographie *Landi* sans t, & Vaugelas au contraire, ainsi que Malherbe avec un t, comme il est dans la premiere & meilleure édition des œuvres de Malherbe, que ses amis firent imprimer sur son Manuscrit après sa mort. Peut-être que ce qui a donné lieu à l'erreur de Menage, est que Landit même devant une voyelle se prononce comme s'il n'y avoit point de t à la fin, de même que Pain benit & semblables.

HISTOIRE ET ANTIQUITE'S

Quant à la signification de ce mot, on n'en sait pas trop de choses. Quelques-uns le font venir d'*Indictum*, pour dire un Edict, ou l'Edit de son établissement : vaine & vague signification. D'autres le tirent d'*Annus dictus*, comme donnant à connoître que l'année de l'Université étoit finie, ou finissoit ; éthymologie non moins forcée que ridicule.

Voici ce que j'ai découvert touchant sa signification, & de quelle façon on l'écrivoit en 1465.

Cette année là Paris ayant été bloqué par le Duc de Guyenne frere de Louis XI, le Comte de Charolois fils du Duc de Bourgogne & autres, flambeaux de la guerre, les Ministres du Roi & des ennemis tinrent diverses assemblées à Bercy petit village, compris maintenant dans le Faux-bourg St Antoine, & nommé alors, *la Grange aux Merciers*, & les differends ayant été terminés par adresse, le Roi alors ayant fait naître quelque sujet de jalousie & de soupçons dans l'esprit des Chefs de l'Armée ennemie ; au lieu même où avoient été tenues ces Assemblées, on érigea une Croix, avec cette Inscription : *L'an* M. CCCC. LXV. *fut icy tenu le Landict des trahisons, & fut par une treves, qui furent donnés ; maudit soit-il qui en fut cause*. Le Pere du Breul qui la rapporte, dit qu'en 1562 le Maître des Oeuvres de la Ville la deterra au même endroit, & la fit porter au magasin de la Ville. Si cela est vrai, Landit signifie une Assemblée. En 1465, il s'écrivoit *Landict*, & presentement qu'on retranche les Lettres inutiles des mots, on l'orthographie *Landit*, ainsi que Malherbe & Vaugelas.

Quoi qu'il en soit, en 1336, le Landit s'est tenu entre Paris & St Denys, de côté & d'autre du grand chemin, dans une grande campagne, qui retient toujours le nom de *Champ du Landit*. Ce Landit consistoit en plusieurs rues, & en une infinité de maisons bien bâties, accompagnées de caves, dont une bonne partie reste encore. Sur tout il s'y trouvoit une grande maison Seigneuriale, où les Officiers de l'Abbayie St Denys terminoient les differends qui survenoient durant la Foire, & même où le Chevalier du Guet de l'Abbé, & les Sergens & Archers se tenoient en armes, avec le Prevôt & le Capitaine du Landit. En 1336, le feu y prit pendant la Foire, qui brula les maisons & la plupart des Marchandises, & pour lors le Landit fut transporté à St Denys, où toujours depuis il est demeuré, hormis en 1589, & autres années du tems de la Ligue, qu'il se tint à Paris. De tout tems on y a vendu de tout ; les marchandises y ont abordé de tous les endroits du Royaume, aussi-bien qu'une foule incroyable de monde : & enfin, je ne sai pas si les Marchands en gros n'y amennent point plus de choses, & n'y font point mieux leurs affaires qu'à la foire St Germain, de sorte que de toutes les grosses Foires de France, sans contredit, c'est la plus considerable. Disons deux mots de la Foire St Ladre, ou de St Lazare.

FOIRE St LADRE.

LOUIS le Gros érigea cette Foire ici pour le repos de son ame, & de celles de ses Ancêtres, qu'il donna en 1110 aux Pauvres Lepreux de l'Hopital St Lazare. C'est de la sorte qu'en parlent Philippe-Auguste son petit fils, Eugene, Alexandre, & Celestin III, que Louis le jeune, fils de Louis le Gros, dit en 1137 & 1166, *Feriam damus & concedimus*. Ces paroles ainsi réiterées en des tems si éloignés, ne marquent, & ne sauroient marquer autre chose que la confirmation du bienfait de son pere. D'abord elle fut créée pour huit jours; en 1166, on la prolongea d'autant. Au commencement elle s'ouvroit le 3. Novembre, Fête de St Marcel, que fête l'Eglise de Paris, comme ayant été un de ses premiers Evêques, & duroit jusqu'au lendemain de St Martin, l'un des Apôtres de la France. En 1170, Louis VII permit aux Hospitaliers de St Lazare de l'ouvrir quand il leur plairoit; tous ceux qui la frequentoient furent mis sous sa protection; ses Officiers eurent ordre de la maintenir de leur autorité; il l'affranchit de tous impôts, & ne se reserva que la justice & la punition des larrons, ce qui n'eut pas lieu bien long-tems; car en 1166, il en voulut avoir tous les droits durant les huit premiers jours. De plus, en 1176, il la chargea de vingt liv. Parisis de rente, & exigea les Peages ordinaires des marchandises & des Marchands qui pour y venir passeroient la Seine & la Marne, pendant la seconde semaine. Enfin Philippe-Auguste la transporta à Paris, & l'eut par échange pour trois cens livres Parisis de rentes payables tous les ans au Maître de cet Hopital en treize payements. L'un, de soixante livres, se faisoit pendant la premiere semaine de la Foire par ceux qui en avoient soin, afin d'y pouvoir acheter les choses necessaires aux malades de la lepre; pour les douze autres de 20 liv. chacun, le Prevôt de Paris y étoit obligé le premier jour de chaque mois, s'il y manquoit, pour chaque jour il payoit à St Lazare cinq sols d'amende, sans que les Malades, ni le Roi même, l'en pussent exempter. Cet échange fut fait à ces conditions en 1191. Il est raporté de la sorte dans le Contrat que j'ai mis parmi mes preuves. Rigord neantmoins, & Guillaume le Breton, Ecrivains celebres de ce tems, le marquent deux ans plus tard, & avec moins de circonstances, à la façon des Historiens qui ne se chargent que des grands evenemens; mais c'est un de ces Anachronismes qu'on trouve si ordinairement dans nos Auteurs, & qui nous apprend que si on se sert de leur Histoire, c'est faute d'Actes, & que sans Actes on doit ajouter peu de foi à ce qu'ils disent.

Jusques en 1181, cette Foire se tint aux environs de St Lazare; elle fut transferée aux Halles, dans un certain endroit que je n'ai pû decouvrir; le siecle passé elle se tenoit vers le Pilori & la pointe St Eustache, & encore à la rue St Denys, à la rue St Honoré, & dans celle de la Tonnellerie, & de la petite Truanderie. Cependant elle s'est toujours appellée de même, & le changement de lieu & de Maître ne lui ont pû faire perdre son premier nom de Foire St Ladre. On le donnoit même à un Prevôt, qui se qualifioit le Prevôt de la Foire St Ladre, que le Roi créa exprès pour maintenir la Police, & juger les differends. Lorsqu'elle se tenoit aux Halles, elle devoit durer deux jours plus qu'elle ne faisoit auprès de St Lazare; avec le temps elle commença peu à peu à s'abolir, de sorte que sous Louis XI elle ne valoit pas plus de quinze ou seize liv. par an. Les Receveurs du Domaine neantmoins ne laissoient pas d'en donner à ferme la Prevôté; & le Prevôt non content de lever des impôts & des amendes extraordinaires sur les Marchands qui y étaloient leurs marchandises, il en levoit encore sur ceux qui étaloient aux environs, & même jusques dans la

670 HISTOIRE ET ANTIQUITES

Grève, & en a toujours ufé ainfi jufqu'en 1465, que fa Charge fut fupprimée à la Requête du Prévôt des Marchands & des Echevins. Cependant les Droits que le Roi prenoit, ne furent pas pour cela fupprimés, bien au contraire, la Chambre des Comptes les confirma, & les Treforiers de France les ont donné à ferme tous les trois ans, ce qui a continué jufqu'à l'entiere fuppreffion de la Foire, qui s'aneantit d'elle même vers la fin du fiecle paffé, ou au commencement de celui-ci, fans qu'on en fache la caufe. Nos Vieillards qui l'ont vûe fur pied ne s'en reffouviennent plus. Il eft très-certain qu'elle fubfiftoit encore du vivant de Baquet & de du Breul ; depuis je n'en ai fu rien apprendre.

LES RAMPARTS ET COURS,

qui servent de promenade au Public aux environs de cette Ville & de ses Faux-bourgs.

COURS-LA-REINE.

LE Cours de la Reine fut planté par les ordres de la Reine Marie de Medicis, en 1616, & est composé de trois allées qui sont fermées par quatre rangées d'Ormes, qui font de large vingt toises. Celle du milieu est la plus large, dans laquelle six carosses de front peuvent rouler sans s'incommoder. Sa longueur est d'une stade de Rome, qui compose environ dix-huit cens pas. Il fut revêtu de pierres de taille du côté de la riviere par les soins du Maréchal de Bassompierre. Depuis quelques années l'on a planté à côté de ce Cours quantité d'arbres qui font une étoile, & une avenue au Chateau des Tuilleries. Ce Cours & avenue sont situés sur le bord de la riviere d'un côté, & de l'autre cottoient le Faux-bourg St Honoré, quartier du Palais-Royal.

LE RAMPART ET COURS.

LE Rampart & Cours planté d'arbres, qui doit entourer la Ville de Paris, commence du côté de la porte St Antoine, passe à la porte St Louis, à la porte du Temple, à la porte St Martin, à la porte St Denys, au travers du bout de la rue Montorgueil à la porte Montmartre, au travers de la rue-neuve de Richelieu, à la porte de Gaillon, passe par derriere le Couvent des Capucines, de là à la porte St Honoré, venant joindre le Cours de la Reine.

De l'autre côté il commence sur le bord de la riviere à l'extremité du Quai d'Orcey ou de la Grenouilliere, passe au travers du Pré-aux-Clers, aux bouts des rues St Dominique, de Grenelle, de Varrenes à côté des Invalides, Plemet, de Seve, du Chasse-midy, de Vaugirard, d'Enfer, Faux-bourg St Michel, Faux-bourg St Jaques à côté des Capucins, rue Mouffetard dans le Faux-bourg St Marcel, rue St Victor au bout dudit Faux-bourg, & vient finir sur le bord de la riviere, vis-à-vis la pointe de l'Arcenal.

Voici en détail les Ramparts & Cours. Premierement celui de la porte St Antoine fut commencé à bâtir par Arrêt du Conseil d'Etat du 7. Juin 1670, pour y faire un Cours planté d'arbres en trois allées, dont celle du milieu a seize toises de large. Depuis la porte St Antoine jusqu'à la porte St Martin, il contient douze cens toises de long. Ce Cours à été revêtu de murs de pierres de taille, par les soins de Messieurs les Prevôt des Marchands & Echevins de cette Ville, qui ont aussi le soin de la conduite de tous ces Ramparts & Cours, qui servent de promenade au Public. Il a été ordonné qu'il sera laissé des fossés de douze toises de large, dans lesquels passera l'égout de la Ville, qui sera pavé au fond pour l'écoulement des eaux, & en dedans le Rampart sera laissé une rue pavée de trois à quatre toises de large.

Le Rampart du Temple, que l'on a commencé en 1684, doit conduire jusqu'au Cours de la Reine par la Ville-l'Evêque, passant par-devant les portes St Martin & St Denys, planté d'arbres, & entretenu aux dépens de la Ville, il sert de promenade au public.

Le Cours des Capucins du Faux-bourg St Jaques, qui est commencé depuis quelques années, a été planté d'allées d'arbres, & doit conduire depuis les Capucins jusqu'au bord de la riviere, passant au pied des avenues d'arbres de l'Hotel des Invalides, vis-à-vis le Cours de la Reine, il sert aussi de promenade au Public. Ainsi cette grande Ville se trouvera un jour toute entourée d'un Cours planté de plusieurs allées d'arbres.

Les Ramparts plantés d'arbres depuis le bord de la riviere du côté de la porte St Bernard, doivent être continués par les extremités des Faux-bourgs St Victor, St Marcel, St Jaques, St Michel & St Germain, pour finir sur le bord de la riviere, que l'on a deja commencé en plusieurs endroits par Arrêt du Conseil d'Etat du 18 Octobre 1704, mais ils ont été discontinués.

Le Rampart planté d'arbres depuis la porte Ste Anne, fut fait en 1684, jusqu'à la porte St Honoré.

Le Rampart planté d'arbres depuis la porte St Denys, jusqu'à la porte St Honoré, fut construit en vertu de l'Arrêt du Conseil d'Etat, du 17 Mars 1671.

Les Champs-Elisées à côté du Cours de la Reine, plantés en 1670, par les ordres de Monsieur Colbert, sont situés entre le Cours de la Reine, le Roule ou Faux-bourg St Honoré, quartier du Palais-Royal, & sont composés de plusieurs grandes allées & contre-allées, qui servent de promenade, s'étendent jusqu'au Roule, & donnent un très-beau point de vûe aux Tuilleries.

Fin du premier Tome.

AMOURS
DES ROIS DE FRANCE
SOUS
PLUSIEURS RACES.

SECONDE RACE.

E crois que le public ne sera pas fâché que je lui rapelle la memoire des faits les plus singuliers de la vie licentieuse de la seconde race de nos Rois; je toucherai aussi quelques évenemens de la troisiéme race; je le ferai d'une façon legere & succinte. L'Histoire de ces tems reculez est trop obscure pour entrer dans de grands détails.

On se contentera donc de sçavoir que le Roy Pepin eut des maîtresses à l'imitation de Charles Martel son Pere, & de ses Ancestres.

Que Charlemagne eut plusieurs enfans naturels, & aima mieux que ses filles eussent des galands, que des maris.

Que lorsque cette grande conspiration éclata entre Louis le Débonnaire, les Grands du Royaume & de tout l'Empire prétendoient qu'il avoit souillé le lit de son Pere, & joui de sa belle mere, sans que Charlemagne pût ni s'en venger ni l'en empêcher.

Charles le Chauve épousa sa concubine.

Pendant son séjour à Senlis, Judith de France sa fille, & veuve d'Elsabolde, Roy d'Angleterre, se travestit pour suivre Baudoüin, Comte de Flandre son amant, & encore Louis le Begue, son frere, accompagné de peu de monde, partit la nuit exprès afin de la joindre.

Et ce même Louis le Begue, s'il faut admettre la belle raison de l'Auteur qui m'a apris cette anecdote; pourquoi fut-il surnommé Rien? Ce ne fut pas tant, dit-il, parce qu'il ne fit rien, & que son regne fut court, qu'à cause de la folle passion qu'il eut pour une Religieuse du Couvent de Chelles, qu'il enleva lui-même. Les fautes en soi qui tiennent du rien & tendent au rien en rendant un Prince méprisable, le degradent & l avilissent entierement.

Quelques Auteurs assurent que Emmes, femme de Lothaire premier, fut accusée du vivant de son mari, d'aimer l'Evêque de Laon, qui pour cela fut obligé de se démettre de son Evêché.

Et de plus, qu'en 806, Ebobé, Abbé de Saint Germain des Prez, ne se rendit pas moins célebre au siége de Paris, par sa valeur, que par ses dissolutions.

L'Histoire est pleine des censures & des reprimendes faites par les Evê-

A

ques à Philippe premier, pour son adultere avec Bertrade, Comtesse d'Anjou, qu'il avoit enlevée à son mari, & dont il eut des enfans.

Adélaïde, veuve de Louis le Gros, de complexion foible & amoureuse, épousa Mathieu de Montmorancy.

Lorsque Louis VII. répudia la Reine Eleonore, il prit pour pretexte qu'ils étoient parens dans le degré défendu ; mais en effet ce fut à cause de ses adulteres & de quelque imperfection corporelle qui ne flatoient pas l'odorat.

Philippe Auguste ne fut guere moins impatient en amours que changeant : & de fait à l'égard d'Ingeburge sa seconde femme, sœur du Roy de Dannemarc, après l'avoir attenduë fort long-tems, elle ne fut pas plûtôt arrivée à Amiens, que dès le jour même il l'épousa & la fit couronner le lendemain : cependant cet amour si ardent fut de si courte durée & s'évanouit de telle façon, qu'à peine la cérémonie du couronnement s'achevoit-elle, que cette Princesse devint pour lui un objet d'aversion.

Mathieu Paris, parlant de Thibault, Comte de Champagne, qu'il nomme Henry, assure que lorsqu'il se retira du siége d'Avignon, pendant la maladie de Louis VIII. ce fut pour se rendre auprès de Blanche de Castille, femme du Roy, qu'il aimoit passionnement ; & qu'enfin, le Roy ne mourut que du poison qu'il lui avoit fait donner ; il ajoûte même qu'il étoit si transporté d'amour, qu'il fit écrire sur les murailles de ses Châteaux de Troyes & de Provins, des chansons qu'il avoit composées pour cette Princesse ; à la verité, tout le monde crut que sa passion faisoit plus de bruit que d'effet ; mais l'Université de Paris, en parlant d'elle & de Romain, Legat en France, disoit tout au contraire, que l'amour qu'ils se portoient, faisoit plus d'effet que de bruit ; peutêtre est-ce une calomnie, ce fait ne se trouvant que dans Mathieu Paris, & il a pû être inventé par les Cuistres des Ecoliers de ce tems-là, qui se retirerent en Angleterre où ils publierent ce mauvais distique.

Heu ! morimur strati, vincti, mersi,
   spoliati ;
Mentula legati nos facit ista
   pati.

Quoique Saint Louis fût le fleau des femmes qui menoient la vie qu'on imputoit à sa mere, non-seulement il les souffrit quelque tems à la Cour : mais il ne s'offensa pas de leur voir porter les mêmes habits que les femmes de bien ; & peutêtre ne se seroit-il pas avisé d'y mettre la difference, sans ce qui arriva à Margueritte de Provence sa femme ; car comme un jour cette Princesse entendoit la Messe à Paris, & qu'en ce tems-là, suivant la Coutûme de la primitive Eglise, chacun venoit baiser la Paix & ensuite s'entrebaisoit à la façon des Agapes ; par hazard s'étant trouvé-là près d'elle une femme publique, aussitôt elle la baisa & l'embrassa sans la connoître : ce que le Roy ayant sçû, il fit défense à ces sortes de personnes de plus porter de robes traînantes, afin qu'à l'avenir on pût distinguer par l'habit une honnête femme d'avec une autre.

Pensez la joie qu'eut Philippe le Bel, quand il apprit le beau petit ménage de sestrois, brues & qu'il fut obligé de les envoyer ou en prison, ou de les enfermer dans des Monasteres ; mais sans doute, sa joie fut bien plus grande quand il se vengea si cruellement de leurs galants.

Les Princesses accusées, étoient Margueritte de Bourgogne, femme de Louis, Roy de Navarre, son fils aîné, appellé depuis Louis Hutin ; celle-ci avec grand repentir, non-seulement avoua son crime, & digne de supplice : mais depuis encore mena une vie exemplaire, mourut de même, & avant que de mourir, envoya au Roy par son Confesseur une lettre dont les seuls Secretaires d'Etat sçûrent la teneur.

Blanche de Bourgogne, alors femme de Charles de France, son troisiéme fils, depuis son successeur sous le nom de Charles le Bel, mais devenuë grosse mal à propos, pour cela fut repudiée.

Jeanne de Bourgogne, accusée veritablement, mais sans preuve, ne laissa pas néanmoins d'être reléguée à Dourdan, & depuis ne vit plus son mari qui étoit Philippe de France, alors Comte, depuis Roy, & qu'on appella Philippe le Long.

Après la mort de Margueritte, Louis Hutin mena une vie si débordée, que pour me servir des paroles de Jean de Saint-Victor, il lâcha la bride à ses passions jusqu'à l'arrivée de Clemence de Hongrie, qu'il avoit épousée par Procureur.

Sous le regne de Philippe de Valois, deux Valets âgez, l'un de quinze ans, l'autre de dix-huit, & nommez Penor Favereique & Bernard de Mongier, accuserent leur Maître, Procureur de la Cour, qui s'appelloit Raymond Durand, d'avoir fait avec eux le peché pour lequel le Maréchal de Raiz fut brûlé.

Les femmes de leur côté étoient si dissolues, que Jean de Mehun, continuateur du Roman de la Rose, ne put se tenir d'inserer dans son ouvrage ces quatre petits vers;

Toutes êtes, serez, ou fustes,
De fait ou de volonté putes ;
Et qui très-bien vous chercheroit,
Toutes putes vous trouveroit.

A la verité une telle hardiesse qui offensoit tout le beau sexe sans exception, faillit à coûter bien cher au Satyrique, & de fait sans cette presence d'esprit qu'il fit paroître au milieu du danger, & lorsqu'environné des Dames de la Cour, authorisées de la Reine, toutes des verges à la main pour se venger de lui cruellement, il fut assez avisé de leur dire que volontiers elles feroient de lui ce qu'elles voudroient, pourvû que la plus dissolue commençât : les armes leur tombant des mains, elles se laisserent échaper, si bien que toute cette grande colere enfin n'aboutit qu'à faire valoir le Poëte plus que jamais, aussi-bien que sa satyre ; & de fait quoique la Reine comme interessée eut pris part à l'affront, le Roy trouva cette avanture si plaisante, qu'il la fit representer dans une tapisserie que Brantosme raporte avoir vûë dans le garde-meuble du Louvre. Après la mort de Philippe de Valois, Blanche de Navarre sa veuve, se remaria clandestinement, à ce qu'on dit, avec Rabaudange, son Maître d'Hôtel, & jouit paisiblement de ses amours.

Les amours de Charles VI. sont moins à condamner pour la licence, qu'à remarquer par leur singularité ; puisque Isabeau de Baviere sa femme n'y consentit pas seulement, mais encore y aida elle-même : car comme ce Prince, durant les accès de sa folie, la battoit quelquefois ; craignant pis, la fille d'un Marchand de chevaux, de son consentement & par son entremise, tenoit sa place la nuit. Cette fille au reste étoit belle & jeune & d'une humeur agréable, si-bien que depuis autant à Paris, qu'à la Cour, on ne l'appelloit point autrement que la petite Reine : elle eut une fille de lui & deux maisons avec leurs dépendances ; l'une à Baignolet, à une lieue de la Ville ; l'autre à Creteil, qui en est à trois. Or le bruit couroit que tandis que cette belle fille sans se soucier d'être battue, tenoit ainsi compagnie au Roy; la Reine de son côté tenoit aussi bonne compagnie à un grand Prince, dont elle ne craignoit point les coups. La Chronique scandaleuse assure que c'étoit le Duc d'Orleans, frere de son mari, Prince jeune, volage, amoureux, & qui pour satisfaire à ses plaisirs chargea le Peuple de nouvelles impositions. Leur union fut si grande au raport des Historiens du tems, qu'ils ne s'abandonnerent jamais, & tinrent toûjours tête à ceux qui les voulurent attaquer, soit conjointement, soit séparement ; & l'on tient que peut-être le Duc de Bourgogne n'auroit ni disputé au Duc d'Orleans le gouvernement du Royaume ni ne l'auroit fait assassiner au sortir de l'Hôtel Barbette, ou possible d'entre les bras de la Reine, si cet Amant inconsideré ne lui eût montré le portrait de Margueritte de Baviere sa femme, parmi ceux de ses autres Maîtresses, dont apparemment il avoit gagné les bonnesgraces aux Joûtes qui se firent à Saint-Denis en France ; car il semble que ce soit de leurs amours & des guerres qu'elles produisirent, qu'entend parler Juvenal des Ursins, lorsqu'il dit qu'il étoit commune renommée, que desdites Joûtes étoient provenues choses deshonnêtes en matiere d'amourettes, & dont depuis beaucoup de maux sont venus ; & dit une Chronique, que cesdites Joûtes, *lubrica facta sunt*.

Quoi qu'il en soit, la Chronique latine manuscrite de Saint-Denis, remarque, que la derniere nuit de cette fête, toute la Cour se masqua, que les masques prirent plaisir à faire des postures indecentes & qu'il n'y eût presque personne qui à la faveur du masque, de la nuit & de la licence, ne trouva moyen de contenter sa passion, aussi bien les filles & les femmes, que les hommes.

On ne sçait point si le Duc de Bourgogne faisoit l'amour comme les autres ; mais quant au Duc d'Orleans, le nombre des Dames qu'il séduisit n'est pas petit.

Celles qui firent plus parler d'elles, furent Margueritte de Namur, Comtesse de Blois : & la femme d'un Seigneur de Picardie, appellé Canny ; la premiere l'aima si éperduement que du vivant même de son mari n'épargnant rien afin de le contenter, elle vendit jusqu'au Comte de Blois, que ce Prince avoit envie d'avoir, & l'on dit qu'il ne l'acheta & ne le paya que de l'argent qu'elle avoit emprunté pour lui.

Tout ce grand amour cependant fut assez mal reconnu, puisqu'ensuite après avoir achevé de la ruiner, il se mocqua d'elle.

A l'égard de la femme de Canny, autant que la Comtesse de Blois l'aimoit, autant aima-t'il celle-ci : & comme il ne pouvoir souffrir qu'autre que lui la possedât, il la ravit à son mari, & en eut le Comte de Dunois, l'apui de la France, & la terreur de l'Angleterre.

Quelque tems avant que de la ravir, tout deux de concert firent un tour de jeûnes gens à Canny, un matin qu'ils avoient passé la nuit ensemble, & étoient encore couchez, le mari vint pour donner le bon jour au Prince, qui aussi-tôt le fit entrer ; & pour lors après avoir caché du drap & de la couverture le visage de la Dame, témoigne à Canny qu'il lui vouloit faire part de ses amours & lui montre le plus beau corps du monde, avec défense de lever le drap, ni la couverture, sur peine de la vie ; là dessus il lui découvre sa femme toute nuë, lui permet même de la toucher & de la considerer à son aise : ce qu'il fit, & en fut si charmé, qu'il témoigna n'avoir jamais rien vû de si beau. La nuit suivante, le bon homme ne manqua pas de raconter à sa femme cette avanture, avec toute la naifveté & les transports qu'on peut s'imaginer : ce qui fit un nouveau genre de divertissement pour le Prince, quand il l'aprit le lendemain.

Louis, Dauphin de France & Duc de Guyenne, mena assez long-tems la même vie que son Oncle ; il eut beaucoup d'avantures, mais je ne m'arrêterai qu'à une des plus singulieres.

Il avoit épousé Margueritte de Bourgogne, fille du Duc Jean, & tout marié qu'il fût, non content d'entrenir publiquement une Maîtresse & d'ôter sa femme d'auprès de la Reine sa mere, il la relegua à Saint Germain en Laye, Maison Royale à quatre lieues de Paris ; & comme peu de jours après les Ambassadeurs de son beau-pere le sollicitoient sur toutes choses, dans le petit Bourbon, de congedier sa Maîtresse, & de recevoir dans sa maison &

dans ses bonnes graces la Duchesse de Guyenne sa femme, il ne les écouta qu'en amant outragé ; à la deuxiéme Audience néanmoins il fut plus retenu & cacha si bien sa colere, que quoique les Bourguignons lui fissent des menaces, il leur promit en les renvoyant, de communiquer leurs propositions au Conseil du Roy son Pere & de dépêcher à leur Prince des Ambassadeurs, pour terminer leurs differends.

Pour lors Leon de Lusignan étoit à Paris, & vivoit comme les Ducs de Guyenne & d'Orleans : il mourut à l'Hôtel des Tournelles, il fut enterré aux Celestins. Il avoit un fils naturel & laissa de grands biens qui lui venoient de la liberalité du Roy ; de tout ce bien, il en fit quatre parts. La premiere, fut pour les Pauvres & les Religieux Mendians. La seconde, pour son fils ; les Amis eurent la troisiéme ; & les principaux Officiers de sa maison, la derniere.

Vers ces tems là, Graville & Boucicault vinrent à se quereller jusques dans la chambre de la Reine, pour une de ces filles (ainsi appelle-t-on ces Damoiselles) dont tous deux étoient passionnez. Boucicault là-dessus donna un soufflet & un coup de pied à l'autre ; Graville, un an après suivi de cinq ou six de ses Gens, l'ayant rencontré soit à la rue neuve, Saint Merry, ou proche de la Greve, tous mettent l'épée à la main & le percent de plusieurs coups.

J'allois oublier que Lancelot & Pierre, tous deux Augustins, qui prétendoient pouvoir guérir Charles VI. de sa folie, & à qui on avoit donné un appartement à la Bastille pour lors Maison Royale, pour y préparer leurs remedes, ils y passerent leurs tems à merveille aux dépens du Roy : ce lieu servoit à leurs débauches, & à celles de bien d'autres ; chacun y étoit bien venu pour son argent.

Charles VII. depuis, dans le tems-mêmequ'il se voyoit presque dépouillé de son Royaume, ne le fut pas de ses foiblesses : ses disgraces ne pouvoient lui faire oublier sa passion pour les femmes, il en entretenoit toûjours dans son Palais à la vûë de tout le monde. Leurs habits étoient si superbes, que la Reine ne paroissoit rien auprès, & même leur portoit-on plus d'honneur qu'à elle.

Celle dont il a été le plus parlé, est Agnès Sorel, l'une des Filles d'honneur de la Reine, & la plus belle qu'on eût sçû voir ; aussi l'appelloit-on la belle Agnès & la Damoiselle de Beauté, soit à cause de sa beauté ravissante, soit parce qu'il lui avoit donné un Château nommé Beauté, situé alors près de Vincennes sur la Riviere de Marne ; mais ruiné depuis plusieurs années. Outre sa beauté elle avoit encore l'esprit agréable, l'humeur enjouée, & parloit poliment : les robes qu'elle portoit d'ordinaire étoient fourées, & ses colliers d'or ; ses habits brilloient de Diamants & de Pierreries. En 1448, lorsqu'elle vint à Paris avec le Roy & la Reine, elle étoit vêtuë si superbement & suivie d'un train si magnifique, qu'un homme du tems s'en plaint en ces termes, qu'elle menoit un aussi grand état comme une Duchesse & une Comtesse ; souvent on la rencontroit dans les ruës avec la Reine même, si-bien que ceux de Paris en étant tous scandalisez, s'apercevant qu'on ne la consideroit pas, elle quitta la Ville peu de jours après ; & à son départ, dit en colere : Les Parisiens ne sont que vilains ; si j'eusse pensé qu'on ne m'eût fait plus grand honneur, je n'y eusse jamais entré, ni mis le pied.

Monstrelet prétend qu'elle n'eut qu'une fille qui ne vêcut guère ; que si elle la donna au Roy, ce fut comme au plus apparent, aussi ne la voulut-il jamais reconnoître, & chacun disoit qu'elle pouvoit bien l'avoir empruntée d'ailleurs.

Cependant il n'y a rien de plus vrai qu'elle eut de lui deux filles qu'il reconnut, & même qu'il maria. La plus jeune nommée Marie, épousa Olivier de Cotriny ; l'aînée appellée Charlotte, est fort renommée dans la Chronique scandaleuse de Louis XI. Les Historiens contemperains & les Registres np Conseil du Parlement la nomment, tantôt fille naturelle de Charles VII. tantôt sœur naturelle de Louis XI. tantôt Madame Charlotte de France ; car alors les Enfans naturels portoient encore la qualité d'Enfans de France, qu'on ne leur laisse plus, il y a long-tems.

On la maria à Breze, Comte de Maulevrier, Sénéchal de Normandie, soit qu'elle fût couchée en effet avec son Veneur, ou que son mari par jalousie prétendît l'y avoir surprise, il est certain qu'il les assassina tous deux ; il commança par le Veneur, & finit par sa femme, après l'avoir tirée de dessous le lit de plume de leurs enfans communs où elle s'étoit cachée : & quoiqu'elle se jettât à ses genoux, il n'en eut aucune pitié & lui passa son épée au travers du corps, puis l'envoya enterrer à l'Abbaye de Colombe, où il fit chanter un Service. L'autre fut mis dans un Jardin contre Romiers près de Dourdan, où il étoit alors à la chasse. Bientôt après, la Chambre du Conseil du Parlement ayant pris connoissance de son action, le condamna à se venir rendre prisonnier à la Conciergerie, & néanmoins l'élargit pour six semaines, à la charge qu'il jureroit entre les mains du Prevôt de Paris ou de ses Lieutenans, & de l'un des quatre Notaires de la Cour, de se representer en ce tems-là en personne avec ses complices, sur peine de bannissement, de confiscation & de conviction du crime qu'on lui imputoit. Il obéit à l'Arrêt dans le Jardin de l'Hôtel Barbette, qui lui appartenoit, situé à la vieille ruë du Temple, au lieu même où depuis on a fait l'Hôtel Barbette ; mais au lieu de comparoître ensuite, comme il avoit promis, il se laissa faire son procès par contumace, de sorte qu'on le condamna à avoir la tête tranchée, & tous ses biens furent confisquez, à la reserve de deux terres que Louis XI. donna à la maison de Montmorency. Le fils comme n'ayant aucune part à la violence de son pere, & qui de plus avoir perdu sa mere malheureusement, rentra dans tous les autres grands biens.

En ce tems-là Flavy, Gouverneur de Compiegne, homme scandaleux, qui à la vûë de tout le monde, entretenoit plusieurs femmes, après avoir convaincu la sienne, qui étoit Blanche d'Anvrebruch, de mener la même vie que lui, resolut de la noyer, à quoi elle donna bon ordre ; car aussitôt le prevenant, elle l'étrangla à l'aide de son barbier, ou comme d'autre disent, que par son ordre ce barbier lui ayant coupé la gorge, & n'étant pas encore mort tout-à-fait, elle lui arracha le rasoir des mains, pour l'achever.

Cependant elle n'eut pas grande peine à obtenir sa grace, tant à cause que son mari avoit fait mourir son propre pere à elle en prison, que parce qu'on l'accusoit d'avoir livré aux Anglois la Pucelle d'Orleans.

Je ne sçai si à cette avanture arrivée à dix-huit lieuës de Paris, je ne pourrois point ajoûter que lorsque Charles VII. faisoit la revûë de son Armée, près de Sancerre, & y trouvant quantité de femmes débauchées qui empêchoient ses Gendarmes de faire leur devoir ; la Pucelle alors par revelation envoya chercher à Sainte Catherine de Fierbois, son épée fatale ; elle en frapa si fort quelques-unes de ces femmes, qu'elle la rompit sur leurs épaules.

Au Pont de Cé, le Maréchal Strozzy, pour la même raison en fit jetter plus de 800 dans la Loire, dont la plûpart furent noyées ; ce qui le fit regarder d'un assez mauvais œil, aussi-bien à Paris, qu'à la Cour ; peutêtre, parce qu'on n'y vivoit guére mieux que les Gens de Guerre font à l'Armée.

Le regne de Louis XI. ne fut pas de meilleur exemple que les précedens : quand ce Prince mangeoit en public avec ses amis, ce qui lui arrivoit fort souvent, tout l'entretien durant le repas, n'étoit que de contes d'amour, & prenoit si grand plaisir à en entendre dire & à en faire lui-même, que les cent nouvelles ont été composées à son sujet. Ce fait est si certain, que les plus plaisantes de ces nouvells sont avantures vrayes qui lui sont arrivées, ou à quelques-uns de ses Courtisans : dans ce goût, on ne doit pas s'étonner qu'il ne vit sa femme que pour en avoir des enfans ; à la verité il en apportoit une raison, pour donner quelque couleur à ses amourettes ; mais sa raison ne valoit guére mieux que celle de Louis VII. à l'égard d'Eleonor de Guyenne.

Il laissa trois filles naturelles : La derniere épousa Saint Vallier, Comte de Valentinois, & fut grand-mere de Diane de Poitiers, dont il sera bientôt parlé.

La premiere fut fiancée en 1465, dans l'Hôtel de Ville, à Louis, bâtard de Bourbon, Comte de Roussillon en Dauphiné : le Roy, le Prevôt des Marchands, les Echevins, avec les Quarteniers, le Dixinier, & quantité de personnes de qualité assisterent au magnifique souper qui y fut préparé ; le Fiancé y dansa avec sa Maîtresse qu'il épousa depuis ; tant que leur mariage dura, ils logerent au Fauxbourg Saint Germain, à l'Hôtel de Roussillon, situé alors au lieu même où de nos jours a été faite la rue Princesse.

Or il faut sçavoir que le nom de Bâtard, ni alors, ni auparavant, ni longtems depuis, ne passoit point pour injurieux & se donnoit indifferemment tant aux Enfans naturels de nos Rois & des Princes, qu'à ceux des Grands du Royaume & autres ; témoin le Bâtard de Foix, le Bâtard de Saint Pol, le Bâtard de la Hire, le Bâtard de Humiers, le Bâtard de Savoye, le Bâtard de Rubempré, le Bâtard de Bergy, le Bâtard Forbier, & autres aussi celebres sous les Regnes de Charles VI. Charles VII. Louis XI. & leurs Successeurs.

Sur cela, on peut juger de la maniere de vivre de Louis XI. & s'il se fâcha tout de bon, ou s'il ne fit que se rire de ce qui arriva à Balue en 1465, & au Comte de Foix en 1468.

Balue, Evêque d'Evreux, & depuis Cardinal, aimoit la femme d'un Notaire de Paris, nommée Jeanne du Bois, fort belle, jeune & fameuse par ses amours : mais ayant pour rival le Seigneur de Villiers le Bocage, homme violent & qui n'entendoit point raillerie ; comme ce Prélat un soir fort tard étoit à la ruë Barre-du-Bec, monté sur une mule, accompagné de ses Gens devant & derriere, avec des torches à la main, une troupe d'hommes armez vient fondre sur lui tout-à-coup, éteint les torches, le frappe, le blesse & écarte son monde, qui en se sauvant où ils pouvoient, crioient au meurtre & alarme.

Dans ce désordre la mule de l'Evêque qui étoit bonne, prend le frein aux dents, & se mettant à courir de toute sa force, l'emporte à toutes jambes jusqu'au Cloître de Nôtre-Dame, où il demeuroit ; que si Louis XI. en secret n'en fit que rire ; en public, néanmoins il donna à connoître qu'il en étoit offensé : avec tout cela néanmoins, quelque colere qu'il témoignât, ni les informations qui furent faites , ni la certitude qu'on eut que cela venoit de Villiers, à cause de la Dubois, ne produisirent point l'effet qu'on en devoit attendre.

On ne sçait point comment le même Prince reçût l'affaire de Daniel de Bar, Domestique d'Olivier le Dain, son favori, vû la qualité de l'accusation de deux femmes de mauvaise vie ; dont l'une étoit mariée à un nommé Colin Panier, qui vinrent se plaindre au Prevôt de Paris, que ce Valet les avoit forcées & fait avec elles toutes sortes d'outrages à la nature ; aussitôt il decrete contre lui & le fait mettre en prison, après avoir perdu bien du tems à travailler à son procès.

A la fin ces impudiques se dédisent & déclarent que Panier & un certain Janvier, tous deux ennemis de Daniel, qui se vouloient venger de lui par leur moyen, les avoient porté à tramer cette calomnie : si-bien que l'affaire changeant de face, elles furent condamnées au fouet, bannies du Royaume, & leur bien confisqué.

Je rapporte ceci à cause du peché contre nature, dont je n'ai donné encore qu'un exemple : mais qui dans la suite devint si commun à Paris & à la Cour, qu'on reconnoîtra par là que ce vice ne passa point en France, avec les Italiens qui suivirent Catherine de Medicis, ainsi qu'on le prétend.

Si Charles VIII. Prince délicat & successeur de Louis XI. mourut jeune & subitement, au dire de Brantosme, ce fut pour avoir aimé les femmes plus que ne portoit sa complexion; cependant il n'eut point d'enfans naturels.

Avant François premier, les Dames venoient rarement à la Cour, & l'on ne les y voyoit que pour les grandes Fêtes, & encore en petit nombre; que si la Reine Anne y en introduisit quelques-unes, cela ne vaut pas la peine d'en parler; mais quant à François premier, il l'en remplit, tant parce qu'elles font le plus bel ornement d'une Cour, que pour ne point ajoûter de nouvelles maladies à celles qu'il avoit gagnées dans ses amours errantes: aussi n'épargnat-il rien afin de les y attirer, & ce ne fut qu'à cause d'elles que tant de bals, balets, comedies & tournois furent faits. Pour l'amour d'elles, il prit pour symbole une Salamandre, qu'on dépeint au milieu des flammes, comme ne pouvant pas vivre autrement: sous son regne étoit-on sans maîtresse, c'étoit mal faire sa cour; pas un n'en avoit qu'il ne voulut en sçavoir le nom, s'obligeoit même de parler pour eux, de les faire valoir auprès d'elles par sa recommandation, & de les y servir en toutes rencontres; enfin rencontroit-il telles personnes ensemble, il falloit qu'il sçût les propos qu'ils tenoient; & ne lui semblant pas assez galands, il leur apprenoit de quelle façon ils se devoient entretenir. Il étoit extrémement délicat sur l'article des Dames, & il étoit si jaloux de leur honneur, qu'il ne pouvoit souffrir qu'on en fît la moindre raillerie; & pour preuve de ceci,

Un jour qu'il lui prit fantaisie de voir en rut les cerfs de la Forêt de St Germain, où il mena les plus coquettes de la Cour, à qui il faisoit remarquer en riant les passe-tems & toutes les carresses de ces animaux; ayant appris qu'un Courtisan avoit dit d'elles, qu'à cette vûë l'eau leur étoit venuë à la bouche; cette parole le piqua si fort, que si l'autre n'eût abandonné la Cour, tant que son regne dura, il auroit été mal traitté.

Ce Prince depuis passant le Carême à Meudon, Maison de plaisance à deux lieuës de Paris, comme à l'ordinaire il mangeoit de la viande, il commanda à Brisambourg, Homme de naissance, l'un de ses Gentilshommes servants, de porter quelques-uns des meilleurs mets de sa table, à la Duchesse d'Estampes sa Maîtresse, & à ses Compagnes qu'on appelloit les Dames de la petite Bande, ou la petite Bande de Madame d'Estampes; & sur ce que celui-ci, en y allant, fut assés hardi de dire, Ces Dames ne se contentent pas de manger de la chair crüe en Carême, elles en mangent encore de cuite, & leur tenoit saoul: telles paroles ayant été rapportées à la petite Bande, qui le fit sçavoir au Roy; le feu aussitôt lui montant au visage, il se met à jurer, & commande aux Archers de la Garde de son Hôtel d'aller prendre à l'heure même ce railleur.

Brisambourg en ayant eu le vent, se sauva en diligence, & bien lui en prit; car enfin tout noble qu'il fût, il auroit été pendu; & de fait ce Prince étoit si esclave des Dames, qu'au rapport du Maréchal de Tavannes, elles étoient Maîtresses du Royaume, aussi bien que de son esprit, sur-tout la petite Bande de la Duchesse. Les Charges de la Cour & de l'Armée, toutes les grandes dignitez se donnoient ou aux complices, ou aux compagnons des débauches de sa Maîtresse, ou à ses Parens & à ceux qui étoient dans ses bonnes graces, & qui partageoient son cœur avec le Roy. Par la faveur de cette Belle, Sourdis, Givry, Châtillon, Meudon, le Veneur, Joycüye, & leurs semblables, devinrent Cardinaux; les Papes y consentoient à cause de la guerre, afin de porter ces Princes à la paix.

S'il faut croire tout ce qu'on dit de François premier, personne de sa Cour n'eut tant de foiblesse en amour que lui. Marie d'Angleterre, seconde femme de Louis XII. Prince âgé alors de 52 ans, mais plus caduc que son âge ne portoit, fut une des premieres Dames qu'il servit dans un tems qu'il n'étoit encore que Comte d'Angoulême, & héritier presomptif de la Couronne. Au reste, il eut si bonne part à ses bonnes graces, qu'allant au

premier

premier rendez-vous qu'elle lui donna, & rencontrant Grignaux, Chevalier d'honneur de la Reine; comme celui-ci le vit plus ajusté que jamais & dans une propreté toute extraordinaire, il lui demanda en riant quelle grande conquête il alloit faire ? La-dessus, lui ayant fait confidence de sa bonne fortune, Grignaux aussitôt fronçant le sourcil, Comment Pâque Dieu, à quoi songez-vous ? vous allez faire un coup de jeune homme : votre plaisir vous va arracher la Couronne qui pend sur votre tête ; & si de vos amours il naît un Dauphin, vous verrez votre Fils regner à votre place, & ne serez jamais que Comte d'Angoulême, & Sujet aussi bien que moi.

Quelques-uns disent qu'il se rendit à une remontrance si judicieuse & si politique, d'autres au contraire & en très-grand nombre, qu'il passa outre, jusqu'à lui faire répondre, J'aime autant que mes Enfans regnent que moi; & de plus ajoûtant que Grignaux en même tems en ayant averti la mere de ce Prince, il n'y retourna pas qu'après la mort du Roy : & pour lors la veuve feignant être grosse il ne tint pas à elle qu'elle ne supposât un Dauphin.

Quoi qu'il en soit, aux paroles que tint le Roy alors, il sembloit qu'il se doutât des amours de la Reine, & que de peur qu'on ne lui apprît un jour, que le Seigneur de la Tremoille se plaignoit à lui de la licence à parler que se donnoient, tant les Ecoliers de l'Université, que les Clercs de la Bazoche dans leurs farces & leurs comedies ; il lui répondit, Je veux que les jeunes gens déclarent les abus qui se font à ma Cour, puisque les Confesseurs & autres qui passent pour sages, n'en veulent rien faire, pourvû qu'on ne parle de ma femme ; car je veux que l'honneur des Dames soit gardé.

Si le recit rapporté par Brantosme est vrai, que Bonnivet fit à François premier de la beauté ravissante de la Signora Cleria, Dame Milanoise, comme n'ayant pas sa pareille dans toute l'Italie: ce fut qu'à cause d'elle qu'il entreprit la Conquête de Milan, & passa les Alpes, moins pour acquerir de la gloire, que pour gagner le cœur d'une femme.

Aux Tournelles, au Louvre, & aux autres Palais Royaux, il faisoit préparer des appartemens à celles que la naissance, la beauté & les Charges rendoient considerables, afin de les voir à toute heure, & sans scandale: il avoit les clefs de leurs chambres, & y entroit la nuit à telle heure qu'il vouloit, sans heurter ni faire de bruit ; que si les maris avertis de ce-ci, pensoient maltraiter leurs femmes ou les quereller seulement : aussitôt défenses à eux de continuer, à peine de la vie. On dit même qu'une nuit étant allé trouver une fort belle Dame, comme son mari la vouloit tuer, il lui porta son épée à la gorge & lui fit les mêmes défenses qu'aux autres, puis le mit dehors, prit sa place & remit la Dame le mieux qu'il put de la frayeur qu'elle avoit euë, avec de si bonnes sauvegardes, que ses Maîtresses, aussi-bien que celles de ses Amis, s'en donnoient à cœur joye, & se mocquoient de leurs maris ; ce qui donna lieu au Quatrain suivant.

Ne souffre à ta femme pour rien
Mettre son pied dessus le tien,
Le lendemain la fausse bête
Le voudra mettre sur ta tête.

Sous son rogne néanmoins, un grand Prince jaloux sans sujet, ne laissa pas de donner un poison lent à sa femme, après avoir fait mourir un fort galant homme qui la servoit : & même disoit quelquefois, Le sacrifice est plus beau & plus plaisant de tuer le taureau devant ; & la vache après.

Un autre, s'étant avisé de donner à sa femme toutes sortes de libertés quinze jours durant ; ce tems-là passé, il lui fait des remontrances, comme pour l'exhorter à changer de vie; puis un matin ou par pur caprice, ou parce que le Roy lui en avoit touché quelque chose, il se met à folâtrer & coucher avec elle ; après quoi il lui donne 4 ou 5 coups de dague, & l'ayant

B

fait achever par ses gens, il vient à la Cour s'en venter, non sans quelque envie d'en faire autant aux galants de la défunte, n'eût été qu'il étoit un peu trop dangereux pour l'entreprendre.

Depuis, un certain vieillard après avoir donné à sa femme, je ne sçai quel poison lent qui la fit secher & languir un an entier; en cet état la visitoit souvent & se plaisoit à la railler.

Un autre plus âgé & de plus haute condition, enferma la sienne, la réduisit au pain & à l'eau, & de tems en tems la faisant dépouiller toute nuë, quelque belle & jeune qu'elle fût, à grands coups de verges il la mettoit tout en sang.

Ce qui suit sans doute, est bien autre que tout ce que je viens de rapporter. Un Prince passe le tems avec sa maîtresse dans une chambre basse au-dessous de celle de sa femme, & toutes les fois qu'il se veut satisfaire, d'une demi-pique frapant le plancher, l'éveille en criant, Brinde ma femme. Elle piquée au vif, & voulant lui rendre le change, en use de même; là-dessus il monte & la tuë, de même que ceux qui lui tenoient si bonne compagnie.

Enfin, s'il n'y eut sorte de tourment que ne souffrissent quantité de grandes Dames abandonnées à la merci de leurs maris inexorables, c'est qu'elles n'avoient pas demandé de passe-ports à François premier, qui en ces rencontres n'en refusoit point : il les écoutoit même volontiers quand elles venoient pour lui découvrir certains crimes secrets de leurs maris; témoin Madame de la Borne, femme de grande maison, qui lui faisant sçavoir que son mari la vouloit faire mourir pour ses adulteres, & en même tems l'accusant de quelques crimes dont il ne pouvoit être convaincu que par elle, cela fut cause qu'il eut le col coupé.

Mais quand des Dames, pour être vertueuses, venoient à refuser ces sortes d'appartemens que le Roy leur offroit au Louvre, aux Tournelles, à Meudon, ou ailleurs, il faloit que leurs maris marchassent droit; s'ils avoient des Charges, ou des Gouvernemens, & qu'on pût les accuser de la moindre concussion, ou de chose pareille, c'étoit fait de leur tête, il n'y avoit point de grace à esperer pour eux, à moins que leurs femmes ne rachetassent leur vie aux dépens de leur honneur; si elles n'étoient pas belles, & que leurs filles le fussent, elles étoient obligées de les substituer à leur place, & lui en faire present : par ce moyen Diane de Poitiers, belle fille, jeune, spirituelle, agréable, redonna la vie à son pere, qui étoit Saint-Valier, & qui avoit suivi la fortune du Connétable de Bourbon. On ne laissa pas néanmoins de lui faire la peur presque toute entiere, car il fut mené en Greve, monta sur l'échafaut ; & quoiqu'il se doutât bien qu'il ne mourroit pas, cependant l'apareil du suplice & toutes ces tristes céremonies qui l'acompagnent, lui firent tant de frayeur, qu'une fiévre le prit, qui ne le quitta point tant qu'il vécut; aussi en a-t-on fait un proverbe. *La fiévre de Saint-Valier*: il lui resta portant assez de presence d'esprit pour dire en descendant de l'échafaut, Dieu sauve le bon coq de ma fille qui m'a si bien sauvé.

Avec telles façons de faire, François premier se jouoit de la Justice & des Loix, quand les grands condamnez à la mort, lui offroient pour avoir la vie, 10, 30 & 40 mille écus, qui étoient de grandes sommes en ce tems-là: il n'écoûtoit point leurs offres, mais bien volontiers leurs femmes & leurs filles, si elles venoient alors s'offrir elles mêmes, qu'il ne manquoit point de prendre au mot, pourvû qu'elles eussent de la jeunesse, de la beauté, ou de la vertu.

Ces prostitutions forcées, bien que salutaires, produisirent des effets differens. Saint-Valier peut-être n'en aima-t-il pas davantage sa fille, quoiqu'auparavant l'aimât très-fort ; d'autres en reconnoissance, porterent plus d amour à leurs femmes qu'ils n'avoient fait. Quelques-uns, non moins ingrats que capricieux, les traitterent mal; & enfin, il s'en trouva qui ne les purent ni voir, ni souffrir.

Après cela il est aisé de juger que sous le regne de ce Prince, les gens de Cour la plûpart ne faisoient leur fortune & ne s'avançoient que par le moyen de leurs femmes: sa mere elle-même, quand il retourna d'Espagne pour avoir plus de part à ses bonnes graces, ne lui produisit-elle pas Anne de Pisseleu, l'une de ses filles d'honneur, belle par excellence, & pleine d'enjoument: tant qu'elle fut fille, elle se nomma Mademoiselle de Hely: ensuite quand elle devint maîtresse du Roy, on l'appella Duchesse d'Etampes & depuis elle prit le nom de son mari, lorsqu'elle épousa le Comte de Ponthieure. La passion que François premier eut pour elle, lui fit quitter Madame de Château-Briant, qu'il avoit tant aimée; & comme à la priere de cette nouvelle favorite, il lui envoya redemander quelques joyaux d'or qu'il lui avoit donnez, à cause qu'ils étoient enrichis de devises amoureuses que la Reine de Navarre, Princesse fort savante en ces sortes de galanteries, avoit composées, soit que Madame de Château-Briant fût avertie du sujet qui amenoit l'Envoyé du Roy, ou autrement, elle lui dit qu'elle étoit malade, & qu'il lui faloit plus de deux jours pour trouver ce qu'il venoit querir : cependant elle fit tout fondre & les convertit en lingots d'or, si-bien que trois jours après, l'autre étant revenu, elle les lui mit entre les mains, en lui disant, Allez porter cela au Roy, dites lui que puisqu'il lui a plû me demander ce qu'il m'avoit donné si libéralement, que je lui renvoye en lingots d'or, & que j'ai ses devises bien empreintes dans le cœur, & les y tiens si cheres, que je ne puis permettre que personne en dispose, & en ait du plaisir que moi-même. Le Roy lui renvoya l'or aussitôt, & répondit, ce que j'en faisois, ce n'étoit pas pour la valeur: car j'en eusse rendu deux fois plus à Madame de Château-Briant, mais pour l'amour des devises.

A propos des devises, il est bon de faire sçavoir que comme les lettres en ce tems-là commençoient à fleurir en France, que l'amour assis sur le trône disposoit de tout; les beaux esprits alors jettans les yeux sur les emblêmes s'étudierent à trouver des devises aussi amoureuses que spirituelles; & parce que le Roy vint à faire bâtir l'Hôtel de Luynes, situé au bout du Quay des Augustins, & même où il demeura, il ne faut pas s'étonner si toutes les poutres, & les cheminées furent embellies d'emblêmes & de devises aussi ingenieuses que tendres, qu'on voyoit encore il n'y a pas long-tems; que non-seulement j'ai vûës, mais même que je sçavois par cœur : & quoique depuis quelques jours j'aye tâché de les rappeller dans ma memoire, je n'ai pû me ressouvenir que de celle-ci, qui véritablement est spirituelle, mais impie, parce qu'on la donne quelquefois à Dieu : c'étoit un cœur enflammé, & placé au milieu de deux lettres grecques sçavoir, A & Ω : quant aux autres elles ne se voyent plus, pour avoir été noircies, ou couvertes de peintures, il y reste seulement des salamandres que ce Prince avoit prises pour symbole; le portail, les portes, les croisées & le comble de la maison en sont enrichis; mais il n'y a aucun lieu où on en voye davantage qu'à un petit logis de la rue de l'Herondelle, qui tient à cet Hôtel, dont les murs sont couverts de tant d'ornemens, & si finis, qu'il paroît bien que c'étoit un petit Palais d'amour ou la maison des menus plaisirs de François premier.

Il est certain que ce Prince fit rebâtir la premiere ; mais pour celle-ci, on croit que ce fut la Duchesse d'Etampes qui la fit faire où elle demeuroit, quand son amant venoit loger à l'autre.

Vis-à-vis des Tournelles où il faisoit son séjour ordinaire, il lui en donna une autre qu'on nommoit l'Hôtel d'Etampes, & une autre entre Montreau, Nemours & Fontainebleau, appelé Chalvau, qui consistoit en un gros corps de Logis, terminé de quatre pavillons, & couvert d'une grande terrasse, semblable à celle de la Muette de Saint Germain, que j'ai décrite ailleurs au livre 7. En un mot, il lui fit tant de bien, qu'il égala sa fortune à celle des plus grands de France; & bien que dans le cours de leurs amours, il eût bien d'autres maîtresses, & elle à son exemple, bien d'autres galants ils ne laisserent pas pour cela de vivre toujours en bonne intelligence : il ne faut pas demander comment chacun vivoit à la Cour, & si on eut raison de donner lieu à ce proverbe:

Nul Samedy sans soleil, nul vieillard sans être jaloux; nulle belle femme sans amours.

Enfin, si les Courtisans eux-mêmes furent mal-fondez à publier la vie que menoient leurs femmes, dans des chansons qui se chantoient à la Cour, & à Paris, dont l'une avoit pour refrain :

Un Cocu meine l'autre, & toujours sont en peine,
Un Cocu l'autre meine.

Une autre avoit celui-ci.

Qui veut garder qu'elle n'aille du tout à l'abandon,
Il la faut fermer dans une pipe, & la baiser par le bondon.

A l'autre il y avoit ;

Quand viendra la saison
Que les Cocus s'assembleront ;
Le mien ira devant, qui portera la banniere :
Les autres suivront après, le vôtre sera derriere ;
La procession en sera grande,
L'on y verra une très-belle bande.

A ces chansons, les deux sixains qui suivent furent ajoûtez ; le premier étoit :

Femmes qui transformez vos maris en oiseaux,
Ne vous en lassez point, la forme en est très-belle,
Car si vous les laissez en leurs premieres peaux,
Ils voudront vous tenir toujours en curatelle :
Comme hommes, ils voudront user de leur puissance,
Au lieu qu'étant oiseaux ne vous feront offense.

Voici le second.

Ceux qui voudront blâmer les femmes amiables,
Qui font sécretement leurs bons maris cornards,
Les blâment à grand tort, ce ne sont que bavards ;
Car elles font l'aumône, & sont fort charitables,
En gardant bien la loy à l'aumône donner,
Ne faut en hypocrite la trompette sonner.

Ce sont là les moins mauvais vers touchant les Dames qui avoient cours sous François premier, que je ne rapporte pour autre raison, que pour mieux faire connoître le libertinage de ce tems-là : le lien sacré du mariage étoit si peu respecté, qu'une femme mariée à un homme incapable de la contenter, sans scrupule avoit recours à d'autres : des maris qui faisoient l'amour, permettoient à leurs femmes d'en user de même ; tel gouteux consentoit volontiers que la sienne cherchât sa bonne fortune où elle pouroit : mais une chose bien étonnante, & qu'à peine croiroit-on comme n'ayant pas sa pareille, des Dames après la mort de leurs galants portoient dans leurs Heures & à leurs Chapelets des têtes de mort, des ossemens en sautoirs, des *Asperges* d'or, & autres ornemens lugubres & trophées mortuaires; bien plus prenoient le deuil effrontement, & leurs maris le souffroient.

On aura de la peine à croire que des maris à force de presens & d'argent, obligeoient leurs femmes & leurs Damoiselles à être ministres de leurs plaisirs ; que d'autres leur promettoient de le partager avec elles, & tantôt de leur en faire part de la troisiéme partie ; & qu'enfin une grande Reine voulant parler d'amour à quelqu'un, commençoit en devote par l'amour divin, & finissoit par l'autre.

J'oubliois de dire que François premier n'eut point de maîtresse plus fameuse que Madame de la Bourdaisiere, que lui-même il produisit à Charles Quint, & à Clement VII. office qui passoit à la Cour pour galanterie, & que sa mere comme j'ai dit, lui avoit rendu à son retour d'Espagne ; Princesse dont il tenoit, & aussi licentieuse que lui ou peu s'en faut ; & enfin, si-bien tenuë pour telle, que sous main ayant fait soliciter à Paris le Connétable de Bourbon, de la demander au Roy en mariage, il répondit inconsiderément, Je ne veux point d'une vieille garce ; cependant, cette repartie brusque, pour avoir été rapportée aussi inconsiderement, coûta bien cher à la France, aussi-bien qu'à lui & au Roy : car cette Princesse ensuite, voulant en avoir raison à quelque prix que ce fût, à la solicitation du Chancelier du Prat, lui enleva la succession de la Maison de Bourbon, ce qui le porta à la revolte. Pour mieux donner à connoître le caractere de cette femme, & combien elle étoit dangereuse, une de ses maximes entr'autres, que non-seulement elle avoit souvent la bouche, mais qu'elle a bien voulu laisser par écrit, afin qu'on n'en fût point en doute, étoit ; Longues Parenostes & Oraisons murmuratives, disoit-elle, ne sont bonnes ; c'est une marchandise pesante, & qui ne sert guéres, si-non à gens qui ne sçavent que faire.

Sous ce regne lascif, & lorsque l'amour commandoit si imperieusement, pourroit-on laisser-là deux avantures suivantes si remarquables, pour faire voir l'extravagance de ces belles à la foiblesse de leurs galants.

Genlys, passant la riviere en bâteau vis-à-vis du Louvre, avec sa maîtresse : comme ils furent au milieu, cette imperieuse jette son mouchoir qui valoit beaucoup, & aussitôt le prie de l'aller chercher ; il s'excuse & remontre qu'il ne sçait pas nager : elle se moque de son excuse, lui reproche qu'il ne l'aime point ; & qu'enfin s'il l'aimoit, il le feroit : là-dessus, il s'élance dans l'eau, & disparoît si-bien, que sans le prompt secours des bâteliers qui le repêcherent, s'étoit fait de lui.

Une autre non moins belle, ni moins vaine, fit un tour encore plus brutal à de Lorges, l'un des plus vaillants hommes de son tems. Pour mieux faire éclater le pouvoir qu'elle avoit sur son esprit, comme ils étoient tous deux à regarder les Lions du Roy, se battre dans la cour du Louvre, que François premier regardoit aussi avec toutes ses Dames ; dans le tems que ces bêtes farouches étoient le plus acharnées, & qu'il l'assuroit de son amour, quoiqu'elle n'en dût pas douter, & qu'il lui en eût déja donné d'assez bonnes preuves ; ayant laissé tomber son gand dans la cour, à dessein ou non, elle lui dit là-deſſus, ce petit compliment joli: Allez me querir mon gand ſi vous m'aimez autant que vous dites. Lui auſſitôt, ſans s'excuſer comme Genlys, ſa cappe dans une main & ſon épée dans l'autre, il deſcend réſolument, ramaſſe le gand ſans que ces bêtes l'attaquaſſent, regagne l'eſcalier; & alors plus irrité de l'inconſideration de ſa maîtreſſe, que vain de la gloire d'une ſi belle action; ſi-tôt qu'il fut remonté, il lui jette fiérement ſon gand au nez, & ne voulut plus voir cette folle, qui ſe faiſoit tant valoir & mettoit à de ſi rudes épreuves.

Si le Serail de Henry II. ne fut pas ſi grand que celui de François premier, ſa Cour n'étoit pas moins corrompuë: à la verité, comme ſon pere, il eut pluſieurs maîtreſſes: mais il ne fut pas ſi volage que lui. Dans ſa jeuneſſe il s'attacha à Diane de Poitiers, veuve de Brezé, Sénéchal de Normandie, qu'il fit Ducheſſe de Valentinois & l'aima juſqu'à la mort; & s'il s'échapa avec quelques autres, ce fut pour ainſi dire à la dérobée & plus par volupté que par amour.

Cette Diane ici, au reſte, eſt la même qui ſous François premier avoit tiré ſon pere de la main, des boureaux, aux dépens de ſon honneur: on ne ſçait point ſi depuis il y eut commerce entre lui & elle; il eſt certain ſeulement qu'il la fit Gouvernante de Henry II. ſon fils, que Henry II. en fit ſa maîtreſſe, & qu'elle n'eut point d'horreur d'entrer dans le lit du fils, après être ſortie de celui du pere; outre l'appartement qu'elle avoit aux Tournelles, au Louvre, & dans toutes les Maiſons Royales, elle acheta encore l'Hôtel d'Etampes qui avoit appartenu à la Ducheſſe d'Etampes, ſitué à la ruë Saint Antoine, vis-à-vis l'Hôtel des Tournelles, au lieu où eſt la ruë du petit Muſc, autrement des Céleſtins. Rocquencourt, Contrôleur General des Finances, lui donna auſſi ſon Logis à la ruë d'Orleans, qu'il avoit fait bâtir magnifiquement pour le tems, & qui maintenant appartient au Procureur General de Harlay; de plus elle en avoit un autre nommé l'Hôtel Barbette, qu'elle tenoit des Ancêtres de ſon mari, & entr'autres du Senechal de Normandie, qui fut décapité en effigie pour avoir tué ſa femme, fille naturelle de Charles VII.

Cette femme avoit de l'eſprit, étoit belle, aimable & majeſtueuſe, jamais n'uſa de fard, & fut ferme à cheval tant qu'elle vêcut: le tems qui détruit tout, ne lui ôta ni ſa vigueur, ni la fraîcheur de ſon teint, ni la blancheur: ſi elle n'eut qu'un mari, en revanche elle ne manqua pas d'amis & grande en tout; Henry II. qui le ſçavoit, ne faiſoit que s'en rire: & de fait comme un jour elle paſſoit ſon tems avec le Maréchal de Briſſac, l'un des plus galants hommes, & des plus grands Capitaines de ſon ſiécle, il les prit de ſi près, qu'à peine le galant eut-il le tems de ſe cacher ſous le lit. Le Roy averti de tout, fait ſemblant d'avoir faim, auſſitôt on apporte à manger, & entr'autres des boëttes de confitures qu'en partie il diſtribuë à ceux de la compagnie, puis jettant le reſte ſous le lit: Tiens, dit-il, Briſſac, il faut que chacun vive.

François premier auparavant s'étoit vengé plus drollement encore de Bonnivet ſon favori, en pareille recontre; car une nuit qu'une belle Dame qu'il aimoit étoit au Louvre avec ce galant homme, tout à coup il entre dans la chambre comme en ayant la clef, & ſi bruſquement, que l'autre à peine eut-il le loiſir de ſe cacher dans la cheminée ſous des feuilles & des branches, qu'en ce tems-là on y mettoit en Eté; & auſſitôt ſans faire ſemblant de rien, il ſe met à railler, à badiner & à paſſer le tems avec elle; puis allant à la cheminée pour faire de l'eau, arroſa ſi bien ſon rival que ſa bouche s'en ſentit, & ſortit en même tems; & quoique la Dame auſſitôt lui faiſant changer de chemiſe, ne laiſſât pas d'en uſer avec lui comme ſi de rien n'eut été: le Roy cependant qui s'en doutoit ne voulut point s'en éclaircir, & ne laiſſa pas de l'aimer, & ſon favori de même qu'auparavant.

En cela donc à ſon imitation, Henry II. ſon fils, n'aima pas moins Briſſac

& la Duchesse de Valentinoi ; il fit bien davantage ; ar il semble qu'il n'ait rien voulu épargner pour apprendre à toute l'Europe & à la postérité l'amour qu'il portoit à son infidele : comme si ce n'eût pas été assez de lui bâtir Annet, Maison de plaisance à 18 lieües de Paris, avec une magnificence Royale, il mêla encore au Château de Madrid ses chiffres avec ceux de la Reine & les siens : au Louvre même il entrelassa ses H avec les D, & les Δ de sa Diane : par-tout presque, il y sema des cors, des chiens, des croissants, des cornes d'abondance, & les autres ornemens que les Peintres & les Poëtes donnent à la Déesse de la Chasse dont elle portoit le nom ; dans tous les bâtimens qu'il fit, il en usa de même dans toutes ses medailles qu'il fit fraper au moulin, toujours des croissans avec des H & ses devises.

Donec totum impleat orbem.
En attendant le rond parfait.

En un mot il cherchoit si bien à lui plaire, qu'ordinairement aux Joûtes & aux Tournois, dont il étoit devenant, on le voyoit paré de ses livrées, & les portoit encore lorsqu'il fut blessé par Montgommery. Comme la Cour alors vint à changer de face tout à coup, chacun aussitôt abandonna Diane que le Roy adoroit : Catherine de Medicis, qui une heure devant lui faisoit sa cour elle-même, lui envoye défendre de mettre le pied dans la chambre du Roy, la fait sortir des Tournelles, avec commandement de se retirer dans quelqu'une des Maisons qu'elle avoit à Paris outre cela de rendre les bagues & les joyaux de la Couronne qui étoient entre ses mains.

La Duchesse répondit fiérement à celui qui étoit chargé de tant de commissions. Comment ? le Roy est-il mort ? Non Madame, dit-il ; mais il ne peut guéres durer. Sa réponse fut, Je veux donc que mes Ennemis sçachent que tant qu'il lui restera un doigt de vie, je ne les crains point, & que je ne leur obéirai tant qu'il sera vivant ; je suis encore invincible de courage, mais lors-qu'il sera mort, je ne veux plus vivre après lui, & toutes les amertumes qu'on me sçauroit donner, ne me seront que douceur, au lieu de ma perte ; & par ainsi, mon Roy vif ou mort, je ne crains point mes Ennemis : telle fierté la mit à couvert aussi-bien que ses enfans & sa fortune.

Cependant les Dames qui vivoient comme elle, prenant exemple là dessus, firent les fieres de même ; j'ai ouï parler entr'autres d'une certaine Princesse qui jamais ne voulut se donner à personne, & néanmoins souffrit les galanteries & les privautez de quantité de braves gens, & ouïrant qu'elle n'accorda qu'à ses égaux & à ses inférieurs, afin de garder son rang & être toujours en pouvoir d'en user avec eux chacun selon sa qualité, comme bon lui sembleroit, soit pour l'ordre, la forme & la maniere de la caresser.

Il y en avoit une autre aussi qualifiée, & de la même humeur, mais qui ne se laissa jamais aller à des gens plus qualifiez qu'elle, & même avec eux voulut toujours avoir le dessus, & l'eut si bien en toutes rencontres, que ni debout, ni assis, ni autrement, pas un à son égard ne pouvoit se prévaloir de la moindre soumission.

L'Histoire du tems nous apprend qu'une autre Dame de plus haut rang encore & moins avare, que Brantosme ne veut faire à croire, qui étant devenuë amoureuse du beau Gruffy, Ecuyer de l'Ecurie de François premier, & de Henry II. le faisoit souvent venir dans son lit les yeux bandez, parce qu'il n'étoit pas Prince ; & j'ai lû que pour semblable raison sous François premier, & ses Successeurs, quantité d'autres Dames de qualité faisoient donner des rendez-vous aux galants hommes qu'elles aimoient sans qu'ils sçussent de quelle part ; & cela à des heures induës en certains endroits du Louvre, du Palais, & des Tournelles, où personne ne passoit, avec défense de les obliger à parler, ni rien faire qui les pût faire reconnoître, à peine de perdre leur pratique.

D'autres aimoient si plaisamment qu'elles leur promettoient quantité d'heureuses nuits, pourvû qu'ils passassent la premiere auprès d'elles, sans faire ni demander rien, & après leur accordant plus qu'ils ne vouloient, prenoient plaisir à se railler de leur continence & des tentations qu'ils avoient surmontées afin de leur tenir parole.

Quelques-unes aimoient avec tant de superstition, qu'elles ne se divertissoient qu'à la charge que leurs galants ne les baiseroient point à la bouche, parce qu'avec la bouche elles ont fait serment de fidelité à leurs maris.

D'autres se narguoient d'une conscience si nouvelle, & si extravagante, qu'afin de se réjouir, à ce qu'elles disoient, ni sans crainte de perdre leur chasteté, de deshonorer leurs maris, de violer la foy qu'elles leur avoient jurée, ni enfin de leur supposer des enfans : que telle veritablement laisse prendre & commencer la derniere privauté ; mais défense d'achever sur peine de la vie, & telle au contraire (à l'exemple de Julie) permet d'entrer dans le vaisseau quand son navire est chargé.

A leur imitation, deux grandes Dames & toutes deux veuves, se jouoient sans scandale & sans consequence, disoient-elles, avec deux Gentilshommes, grands & de bonne miné à la verité, mais à qui le principal manquoit ; & quand on les railloit là-dessus, leur raison étoit que si elles ne jouissoient pas du dernier plaisir, au moins ne craignoient-elles ni les suites, ni le travail qui l'accompagne.

Certaines plus fines s'assocoient à leurs amans, bien pourvûs de tout ; l'une un Medecin, l'autre un Apoticaire, l'autre un Chirurgien, & cela à telle fin que de raison.

Pendant que les veuves & les femmes faisoient l'amour avec extravagance, les filles de leur côté en usoient de même ; une partie avec quelque sorte de superstition, & scrupuleusement ; le reste, le front levé & toute honte perduë ; à l'égard des scrupuleuses, quantité se marioient aux premiers venus, afin de se divertir après sans crainte avec qui bon leur sembleroit : il fut un tems que l'on ne parloit que de l'honnêteté & de la sagesse de deux belles filles, & néanmoins la premiere se voyant pressée par un galant-homme qu'elle aimoit éperduement, lui dit, Attendez encore un peu que je sois mariée ; & vous verrez beau jeu. La seconde enfin d'aussi bonne volonté que celle-ci, se voyant recherchée en mariage par un grand Seigneur, & poursuivie en même-tems par son amant afin d'être soulagée, Pourvû, dit-elle à celui-ci, que le Roy me marie au grand que vous sçavez, le lendemain de mes nôces, si nous ne nous rencontrons ; marché nul, & peut-être est-ce celle-ci qui donne lieu à la chanson qu'on fit à la Cour alors sur un grand Seigneur qui fut marié le mardy, & cocu le jeudy.

Une autre épousa un Seigneur de moindre qualité qu'elle, qui l'adoroit & qu'elle n'aimoit pas, à la charge de mener la vie qu'il lui plairoit, & de lui payer tous les mois pour sa patience 2000 francs, qui en ce tems-là étoit une somme très-considerable.

Une autre encore, en se mariant à un grand Seigneur qu'elle n'aimoit point, le menaça en riant de violer la foy que le Prêtre exigeroit d'elle : & de fait, elle lui tint si bien parole, qu'il ne se peut pas mieux.

Quant aux effrontées, les unes se saouloient de voluptez avant leur mariage, d'autres avoient l'adresse de se divertir en presence de leurs Gouvernantes & de leurs meres mêmes sans en être aperçûes ; puis pour couvrir le mystere, avoient recours à des moyens execrables ; d'autres, (& ce qui étoit fort commun parmi les filles & les veuves) mettoient en usage certains petits bijoux, tels que ces quatre que Catherine de Medicis trouva dans le coffre d'une de ses filles d'honneur, lorsqu'un jour au Louvre, durant la ligue, cherchant par-tout, & courant de chambre en chambre pour sçavoir s'il n'y avoit point d'armes cachées, elle se faisoit tout ouvrir.

A l'occasion de tant de désordres, un Clincailler apporta à la Foire Saint
Germain,

Germain, de ces inventions qu'en certain pays la jalousie a trouvées, dont Vulcain semble avoir été l'Inventeur. Cinq ou six Jaloux en ayant acheté, incontinent le Clincailler se vit sur les bras tout ce qu'il y avoit de Galants à la Cour, qui ne menaçoient pas moins que de le tuer; mais les Dames, qui pis est, toutes dans la resolution de le traitter de même que les Bacchantes avoient fait Orphée : dans ce desespoir commun, une prude songe à un Serrurier, & en rencontre un si à propos qu'il la délivra de son esclavage par un tour de son métier, après néanmoins s'être bien payé lui-même, tant de sa peine, que de son adresse ; elle ne manqua pas d'en faire part à ses compagnes, qui après cela aussi-bien qu'elle faisant entrer qui bon leur sembloit, en dépit de leurs maris, se mocquoient alors impunément & du cadenat & de leur sotte clef.

Au reste, comme si François premier, & Henry II. n'eussent souhaité autre chose que d'avoir sans cesse devant leurs yeux des objets capables d'entretenir leur passion, tout autant de beaux esprits qui composerent des Vers dissolus, étoient récompensés; ils ne lisoient autre chose que leurs ouvrages: & enfin on en vit tant; que le Parnasse & le Cabinet satyrique n'en contenoient pas la moindre partie. De plus, ils firent venir d'Italie, des statues de bronze & de marbre, tant d'hommes & de femmes, que de Dieux & de Déesses, où la lubricité triomphoit; celles qu'on ne voulut pas vendre, furent jettées en bronze & exposées aux yeux de chacun dans le Cours & les Jardins de Meudon, de Fontainebleau, des Tournelles, aussi bien que du Louvre. Et non contents de ceci, ils attirerent encore en France, par leurs grands présens & de grosses pensions, Leonard Davince, l'Abbé de Saint-Martin, Messer Nicolo & quelques autres Peintres Italiens dont le pinceau n'étoit pas moins dissolu que les mœurs; par leurs ordres ces Artisans remplirent les appartemens de nos Rois de peintures à fresque, & de tableaux qui suivoient la Cour, où étoient répresentées des choses, non seulement lascives, mais incestueuses & exécrables. Ils en firent même de semblables pour des Particuliers que chacun a pû voir dans les cabinets du Duc de Richelieu, de Crequy, & de Liancourt ; à l'Hôtel de Carnavalet, à la ruë de la Couture Sainte-Catherine, dans la salle basse de l'Hôtel de Vauruy, Conseiller de la Cour ; à la ruë des Bernardins, à Meudon, à Chantilly, à Escouën, & autres Maisons de Plaisance des environs de Paris ; mais sur tout à Fontainebleau, car non seulement les chambres, les salles & les galleries du Château en sont toutes pleines ; mais encore, il y en a partout & en telle quantité, que si la Reine mere qui en 1643, à son avenement à la Regence, en fit bruler pour plus de 100 mille écus, avoit voulu bruler tout ce qui se trouva d'abominable, & de dissolu, il lui auroit fallu reduire en cendre presque tout Fontainebleau.

Pour crayonner en petit une partie de ces peintures, ici des hommes & des dieux tout nuds dansent, badinent & font quelque chose de pis avec des femmes & des déesses toutes nuës ; là, les unes exposent aux yeux de leurs galants ce que la nature a pris tant de peine à cacher; les autres s'abrutissent avec des Aigles, des Cignes, des Autruches, des Taureaux : en plusieurs endroits, on voit des Ganymedes, des Saphos & des Bélettes ; des Dieux & des Hommes, des Femmes & des Déesses qui outragent la nature, & se plongent dans des dissolutions les plus monstrueuses. Après cela, il ne faut pas s'étonner des incestes, & des abominations qui arriverent sous les Regnes de Charles IX. & de Henry III. Si alors on mettoit en pratique toutes les postures de Larretin, & si on eut voulu encherir dessus.

Quant à Charles IX voici une chose qui arriva en 1573, & bien étonnante ; Ce Prince incité à cela par le Duc d'Anjou son frere, Roy de Pologne alors, & depuis son Successeur, resolut un jour d'aller un soir fort tard piller l'Hôtel de Nantouillet, bâti sur le Quay des Augustins, & en effet y vint accompagné du Roy de Pologne, du Roy de Navarre, du bâtard d'Angoulême, du Duc de Guise, & de quelques autres jeunes gens des principaux de la Cour : le prétexte fut que Nantouillet, homme fort riche, qui n'étoit pas marié, n'avoit pas voulu épouser une Damoiselle de grande Maison que le Duc d'Anjou avoit débauchée.

Ce coup de jeune homme cependant pensa couter la vie à trois Rois & à leur suite ; car comme alors Viteaux homme déterminé, s'étoit caché dans ce Logis pour une querelle particuliere, avec quatre autres assassins, non-moins déterminez que lui, au bruit que fit le Roy, ils crurent qu'on venoit pour les prendre, & aussitôt coururent aux armes, en intention de sortir l'épée & le pistolet au poing, & de faire mainbasse sur tout ce qui se presenteroit, au cas qu'on enfonçât leur porte ; mais heureusement, Charles IX. ne tourna point ses pas de ce côté là, dont bien lui prit; car enfin sans cela, ces cinq Hommes, tels que je viens de dire, à la faveur de la nuit, & n'ayant en veue que leur désespoir, auroient peut-être fait tout ce qu'ils eussent voulu, principalement dans un lieu dont ils sçavoient tous les détours, & contre une troupe de gens qui n'étoient pas en état de se défendre.

Il se verra plus bas, qu'on accusa ce Prince d'aimer la Reine de Navarre sa sœur, & même qu'il fut soupçonné d'aimer sa mere, & d'en être aimé.

Quant à ses autres amours, il entretint publiquement Marie Touchet, fille d'un Apoticaire d'Orleans, & l'aima toûjours aussi bien depuis qu'il fut marié, qu'auparavant.

Près de mourir il recommanda sa femme à sa mere ; mais n'osant pas aussi lui recommander sa maitresse, il en chargea Gondy, premier Gentilhomme de sa Chambre. Il mourut à Vincennes, & selon Masson, pour s'être amusé avec elle au lit de la mort ; le Président de Thou assure qu'il fut empoisonné par les Gondis, à cause qu'un d'eux l'avoit trouvé avec sa femme; Brantôme rapporte que quelques-uns disoient que pendant sa maladie, il s'étoit échapé avec L. R. M, quoiqu'il avoue qu'à la Cour on ne parlât point en tout de leurs amours. Mais enfin, le bruit commun étoit que ce fut avec L. R. M. où il y avoit beaucoup d'aparence : & c'est sans doute de la sorte qu'il faut restituer le passage de Brantôme : car enfin, de la façon qu'on murmuroit de leurs amours, ils s'aimoient plus que fraternellement, & même ne s'en cachoient pas trop ; ainsi de quelque côté qu'on envisage la mort de ce Prince, les femmes seules en ont été la cause.

Pour venir à Henry III. en 1578, tant que le Carême dura, il ne manquoit point d'aller collationner deux ou trois jours la semaine, dans les meilleures maisons de Paris, avec ses Mignons, & quantité de Dames de la Cour ; mais entr'autres chez une Présidente, où il passoit le tems avec sa fille.

Un an auparavant, Marcel d'Orphevre, au Pont au Change devenu Intendant des Finances, comme il marioit sa fille à Vicourt, dans l'Hôtel de Guise ; le Roy, lui trentiéme, masqué y vint avec autant de Princesses, & autres Dames de la Cour en masque, toutes couvertes de drap & de toille d'argent avec quantité de pierreries & de perles : ce qui apporta une telle confusion dans l'assemblée, que les plus avisées se retirerent de bonne heure: les autres furent forcées derriere les tapisseries, ou se donnerent à qui en voulut ; le nom de la plûpart de ces Dames est raporté dans un entretien en vers de Marphorio avec Pasquin, qui fut fait la même année pendant les Etats tenus à Blois, & dont le refrain étoit,

Remontrer les faus aux Etats.

J'aurois bien voulu mettre ici ces Vers, pour les choses plaisantes & amoureuses, auſquelles Marphorio supplie drollement les Etats de remedier, mais outre qu'il y en a trop, c'est que même il s'y trouve des noms que je suis bien aise de ménager.

Vers ce tems-là il prit un jour fantaisie au Roy de faire mener dans ses Coches les plus grandes coureuses de Paris, à la Maison de Saint Cloud, où depuis il fut assassiné. A peine y étoient-elles, qu'incontinent il arrive suivi de ses Suisses, accompagné de ses Mignons & de quelques autres de ses plus confidents ; & là, dans le bois, faisant dépouiller ces femmes ous ses yeux, genre nouveau de Suisses, il prit plaisir à les considerer de toutes nuës, aussibien que les lubricité.

Depuis il se mit en tête de gagner la femme d'un Conseiller de la Cour, non moins belle, que vertueuse ; étant parvenu à la fin un jour dans son Cabinet au Louvre, il en jouit, il l'abandonna ensuite à ses Mignons, que tantôt on appelloit les Mignons fraisez & frisez du Roy, & tantôt la bande débordée du Roy. Cette malheureuse pauvre Dame alors desesperée & saisie d'un tel outrage, tombant pâmée rendit l'esprit entre les bras de ces infames.

Il joua un plus cruel tour à Madame de la Mirande, femme d'une vertu à l'épreuve, que la Guiche, l'un de ses Mignons, aimoit éperdument, mais dont il n'avoit sçû gagner les bonnes graces. la Guiche lui en ayant fait confidence, il resolut de le servir, il s'avise de la faire flatter sous main, de l'esperance d'un don sur les Coches, afin de l'engager à lui en venir faire la demande au Louvre ; toute pleine de ce vain espoir, la Dame s'y rend à une heure que le Roy étoit encore à table ; en attendant qu'il eût achevé de diner, il la fit conduire dans son cabinet, où il vint presque aussitôt, accompagné de la Guiche : d'abord avec de belles paroles, il la conjure de donner contentement à son ami, il joint les promesses aux belles paroles, la voyant infléxible & que pour échaper du danger ou son avidité l'avoit précipitée, elle alleguoit qu'une incommodité ordinaire aux personnes de son sexe l'empêchoit de lui accorder ce qu'il desiroit ; là-dessus il la fait prendre devant lui par deux de ses Valets de Chambre, le reste ne se devine que trop : ces Tarquins après cela laisserent aller leur Lucrece, sans se soucier ni de l'entendre pleurer alors avec des larmes de sang sa pudicité violée, ni de la pitié & horreur qu'elle faisoit a tout le monde par ses cris, & ses hurlemens épouvantables.

N'en déplaise aux médisans qui vivoient alors, je ne sçaurois croire qu'il ait eu tant de passion pour sa sœur ; à la verité, j'avoue qu'elle se vantoit que c'étoit pour lui plaire qu'il avoit eu dessein d'instituer à Paris un Ordre de Chevalerie, s'efforçoit même de le prouver, tant par les chiffres du manteau & du collier de l'Ordre qui étoient les siens & ceux de son frere, que par les émaux du même collier & les couleurs du manteau, comme étant ses livrées.

Plusieurs prétendent qu'il établit cet Ordre en faveur de son cher Maugiron, avec qui il passa un contrat de mariage que ses favoris signerent, à ce que publioient les calomniateurs de ce tems là, & qui a donné lieu à la Petarade de Maugiron.

Ceux qui ont lû les libelles diffamatoires qui couroient sous le Regne de ce Prince, sçavent que ses Mignons qui se tuérent à l'endroit même où est à present la Place Royale, prirent querelle pour des femmes ; que Saint-Mesgrin, autre de ses Mignons, ne fut assassiné que pour l'amour de la Duchesse de Guise, de plus qu'en mettant la premiere pierre au Pont-Neuf, son dessein alors étoit de le faire appeller le Pont des pleurs, à cause des torrens de larmes qu'il avoit versez à la mort de Maugiron, & de Quelus ; que le déplaisir qu'il en eut fut si grand, qu'oubliant ce qu'il étoit, il fit mille indignitez qui rebuteroient bientôt le Lecteur.

C ij

Mais enfin quoique la plûpart des choses que je viens de rapporter soient des veritez, dont on ne doute point suivant les memoires du tems: cependant comme ce Prince eut sur les bras la Ligue qui avoit juré sa perte, elle ne travailloit à autre chose qu'à le rendre odieux à ses Peuples, souvent jusqu'à abuser de la chaire de vérité, pour y publier contre lui des mensonges abominables; je ne saurois ajouter foy à ce qui suit, comme plein de contradiction.

Que lui aussibien que ses Mignons portoient dans leurs heures des portraits de leurs concubines sous la figure de la Vierge: & tout de même, les Dames ceux de leurs galans, sous l'image du Crucifix.

Que les Coquettes assistoient aux Processions si dévotes qui se firent alors, les unes avec des gands ou des heures à la main, les autres avec des chapelets à la ceinture ou quelques rubans aux souliers de couleur, afin d'être mieux reconnuës de leurs galans: & qu'en même tems, le Duc de Guise, les Mignons fraisez & frisez du Roy, & autres Courtisans leur tiroient en passant des dragées musquées dans les ruës avec une sarbatane, & jusques dans l'Eglise; après quoi, ils leur donnoient la collation, tantôt sur le Pont Nôtre-Dame, tantôt à la ruë Saint-Jacques, & tantôt ailleurs; que la Sainte Beuve si fameuse pour sa beauté & pour sa coqueterie se remarquoit à ces Processions vêtuë seulement d'une toile fine, avec un point coupé sur la gorge; & qu'alors ses galans dans l'Eglise Saint Jean, la menant sous les bras, prenoient certaines privautez avec elle qui scandalisoient tout le monde.

L'impudence de ce Prédicateur temeraire n'étoit guére mieux fondée sans doute, qui en 1583, se raillant en pleine chaire d'une Procession du Roy, & de ses Mignons, faite durant le Carême, un Vendredy jour de l'Annonciation, depuis les Augustins jusqu'à Nôtre-Dame, où ils furent si bien mouillez, osa assurer qu'au retour ils mangerent de la viande & passerent la nuit avec leurs maîtresses, aussi fut il puni de son imposture comme il méritoit.

Il en est de même de tout ce que Daubigné raconte de Saint-Severin, dans la confession de Sancy, que s'il s'appelloit comme il dit, le poulain farouche, ce n'étoit point pour n'avoir voulu répondre au goût & aux caresses de Henry III. & moins encore s'il fut mis en prison, pour s'être sauvé du Cabinet du Roy, dans la Sale des Gardes du Louvre; car ce sont autant de faux bruits, que firent courir les seize maîtresses de tout Paris, pendant la Ligue, quand en haine du Roy, ils tirerent Saint-Severin de la Conciergerie, & comme un Zopire, l'exposerent à la vûë de tout le monde.

Toutes ces abominations de Gomorrhe dont on le noircissoit, & que les Satyriques appelloient les amours sacrées (par contraste à l'amour des femmes,) étoient plûtôt les vices des grands & sur tout de ses favoris, nommez la sacrée societé, & la bande sacrée; aussi étoit-ce d'eux & de leur monstrueuse paillardise, dont ils faisoient leurs délices, qu'on disoit en ce tems-là, *In Spania, los Cavalieros; in Francia, les Grandes; il Almania pocos; in Italia todos*; abomination qui passa si avant, & furent si forcenez, que les femmes de ceux qui la permettoient à leurs maris, pouvoient impunément mener la vie qui leur plaisoit, surquoi l'Histoire s'est laissée souiller de ces Vers.

Ci gît Tircis, son fils, sa femme,
Juge passant qui fit le pis,
Tircis prit son fils, pour sa femme,
Sa femme eut pour mari son fils.

De là est venu le Problème; Comment trois amans furent contents & jouïssans ensemble en un même coup dans une même famille; Et pareillement ce qu'on difoit d'un jeune Seigneur, qu'on l'avoit corrompu fi jeune, qu'il n'étoit pas poffible de fçavoir qui l'avoit premier fuborné, de fon pere, de fa mere, de fa fœur, ou de fon oncle.

Si des freres nous venons à la fœur, & que nous voulions prêter l'oreille à la médifance, elle nous dira que cete Princeffe menoit une vie fi honteufe, que tout le monde en rougiffoit, & que non feulement comme il a été remarqué, elle aima tous fes freres & en fut aimée : mais encore qu'ayant été plus paffionnée pour Charles IX. que pour les autres, elle a voulu le faire fçavoir tacitement dans fes memoires par les grands éloges qu'elle lui donne.

Les médifans ajoûtent que n'ayant pû avoir d'enfans de fon mari, elle eut un garçon d'un autre à la ruë Dufour, dans une certaine premiere chambre, vis-à-vis la ruë des deux Ecus ; bien davantage, on l'accufe & même avec elle une Princeffe, & la femme d'un favori, d'avoir toutes trois, par leurs amours caufé la mort à Conconas, & à la Mole, qu'on décapita à la Greve, plus pour avoir deshonoré le Sang Royal, & la couche du Mignon de Charles IX. que pour être entrez dans la faction des malcontens. Par ordre de la Reine de Navarre, la tête de la Mole fut enlevée, portée à Montmartre, & enterrée dans la Chapelle des Martyrs ; qu'enfin elle le pleura long-tems fous le nom d'Hyacinthe : nous voyons qu'après une troupe licentieufe de jeuneffe vint lui former une nouvelle Cour, après la mort de ce beau garçon ; cela fe traita avec fi peu de ménagement, que Henry III. qui l'avoit tant aimée auparavant, fe determina à la chaffer honteufement du Louvre, à caufe de fes defordres ; que depuis étant allée loger à l'Hôtel de Sens, un Satyrique fit ce mauvais Quatrain.

Comme Reine, elle debvoit être
Dedans la Royale Maifon :
Mais comme putain, c'eft raifon ;
Qu'elle foit au Logis d'un Prêtre.

Enfin de tous côtez elle étoit épiée & éclairée de fi près, qu'on veut que cet Hôtel devint un Serrail, auffi-bien que le Palais qu'elle fit bâtir au Fauxbourg Saint-Germain : & qu'enfin fa chambre fervoit de lieu de débauche, qu'elle ne s'y endormoit qu'au récit & aux plaifenteries qu'on lui faifoit des avantures & des faits amoureux des Dames de la Cour. On affure qu'un jour elle eut la curiofité d'aller aux petites Maifons : entre plufieurs fols qu'on fit venir dans la cour, un Savetier entr'autres, qui fe difoit Roy de France, ne la vit pas plûtôt, qu'il s'écria, Ah te voilà, groffe putain ! tu m'en as bien donné à garder ; & parcequ'il étoit fur le point de n'en pas demeurer là, & d'en dire bien d'autres, auffitôt il fut ramené dans fa loge, quoique la Reine en rît à gorge déployée.

Les memoires du tems ajoûtent qu'elle avoit chez elle un certain bouffon, nommé Guerin, qui prenoit la qualité de Maître des Requêtes de la Reine Margueritte, & de fon Orateur jovial : il portoit une robe de velours, une foutane de fatin noir, avec un bonnet quarré. Ce Bouffon tous les jours ne manquoit pas de monter fur le théatre qu'elle avoit fait dreffer dans fon Palais du Fauxbourg Saint-Germain, à un des bouts de la grande falle : comme elle prenoit grand plaifir à l'écouter, il n'épargnoit pas les mots les plus infames ; il continua à faire ce beau métier tant qu'elle vécut ; il en fut affez mal récompenfé, il mourut de mifere.

La vie de Catherine de Medicis ne fut guére plus réglée que celle de fes enfans : outre ce que j'en ai déja touché, que peut-on penfer de ce feftin qu'elle fit à Chenonceaux, Maifon Royale, entre Tours & Amboife, qui couta près de 100 mille francs, où les plus belles & les plus honnêres Dames de la Cour, les cheveux épars, fervirent demi-nuës par fon confeil.

Henry III. viola une jeune Princesse, promise à un grand Prince, & deux mois après l'envoya à son prétendu, résolu de porter encore sa vengeance plus loin, ce qu'il fit.

Du Guast favori du Roy, se vengea de la même sorte de deux grands Seigneurs, à cause de la haine qu'ils lui portoient.

Un fameux Prélat de notre Cour, nous assure que cette Princesse avoit formé un Serrail de Coquettes, qu'elle traînoit avec elle, comme autant de boutefeux, pour arracher du cœur des Princes & des Seigneurs du Royaume, & découvrir leurs plus secretes pensées: que ces galantes politiques sçurent si bien par leurs cajoleries corrompre Henry IV. & les Chefs du parti en 1579, qu'elles donnerent lieu à cette nouvelle guerre civile, qu'on nomma la guerre des amoureux.

D'Aubigné, & plusieurs autres nous rapportent que cette Princesse aimoit le plus grand Prélat de son tems; parmi les Seigneurs, elle faisoit toujours de bons choix, ce que les Huguenots publierent si hautement, au rapport de Brantosme, qu'ayant fait fondre exprès une fort grosse & grande couleuvrine, ils la baptiserent sous le nom de la Reine mere, à cause, disoient-ils, qu'elle avoit le calibre plus grand & plus gros que les autres.

Il n'est pas nécessaire d'ajouter qu'à son exemple & à l'imitation de sa fille, les autres Princesses & Dames de la Cour s'abandonnoient à tout venant, puisqu'alors pour mieux faire le portrait d'une femme tout à fait dissoluë, & le rendre achevé d'un seul coup de pinceau, c'étoit assez de dire Putain, comme une Princesse.

Mais en faut-il venir à la derniere turpitude & reveler des choses qu'il seroit plus à propos de cacher: de même que les hommes avoient trouvé le moyen de se passer de femmes, les femmes trouverent le moyen de se passer d'hommes. Une grande Princesse aimoit alors une de ses Damoiselles, parcequ'elle étoit hermaphrodite. Paris, aussibien que la Cour, regorgeoit de femmes Lesbiennes, que les maris tenoient d'autant plus cheres, qu'avec elles ils vivoient sans jalousie; les unes sans s'en cacher, nourrissoient des bêletes, dont les anciens usoient comme des lettres hieroglyphiques, pour signifier des tribades; les autres s'échauffoient avec leurs adorateurs, sans pourtant les vouloir contenter, puis venoient se rafraichir, ou plûtôt s'abrutir avec leurs compagnes. Cette belle vie enfin plut si fort à quelques-unes, qu'elles ne voulurent ni se marier, ni souffrir que leurs associées se mariassent.

N'oublions pas ici la ligue si ennemie de tels désordres en apparence, qu'elle faisoit prêcher contre; que se passoit-il à l'Hôtel de Cleves près du Louvre, où logeoient Madame & Mademoiselle de Guise? & ne pourroit-il pas avec raison être appellé la Cour & le Palais des Liqueurs, où ils accouroient en foule, & bien d'autres qu'eux, attirez par les charmes de la jeune Princesse, la plus belle fille du Royaume, mais la plus fiére & la plus dédaigneuse, sur tout depuis que Henry IV. avant que d'aimer Madame Gabrielle, lui eût fait esperer de l'épouser.

Dans les amours du Grand Alcandre, on ne lit guére ailleurs de plus étranges effets d'amour: au Siége de Paris, pendant une treve de six heures seulement, ces deux mêmes Princesses, dont je viens de parler, accompagnées de plusieurs Dames, étant venuës sur le Rempart, où elles reçûrent avec assez d'indifference la civilité des Galans de l'Armée du Roy, qui étoient accourus sur le bord du fossé, plus pour voir Mademoiselle de Guise, que leurs Maîtresses; dès qu'elles parurent à la vûë du Duc de Bellegarde qui vint se présenter à elles, pour se justifier de la mort du Duc de Guise, pere de l'une & mari de l'autre, toutes deux en même tems, qui le pourroit croire? la mere d'un côté devint amoureuse de lui; & la fille sentit qu'elle pouvoit aimer un autre qu'un Roy:& depuis n'oublierent rien pour déguiser leur passion ; lui d'un autre côté qui sçavoit la haine qu'elles lui portoient, & ne le consideroient que comme un parricide, dont elles ne pourroient être jamais assez vengées ; mais comme d'ailleurs il étoit passionné pour la belle Gabrielle, maîtresse du Roy, & que peut-être il n'avoit vû Mademoiselle de Guise que cette fois là, il se sentit si épris en la voyant, qu'aussitôt il oublia celle qu'il adoroit pour ne plus aimer que celle-ci, quoique sans espoir de resource ; ainsi ce rival dangereux, marchant sur les pas du Roy son maître, en fort peu de tems, lui ravit le cœur des deux plus belles maîtresses qu'il eût, & qui lui étoient si cheres.

A parcourir seulement le Catholicon d'Espagne, & la confession de foy des Chefs de l'union, combien de belles choses ? on y voit bien-tôt que ce nom si saint d'union des ligueurs & des ligueuses, est une étrange union. Le Catholicon parle d'une Princesse, representant la Reine mere ou la grand'mere, qui ne haïssoit pas trop le Légat ; & de plus qui épousa en secondes nôces un Prince qu'elle avoit aimé pendant le cours de son premier mariage : c'est pour cette raison que dans la harangue de l'Archevêque de Lyon, Rapin lui fait dire au Duc de Mayenne ; Je ne parle point ici de Monsieur de Nemours, vôtre frere uterin, mais suivant ce que les Politiques disent, vôtre frere adulterin.

Dans l'ordre tenu à la séance des Etats assemblez dans la salle du Louvre, le Héraut d'Armes, Courte-joye, Saint-Denis, dit à la Duchesse de Montpensier, Madame la Douairiere de Montpensier, mettez vous sous votre revû, c'est le Duc de Guise, à ce que dit le Commentateur.

L'Auteur de la confession de foy n'en demeure pas là, il la fait confesser en ces termes:

Mon adultere, & mon ire éfrenée
M'ont fait deux fois avorter mes enfans,
Et de mon Roy j'ai abregé les ans,
Et de sa mort l'invention donnée.

Il prétend qu'elle se ventoit de porter à sa ceinture des ciseaux pour faire une couronne monachale à Henry III. & de plus fait dire à la Duchesse de Mayenne :

Mes enfans j'ai défait à mon commencement,
Pour saouler mon désir d'un cadet de Lorraine.

Ces deux Satyriques font le Duc de Nemours amoureux & aimé de sa tante. Un Cardinal Evêque, à ce qu'ils disent, se marie & s'en vante. Un Prélat corrompt les filles & les femmes en les confessant Un Primat des Gaules se joüe avec sa sœur, & sa belle-sœur. Un autre joüit de ses quatre sœurs. C'est du Primat que Rapin entend parler lorsqu'il lui fait dire dans sa Harangue ; Je n'ai jamais fait grande conscience ni difficulté de coucher avec ma sœur, suivant les exemples des Patriarches ; c'est encore lui que l'Auteur de la confession fait confesser de cette sorte:

Je suis né à l'inceste, & dès mon premier âge,
J'ai de ma belle sœur abusé longuement,
Puis avec ma sœur je couche maintenant,
Ayant pour cet effet rompu son mariage.

Enfin, c'est l'autre Prélat, ou le Docteur Rose Evêque de Senlis, qui s'y confesse ainsi :

> *Oh ! ingrat que je suis, j'ai mon maitre blâmé.*
> *J'ai avancé sa mort en préchant la vangeance,*
> *La cruauté, le sang, le pillage en la France ;*
> *Bref en tous mes sermons, j'ai toujours blasphemé,*
> *Sous feinte d'hypocrisie j'ai caché l'adultere,*
> *De l'enfant que j'ai fait à la belle Neuilly.*
> *Lorsqu'en la confessant, son premier fruit cueillis.*

Rône, en un mot ligueur, aussi homme de bien que les autres, ne feint point de dire :

> *De ne point croire en Dieu, je le tiens à louange,*
> *Le Pillage & le meurtre, & les femmes forcées,*
> *Ce font mes passe-tems.*

HENRY IV.

POUR ce qui est de la Cour de Henry IV. il ne s'y trouva ni moins d'amour & de scandale que dans les autres ; à l'égard du Roy, il aima en tant de lieux, qu'on l'appelloit le Chevalier bannal de la France.

Le Maréchal de Bassompierre dit qu'il devint amoureux à Chenonceaux de la Bourdaisierre fille d'honneur de la Reine Louise, qu'il couchoit souvent avec la Glandée, femme publique, d'une beauté excellente ; & que passant une nuit avec elle à l'Hôtel Zamet, maintenant l'Hôtel de Lesdiguieres, le Prince de Joinville, & le Duc de Bellegarde, y eurent ensemble un grand differend : il ajoute qu'il aima encore Madame de Boinville & Madame le Clin, femme d'un Conseiller de la Grande Chambre ; aussi son fils se vantoit-il d'être fils du Roy, quoiqu'il n'y eût que lui qui le crût ; enfin, il aima en tous lieux, & je ne sçai que la Marquise de Guercheville qu'il ne put corrompre, & qu'à cause de cela il fit Dame d'honneur de la Reine ; que si Margueritte de France, qu'il épousa la premiere, aima plus d'hommes encore, que lui de femmes, en récompense, ses attraits souvent lui servoient tant à adoucir les Rois, ses freres aigris contre lui, que pour attirer dans son parti plus de grands Seigneurs, aussi lui-même le premier se railloit-il quelquefois de la vie qu'elle menoit ; car comme il se verra incontinent, c'étoit un esprit enjoué qui sçavoit & railler & prendre tout en raillerie.

De tant de Dames qu'il entretint publiquement ; celles-ci furent les principales.

La Comtesse de Guiche, l'Abbesse de Montmartre, la Duchesse de Beaufort, la Marquise de Verneuil, Madame des Essarts, la Comtesse de Moret, & la belle Gabrielle.

Quant aux enfans naturels qu'il eut & en grand nombre, il n'en voulut reconnoître que fort peu ; la honte, dit-on, d'en avoir trop l'empéchant de se déclarer le pere des autres.

Au Siége de Pontoise, ses Officiers donnerent le mal de Naples à huit Religieuses de Maubuisson ; soit du Roy ou de quelques-uns de ses Courtisans, il y en eut cinq qui parurent grosses dans leur tems.

Pendant le Siége de Paris, il devint amoureux de l'Abbesse de Montmartre, & à son exemple ceux qui commandoient sous lui, cajolerent la plûpart des Religieuses, avec tant de scandale, qu'on nommoit l'Abbaye

tantôt l'academie des angins de l'Armée, tantôt le magasin des . . . . .
de l'Armée.

De toutes ses maîtresses, celle qu'il aima le plus, fut la Duchesse de Beaufort, qui tint la premiere place malgré les intrigues qu'elle entretenoit; cependant elle ne haïssoit pas le Duc de Longueville, & chacun sçait le mauvais tour qu'elle lui joua, après s'être rendu de part & d'autre leurs lettres amoureuses qu'ils s'étoient écrites; enfin l'on tient que pour se venger de lui, il fut assassiné en entrant à Dourlens, & ce ne fut que par son ordre.

Mais elle eut bien plus de goût pour le Duc de Bellegarde, que pour le Duc de Longueville, & pour Henri IV. même: car outre qu'il étoit le premier qui s'étoit attaché à son char, lorsqu'un jour on vint à parler de sa beauté devant le Roy, il en fit l'éloge en des termes si avantageux, qu'il fit naître à ce Prince la curiosité de la voir, & dès ce moment il en devint éperdument amoureux.

Les memoires du Duc de Sully, aussi-bien que l'Histoire du grand Alcandre, ne celent point que Bellegarde en eut les premieres faveurs; que cette belle lui accordoit tous les momens qu'elle pouvoit dérober à la jalousie du Roy; & que peutêtre sans une petite indisposition qui lui survint à Fontainebleau, à la réponse qu'elle fit au premier Medecin qui l'étoit venu voir par commandement, que c'étoit une maladie de neuf mois, peutêtre cette maladie l'auroit-elle fait languir plus long-tems, & le Medecin ne seroit pas mor t sitôt? Il est certain que le Roy par deux fois pensa les surprendre ensemble: un jour il les prit de si près, qu'à peine le Duc eut-il le tems de s'enfermer dans le cabinet de la Duchesse qui étoit derriere son lit; & le Roy s'en doutant, fit semblant de vouloir avoir des confitures que la Rousse femme de chambre y serroit ordinairement; il témoigna là-dessus de l'impatience, & voulant rompre la porte à coups de pieds, Bellegarde pour se sauver sauta par la fenêtre.

La seconde fois fut, lorsqu'étant averti qu'ils étoient couchez ensemble, le Comte d'Aumont, Capitaine des Gardes, eut ordre de l'aller tuer entre ses bras; celui-ci ayant égard à la colere du Prince, & à la qualité du commandement qui lui avoit été fait, non seulement lui donna un grand détour, mais encore à la porte du logis fit un si grand bruit, que Bellegarde eut le tems de se sauver. Tout ceci n'empêcha pas que le Roy ne continuât d'aimer cette Dame avec autant de passion; & non content de l'avoir fait Marquise & Duchesse, on croit qu'à l'exemple des Rois de la premiere Race, il l'auroit épousée, & de fait il chassa de la Cour un des principaux de son Conseil, pour l'en avoir détourné; il éleva par contraste aux dignitez & combla de biens deux de ses favoris, parce qu'ils épouserent leurs maîtresses, dont ils avoient de grands enfans, dans la vûe d'authoriser son dessein par leur exemple; ce qui donna lieu à un Satyrique de publier ces Vers :

Mariez-vous de par Dieu, Sire,
Votre héritier est tout certain,
Puisqu'aussi-bien un peu de cire
Legitime un fils de putain;
Putain, dont les sœurs sont putantes.
La grand'-mere le fut jadis,
La mere, cousines & tantes,
Hormis Madame de Sourdys.

Ce seroit ici le lieu de rappeller l'histoire amoureuse d'une de cette Cour galante, mais comme personne ne l'ignore & que la matiere est un peu trop étendue, je ne m'y arrêterai pas; je me contenterai de dire qu'alors il n'y avoit personne à la Cour sans amourette, chaque Courtisan, à l'imitation du Roy, avoit sa maîtresse.

D

L'Archevêque de Rouen son frere naturel, en eut quantité, témoin le dialogue qu'il eut avec le Maréchal de Rocquelaure, quand à l'exemple des autres Prélats du Royaume, il se vouloit dispenser de marier Madame Catherine, sœur du Roy & héretique, avec le Duc de Bar qui étoit Catholique. Les reproches plaisans que ce Maréchal lui fit alors, valent le meilleur conte de Bocace; entr'autres il lui dit : *Si vous faites plus le fat & l'acariastre, je le manderai à Janneton de Condom, à Bernard de l'Eveillée, & à Maître Julien ; m'entendez-vous bien ?* Et voyant qu'il ne se rendoit pas, *cela seroit bon entre vous & moi qui nous sommes vûes quelquefois aux bréches raisonnables.* Le reste est presque de la même force, & merite qu'on le lise ; il se trouve dans les mémoires du Duc de Sully, & si ce n'est pas la meilleure chose qui y soit, il n'y en a guére qui le vaille.

On croit qu'à l'imitation du Roy, autant que par inclination, le Chancelier & Garde des Sceaux de Chiverni voulut aussi avoir une maîtresse; l'on dit que c'étoit une des tantes de la Duchesse de Beaufort: Ce vieillard dans une dignité si férieuse & si éminente, ne cachoit point sa passion : le Roy n'en étoit pas fâché, & autant de fois que l'occasion s'en présentoit, ne manquoit point de l'en railler. Un jour qu'il tenoit sur les fonts à Saint-Germain de l'Auxerrois un enfant qu'il croyoit de lui plûtôt que du mari de la tante de sa maîtresse, comme la Sage-femme vint à le lui mettre entre les bras à l'ordinaire, en lui disant, Sire tenez-le bien, s'il vous plaît ; car il est bien pesant. Je ne m'en étonne pas, répondit-il aussitôt, car les sceaux lui pendent au cul.

Lorsqu'il lui prenoit envie de rire, il épargnoit aussi peu sa maîtresse, que les autres. L'entretien qu'il eut avec le Bâtelier, en passant vis-à-vis du Louvre, que j'ai rapporté ailleurs, en est une bonne preuve ; que s'il n'épargnoit personne, aussi ne vouloit-il pas qu'on l'épargnât : & une fois qu'il s'amusoit à regarder Paris du haut de Montmartre entre ses jambes, (de cette maniere les objets paroissent beaucoup plus singuliers) & comme il vint à dire, Que je vois de nids de cocus ! Gallet aussitôt ce grand joueur, se mettant dans la même posture, lui cria: Sire, je vois le Louvre ; dont il se prit à rire.

Une autre fois qu'il étoit malade d'une retention d'urine, que les débauchez appellent autrement, & que pour se guérir il s'étoit retiré à Monceaux, &s'étoit mis entre les mains des Chirurgiens; onze des plus grands Seigneurs de la Cour, pour l'en railler, se mirent à danser devant lui un ballet des Barbiers, qu'ils danserent si bien, & où le Roy prit tant de plaisir, que sa sœur le fit danser devant elle, à l'Hôtel de Soissons, où elle demeuroit.

Vers ce tems là, étant devenu amoureux de la femme d'un Marchand, comme il alla chez elle la nuit au rendez-vous, il ne fut pas plûtôt devant la porte, que le mari qui en étoit averti, mit la tête à la fenêtre, & se prit à crier de toute sa force, *Vive le Roy* : ce qui le fit retourner au Louvre sur ses pas, en riant.

Comme il dansoit un soir aux chansons au Louvre, ou à Fontainebleau, avec quelqu'une des femmes de Brulart, de Pinart, & de Villeroy, ses Secretaires d'Etat, où l'un de ces trois se rencontra, avec quelques grands Seigneurs & Dames de la Cour, la chanson vint à finir ; personne n'en recommençant une autre, le Roy pour ne pas laisser tomber le divertissement, & pour continuer la danse, se mit à chanter en riant:

Brulart, Pinart, & Villeroy,
Sont trois cocus, ce dit le Roy.

Un de ces maris ainsi déclarez cocus, qui étoit de la partie, pour lui rendre le change, mais toujours en dansant, & sur le même ton, répartit :

Si toutes les femmes vouloient,
Tous les maris cocus seroient ;
Et vous, Sire, comme un autre,
Un cocu meine l'autre.

Par ces Vers nous voyons que les impromptus dont on nous a rebattus si long-tems étoient en regne alors, & que ce n'est point une invention de nos jours. En voici encore un autre de Henri IV. allant une fois rendre visite à une de ses tantes, qui n'étoit guére plus chaste que les autres Princesses: comme il surprit dans son antichambre un grand Seigneur, qui en attendant l'heure du berger, faisoit des Vers, & avoit deja écrit ces deux-ci,

Je ne vois rien qui me contente,
Absent de ma divinité.

Aussitôt prenant sa plume, il mit au-dessous ceux ci, qui rimoient aux deux premiers.

N'appellez pas ainsi ma tante,
Elle aime trop l'humanité.

Quand je rapporterai ici quelques autres avantures plaisantes, quoiqu'arrivées sous les regnes précedens, quel mal y aura-t-il ? surtout ayant à tenir si peu de place : J'ai lû qu'une Princesse se jouoit avec son galant dans la même chambre où son mari jouoit à la Prime.

Un grand Prevôt de l'Hôtel, épris d'une Princesse, après l'avoir courtisée long-tems sans pouvoir en rien obtenir, à la fin une nuit lui fut accordée en vûe d'une magnifique tapisserie qu'il lui promit : mais parce que cette nuit se passa de maniere que par sa faute il sortit du lit comme il y étoit entré ; le lendemain ce Galant fait refus de donner la tapisserie, sur cela grande contestation entr'eux, & assez scandaleuse ; sur ce point, la femme d'un des Secretaires d'Etat fut choisie pour arbitre du different qu'elle termina à ces conditions, que tous deux ensemble chargeroient la tapisserie sur le dos du crocheteur, & que la Princesse passeroit encore une autre nuit avec cet amoureux si journalier.

Quelque tems après, un des plus braves & des plus grands Capitaines d'Henry IV. pour une querelle d'amour, du tems qu'il étoit encore jeune homme, en vint sur le pré, où il reçût un coup dans le bas ventre fort dangereux ; & parcequ'il étoit fils d'un pere plus grand Capitaine, & plus brave encore que lui, & que d'ailleurs sa mere qui étoit fort belle, ne se servoit pas mal de sa beauté, on fit courir ce Quatrain:

... a éprouvé la rigueur des combats,
Imitant en cela la valeur de son pere,
Mais il a bien montré qu'il tenoit de sa mere ;
D'être frapé au ventre, & de n'en mourir pas.

Or pour retourner à l'Histoire de Henry IV. où cette avanture ici me fait revenir ; ce Prince dans le goût de Henry II. fit entrelasser ses chiffres avec ceux de la Duchesse, dans les Palais qu'il fit bâtir pendant le tems de ses amours ; ils ne s'y voyent plus, parce que Marie de Medicis les a fait effacer. Touchant les lettres amoureuses que ce Prince lui a écrites, aussi-bien qu'à la Marquise de Verneuil ; une bonne partie depuis peu a été imprimée à Leyde : la Duchesse logeoit en 1594, à l'Hôtel de Bouchage,

D ij

occupé maintenant par les Prêtres de l'Oratoire ; & ce fut là, dans la principale Sale & non pas au Louvre, que le Roy tout chaud encore de ses baisers amoureux, fut blessé par Jean Chastel ; depuis, elle demeura au Louvre, dans l'appartement de la Reine ; & encore à l'Hôtel Zamet, appellé maintenant l'Hôtel de Lesdiguieres, & alors quelquefois la Maison des menus plaisirs du Roy, parceque c'étoit son rendez-vous ordinaire quand il se vouloit divertir ; & enfin elle mourut au Logis du Doyenné de Saint Germain de l'Auxerrois, loué présentement au grand Conseil ; & sur ce que le Garde des Sceaux n'en voulut pas porter le deuil, le Roy s'en plaignit. Le Maréchal de Balagny, fils d'un Evêque de Valence, qui avoit épousé la sœur aînée de la Duchesse, fit les honneurs de la pompe funebre. Comme les six autres sœurs de la défunte, plus dissolues qu'elle encore, y assistèrent ; Sigogne, Poëte mordant, composa ce Sixain :

> *J'ai vû passer sous ma fenêtre,*
> *Les six pechez mortels vivans,*
> *Conduits par le bâtard d'un Prêtre,*
> *Qui tous ensemble alloient chantants,*
> *Un Requiescat in pace,*
> *Pour le septiéme trépassé.*

A la Duchesse succeda la Marquise de Verneuil, elle devint maîtresse du Roy avant qu'il epousât Marie de Medicis, & ne laissa pas de l'être encore long-tems depuis son mariage. En 1599, qu'il commença à en être amoureux, il fut loger à l'Hôtel de Gondy, qui est aujourd'hui l'Hôtel de Condé ; à cause qu'elle demeuroit auprès, à l'Hôtel de Lyon ; & c'est dans ce Logis là même qu'il la présenta à la Reine. D'abord, elle y vécut, en assez bonne intelligence avec la Princesse ; mais avec le tems, les discours libres & peu respectueux qu'elle commença à tenir d'elle, les mirent mal ensemble : ce qui ambarassa extrêmement tous les gens de Cour, qui ne pouvoient se dispenser de les voir toutes deux ; le Roy n'ayant pas moins de respect pour sa femme, que d'amour pour sa maîtresse. Mais comme enfin la Marquise promit de favoriser le mariage de Conchini avec Galigay, ce que la Reine desiroit ardemment, & dont le Roy ne vouloit point entendre parler ; Sur cela, aussitôt elles devinrent si bonnes amies, que la Princesse tous les jours envoyoit à son appartement sçavoir de ses nouvelles, & lui faisoit part de tous les présens qu'elle recevoit ; ensuite, étant venue à accoucher au Louvre toutes deux d'un garçon, presque en même tems ; la Reine après fit un ballet, qu'elle fut deux ou trois mois à étudier, & où elle admit la Marquise : le Roy en témoigna tant de joye, qu'il consentit au mariage de Conchini, & permit à sa femme de lui donner beaucoup. Depuis, s'étant brouillées de nouveau, leur haine fut si grande que la Reine ne pouvoit souffrir ceux qui voyoient la Marquise ; & la Marquise de son côté faisoit tout le mal qu'elle pouvoit à ceux qui étoient bien venus auprès de la Reine. Sur ces entrefaites le Roy & la Reine allerent se divertir à Saint Germain, dans un carosse à quatre chevaux, qui étoit la mode de ce tems là ; car comme alors il n'y avoit point encore de Pont auprès de Neuilly, par où il faut passer nécessairement, & que par hazard on n'avoit point fait boire les chevaux, d'abord qu'ils virent la Riviere, ils se lancent dedans sans que le cocher en pût être le maître, & entraînent avec eux le Roy & la Reine ; & quoiqu'ils fussent secourus promptement, la Reine ne laissa pas de boire un peu. Après qu'elle fut bien remise de la peur qu'elle avoit eue, chacun accourut lui témoigner sa joye de la voir rechapée d'un tel danger ; & comme du sérieux on passa au plaisant, le Cardinal du Perron, entr'autres choses lui demanda en riant, si elle se souvenoit de ce qu'elle avoit fait quand elle se vit dans l'eau ; Oui, répondit-elle ; & si je ne me trompe , j'avois les mains sur le Roy autre part qu'ailleurs. A quoi le Cardinal repliqua : Vous aviez raison, Madame, car cette piece ne va jamais au fond. En peu de tems tout le monde sçût cette avanture : & la Marquise qui n'étoit pas de la partie, & étoit demeurée à Paris, l'ayant apprise, dit, Si j'avois vû ce spectacle, je me serois mise à crier, La Reine boit.

Vers ce tems-là, le Pere Gontier, ou Gontieri, Jesuite, prêchoit le Carême à Saint Gervais : comme il n'y avoit point alors de Prédicateur qui fut plus suivi, le Roy, la Marquise & toutes les principales coquettes de la Cour, ne perdoient pas un de ses Sermons ; ces Dames ordinairement se plaçoient près de l'œuvre, à cause que le Roy s'y mettoit presque toujours , & venoient plus parées que jamais ; outre le bruit & scandale qu'elles causoient , la Marquise sur tout sans cesse faisoit des signes au Roy pour le faire rire , si bien que le Pere Gontier, indigné de voir violer ainsi le respect dû à la Maison du Seigneur & à sa parole, dit un jour, au milieu de sa Prédication : Sire , ne vous lasserez-vous jamais de venir avec un serail entendre la parole de Dieu , & de donner un si grand scandale dans ce lieu saint ? Je laisse là le reste de sa remontrance, comme étant trop long. Toutes ces femmes en furie, la Marquise plus que toute autre, n'oublierent rien pour porter le Roy à faire un exemple de Prédicateur si indiscret, ou du moins de l'envoyer à la Bastille. Le Roy n'en fit rien ; avec tout cela, elles ne laisserent pas de venir l'entendre le reste du Carême, & toujours avec leur coqueterie ordinaire. Le Roy y retourna le lendemain ; comme le Pere alloit à la Chaire, l'ayant rencontré, il l'assura qu'il ne devoit rien craindre : bien plus , il le remercia de ses corrections ; mais en même tems il le pria de ne les plus faire publiquement.

Touchant la mort de ce Prince, le bruit commun est qu'il fut assassiné dans la ruë de la Feronnerie, pendant qu'il lisoit une lettre d'amour d'une des plus belles & plus grandes Princesses du Royaume, dont la beauté & la liberté lui étoient si cheres, que pour cela il se preparoit à déclarer la guerre à la Maison d'Autriche. D'autres disent que pour lors il étoit en chemin pour aller à l'Arsenal, ou à l'Hôtel de Zamet, profiter d'un rendez-vous que lui avoit enfin accordé Mademoiselle Paulet, dont le nom est si fameux par la Paulette que son pere inventa, afin de rendre héréditaires les Offices du Royaume. Après tout, c'est de cette belle & agréable Paulet, dont parle Me Guillaume dans son voyage de l'autre monde, quand il demande La Paulette est-elle renversé ? A-t-elle hazardé sa Bague contre une Croix de si grand prix ? C'est d'elle encore qu'il est parlé dans le Cyrus sous le nom d'Elyse, où ses amours & celles de Henry IV. sont déguisées ; & enfin, c'est une des saintes qu'Isart a canonisées dans son grand Almanach d'amour de l'année 1657.

Si la calomnie en étoit crûë, Conchini si connu sous le nom du Maréchal d'Encre, eut du vivant du Roy, & après sa mort, toute la part qu'il pouvoit prétendre aux bonnes graces de Marie de Medicis si bien que comme il logeoit au coin de la ruë & du petit jardin du Louvre, dans une maison ruinée depuis peu, & que venant à des heures induës pour parler à la Reine d'affaires secretes & pressées, il lui faloit passer sur un pont-levis qui traverse le Fossé, & conduit du petit jardin à l'appartement des Reines meres ; pour cela, on donna à ce Pont, le nom du Pont d'Amour, & que quelques-uns lui donnent encore aujourd'hui.

LOUIS XIII.

LOUIS XIII. sur le fait de l'amour, a été si opposé aux Princes dont nous venons de parler, que même fort long-tems on a eu tout sujet de dire de lui:

Venator teneræ conjugis immemor;

J'ai ouï dire à Christine, cette savante Reine de Suede, parlant de sa retenue, que de toutes les belles Dames qui avoient eu le plus de part à ses bonnes graces, il n'en avoit jamais aimé que l'espece; & de fait, ajouta-t-elle: Madame de Hautefort, Dame d'atour de la Reine, sa femme, depuis mariée au Maréchal de Schomberg, qui est celle pour qui il a eu le plus de passion, & qui enfin le gouvernoit si absolument, qu'à la sollicitation de la Reine, & de la Duchesse de Chevreuse, elle lui fit promettre par écrit qu'il se déferoit du Cardinal de Richelieu; comme ceci vint à la connoissance du Cardinal, & que le Roy pressé sans cesse par ce Ministre, fut obligé de retirer son écrit; à la fin, après quantité de défaites & de remises, Madame de Hautefort, ayant mis le billet dans son sein, étant devant le Roy, découvrit à demi sa gorge, qu'elle avoit admirablement belle, & lui dit: Sire, l'écrit que vous avez fait est dans mon sein, prenez l'y si vous le voulez avoir; que ce Prince là-dessus, aussi chaste que Joseph, qui n'y avoit jamais mis la main, & ne le vouloit pas faire encore, eut recours pour cela aux pincettes de la cheminée, qu'il alla prendre. D'assurer que ceci soit bien vrai, nenni pas.

A l'égard d'Anne d'Autriche, incontinent après la mort de Louis XIII. un jour qu'elle rencontra Voiture rêvant dans la gallerie du Palais Cardinal, & lui ayant demandé à quoi il pensoit; ensuite quelque vertueuse qu'elle fut & d'une vie irreprochable, non seulement il fit les Vers suivans, mais même les lui présenta:

Je pensois que la destinée, &c.

Ces calomnies sans doute ne sont pas plus vrayes que celles que Brantôme raconte d'une Reine, dont il ignore le nom, & qui ne fut jamais; & pourtant, à ce qu'il dit, qui demeuroit dans la Tour de Nesle, d'où elle prenoit souvent plaisir à considerer les Passans; & lorsque quelqu'un lui agréoit, aussitôt elle le faisoit venir, & après s'être bien divertie avec lui, pour récompense le faisoit jetter dans la Riviere. Et quoique Brantôme fasse semblant de ne pas ajoûter trop de foy à cette fable, il ne laisse pas néanmoins de prétendre que tout Paris la croyoit, & qu'autant de fois qu'on venoit à parler de cette Tour, toujours cette histoire étoit mise sur le tapis.

Quant à moi, je crois sçavoir l'Histoire de Paris, cependant je n'en ai jamais ouï parler, & ne l'ai ni lûe, ni aprise que dans son livre.

Comme il me reste plusieurs choses arrivées sous Henry III. & depuis qui ne pouvoient pas trouver place alors, ni être mêlées parmi le reste, je suis d'avis de les joindre ici, & d'en faire un petit corps, aussi-bien peut-être n'en vaudront-elles pas pis d'être lûës toutes ensemble.

Trois jeunes Seigneurs amoureux, & aimez de trois jeunes Dames, gagerent entr'eux à qui feroit de plus grands excès avec elles; & comme deux en moururent, un Satyrique du tems, pour s'en mocquer, fit cette Epitaphe:

De trois, les deux sont morts, des galants de la Cour,
Pour avoir trop goûté des plaisirs de l'amour, &c.

Si je n'ajoute pas le reste, c'est qu'il est trop dissolu.

Il vaut mieux se railler avec Monsieur Guillaume de ces jeunes foux dont il parle dans son voyage de l'autre monde : Je vis, dit-il, à la Valée de Ronceaux le Baron de Flex, & le Comte de Saux qui cherchoient de l'herbe cordiale, & de reprise, pour renforcer la nature débilitée, à force d'avoir trop jetté la pierre.

D'autre côté, plusieurs Dames n'étoient guére moins dissoluës ; les unes presqu'aussi curieuses de certaines parties cachées, que de leur tête, en rasoient le poil ; d'autres le retroussoient comme la moustache d'un Sarrazin ; les autres le gallonnoient, ou le chargeoient de gallands, & de parfums.

Quant aux maris, si la plûpart dissimuloient la vie de leurs femmes, il s'en trouvoit qui les faisoient étrangler par des gens masquez avec leurs propres cheveux, ou des lacs de soye, ou les étrangloient eux mêmes avec leurs écharpes, & après leur faisoient des funerailles magnifiques, en portoient le deuil, & faisoient semblant d'être fort affligez. D'autres se contentoient d'assassiner ceux qui venoient souiller leur lit, pardonnoient à leurs femmes, ou à cause de leur grossesse ou de leur beauté, sans pourtant se découvrir à elles là-dessus ; tout ceci cependant n'étoit point si caché que les railleurs n'en fissent leur profit, & qu'on ne vît de leurs vers & tels que ceux ci.

Dames qui aimez s'affiquer,
Gardez-vous en toute maniere,
Des lacs de soye de Humieres,
Des grands pardons de Villequier,
Des cathares de Chiverny,
Des lamentations de Fargy,
Et du retour de Scipion,
Têtes dures & sans pardon.

On en a vû qui ont fait trancher la tête à leurs rivaux ; & d'autres enfin, qui en se promenant avec leurs femmes le long de l'eau, les ont noyées, en les poussant dedans.

J'ai deja remarqué que sous Charles VII. Flavy Gouverneur de Compiegne, voulut aussi noyer la sienne ; & de là, sans doute, est venu le proverbe : Ce n'est rien, ce n'est qu'une femme qui se noye.

Entre ceux que les maris firent assassiner, il n'y en a guére qui ait fait plus de bruit que Saint-Megrin, Mignon de Henry III. Ce favori si aimé de son Prince, ne l'étoit guére moins, dit-on, d'une Princesse ; & comme ces sortes d'intrigues entre les Grands sont difficiles à cacher, leurs amours bientôt vinrent à la connoissance du mari ; mais parcequ'il ne s'en mettoit pas trop en peine, comme politique, qui songeoit plus à faire ses affaires, qu'à autre chose, à la fin néanmoins à force de se voir railler par son frere, qui même quelquefois lui disoit en colere, qu'un cocu n'avoit jamais chanté belle chanson ; tout à-coup, en 1578 assisté de vingt ou trente, il attaque Saint-Megrin la nuit du 21 Juillet, comme il sortoit du Louvre, & le blesse de 34 ou 35 coups mortels, dont il mourut le lendemain ; mort qui affligea si fort le Roy, qu'il s'abandonna tout-à-fait à la douleur : cependant il se contenta de lui faire des funerailles aussi magnifiques qu'à Quelus, & à Maugiron, sans oser vanger sa mort ; ayant sçû que parmi les assassins on avoit remarqué le beau-frere de la Princesse. Henry IV. qui n'étoit encore que Roy de Navarre, n'aprit pas plûtôt cette avanture qu'il dit alors, croyant que le Duc de Gy y avoit eu part : Je fçai bon gré au D. D. G. mon coufin, de n'avoir pas fouffert qu'un Mignon de Couchette comme Saint Megrin, le fît cocu, c'eſt ainfi qu'il faudroit accouſtrer ces autres petits galants de la Cour qui ſe mêlent d'approcher des Princeſſes pour les mugueter & leur faire la cour.

On pourroit s'imaginer ici qu'un beau-frere auſſi dangereux que celui dont je viens de parler, avoit empêché fa belle-fœur d'avoir un autre galant pour avoir fait tant de peur aux autres Mignons de la Cour, que pas un depuis n'oſa pas feulement la regarder; néanmoins elle en eut un tout nouveau, à la verité auſſi grand Prince que ſon mari, & même s'en cachoit ſi peu, que le D D. G. venant encore à le fçavoir, diſoit à ſes parens, & aux autres qui l'en vouloient railler; Par ce moyen, j'attache ce Prince à mes intérêts, & je reçois mille bons offices d'un homme qui ſans cela me donneroit bien de la peine.

Je n'ai point voulu parler du meurtre de Buſſy d'Amboiſe affaſſiné par le mari d'une femme qu'il entretenoit, parceque ceci arriva trop loin de Paris. Quant à l'avanture du Chevalier d'Aumalle, j'aurois tort de l'oublier.

Durant les guerres de la ligue, comme il vint enlever d'emblée la ville de Saint-Denis, après avoir diſtribué une partie de ſes gens dans les Cabarets, auſſitôt il fut trouver une femme galante, nommée la Paverie, qui logeoit à l'Epée Royale : dans ce tems-là de Vic, Gouverneur de la Place, qui en avoit été chaffé, rallie ſon monde, rentre dedans, s'en rend le maître, où le Chevalier ſe défendit ſi vaillamment tant qu'il eut des armes & de la vie, que tout percé de coups, on n'auroit pas pû le reconnoître ſans les chiffres amoureux que la Paverie lui avoit gravés aux deux bras, long-tems auparavant. Incontinent après, ceux de Paris envoyerent demander ſon corps, qui fut enterré avec beaucoup de deuil & de magnificence à Saint-Jean en Greve, dont le Curé avoit été ſon Précepteur.

Quant aux bons maris, & quelqu'uns aſſurez que leurs bonnes Dames ſont à paſſer le tems avec leurs galants, entrent furieux, l'épée à la main, comme allant tout tuer ; & cependant au milieu d'un ſi grand tranſport, tandis que l'un ſe ſauve par la fenêtre, ou que l'autre caché ſe réſout à mourir ; trouvant leurs femmes plus propres, plus belles & mieux parées que jamais ; auſſitôt les armes leur tombent des mains, ſe mettent à les careſſer, les baiſent, folâtrent avec elles & enſuite vivent mieux enſemble qu'auparavant.

Mais que doit-on penſer de ce pacifique incomparable qui ravi de ſe voir le Collier de l'Ordre dont ſa femme étoit cauſe, & qu'elle avoit ſi bien gagné, en rioit de joye avec elle, & même ne trouvoit point mauvais qu'en bonne compagnie elle lui dit : Ah ! mon ami, que tu euſſes couru long-tems favette, avant que tu euſſes eu ce diable que tu portes au col.

VITRES.

SI les Hermetiques ont été heureux à faire de riches découvertes ſur les figures, & les rondes boſſes, ils ne le ſont pas moins à l'égard des vitres. Quelles belles réflexions n'ont-ils point faites aux Céleſtins dans celles de la Sacriſtie ; & tout de même à l'Hôpital Saint Gervais ?

Ils ſont charmez, lorſqu'ils ſont dans les Chapelles de Saint Joſeph, & de l'Aſſomption ; à Saint Sauveur, & à Saint Jacques de la Boucherie, où des Peintres du ſiécle paſſé ont ſi bien exercé leur peinceau pour repreſenter à la lettre ces paroles de l'Ecriture. *Torcular calcavi ſolus*. Ils ne paſſent
guére

guére pardevant Saint André, qu'ils n'entrent incontinent dans l'Eglise, à cause de la Chapelle de Saint Jean & du Saint Sacrement, & de cette autre qui tient au clocher & à la tour, où ils déchifrent en 100 façons l'arbre de vie qu'on y voit representé sur le verre.

Touchant les vitres ridicules, le Curé défunt de Saint Germain de l'Auxerrois fit ôter les vitres de la Chapelle Sainte Marie Egyptienne, où on la voyoit trouffée jusqu'aux genoux, devant un Bâtelier monté sur son vaisseau, avec ces paroles: Comment la Sainte offrit son corps au Pontenier pour son passage.

Dans ce tems-là même il fit encore ôter du contretable de l'autel du grand Conseil, des figures de Sphinx, & d'Anges nus, & fort deshonnêtes, qu'un Sculpteur Anglois héretique, du tems de Wiclef, y avoit mêlées à dessein parmi les mysteres de la Passion, & encore en un endroit si exposé à la vûe du Prêtre célébrant la Messe, qu'elles en avoient troublé quelques-uns & corrompu d'autres.

A Saint Paul, dans les vitres de la Chapelle de la Passion, où Clovis est représenté dans une bataille, tous ses drapeaux sont arborez de trois Fleurs de Lys, quoique nos Rois les ayent eu sans nombre jusqu'à Charles V. faute certainement assez grossiere, & néanmoins qu'on pourroit excuser en quelque façon, n'étoit qu'on doute que les Rois de la premiere race, aussi-bien que ceux de la seconde, eussent même des Armoiries.

Dans la même vitre, le même Peintre encore y fait voir Clovis recevant le bâtême ; mais tout nud & plongé dans un baptistere jusqu'au ventre, avec la couronne en tête, sans s'être aperçu que pour être baptisé, il faut avoir la tête nuë ; mais dans le tems passé, les Peintres & les Sculpteurs n'étoient pas des plus ingenieux, & ne pouvoient représenter un Prélat, un Pape, un Empereur, un Roy, sans lui donner une couronne, une thiarre, & une mitre ; aussi ne les voit-on point autrement dans la plûpart des vitres, des tableaux & des tapisseries des Eglises de Paris ; jusques là même qu'à Saint Jean en Greve, dans une Chapelle proche des fonts, on voyoit un Evêque couché dans son lit sans chemise, & pour bonnet de nuit, une riche mître.

Aux vitres de la croisée de Saint Eustache qui regardent la ruë des Prouvelles, Jules III. Charles-Quint, & Henry II. sont figurez par Jean Nagare, avec leur couronne, leur thiare, & leurs habits Royaux & Pontificaux, adorants le petit Jesus que la Vierge tient entre ses bras.

Aux Jacobins du grand Couvent, Saint Vincent Ferrier, dans les vitres de sa Chapelle, est représenté prêchant, & a pour Auditeurs des Rois, des Princes, des Papes, des Empereurs, des Imperatrices, & tous revêtus de leurs ornemens.

Qui voudra voir des Papes, des Empereurs, des Rois, des Evêques, des Archevêques, & des Cardinaux, tous avec leurs habits de cérémonie & occupez à remplir & rouler des tonneaux, les descendre dans la cave, les uns montez sur un poulain, les autres tenans le traineau à droit & à gauche, & en un mot faire tout ce que font presque les Vendangeurs, & les Tonneliers. Cela se trouve aux vitres de l'Hôpital Saint Gervais, & de la Chapelle Saint Louis, de Saint Sauveur ; & tous ces personnages là au reste ne sont pas des portraits de caprice ; mais c'est Paul III. Charle-Quint, François premier, Henry VIII. le Cardinal de Châtillon, & autres presqu'aussi ressemblans, que si on les avoit faits d'après eux : & le tout, sur ces paroles, *Torcular calcavi solus* ; les muids qu'ils manient sont pleins du Sang de Jesus-Christ, étendu sur un pressoir, qui ruisselle de ses playes de tous côtez. Ici les Patriarches labourent la vigne, là les Prophetes & Saint Pierre font vendange, la foulent & portent le raisin dans la cuve: les Evangelistes dans un lointain figurez par un aigle, un taureau, & un lion, la traînent dans des tonneaux sur un chariot que conduit un Ange ; les Doc-

E

teurs de l'Eglife , & les Cardinaux , la recoivent au fortir du Corps de N. Seigneur , & l'entonnent : les Curez & les Prêtres d'autre part confeffent & communient ; enfin , des vers auffi mal conçûs que l'allegorie , font ajoûtez pour explication : cet ouvrage neanmoins tout ridicule qu'il foit, eft d'un des meilleurs Peintres & des plus excellens vitriers qui fût au commencement du fiécle paffé.

La même chofe fe voit encore à Saint Jacques de la Boucherie, à St André, & à la Sacriftie des Céleftins , mais plus épurées & fans la plûpart de ces vifions ; à Saint Sauveur , il n'y en a pas tant qu'à Saint Gervais, quoique ce foit un Marchand de vin nommé Marier qui l'ait fait faire ; car à St Gervais, il y en a plus qu'aux quatre autres.

Aux vitres du Chœur de Saint Merry , on voit St Pierre en prifon avec une mître, à la verité ceci ne vient pas du Peintre qui a donné le deffein, mais d'un autre depuis, qui a pris dans une autre vitre la tête d'un Prélat , & l'a mife à la place de celle de Saint Pierre qui étoit caffée.

TAPISSERIES.

DANS les tapifferies de Saint Nicolas des Champs , Saint Nicolas y eft réprefenté donnant un foufflet à Arius, au Concile de Nicée; ce que le Pape trouvant fort mauvais , & pour cela l'ayant interdit ; on le voit rétabli par Notre Seigneur même, qui lui renvoye auffitôt fa mître & fa croffe; car il faut fçavoir que la vie de ce Saint eft venuë à nous fi alterée, que le Pere Syrmond & autres Savans ne fçavent qu'en juger , jufqu'à douter fi jamais il a été au monde : mais en tout cas quand bien même il auroit été tel que le croit l'Eglife Grecque, il eft conftant par fa vie qu'il ne fe trouva point au Concile de Nicée ; les vers au refte qu'on lit au bas de la piece où fa mître & fa croffe lui font renvoyées , femblent avoir été faits pour rendre ce miracle encore plus ridicule , jufqu'à ne pouvoir s'empêcher de rire.

Aux tapifferies de Saint Germain des Prez , qui contiennent la vie de St Germain ; là, on le voit au lit malade, coëffé de fa mître, de même que cet Evêque peint aux vitre de Saint Jean , dont j'ai parlé.

A celle de Saint Merry , le diable en habit d'Hermite avec un gros chapelet pendant , fe vient préfenter à Jefus-Chrift dans le defert, afin de le mieux tenter. A propos de chapelet , il fe trouve quelques Peintres qui le font dire à des perfonnes qui vivoient bien des centaines d'années avant qu'il fût en ufage , & même avant que la Vierge vint au monde.

A Saint Benoît ; Sainte Elifabeth le dit en couche , dans les vitres de la Chapelle Saint Louis ; à Saint Étienne du Mont , dans les vitres de la Chapelle Sainte Anne , où la Vierge eft réprefentée prête à rendre l'efprit , parmi les Apôtres prians autour de fon lit : il y en a un qui bien devotement dit fon chapelet pour le repos de fon ame.

A l'égard des tapifferies de Saint Martin des Champs , elles n'ont pas leurs pareilles pour les raretez qui s'y remarquent, là Saint Martin eft dépeint allant la nuit à Matines tout feul, & pourtant en habit de Pontife avec fa mître , & fa croix; & quoique Sulpice Sévere qui a écrit fa vie mieux que pas un , dit feulement , qu'un jour Saint Martin fortant du refectoire tomba fur l'efcalier & que s'étant bien bleffé il fut guéri la nuit par un Ange; Les Religieux encheriffant là-deffus , font voir dans leur tapifferie que cet accident lui arriva allant à Matines ; & le tout , par la malice du diable qui pour l'empêcher d'y aller, eft là réprefenté femant des poix fur les degrez; & quant à fa guerifon, c'eft la Vierge elle-même accompagnée d'un Ange qui opere ce miracle, par le moyen d'une liqueur enfermée dans une phiolle qu'elle tient, qu'ils appellent la Sainte Ampoulle, & qu'ils ont fait fervir au Sacre de quelqu'un de nos Rois.

TABLEAUX, ET PEINTURES.

DANS l'Eglife de la Mercy, au tableau du maître Autel, un Roy & un Empereur, tous deux avec une groffe barbe blanche, font reprefentez à genoux recevant le Scapulaire des mains de la Vierge.

L'Empereur eft revêtu de fon manteau Imperial, a la Couronne en tête, une cuiraffe avec des braffarts & des cuiffarts.

Pour le Roy, il n'a que fes habits Royaux.

Aux Quinze-Vingts dans la Chapelle de la Confrairie Saint Roch, les Confreres ont fait peindre leur Patron, priant Dieu dans un défert auprès d'une fontaine, lorfque les Plaifantins l'eurent chaffé de leur Ville, parce qu'il avoit la pefte, avec ces paroles : *Comment Monfieur Saint Roch, malade de la pefte, & tous de voir d'avoir été bouté hors de Plaifance, alla au Défert, où Dieu lui envoya une belle fontaine pour le fecours de l'ardeur de fa maladie.*

Depuis peu aux Billettes, dans la Chapelle de la Vierge, le Pere Mathias de Saint Jean, Provincial des Carmes Mitigez, a fait reprefenter Agabus, l'un des amans de la Vierge, rompant fa baguette & prenant l'habit de Carme, de dépit de la voir mariée à Saint Jofeph.

Touchant la Vierge, au refte, combien les Peintres & les Sculpteurs ont-ils montré leur fotife en faifant fon portrait ? Les uns veulent qu'elle ait été douée de dix vertus, ce qui a donné lieu au Monaftere des dix Vertus du Faubourg Saint Germain ; les autres lui percent le cœur de fept épées pour exprimer les fept douleurs qu'elle fouffrit, à ce qu'ils difent, à la mort de fon Fils : ce qui a fait fonder la Chapelle & la Confrairie de Notre-Dame des fept douleurs aux Auguftins noirs, appellez communement les Petits Peres. Quand ils la repréfentent à l'agonie, auffi-bien que Sainte Anne & Sainte Elifabeth, c'eft d'ordinaire fur un lit chargé d'*Agnus Dei*, & entouré d'autant de Reliquaires & de Reliques que celui de Louis XI. lorfqu'il mourut. J'ai vû quelque part une Notre-Dame difant les Heures de la Vierge. Aux grands Jacobins, à Saint Etienne, & à Saint Innocent, à la Chapelle de la Vierge, on la voit fur le lit avec l'aube & l'étolle, & même le goupillon en main, lui donnant de l'eau benite ; les autres pfalmodiant, ou difant leur breviaire.

Pour voir merveille finguliere, il faut aller à Saint Gervais, & là, contempler attentivement la vie de la Vierge peinte dans les vitres de fa Chapelle, avec celle de Sainte Elifabeth, par un Vitrier, & par un Peintre du Siécle paffé ; car on peut dire avec grande raifon que cela paffe le ridicule.

A l'égard des Cloîtres, les peintures qui les ornent ne font guére plus fenfées : comme à l'Abbaye Saint-Germain, aux grands & aux petits Jacobins, à Sainte Croix de la Bretonnerie, aux Feuillants, aux Carmes, & encore aux Billettes.

Au Cloître de l'Abbaye Saint-Germain Gregoire VII. en habit de Pontife, a un fouet à la main, à cause qu'on l'avoit furnommé, *flagellum Principum*.

Quoique le Nonce Bagny vers la fin de fa Nonciature ait fait effacer du petit Cloître des Chartreux, ces quatre Vers fuivans,

Un Chanoine mort de Paris,
Ainfi qu'on faifoit fon fervice,
Répondit au Chœur par ces dits,
Que damné étoit pour fon vice.

E ij

Néanmoins on ne laisse pas de les lire encore dans un livre imprimé long-tems auparavant, avec tous les autres, nonobstant que de Launoy, notre savant ami, ait fait voir que le conte qu'on fait du Chanoine de Notre-Dame, damné pour son orgueuil, est une pure fable; & qu'enfin c'étoit sans fondement, que les Chartreux préoccupez de la tradition, l'avoient fait peindre sur un des murs de leur Cloître, nonobstant tout ce-ci, lorsqu'ils rebâtirent leur petit Cloître, il y a quelques années, la même Histoire a été representée tout de nouveau par le Sueur, l'un de nos excellents Peintres.

Pour voir la mort en bien des postures, & les civilitez qu'elle fait aux uns & aux autres, soit Papes, Princes, ou Villageois; lorsqu'elle vient leur annoncer qu'il faut partir, on n'a qu'à considerer une liste de Plomb qui regne le long d'une partie du Cimetiere de Saint Innocent.

Dans le même Cimetiere, se voit encore depuis le mois d'Août .... jusqu'au Carême suivant, la danse Machabée peinte sous les charniers, où la mort fait bien d'autres tours & d'autres mommeries; il en reste encore des tableaux qui ne seroient ni déchirez, ni effacez, si on n'en avoit pas autant de soin que de celui du mauvais riche.

Ce tableau est scellé sur les mêmes charniers, près d'une porte du Cimetiere à côté de la ruë au fer; il est de la maniere de Lucas, & on ne le voit qu'à la Toussaint & le jour des Morts; tout le reste de l'année il est fermé à la clef. Là, le mauvais riche est representé à l'agonie, assisté d'un Confesseur qu'il n'écoute pas : de tous côtez chacun le pille, sa femme, ses parens, les gens de Justice; & enfin on y aperçoit les Prêtres qui s'entrebattent devant l'Eglise pour les torches de son enterrement.

La maniere des Peintres pour les portraits des Saints a quelque chose encore d'assez plaisant; car ils ne manquent jamais de representer Saint Antoine avec un cochon auprès de lui.

Saint Marc, & Saint Jerôme, avec un Lion.

Saint Luc avec un bœuf.

Saint Hubert dans leur esprit aime plus les Forêts que l'Eglise, & jamais on ne le voit sur leurs toiles qu'en habit de chasseur, & un cerf qui le suit,

Saint Gille seroit tout décontenancé à leur avis, s'il n'avoit sa biche.

Saint Roch aime trop son chien pour le perdre de vuë.

Saint Martin, Saint Georges, & Saint Victor, ne sauroient se passer de cheval, tant ils haïssent d'aller à pied.

Saint Wast, d'une autre humeur que Saint Jean, ne peut souffrir d'agneau, mais est ravi de voir un ours.

Ils croiroient faire tort à Moyse, s'ils ne lui donnoient des cornes

Saint Honoré a si peur que le pain manque, que sans cesse il est occupé à mettre la pâte au four.

Saint Crépin, Saint Crépinian ont tant de pitié des mal chauffez, qu'ils ne songent qu'à leur faire des souliers.

Enfin Sainte Margueritte est toujours sur un dragon; & Saint Michel sur un diable.

Diable au reste qui est la plus maudite & laide bête de toutes, & qui ne se plaît qu'à faire des méchancetez; car combien s'en voit-il de preuves dans Paris, que le peinceau & le ciseau ont mis en évidence.

Je laisse-là les poix qu'il seme sur l'escalier de Saint Martin, dont j'ai parlé, pour lui faire rompre le col en descendant; quelle malice ne fait-il point à Sainte Geneviéve, à Saint Merry, & ailleurs, afin d'éteindre son cierge en dépit même de l'Ange qui s'y oppose, & jusqu'à prendre un soufflet.

A Saint Martin des Champs, dans les tapisseries, il a bien l'insolence de tirer par force des formes du chœur, & de les entraîner hors de l'Eglise.

Si quelque grand pecheur eſt prêt de rendre l'eſprit, de crainte que ſa proye ne lui échape, il eſt colé ſur ſa bouche, pour ainſi dire, attendant avec impatience que l'ame ſorte, afin de l'emporter bien vîte.

Dans le Cloître de Saint Germain des Prez, il peſe ſi fort ſur une pierre que pluſieurs Religieux s'efforcent de remuer, qu'ils n'en ſauroient venir à bout.

Au Portail de Notre-Dame, c'eſt bien pis, car on le voit pendu en l'air & le corps tout ramaſſé ſous une des balances de Saint Michel peſant les ames, afin d'en excroquer quelqu'une.

Mais le bon eſt de le voir au Cloître des Jacobins du grand Couvent, où Saint Dominique en punition de l'avoir voulu empêcher d'étudier le ſoir, lui donne à tenir un petit bout de chandelle, qui auſſitôt venant à le brûler & n'oſant l'éteindre, ſans ceſſe le change de main, en faiſant cent grimaces.

FIGURES DE RONDE BOSSE.

EN 1579, au mois de Mars, par ordre de l'Evêque & du conſentement ſécret de la Cour, le Chevalier du Guet ôta du coin de la ruë de la Perle un Crucifix de bois peint, grand comme ceux des Paroiſſes, appellé de tout tems, le Crucifix marque eau, pour n'avoir été mis là qu'afin de marquer à quelle hauteur étoit parvenuë la Rivière, dans un certain débordement : mais cependant à qui on donnoit tout communement le nom de maquereau, depuis que quelques femmes ſcandaleuſes furent venues s'établir tout auprès à cauſe que pour lors il ſervoit à enſeigner leur demeure ; & ce qui fait dreſſer les cheveux à la tête, eſt que ce n'étoit pas le ſeul à qui on donnât un ſi deteſtable nom ; on le donnoit encore à d'autres de quelques Paroiſſes cachez en certains endroits obſcurs qui ſervoient de rendez-vous aux débauchez, & où ſe faiſoient des confeſſions ſacrileges: de nos jours, il s'en voyoit encore à Saint Nicolas des Champs mais préſentement les Curez & les Marguilliers y ont donné ſi bon ordre, que non-ſeulement ils les ont fait ôter, mais de plus la place où ils étoient eſt ſi bien éclairée, que le ſoleil y donne à toute heure.

Le Sculpteur d'Etienne de Paris a figuré au Portail de Notre-Dame, contre la verité & la croyance de l'Egliſe, la Vierge au lit, en couche auprès du bœuf & de l'âne qui de leur haleine échaufent le petit Jeſus.

Le couvreur de l'Egliſe de Notre-Dame des Champs, m'a aſſuré que les balances de ce Saint Michel élevé ſur le comble ſont pleines de têtes d'hommes & de femmes, pour donner à connoître qu'il peſe des ames.

Une autre choſe auſſi ſotement imaginée, eſt l'Hiſtoire des trois vifs, & des trois morts, qui s'entrerencontrent dans un bois qu'on voit à l'une des portes de l'Egliſe Saint Innocent, avec des Vers au bas qui ne ſont guére moins ridicules.

Il n'y a pas bien long-tems qu'à la Maladerie du Roule ſe voyoit un St. Eloy placé dans une niche en habit Pontifical, ſa mître en tête, ferrant un cheval, & cela ſans ſe baiſſer, ainſi que les autres Maréchaux, ni lui faire tenir le pied, mais aſſis dans un fauteuil, une enclume auprès de lui, & un cheval qui n'avoit que trois pieds, parce qu'il lui en avoit coupé un qu'il tenoit & y attachoit un fer avec ſon marteau : car les Maréchaux veulent à toute force qu'il ait été Maréchal, ce qui eſt cauſe qu'ils l'ont pris pour leur Patron, auſſi-bien que tous les autres gens de marteau, & diſent enfin que quand il vouloit ferrer un cheval, d'abord il lui coupoit le pied, mais ſans lui faire de mal, ni même qu'il ſaignât ; puis l'ayant ferré à la main ſur ſon enclume, enſuite il le lui remettoit, & pour lors le cheval marchoit comme auparavant; & quoique cette belle repréſentation ait été ôtée, on la voit encore dans les anciens ſceaux de cet Hôpital, & peutêtre dans celui dont ils ſe ſervent à preſent.

Je ne daignerois parler ici de Saint Nicolas avec ſon ſaloir à côté de lui, où il reſſuſcite trois petits enfans, comme étant une choſe trop connue, & qu'il eſt par tout ainſi repréſenté.

Tous ces portraits au reſte, ſi bien imaginez & beaucoup d'autres qu'on a ôtez depuis quelque tems, ſont des ouvrages des deux derniers ſiécles, faits par des gens ſimples, qui n'y regardoient pas de ſi près.

L'HOTEL-DIEU EXEMPTE' DE RECEVOIR LES VEROLEZ.

LA premiere inſtance qui ait été faite afin d'exempter l'Hôtel-Dieu des verolez, fut en 1505, lorſque dans une aſſemblée tenue à l'Hôtel de Ville, trois Chanoines de Notre-Dame vinrent ſe plaindre des vols & des déſordres que ces ſortes de gens y faiſoient; remontrans en même tems, que comme ils ne ſe ſentoient pas aſſez entendus à gouverner cette Maiſon, il plût à la Compagnie de nommer d'autres Directeurs à leur place. Sur cela il fut ordonné que trois Echevins, avec quelques Bourgeois & le Chapitre, ſe tranſporteroient ſur le lieu, en attendant que dans une autre Aſſemblée qui ſe tiendroit, où ſe trouveroient des Députez du Parlement, quatre Adminiſtrateurs fuſſent choiſis.

Deux ans après, à la requête du Prevôt des Marchands, & à la priere inſtante des perſonnes commiſes à l'Adminiſtration de l'Hôtel-Dieu, il ſe fit une autre Aſſemblée par ordre du Parlement, à la Chambre du Conſeil du Palais, où ſe trouverent le Preſident Baillet, l'Abbé de Saint Magloire, le Doyen & le Penitencier de Paris, & un Preſident des Comptes, avec quelques Officiers de la même Chambre; tout le corps de Ville accompagné de Bourgeois, & enfin les Adminiſtrateurs. Là le Prevôt des Marchands prit la parole, & quoiqu'il fît ſçavoir que dans l'Hôpital il y avoit 8 ou 9 vingt malades de ce mal honteux; d'ailleurs, qu'il étoit contagieux & ſe gagnoit; & qu'enfin il étoit à craindre que les autres malades, les Religieuſes, les Gardes, & le reſte des Domeſtiques ne vinſſent à le prendre & en être infectez; qu'ainſi il étoit néceſſaire d'y donner ordre promptement: La Compagnie néanmoins ſe contenta d'ordonner qu'on travailleroit aux réparations & au recouvrement des uſtenciles néceſſaires aux Hôpitaux déja par eux bâtis auparavant, tant au Faubourg Saint-Germain, qu'à celui de Saint-Honoré; que pour ſubvenir à cette dépenſe auſſi-bien qu'aux néceſſitez de ces miſerables, les Marguilliers feroient quêter dans leurs Paroiſſes; l'Evêque accorderoit des Pardons & des Indulgences à ceux qui leur feroient des charitez, que les Gens riches & les Couvens y contribueroient; que pour les gouverner, panſer, & recevoir les charitez, le Clergé, le Parlement, la Chambre des Comptes, la Ville, & les Adminiſtrateurs de l'Hôtel-Dieu, nommeroient chacun une perſonne de probité, & d'experience; & qu'enfin, à ſon de trompe, tous les Etrangers frapez de cette maladie ſeroient chaſſez de Paris, ſur peine de punition corporelle.

En 1535, on tint encore une autre aſſemblée au Bureau de la Ville, pour la même affaire, ainſi qu'en 1505; le Prevôt des Marchands remontra qu'à la priere du premier Preſident, il s'étoit trouvé avec deux Echevins & deux Conſeillers de la Cour, au Bureau des Gouverneurs de l'Hôtel-Dieu, où il avoit été arrêté de ſéparer des autres malades ceux qui avoient la teigne & le mal de Naples; & quant aux frais néceſſaires, que la Ville en ſeroit chargée, & y fourniroit: A cela chacun acquieſça, & donna les mains. A l'egard des frais on trouva à propos de les rejetter fur le Roy, & de prier le Parlement de l'en avertir. Trois mois après, la Cour ordonna à Ricard, Receveur des Pauvres, de donner aux Paroissiens de Saint Nicolas des Champs, atteints de cette maladie, 80 liv. parisis des deniers de sa Recette; & parce que les Administrateurs de l'Hôtel-Dieu cessoient d'envoyer aux malades de cette Paroisse les ustenciles qu'ils devoient leur fournir, elle les fit appeller par un Huissier ; non content de cela, en 1541, après leur avoir fait entendre qu'ils ne devoient point se lasser de fournir de draps à ces Pauvres verolez, sans avoir égard aux raisons qu'ils alleguoient, q leur Hôpital étoit chargé de dettes & regorgeoit de malades; elle les obligea encore par ses remontrances à leur faire tout le bien qu'ils pourroient; de plus, en 1559, elle leur ordonna de s'assembler à l'Hôtel de Ville, où se devoient trouver les Gens du Roy, du Parlement, le Prevôt des Marchands & les Marguilliers de Saint Eustache, afin de mettre ordre au plûtôt, tant aux logemens, qu'aux vivres, linges & autres nécessitez de ces malades qu'on avoit tiré de chez eux. Mais enfin la même année, comme ils vinrent à promettre de payer tous les mois 20 liv. par maniere de provision au Maître du Bureau des Pauvres, par ce moyen, non seulement ils purgerent leur Hôpital de cette peste, mais encore ils l'exempterent de fournir toutes les autres choses à quoi on les avoit obligez en 1539 & 1541 : cependant comme j'ai déja dit, quelque chose qu'ils ayent pû faire, ils n'en ont été déchargez entierement qu'en 1614, le 13 May, lorsqu'ils offrirent de payer tous les ans au Receveur general des Pauvres du grand Bureau, la somme de 200 liv. si bien que le Parlement exempta l'Hôtel-Dieu de tout le reste, & le grand Bureau en fut chargé.

Le resultat de tout ce que j'ai raporté sur cette matiere, est que le mal de Naples étoit en effet une maladie contagieuse, non seulement lorsqu'il commença à paroître ; mais même en 1614, que d'abord son venin étoit si dangereux, que la peste la plus maligne ne l'est pas davantage : une infinité de personnes de tout sexe, de tout âge & de toutes conditions, le gagnerent d'abord. Il n'y a point de savant Medecin qui ne dise que c'étoit un mal nouveau, incurable & inconnu; & c'est pour cela sans doute qu'on lui a donné tant de noms differens. Saumaise cependant dans son livre des années Climateriques montre que les Anciens le connoissoient : & parce que Marius, qui écrivoit il y a plus de 1000 ans, fait mention d'une maladie nommée *Variola* ; L'Abbé Ménage a prétendu qu'en cet endroit il entendoit parler da la verole contre l'avis des plus Savans Madecins, qui tiennent que ce mot signifie toute autre chose.

Quoi qu'il en soit, François premier gagna le mal de Naples, après avoir déja éprouvé tous les autres, au rapport de Mathieu, dont il fut long-tems comme en langueur, avec de si grandes douleurs, que quelquefois elles lui arrachoient ces paroles de la bouche, *Dieu me punit par où j'ai peché*. Louise de Savoye sa mere, assure que dès l'âge de 18 ans, il commença à prendre du mal, & dit dans son Journal qu'en 1512, le 4 Septembre il eut mal en la part de sécrette nature : si elle ne fut pas morte avant lui, elle n'auroit pas oublié sans doute que cette maladie attira les autres, & en auroit marqué le tems qu'il vint à les gagner toutes, autant les anciennes que les nouvelles, & peut-être auroit-elle ajouté qu'elles le firent mourir. Touchant sa mort, aussi-bien que le mal qui en fut cause, on fit l'Epigramme suivante ;

> *L'an mil cinq cent quarante-sept,*
> *François mourut à Rembouillet,*
> *De la Verole qu'il avoit.*

De son tems le bruit couroit qu'une Ferronniere de Paris, belle par excellence, aussi ne l'appelloit-on que la belle Ferronniere, lui donna ce mal qu'elle avoit eu de son mari, qui pour se vanger d'elle & du Roy, l'alla prendre exprès dans un lieu infame. Le bruit couroit encore que ce Prince en avoit fait part à la Duchesse d'Erampes, mais qu'étant jeune comme elle étoit, Fernel lui faisant prendre du lait d'ânesse, la guérit avec le tems. Pour François premier, tout excellent que fût ce Medecin, il n'en pût être guéri, n'ayant osé hazarder sur lui le mercure, faute d'en sçavoir toutes les proprietez qu'on a découvertes depuis. Dans le Livre qu'il a fait de la cure de ce mal, se voyent les remedes dont il usa pour guérir Mesieres Prieur de Saint Denis de la Chartre, & un Medecin docte & en estime.

Henry III. eut cette maladie, de même que son Ayeul, & qui lui fit perdre les cheveux; & quoique sur un des côtez de certain meteau d'or de l'an 1490, c'est-à-dire bien long-tems avant le Regne de ce Prince, que m'a montré le docte & curieux Seguin, Doyen de Saint-Germain de l'Auxerrois, il s'y voit une perruque longue, frisée, bien garnie, & faite comme celles que portent aujourd'hui les hommes les plus propres; néanmoins soit qu'alors l'invention en fut perdue, il se vit reduit à prendre une calotte où ses cheveux étoient cousus; mais si mal faite, qu'il la couvroit toujours de sa tocque, sans l'ôter devant qui que ce fût; non pas même devant sa mere, sa femme, ni les Ambassadeurs: ce qui fait voir en passant que l'invention des perruques n'est pas nouvelle en France; & que ce n'est pas d'aujourd'hui que le mal de Naples fait tomber les cheveux: aussi dans le siécle passé, l'on l'appelloit, *Pelade* par ironie, nom que j'ai oublié parmi les autres qui lui ont été donnez, mais qui se lit dans le *Catholicon*, contre le Duc de Mayenne.

> *La Pellade vous avez prinse*
> *Par la breche que vous sçavez,*
> *Gardez la puisque vous l'avez,*
> *Car elle est de bonne prinse.*

On sçait au reste qui la lui donna au Siége de Rouen, & de plus, le proverbe qui en court : mais je finis, encore bien que ce ne soit pas sans peine, comme ayant toutes les envies du monde de nommer, non seulement celle qui lui fit ce beau present, mais encore les Princes & les autres grands Seigneurs qu'on vit tondus si joliment, & sans rasoirs Or pour montrer que ceci n'est point une médisance, Ciaconius raporte que le Cardinal Briçonnet en mourut; & les autres Histoires du tems que d'autres Cardinaux, comme

Mais ce seroit toucher bien des secrets, & flêtrir un peu trop la pourpre; il suffit de dire en general que tant d'autres de ses collegues craignirent si peu de leur ressembler, que les Satyriques d'alors ajoûterent à cette maladie, encore un autre nom tout nouveau, à cause d'eux, & l'appellerent la verole cardinale : enfin ce mal devint si commun, qu'il fut tourné en raillerie, jusques là qu'un homme de qualité, sans respect de son pere, ni de sa mere, qui l'avoient, fut assez imprudent d'en parler publiquement.

Le Lecteur ajoûtera, s'il lui plaît, l'Epirete qui lui est dû, si tant est qu'il s'en puisse trouver un; en tout cas du moins fut assez impie après leur mort, de vouloir leur donner pour Epitaphe ces jolis Vers;

> *Ici dessous la mort rongea*
> *Deux corps qui ont rongé Brouage,*
> *Ils auroient rongé davantage*
> *Mais la verole les rongea.*

F I N.

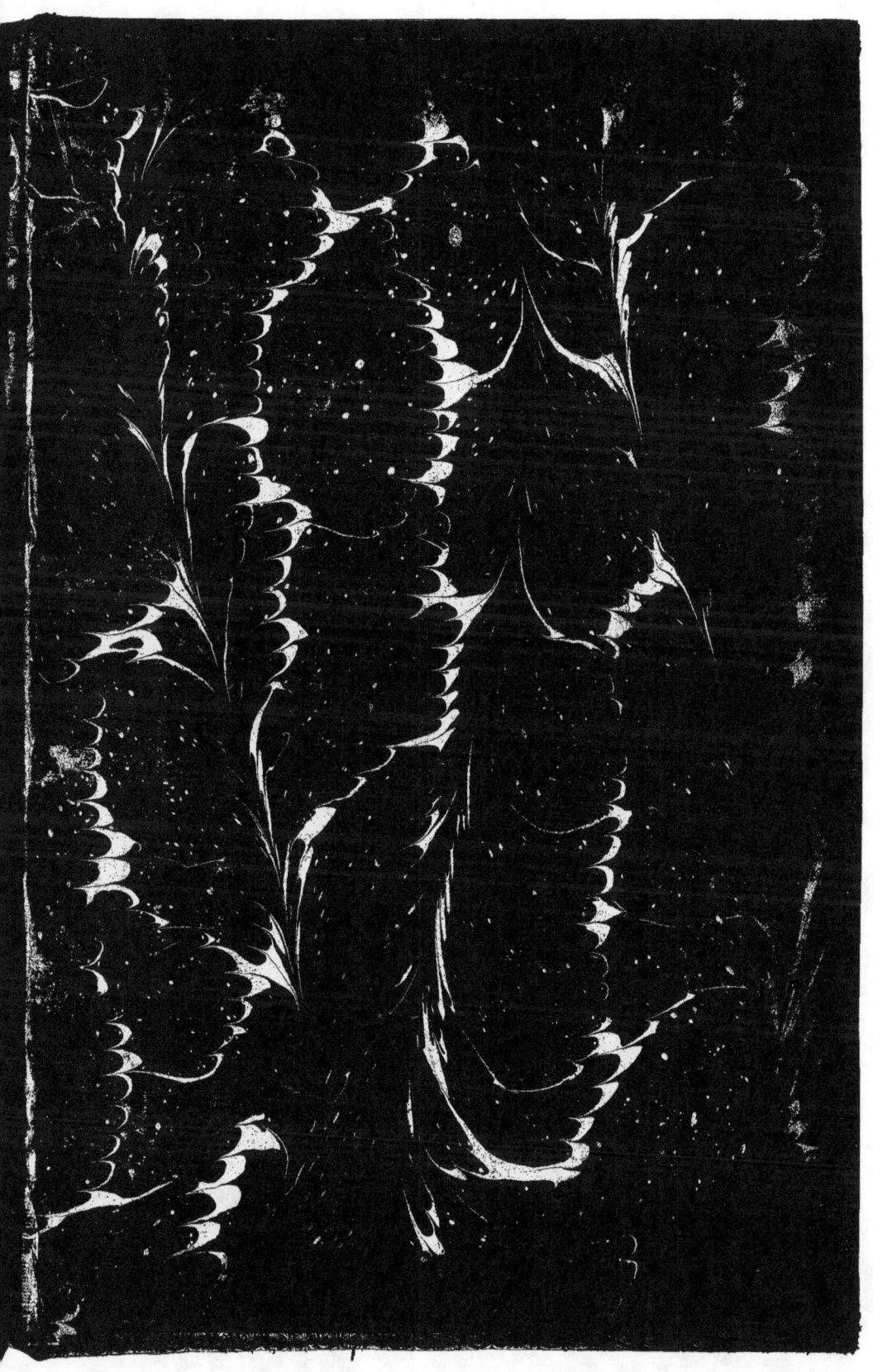

www.ingramcontent.com/pod-product-compliance
Lightning Source LLC
Chambersburg PA
CBHW070900300426
44113CB00008B/901